Big Data Analysis Planning and Practice

데이터 과학자로 안내하는
빅데이터 분석 기획과 실무

최용구 지음

머리말 — Preface

빅데이터 분석 기획과 실무

빅데이터가 세상을 바꾸고 있다.

우리가 살아가는 세상은 점점 더 복잡하고 다양해지면서 사람들의 사회활동으로 발생하는 데이터 또한 복잡하고 다양해지고 있다. 이와 같은 데이터 속에서 세상의 현상과 이치를 새롭게 조명하고 대응하기 위한 과학적 접근이 필요하게 되었다. 한편 4차 산업혁명 시대를 이끌어갈 원동력은 빅데이터가 명실공히 그의 중심에 있다고 할 수 있다. 이처럼 정치, 경제, 사회, 문화, 국방 등 사회 전 분야에 변화와 혁신을 넘어 새로운 기획을 창출하고 미래 변화에 대비할 수 있도록 하는 빅데이터는 어느덧 우리가 살아가고 있는 세상에 깊숙이 자리하고 있다.

빅데이터에 관련된 학습서는 무수히 많이 접할 수 있지만 빅데이터 분석 마인드 고취와 체계적인 분석 기획과 분석 실무를 종합적으로 안내하는 학습서는 그리 많지 않았다. 따라서 본 학습서는 빅데이터 분석 기획과 분석 실무의 전 과정을 체계적으로 학습할 수 있도록 편성하여 데이터 과학자의 역량을 갖출 수 있도록 하였다. 또한 빅데이터 분석 기사, 데이터 분석 전문가(ADP) 및 데이터 분석 준전문가(ADsP) 자격 등의 시험에 대비할 수 있도록 데이터의 이해, 데이터 처리 기술, 데이터 분석 기획, 데이터 분석 실무, 데이터 모델링, 데이터 시각화 등을 충실히 학습할 수 있도록 하였다.

본 학습서는 데이터의 깊은 이해를 바탕으로 빅데이터 개념 및 특성, 가치 유형을 파악하고 빅데이터 분석 인사이트를 정의할 수 있는 능력과 빅데이터 가치 유형에 적합한 비즈니스 창출을 위한 분석 목표를 수립하고 솔루션에 적합한 분석 도구를 활용하여 빅데이터 분석을 위한 기획 수립과 분석 실무에 필요한 역량을 발휘할 수 있는 지식과, 기술, 태도를 기를 수 있도록 하는 데 목적이 있다.

저자는 대학에서 여러 해 동안 빅데이터 분석 기획 및 빅데이터 분석 실무 등을 교육하면서 학생들이 무엇을 어렵게 생각하고 어떤 것을 흥미롭게 생각하는지 고민하게 되었고 어떻게 가르쳐야 효과적으로 학습할 수 있는지 알 수 있게 되었다. 이러한 고심과 시행착오를 거쳐 학습 교안을 여러 번 수정 보완한 결과를 필요한 사람과 공유하기를 원하는 마음에서 본 학습서를 출간하게 되었다. 이 책을 통해서 빅데이터를 올바르게 이해하고 빅데이터 분석 기획과 분석 실무 역량을 갖추는 데 조금이나마 보탬이 되기를 바란다.

본 책의 출간을 허락하고 수고하신 글로벌 출판사에 감사드린다.

독자들의 행복을 기원한다.

저자 최 용 구

차례 —Contents

빅데이터 분석
기획과 실무

Chapter 01 데이터의 이해　　　　　　　　　　　　　　　9

　1.1 데이터의 이해　　　　　　　　　　　　　　　10
　1.2 정보의 이해　　　　　　　　　　　　　　　　12
　1.3 지식의 이해　　　　　　　　　　　　　　　　15
　1.4 데이터베이스 이해　　　　　　　　　　　　　17
　1.5 데이터베이스 활용 분야　　　　　　　　　　19
　연습문제　　　　　　　　　　　　　　　　　　　23

Chapter 02 빅데이터 개념　　　　　　　　　　　　　　　　29

　2.1 빅데이터 등장 배경　　　　　　　　　　　　30
　2.2 빅데이터 정의　　　　　　　　　　　　　　　33
　2.3 빅데이터 역할　　　　　　　　　　　　　　　35
　2.4 빅데이터 분류　　　　　　　　　　　　　　　37
　2.5 빅데이터가 만들어 가는 본질적 변화　　　　39
　2.6 빅데이터 분석 기술　　　　　　　　　　　　41
　2.7 빅데이터가 주는 가치　　　　　　　　　　　43
　2.8 빅데이터의 위기와 통제 방안　　　　　　　47
　2.9 빅데이터의 미래　　　　　　　　　　　　　50
　연습문제　　　　　　　　　　　　　　　　　　　53

Chapter 03. 빅데이터 분석 인사이트와 사이언스　　　　　59

　3.1 전략적 분석 인사이트를 위한 데이터 사이언스 필요성　60
　3.2 데이터 사이언스 의미　　　　　　　　　　　64
　3.3 데이터 사이언스의 구성 요소　　　　　　　66
　3.4 데이터 사이언티스트 역량　　　　　　　　　66
　3.5 데이터 사이언티스트가 갖추어야 할 인문학적 사고력　69
　3.6 데이터 사이언스 미래　　　　　　　　　　　69
　연습문제　　　　　　　　　　　　　　　　　　　71

Chapter 04. 빅데이터 분석 기획   7 7

    4.1 빅데이터 분석 기획 개요   78
    4.2 빅데이터 분석 기획 방향   80
    4.3 빅데이터 분석 방법론   83
    4.4 빅데이터 분석 과제 도출   93
    4.5 빅데이터 분석 프로젝트 관리   100
    연습문제   103

Chapter 05. 빅데이터 분석 마스터플랜과 거버넌스   1 1 1

    5.1 빅데이터 분석 마스터플랜   112
    5.2 빅데이터 분석 거버넌스   116
    연습문제   127

Chapter 06. 빅데이터 분석 기술   1 3 3

    6.1 클라우드 컴퓨팅 기술   135
    6.2 하둡 분산처리 기술   142
    6.3 분산 데이터베이스 기술   147
    6.4 빅데이터 수집과 통합 기술   151
    6.5 빅데이터 저장 관리 기술   153
    6.6 빅데이터 처리 기술   157
    6.7 빅데이터 분석 기술   159
    6.8 빅데이터 시각화 기술   161
    연습문제   166

Chapter 07. R 데이터 분석 환경 구축   1 7 3

    7.1 데이터 분석 도구 소개   174
    7.2 R 소개   175
    7.3 R 개발환경 구축   177

7.4 R 도움말 활용 192
7.5 R 패키지와 라이브러리 활용 193
연습문제 199

Chapter 08. R 프로그래밍 기초 　　　　　　　　　　203

8.1 R 데이터 표현 204
8.2 R 데이터 구조 활용 209
8.3 R 프로그래밍 제어문 231
8.4 R 함수 236
8.5 R 데이터 마트 구성 249
연습문제 261

Chapter 09. R 데이터셋 다루기 　　　　　　　　　　271

9.1 키보드로부터 데이터 직접 입력 272
9.2 파일에서 데이터 불러오기 273
9.3 데이터베이스로부터 데이터 읽어오기 289
9.4 URL 데이터 읽어오기 291
9.5 웹 크롤링으로 데이터 읽어오기 291
9.6 공공 포털로부터 데이터 읽어오기 297
9.7 이미지 데이터 읽어오기 300
9.8 데이터 저장하기 302
9.9 R 기본 데이터 살펴보기 303
9.10 데이터 전처리 312
연습문제 329

Chapter 10 R 그래프 시각화 　　　　　　　　　　335

10.1 R 고수준 그래프 함수 336
10.2 R 저수준 그래프 함수 343
10.3 iris 데이터셋 시각화 350
10.4 ggplot2 패키지 시각화 355
연습문제 359

Chapter 11 빅데이터 통계 분석　　　　　　　　　　　　　　　　　　　3 6 5

　　　11.1 통계학 개념　　　　　　　　　　　　　　　　　　　　366
　　　11.2 기술 통계량　　　　　　　　　　　　　　　　　　　　369
　　　11.3 표본 통계량　　　　　　　　　　　　　　　　　　　　377
　　　11.4 확률과 확률분포　　　　　　　　　　　　　　　　　　383
　　　11.5 추론 통계량　　　　　　　　　　　　　　　　　　　　402
　　　11.6 통계 분석 실무　　　　　　　　　　　　　　　　　　　425
　　　11.7 상관분석　　　　　　　　　　　　　　　　　　　　　453
　　　11.8 회귀 분석　　　　　　　　　　　　　　　　　　　　　462
　　　11.9 다차원 척도 분석　　　　　　　　　　　　　　　　　　492
　　　11.10 주성분 분석　　　　　　　　　　　　　　　　　　　　501
　　　11.11 시계열 분석　　　　　　　　　　　　　　　　　　　　513
　　　연습문제　　　　　　　　　　　　　　　　　　　　　　　　545

Chapter 12 정형 데이터 마이닝　　　　　　　　　　　　　　　　　　5 5 9

　　　12.1 데이터 마이닝 개념　　　　　　　　　　　　　　　　　560
　　　12.2 연관분석　　　　　　　　　　　　　　　　　　　　　567
　　　12.3 군집분석　　　　　　　　　　　　　　　　　　　　　587
　　　12.4 로지스틱 회귀 분석　　　　　　　　　　　　　　　　　603
　　　12.5 의사결정나무 분석　　　　　　　　　　　　　　　　　618
　　　12.6 앙상블 모형　　　　　　　　　　　　　　　　　　　　647
　　　12.7 인공신경망 분석　　　　　　　　　　　　　　　　　　659
　　　12.8 빅데이터 딥러닝　　　　　　　　　　　　　　　　　　693
　　　연습문제　　　　　　　　　　　　　　　　　　　　　　　　734

Chapter 13 비정형 데이터 마이닝　　　　　　　　　　　　　　　　　7 4 7

　　　13.1 텍스트 마이닝　　　　　　　　　　　　　　　　　　　748
　　　13.2 웹 마이닝　　　　　　　　　　　　　　　　　　　　　753
　　　13.3 소셜 미디어 마이닝　　　　　　　　　　　　　　　　　755
　　　연습문제　　　　　　　　　　　　　　　　　　　　　　　　769

빅데이터 분석
기획과 실무

Chapter

데이터의 이해

01

1.1 데이터의 이해
1.2 정보의 이해
1.3 지식의 이해
1.4 데이터베이스 이해
1.5 데이터베이스 활용 분야
연습문제

Chapter. 01
데이터의 이해

사람은 살아가면서 수많은 현안 문제(pending problem)에 마주하게 되고 이런 문제를 해결하기 위하여 여러 가지 단서(clue, 端緖)를 찾으려고 노력하고 있다. 이런 문제해결 단서는 습득된 지식과 경험 및 기록으로 남긴 데이터나 정보를 통해서 얻을 수 있다. 이처럼 문제해결 결과 축적된 데이터나 정보 그리고 지식과 경험은 또 다른 문제를 해결하기 위한 데이터로 활용된다. 이와 같은 수많은 데이터를 관리하고 처리하기 위한 기술과 방법이 계속해서 발전해 왔다. 따라서 이번 장에서는 "데이터와 정보는 무엇인지 그리고 이들이 왜 필요한지 그리고 지식은 무엇이고 왜 필요한지 데이터베이스는 무엇이고 어떤 역할을 하고 있지를 좀 더 자세히 알아가는 시간을 가질 것이다.

1.1 데이터의 이해

우리가 데이터(data, 資料)라는 말을 일상생활에서 자주 듣고 사용하는 말이지만 한마디로 정의하기는 쉽지 않다. 먼저 데이터라는 용어가 등장한 배경은 다음과 같다.

- 데이터라는 용어는 1946년 영국 문헌에 처음으로 등장하였으며 라틴어로 dare(주다)의 과거 분사형으로 "주어진 것"이란 의미로 사용하기 시작
- 1940년대 이후 컴퓨터가 데이터를 처리하면서 자연과학뿐만 아니라 경영학 및 통계학 등 다양한 형태의 사회과학이 발달하면서 데이터의 의미는 "관념적이고 추상적인 개념에서 기술적이고 사실적인 의미"로 변화
- 영국의 옥스퍼드 대사전에서 데이터는 "추론과 추정의 근거를 이루는 사실"로 정의
- 데이터는 "객관적 사실"이라는 존재적 특성과 동시에 "추론, 예측, 전망, 추정을 위한 근거 자료"로 사용되는 당위적 특성을 가짐
- 데이터는 "단순한 객체"로서 존재적 가치뿐만 아니라 "다른 객체와의 상호관계" 속에서 관계적 가치를 형성

현실적 상황을 고려하여 데이터의 의미를 좀 더 자세히 살펴보면 다음과 같다.

데이터란 현실 세계(real-world)에 존재하는 유·무형의 개체(entity)를 관찰하거나 측정하여 얻어진 객관적 사실(objective reality)로 공유(sharing)하고 새사용(reuse)하기 위하여 숫자나 문자, 기호, 이미지, 영상, 음성 등으로 기록한 값이라고 할 수 있다. 데이터는 가공되지 않은 채로 존재하는 원래의 값(Source Data)이라는 것을 의미한다.

예를 들면 [그림 1-1]과 같은 현실 세계에 존재하는 유형의 개체를 관리할 필요가 있다고 가정해 보자.

속성	사실이나 값	방법
명칭	책상	관찰
재질	나무	
용도	사무용	
가로	170cm	측정
세로	80cm	
높이	80cm	

⇨ 관찰 및 측정 결과

[그림 1-1] 데이터 형성 예

[그림 1-1]에서 유형의 객체를 명칭과 재질, 그리고 용도를 관찰한 결과 각각 책상, 나무, 사무용이라는 사실을 얻을 수 있었고 가로 및 세로 길이 그리고 높이를 측정하여 170cm, 80cm, 80cm이라는 값을 얻을 수 있다고 가정하자. 여기서 개체의 명칭, 재질, 용도, 가로, 세로, 높이 등은 개체 특성을 설명하기 위한 속성(attribute)이라고 하고 책상, 나무, 사무용, 170, 80, 80 등은 각각의 속성에 해당하는 값이다. 이처럼 특정 개체로부터 관찰하거나 측정하여 얻은 원래의 값을 데이터라고 한다.

이처럼 현실 세계(real-world)에 존재하는 유·무형의 엔티티(entity)를 관찰하거나 측정해서 얻을 수 있는 데이터는 다음 [표 1-1]과 같이 정성적 데이터(Qualitative Data)와 정량적 데이터(Quantitative Data)로 나눌 수 있다.

[표 1-1] 데이터의 유형별 구분

데이터 유형	내용
정성적 데이터	특정한 엔티티를 관찰하여 얻어진 주관적인 사실로 주로 문자나 기호로 표기하기 때문에 계산하거나 양적으로 비교할 수 없고 단순히 분류하거나 정렬하는 데 사용한다. 예를 들면 이름이나 명칭, 성별, 지역, 날씨, 요일, 의견이나 상태 등이 이에 해당한다.
정량적 데이터	특정 엔티티를 측정하여 얻어진 객관적인 값으로 주로 계량화된 숫자로 표기하기 때문에 계산이나 집계할 수 있고 양적으로 비교할 수 있다. 예를 들면 점수나 가격, 나이, 온도, 습도, 강수량 등이 이에 해당한다.

데이터를 처리하기 위해서는 일정한 형식으로 표현해야 한다. 데이터 표현은 크게 물리적 표현 방식과 논리적 표현 방식으로 나눌 수 있다. 데이터의 물리적 표현은 데이터가 특정 저장매체에 실제로 저장되는 사실적인 상황을 설명하는 것으로 비트(bit), 바이트(byte), 그리고 워드(word)로 나눌 수 있다. 그리고 데이터의 논리적 표현은 복잡한 데이터 저장 방식을 일정한 형식에 맞추어 추상적으로 표현함으로써 누구나 쉽게 이해할 수 있도록 한 것으로 필드(field), 레코드(record), 파일(file), 그리고 데이터베이스(database)로 분류할 수 있다([그림 1-2]).

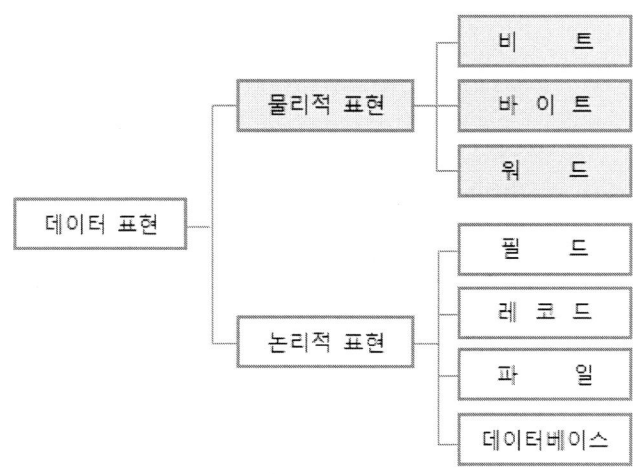

[그림 1-2] 데이터 표현 형식

이런 데이터는 숫자 및 문자로 표현된 값뿐만 아니라 텍스트, 이미지, 음성, 영상 등의 특징(feature) 및 사실(fact)을 표현한 멀티미디어 데이터(Multimedia Data)도 처리 및 분석 대상이 되었다. 특히 근래에는 다양한 정보기기로부터 빠르게 증가하는 대량의 데이터로부터 통찰력(insight) 있는 가치를 탐사하려는 빅데이터 증후군(Big Data Syndrome)을 불러일으키고 있다. 빅데이터는 기존의 데이터베이스 관리 방법으로 자료를 수집하고 처리할 수 있는 역량을 넘어서는 대량의 정형 및 비정형 데이터로부터 가치를 발굴하기 위한 분석 기술을 의미한다. 이런 데이터는 처리하고 분석하여 새로운 가치를 창출하는 자료로 사용되기 때문에 중요한 의의가 있다.

1.2 정보의 이해

데이터는 특정 개체를 설명해주기 위한 사실적인 값으로 종합적인 상황이나 특정한 정황을 설명하기에는 한계가 있다. 이와 같은 상황이나 정황을 설명하기 위한 자료는 데이터를 집계하고 처리하여 얻을 수 있는데 이를 정보(information)라고 한다.

일반적으로 정보란 "예전에 알지 못했던 사실(fact)이나 정황(circumstance)이 새롭게 알려진 내용(context)"을 의미한다.

정보를 정보처리 관점에서 생각하면 데이터의 유용한 해석이나 상호 관련(correlation)을 통하여 새롭게 의미(meaning)가 부여된 데이터를 정보라고 할 수 있다. 데이터에 새로운 의미를 부여하기 위해서는 특정 상황에서 데이터에 가치를 부여하거나 데이터에 특정한 목적과 시점을 부여한 것도 정보로 분류할 수 있다는 것이다.

이런 정보는 어떤 문제를 올바르게 해결하는 열쇠, 즉 특정 상황을 올바르게 판단할 수 있는 자료로 활용하기 때문에 중요한 의의가 있다. 어떤 문제가 있을 때 정보가 없으면 그 문제를 해결하는데 많은 시행착오(trial-and-error)를 겪을 수밖에 없다. 또한 잘못된 정보는 잘못된 의사결정(decision-making)으로 이어져 결국 경쟁력을 상실하는 결과를 초래하게 될 것이다. 따라서 정보는 특정 비즈니스나 서비스를 위한 의사결정 자료(Decision-Making Data)로 활용된다.

한편으로 정보를 생성 대상과 활용 목적에 따라 분류하면 [표 1-2]와 같다.

[표 1-2] 정보의 종류

구분	종류	내용
생성 대상	인적정보	사람의 인적 사항 및 기술적인 기술(Know-How) 등 사람으로부터 생성되는 정보
	물적 정보	관측 대상이 되는 물질의 성질이나 특성을 통하여 생성되는 정보
	활동 정보	사회가 변화하면서 발생하는 일련의 사건이나 활동에 관련된 정보
활용 목적	생활정보	사람의 일상생활에 관련된 정보
	경제정보	경제적으로 사용하기 위한 수리적인 통계 예측 분석된 정보
	문화정보	사람의 문화생활에 필요한 정보
	사회정보	사회 전반적인 사건이나 사고, 혹은 소식으로 평가된 정보
	군사정보	대내외적인 군사 활동에 필요한 정보
	지식정보	과학기술에 이용되는 법칙이나 규칙 등에 관련된 정보

이처럼 정보는 어떤 필요나 요구에 맞게 데이터를 가공 처리한 결과로써 데이터와 밀접한 관계가 있지만 기본적인 특성은 서로 다르다. [표 1-3]은 데이터와 정보를 작용, 비중, 기간, 그리고 용도 측면을 고려하여 상호비교한 것이다.

[표 1-3] 데이터와 정보의 비교

구분	데이터	정보
작용	정보처리를 위한 입력으로 작용	데이터 처리 결과 출력으로 작용
비중	객관적으로 입증된 사실	주관적으로 판단하는 사실
기간	영구적으로 재사용되는 값	일시적인 사용되는 값
용도	정보처리를 위한 기초자료로 활용	의사결정을 위한 기초자료로 활용

즉 데이터는 현실 세계에서 측정하고 관찰하여 수집한 사실이나 값으로 [그림 1-3]과 같이 학생 개체(entity)에서 학생의 특성을 설명하는 성명, 성별, 전공, 체중, 신장 등의 값은 데이터이고 데이터를 이용하여 가공, 혹은 처리된 체질량지수는 정보라고 할 수 있다. 결국 체질량지수는 비만도를 판정하기 위한 근거가 된다.

[데이터]

성명	성별	체중	신장
한송희	여	45	162
이수일	남	75	168
심순애	여	55	158
홍길동	남	90	172

가공/처리

[정보]

성명	체질량지수	비만도판정
한송희	17	저 체중
이수일	26	중도비만
심순애	22	정상
홍길동	30	고도비만

[그림 1-3] 데이터와 정보의 관계 예

정보는 데이터를 처리한 결과로 얻어지기 때문에 입력되는 데이터가 정확하지 않으면 데이터를 이용하여 처리된 정보 또한 정확하지 않을 것이다. 이처럼 입력 데이터의 정확성을 강조하는 말로 GIGO(Garbage In is Garbage Out)가 있다. GIGO(기고)는 "쓰레기가 들어가면 쓰레기가 나온다."라는 뜻으로 정확하지 않은 데이터를 입력으로 처리하여 쓸모없는 정보가 출력된다는 사실을 가리킨다.

한편, 정보를 이용한 의사결정 결과로 얻어지는 경험을 지식(knowledge)이라고 한다. 지식은 또 다른 문제를 슬기롭게 해결하는 데 사용되거나 새로운 창의적인 생각을 도출하는 지혜(wisdom)로 발전하게 된다. 따라서 데이터는 정보처리에 기초자료로 활용되고 정보는 지식을 습득(Knowledge acquisition)하는데 근거 자료가 되고 지혜의 원천(Wisdom source)이 된다. 이처럼 데이터(Data), 정보(Information), 지식(Knowledge), 지혜(Wisdom)의 일련의 계층구조를 DIKW 피라미드(Pyramid)라고 한다([그림 1-4]).

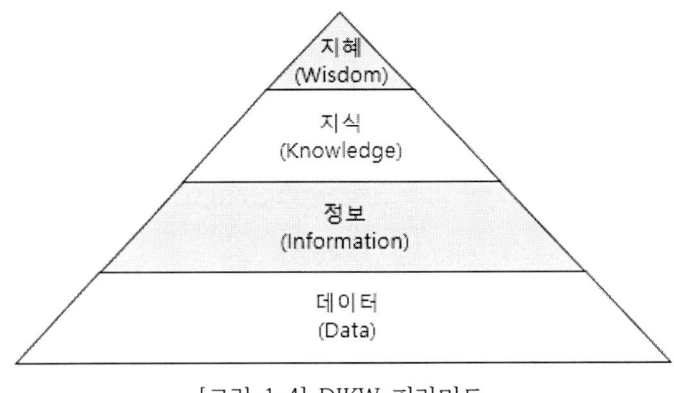

[그림 1-4] DIKW 피라미드

DIKW 피라미드의 데이터, 정보, 지식, 지혜의 개념을 정리한 것은 [표 1-4]와 같다.

[표 1-4] 데이터, 정보, 지식, 지혜의 개념

구분	개념	예제
데이터	존재 형식을 불문하고 다른 데이터와 관련이 없는 가공하기 전에 순수한 수치나 기호	연필을 A 마트는 100원, B마트 200원에 판매하고 있다는 사실
정보	데이터 가공 및 상관관계를 통해 패턴을 인식하고 새로운 의미를 부여한 내용	가격을 비교한 결과 A 마트의 연필 가격이 더 싸다는 사실을 발견
지식	상호 연결된 정보 패턴을 이해하여 이를 토대로 예측한 결과	상대적으로 저렴한 A 마트에서 연필을 사야겠다는 결정
지혜	근본 원리에 대한 깊은 이해를 바탕으로 도출된 창의적 생각	A 마트의 다른 상품들도 B마트보다 쌀 것으로 판단

이와 같은 데이터, 정보, 지식, 지혜는 상호관계를 통하여 인간이 사회활동에 필요한 가치 창출을 위한 일련의 역할을 한다. 따라서 데이터의 정확성, 품질은 향후 데이터 간의 관계 및 현상 분석 결과인 정보와 응용에 필요한 지식, 더 나아가 미래를 예측하고 창의적 산출물을 도출하는 지혜에 지대한 영향을 미치게 된다.

1.3 지식의 이해

우리가 자주 듣는 격언 중에 "아는 것이 힘이다(Knowledge is power)"라는 말이 있다. 이 격언은 지식의 중요성을 강조한 것이다. 그렇다면 지식(knowledge)이란 무엇일까? 여기에 많은 의견이 있을 수 있으나 지식을 일반적인 형태로 정의하자면 다음과 같다.

지식이란 어떤 대상에 대하여 배우거나 실천을 통하여 알게 된 명확한 인식이나 이해를 다시 활용할 수 있도록 체계화된 개념이라고 할 수 있다. 즉 지식은 개인이나 조직의 능동적이고 종합적 사고와 경험을 통하여 얻은 체계화된 정보와 기술이라고 할 수 있다. 지식은 특정한 입장, 견해 혹은 의도를 반영하여 특정한 행위(Action)를 수반할 수 있는 정보라고 할 수 있다. 따라서 행위를 수반할 수 없는 지식은 지식이 아니라는 것이다. 그래서 "지식이 적용될 때까지 지식은 힘이 아니다(Knowledge is not power until it is applied)"라는 말이 있다. 결국 지식은 국가와 조직, 기업, 개인의 부와 경쟁력 창출의 핵심 원천이며 비전을 달성하기 위한 수단이 된다.

지식경영(knowledge management) 측면에서 지식을 분류하면 [표 1-5]와 같이 크게 형식지(形式知, Explicit Knowledge)와 암묵지(暗默知, Tacit Knowledge)로 나눌 수 있다.

[표 1-5] 지식관리 측면에서 지식의 분류

구분	의미	상호작용	예시
형식지	언어로 표현할 수 있는 객관적 지식으로 문서나 매뉴얼 처럼 쉽고 명확하게 표현되어 다른 사람과 공유하고 전달하기가 용이	표출화 연결화	• 인터넷/교과서 • 음성/영상 자료 • 신문/잡지
암묵지	언어로 표현하기 어려운 주관적인 지식으로 개인의 기분과 느낌, 성격과 성질, 취미와 특기 등과 같이 경험을 통하여 개인에게 체화된 것으로 겉으로 드러나지 않아 다른 사람과 공유하고 전달하기가 어려움	내면화 공통화	• 라면 잘 끓이는 법 • 김치 잘 담그기 • 자전거 잘 타는 법 • 조직의 문화 • 기술(Know-how)

형식지는 표출화(externalization)와 연결화(combination)를 통하여 외부로 알려진 것으로 공유(sharing)와 재사용(reuse)이 가능하지만 암묵지는 내면화(internalization)와 공통화(Socialization)를 통하여 개인에게 체화되어 있어서 공유와 재사용이 어렵다는 차이가 있다. 즉 형식지는 인터넷, 교과서, 매뉴얼, 영상 및 음성, 데이터베이스 등과 같이 유형의 대상이기 때문에 전달과 공유가 쉽다는 장점이 있다.

암묵지는 '라면 잘 끓이는 법', '김치 잘 담그기', '자전거 타기' 등과 같이 오랜 시행착오(rial-error)를 거쳐 경험과 학습을 통하여 개인이나 조직이 체득한 무형의 자산이다. 주로 과학적 발견은 개인적인 암묵적 지식에 기초해 이루어지는 경우가 많아서 사회적으로 매우 중요하다. 따라서 조직원 개인의 지식을 공유하고 발전시키는 데에 관심을 둔 조직의 지식경영 차원에서 암묵지와 형식지의 상호작용을 통한 지식의 증대과정에 주목하고 있다([그림 1-5]).

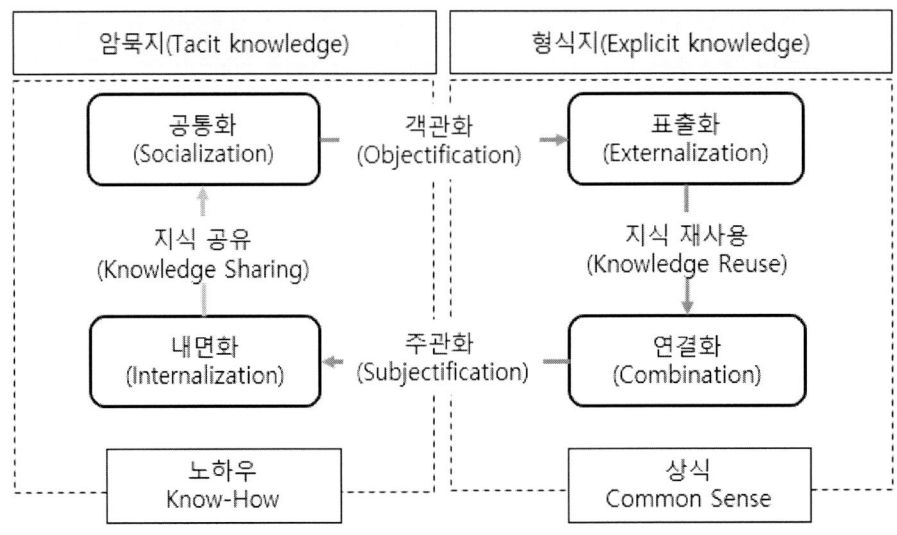

[그림 1-5] 지식 증대 순환 과정

지식경영에서 지식의 증대 순환 과정은 현장 경험을 통해 개인에게 체화된 내면화된 지식을 조직의 지식으로 공통화(socialization)하기 위해서 개인의 암묵지를 언어나 기호, 숫자 등의 객관화(objectification)를 통하여 표출화(externalization) 되어 형식지가 된다. 이러한 형식지는 다시 개인 본인의 지식에 연결(combination)되고 새로운 경험을 결합하여 주관화(subjectification) 되어 또다시 암묵지가 된다. 이처럼 내면화된 암묵지는 공통화를 통하여 형식지가 되고 표출화된 형식지는 연결화를 통하여 다시 암묵지가 되는 과정을 지식의 증대 순환 과정이라고 한다.

지식을 조직과 개인의 비전 달성에 활용되기 위해서는 지식을 창출하여 지식을 축적하고 지식을 공유하고 활용하고 학습하는 활동을 거치게 된다. 특히 지식의 학습이란 환경변화를 인지하고 이에 적합하도록 행동양식으로 개혁하는 활동이라고 할 수 있다. [표 1-6]은 이런 지식 활동의 개념을 정리한 것이다.

[표 1-6] 지식 활동 개념

지식 활동	개념
창출	새로운 기술이나 노하우(know-how)를 생성하려는 활동
축적	창출된 지식이나 기존의 지식을 조직의 내재하려는 활동
공유	조직이나 개인 간에 상호작용을 통해 지식을 교환하려는 활동
활용	조직이나 개인에게 내재된 지식을 사용하려는 활동
학습	환경변화를 맞는 새로운 지식을 체계화하려는 활동

1.4 데이터베이스 이해

데이터베이스의 어원은 1950년대 미 국방성에서 데이터(data) 기지(base)라는 뜻으로 사용하다가 1963년 6월 미국 SDC(System Development Corporation)가 산타모니카(Santa Monica)에서 개최한 컴퓨터 중심의 데이터베이스 개발 및 관리(Development and Management of a Computer-centred Data Base)라는 심포지엄 제목에서 공식적으로 처음 사용하였다. 현대적 의미의 데이터베이스는 1963년 GE(General Electric)사에 찰스 바흐만(Charles W. Bachman, 1924.12.11.~2017.7.13)이 IDS(Integrated-Data Store)라는 최초의 데이터베이스 관리시스템 개념이 확립하였다.

초기에 데이터베이스를 살펴보면 1960년대부터 1970년대 초까지 계층형 데이터베이스(hierarchical database) 시스템으로 대표되는 IBM(Inelegance Business Machine)의 IMS(Information Management System)과 MRI System 사에서 개발한 System 2000이 있었다. 그리고 네트워크(network) 데이터베이스 시스템으로 대표되는 Cullinane사의 IDMS(Integrated Database Management System)와 Cincom System의 TOTAL 등이 있었다. 그 이후 1970년 IBM 연구소에서 근무하고 있었던 수학자인 E. F. Codd(Edger F. Codd, 2023.8.19.~2003.4.18.) 박사에 의하여 제안된 관계형(relational) 데이터 모델은 잘 갖추어진 이론적 기반과 선언적 질의(query)를 통하여 사용이 쉽다는 장점으로 계층형 및 망형 데이터베이스 시스템을 점차 대체하기 시작했다.

그러면 데이터베이스란 무엇일까? 여기에는 많은 의견이 있으나 일반적인 형태로 정의하면 다음과 같다. 데이터베이스란 어느 한 조직의 여러 응용시스템이 공동(share)으로 사용할 수 있도록 통합(integration)하여 저장(store)된 운영(operation) 데이터의 집합체이다.

즉 데이터베이스는 조직의 고유업무에 필요한 정보를 얻기 위해 업무에 필요한 데이터를 논리적으로 연결을 통해 구조적으로 통합한 데이터의 집합체이다. 이와 같은 데이터베이스 정의를 세분화해서 설명하면 다음과 같다.

① 공용 데이터(shared data)

어느 한 조직이 공동으로 소유하고 여러 응용프로그램이 공유할 수 있어야 한다는 것이다. 공용 데이터는 여러 사용자에게 실시간적인 접근성이 가능하고 데이터의 계속 적인 변화에 신속히 대처할 수 있게 한다.

② 통합 데이터(integrated data)

데이터 통합화는 데이터베이스 일관성과 무결성을 보장하기 위하여 동일한 데이터의 중복 저장을 최소화해야 한다는 것이다.

③ 저장 데이터(stored data)

메모나 문서 형태로 존재하는 데이터가 아니라 실시간 접근할 수 있는 컴퓨터 저장매체인 하드디스크에 저장된 데이터를 의미한다.

④ 운영 데이터(operational data)

어느 한 조직의 고유기능을 수행하기 위하여 반드시 필요한 모든 데이터가 저장되어 있어야 한다는 것으로 운영 데이터를 다른 말로 데이터의 완전성이라고도 한다.

데이터베이스 특징은 실시간 접근성(real-time accessibility), 계속적 변화(continuous evolution), 동시 공유(concurrent sharing), 그리고 내용에 의한 참조(content reference)를 들 수 있다.

① 실시간 접근성(real-time accessibility)
실시간 접근성이란 정보시스템이 실시간적으로 접근할 수 있는 저장매체에 저장된 데이터베이스는 수시 적이고 비정형적인 질의에 대하여 실시간으로 응답이 빨리 이루어질 수 있어야 한다는 것이다.

② 계속적 변화(continuous evolution)
계속적 변화는 어느 한 시점에 데이터베이스가 저장하고 있는 내용을 데이터베이스의 상태라고 한다. 그런데 데이터베이스의 상태는 정적이 아니고 동적이라는 것이다. 즉 데이터베이스는 새로운 데이터의 삽입, 기존 데이터의 삭제, 갱신으로 향상 변하고 현재의 정확한 데이터를 유지한다는 것이다.

③ 동시 공유(concurrent sharing)
동시 공유란 데이터베이스는 서로 다른 목적을 가진 여러 응용시스템이 공동으로 사용하기 위한 것으로 여러 사용자가 동시에 자신이 원하는 데이터의 동시에 접근할 수 있어야 한다는 것이다.

④ 내용에 의한 참조(content reference)
내용에 의한 참조란 데이터베이스에 저장된 데이터의 레코드의 주소나 위치를 통하여 검색하는 것이 아니라 저장된 데이터 내용, 혹은 값을 통하여 검색되는 것으로 데이터베이스 활용에 중요한 의미가 있다. 데이터값을 통한 접근은 레코드가 어디에 있든지 하나의 논리적 단위로 접근할 수 있다는 것으로 이해하면 된다.

데이터베이스(database)의 기본적인 사상은 데이터 일관성(data consistency)과 데이터 독립성(data independency)에 있다. 데이터 일관성은 여러 파일에 중복해서 저장된 데이터를 하나로 모아서 하나의 저장 방식으로 종합해서 관리하자는 것이다. 그리고 데이터 독립성은 통합해서 저장한 데이터를 컴퓨터 운영체제와 별도의 데이터관리시스템에서 관리하자는 것이다. 이처럼 데이터 일관성을 위하여 통합 저장된 데이터의 집합체를 데이터베이스라고 하고 데이터 독립성을 위하여 데이터베이스를 통합 관리하는 시스템을 데이터베이스관리시스템(DBMS: Database Management System)라고 한다.

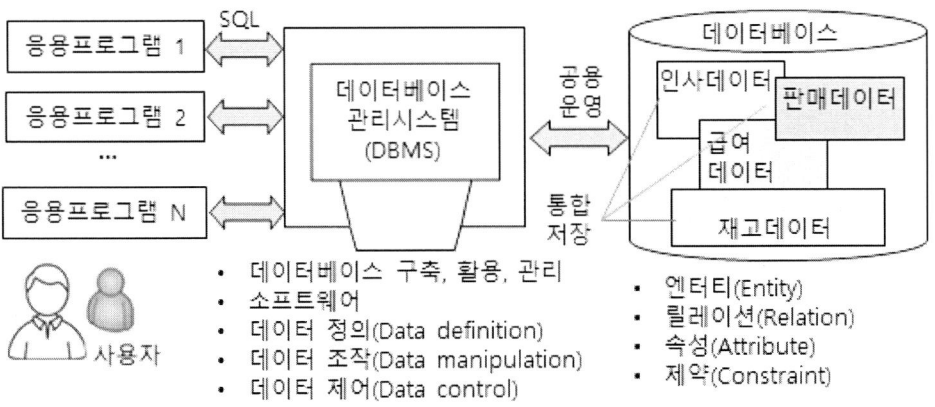

[그림 1-6] 데이터베이스 시스템 구성

즉 데이터베이스는 크게 엔티티(entity)와 엔티티의 관계를 규정하는 릴레이션(relation)을 구성되어 있고 이들 각각은 속성(attribute)들로 설명된다. 또한 각각의 속성값을 유용하도록 하는 제약(constraint) 사항을 가지고 있다. 이처럼 통합 저장된 데이터는 효과적으로 구축, 활용, 관리하기 위한 데이터베이스관리시스템 소프트웨어에 의하여 관리된다. 즉 DBMS는 크게 데이터베이스에 데이터를 정의하거나 조작 및 제어하는 역할을 한다.

1.5 데이터베이스 활용 분야

한 조직의 의사결정지원시스템(Decision Support System: DSS)은 단순히 현안 업무에 필요한 정보를 수집하고 저장한 후 처리하여 분배하기 위한 시스템을 넘어서 전략적인 의사결정을 지원하기 위한 종합적인 사업 자료를 포괄적으로 분석하는 시스템을 포함한다. 현안 업무처리에 필요한 의사결정 지원은 데이터베이스를 통해서 이루어지지만, 전략적인 의사결정 지원시스템은 주로 데이터웨어하우스(Data Warehouse: DW)를 이용한다.

데이터웨어하우스란 사용자에게 전략적 의사 결정을 지원하기 위하여 여러 목적으로 구축된 데이터베이스에 있는 데이터를 공통의 형식으로 변환해서 관리하는 데이터 집합체를 말한다.

데이터웨어하우스는 분석에 목적을 두고 있기 때문에 주제 지향적(subject oriented), 통합적(integrated), 시계열적(time-series), 비휘발적(non-volatile)인 4가지 특징을 가진다. 한편 데이터웨어하우스에서 분석 및 처리할 주제에 적합한 데이터만 추출하여 모아 놓은 데이터 마트(data mart)를 구축하기도 한다. 이런 데이터베이스, 데이터웨어하우스, 데이터 마트의 관계는 [그림 1-7]과 같다.

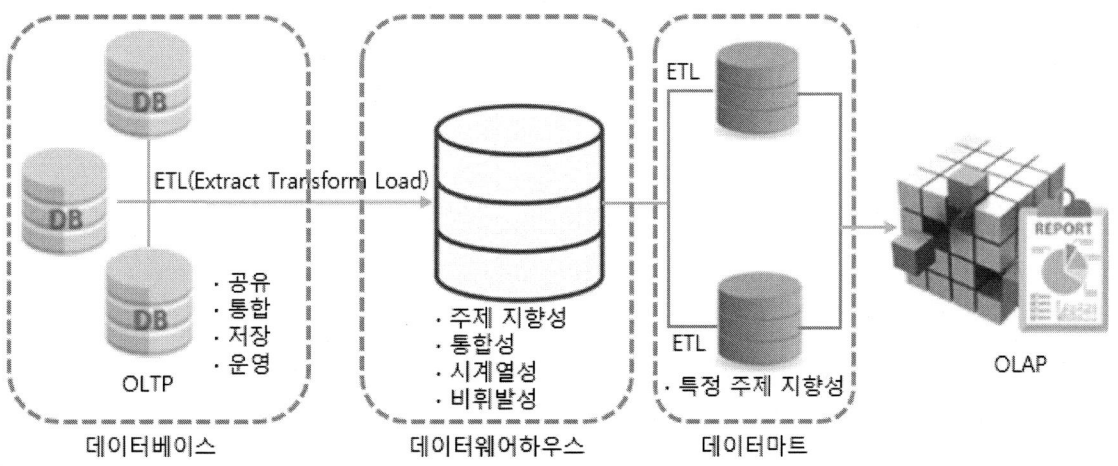

[그림 1-7] 데이터베이스, 데이터웨어하우스, 데이터 마트 관계

의사 결정 지원 시스템은 온라인 트랜잭션 처리(OLTP: Online-Transaction Processing) 시스템과 온라인 분석 처리(OLAP: Online Analytic Processing) 시스템으로 나눌 수 있다([표 1-7]).

[표 1-7] OLTP와 OLAP의 차이

OLTP(Online Transaction Processing)	OLAP(Online Analytic Processing)
• 온라인 거래 처리 • 요청에 따라 실시간처리 • 데이터베이스 운영 데이터 • 의사 결정 지원 시스템 • 기본적인 비즈니스 작업제어 및 실행 • 현재 운영 중인 비즈니스 처리	• 온라인 분석 처리 • 정기적인 배치 처리 • 다차원 통계적 요약정보 • 지식관리 시스템 • 계획 및 문제해결 • 모든 유형의 비즈니스 처리

온라인 트랜잭션 처리(OLTP)는 데이터베이스로부터 현재 운영 중인 비즈니스를 위한 의사결정에 필요한 정보를 실시간 처리하는 시스템이다. 반면에 온라인 분석 처리(OLAP)는 다차원 통계적 요약정보, 계획 및 문제해결 등 모든 유형의 비즈니스 인텔리전스(BI: Business Intelligence) 활동을 목적으로 한다.

1. 기업 내부에서 데이터베이스 활용 사례

디지털 산업이 발전하면서 데이터베이스는 정치, 경제, 사회, 문화, 국방, 과학 등 전 분야에 없어서는 안 될 필수 불가결한 시스템이 되었다. 특히 1990년부터 인터넷 사용이 보편화되고 데이터와 정보의 유통이 활발히 이루어지면서 기업 애플리케이션 통합(EAI: Enterprise Application Integration) 및 데이터 통합(DI: Data Integration) 등 기업 모든 정보 자원을 통합 관리하기 위한 기업 자원 관리(ERP: Enterprise Resource Planning) 방법론이 등장하였다. ERP는 전사적 자원을 종합적으로 관리하기 위하여 제조업을 포함한 다양한 비즈니스 분야에서 생산, 구매, 재고, 주문, 공급자와의 거래, 고객 서비스 제공 등 주요 프로세스 관리를 돕는 여러 모듈로 구성된 통합된 애플리케이션이다. 이처럼 기업의 통합된 정보시스템 관리 패러다임 전환은 데이터베이스를 기반으로 하는 경영정보 시스템(MIS: management Information System)의 OLTP(Online Transaction Processing)에서 데이터웨어하우스 기반의 분석이 기본이 되는 OLAP(Online Analysis Processing)으로 빠르게 전환되었다.

2000년대에 들어서면서 기업의 데이터베이스 활용의 관심은 고객관계관리(CRM: Customer Relationship Management)와 공급망관리(SCM: Supply Chain Management)로 바뀌었다. CRM은 고객별 구매 이력 데이터베이스를 분석하여 고객을 이해하고 이를 기반으로 각종 마케팅 전략을 수립하는 것을 말한다. SCM은 데이터베이스를 이용하여 제품 제공업자로부터 생산자, 배포자, 고객에 이르는 물류의 흐름을 하나의 가치사슬 관점에서 파악하고 필요한 정보가 원활히 흐르도록 지원하는 것을 말한다. 최근에 4차 산업혁명은 정보통신 기술의 융복합으로 새로운 산업을 부흥하자는 운동으로 정보통신 기술(ICT: Information and Communication Technology) 융복합의 중심에는 데이터와 정보가 있다.

이와 같은 기업 내부에서 제조와 금융, 그리고 유통 분야에서 데이터베이스 활용사례를 다음과 같이 정리하였다.

[표 1-8] 기업 내부에 주요한 데이터베이스 활용 사례

분야	활용 사례
제조 부분	• RTE(Real-Time Enterprise) - 실시간 기업 • ERP(Enterprise Resource Planning) - 기업자원관리 • DW(Data Warehouse) - 데이터웨어하우스 • CRM(Customer Relationship Management) - 고객관계관리 • BI(Business Intelligent) - 비즈니스 인텔리전트
금융 부분	• EAI(Enterprise Applications Integration) - 기업 애플리케이션 통합 • ERP(Enterprise Resource Planning) - 기업자원계획 • e-CRM - 전자적인 CRM • Internet Bank - 인터넷 뱅크 • Bancassurance(방카슈랑스) - 은행에서 보험 상품 취급(금융 연계제휴 서비스) • EDW(Enterprise DW) - 기업 데이터웨어하우스
유통 부분	• CRM - 물류 고객관계관리 • SCM(Supply Chain Management) - 공급망관리 • KMS(Knowledge Management System) - 지식관리시스템 • RFID(Radio Frequency Identification) - 지능정보통신, 사물인터넷

2. 사회 기반구조에서 데이터베이스 활용 사례

우리나라는 1990년대에 각 부문의 정보화가 본격화되면서 데이터베이스 구축이 활발하게 이루어졌다. 특히 이 시기에 전자정부를 지향하여 정부 조직 내외의 지식과 정보를 전자적으로 체계화하여 정부 조직을 능률적으로 관리하고 국민에게 신속하고 능률적인 행정서비스를 제공할 수 있는 데이터베이스를 갖추었다. 이에 따라 정부를 중심으로 교통, 물류, 조달, 무역, 조세 등 각 분야에서 정보화가 급속히 발달하면서 전자 문서 처리인 EDI/CALS(Electronic Data Exchange/Computer Aided Acquisition and Life-cycle Support) 활용이 본격화됨에 따라 이에 필요한 대단위 데이터베이스 구축이 이루어졌다. 2000년대 들어서 의료와 교육

부분에까지 다양한 분야에 걸쳐서 데이터베이스 활용이 확대되었다. 이제 데이터베이스는 사회 전반의 기반구조(Infrastructure)를 지탱하고 유지하는 데 없어서는 안 되는 중요한 정보자산(information asset)이 되었다.

사회 기반구조의 데이터베이스 활용 사례를 물류, 지리, 교통, 의료, 교육 등으로 다음과 같이 정리하였다.

[표 1-9] 사회 기반구조의 데이터베이스 활용 사례

분야	활용 사례
물류 부문	• CVO(Commercial Vehicle Operating) System - 상업차량운영시스템 • EDI/CALS(Electronic Data Interchange/Computer Aided Acquisition and Life-cycle Support) -전자데이터교환/컴퓨터 기반 조달 및 처리지원 • PORT-MIS(Management Information System)-항만경영정보시스템 • KROIS(Korea Rail Operation Information System) -철도운영정보시스템 • HYDEX-현대 택배 정보시스템
지리 부문	• NGIS(National Geographic Information System) - 국가 지리정보 시스템 • GPS(Global Positioning System) - 글로벌 위치 시스템
교통 부문	• ITS(Intelligent Transport System) -국가 교통정보 시스템
의료 부문	• PACS(Picture Archiving and Communication System) • U-Health(Ubiquitous-Health)
교육 부문	• EDUNET(Education Network) • NEIS(National Education Information System)

그동안 기업 내부와 사회 기반구조를 관리하기 위한 수많은 데이터베이스가 축적되었고 디지털 미디어가 발달하면서 수많은 양의 데이터가 데이터베이스화되었다. 데이터베이스에 있는 데이터는 현 운영 업무의 최적화를 위한 의사결정에 활용하거나 일차적인 분석을 통하여 현행 업무 프로세스를 혁신에 활용하였다. 그러나 데이터베이스에 있는 데이터를 종합적으로 분석하여 현행 업무 프로세스의 변화와 혁신을 넘어 새로운 기회를 창출하고 미래 변화에 대비할 수 있는 인사이트(Insight)가 필요하게 되었다.

연습문제 -Exercises

▌향상학습▐

1. 다음 중 데이터를 설명한 것만 모두 고른 것은?

   ㄱ. 추론과 추정의 근거를 이루는 사실
   ㄴ. 상황과 조건이 바뀌어도 변하지 않는 일정한 값
   ㄷ. 특정을 목적을 가지고 새롭게 의미가 부여된 값
   ㄹ. 관찰하거나 측정하여 얻어진 객관적 사실이나 값
   ㅁ. 예전에 알지 못했던 사실이나 정황이 새롭게 알려진 값

   ① ㄱ ㄷ ㄹ   ② ㄱ ㄴ ㄹ   ③ ㄱ ㄷ ㅁ   ④ ㄴ ㄹ ㅁ   ⑤ ㄷ ㄹ ㅁ

2. 다음 중 정성적 데이터의 분석 처리 사례로 적절하지 않은 것은?
   ① 데이터를 정렬하는 데 사용한다.
   ② 데이터의 발생 빈도수를 계산한다.
   ③ 데이터 간에 연관관계를 분석한다.
   ④ 평균 및 표준편차 등의 통계자료를 구한다.
   ⑤ 유사한 데이터끼리 묶어서 관련성을 조사한다.

3. 다른 데이터를 설명해주는 구조화된 데이터를 무엇이라고 하는가?
   ① 데이터 사전   ② 데이터 스키마   ③ 데이터 모델
   ④ 데이터 마트   ⑤ 메타 데이터

4. 다음 중 정보의 설명으로 적절하지 않은 것은?
   ① 의사결정 자료(Decision-making data)로 활용하는 것이다.
   ② 이전에 알지 못했던 정황(Situation)이 새롭게 알려진 사실이다.
   ③ 사용자가 특정한 목적을 가지고 데이터를 처리한 결과의 값이다.
   ④ 현실 세계의 실체(Entity)를 관찰하거나 측정해서 기록한 값이다.
   ⑤ 사람으로 생성된 기술적 노하우(Know-how)를 인적정보라고 한다.

5. 다음 중 정성적 데이터로만 분류한 것은 모두 고른 것은?

| ㄱ. 일기예보 | ㄴ. 온도 | ㄷ. 습도 |
| ㄹ. 기상특보 | ㅁ. 시간당 강수량 | ㅂ. 주간 날씨 동향 |

① ㄱ ㄷ ㅁ ② ㄱ ㄹ ㅂ ③ ㄴ ㅁ ㅂ ④ ㄷ ㅁ ㅂ ⑤ ㄹ ㅁ ㅂ

6. 다음 중 정보에 해당하는 것을 모두 고른 것은?

| ㄱ. 온도 | ㄴ. 평균 | ㄷ. 체중 | ㄹ. 부피 |
| ㅁ. 속도 | ㅂ. 학점 | ㅅ. 거리 | ㅇ. 체질량지수 |

① ㄱ ㄷ ㅁ ㅅ ② ㄱ ㄴ ㄷ ㅂ ③ ㄴ ㄹ ㅂ ㅇ
④ ㄷ ㅁ ㅂ ㅅ ⑤ ㅁ ㅂ ㅅ ㅇ

7. 다음 중 정보를 생성 목적에 따라 분류한 것을 모두 고른 것은?

| ㄱ. 생활정보 | ㄴ. 문화정보 | ㄷ. 인적정보 |
| ㄹ. 물적 정보 | ㅁ. 사회정보 | ㅂ. 활동 정보 |

① ㄴ ㄷ ㅁ ② ㄱ ㄷ ㄹ ③ ㄹ ㅁ ㅂ ④ ㄷ ㄹ ㅂ ⑤ ㄱ ㄴ ㄷ

8. 다음의 데이터, 정보, 지식, 지혜를 설명한 것으로 적절하지 않은 것은?
   ① 지혜는 지식을 기반으로 새로운 상황에 응용하는 능력이다.
   ② 지식은 암묵적 지식과 형식적 지식으로 구분할 수 있다.
   ③ 데이터와 정보, 지식, 지혜는 서로 밀접한 관계를 맺고 있다.
   ④ 정보는 데이터를 가지고 생성한 새로운 법칙과 규칙을 의미한다.
   ⑤ 데이터는 다른 데이터와 상관관계도 없는 가공되기 전 주관적인 값이다.

9. DIKW 피라미드 계층구조에서 데이터를 설명한 것으로 적절한 것은?
   ① 연필 가격이 B마트보다 A마트가 더 싸다.
   ② 연필 가격이 상대적으로 저렴한 A마트에서 사야겠다.
   ③ A마트는 B마트보다 다른 상품도 쌀 것으로 판단한다.
   ④ 연필 가격이 A 마트 100원, B 마트 200원에 판매한다.
   ⑤ B마트가 A마트보다 연필의 품질이 더 좋을 것으로 판단한다.

10. 다음 지식을 설명한 것 중 적절하지 않은 것은?

① 내면화된 지식은 지식공유를 통하여 표출되기도 한다.

② 지식은 개인 및 조직의 사고와 경험을 통하여 갖게 된다.

③ 지식의 증대는 지식공유와 재사용을 통해서 이루어질 수 있다.

④ 노하우는 특정한 형식과 절차적 방법에 따라 습득한 지식을 의미한다.

⑤ 많은 데이터에서 유용한 지식을 발견하는 것을 데이터마이닝이라고 한다.

11. 다음의 지식 증대 과정 도표에서 ㉠ ㉡ ㉢ ㉣에 들어갈 내용을 순서대로 나열한 것은?

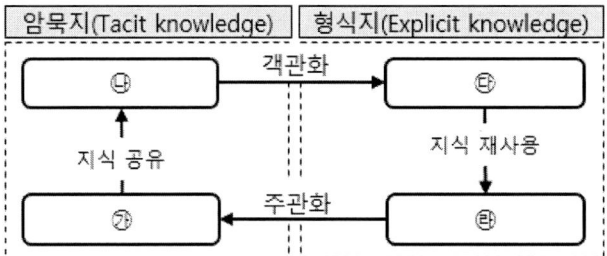

① 표출화, 연결화, 내면화, 공통화
② 공통화, 내면화, 연결화, 표출화
③ 내면화, 공통화, 표출화, 연결화
④ 내면화, 표출화, 공통화, 연결화
⑤ 연결화, 표출화, 공통화, 내면화

12. 다음 중 암묵지와 형식지를 설명한 것으로 적절하지 않은 것은?

① 공통화된 지식은 객관적 사실로 표출된다.

② 형식지는 추상화를 통하여 암묵지가 된다.

③ 내면화된 지식은 공유를 통해서 공통화된다.

④ 연결화된 지식은 주관적 사실로 내면화가 된다.

⑤ 표출화된 지식은 지식 재사용을 통하여 연결화된다.

13. 다음 중 암묵지(Tacit Knowledge)에 관련된 것을 모두 고른 것은?

ㄱ. 코페르니쿠스가 지동설을 주장하였다.
ㄴ. 우리 엄마는 독특하게 김치를 잘 담그신다.
ㄷ. 우리 아버지는 유튜브를 보면서 골프 연습을 하신다.
ㄹ. 나는 특별히 라면을 맛있게 끓이는 방법을 알고 있다.
ㅁ. 삼성전자 스마트폰은 스크린 미러링이라는 특별한 기능이 있다.
ㅂ. 인터넷을 찾아보니 지구 둘레는 약 4만 120km라는 것을 알았다.

① ㄱ ㄴ ㄹ   ② ㄱ ㄷ ㅁ   ③ ㄴ ㄹ ㅂ   ④ ㄴ ㄹ ㅁ   ⑤ ㄷ ㄹ ㅂ

14. 다음 중 데이터웨어하우스(DW)의 특성에 해당하는 것을 모두 고른 것은?

| ㄱ. 독립성 | ㄴ. 통합성 | ㄷ. 상호 운용성 |
| ㄹ. 시계열성 | ㅁ. 비휘발성 | ㅂ. 특정 주제 지향성 |

① ㄱ ㄴ ㄹ   ② ㄴ ㄹ ㅁ   ③ ㄴ ㄹ ㅂ   ④ ㄱ ㄷ ㄹ   ⑤ ㄷ ㄹ ㅂ

15. 다음 중 온라인분석처리(OLAP)의 설명으로 적절하지 않은 것은?
    ① 일종의 지식관리 시스템이다.
    ② 계획 및 문제해결을 위함이다.
    ③ 다차원 통계적 요약정보를 산출한다.
    ④ 모든 유형의 비즈니스 활동을 대상으로 한다.
    ⑤ 현재 운영 중인 비즈니스 프로세스에 적용한다.

16. 다음 중 비정형 데이터로 분류할 수 있는 것을 모두 고른 것은?

| ㄱ. 소셜 데이터 | ㄴ. 스프레드시트 | ㄷ. 이미지 |
| ㄹ. 비디오 | ㅁ. 웹문서 | ㅂ. 센서 데이터 |

① ㄱ ㄷ ㄹ   ② ㄴ ㄷ ㅁ   ③ ㄹ ㅁ ㅂ   ④ ㄷ ㄹ ㅂ   ⑤ ㄱ ㄴ ㄷ

17. 다음은 무엇에 대한 설명인가?

    어느 한 조직의 여러 응용시스템이 공동(shared)으로 사용할 수 있도록 체계적으로 통합(integrated)하고 저장(stored)된 운영(operational) 데이터의 집합체

    ① 빅데이터   ② 데이터 레이크   ③ 데이터 마트
    ④ 데이터웨어하우스   ⑤ 데이터베이스

18. 다음 중 데이터베이스 특징으로 적절하지 않은 것은?
    ① 데이터베이스에 있는 데이터는 내용에 의하여 참조한다.
    ② 데이터베이스에 있는 데이터는 절대로 중복 저장될 수 없다.
    ③ 데이터베이스에 있는 같은 데이터를 동시에 사용할 수 있다.
    ④ 데이터베이스에 있는 데이터는 필요할 때 즉시 접근할 수 있다.
    ⑤ 데이터베이스에 있는 데이터는 항상 최신에 데이터를 유지한다.

19. 다음 중 기업 내부 데이터베이스 활용사례에 해당하는 것은?

| ㄱ. ERP | ㄴ. NEIS | ㄷ. EDI/CALS | ㄹ. CRM |
| ㅁ. DW | ㅂ. ITS | ㅅ. SCM | ㅇ. NGIS |

① ㄱ ㄷ ㅁ ㅂ ② ㄱ ㄹ ㅁ ㅅ ③ ㄴ ㄹ ㅂ ㅇ
④ ㄷ ㅁ ㅂ ㅅ ⑤ ㅁ ㅂ ㅅ ㅇ

20. 다음에 해당하는 데이터베이스 솔루션으로 적절한 것은?

> 제조업을 포함한 다양한 비즈니스 분야에서 생산, 구매, 재고, 주문, 공급자와의 거래, 고객 서비스 제공 등 주요 프로세스 관리를 돕는 여러 모듈로 구성된 통합된 애플리케이션이다.

① ERP ② EAI ③ CRM ④ ECM ⑤ KMS

21. 다음 중 사회 기반구조에서 데이터베이스 활용사례로 볼 수 없는 것은?
① CVO ② EDI/CALS ③ PORT-MIS ④ KROIS ⑤ NEIS

▌심화학습▐

1. 정성적 데이터와 정량적 데이터의 정보처리 측면의 차이를 조사하세요.

2. 정보가 왜 중요한지 정보의 필요성을 조사하세요.

3. 지식의 형성과정에서 암묵지와 형식지의 차이를 설명하세요.

4. 자신이 가지고 있는 암묵지를 기술하고 형식화할 방안을 기술하세요.

5. 데이터베이스 활용 측면에서 OLTP와 OLAP의 차이를 기술하세요.

6. 데이터웨어하우스와 데이터 마트의 차이를 비교 설명하세요.

7. 데이터베이스와 빅데이터의 활용 측면에서 차이점을 설명하세요.

8. 다음에 해당하는 데이터베이스 활용 목적을 기술하세요.
   가. ERP
   나. CRM
   다. SCM
   라. EAI
   마. KMS

9. 4차 산업혁명 시대에 데이터와 정보가 왜 중요한지 설명하세요.

빅데이터 분석
기획과 실무

Chapter
02

빅데이터 개념

2.1 빅데이터 등장 배경
2.2 빅데이터 정의
2.3 빅데이터 역할
2.4 빅데이터 분류
2.5 빅데이터가 만들어 가는 본질적 변화
2.6 빅데이터 분석 기술
2.7 빅데이터가 주는 가치
2.8 빅데이터의 위기와 통제 방안
2.9 빅데이터의 미래
연습문제

Chapter. 02
빅데이터 개념

우리는 현재 4차 산업혁명 시대에 살아가고 있다. 4차 산업혁명은 데이터 기반의 과학적인 방법으로 산업을 혁신적으로 부흥시켜 보자는 운동이다. 이런 혁명의 중심에는 빅데이터가 있다. 빅데이터라는 말은 빅(Big), 즉 크다는 말과 데이터가 결합한 용어로, 직관적으로 표현하면 큰 데이터라고 할 수 있다. 그러나 큰 데이터라는 말은 성립할 수 없으니, 빅데이터는 큰 용량을 차지할 만한 방대한 양의 데이터 집합체를 의미한다. 그러나 하버드대학의 Gary King 교수는 "빅데이터는 데이터에 관한 것이 아니다(Big Data is not about the data!). 데이터는 많고 구하기 쉽지만, 실제 가치는 데이터 분석에 있다."라고 말했다. 즉 빅데이터는 대량의 데이터만을 의미하는 것이 아니라 그 이상의 가치까지를 포괄하는 말로 통용되고 있다. "빅데이터가 세상을 바꾼다(Big data are changing the world). 빅데이터는 모든 것을 알고 있다(Big data know everything)"과 같은 말은 빅데이터의 가치를 설명하는데 자주 등장하는 것들이다. 원래 빅데이터라는 말은 특정 학문으로 정립된 것이 아니라 사회현상 속에서 자연스럽게 출현했기 때문에 데이터 자체보다는 데이터로부터 얻을 수 있는 가치를 더 중요시하였다. 따라서 이번 장에서는 빅데이터의 등장 배경, 빅데이터 정의 및 특징, 역할, 분류, 빅데이터가 만드는 본질적 변화, 빅데이터 분석 기술, 빅데이터가 주는 가치, 빅데이터 위기와 통제방안, 빅데이터 미래 등을 살펴볼 것이다.

2.1 빅데이터 등장 배경

빅데이터란 현상은 원래 없었던 것이 새롭게 등장한 것이 아니라 기존 데이터의 특성 및 처리 방식의 변화, 국내외 정보기술 변화에 따른 정보기술 거버넌스(IT Governance)의 패러다임 전환(Paradigm Shift)에서 기인한 것으로 보고 있다. 이러한 패러다임 전환이 왜 필요했을까? 빅데이터 등장 배경을 명확하게 설명하기는 어렵지만, 일반적으로 빅데이터 등장 배경은 크게 산업계 및 학계 업무 환경의 변화와 정보통신 기술의 발전 측면으로 살펴보자.

1. 산업계 측면에서 빅데이터의 등장 배경

먼저 산업계 측면에서 빅데이터의 등장은 고객 데이터로부터 새로운 가치 발견의 필요성에서 찾아볼 수 있다. 산업에서 가장 중요한 자산은 고객이기 때문에 고객 데이터를 분석하여 회사 경영 및 마케팅 정책에 어떻게 이용하는가가 회사의 명운이 달려 있다고 과언이 아니다. 그동안 고객관계관리(CRM: Customer Relationship Management)에 필요한 수많은 데이터를 축적하고 있었다. 즉 고객에 거래 실적뿐만 아니라 고객이 구매한 상품이나 회사에 대한 의견이나 제안 등과 같은 수많은 정형 또는 비정형 데이터가 축적하게 되었다. 따라서 이와 같은 데이터를 가지고 어떻게 기업 마케팅에 이용할 것인가 하는 것은 중요한 관심사가 되었다. 즉 산업계에서 많은 양의 데이터가 고객으로부터 발생하는 여러 가지 정형 또는 비정형 데이터들을 어떻게 분석해서 기업 경영에 이용할 수 있을지에 대한 고민을 하게 되었다. 이처럼 거대한 가치 창출이 가능할 만큼 충분한 규모의 데이터를 이용하여 새로운 가치의 창출이 가능하게 되었고 그를 활용하여 새로운 기회의 창출과 변화와 혁신 방안에 대한 인사이트가 필요하게 되었다. 매켄지(Mckinsey, 미국의 다국적 컨설팅 전문 회사) 보고서에 따르면 미국에 상장기업 대부분은 100테라바이트(Terabyte, 10^{12}) 이상의 데이터를 보유할 것으로 추산하고 미국에 구글 기업이 보유하고 있는 데이터양은 제타바이트(Zettabyte, 10^{21})를 넘어 요타바이트(Yottabyte, 10^{24}) 이상이 될 것으로 추산된다. 그러나 이들의 기업이 직면한 도전은 보유한 데이터에 숨겨져 있는 가치를 발굴해 새로운 성장 동력을 만들어 낼 수 있는 빅데이터 기술 확보라고 할 수 있다.

2. 과학계 측면에서 빅데이터 등장 배경

두 번째로 빅데이터의 등장 배경은 과학계에서 찾아볼 수 있다. 과학은 어떤 현상 속에서 새로운 사실을 발견하는 학문이다. 전통적인 과학적 발견은 현실 상황에서 현미경과 같은 실험 도구나 각종 약품을 이용하여 반복적 실험을 통해서 새로운 사실을 찾아가는 것이었다. 그러나 이러한 현실 상황을 예측할 수 있는 다양한 데이터가 축적되어 있고 이들이 데이터를 분석하여 새로운 사실을 발견할 수 있다. 대표적인 사례로 인간게놈프로젝트(HGP: Human Genome Project)가 있다. HGP는 인간의 생명현상을 결정짓는 DNA(Deoxyribo Nucleic Acid) 염기서열을 해독하고 DNA내 유전자를 확인하여 인간 유전자 지도를 작성하는 초대형 다국적 과학사업이다. HCP가 추진되던 초창기에는 유전자 정보를 모두 해석하기 위해서는 10년이라는 세월이 걸렸지만 근래에는 며칠이면 분석할 수 있을 만큼의 기술이 발전했다. 또한 미국 항공 우주국 NASA(National Aeronautics and Space Administration)의 기후 모의실험 센터에서는 약 32페타바이트의 기후 관찰 데이터를 슈퍼컴퓨터로 처리해서 기후를 예측한다. 이처럼 거대한 데이터를 다루는 학문 분야가 늘어나면서 빅데이터를 다루는 기술 및 분석 도구들이 지속해 발전하고 있다.

3. 정보통신 기술 발전 측면에서 빅데이터 등장 배경

정보통신 기술은 20세기에 가장 위대한 발명품인 컴퓨터가 등장하고 발전을 거듭해 오면서 정보화 사회 패러다임 전환(Paradigm Shift)이 급속하게 이루어졌다. 이는 모든 것의 디지털화, 저장 기술의 발전 및 저장장치 가격 하락, 인터넷의 발전과 모바일 기술의 진전 등에 따른 수많은 양의 데이터 축적 등이 빅데이터 출현과 직간접적인 관련이 있다. 모든 것의 디지털화 함으로써 데이터의 생산 및 저장, 유통을 획기적으로 개선하였다. 사실 1990년 이후 인터넷이 전 세계로 확장되면서 정형, 혹은 비정형 데이터들이 방대한 양으로 발생하게 되면서 정보의 해일(information tsunami)로 정보의 홍수(information overload)라는 개념들이 등장하였다. 그리고 2007년 스마트 모바일 기기의 탄생은 정보의 폭증(information explosion)

을 불러일으켰다. 특히 모바일 기기의 확산은 사람과 사람을 연결해 주는 소셜네트워크서비스(social network service: SNS)가 발단하면서 수많은 비정형 데이터가 축적하게 되었다. 그로 인해 데이터를 무한정으로 확대 재생산할 수 있는 수확 체증(Increasing Returns of Scale)의 법칙을 불러일으켰다. 수확 체증의 법칙은 디지털 경제에서 "투입되는 생산 요소가 늘어나면 날수록, 그를 통하여 얻어지는 산출량은 기하급수적으로 증가한다"라는 것이다. 실물경제에서는 수학 체감의 법칙이 작용하지만, 데이터와 정보를 다루는 디지털 경제에서 데이터와 정보는 제한된 자본이 아니기 때문에 기존의 데이터와 정보를 통해 무한히 새로 가치를 창출할 수 있다는 것이다. 사실 모든 것의 디지털 전환은 그들을 저장하기 위한 대용량 저장장치의 요구와 저장 비용의 증가로 이어질 수 있다. 그러나 그동안 반도체 메모리의 용량이 1년마다 2배씩 증가(황의 법칙)하고 마이크로칩의 처리 능력은 18개월마다 두 배로 증가(무어의 법칙)하지만, 오히려 저장장치 가격은 급속히 하락해 왔다. 이와 같은 정보통신 기술의 발전이 빅데이터 등장 배경의 원인을 요약해서 정리하면 다음과 같다.

- 디지털TV, CCTV, YouTube, Netflix 등의 디지털 채널의 증가
- Hadoop, MapReduce 등과 같은 대용량의 데이터 분산 처리 기술 발전
- Facebook, Twitter, Instagram 등의 소셜 미디어 확산
- 스마트폰 일상화를 통한 모바일 컴퓨팅 혁명
- 정보 자원 가상화 및 공용화를 위한 클라우드 컴퓨팅 확산

이처럼 기업의 고객 데이터 축적 및 활용 증가, 인터넷 및 사물인터넷(IoT), 모바일 사용의 대중화, 클라우드 컴퓨팅 기술 발전 등으로 데이터 생산량이 폭증하면서 빅데이터 시대가 되었다. 이러한 근거를 설명하기 위하여 [그림 2-1]은 정보통신 기술의 발달과정과 빅데이터의 출현 상황을 잘 보여준다.

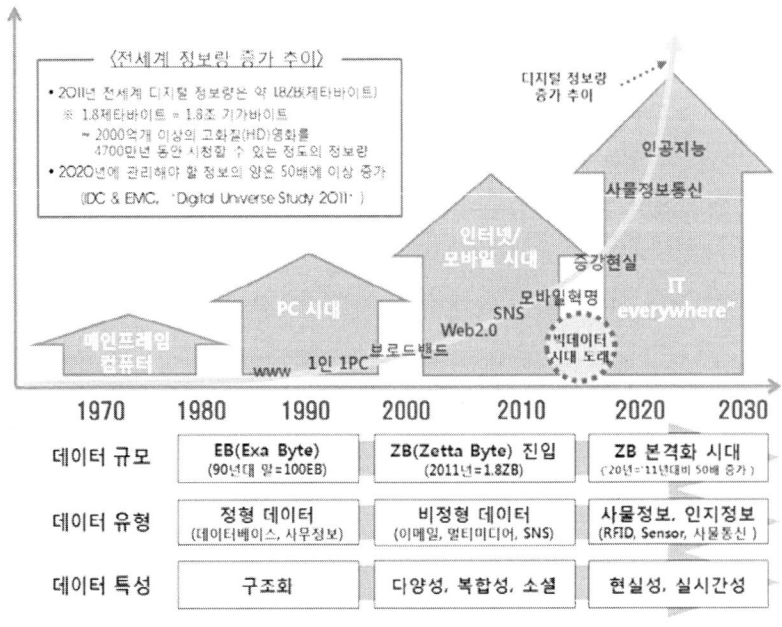

[그림 2-1] 정보통신 발달과정과 빅데이터의 출현

빅데이터의 출현은 빅데이터의 열풍과 회의론을 불러일으켰다. 빅데이터가 본격적으로 나타난 2010년대 초창기에는 마치 빅데이터가 세상을 바꾸는 마법의 요정처럼 여기였다. 그러나 다른 한편으로 "빨리 끓는 물이 빨리 식는다"라고 했던가? 빅데이터 열풍은 일종의 거품현상일 뿐이라는 회의론도 많았다. 돌이켜 보면 인터넷 발달로 정보의 양이 폭증하면서 대용량 데이터베이스(VLDB : Very-Large Database), 멀티미디어 데이터, 객체 지향 데이터 관리, 분산 데이터, 분산 웹 등과 같이 한때 유행처럼 나타났지만 오래되지 않아 잊힌 것처럼 빅데이터도 마찬가지일 것이라고 여기였다. 더욱이 빅데이터는 무엇을 지칭하는지도 알 수 없고 너무 추상적인 데에다 엉뚱하게 남용되면서 기업의 손실만 초래할 것을 우려하는 말도 있었다. 즉 빅데이터의 실체를 경험한 사람은 "빅데이터는 일종의 수사적 사기, 언어적 유희"일 뿐이라고 생각했다. 사실 인터넷이 상거래에 본격적으로 사용하기 시작한 2000년대 초만 해도 고객관계관리(CRM)가 회사의 명운을 결정할 것처럼 생각했다. 그래서 많은 기업에서 앞다투어 CRM을 구축하는데 많은 투자 했지만, 투자한 만큼, 그리고 기대한 만큼 효과는 만족스럽지 않았다. 그래서 단지 빅데이터 기업들이 성과 내기에 급급해 CRM 분석을 마치 빅데이터 분석으로 포장하는데 열을 올린다고 역설하였다. 사실 그러한 측면도 있었다. 그러나 인터넷 시대를 거쳐 광대역 무선통신 시대, IoT 시대를 거치면서 데이터가 사회적 경제적 생산성 향상에 중심적인 역할에 사용되고 4차 산업혁명 시대의 중심 자원으로 인식되면서 그의 열풍은 계속해서 이어지고 있다. 즉 사회현상 변화와 기술이 발전하면 할수록 데이터의 역할과 가치는 더욱 주목받을 것이다. 아직도 "빅데이터만 있고 분석이 없는 것 같다"라는 우려하는 목소리가 있다. 이런 우려를 불식시키려면 빅데이터 가치에 더욱더 집중해야 한다.

2.2 빅데이터 정의

빅데이터란 큰 데이터뿐만 아니라 너무 복잡하여 다루기 어려운 데이터를 의미한다. 그러나 빅데이터 현상은 다양한 영역에서 나타나고 있으며 빅데이터 또한 다양하다. 일반적인 빅데이터 정의는 다음과 같다([표 2-1]).

[표 2-1] 빅데이터의 다양한 정의

정의	참조
빅데이터(Big Data)란 기존 데이터베이스 관리 도구로 데이터를 수집, 저장, 관리 분석할 수 있는 역량을 넘어서는 대량의 정형(structured), 혹은 비정형(unstructured) 데이터로부터 가치(value)를 추출하고 결과를 분석(analysis)하는 기술(technic)까지 포함된 개념이다.	위키백과 (Wikipedia)
빅데이터란 일반적인 데이터베이스 소프트웨어가 수집, 저장, 관리 분석할 수 있는 범위를 초과하는 대규모 데이터이다.	맥킨지 (McKinsey)
빅데이터란 다양한 데이터로 구성된 방대한 데이터로 고속 캡쳐, 데이터 탐색 및 분석을 통해 경제적으로 필요한 가치를 추출할 수 있도록 설계된 아키텍처(Architecture)와 혁신 기술이다.	IDC

빅데이터는 데이터 급성장에 따른 이슈와 기회를 데이터의 양(Volume), 데이터 입출력 속도(Velocity), 데이터 종류의 다양성(Variety)이라는 세계의 차원으로 구성한다.	가트너(Garner)의 Doug Laney
빅데이터란 기존의 관리 및 분석 체계로는 감당할 수 없을 정도의 거대한 데이터 집합으로 대규모 데이터와 관련된 기술 및 도구(수집, 저장, 검색, 공유, 분석, 시각화 등)를 포함한다.	삼성 경제 연구소

이상과 같은 여러 가지 빅데이터 정의를 종합해 보면 빅데이터란 다양한 디지털 매체로부터 빠르게 생성(Velocity)되는 다양한 종류(Variety)의 대규모(Volume) 데이터와 데이터로부터 새로운 가치를 발견하고 인사이트(Insight, 通察力)를 창출하려는 기술과 인력까지를 포함한 개념이다.

이런 일반적인 빅데이터 정의로부터 빅데이터 특징을 살펴보면 데이터의 규모(Volume), 다양성(Variety), 속도(Velocity)의 복잡성에도 불구하고 정확성(Veracity)을 전제로 새로운 가치(Value)를 탐구하는 학문이다. 빅데이터 특징을 좀 더 자세히 설명한 것은 다음과 같다.

[표 2-2] 빅데이터 특징

규모(Volume)	정보통신 기술의 발전과 다양한 소셜 미디어 발달로 디지털 정보량이 기하급수적으로 폭증되어 제타바이트(Zeta Byte, 1021)를 넘어 여타바이트(Yottabyte, 10^{24}) 시대로 진입
다양성(Variety)	다양한 소셜 미디어로부터 텍스트 및 음성, 영상 등 정형 비정형의 다양한 유형의 데이터 생성
속도(Velocity)	사물지능통신(M2M), 센서네트워크, 사물인터넷 등으로부터 실시간적으로 발생하는 스트리밍 데이터
정확성(Veracity)	빅데이터 특성상 방대한 데이터들을 기반으로 분석을 수행해야 하므로 우수한 품질의 데이터를 활용하는 것이 분석 정확도에 영향을 줌
가치(Value)	빅데이터의 궁극적 목표는 새로운 가치 발견을 통하여 당면한 문제를 파악하고 문제해결 방안과 미래 대응에 필요한 인사이트를 창출하고 혁신과 새로운 기회를 제공

빅데이터 특징 규모(Volume), 다양성(Variety), 속도(Velocity), 정확성(Veracity) 그리고 가치(Value)를 빅데이터 5V 구성 요소라고 한다([그림 2-2]).

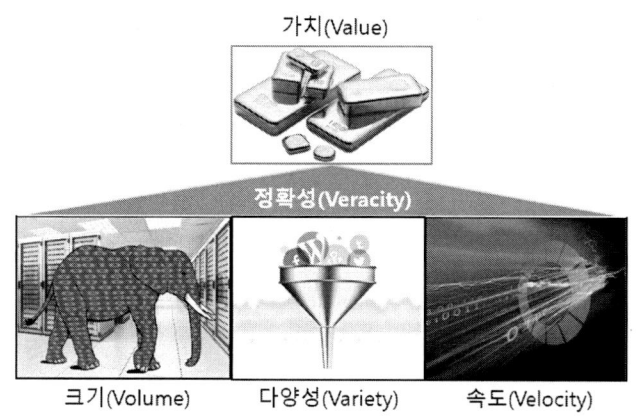

[그림 2-2] 빅데이터 5V 구성 요소

2.3 빅데이터 역할

빅데이터가 관심이 집중되는 이유는 빅데이터는 무한한 가능성을 창출할 수 있는 원천이기 때문이다. 빅데이터 정의도 다양한 의견을 가지고 있는 것과 마찬가지로 빅데이터의 역할도 다양한 의견을 가지고 있다([표 2-3]).

[표 2-3] 기관별 다양한 빅데이터 역할

빅데이터 역할	의견 기관
데이터는 자본이나 노동력과 거의 동등한 수준의 경제적 투입 자본으로 비즈니스의 새로운 원자재(material) 역할 수행한다.	Economist(2010)
데이터 분석을 잘 활용할 수 있는 조직일수록 차별적 경쟁력을 갖추고 높은 성과를 창출하게 된다.	MIT Sloan(2010)
데이터는 미래 경쟁 우위를 결정하는 21세기 원유(Oil)로서 기업은 다가올 "데이터 경제 시대"를 이해하고 정보 고립을 경계해야 생존할 수 있다.	Gartner(2011)
빅데이터는 혁신(Innovation), 경쟁력(Competitiveness), 생산성(productivity)의 핵심 요소이다.	Mckinsey(2011)

1. 빅데이터는 4차 산업혁명 시대의 재료나 원료로 역할

빅데이터는 4차 산업혁명 시대에 석탄(Coal)과 철(Steal), 혹은 원유(Oil), 그리고 렌즈(Lens), 플랫폼(Platform) 역할을 한다. 먼저 18세기 1차 산업혁명을 이끈 핵심 자원은 석탄과 철이었다. 21세기 4차 산업혁명 시대에 산업을 새롭게 부흥 발전시킬 원동력은 빅데이터이다. 한편, 20세기 공업화 사회에 촉매 역할을 한 것은 원유이지만 빅데이터는 지식정보화 시대에 시너지(synergy)를 발휘할 원유(Oil)의 역할을 하고 있다. 즉 빅데이터는 혁신과 경쟁력을 갖추게 할 무기(weapon)로 자리매김하고 있다.

2. 빅데이터는 사회현상이나 사건을 들여다보는 렌즈나 올바른 방향으로 안내하는 나침판 역할

빅데이터는 사회현상이나 사건을 속속들이 들여다볼 수 있는 렌즈(Lens) 역할을 한다. 사실 현미경이 발달하면서 세균의 사실을 규명해 내고 동식물 세포 조직의 구조를 알아냄으로써 인류의 수많은 질병으로부터 해방한 것과 같이 빅데이터는 산업 전반에 문제를 찾아내고 사회적 사건이나 현상을 속속들이 들여다볼 수 있도록 하고 있다. 또한 빅데이터는 새로운 원인 규명과 법칙을 발견하기 위한 나침반(compass)의 역할을 한다. 빅데이터 제공하는 렌즈 역할의 대표적인 예는 구글의 'Ngram Viewer' 빅데이터 서비스가 있다. Google Ngram Viewer는 영어, 중국어, 프랑스어, 독일어, 히브리어, 이탈리아어, 러시아어, 스페인어로 된 구글의 말뭉치에서 1500년부터 2019년 사이 인쇄된 출전에서 발견되는 연간 n-gram의 수를 이용하여 일련의 검색 문자열의 주기를 도표화하는 온라인 검색 엔진이다.

[그림 2-3] Google Ngram Viewer를 이용한 문헌 말뭉치 검색 예

[그림 2-3]은 Google 'Ngram Viewer'를 통하여 미국 국호의 변화를 검색한 것이다. 수많은 문헌에서 'The United States are'와 'The United States is'로 표현된 내용을 연대별로 검색한 결과 미국의 남북전쟁(America Civil War, 1961~1865) 전에는 미국은 여러 주(States)의 연합 국가라는 인식이 강했지만, 남북전쟁 후에는 하나의 연방국 의식이 강한 것을 알 수 있다. 이런 의식의 변화 분석은 수백 만권의 문헌이 디지털화된 빅데이터가 있어서 가능한 서비스이다.

3. 빅데이터는 모든 것의 플랫폼 역할

빅데이터는 모든 도메인이 공동으로 활용을 목적으로 구축한 플랫폼(platform)의 역할을 한다. 즉 각종 자료를 수집하여 목적에 맞게 가공, 처리, 저장해 두고 자료가 필요한 사람에게 접근할 수 있도록 API(Application Programming Interface)를 제공한다. 데이터가 필요한 사람들은 자신들이 필요한 데이터를 추출해서 활용하게 되고 빅데이터는 그 자체로 모든 것의 플랫폼 역할을 하게 된다. 또한 정보통신 기술 또한 데이터 기반으로 발전하게 되고 이에 따라 빅데이터는 정보통신 기술의 허브(Hub) 역할을 할 것이다. 더 나아가 빅데이터는 모든 것을 통합하는 클라우드 컴퓨팅(Cloud Computing) 역할을 한다. 특히 클라우드 컴퓨팅의 발전은 빅데이터를 처리하는 비용을 획기적으로 절약하는 계기를 주고 있다.

2.4 빅데이터 분류

빅데이터는 디지털화된 모든 자료로 생성 주체와 생성 형태에 따른 나눌 수 있다. 데이터 생성 주체는 비즈니스에 관련된 데이터, 기계 데이터, 사람 데이터, 관계 데이터 등이 있다. 먼저 비즈니스에 관련된 데이터는 업무에 사용되고 있는 데이터베이스에 있는 레거시 데이터(Legacy data)나 데이터웨어하우스 데이터이다. 이들의 데이터를 세분하면 고객 데이터, 판매 데이터, 유통 데이터, 재고 데이터, HR(Human resource) 데이터 등이 있다. 인터넷, 모바일 시대에 모든 것의 디지털화를 넘어 모든 것의 연결화 시대인 사물인터넷(IoT)은 빠르게 생성되는 데이터의 양을 획기적으로 폭증시키는 전기가 되었다. IoT는 로그 데이터, 세서 데이터 위치 데이터 및 CCTV 등에서 기록되는 영상 데이터 등이 이에 해당한다.

인터넷은 사람과 정보를 편리하게 연결하는 역할을 했다면 모바일 스마트 기기는 사람 개개인의 의견, 감정, 관계, 상황 등의 데이터를 손쉽게 수집하고 저장할 수 있도록 하였다. 사람 데이터는 홈페이지, 블로그, 게시판, 이메일, 일상 정보(Life log)에 관련된 것들이다. 관계 데이터는 카카오톡(KakaoTalk), 트위터(Twitter, Facebook), 페이스북(Facebook), 링크드인(LinkedIn), 인스타그램(Instagram) 등 SNS(Social Network Service)에 관련된 것들이다. 빅데이터는 여러 데이터를 종합적으로 고려하여 그들로부터 가치를 창출하는 활동이다. 따라서 빅데이터는 여러 다양한 유형의 데이터를 고려해야 하므로 데이터 구조가 복잡하다는 특성이 있다([그림 2-4]).

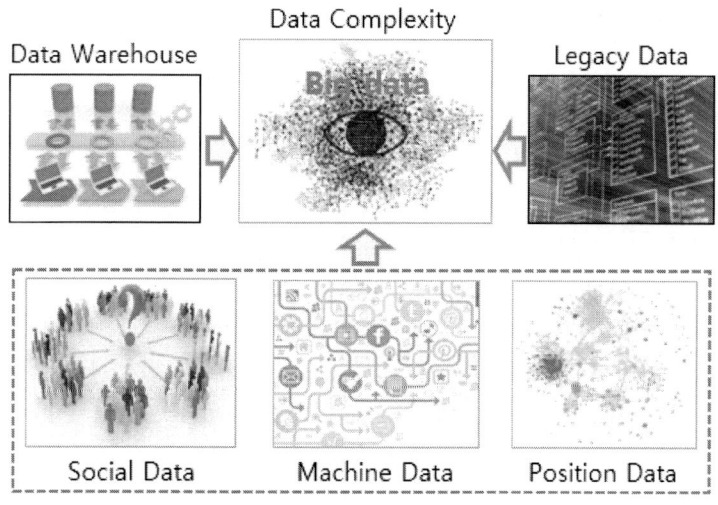

[그림 2-4] 빅데이터 생성 주체에 따른 분류

한편, 빅데이터를 생성 형태에 따라 분류하면 정형 데이터(Structured Data), 반정형 데이터(Semi-structured Data), 그리고 비정형 데이터(Unstructured Data)로 나눌 수 있다([표 2-4]).

[표 2-4] 빅데이터를 생성 형태에 따라 분류

구분	유형	수집도	난이도
정형 데이터 (Structured Data)	• 고정된 필드 형식으로 저장된 데이터 • 관계 데이터베이스 스키마 형식에 맞게 저장된 데이터	• 내부 시스템에 저장된 경우가 대부분이라 수집이 용이 • 파일 형태의 스프레드시트라도 내부 데이터 형식을 가지고 있어 처리가 용이	하
	스프레드시트, 관계형 데이터베이스 등		
반정형 데이터 (Semi-structured Data)	• 고정된 필드 형식에 저장되어 있지는 않지만, 메타데이터나 스키마 등을 포함하는 데이터 • 관계형 데이터베이스나 다른 형태의 데이터 테이블과 연결된 정형 구조의 데이터 모델을 준수하지 않는 정형 데이터의 한 형태	• API 형태로 제공되기 때문에 데이터 처리 기술이 필요	중
	XML, HTML, 센서 데이터, 기계 데이터 등		
비정형 데이터 (Unstructured Data)	• 데이터 구조가 일정한 형태와 규칙이 없이 무작위로 저장된 데이터 • 규격화된 데이터 필드에 저장되지 않은 데이터	• 파일을 데이터 형태로 변환해야 하므로 수집한 데이터 가공 및 처리가 어려움	상
	텍스트 문서, 이미지, 동영상, 음성 데이터, SNS 데이터 등		

빅데이터 수집 위치에 따라 분류하면 조직이나 기업 내부에 존재하는 데이터도 있고 외부에 있는 데이터도 있다. 기업 내부의 데이터는 수집하는 원천 데이터의 저장소가 내부 시스템에 있는 데이터로 데이터 제공자와 상호 협약에 의한 의사소통이 용이하다. 따라서 인터페이스할 데이터 수집 주기 및 방법은 데이터 제공자(또는 기관)와의 협약을 통해 받을 수 있다. 내부 데이터는 소스 데이터 담당자와 의사소통이 원활하므로 수집 난이도가 외부 데이터와 비교해 낮은 편이다. 한편, 외부 데이터는 수집하는 원천 데이터의 저장소가 외부 시스템에 있는 데이터로 데이터 제공자와 협약된 관계가 아니면 상호 의사소통이 불가능하여 수집 난이도가 높은 편이다. 인터페이스 방법은 수집할 항목을 분석해 수집 시스템을 설계해야 한다.

2.5 빅데이터가 만들어 가는 본질적 변화

빅데이터는 기존의 데이터 처리 방식을 근본적으로 변화시킨다. 즉 사전 처리에서 사후 처리로, 표본조사에서 전수조사로, 질보다 양을 중시, 인과관계보다 상관관계를 중시하는 태도로의 전환이다.

1. 사전 처리에서 사후 처리로 변화

정보의 증가를 가장 폭발한 시점은 18세기 산업혁명 이후부터로 보고 있다. 산업혁명 시대는 일의 분업화에 필요한 많은 절차와 규칙에 관련된 정보가 폭증하게 되었다. 이처럼 폭증하는 정보의 양을 효과적으로 관리하기 위하여 정보의 사전 처리(pre-processing)를 통하여 필요한 정보만 보관하고 불필요한 정보는 버리게 되었다. 사전 처리방식의 대표적인 예는 데이터베이스이다. 데이터베이스는 업무에 필요한 표준 스키마를 사전에 정하고 정해진 스키마에 적합한 데이터만 선별하여 저장하고 그렇지 않은 데이터는 저장하지 않는다. 이러한 사전 처리 방식은 빅데이터 시대에는 적합하지 않다. 빅데이터 시대에는 이미 가치가 있을 것이라고 정해진 특정한 데이터만 선별해서 모으는 것이 아니라 가능한 한 많은 데이터를 여과 없이 모으는 데이터 레이크(Data Lake)가 필요하다. 구글은 다른 기업이 로그(Log) 데이터에 관심을 두지 않을 때 로그 데이터를 분석하여 광고에 활용하면서 세계 최고의 인터넷 기업으로 성장했다. 이와 같은 구글의 성공은 데이터의 사전 처리방식을 탈피하고 사후 처리방식의 사고 전환을 통하여 이룰 수 있다고 할 수 있다.

2. 표본조사에서 전수조사로 변화

빅데이터 시대는 많은 데이터에서 인사이트 한 가치를 찾는 게 핵심이다. 빅데이터 시대 이전에는 새로운 가치를 발견하기 위해 통계학적 표본을 분석하여 원래의 값을 추론하는 데 초점을 두었다. 빅데이터 출현 이전에는 자료수집 비용, 대용량 데이터 처리 기술, 분석 비용 등이 걸림돌이 되었기 때문에 전체 관측데이터를 대신할 수 있는 일부의 데이터를 추출하여 추출한 일부의 데이터만을 활용하여 분석한 결과가 전체 데이터 분석 결과에 얼마나 일치하는지 검증하는 일을 하였다. 그러나 빅데이터 시대에는 저장장치의 용량이 기하급수적으로 증가하였고 그의 반면에 가격은 저렴하게 되어 많은 데이터를 축적할 수 있었다. 그리고 하둡(Hadoop), 맵리듀스(MapReduce), NoSQL(Not-only SQL) 등 분산 데이터 저장 및 처리 기술이 등장하였다. 특히 클라우드(Cloud) 기술의 발전으로 다양한 빅데이터를 손쉽게 획득할 수 있고 그들을 쉽고 저렴하게 처리할 수 있는 시대가 되었다. 따라서 전체 자료를 관리하고 분석할 수 있는 환경과 여건, 기술이 갖추어져 있다.

전수조사의 장점은 표본조사에서 알 수 없었던 패턴이나 지식을 정확히 발견할 수 있다는 데 있다. 표본조사는 표본 데이터를 분석하여 모수 데이터를 추론하기 위한 기법으로 어디까지나 확률을 기반으로 하였다. 그러나 전수조사는 사실 데이터를 분석하기 때문에 확률적 통계 기반이 아닌 사실 사실관계를 규명하는 데에 초점을 둔다. 또한 표본조사 분석 방법은 분석 목적에 적합한 표본 데이터를 수집해야 하므로 분석 목적이 바뀌면 그에 맞는 표본을 다시 추출해야 하는 단점이 있다. 그러나 전수조사 방법은 모든 데이터를 대상으로 하므로 다양한 분석 목적에 따라 데이터를 다양한 방식으로 재가공할 수 있으므로 데이터 활용의 융통성을 발휘할 수 있다. 예를 들면 우리나라 대통령 선거일에 선거를 마친 일부 유권자를 대상으로 하는 출구 조사(표본조사)는 대통령의 당락을 예측하는 데는 유용하지만 학력과 소득 수준에 따라 특정 후보를 지지하는 성향을 분석하는 데 한계가 있다. 왜냐하면 이러한 지지 성향 패턴을 분석하기 위해서는 전체 투표 결과를 분석해야만 알 수 있기 때문이다.

3. 질보다 양을 중시

빅데이터 가치는 데이터의 양(Volume)이 많으면 많을수록 증가한다. 사실 데이터베이스 가치는 데이터 품질을 전제로 한다. 데이터베이스에 있는 데이터가 정확하지 않거나(도메인 무결성 위반) 빠지게 되면(널값 존재) 업무에 필요한 의사결정 정보도 정확하지 않게 된다. 그러나 빅데이터는 대량의 데이터를 대상으로 하기 때문의 일부 잘못되어 있거나 빠진 데이터를 분석해도 결과에는 큰 영향을 주지 않는다. 즉 몇십 명의 사람 중에서 한두 명의 정보는 매우 의미 있는 변화를 만들 수 있는 규모이지만 수백만 수천 명의 인구를 다루는 문제에서 한두 명의 정보의 오류는 큰 의미에 영향을 주지 못한다.

데이터의 양이 많으면 많을수록 양질의 데이터가 일부 오류의 데이터를 상세할 수 있다. 데이터의 양이 질보다 중요함은 구글의 자동번역기 발전에서 찾아볼 수 있다. 사실 자동번역 시스템은 IBM사에서 먼저 시작하였다. IBM사는 의회에서 번역한 문서에 있는 영어 불어 말뭉치(corpus)를 추출하여 데이터베이스를 구축하였다. IBM사가 구축한 데이터베이스 말뭉치 건수는 수백만이었지만 IBM사의 자동번역기는 그렇게 주목받지 못했다. 그러나 구글은 인류가 만든 수백 만권의 장서와 전 세계 이용자가 계속해서 쏟아내는 검색어 등 엄청난 양의 데이터를 이용하여 검색 서비스를 제공한다. 구글의 번역기 데이터베이스에는 수십억 건 이상의 말뭉치가 저장되어 있을 것으로 추산하고 이것을 이용하여 85개국의 언어를 90% 이상의 정확도로 교차 번역할 수 있는 것으로 평가된다. 구글의 번역기는 사용자 요구 데이터를 계속해서 축적하기 때문에 계속해서 진화하고 있다. 즉 구글 번역기의 성능은 데이터의 양이 증가하면 할수록 높아지는 것을 알 수 있게 한다.

4. 인과관계보다 상관관계 중시

빅데이터 시대에는 원인을 규명하기보다 결과를 중시한다. 기존의 과학적 발견법은 변인 간에 인과관계(causation)를 통하여 특정한 현상이 일어나는 원인을 규명하는 데 초점을 두었다. 그러나 발생 원인을 몰라도 상관관계(corelation)만 정확하면 인사이트 한 가치로 충분한 예도 있다. 가령 신속한 의사결정이 필요한 비즈니스에서 더더욱 상관관계가 중요하다. 예를 들면 독감 확산 경로를 예측하여 백신을 효과적으로 접종하려고 할 때 확산 지역을 알아내는 것 자체가 중요할 뿐 왜 독감이 발생이 일어난 원인은 중요하지 않다. 또한 자동차 바퀴에 부착된 센서가 타이어 교체 시기를 알려 줄 때 운전자는 인과관계를 통해서 원인을 규명하는 것보다 안전을 위해 즉시 타이어를 교체하는 것이 더 현명한 결정일 것이다.

인과관계는 분석의 비용이 많이들 때 표본을 통하여 원인을 규명하고 결과를 예측할 때 유용하게 사용하는 방법이었다. 그러나 빅데이터 시대에는 데이터 획득 비용이 기하급수적으로 감소하고 모든 것의 데이터화가 가능하므로 빅데이터에서 인과관계를 찾을 필요 없이 곧바로 상관관계를 규명하여 의사결정에 이용하면 된다. 예를 들어 주식 투자 분석에서 특정 지표의 변화가 주가와 밀접한 상관관계가 있다고 판단하면 주식 거래인은 신속한 거래로 이익을 성취하면 된다. 왜냐하면 인과관계를 분석하기 위해 시간을 보내다가 거래 타이밍을 놓쳐 수익의 기회를 잃어버릴 수 있기 때문이다. 그러나 인과관계가 매우 불필요한 것은 아니다. 왜냐하면 데이터 사이언스 측면에서 데이터의 인과관계를 많이 알면 알수록 빅데이터 이해의 폭이 넓어지고 깊이가 깊어질 수 있어서 더 많은 상관관계를 얻을 수 있기 때문이다.

2.6 빅데이터 분석 기술

빅데이터는 확대 재생산되고 비즈니스 환경이 점점 더 복잡해짐에 따라 빅데이터 분석 기술 또한 계속해서 발달하고 있다. 이처럼 빅데이터 분석 기술의 발달은 빅데이터 가치를 산정하게 어렵게 만드는 요인이 된다. 예전에는 처리비용이 너무 높아 분석할 수 없던 빅데이터를 클라우드 분산 컴퓨팅 서비스를 이용하여 저렴하게 분석할 수 있게 되었다. 또한 기존에 정형 데이터뿐만 아니라 트위터, 페이스북, 유튜브 등 텍스트 및 영상 데이터 등 비정형 데이터도 새로운 분석기법의 등장으로 더욱 쉽게 분석할 수 있게 되었다. 일반적으로 빅데이터 분석 기술은 가치 형성, 가치 발견, 가치 창출을 들 수 있다([그림 2-5]).

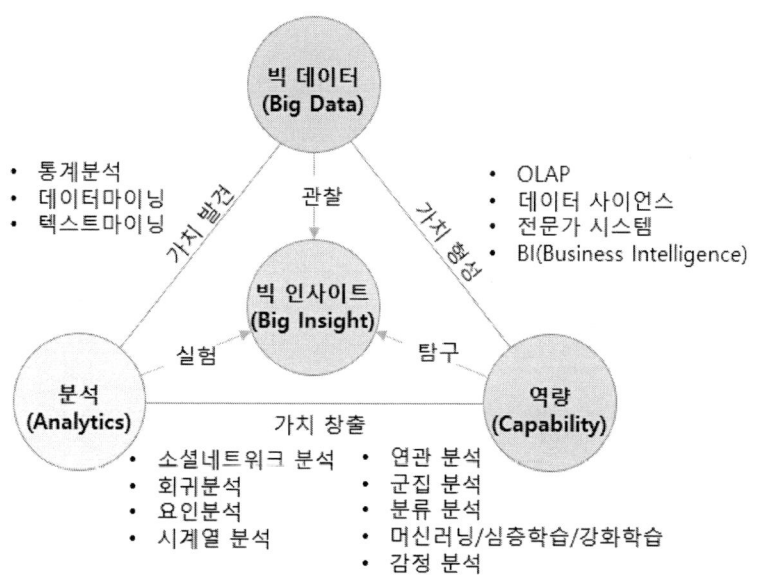

[그림 2-5] 빅데이터 분석 기술

빅데이터 분석 기술의 가치 형성은 빅데이터를 관찰하고 가치를 탐사하는 기법으로 OLAP(On-Line Analysis Processing), 데이터 사이언스(Data Science), 전문가 시스템(Expert System), BI(Business Intelligence) 등이다. OLAP은 대용량 데이터에서 데이터를 다양한 관점으로 쉽고 빠르게 분석해 실시간 의사결정을 위한 일종의 BI(Business

Intelligence) 시스템이다. 데이터 사이언스(Data Science)란 대량의 데이터로부터 의미 있는 가치를 발견하려는 탐구 활동으로 데이터 분석뿐만 아니라 이를 효과적으로 구현하고 전달하는 전 과정까지를 포함한 포괄적 개념이다. 전문가 시스템(Expert System)은 인간이 특정 분야에 전문적인 지식을 정리하고 표현한 데이터베이스로써 누구나 전문 지식을 이용할 수 있도록 구축된 시스템이다.

가치 발견은 빅데이터 관찰과 분석을 통하여 새로운 가치를 발견하는 것으로 통계 분석, 데이터 마이닝, 텍스트 마이닝 기술 등이 있다. 통계 분석은 관심 있는 어떤 대상(모집단, population)에서 자료를 수집(collection)하여 이를 정리하고 요약(summary)하는 작업뿐만 아니라 자료를 심층적으로 분석(analysis)하여 불확실한 사실을 규명하여 과학적이고 합리적인 의사결정(decision-making) 자료를 산출하는 것이다. 한편 데이터 마이닝(Data Mining)이란 대량의 데이터로부터 유용한 지식을 발굴(knowledge discovery in database: KDD)하는 기술이다. 마지막으로 텍스트 마이닝은 인터넷 자료, 이메일, 여러 분야의 논문, 신문 또는 잡지의 기사, 여론조사 보고서 등 우리 실생활 속에서 생성되는 대규모 텍스트 데이터로부터 자연어처리(Natural Language Processing: NLP) 방식을 이용하여 새로운 패턴(pattern)과 연계성을 발견하거나, 분류 혹은 군집화, 요약 등을 통하여 숨겨진 의미를 발굴하려는 기법이다.

마지막으로 가치 창출 방식은 빅데이터 분석 역량을 통하여 새로운 가치를 창출하는 것으로 데이터 연관분석(Association analysis) 군집분석(Clustering analysis), 분류 분석(Classification analysis), 기계학습(Machine Learning), 로지스틱 회귀분석(Logistic Regression Analysis) 기법 등이 있다. 연관분석(Association analysis)은 변인(데이터) 간에 어떤 상관관계가 있는지 규명해 내는 기법이다. 그동안 연관분석은 소비자들의 상품 구매 패턴을 분석하여 마케팅 전략을 구사하는 데 많이 사용되었다. 그래서 연관분석을 다른 말로 장바구니 분석(basket analysis)이라고 한다. 예를 들면 "맥주를 구매한 사람이 기저귀도 함께 구매할 확률이 얼마나 될까?", 혹은 "우유 구매자가 기저귀를 더 많이 구매하는지?", "커피를 구매하는 사람이 탄산음료를 더 많이 사는가?" 등을 분석하는 데 사용한다. 연관분석의 활용은 상품 간에 지지도(support)와 신뢰도(Confidence)가 높은 상품을 함께 진열하여 교차판매(Cross Sales)를 유도하는 전략에 적용할 수 있다. 또한 정보시스템 로그(Log) 데이터를 분석하여 불법 침입자나 유해 행위자를 색출하는 등에도 사용된다.

군집분석(Clustering Analysis)은 각 객체(대상)의 유사성을 측정하여 유사성이 높은 객체들의 집단화를 통하여 세분화(segmentation)하고 군집에 속한 객체들 사이의 동질성 및 다른 군집에 속한 객체들 사이에 이질성을 규명하는 분석 방법이다. 군집분석은 고객 세분화(customer segmentation)를 통한 마케팅 전략(STP, Segmentation, Targeting, Positioning) 및 투자 상품 포트폴리오 구성을 통한 투자 위험률 분석 등에 활용된다.

빅데이터 분류분석(Classification analysis)은 정해진 결과의 영향을 주는 여러 가지 변수들의 새로운 패턴을 발견하여 새로운 값을 예측하거나 추정하는 기법이다. 분류분석 기법에는 의사결정나무(Decision Tree) 분석, 인공신경망(Neural Network) 분석, 로지스틱 회귀(Logistic Regression) 분석 등이 있다. 이런 분류분석 기법은 주로 기계학습에 적용된다.

기계학습(ML: Machine Learning)이란 사람의 학습 능력과 같은 활동을 컴퓨터에서 실현하고

자 하는 기술로 인공 지능(AI: Artificial intelligence)의 연구 분야 중 하나이다. 즉 기계학습은 컴퓨터가 대량의 데이터로부터 일정한 규칙(rules)과 패턴(pattern)을 탐사하여 알고리즘(algorithm)을 구축하고 새로운 사실을 예측하기 위한 기술이다. 이에 반하여 심층학습(Deep Learning)은 기계학습에서 발전된 형태로 분류 특징(feature)을 사람이 알려 주지 않아도 훈련 데이터를 이용하여 학습을 통하여 스스로 특징을 찾아내어 최적의 예측 모델을 생성한다. 심층학습은 다층의 퍼셉트론(multi-layer perceptron) 인공신경망(ANN: Artificial Neural Network)을 사용한다. 강화 학습(Reinforcement Learning)은 행동심리학에서 영감을 받은 것으로 어떤 환경 안에서 정의된 에이전트(agent)가 현재의 상태를 인식하게 하여 선택할 수 있는 행동 중에서 보상을 최대화하는 행동 혹은 행동의 순서를 정하게 하는 방법이다. 강화학습 방법은 훈련에 잘 따르면 보상(reward)을 주고 그렇지 않으면 벌(punishment)을 주어 감독관(supervisor)이 원하는 방향으로 학습 결과를 유도하는 방식이다.

로지스틱 회귀 분석(Logistic Regression Analysis)은 여러 가지 입력 변수가 주어졌을 경우 특정 범주형 결과로 분류하는 기법이다. 이는 "구매자의 소득 수준이 구매 차량 유형의 어떤 영향을 주는가?", 혹은 "사용자 만족도가 충성도에 어떤 영향을 끼치는가?" 등을 분석할 때 적용한다.

감정 분석(Sentiment Analysis)은 사람의 의견이나 감성, 태도, 평가, 상태 등을 분석하는 것이다. 감성 분석은 주어진 텍스트를 조사하고 텍스트 내의 글을 작성한 사람의 감정적 의견을 분류하여 평가하기 위한 목적으로 사용한다. 예를 들면 "새로운 환불 정책에 대한 고객의 평가는?", "새로운 메뉴에 대한 고객의 평가는?" 등의 의견을 분석하여 고객의 감정이나 태도 등을 분석한다. 감성 분석은 고객이 원하는 방향으로 서비스를 개선하거나 정책을 마련할 때 분석한다. 한편 소셜 네트워크 분석(Social Network Analysis), 즉 사회관계망 분석이란 사람들 간에 관계를 규명하기 위한 것으로 오피니언 리더(opinion reader)를 찾아낼 때 적용하는 기법이다. 소셜 네트워크 분석은 중심성을 파악함으로써, 소셜 네트워크 서비스 또는 네트워크 내에서 가장 강력한 영향력을 가지는 인물을 선정하여 홍보 효과를 극대화하는 마케팅 전략으로도 활용할 수 있다.

이상과 같이 빅데이터 분석가는 여러 가지 기법으로 데이터 분석을 통하여 흥미로운 상관관계를 찾아내거나 사용자를 특정한 유형으로 나누고 보유 자원을 적정하게 할당하거나 서비스나 상품의 적정 요금을 책정하는 도움을 줄 수 있다. 또한 여러 빅데이터 분석을 적용하여 새로운 비즈니스 모델 개발을 통하여 새로운 가치를 창출할 수 있다.

2.7 빅데이터가 주는 가치

단순히 빅데이터의 가치를 설명하는 것은 쉽지 않다. 왜냐하면 빅데이터는 존재 자체로서 가치를 가지는 것이 아니라 활용 방식에 따라 무한의 가치를 가질 수 있기 때문이다. 이처럼 빅데이터의 가치 산정을 어렵게 하는 요인은 빅데이터 활용 방식의 변화와 새로운 가치 창출 방안 등장, 그리고 빅데이터 분석 기술의 발전을 들 수 있다([표 2-5]).

[표 2-5] 빅데이터 가치 산정을 어렵게 하는 요인

요인	이유
활용 방식의 변화	• 빅데이터는 재사용을 통해서 끊임없이 가치가 확대 재생산된다. • 빅데이터는 본래의 목적 이외의 부분에도 활용되면서 가치를 창출한다. • 빅데이터의 창의적 조합으로 부가 가치를 제공한다. • 빅데이터는 여러 상황에 해당하는 가치를 제공한다.
새로운 가치 창출	• 사람들의 행동 패턴 분석을 통하여 새로운 서비스 방향을 예측한다. • 소셜 미디어 비정형 데이터를 가지고 사람의 관계나 감정을 알아낸다.
분석 기술의 발전	• 클라우드 기술의 발달로 분석 비용이 저렴하여 더 많은 분석 기회가 있다. • 텍스트 마이닝 기법의 등장으로 여러 비정형 데이터 분석도 가능해졌다.

즉 빅데이터는 재사용이나 공유(reuse and sharing), 융합(mashup), 다용도 사용(multi-usability)으로 가치를 확대 재생산할 수 있다. 예를 들면 구글은 검색 요청받을 때마다 구글 클라우드에 저장된 데이터를 이용하여 요청에 적합한 정보를 찾아서 제공한다. 또한 구글 지도와 부동산 정보를 융합(mashup)하여 새로운 형태의 서비스를 제공하기도 한다. 여기서 데이터 융합이란 서로 다른 유형의 데이터를 재조합하여 새로운 형태의 서비스를 창출하는 것을 의미한다. 데이터 가치 산정이 어려운 또 다른 이유는 데이터는 다용도로 사용되기 때문이다. 예를 들면 국민 건강검진 데이터는 국민 개개인의 건강 상태를 점검하기 위한 1차적인 목적으로 사용되고 2차 적으로 국가 및 보건 기관에서 국민 건강을 위한 정책을 개발하고 3차적으로 의료, 학계, 산업계 등은 국민의 건강과 체형에 적합한 의학을 개발한다든가 제품개발에 사용할 수 있다.

그러면 빅데이터로부터 어떻게 가치를 창출할 수 있을까? 매켄지(McKinsey) 빅데이터 보고서 2011년 판에 따르면 빅데이터에서 가치를 생성해 내는 방식은 크게 5개 항목을 제시하였다. 첫 번째로 투명성(Transparency) 제고로 연구개발 및 관리 효율성 향상, 두 번째로 시뮬레이션(Simulation)을 통한 수요 포착 및 주요 변수 탐색으로 경쟁력 강화, 세 번째로 고객 세분화(Segmentation) 및 맞춤 서비스 제공, 네 번째로 알고리즘을 활용한 의사결정 보조 혹은 대체, 그리고 마지막으로 비즈니스 모델과 제품, 서비스 혁신 등이다.

1. 빅데이터 생산적 가치

빅데이터 생산적 가치는 천연자원(Natural resource)과 산업적 도구(Industry device)로써 활용 가치를 가진다. 천연자원으로써 활용 가치는 수많은 데이터에 숨겨진 가치와 가능성에 관하여 관심 집중화하여 복잡한 사회현상에 여러 가지 현안과 위험을 해결할 수 있는 잠재력과 새로운 경제적 가치의 원천으로 기대한다. 이는 새로운 원유, 데이터 골드러시, 데이터 금맥 발굴로 비유된다. 한편, 산업적 도구로써 활용 가치 측면에서 데이터는 증거 기반의 경영을 뒷받침하기 위한 중요한 자원이기 때문에 데이터의 효율적인 관리와 분석을 통해 기업의 경쟁력 우위 확보의 자원으로 본다. 이는 데이터를 신속하게 처리해 실시간 의사결정에 지원이 필요하므로 데이터 분석 역량이 곧 기업 경쟁력을 좌우하게 된다. 산업적 도구로써 빅데이터 활용은 데이터의 산업혁명(Industrial Revolution)이라고 불린다. 반면에 빅데이터는 새로운 재난(Natural disaster)이 될 수 있다. 즉 데이터와 정보의 기회를 파악하기가 어렵고 제반 규정을 준수하기도 어렵다. 그리고 폭증하는 데이터를 유지하고 관리하는 데 너무 큰 비용이 소요되고 다양하고 복잡한 데이터 처리의 낮은 응답 속도로 오히려 기업의 생산성이 저하될 수 있다. 이러한 빅데이터 부정적인 영향은 데이터 토네이도(data tornado), 데이터 홍수(Data deluge)로 대변할 수 있다.

2. 빅데이터 사회 경제적 가치

정보기술의 발달 처리비용의 저하, 소셜 네트워크 서비스 일상화, 그림자 데이터 및 사물 정보 데이터 증가 등으로 데이터 양적 팽창은 빅데이터 출현의 직접적인 원인이 되었고 빅데이터 처리 및 분석 기술의 발달로 새로운 가치 창출의 기회가 많아졌다. 즉 빅데이터는 경제적 가치뿐만 아니라 사회 문제 해결, 새로운 IT 패러다임을 견인할 수 있는 핵심 자원이 되었다([그림 2-6]).

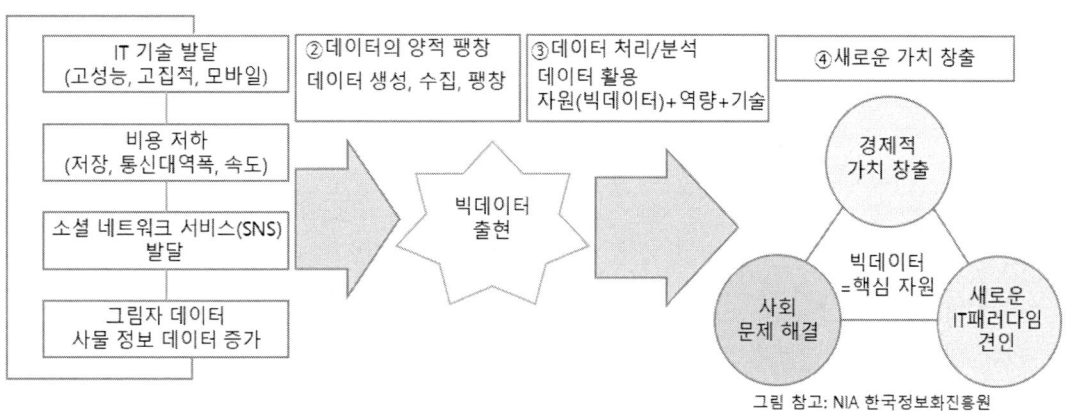

[그림 2-6] 빅데이터 출현과 새로운 가치 창출 흐름

빅데이터의 경제 사회적 가치를 좀 더 자세히 살펴보면 먼저 빅데이터를 시기적절하게 관련 부문에 제공함으로 검색과 처리 시간 절감이 가능하고 산업의 투명성을 증대한 계기가 되었다. 또한 기업들이 더 많은 거래 데이터를 디지털 형태로 축적하게 되면서 더 정확하고 상세한 성과 데이터수집이 가능하게 되었다. 자연적으로 일어나거나 통제된 실험으로 일어나는 성과의 변동성 분석 및 근본적 원인과 결과 분석에 데이터를 이용할 수 있음으로써 소비자 요구 발견 및 경향 예측 성과 향상을 위한 실험이 가능해졌다. 그리고 소비자 맞춤형 비즈니스를 위한 고객 세분화를 통해 고객의 요구에 적합한 맞춤형 서비스 제공이 가능하다. 또한 빅데이터는 정교한 분석으로 의사결정 향상, 위험 최소화, 가치 기반의 인사이트 발굴이 가능하다. 이로써 기업들이 새로운 상품 및 서비스 개발, 기존 상품 및 서비스의 혁신, 새로운 비즈니스 모델 설계가 가능해졌다.

3. 빅데이터 가치의 영향

빅데이터를 이용한 가치 창출 결과는 기업과 정부, 또는 개인의 삶에 지대한 영향을 주고 있다. 먼저 빅데이터 가치가 기업에 주는 영향은 업무혁신, 경쟁력 강화, 투명성 제고를 위한 빅 인사이트(Big Insight)를 제공할 수 있다([그림 2-7]).

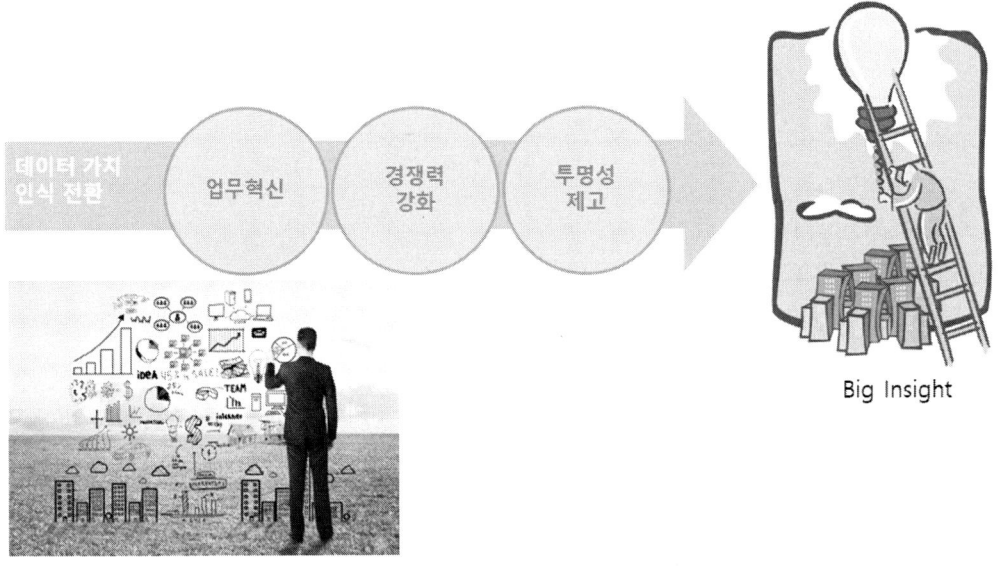

[그림 2-7] 빅데이터 기업 활용 가치

기업에서는 빅데이터를 활용하여 소비자의 행동을 분석하거나 시장의 변동 상황을 예측해서 그에 적합한 비즈니스 모델을 혁신하거나 새로운 사업을 발굴할 수 있다. 또한 빅데이터는 생산 원가를 절감하거나 제품을 차별화할 수 있고 기업 활동의 투명성을 높일 수 있는 계기를 마련할 수 있다. 이러한 빅데이터 영향은 기업 경영의 혁신으로 생산성이 향상되고 기업 활동 투명성 제고를 통한 믿음과 신뢰성 확보 경쟁력을 강화할 수 있는 효과를 거둘 수 있다.

한편, 범정부 측면에서 빅데이터 가치가 주는 영향은 환경 탐색(기후 변화, 생태계 변화 등), 상황 분석, 미래 대응으로 요약할 수 있다. 정부는 기상 상황, 인구이동 현황, 각종 통계자료, 법령과 제도에 관련된 데이터 등을 수집해서 사회의 변화를 추정하고 각종 재해 관련 정보를 수집할 수 있다. 이처럼 수집된 정보는 사회관계망 분석이나 시스템 다이내믹스(System Dynamics-시간 흐름에 따른 특정 사건의 동태적인 변화 분석)나 복잡계 이론(Complex System Theory-복잡한 현상을 몇 개의 부분들로 단순화하고 단순화된 부분들을 조합하여 복잡한 현상을 이해하려는 것)과 같은 분석 방식을 도출하는 데 사용할 수 있다. 빅데이터는 미래 사회 도래에 대비한 법과 제도 및 거버넌스(governance)를 재정비하여 미래 성장 전략 및 국가 재난관리 및 안보 전략에 활용할 수 있다.

어느덧 빅데이터는 개인의 삶의 방식과 행동을 바꾸는 데 깊숙이 관여하고 있다. 즉 4차 산업혁명 시대에 모든 사물의 초연결화 및 인공지능화(AI: Artificial Intelligence)를 통하여 사람 생활 전반의 변화와 기회를 주는 스마트화에 빅데이터가 중심적인 역할을 하고 있다. 사람은 빅데이터 영향으로 적시에 필요한 정보를 얻음으로써 다양한 형태로 기회비용을 절약하고 맞춤형 서비스를 저렴한 비용으로 이용할 수 있게 되었다. 또한 빅데이터는 정치인에게 지지도와 여론의 추이를 살필 수 있고 대중 가수들에게 인기도를 평가할 수 있는 자료로도 활용되고 있다.

빅데이터는 현재 비즈니스 및 사회, 정부 산하단체에서 나타나는 현상을 기반으로 이와 관련된 정보를 취합 및 분석하여 가까운 미래를 전망하고 예측할 수 있게 한다. 또한 다양한 가능성에 대한 시뮬레이션을 통하여 불확실성에 대한 여러 가지 상황을 대비할 수 있는 통찰력을 제시하여 다각적 방향의 시나리오로 예기치 못한 상황 대비할 수 있다. 그리고 특정 분야(환경, 소셜 네트워크 등)의 모니터링 정보를 활용한 패턴 분석으로 이상 징후 및 신호를 감지하여 위험성에 대한 대응력을 강화할 수 있다. 빅데이터는 이슈를 사전에 인지 및 분석함으로써 신속한 의사결정과 빠른 대응을 지원하고 기업과 국가 경영의 투명성 제고 및 낭비 요소 절감할 수 있도록 한다. 대규모 데이터 분석을 통한 상황인지, 인공지능(AI) 서비스로 개인화, 지능화 제공을 확대하고 요구 분석, 평가, 신용, 평판 분석을 통해 최적의 선택을 가능하게 하여 스마트 시대의 경쟁력을 향상할 수 있다. 빅데이터는 서로 다른 분야의 가치 결합으로 혁신적인 가치 창출을 할 수 있도록 한다. 인과관계, 상관관계처럼 복잡한 컨버전스(convergence) 분야의 빅데이터 분석으로 안전성 향상, 의사결정 시행착오를 최소화하고 방대한 데이터 활용을 통한 새로운 융합시장을 창출할 수 있다.

2.8 빅데이터의 위기와 통제 방안

빅데이터 주는 영향은 긍정적인 측면도 있지만 반면에 부정적인 측면도 있다. 빅데이터 주는 긍정적인 측면은 인터넷 및 사물인터넷의 발전, 소셜 미디어의 급속한 발달 등으로 대량의 데이터 축적되고 있다. 또한 4차 산업혁명 시대의 핵심 기업 경쟁력 제고의 필요에 따라 빅데이터의 높은 지지도와 그를 활용한 전략적 의사결정 지원 요구가 증가하고 있다. 또한 빅데이터 분석 도구의 빠른 진화와 데이터 사이언스에 관심의 집중도 빅데이터의 긍정적인 측면이라고 할 수 있다. 반면에 빅데이터의 부정적 측면은 빅데이터에 대한 높은 관심과 기대감, 빅데이터 처리에 대한 막대한 비용 소요, 데이터 폭증에 관리 비용 증가 등이다.

1. 빅데이터 위기 요인

빅데이터 시대에 위기 요인은 빅데이터 맹신으로 인한 오용, 책임원칙 훼손, 사생활 침해이다. 첫 번째 위기 요인은 데이터의 오용이다. 빅데이터 주는 가치는 절대적이지 않기 때문에 빅데이터의 맹신으로 인한 오용은 큰 문제를 초래할 수 있다. 빅데이터의 가치는 현존하는 데이터 기반의 알고리즘을 통해 생성된다. 따라서 정확하지 않은 데이터와 검증되지 않은 알고리즘을 통해서 생성되는 결과는 틀릴 수 있다. 빅데이터 분석 결과는 늘 틀릴 수 있다는 전제로 검정(verification)과 검증(validation)을 거쳐 활용해야 한다. 또한 빅데이터는 일어나 사실을 근거로 기록된 값이기 때문에 사실적인 데이터를 기록한 빅데이터를 가지고 일어나지 않은 미래를 예측한다는 것은 항상 맞을 수는 없다. 분석가는 예측 모델이 정확한지 검증을 통해서 안정성을 확보해야 한다.

두 번째 위기 요인은 책임원칙의 훼손이다. 빅데이터 기반의 분석과 예측 기술이 발전으로 예측 알고리즘의 정확도가 증가하면서 분석 대상인 사람이 그 예측 알고리즘에 의하여 희생양이 될 가능성도 커진다. 빅데이터를 기반으로 훈련된 AI 챗봇은 음성이나 문자를 통한 인간과의 대화를 통해서 특정한 작업을 수행하도록 제작된 알고리즘으로 많은 영역에서 편리하게 사용되고 있다. 그러나 AI 챗봇 알고리즘이 거짓 정보를 맹신하게 되면 부당하게 의사결정을 내릴 수도 있다. 또한 영화 마이너리티 리포트(Minority Report, 2002년 개봉된 톰 크루즈 주연의 범죄 영화) 범죄가 일어나기 전 범죄를 예측해 범죄자를 미리 단죄하는 오류를 범할 수 있다. 빅데이터 분석 결과 특정인이 특정한 행위를 할 가능성이 크다는 이유만으로 제재를 가하는 행위는 행위 결과의 책임원칙의 민주주의 사회 원칙을 크게 훼손할 수 있다. 이외에도 어떤 사람이 특정한 사회, 경제적 특성을 가진 집단에 속한다는 예측 결과로 자신의 신용도와 무관하게 부당하게 대출이 거절되는 상황도 빅데이터 기반의 예측 알고리즘의 피해사례가 될 수 있다. 따라서 빅데이터 분석 알고리즘에 의하여 부당하게 피해를 보는 상황을 최소화할 장치를 마련하는 것이 필요하다.

마지막 위기 요인은 빅데이터로 인한 사생활 침해이다. 사생활 침해 문제는 거의 모든 혁신 기술이 출현할 때마다 끊임없이 제기되었다. 더욱이 빅데이터 시대는 사생활 침해에 대한 우려가 더 크게 주목받고 있다. 인터넷 등 각종 채널로 개인정보를 수집하는 구글은 이미 지난 10년에 서비스 이용자가 1시간 뒤에 어떤 일을 할지 87%의 정확도로 예측할 수 있다고 하였다. 또한 여행 사실을 트윗(Tweet)한 사람의 집이 강도의 표적이 되는 사례도 있다. 사생활 침해 문제가 더욱 심해지는 것은 사물지능통신 M2M(Machine to Machine) 시대가 본격화되면서 CCTV, 위치 정보시스템, 신용카드 등의 각종 센서 사용량이 늘어남으로써 개인의 사생활이 고스란히 기록되고 있다. 이러한 사생활 침해는 조지 오웰(George Owell)이 1984년에 다루었던 상황인 빅브러더(Big Brother)가 사람의 일상생활 전반을 감시할 수 있는 기술적 기반이 빅데이터 시대를 통해 실현될 가능성이 있다.

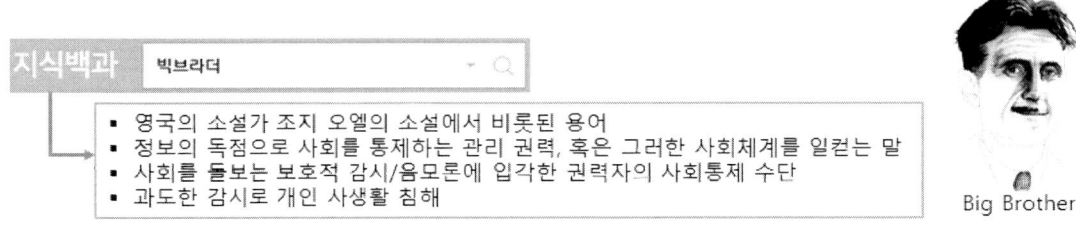

[그림 2-8] Big Brother 개념

빅데이터가 본래의 목적 외에 분석되어 다른 용도로 활용될 가능성이 증가함으로써 개인정보 침해의 우려가 커지고 있다. 이러한 상황을 해결하기 위하여 익명화 기술이 발전하고 있으나 아직도 충분하지 않다는 의견이 많다. 미국의 온라인(AOL) 회사가 공개한 익명화 검색 기록에서 뉴욕타임스는 번호로 된 특정인의 아이디(ID)가 검색한 내용을 조합해 어디에 사는 누구인지를 찾아낼 수 있다고 하였다. 또한 넷플릭스(Netflix)는 공개된 넷플릭스 영화 평가를 기반으로 IMDB 영화 평가 결과와 대조해 익명화된 사람이 누구인지 밝혀지기도 했다. 개인정보 사생활 침해 사례는 2013년 미국 NSA(National Security Agency)가 매일 17억 개의 이메일, 전화 통화, 기타 통신 내용을 수집하여 저장하고 있다고 폭로한 바 있다.

2. 빅데이터 통제 방안

개인정보의 가치가 증가하고 기술 발전으로 사생활 침해 가능성도 증가하자 개인정보 활용에 대한 지침(guideline)의 제정에 요구도 증가하고 있다. 빅데이터 위기 요인을 통제할 수 있는 지침은 동의에서 책임으로 결과 기반 책임원칙 고수, 알고리즘 접근 허용 등이다. 먼저 개인정보 동의를 책임제로 바꾸자는 의견은 빅데이터 특성과 밀접하게 관련이 있다. 개인정보는 수집되어 여러 목적으로 재사용되기 때문에 개인정보를 사용할 때마다 개인이 매번 동의하는 것은 매우 번거로운 일이며 불가능한 상황도 발생할 수 있다. 따라서 개인정보 침해 문제를 개인정보 제공자의 동의를 통해서 해결하기보다는 개인정보 사용자의 책임으로 해결하자는 방안이다. 이러한 방안은 개인정보 사용으로 발생하는 피해에 대해서는 사용자가 책임을 지게 함으로써 개인정보 사용 주체가 더욱 적극적인 보호 장치를 마련하도록 하자는 것이다. 또한 법적 제도적인 방안이 마련되어야 한다. 이를 위하여 우리나라는 데이터 3법이 마련되었다. 우리나라의 데이터 3법은 개인정보 보호법, 정보통신망법, 신용정보법 개정안을 일컫는 말로, 이 3법 개정안은 개인정보보호에 관한 법이 소관 부처별로 나뉘어 있어 발생하는 중복 규제를 없애 4차 산업혁명 도래에 맞춰 개인과 기업이 정보를 활용할 수 있는 폭을 넓히기 위해 마련됐다.

[표 2-6] 우리나라 데이터 3법

데이터 3법	내용
개인정보보호법	개인정보 관련 개념을 개인정보, 가명정보, 익명정보로 구분한 후 가명정보를 통계작성 연구, 공익적 기록보존 목적으로 처리할 수 있도록 허용한다.
정보통신망법	개인정보 관련 법령이 개인정보보호법, 정보통신망법 등 다수의 법에 중복돼 있고 감독기구도 행정안전부, 방송통신위원회, 개인정보보호위원회 등으로 나뉘어 있어 따른 혼란을 해결하기 위해 마련됐다.
신용정보보호법	은행, 카드사, 보험사 등 금융 분야에 축적된 방대한 데이터를 분석 및 이용하여 금융상품을 개발하고 다른 산업 분야와의 융합을 통해 부가 가치를 얻기 위해 마련됐다.

두 번째로 결과 기반 책임원칙 고수 방안으로는 기존의 책임원칙을 좀 더 보강하고 강화하는 것이다. 민주주의 사회의 법은 특정인 성향을 기반으로 처벌하는 것이 아니라 행동 결과의 위법성을 있을 때 처벌한다. 빅데이터 분석 결과 특정 기업들이 담합 할 가능성이 크다는 근거로 해당 기업을 제재하면 안 되고 실제 담합한 근거로 처벌해야 한다. 같은 예로서 특정인의 채용이나 담보, 신용카드 발급 여부 결정 등에서 예측 자료만으로 불이익을 주는 가능성을 최소화하는 장치를 마련하는 것이 필요하다.

셋째로 데이터 오용 위기에 대응하기 위해서 알고리즘의 접근권한 제공이 중요하다. 구글이 검색 알고리즘의 잘못된 신호(signal)를 사용할 때 특정 거래 사이트가 검색 상단에서 밀려나 매출액이 급감해 시장에서 퇴출당할 가능성이 있다. 이러한 문제를 해결하기 위하여 알고리즘에 접근권한을 보장해야 한다는 요구가 높아지고 있다. 나아가 객관적인 인증 방안을 도입하고 알고리즘이 정당함을 명시해 공개하라고 요구한다. 하지만 설령 알고리즘에 접근권한이 주어진다고 해도 수십만 줄로 코딩된 프로그램을 보고 그 내용을 모두 해석하기는 어렵다. 따라서 분석 알고리즘으로 불이익을 당한 사람을 구제할 수 있는 능력의 전문가가 필요하다. 즉 법률 전문가인 변호사, 금전 거래의 정통한 회계사처럼 컴퓨터와 수학, 통계학이나 비즈니스에 두루 전문 지식을 갖춘 알고리즈미스트(Algorithmist)라는 직업이 필요할 것이다.

2.9 빅데이터의 미래

빅데이터 활용에 필요한 기본적인 3요소는 데이터와 기술, 그리고 인력이다. 각 분야에서 미래의 빅데이터는 모든 것의 데이터화(datafication)가 가속화되고 빅데이터 분석 알고리즘이 더욱 진화될 것이고 인공지능(AI: Artificial Intelligence)화될 것이다. 인력 부분에서는 알고리즈미스트(Algorithmist)의 역할이 중요하게 될 것이다.

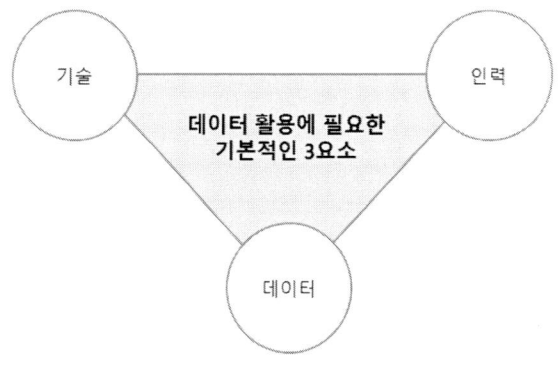

[그림 2-9] 빅데이터 활용에 필요한 기본적 3요소

현재 우리는 초고속 인터넷 시대를 거쳐 모바일 광대역 네트워크 시대를 넘어 초연결 사회(Hyper-Connected Society)에 살고 있다. 초연결 사회는 인간과 인간, 인간과 사물, 사물과 사물이 네트워크로 연결된 사회를 의미한다(The Gartner Group, 2008). 초연결은 제 4차 산업혁명의 시대를 설명하는 특징 중 하나로 데이터와 기술, 인력의 융복합을 통하여 새로운 산업의 부흥이 가능함을 의미한다. 초연결 사회는 사물인터넷(IoT : internet of things)을 기반으로 생성되는 빅데이터를 기반으로 인공지능(AI), 로봇기술, 드론, 자율주행 모빌리티, VR 메타버스(Virtual Reality Metaverse) 등이 주도하는 차세대의 산업혁명을 말한다.

	정보화 사회	스마트 사회	초연결 사회
통신	인터넷	무선 광대역	사물 인터넷
장치	컴퓨터	스마트폰	센서 디바이스
연결	사람과 정보	사람과 사람	모든 사물
매체	웹페이지, 이메일	SMS, SNS	빅데이터, 인공지능
교통	네비게이션	ITS 커넥티드 카	자율주행
패러다임	디지털화, 정보화	온라인화, 소셜화	지능화, 사물정보화

[그림 2-10] 사회변화에 따른 초연결 사회

스마트 휴대용 기기는 웨어러블 단말(Wearable device) 시장으로 빠르게 확산 중이다. 이러한 단말기를 통해 대화 기록, 인터넷 방문 기록, 전자책 독서 기록, 영화 및 음악 재생 기록 등 사람의 모든 생활에 관련된 일상 기록(life log) 데이터가 자연스럽게 축적될 것이다. 특히 도처에 설치된 CCTV를 통해서 훨씬 더 많은 정보가 담긴 영상이 기록되고 사물인터넷(IoT)을 통하여 어려 사물들의 센서 정보가 실시간적으로 기록되고 있다. 자율주행 모빌리티 산업의 진전으로 사물 및 지형 영상 데이터나, 위치 데이터, 교통정보 데이터 등 모빌리티 빅데이터 축적이 가속화되고 있다. 이에 발맞추어 정부는 공공 데이터 포털을 통해서 더 많은 데이터를 공개하고 있고 기업은 데이터를 수집하고 가공해서 데이터 플랫폼을 구축하고 있다. 데이터가 가치이고 경쟁력인 시대이다. 따라서 빅데이터 미래는 초연결 시대에 모든 것의 데이터화(Datafication of Everything: DoE)가 더욱 가속화될 것이다. 왜냐하면 빅데이터의 활용 가치는 무한함으로써 빅데이터의 창의적 재활용으로 무한의 가치를 확대 재생산할 수 있는 큰 자산이고 경쟁력의 중심에 있기 때문이다.

초연결 시대의 각종 센서로 생성되는 데이터는 과거의 비즈니스 모델을 우수한 새로운 모델로 대체되는 끊임없이 창조적 파괴(Creative destroyer)가 일어날 것이다. 예를 들면 체중계 제조업체가 체중계를 팔아 돈을 벌었다면 체중계가 네트워크에 연결됨으로써 체중계는 무료로 제공하고 그 대신 체중계에서 측정되는 데이터를 전송받아 고객의 건강 관리에 관련된 비즈니스 회사로 탈바꿈한 사례도 있다. 나이키(Nike)는 신발과 의료, 기타 스포츠용품에 각종 센서를 내장한 제품을 출시하고 여기서 수집한 사용자 정보를 분석해 건강 관리에 관련된 새로운 서비스 상품을 출시하고 있다. 즉 빅데이터가 많은 기업의 핵심 비즈니스 모델을 제조업에서 서비스업으로 전환하고 있다.

GSMA(Global System Mobile Association) 보고서에 따르면 2011년 20억 개의 M2M(Machine to Machine) 장치 수가 2020년에는 약 120억 개로 6배 성장할 것으로 예측했고 매출액 규모도 1,450억 달러에서 9,500억 달러로 성장할 것으로 전망했다. 이처럼 센서 관련 시장의 빠르게 생성되고 모든 것의 데이터가 가능해짐으로써 현재의 요타바이트(Yottabyte, 10^{24})에서 브론토바이트(Brontobyte, 10^{27})를 넘어 곧 오고바이트(Orgobyte, 10^{30}) 시대가 머지않아 보인다.

두 번째로 빅데이터의 미래를 기술적 측면에서 살펴보면 무엇보다도 먼저 빅데이터를 이용한 각종 알고리즘의 진화가 가속화될 것이다. 예를 들면 구글의 검색 엔진은 수많은 데이터를 기반으로 자동완성(Auto complete), 글로벌 검색(Universal search), 구글 인스턴트(Google Instant), 지식 그래프(Knowledge Graph)로 검색 결과를 진화하였다. 또한 넷플릭스(Netflix)의 추천 알고리즘도 Cine Match, Dinosaur planet, Gravity, Pramatic Chaos로 진화하면서 영화 추천의 정확도가 증가하였다. 이러한 진화는 축적된 데이터가 증가함으로써 검색 알고리즘도 계속 진화했기 때문이다. 이는 알고리즘을 학습할 데이터의 양이 증가하면 증가할수록 알고리즘이 더욱더 스마트해지기 때문이다.

4차 산업혁명 시대에 가장 많이 주목받는 기술은 인공지능(AI)이다. 2013년 구글은 빅데이터를 이용하여 자기 학습이 가능한 인공신경망(Artificial Neural Network: ANN) 개발에 성공했다고 발표했다. 구글X 연구소는 16,000개의 CPU 코어와 10억 건 이상의 동영상 데이터를 활용해 인공신경망에서 별도로 고양이라는 단어를 학습시키지 않았는데도 유튜브(YouTube) 동영상에서 고양이 이미지를 자동으로 구별하는 데 성공하였다. 또한 2015년에 구글 브레인 팀(Google Brain Team)은 딥러닝(Deep Learning) 개발 프레임워크인 텐서플로우(Tensorflow)를 오픈소스로 공개하였다. 그 후 오픈소스 딥러닝 개발 프레임워크는 카페(Caffe), 티아노(Theano), 커라스(Keras), 토치(Torch), 다크넷(Darknet), DLDT, ONNE 등이 공개되었다. 이런 인공지능 알고리즘은 패턴인식, 자연어처리, 자동 제어, 기계학습, 자동 추론 엔진, 지능 엔진, 시맨틱웹, 챗봇, 컴퓨터비전 등에 활용된다.

마지막으로 미래의 빅데이터와 관련된 인력(Manpower) 부분을 살펴보자. 미래에 빅데이터와 관련된 인력은 데이터 사이언티스트(data scientist)와 알고리즈미스트(Algorithmist)의 역할이 더욱 중요할 것이다. 데이터 사이언티스트는 빅데이터의 이론적 지식과 숙련된 분석 기술을 기반으로 통찰력, 전달 능력, 협업 능력을 두루 갖춘 전문 인력을 의미한다([그림 2-11]).

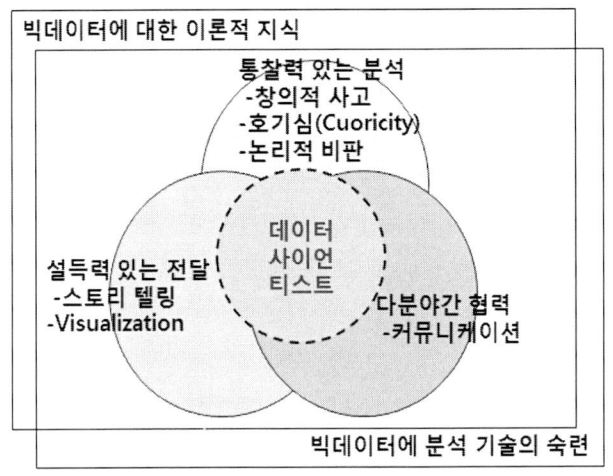

[그림 2-11] 데이터 사이언티스트 역량

데이터 사이언티스트는 빅데이터를 다각적으로 분석하여 인사이트를 도출하고 도출된 인사이트를 이용해 조직의 전략적 혁신 방향을 제시할 수 있는 전문가 역할을 할 것이다. 한편, 데이터 사이언티스트가 하는 일로 인해 피해가 발생하는 것을 막는 역할을 하며 알고리즘 코딩 해석을 통해 빅데이터 분석 알고리즘에 의해 부당하게 피해를 보는 사람을 구제하는 전문인력인 알고리즘미스트(Algorithmist)가 필요할 것이다.

미래의 빅데이터 현상은 데이터 생산과 이를 다룰 수 있는 기술, 그리고 인력 부분에서 크게 다른 모습으로 나타날 것이다. 그래서 빅데이터를 통해 기업의 혁신과 경쟁력 확보, 산업의 생산성 향상, 나아가 국가의 글로벌 경쟁력 강화를 도모하기 위해서는 서둘러서 필요한 제반 기술을 확보하고 인력을 양성하는 일에 집중해야 한다. 하지만 빅데이터가 가지고 있는 각종 문제도 염두에 두어야 한다. 즉 사생활 침해나 잘못된 빅데이터 분석 알고리즘으로 피해를 보는 일을 최소화하기 위한 제도적 장치 마련도 필요하다.

연습문제 – Exercises

▌향상학습▐

1. 빅데이터 등장 배경 설명이 적절하지 않은 것은?
   ① 소셜 미디어 확산에 따른 비정형 데이터의 가치가 증가하게 되었다.
   ② 모바일 컴퓨팅 혁명으로 인한 시시각각 대량의 데이터가 발생하였다.
   ③ 디지털 채널의 증가로 인해 다양한 디지털 데이터 처리할 수 있었다.
   ④ 컴퓨터 저장 용량이 커짐에 따라 데이터 집중 처리 기술이 발달하였다.
   ⑤ 산업계 비즈니스를 위한 대량의 고객 데이터의 가치 인식이 증가하였다.

2. 빅데이터 등장 배경 중 막대한 데이터 분석 비용 문제를 해결해 준 것은?
   ① 디지털 기술   ② 클라우드 컴퓨팅 기술   ③ 분산처리 기술
   ④ 하둡 기술   ⑤ 알고리즘의 발달

3. 구글이 제공하는 'Ngram Viewer' 서비스는 빅데이터 역할 중 무엇에 비유할 수 있을까?
   ① 렌즈 역할   ② 플랫폼 역할   ③ 나침판 역할
   ④ 21세기 원유 역할   ⑤ 차세대 철이나 석탄

4. 빅데이터의 정의가 적절하지 않은 것은?
   ① 빅데이터는 데이터의 양과 다양성, 발생 속도의 특징을 가진다.
   ② 빅데이터는 가치를 추출하고 결과를 분석하는 기술까지 포함한다.
   ③ 빅데이터는 다루기 어려운 비정형 데이터만을 분석 대상으로 한다.
   ④ 빅데이터는 기존의 분석 도구로 분석할 수 없는 대규모 데이터이다.
   ⑤ 빅데이터는 대규모 데이터로부터 새로운 가치를 창출하는 활동이다.

5. 빅데이터 특징으로 적절하지 않은 것은?
   ① 빅데이터 궁극적인 목적은 새로운 가치 창출에 있다.
   ② 빅데이터는 새로운 가치나 인사이트를 창출하려는 조직과 기술이다.
   ③ 빅데이터는 분석 결과의 가치를 높이기 위한 정확성이 전제되어야 한다.
   ④ 빅데이터는 소셜 미디어에서 생성되는 다양한 형태의 데이터를 포함한다.

⑤ 빅데이터가 되기 위해서는 일정 이상의 규모의 데이터가 있어야 한다.

6. 다음 중 빅데이터 투입 가치에 대한 역할 설명이 적절하지 않은 것은?
   ① 빅데이터는 21세기 경쟁 우위를 가져올 원유 역할을 한다.
   ② 빅데이터는 자본이나 노동력과 같이 경제적 투입 자본이다.
   ③ 빅데이터는 모든 것을 분산화할 수 있는 클라우드 컴퓨팅이다.
   ④ 빅데이터는 공동의 활용을 목적으로 구축된 일종의 플랫폼이다.
   ⑤ 빅데이터는 사회현상이나 사건을 볼 수 있는 렌즈 역할을 한다.

7. 빅데이터 가치 형성 요인으로 적절하지 않은 것은?
   ① 가치 분석(Value Analysis)   ② 가치 역량(Value Capacity)
   ③ 가치 창출(Value Creation)   ④ 가치 발견(Value Discovery)
   ⑤ 가치 공유(Value Sharing)

8. 빅데이터의 산업적 도구로써 생산 가치 설명이 적절하지 않은 것은?
   ① 데이터에 숨겨진 가치와 가능성에 관심이 집중된다.
   ② 빅데이터 분석 역량이 기업 경쟁력이 좌우된다고 인식한다.
   ③ 데이터를 신속하게 처리해 실시간 의사결정에 지원이 요구된다.
   ④ 데이터 효율적인 관리와 분석을 통해 기업의 경쟁력 우위를 확보한다.
   ⑤ 빅데이터는 증거 기반 경영을 뒷받침하기 위한 중요한 자원으로 인식한다.

9. 매켄지 빅데이터 보고서에 의한 빅데이터 가치 창출 방식으로 적절하지 않은 것은?
   ① 고객 세분화를 통한 맞춤 서비스를 제공한다.
   ② 투명성 제고로 연구개발 효율성을 향상할 수 있다.
   ③ 비즈니스 모델, 제품, 서비스를 혁신할 수 있게 한다.
   ④ 시뮬레이션을 통한 수요 포착으로 경쟁력을 강화한다.
   ⑤ 알고리즘을 활용한 의사결정을 완벽히 대체할 수 있다.

10. 다음 중 빅데이터가 기업에 주는 가치로 적절하지 않은 것은?
    ① 환경 탐색, 상황 분석 등 미래 대응력을 향상한다.
    ② 경영 혁신, 경쟁력 제고, 생산성을 향상할 수 있다.
    ③ 신사업 발굴, 원가 절감, 제품 차별화 전략을 수립할 수 있다.

④ 기업 활동의 투명성 제고를 통한 믿음과 신뢰성을 강화할 수 있다.
⑤ 소비자 행동 분석, 시장변동 예측 등 비즈니스 모델을 혁신시킬 수 있다.

11. 빅데이터 기업의 활용 가치의 긍정적인 영향으로 볼 수 없는 것은?
   ① 다양한 사용자 의견을 수렴할 수 있다.
   ② 소비자들의 신속한 피드백을 줄 수 있다.
   ③ 긍정적인 이슈를 신속하게 확산할 수 있다.
   ④ 제품과 서비스에 대한 참신한 아이디어를 획득할 수 있다.
   ⑤ 인터넷 여론의 이익을 집단화하여 건전성을 확보할 수 있다.

12. 빅데이터가 만들어 내는 본질적인 변화를 설명한 중 적절하지 않은 것은?
   ① 데이터의 질보다 양을 중요시한다.
   ② 데이터의 인과관계에서 상관관계로 변화한다.
   ③ 비정형 데이터에서 정형 데이터에 비중을 둔다.
   ④ 데이터의 사전 처리에서 사후 처리에 비중을 둔다.
   ⑤ 조사 방법에서 표본조사에서 전수조사에 비중을 둔다.

13. 데이터 가치의 역량으로 적절하지 않은 것은?
   ① 전문화를 통한 차별화를 모색하게 한다.
   ② 불확실성에 대한 통찰력을 얻을 수 있다.
   ③ 각종 위험성에 대한 대응력을 갖추게 한다.
   ④ 스마트 시대의 경쟁력을 확보할 수 있게 한다.
   ⑤ 서로 다른 가치의 융합으로 창조력을 발휘한다.

14. 빅데이터 가치 산정으로 어렵게 하는 것으로 적절하지 않은 것은?
   ① 빅데이터 분석 기술이 계속해서 변화하고 있다.
   ② 빅데이터 활용 방식이 끊임없이 변화하고 있다.
   ③ 빅데이터 가치 창출 방식 계속해서 변화하고 있다.
   ④ 빅데이터는 특정한 상황에 해당하는 가치에 극한 된다.
   ⑤ 빅데이터는 재사용을 통해서 끊임없이 가치가 확대 재생산된다.

15. 빅데이터 미래 가치로 적절하지 않은 것은?
    ① 인공지능과 융합 기술이 발달할 것이다.
    ② 모든 것의 데이터화가 이루어질 것이다.
    ③ 빅데이터를 통하여 알고리즘이 진화할 것이다.
    ④ 데이터 사이언티스트 역량이 강화될 것이다.
    ⑤ 빅데이터에 대한 이론적 지식이 필요할 것이다.

16. 다음 데이터는 어떤 유형의 데이터로 분류할 수 있는가?

    ㄱ. KakaoTalk   ㄴ. Twitter   ㄷ. Facebook
    ㄹ. LinkedIn   ㅁ. Instagram

    ① 관계 데이터   ② 기계 데이터   ③ 사람 데이터
    ④ 위치 데이터   ⑤ 거래 데이터

17. 다음은 어떤 데이터 유형을 설명한 것인가?

    고정된 필드 형식에 저장되어 있지는 않지만 메타 데이터나 스키마 등을 통하여 일정한 형식으로 저장된 데이터로 API 형태로 제공된다.

    ① 연관 데이터   ② 정형 데이터   ③ 비정형 데이터
    ④ 반정형 데이터 ⑤ 응용 데이터

18. 다음 중 빅데이터 활용에 필요한 3요소로 올바른 것은

    ㄱ. 데이터   ㄴ. 알고리즘   ㄷ. 기술
    ㄹ. 프로세스 ㅁ. 인력   ㅂ. 마인드

    ① ㄱㄴㄹ ② ㄱㄷㅁ ③ ㄴㄷㅁ ④ ㄴㄹㅂ ⑤ ㄷㄹㅂ

19. 다음과 같은 것을 분석하기 위하여 가장 적합한 빅데이터 활용 테크닉은?

    우유를 구매하였을 때 기저귀를 함께 구매하는지 또는 기저귀를 구매하였을 때 맥주도 함께 구매하는가를 알아본다.

    ① 연관분석   ② 군집분석   ③ 회귀 분석
    ④ 분류분석   ⑤ 주성분 분석

20. 다음 중 딥러닝에 사용되는 오픈소스를 모두 고른 것은?

| ㄱ. Anaconda | ㄴ. TensorFlow | ㄷ. Keras | ㄹ. Torch |
| ㅁ. Python | ㅂ. Caffe | ㅅ. OpenCV | ㅇ. Theano |

① ㄱ ㄴ ㄹ ㅁ ㅅ   ② ㄱ ㄷ ㅁ ㅅ ㅇ   ③ ㄴ ㄷ ㄹ ㅂ ㅇ
④ ㄴ ㄹ ㅂ ㅅ ㅇ   ⑤ ㄷ ㄹ ㅁ ㅂ ㅅ

21. 빅데이터의 활성화를 위한 긍정적인 요인으로 적절하지 않은 것은?
   ① 빅데이터에 대한 높은 인지도   ② 기업 내 대량의 데이터 축적
   ③ 빅데이터에 대한 높은 기대감   ④ 빅데이터 분석 도구의 빠른 진화
   ⑤ 데이터 사이언스의 관심 집중

22. 빅데이터 부정적인 측면에서 빅브러더가 풍자하는 것으로 적절하지 않은 것은?
   ① 과도한 감시로 인한 사생활 침해를 의미한다.
   ② 영국의 소설가 조지 오엘의 소설에서 비롯된 용어이다.
   ③ 정보의 독점으로 인한 사회를 통제하려는 권력을 의미한다.
   ④ 사회를 돌보는 보호적 감시 음모론에 입각한 사회통제 수단이다.
   ⑤ 데이터 폭증에 의한 관리비용의 증가에 부정적인 측면을 의미한다.

23. 빅데이터 문제를 해결하기 방안으로 적절하지 않은 것은?
   ① 빅데이터에 활용 기준과 법규를 마련해야 한다.
   ② 빅데이터 인식 개선을 위한 지속적인 교육이 필요하다.
   ③ 빅데이터 취급을 책임에서 동의로 전환할 필요가 있다.
   ④ 빅데이터 분석 결과 기반의 책임원칙을 준수해야 한다.
   ⑤ 데이터 공용화를 통하여 데이터 활용이 자유로워야 한다.

심화학습

1. 빅데이터 품질이 가치에 미치는 영향을 조사하세요.

2. 빅데이터가 렌즈와 나침판 역할을 할 것이라는 근거를 기술하세요.

3. 빅데이터가 새로운 재난이 될 수 있다는 이유를 기술하세요.

4. 4차 산업혁명 시대에 빅데이터 가치에 중요성을 기술하세요.

5. 빅데이터 가치를 정확히 산정하기 어려운 이유를 기술하세요.

6. 우리나라 데이터 3법을 조사하고 데이터 활용 활성화 측면에서 재개정의 필요성을 기술하세요.

7. 다음을 우리말로 번역하세요.

Big data is the emerging field where innovative technology offers new ways to extract value from the tsunami of available information. As with any emerging area, terms and concepts can be open to different interpretations. The Big Data domain is no different. The different definitions of "Big Data" which have emerged show the diversity and use of the term to label data with different attributes. Two tools from the business community, Value Chains and Business Ecosystems, can be used to model big data systems and the big data business environments. Big Data Value Chains, data acquisition, data analysis, data curation, data storage and data usage, can describe the information flow within a big data system as a series of steps needed to generate value and useful insights from data. Big Data Ecosystems can be used to understand the business context and relationships between key stakeholders.

빅데이터 분석
기획과 실무

Chapter

03

빅데이터 분석 인사이트와 사이언스

3.1 전략적 분석 인사이트를 위한 데이터 사이언스 필요성
3.2 데이터 사이언스 의미
3.3 데이터 사이언스 구성 요소
3.4 데이터 사이언티스트 역량
3.5 데이터 사이언티스트가 갖추어야 할 인문학적 사고력
3.6 데이터 사이언스 미래
연습문제

Chapter. 03
빅데이터 분석 인사이트와 사이언스

빅데이터 분석의 목적은 많은 데이터로부터 가치를 발견하는 데에 있다. 빅데이터로부터 발견된 가치는 문제의 상황을 파악할 수 있는 지식(knowledge)으로 활용되고 지식은 문제해결의 지혜(wisdom)를 얻는 데 활용된다. 이처럼 문제해결의 지혜를 인사이트(Insight)라고 한다. 사실 빅데이터라는 개념은 데이터 자체만을 의미하는 것이 아니라 빅데이터로부터 가치를 탐사하는 기술과 인력까지도 포함하는 광범위한 개념이다. 즉 빅데이터는 데이터 자체 의미보다도 데이터로부터 얻을 수 있는 가치(Value)를 활용하여 새로운 비즈니스 기회와 혁신을 위한 인사이트(Insight)를 발견하는 것이다. 사실 빅데이터로부터 얻을 수 있는 전략적 인사이트를 찾는 것은 쉽지 않다. 그래서 빅데이터를 이용하여 동일 상황에 대한 다양한 사실을 도출하거나 다양한 상황에 대한 융복합적 현상을 탐구할 수 있는 데이터 사이언스(Data Science) 역량과 기술이 필요하다. 따라서 이번 장에서는 빅데이터 분석에 전략적 인사이트와 그를 위한 데이터 사이언스에 대하여 살펴보자.

3.1 전략적 분석 인사이트를 위한 데이터 사이언스 필요성

사전에서 통찰력(Insight)과 대비되는 단어는 직관력(Intuition)이라고 말한다. 케임브리지(Cambridge) 사전에 의하면 통찰력이란 "복잡한 문제나 상황에 대하여 명확하고 깊고 때로는 문뜩 떠오르는 이해할 수 있는 능력(An ability to have a clear, deep, and sometimes sudden understanding of a complicated problem or situation)"이라고 풀이하고 있다. 반면에 직관력이란 "어떤 사실을 사실보다 느낌으로, 즉흥적으로 이해하고 인지할 수 있는 능력(An ability to understand or know something immediately based on your feelings rather than facts)"으로 해석하고 있다. 즉 케임브리지 사전에서 말하는 통찰력과 직관력의 주요한 특징을 정리하면 다음과 같다([표 3-1]).

[표 3-1] 통찰력과 직관력 비교

통찰력(Insight)	직관력(Intuition)
• 분석적 사고(Analytic thinking)	• 경험적 사고(Perceptual thinking)
• 과학적 사실(Scientific fact)	• 관례적 사실(Convent fact)
• 객관적 판단(Objective decision)	• 주관적 판단(Subjective decision)
• 전략적 의사결정(decision-making)	• 즉흥적 의사결정(decision-making)
• 사물과 현상을 관찰하여 꿰뚫어 보는 능력	• 사물과 현상을 직접적으로 파악하는 능력

사실 어떤 일의 의사결정에서 있어서 직관력보다 전략적 통찰력이 얼마나 중요한지 한때 전 세계 소셜 네트워크 서비스에 선두 주자라고 할 수 있었던 우리나라 기업 싸이월드(Cyworld)의 사례를 통해 알아볼 수 있다. 인터넷이 발달한 2000년대 초의 인터넷은 사람과 정보를 연결하는 핵심 네트워크가 되었고 더 나아가 인터넷은 정보를 이용하여 사람과 사람의 관계를 맺어주는 소셜 네트워크 역할로 발전하였다. 2004년 초만 해더라도 전 세계적으로 인터넷을 이용한 소셜 네트워크 서비스(SNS)의 선두 기업은 우리나라의 싸이월드만 있었다. 2004년에 페이스북(Facebook) 서비스는 첫선을 보였지만 정상적인 서비스가 본격적으로 이루어지지도 않은 때였다. 그러나 지금은 어떠한가? 페이스북은 세계 최대 SNS 회사로 성장했지만, 싸이월드는 어떤가? 싸이월드는 최근 과거의 영광을 되찾기 위하여 복구와 서비스 재개의 노력을 다하고 있지만 너무 늦은 노력이 아닌가 싶다. 오늘날 싸이월드는 우리나라 중장년층의 한때 추억으로만 남아있는 유물인 듯싶다.

그러면 세계 SNS의 선두 주자인 싸이월드는 왜 페이스북과 같이 발전하지 못하고 잊혀진 존재가 되었을까? 한마디로 데이터 분석 기반의 전략적 인사이트의 부재라고 말할 수 있다. 현재 페이스북(Facebook), 트위터(Tweeter), 링크드인(LinkedIn), 구글(Google) 등은 데이터 분석 기반의 전략적 인사이트로 발전한 세계적으로 두드러진 기업들이다. MIT(Massachusetts Institute of Technology) 경제학 박사인 하라스엔터테이먼트 회장 캐리 러브맨(Gary Loveman)은 데이터 분석 기반 경영이 도입되지 못하는 이유를 다음과 같이 말하고 있다.

- 기존 관행을 그냥 따를 뿐 중요한 시도는 하지 않는다.
- 경영진의 의사결정은 정확성이나 공정한 분석을 필요하지 않으며 오히려 반대로 직관적 결정을 귀한 재능으로 칭송하고 그렇지 못한 CEO(Chief Executive Officer)는 똑똑하지만, 직관력이 떨어지는 것으로 여긴다.
- 분석적 실험을 갈망하거나 능숙하게 하는 사람이 거의 없어 적절한 방법조차 제대로 익히지 못한 사람들에게 분석 업무가 주어진다.
- 사람들은 아이디어 자체보다는 아이디어 낸 사람이 누구인지 관심을 두는 경향이 있다.

그때 싸이월드는 방대한 양의 SNS(Social Network Service) 데이터를 축적하고 있었음에도 심도 있는 분석에 전략적 인사이트에 활용하지 못하고 단순히 경영진의 직관적 의사결정을 보조하는 일차적인 분석에만 활용한 것으로 파악되었다. 그 결과 싸이월드는 후발 주자의 경쟁에 밀려 내리막길을 걷고 결국 서비스 중단 사태까지 맞이하게 되었다. 이런 싸이월드의 교훈은 빅데이터의 전략적 분석을 통한 인사이트가 기업 경영에 얼마나 중요한지를 시사하는 바가 크다.

그러면 빅데이터 시대에 직관은 필요 없다는 말인가? 직관은 창의적 사고와 판단력에 깊은 관련이 있다. 이와 관련해 톰 데이븐포트(Tom Davenport)는 "직관과 데이터 위주의 분석을 적절히 조합하는 역량을 키우는 것이 성공의 궁극적인 열쇠라고 할 수 있다. 왜냐하면 "직관만을 고수하거나 분석만을 최우선으로 하는 접근법으로는 약속의 땅에 닿을 수 없기 때문이다"라고 말했다. 사실 링크드인(LinkedIn)의 성공은 직관에 의존한 결과라고 할 수 있다. 링크드인의 가장 성공한 데이터 상품 중 하나는 조나단 골드먼(Jonathan Goldman)의 아이디어 "당신이 알 수도 있는 사람들(People You May Know: PYMK)"이다. 골드먼은 인터뷰에서 "사람들이 인맥을 넓히는 일을 도울 아이디어를 이리저리 궁리하던 중" 갑자기 떠오른 생각이라고 밝혔다. 이리저리 궁리하는 생각이야말로 직관적 사고라고 할 수 있다. 따라서 직관과 창의적 데이터 분석을 적절히 조합하는 역량을 기르는 것이 성공의 궁극적인 인사이트라고 할 수 있다. 결국 직관만을 고집하거나 분석만을 최우선으로 하는 접근법으로는 최고의 목표를 이룰 수 없기 때문이다.

빅데이터 전략적 분석을 통한 인사이트를 얻으려면 "먼저 데이터에 집중해야 하나 아니면 분석에 집중해야 하나" 즉 "달걀이 먼저인가 닭이 먼저인가"라는 조금 엉뚱한 인과관계를 생각해 보자. 또한 많은 회사는 "분석해야 하는데 분석할 데이터가 없다. 혹은 데이터는 있는데 무엇을 분석해야 하는지 모르겠다"라는 고민을 털어놓는다. 그래서 많은 기업에서는 먼저 빅(Big)한 많은 데이터를 확보하고 있으면 그것을 가지고 분석하면 빅(Big)한 높은 가치를 창출해 낼 수 있다고 믿고 있다. 하지만 Big한 데이터가 곧 Big한 가치 창출로 이어진다고 할 수 없다. 오히려 빅한 데이터는 저장 관리와 분석하는 데 큰 비용이 소요될 뿐만 아니라 복잡성을 가중하여 활용에 혼란을 초래할 수도 있다. 따라서 빅데이터 전략적 분석은 데이터의 양적인 문제뿐만 아니라 인사이트 측면의 데이터 유형의 다양성에도 관련이 있다.

구글과 같이 이미 대용량 데이터를 보유하고 있는 회사들은 빅데이터가 주는 새로운 기회와 혁신은 데이터의 양에 있다기보다는 이미지, 영상, 음성, 텍스트, 로그 데이터와 같은 다양한 유형 데이터의 전략적 활용에 초점을 두고 있다. 즉 이러한 빅데이터는 인공지능(AI) 서비스에 관련된 컴퓨터 비전 객체 탐지, 채팅로봇(챗봇), 추천시스템, 딥러닝 등의 기계학습(Machine Learning) 자료로 폭넓게 활용한다. 여기서 알 수 있듯이 빅데이터는 데이터 크기의 문제뿐만 아니라 데이터에서 어떤 가치와 통찰력을 얻을 수 있느냐의 문제로 귀결된다. 무조건 빅(Big)한 데이터를 찾을 것이 아니라 비즈니스 핵심을 보다 과학적인 사실로 접근하여 전략적 통찰력을 통하여 종합적 의사결정을 지원할 수 있는 목적 지향적 데이터를 갖추는 것이 무엇보다 중요하다. 따라서 빅데이터 분석에 핵심은 "Big Data"가 아니라 다양한 데이터 소스로부터 생성되는 데이터를 분석해서 객관적이고 종합적인 통찰을 줄 수 있는 "Big Value"를 찾는 것이 핵심이다.

사실 데이터 분석 기반의 전략적 통찰력은 기업 성과에 막대한 영향을 주고 있는 것이 사실이다. 이와 관련해 분석이 사업 성과에 미치는 효과에 대한 실증 연구를 위해 톰 데이븐포트(Tomas Davenport) 등이 34개국 18개 산업에 이르는 371개 기업에 재직 중인 경영진을 대상으로 설문조사 결과를 살펴보자([표 3-2]).

[표 3-2] 데이븐 포트의 분석 지향성 중요도 조사

분석 지향성	성과가 높은 기업	성과가 낮은 기업
상당한 의사결정 지원/분석 역량을 갖춤	65%	23%
폭넓은 가치 분석적 통찰력을 갖춤	36%	8%
산업 평균 이상의 분석 역량을 갖춤	77%	33%
전체 조직에서 분석을 활용	40%	23%

출처: 톰 데이븐 포트. 잔느 G, 해리스. 로버트 모리슨, "*분석의 기술*", 2011, 21세기북스

조사 결과 기업이 양질의 데이터를 가지고 있으면 경영자들은 데이터 및 정보시스템을 활용해서 더 나은 의사결정에 관심을 둔다는 사실을 알 수 있었다. 그리고 [표 3-2]에서 보는 바와 같이

분석적 역량과 통찰력, 분석 결과 활용 측면에서 비교하면 성과가 높은 기업은 성과가 낮은 기업보다 2배 이상 차이가 있다는 것을 알 수 있다. 따라서 조사 결과는 전략적인 데이터 분석 활용이 사업 성과의 큰 영향을 주고 있다는 사실을 입증하고 있다.

한편, 전략적 통찰력이 없는 분석은 오히려 기업 경영을 함정에 빠트릴 수 있다는 것에 주목해야 한다. 사실 빅데이터 시대 이전에도 각 산업에 따라 흔히 수행하는 일차적인 분석활용 사례는 다음 [표 3-3]과 같은 것들이 있었다.

[표 3-3] 산업별 일차원적 전략적 애플리케이션

산업 구분	일차원적 분석 애플리케이션
금융	수익성 분석, 신용수준, 사기탐지, 가격 책정, 이율예측, 클레임분석, 연계제휴,
제조	공급망최적화, 수요예측, 재고충당, 보증서분석, 맞춤형상품개발, 신상품개발
운송	일정관리, 노선배정, 수익관리
소매	수요예측, 적정재고량예측, 가격산정, 제조최적화
의료	가격책정, 질병관리, 약품거래, 예비 진단, 고객로열티, 수익관리
서비스	콜센터직원관리, 서비스-수익 사슬 관리, 성과관리
정부	범죄예방, 재난예방, 기후관리, 환경관리, 사기탐지

그러나 빅데이터 시대에 데이터 가치의 집중하기보다 일차적인 부분적인 분석으로 손쉬운 해결책만 찾다가는 오히려 분석의 함정에 빠질 수도 있다. 싸이월드가 분석 함정에 빠진 것은 데이터의 일차적인 분석을 넘어 전략적 통찰력을 줄 수 있는 분석 결과를 경영에 활용하지 못했기 때문이라고 평가하곤 한다. 일차적인 분석은 대부분 내부의 일부 문제만 집중하고 내부의 역량을 종합적으로 분석하고 급변하는 외부 환경을 충분히 대비할 수 있는 통찰을 주지 못한다. 더욱이 일차원적인 분석에 결과를 기업 경영에 활용한다고 해서 곧바로 사업 성과로 연결되는 경우는 그리 많지 않다. 따라서 빅데이터 시대에 일차적인 분석을 넘어 전략적 분석이 필요한 이유이다.

그러면 반대로 분석을 많이 사용한다고 늘 경쟁 우위를 유지할 수는 있을까? 이런 사례는 아메리칸 항공의 경영에서 살펴볼 수 있다. 아메리칸항공은 상당히 일찍부터 분석 역량을 비즈니스에 활용해 경쟁우위를 확보했던 회사였다. 이 회사는 1985년 수익 관리, 가격 최적화 분석 등을 기업 경영에 이용하여 피플 익스프레스(people express) 등의 많은 경쟁사를 시장에서 내모는 데 성공했다. 또한 아메리칸항공은 12가지 유형의 항공기와 250개의 목적지를 매일 3,400회 운행하는 복잡한 "허브 앤 스포크(Hub and Spoke)" 방식을 데이터 분석을 통하여 최적화하였다. 그러나 이러한 복잡한 분석의 최적화 결과는 기업 경영에 득이 되지 못하고 실이 되었다. 다른 대다수 항공사도

비슷한 분석 역량과 수익관리 능력을 갖추어 나감으로써 아메리칸항공의 경쟁력은 점차 약화 되어 저성장 늪에 빠지게 되었다. 그 반면에 사우스웨스트 항공은 매우 단순한 최적화 분석 모델을 사용하여 가격 경쟁력의 우위를 확보하게 되어 36년간 연속해서 흑자를 내는 성과를 보였다.

아메리칸항공의 분석 전략으로 계속해서 경쟁 우위를 유지하지 못한 이유는 크게 두 가지를 들 수 있다. 첫 번째로 다른 항공사도 역시 유사한 분석적 접근법을 쉽게 채택할 수 있었다는 것과, 두 번째로 아메리칸항공의 분석은 효과가 낮은 비즈니스 모델에 국한되기 때문이다. 이런 결과는 전략적인 분석의 부재와 분석 결과를 전략적 인사이트에 활용하지 못한 결과로 해석된다. 즉 분석이 경쟁의 본질을 올바로 바라보지 못하고 전략적 인사이트를 주지 못하는 분석 결과만 잔뜩 제공하면 분석의 함정에 빠지게 된다는 사실을 시사한다. 따라서 기업의 경쟁력을 유지할 수 있는 길은 동일한 상황에 대한 다양한 사실을 도출하고 다양한 상황에 대한 융합적 현상을 파악할 수 있는 전략적 인사이트를 도출할 데이터 사이언스 기반의 분석이 필요하다.

3.2 데이터 사이언스 의미

사이언스(science, 과학)라 하면 어떤 사물이나 상황, 법칙을 관찰과 탐구를 통하여 원리를 규명하고 새로운 사실을 발견하는 활동으로 생각된다. 위키피디아 사전에서 사이언스는 "사물의 구조, 성질, 법칙 등을 관찰하는 방법으로 얻어진 체계적이고 이론적인 지식의 체계"라고 말하고 있다. 그러면 데이터 사이언스란 무엇인가? 역시 위키피디아 사전에서 "데이터 사이언스(Data Science)란 데이터로부터 큰 가치를 발견하려는 활동이다. 통계학이 정형화된 실험 데이터를 분석 대상으로 하는 것에 비해, 데이터 사이언스는 정형 또는 비정형을 막론하고 인터넷, 휴대전화, 감시용 카메라 등에서 생성되는 숫자와 문자, 영상 정보 등 다양한 유형의 데이터를 대상으로 한다. 또한 데이터 마이닝이 주로 분석에 초점을 두고 있는 개념인 데 반해 데이터 사이언스는 분석뿐만 아니라 이를 효과적으로 구현하고 전달하는 과정까지를 포함한 포괄적 개념이다. 이러한 관점에서 데이터 사이언스는 데이터 공학, 수학, 통계학, 컴퓨터공학, 시각화 해커 등의 사고방식, 해당 분야에 전문지식을 종합한 학문"으로 설명하고 있다. 빅데이터 사이언스 정의는 "다양하고 방대한 데이터로부터 숨겨진 현상과 법칙을 발견하고 적용하는 학문"으로 이해하면 좋겠다.

그러면 빅데이터의 핵심은 분석을 통한 가치 발견에 있다고 했다. 그러면 빅데이터 사이언스의 핵심도 분석을 통한 가치 발견을 위한 학문으로 이해하면 될까? 빅데이터 분석은 어떤 특정 문제를 해결하기 위한 과제 중심적 분석에 초점을 둔다. 그러나 데이터 사이언스는 더 포괄적이고 총체적인 문제를 해결하는 데 사용한다. 즉 데이터 사이언스는 전략적인 통찰을 추구하고 비즈니스 핵심 문제를 총체적으로 다루고 사업의 기회와 혁신을 견인해 나가는 데 목적을 둔다. 일반적인 사이언스 활동은 상황과 현상을 관찰하고 탐구하여 반복적 실험을 통하여 원인을 규명하고 새로운 사실을 발견한다. 이와 마찬가지로 데이터 사이언스도 축적된 많은 데이터를 관찰하고 탐구하여 분석적 모델을 만들고 반복적인 실험을 통하여 새로운 규칙과 현상을 발견한다. 데이터 사이언스 결과는 가치 데이터나 알고리즘으로 정리되기 때문에 인사이트를 위한 시각화(Visualization)가 중요하다. 따라서 데이터 사이언스 절차도 관찰, 탐구(모델), 실험(분석), 발견(시각화) 순으로 이루어진다([그림 3-1]).

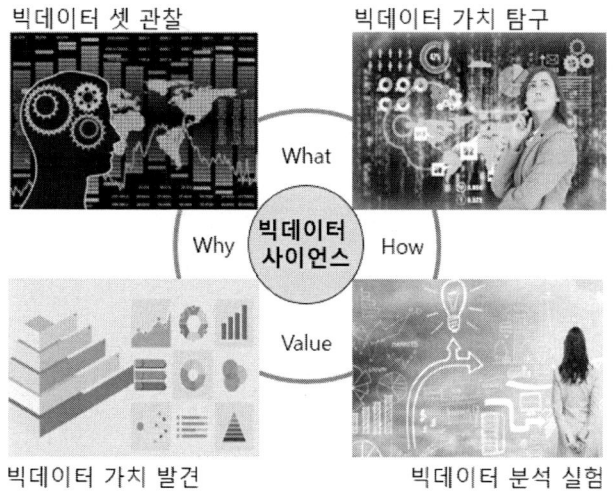

[그림 3-1] 데이터 사이언스 핵심 절차

빅데이터 사이언스 핵심은 데이터로부터 원인(Cause)과 이유(Why)를 관찰(Observation)하여 가치 목표(What)를 찾고 가치 탐구(Research)를 통하여 분석 방법(How) 및 절차(Process)를 세운다. 그리고 방법과 절차대로 분석 및 훈련, 시험을 통하여 최적의 가치 있는 데이터와 알고리즘(모델)을 발견하고 시각화한다. [표 3-4]는 데이터 사이언스 핵심 절차의 단계별 정의와 활동 사항을 구체적으로 정리한 것이다.

[표 3-4] 데이터 사이언스 핵심 절차의 단계별 정의와 활동 사항

단계	정의	활동
빅데이터 셋 관찰	빅데이터 셋을 수집하고, 데이터 속성을 이해하기 위한 과정으로 데이터 구조, 데이터 내용, 데이터 품질 등을 종합적으로 살펴보는 단계	-데이터 소스 명세서 -데이터 기술 명세서 -데이터 품질 확인서 등
빅데이터 가치 탐구	빅데이터 분석 프로젝트의 목적과 요구사항을 이해하고 도메인 지식을 분석 모델로 변경하는 등의 전반전인 분석 계획을 수립하는 단계	-도메인 명세서 -데이터 기술서 -데이터 분석 모델 명세서 -분석 도구 등
빅데이터 분석 실험	분석 목표에 맞도록 데이터를 전처리하고 분석 도구를 이용하여 분석 모델에 따라 다양한 방법으로 분석하여 유용한 결과를 도출하는 단계	-입력 데이터 명세서 -분석 알고리즘 명세서 -분석 실험 결과서
빅데이터 가치 발견	데이터 분석 실험한 결과를 이해하기 쉽게 텍스트나, 표 그래프, 도형 등으로 시각화하고 업무에 적용하는 방안을 마련하는 단계	-빅데이터 분석 결과 보고서 -빅데이터 활용 계획서 -빅데이터 환류 계획서 등

3.3 데이터 사이언스의 구성 요소

데이터 사이언스는 데이터 기반의 종합적인 응용과학이기 때문에 너무 광범위하고 포괄적이어서 역할을 한마디로 정의하기는 쉽지 않다. 그래서 데이터 사이언스는 일종의 비즈니스 인텔리전스(Business Intelligence: BI)나 비즈니스 분석(Business Analysis) 등 지식관리시스템(Knowledge Management System: KMS)과 혼용되기도 한다. 그러나 데이터 사이언스는 KMS보다 더 포괄적인 기술을 요구한다. 데이터 사이언스의 핵심 기술은 크게 정보기술(IT)과 분석 기술, 그리고 비즈니스 컨설팅 영역으로 나눌 수 있다([그림 3-2]).

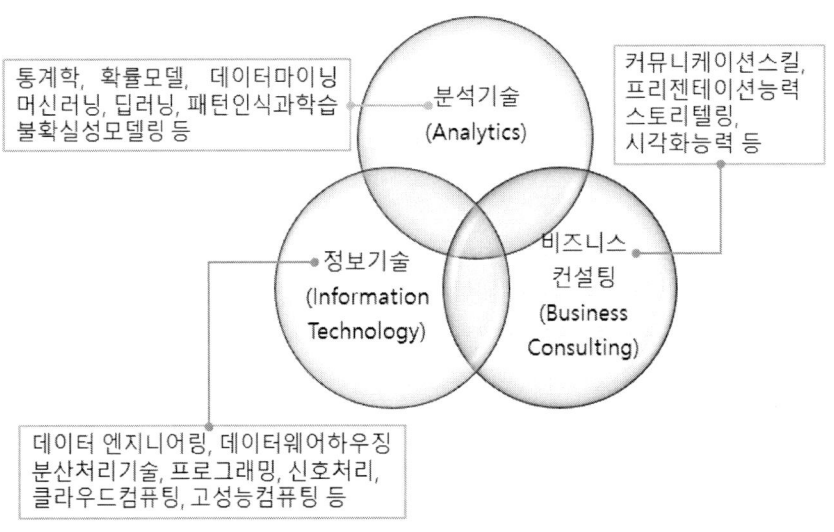

[그림 3-2] 빅데이터 사이언스 핵심 기술

빅데이터 사이언스 기술 중 정보기술(IT: Information Technology)은 데이터로부터 문제를 찾고 문제를 해결하려고 하는 데이터 엔지니어링과 데이터웨어하우징, 데이터 분산저장 및 처리 기술, 프로그래밍 기술, 신호처리, 클라우드 컴퓨팅, 고성능 컴퓨팅 등에 관련된 기술이 필요하다. 그리고 분석 기술(analytics technology)은 통계 및 확률, 데이터 마이닝, 기계학습과 딥러닝, 패턴인식 학습, 불확실성 모델링 기술 등이 필요하다. 마지막으로 비즈니스 컨설팅(business consulting) 커뮤니케이션 능력, 프레젠테이션 능력, 스토리텔링, 시각화(visualization) 등의 기술이 빅데이터 사이언스의 핵심 기술이라고 할 수 있다.

3.4 데이터 사이언티스트 역량

데이터 사이언티스트는 빅데이터를 올바르게 이해하고 데이터의 옥석을 가릴 수 있으며 분석 과제를 발굴하고 데이터 사이언스 기술을 통하여 가치를 발견하여 인사이트를 제공할 수 있는 역량을 가진 전문가라고 할 수 있다. 즉 이들은 많은 데이터 속에서 문제의 이유(why)를 찾고 분석 목표(what)를 세우고 방법(how)과 절차(process)를 통하여 인사이트 한 가치를 찾고 변화와 혁신을 선도할 역량이 필요하다. 그러나 이런 종합적인 역량을 갖춘 사람은 거의 없을 것이다. 따라서 빅데이터 분석 협력과 협업이 중요하기 때문에 정보기술 및 분석 역량뿐만 아니라 다분야 간 협력을 위한 설득력 있는 의사소통 능력이 중요하다.

데이터 사이언티스트가 되기 위해서는 어떤 역량이 필요할까? 미국의 데이터 과학자인 DJ Patil(Ethics and Data Science 저자, 2018)는 "데이터 사이언스가 갖추어야 할 역량으로 기술적인 숙련도, 호기심, 스토리텔링, 영리함"을 제시하였다. 또한 미국의 정보기술 연구 및 자문 회사인 가트너(Gartner)는 데이터 관리, 분석 모델링, 비즈니스 분석 역량과 소프트스킬(soft skill)로 커뮤니케이션, 협업, 리더십, 창의력, 규율, 열정이 데이터 사이언티스트가 갖추어야 할 역량"이라고 했다. 아마존의 수석 엔지니어인 John Rause는 "데이터 사이언티스트의 역량으로 수학과 공학 능력 및 인문학적 소양, 그리고 호기심 및 행복"에 있다고 했다.

빅데이터 분석은 다양하고 수많은 복잡한 데이터를 탐사하여 가치를 찾아가는 여정이라고 할 수 있다. 그러므로 강한 호기심(intensive curiosity)과 끈기, 성취감이 데이터 사이언티스트가 갖추어야 할 기본적인 마음가짐이다. 여기서 위키백과에 따르면 "호기심이란 동물이나 인간에게서 발견되는 원정, 탐사, 교육 등 선천적으로 무엇이든 알고 싶어 하는 행동의 원인이 되는 감정"이라고 말하고 있다. 이외에도 스토리텔링, 커뮤니케이션, 협력, 창의력, 리더십, 인문학적 소양 등을 갖추어야 한다고 말하고 있다. 따라서 데이터 사이언티스트 역량은 기술적 측면과 인본적 측면을 모두 겸비한 사람이어야 한다는 것이다. 한국데이터산업진흥원 데이터 분석 전문가 가이드에서 기술적 측면을 하드스킬(Hard Skill)로 인본적 측면을 소프트스킬(Soft Skill)로 표현했다([그림 3-3]).

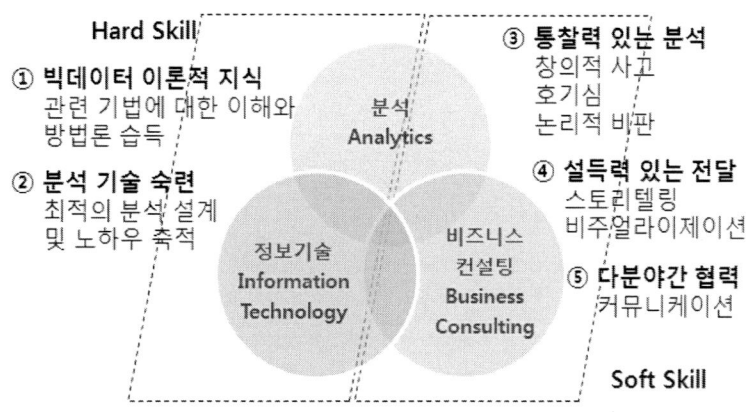

[그림 3-3] 데이터 사이언티스트 역량

데이터 사이언티스트로서 하드스킬과 소프트스킬 모두를 함께 겸비한 전문가는 찾기 어렵다. 그래서 빅데이터 분석은 정보기술 분야 전문가, 분석전문가, 비즈니스 컨설팅 전문가들의 협업을 통하여 시너지 효과(synergy effect)를 발휘하는 방향으로 분석을 진행한다. 따라서 데이터 사이언티스트의 소프트스킬에 설득력 있는 전달 능력과 다분야 간 협력 역량이 중요하게 요구되는 것이다.

이런 관점에서 데이터 사이언티스트의 역량은 MPTI(Myers-Briggs Type Indicator) 성격 유형 16개 중에서 탐험가 형에 가장 잘 어울릴 듯하다. MPTI의 탐험가 형은 "만능 재주꾼, 호기심 낳은 예술가, 모험을 즐기는 사업가, 자유로운 영혼의 연예인" 상으로 분류된다. 여기서 만능 재주꾼은 "대담하고 현실적인 성향으로 다양한 도구 사용에 능통한 사람"으로 정의하고 있다. 호기심 많은 예술가는 "항시 새로운 것을 찾아 시도하거나 도전할 준비가 되어 있는 호기심만은 사람"이고 모험을 즐기는 사업가형은 "벼랑 끝에 아슬아슬한 삶을 진정으로 즐길 줄 아는 이들로 명석한 두뇌와

에너지, 그리고 뛰어난 직관이 있는 모험을 즐기는 사람"이라고 정의하고 있다. 자유로운 영혼의 연예인 상은 "주위에 있으면 인생이 지루할 새가 없을 정도로 즉흥적이며 열정(fashion)과 활력(energy)이 넘치는 연예인"이라고 말하고 있다. 이처럼 빅데이터 사이언티스트는 예술적 기질과 과학적 사고를 함께 겸비해야 한다는 것을 보여주고 있다.

데이터 사이언티스트가 되기 위한 기본적인 사고력은 논리력(logic), 통찰력(insight), 창의력(creativity), 분석력(analysis) 등을 들 수 있다([그림 3-4]).

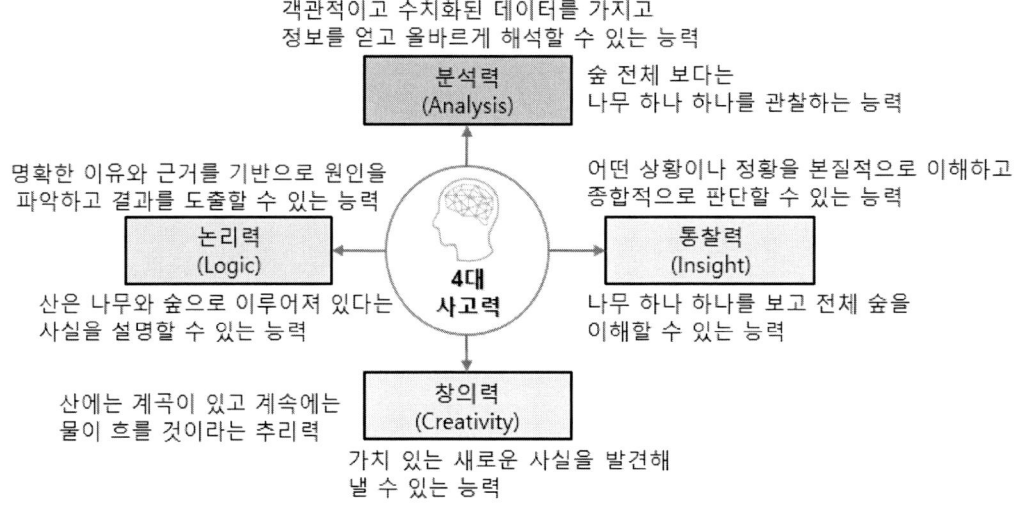

[그림 3-4] 데이터 사이언티스트가 되기 위한 4대 사고력

논리력은 명확한 이유와 근거를 기반으로 원인을 파악하고 결과를 도출할 수 있는 능력으로 설명할 수 있다. 예를 들면 산은 나무와 숲으로 이루어져 있다는 사실을 설명할 수 있는 능력이라고 할 수 있다. 통찰력은 어떤 상황이나 정황을 본질적으로 이해하고 종합적으로 판단할 수 있는 능력을 의미하고 나무 하나하나를 보고 전체 숲을 이해할 수 있는 능력이라고 할 수 있다. 창의력은 가치 있는 새로운 사실을 발견해 낼 수 있는 능력으로 산에는 계곡이 있고 계속에는 물이 흐를 것이라는 추리력을 포함한다. 분석력은 객관적이고 수치화된 데이터를 가지고 정보를 얻고 올바르게 해석할 수 있는 능력으로 숲 전체보다는 나무 하나하나를 관찰하는 능력이라고 할 수 있다.

데이터 사이언티스트는 단순히 정보(information)에 집중하지 않고 그 정보의 이면을 파고드는 인사이트에 집중한다. 정보와 인사이트의 과거, 현재 미래를 보는 시각차는 다음과 같다.

[표 3-5] 데이터 사이언티스트의 정보와 인사이트를 바라보는 인식 차이

구분	과거	현재	미래
정보	무슨 일이 일어났는가? 리포팅(보고서 작성 등)	무슨 일이 일어나고 있는가?	무슨 일이 일어날 것인가? 추출
인사이트	어떻게, 왜 일어났는가? 모델링, 실험 설계	차선 행동은 무엇인가?	최악 또는 최선의 상황은 무엇인가? 예측, 최적화, 시뮬레이션

3.5 데이터 사이언티스트가 갖추어야 할 인문학적 사고력

일반적인 인문학적 소양은 인간의 성향을 분석하고 고정된 사고방식에서 벗어나 혁신을 생각하고, 진부한 사상의 굴레에 벗어나 창의성을 토대로 남보다 앞서 새로운 가치를 창출하려는 성향이다. 인문학에서 인간을 성향 관점과 행동적 관점, 상황적 관점으로 나누어 설명한다. 인간은 원래 변하지 않는 성향의 소유자라는 전제 조건으로 출발하여 인간의 행동과 상황에 초점을 맞춘다. 이러한 까닭으로 특정 행동을 거듭하는 사람은 그 행동을 반복적으로 수행할 확률이 높다는 것을 인식한다. 가령 신용 리스크 모델은 인간을 행동적 관점에서 인식하는 대표적인 사례이다.

데이터 사이언스는 과학과 인문의 교차로이다. 과학과 인문학 교차로는 문제의 이면을 파고들고 질문을 찾고 검증할 수 있는 가설을 설정할 수 있는 역량이다. 빅데이터 가치의 차별화된 역량은 사고방식의 전환과 비즈니스 이슈에 대한 감각, 고객들에 대한 공감 능력이다. 뛰어난 분석적 리더들은 언제 직관을 사용해야 하는지 알고 있다. 그들은 의사결정에서 예술과 과학을 혼합한다. 가능한 한 분석을 사용하지만 큰 그림도 놓치지 않는다. 사업의 일부 측면들, 예를 들어 사업 모델과 고객가치의 주요 변화 같은 것은 인간의 두뇌를 필요로 한다는 사실을 염두에 둬야 한다.

기업들은 빅데이터 분석 통찰력을 위한 인문학이 부활하고 있다. 즉 인문학은 기업의 생존전략으로 강력한 태풍의 눈이 되고 있다. "제품을 팔지 말고 경험을 팔아라."와 같이 제품의 품질보다 서비스에 초점을 둔다. 기업에서 인문학적인 사고력은 기존 사고의 틀을 벗어나 문제를 바라보고 해결하고 비즈니스 핵심 가치를 이해하고 고객과 직원의 내면적 요구를 이해하는 능력이라고 할 수 있다.

3.6 데이터 사이언스 미래

이제 빅데이터는 시대를 넘어 대세가 되었다. 복잡하고 어려운 비즈니스 문제를 해결하기 위한 출구로 빅데이터에 초점을 맞추고 있다. 기업과 조직은 계속해서 모든 것의 디지털화(digitalization)를 통하여 초연결화(hyper-connectivity)가 가속될 것이다. 그리고 이러한 연결을 효과적으로 관리하기 위한 에이전트(agent) 플랫폼(platform)으로 관심을 돌릴 것이다.

[그림 3-5] 데이터 사이언스 파이프라인

사실 디지털화(Digitalization)는 아날로그의 세상을 어떻게 효과적으로 디지털화하는 자가 과거에 가치 창출의 원천이 되었다. 연결(Connection)은 디지털화된 정보와 대상들을 어떻게 연결하고 그 연결을 더 효과적이고 효율적으로 제공하는가가 성공 요인이 되었다. 이제는 복잡하게 연결된 대상들을 얼마나 효과적으로 믿을 만하게 관리해 주는 서비스 플랫폼을 구축하느냐가 성공의 관건이다. 플랫폼이란 사람들이 자발적으로 참여하여 서로 관계를 맺고 공동의 가치를 실현하기 위한 공간이라고 할 수 있다.

분명 데이터 사이언스의 한계도 여전히 존재한다. 아무리 정량적인 분석이라도 모든 분석은 가정에 근거한다는 사실을 간과해서는 안 된다. 데이터 사이언티스트는 인문 학자들처럼 모델의 능력에 항상 호기심을 가지고 가정과 현실의 불일치에 대해 끊임없이 생각하고 분석 모델이 예측할 수 없는 위험을 살피기 위해 항상 현실 세계를 쳐다봐야 한다. 디지털 환경의 진전과 더불어 엄청난 데이터가 생성되어 다양한 분야에서 활용하고 있다. 빅데이터의 미래 가치 패러다임 변화의 핵심인 데이터 사이언스는 빅데이터에 묻혀 있는 잠재력을 풀어내고 새로운 기회를 찾고, 누구도 보지 못한 창조의 밑그림을 그리는 중심 역할에 관심을 집중해야 한다.

연습문제 -Exercises

향상학습

1. 빅데이터 분석 인사이트로 적절하지 않은 것은?
   ① 관례적인 사실을 중요하게 생각한다.
   ② 과거 사실을 기반으로 미래를 예측한다.
   ③ 동일한 상황에 다양한 사실을 도출한다.
   ④ 다양한 상황을 고려한 융합적 현상을 파악한다.
   ⑤ 데이터 사이언스 기반에 객관적 가치를 창출한다.

2. 다음 중 통찰력에 관련된 사고방식으로 적절하지 않은 것은?
   ① 경험적 사고(Perceptual thinking)
   ② 과학적 사실(Scientific fact)
   ③ 객관적 판단(Objective decision)
   ④ 전략적 의사결정(Strategic decision)
   ⑤ 관찰 능력(observed capacity)

3. 빅데이터 분석의 핵심으로 가장 적절하지 않은 것은?
   ① 다양한 데이터 소스로부터 생성되는 데이터이다.
   ② 분석 기술보다 많은 데이터 수집 기술이 핵심이다.
   ③ 전략적 통찰력이 없는 분석은 오히려 경쟁력을 상실한다.
   ④ 객관적이고 종합적인 통찰을 줄 수 있는 가치를 찾는 것이 핵심이다.
   ⑤ 일차적인 분석을 넘어 전략 도출을 위한 가치 기반의 분석이 필요하다.

4. 빅데이터 분석 인사이트의 시사점으로 적절하지 않은 것은?
   ① 고정 관념을 탈피한다.
   ② 잠재력을 충분히 발휘한다.
   ③ 설득력 있는 전달 능력을 기른다.
   ④ 비관적 생각보다 낙관적인 생각을 가진다.
   ⑤ 새로운 기회를 포착하는 능력을 기른다.

5. 데이터 사이언스 정의가 적절하지 않은 것은?
   ① 표준화되고 정형화된 사실을 탐구하는 학문이다.
   ② 해커와 같은 집요한 사고방식이 필요한 학문이다.
   ③ 데이터로부터 더 큰 가치를 발견하려는 활동이다.
   ④ 분석을 넘어 효과적으로 구현하고 전달하는 포괄적 학문이다.
   ⑤ 분석 기술, 정보기술, 비즈니스 컨설팅의 지식을 종합한 학문이다.

6. 데이터 사이언스에 대한 설명으로 가장 적절하지 않은 것은?
   ① 주로 분석의 정확성에 초점을 둔다.
   ② 데이터로부터 의미 있는 정보 추출한다.
   ③ 방대한 데이터에서 숨겨진 현상과 법칙 발견한다.
   ④ 기존의 통계학과는 다른 총체적 접근법을 사용한다.
   ⑤ 정형 데이터뿐만 아니라 다양한 데이터를 대상으로 한다.

7. 데이터 사이언티스트 요구역량 중에서 소프트스킬로 적절하지 않은 것은?
   ① 호기심 있는 접근   ② 통찰력 있는 분석   ③ 분석 기술 숙련
   ④ 설득력 있는 전달   ⑤ 다분야 간에 협력

8. 빅데이터 분석환경 변화에 대한 소프트웨어 및 분석 방법의 변화로 적절하지 않은 것은?
   ① 감성분석   ② 텍스트마이닝
   ③ 클라우드 컴퓨팅   ④ 온라인 버즈 분석
   ⑤ 오픈소스 무료 소프트웨어

9. 데이터 사이언티스트를 위한 탐험가형 유형으로 적절하지 않은 것은?
   ① 만능 재주꾼   ② 모범적인 성인군자   ③ 호기심 많은 예술가
   ④ 모험을 줄기는 사업가 ⑤ 자유로운 영혼의 연예인

10. 다음 중 인문학적 사고력으로 적절하지 않은 것은?
    ① 사고의 전환 능력   ② 고객들과의 공감 능력
    ③ 비즈니스 이슈에 대한 감각 능력   ④ 관련 기법을 이해할 수 있는 능력
    ⑤ 검증할 수 있는 가설을 설정할 수 있는 능력

11. 다음 그림의 ㉠㉡㉢에 데이터 사이언티스트가 갖추어야 할 역량을 순서대로 기술한 것은?

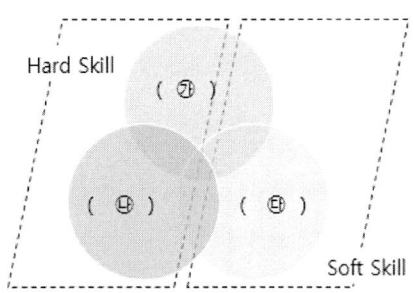

① 정보기술, 비즈니스 컨설팅 기술, 분석 기술
② 분석 기술, 비즈니스 컨설팅 기술, 정보기술
③ 분석 기술, 정보기술, 비즈니스 컨설팅 기술
④ 비즈니스 컨설팅 기술, 정보기술, 분석 기술
⑤ 비즈니스 컨설팅 기술, 분석 기술, 정보기술

12. 데이터 사이언스와 인문학의 만남으로 발생할 수 있는 변화로 적절하지 않은 것은?
① 복잡한 세계관에서 단순한 세계관으로 변화
② 비즈니스 중심의 제품 생산에서 서비스로 이동
③ 경제와 산업의 생산적 논리에서 창조로 변경
④ 제품 중심의 비즈니스에서 경험 중심의 비즈니스로 전환
⑤ 비즈니스 성과 중심에서 핵심 가치 중심으로 전환

13. 빅데이터 분석적 특성으로 적절하지 않은 것은?
① 동시 처리량이 많다.
② 분석 처리 유영성이 높다.
③ 비정형 데이터 비중이 높다.
④ 분석 처리의 복잡도가 높다.
⑤ 의사결정의 신속성이 덜 요구된다.

14. 빅데이터 분석 모델링 단계에서 해야 할 사항으로 적절하지 않은 것은?
① 분석 비즈니스 정의   ② 분석 데이터 수집   ③ 분석 과제 정의
④ 분석 모형 설정   ⑤ 분석 절차 설계

15. 데이터 사이언스는 데이터 처리와 관련된 IT영역, 분석적 영역, 비즈니스 컨설팅 영역을 포괄하고 있는데 이들과 다른 영역에 속하는 것은?
    ① 데이터 웨어하우징 ② 분산 컴퓨팅 ③ 데이터 시각화
    ④ 파이썬 프로그래밍 ⑤ 데이터 엔지니어링

16. 데이터 사이언스에서 인문학적 사고는 반드시 필요한 요소인데 인문학 열풍을 가져오게 한 외부 요소로 적절하지 않은 것은?
    ① 컨버전스에서 디번전스로의 변화한다.
    ② 체험경제를 기초로 한 서비스로 이동한다.
    ③ 디버전스 동역학이 작용하는 복잡한 세계화가 필요하다.
    ④ 빅데이터 분석기법의 이해와 분석방법론의 확대가 필요하다.
    ⑤ 경제의 논리가 생산에서 최근 패러다임인 시장 창조로 변화하고 있다.

17. 데이터 사이언스에 대한 설명으로 적절하지 않은 것은?
    ① 주로 분석의 정확성에 초점을 둔다.
    ② 데이터로부터 의미 있는 정보를 추출하는 것이다.
    ③ 기존의 통계학과는 다른 총체적 접근법을 사용한다.
    ④ 방대한 데이터에서 숨겨진 현상과 법칙 발견하려는 활동이다.
    ⑤ 정형 데이터뿐만 아니라 다양한 비정형 데이터를 대상으로 한다.

18. 다음 중 데이터 사이언티스트 역량 중에 분석 역량에 해당하는 것을 모두 고른 것은?

    | ㄱ. 통계학 | ㄴ. 데이터웨어하우스 | ㄷ. 확률모델 |
    | ㄹ. 패턴인식 | ㅁ. 심층학습 | ㅂ. 프로그래밍 |
    | ㅅ. 데이터베이스 | ㅇ. 불확실성 모델링 | ㅈ. 비주얼라이제이션 |

    ① ㄱ ㄷ ㄹ ㅁ ㅇ   ② ㄱ ㄴ ㅂ ㅅ ㅇ   ③ ㄴ ㄷ ㅁ ㅇ ㅈ
    ④ ㄴ ㅂ ㅅ ㅇ ㅈ   ⑤ ㄷ ㅁ ㅂ ㅅ ㅇ

19. 빅데이터를 다각적으로 분석하여 인사이트를 도출하는 데이터 사이언티스트의 필요 역량으로 적절하지 않은 것은?
    ① 통찰력 있는 분석능력 ② 호기심과 논리적 비판
    ③ 뉴럴네트워크의 최적화 능력 ④ 다분야간 커뮤니케이션 능력
    ⑤ 설득력 있는 스토리텔링 능력

20. 인문학적 사고력으로 적절하지 않은 것은?
    ① 경험을 중시하는 능력
    ② 기존의 사고의 틀을 벗어난 다양한 사고력
    ③ 관련 기법에 대한 이해와 방법론 습득 능력
    ④ 다양한 시각에서 문제를 바라보고 해결하려는 능력
    ⑤ 비즈니스 핵심 가치를 이해하고 고객 내면적 요구를 이해하는 능력

21. 데이터 사이언스 관련 내용으로 적절하지 않은 것은?
    ① 통계와 데이터마이닝을 융합한 새로운 학문이다.
    ② 데이터 사이언스는 과학과 인문학의 교차로에 서 있다고 할 수 있다.
    ③ 데이터 사이언스란 데이터로부터 의미있는 정보를 추출하는 학문이다.
    ④ 강력한 호기심이야말로 데이터 사이언티스트의 중요한 특징이라고 할 수 있다.
    ⑤ 데이터 사이언스가 기존의 통계학과 다른 점은 데이터 사이언스는 총체적 접근법을 사용한다.

22. 빅데이터의 다각적 분석을 통해 인사이트를 도출하는 사이언티스트의 역량으로 가장 적절하지 않은 것은?
    ① 데이터 사이언티스트는 데이터 해커, 애널리스트, 커뮤니케이션, 신뢰받는 어드바이저 등의 조합이라고 할 수 있다.
    ② 데이터 사이언티스트는 하드스킬과 소프트 스킬 능력도 동시에 갖추고 있어야 한다.
    ③ 데이터 사이언티스트 역량은 인공신경망 최적화를 통해 정확도 높은 분석 기법에 집중되어 있다.
    ④ 데이터 처리기술 이외에 사고방식, 비즈니스 이슈에 대한 감각, 고객들과의 공감 능력이 데이터 사이언티스트에게 필요한 역량이다.
    ⑤ 수학과 공학능력, 인문학적 소양, 호기심 및 회복 등 데이터를 분석하여 의미 있는 결과를 도출할 수 있는 능력이 필요하다.

23. 다음 설명에서 괄호 안에 적절한 용어를 기술하세요.

    | 데이터 사이언티스트가 갖추어야 할 역량은 빅데이터의 처리 및 분석에 필요한 이론적 지식과 기술에 숙련된 능력인 (   ) 스킬(skill)과 데이터 속에 숨겨진 가치를 발견하고 새로운 발전 기회를 만들어 내기 위한 능력인 (   ) 스킬로 나누어 진다. |

심화학습

1. 빅데이터 분석 인사이트를 위한 데이터 사이언스의 필요성을 기술하세요.

2. 데이터 사이언티스트가 갖추어야 할 핵심역량을 서술하세요.

3. 빅데이터 분석 인사이트를 위하여 왜 인문학이 왜 필요한지 조사하세요.

4. 빅데이터 분석적 특성을 기술하세요.

5. 다음을 해석하세요.

Data science is an inter-disciplinary field that uses scientific methods, processes, algorithms and systems to extract knowledge and insights from structured and unstructured data, and apply knowledge and actionable insights from data across a broad range of application domains. Data science is related to data mining, machine learning and big data. Data science is a "concept to unify statistics, data analysis, informatics, and their related methods" in order to "understand and analyze actual phenomena" with data. It uses techniques and theories drawn from many fields within the context of mathematics, statistics, computer science, information science, and domain knowledge. Turing award winner Jim Gray imagined data science as a "fourth paradigm" of science (empirical, theoretical, computational and now data-driven) and asserted that "everything about science is changing because of the impact of information technology" and the data deluge.

빅데이터 분석
기획과 실무

Chapter
04

빅데이터 분석 기획

4.1 빅데이터 분석 기획 개요
4.2 빅데이터 분석 기획 방향
4.3 빅데이터 분석 방법론
4.4 빅데이터 분석 과제 도출
4.5 빅데이터 분석 프로젝트 관리
　　연습문제

Chapter. 04

빅데이터 분석 기획

빅데이터 분석의 궁극적 목적은 가치 발견을 통한 인사이트 발굴에 있다. 사실 빅데이터 분석 과정은 요리하는 과정과 견주어 설명할 수 있다. 요리하려면 요리에 필요한 다양한 재료의 성분과 특성, 영양소를 파악하고 요리에 적합하도록 손질하고 레시피(recipe)를 통하여 노력과 정성을 다하여 음식을 만들고 배고픈 사람에게 제공하는 것과 같다. 요리와 대비한 빅데이터 분석 과정은 가치 발견을 위한 데이터의 속성과 값을 이해하고 분석에 적합하도록 변화하여 분석 모델(model)을 개발하고 노력과 정성을 다하여 가치를 발견하고 비즈니스 인사이트를 제공하는 것과 같다. 이처럼 빅데이터 분석 과정은 일련의 합리적 절차와 방향을 수반한다. 그러면 이번 장에서는 빅데이터 분석 기획의 절차와 방법을 알아보고 그에 따르는 빅데이터 분석과제를 선정하는 방법을 살펴보자.

4.1 빅데이터 분석 기획 개요

빅데이터 분석 기획(planning)이란 실제 분석을 수행하기에 앞서 분석을 수행할 과제를 정의하고 의도된 결과를 도출할 수 있도록 이를 합리적으로 관리하는 방안을 사전에 계획(plan)하는 일련의 절차적 방법론이다. 즉 빅데이터 기획은 분석 이유(Why)를 찾고 그에 따른 분석 목표(What)를 세워서 어떠한 데이터를 이용하여 어떤 방법(How)과 절차(Process)를 가지고 합리적으로 분석할 일련의 다음과 같은 워크플로(workflow)를 수립하는 과정을 의미한다.

- (1단계) 빅데이터 분석 과제 발굴
- (2단계) 빅데이터 수집 방안 마련
- (3단계) 빅데이터 분석 전문가 그룹 구성
- (4단계) 빅데이터 분석 모델 개발
- (5단계) 빅데이터 분석 전략 수립
- (6단계) 평가

사실 기획(planning)과 계획(plan)의 용어는 서로 혼용해서 사용하는 경향이 있지만 약간의 뉘앙스 차이를 보인다. 굳이 기획은 어떤 문제를 처리하는 데 전략(strategy)적 접근법이라고 할 수 있지만 계획은 어떤 목적을 달성하는데 전술(Tactics)이라고 할 수 있다. 그래서 기획은 분석에 앞서 역할(role)에 집중하여 원인과 이유(why)로부터 출발하는데 계획은 방법(method)에 주안점을 둔다. 그리고 기획은 방향(direction)에 중점을 두는 경향이 있는 방면에 계획은 실행(do)에 목적을 둔다([그림 4-1]).

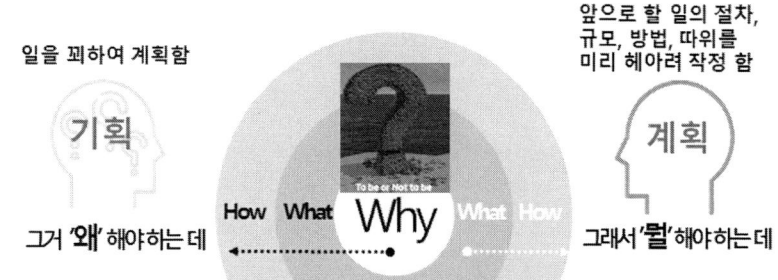

[그림 4-1] 기획과 계획의 차이

빅데이터 분석 기획은 분석의 이유를 찾고 그 이유에 합당한 과제를 발굴한다. 그리고 빅데이터 분석 계획을 수립하여 필요한 분석을 위한 데이터와 기술, 인력을 확보하고 적합한 분석 모델을 개발하여 분석을 수행한다. 마지막으로 빅데이터 분석 결과를 검증하여 유용성과 안전성을 확보하는 과정을 거친다.

빅데이터 분석 기획(BDAP: Big Data Analytic Planning) 방법론을 쉽게 이해할 수 있도록 정보화 전략 기획(ISP: Information Strategy Planning) 방법론과 비교해 보자([표 4-1]).

[표 4-1] 정보화 전략기획과 빅데이터 분석 기획과 차이

구분	정보화 전략기획 (Information Strategy Planning)	빅데이터 분석 기획 (Big Data Analytic Planning)
적용범위	단위 시스템 통합	특정 분석과제 단위의 서비스 구현
구현방식	빅뱅(Big Bang) 방식	점증적 진화방식
문제정의	프로세스, 사람	데이터, 비즈니스 업무
방안모색	인터뷰, 선진 사례	알고리즘, 선행 사례
중심목표	• 프로세스 혁신을 통한 효율성 제고 • 품질개선 및 성과확산	• 데이터 기반의 가치 창출 • 비즈니스 인사이트 도출
필요인력	• 비즈니스 컨설팅 • IT 컨설팅 • 현업 실무 인력 • 프로젝트 관리자	• 데이터 사이언티스트 • 데이터 엔지니어링. 데이터 개발자 • 현업 실무 인력 • 프로젝트 관리자
추진형태	전사적 관점으로 접근	분석 요구 관점으로 접근
소요기간	대부분 6개월 미만	대부분 6개월 이상 중장기

정보화 전략기획이란 조직 및 기업의 경영 비전 및 사업 목표를 달성하기 위하여 어떻게 효과적으로 경영과 정보기술을 연계하고 적용할 것인가에 대한 종합적인 계획(Master Plan)을 세우고 세부적인 실행계획을 수립해 나가는 일련의 과정을 의미한다([그림 4-2]).

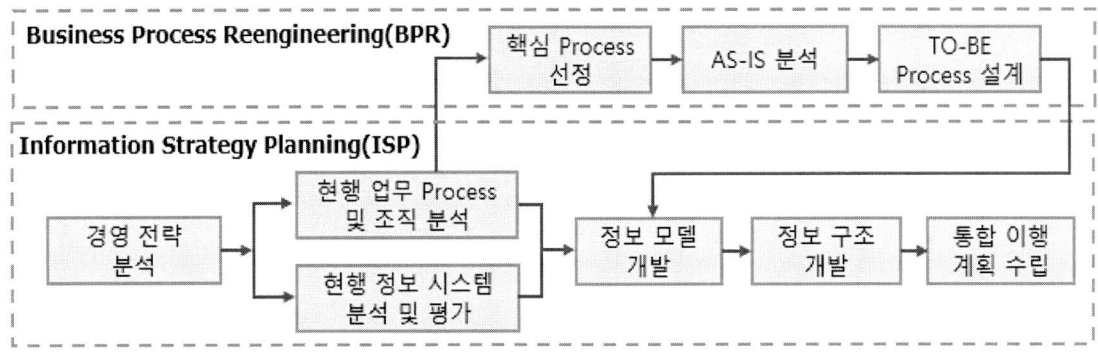

[그림 4-2] 정보화 전략기획

정보화 전략 기획은 기업의 경영전략을 분석하여 현행 업무 프로세스 및 조직을 분석하고 그에 대한 현행 정보시스템 분석 및 평가를 통하여 최적의 정보 모델을 수립하고 정보구조를 개발하여 통합적인 이행계획을 수립한다. 최적의 정보 모델을 수립하기 위해서는 핵심 프로세스에 대하여 현행 업무 프로세스와 조직, 사용하고 있는 정보시스템 현황, 회사의 규정 및 경영 전략을 체계적으로 분류하고 문제점 및 혁신 방안 및 미래 설계를 위한 기본 과정을 정의한다(AS-IS 현황 분석). 이러한 AS-IS 현황 분석을 통하여 문제점을 해결하고 혁신 및 미래 설계의 구체적인 실행 방안을 마련한다(TO-BE 프로세스). 이러한 AS-IS 현황 분석과 TO-BE 프로세스를 통하여 기업의 활동이나 업무의 전반적인 흐름을 분석하고, 경영 목표에 맞도록 조직과 사업을 최적으로 다시 설계하여 구성하는 것을 업무재설계(BPR: Business Process reengineering)라고 한다.

정보화 전략 기획(ISP)은 전사적 관점에서 빅뱅(Big Bang, 전체 정보시스템 한꺼번에 구현) 방식의 단위 시스템 통합에 목적을 두고 주로 6개월 미만의 기간에 수립한다. 그러나 빅데이터 분석 기획(BDAP)은 특정 조직이나 회사의 중장기적인 관점에서 현안 해결이나 경영 비전 및 사업 목표 혁신 방향을 수립하기 위하여 분석 요구 관점의 특정 과제 중심의 점증적 진화(Incremental Evaluation) 방식으로 수행한다. 따라서 정보화 전략기획은 프로세스 혁신을 통한 효율성 제고를 통한 품질개선 성과확산에 목표를 두지만, 빅데이터 분석 기획은 데이터 기반의 가치 창출을 통한 비즈니스 인사이트 도출에 목표를 둔다.

4.2 빅데이터 분석 기획 방향

빅데이터 분석기획 방향 특정 도메인의 과제 중심으로 분석을 수행함으로 분석의 대상(what) 및 분석 방법(how)에 따라 다르게 접근해야 한다. 즉 분석의 대상을 알 수 있거나 그렇지 않은 경우, 분석 방법이 알려져 있거나 그렇지 않은 경우의 4가지 접근방법이 있다([그림 4-3]).

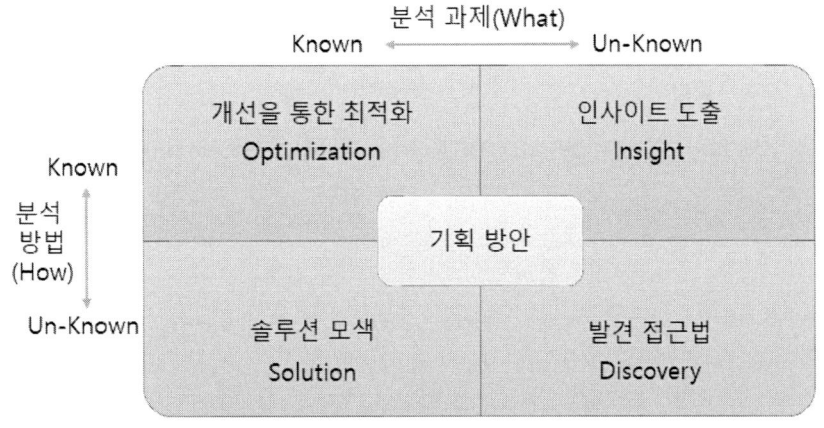

[그림 4-3] 빅데이터 분석 기획 방향

먼저 최적화 접근 방안은 분석 과제가 정해져 있고 분석 방법도 존재하는 경우로 기존의 분석 방법을 최적화(optimization)된 분석 기획 방안을 마련한다. 만일 분석 과제가 정해져 있으나 분석 방법이 존재하지 않으면 분석 과제에 적합한 솔루션(solution)을 찾아가는 방식으로 분석 기획 방안을 마련한다. 한편, 분석과제가 명확히 정해져 있지 않으나 분석 방법은 존재하는 경우는 기존 분석 방식을 활용하여 인사이트(insight)를 발휘하여 과제를 도출하고 해결 방안을 모색하는 형식으로 분석 기획 방안을 마련한다. 또한 분석 과제가 명확히 정의되어 있지 않고 분석 방법도 잘 모를 때 여러 가지 분석 방식을 활용하여 분석 과제를 새롭게 도출하고 분석 모델을 발견(discovery)하는 방식으로 분석 기획 방안을 마련한다.

빅데이터 분석 기획 접근 방식은 크게 특정 과제 중심의 단기적 접근 방식과 기업의 지속적인 분석 문화 내재화를 위한 장기적 마스터플랜 방식으로 나누어 생각해 볼 수 있다([그림 4-4]).

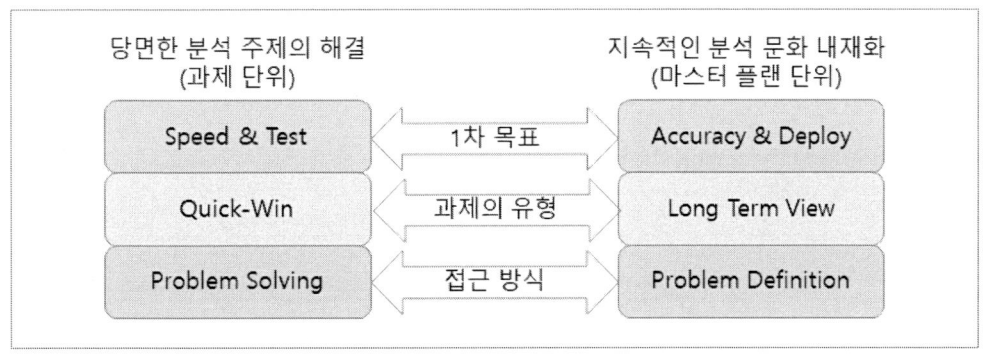

[그림 4-4] 빅데이터 분석 기획 접근 방식

빅데이터 분석 기획의 단기적 접근 방식은 도메인의 시급한 문제해결(problem solving)을 위하여 과제 중심으로 빠른 해결책(Quick-Win)을 마련할 때 적용한다. 이는 조직의 분석 가치를 조기에 제공함으로써 조직의 공감대를 확산하는 효과가 있다. 한편, 빅데이터 분석 기획의 중·장기적 접근 방식은 전사적이고 장기적인 관점에서 문제를 정의하고 그에 해당하는 분석 과제를 정의하는 것으로 지속적인 분석 문화의 내재화를 통한 조직의 혁신과 비전 실현을 목적으로 한다.

빅데이터 분석 기획 고려 사항은 분석에 필요한 가용한 데이터가 있는지, 적절한 적용 사례가 있는지, 분석 과제 수행에 장애 요소가 있는지 등이다. 빅데이터 분석 기획 시 고려 사항에 대한 예시는 다음과 같다.

[표 4-2] 빅데이터 분석 기획 시 고려 사항에 따른 예시

고려사항	예시
가용한 데이터 (Available data)	• 거래 데이터(Transaction data) • SNS 데이터(SNS data) • 모바일 데이터(Mobile data) • 기계와 센서 데이터(Machine & sensor data) 등
적절한 활용사례 (Proper use case)	• 고객 관계 분석(customer Relationship analytics) • 소셜 미디어 분석(Social media analytics) • 공장 및 시설 관리(Plant and facility management) • 파이프라인 분석(Pipeline management) • 가격 최적화(Price optimization) • 사기 탐지(Fraud detection) 등
낮은 장애 요소 (Low barrier factor)	• 비용(Cost) • 단순성(Simplicity) • 성과(Performance) • 조직 문화(Organization culture) 등

빅데이터 분석은 데이터로부터 인사이트(insight)를 발휘할 수 있는 가치(value)를 발견하는 기술로서 데이터 이해를 기반으로 비즈니스 도메인 및 정보기술이 필요하다. 따라서 분석에 필요한 데이터의 수집 및 이해가 가장 먼저 고려되어야 한다. 다음 [표 4-3]은 데이터의 수집 방안을 정리한 것이다.

[표 4-3] 데이터의 수집 방안

구분	특징	수집도
내부 데이터	• 수집하려는 데이터 저장소가 내부 시스템에 존재 • 데이터 제공자와 상호협약으로 의사소통이 원활 • 인터페이스 할 데이터의 수집 주기 및 방법은 데이터 제공자(또는 기관)와의 협약을 통해 가능	소스 데이터 담당자와 의사소통이 원활하므로 수집 난이도가 외부 데이터와 비교해 낮음
외부 데이터	• 수집하는 데이터의 저장소가 외부 시스템에 존재 • 데이터 제공자와 상호 협약이 어려우면 의사소통이 불가능 • 인터페이스는 데이터 수집할 항목을 분석해 설계	해당 소스 데이터 담당자와 소통이 어려워 수집 난이도가 내부 데이터와 비교해 높음

분석에 필요한 데이터를 확보했다면 데이터로부터 가치를 창출할 수 있는 적절한 활용 방안과 활용 사례(use case)를 탐색하는 것이 중요하다. 무에서 유를 창조는 미스터리(mystery)이다. 마이크로소프트웨어 창업자 빌 게이츠(Bill Gates)는 "하늘 아래 정말 새로운 것은 없다. 단지 새로운 조합만 있을 뿐이다."라고 했고, 애플의 공동 창업자 스티브 잡스(Steve Jobs)는 "창의력이란 그저 사물들을 서로 연결하는 것이다."라고 말했다. "바퀴를 재발견하지 마라(Don't reinvent the wheel)"는 격언은 이미 만들어져 있는 것을 잘 활용하라는 뜻으로 적절한 적용 사례(Proper use case)를 잘 활용하라는 것이다. 빅데이터 분석 기획에 적절한 활용 사례를 잘 활용하면 분석 시간을 단축할 수 있을 뿐만 아니라 분석 결과의 신뢰성을 높일 수 있다.

빅데이터 분석은 분석에 필요한 기간과 투입 요소, 성과 목표 달성 등에 대한 장애 요인들을 사전에 계획하는 것이 중요하다. 분석 결과의 정확도를 올리기 위해서는 분석에 필요한 기간과 투입 요소가 늘어나면 비용 상승으로 이어지게 되므로 이들의 적절한 절충안(trade-off)이 필요하다. 빅데이터 분석 기획은 분석가만 이해할 수 있도록 수립하는 것이 아니라 사용자를 포함한 이해당사자(stakeholders) 모두가 쉽게 이해할 수 있도록 해야 한다. 분석 수행 시에는 문제없이 실행되던 분석 모델이 실제 환경에서는 문제가 발생할 수 있으므로 분석기획 단계에서 이러한 사항을 충분히 고려해야 한다. 또한 일회성 분석에 그치지 않고 조직의 역량으로 내재화하기 위해서는 분석문화 정착 및 확산 방안도 기획 단계에서 고려해야 한다.

4.3 빅데이터 분석 방법론

빅데이터 분석 방법론은 실무자, 관리자, 경영층이 요구하는 의사결정 업무 지원을 위해서는 체계적인 분석 방법론이 필요하고 일상 업무와 분석 업무를 넘어서 의사결정 지원을 위한 빅데이터 기반 분석을 위해서 수행 시 용역 수행(outsourcing) 업체의 작업을 안내할 수 있는 절차 및 산출물을 참조하는 방법론이 필수이다. 그리고 데이터 분석을 효과적으로 기업 내에 정착하기 위해서는 이를 체계화한 절차와 방법이 잘 정리된 데이터 분석 방법론 수립이 필요하다. 빅데이터 분석방법론은 체계적인 빅데이터 분석 수행에 필요한 절차, 지침, 산출물, 문서 템플릿(template) 제공 등을 통해 효율적이고 성공적인 분석을 위한 지침서(guideline)이다. 즉 빅데이터 분석 방법론은 빅데이터 분석 시 참여자가 준수해야 할 절차, 핵심 점검 항목 및 참고할 산출물 템플릿을 제공함으로써 분석 수행 과정의 시행착오를 최소화하고, 수행 작업을 효과적으로 안내하고 점검을 목적으로 한다([그림 4-5]).

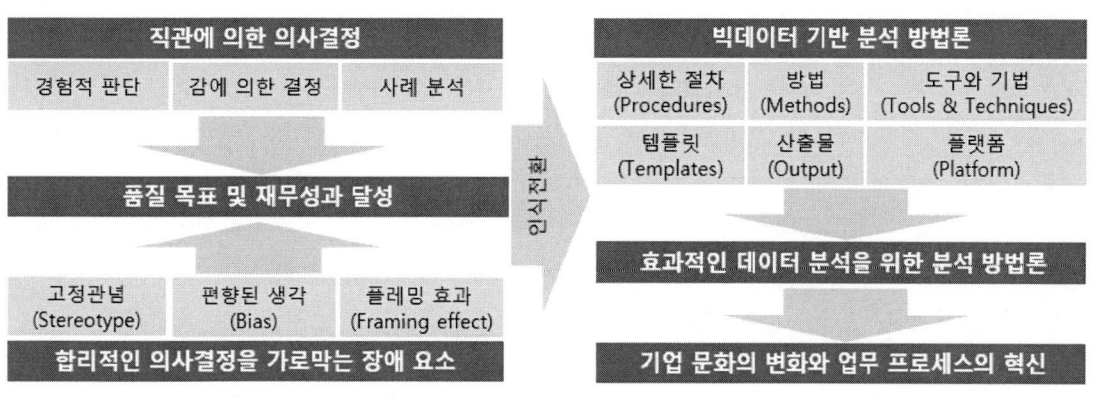

[그림 4-5] 빅데이터 기반 분석 방법론

1. 빅데이터 분석 모델의 종류

빅데이터 분석 모델은 데이터 분석 알고리즘을 개발하는 것으로 기존의 소프트웨어 개발 생명주기(SDLC: Software Development Life Cycle) 방법론을 자주 인용한다. 기존에 소프트웨어 개발 생명주기 방법론으로 자주 참조되는 모델 중에 폭포수 모델(Waterfall model), 프로토타입 모델(Prototype model), 그리고 나선형 모델(Spiral model)에 대하여 살펴보자. 이에 대한 자세한 내용은 [표 4-4]와 같다.

[표 4-4] 빅데이터 분석 모델의 종류

모델	내용
폭포수 모델 (Waterfall model)	• 빅데이터 분석 단계의 선형 순차적 접근 방법 • 단계별로 철저히 매듭짓고 다음 단계로 진행 • 이전 단계의 산출물은 다음 단계의 기초 • 개념 정립에서 구현까지 하향식 접근방법(높은 추상화 → 낮은 추상화) • 프로젝트 진행 과정을 세분화하여 관리가 용이
프로토타입 모델 (Prototype model)	• 요구사항 도출의 어려움 해결 및 의사소통 도구로 프로토타입을 활용 • 사용자 참여 유도형 프로세스 모형, 개발 타당성 검토 • 상대적으로 빠른 개발 속도와 형식에 얽매이지 않는 모델 개발
반복 점증형 모델 (Iterative Incremental model)	• 반복적으로 소프트웨어 개발을 통하여 점증적으로 소프트웨어를 완성 • 소프트웨어에 버전을 추가하듯이 점진적 기능 향상 • 위험성이 높은 업무부터 먼저 개발하여 위험을 낮출 수 있음 • 규모가 큰 빅데이터 사업에 적합
나선형 모델 (Spiral model)	• 대규모 시스템 및 위험 부담이 큰 시스템 개발에 적합 • 프로젝트 위험을 조기 발견해서 대처, 반복적인 접근으로 위험 최소화 • 관리가 중요하나 매우 어렵고 개발기간이 장기화할 가능성이 큼 • 나선형 모델의 폭포수 모델의 체계적인 측면과 프로토타입의 반복적 특성을 결합한 형태의 모델

폭포수 모델은 소프트웨어 개발 생명주기인 분석(Analysis), 설계(Design), 구현(Implementation), 시험(Test), 운영(Operation) 등의 소프트웨어 개발 생명주기 각 단계를 강조하는 선형 순차적 모델이다.

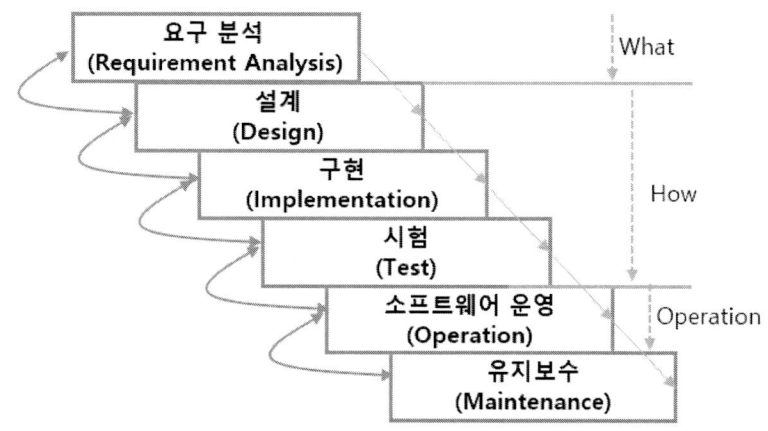

[그림 4-6] 소프트웨어 개발 방법론 폭포수 모델

폭포수 모델은 가장 고전적 소프트웨어 개발 방법론으로 개발 단계를 순차적으로 제시함으로써 단순하고 이해하기 쉽다는 장점이 있다. 그러나 폭포수 모델은 사용자 요구사항 검증은 개발이 완료된 후에야 점검할 수 있으므로 고객의 요구사항을 잘못 반영되면 돌이킬 수 없게 된다. 따라서 폭포수 모델의 늦은 검증에 따른 위험을 감소하기 위한 대안으로 프로토타이핑 모델이 있다. 프로토타이핑 모델은 고객의 요구 분석을 토대로 소프트웨어 시제품(prototyping)을 개발한 결과를 고객에게 시연(demonstration)을 통하여 확인(Confirm)한 후 본격적으로 개발하는 모델이다. 프로토타이핑 모델은 사용자와 개발자 사이에 의사소통이 원활하고 목표 소프트웨어에 대한 이해가 용이하여 소프트웨어 품질이 향상될 수 있다. 그러나 사용자 기대 심리가 높아져 과다한 요구 상황이 발생할 수 있어 개발 비용이 증가할 수 있고 프로토타입을 최종 완제품으로 오인할 수 있다.

반복 점증형 모델(iterative Incremental Model)은 요구사항, 분석, 설계, 구현, 테스트를 반복적으로 개발된 소프트웨어에 대하여 버전을 추가하듯이 개발을 수행한다.

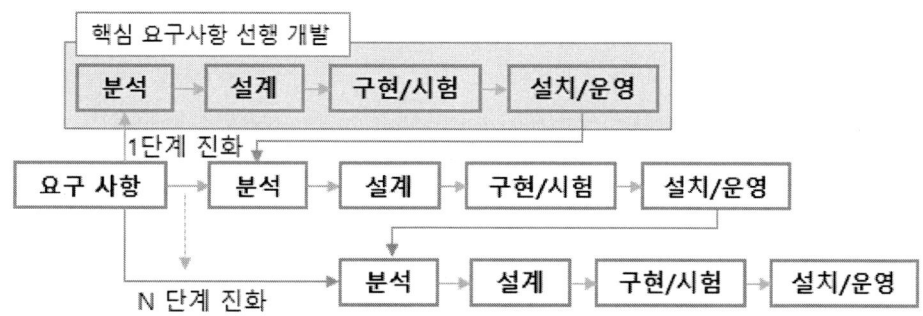

[그림 4-7] 소프트웨어 개발 방법론 반복 점증적 모델

반복 점증형 모델은 위험성이 높은 업무부터 먼저 개발하여 위험을 낮출 수 있고 반복이 거듭될수록 개발자의 능력이 향상되는 효과가 있다. 따라서 반복 점증적 모델은 위험성이 높고 규모가 큰 개발에 적합하고 시스템 통합을 수행하는 프로젝트에 적합하다.

나선형 모델(spiral model)은 폭포수 모델의 체계적인 측면과 프로토타입의 반복적 특성을 결합한 형태의 개발 방법론이다.

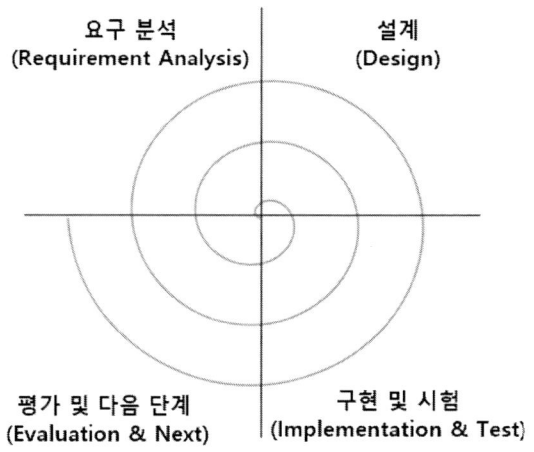

[그림 4-8] 소프트웨어 개발 방법론 나선형 모델

나선형 모델은 위험성이 높은 개발사업에 적합한 모델로 프로젝트 위험을 조기 발견해서 대처할 수 있고 반복적인 접근으로 위험(risk)을 최소화할 수 있다. 그러나 나선형 모델은 관리가 매우 어렵고 개발시간이 장기화할 가능성이 크다.

2. KDD 분석방법론

KDD(Knowledge Discovery in Database) 분석방법론은 일종의 데이터 마이닝(data mining) 프로세스로이다. 데이터 마이닝이란 대량의 데이터베이스로부터 유용한 지식을 발견(knowledge discovery in database: KDD)하는 방법론이다. 데이터 마이닝이라는 용어는 1996년 Fayyad가 프로파일링(profiling) 기술을 기반으로 데이터로부터 통계적 패턴이나 지식 발견에 활용할 수 있도록 체계적으로 정리한 데에서 유래하였다.

데이터 마이닝 과정은 데이터 추출(extracting), 데이터 탐색(exploring), 데이터 보정(modifying), 모형화(modeling), 그리고 모형 평가(assessing)의 6가지 단계로 이루어진다([그림 4-9]).

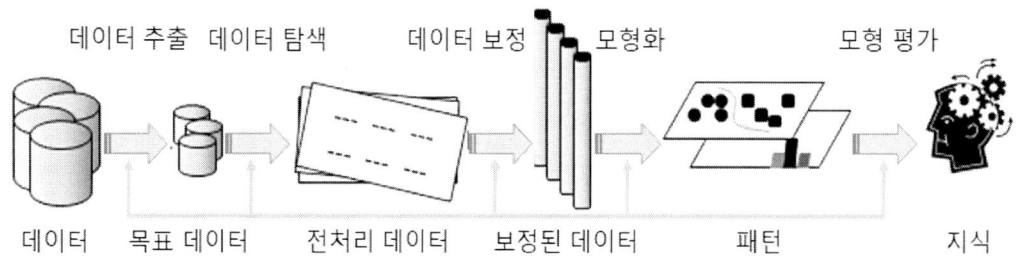

[그림 4-9] KDD 분석 단계

데이터 마이닝의 단계별 역할은 [표 4-5]와 같다.

[표 4-5] 데이터마이닝 단계별 역할

마이닝 단계	역할
데이터 추출 (Extracting)	운영 데이터로부터 데이터 마이닝 목적에 필요한 데이터를 추출하는 단계로 데이터 마이닝 결과의 품질은 결국 분석 대상 데이터를 추출하는 방법에 따라 좌우되기 때문에 가장 중요한 단계이다.
데이터 탐색 (Exploring)	데이터를 분석하기에 앞서 추출된 데이터의 특성과 형태, 범위 등을 전반적으로 조사하는 단계로 관심이 있는 변수의 특성에 따른 데이터의 분포를 탐색하고 시간과 연관이 되는 자료는 시간에 따른 데이터 변화의 추이를 확인하는 것이 필요하다.
데이터 보정 (Modifying)	데이터의 전반적인 형태를 확인한 후 모형개발에 필요한 변수들에 결측치(missing value)와 이상치(outlier)가 존재하는지 데이터의 잡음(noise)이 있는지 확인하고 값을 제거하거나 보충하거나 필요한 경우 새로운 변수를 생성하는 단계로 데이터 마이닝 시간이 가장 오래 걸리고 분석 결과 품질의 가장 중요한 단계이다.
모형화 (Modeling)	분석에 적합하도록 준비된 데이터를 이용하여 분석 도구로 데이터 마이닝 기법을 적용하여 지식을 발견하고 예측 모형을 개발하는 단계로 데이터 마이닝의 핵심 단계이다.
모형 평가 (Assessing)	데이터 마이닝을 통하여 개발된 모형의 신뢰성과 타당성을 검증하고 성능을 평가하는 단계로 모형의 정확성 검증을 위해서는 일반적으로 시험용 데이터 세트를 이용하여 평가한다.

데이터 마이닝은 컴퓨터공학보다는 통계학이나 경영정보학, 경영학에서 지식경영(knowledge management)에 자주 사용되는 용어이다. 따라서 데이터 마이닝은 지식 발견(Knowledge Discovery in Database : KDD), 지식 추출(Knowledge Extraction), 정보 수학(Information Harvesting), 정보 고고학(Information Archeology), 데이터 패턴 처리(Data Pattern Processing) 등으로도 불리기도 한다.

3. SEMMA 분석 방법론

SEMMA는 Sample, Exploration, Modification, Modeling, Assessment의 약어로 분석 솔루션 업체 SAS(Statistical Analysis System) 사에서 주도적으로 만든 통계적 접근의 분석 방법론이다. SEMMA 분석 방법론은 분석 문제 정의가 자체가 어려운 경우 데이터를 기반으로 문제를 재정의하여 해결 방안을 탐색할 때 적용한다. SEMMA 분석 방법론은 샘플링(Sampleing), 데이터 탐색(Explore), 전처리(Modify), 분석 모델링(Model), 평가(Assess) 단계로 이루어진다([그림 4-10]).

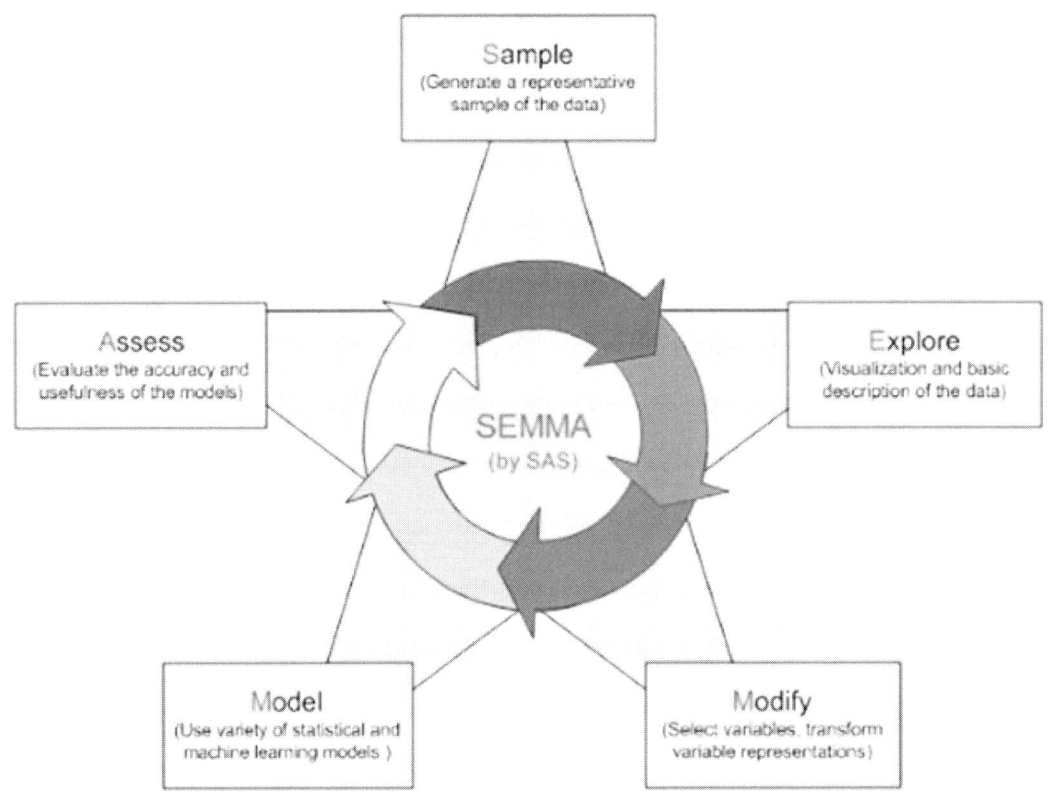

[그림 4-10] SEMMA 분석 방법론

SEMMA 분석 방법론에서 샘플링(Sampling)은 통계적 표본 추출 방식으로 분석 데이터를 생성하는 단계이다. 또한 이 단계에서 모델 평가를 위한 검증 및 시험 데이터를 준비한다. 탐색(Explore) 단계는 분석 대상 데이터를 탐색하고 데이터오류를 확인한다. 데이터 탐색을 통해 비즈니스를 이해하고 분석 인사이트를 위해 이상 현상 및 변화 등을 모색한다. 변환(Modify) 단계는 분석 대상 데이터의 수량화, 표준화, 각종 변환 및 그룹화하고, 데이터가 지닌 정보 표현을 극대화한다. 모델(Model) 단계는 데이터에서 숨겨진 패턴과 규칙을 발견하고 최적화된 모델을 개발하고 비즈니스 문제해결을 위해 개발된 모델과 알고리즘 적용한다. 마지막으로 평가(Assess) 단계는 개발된 모델의 성능을 평가하고 정확성을 검증한다. 또한 이 단계에서 다른 모델을 동시에 비교하여 추가분석 수행 여부를 결정한다.

4. CRISP-DM 분석 방법론

CRISP-DM(Cross-Industry Standard Process for Data Mining)은 타임러, 크라이슬러, NCR, OHRA, SPSS사가 컨소시엄(Consortium)으로 개발한 표준 데이터마이닝 개발 방법론이다. CRISP-DM 방법론은 강력한 실용성, 유연성과 첨단 비즈니스 문제를 해결하기 위해 분석을 사용할 때의 유용성이 뛰어나서 전 세계에서 가장 많이 사용된다. CRISP-DM 방법론은 초보자나 전문가가 비즈니스 전문가와 함께 모형을 만들어 내는 포괄적인 방법론으로 어떤 산업 분야에도 적용할 수 있는 표준적 데이터마이닝 프로세스를 제시하고 있는 게 특징이다.

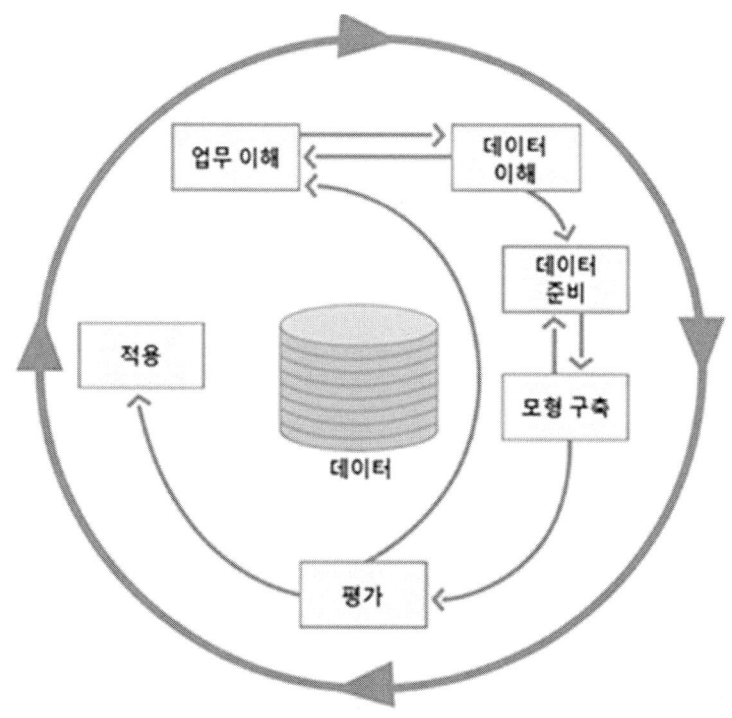

[그림 4-11] CRISP-DM 프로세스

CRISP-DM 프로세스 단계별 수행 과제는 [표 4-6]과 같다.

[표 4-6] CRISP-DM 프로세스 단계별 수행 과제

절차	과제
업무 이해 (Business understanding)	• 업무 목적 파악 • 상황 파악 • 데이터 마이닝 목표 수립 • 프로젝트 계획 수립
데이터의 이해 (Data understanding)	• 초기 데이터 수집 • 데이터 기술 분석 • 데이터 탐색 • 데이터 품질 확인
데이터 준비 (Data preparation)	• 분석용 데이터셋 선택 • 데이터 정제 • 분석용 데이터셋 편성 • 데이터 통합 • 데이터 포맷팅

모델링 (Modeling)	• 모델링 기법 선택 • 모델 테스트 계획 설계 • 모델 작성 • 모델 평가
평가 (Evaluation)	• 분석 결과 평가 • 모델링 과정 평가 • 모델 적용성 평가
전개 (Deployment)	• 전개 계획 수립 • 모니터링과 유지보수 계획 수립 • 프로젝트 종료 보고서 작성 • 프로젝트 리뷰

5. 3계층 빅데이터 분석방법론

3계층 빅데이터 분석 방법론은 분석 업무를 단계(phase), 태스크(task), 스텝(step)의 작업 분할 구조(work breakdown structure: WBS)로 나누어 접근하는 방식이다.

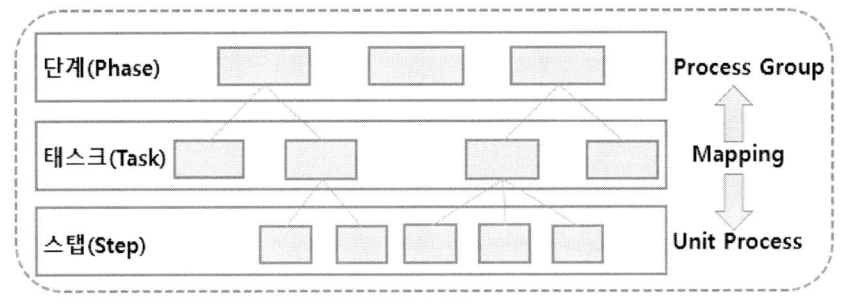

[그림 4-12] 3계층 빅데이터 분석 방법론

3계층 구조에서 단계(Phase)는 분석을 위한 절차를 명세화하는 단계로 고객에게 인도될 산출물인 기준선(Baseline)을 설정하고 기준선의 완성 여부와 품질을 관리한다. 각각의 단계별로 수행할 일을 명세화는 태스크(Task) 단계에서 수행한다. 단계별 작업으로 작업이 완료되면 작업성과가 산출된다. 마지막으로 스텝(Step)은 2주 이내에 완료할 수 있는 단위 산출물인 워크패키지(work package: WP)를 정의한다. 워크패키지는 입력(input)에서 처리(tools), 출력(output)으로 생성되는 단위 프로세스를 의미한다.

6. 5단계 빅데이터 분석 방법론

빅데이터 분석 방법론 참조모델은 비즈니스 도메인에 문제와 혁신 방안을 인식하고 전반적인 분석 계획을 수립하는 분석 기획(Planning) 단계와 분석에 필요한 데이터를 준비하고 분석하여 모델을 생성한 후 평가 및 전개로 구성된다. 빅데이터 분석방법론 참조모델에서 빅데이터 분석에 필요한 데이터가 부족할 때 다시 데이터 준비 단계로 환류(feedback)를 반복한다. 또한 데이터 분석 결과로 생성된 모델을 운영 중인 시스템에 적용하거나 시스템 개발을 위한 사전 검증용으로 프로토타입 시스템을 구현할 필요가 있는 경우에는 추가적인 시스템 구현 단계를 수행한다.

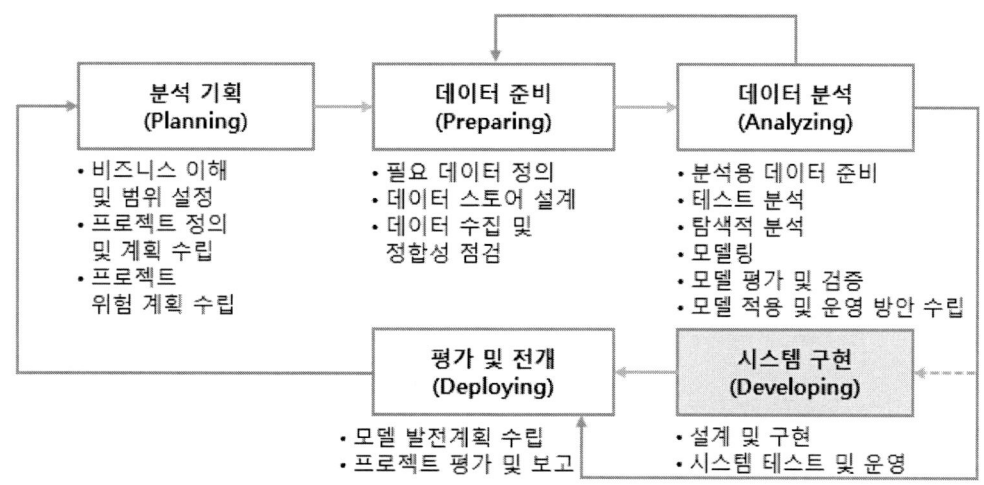

[그림 4-13] 빅데이터 분석 방법론 참조모델

1 분석기획 단계

빅데이터 분석 방법론 참조모델에서 분석기획 단계는 비즈니스 이해하고 업무에 문제점과 개선점을 파악하여 빅데이터 분석 범위를 설정하는 단계이다. 또한 이 단계에서 빅데이터 분석 프로젝트를 명확히 정의하고 향후 빅데이터 분석 과정의 기준선(baseline)이 되도록 한다. 빅데이터 분석 과정은 많은 위험(Risk) 요소가 발생할 수 있으므로 분석기획 단계에서 빅데이터 분석에 관련된 각종 위험 요인을 사전에 식별하고 대응 방안을 수립한다. 빅데이터 분석기획의 단계에서 주요 활동 사항은 [표 4-7]과 같다.

[표 4-7] 빅데이터 분석기획 단계의 활동 사항

활동	내용
비즈니스 이해 및 범위 설정	• 내·외부 비즈니스 관련 자료 조사 • 향후 프로젝트 진행 방향 설정 • 프로젝트 목적에 부합되는 범위 설정 • 구조화된 프로젝트 범위 정의서인 SOW(Statement Of Work) 작성
프로젝트 정의 및 계획 수립	• 프로젝트 추진 목표의 명확하게 정의하고 평가 기준 설정 • 작업분할구조(WBS: Work Breakdown Structure) 작성 • 데이터 확보, 분석 방법, 일정, 품질목표, 인력구성, 의사소통 등의 수행 계획 작성
프로젝트 위험계획 수립	• 데이터 분석 위험 식별 사전에 대응 방안 수립 • 회피, 전이, 완화, 수용으로 구분한 위험 관리 계획 작성

② 데이터 준비 단계

데이터 준비는 빅데이터 분석 과정에 있어서 가장 중요하고 시간이 오래 걸리는 단계이다. 분석에 필요한 데이터를 어떻게 수집하고 설계하느냐에 따라 분석 결과가 달라진다. 데이터 준비 단계에서 활동 사항은 분석에 필요한 데이터를 정의하고 그에 적합한 데이터 저장 구조를 설계한다. 분석에 필요한 내·외부 데이터를 수집하고 데이터 품질을 위한 데이터 정합성을 확보한다. 데이터 준비 단계에서의 주요 활동 사항은 [표 4-8]과 같다.

[표 4-8] 데이터 준비 단계의 활동 사항

활동	내용
필요 데이터 정의	• 전사적인 차원에서 분석에 필요한 소스 데이터 정의 • 내·외부 데이터 획득 방안 수립
데이터 스토어 설계	• 정형 데이터 스토어 설계 • 비정형 데이터 스토어 설계
데이터 수집 및 정합성 점검	• 다양한 도구와 방법을 통한 데이터 수집 • 데이터의 품질 보증을 통한 정합성 확보

③ 데이터 분석

데이터 분석 단계는 데이터 준비 단계에서 확보된 정형·비정형 데이터를 이용하여 분석 기획 단계에서 수립된 프로젝트 목표를 달성하기 위하여 데이터 분석을 수행한다. 데이터 스토어(store)에서 분석에 필요한 데이터셋을 추출하고 텍스트 분석, 탐색적 분석을 통하여 모델을 생성하고 평가한다. 그리고 데이터 분석 단계에서 생성된 모델을 적용하고 운영 방안을 수립한다. 데이터 분석 단계에서의 주요 활동 사항은 [표 4-9]와 같다.

[표 4-9] 데이터 준비 단계의 활동 사항

활동	내용
분석용 데이터 준비	• 프로젝트 목표 인식을 통한 비즈니스 룰(Business Rule) 확인 • 데이터 스토어에서 분석에 필요한 데이터셋 준비
텍스트 분석	• 텍스트 데이터 확인 및 추출 • 텍스트 데이터 분석
탐색적 분석	• 탐색적 데이터 분석 • 데이터 시각화
모델링	• 데이터 분할 • 훈련된 모델 생성 • 모델 적용 및 운영 방안 마련
모델 평가 및 검증	• 프로젝트 정의서의 평가 기준에 따라 모델의 완성도 평가 • 모델의 객관성과 실무 적용성을 검증
모델 적용 및 운영 방안 수립	• 의사코드 수준의 상세한 알고리즘 작성 • 모니터링 방안 수립

4 시스템 구현

시스템 구현 단계는 분석 기획의 의도에 적합한 모델을 개발하고 이를 운영 시스템에 적용하거나 프로토타입(prototype)을 구현할 필요가 있는 경우 이 단계를 적용한다. 단순한 데이터 분석이나 데이터 마이닝을 통한 분석 보고서를 작성하는 것으로써 프로젝트가 종료되는 경우는 시스템 구현 단계를 적용하지 않고 다음 단계인 평가 및 전개 단계를 수행한다. 시스템 구현은 소프트웨어개발주기(SDLC)에 따라 새로운 시스템을 개발하거나 기존에 정보시스템을 모델에 맞게 커스터마이징(Customizing)할 수 있다. 시스템 구현 단계에서의 주요 활동 사항은 [표 4-10]과 같다.

[표 4-10] 시스템 구현 단계의 활동 사항

활동	내용
설계 및 구현	• 시스템 분석 및 설계 • 시스템 구현
시스템 테스트 및 운영	• 시스템 테스트 • 사용자 대상 교육과 시스템 운영 계획 수립

5 평가 및 전개

빅데이터 분석방법론 참조모델에서 평가 및 전개 단계에서는 기획 단계에서 수립한 분석 목적을 달성했는지를 평가하고 데이터 분석 단계와 시스템 구현 단계에서 구축된 모델의 발전계획을 수립한다. 평가 및 전개 단계에서의 주요 활동 사항은 [표 4-11]과 같다.

[표 4-11] 평가 및 전개 단계의 활동 사항

활동	내용
모델 발전계획 수립	• 모델 발전계획 수립하여 모델의 계속성 확보
프로젝트 평가 및 보고	• 프로젝트 정량적·정성적 성과 평가 • 지식 자산화 및 최종 보고서 작성 프로젝트 종료

4.4 빅데이터 분석 과제 도출

빅데이터 분석 과제 도출은 비즈니스 도메인에서 풀어야 할 다양한 문제를 데이터 분석 문제로 변환한 후 이해당사자(stakeholder)들이 이해하고 분석을 수행할 프로젝트를 도출한다. 분석 과제를 도출은 분석 대상과 분석 방법에 따라 하향식 접근(Top-down Approach) 방식, 상향식 접근(Bottom-up Approach) 방식, 그리고 프로토타이핑 접근(Prototyping Approach) 방식으로 나눌 수 있다. 빅데이터 분석 과제 도출 방안은 비즈니스 모델 관점으로 고려하는 하향식 접근법과 데이터 분석 관점에서 고려하는 상향식 접근법 및 프로토타이핑 접근법으로 나눌 수 있다. 이러한 분류 기준은 빅데이터 분석 대상(What)이 명확히 정해진 경우와 그렇지 않은 경우, 그리고 빅데이터 분석 방법을 알 수 있는 경우와 그렇지 않은 경우로 달라진다.

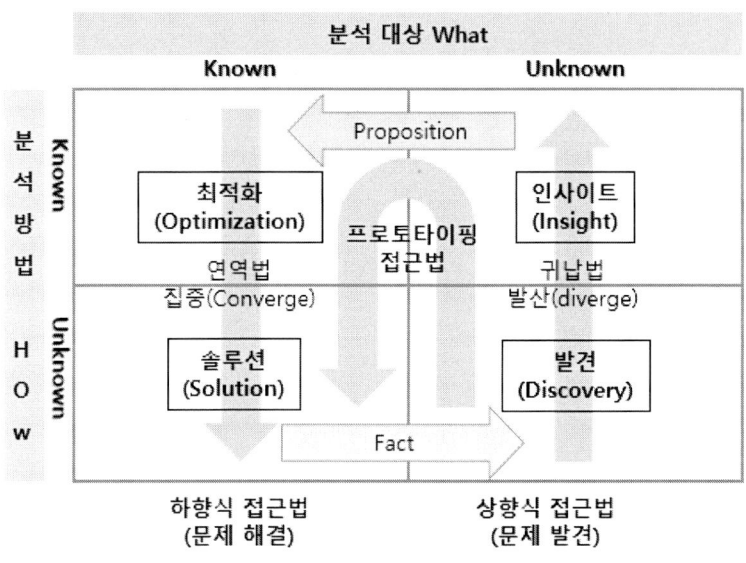

[그림 4-14] 빅데이터 분석 과제 도출 접근법

하향식 접근(Top-down approach)방법은 분석할 과제가 명확히 주어진 경우 기존에 분석 사례(Use Case)를 참조하여 최적의 해법을 찾기 위한 과정으로 진행한다. 하향식 접근방법은 연역적(Induction) 사고방식을 따른다. 연역적 사고방식은 자명한 진리인 공리(Axiom), 혹은 명제(proposition)로부터 추론 규칙(inference rule)에 따라 결과를 끌어내는 방식으로 기존의 원리(principle)를 증명(확인)할 경우이다. 한편, 상향식 접근(Bottom-up approach)방법은 분석 과제 정의 자체가 어려운 경우나 분석을 위한 데이터가 잘 갖추어져 있을 때 데이터를 기반으로 문제를 재정의하고 해결 방안을 모색해 나가는 과정으로 진행한다. 상향식 접근 방법은 귀납적(Deduction) 사고방식을 따른다. 귀납적 사고방식은 개별적인 사실이나 원리로부터 일반적이고 보편적인 명제 및 법칙을 유도해 가는 방식으로 새로운 원리를 발견할 때 적용한다. 마지막으로 프로토타이핑 접근(Prototyping approach)방법은 요구사항에 부합한 데이터를 정확히 규정하기 어렵고 데이터 소스도 명확히 파악하기 어려운 상황에서 일단 가용한 데이터셋을 이용하여 분석을 시도해 보고 그 결과를 확인해 가면서 반복적으로 개선해 가는 방법으로 진행한다.

빅데이터 분석 과제 발굴을 위한 하향식, 상향식, 프로토타이핑 접근법을 여러 가지 관점으로 비교한 것은 다음과 같다.

[표 4-12] 분석과제 발굴을 위한 하향식, 상향식, 프로토타이핑 접근법 비교

구분	하향식 접근법	상향식 접근법	프로토타이핑 접근법
문제정의	문제가 명확히 존재	문제가 명확히 정의되어 있지 않음	문제는 존재하나 해결 방법이 명확하지 않음
사고방식	연역적	귀납적	귀납적
기획 주도자	비즈니스 담당자	데이터과학자 비즈니스 담당자	비즈니스 담당자

주요 동인	비즈니스 지식 및 직관	데이터 기반 및 통찰력	비즈니스 및 데이터
분석 절차	분석 방법이 존재	분석 방법이 알려지지 않음	분석 방법을 반복적 수행을 통하여 발견
데이터 정의	사전적 정의 가능	문제 정의에 따라 데이터 요구가 변화	부분적인 데이터 요구 변화가 반복적으로 발생
최종 결과물	명확한 과제 도출, 혹은 과제 도출 실패 시 프로토타이핑 접근법으로 다시 시도	솔루션을 이용하여 패턴 발견으로 문제를 정의하고 프로토타이핑 접근법으로 문제 해결 방안 모색	명확한 과제 도출과 과제 해결 방법 발굴

분석 대상과 분석 방법이 잘 알려진 경우는 분석 방법을 최적화(Optimization)하는 방안으로 분석 과제를 도출하고 분석 대상은 알 수 있지만 분석 방법을 잘 모를 때 새로운 해결책(Solution)을 모색하여 과제를 선정해야 한다. 한편, 분석 대상은 명확히 정해져 있지 않으나 분석 방법은 잘 알려진 않은 경우는 인사이트(Insight)를 발휘하여 새롭게 분석 과제를 정의한다. 그리고 분석 대상뿐만 아니라 분석 방법 또한 명확히 정해져 있지 않은 경우는 분석 과제를 새롭게 발견(Discovery)하는 방향으로 분석 과제를 발굴한다.

1. 하향식 접근 방식

하향식 접근방법은 체계적이고 단계적인 접근 방식으로 현황 분석을 통하여 문제를 발견하고 해당 문제를 데이터 문제로 정의하고 해결책을 모색하고 데이터 분석의 타당성 평가를 통하여 과제를 도출하는 과정으로 이루어져 있다.

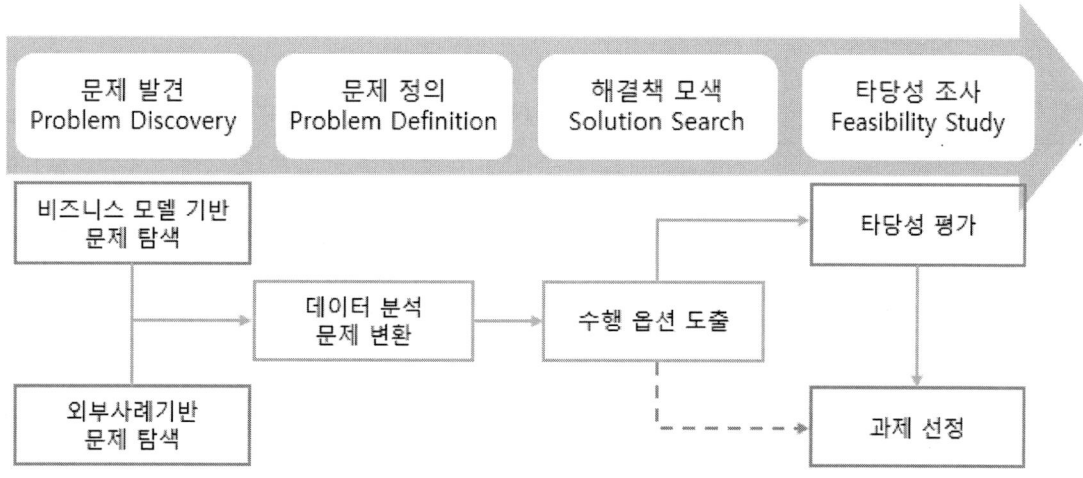

[그림 4-15] 하향식 접근법 세부 절차

문제 발견 단계에서는 비즈니스 모델 기반 문제 탐색과 외부 참조 모델 기반으로 문제를 탐색하는 방안이 있다. 비즈니스 모델 기반의 문제 탐색은 비즈니스 모델 캔버스(Business Model Canvas: BMC)의 구성 요소인 핵심 파트너, 핵심 활동 및 지원 가치 제안, 고객 관계 및 채널, 고객 세분화(segment), 비용

구조, 수익원의 9개의 주요 사업 영역을 분석한다. 또한 업무 관점에서 기업의 외부 환경 및 내부환경 변화를 분석하여 업무(Operation), 제품(Product), 고객(Customer) 단위로 문제를 발굴하고 지원 인프라를 점검하고 규제와 감사(Audit & Regulation) 영역을 추가로 도출한다. 비즈니스 업무는 제품 및 서비스를 생산하기 위해서 운영하는 내부 업무처리 및 주요 자원의 혁신에 관련된 과제를 도출한다. 제품은 제품의 생산성 및 서비스 개선에 관련된 과제를 도출한다. 고객은 고객의 서비스 개선 및 고객 관계 관리, 고객 만족도 제고 등에 관련된 과제를 도출한다. 규제와 감사는 제품의 생산 및 전달 과정에 발생하는 규제와 보안의 관점에서 과제를 도출하고 지원 인프라는 분석을 수행하는 시스템 영역 또는 이를 운영·관리하는 인력의 관점에서 과제를 도출한다. 주로 이들은 현재 당면한 문제를 빠르게 해결하기 위하여 최적화(optimization)를 통한 솔루션(solution) 위주의 단기 과제로 도출될 가능성이 높다. 그러나 당면 문제해결을 넘어서 변화와 혁신 통한 새로운 기회를 창출하기 위하여 기업이 현재 수행하고 있는 비즈니스 문제뿐만 아니라 외부 환경과, 동종업계 경쟁 동향, 시장의 요구 변화, 내부 역량의 재해석 등 새로운 관점의 중장기적인 접근이 필요하다.

현재에 당면한 비즈니스 문제를 빠르게 해결하는 것뿐만 아니라 향후 새로운 문제를 대비하기 위해서는 외부에 유사한 환경에서 기존에 수행한 분석 과제 사례를 참조하는 것도 중요하다. 즉 동종업계의 벤치마킹을 통하여 공공 및 민간 산업별 업무 서비스별 다양한 주제(theme)의 분석 사례(Analysis Use Case)별로 풀(pool)을 구축하고 분석 전문가들의 브레인스토밍(Brain Storming)을 통해 문제를 빠르게 도출할 수 있다.

[표 4-13] 분석 사례 풀 예시

업무	분석 사례	내용
재무	자금 시세 예측	일별로 예정된 자금 입금과 출금을 추정
	구매 최적화	구매 유형과 구매자별로 과거 구매 실적과 구매 조건을 비교·분석하여 구매 방안 도출
고객	서비스 수준 유지	서비스별로 달성 수준을 측정하고 평가한 뒤 목표 수준을 벗어났으면 경보 발행
	고객 만족 달성	고객 세그먼트(segment) 별로 만족 수준을 측정하고 이상이 있으면 원인을 분석하여 대책 강구
판매	파이프라인 최적화	파이프라인 단계별로 고객 사태를 파악하고 수주 규모를 예상하고 필요한 고객 기회를 추정하여 영업 촉진
	영업 성과 분석	영업 직원별 사용 원가(급여 포함)와 실적을 분석하고 부진한 영업 직원 세그먼트를 식별하여 영업 정책에 반영

[출처] 데이터 분석 전문가 가이드, 한국데이터베이스진흥원, 2014

문제 정의 단계는 각종 비즈니스 문제(why)를 데이터 분석을 통하여 해결할 수 있는 문제(what)로 변환한다. 예를 들면 비즈니스 문제를 데이터 분석 문제로 정의한 예는 [그림 4-16]과 같다.

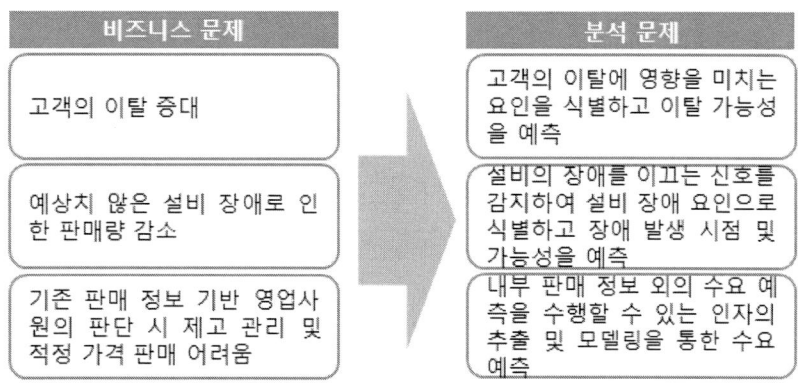

[그림 4-16] 비즈니스 문제를 데이터 분석 문제로 정의한 예

데이터 분석 문제의 정의 및 요구사항은 분석을 수행하는 당사자뿐만 아니라 해당 문제가 해결되었을 인사이트를 제공할 사용자 관점에서 이루어져야 한다. 데이터 분석 문제가 잘 정의되었을 때 필요한 데이터 정의 및 기법 발굴이 용이하기 때문에 가능한 한 정확하게 데이터 분석의 관점으로 문제를 재정의해야 한다.

동일한 데이터 분석 문제라 하더라도 데이터의 특성과 분석 시스템 상황에 따라 분석 방향 및 활용할 수 있는 도구, 분석 기관과 비용이 달라지기 때문에 정의된 데이터 분석 문제를 해결하기 위한 다양한 방안을 탐색할 필요가 있다. 해결 방안 탐색 단계(Solution Search step)는 기존 정보시스템을 단순히 보강하는 수준으로 분석할 수 있는지 엑셀 등의 간단한 분석 도구로만으로 분석 가능한지, 혹은 분석할 데이터양이 방대하여 기존의 정보시스템으로 분석이 어려워 하둡(Hadoop)과 같은 분산 병렬처리를 활용한 빅데이터 분석 도구가 필요한지 다각적으로 고려해야 한다. 또한 해결 방안 탐색단계에서 기술력, 자금력, 문화, 경영자 관심 등도 함께 고려해야 한다.

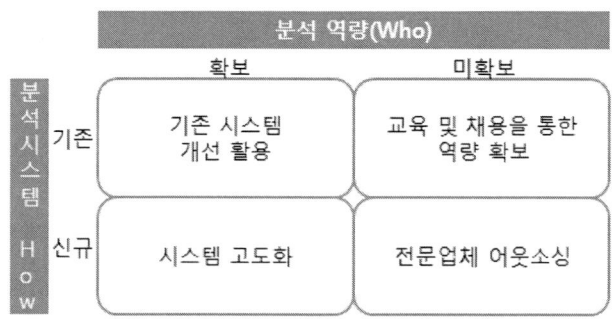

[그림 4-17] 분석 역량 및 분석 시스템에 따른 분석 해결 방안 탐색 방안

마지막으로 타당성 평가 단계(Feasibility study Step)는 도출된 분석 문제나 가설에 대한 대안을 과제화하기 위한 것으로 경제적 타당성과 데이터 및 기술의 타당성을 심도 있게 분석해야 한다. 경제적 타당성은 비용 대비 편익(ROI: Return of Investment)의 관점으로 접근한다. 비용 항목은 데이터, 시스템, 인력, 유지보수(maintenance) 등과 같은 것이 있다. 그리고 편익 항목은 분석 결과를 적용함으로써 추정되는 실질적 비용 절감, 추가적 매출 수익 등이다. 데이터 및 기술적 타당성은 분석에 필요한 적합한 데이터의 존재 여부, 분석에 필요한 시스템과 도구의 확보 가능성, 그리고 분석 역량 확보 방안 등이다.

2. 상향식 접근 방식

상향식 접근 방식은 비즈니스 문제를 정의하기 어려울 때 일단 데이터 분석을 통하여 여러 가지 문제해결 과제를 찾아가는 과정이다. 즉 상향식 접근 방식은 데이터 분석을 통하여 새로운 사실과 법칙을 발견하고 문제 정의를 위한 인사이트(Insight)를 발굴하는 과정이다. 상향식 접근 방식은 데이터 분석 아이디어를 발굴하고 그에 적합한 자료를 수집하여 데이터 전처리 및 정제를 통하여 분류 및 분석을 통하여 문제를 도출한다. 도출된 문제가 비즈니스적 의미가 있는지를 판단하여 비즈니스적 의미가 없으면 즉시 폐기하고 의미가 있다고 판단될 때 데이터 분석을 통하여 규칙(Rule)이 존재하는지 판단하여 규칙이 존재하지 않으면 해석 및 결과 제시 시스템 구축 방안을 고려하고 규칙이 존재하는 경우는 문제 정형화가 가능한지에 따라 하향식 접근방법으로 전환할 것인지 아니면 프로토타이핑 방식으로 전환할 것인지를 결정한다.

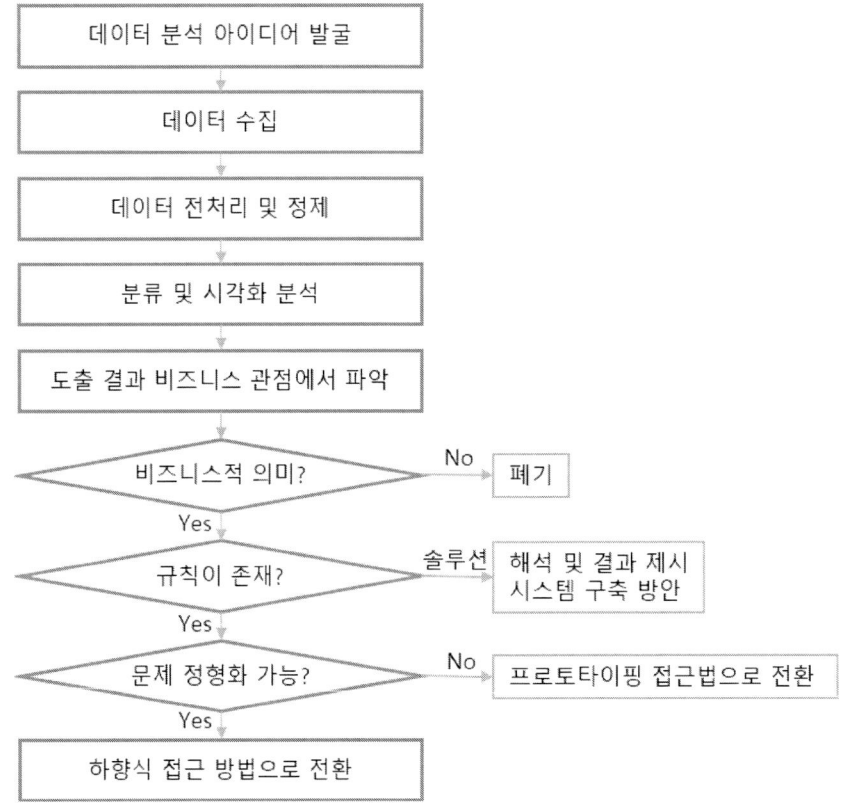

[그림 4-18] 상향식 접근 절차

상향식 접근 방식은 기존에 비즈니스 문제 정의가 명확할 경우 논리적인 단계별로 문제 해결책을 도출하는 하향식 접근방법의 한계를 극복하기 위한 방법론이다. 최근 비즈니스 환경이 복잡하고 다양해 짐으로써 발생하는 비즈니스 문제도 복잡하고 다양하다. 따라서 기존에 하향식 접근 방식은 새로운 문제를 탐색하는 데에는 적합하지 않다. 이처럼 전통적인 분석적 사고를 개선하기 위하여 미국 스탠퍼드대학의 디자인 연구소는 디자인 사고(Design Thinking) 접근법을 제시하였다. 여기서 디자인 사고 프로세스는 감정이입(Empathize), 정의(Define), 관념(Ideate), 견본(Prototype), 그리고 시험(Test)이다. 사람은 이미 알고 있는 것, 자신들에게 익

숙한 것에 길들어져 있어 새로운 사실을 쉽게 받아들이려 하지 않는다. 즉 사람들은 통상적인 관점에서 분석적으로 사물을 인식하려는 왜(Why)를 강조하지만, 객관적으로 존재하는 사물을 있는 그대로 인식하는 무엇(What)이라는 관점에 소홀히 한다는 것이다. 그러나 객관적인 사실로 존재하는 데이터 자체를 관찰하고 실제로 행동에 옮김으로써 대상을 좀 더 잘 이해하려는 접근법을 채택해야 한다는 것이다. 이와 같은 점을 고려하여 디자인 사고는 특히 첫 단계의 감정이입을 강조하고 있다.

상향식 접근 방식은 비지도 학습(Unsupervised Learning) 방식으로 데이터 분석을 수행한다. 비지도 학습은 데이터 분석의 목적이 명확히 정의되지 않은 상태에서 데이터 자체를 결합하거나, 연관성, 유사성 등을 중심으로 데이터 상태를 표현한다. 데이터 마이닝 기법에서 비지도 학습은 데이터 군집화(clustering), 연관규칙(Association rules), 기술 통계(Descriptive Statistics), 프로파일링(Profiling), 주성분 분석(Principle Component Analysis), 시계열 분석(Time-series Analysis) 등이 있다. 참고로 지도 학습(Supervised Learning)은 데이터 분석의 목적이 명확히 정의된 상태에서 데이터 분류, 추출, 예측, 최적화를 통해 사용자 주도하에 분석하는 것으로 분류(Classification), 예측(Prediction), 연속 규칙(Sequence Rule), 사례 기반 추론(Case-Based Reasoning) 등이다.

3. 프로토타이핑 접근 방식

프로토타이핑 접근 방식(Prototyping approach)은 사용자 요구사항이나 데이터를 정확히 규정하기 어렵고 데이터 소스도 명확히 파악하기 어려운 상황에서 일단 분석을 시도해 보고 그 결과를 확인해 가면서 반복적으로 개선해 가는 방식이다. 즉 프로토타이핑 접근 방식은 시행착오(Trial and error theory)를 통한 문제 탐색 방식이라고 할 수 있다.

[표 4-14] 프로토타이핑 접근 방식의 필요성

문제에 대한 인식 수준의 불명확성	문제 정의가 불명확하거나 이전에 접해 보지 못한 새로운 문제일 경우 사용자나 이해관계자는 프로토타이핑을 이용하여 문제를 이해하고 이를 바탕으로 구체화하는 과정이 필요
필요 데이터 존재 여부의 불확실성	문제해결에 필요한 데이터셋이 모두 존재하지 않을 때 데이터 수집을 어떻게 할 것인지 또는 그 데이터를 다른 데이터로 대체할 것인지 등에 대한 반복적이고 순환적인 협의 과정이 필요
데이터 사용 목적의 가변성	데이터의 가치는 사전에 정해진 수집 목적에 따라 확정되는 것이 아니고 그 가치가 지속적으로 변할 수 있기 때문에 데이터를 상황에 맞추어 재검토하여 데이터 사용 목적과 범위를 확대할 필요 있음

프로토타이핑 접근 방식은 분석 가설(Analytic Hypotheses)을 세우고 분석 가설에 필요한 샘플 데이터를 수집하여 실험적으로 분석하여 견본 모델(Prototype model)을 만들고 모델을 확인하여 분석 진행 여부를 결정한다.

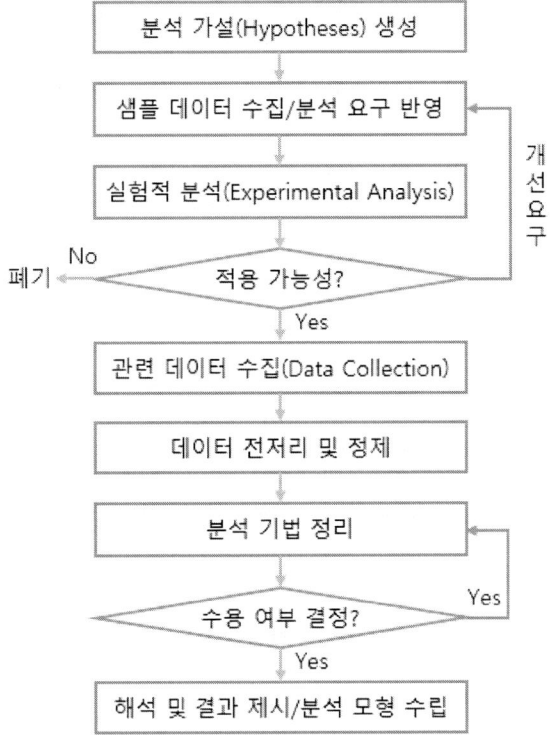

[그림 4-19] 프로토타이핑 접근 방식

프로토타이핑 접근 방식은 잘 설계된 프로토타이핑을 지속하는 경우 실험적 분석을 통하여 불명확성을 감소하고 의도한 결과를 성공적으로 도출할 가능성을 높일 수 있다. 즉 한 번의 분석으로 의도한 결과를 쉽게 달성하기 어려운 동적인 환경에서 최대한 빨리 결과를 보여주고 해당 결과를 토대로 지속적인 반복을 수행하는 빅데이터 분석 환경에서 프로토타이핑 접근 방식이 유용하다고 알려져 있다.

4.5 빅데이터 분석 프로젝트 관리

다양한 접근 방식으로 도출한 분석 과제는 프로젝트 프로세스를 통해서 가치를 증명하고 목표를 달성해야 한다. 빅데이터 분석 프로젝트도 소프트웨어 개발 프로젝트의 관리 프로세스와 같이 분석 범위, 일정, 품질, 리스크(risk), 의사소통 등의 프로세스 관리가 필요하다. 그러나 데이터 분석 기법의 특성을 고려하여 필요한 소스 데이터, 분석 방법, 데이터 입수 및 분석 난이도, 분석 수행 주기, 분석 결과에 대한 검증 오너십(Onership), 상세 분석 과정 등이 추가로 필요하다. 즉 데이터 분석의 특성을 고려하여 데이터 크기(data size), 데이터 복잡성(data complexity), 분석 속도(analytic speed), 분석 복잡성(analytic complexity), 정밀도(precision)와 정확성(accuracy) 등을 프로젝트 관리 프로세스에 중점을 두어야 한다([그림 4-20]).

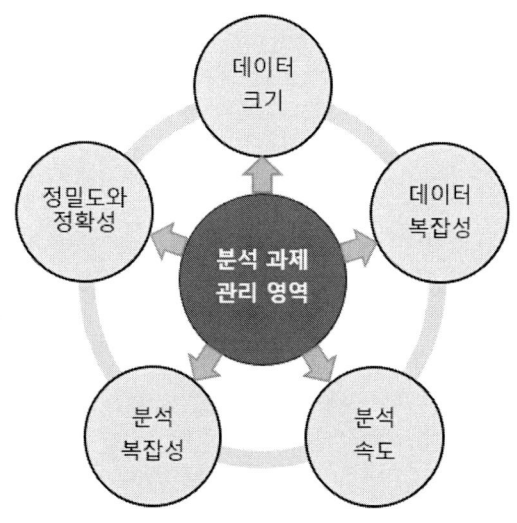

[그림 4-20] 분석 과제 프로젝트 관리 영역

데이터 크기(data size)는 분석에 필요한 데이터 크기에 따라서 프로젝트 관리 방안이 다르게 된다. 즉 하둡(Hadoop) 시스템에 저장된 대규모의 데이터를 분석할 경우와 기존 정형 데이터베이스에 있는 데이터를 기반으로 분석하는 때에 따라서 분석 프로젝트의 관리 방안은 다르게 수립된다. 또한 데이터 복잡성(data complexity)은 분석 대상 데이터가 정형, 혹은 비정형 데이터의 특성에 따라 분석 프로젝트 관리 방안이 다르다. 속도(Speed)는 분석 결과의 활용성 측면에서 실시간처리 및 일괄처리 방법을 고려해야 한다. 분석 복잡도(Analytic complexity)는 분석 모델의 복잡도와 정확성의 양면성(trade off)을 고려해야 한다. 마지막으로 모델의 정밀도(Precision) 및 정확도(Accuracy)에서 정확성은 모델이 예측한 값이 실제 값과의 차이, 즉 편향(Bias)을 의미하고 정밀도는 반복해서 예측한 결과의 값들의 편차를 의미한다.

정확성과 정밀도는 모델의 성능을 측정하는 데 중요한 지표로 사용된다. 모델의 정확성과 정밀도의 관계는 [그림 4-21]과 같다.

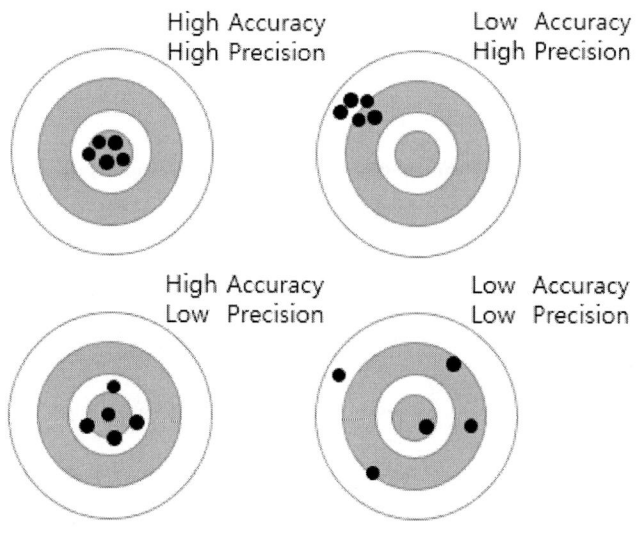

[그림 4-21] 정확성과 정밀도의 관계

분석 프로젝트는 데이터 분석의 특성을 살려 프로젝트 관리 지침(Guidence on Project management, KSA ISO 21500:2013)을 참조할 필요가 있다. 프로젝트 관리 지침의 프로젝트 관리 주요 항목은 시간, 원가, 품질, 통합, 조달, 자원, 위험, 의사소통, 이해관계 등이다. 일반적인 프로젝트 관리 지침에서 데이터 분석 프로젝트의 주요 관리 항목별 고려 사항은 [표 4-15]와 같다.

[표 4-15] 분석 주요 관리 항목별 고려 사항

주요 관리 항목	고려 사항
범위(Scope)	• 분석기획 단계의 프로젝트 범위가 분석을 진행하면서 데이터의 형태와 양 또는 적용되는 모델의 알고리즘에 따라 범위가 빈번하게 변경됨 • 분석의 최종 결과물이 분석 보고서 형태인지 시스템인지에 따라서 투입되는 자원 및 범위가 크게 변경되므로 사전에 충분한 고려가 필요함
시간(Time)	• 데이터 분석 프로젝트는 초기에 의도했던 결과(모델)가 나오기 쉽지 않기 때문에 지속해서 반복되어 많은 시간이 소요될 수 있음 • 분석 결과에 대한 품질이 보장된다는 전제로 Time Boxing 기법으로 일정 관리를 진행하는 것이 필요함
원가(Cost)	• 외부 데이터를 활용한 데이터를 분석할 때 많은 비용이 소요될 수 있으므로 사전에 충분한 조사가 필요하고 오픈소스 도구가 필요할 수도 있음(예: 가시화를 위한 BI 솔루션, 지리정보 표기를 위한 GIS 솔루션 등)
품질(Quality)	• 분석 프로젝트를 수행한 결과에 대한 품질목표를 사전에 수립하여 확정 • 프로젝트 품질은 품질 통제(Quality Control)와 품질 보증(Quality Assurance)으로 나누어 수행되어야 함
통합(Integration)	• 프로젝트 관리 프로세스들이 통합적으로 운영될 수 있도록 관리
조달(Procurement)	• 프로젝트 목적에 맞는 외주(Outsourcing)를 적절하게 운영할 필요 • PoC(Proof of Concept) 형태의 프로젝트는 인프라 구매가 아닌 클라우드 등의 다양한 방안을 검토할 필요가 있음
자원(Resource)	• 고급 분석 및 빅데이터 아키텍처를 수행할 수 있는 인력의 공급이 부족하므로 프로젝트 수행 전 전문가 확보 검토 필요
위험(Risk)	• 분석에 필요한 데이터 미확보로 분석 프로젝트 진행이 어려울 수 있어 관련 위험을 식별하고 대응 방안을 사전에 수립해야 함 • 데이터 및 분석 알고리즘의 한계로 품질목표를 달성하기 어려울 수 있어 대응 방안을 수립할 필요가 있음
의사소통 (Communication)	• 전문성이 요구되는 데이터 분석의 결과를 모든 프로젝트 이해관계자가 공유할 수 있도록 해야 함 • 프로젝트의 원활한 진행을 위한 다양한 의사소통 체계 마련 필요
이해관계자 (Stakeholder)	• 데이터 분석 프로젝트는 데이터전문가, 비즈니스 전문가, 분석 전문가, 시스템 전문가 등 다양한 전문가가 참여하므로 이해관계자의 식별과 관리가 필요함

연습문제 -Exercises

▎향상학습 ▎

1. 다음 문장의 괄호 안에 들어갈 적합한 단어로 나열된 것은?

   > 빅데이터 분석기획이란 실제 분석을 수행하기에 앞서 분석을 수행할 과제를 정의하고 의도된 결과를 도출할 수 있도록 이를 적절하게 관리할 수 있는 방안을 사전에 계획(Plan)하는 일련의 작업으로 분석 (   )를 찾고 그에 따른 분석 (   )을 세워서 어떠한 데이터셋을 가지고 어떤 (   )과 (   )를 가지고 수행할 지에 대한 일련의 계획을 수립하는 과정을 의미한다.

   ① Why, What, How, Process
   ② What, How, Why, Process
   ③ Why, How, What, Process
   ④ What, How, Process, Why
   ⑤ How, Process, Why, What

2. 빅데이터 분석기획에서 고려할 사항으로 적절하지 않은 것은?
   ① 분석과제 발굴
   ② 데이터 수집 방안 마련
   ③ 분석 모델 개발
   ④ 분석전문가 그룹 구성
   ⑤ 분석 도구 결정

3. 다음 중 빅데이터 분석 기본 기획의 설명이 적절하지 않은 것은?
   ① 분석의 이유와 목표를 설정하여 분석 절차를 수립하는 과정이다.
   ② 특정 업무 및 과제 단위의 알고리즘 구현은 점진적 적용 방식을 채택한다.
   ③ 조직 내부에 있는 데이터는 외부에 있는 데이터에 비해 수집의 난이도가 높다.
   ④ 분석 기획은 분석 전문가, IT 전문가, 비즈니스 컨설팅 전문가가 협력하여 수행한다.
   ⑤ 중장기적 접근 방식은 지속적인 분석문화 내재화를 위한 마스터플랜을 세워야 한다.

4. 다음 (가)와 (나)에 순서대로 들어갈 내용으로 적절한 것은?

   > 빅데이터 분석 대상이 명확하게 무엇인지 모르는 경우는 기본의 분석 방법을 활용해서 (가)를 도출해 냄으로써 문제의 도출 및 해결에 기여하거나 (나) 접근법으로 분석 대상 자체를 새롭게 도출할 수 있다.

   ① 최적화 - 통찰
   ② 솔루션 - 통찰
   ③ 통찰 - 발견
   ④ 발견 - 솔루션
   ⑤ 솔루션 - 발견

5. 빅데이터 분석과제가 정의되어 있지 않고 분석 사례도 존재하지 않았을 때 분석기획의 방향으로 적합한 것은?
   ① 개선을 통한 최적화된 솔루션 마련 ② 새로운 솔루션 탐색
   ③ 인사이트 도출 방안 마련 ④ 새로운 발견 접근법을 채택
   ⑤ 여러 솔루션의 융·복합화

6. 빅데이터 분석 기획 시 장애 요소로 적절하지 않은 것은?
   ① 분석에 필요한 과다한 비용 ② 분석 모델의 복잡성
   ③ 성과 중심의 접근 ④ 조직의 부정적 문화
   ⑤ 분석 인력의 역량

7. 빅데이터 분석기획 단기적 접근 방식으로 적절하지 않은 것은?
   ① 개발 과제 중심적 분석 과제 도출 ② 당면 문제를 빠르게 해결
   ③ 분석의 가치를 조기에 체험 ④ 조직의 공감대 확산
   ⑤ 전사적인 관점으로 과제 도출

8. 다음의 격언은 빅데이터 분석 기획에 어떤 교훈을 암시하는가?

   바퀴를 재발명하지 마라(Do not reinvent the wheel!)

   ① 조직의 분석 역량을 강화해라.
   ② 지속적인 분석 문화를 내재화해라.
   ③ 적절한 분석 사례를 찾아 활용해라.
   ④ 분석 목표에 적합한 데이터를 수집해라.
   ⑤ 분석 기획의 장애 요소를 적절히 고려해라.

9. 다음 중 기업의 합리적인 의사결정을 방해하는 요소들로 구성된 것으로 적절한 것은?
   ① 바이어스, 비편향적 사고 ② 프레밍 효과, 고정관념
   ③ 프레밍 효과, 직관력 ④ 직관력, 비편향적 사고
   ⑤ 경험적 판단, 사례분석

10. 빅데이터 분석 방법론 설명으로 올바르지 않은 것은?
    ① 빅데이터 분석 방법론은 분석 시행 과정의 시행착오를 방지하고 수행 작업을 안내하고 점검하기 위한 것이다.
    ② 빅데이터 분석 수행에 필요한 절차, 방법, 산출물, 플랫폼을 통해 성공적인 분석을 위한 도움을 주어야 한다.
    ③ 빅데이터 기반 분석 방법론으로 경험적 판단과 사례분석, 프레이밍 효과가 중요하다.
    ④ 빅데이터 분석 모델에서 폭포수 모델은 빅데이터 분석 단계의 순차적 접근 방법이다.
    ⑤ 빅데이터 분석을 기업 내에 잘 정착하기 위해서는 체계적인 절차와 방법이 잘 정리된 데이터 분석 방법론이 필요하다.

11. KDD 분석 방법론에서 전처리 단계에서 데이터 품질을 향상시키기 위해서 수행하는 것으로 적합하지 않은 것은?
    ① 잡음(Noise) 값의 제거
    ② 편향(Bias)된 값의 보정
    ③ 결측값(Missing Value)의 보정
    ④ 이상값(Outlier) 제거 및 보정
    ⑤ 데이터 차원 축소(dimensional reduction)

12. CRISP-DM 분석 방법론에서 데이터 준비 단계에서 해야 할 일이 아닌 것은?
    ① 데이터를 통합한다.
    ② 데이터 포맷을 결정한다.
    ③ 데이터 품질을 확인한다.
    ④ 데이터 정제 작업을 수행한다.
    ⑤ 분석용 데이터셋을 선택한다.

13. 빅데이터 참조모델에서 기획 단계에서 고려해야 할 사항으로 거리가 먼 것은?
    ① 작업분할구조(WBS)를 작성한다.
    ② 프로젝트의 위험 계획을 수립한다.
    ③ 비즈니스의 이해 및 범위를 정한다.
    ④ 프로젝트 목표 인식을 통한 비즈니스 규칙(rule)을 확인한다.
    ⑤ 상세 프로젝트 정의서 및 프로젝트 목표의 명확화를 수행한다.

14. 빅데이터 분석과제 도출 방식의 설명이 적절하지 않은 것은?
   ① 상향식 접근 방식은 여러 가지 분석과정을 활용하여 분석과제를 새롭게 도출할 경우에 적용한다.
   ② 하향식 접근 방식은 기존에 분석 방법을 활용해 최적의 해결 방안을 마련하는 데 활용할 수 있다.
   ③ 프로토타이핑 접근 방식은 시험 분석을 통하여 과제를 명확하게 도출하는 데 적용한다.
   ④ 하향식 접근방법은 비즈니스 담당자보다 데이터 과학자가 주도적으로 프로젝트를 기획해야 한다.
   ⑤ 프로토타이핑 접근 방식은 문제해결을 위한 데이터를 명확히 규정하기 어려울 때 적용한다.

15. 빅데이터 분석과제 분석 도출을 위한 하향식 접근법 설명이 적절하지 않은 것은?
   ① 연역적 사고방식의 접근법이다.
   ② 데이터의 사전적 정의가 가능하다.
   ③ 비즈니스 담당자가 기획을 주도한다.
   ④ 명확한 인사이트를 찾아 나가는 과정이다.
   ⑤ 문제가 명확히 존재하고 분석 방법이 존재할 때 적합하다.

16. 빅데이터 분석과제 발굴을 위한 하향식 접근방법에서 문제 탐색단계에서 수행하는 것으로 적절하지 않은 것은?
   ① 외부 사례 기반에 문제 탐색
   ② 유사 분석 사례 기반의 문제 탐색
   ③ 비즈니스 모델 기반의 문제 탐색
   ④ 대 내외부의 사례를 통하여 포괄적인 문제를 탐색
   ⑤ 비즈니스 문제를 분석 문제 전환 관점에 문제 탐색

17. 데이터 분석과제 선정을 위한 하향식 접근 단계를 올바르게 나열한 것은?
   ① 문제 탐색 → 문제정의 → 해결 방안 탐색 → 타당성 평가 → 과제 선정
   ② 문제정의 → 문제 탐색 → 해결 방안 탐색 → 타당성 평가 → 과제 선정
   ③ 문제정의 → 타당성 평가 → 문제 탐색 → 해결 방안 탐색 → 과제 선정
   ④ 해결 방안 탐색 → 문제 탐색 → 문제정의 → 타당성 평가 → 과제 선정
   ⑤ 문제 탐색 → 문제정의 → 타당성 평가 → 해결 방안 탐색 → 과제 선정

18. 다음 중 빅데이터 분석과제 발굴을 위한 상향식 접근 방식의 설명이 올바르지 않은 것은?
   ① 문제정의가 어려운 경우
   ② 귀납적 사고방식의 접근법
   ③ 최적의 문제해결 절차를 마련할 경우
   ④ 새로운 사실과 법칙을 발견하려는 경우
   ⑤ 문제 정형화가 가능하면 프로토타이핑 접근 기법으로 전환

19. 다음 중 데이터 분석을 통하여 과제를 선정하는 기법으로 적절하지 않은 것은?
   ① 프로파일링(Profiling)
   ② 군집 분석(Clustering Analysis)
   ③ 기술 통계(Descriptive Statistics)
   ④ 연관 분석(Association Analysis)
   ⑤ 분류 분석(Classification Analysis)

20. 다음 중 데이터 분석 방법론의 구성 요소에 해당하는 것을 모두 고른 것은?

ㄱ. 단계	ㄴ. 범위	ㄷ. 태스크	ㄹ. 목적
ㅁ. 스텝	ㅂ. 패키지	ㅅ. 프로세스	ㅇ. 매핑

   ① ㄱ ㄷ ㅁ ② ㄱ ㄷ ㅂ ③ ㄱ ㄴ ㅅ
   ④ ㄴ ㄹ ㅇ ⑤ ㄷ ㅂ ㅇ

21. 빅데이터 과제 도출을 위한 프로토타이핑 접근 방식의 목적으로 적절하지 않은 것은?
   ① 문제 인식 수준의 향상
   ② 데이터 사용 목적의 불변성
   ③ 사용자 요구사항의 불명확성
   ④ 필요 데이터 존재의 불확실성
   ⑤ 시행착오를 통한 문제해결 방식

22. 빅데이터 분석과제 정의 시 고려할 사항으로 적절하지 않은 것은?
   ① 분석 결과의 시급성   ② 분석 대상 데이터의 복잡성
   ③ 데이터 사이언티스트의 역량   ④ 분석 모델의 복잡성과 정확성
   ⑤ 분석하고자 하는 데이터의 크기

23. 다음 그림에서 정확도는 낮으나 정밀도는 높은 것은?

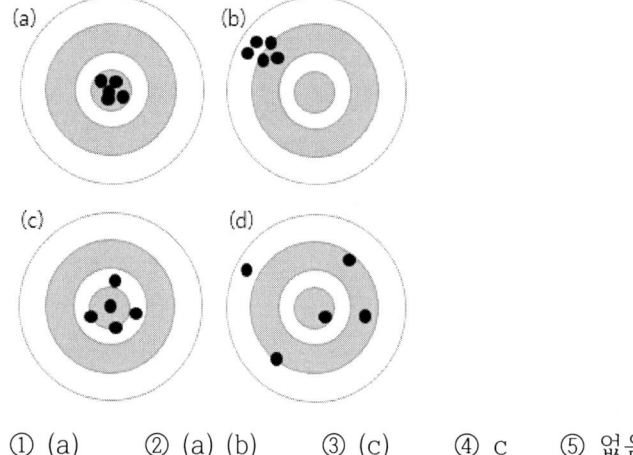

① (a)　　② (a) (b)　　③ (c)　　④ c　　⑤ 없음

24. 빅데이터 분석과제 관리영역으로 적절하지 않은 것은?
① 프로젝트 범위　　② 프로젝트 시간　　③ 프로젝트 위험
④ 프로젝트 비용　　⑤ 프로젝트 품질

25. 빅데이터 분석과제 선정에서 이해 관계자로 적절하지 않은 것은?
① 데이터 전문가　　② 비즈니스 전문가　　③ 분석 전문가
④ 시스템 전문가　　⑤ 보안 전문가

심화학습

1. 정보화 전략기획과 빅데이터 분석 기획의 차이를 비교 설명하세요.

2. 빅데이터 분석 기획의 중장기적 접근 방식의 고려해야 할 사항을 기술하세요.

3. 빅데이터 분석방법론의 목적과 필요성을 기술하세요.

4. KDD 분석방법론과 CRIPS-DM 분석방법론의 차이를 기술하세요.

5. 크라우드 아웃소싱(Crowd outsourcing)의 개념과 필요성을 기술하세요.

6. 과제 선정에 있어서 하향식 접근 방식과 상향식 접근 방식의 차이를 서술하세요.

7. 분석과제 선정에서 프로토타이핑 접근 방식의 필요성을 기술하세요.

8. 데이터 마이닝 비지도 학습과 지도 학습의 차이를 기술하세요.

9. 분석과제 선정에서 위험(Risk) 관리에 필요성을 기술하세요.

10. 빅데이터 분석과제 선정에서 벤치마킹(Benchmarking)이 중요한 이유를 기술하세요.

빅데이터 분석
기획과 실무

Chapter
05

빅데이터 분석
마스터플랜과 거버넌스

5.1 빅데이터 분석 마스터플랜
5.2 빅데이터 분석 거버넌스
연습문제

Chapter. 03
빅데이터 분석 마스터플랜과 거버넌스

데이터 분석을 수행하기 위한 요구사항을 과제 단위로 도출하고 관리하는 방안을 살펴보았다. 이러한 개별 과제를 잘 수행하는 것도 중요하지만 지속해서 분석이 주는 가치를 체계적으로 관리하고 분석 역량을 내재화하기 위해서는 중·장기적인 관점의 마스터플랜 수립이 필요하다. 분석 마스터플랜은 분석 대상이 되는 과제를 도출하고 우선순위를 평가하여 단기적인 세부 이행계획과 중·장기적인 로드맵을 작성해야 한다. 아울러 분석 로드맵상의 과제들이 잘 수행되도록 하기 위해서는 분석 거버넌스 체계 수립이 필수적이다. 분석의 역량을 높이기 위하여 현재 분석 수준이 어떤지를 살펴보는 분석 성숙도 측정이 필요하다. 또한 분석 거버넌스 체계의 주요 구성 요소인 인프라, 데이터, 조직 및 인력, 관리 프로세스, 교육 및 변화관리에 대한 방안도 살펴본다.

5.1 빅데이터 분석 마스터플랜

빅데이터 분석 마스터플랜은 조직의 여러 가지 분석 과제를 도출하고 효과적으로 수행하기 위한 점검과 균형을 종합적으로 계획하는 행위이다. 빅데이터 분석 마스터플랜의 핵심은 도출된 분석 과제들의 분석 우선순위를 고려하여 과제를 결정하고 과제의 적용 범위 및 내재화 방식을 고려한 후 종합적인 이행계획을 수립한다([그림 5-1]).

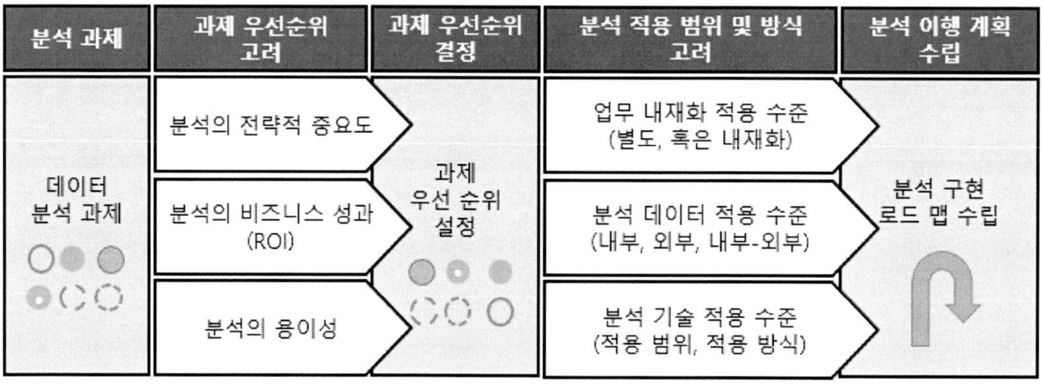

[그림 5-1] 빅데이터 분석 마스터플랜 프레임워크

기업과 회사는 늘 여러 가지 문제와 도전에 직면해 있다. 이런 문제와 도전을 해결하기 위한 여러 가지 분석과제 중에서 우선순위 결정을 위하여 고려할 사항은 먼저 전략적으로 중요한 과제인지, 혹은 분석 결과가 높은 비즈니스 성과(ROI: Return of Investment)를 달성할 수 있는지를 조사해야 한다. 그리고 도출된 분석 과제의 우선순위 결정에 있어서 분석이 용이한

지도 고려해야 한다. 과제 분석의 우선순위가 결정되면 업무 내재화, 분석 데이터, 분석 기술의 적용 범위와 방식을 고려해서 분석 이행계획을 수립하게 된다.

빅데이터 분석 마스터플랜의 로드맵을 정의하기 위하여 기존에 정보화 전략기획(ISP: Information Strategy Planning)을 준용한다. 정보화 전략 기획은 조직 및 기관의 미래 비전을 달성하기 위하여 어떻게 효과적으로 정보기술을 연계하고 적용할 것인가에 대한 종합적인 계획(Master Plan)을 세우고 세부적인 실행계획을 수립해 나가는 일련의 과정을 의미한다. 데이터 분석 마스터플랜은 기존에 정보화 전략 기획을 준용하되 데이터 분석 업무의 특성을 고려하여 수행하고 기업에서 필요한 데이터 분석 과제를 빠짐없이 도출한 후 과제의 우선순위를 결정하고 단기 및 중·장기로 나누어 계획을 수립한다.

1. 분석 과제 우선순위 평가 기준

분석 과제의 우선순위 평가는 도출된 과제들에 분석 순서를 정하는 것으로 업무 영역별로 도출된 분석 과제를 우선순위 평가 기준에 따라 평가하고 과제 수행에 선후 관계를 고려하여 최종 순위를 확정한다.

분석 과제 우선순위 평가 기준은 정보화 전략 기획을 준용한 전략적 중요도와 실행의 용이성과 기업에서 특별히 고려하는 중요 가치 기준에 따라 우선순위를 수립한다. 정보화 전략 기획을 준용한 전략적 중요도와 분석의 용이성에 대한 자세한 우선순위 평가 기준은 [그림 5-2]와 같다.

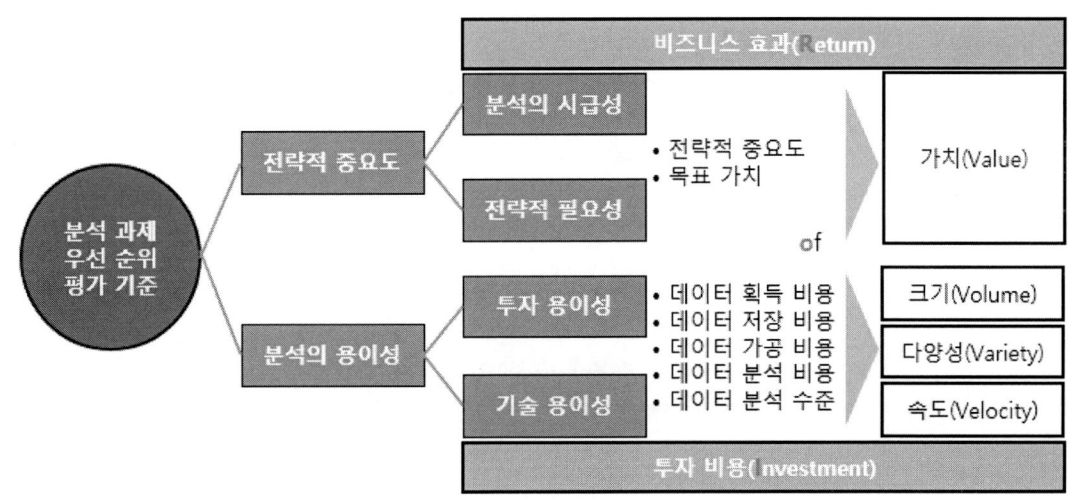

[그림 5-2] 분석 과제 우선순위 평가 기준

전략적 중요도는 비즈니스 효과(Business Return) 측면을 고려하여 전략적 중요도와 목표 가치를 고려하여 분석의 시급성과 전략적 필요성을 고려할 필요가 있다. 분석의 시급성은 사용자 요구사항 및 업무 능률 향상을 위해 시급히 수행되어야 하는지에 대한 정도이고 향후 경쟁 우위 확보를 위한 중요도를 고려한다. 전략적 필요성은 전략적 목표 및 본원적 업무에 직접적인 연관관계가 밀접한 정도와 이슈 미해결 시 발생하게 될 위험 및 손실에 대한 정도를 고려한다. 전략적 중요도는 빅데이터 분석을 통한 비즈니스 인사이트 가치(value)에 중점을 둔다.

한편, 분석의 용이성은 투자 비용(Investment) 측면을 고려하여 투자의 용이성과 기술의 용이성을 고려할 필요성이 있다. 투자 용이성은 분석 기간 및 인력의 투입 용이성 정도와 비용 및 투자 예산 확보 가능성 정도를 고려한다. 그리고 기술의 용이성은 적용 기술의 안정성 검증 정도와 응용시스템 및 하드웨어 유지보수의 용이성 정도를 고려한다. 결국 빅데이터 분석의 마스터플랜에서는 데이터 중심의 중·장기적인 계획으로 데이터를 획득하고 저장, 가공, 분석에 드는 비용과 분석 수준을 고려한다. 분석에 용이성은 빅데이터의 3V에 해당하는 크기(Volume), 다양성(Variety), 그리고 속도(Velocity)에 따라 투자의 용이성과 분석 기술의 용이성이 다르게 된다.

결국 분석 과제 우선순위 평가 기준은 빅데이터 분석 투자에 대한 비즈니스 효과, 즉 RoI(Return of Investment)에 달려 있다. 그러나 분석의 시급성과 분석의 난이도에 따라 분석 과제를 분류할 수 있다. 즉 분석 시급성의 핵심은 전략적 중요도이며 이는 현재의 관점에 전략적으로 중요한 가치를 둘 것인지 아니면 미래의 중·장기적 관점으로 전략적인 가치를 둘 것인지에 적정 시기를 고려하여 시급성 여부를 판단한다. 한편, 난이도는 현시점에서 과제를 추진하는 것이 비용 측면과 범위 측면에서 바로 적용하기 쉬운 것인지 아니면 어려운 것인지에 관한 판단이다. 이처럼 과제의 시급성과 난이도에 따라서 4가지 영역으로 분석 과제의 포트폴리오(Portfolio)를 구성할 수 있다([그림 5-3]).

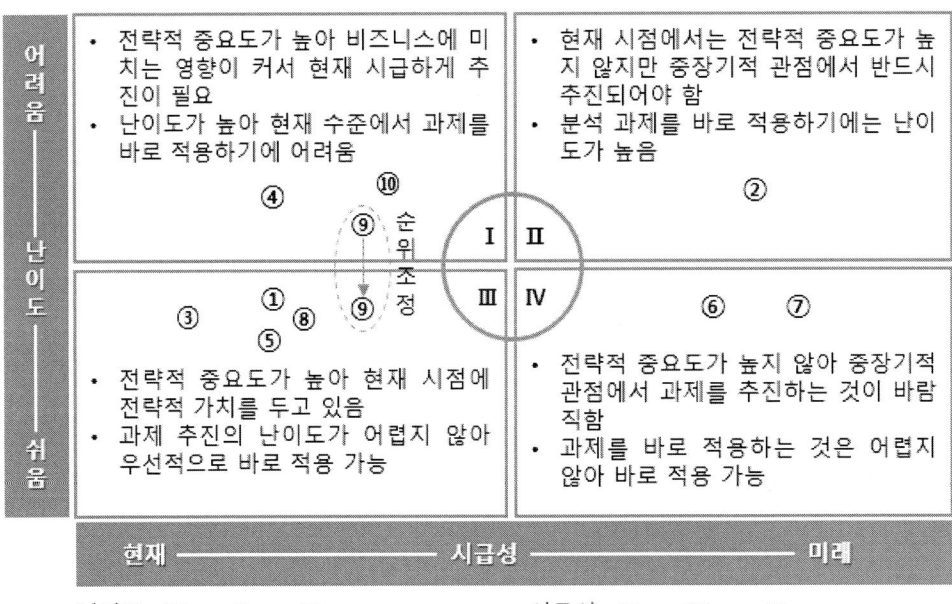

[그림 5-3] 분석 과제 우선순위 평가 고려 사항

전략적 중요도가 높아 경영에 미치는 영향이 크므로 현재 시급하게 추진이 필요성이 있으나 과제 분석의 난이도가 높아 현재 수준에서 과제를 바로 적용하기에 어려운 과제들은 Ⅰ사분면에 위치시킬 수 있다. 예를 들어 [그림 5-3]과 같이 분석 과제가 10개가 있을 때 ④, ⑨, ⑩번 과제이다. 또한 현재 시점에서는 전략적 중요도가 높지 않지만 중·장기적 관점에서 반드시 추진되어야 하지만 바로 분석하기는 난이도가 높은 과제들은 Ⅱ사분면에 위치시킬 수 있다. 예를 들어 ②번 과제이다. 그리고 전략적 중요도가 높아 현재 시점에 전략적 가치를 두고 있고 과제 추진의 난이도 또한 어렵지 않아 우선하여 바로 분석할 수 있는 과제들을 Ⅲ사분면에 위치시킬 수 있다. 예를 들어 ①, ③, ⑤, ⑧번 과제이다. 마지막으로 전략적 중요도가 높지 않아 중·장기적 관점에서 과제를 추진하는 것이 바람직하고 과제를 바로 적용하는 것이 어렵지 않은 과제들은 Ⅳ사분면에 위치시킬 수 있다. 예를 들어 ⑥, ⑦번 과제이다.

분석과제 우선순위 평가 사분면 영역에서 가장 우선하여 분석을 시행할 과제는 Ⅲ사분면에 있는 것들이다. 그러나 분석의 난이도 측면을 고려하면 Ⅲ, Ⅰ, Ⅱ 순으로 시행하는 것이 바람직하다. 한편, 시급성을 고려하면 Ⅲ, Ⅳ, Ⅱ 순으로 시행하는 것이 바람직하다. 각 사분면에 있는 데이터 분석 과제를 난이도와 전략적 시급성을 조정하여 우선순위를 변경할 수도 있다. 기본적으로 분석 대상의 데이터의 양이 많고 복잡할수록, 그리고 분석 범위가 넓어질수록 분석의 난이도는 어려워진다. 이럴 때 일부의 분석 범위를 정하여 데이터양을 축소하거나 단순화시켜 난이도를 쉽게 함으로써 우선순위를 조절할 수 있다. 가령 예를 들면 [그림 5-3]에서 Ⅰ사분면에 있는 과제 ⑨번의 난이도를 쉽게 하여 Ⅲ사분면 과제로 우선순위를 조절할 수 있다.

2. 분석 과제 이행계획 수립

분석과제에 대한 포트폴리오 사분면 분석을 통해 결정된 과제의 우선순위를 토대로 분석과제별 적용 범위 및 방식을 고려하여 최종적인 실행 우선순위를 결정한 후 단계적 구현 로드맵을 수립한다. 단계별로 추진하고자 하는 목표를 명확히 정의하고 추진 과제별 선·후 관계를 고려하여 단계별 추진 내용을 정렬한다. 단계별 추진 로드맵은 [그림 5-4]와 같다.

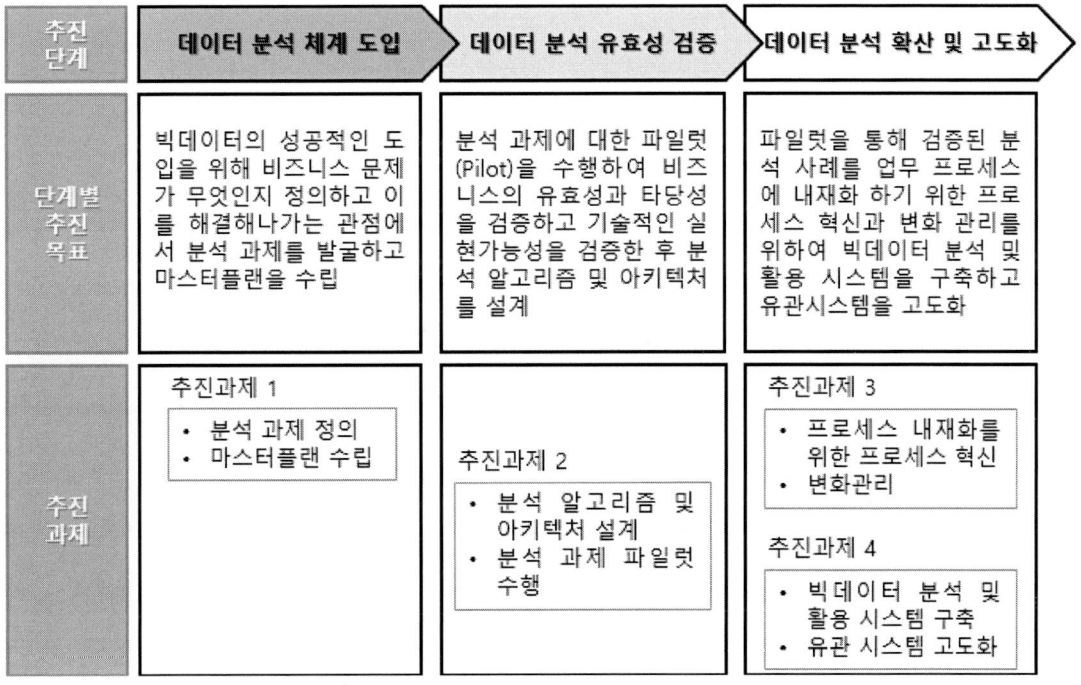

[출처] 데이터 분석 전문가 가이드, 한국데이터베이스진흥원

[그림 5-4] 분석 과제 단계적 시행 로드맵 예시

데이터 분석 이행은 기존의 소프트웨어개발주기(SDLC) 방식의 이행계획 수립과 달리 데이터 분석 모델 개발 중심의 반복적 학습 과정을 사용한다. 즉 분석에 필요한 데이터를 수집하고 훈련 데이터 준비를 거쳐 분석 모델을 설계하고 모델을 개발하여, 모델 시험을 통하여 목표 임계치(threshold)에 도달할 때까지 반복적인 정련화(refinement) 작업을 계속한다. 이러한 반복적인 분석 모델은 모든 단계를 반복하기보다 데이터 수집 및 확보와 분석 데이터를 준비하는 단계를 순차적으로 진행하고 모델링 단계는 반복적으로 수행하는 것이 일반적이다. 이러한 특성을 고려하여 세부 이행계획 수립에 작업분할구조(WBS)와 일정계획도 수립해야 한다. 작업분할구조는 일정 및 진행 상황을 효과적으로 점검할 수 있도록 분석 업무를 카테고리로 분류하고 각각의 카테고리는 좀 더 세부적인 작업 단위의 작업 묶음(Work Package)으로 구조화시킨 것이다. 일정계획은 분석 프로젝트의 일정 관리를 위한 바 형태의 도구로서, 각각의 업무별로 일정의 시작과 끝을 그래픽으로 표시하여 전체 일정을 한눈에 볼 수 갠트 차트(Gantt chart)로 표시한 것이다.

5.2 빅데이터 분석 거버넌스

거버넌스란 공동의 목표를 달성하기 위하여 주어진 자원을 활용하여 모든 이해당사자가 책임을 지고 투명하게 의사결정을 할 수 있도록 하는 제반 장치로 데이터 분석을 "기업의 문화로 정착"하고 데이터 분석 업무의 지속적인 고도화를 목적으로 한다. 빅데이터 분석 거버넌스 대상은 조직(Organization), 프로세스(process), IT시스템(IT System), 데이터(Data), 그리고 인력 관리(Human Resource) 등이다 ([그림 5-5]).

[그림 5-5] 빅데이터 분석 거버넌스 체계

1. 데이터 분석 성숙도 모델

빅데이터 성숙도 모델은 기업들의 데이터 분석의 도입 여부와 활용에 대한 분석 수준을 명확히 점검하고 데이터 분석 수준 진단을 통해 데이터 분석 기반을 다지기 위해 무엇을 준비하고 보완해야 하는지 등에 관련된 분석의 유형 및 방향성을 결정할 수 있다. 즉 빅데이터 성숙도 모델은 기업이 수행하는 현재의 분석 수준을 명확히 이해하고 분석 기반 및 환경의 수준 진단 결과를 토대로 분석 경쟁력 확보를 위한 선택과 집중 영역 발굴하고 개선 방안 도출 및 미래의 목표 수준을 정의하는 데 목적이 있다.

데이터 분석 수준 진단 프레임워크(framework)는 분석 준비도(Readiness) 점검과 성숙도(Maturity) 진단으로 구성된다.

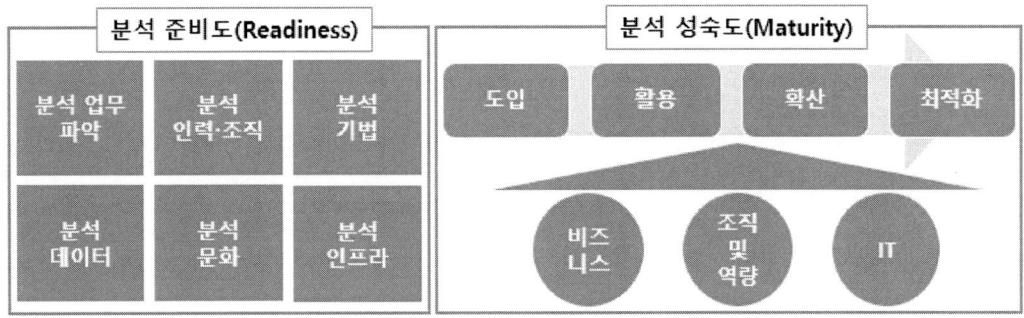

[그림 5-6] 빅데이터 분석 수준 진단 프레임워크

분석 준비도(Readiness)의 분석 업무 파악, 분석 인력·조직, 분석 기법, 분석 데이터, 분석 문화, 분석 인프라(infrastructure)의 고려 사항은 다음과 같다.

[표 5-1] 빅데이터 분석 준비 고려 사항

분석 업무 파악	• 발생한 사실 분석 업무 • 예측 분석 업무 • 시뮬레이션 분석 업무 • 최적화 분석 업무 • 분석 업무 정기적 개선
인력 및 조직	• 분석 전문가 직무 존재 • 분석 전문가 교육 훈련 프로그램 • 관리자들의 기본적 분석 능력 • 전사 분석 업무 총괄 조직 존재 • 경영진 분석 업무 이해 능력
분석기법	• 업무별 적합한 분석 기법 사용 • 분석 업무 도입 방법론 • 분석 기법 라이브러리 • 분석 기법 효과성 평가 • 분석 기법 정기적 개선

분석 데이터	• 분석 업무를 위한 데이터 충분성 • 분석 업무를 위한 데이터 신뢰성 • 분석 업무를 위한 데이터 적시성 • 비구조적 데이터 관리 • 외부 데이터 활용 체계 • 기준 데이터 관리
분석문화	• 사실에 근거한 의사결정 • 관리자의 데이터 중시 • 회의 등에서 데이터 활용 • 경영진의 직관보다 데이터 신뢰 • 데이터 공유 및 협업 문화
IT 인프라	• 운영 시스템 통합 • EAI, ETL 등 데이터 유통 체계 • 분석 전용 서버 및 스토리지 • 빅데이터 분석환경 • 통계 분석 환경 • 비주얼 분석 환경

한편, 분석 성숙도(Maturity) 도입, 활용, 확산, 그리고 최적화 단계에 대한 설명은 [표 5-2]와 같다.

[표 5-2] 분석 성숙도 단계

단계	도입 단계	활용 단계	확산 단계	최적화 단계
설명	분석을 위한 인프라 구축	분석 결과를 업무에 적용	전사 차원에서 분석을 관리하고 공유	분석을 진화시켜 혁신 및 성과 향상에 기여
비즈니스 부문	• 실질 분석 및 통계 • 정기 보고 수행 • 운영 데이터 기반	• 미래 결과 예측 • 시뮬레이션 • 운영 데이터 기반	• 전사 성과 실시간 분석 • 프로세스 혁신 • 분석 규칙 관리 • 이벤트 관리	• 외부 환경 분석 • 최적화 업무 적용 • 실시간 분석 • 비즈니스 모델 진화
조직 역량 부문	• 일부 부서에서 수행 • 담당자 역량에 의존	• 전문 담당 부서에서 수행 • 분석기법 도입 • 관리자가 분석 수행	• 전사적인 모든 부서에서 수행 • 분석 CEO 조직 운영 • 데이터 사이언티스트 확보	• 데이터 사이언티스트 • 분석에 경영진 참여 • 전략적 연계

IT 부문	• 데이터웨어하우스 • 데이터 마트 • ETL/EAI • OLAP	• 실시간 대시보드 • 통계 분석 환경	• 빅데이터 관리 환경 • 시뮬레이션·최적화 • 비주얼 분석 • 분석 전용 서버	• 분석 현업 환경 • 분석 샌드박스 • 프로세스 내재화 • 빅데이터 분석

2. 빅데이터 분석 준비 성숙도 유형

데이터 분석 준비도 및 성숙도 관점에서 기업 또는 조직의 유형을 정의하고 유형별 대응 방안 모색 필요하다. 빅데이터 분석 준비 성숙도는 준비도와 성숙도에 따라 준비형, 도입형, 정착형, 확산형으로 나눌 수 있다.

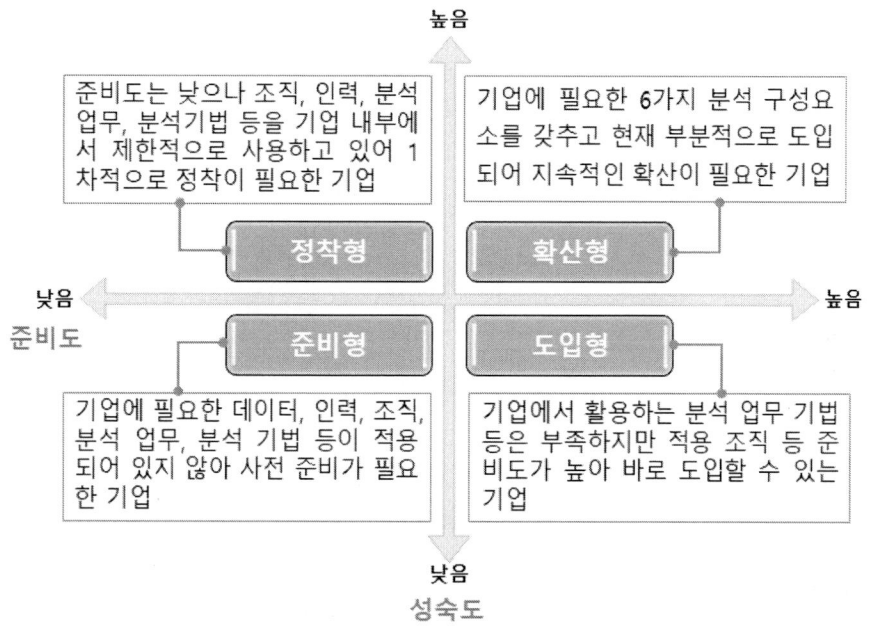

[그림 5-7] 빅데이터 분석 준비 성숙도 유형

준비형은 기업에 필요한 데이터, 인력, 조직, 분석 업무, 분석기법 등이 적용되어 있지 않아 사전 준비가 필요한 기업이다. 도입형은 기업에서 활용하는 분석 업무 및 기법 등은 부족하지만 적용 조직 등 준비도가 높아 바로 도입할 수 있는 기업이다. 그리고 정착형은 준비도는 낮으나 조직, 인력, 분석 업무, 분석기법 등을 기업 내부에서 제한적으로 사용하고 있어 일차적으로 정착이 필요한 기업이다. 마지막으로 확산형은 기업에 필요한 6가지 분석 구성 요소를 갖추고 현재 부분적으로 도입되어 지속적인 확산이 필요한 기업이다.

3. 빅데이터 분석 지원 인프라 구축

빅데이터 분석을 위해서는 정보시스템 인프라와 데이터 관리 및 분석에 필요한 각종 소프트웨어가 필요하다. 기업이나 조직은 빅데이터 분석 지원을 위한 인프라를 분석 과제별로 개별 시스템을 구축하는 경우와 플랫폼 형태로 시스템을 구축하는 경우로 나누어 생각할 수 있다.

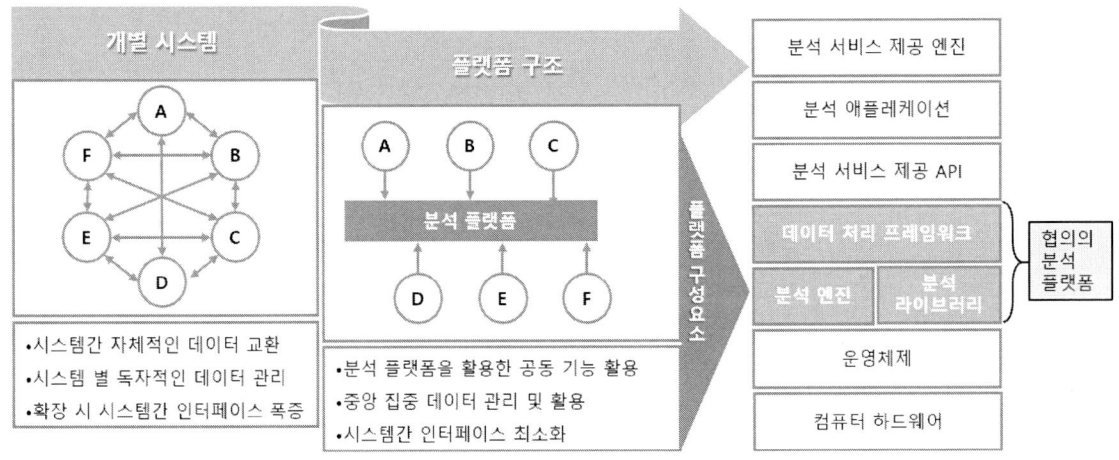

[그림 5-8] 빅데이터 분석 인프라 유형

빅데이터 분석 과제별 개별 시스템 활용은 독자적인 데이터 관리나 활용으로 인해 분석에 효율적일 수 있지만 여러 시스템 관리의 복잡성과 비용이 증가한다. 따라서 분석 마스터플랜을 계획하는 단계부터 확장성을 고려한 안정적인 분석 플랫폼(Platform) 형식의 인프라(Infrastructure)를 갖추는 것이 바람직하다. 일반적인 플랫폼이란 다양한 목적을 가진 행위자들이 서로 연결을 통하여 공동의 가치를 실현할 수 있는 공간을 의미한다. 분석 플랫폼(analysis platform)이란 단순 응용프로그램뿐만 아니라 분석 서비스를 위한 응용프로그램이 실행될 수 있는 기초를 이루는 컴퓨터시스템을 의미하며 일반적으로 하드웨어에 탑재되어 데이터 분석에 필요한 프로그래밍 환경과 실행 및 서비스 환경을 제공하는 역할을 한다. 이처럼 분석 플랫폼이 구축된 경우는 새로운 데이터 분석 요구(need)가 생기면 개별 시스템을 추가하는 것이 아니라 단순히 분석 요구(needs)에 필요한 서비스를 추가하는 식으로 확장한다.

분석 플랫폼은 광의의 분석 플랫폼과 협의의 분석 플랫폼으로 나눌 수 있다. 광의의 분석 플랫폼은 컴퓨터 하드웨어와 운영체제를 포함하여 분석에 필요한 소프트웨어와 라이브러리를 모두 포함하는 시스템이다. 한편으로 협의의 분석 플랫폼은 분석엔진, 분석 라이브러리, 데이터 처리 프레임워크(Framework)를 의미한다. 데이터 중심의 디지털 경제로 변모하면서 기업들은 기존의 레가시(Legacy) 정보시스템을 데이터 분석 중심의 플랫폼 구조로 변경하고 있다.

4. 빅데이터 거버넌스 체계 수립

빅데이터는 문제를 해결하고 혁신과 새로운 기회를 창출할 기업의 중요한 자신으로 전사적인 차원의 체적인 거버넌스(governance)가 필요하다. 데이터 거버넌스란 전사 차원의 모든 데이터에 대하여 정책 및 지침, 표준화, 운영조직 및 책임 등의 표준화된 관리 체계를 수립하고 운영을 위한 프레임워크(framework) 및 저장소(repository)를 구축하는 것을 의미한다. 데이터 거버넌스에 주요한 관리 대상은 마스터 데이터(Master Data), 메타 데이터(Meta Data), 그리고 데이터 사전(Data Dictionary) 등이다. 데이터 거버넌스의 목적은 데이터의 가용성과 유용성을 향상하고 데이터 통합성과 안전성 및 보안성을 강화하는 데 있다. 데이터 거버넌스는 관리 원칙을 명세화하고 조직의 역할 및 책임과 데이터 관리를 위한 프로세스를 명세화한다. 데이터 거버넌스의 원칙은 품질기준, 변경 관리 방침, 보안 지침이 있다. 데이터 거버넌스의 구성 요소인 원칙(principle), 조직(organization), 그리고 프로세스(process)는 상호 유기적인 조합을 통하여 데이터 분석이 비즈니스 문제해결과 혁신과 새로운 기회를 창출할 수 있도록 효과적으로 관리한다. 데이터 거버넌스 원칙은 데이터를 유지 관리하기 위한 지침과 가이드로서 품질기준, 변경관리, 보안(security) 사항을 관리한다. 조직은 데이터를 관리할 조직의 역할과 책임을 관리하는 것으로 데이터 관리자, 데이터베이스 관리자(DBA), 데이터 아키텍처(Data Architecture) 등이 대상이다. 끝으로 프로세스는 데이터 관리를 위한 활동과 체계를 의미하며 작업 절차, 모니터링 활동, 측정 활동 등을 관리한다.

데이터 거버넌스 범위는 [그림 5-9]와 같이 데이터 표준화, 데이터 관리체계, 데이터 저장소 관리, 표준화 활동이다.

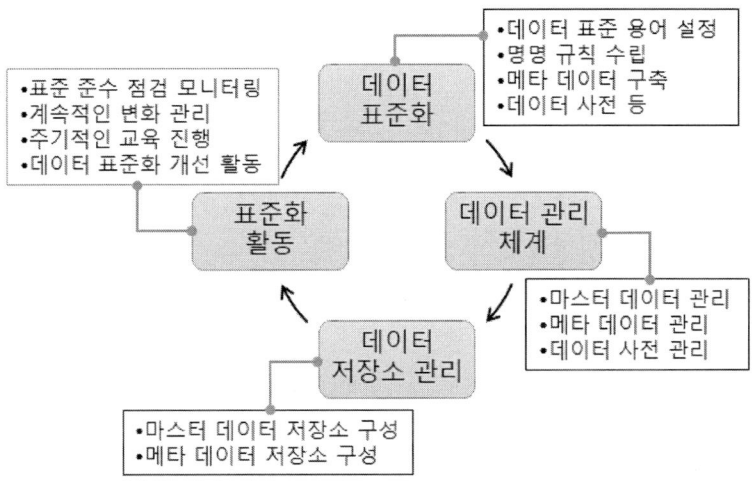

[그림 5-9] 빅데이터 거버넌스 범위

데이터 표준화 업무는 데이터 표준 용어 설정, 명명 규칙 수립, 메타 데이터 구축, 데이터 사전 구축 등이 있다. 데이터 표준 용어는 표준 단어 사전, 표준 도메인 사전, 표준 코드 등으로 구성되며 사전 간 상호 검증이 가능하게 해야 한다. 명명 규칙은 필요시 언어별로 작성되어 매핑 상태를 유지해야 한다. 메타 데이터와 데이터 사전은 데이터의 구조를 형성하는 것으로 데이터 활용을 원활하게 하기 위한 목적이 있다.

그리고 데이터 관리 체계는 데이터 정합성 및 활용의 효율성을 위하여 표준 데이터를 포함한 메타 데이터와 데이터 사전의 관리 원칙 수립한다. 데이터 저장소 관리는 메타 데이터 및 표준 데이터를 관리하기 위한 저장소를 구성한다. 끝으로 표준화 활동은 표준 준수 여부를 주기적으로 점검하고 모니터링을 시행하고 계속적 변화 관리 및 주기적인 교육 진행, 지속적인 데이터 표준화 개선 활동을 통하여 실용성을 향상시킨다.

5. 빅데이터 분석 관리 조직

기업의 경쟁력 확보를 위하여 데이터로부터 비즈니스 니즈와 이에 부합하는 가치를 찾고 비즈니스를 최적화하기 위하여 빅데이터 분석 관리 조직이 필요하다. 빅데이터 분석 관리 조직의 역할은 전사적 및 부서 단위의 분석 업무를 발굴하고 전문적 기법과 분석 도구를 활용하여 기업 내 존재하는 빅데이터 속에서 인사이트를 찾아 전파하고 이를 실행하는 것이다. 빅데이터 분석 관리 조직은 기초 통계학 및 분석 방법에 대한 지식과 분석 경험이 있는 인력으로 전사 또는 부서 내 조직으로 구성한다. 이때 빅데이터 분석 조직구성 시 점검할 사항은 다음과 같다.

[표 5-3] 빅데이터 분석 관리 조직구성 시 고려 사항

조직구조	• 비즈니스 요구(needs)를 선제적으로 찾아낼 수 있는 구조인가? • 분석 전담 조직과 타 부서 간 유기적인 협조와 지원이 원활한 구조인가? • 효율적인 분석 업무를 수행하기 위한 분석 조직의 내부 조직구조는? • 전사나 단위부서가 필요시 접촉하며 지원할 수 있는 구조인가? • 어떤 형태의 조직(중앙집중형, 분산형)으로 구성하는 것이 효율적인가?
인력구성	• 비즈니스 및 IT 전문가의 조합으로 구성되어야 하는가? • 어떤 경험과 어떤 스킬을 갖춘 사람으로 구성해야 하는가? • 통계적 기법 및 분석 모델링 전문 인력을 별도로 구성해야 하는가? • 전사 비즈니스를 커버하는 인력이 없다면 그의 대책은? • 전사 분석 업무에 대한 적합한 인력 규모는 어느 정도인가?

빅데이터 분석 조직은 다양한 형태로 구성할 수 있는데 분석 업무 주체에 따라 [그림 5-10]과 같이 집중 구조, 기능 구조, 분산 구조로 나눌 수 있다.

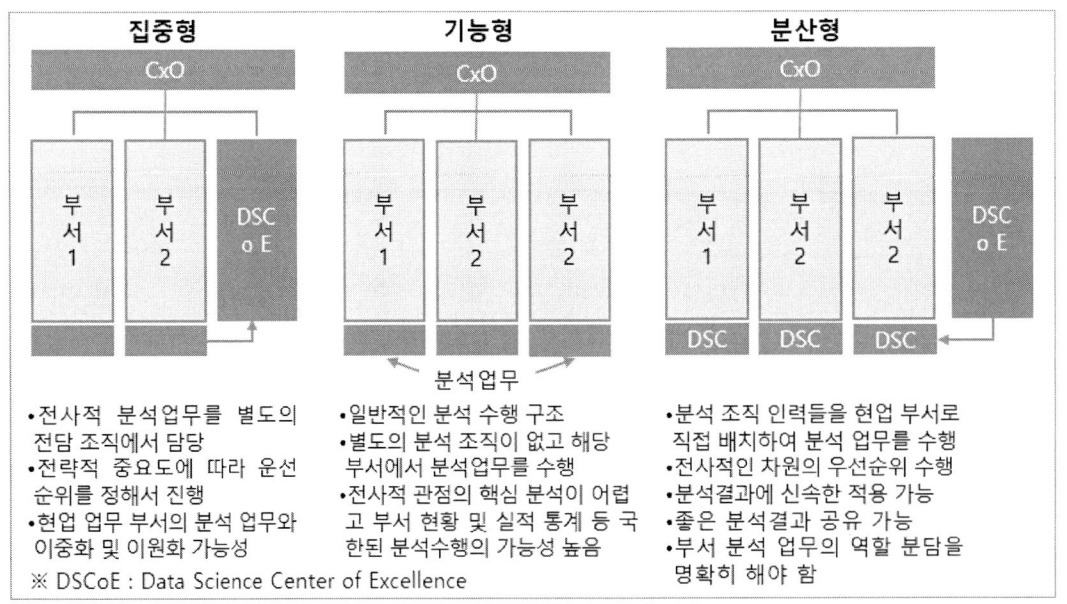

[그림 5-10] 빅데이터 분석 조직의 구조

집중형 구조는 각 부서에서 데이터 분석에 필요한 인력을 차출해서 전자적 차원으로 분석 업무를 전담할 별도의 전담 조직(Taskforce)을 구성하여 회사에 모든 분석 업무를 전담한다. 분석 전담 조직에서 전사적인 모든 분석 과제의 전략적인 중요도에 따라 순선 순위를 전하여 정해서 추진하도록 한다. 그러나 집중형 조직구조는 현행 업무 부서의 분석 업무가 중복될 수 있거나 이원화될 가능성이 있다. 한편으로 기능형 구조는 별도의 분석 조직을 구성하지 않고 각 해당 부서에서 직접 분석을 수행하는 경우로 가장 일반적인 분석 조직 형태이다. 기능형 구조는 분석 업무의 중복과 이원화 가능성을 배제할 수 있으나 전사적인 관점에서 핵심 분석이 어렵고 부서 현황 및 부서 실적 통계 등 지엽적으로 국한된 분석 수행의 가능성이 크다. 마지막으로 분산형 조직은 집중형과 기능형의 단점을 개선하기 위하여 전사적인 분석 조직의 인력들을 현업부서로 파견하여 분석 업무를 수행토록 하는 것이다. 분산형 조직은 전사적 차원에서 분석 과제의 우선순위를 정하여 수행할 수 있으며 분석 결과를 신속하게 실무에 적용할 수 있고 분석 결과를 공유할 수 있다. 그러나 분산형 조직은 분석이 필요한 현업부서로 파견 형식으로 분석을 수행하기 때문에 부서 분석 업무의 역할 분담을 명확히 해야 한다.

빅데이터 분석 조직의 데이터 사이언스 전문가 조직(DSCoE: Data Science Center of Excellence) 구성 예는 [그림 5-11]과 같다.

[그림 5-11] 데이터 사이언스 전문가 조직 구성 예

데이터 사이언스 전문가 조직이 잘 갖추어져 있다고 하더라도 조직 구성원의 분석 역량이 하루아침에 이루어지는 것도 아니고 더욱이 조직의 몇몇 사람이 데이터 분석에 필요한 모든 역량을 다 갖추기는 현실적으로 어렵다. 따라서 분야별 전문 역량을 갖춘 인력으로 분석 역량에 최대한 발휘할 수 있도록 해야 한다. 즉 비즈니스 이해에 필요한 인력, 분석에 필요한 정보기술(IT) 전문 인력, 통계 및 데이터마이닝 등에 관련된 분석 기법을 활용할 수 있는 전문 인력과 조직 내 분석 문화 확산을 위한 심도 있는 교육을 담당할 교육 전문 인력 등을 다양하게 구성함으로써 분석 조직 전체의 시너지 효과를 발휘할 수 있도록 해야 한다.

6. 빅데이터 분석과제 관리 프로세스 수립

빅데이터 분석 과제 관리 프로세스는 분석 과제 발굴에서 분석을 수행하고 운영하는 전 과정을 체계적으로 수행할 방안을 수립해야 한다. 분석과제 관리 프로세스는 [그림 5-12]와 같이 크게 분석 과제 발굴 과정과 분석 과제 수행 과정으로 나눌 수 있다.

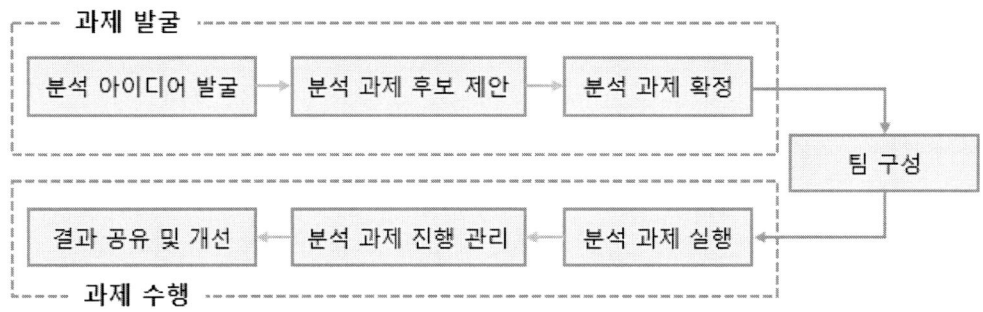

[그림 5-12] 빅데이터 분석 과제 프로시스

분석 과제 발굴 절차는 분석 아이디어 발굴하고 분석 과제 후보 제안을 거쳐 분석 과제를 확정하게 된다. 분석 과제 아이디어 발굴을 위해서는 분석 문제를 정의하고 분석 문제에 관련된 분석 사례를 조사한다. 분석 아이디어가 분석 과제 후보로 제안되면 전사적인 과제 후보 풀(pool)에 등록되고 전사적인 분석 조직이 심사하여 분석 과제를 확정한다. 분석 과제가 확정되면 과제 제안자를 포함하여 분석 과제 전담 추진팀을 구성한다. 과제가 확정되고 분석 전담팀이 구성되면 본격적인 과제를 수행하게 된다. 과제 수행 절차는 전사적인 분석 조직의 과제 추진팀에 의하여 분석 과제를 추진하게 되고 전사적 분석 조직은 분석 과제 진행 관리한다. 과제 수행이 완성되면 과제 결과 풀(pool)에 등록하고 결과를 공유하거나 개선 보고서를 작성한다.

이처럼 분석 조직이 지속적이고 체계적인 분석 과제 관리 프로세스를 수행함으로써 조직 내 분석문화 내재화 및 경쟁력을 확보할 수 있다. 그리고 해당 과제를 진행하면서 터득된 시사점을 포함한 결과물을 풀(Pool)에 잘 축적하고 관리함으로써 향후 유사한 분석 과제 수행 시 시행착오를 최소화 할 수 있다.

7. 분석 교육 및 변화관리

빅데이터 분석 거버넌스에서 제일 중요한 것은 구성원들의 역량과 분석 마인드이다. 특히 구성원들의 빅데이터 분석 마인드는 조직의 데이터 분석 문화 정착에 가장 큰 영향을 주는 요인이다. 이처럼 구성원들의 분석 역량을 신장하고 마인드를 확산하기 위해서는 지속적인 데이터 분석 역량에 대한 교육프로그램이 필요하다. 이는 데이터 분석 전문가뿐만 아니라 마케팅, 기획, 서비스, 관리 등 기업의 모든 구성원이 교육을 통해서 데이터를 올바르게 이해하고 그 안에 숨겨진 의미를 파악할 수 있는 능력을 갖추게 하는 것이 무엇보다도 중요하다. 이처럼 데이터의 해독 능력을 데이터 리터러시 (data literacy)라고 한다. 데이터 리터러시는 자료를 수집하고 기획하고 분석 처리하여 결과를 도출하고 시각화하는 기술뿐만 아니라 데이터에 숨겨진 가치를 발견하여 인사이트(insight)를 도출해 내는 등 전반적인 데이터 탐구와 활용에 필요한 역량을 포괄하는 개념이다.

회사의 비즈니스 문제를 해결하는데 빅데이터 분석을 통하여 새로운 가치를 발견하고 인사이트를 얻는 효과성에 비하여 많은 시간과 비용, 인력이 소요될 수 있기 때문에 데이터 분석 기업 문화를 정착하기는 결코 쉬운 일이 아니다. 데이터 분석 내재화 단계를 준비기, 도입기, 안정기로 할 때 대부분 기업은 분석 문화 도입 시기에 성공과 실패의 갈림길에 서게 된다.

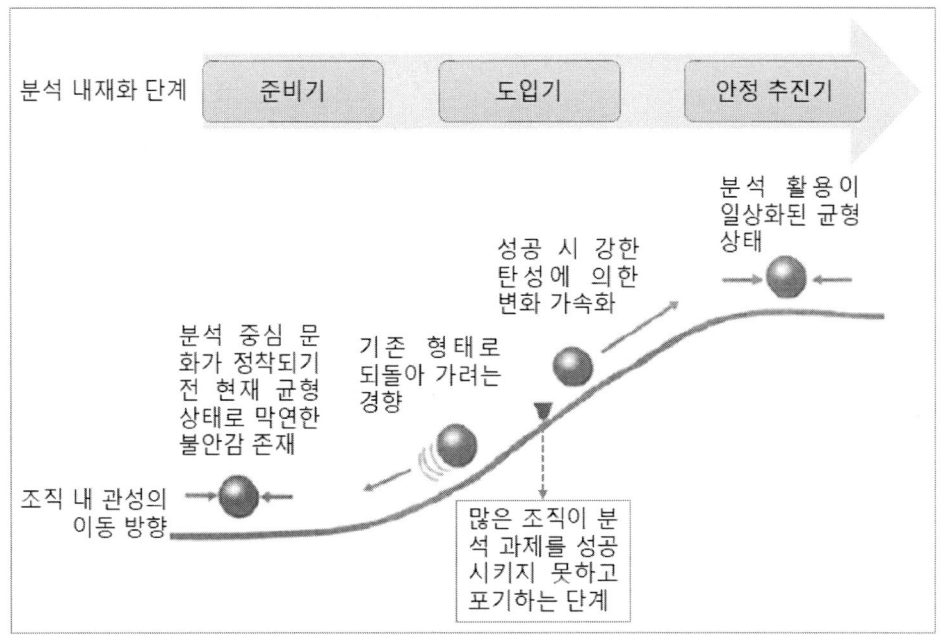

[그림 5-13] 빅데이터 분석 변화 관리

분석 내재화 단계 준비기에는 분석 중심 문화가 정착되기 전 현재 균형 상태로 막연한 기대감과 불안감이 교차하는 시기이다. 도입기에는 분석 문화 확립에 많은 도전을 겪게 되고 이 시기에 분석 문화를 정착할 수 있을지 아니면 기존 형태로 되돌아갈지를 중대한 갈림길에 서게 된다. 데이터 분석 도입 시기에 있는 기업들은 다양한 교육과 분석 파일럿을 통하여 분석 마인드를 확산에 더욱 집중해야 하는 시기이다. 더욱이 빅데이터 분석 문화를 정착시키는 데에서는 기업의 임원, 대표이사의 마인드가 중요하다.

빅데이터의 등장은 많은 비즈니스 영역에 변화와 혁신을 주도하고 있다. 이러한 변화에 적극적으로 대응하기 위해서는 기업에 적합한 분석 업무를 도출하고 가치를 높여줄 수 있도록 분석 조직 및 인력에 대한 지속적인 교육 훈련을 시행해야 한다. 빅데이터 분석 교육은 창의적 사고 및 문제해결을 위한 체계적 접근법 숙지와 데이터 분석 기회 발굴 방법, 과제 정의 방법 이해에 관련된 주제가 필요하다. 그리고 다양한 빅데이터 분석 기법의 활용 및 빅데이터 개념 및 관련 기술의 습득 기술에 관련된 교육도 필요하다. 또한 경영층이 데이터 기반의 의사결정을 할 수 있도록 기업 문화를 정착시키려는 노력이 필요하다.

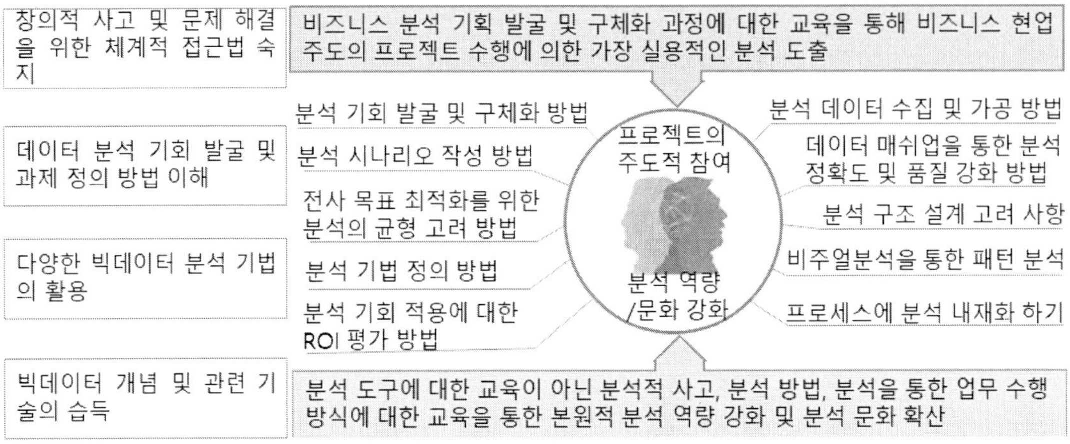

| 창의적 사고 및 문제 해결을 위한 체계적 접근법 숙지 | 비즈니스 분석 기획 발굴 및 구체화 과정에 대한 교육을 통해 비즈니스 현업 주도의 프로젝트 수행에 의한 가장 실용적인 분석 도출 |

- 분석 기회 발굴 및 구체화 방법
- 분석 시나리오 작성 방법
- 전사 목표 최적화를 위한 분석의 균형 고려 방법
- 분석 기법 정의 방법
- 분석 기회 적용에 대한 ROI 평가 방법

- 분석 데이터 수집 및 가공 방법
- 데이터 매쉬업을 통한 분석 정확도 및 품질 강화 방법
- 분석 구조 설계 고려 사항
- 비주얼분석을 통한 패턴 분석
- 프로세스에 분석 내재화 하기

프로젝트의 주도적 참여 / 분석 역량 /문화 강화

- 데이터 분석 기회 발굴 및 과제 정의 방법 이해
- 다양한 빅데이터 분석 기법의 활용
- 빅데이터 개념 및 관련 기술의 습득

분석 도구에 대한 교육이 아닌 분석적 사고, 분석 방법, 분석을 통한 업무 수행 방식에 대한 교육을 통한 본원적 분석 역량 강화 및 분석 문화 확산

[그림 5-14] 빅데이터 분석 교육

빅데이터 분석 교육을 통해 비즈니스 분석 기획 발굴 및 구체화 과정과 비즈니스 현업 주도의 프로젝트 수행에 의한 가장 실용적인 분석 방안을 도출할 수 있도록 한다. 즉 빅데이터는 단순히 분석 도구에 대한 교육이 아닌 분석적 사고, 분석 방법, 분석을 통한 업무 수행 방식에 대한 교육을 통한 본원적 분석 역량 강화 및 분석 문화 확산에 중점을 두는 것이 바람직하다.

연습문제 -Exercises

향상학습

1. 빅데이터 마스터플랜 수립 시 적용 범위 및 방식 고려 사항으로 적절하지 않은 것은?
   ① 기술 적용 수준을 고려한다.
   ② 투자 비용 수준을 고려한다.
   ③ 분석 데이터 적용 수준을 고려한다.
   ④ 업무 내재화 적용 수준을 고려한다.
   ⑤ 분석 데이터 내부 및 외부 수준을 고려한다.

2. 다음 빅데이터 특징 중 비즈니스 효과에 해당하는 것은?
   ① 데이터 규모(Volume)   ② 데이터 가치(Value)   ③ 데이터 다양성(Variety)
   ④ 데이터 품질(Veracity)   ⑤ 데이터 유효(Validity)

3. 다음 빅데이터 분석과제 우선순위 평가 기준에서 ROI(Return of Investment)에 해당하지 않은 것은?
   ① 데이터 규모(Volume)   ② 데이터 다양성(Variety)   ③ 데이터 속도(Velocity)
   ④ 데이터 정확성(Veracity)   ⑤ 데이터 가치(Value)

4. 빅데이터 특징 중 비즈니스 투자 비용 요소에 해당하는 것은?

ㄱ. 데이터 규모(Volume)	ㄴ. 데이터 가치(Value)
ㄷ. 데이터 다양성(Variety)	ㄹ. 데이터 품질(Veracity)
ㅁ. 데이터 유효(Validity)	ㅂ. 데이터 속도(Velocity)

   ① ㄱ ㄷ ㅂ   ② ㄱ ㄴ ㅁ   ③ ㄴ ㄹ ㅁ   ④ ㄴ ㄷ ㅂ   ⑤ ㄷ ㄹ ㅁ

5. 빅데이터 분석 마스터플랜 수립 시 고려할 사항으로 적절하지 않은 것은?
   ① 분석 기술의 적용 요소를 고려한다.
   ② 분석 업무의 적용 범위 및 방식을 고려한다.
   ③ 업무의 재설계를 통한 경영 혁신 방안을 수립한다.
   ④ 빅데이터 분석을 위한 정보화 전략 기획을 수립한다.

⑤ 분석 결과 도출을 위한 구체적인 로드맵을 설정한다.

6. 빅데이터 분석 과제 우선순위 평가 기준으로 적절하지 않은 것은?
   ① 사용자 요구사항 및 업무 능률 향상을 위해 시급히 수행 정도를 고려한다.
   ② 분석을 업무에 내재화할 것인지 별도의 과제로 분석할 것인지를 고려한다.
   ③ 전략적 목표 및 본원적 업무에 직접적인 연관관계가 밀접한 정도를 고려한다.
   ④ 기간 및 인력 투입에 용이성, 비용 및 투자 예산 확보 가능성 정도를 고려한다.
   ⑤ 적용 기술의 안전성 및 개발 기술의 성숙도, 신기술 적용 가능성 등을 고려한다.

7. 포트폴리오 사분면 분석을 통한 과제 우선순위를 산정하는 기법 중 분석 과제의 적용 우선순위를 시급성에 둔다면 결정해야 할 우선순위는?

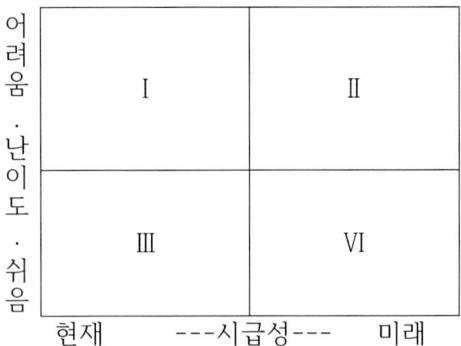

   ① Ⅰ → Ⅱ → Ⅲ   ② Ⅲ → Ⅵ → Ⅱ   ③ Ⅱ → Ⅵ → Ⅰ
   ④ Ⅲ → Ⅰ → Ⅱ   ⑤ Ⅵ → Ⅱ → Ⅲ

8. 수행 과제 이행에서 확산 및 고도화 단계에서 추진할 내용으로 적절하지 않은 것은?
   ① 변화 관리를 수행한다.
   ② 분석에 관련된 시스템을 고도화한다.
   ③ 분석 알고리즘 및 아키텍처를 설계한다.
   ④ 빅데이터 분석 및 활용 시스템을 구축한다.
   ⑤ 업무 프로세스 내재화를 위한 프로세스 혁신 방안을 마련한다.

9. 빅데이터 분석 성숙도 모델에서 분석 준비도(Readiness)를 측정하기 위한 요소로 적절하지 않은 것은?
   ① 분석 업무 파악   ② 인력 및 조직   ③ 분석 기법
   ④ 분석 문화   ⑤ 분석 비용

10. 데이터 분석 준비도 프레임워크 중 분석 업무 파악에 관련된 항목으로 적절하지 않은 것은?
    ① 예측 분석 업무   ② 최적화 분석 업무   ③ 시뮬레이션 분석 업무
    ④ 분석 기법 라이브러리   ⑤ 발생한 사실 분석 업무

11. 빅데이터 분석 준비도 프레임워크에서 분석 문화 점검 사항으로 적절하지 않은 것은?
    ① 사실에 근거한 의사결정 문화가 정착되어 있는지 조사한다.
    ② 회사 분석 전문가 교육 훈련 프로그램이 존재하는지 조사한다.
    ③ 회사 내에 데이터 공유 및 협업 문화가 형성되어 있는지 파악한다.
    ④ 회사 관리자가 데이터를 중시하는 풍토가 갖추어져 있는지 조사한다.
    ⑤ 회사 경영진의 성향이 직관보다 데이터를 더 신뢰하고 있는지 파악한다.

12. 분석 과제 추진의 난이도가 높지 않아 우선하여 바로 적용 가능한 분야는?

    | ㄱ. 시급성 : 현재 | ㄴ. 시급성 : 미래 |
    | ㄷ. 난이도 : 쉬움(Easy) | ㄹ. 난이도 : 어려움(Difficult) |

    ① ㄱ ㄷ   ② ㄱ ㄴ   ③ ㄱ ㄹ   ④ ㄴ ㄷ   ⑤ ㄴ ㄹ

13. 빅데이터 분석 플랫폼 설명이 적절하지 않은 것은?
    ① 빅데이터의 중앙 집중적 관리를 목표로 한다.
    ② 분석 서비스 응용프로그램 실행을 위한 컴퓨터시스템이다.
    ③ 정보시스템들 사이에 인터페이스를 최대화하기 위한 것이다.
    ④ 빅데이터 분석에 필요한 서비스 환경을 제공하는 역할을 한다.
    ⑤ 협의의 분석 플랫폼은 분석엔진, 분석 라이브러리, 데이터 처리 프레임워크이다.

14. 빅데이터 분석 최적화 단계의 특성으로 볼 수 없는 것은?
    ① 분석 인프라 구축을 통한 IT시스템을 고도화한다.
    ② 사실 기반의 의사결정에 필요한 IT 기술을 도입한다.
    ③ 데이터 사이언티스트 확보를 통한 분석을 고도화한다.
    ④ 외부 환경 분석을 통한 업무의 최적화 방안을 수립한다.
    ⑤ 실시간 분석 체계 수립을 통한 성과 향상 방안을 수립한다.

15. 다음 괄호 안에 들어갈 적당한 것은?

    단순한 응용프로그램뿐만 아니라 분석 서비스를 위한 응용프로그램이 실행될 수 있는 기초를 이루는 컴퓨터시스템을 의미하며 일반적으로 하드웨어에 탑재되어 데이터 분석에 필요한 프로그래밍 환경과 실행 및 서비스 환경을 제공하는 역할 수행하는 것을 (   )이라고 한다.

    ① 분석 플랫폼   ② 전문가 시스템   ③ 정보시스템
    ④ 개별 시스템   ⑤ 분석 프레임워크

16. 빅데이터 분석 거버넌스의 구성 요소로 적절하지 않은 것은?
    ① 활동(Action)   ② 조직(Organization)   ③ 프로세스(Process)
    ④ 인력(Human resource)   ⑤ IT 시스템(IT System)

17. 다음은 데이터 분석 거버넌스 중 무엇에 관한 설명인가?

    - 데이터 표준 용어 설명
    - 데이터 명명 규칙 수립
    - 메타데이터 및 데이터 사전 구축

    ① 표준화 활동   ② 데이터 표준화   ③ 데이터 관리 체계
    ④ 데이터 저장소 관리   ⑤ 데이터 분석

18. 빅데이터 분석 거버넌스 체계 수립의 목적으로 적절하지 않은 것은?
    ① 데이터 저장소를 관리한다.   ② 데이터 분석 모델을 개발한다.
    ③ 데이터 표준화 방안을 수립한다.   ④ 데이터 관리 체계를 마련한다.
    ⑤ 데이터 표준화 개선 활동한다.

19. 분석 성숙도 모델 중 빅데이터 관리를 위한 환경을 갖추어지고 전사 차원에서 분석을 관리하고 공유하며 이를 분석 전문 조직을 운영하는 수준의 성숙단계로 적절한 것은?
    ① 도입 단계   ② 정착 단계   ③ 활용 단계   ④ 확산 단계   ⑤ 최적화 단계

20. 빅데이터 분석 조직구성 시에 고려해야 할 사항으로 거리가 먼 것은?
    ① 비즈니스 니즈를 선제적으로 찾아낼 수 있는 구조 여부
    ② 분석 전담 조직과 타 부서와 유기적인 협조가 가능 여부
    ③ 분석 업무를 수행할 분석 조직의 내부 구조의 형태

④ 분석 조직의 비즈니스 및 정보통신 전문가의 조합의 정도
⑤ 통계 및 분석 모델링 전문가의 태스크포스 구성 여부

21. 다음에 설명하는 빅데이터 분석 조직으로 적절한 것은?
    - 조직 내에 별도의 독립적인 분석 전담 조직을 구성
    - 회사의 모든 분석 업무를 전담 조직에서 담당
    - 일부 협업 부서와 분석 업무가 중복 또는 이원화될 가능성이 있음

    ① 집중형 조직 ② 기능형 조직 ③ 분산형 조직
    ④ 복합형 조직 ⑤ 통합형 조직

22. 다음에 설명하는 빅데이터 분석 조직으로 적절한 것은?
    - 분석 조직 인력들을 현업부서로 직접 배치하여 분석 업무 수행
    - 전사적 차원의 과제 우선순위 수행
    - 분석 결과에 신속한 적용 가능
    - 좋은 분석 결과 공유 가능

    ① 집중형 조직 ② 기능형 조직 ③ 분산형 조직
    ④ 복합형 조직 ⑤ 통합형 조직

23. 많은 조직이 분석 과제를 성공시키지 못하고 포기하는 단계는?
    ① 준비기 ② 도입기 ③ 정착기 ④ 안정기 ⑤ 확산기

24. 빅데이터 분석 마인드 확산을 위한 교육 방향을 설명한 것으로 적절하지 않은 것은?
    ① 데이터 분석 기획 발굴 방법을 교육한다.
    ② 빅데이터 기본 개념 및 관련 기술 교육한다.
    ③ 전략적 정보화 기획 수립 방안을 교육한다.
    ④ 다양한 빅데이터 분석 기법의 활용 방법을 교육한다.
    ⑤ 창의적 사고 및 문제해결을 위한 체계적 접근방법을 교육한다.

심화학습

1. 빅데이터 분석 과제 우선순위에 고려할 사항을 기술하세요.

2. 빅데이터 분석 수준 진단 프레임워크에서 분석 문화의 중요성을 서술하세요.

3. 다음의 영문을 한국어로 번역하세요.

Big Data Platform refers to IT solutions that combine several Big Data Tools and utilities into one packaged answer, and this is then used further for managing as well as analyzing Big Data. The emphasis on why this is needed is taken care of later in the blog, but know how much data is getting created daily. This Big Data if not maintained well, enterprises are bound to lose out on customers. This solution combines all the capabilities and every feature of many big data applications into a single solution. It generally consists of big data servers, management, storage, databases, management utilities, and business intelligence. It also focuses on providing their user with efficient analytic tools for massive datasets. These platforms are often used by data engineers to aggregate, clean, and prepare data for business analysis. Data scientists use this platform to discover relationships and patterns in large data sets using a Machine learning algorithm. The user of such platforms can custom build applications according to their use case like to calculate customer loyalty (E-Commerce user case), and so on, there are countless use cases.

---

4. 빅데이터 분석 성숙도 모델에서 최적화 단계의 IT 부문에서 해야 할 일을 설명하세요.

5. 빅데이터 기술에서 크라우드 아웃소싱(Crowd outsourcing)이 필요한 이유를 기술하세요.

6. 빅데이터 플랫폼(Big data platform) 구축이 필요한 이유를 기술하세요.

7. 빅데이터 분석 거버넌스에서 분석적 사고력 향상을 위한 교육의 필요성을 기술하세요.

빅데이터 분석
기획과 실무

Chapter 06

빅데이터 분석 기술

6.1 클라우드 컴퓨팅 기술
6.2 하둡 분산처리 기술
6.3 분산 데이터베이스 기술
6.4 빅데이터 수집과 통합 기술
6.5 빅데이터 저장 관리 기술
6.6 빅데이터 처리 기술
6.7 빅데이터 분석 기술
6.8 빅데이터 시각화 기술
연습문제

Chapter. 06

빅데이터 분석 기술

빅데이터 분석은 데이터의 수집, 저장, 관리, 처리, 분석에 관련된 여러 기술의 가치사슬(value chain)을 통하여 이루어진다. 이처럼 빅데이터 분석 기술들의 상호 유기적 연결 체계를 빅데이터 플랫폼이라고 한다. 빅데이터 플랫폼은 대량의 복잡한 데이터를 처리하는 시스템이기 때문에 기존의 데이터웨어하우스 구축 방식과 다르게 대량의 데이터를 저장하고 처리하고 분석할 수 있는 대용량의 저장 공간과 고성능 계산이 가능한 컴퓨팅 인프라가 필수적이다. 또한 빅데이터 플랫폼은 여러 가지 서비스와 결합한 빅데이터 생태계(Big Data Echo System)를 구성하여 다양한 형태의 분석 서비스를 제공하게 된다([그림 6-1]).

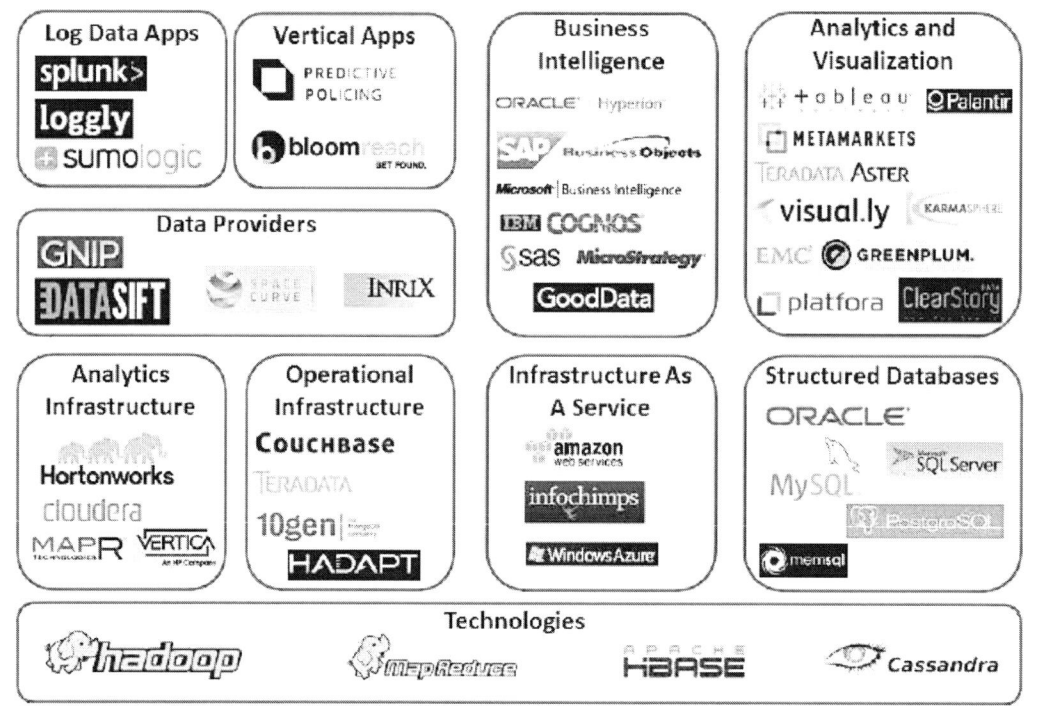

[그림 6-1] 빅데이터 생태계

일반적으로 빅데이터 생태계는 빅데이터 분산 기술과 빅데이터 분석 프레임워크, 그리고 빅데이터 분석 서비스의 핵심 컴포넌트 요소로 구성된다. 이와 같은 빅데이터 생태계는 여러 컴포넌트와 가치사슬(value chain)을 통하여 빅데이터 시스템 내의 정보 흐름을 데이터에서 유용한 가치를 발견하고 비즈니스 통찰력을 제공한다. 빅데이터 가치사슬은 주요 이해관계자 간의 비즈니스 맥락과 관계를 이해하는 데 사용될 수 있다.

빅데이터 시스템 생태계의 주요 분산 기술은 하둡(Hadoop), 맵리듀스(MapReduce), HBase(Hadoop database), 카산드라(Cassandra)가 있다. 하둡(Hadoop)은 여러 개의 저렴한 컴퓨터를 마치 하나인 것처럼 묶어(Clustering) 대용량 데이터를 분산 저장하는 기술이다. 맵리듀스(MapReduce)는 대용량 데이터를 분산된 서버 컴퓨팅 자원을 이용해 병렬로 처리할 수 있는 컴퓨팅 플랫폼이다. 한편, 하둡 데이터베이스(HBase)는 하둡 플랫폼 위에 만들어진 분산 칼럼 기반의 비관계형 데이터베이스 시스템이다. 마지막으로 카산드라(Cassandra)는 오픈소스 분산형 NoSQL 데이터베이스 관리 시스템의 하나로, 단일 장애 점(single failure point)이 없이 고성능을 제공하면서 수많은 서버 간의 대용량의 데이터 관리 시스템이다. 따라서 이번 장에서는 빅데이터 클라우드 컴퓨팅 시스템과 하둡 분산처리 시스템, 분산 데이터베이스 시스템을 살펴본다. 그리고 빅데이터 수집, 저장, 관리, 처리 및 분석 기술을 이해하는 시간을 가질 것이다.

6.1 클라우드 컴퓨팅 기술

클라우드 컴퓨팅이란 말은 구름과도 같은 숨겨진 복잡한 네트워크 환경 속에서 작업을 요청하여 실행한다'에서 유래되었다. 가드너(Gartner), NIST, IBM, Forrest Research 등 세계 여러 기관에서 클라우드 컴퓨팅을 정의하였다([표 6-1]).

[표 6-1] 클라우드 컴퓨팅의 다양한 정의

NIST	이용자는 IT 자원(소프트웨어, 스토리지, 서버, 네트워크)을 필요한 만큼 빌려서 사용하고, 서비스 부하에 따라 실시간 확장성을 지원받으며 사용한 만큼 비용을 지불하는 컴퓨팅 기술
Gartner	인터넷 기술을 활용해 많은 고객에게 수준 높은 확장성을 가진 자원들을 서비스로 제공하는 컴퓨팅의 한 형태
Forrest Research	표준화된 IT 기반 기능들이 IP로 제공되고, 언제나 접근이 허용되며, 수요변화에 따라 가변적이며, 사용량이나 광고를 기반으로 비용을 지불하고 웹 또는 프로그램적인 인터페이스를 제공하는 형태
IBM	웹 기반 응용 소프트웨어를 활용해 대용량 데이터베이스를 인터넷 가상공간에서 분산처리하고, 이 데이터를 컴퓨터나 휴대전화, PDA 등 다양한 단말기에서 불러오거나 가공할 수 있게 하는 환경
TTA	가상화 분산처리 기술을 기반으로 인터넷을 통해 대규모 IT 자원을 임대하고, 사용한 만큼의 요금을 지불하는 컴퓨팅 환경

이러한 정의를 종합해 볼 때 클라우드 컴퓨팅이란 "구름과도 같은 숨겨진 복잡한 네트워크 환경 속에서 작업을 요청하여 실행한다."라는 말에서 유래했다. 즉 인터넷 기술을 활용하여 IT 자원을 서비스 형태로 제공하는 컴퓨팅 환경이라는 것을 알 수 있다. 주요한 특징으로는 IT 자원인 소프트웨어, 스토리지, 서버, 네트워크 등을 필요한 만큼 빌려서 사용하고, 서비스 부하에 따라서 실시간 확장성을 제공받으며, 사용한 만큼의 비용 지불 등이다.

이에 따라 클라우드 서비스 종류는 크게 IaaS(Infrastructure as a Service), PaaS(Platform as a Service), SaaS(Software as a Service)로 나눌 수 있다([표 6-2]).

[표 6-2] 클라우드 서비스 종류

SaaS (Software as a Service)	이용자가 원하는 소프트웨어를 이용·제공하는 서비스
PaaS (Platform as a Service)	이용자에게 소프트웨어 개발에 필요한 플랫폼을 임대·제공하는 서비스
IaaS (Infrastructure as a Service)	이용자에게 서버, 스토리지 등의 하드웨어 자원을 임대·제공하는 서비스

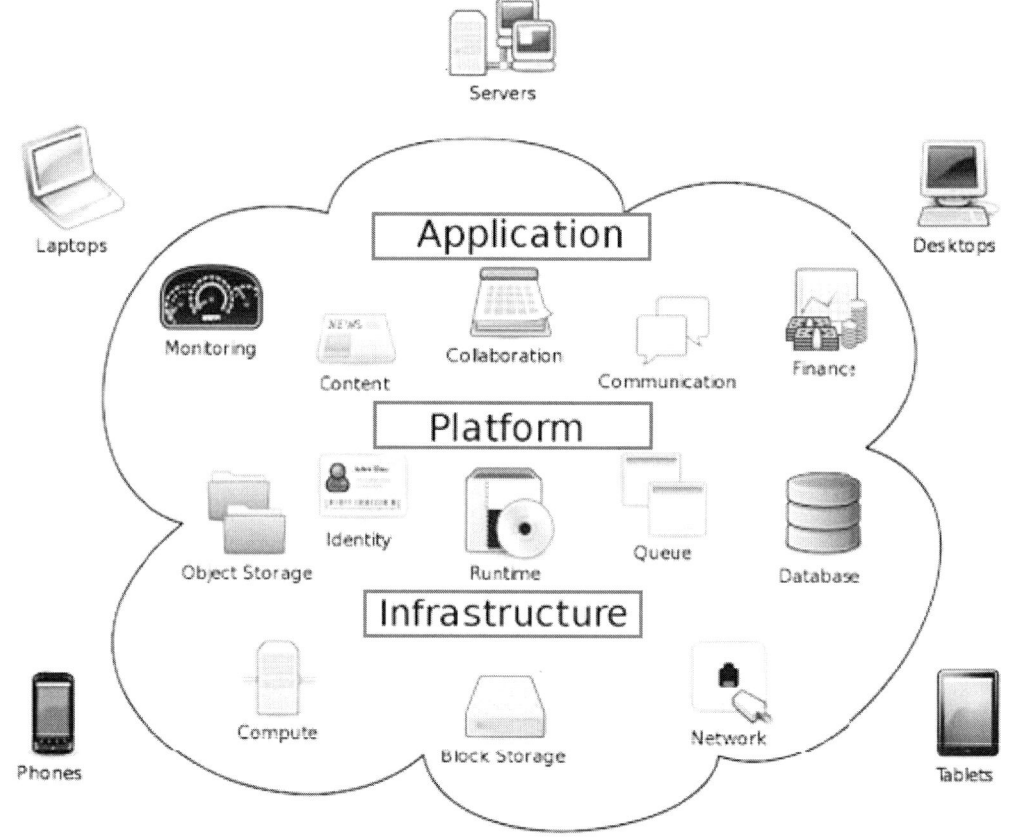

[그림 6-2] 클라우드 서비스 종류

이에 따라 클라우드 서비스 특징을 살펴보면 클라우드 서비스는 컴퓨팅 자원에 대한 소유와 관리가 분리되어 필요한 만큼 서비스 형태로 이용한다. 클라우드 서비스는 일종의 가상화(virtualization)된 서비스이다. 또한 클라우드 서비스는 유틸리티(utility)형 혹은 사용한 만큼의 대한 비용을 지급(Pay-As-You-Go)형 서비스이다. 클라우드 서비스는 시간과 장소와 이용 단말의 구분 없이 항시 이용할 수 있다.

최근 몇 년 동안 정보기술 융합 기술 관련 트랜드 변화는 가속을 더 하고 있다. 네트워크 속도의 향상 페이스북 카카오톡과 같은 SNS의 성장, 그리고 그 트랜드 중앙에는 클라우드 컴퓨팅이 있다.

특히 Google 서비스 클라우드는 Gmail, Youtube, 번역 등이 있고 Apple은 iCloud, 마이크로소프트의 Azure, 아마존의 웹 서비스(AWS: Amazon Web Service), Naver의 NClud 등이 우리 주변에 친숙하게 사용하고 있는 클라우드이다.

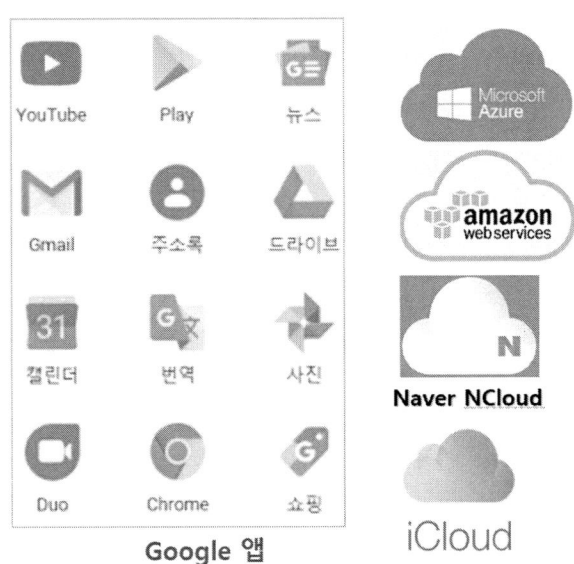

[그림 6-3] 클라우드 서비스 예

클라우드 기술 요소는 컴퓨팅 자원 가상화 기술, 대용량 분산 시스템 기술, 자원 및 서비스 운영 관리 기술, 서비스 지향 인터페이스 등이다. 그리고 클라우드 서비스는 많은 컴퓨팅 자원을 여러 사용자와 공유해야 하므로 무엇보다도 보안 기술이 중요하다.

[표 6-3] 클라우드 서비스 기술 요소

서비스 지향 인터페이스	• 자원에 대한 접근에서부터 플랫폼 자체에 대한 제어까지 서비스 관점에서 정의 및 구현
자원 및 서비스 운영 관리 기술	• 서비스 및 사용자의 동적 변화에 능동적으로 대응하여 자원관리 • 글로벌 규모로 서비스를 쉽게 배포하고 관리
대용량 분산 시스템 기술	• 대용량 저장능력과 고성능 컴퓨팅 파워 제공 • 신속한 확장성 보장
컴퓨팅 자원 가상화 기술	• 서버 가상화 기술 • 스토리지 가상화 기술 • 네트워크 가상화 기술
클라우드 보안 기술	• 개인정보 유출 • 가시성 부족 • 손상된 계정 • 다중다중성(Multi-tenancy) • 하드웨어 및 소프트웨어 취약성

클라우드 서비스의 가장 기본은 컴퓨팅 자원의 가상화 기술이다. 컴퓨팅 가상화(virtualization)는 컴퓨팅 자원(computer resource)의 추상화(abstraction)를 일컫는 일반적인 용어이다. 컴퓨팅 자원 추상화는 하나의 실질적인(물리적인) 컴퓨팅 자원을 마치 여러 개인 것처럼 가상으로 나누어 사용하거나, 혹은 여러 개의 물리적 컴퓨팅 자원을 묶어서 하나의 자원인 것처럼 사용할 수 있도록 하는 기술이다. 이때 컴퓨팅 자원이란 CPU, 메모리, 스토리지, 네트워크, 애플리케이션 등 컴퓨터를 구성하는 장치를 말한다. 따라서 클라우드 서비스 가상화 유형은 [그림 6-4]와 같다.

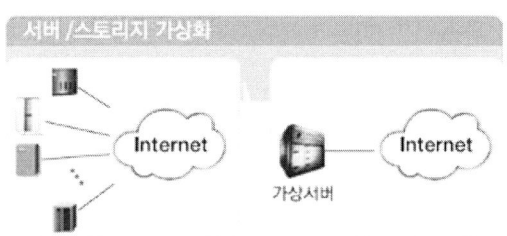

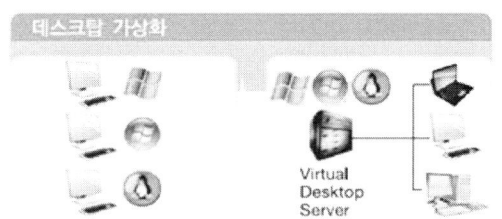

[그림 6-4] 클라우드 서비스 가상화 유형

서버 및 스토리지 가상화는 다수 서버의 CPU 및 스토리지를 가상화하여 이용자가 마치 한 대만 있는 것처럼 사용할 수 있도록 한 클라우드이다. 네트워크 가상화는 서로 다른 네트워크를 가상화하여 이용자에게 네트워크 유형과 무관하게 사용할 수 있도록 한 클라우드이다. 그리고 데스크톱(Desktop) 가상화는 여러 개인용 단말기를 하나로 가상화하여 이용자에게 동일한 데스크톱 환경을 제공하는 클라우드이다. 마지막으로 애플리케이션 가상화는 원격 서버의 애플리케이션을 가상화하여 마치 클라이언트 컴퓨터에 설치된 애플리케이션인 것처럼 사용할 수 있게 하는 클라우드이다.

클라우드 서비스는 대용량 컴퓨팅 자원 가상화를 통한 대용량 분산 시스템 기술이 필요하다. 예를 들면 하둡(Hadoop), 스파크(Spark), 아마존 웹 서비스(AWS)의 빅데이터 서비스 등이 있다. 하둡은 대용량의 데이터를 처리하기 위한 분산 시스템으로 HDFS(Hadoop Distributed File System)와 MapReduce 프레임워크를 기반으로 동작하며, 여러 대의 컴퓨터에서 데이터를 저장하고 분산처리를 수행한다. 그리고 스파크는 대규모 데이터 처리를 위한 고속 분산처리 엔진으로 인메모리 기반의 데이터 처리를 통해 빠른 속도로 대량의 데이터를 처리할 수 있도록 하고 다양한 데이터 소스와 통합하여 데이터 처리 작업을 수행할 수 있도록 하고 있다. 아마존 웹 서비스는 클라우드 기반의 다양한 빅데이터 서비스를 제공하는 것으로 아마존 웹 서비스 EMR(Elastic MapReduce)는 하둡 및 스파크를 쉽게 배포하고 관리할 수 있는 서비스이며, Redshift는 데이터 웨어하우징을 위한 클라우드 기반 데이터베이스이다. 자원 및 서비스 운영 관리 기술은 서비스 및 사용자의 동적 변화에 능동적으로 대응하여 자원관리 기술과 글로벌 규모로 서비스를 쉽게 배포하고 관리하는 기술이다. 그리고 서비스 지향 인터페이스 기술은 컴퓨팅 자원에 대한 접근에서부터 플랫폼 자체에 대한 제어까지 서비스 관점에서 정의 및 구현하는 기술이다.

클라우드 컴퓨팅의 핵심은 IT 자원을 소유하지 않고 일부 또는 전부를 외주(outsourcing) 형태로 운영한다는 것이다. 이런 운영 방식은 필연적으로 보안에 대한 심각한 우려가 제기될 수밖에 없다. 즉 클라우드 컴퓨팅은 대용량의 컴퓨팅 자원을 인터넷 가상화 기술을 이용하여 불특정 다수에 사용자가 사용할 수 있도록 하는 것으로 정보 관리 주체와 객체가 불명확할 수 있다. 또한 온라인 서비스를 제공할 때 데이터 자체가 저장되는 위치가 분명하지 않은 일도 있어 사용자는 데이터 안전을 보장할 수 없는 위치로 무심코 옮길 수도 있다. 인터넷에서 모든 것에 액세스할 수 있게 되면서 컴퓨팅 자원을 무단 액세스 위험도 커지고 있다.

클라우드 컴퓨팅 보안의 우려는 개인과 기업의 관점에서 생각해 볼 수 있다. 클라우드 개인 사용자는 주로 이메일, 블로그, 동호회, 사진 및 파일 저장과 공유 서비스를 주로 이용으로 개인정보 노출, 개인에 대한 감시 및 통제, 개인정보 상업적 목적의 활용 등을 들 수 있다. 기업 사용자는 자신이 소유의 IT 자산을 클라우드 형태로 받기를 원하지만, 서비스 중단, 기업 정보 유출 및 훼손, 고객 정보 유출, 법/규제 준수 등과 같은 보안 문제에 우려하고 있다.

클라우드 보안의 취약점은 가시성 부족, 손상된 계정, 다중다중성(Multitenancy), 하드웨어 및 소프트웨어 취약성 등이 있다. 클라우드 자원의 가시성 부족은 보안 취약성 및 위협을 탐지하고 이에 대응하기 어렵게 만들어 위반 및 데이터 손실이 발생하도록 할 수 있다. 손상된 계정으로 공격자는 흔히 피싱 캠페인(phishing campaign)을 이용하여 사용자의 암호를 탈취(Hijacking)하여 정보자산을 불법적으로 접근할 수 있다. 다중다중성은 여러 사용자가 클라우드에서 동일한 애플리케이션과 컴퓨팅 자원을 공유하는 아키텍처이기 때문에 보안이 취약할 수 있다. 하드웨어 및 소프트웨어 취약성은 클라우드 컴퓨팅은 하드웨어와 소프트웨어를 사용하여 정보 자원을 공유하는 것으로 이들에 취약점을 이용하여 보안 공격을 감행할 수 있다.

클라우드 목적에 따라 클라우드 서비스 형태를 분류하면 다음과 같다.

[표 6-4] 클라우드 서비스 형태 따른 분류

퍼블릭 클라우드 (Public Cloud)	전문 클라우드 사업자에 의해 제공되고 누구나 가입하여 사용할 수 있는 클라우드
프라이빗 클라우드 (Private Cloud)	클라우드 솔루션을 이용하여 특정 조직 내부적으로 구축하는 클라우드
하이브리드 클라우드 (Hybrid Cloud)	다양한 클라우드를 상호 연동하여 하나의 클라우드 서비스로 제공
커뮤니티 클라우드 (Community Cloud)	보안 등 공동 관심 영역에 있는 다수의 조직이 합동해서 클라우드 인프라 구축

퍼블릭 클라우드는 전문 클라우드 사업자에 의해 대중을 대상으로 일부 무료이거나 비교적 저렴한 비용으로 이용할 수 있다. 사실 퍼블릭 클라우드 서비스는 저렴하게 이용할 수 있다는 장점 이외에도 유연하고 빠르게 서비스를 구현할 수 있기 때문에 빠르게 변화하는 비즈니스 환경에 능동적으로 대처하기 위하여 기업의 정보환경을 클라우드 서비스 형태로 변환하고 있다. 그러나 퍼블릭 클라우드는 대중을 상대로 인터넷을 통해 서비스를 제공하기 때문에 보안에 대한 불안감을 해소할 수 없고 서비스의 안전성에 문제도 발생할 수 있다. 이를 해소하기 위하여 클라우드 솔루션을 이용하여 특정 조직 내부 사용자에게 서비스를 제공할 목적으로 프라이빗 클라우드(Private Cloud)를 구축하고 있다. 그러나 프라이빗 클라우드는 대용량으로 제공하는 퍼블릿 클라우드와 달리 조직의 예산과 기술의 한계로 컴퓨팅 자원을 무한정 확장할 수 없다.

[표 6-5] 퍼블릭과 프라이빗 클라우드의 비교

구분	퍼블릭 클라우드	프라이빗 클라우드
대상	불특정 다수	한정된 사용자
접근방법	• 인터넷 • ID, Password 등의 개인인증	• 인트라넷 • ID 등 개인인증 및 VPN 등의 네트워크 인증
인프라	• 전문 서비스 제공 업체가 관리 • 계약된 기업과 사용자는 사용량에 따라 비용지불	• 가상화된 인프라를 기업에서 소유하거나 외주(outsourcing)
장점	• 정보시스템 유지비용 절감 • 정보시스템 안정성 확보	• 데이터 보안성 강화 • 개별적 애플리케이션 개발 및 서비스 제공
단점	• 표준화된 애플리케이션만 이용 • 데이터 보안의 불확실성	• 운영수준에 따라 장애 발생 • 운영 비용 증대

이처럼 퍼블릭 클라우드와 프라이빗 클라우드는 장단점이 존재하게 된다. 따라서 높은 수준의 보안성과 안정성이 필요한 서비스는 프라이빗 클라우드로 구성하고 용량 수요의 유연하게 대처하고 보안에 문제가 되지 않는 서비스는 퍼블릭 클라우드를 이용할 수 있도록 한 것을 하이브리드 클라우드(Hybrid Cloud)라고 한다. 하이브리드 클라우드는 성능, 보안, 비용의 문제를 한꺼번에 해결할 수 있으나 퍼블릭 클라우드와 프라이빗 클라우드 서비스 믹스의 기술적 문제가 있을 수 있다. 마지막으로 보안 등 공동 관심 영역에 있는 다수의 조직이 합동해서 클라우드 인프라 구축한 커뮤니티(Community Cloud) 클라우드가 있다.

빅데이터 분석 시스템을 분명 클라우드 서비스는 장점이 존재하기 때문에 클라우드 컴퓨팅 시스템을 이용할 것인지 아니면 기존에 정보시스템을 구축할 것인지 잘 판단해야 한다. 클라우드 컴퓨팅의 장점을 정리하면 다음과 같다.

- 인터넷으로 연결된 장치로 어디서든 상시 이용이 가능하다.
- 컴퓨팅 자원을 공유하여 공동으로 작업이 용이하다.
- 자체 정보시스템을 구축하여 운영하는 것보다 비용이 저렴하다.
- 전문 기관에서 보안이 견고한 시스템 환경에서 제공하여 비교적 보안이 안정적이다.

한편, 클라우드 컴퓨팅 시스템의 단점은 다음과 같다.

- 인터넷의 접속이 없으면 사용할 수 없다.
- 보안과 프라이버시 문제를 배제할 수 없다.
- 데이터 소유자 문제가 발생할 수 있다.
- 실시간 데이터 분석 및 처리 환경에 적합하지 않다.

최근에 인공지능(Artificial Intelligence: AI) 서비스, 사물인터넷(Internet of Things: IoT) 서비스, 자율주행 자동차 등에서 여러 장치에서 빠르게 생성되는 데이터를 상황에 적합한 예측과 제어를 위하여 실시간처리를 요구하고 있다. 따라서 이러한 데이터를 클라우드에 저장하고 여러 장치의 상호운용성(interoperability)을 제공한다면 서비스 속도와 가용성에 문제가 될 수 있다. 이런 클라우드 컴퓨팅 자원을 분산하는 기술로 포그 컴퓨팅(Fog computing)과 엣지 컴퓨팅(Edge computing), 그리고 듀 컴퓨팅(Dew computing) 기술이 있다.

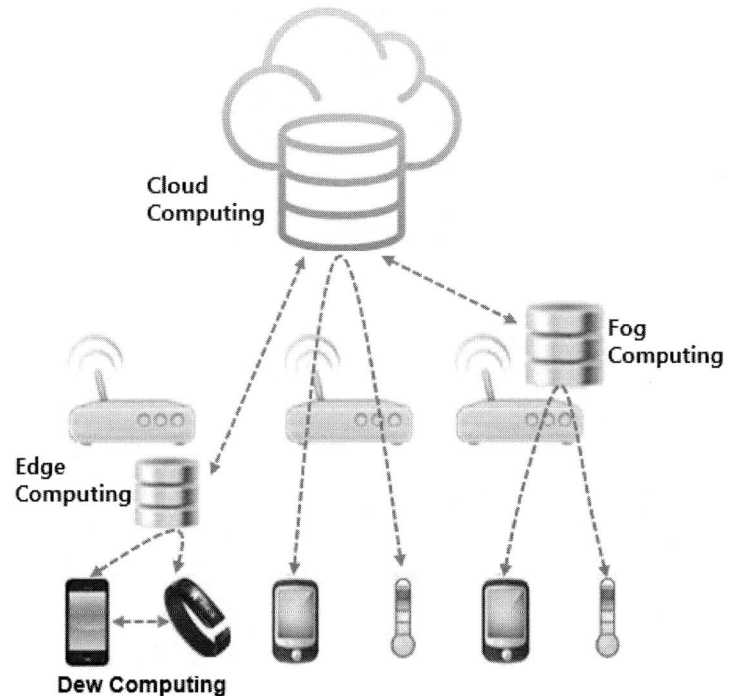

[그림 6-5] 클라우드 컴퓨팅 자원 분산을 위한 듀 컴퓨팅, 엣지 컴퓨팅, 포그 컴퓨팅

에지 컴퓨팅, 포그 컴퓨팅, 클라우드 컴퓨팅 기술 요소는 [표 6-6]과 같다.

[표 6-6] 에지 컴퓨팅, 포그 컴퓨팅, 클라우드 컴퓨팅 기술 요소

구분	기술 요소	설명
Edge Computing (Fog Layer 1)	장치 및 센서	현장 발생 데이터 수집 및 명령 수행
	애플리케이션	디바이스 하드웨어, 엣지 디바이스 지원
Fog Computing (Fog Layer 2)	데이터 분석 처리	장치들과 통신으로 실시간 데이터 분석 처리
	데이터 모델링	데이터 센터와 통신으로 데이터 모델링
Cloud/Data Center	의사결정	의사결정 기준 수립 및 각 포그 노드에 전달
	클라우드 데이터 센터	데이터 분석 처리 및 의사결정 지원

엣지 컴퓨팅(Edge computing)은 사용자에게 필요한 컴퓨팅 자원과 데이터를 사용자에게 더 가까이 제공하기 위한 컴퓨팅 프레임워크로 데이터 전송 속도의 지연시간 감소와 원격 데이터 수집 능력과 데이터 분석 및 처리 속도를 향상시킬 수 있다. 엣지 컴퓨팅(Edge computing)은 데이터 및 애플리케이션 처리비용 감소 및 안정성과 가용성을 확보하고 보안성을 강화할 수 있다. 한편, 포그 컴퓨팅(Fog computing)에서 포그는 안개를 뜻하는 것으로 현장에서 발생한 데이터를 원거리의 클라우드 데이터 센터로 보내는 대신 데이터 발생지점 주변에서 선별적으로 분석, 활용할 수 있는 컴퓨팅 아키텍처이다. 마지막으로 듀 컴퓨팅(Dew Computing)은 최종 디바이스 단으로 클라우드 자원을 분산시킨 개념이다.

클라우드 컴퓨팅을 이용하여 빅데이터 분석 자원을 활용한다면 분석의 비용을 획기적으로 줄일 수 있다. 그러나 클라우드 컴퓨팅 시스템에는 장단점이 존재하기 때문에 빅데이터 분석 환경에 따라 클라우드 컴퓨팅 자원을 적절히 이용할 수 있는 인사이트가 필요하다. 즉 빅데이터 분석 시스템으로 클라우드 컴퓨팅 시스템 이용을 맹목적으로 믿어서도 안 되지만 불필요하게 배제해서도 안 된다. 빅데이터 분석이 목적이 아니라 빅데이터 분석을 통하여 어떤 인사이트를 줄 것인지에 집중해야 한다.

6.2 하둡 분산처리 기술

하둡(Hadoop)은 대용량의 데이터를 큰 컴퓨터 클러스터에서 나누어 저리할 수 있도록 하는 자바 기반의 오픈소스 소프트웨어 프레임워크이다. 하둡은 크게 분산 파일 시스템(HDFS: Hadoop Distributed File System)과 맵리듀스(MapReduce)로 나눌 수 있다. HDFS는 여러 컴퓨터 클러스터에 분산되어 저장된 파일을 관리하는 것이고 MapReduce는 여러 클러스터에 나누어 저장된 파일을 병렬처리 하도록 하는 소프트웨어이다. 하둡의 분산 파일 시스템과 맵리듀스를 알아보기 위해 [그림 6-6]과 같이 세계 대백과사전에 단어의 수를 세는 경우를 살펴보자.

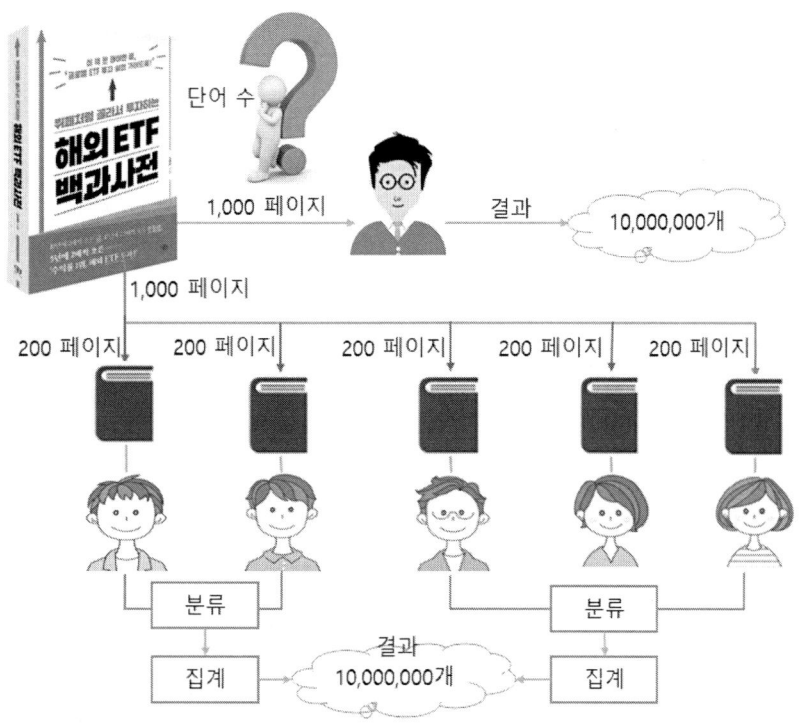

[그림 6-6] 하둡 분산처리 예

예를 들어 세계 대백과사전은 1,000쪽으로 구성되어 있다고 가장하자. 만일 한 사람이 대백과사전에 있는 단어를 모두 세는 일은 몇 시간 혹은 며칠이 걸리는 작업일 수 있다. 그러나 5명의 사람에게 1,000쪽의 대백과사전을 200쪽씩 나누어 주고 단어를 세게 하고 5명 각각이 계산한 단어의 수를 조합하여 결과를 산출한다면 더 빨리 작업을 완성할 수 있을 뿐만 아니라 작업의 부담도 줄어들 것이다. 이처럼 1,000쪽의 대백과사전을 200쪽씩 나누어 관리하는 것을 HDFS라고 하고 이렇게 나누어진 파일을 병렬처리하고 분류하여 집계하는 것을 MapReduce라고 한다.

하둡의 주요 특징은 오픈소스, 데이터가 있는 곳으로 코드 이동, 스케일 아웃, 단순한 데이터 모델에 의한 병렬처리, 오프라인 배치 프로세싱 최적화 등이다.

[표 6-7] 하둡의 주요 특징

주요 특징	설명
오픈소스	아파치의 오픈소스 프로젝트로써 무료로 이용 가능
데이터가 있는 곳으로 코드 이동	대부분은 데이터의 크기가 소스 코드보다 훨씬 크기 때문에 데이터 있는 곳으로 코드를 복사해서 구동
스케일 아웃	다수의 저렴한 서버를 증설하여 시스템 용량을 증가
단순한 데이터 모델에 의한 병렬처리	맵리듀스 프로그래밍에서 처리할 데이터를 정의하여 두 개의 작업을 사용하여서 한 데이터를 다른 데이터로 변환하여 레코드별로 병렬처리

오프라인 배치 프로세싱 최적화	적은 수의 큰 데이터 파일을 오프라인 안에서 배치로 처리하는데 적합한 프레임워크(framework)이기 때문에 실시간처리가 필요한 환경에는 적합하지 않음

하둡 분산 파일 시스템(HDFS)은 크게 마스터 노드(Master Node)와 슬레이브 노드(Slave Node)로 구성되어 있다. 마스터 노드는 디렉터리와 파일에 대한 정보를 포함하는 메타 데이터를 관리하며, 네임 노드(Name Node)라고도 한다. 슬레이브 노드는 사용자의 데이터를 저장하고 파일을 읽고 쓰는 기능 제공한다.

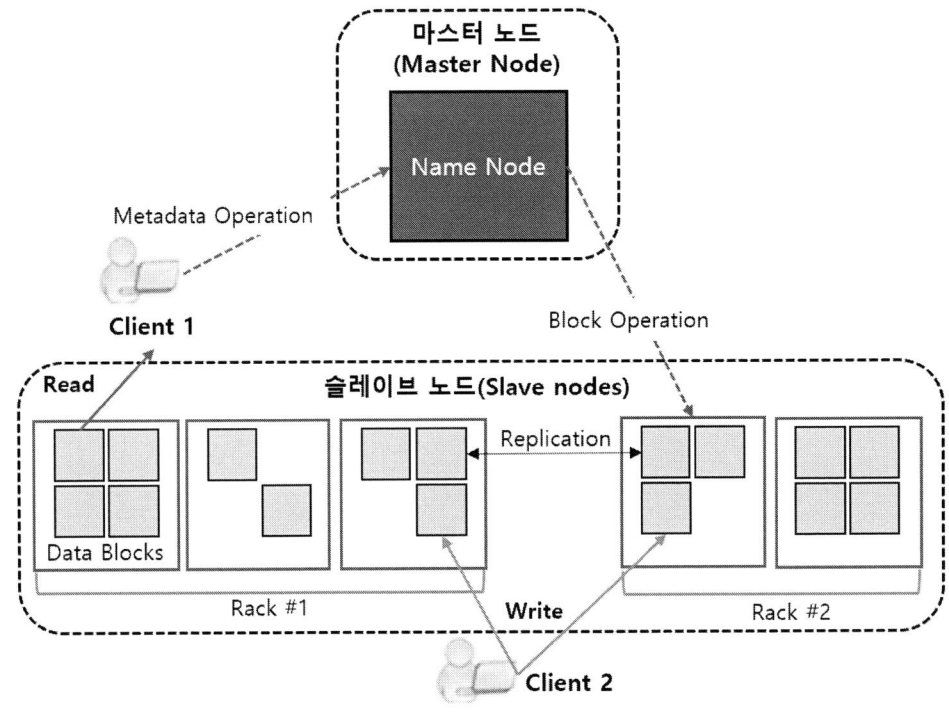

[그림 6-7] 하둡 분산 파일 시스템 구성

마스터 노드(Master Node)는 네임 노드(Name Node)라고 하며 분산 파일 시스템을 사용하고 있는 모든 슬레이브 노드를 관리하고 각각의 슬레이브 노드의 디렉터리와 파일에 대한 정보를 가지고 있는 메타 데이터(metadata)를 관리한다. 하둡 시스템은 수백, 혹은 수천 개의 클러스터 슬레이브 노드가 존재하기 때문에 어떤 노드가 액티브 상태에 있는지 그렇지 않은지를 대한 정보를 가지고 있다. 또한 슬레이브 노드는 실제 사용자 데이터를 저장하고 있으므로 클라이언트가 데이터 블록을 요청할 때 어떤 슬레이브 노드에 어떤 디렉터리에 어떤 파일에 데이터가 있는지 알려줘야 하므로 슬레이블 정보와 디렉터리 구조, 파일 목록에 관련 정보를 보관하고 있어야 한다. 한편, 슬레이브 노드(Slave Node)의 주요 역할은 사용자 실제 데이터를 저장하는 역할을 한다. 슬레이브 노드는 사용자가 파일을 업로드하면 사용자 파일을 저장하고 사용자가 데이터를 요청하면 전달해 주는 역할을 한다. 그리고 슬레이브 노드의 고장과 이상 동작에 대비하여 데이터 블록을 복제하는 기능을 제공한다.

맵리듀스(MapReduce)는 여러 서버에 분산된 데이터를 병렬로 처리하기 위한 프로그래밍 모델로 [그림 6-8]과 같이 분할(Splitting)과 매핑(Mapping), 셔플링(Shuffling), 리듀싱(Reducing) 기능을 수행한다.

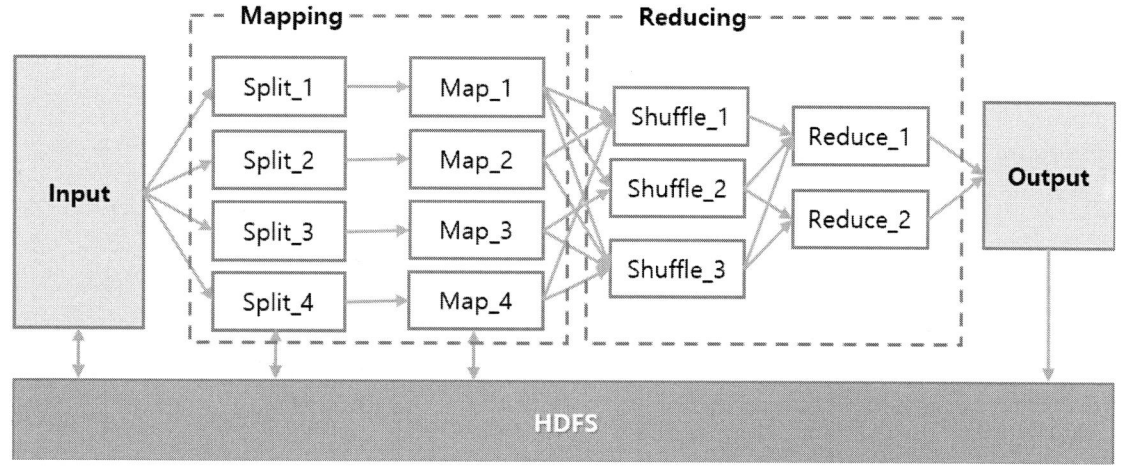

[그림 6-8] 맵리듀스 수행원리

맵리듀스의 매핑(Mapping)은 입력한 파일을 라인 단위로 분할(Splitting) 하여 <키, 값>의 쌍으로 분할된 작업 단위 맵(Map)을 메모리에 저장한다. 메모리에 저장된 맵 함수의 출력 데이터를 파티셔닝(partitioning)과 정렬(sorting)하여 로컬 디스크에 저장한 후 네트워크를 통해서 리듀스(Reduce)의 입력 데이터로 전달한다. 리듀스 작업에는 맵 작업의 결과물로 받은 입력값들을 집계하여 최종 출력값을 생성한다.

데이터 분석을 위한 하둡 에코 시스템은 [그림 6-9]와 같다.

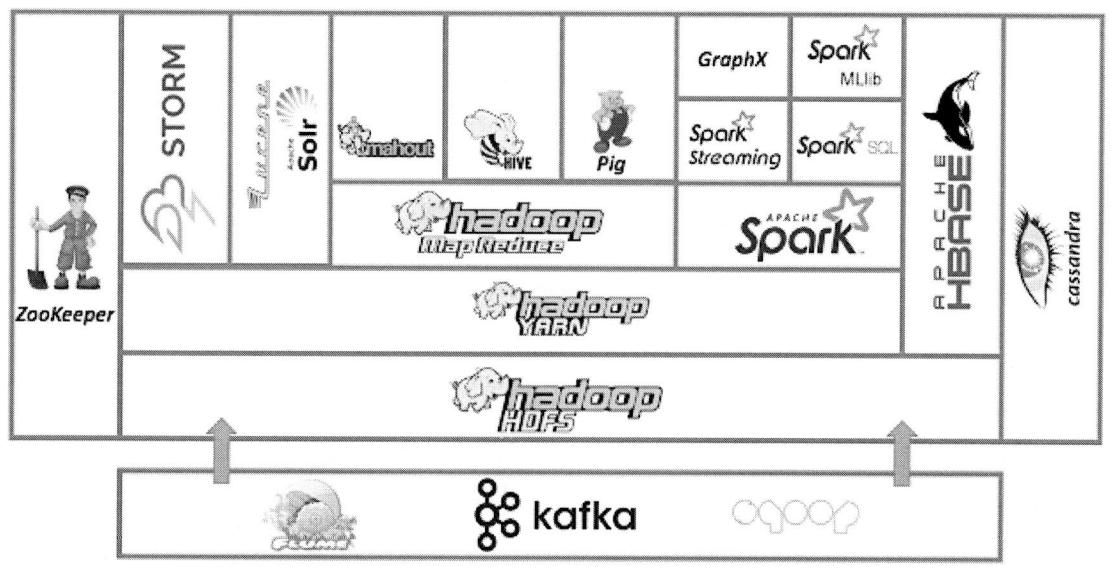

[그림 6-9] 하둡 에코 시스템

하둡 에코 시스템의 기능과 역할은 [표 6-8]과 같다.

[표 6-8] 하둡 에코 시스템의 기능과 역할

시스템	기능	역할
Kafka	분산 메시지 시스템	매우 높은 확장성을 위한 토픽 분할 분산 메시지 시스템
Hadoop HDFS	데이터 저장	매우 큰 양의 정형 및 비정형 데이터를 저장하기 위한 분산 파일 시스템
Hadoop YARN	HDFS 클러스터 관리	HDFS 클러스터에 있는 애플리케이션과 서비스를 스케줄링하고 메모리와 CUP과 같은 클러스터 자원관리
Hadoop MapReduce	데이터 분산 처리	HDFS 파일 시스템에 있는 큰 데이터셋을 병렬로 처리하기 위한 분산 알고리즘 프레임워크
Cassandra HBASE	NoSQL	대용량 데이터를 분산된 서버에 구조적으로 저장해 실시간 저장, 조회 기능을 제공하는 구조적 데이터 저장소
Zookeeper	분산 코디네이터	분산된 환경에서 자원 제어, 분산 메타데이터 관리 등의 기능 수행
Hive Pig	하이레벨 스크립트 언어	하둡에 저장된 데이터를 맵리듀스 프로그램을 만들지 않고 SQL과 유사한 스크립트를 이용해 데이터 처리기능 제공
Flume	데이터 수집	데이터 발생 장소로부터 데이터를 수집해 하둡 파일 시스템에 안정적으로 저장
Sqoop	RDBMS 연동	기존 레거시(Legacy) 데이터베이스 시스템에 있는 데이터를 하둡으로 이주(Migration)하거나 결과를 다시 RDBMS에 저장할 수 있는 솔루션
Mahout	머신러닝	하둡 맵리듀스에서 실행되는 머신러닝 라이브러리
Strom	스트리밍 데이터 처리	빠르게 생성되는 스트리밍 데이터를 처리
Spark	실시간 데이터 처리	실시간 데이터 처리를 위한 인메모리 데이터 처리 엔진
SolrCloud	검색엔진	텍스트 검색을 위한 인터페이스 REST를 가진 분산 검색 엔진

하둡은 다수의 컴퓨팅자원을 클러스터링하여 거의 무한대의 컴퓨팅 성능(Computing power)을 달성할 수 있다. 또한 추가 성능이 필요할 때 언제든지 확장(Scalability)이 용이하다. 클러스터의 노드 중 일부가 손상돼도 복구가 가능한 실수 관용(Fault tolerance) 시스템이다. 다수의 언어 지원 및 비구조적 데이터를 필요할 때 구조적 데이터로 변환할 수 있는 유연성(Flexibility)을 제공한다. 대용량 데이터 처리 비용이 RDBMS에 비해 훨씬 저렴하다는 장점이 있다.

6.3 분산 데이터베이스 기술

분산 데이터베이스 시스템은 데이터 이용 효율을 높이기 위하여 동일한 목적으로 사용할 데이터를 여러 정보처리시스템에 나누어 저장되어 처리하는 형태로 필요한 데이터를 요청하는 시스템인 클라이언트, 요청된 데이터를 제공해 주는 서버 컴퓨터로 구분된다. 분산 데이터베이스 시스템은 데이터의 이용 효율 향상과 부하분산, 가용성 향상을 목적으로 한다.

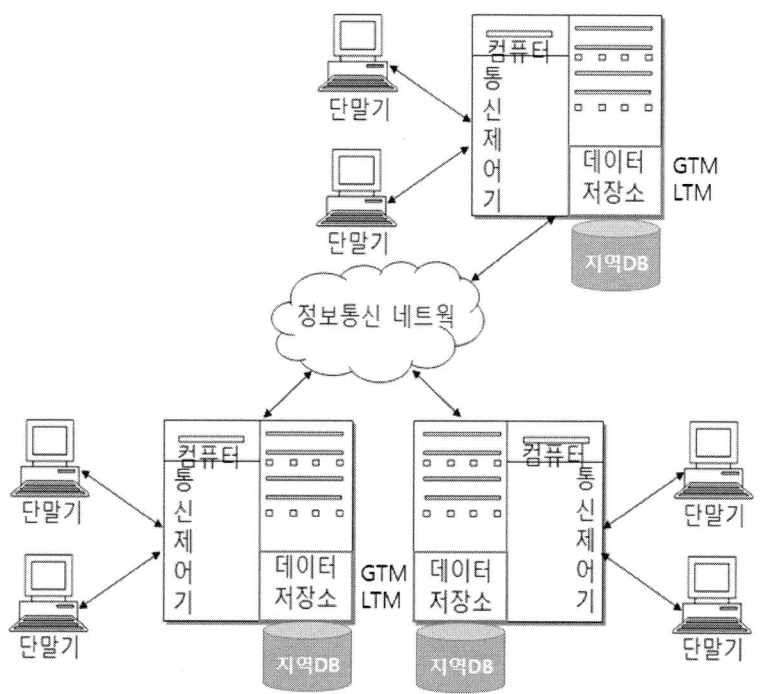

[그림 6-10] 분산 데이터베이스 시스템 구성 예

매켄지(McKinsey) 보고서에 따르면 빅데이터란 일반적인 데이터베이스 소프트웨어가 수집, 저장, 관리 분석할 수 있는 범위를 초과하는 대규모 데이터라고 했다. 즉 데이터베이스 데이터양이 많아질수록 데이터베이스 읽기와 쓰기 성능은 감소하거나 하나의 DBMS가 관리할 수 있는 용량을 초과하는 경우이다. 따라서 이를 해결하기 위해서는 대용량의 데이터를 적절히 나누어 저장할 필요가 있다. 데이터베이스를 분할하는 방법은 크게 파티셔닝(partitioning)과 샤딩(sharding)이 있다. 이 두 가지 기술은 모두 방대한 데이터를 보다 작은 데이터로 분리하여 데이터베이스에 저장한다는 목적은 같다. 그러나 파티셔닝(partitioning)은 동일한 데이터베이스 시스템에 데이터를 분산 저장하는 경우이고 샤딩(sharding)은 다른 데이터베이스 시스템에 데이터를 분산 저장한다는 방법에서 차이를 갖는다.

데이터베이스 파티셔닝(Database Partitioning)은 데이터베이스의 테이블을 분할하여 동일한 데이터베이스 시스템에 분산 저장하는 기술이다. 파티셔닝을 사용하면 데이터베이스의 용량이 증가해도 처리량이 유지될 수 있으며 데이터의 논리적 분할에 따라 분산처리를 수행할 수 있다. 이러한 기술은 수직 파티셔닝(Vertical Partitioning)과 수평 파티셔닝(Horizontal Partitioning)의 두 가지 방법으로 구현될 수 있다. 수직 파티셔닝은 테이블의 컬럼을 분할하여 여러 개의 서로 다른 테이블로 나누는 방법이다. 성능 개선 이외에도 이미 정규화가 되어있는 테이블을 성능향상을 위해서, 또는 민감한 정보에 제한을 걸어서 접근을 방지하기 위해서, 혹은 자주 사용되지 않는 컬럼을 모아서 수직 파티셔닝을 수행할 수 있다. 한편, 수평 파티셔닝은 데이터베이스에서 테이블의 행을 분할하여 여러 개의 서로 다른 테이블로 나누는 방법이다. 주로 데이터베이스의 저장되는 데이터 용량이 늘어나면서 성능 저하를 개선하기 위해 사용된다. 이외에도 범위 분할(Range Partitioning), 목록 분할(List Partitioning), 해시 분할(Hash Partitioning), 합성 분할(Composite Partitioning)이 있다.

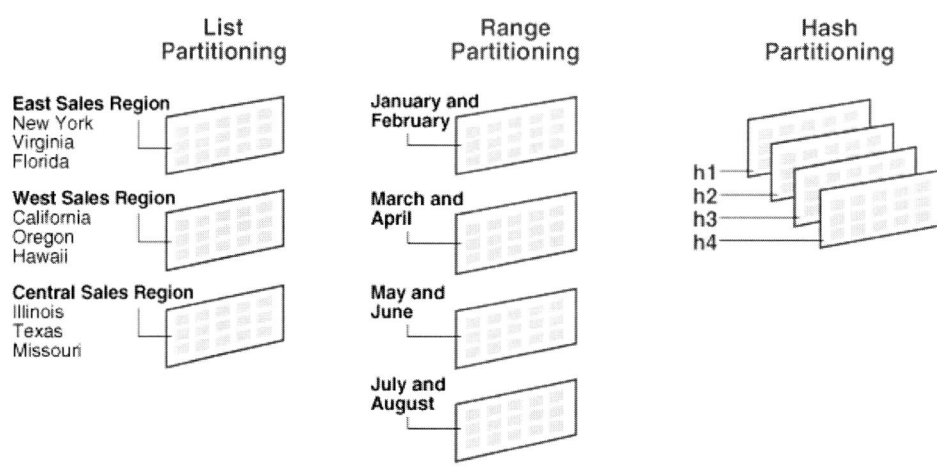

[그림 6-11] 데이터베이스 분할 기법

목록 분할(List Partitioning)은 데이터가 지역, 나라 등 특정 목록으로 집단화된 데이터를 집단별로 분리하여 별도 테이블에 저장하는 기법이다. 범위 분할(Range Partitioning)은 우편 번호, 날짜, 분기, 년도, 나이 등의 연속적인 값의 특정 범위를 기준으로 분할하는 방법이다. 해시 분할(Hash Partitioning)은 키값 등 특정 컬럼을 해시값으로 변환하여 테이블 분할하는 경우로 균등한 데이터 분할이 가능하다. 해시 분할 기법은 특정한 범위와 목록이 없는 데이터 분할에 적합하다. 마지막으로 합성 분할(Composite Partitioning)은 여러 가지 분할 기법을 결합해서 분할하는 기법이다. 이러한 데이터베이스 분할은 하나의 DBMS에 있는 거대한 테이블을 여러 개의 테이블로 분할하는 기법으로 진정한 의미에서 데이터베이스 분산 시스템이라고 할 수 없다.

한편, 데이터베이스 샤딩(Database Sharding)은 동일한 스키마를 가지고 있는 데이터베이스를 여러 데이터베이스 서버에 데이터를 작은 단위로 나누어 분산 저장하는 기술이다. 이때, 작은 단위의 데이터셋을 샤드(shard)라고 한다. 어떻게 보면 샤딩은 수평 파티셔닝의 일종이다. 파티셔닝과 샤딩의 차이는 파티셔닝은 모든 데이터를 동일한 컴퓨터에 저장하지만, 샤딩은 데이터를 서로 다른 컴퓨터에 분산하여 저장한다는 점이 다르다. 즉 샤딩은 물리적으로 서로 다른 컴퓨터에 데이터를 저장하므로 질의(query) 성능 향상과 더불어 부하가 분산되는 효과까지 얻을 수 있다. 따라서 샤딩은 위와 같이 물리적으로 분산된 환경에서 사용되는 기법으로 데이터베이스 차원이 아닌 애플리케이션 레벨에서 구현하는 것이 일반적이다.

샤딩의 종류는 다양하지만 크게 해시 샤딩(Hash Sharding)과 범위(Range Sharding) 두 가지를 알아보자.

해시 샤딩(Hash Sharding)은 데이터베이스 키값을 해시(해시함수: id % 노드 개수)로 하는 방식이다. 해시 샤딩 중 나머지 연산을 사용한 모듈러 샤딩(Modular Sharding)의 예는 [그림 6-12]와 같다.

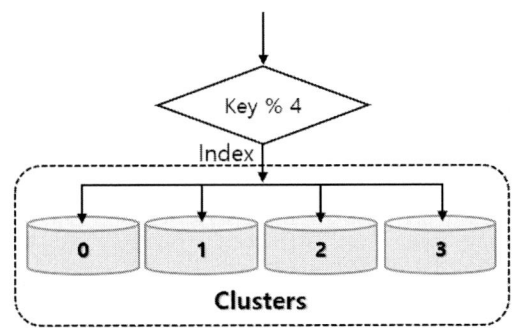

[그림 6-12] 모듈러 연산 해시 샤딩의 예

모듈러 샤딩(Modular Sharding)은 데이터베이스 기본키 값의 모듈러 연산 결과를 통해 샤드를 결정하는 방식이다. 이는 데이터베이스 총수가 정해져 있을 때 유용하다. 해시 샤딩은 데이터베이스 개수가 줄어들거나 늘어나면 해시함수도 변경해야 하고, 따라서 데이터의 재정렬이 필요하다.

범위 샤딩(Range Sharding)은 동적인 샤딩(Dynamic Sharding)으로 불리기도 하며 데이터베이스 기본 키(primary key)값을 범위로 지정하여 샤드를 지정하는 방식이다.

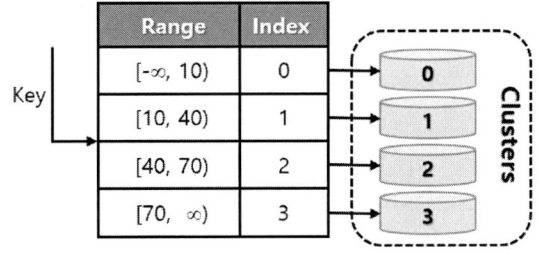

[그림 6-13] 범위 샤딩의 예

예를 들어 데이터베이스 기본키값이 10 이하는 0번 샤드에, 10에서 39까지는 1번 샤드에, 40에서 69까지는 2번 샤드에 저장할 수 있다. 그리고 키값이 90 이상은 3번 샤드에 배정한다.

범위 샤딩은 해시 샤딩에 비해 데이터베이스 증설 작업에 큰 리소스가 소요되지 않는다. 따라서 급격히 증가할 수 있는 성격의 데이터는 범위 샤딩을 사용이 적합하다. 다만, 데이터베이스 부하분산을 위하여 데이터베이스를 분산시켜 놓았음에도 불구하고 특정 데이터베이스에만 부하가 가중될 수 있다. 예를 들어 페이스북 게시물을 범위 샤딩했다고 가정해보자. 대부분의 접근 트래픽은 최근에 작성한 게시물에서 발생할 것이다. 이럴 경우 부하분산을 위해 데이터가 몰리는 데이터베이스는 다시 재 샤딩(resharding)하고 트래픽이 저조한 데이터베이스는 다시 통합하는 작업이 필요하다.

분산 데이터베이스 시스템은 통신 회선으로 연결된 서버들 사이에 컴퓨팅 프로세스가 지리적으로 분산되어 있을 뿐만 아니라 데이터베이스 자체도 여러 노드에 산재하여 존재한다. 이처럼 지리적으로 분산된 데이터를 사용자가 손쉽게 사용할 수 있도록 데이터 위치에 상관하지 않도록 해야 한다.

이와 같은 것을 분산 데이터베이스의 위치 투명성(Location transparency)이라고 한다.
분산 데이터베이스의 투명성은 [표 6-9]와 같이 병행 투명성, 장애 투명성, 지역 사상 투명성, 위치 투명성, 중복 투명성, 분할 투명성이 있다.

[표 6-9] 분산 데이터베이스의 투명성

병행 투명성	• 다수의 트랜잭션이 동시에 실행되더라도 처리 결과의 일관성이 유지되어야 함 • 자원 처리 향상, 처리 속도 개선
장애 투명성	• 구성된 분산 데이터베이스에서 장애가 발생하더라도 트랜잭션의 원자성이 유지되어야 함 • 데이터 일관성 유지, 장애 처리 구현 단순화
지역 사상 투명성	• 개별 지역의 물리적 데이터베이스 이름과 무관한 이름을 사용하여 접근 가능 • 데이터베이스 확장성 향상
위치 투명성	• 데이터의 저장 위치에 무관하게 접근할 수 있도록 하여야 함 • 응용프로그램 접근 단순화, 유지보수성 향상
중복 투명성	• 개별 지역 데이터베이스에 데이터가 중복되어 저장되더라도 일관성이 유지되어야 함
분할 투명성	• 하나의 논리적 관계 구조가 여러 단편으로 분할되어 각 지역 데이터베이스에 저장 • 시스템 성능 향상 및 병목현상 해소

분산 데이터베이스의 스키마는 전역 스키마(global schema)와 분할 스키마(partitioning schema), 할당 스키마(allocation schema), 그리고 각각의 지역 스키마(local schema)들로 구성된다.

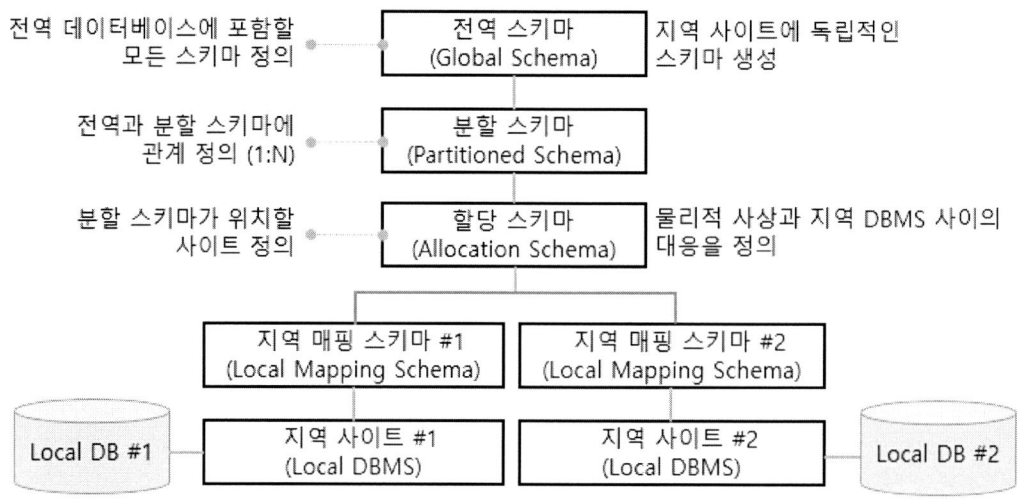

[그림 6-14] 분산 데이터베이스 스키마 구성

전역 스키마는 데이터베이스에 포함된 모든 스키마를 정의한다. 분할 스키마는 전역 스키마에서 분할된 데이터베이스 스키마를 정의하는 것으로 전역 스키마와 1대 N의 관계를 맺는다. 할당 스키마는 분할 스키마가 위치할 지역 스키마의 사이트를 정의한다. 각각의 지역 스키마는 지역 데이터베이스 스키마를 정의한다.

6.4 빅데이터 수집과 통합 기술

빅데이터 수집은 주로 내부 데이터와 외부 데이터에 따라서 수집 방법이 다르다. 내부 데이터는 조직의 내부의 각종 파일 시스템이나 데이터베이스관리시스템(DBMS), 센서 등에 접근하여 데이터를 수집하는 방법으로 주로 필요한 데이터를 ETL(Extraction, Transformation, Loading)하여 수집한다. 한편 외부 데이터는 인터넷에 연결된 외부 데이터를 수집 로봇이 거미줄처럼 얽혀있는 인터넷 링크를 따라 방문한 사이트로부터 정보를 수집하는 크롤링(Crawling)하거나 다양한 빅데이터 플랫폼(platform)으로부터 제공하는 공공 빅데이터를 내려받아 수집할 수 있다.

빅데이터 수집 기술은 로그 수집기(Log Collector), 크롤링(Crawling), 센싱(Sensing), RSS(Rich Site Summary) Reader 및 오픈 API(Application Program Interface), ETL(Extract, Transform, Load) 등이 있다.

[표 6-10] 빅데이터 수집 기술

Log Collector	정보시스템 내부에 있는 웹 서버의 로그를 수집, 즉 웹 로그, 트랜잭션 로그, 클릭 로그, 데이터베이스의 로그 데이터 등을 수집하는 기술
Crawling Scraping	주로 웹로봇으로 거미줄처럼 얽혀 있는 인터넷 링크를 따라다니며 방문한 웹사이트의 웹페이지라든가 소셜 데이터 등 인터넷에 공개되어있는 데이터를 수집하는 기술
Sensing	각종 센서 장치로부터 데이터 수집하는 기술
RSS Reader	뉴스나 블로그 등의 웹사이트에 있는 정보를 자동으로 수집하는 기술
Open API	공공 포털 등에 있는 데이터를 프로그래밍으로 수집하는 기술
ETL	다양한 데이터를 취합해 데이터를 추출하고 하나의 공통된 형식으로 변환하여 데이터웨어하우스에 적재하는 기술

[그림 6-15] 우리나라 공공 빅데이터 포털

데이터 수집과 수집한 데이터 통합은 주로 도구(tool)와 프로그램을 자동 진행된다. 데이터 수집 및 통합 도구는 다음과 같다.

[표 6-11] 데이터 수집 및 통합 도구

Flume	분산 환경에서 대량의 로그 데이터를 효과적으로 수집하여 통합한 후 다른 HDFS와 같은 원격 목적지로 전송할 수 있는 솔루션
Chukwa	아파치 하둡의 서브 프로젝트로서 분산된 서버에서 로그 데이터를 수집하고 저장한 후 분석하기 위한 솔루션으로 수집된 로그 파일을 HDFS에 저장
Scribe	분산 시스템 로그 수집 서버
Sqoop	RDBMS와 NoSQL 간의 연동하여 데이터 송수신
Kafka	분산 시스템에서 메시지 전송 및 수집
OpenRefine	대용량 데이터 정제
JSON	XML 비슷한 데이터 정형화 방식
BSON	JSON의 바이너리 형식 표현 방식
Thrift	비정형 데이터의 정형화 및 관리
Protocol Buffers	오픈소스 직렬화 라이브러리
Avro	이기종 간 데이터 교환 및 RPC(Remote Process Call) 기능 제공

6.5 빅데이터 저장 관리 기술

데이터를 관계형 데이터베이스에 저장하려면 용량의 제한으로 관리가 어렵고 데이터 활용도 비효율적이었다. 즉 저장할 데이터양의 증가로 읽기 및 쓰기 면에서 관계형 데이터베이스의 제약이 발생하고 수평적 확장에도 한계가 있다. 따라서 빅데이터는 빠르게 증가하는 다양한 형태의 대용량 데이터를 분산 저장하기 위해서는 일관성(Consistency)과 가용성(Availability)을 동시에 만족시켜야 하는 기존에 RDBMS(Relational Database Management System)로는 해결할 수 없는 문제에 봉착했다. 따라서 빅데이터를 분산 저장하기 위하여 기존에 RDBMS의 제약 사항을 완화한 새로운 형태의 데이터 모델이 필요하게 되었다.

빅데이터 분산저장을 효과적으로 저장하기 위한 방법론으로 CAP(Consistency, Availability, Partition Tolerance) 이론이 있다. CAP 이론은 2002년 미국 버클리 대학의 에릭 브루어(Eric Brewer) 교수가 주창한 이론으로 분산 컴퓨팅 시스템에서 분산 정보시스템이 가지는 세 가지 특성을 동시에 충족시키는 것은 불가능하며, 이 중 두 가지만을 만족할 수 있다는 것을 정리한 내용이다.

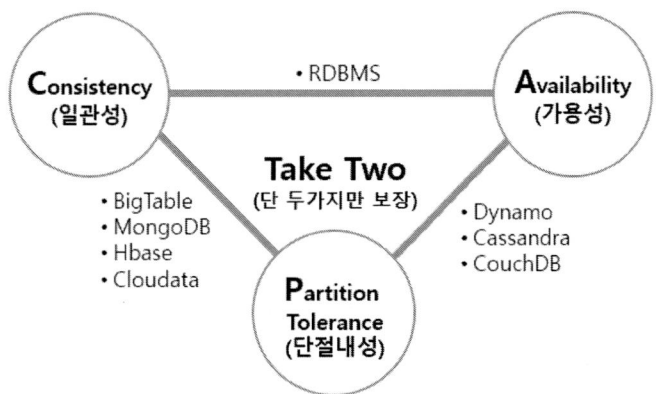

[그림 6-16] 데이터 분산 저장 CAP 이론

CAP 이론의 성질은 [표 6-12]와 같다.

[표 6-12] CAP 이론 성질

Consistency(일관성)	특정 노드의 쓰기 동작이 완료된 후 발생하는 읽기 연산은 마지막으로 기록된 데이터만을 읽을 수 있어야 한다는 성질
Availability(가용성)	네트워크상에 특정 노드가 장애가 발생하더라도 데이터 저장소에 대한 읽기와 쓰기 연산은 항상 성공적으로 이루어져야 한다는 성질
Partitions Tolerance(단절 내성)	노드 간에 네트워크 분리(Network Partitions)로 통신의 장애가 발생하여 데이터를 주고받지 못하는 상황에도 특정 노드의 읽기와 쓰기 연산은 허용(Tolerance)될 수 있어야 한다는 성질
Take Two(두 개 선택)	Consistency, Availability, Partitions Tolerance 중에 2가지만 선택 가능

CAP 이론의 성질을 자세히 살펴보기 위하여 [그림 6-17]과 같이 두 개의 노드(Node)에 분산 저장된 데이터베이스를 가정해 보자.

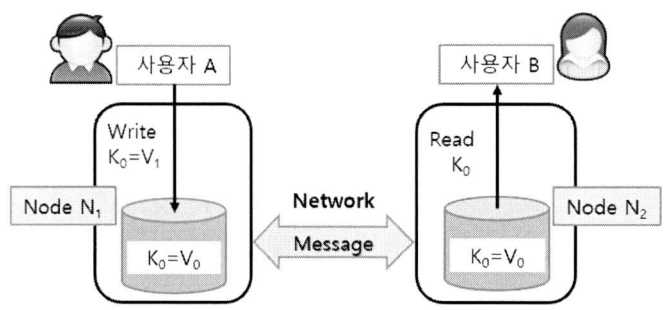

[그림 6-17] 데이터 분산 CAP 이론 예

일관성(Consistency)은 Node N_1에 사용자 A가 K_0에 V_1값 쓰기가 성공하면 Node N_2에 사용자 B는 K_0에 V_1값을 읽을 수 있어야 한다. 한편, 가용성(Availability)은 Node N_2에 장애가 발생하더라도 사용자 A가 Node N_1에 K_0에 V_1값 쓰기는 가능해야 한다. 마지막으로 Partitions Tolerance(단절 내성)는 Node N_1과 Node N_2 사이에 네트워크 장애가 발생하더라도 Node N_1에 사용자 A가 K_0에 V_1값 쓰기와 Node N_2에 사용자 B는 K_0값 읽기는 가능해야 한다.

빅데이터를 저장하기 위하여 하둡과 같은 분산 파일 시스템과 NoSQL(Not-only SQL), 병렬 DBMS, 네트워크 저장장치 등의 기술이 있다.

[표 6-13] 빅데이터 분산저장 기술

분산 기술	내용	대표 기술
분산 파일 시스템	컴퓨터 네트워크로 공유하는 여러 호스트 컴퓨터 파일에 접근할 수 있도록 한 파일 시스템	GFS, HDFS, Amazon S3
NoSQL	데이터 모델을 단순화해서 관계형 데이터 모델과 SQL을 사용하지 않는 데이터 저장 구조	Cloudata, Hbase, Cassandra, MongoDB
병렬 DBMS	다수의 프로세스를 이용하여 데이터를 동시에 처리하도록 한 데이터베이스 시스템	VoltDB, SAP HAHA, Vertica Greenplum, Netezza
네트워크 저장장치	서로 다른 종류의 데이터 저장 장치를 하나의 데이터 서버에 연결하여 총괄적으로 데이터를 저장 관리	SAN(Storage Area Network), NAS(Network Attached Storage)

빅데이터를 저장하는 저장 방식 중에 NoSQL은 복잡한 빅데이터를 저장하기 위하여 관계형 데이터베이스의 정형 데이터 형식(structured data format)에 한계를 해결하기 위하여 반 정형 데이터 형식(semi-structured data format), 혹은 비정형 데이터 형식(unstructured data format)을 수용하고 SQL을 사용하지 않는(Not Only SQL) 데이터 저장 형식이다. NoSQL은 비 관계형, 비구조적인 데이터 저장을 위해 무공유(Shared Nothing: SN) 아키텍처 기반의 분산저장과 수평 확장이 가능한 데이터베이스이다.

NoSQL 데이터 모델(NoSQL Data Model)은 데이터를 키-값(Key, Value) 형태의 컬럼 조합(Column Family), 문서(Document), 그리고 그래프(Graph) 형태로 저장할 수 있는 모델이 있다.

[표 6-14] NoSQL 데이터 모델 유형

유형	상세 설명	주요 DB
Key-Value Store	• 유일한 한 Key에 하나의 Value를 가지고 Key-Value 기반 표현으로 get, put, delete 기능, 빠른 처리 가능 • Put(Key, Value), Value := get(Key) 형태의 API로 접근	• Redis • DynamoDB • Memcache
Column Family Store	• 한 key에 한 value 단점을 극복하기 위하여 중첩 Key-Value의 Column Value 묶음으로 데이터를 저장 • Key 안에 (Column, Value) 조합으로 된 여러 개의 필드가 존재	• Cassandra • HBase
Document Store	• 저장되는 Value의 데이터 타입이 Document 타입으로 XML, JSON과 같이 계층적으로 구조화된 데이터 • 복잡한 검색 조건으로 데이터 추출 가능	• CouchDB • MongoDB • Hypertable
Graph Store	• 노드와 엣지로 표현되는 그래프로 데이터를 표현하는 것으로 개체와 그에 대한 연결 구조 • 시맨틱웹(Semantic Web)과 온톨로지(Ontology) 분야에서 활용	• Neo4J • Allegro • Graph

CAP 이론을 기준으로 NoSQL은 일관성(Consistency)이나 가용성(Availability) 중 하나를 포기하고 지속성만을 보장한다. 그리고 NoSQL은 일관성 및 단절 내성(Partition Tolerance)은 대용량 분산 파일 시스템에서 채택하고 가용성 및 단절 내성은 비동기식 서비스에서 사용한다.

NoSQL과 SQL을 사용하는 RDBMS를 비교하면 다음과 같다.

[표 6-15] NoSQL과 RDBMS SQL 장단점

NoSQL	RDBMS SQL
• 데이터 무결성과 정확성을 동시에 보장하지 않음 • 웹 환경에 다양한 정보를 검색 및 저장 가능 • 값을 수정하거나 삭제하지 않고 노드의 추가 및 삭제만 하므로 데이터 분산에 유연	• 데이터 일관성 및 무결성 보장 • 정규화된 테이블과 소규모 트랜잭션이 있음 • 확장성에 한계가 있음 • 클라우드 분산 환경에 부적합

기업에는 운영을 위한 여러 데이터베이스 시스템에서 의사결정에 필요한 데이터를 미리 추출하여, 이를 분석 목적에 적합하도록 변환하고 통합한 데이터웨어하우스(data warehouse)가 있다.

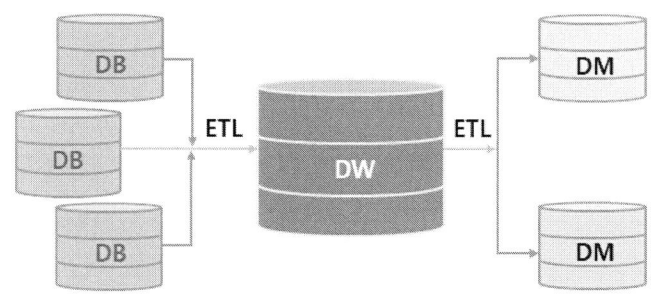

[그림 6-18] 데이터웨어하우스 구성

데이터웨어하우스는 데이터 분석에 맞도록 변환한 저장소로 주제 지향성, 통합성, 시계열성, 비휘발성이라는 특징이 있다([표 6-16]).

[표 6-16] 데이터웨어하우스 특징

주제 지향성	기업의 의사결정을 위한 주요 주제 및 그와 관련된 데이터가 저장
통합성	일관적인 형태 및 일관된 코드로 변환되어 데이터의 통합성 유지
시계열성	시간이라는 관점에서 데이터 확보하고 시간 축에 따라 비교분석 가능한 데이터
비휘발성	데이터 갱신은 발생할 수 없고 데이터 로드와 활용만 가능

데이터웨어하우스는 BI(Business Intelligence) 등 특정 주제에 해당하는 데이터만 모아 놓은 작은 규모의 데이터웨어하우스라고 할 수 있는 데이터 마트(data mart: DM)의 원천(source)이 된다.

빅데이터 저장 및 관리에 관련된 대표적인 도구는 [표 6-17]과 같이 DHFS, S3, DynamicDB 등과 같은 것이 있다.

[표 6-17] 빅데이터 주요 저장·관리 도구

도구	주요 기능
HDFS	대용량 데이터를 여러 클러스터에 여러 블록으로 분산 저장하는 하둡 분산 파일 시스템
S3	아마존 웹 서비스 포트폴리오 일부로써 제공하는 것으로 개발자가 웹 기반의 컴퓨팅 작업을 더욱 쉽게 작업할 수 있도록 설계한 인터넷 스토리지 시스템
DynamicDB	아마존 웹 서비스 포트폴리오 일부로써 제공하는 것으로 키-값 및 문서 도큐먼트 구조를 지원하는 일종의 NoSQL 데이터베이스 시스템
MongoDB	크로스 플랫폼 도큐먼트 지향 NoSQL 데이터베이스 시스템
CouchDB	스케일러블 아키텍처를 쉽게 이용하고 보유하는 데 초점을 둔 도큐먼트 지향 NoSQL 데이터베이스 시스템
Cassandra	단일 장애 좀 없이 고성능을 제공하면서 수많은 서버 간의 대용량의 데이터를 관리하기 위해 설계한 오픈소스 분산형 NoSQL 데이터베이스 관리 시스템

HBase	구조화된 대용량의 데이터에 빠른 임의접근을 제공하는 하둡의 HDFS 위에 만들어진 분산 컬럼 기반의 데이터베이스
Redis	"키-값" 구조의 비정형 데이터를 저장하고 관리하기 위한 오픈소스 기반의 비관계형 데이터베이스 관리 시스템
Riak	고가용성, 내결함성, 운영 단순성 및 확장성을 제공하는 분산 NoSQL 키-값 데이터베이스
Hypertable	Bigtable 설계에 대한 출판물에서 영감을 받은 데이터베이스 관리 시스템을 구현하기 위한 오픈소스 소프트웨어 프로젝트
ZooKeeper	공개 분산형 구성 서비스, 동기 서비스 및 대용량 분산 시스템을 위한 네이밍 레지스트리를 제공
Voldemort	자바 기반의 <키, 값> 저장 형식인 해시 테이블을 가진 데이터베이스

6.6 빅데이터 처리 기술

빅데이터 처리 기술은 데이터 소스(source)로부터 데이터를 수집(collection)하고 저장(store)하고 처리(processing)와 분석(analysis)하고 표현하는 전 과정을 의미한다.

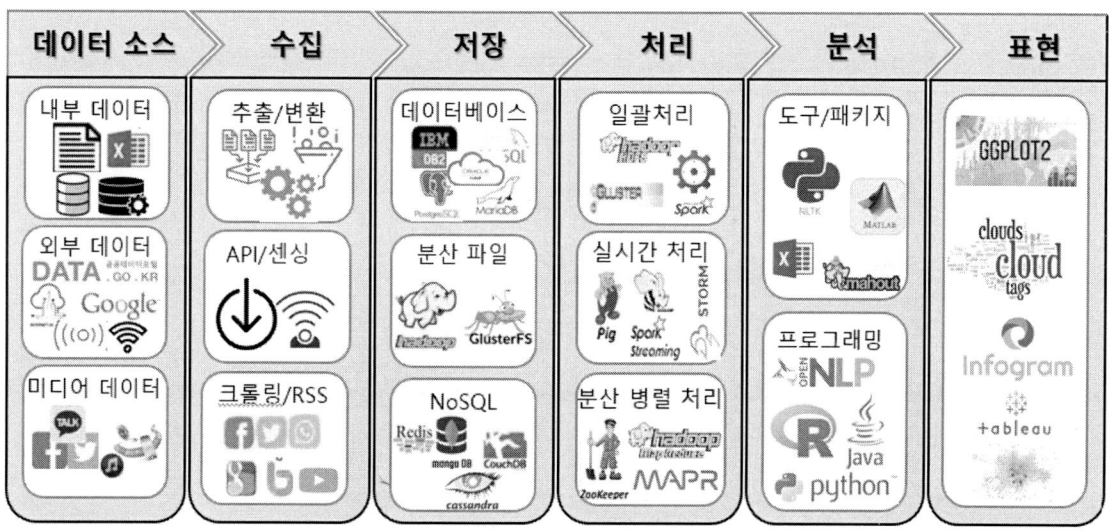

[그림 6-19] 전반적인 빅데이터 처리 기술

빅데이터 처리 단계의 기술은 데이터 소스로부터 자료를 수집하고 저장된 데이터를 처리하는 방식으로 [표 6-18]과 같이 일괄처리, 분산 병렬처리, 실시간처리, 이벤트 기반 처리방식으로 설명할 수 있다.

[표 6-18] 빅데이터 처리 유형

처리 유형	내용
일괄처리	빅데이터 분석은 여러 데이터 소스로부터 분석에 필요한 데이터를 일정 기간 일정량을 모아 두었다가 필요시 한꺼번에 처리하는 일괄처리 작업이 일반적이다. 일괄 처리 시스템은 그룹별로 분류시킬 수 있는 성질을 가지고 있으며, 순차 접근 방법을 사용할 수 있는 업무 즉, 처리 요건이 일괄적인 업무에 대해 유사한 자료를 한데 모아 일정한 형식으로 분류한 뒤 한꺼번에 처리함으로써 시간과 비용을 절감하여 업무의 효율성을 향상시킨다.
분산 병렬 처리	빅데이터를 여러 서버로 분산하여 각 서버에 나누어 처리하고, 이를 다시 모아서 결과를 정리하는 분산 병렬 기술 방식으로 구글 맵리듀스, 하둡 맵리듀스, 마이크로소프트 드라이애드 등이 있다. 과거에는 대용량 데이터를 기계학습을 시키려면 상당히 많은 시간이나 비용이 필요하다. 하지만 요즘은 대규모 병렬처리 기술이 발달한 덕분에 대량의 데이터를 모두 활용하면서 편하게 기계학습을 시행할 수 있게 되었다.
실시간 처리	지속적인 이벤트 소스로부터 발생한 스트리밍 데이터를 실시간적으로 분석하기 위한 기술로 지속해서 발생하는 스트림 데이터를 실시간 질의하여 데이터를 추출하는 기능이 제공되고, 실시간 분석 모델과 예측 생성 기능을 제공해야 한다. 스트리밍 처리 기술로는 IBM의 인포스트림즈, 아마존의 키네시스 등이 있다.
이벤트 기반 처리	이벤트 기반 처리 기술은 기존의 DBMS 기반 이벤트 처리방식의 한계를 개선해 대량의 다양한 데이터를 실시간으로 처리하는 이벤트 기반 복합 처리 기술이다. 일정 간격으로 발생한 데이터의 중복 내용을 제외한 새로운 이벤트 데이터만 추출하는 기능과 데이터에 여러 개가 섞여 입력될 경우 분리를 통한 추출 기능을 제공해야 한다. 시시각각 생성되는 고빈도의 데이터로 미리 설정한 상태로 처리하고 분석하는 알고리즘을 가지고 있어 금융, 마케팅, 의료 등과의 친화성이 매우 높다. 트위터의 스톰과 아파치 스파크가 이 방식에 속한다.

빅데이터 처리에 관련된 주요 도구는 [표 6-19]와 같이 Hadoop MapReduce, Pig, Hive 등과 같은 것이 있다.

[표 6-19] 빅데이터 처리 도구

도구	주요 기능
Hadoop MapReduce	맵 리듀스 기반의 분산처리 프레임워크
Pig	고수준 추상화로 개발 편의를 제공하는 데이터 처리언어 프레임워크
Hive	하둡 기반의 SQL 프로그램 구현 인프라
Cascading	JVM에 바탕을 둔 언어 기반 데이터 처리 및 통합 API 제공
Cascalog	SQL보다 높은 수준의 사용자 추상화 제공

Mrjob	Python 기반의 맵 리듀스 모듈
S4	분산 환경 기반의 이벤트 스트림 처리 시스템
MapR	분산처리 통합 솔루션
Acunu	처리 속도에 중점을 둔 통합 저장 플랫폼
Azkaban	워크플로우를 정의하는 배치 스케줄러
Oozie	하둡 기반의 워크플로어 제어 시스템
Greenplum	맵 리듀스 처리가 가능한
EC2	컴퓨팅 제어가 가능한 클라우드 서비스
Heroku	클라우드 개발 도구
Pipes	데이터 파이프라인을 생성하는 웹 응용 프로그램
Mechanical Turk	클라우드 소싱 인터넷 마켓
Solr/Lucene	텍스트 검색 서버 플랫 폼
Python	API 기반에 빅데이터를 처리하는 프로그램 언어
R	통계 계산과 그래픽을 위한 프로그래밍 언어 및 소프트웨어 개발

빅데이터 처리 도구 중에서 MapR은 높은 신뢰성과 빠른 처리 속도를 가진 상업용 하둡으로 HDFS를 대체할 수 있는 자체 파일 시스템을 가진다. 또한 MapR은 분산된 네임노드가 있어 신뢰성 향상되고 데이터 전송을 단순화하여 맵 리듀스 입출력 속도 개선한 것으로 알려져 있다. 그리고 MapR은 네트워크 파일과 호환성이 좋고 쉬운 데이터 백업을 특징으로 하고 있다.

6.7 빅데이터 분석 기술

시장 조사기관 가트너(Gartner)에 의하면 빅데이터 분석은 기존 데이터 처리에 비하여 빠른 의사결정이 상대적으로 덜 요구되고 처리할 데이터양이 방대하고 비정형 데이터의 비중이 높아 분석의 복잡도가 상당히 높다고 하였다. 그러므로 분석의 유연성은 매우 높이 요구되어 동시 처리량이 높은 기존의 온라인 분석 처리(OLAP: On-Line Analytic Processing)에 적합하지 않다는 것이 일반적이다. 빅데이터 분석 기술은 기존의 데이터 처리 방식에서 중요하게 다루었던 정확성과 효율성보다는 분석 결과의 효과성과 속도와 비용을 더 중요시한다.

빅데이터 분석 기술은 크게 통계적 접근 방식과 데이터 마이닝 접근방법, 그리고 기계학습 방법으로 분류할 수 있다. 빅데이터 분석에 관련된 주요 기술은 [표 6-20]과 같이 분류(classification), 군집(Clustering), 연관규칙(Association Rules) 등이 있다.

[표 6-20] 빅데이터 분석 기술의 종류

종류	내용
분류 분석	미리 알려진 클래스들로 구분되는 훈련 데이터 집합을 학습시켜 새로 추가되는 데이터가 속할 만한 데이터 군을 찾는 지도 학습 방법으로 가장 대표적인 방법으로 의사결정나무, 인공지능 기법 등이 있다.
군집 분석	특성이 비슷한 데이터를 합쳐 군집으로 분류하는 방법으로 비지도 학습 방법이다. 트위터에서 주로 사진 카메라를 논의하는 사용자 집합과 게임에 관심 있는 사용자 집합 등 관심사나 취미에 따라 분류한다.
연관 규칙	데이터가 동시에 발생한 사건 간에 관계를 규명하는 데 사용한다. 주로 장바구니에 동시에 구매한 상품 간에 관계를 규명하는 데 사용한다. 그래서 이 기법을 장바구니 분석기법이라고도 한다.
텍스트 마이닝	비정형 텍스트 데이터로 구성된 빅데이터에서 자연어처리 기술에 기반하여 의미 있는 정보를 추출하는 기술이다. 텍스트 마이닝 분석 대상은 주로 텍스트 문서, 이미지, HTML 파일 등과 같은 비정형 텍스트 데이터이다. 텍스트 마이닝은 텍스트 분석, 문서 마이닝 등으로 부르기도 한다.
오피니언 마이닝	다양한 온라인 뉴스와 소셜 미디어 코멘트, 사용자가 만든 콘텐츠에서 표현된 의견을 추출, 분류, 이해하고 자산화하는 컴퓨팅 기술로 빅데이터에 포함된 어떤 사안이나 인물, 이슈, 이벤트에서 사람들의 의견이나 평가 등을 분석하는 것이다.
리얼리티 마이닝	데이터 마이닝 기술의 일종으로 휴대폰 등 디바이스를 사용하여 인간관계와 행동 형태 등을 추론하는 것으로 통화량, 통화 위치, 통화 상대, 대상, 내용 등을 분석하여 사용자의 인간관계, 행동 특성 등의 정보를 찾아낸다.
소셜 네트워크 분석	수학의 그래프 이론을 바탕으로 소셜 네트워크 서비스에서 소셜 네트워크에 연결 구조와 연결 강도를 분석하여 사용자의 명성 및 영향력을 분석한다.
감성 분석	SNS상에서 있는 텍스트 문자의 의미를 파악해서 글 내용에 긍정, 혹은 부정, 좋음 나쁨 등을 분류하거나 만족 혹은 불만족 강도를 수치화, 그런 다음 이 지수를 이용하여 고객의 감성 트랜드를 시계열적으로 분석하고 고객 감성 변화에 기업의 신속한 대응 및 부정적인 의견의 확산을 방지하는 데 활용한다.
기계학습	인공지능 분야에서 인간의 학습을 모델링한 것으로 컴퓨터가 학습할 수 있도록 하는 알고리즘과 기술을 개발하여 수신한 이메일 스팸 여부를 판단할 수 있도록 훈련한다. 결정 트리 등 기호적 학습, 신경망 유전자 알고리즘 등 비기호적 학습, 베이지안, 은닉, 마코프 확률적 학습 등 다양한 기법이 있다.
심층학습	인공지능 분야에서 여러 비선형 변환기법의 조합을 통해 높은 수준의 추상화(abstractions), 다량의 데이터나 복잡한 자료들 속에서 핵심적인 내용 또는 기능을 요약하는 작업을 시도하는 기계학습 알고리즘의 집합으로 정의되며, 큰 틀에서 사람의 사고방식을 컴퓨터에게 학습시키는 기계학습의 한 분야이다.

데이터 분석에 관련된 주요 도구를 살펴보면 [표 6-20]과 같이 NLTK, OpenNLP, WEKA 등이 있다.

[표 6-21] 빅데이터 분석에 관련된 주요 도구

NLTK	자연어처리 패키지로 텍스트 문장 분할, 문장에 단어 분할 기능 제공
OpenNLP	비정형 텍스트에서 의미 있는 용어 추출
Boilerpipe	웹 페이지에서 불필요 데이터 제거 및 필요한 정보 추출
WEKA	데이터 마이닝 및 기계학습 알고리즘을 포함한 데이터 분석 프로그램
Mahout	확장이 가능한 기계학습 알고리즘 개발 프로젝트
Scikits_learn	오픈소스 기계학습 라이브러리
R	패키지 기반의 통계적 계산과 그래픽을 처리할 수 있는 프로그래밍 언어 및 소프트웨어 개발 언어
Python	API 기반에 빅데이터를 처리하는 프로그래밍 언어

6.8 빅데이터 시각화 기술

빅데이터 분석의 목적은 비즈니스 문제해결 및 변화와 혁신을 위한 인사이트에 필요한 가치를 창출하는 데 있다. 가치 창출을 통한 직관적인 인사이트를 제공하기 위해서는 빅데이터의 특성을 올바르게 파악하고 분석 결과를 효과적으로 전달하는 데 있다. 빅데이터 시각화(Visualization) 기술은 특정 기준에 따라 복잡한 데이터 구조와 유형을 직관적으로 파악할 수 있도록 하고, 분석 결과의 가치를 분석가와 사용자들이 쉽게 이해할 수 있도록 한다. 따라서 빅데이터 시대에 가치 발견을 위한 핵심 기술 요소로 중요성을 더해가고 있는 영역이다.

빅데이터 시각화(Big Data Visualization, 視覺化)란 수많은 데이터를 요약하거나 분석한 결과를 일목요연(一目瞭然)하게 파악할 수 있도록 도표나 그림으로 표현하는 기술이다. 이에 따른 시각화 효과는 다음과 같다.

- 복잡한 데이터를 쉽고 빠르게 이해할 수 있게 한다.
- 정보와 지식의 가치를 증가시킬 수 있다.
- 정보와 지식의 전달력을 빠르게 한다.
- 데이터 분석 결과의 인사이트를 향상 시킨다.
- 데이터의 일반 대중화를 실현한다.

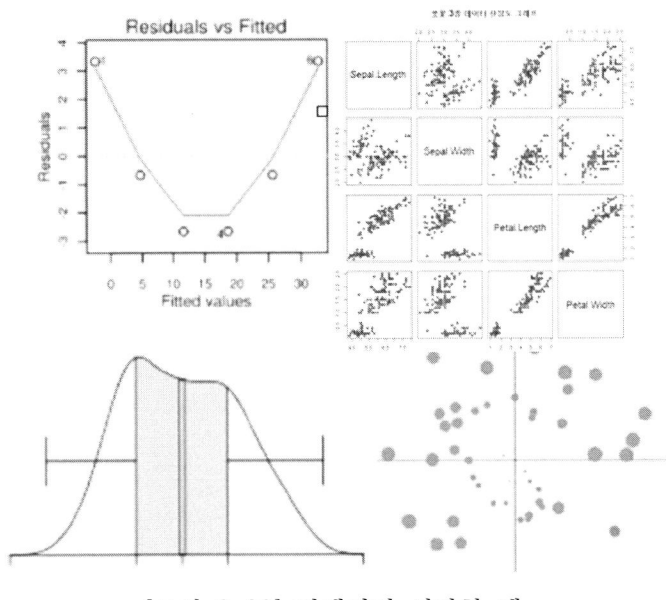

[그림 6-20] 빅데이터 시각화 예

빅데이터 시각화의 목적은 다음 [표 6-22]와 같이 직관성(immediacy), 차별성(distinction), 가시성(visibility), 주목성(attractiveness), 접근성(accessibility), 명확성(clarity), 위계성(hierarchy)이다.

[표 6-22] 빅데이터 시각화의 목적

특성	내용
직관성 (immediacy, 直觀性)	시각화는 인간의 정보 인식 능력을 향상시켜 정보를 직관적으로 이해할 수 있도록 한다.
차별성 (distinction, 差別性)	시각화는 많은 정보를 특징별로 구분하여 차별적으로 보여준다.
가시성 (visibility, 可視性)	시각화는 지각적 추론(perceptual inference)을 가능하게 한다.
주목성 (attractiveness, 注目性)	시각화는 보는 이로 하여금 흥미를 유발하며, 집중하게 하고 풍부한 경험을 제공한다.
접근성 (accessibility, 接近性)	시각화를 통해 문자보다 친밀하게 정보를 전달하며, 다양한 계층의 사람들에게 쉽게 소통할 수 있도록 한다.
명확성 (clarity, 明確性)	시각화는 데이터 간의 관계와 차이를 드러냄으로써 문자나 수치에서 표현하기 어려운 의미를 돋보이게 할 수 있다.
위계성 (hierarchy, 位階性)	시각화를 통해 데이터를 입체적으로 표현할 수 있으며, 필요에 따라 전반적 혹은 세부적 표현이 가능하고 선후 관계 위계성을 부여할 수 있다.

빅데이터 시각화는 빅데이터 분석 프로세스 전 과정에서 이루어진다([그림 6-21]).

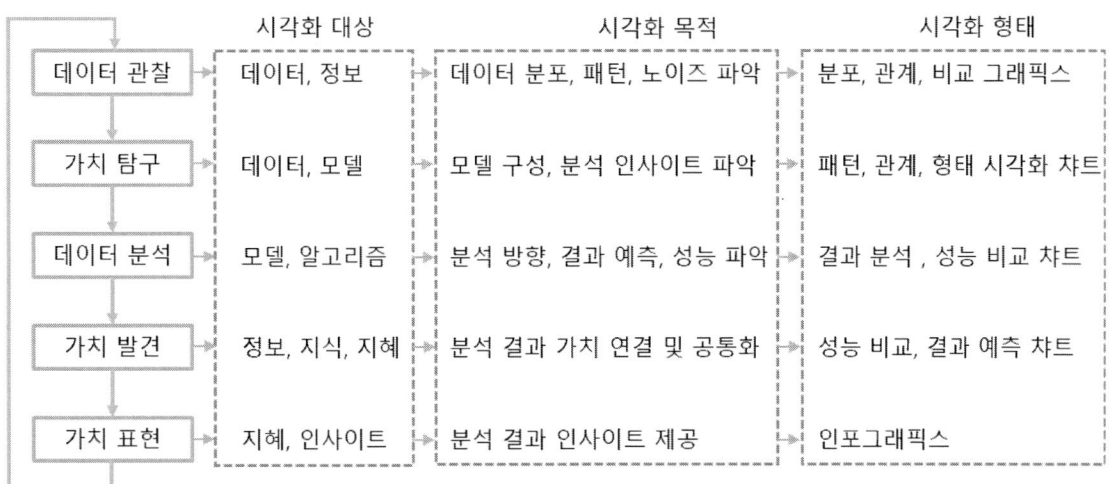

[그림 6-21] 빅데이터 시각화 프로세스

빅데이터 관찰(observation) 단계에서 시각화는 데이터의 분포 및 패턴, 결측치, 이상값 등의 노이즈(noise)를 파악할 목적으로 관계, 분포, 비교 시각화 등을 사용한다. 가치 탐구 단계는 빅데이터 분석 모형을 개발하고 분석 인사이트를 파악하는 단계로 시간, 분포, 관계, 비교 시각화 등을 사용한다. 빅데이터 분석 단계는 주로 분석 결과의 성능 파악을 위한 목적으로 결과 분석, 성능 비교 시각화 등을 사용한다. 가치 발견 단계는 분석 결과 가치를 연결하고 공통화하는 단계로 성능 비교와 예측을 위한 챠트를 사용한다. 마지막으로 가치 표현 단계에서 시각화는 빅데이터 분석 결과의 인사이트를 제공하기 위하여 인포그래픽스(infographics) 등으로 시각화한다.

빅데이터 시각화는 시각화에 사용할 변수의 수에 따라 목적과 용도가 달라진다. 시각화에 일변수 시각화(univariate visualization)는 주로 시간과 분포를 표현하는 데 사용한다. 이변수 시각화(Bivariate visualization)는 두 개의 변수 사이에 관계를 규명하거나 비교하기 위하여 2차원 공간에 표현한다. 는데 사용한다. 삼변수 시각화(Trivariate visualization)는 세 개의 변수 사이의 관계를 규명하고 비교하기 위하여 3차원 공간에 표현하는 것으로 주로 산점도 매트릭스(Scatter matrix)를 사용한다. 다변수 시각화(Hypervariate visualization)는 좌표 플롯을 이용하여 다변수 데이터를 표현하는 것은 평형 좌표 플롯, 스타 플롯, 산점도 매트릭스, 링크드 히스토그램, 모자이크 플롯, 아이콘 등이 있다.

빅데이터 시각화 표현 속성들은 플롯의 크기(size)와 색상(color), 위치(position), 네트워크(network), 시간(time), 다중표현(Multi-Presentation) 등이 있다.

[표 6-23] 빅데이터 시각화 표현 속성

속성	내용
크기(Size)	도형의 면적이나 모양을 확대, 혹은 축소로 효과를 증진시키는 것으로 사용자가 직관적으로 정보를 구별할 수 있어 많이 쓰이는 표현
색상(color)	데이터셋이 많을 때 규칙성과 특이성을 구별해 내는 데 효과적으로 쓰일 수 있음

위치(Position)	지도나 가상의 장소와 데이터를 연결하여 나타냄으로써 관찰자가 자신의 정황을 시각화에 투영하여 해석하도록 함
네트워크(Network)	데이터 사이에 관계를 표현하며 각 데이터를 노드로 연결하는 것과 같으며, 사회적 관계를 시각화하거나 방대한 양의 데이터들 사이의 관계를 보여줄 때 유용함
시간(Time)	전통적으로 많은 정보디자인에서 쓰였던 방법으로 시간 순서에 따라서 데이터를 나열하는 방법
다중표현(Multi-Presentation)	여러 가지 시각화 기법을 혼합 사용하는 방법

빅데이터 시각화 종류는 시간 시각화, 분포 시각화, 관계 시각화, 비교 시각화, 공간 시각화, 인포그래픽스 등이 있다.

[표 6-24] 빅데이터 시각화 종류

시각화 종류	내용
시간 시각화	• 이산형 데이터의 경우 특정 시점 또는 특정 시간의 구간 값을 막대그래프, 누적 막대그래프, 점그래프 등으로 표현 • 연속형 데이터의 경우 기온변화와 같이 지속해서 변화하는 값을 시계열 그래프, 계단식 그래프, 회귀 곡선 등으로 표현
분포 시각화	• 전체 분포의 경우 최대, 최소, 전체 분포를 나타내는 관점에서 각 부분 간의 관계를 보여주는 기술로 파이 챠트, 도넛 챠트, 누적 막대그래프, 인터액티브 누적 막대그래프 등으로 표현 • 시간 변화에 따른 분포는 시간에 따라 어떤 변화가 있었는지 나타내는 기술로 누적 연속그래프, 누적 영역 그래프, 인터액티브 누적 영역 그래프, 선 그래프 등으로 표현
관계 시각화	• 데이터 간의 관계성을 나타냄으로써 정보를 둘러싼 여러 정황을 파악하고 패턴화된 의미를 이해 • 각기 다른 변수 사이에 관계를 찾는 기술로 상관관계, 분포, 비교로 구분하며, 상관관계는 스캐터 플롯, 스캐터 플롯 행렬, 버블챠트 등으로 표현
비교 시각화	• 단독으로 존재할 때는 정보로서의 가치가 없어 보일 수 있으나 다른 데이터와 대비될 때 비교 대상과 더불어 특별한 가치를 얻음 • 여러 변수와 비교하는 히트맵, 체르노페이스, 스타챠트, 평행좌표 그래프, 다차원 척도법, 아웃라이어 찾기 등으로 표현
공간 시각화	• 위치를 점이 찍힌 지도, 선을 그린 지도, 버블을 그린 지도 등으로 특정하고 색상으로 영역을 구분 • 시간과 공간에 따라 작은 도를 하나로 그려 패턴의 변화를 보여주는 스몰 멀티플이나 애니메이션 확산 지도에 활용

인포그래픽스	• 정보(information)와 그래픽(graphic)의 합성어로 다량의 정보의 도식화, 사인, 그림, 지도 등의 도움으로 그림과 텍스트 모양, 컬러, 배치를 통해 차트, 지도, 다이어그램, 로고, 일러스트레이션(illustration) 등을 활용하여 파악할 수 있도록 시각화 • 복잡한 주제를 단순화시키거나 매혹적인 효과를 부과하여 복잡한 주제를 반전시키는 기법으로 주로 디지털 마케팅 분야 많이 적용

빅데이터 시각화에 관련된 주요 기술은 [표 6-25]와 같다.

[표 6-25] 빅데이터 시각화 기술

솔루션	주요 기능 및 특징
Tag Cloud	워드 클라우드(Word Cloud)라고도 하며 메타 데이터에서 얻어진 태그들을 분석하여 중요도나 인기도 등을 고려하여 시각적 표현하는 도구
GraphViz	DOT 언어 스크립트로 지정된 그래프 그리기를 위해 오픈소스 시각화 패키지로 흐름도나 트리 다이어그램 형태로 생성하여 표현하는 도구
Gephi	NetBeans 플랫폼에서 Java로 작성된 오픈소스 네트워크 분석 및 시각화 소프트웨어 패키지로 데이터를 네트워크 형태로 생성하여 표현하는 도구
Fusion Tables	구글이 데이터 관리를 위해 제공했던 웹 서비스로 다양한 형태의 데이터 처리와 매핑(Mapping), 차트그리기, 데이터 공유를 지원하는 도구
Processing	컴퓨터 프로그래밍의 본질을 시각적 개념으로 프로그래머가 아닌 사람들에게 교육할 목적으로 뉴 미디어 아트, 시각 디자인 공동체를 위해 개발된 오픈소스 프로그래밍 언어이자 통합 개발 환경
Tableau	데이터를 활용해 표현할 시각화 차트를 설계하고, 인터랙티브한 대시보드를 구상할 수 있는 비즈니스 인텔리젼스(BI) 솔루션
Clustergram	계층적 군집화 결과를 계통도 덴드로그램(Dendrogram)이나 히트 맵(Hit Map) 형태로 시각화 도구
TinkerPop	그래프를 처리하는 통합 패키지
ggplot2	통계 프로그래밍 언어 R의 오픈소스 데이터 시각화 패키지
Spatial Information Flow	특정 정보를 기준으로 데이터 흐름을 시각화하는 도구

연습문제 -Exercises

▮ 향상학습 ▮

1. 다음 중 클라우드 컴퓨팅 개념 설명으로 적절하지 않은 것은?
   ① 사용자 수요변화에 가변적이다.
   ② 누구든지 자유롭게 이용할 수 있다.
   ③ 인터넷 가상공간에서 분산처리 기술이다.
   ④ 고객들에게 높은 수준의 확장성을 제공할 수 있다.
   ⑤ 정보통신 기술 자원을 필요할 때 필요한 만큼만 사용할 수 있다.

2. 다음 중 클라우드 서비스 가상화 효과로 적절하지 않은 것은?
   ① 대용량의 데이터를 분산 처리할 수 있는 컴퓨팅 환경을 제공한다.
   ② 장소 및 단말 유형에 상관없이 동일한 데스크톱 환경을 제공한다.
   ③ 서로 다른 네트워크를 네트워크 유형과 무관하게 이용할 수 있게 한다.
   ④ 원격 서버의 애플리케이션을 탁상 컴퓨터에 설치된 것처럼 이용할 수 있다.
   ⑤ 다수의 서버 및 스토리지가 마치 한 대만 있는 것 같이 사용할 수 있게 한다.

3. 다양한 종류의 클라우드를 상호 연동하여 하나의 클라우드 서비스처럼 제공하는 클라우드 서비스는?
   ① 퍼블릭 클라우드(Public cloud)
   ② 통합 클라우드(Complex cloud)
   ③ 프라이빗 클라우드(Private cloud)
   ④ 하이브리드 클라우드(Hybrid cloud)
   ⑤ 커뮤니티 클라우드(Community cloud)

4. 클라우드 서비스의 기술적 구성 요소로 볼 수 없는 것은?
   ① 자원 가상화 기술   ② 클라우드 보안 기술
   ③ 서비스 지향 인터페이스 기술   ④ 대용량 중앙 집중 시스템 기술
   ⑤ 자원 및 서비스 운영 관리 기술

5. 하둡(Hadoop)의 설명으로 적절하지 않은 것은?
   ① 온라인 실시간처리에 적합한 시스템이다.
   ② 증설되는 서버 수만큼 시스템 용량이 증가한다.
   ③ 단순한 데이터 모델에 의한 병렬처리 시스템이다.
   ④ 데이터가 있는 곳으로 코드를 복사해서 구동한다.
   ⑤ 아파치 오픈소스 프로젝트이며 무료로 이용 가능하다.

6. 다음 중 HDFS의 설명으로 적절하지 않은 것은?
   ① 아파치 재단에서 분산 데이터를 목적으로 시작한 프로젝트이다.
   ② 다수의 데이터 노드와 이를 관리하는 다수의 네임 노드로 구성한다.
   ③ 하나의 대용량 파일을 여러 개의 데이터 블록으로 분산하여 저장한다.
   ④ 하나의 마스터 노드와 여러 개의 슬레이브 노드로 클러스터를 구성한다.
   ⑤ 데이터 손실 방지를 위하여 동일한 블록을 다른 데이터 노드에 복제한다.

7. 하둡 맵리듀스(MapReduce) 기본 원리로 적절하지 않은 것은?
   ① 입력한 파일을 라인 단위로 분할(Splitting)한다.
   ② 매핑(Mapping)을 통하여 처리 결과를 출력한다.
   ③ 분할된 작업 단위별로 매핑(Mapping)하여 처리한다.
   ④ 리듀싱(Reducing)을 통하여 합을 계산하여 표시한다.
   ⑤ 매핑 결과를 파티셔닝과 정렬 등의 셔플링(Shuffling)한다.

8. 다음 중 하둡 에코 시스템 설명이 적절하지 않은 것은?
   ① Flume은 데이터를 수집하여 HDFS에 저장할 수 있도록 한다.
   ② Cassandra는 대용량 데이터를 분산 서버에 저장된 저장소이다.
   ③ Zookeeper 분산 환경에서 자원 제어, 분산 메타데이터 관리를 수행한다.
   ④ Hive는 빠르게 생성하는 스트리밍 데이터를 실시간 처리할 수 있게 한다.
   ⑤ Sqoop는 RDBMS와 연동하여 데이터를 하둡으로 마이그레이션 할 수 있게 한다.

9. 다음 하둡의 장점으로 적절하지 않은 것은?
   ① 추가 성능이 필요할 때 확장이 용이하다.
   ② 다수의 CPU나 RAM 등의 자원을 사용할 수 있다.
   ③ 클러스터를 구성한 특정 노드의 장애를 복구할 수 있다.

④ 대용량 데이터 처리 비용이 RDBMS에 비하여 훨씬 저렴하다.
⑤ 구조적 데이터를 필요할 때 비구조적 데이터로 변환할 수 있다.

10. 분산 데이터베이스 구축 목적으로 거리가 먼 것은?
    ① 데이터의 검색 속도가 빠르다.
    ② 데이터 보안을 강화할 수 있다.
    ③ 데이터의 지역적 관리가 용이하다.
    ④ 데이터 처리의 부하분산이 가능하다.
    ⑤ 데이터 이용효율을 향상시킬 수 있다.

11. 분산 데이터베이스의 투명성(transparency) 원리의 설명으로 적절하지 않은 것은?
    ① 데이터의 저장 위치에 무관하게 접근 가능하도록 하여야 한다.
    ② 다수의 트랜잭션이 동시에 실행되더라도 처리 결과의 일관성이 유지되어야 한다.
    ③ 개별 지역의 물리적 데이터베이스 이름과 관련된 이름을 사용하여 접근해야 한다.
    ④ 분산 데이터베이스에서 장애가 발생하더라도 트랜잭션의 원자성이 유지되어야 한다.
    ⑤ 개별 지역 데이터베이스에 데이터가 중복으로 저장되더라도 일관성 유지되어야 한다.

12. 주로 웹로봇으로 거미줄처럼 얽혀있는 인터넷 링크를 따라다니며 방문한 웹사이트에 웹페이지 소셜 데이터 등 인터넷에 공개된 데이터를 추출하는 기술은?
    ① ETL ② Sensing ③ Crawling ④ Open API ⑤ Log Collector

13. 다음 중 데이터 수집 및 통합 도구 설명이 올바른 것은?

분산 환경에서 대량의 로그 데이터를 효과적으로 수집하여 합친 후 다른 곳으로 전송할 수 있는 신뢰성을 가진 서비스를 제공한다.

    ① Flume ② Chukwa ③ Scribe ④ Sqoop ⑤ Kafka

14. 다음 중 NoSQL의 설명이 올바른 것은?
    ① 하나의 큰 파일을 여러 컴퓨터에 분산하여 저장하는 방법이다.
    ② 다수에 프로세스를 이용하여 데이터를 동시에 처리할 수 있는 기술이다.
    ③ 데이터 모델을 단순화하여 관계모델과 SQL을 사용하지 않도록 한 것이다.
    ④ 비구조적인 데이터 저장을 위해 공유 아키텍처 기반의 분산저장 방식이다.
    ⑤ 서로 다른 데이터 저장장치를 하나에 서버에 연결하는 저장 관리 방법이다.

15. 다음 NoSQL의 데이터 저장 유형으로 적합하지 않은 것은?
    ① Table Store   ② Graph Store   ③ Key-Value Store
    ④ Document Store   ⑤ Column_Family Store

16. 다음 중 NoSQL의 특징으로 볼 수 없는 것은?
    ① 데이터 무결성과 정확성을 보장하지 않는다.
    ② 노드의 추가 및 삭제, 데이터 분산에 유연하다.
    ③ 웹 환경에서 다양한 정보를 검색 및 저장할 수 있다.
    ④ 정규화된 테이블과 소규모 트랜잭션 처리에 적합하다.
    ⑤ 수정 삭제하지 않기 때문에 강한 일관성이 요구되지 않는다.

17. 다음 중 NoSQL의 문서 저장(document store) 형식을 채택하는 것으로 모두 고른 것은?

ㄱ. Redis	ㄴ. MongoDB	ㄷ. DynamoDB	ㄹ. Hypertable
ㅁ. Cassandra	ㅂ. CouchDB	ㅅ. HBase	ㅇ. Allegro

    ① ㄱ ㄷ ㅁ   ② ㄱ ㄴ ㅅ   ③ ㄴ ㄹ ㅂ   ④ ㄷ ㅁ ㅇ   ⑤ ㄹ ㅁ ㅅ

18. 다음 중 데이터 분산 컴퓨팅 시스템 CAP 이론으로 볼 수 없는 것은?
    ① 지속성(Durability)
    ② 가용성(Availability)
    ③ 두 개 선택(Take Two)
    ④ 일관성(Consistency)
    ⑤ 단절 내성(Partitions Tolerance)

19. 다음 중 데이터웨어하우스 설명이 적절하지 않은 것은?
    ① 일관적인 형태 및 일관된 코드로 변환되어 통합한 데이터 저장소이다.
    ② 기업의 의사결정에 필요한 주요 주제 및 그와 관련된 데이터 저장소이다.
    ③ 데이터의 기록과 활용만 할 수 있고 갱신을 할 수 없도록 한 데이터 저장소이다.
    ④ 기업이나 조직의 의사결정지원시스템을 위하여 통합 저장된 운영 데이터 저장소이다.
    ⑤ 시간 순서로 데이터를 확보하고 시간 경과에 따라 비교분석이 가능하도록 한 데이터 저장소이다.

20. 다음 중 데이터베이스 수평 확장이 가능하고 범위 질의 및 리듀스 연산이 가능한 문서기반 빅데이터 저장 도구는?
    ① Redis   ② HBase   ③ MongoDB   ④ CouchDB   ⑤ Cassandra

21. 다음 설명에 해당하는 것은?

    - 인터넷 웹 개발 도구 환경을 제공한다.
    - 아마존의 인터넷 스토리지 서비스이다.
    - 용량과 관계없이 데이터를 저장하고 검색할 수 있다.
    - 온라인 서비스이기 때문에 데이터 암호화는 제공하지 않는다.

    ① Cassandra   ② CouchDB   ③ DynamoDB
    ④ S3   ⑤ Riak

22. 다음 설명에 해당하는 것은?

    - 다양한 종류의 정보 자원으로부터 실시간, 혹은 비실시간 적으로 유입되는 다양한 형태의 원시데이터를 저장하는 방대한 저장소이다.
    - 특별한 형식 없이 다양한 종류의 데이터를 여과 없이 저장되기 때문에 데이터 사이언스에 적합하지만, 분석 처리가 어렵다는 특징을 가지고 있다.

    ① Data Warehouse   ② Data Mart   ③ Data Bank
    ④ Data Base   ⑤ Data Lake

23. 다음 중 패키지 기반의 통계적 계산과 그래픽을 처리할 수 있는 프로그래밍 언어 및 소프트웨어 환경을 제공하는 빅데이터 분석 도구는?
    ① R   ② NLTK   ③ WEKA   ④ Python   ⑤ Mahout

심화학습

1. 클라우드 서비스가 빅데이터 분석 처리에 미치는 영향을 기술하세요.

2. Hadoop 시스템의 주요한 특징을 기술하세요.

3. Hadoop MapReduce의 기본 원리를 설명하세요.

4. 분산 데이터베이스 투명성(Transparency)이 왜 필요한지 서술하세요.

5. 기존에 관계 데이터 모델을 사용할 경우에 빅데이터 저장 및 처리에 어려운 점과 그의 대안을 기술하세요.

6. 빅데이터 관리 기술에서 CAP 이론이 왜 중요한지 그 이유를 기술하세요.

7. 빅데이터 저장 기술에서 NoSQL이 왜 필요한지와 데이터 모델 유형을 설명하세요.

8. NoSQL과 RDBMS의 차이점을 CAP 이론을 이용하여 설명하세요.

9. Cassandra의 주요 특징을 설명하세요.

10. 데이터웨어하우스와 데이터 레이크(data lake)의 차이를 기술하세요.

11. 빅데이터 분산처리 통합 솔루션 MapR의 특징을 기술하세요.

빅데이터 분석
기획과 실무

Chapter

07

R 데이터 분석 환경 구축

7.1 데이터 분석 도구 소개
7.2 R 소개
7.3 R 개발 환경 구축
7.4 R 도움말 활용
7.5 R 패키지와 라이브러리 활용
연습문제

Chapter. 07

R 데이터 분석 환경 구축

7.1 데이터 분석 도구 소개

빅데이터 분석의 목적은 통찰력(insight)을 얻기 위하여 빠르게 생성되는 대량의 다양한 데이터로부터 새로운 가치를 발굴하려는 데이터 과학이라고 할 수 있다. 그러면 빅데이터를 분석하려면 분석 목적 달성에 적합한 분석 도구가 필요하다. 사실 현재까지 데이터를 분석할 수 있는 수많은 도구가 개발되었다. 중에서 비즈니스 등 여러 분야에서 제일 많이 사용하고 있고 우리에게 친숙한 데이터 처리 및 분석 도구는 엑셀(Excel)이라고 할 수 있다. 그리고 사회과학이나 자연과학, 공학 등에서 데이터 분석 통계 패키지로 널리 사용된 것은 SPSS https://www.ibm.com/kr-ko/products/spss-statistics, SAS https://www.sas.com, MatLab https://www.mathworks.com, Stata https://www.stata.com 등이 있다. 그러나 이런 전통적인 도구를 가지고 다양하고 복잡한 형태의 많은 양의 데이터를 분석 처리하기에는 한계가 있다. 따라서 근래에는 이러한 빅데이터를 효과적으로 분석하고 처리할 수 있는 프로그래밍 언어인 R https://www.r-project.org과 Python https://www.python.org 등이 주목받고 있다. 이런 데이터 분석 도구를 비교 설명하면 [표 7-1]과 같다.

[표 7-1] 주요 데이터 분석 도구

구분	R	SPSS	SAS	EXCEL
설치비용	무료, 공개 소프트웨어	유료, 고가	유료, 고가	유료
설치 용량	적음	대용량	대용량	중간
모듈 지원 및 비용	오픈소스	별도 구매	별도 구매	없음
알고리즘 및 기술 반영	매우 빠름	다소 느림	느림	느림
학습자료	공개자료	도서 위주	도서 위주	도서 위주
공개 커뮤니티	매우 활발	NA	NA	NA

데이터분석 도구 중에서 R은 먼저 다른 분석 도구에 비해 공개 소프트웨어로 누구나 무료로 사용할 수 있다는 것이 가장 큰 특징이라고 할 수 있다. R을 무료로 사용할 수 있다고 해서 데이터 분석할 기능이 부족하거나 사용에 제한이 있는 것이 아니라 오히려 유료의 다른 분석 도구보다 더 강력한 기능을 가지고 있다. 이러한 무료 정책으로 R은 [그림 7-1]과 같이 전 세

계적으로 데이터 분석 도구로 가장 많은 관심을 받는 것을 알 수 있다. 또한 R은 다른 데이터 분석 패키지에 비하여 설치 용량이 적게 소요되고 모든 모듈이 오픈소스로 제공되고 있으며 알고리즘이 단순하여 개발하기 쉽다는 장점이 있다. 그리고 학습 자료가 공개되어 배우기가 쉽고 공개 커뮤니티 활동이 매우 활발하다는 특징을 가지고 있다. 그럼, 지금부터 R이 무엇인지 좀 더 자세히 살펴보자.

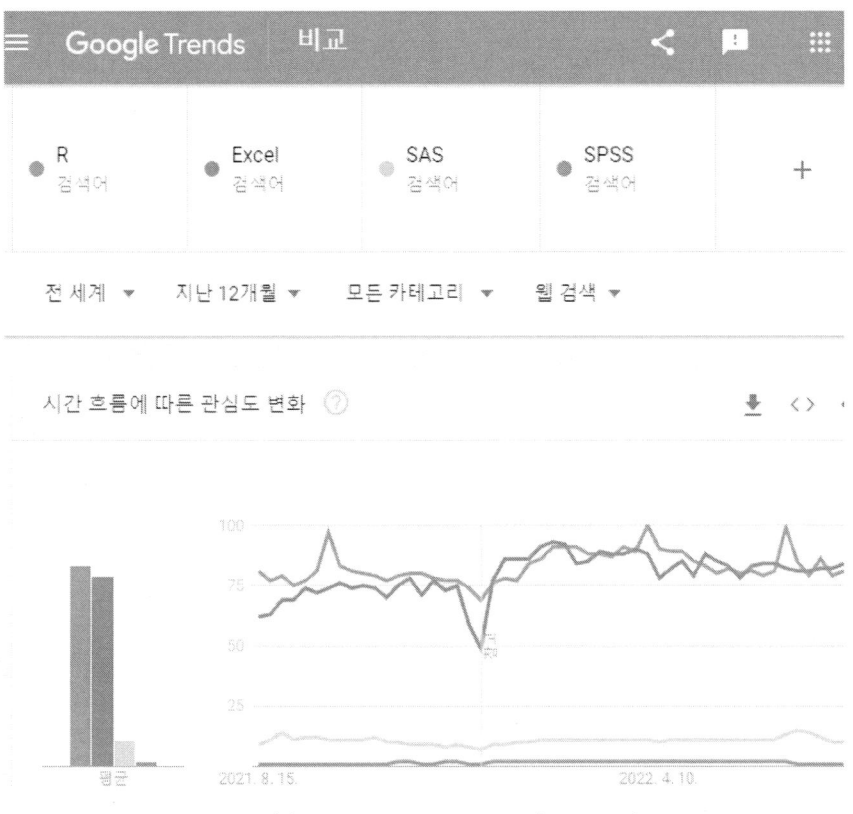

https://trends.google.com/trends/?geo=KR

[그림 7-1] Google Trands를 통한 데이터 분석 도구 관심도 변화

7.2 R 소개

R이란 오픈소스 통계 분석 도구로서 오랜 역사가 있고 빅데이터 분석 프로그래밍 언어의 선두 주자라고 할 수 있다. R이 탄생한 배경을 살펴보면 S언어 1976년 AT&T의 Bell Labs Statics Group의 John Chamber, Rick Becker, Allen Wilks가 "To turn ideas into software, quickly and faithfully." 모토로 개발한 S언어에 1988년에 객체(object)라는 개념을 적용하여 "The New S Language"의 S Plus 언어에서 유래되었다. 사실 R은 1993년 뉴질랜드 오크랜드(New Zealand, Auckland) 대학의 통계학과 교수인 Ross Ihaka와 Robert Gentleman 교수에 의하여 개발하여 1995년에 자유소프트웨어재단(FSF : Free Software Foundation) https://www.fsf.org에 무료로 공개되었다.

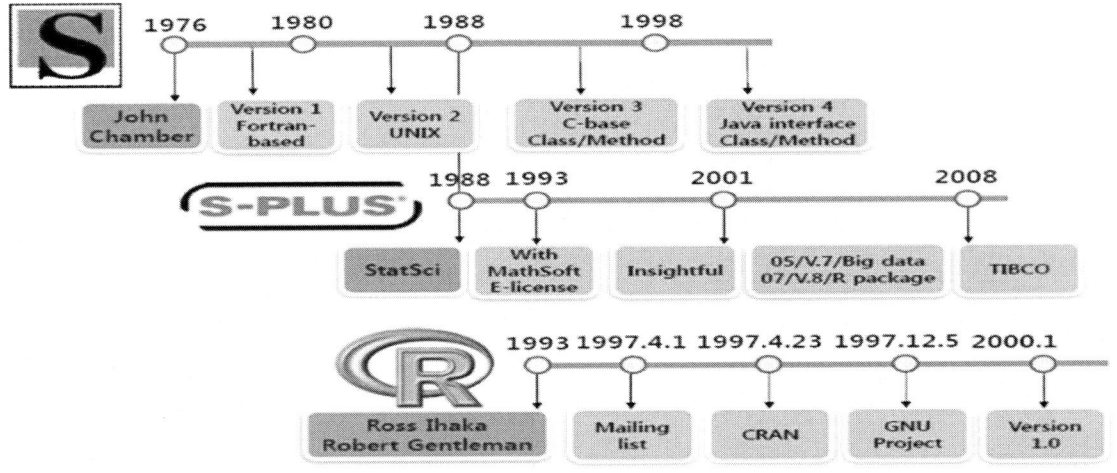

[그림 7-2] R의 계보

사실 R은 [그림 7-3]과 같이 통계처리 기능과 프로그래밍 기술이 결합한 형태로 발전하였다.

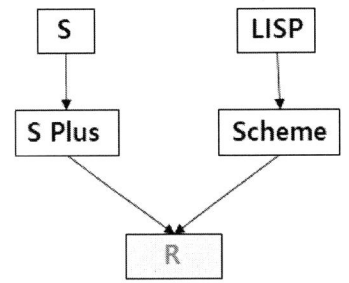

[그림 7-3] R의 통계처리 기능과 프로그래밍 기술의 결합

R의 통계적 기능은 S에 이어 S Plus를 적용하였다. 한편 R의 프로그래밍 기술은 인공지능(Artificial Intelligent) 프로그램언어로 리스트형식으로 데이터를 처리하도록 설계된 LISP(List processor) https://www.gnu.org/software/gcl 언어와 1980년 미국 MIT 공대 인공지능 연구실에서 개발한 함수형 프로그램언어인 Scheme을 기반으로 하였다. 따라서 R은 통계처리 기능과 함수적 프로그래밍 절차를 모두 포함한 언어이다.

R의 특징을 좀 더 자세히 살펴보면 먼저 강력한 데이터 처리와 그래픽 기능을 가지고 있다. 또한 R을 기반으로 RStudio 등의 통합개발환경(IDE: Integrated Development Environment)을 가지고 있어 개발이 용이하고 작업의 재현성(reproducibility)이 우수하다. 그리고 R은 다양한 유형의 패키지를 설치하여 사용할 수 있기 때문에 기능을 무한히 확장할 수 있을 뿐만 아니라 수많은 연습용 데이터셋을 손쉽게 사용할 수 있다. R은 다양한 형태의 자료구조 지원으로 데이터를 다양한 형태로 표현할 수 있기 때문에 데이터를 다양한 형태로 분석을 가능하게 한다. R은 기본적으로 모든 데이터를 메모리에 적재하여 처리(In-memory processing)하기 때문에 많은 데이터의 연산속도가 빠르다. 또한 R은 풍부한 도움말 기능으로 학습과 사용이 용이하고 JSP/Servlet, PHP 등 웹 프로그래밍 언어와 연결이 쉬운 편이라 웹 기반에 정보시스템을 쉽게 개발할 수 있다. 또한 수많은 커뮤니티 사이트 존재하여 계속해서 발전하고 있는 것이 특징이다. 무엇보다도 R은 FSF(Free Software Foundation) https://www.fsf.org에서 GNU(Gnu's Not Unix) https://www.gnu.org의 CRAN(The Comprehensive R Archive Network)에서 무료로 내려받아 간단히 설치할 수 있다는 것이 가장 큰 장점이다.

그러나 R의 이러한 장점에도 불구하고 Single Core 연산으로 처리 속도의 제한과 인 메모리 연산으로 메모리 한계와 보안 문제를 해결하는 것이 여전히 R의 도전과제로 남아있다. 그리고 R은 분명히 복잡하고 다양한 데이터를 처리하고 분석 모델을 개발하는 데 한계가 있다. 이러한 한계를 극복하기 위하여 Python, Java, C 등의 범용언어를 대안으로 생각하는 사람이 있다. 사실 주로 Python은 데이터 처리 및 분석에 강점이 있는 언어로 R의 단점을 해결하는데 대안으로 주목받고 있다. 그러나 R과 Python은 사용이 근본적으로 다르게 개발되었다. R은 데이터 처리 및 통계 분석에 목적을 두고 개발되었지만, Python은 데이터 분석뿐만 아니라 비즈니스 업무, 웹 어플리케이션, 사물인터넷(IoT), 인공지능 등을 개발하기 위한 범용언어로 개발되었다. 따라서 Python은 R보다 배우기가 어렵고 프로그램 절차가 복잡하고 처리 속도가 떨어진다. 일반적으로 R은 정형 빅데이터 분석 프로그램에 적합하고 Python은 비정형 빅데이터 분석 및 인공지능 머신러닝 및 딥러닝 학습 프로그램에 많이 사용하는 경향이 있다. 그러나 R도 인공지능 머신러닝 및 딥러닝에 필요한 다양한 라이브러리가 제공되고 있다. 따라서 R을 사용할 것인지 Python을 사용할 것인지는 데이터셋의 복잡성 및 분석 과제의 성격과 개발 환경에 따라 선택이 달라진다.

7.3 R 개발환경 구축

R은 Windows, iOS, Linux 등 다양한 운영체제에 적합한 여러 버전을 지원하고 있다. R 설치하려면 전 세계에 R에 관련된 자원을 분산해서 관리하는 CRAN(The Comprehensive R Archive Network) 사이트 http://cran.r-project.org에서 내려받을 수 있다. R을 설치하면 기본적으로 R에 포함된 다양한 기능을 이용하여 데이터를 처리하거나 분석할 수 있고 유용한 형태로 출력할 수 있다. 그러나 R은 데이터 분석과 처리에 관련된 기능만 제공할 뿐 프로젝트 개발과 시험 및 출력 등 통합개발환경(IDE: Integrated Development Environment)에는 적합하지 않다. 따라서 R 개발 환경을 좀 더 편리하고 유용하게 하기 위해서는 R을 설치한 후에 IDE 소프트웨어를 추가로 설치해야 한다. R IDE는 Visual Studio https://mran.microsoft.com/download와 R Studio https://www.rstudio.com 등이 있다. R Studio는 무료와 유료 버전을 제공하고 있으며 학습용으로 RStudio Desktop 무료 버전을 제일 많이 사용하고 있다. 그러면 지금부터 R과 RStudio를 설치하고 개발 환경을 설정하는 방법을 살펴본다.

1. R 설치 및 환경 설정

R을 설치하기 위해서는 R 공식 사이트 http://www.r-project.org에 접속하여 설치하고자 하는 컴퓨터 사양에 적합한 최신 버전을 내려받아 설치한다. 만일 Windows 운영체제에서 R을 설치한다고 가정할 때 컴퓨터 사양을 확인하기 위해서는 [Window]+[Pause Break] 키를 클릭한다.

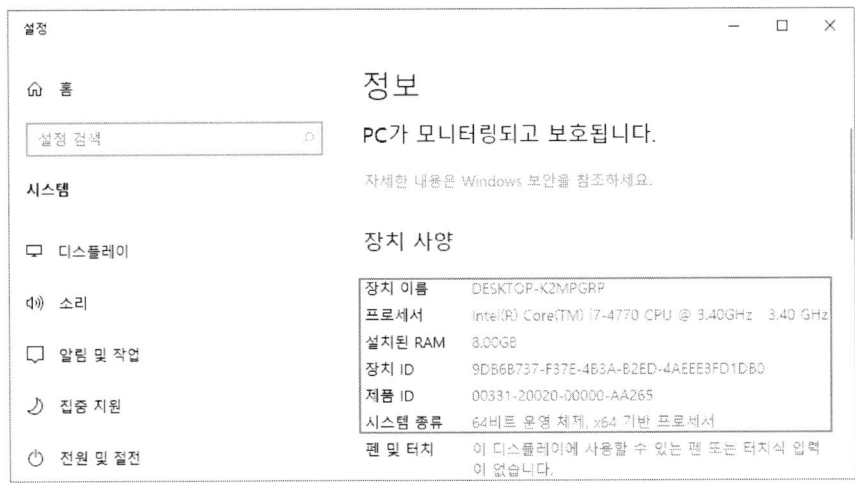

[그림 7-4] Window 운영체제에서 장치 사양 조회 결과

그리고 R의 기본적인 설치 위치는 [Program Files] 폴더에 설치가 되는데 만일 사용자가 지정한 폴더에 설치하려면 설치 폴더명을 영문으로 작성해야 한다. 즉 설치 경로에 한글이 포함되어 있으면 오류가 발생할 수 있다.

그러면 먼저 R을 설치하기 위해서는 R 공식 사이트 http://www.r-project.org에 접속한 후 사이트 좌측에 Download의 첫 번째 메뉴 'CRAN'을 클릭한다.

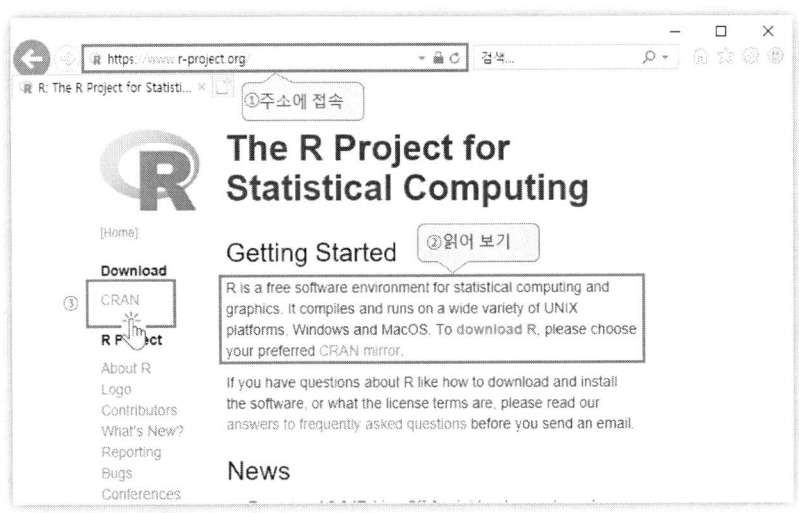

[그림 7-5] R 공식 사이트

CRAN Mirrors에서 windows release를 클릭하면 다른 페이지에서 내려받기 한국 Mirror 사이트를 클릭한다.

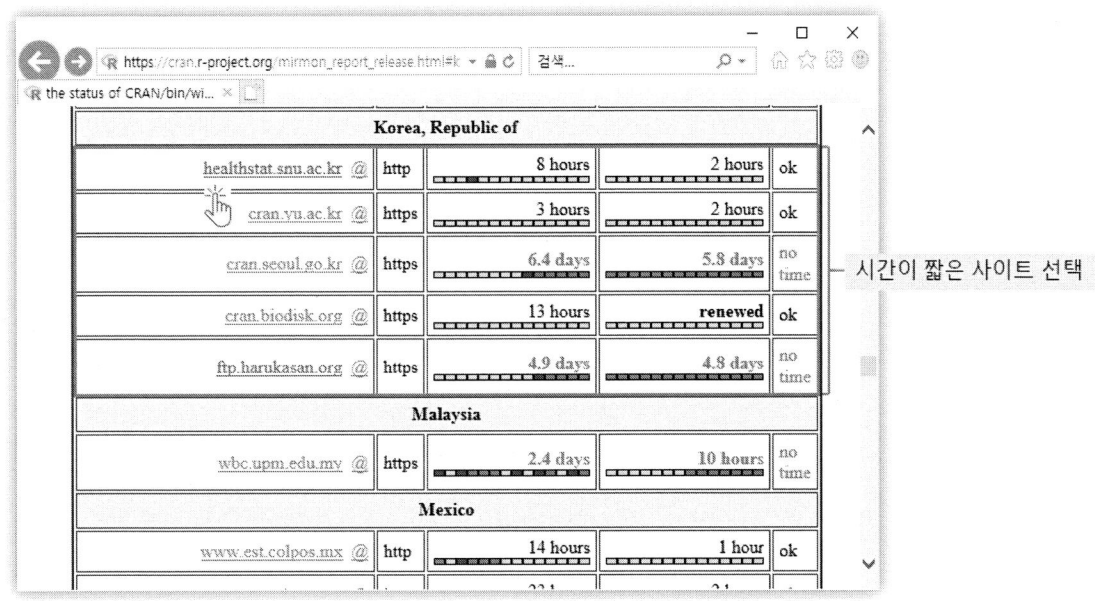

[그림 7-6] R 한국 Mirrors 사이트

한국 CRAN Mirrors에서 시간이 짧게 소요되는 사이트 찾아서 클릭한다.

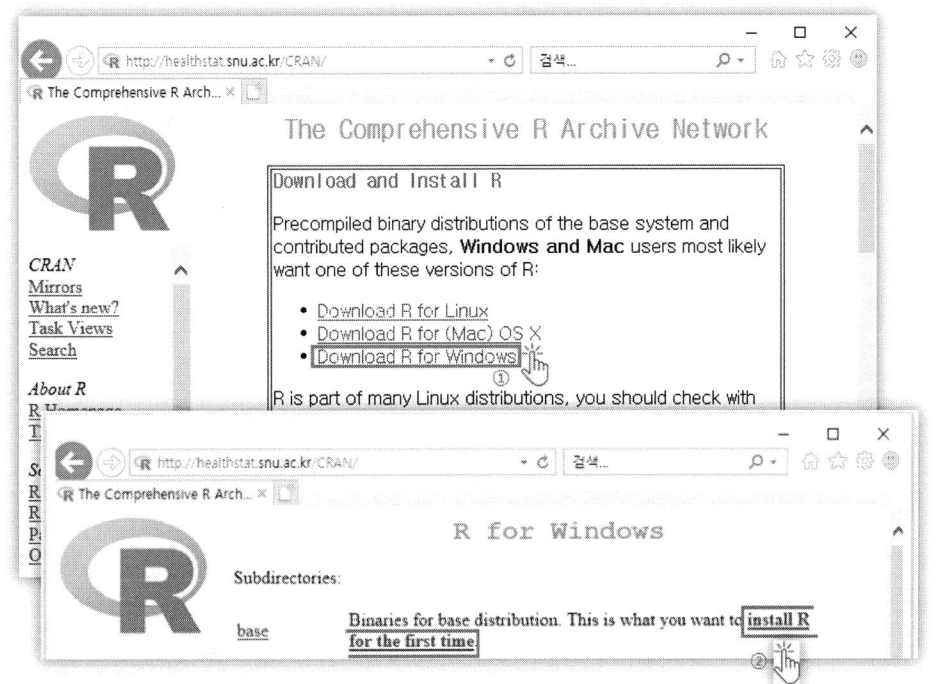

[그림 7-7] R Windows 설치 초기 화면

'Download and Install R에서 Download R for Windows'를 클릭하면 'install R for the first time' 링크를 클릭한다.

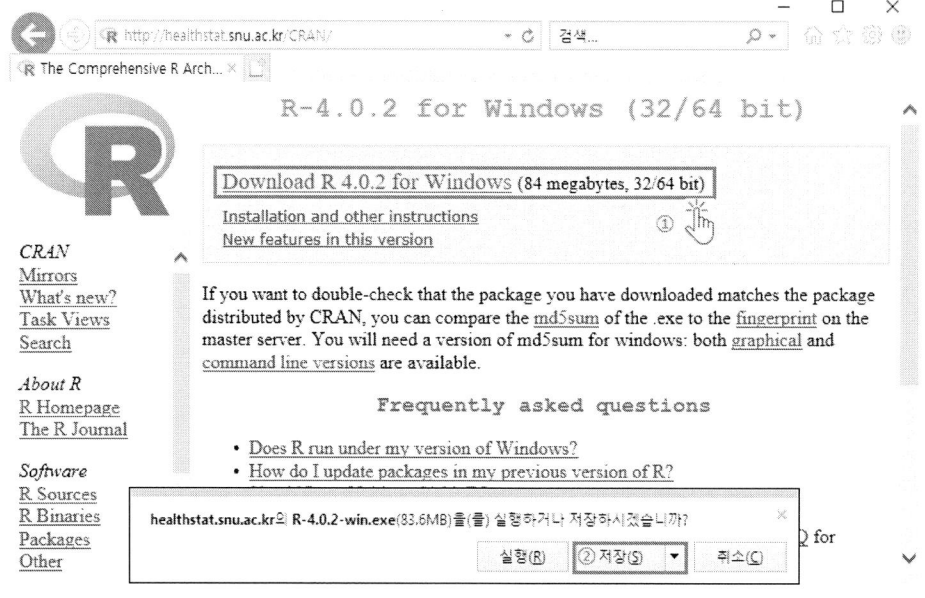

[그림 7-8] R Windows 설치 파일 내려받기

'Download R 4.0.2 for Windows' 링크를 클릭한다. 설치 파일을 내려받아서 설치하지 않고 바로 [실행(R)]을 통해서 설치할 수 있는데 반복 설치 시 시간을 단축하기 위하여 설치 파일을 로컬 컴퓨터에 [저장(S)]해서 설치할 것이다.

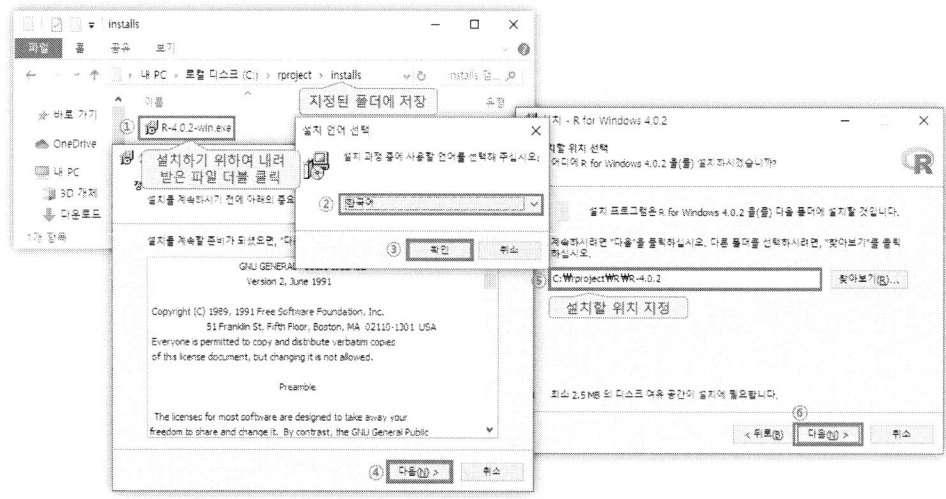

[그림 7-9] R 설치 초기 화면

R은 Program files 기본 폴더에 설치하지 않고 'c:\rproject' 폴더에 설치할 것이다. 따라서 설치 파일은 'c:\rproject\installs'에 저장한다. R을 설치하기 위하여 내려받은 파일 'R-4.0.2-win.exe'를 더블클릭하면 설치 언어 선택하면 설치 안내 페이지가 보인다. [다음(N)]

을 클릭하면 R을 설치할 위치를 지정한다. 설치할 위치는 'c:\rproject\R-4.0.2'를 지정한 후 [다음(N)]을 클릭한다.

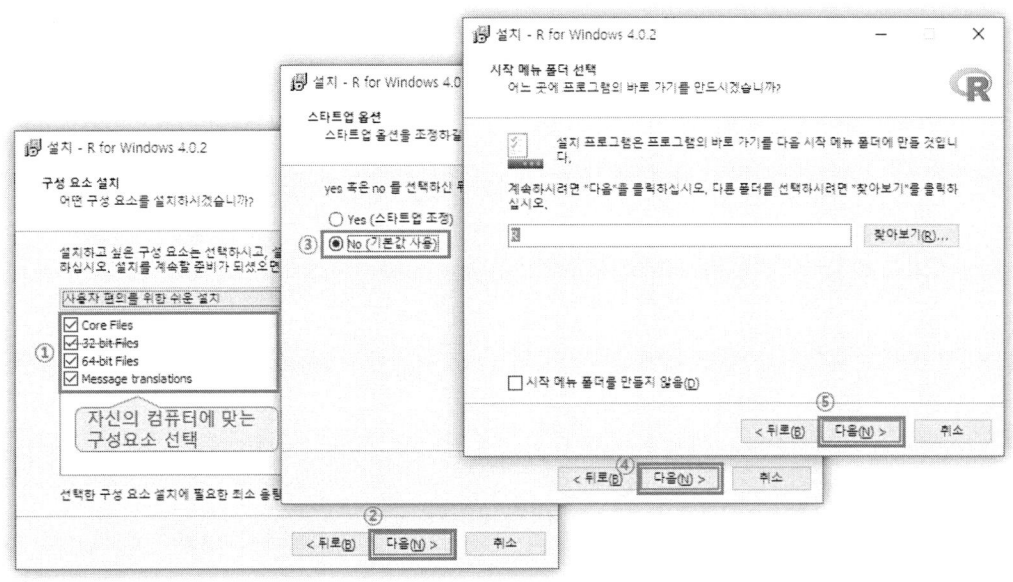

[그림 7-10] R 설치 시작 메뉴 폴더 선택

구성 요소 설치 대화상자에서 자신의 컴퓨터에 적합한 구성 요소를 선택하고 [다음(N)]하면 스타트업 옵션 대화상자에서 No(기본값 사용)를 선택하고 [다음(N)] 버튼을 클릭한다. 그럼 시작 메뉴 폴더 선택에서 R을 확인하고 [다음(N)] 버튼을 클릭한다.

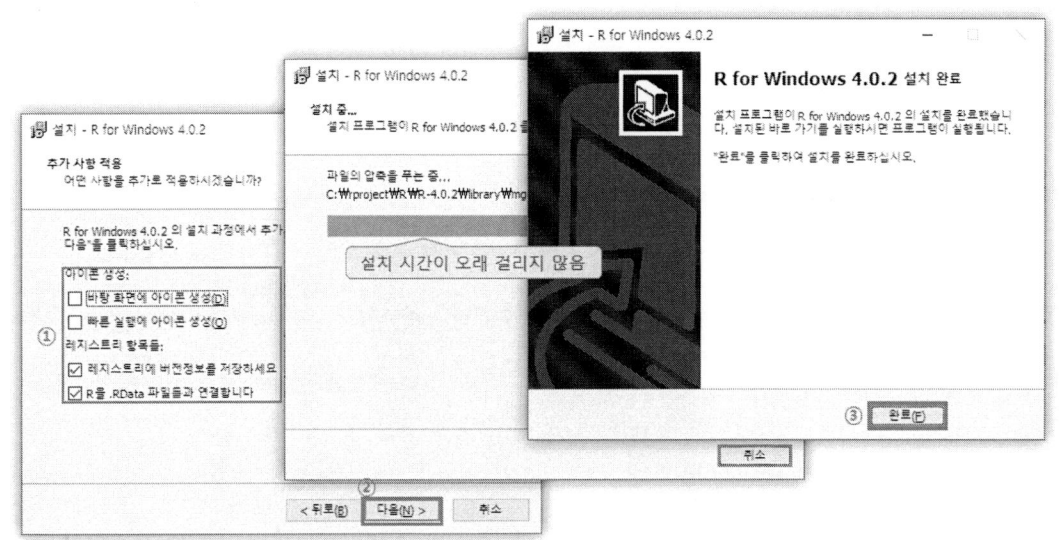

[그림 7-11] R 설치 완료 화면

추가할 사항 대화상자에서 선택한 후 [다음(N)] 버튼을 클릭하면 R 설치가 진행된다. 설치하는 시간이 오래 걸리지 않아 R 설치가 완료된다.

R 설치가 완료되면 R의 콘솔 환경 설정 파일을 살펴보자.

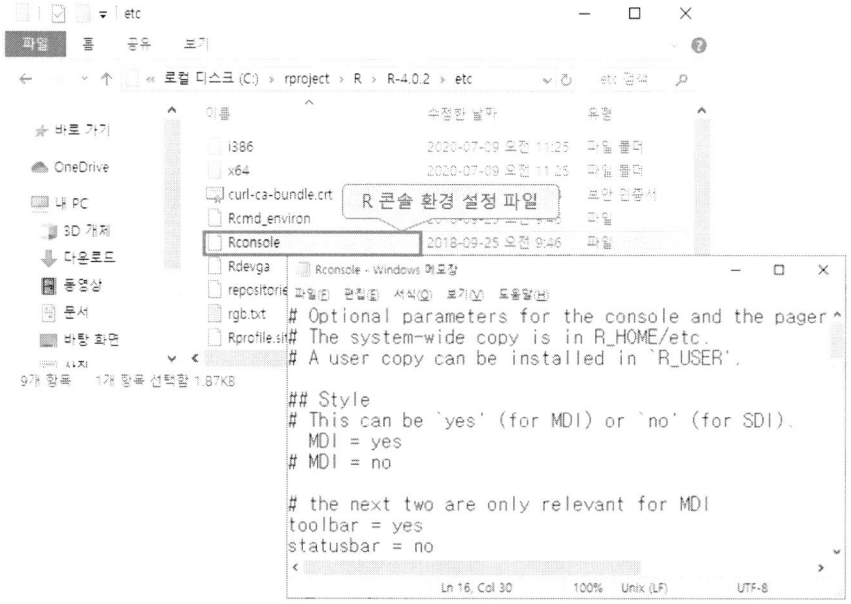

[그림 7-12] R Console 환경 파일 설정

R을 설치한 폴더에 etc 폴더에 'Rconsole'이라는 파일을 메모장으로 열면 콘솔 설정값을 확인할 수 있다. 설정 파일에서 'MDI(Multiple-Document Interface)'는 콘솔 창 내부에 그래프 표시할 때 사용하는 것이고 'SDI(Single-Document Interface)'는 콘솔 창과 별도의 창에 그래프 표시하라는 옵션이다.

2. R 실행과 종료

R을 설치가 종료되면 Window 시작 버튼을 클릭하고 메뉴에서 'R X64 4.0.2'를 선택하면 R이 실행된다.

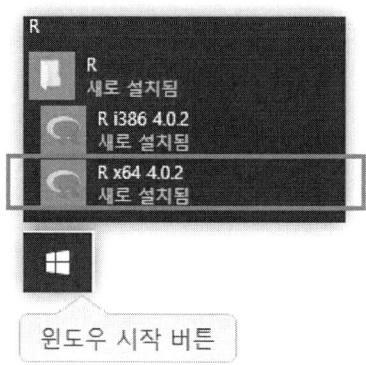

[그림 7-13] R 시작 메뉴

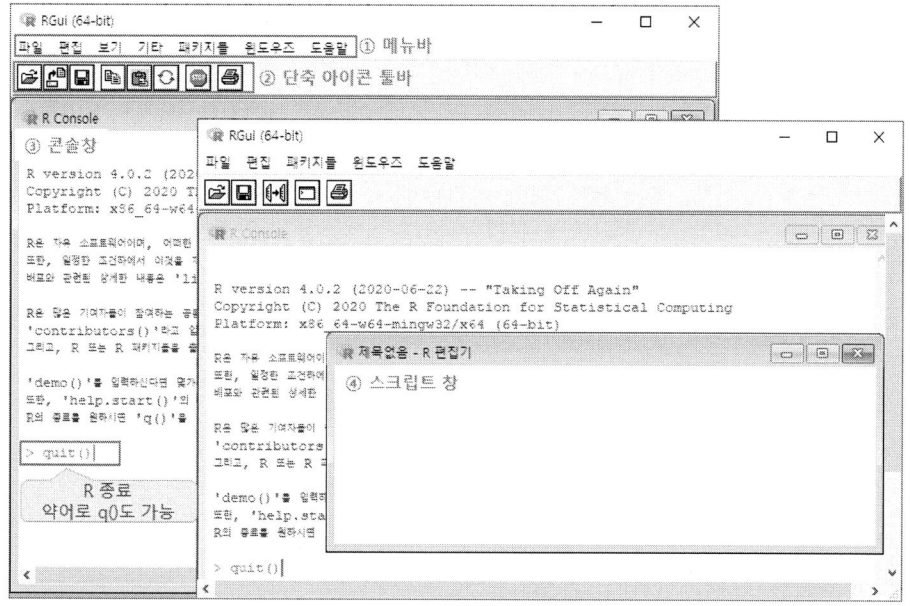

[그림 7-14] R 개발화면

R 개발화면은 크게 '메뉴바', '단축 아이콘 툴바', '콘솔 창', 그리고 '스크립트 창'으로 구분할 수 있다. R 콘솔 창은 명령어를 한 줄씩 입력하고 실행할 때 사용하고 스크립트 창은 메모장에 여러 명령어를 작성하여 한꺼번에 실행할 때 사용한다. R을 종료할 경우, 윈도우 창을 곧바로 닫을 수 있지만 '콘솔 창'에서 프롬프트(prompt) 다음에 quit() 혹은 q()를 입력하면 종료할 수 있다. 여기서 R은 객체 지향 함수 언어(object-oriented functional language)로 대부분의 명령은 함수 호출 형식을 준수해야 한다.

그러면 지금부터 R 콘솔과 스크립트를 이용하여 간단한 R 프로그램을 작성하고 실행하는 방법을 살펴보자.

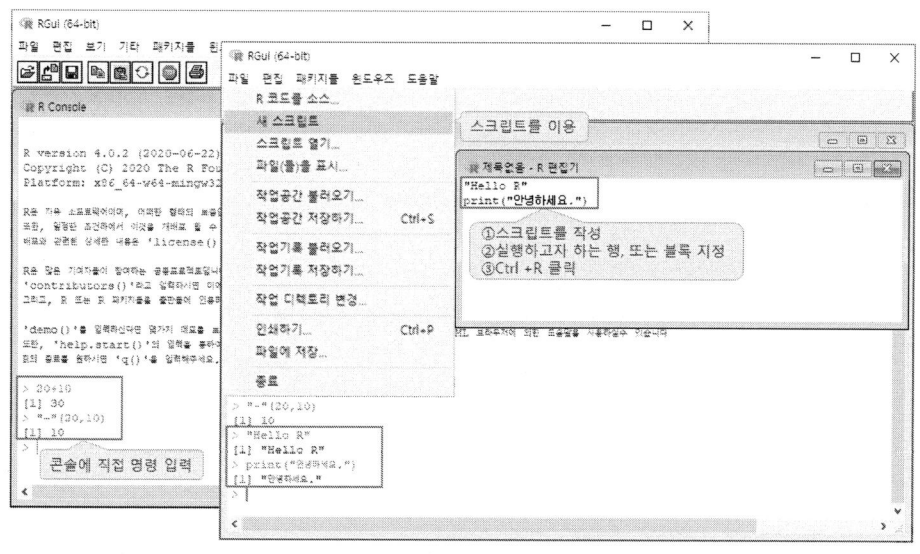

[그림 7-15] R 콘솔 활용

R 콘솔에서 프롬프트에서 20+10을 입력하고 [Enter] 키를 클릭하면 곧바로 실행 결과 30을 알 수 있다. 사실 R은 함수적 언어이기 때문에 20+10이라고 코딩하면 R은 "+"(20, 10)의 함수 형식으로 실행하게 된다. 다른 예로 "-"(20, 10)은 10이라는 결과를 출력한다. R 스크립트를 이용하여 코딩할 수 있는데 [파일] 메뉴에서 새 스크립트 클릭하면 메모장 같은 R 편집기 윈도우가 표시된다. R 편집기 윈도우 창에서 R 스크립트를 작성하고 실행하고자 하는 행 또는 블록을 지정한 후 [Ctrl]+[R]을 클릭하면 R 콘솔에서 실행 결과를 확인할 수 있다.

R 스크립트를 저장하기 위해서는 [파일] 메뉴에서 다른 이름으로 저장을 선택하면 된다.

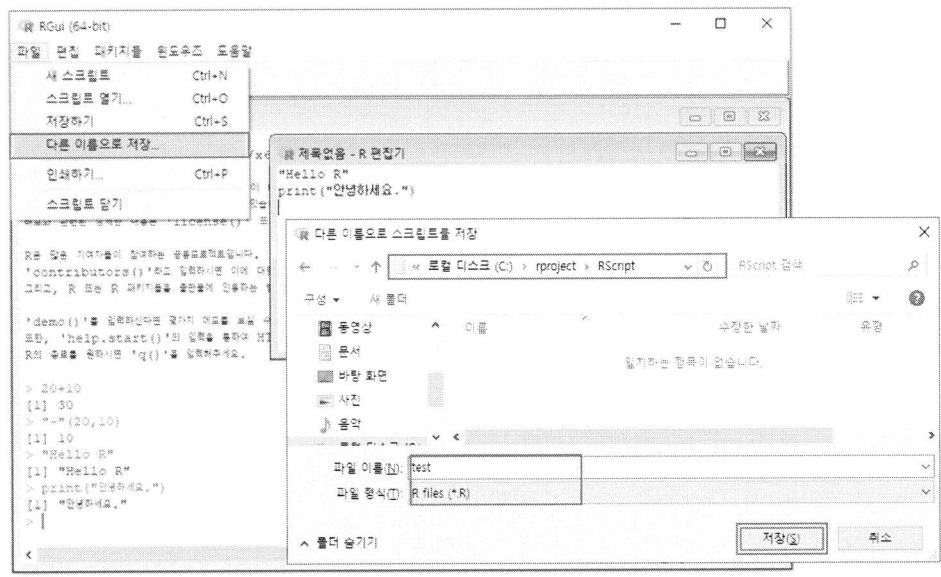

[그림 7-16] R 스크립트 저장

반대로 저장된 R 스크립트를 열기 위해서는 파일 스크립트 열기를 선택하여 윈도우 탐색기를 통해 필요한 '스크립트 열기' 하면 된다.

R의 확장된 기능을 이용하려면 추가로 제공되는 패키지를 설치해야 한다. R에 제공되는 패키지는 주로 C언어로 작성되어 있는데 Java로 작성된 것도 있다. Java로 되어있는 패키지를 설치하고 실행하기 위해서는 'JDK(Java Development Kit)'가 설치되어 있어야 한다. JDK를 설치하는 방법은 공식 사이트에서 직접 JDK를 내려받아 설치하고 R 환경을 설정하는 방법과 R 콘솔에서 직접 JDK를 설치하는 방법이 있다.

다음은 R 콘솔에서 JDK를 직접 설치하는 R 스크립트와 실행 결과이다.

 7-2-1-1: R 콘솔에서 JDK 설치

```
> if(!require("rJava")) install.packages("rJava")
> library(rJava)


> if(!require("multilinguer")) install.packages("multilinguer")
```

```
> library(multilinguer)

> install_jdk() # JDK 설치
```

ℹ Target JDK: amazon-corretto-11-x64-windows-jdk.msi
Are you sure you want to install jdk?

1: I agree
2: No way
3: No

선택: 1
ℹ Installing JDK -- please wait a moment ...
ℹ Downloading 'https:/corretto.aws/downloads/latest/amazon-corretto-11-x64-windows-jdk.msi' trying URL 'https://corretto.aws/downloads/latest/amazon-corretto-11-x64-windows-jdk.msi' Content type 'binary/octet-stream' length 169365504 bytes (161.5 MB)
downloaded 161.5 MB

ℹ Running installer and wait until done.
ℹ Jdk has been successfully installed with gui installer.
• Plase all windows close and restart for apply the jdk setting.

R 콘솔에서 JDK를 설치하기 위해서는 "rJava", "multilinguer" 패키지 라이브러리가 설치되어 있어야 한다. 그리고 JDK 설치 함수 'install_jdk()'를 통하여 AWS(Amazon Web Service) 클라우드로부터 JDK를 내려받아 설치한다.

3. RStudio 설치 및 환경 설정

RStudio는 R 통합개발 환경(IDE: Integrated Development Environment)을 제공하는 소프트웨어이다. RStudio 내려받기 위해서는 공식 사이트 http://www.rstudio.com에 접속한다. 그리고 사이트에서 [Download] 메뉴를 클릭한다.

RStudio는 Desktop 버전과 Server 버전이 있고 각각의 Open Source License와 Commercial License가 있다. 학습용으로는 'Open Source License'의 Free 버전으로 충분하니 무료 버전을 [Download]를 클릭한 후 [DOWNLOAD RSTUDIO FOR WINDOWS]를 클릭한다.

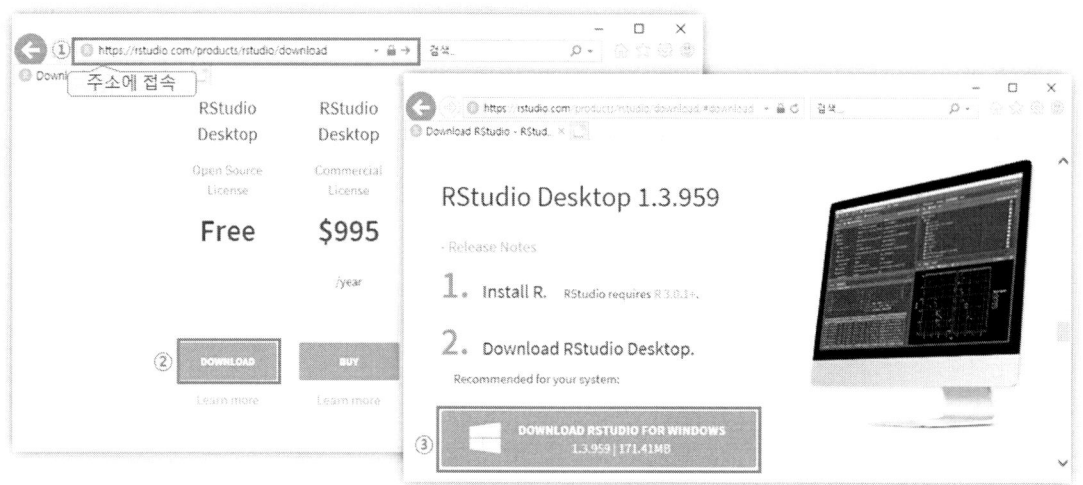

[그림 7-17] RStudio 다운로드

RStudio 설치 파일을 설치 폴더에 내려받아 저장한다. RStudio를 설치하기 위하여 내려받은 파일을 더블 클릭하면 설치 안내 화면이 나오고 [다음>]버튼을 클릭하면 설치 폴더를 지정하고 [다음>]버튼을 클릭한다.

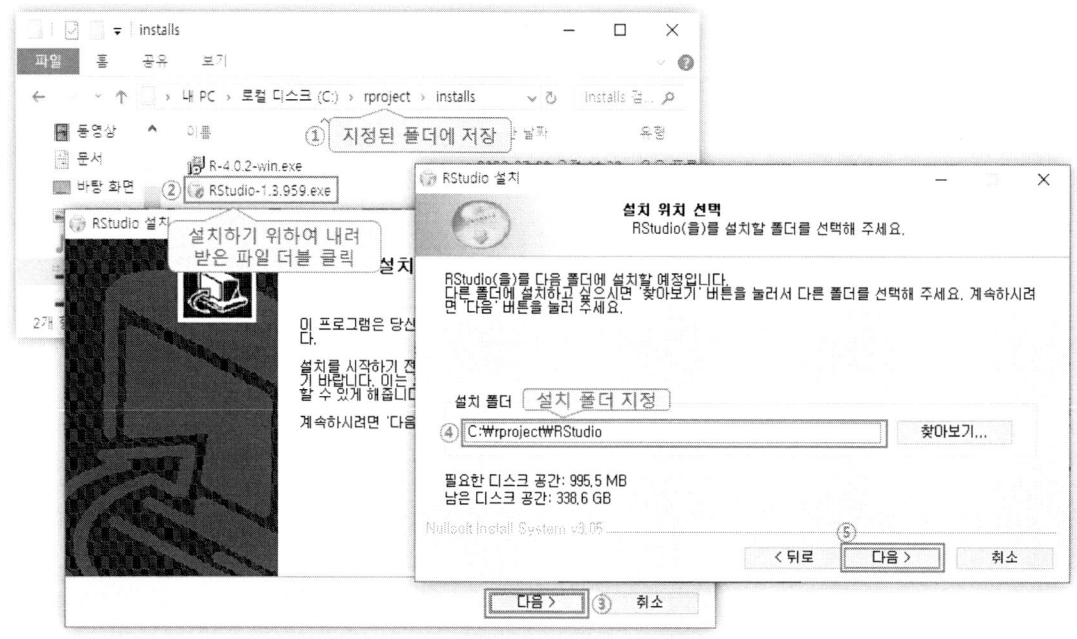

[그림 7-18] RStudio 설치 시작 화면

RStudio 시작 메뉴 폴더 선택 화면에서 [설치] 버튼을 클릭하면 설치가 진행되고 오랜 시간이 되지 않아 RStudio 설치가 완료된다.

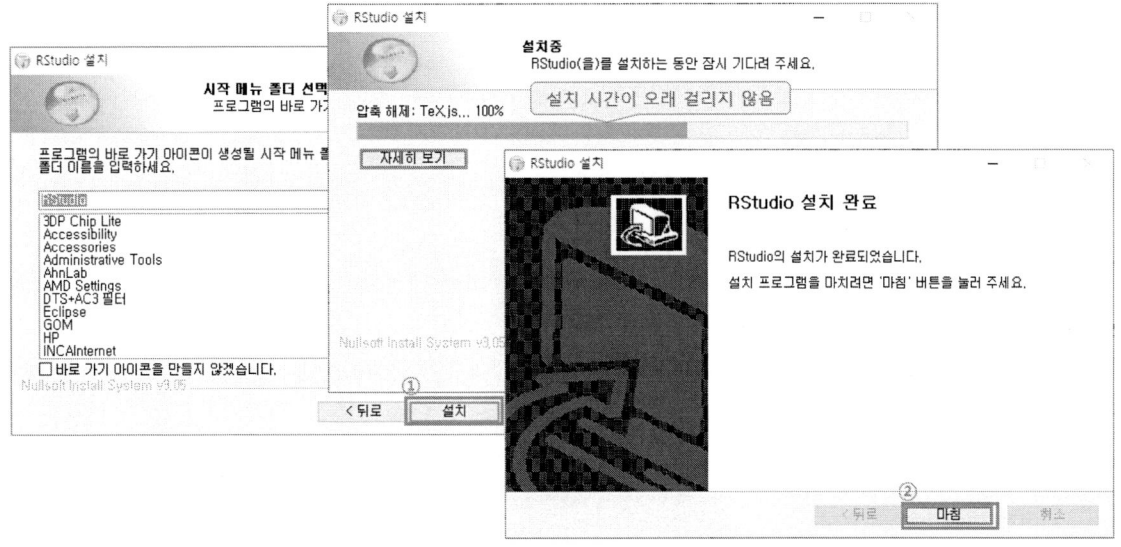

[그림 7-19] RStudio 설치종료

설치가 완료되면 [Windows] 시작 버튼을 클릭하면 메뉴에서 RStudio가 새로 설치된 것을 확인할 수 있는데 이를 클릭하면 RStudio가 실행된다.

[그림 7-20] RStudio 시작

Chapter 07. R 데이터 분석 환경 구축 · **187**

RStudio 실행 화면의 메뉴에서 [Tools]의 Global Option에서 편집화면을 변경할 수 있다.

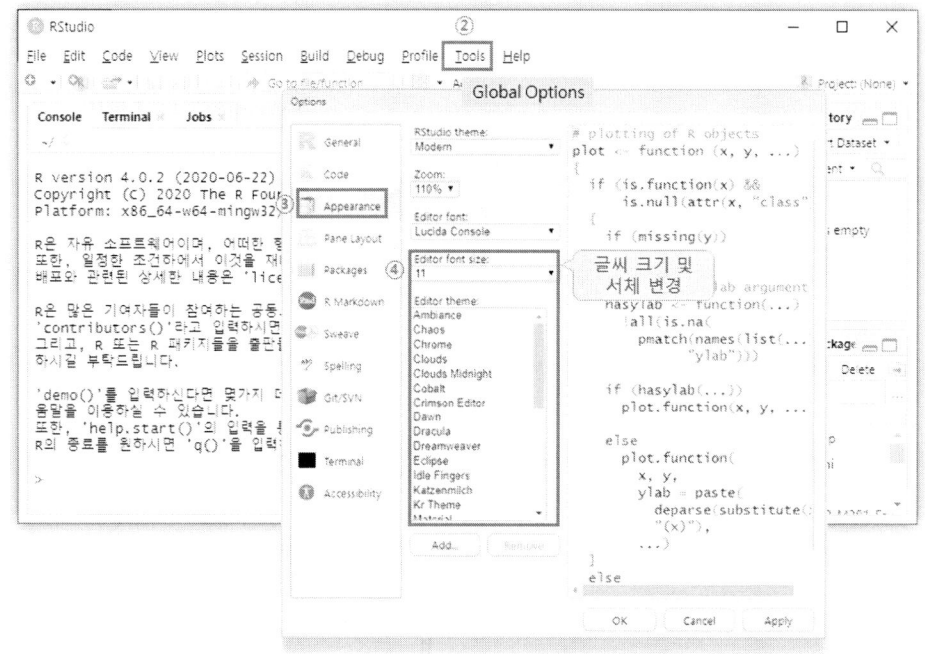

[그림 7-21] RStudio 환경 설정

다음은 RStudio의 구성 화면이다.

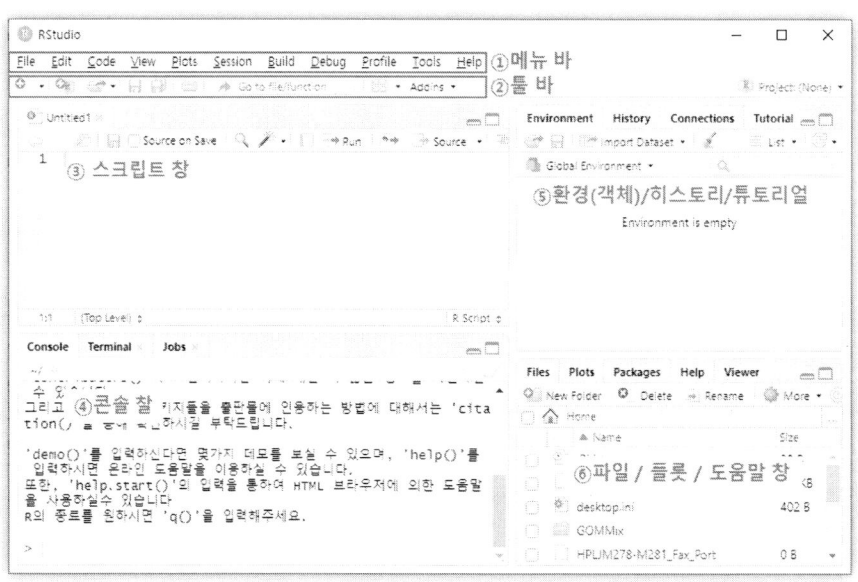

[그림 7-22] RStudio 구성

RStudio는 크게 '메뉴바', '툴바', '스크립트 창', '콘솔 창', 그리고 '환경' 등에 관련된 창과 파일 등에 관련된 창으로 구분할 수 있다. RStudio를 구성하는 각각의 기능을 정리한 것은 다음 [표 7-2]와 같다.

[표 7-2] RStudio 구성 요소

구성 요소		각종 메뉴
툴바		메뉴의 단축 기능
스크립트 창		R 스크립트 입력 및 편집
콘솔 창	Console	R 명령어 입력 및 결과 출력
	Terminal	명령 창 표시
	Jobs	작업 표시
환경 창	Environment	Console 입력된 변수와 값 표시
	History	작성한 Script 저장
	Connection	존재하는 데이터 소스와 연결
	Tutorial	R 사용 지침서 표시
파일 창	Files	현재 작업 디렉터리 파일목록 표시
	Plots	R 실행 결과 그래픽 표시 창
	Packages	설치된 패키지 목록 표시 및 설치
	Help	R 도움말 표시
	Viewer	웹 문서 출력

그러면 studio의 간단한 활용 예제를 살펴보자.

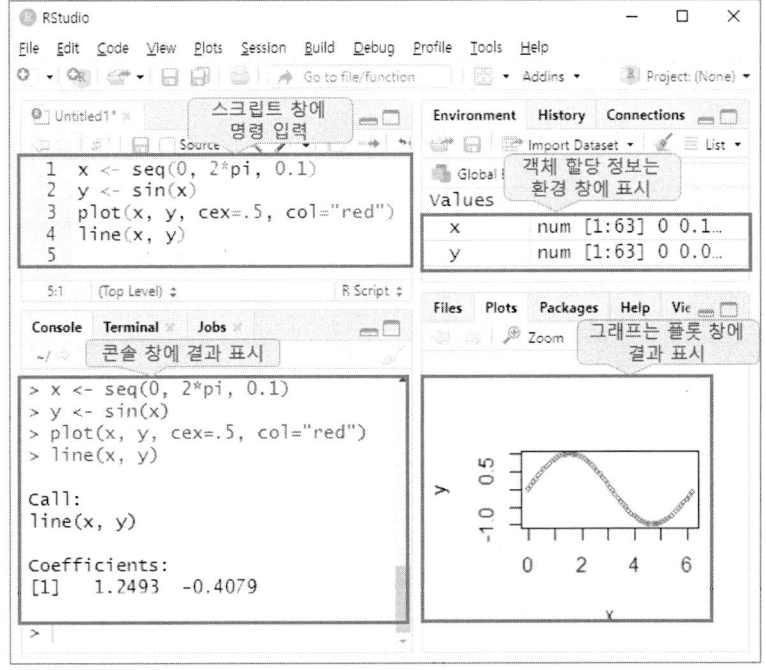

[그림 7-23] RStudio 활용

RStudio 스크립트 창에 R 프로그램을 입력하고 실행하면 '환경 창'에 프로그램에서 사용한 변수와 변수에 할당된 값을 표시한다. 그리고 콘솔 창에는 실행한 소스 프로그램과 실행 결과가 출력된다. 그리고 Plots 창에는 그래프가 표시된다.

RStudio에서 R 스크립트를 빠르게 편집하고 실행하기 위한 여러 가지 단축키를 제공한다. RStudio의 단축키를 알아보기 위해서는 메뉴에 [Tools]의 [Keyboard Shortcut Help]를 클릭하거나 'Alt+Shift+k'를 클릭해도 된다.

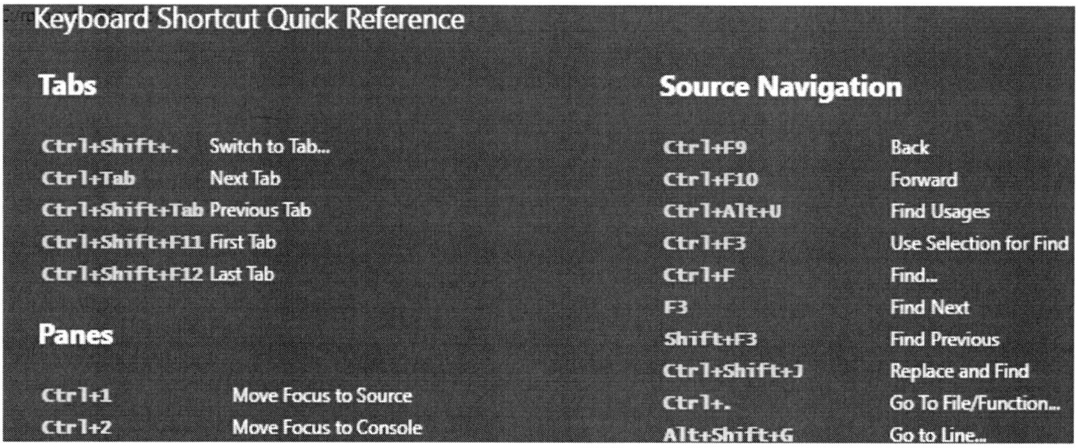

[그림 7-24] RStudio 단축키 현황

RStudio에서 자주 사용하는 단축키는 다음 [표 1-3]과 같다.

[표 7-3] RStudio에서 자주 사용하는 단축키

명령	단축키
실행	[Ctrl] + [Enter]
새 스크립트 창 열기	[Ctrl] + [Shift] + [N]
주석 처리	[Ctrl] + [Shift] + [C]
배정 기호(<-) 입력	[Alt] + [-]
스크립트 창 커서 이동	[Ctrl] + [1]
콘솔 창 커서 이동	[Ctrl] + [2]
콘솔 창 초기화	[Ctrl] + [L]

한편 RStudio의 '메뉴 바(Menu bar)' [Tools]의 [Global options...]에서 스크립트 폰트 유형(Editor font)과 크기(size)를 조정하거나 '테마(Theme) 변경(Editor theme)' 등을 변경할 수 있다.

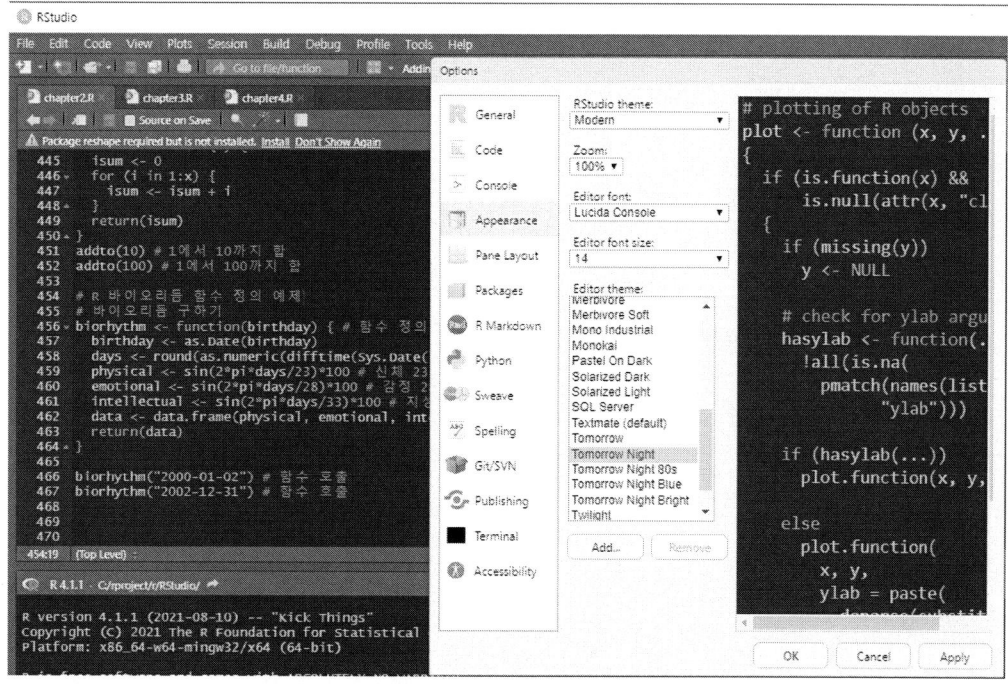

[그림 7-25] RStudio 테마 변경

요즘은 프로그램 개발도구의 테마는 검은색을 주로 사용하는 경향이 있다. Rstudio에서 테마를 '검정색'으로 변경하기 위해서는 주로 [Editor theme]의 [Tomorrow Night]를 적용할 수 있다.

RStudio에서 [File]의 [Save As..] 메뉴를 통해서 스크립트를 저장할 수 있다.

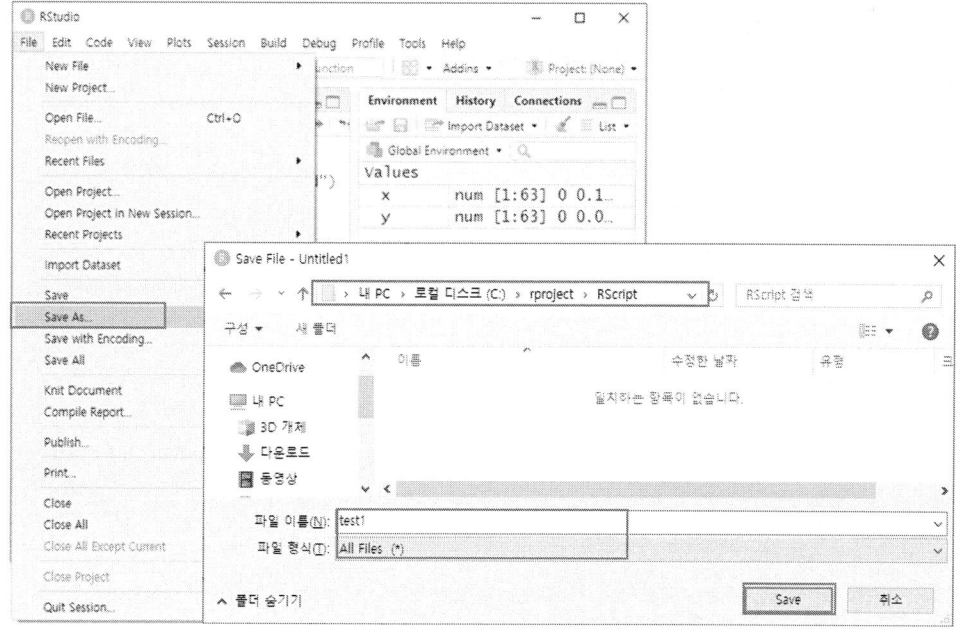

[그림 7-26] RStudio 스크립트 저장

저장된 스크립트 파일을 열기 위해서는 [File]의 [Open File]을 선택하고 탐색기에서 대상 파일을 클릭하면 된다.

RStudio를 종료하기 위해서는 명령어 quit(), q() 사용하거나 윈도우 화면 닫기 버튼 클릭하면 된다. 또한 [File]의 [Quit Session] 메뉴를 클릭하면 된다.

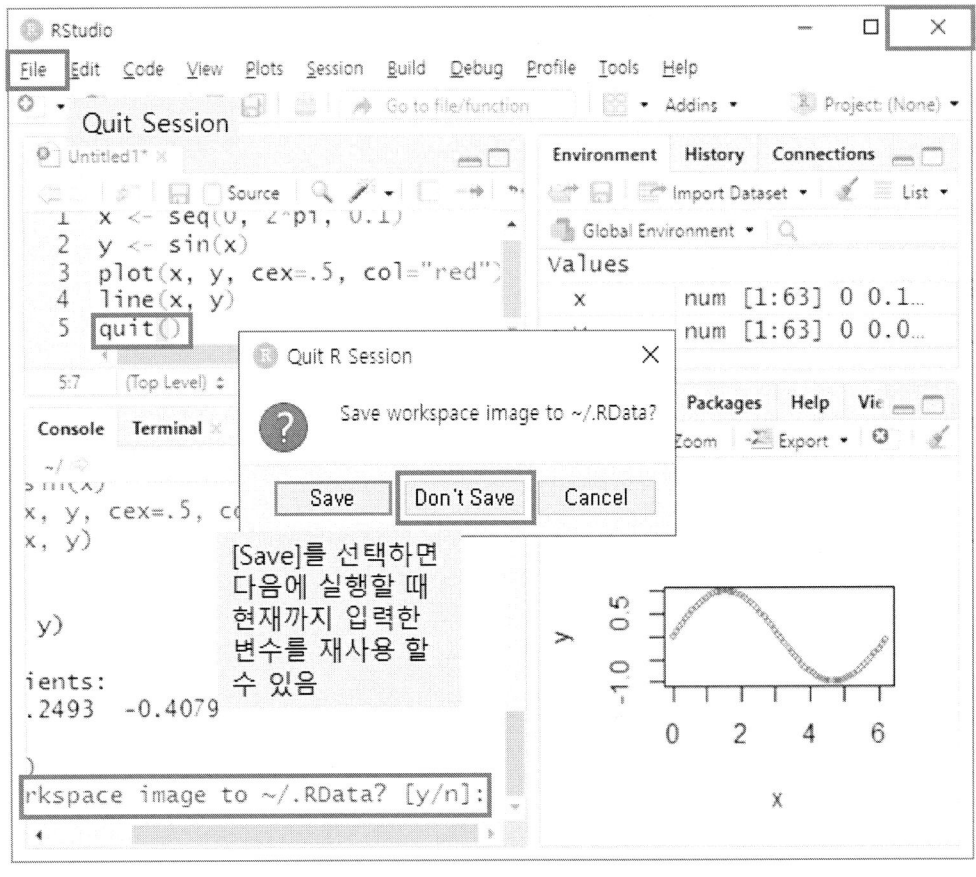

그림 7-27 RStudio 창 닫기

7.4 R 도움말 활용

R은 함수 기반의 언어로 R을 이용하여 데이터를 처리하고 분석하기 위해서는 수많은 함수를 이용해야 한다. 이처럼 수많은 함수의 기능을 모두 알 수 없으므로 R은 도움말 기능을 하고 있다. R 도움말 기능을 통해서 함수의 역할뿐만 아니라 함수에 사용되는 인자(argument)의 종류와 기능을 알 수 있다. 그리고 함수를 적용한 예제를 통해서 함수의 쓰임을 알 수 있도록 한다.

R 도움말(Help)은 '?'와 'help()' 함수를 통해서 가능하다.

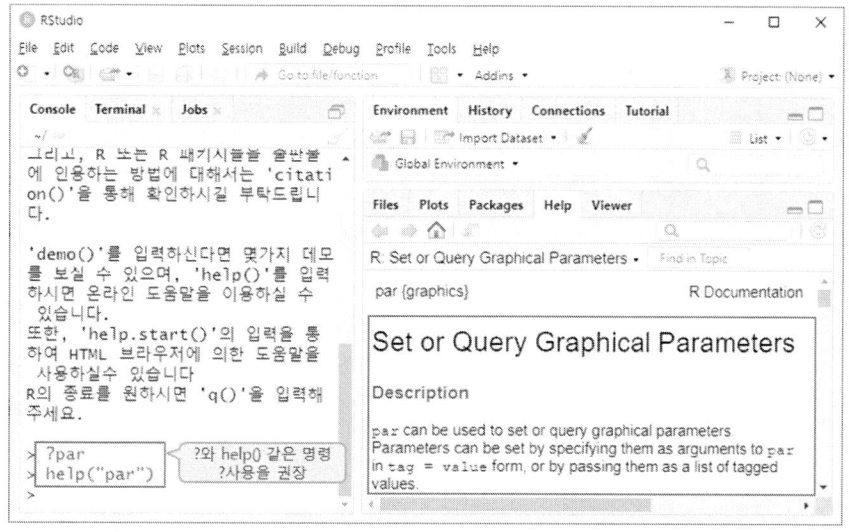

[그림 7-28] RStudio Help 기능

만일 par라는 함수의 쓰임을 알고 싶으면 R 콘솔에서 '?par'나 help("par")을 실행하면 'Help 창'에 도움말이 출력된다. 만일 par 함수에 인자(argument)만 알고 싶으면 R 콘솔 창에서 args("par")라고 입력하면 되고 par 함수에 여러 가지 예제를 표시하고 실행 결과를 알기 위해서는 example("par")를 실행하면 된다.

한편 par라는 단어가 포함된 모든 명령을 알고 싶으면 R 콘솔에서 '??par'를 실행하면 된다.

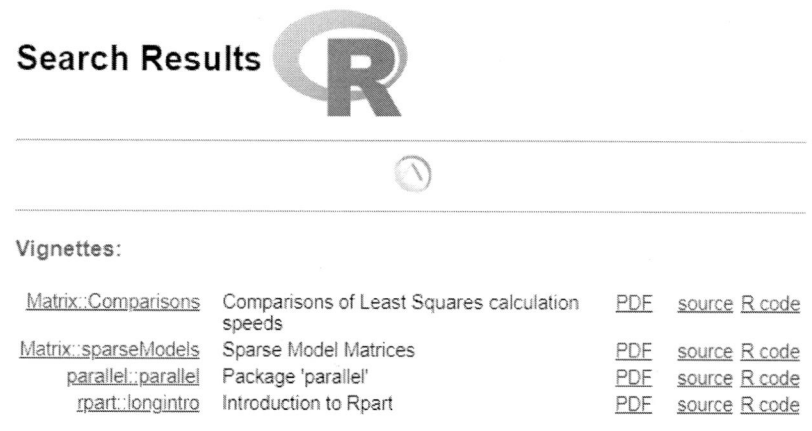

[그림 7-29] RStudio Help 결과 예시 화면

7.5 R 패키지와 라이브러리 활용

R 패키지는 관련된 R 함수를 하나로 모아서 묶어놓은 것이고 라이브러리는 R 패키지가 저장된 폴더를 의미한다. R 패키지는 R을 설치할 때 함께 설치한 기본 패키지(base package)와

추천 패키지(recommended package)가 있고 추가 기능이 필요할 때마다 별도로 설치해야 하는 패키지(install package)가 있다. R 기본 패키지는 별도의 설치와 라이브러리 로딩 과정 없이 R을 실행하면 곧바로 사용할 수 있다. 그리고 추천 패키지는 별도의 설치는 필요 없지만 사용하기 위해서는 라이브러리 로드(load) 과정이 필요하다. 설치 패키지는 R 설치 시에 설치된 것이 아니라 별도로 설치 과정과 라이브러리 로딩 과정도 필요하다. R 패키지 설치 폴더는 R 콘솔에서 '> .libPaths()'로 확인할 수 있는데 R 설치 폴더 밑에 'library' 폴더에 저장된다.

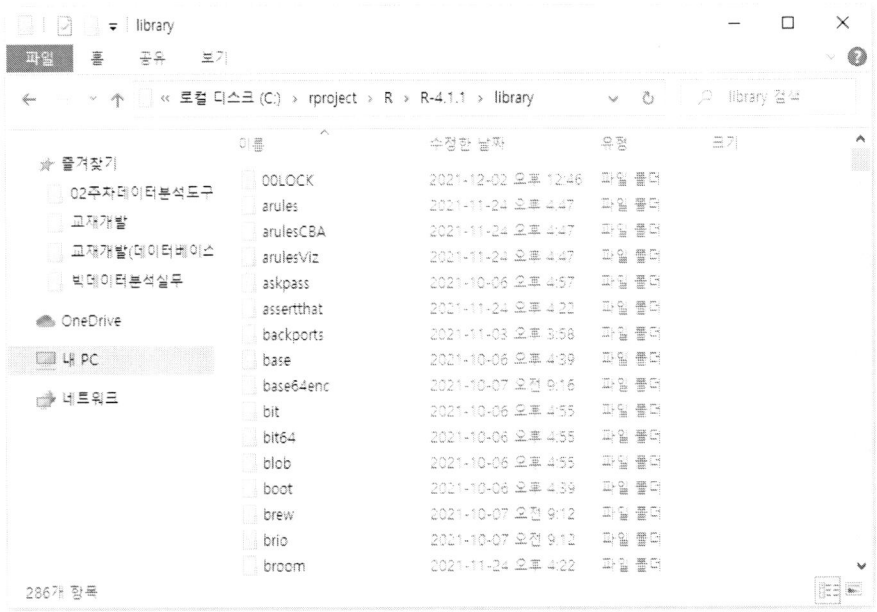

[그림 7-30] R 패키지 라이브러리

R 패키지는 계속해서 R 기능을 무한정 확장하는 효과가 있어 누구나 패키지를 제작하고 자유롭게 배포할 수 있다. 현재까지 알려진 package 수는 수천 개 이상 될 것으로 추정된다. 기타 R 패키지를 설치하는 방법은 R 메뉴에서 설치하는 방법과 R Studio의 Packages를 통해서 설치하는 방법이 있다. 그리고 R 프로그램에서 직접 설치할 수도 있다. 다음은 R 콘솔에서 직접 패키지를 설치하는 형식이다.

[표 7-4] R 패키지 설치와 제거 형식

installed.packages()	설치된 모든 패키지 조회
install.packes("패키지이름")	패키지 이름에 해당하는 패키지 설치
ls("package:패키지이름")	패키지 이름에 설치된 내용 표시
detach("package:패키지이름")	패키지 분리
remove.packages("패키지이름")	분리된 패키지 삭제

다음 [그림 7-31]은 설치된 패키지를 조회한 것이다.

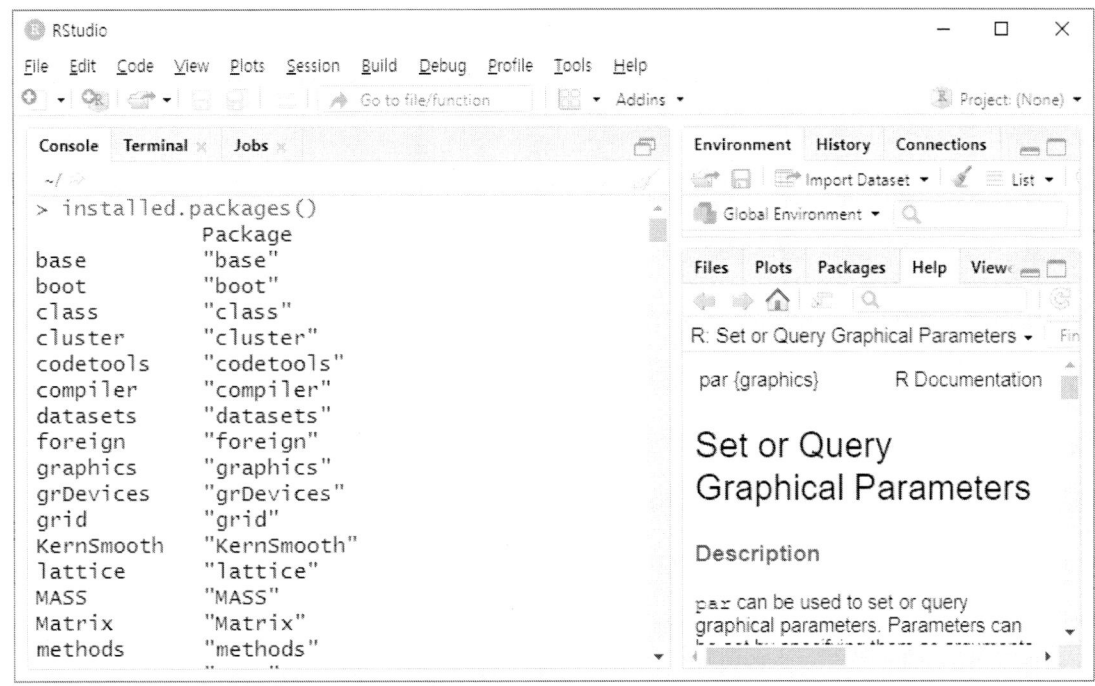

[그림 7-31] R 설치된 패키지 조회 결과

R에서 자주 사용되는 패키지와 주요 함수를 정리한 것은 다음 [표 7-5]와 같다.

[표 7-5] R 주요 패키지와 함수

패키지 명	주요 함수	내용
Amelia	amelia()	결측치 처리 함수
aplpack	faces()	체르노프 페이스 시각화
arules	apriori()	데이터마이닝 연관분석
arulesViz	plot()	데이터마이닝 연관분석 시각화
caret	confusionMatrix()	데이터마이닝 분류분석 결과 테이블 제공
data.table	data.table()	빠른 데이터 그룹화를 위한 데이터 프레임
descr	freq()	빈도분석
DMwR	kNN()	k-평균 클러스터링
downloader	plot.nnet()	데이터마이닝 인공신경망 분석 모형 그래프
e1071	naiveBayes(), svm()	나이브 베이즈 분류분석, 서포트 벡터 머신
ggmap	ggmap()	구글지도 매핑 시각화

ggplot2	ggplot()	고급 그래프 시각화
gmodels	CrossTable()	교차분석
Hmisc	rcorr()	상관분석
igraph	graph.density()	그래프 챠트 작성
KoNLP	extraNoun()	한글 자연어 명사 추출
MASS	isoMDS()	다차원 척도 분석, 통계 데이터 셋
neuralnet	neuralnet()	데이터마이닝 인공신경망 분류분석
nnet	nnet()	데이터마이닝 인공신경망 분류분석
plotly	ggplotly()	인터랙티브 그래프
plyr	ddply(), ldply()	그룹별 집계요약
prettyR	Mode()	최빈값
rattice	dist(), kmeans()	계층적 군집분석, k-평균 군집분석
readxl	read_excel()	엑셀 파일 읽어오기
reshape	melt(), cast()	데이터 마트
rpart	rpart()	의사결정나무 분류분석
rpart.plot	rpart.plot()	의사결정나무 분류분석 그래프 시각화
rpart	rpart()	데이터마이닝 의사결정나무 분류분석
rvest	html_text()	웹 스크래핑
sqldf	sqldf()	데이터 SQL 처리
stringr	str_replace_all()	문자열 처리
tm	Corpus()	말뭉치 작성
topicmodels	LDA()	토픽 모델링
tree	tree()	데이터마이닝 의사결정나무 분류분석
treemap	treemap()	트리형태의 그래프 시각화
wordcloud	wordcloud()	워드 클라우드 그래프 시각화
WriteXLS	WriteXLS()	엑셀 형식의 파일 저장
XML	xmlTreeParse()	XML 파일 파싱

그럼, 각종 통계 데이터셋을 가지고 있는 MASS 패키지를 설치하고 활용하는 방법에 대하여 살펴보자.

7-5-1-1: MASS 패키지를 설치와 활용

```
> install.packages() # 설치된 패키지 목록 표시
          Package          LibPath                              Version
abind     "abind"          "C:/RProject/R-4.3.1/library"        "1.4-5"
adabag    "adabag"         "C:/RProject/R-4.3.1/library"        "5.0"
aplpack   "aplpack"        "C:/RProject/R-4.3.1/library"        "1.3.5"
askpass   "askpass"        "C:/RProject/R-4.3.1/library"        "1.2.0"
중간 결과 생략
ellipsis   NA              NA              NA       "yes"       "4.3.1"
evaluate   NA              NA              NA       "no"        "4.3.2"
[ reached getOption("max.print") -- omitted 237 rows ]
```

```
> search() # 부착되어 사용가능한 패키지 표시
 [1] ".GlobalEnv"          "package:rJava"        "tools:rstudio"
 [4] "package:stats"       "package:graphics"     "package:grDevices"
 [7] "package:utils"       "package:datasets"     "package:methods"
[10] "Autoloads"           "package:base"
```

```
> install.packages("MASS", dependencies = TRUE) # MASS 패키지 설치
> library(MASS, quietly = FALSE)
```

Warning message:
패키지 'MASS'는 R 버전 4.3.3에서 작성되었습니다

```
> search() # 부착되어 사용가능한 패키지 표시
 [1] ".GlobalEnv"          "package:MASS"         "tools:rstudio"
 [4] "package:stats"       "package:graphics"     "package:grDevices"
 [7] "package:utils"       "package:datasets"     "package:methods"
[10] "Autoloads"           "package:base"
```

```
> ls("package:MASS") # MASS 패키지에 포함된 데이터 셋 표시
  [1] "abbey"              "accdeaths"           "addterm"
  [4] "Aids2"              "Animals"             "anorexia"
  [7] "area"               "as.fractions"        "bacteria"
중간 결과 생략
[160] "waders"             "whiteside"           "width.SJ"
[163] "write.matrix"       "wtloss"
```

```
> head(Animals) # Animals 데이터 셋 상위 6행 조회
```

```
                 body  brain
Mountain beaver    1.35   8.1
Cow              465.00 423.0
Grey wolf         36.33 119.5
Goat              27.66 115.0
Guinea pig         1.04   5.5
Dipliodocus    11700.00  50.0
```

> detach(package:MASS) # 부착된 MASS 패키지 분리
> remove.packages("MASS") # MASS 패키지 제거

패키지(들)을 'C:/RProject/R-4.3.1/library'으로부터 제거합니다
(왜냐하면 'lib'가 지정되지 않았기 때문입니다)

"MASS" 패키지는 R-4.x.x 이상부터 cran 사이트에서 자동으로 내려받아 설치할 수 없을 경우 https://cran.r-project.org/web/packages/MASS/index.html에서 R 버전에 적합한 것을 수동으로 내려받아 압축을 해제한 후 R 설치 폴더에 library 폴더에 복사해야 한다.

연습문제 -Exercises

향상학습

1. 다음 중 사용 목적상 서로 다른 성격의 프로그램은?
   ① SPSS　　② EXCEL　　③ Python　　④ SAS　　⑤ R

2. 다음 중 R과 연관된 데이터 분석 도구를 올바르게 고른 것은?

ㄱ. S-Plus	ㄴ. Stata	ㄷ. LISP	ㄹ. Python
ㅁ. SPSS	ㅂ. Scheme	ㅅ. SAS	ㅇ. Excel

   ① ㄱ ㄴ ㄹ　　② ㄱ ㄷ ㅂ　　③ ㄴ ㄹ ㅇ
   ④ ㄷ ㅂ ㅅ　　⑤ ㅁ ㅅ ㅇ

3. 다음 빅데이터 분석 도구 R 설명이 적절하지 않은 것은?
   ① 다양한 형태의 자료구조를 지원하고 있다.
   ② 설치 용량이 비교적 적게 차지하는 편이다.
   ③ 공개 버전을 무료로 설치하여 사용할 수 있다.
   ④ 다른 프로그래밍 언어와 쉽게 연결할 수 있다.
   ⑤ 메모리관리, 속도, 효율성, 보안에 탁월한 효과가 있다.

4. 다음 중 R 특징을 설명한 것으로 적절하지 않은 것은?
   ① 복잡한 행렬 계산을 빠르고 쉽게 수행할 수 있다.
   ② 강력한 그래픽 기능을 제공하여 시각화가 우수하다.
   ③ 필요한 패키지 설치로 거의 무한의 기능의 확장할 수 있다.
   ④ 도움말(help) 기능을 통한 함수 사용 방법을 쉽게 학습할 수 있다.
   ⑤ 프로그램을 별도로 설치하지 않고도 웹에서 자유롭게 사용가능하다.

5. 다음 중 R 설치 과정 설명으로 적절하지 않은 것은?
   ① R콘솔 환경 설정과 변경 파일은 Rconsole이다.
   ② CRAN Mirror 사이트를 통하여 빠르게 설치할 수 있다.

③ Window 뿐만 아니라 Linux, Mac OS 버전도 지원한다.
④ 설치 경로에 한글이 포함되어 있으면 오류가 발생할 수 있다.
⑤ 64-bit Files뿐만 아니라 32-bit Files 구성 요소도 지원한다.

6. R의 IDE로 사용할 수 있는 프로그램은?
　① R Eclipse　　　② R Server　　　③ R Studio
　④ R Package　　　⑤ R Console

7. 다음 R Studio 사용하는 단축 코드 설명이 틀린 것은?
　① [Ctrl] + [Enter] - 실행
　② [Ctrl] + [-] - 배정기호(<-)
　③ [Ctrl] + [L] - 콘솔 창 내용 지우기
　④ [Ctrl] + [Shift] + [C] - 한 줄 코멘트 처리
　⑤ [Ctrl] + [Shift] + [N] - 새 스크립트 창 열기

8. 다음 중 R 도움말 활용에 관련된 명령으로 올바르지 않은 것은?
　① ?par　　　② help("par")　　　③ print("par")
　④ args("par")　　⑤ example("par")

9. 다음 R 패키지를 설명이 올바르지 않은 것은?
　① 계속적인 R 기능을 무한정 확장하는 효과가 있다.
　② 누구나 패키지를 제작하고 자유롭게 배포할 수 있다.
　③ 여러 가지 함수나 데이터를 하나로 묶어놓은 것이다.
　④ 알려진 package는 수십만 개 이상 될 것으로 추정한다.
　⑤ install.packages("패키지명")로 설치만 하면 곧바로 사용 가능하다.

10. 다음 중 R 패키지 활용에 관련된 설명이 올바르지 않은 것은?
　① detach("package:패키지이름") : 패키지 분리한다.
　② installed.packages() : 설치된 모든 패키지 조회한다.
　③ ls("package:패키지이름") : 설치된 패키지 내용 조회한다.
　④ install.packages("패키지이름") : 새로운 패키지 설치한다.
　⑤ uninstall.packages("패키지이름") 설치된 패키지 제거한다.

심화학습

1. 통계 소프트웨어 MATLAB와 Stata의 특징을 설명하세요.

2. R의 장단점을 기술하세요.

3. 데이터 분석 측면에서 R과 Python의 장단점을 기술하세요.

4. R 도움말 기능에 대하여 설명하세요.

5. R 패키지 설치 시 고려할 사항을 설명하세요.

빅데이터 분석
기획과 실무

Chapter 08

R 프로그래밍 기초

8.1 R 데이터 표현
8.2 R 데이터 구조 활용
8.3 R 프로그래밍 제어문
8.4 R 함수
8.5 R 데이터 마트 구성
연습문제

Chapter. 08

R 프로그래밍 기초

8.1 R 데이터 표현

R 상수를 표현하는 데이터 유형은 크게 기본형(basic type)과 특수형(special type)으로 나눌 수 있다. 기본형은 숫자형(numeric), 복소수형(complex), 문자형(character), 날짜형(date), 논리형(logical)이 있고 특수형은 NULL, NA, NaN, Inf가 있다. 이들 각각의 내용과 형식은 [표 8-1]과 같다.

[표 8-1] R 데이터 유형

구 분	데이터 유형	내 용
기본형	숫자형(numeric)	계산이 가능한 숫자이며 정수형과 실수형이 있음
	복소수형(complex)	실수와 허수로 이루어진 수
	문자형(character)	알파벳, 특수문자, 숫자 등의 조합의 문자열로 " " 또는 ' '로 묶어 표현
	날자형(date)	년 월 일시 분 초 등의 날자 형
	논리형(logical)	참(TRUE, T), 또는 거짓(FALSE, F)을 의미하는 상징 상수 (figurative constant)
특수형	NULL	알려지지 않은 값, 혹은 아직 정해지지 않은 값을 의미하는 것으로 연산이 불가능
	NA	Not Available의 약자로 결측치(missing value)를 의미하는 것으로 연산이 불가능
	NaN	Not Available Number의 약자로 수치 자료의 결측치로 수학적으로 계산 불가능한 수
	Inf	Infinite의 약자로 양의 무한대를 의미하는 상징적인 값

R 변수(variable)란 변화하는 상수를 저장할 수 있는 상징적 이름(symbolic name)을 의미한다. R 변수 이름을 명명하는 규칙은 다음과 같다.

- R의 변수명은 알파벳(alphabet), 숫자(number), _(Underscore), .(period)로 구성할 수 있음
- 변수 명의 첫 글자는 반드시 알파벳 또는 .(period)으로 시작해야 함

- 변수 명의 첫 글자를 .(period)으로 시작할 경우는 다음 글자는 반드시 영문자로 시작
- 알파벳 대문자 소문자는 구별되며 서로 다른 변수로 취급
- 한글도 변수명으로 사용할 수 있으나 되도록 사용을 지양
- 올바른 변수 명의 예: x y a1 a2 .x score_df score.df
- 잘못된 변수명: 1a .2 x-y

변수가 값을 가지기 위해서는 배정 연산자(assignment operation)가 필요한데 R에서 사용하는 연산자는 [표 8-2]와 같다.

[표 8-2] R 배정 연산자

할당 연산자	내용
<- 혹은 <<-	• 우측에 있는 값을 좌측 변수에 저장 • 어느 곳에서나 사용 가능
-> 혹은 ->>	• 좌측에 있는 값을 우측 변수에 저장 • 어느 곳에서나 사용 가능
=	• 우측에 있는 값을 좌측 변수에 저장 • 명령의 최상위 수준에서만 사용 • 함수 인수의 값을 지정하는 데 사용할 때 파라미터에 값이 할당되지 않음

다른 언어에 비하여 R 배정 연산자는 여러 개가 있으며 특히 <-와 = 연산자의 쓰임을 잘 알아 둘 필요가 있다. <- 연산자는 변수에 값을 할당할 때 어느 곳이나 사용할 수 있지만 =는 명령의 최상위 수준에서만 사용이 가능하다는 차이가 있다. 즉 =연산자는 함수의 인수(argument)를 지정하는 데에만 사용하고, 인수에 값은 할당되지 않는다는 것에 유의해야 한다. 이런 배정 연산자의 차이를 살펴보기 위하여 다음과 같은 R 코드와 실행 결과를 살펴보자.

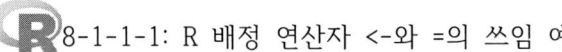
8-1-1-1: R 배정 연산자 <-와 =의 쓰임 예

```
> a <- c(1, 2, 3) # R 변수 a에 1 2 3 저장
> a # 변수 a 출력
[1] 1 2 3
> mean(b <- c(1, 2, 3)) # 변수 b에 1 2 3 저장 후 평균 반환
[1] 2
 > b # 변수 b 출력
[1] 1 2 3
> mean(x = c(1, 2, 3)) # 인자 x에 1 2 3 설정
```

[1] 2

> x # 변수 x값 출력
Error: object 'x' not found

위 예제에서 mean() 함수에 인자로 'b <- c(1, 2, 3)'을 사용할 경우에 변수 b에 '1 2 3' 저장 후 평균값을 반환하고 'x = c(1, 2, 3)'를 사용하면 인자 x에 '1 2 3' 설정한 결과 평균값을 반환하지만, 변수 x에는 값을 배정하지 않기 때문에 "Error: object 'x' not found" 메시지가 출력된 것이다.

R 변수는 데이터 분석에서 그의 쓰임에 따라 [그림 8-1]과 같이 여러 가지로 불리게 된다.

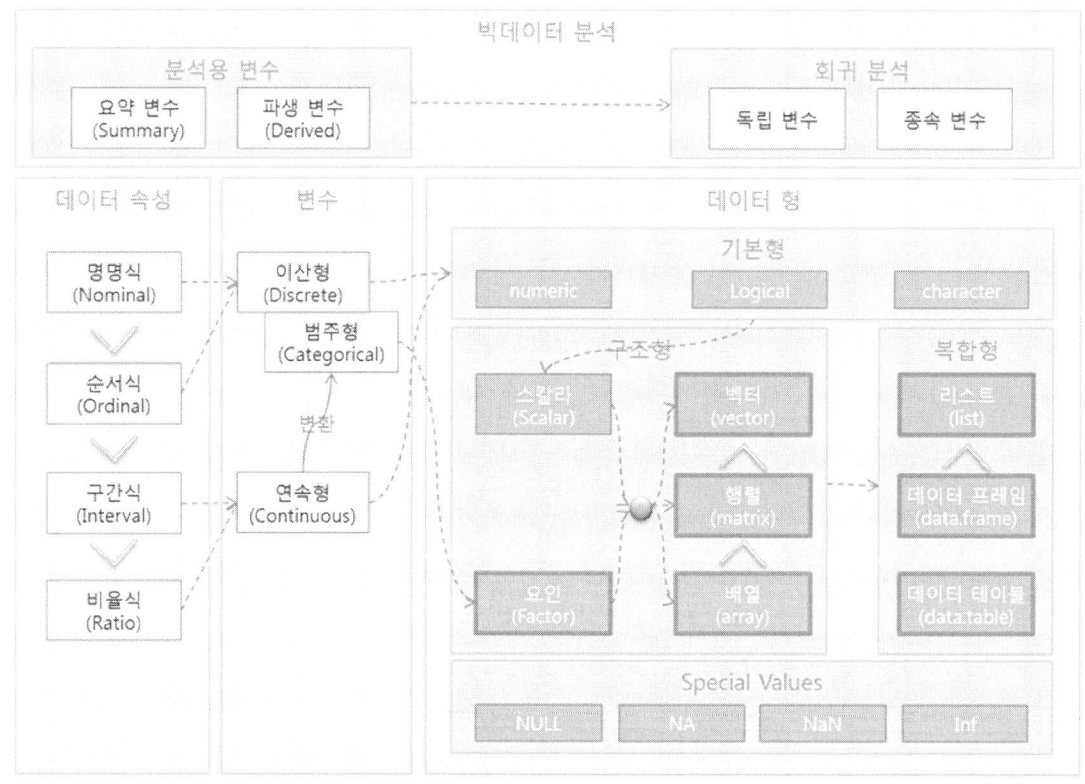

[그림 8-1] 변수와 데이터형 분류

R의 기본 변수는 크게 이산 변수(discrete variable)와 연속 변수(continuous variable)로 나눌 수 있다. 이산 변수는 명목변수(nominal variable)와 서열 변수(ordinal variable)로 나눌 수 있고 연속 변수는 등간 변수(interval variable)와 비율 변수(ratio variable)로 분류할 수 있다. 이들 각각의 차이는 [표 8-3]과 같다.

[표 8-3] R 변수의 종류

구 분	기본 변수	내 용
이산 변수	명목 변수	데이터의 분류(classification)나 범주화(categorization), 수준

구분		내용
(Discrete variable)	명목 변수 (Nominal variable)	(level)을 척도 하기 위한 용도로 사용하는 변수로 성별, 혈액형, 인종, 참/거짓, 학점, 종교, 출생지 등이 있고, 측정 대상의 특성을 분류하기 위하여 숫자를 부여하는데, 이 경우 숫자는 크기를 가지는 것이 아니라 단순히 구분 기호로만 사용
	서열 변수 (Ordinal variable)	측정 대상 간의 순서를 정하기 위하여 사용되는 변수로 학력, 학년, 석차, 경제 수준, 선호도 등이 이에 속하고 측정 대상 간의 크고 작음, 높고 낮음 등의 순서를 부여하는 변수로 연산은 자료의 특성이 사라지기 때문에 불가능
연속 변수 (Continuous variable)	등간 변수 (Interval variable)	측정 대상의 순서뿐만 아니라 순서 사이의 간격을 알 수 있는 변수로 온도, 지능지수, 학년 등의 변수로 등간 변수의 자료는 절대적인 0의 값을 가질 수 없어 비율 계산이 의미가 없음
	비율 변수 (Ratio variable)	등간 변수의 특성에 더하여 측정 자료 간의 비율 계산이 가능한 변수로 연령, 키, 몸무게, 나이, 시간, 거리 등

한편, R 데이터 분석 측면으로 변수를 나누면 분석 변수(analysis variable)와 회귀 변수(regression variable)로 나눌 수 있다. 분석 변수는 요약 변수(summary variable)와 파생 변수(derived variable)로 나눌 수 있고 회귀 변수(regression variable)는 독립변수(independent variable)과 종속변수(dependent variable)로 나눌 수 있다([표 8-4]).

[표 8-4] R 분석 변수

구분	분석 변수	내용
분석 변수 (Analysis variable)	기본 변수 (Basic variable)	데이터의 기본적인 값을 저장하기 위한 변수로 혈액형, 성별, 온도, 점수, 키, 몸무게, 시간, 거리 등
	설계 변수 (Designed variable)	분석 처리를 쉽게 식별하고 분류하기 위하여 기본 변수 이외에 추가해서 생성하는 변수로 학번, 사번, 회원번호, 상품번호, 자동차번호 등
	파생 변수 (Derived variable)	다른 변수에서 파생된 변수로 예를 들어 생년월일은 년 월 일로 구성
	요약 변수 (Summary variable)	기본 변수를 가지고 요약 집계한 값의 변수로 합계, 최대, 최소, 평균 등
회귀 변수 (Regression variable)	독립 변수 (Independent variable)	어떤 결과에 원인(설명, 입력)으로 작용하는 값을 가진 변수
	종속 변수 (Dependent variable)	원인으로부터 얻은 결과(반응, 출력)에 해당하는 값을 가진 변수

다음 [그림 8-2]는 R 변수의 사용 예제를 보인 것이다.

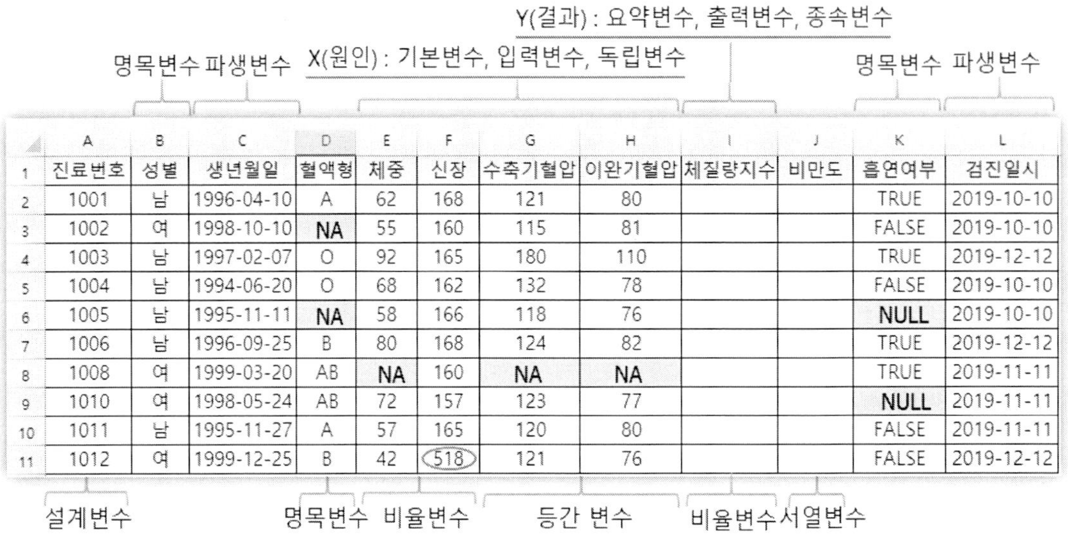

	A	B	C	D	E	F	G	H	I	J	K	L
1	진료번호	성별	생년월일	혈액형	체중	신장	수축기혈압	이완기혈압	체질량지수	비만도	흡연여부	검진일시
2	1001	남	1996-04-10	A	62	168	121	80			TRUE	2019-10-10
3	1002	여	1998-10-10	NA	55	160	115	81			FALSE	2019-10-10
4	1003	남	1997-02-07	O	92	165	180	110			TRUE	2019-12-12
5	1004	남	1994-06-20	O	68	162	132	78			FALSE	2019-10-10
6	1005	남	1995-11-11	NA	58	166	118	76			NULL	2019-10-10
7	1006	남	1996-09-25	B	80	168	124	82			TRUE	2019-12-12
8	1008	여	1999-03-20	AB	NA	160	NA	NA			TRUE	2019-11-11
9	1010	여	1998-05-24	AB	72	157	123	77			NULL	2019-11-11
10	1011	남	1995-11-27	A	57	165	120	80			FALSE	2019-11-11
11	1012	여	1999-12-25	B	42	518	121	76			FALSE	2019-12-12

[그림 8-2] R 변수 사용 예

[그림 8-2]에서 설계 변수(designed variable)는 업무를 쉽게 식별하고 분류하고 처리하기 위하여 기본 변수 이외에 추가로 생성하는 변수로 회원 번호, 상품번호 등이 이에 해당한다. 독립변수와 종속변수의 관계는 인과응보(因果應報, retribution)로 원인과 결과로 설명할 수 있다. 가령 예를 들면 "구름이 많이 껴있고 번개와 천둥이 치면, 곧바로 비가 온다."라는 명제(proposition)가 있을 때 "구름이 많이 껴있고 번개와 천둥이 치면"은 원인에 해당하고 "비가 온다"는 결론에 해당한다. 이러한 결과에서 우산을 가지고 외출하는 것이 현명할 것이라는 인사이트 한 결정을 내리게 된다.

진료번호 항목은 건강 데이터를 분석하기 위하여 추가로 추가한 항목으로 주로 고유한 값(unique value)으로 코드화된 값이 저장되고 각각의 레코드를 고유하게 식별하기 위한 용도로 사용된다. 성별과 혈액형, 흡연 여부는 항목은 측정하거나 관찰해서 얻은 명목 값으로 주로 분류나 그룹별 집계하는 데 사용된다. 생년월일과 검진일시 항목은 여러 기본 데이터로부터 파생된 값으로 분류나 집계하는 데 사용된다. 체중, 신장, 혈압 항목은 측정되거나 관찰해서 얻은 기본 데이터로 조회나 다른 값을 집계나 요약하는 데 사용된다. 체질량지수(BMI: Body Mess Index), 즉 비만도는 기본값으로 계산되어 집계된 결과이다. 이처럼 효과적인 데이터 분석을 위해서는 데이터의 구조와 속성을 잘 파악하는 것이 중요하다.

우리는 컴퓨터와 인터넷을 통하여 생성되는 정보와 지식을 기반의 제3차 산업혁명 시대를 지나 제4차 산업혁명에 시대를 살고 있다. 제4차 산업혁명은 빅데이터(Big Data)를 중심으로 인공지능(AI), 사물인터넷(IoT), 모바일/모빌리티 등 첨단 정보통신 기술이 융복합되어 산업 전반에 걸쳐 창조적 혁신과 변화를 이룩하는 사회를 의미한다. 이처럼 4차 산업혁명 시대의 핵심 동력인 빅데이터에 관한 관심으로 데이터에 대한 중요성을 강조하는 사회적 분위기가 고조되고 있다. 이러한 사회에서 우리는 데이터를 읽고 그 안에 숨겨진 의미를 파악할 수 있는 능력이 무엇보다도 중요하다. 이와 같은 데이터의 해독 능력을 데이터 리터러시(Data Literacy)라고 한다. 데이터 리터러시는 "자료를 수집하고 기획하고 분석 처리하여 결과를 도출하고 시각화하는 기술뿐만 아니라 데이터에 숨겨진 의미를 통하여 인사이트(insight)를 도출해 내는 등 전반적인 데이터 활용에 필요로 하는 역량"을 포함하는 개념이다.

8.2 R 데이터 구조 활용

다양하고 복잡한 데이터를 효과적으로 분석하기 위해서는 데이터 표현 방식에 따라 분석 방법이 다르게 된다. R은 빅데이터를 효과적으로 분석할 수 있도록 [표 8-5]와 같이 다양한 형태로 데이터를 표현할 수 있는 데이터 구조로 되어있다.

[표 8-5] R 데이터 구조의 종류

데이터 구조 종류	설명
스칼라(scalar)	하나의 데이터를 저장할 수 있는 데이터 구조
벡터(vector)	동일 자료형의 여러 데이터를 저장할 수 있는 데이터 구조
팩터(factor)	범주형 데이터의 여러 클래스를 저장하기 위한 벡터
리스트(list)	다른 유형의 데이터의 목록을 저장할 수 있는 데이터 구조
매트릭스(matrix)	동일 유형의 데이터를 저장할 수 있는 2차원의 데이터 구조
어레이(array)	동일 유형의 데이터를 저장할 수 있는 3차원 이상의 데이터 구조
데이터프레임(data.frame)	서로 다른 유형의 데이터를 2차원 테이블 형식으로 저장할 수 있는 데이터 구조
데이터테이블(data.table)	데이터프레임과 동일한 자료구조를 가지지만 특정 항목에 키(key)를 설정하여 데이터 검색도 향상하도록 한 자료구조

1. R 스칼라 데이터 구조

R 스칼라(Scalar)란 방향은 없고 하나의 크기만 가지는 값으로 단일 차원의 값을 저장할 수 있는 R 데이터 구조이다. 그러나 R에서 데이터 구조의 기본은 벡터이므로 스칼라는 원소가 하나인 벡터라고 할 수 있다. 스칼라 데이터 구조에는 점수, 나이, 온도, 습도, 조도, 압력, 길이, 넓이, 무게 등과 같은 단일 값을 저장할 수 있다.

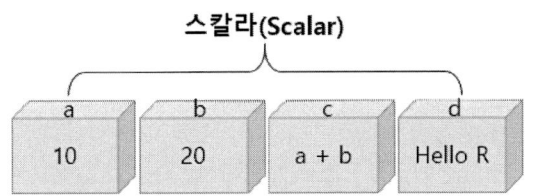

[그림 8-3] R 스칼라 데이터 구조

R에서 스칼라 데이터를 표현 예제 R 코드와 실행 결과는 다음과 같다.

8-2-1-1: R 스칼라 변수 표현 예

```
> a = 10 # 스칼라 변수 a에 10을 저장
> print(a) # 스칼라 변수 a 값 출력
[1] 10
> b <- 20 # 스칼라 변수 b에 20을 저장
> b # 스칼라 변수 b 값 출력
[1] 20
> a + b -> c # 스칼라 변수 c에 a+b 값 저장
> c # 스칼라 변수 c 값 출력
[1] 30
> d <- "Hello R" # 스칼라 변수 g에 문자열 "Hello R"을 저장하고 출력
[1] "Hello R"
> print(d <- NA) # 스칼라 변수 d에 NA(Not Available)를 저장하고 출력
[1] NA
> (e <<- NULL) # 스칼라 변수 e에 NULL 값 저장하고 출력
NULL
> (f <- FALSE) # 스칼라 변수 f에 FALSE(거짓) 저장하고 출력
[1] FALSE
```

여기서 NA는 결측치(missing value), 즉 분명히 값이 있어야 하는데 어떤 이유에서든지 값이 빠진 경우로 실수로 값을 입력하지 않은 경우나 값을 어떤 이유로든 측정하거나 관찰하지 못한 경우, 해당 항목에 적당한 값이 없어서 입력하지 않은 경우이다. 한편 NULL 아직 정해지지 않은 값(undefined value)을 의미한다. 데이터 분석에서 NA는 값을 찾아서 입력하거나 보정 후 처리해야 하고 NULL은 제거해서 처리하는 것이 일반적이다.

2. R 벡터 데이터 구조

벡터(Vector)는 방향과 크기를 동시에 나타내는 값으로 R에서는 여러 개의 값을 결합해서 저장할 수 있는 데이터 구조이다. 벡터는 프로그래밍 언어에서 흔히 접하는 1차원 배열과 같은 형식을 갖는다. R의 기본 데이터 구조는 벡터이다.

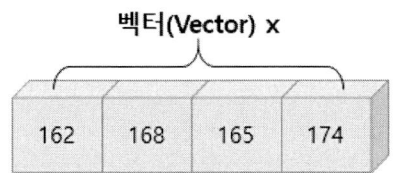

[그림 8-4] R 벡터 데이터 구조

R에서 벡터 데이터 구조를 표현하는 형식은 다음과 같다.

c : 벡터 생성 형식(c는 "결합하다"라는 combine의 약어)
c(...   # 벡터를 구성할 동일 데이터 유형의 값을 ,(comma)로 나열   )
반환 결과는 벡터

벡터 데이터 표현의 예제 R 코드와 실행 결과는 다음과 같다.

R 8-2-2-1: 벡터 데이터 표현 예

```
> x <- c(162, 168, 165, 174) # 벡터 변수 x에 여러 개의 숫자 데이터 저장
> x # 벡터 변수 x의 값 출력
[1] 162 168 165 174
```

```
> y <- c(a = c(62, 80), b = c(45, 74))  # 벡터 변수 y에 벡터 a, 벡터 b를 저장
> y # 벡터 변수 y의 값 출력
a1 a2 b1 b2
62 80 45 74
```

```
> (z <- c(c=c("여", "남", "여", "남")))  # 벡터 변수 z에 문자 데이터 저장 후 출력
 c1  c2  c3  c4
"여" "남" "여" "남"
```

```
> xyz <- c(x, y, z)  # 벡터 값 x, y, z를 묶어서 xyz 문자형 벡터 변수에 저장
> xyz # 벡터 변수 xyz 값 출력
                      a1    a2    b1    b2    c1    c2    c3    c4
"162" "168" "165" "174"  "62"  "80"  "45"  "74"  "여"  "남"  "여"  "남"
```

```
> k <- c(FALSE, TRUE, FALSE, TRUE) # 벡터 변수 k에 논리값 저장
> k # 벡터 변수 k 값 출력
[1] FALSE  TRUE FALSE  TRUE
```

벡터 각각의 원소(element)에 다음과 같은 형식으로 이름을 부여할 수 있다.

names : 벡터 원소에 이름 부여하기 형식

names(
      x   # 이름을 부여할 대상 변수명 콤마 기호로 구분하여 나열
) <- c(‥) # 저장할 상수를 콤마 기호로 구분하여 나열

반환 값은 벡터 원소에 이름이 부여된 벡터

다음은 벡터 원소에 이름을 부여하는 예제 R 코드와 실행 결과는 다음과 같다.

 8-2-2-2: 벡터 원소에 이름 부여하는 예

> x <- c(162, 168, 165, 174) # x에 벡터값 저장

> x # 벡터 변수 x에 저장된 값 출력

[1] 162 168 165 174

> names(x) # 벡터 변수 x의 이름 출력

NULL

> names(x) <- c("Kim", "Lee", "Park", "Choi") # 벡터 변수 x의 이름 부여

> names(x) # 벡터 변수 x의 이름 출력

[1] "Kim" "Lee" "Park" "Choi"

> x # 벡터 변수 x에 저장된 값 출력

Kim Lee Park Choi
 162   168   165   174

> x["Lee"] # 벡터 변수 x에 "Lee" 원소값 출력

Lee
168

처음 벡터를 생성하면 벡터 각각의 원소(element)에 이름은 부여되어 있지 않고 NULL이 된다. names() 함수를 통하여 각각의 원소에 이름을 부여할 수 있다. 벡터에 이름을 부여하는 목적은 주로 벡터 각각의 원소를 이름으로 찾기 위해서이나.

빅데이터를 다루다 보면 연속된 숫자와 반복 숫자를 생성할 때가 있다. 이를 위하여 R에서는 벡터값을 자동으로 생성하는 내장함수는 seq()와 rep()가 있다. seq() 함수는 연속된 숫자로 구성된 벡터를 생성할 때 사용하고 rep() 함수는 반복된 숫자로 벡터를 생성할 때 사용한다.

먼저 seq() 함수를 이용하여 연속된 숫자 벡터를 생성하는 형식은 다음과 같다.

seq : 연속된 숫자를 생성하는 함수
seq(　　from,　　　# 시작 값 　　to,　　　　# 종료 값 　　by　　　　# 증분 값)
from부터 to까지 값을 by의 간격으로 생성된 숫자 벡터값 반환

seq() 함수를 이용하여 연속된 숫자를 생성하는 예제 R 코드와 실행 결과는 다음과 같다.

 8-2-2-3: seq 함수를 이용한 연속된 벡터 생성 예

```
> seq(from=2, to=10) # 2에서 10까지 연속된 자연수 생성
[1]  2  3  4  5  6  7  8  9 10
> seq(10, 2) # 10에서 2까지 자연수 생성
[1] 10  9  8  7  6  5  4  3  2
> (x <- seq(from=2, to=10, by=2)) # 2에서 10까지 2씩 증가한 벡터 x에 저장
[1]  2  4  6  8 10
> 1:NROW(x) # 1에서 벡터 변수 x의 원소 개수만큼 벡터 생성
[1] 1 2 3 4 5
> seq_along(c("a", "b", "c")) # 인자의 개수만큼 1 2 3 벡터 생성
[1] 1 2 3
> seq_len(5) # 1에서 5까지 연속된 자연수 생성
[1] 1 2 3 4 5
> 2:10 # 2에서 10까지 자연수로 구성된 벡터 생성
[1]  2  3  4  5  6  7  8  9 10
```

다음은 rep() 함수를 이용한 반복된 벡터를 생성하는 형식이다.

rep : 특정 값을 반복하는 벡터 생성하는 함수
rep(x,　　　# 반복 값이 저장된 벡터 　　times,　# 전체 값의 반복 횟수 　　each　　# 개별 값의 반복 횟수)
반환 값은 반복된 값이 저장된 x와 같은 타입의 벡터

rep() 함수를 사용하는 예제 R 코드와 실행 결과는 다음과 같다.

 8-2-2-4: rep 함수를 이용한 반복된 벡터 생성 예제

> rep(1:2, times=5) # 벡터 1에서 2까지 자연수를 5회 반복해서 생성
[1] 1 2 1 2 1 2 1 2 1 2
> rep(1:2, each=5) # 벡터 1에서 2까지 자연수를 각각 5회 반복해서 생성
[1] 1 1 1 1 1 2 2 2 2 2
> rep(1:2, each=5, times=2) # 벡터 1과 2를 각각 5회씩 2회 반복 생성
[1] 1 1 1 1 1 2 2 2 2 2 1 1 1 1 1 2 2 2 2 2

다음 표는 생성된 벡터 개별 원소에 접근하는 형식이다.

[표 8-6] 벡터 원소에 접근 형식

형식	의미
x[n]	벡터 x의 n번째 요소를 반환. n은 숫자 또는 셀 이름의 문자열
x[-n]	벡터 x의 n번째 요소를 제외하고 반환
x[index]	벡터 x의 index에 해당하는 원소를 반환. index는 색인을 표현하는 숫자 또는 셀 이름에 해당하는 문자열
x[start:end]	벡터 x의 start부터 end까지의 연속된 일부 원소값을 반환(slicing)
x[c(n_i, n_j, n_k)]	벡터 n_i, n_j, n_k에 해당하는 요소값을 반환

그럼 다음과 같이 벡터에 있는 각각의 원소에 접근하는 예제 R 코드와 실행 결과를 살펴보자.

 8-2-2-5: 벡터에 있는 각각의 요소에 접근하는 예

> x <- c(162, 168, 165, 174) # 벡터 변수 x에 값 배정
> names(x) <- c("Kim", "Lee", "Park", "Choi") # 벡터 변수 x에 이름 부여
> x[3] # 벡터 변수 x에 3번째 원소값 출력
Park
 165
> x[-3] # 벡터 변수 x에 3번째 원소를 제외하고 출력
 Kim Lee Choi
 162 168 174
> x[2:3] # 벡터 변수 x에 2, 3번째 원소값 출력
 Lee Park
 168 165

```
> x[c(2, 4)]  # 벡터 변수 x에 2, 4번째 원소값을 출력
  Lee Choi
  168  174
> x["Lee"]  # 벡터 변수 x에 "Lee"에 해당하는 원소값 출력
  Lee
  168
```

R에서 사용하는 수치계산 연산자를 살펴보면 [표 8-7]과 같다.

[표 8-7] R 수치계산 연산자

연산자	의 미	예제
+ - * /	가감승제 사칙연산	5+2=7, 5-2=3, 5*2=10, 5/2=2.5
^ 또는 **	제곱 승	5^2=25, 5**2=25
%/%	나눈 몫 반환	5%/%2=2
%%	나눈 나머지 반환	5%%2=1
pi	원주율 파이값 반환	pi=3.141593
sqrt(n)	제곱근	sqrt(2)=1.414214
exp(n)	지수함수	exp(2)=7.389056
log(n, base=exp(k))	$log_{base}(n)$, 만약 base를 생략하면 자연로그 $log e_{10}(n)$ 값 반환	log(2)=0.6931472 log(2, base=exp(2)) = 0.3465736
log2(n) log10(n)	log2(n) log10(n)을 계산	log2(2)=1, log10(2)=0.30103
sin(n) cos(n) tan(n)	sine 함수 cosine 함수 tangent 함수	sin(0)=0, sing(90) = 0.8939967 cos(0)=1, cos(90) = -0.4480736 tan(0)=0, tan(90) = -1.9952

데이터 수치계산 연산자 사용 예제 R 코드와 실행 결과는 다음과 같다.

 8-2-2-6: 벡터 데이터 수치 연산 예

```
> x <- 1:5  # 벡터 변수 x에 1 2 3 4 5 저장
> y <- 6:10 # 벡터 변수 x에 6 7 8 9 10 저장
> x + 2  # 벡터 변수 x 각각 원소에 2씩 더함
[1] 3 4 5 6 7
```

> x + y # 벡터 변수 x + y

[1] 7 9 11 13 15

> y - x # 벡터 변수 y - x

[1] 5 5 5 5 5

> x * 2 # 벡터 변수 x 각각 원소에 2씩 곱함

[1] 2 4 6 8 10

> x / 2 # 벡터 변수 x 각각 원소에 2씩 나눔

[1] 0.5 1.0 1.5 2.0 2.5

> x %/% 2 # 벡터 변수 x 각각 원소에 2씩 나눈 결과 몫만 출력

[1] 0 1 1 2 2

> x %% 2 # 벡터 변수 x 각각 원소에 2씩 나눈 결과 나머지 출력

[1] 1 0 1 0 1

> r <- seq(from = 2, to = 6, by = 2) # 벡터 변수 r에 2 4 6을 저장

> 2*pi*r^2 # 원의 면적 계산

[1]   25.13274 100.53096 226.19467

> birthday <- as.Date("2000-01-01") # 날짜 형식의 생년월일 저장

> (t <- as.numeric(Sys.Date()-birthday)) # 현 시스템 날짜, 생년월일까지 일수

[1] 8265

> (s <- c(23, 28, 33)) # 신체 23, 감성 28 지성 33일 주기

[1] 23 28 33

> sin(2*pi*t/s) # 바이오리듬 출력

[1] 0.8169699 0.9009689 0.2817326

R에서 사용하는 비교 연산자는 [표 8-8]과 같다.

[표 8-8] R 비교 연산자

연산자	의미	예제
< <=	작음, 작거나 같음,	5<2 = FALSE, 5<=2 = FALSE
> >=	큼, 크거나 같음	5>2 = TRUE, 5>=2 = TRUE
==	같음	5==2 = FALSE
!=	같지 않음	5!=2 = TRUE

R 비교 연산자는 사용 예제 R 코드와 실행 결과는 다음과 같다.

 8-2-2-7: R 비교 연산자 사용 예

```
> x <- c(1, 2, 3, 4, 5) # 벡터 변수 x에 값 저장
> y <- c(0, 2, 1, 4, 3) # 벡터 변수 y에 값 저장
> x < y # 벡터 x 원소 각각 원소가 y의 원소보다 작으면 TRUE
[1] FALSE FALSE FALSE FALSE FALSE
> x > y # 벡터 x 각각 원소가 y의 원소보다 크면 TRUE
[1]  TRUE FALSE  TRUE FALSE  TRUE
> x == y # 벡터 x 각각 원소가 y의 원소와 같으면 TRUE
[1] FALSE  TRUE FALSE  TRUE FALSE
> x != y # 벡터 x 각각 원소가 y의 원소와 같지 않으면 TRUE
[1]  TRUE FALSE  TRUE FALSE  TRUE
```

R에서 사용하는 논리 연산자는 다음 [표 8-9]와 같다.

[표 8-9] R 논리 연산자

연산자	의미	예제
|	논리합	TRUE | FALSE = TRUE
&	논리곱	TRUE & FALSE = FALSE
!	논리 부정	!TRUE = FALSE
isTRUE(x)	참 거짓 판정	x <- TRUE; isTRUE(x) TRUE

R 논리 연산자는 사용하는 예제 R 코드와 실행 결과는 다음과 같다.

 8-2-2-8: R 논리 연산자 사용 예

```
> x <- c(FALSE, FALSE, TRUE, TRUE) # 벡터 변수 x에 논리값 저장
> y <- c(FALSE, TRUE, FALSE, TRUE) # 벡터 변수 y에 논리값 저장
> x | y # 벡터 x와 y의 논리합
[1] FALSE  TRUE  TRUE  TRUE
> x & y # 벡터 x와 y의 논리곱
[1] FALSE FALSE FALSE  TRUE
> !x # 벡터 x의 부정
[1]  TRUE  TRUE FALSE FALSE
```

```
> isTRUE(x) # x의 논리 진위
[1] FALSE
```

R에서 사용하는 집합 연산자는 다음 [표 8-10]과 같다.

[표 8-10] R 집합 연산자

형식	의미
identical(x, y)	벡터 x, y 원소들이 서로 같은지 판단하여 같으면 TRUE 그렇지 않으면 FALSE를 반환
union(x, y)	벡터 x, y 원소들의 합집합 결과 반환
intersect(x, y)	벡터 x, y 원소들의 교집합 결과 반환
setdiff(x, y)	벡터 x, y 원소들의 차집합 결과 반환
setequal(x, y)	벡터 x, y의 원소들이 같은 집합인지 판단하여 같으면 TRUE 그렇지 않으면 FALSE를 반환
value %in% x	벡터 x에 "value"가 저장되어있는지 검사하여 존재하면 TRUE 반환

R 집합 연산자를 사용 예제 R 코드와 실행 결과는 다음과 같다.

 8-2-2-9: R 집합 연산자 사용 예제

```
> x <- c("a", "b", "c") # 벡터 변수 x의 값 저장
> y <- c("a", "c", "d") # 벡터 변수 y의 값 저장
> identical(x, y) # 벡터 x와 y가 같은지를 검사
[1] FALSE
> union(x, y) # 벡터 x와 y의 합집합
[1] "a" "b" "c" "d"
> intersect(x, y) # 벡터 x와 y의 교집합
[1] "a" "c"
> setdiff(x, y) # 벡터 x와 y의 차집합
[1] "b"
> setequal(x, y) # 벡터 x와 y가 같은 집합인지 판별
[1] FALSE
> "b" %in% x # 벡터 x에 b가 포함되어 있는지 판별
[1] TRUE
```

3. R 팩터 데이터 구조

R 팩터(factor), 즉 요인 데이터 구조는 주로 범주형 데이터(categorical data)를 표현하기 위한 데이터 형식으로 사전에 정해진 특정한 클래스(class)로 분류할 때 사용한다.

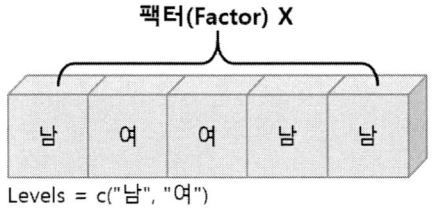

[그림 8-5] R 팩터 데이터 구조

범주형 데이터는 명목형(Nominal)과 순서형(Ordinal)으로 표현할 수 있다. 팩터를 생성하는 형식은 다음과 같다.

factor : 팩터 값을 생성하는 함수
factor(　　　x,　　　　　　# 팩터로 표현하고자 하는 값(주로 문자열로 지정) 　　　levels,　　　# 값의 레벨(값의 종류 및 범위) 　　　ordered　　# TRUE로 지정하면 순서형, FALES로 지정하면 명목형 데이터(기본값))
반환 값은 Factor

다음은 명목형 팩터를 생성하는 예제 R 코드와 실행 결과이다.

 8-2-3-1: 명목형 자료형 팩터 데이터 구조 생성 예

```
> gender <- factor(c("남", "여", "여", "남", "남"),
+                  levels = c("남", "여")) # gender 팩터 데이터 구조 생성
> gender # gender 팩터 데이터 구조 출력
[1] 남 여 여 남 남
Levels: 남 여

> nlevels(gender) # gender 팩터 데이터 구조의 클래스 수 출력
[1] 2

> levels(gender) # gender 팩터 데이터 구조의 클래스 출력
[1] "남" "여"

> as.numeric(gender) # gender 팩터 데이터 구조의 값 숫자로 변환(코드화)
[1] 1 2 2 1 1
```

다음은 순서형(ordinal) 팩터(factor)를 생성하는 예제 R 코드와 실행 결과이다.

 8-2-3-2: 순서형 팩터 자료구조 생성 예

```
> grade <- factor(c("B", "B", "A", "C", "A"),
+                 levels = c("A", "B", "C", "D"),
+                 ordered = TRUE) # grade 순서형 팩터 데이터 구조 생성
> grade # grade 순서형 팩터 자료구조 값 출력
[1] B B A C A
Levels: A < B < C < D
> levels(grade) # grade 순서형 팩터 클래스 출력
[1] "A" "B" "C" "D"
> as.numeric(grade) # grade 순서형 팩터 클래스 순서화된 숫자로 변환(코드화)
[1] 2 2 1 3 1
```

4. R 리스트 데이터 구조

R 리스트(list)는 여러 형의 데이터를 <키(key), 값(value)> 형태의 연관된 배열 형태로 묶어서 저장할 수 있는 R 데이터 구조이다

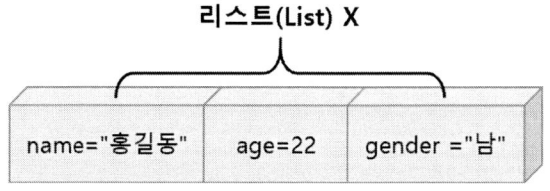

[그림 8-6] R 리스트 데이터 구조

다음은 리스트 데이터 구조를 생성하는 형식이다.

R 리스트(list) 자료구조 생성 형식

list(
    key1 = value1,   #리스트 키와 값
    key2 = value2,   #리스트 키와 값
    ...
)

반환 값은 key1에 value1, key2에 value2 등을 저장한 리스트 데이터 구조

한편 R 리스트 데이터 구조에 있는 원소(element)에 접근하는 형식은 다음과 같다.

[표 8-11] R 리스트 데이터 구조에 있는 원소에 접근 형식

형식	의미
x$key	리스트 x에서 키에 해당하는 값을 반환
x[n]	리스트 x에서 n번째 <key, value> 서브 리스트를 반환
x[[n]]	리스트 x에서 n번째 value를 반환

다음은 리스트 자료구조를 생성하고 원소에 접근하는 예제 R 코드와 실행 결과이다.

 8-2-4-1: 리스트를 생성하고 원소에 접근하는 예

> x1 <- list(name="홍길동", age=22, gender="남") # 리스트 자료구조 x1 생성
> x1 # x1 리스트 출력

$name
[1] "홍길동"
$age
[1] 22
$gender
[1] "남"

> x1[2] # 리스트 x1에서 2번째 key와 value 출력

$age
[1] 22

> x1[[2]] # 리스트 x1에서 2번째 value 출력

[1] 22

> x1$name # 리스트 x1에서 name 키에 해당하는 value 출력

[1] "홍길동"

다음은 하나에 key의 여러 개 벡터값을 가지는 리스트 생성 및 접근 예제 R 코드 및 실행 결과는 다음과 같다.

 8-2-4-2: 하나에 key에 여러 개 벡터값을 갖는 리스트 생성 및 접근 예

> x2 <- list(name="이수일",
+   friends=c("홍길동", "이상해", "심순애")) # 리스트 x2 생성
> x2 # 리스트 x2 출력

$name
[1] "이수일"
$friends
[1] "홍길동" "이상해" "심순애"

> x2[2]   # 리스트 x2의 2번째 key, value 출력

$friends
[1] "홍길동" "이상해" "심순애"

> x2$friends[2] # 리스트 x2의 2번째 key의 2번째 value 출력

[1] "이상해"

5. R 매트릭스 데이터 구조

R 매트릭스(matrix) 데이터 구조는 동일 유형의 데이터를 m×n 행(row)과 열(column) 형태의 테이블로 표현할 때 사용한다.

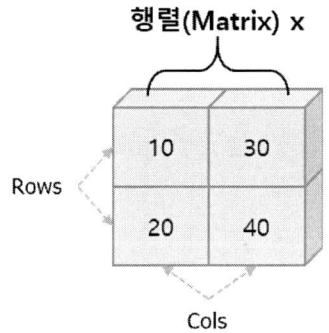

[그림 8-7] R 행렬 데이터 구조

R에서 매트릭스를 생성하는 형식은 다음과 같다.

매트릭스 데이터 생성 형식
matrix(
data,   # 매트릭스를 생성할 벡터 형의 데이터
nrow,   # 행의 수
ncol,   # 열의 수
byrow = FALSE,   # 열 우선으로 행렬을 생성(TRUE 행 우선 행렬)
dimnames = NULL # 행렬 각 차원에 부여할 이름
)
반환 값은 매트릭스

R에서 매트릭스 생성과 접근 예제 R 코드와 실행 결과는 다음과 같다.

8-2-5-1: 매트릭스 생성과 접근 예

```
> (x <- matrix(1:6, nrow = 3)) # 열 우선 3×2 행렬 x 생성
     [,1] [,2]
[1,]    1    4
[2,]    2    5
[3,]    3    6
```

```
> rownames(x) <- c("1행", "2행", "3행") # 행렬 x의 행 이름 부여
> colnames(x) <- c("1열", "2열")        # 행렬 x의 열 이름 부여
> x  # 행렬 x 출력
    1열 2열
1행   1   4
2행   2   5
3행   3   6
```

```
> x[, 2] # 행렬 x에서 2열 값 출력
1행 2행 3행
  4   5   6
```

```
> x[2, ] # 행렬 x에서 2행 값 출력
1열 2열
  2   5
```

```
> x[2, 2] # 행렬 x에서 2행 2열 값 출력
[1] 5
```

```
> x[, 1:2] # 행렬 x에서 1, 2열 값 출력
    1열 2열
1행   1   4
2행   2   5
3행   3   6
```

```
> x[-2, ] # 행렬 x에서 2행을 제외하고 출력
    1열 2열
1행   1   4
3행   3   6
```

```
> x[c(1,3), 2] # 행렬 x에서 1, 3행과 2열을 출력
1행 3행
  4   6
```

매트릭스 생성과 연산에 관련된 예제 R 코드와 실행 결과는 다음과 같다.

8-2-5-2: 매트릭스 생성과 연산 예

```
> (y <- matrix(1:4, ncol=2, byrow=TRUE, # 행 우선 2*2 행렬 생성
+              dimnames = list(c("1행", "2행"), c("1열", "2열"))))
    1열  2열
1행   1   2
2행   3   4
> nrow(y); ncol(y) # y 행렬 차원, 행의 수, 열의 수 출력
[1] 2
[1] 2
> 2 * y # y 행렬에 스칼라 곱한 결과 출력
    1열  2열
1행   2   4
2행   6   8
> y + y # y 행렬 합한 결과 출력
    1열  2열
1행   2   4
2행   6   8
> y %*% y # y 행렬 곱한 결과 출력
    1열  2열
1행   7  10
2행  15  22
> t(y)  # y 행렬의 전치 행렬 출력
    1행 2행
1열   1   3
2열   2   4
> solve(y) # y 행렬의 역행렬 출력
     1행  2행
1열 -2.0  1.0
2열  1.5 -0.5
> y %*% solve(y) # y 행렬의 단위행렬 출력
    1행          2행
1행   1 1.110223e-16
2행   0 1.000000e+00
```

6. R 어레이 데이터 구조

R 어레이(array) 데이터 구조는 매트릭스(matrix) 자료구조와 같지만 주로 3차원 이상의 테이블을 표현할 때 사용한다.

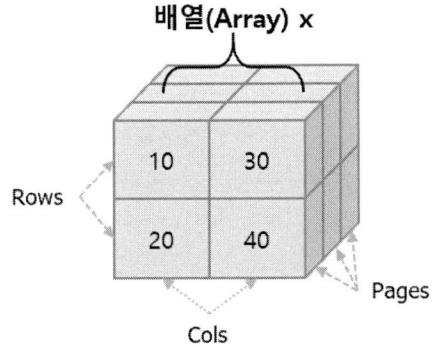

[그림 8-8] R 어레이 데이터 구조

R 어레이 데이터 구조를 생성하는 형식은 다음과 같다.

---
arrary 생성 형식

```
array(
      data = NA,              # 배열 생성할 벡터 형의 데이터
      dim = length(data),     # 배열의 차원, 이 값을 지정하지 않으면 1차원 배열이 생성
      dimnames = NULL         # 배열 차원의 이름
)
```

반환 값은 어레이

어레이를 생성하고 원소에 접근하는 예제 R 코드와 실행 결과는 다음과 같다.

 8-2-6-1: 어레이를 생성하고 원소에 접근하는 예

```
> x <- array(1:12, dim=c(2, 3, 2)) # 2행 3열 2페이지 에레이 구조 x 생성

> x # x 에레이 출력

, , 1

     [,1]  [,2]  [,3]
[1,]   1    3    5
[2,]   2    4    6
```

```
, , 2
     [,1] [,2] [,3]
[1,]   7    9   11
[2,]   8   10   12
```

> dim(x)   # x 어레이 차원 출력

[1] 2 3 2

> x[2, 2, 2] # x 어레이 2행 2열 2페이지 값 출력

[1] 10

> x[, ,2]   # x 어레이 2페이지 행렬 출력

```
     [,1] [,2] [,3]
[1,]   7    9   11
[2,]   8   10   12
```

7. R 데이터프레임 데이터 구조

R 데이터프레임(data frame) 데이터 구조는 행렬(matrix)과 유사한 2차원 테이블로 데이터를 표현할 수 있다. 그러나 행렬 구조와 다른 것은 테이블의 열(column)별로 다른 데이터형(숫자, 문자, 논리형 등)을 표현할 수 있는 것이다. 데이터프레임 데이터 구조는 다음과 같다.

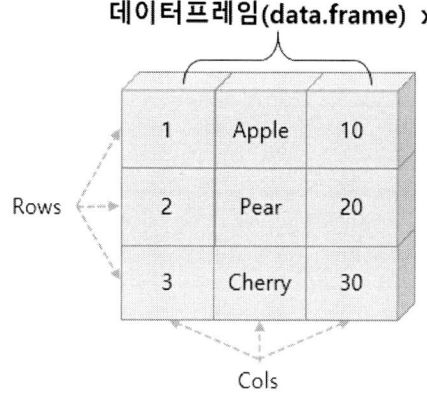

[그림 8-9] R 데이터프레임 데이터 구조

R 데이터프레임 데이터 구조를 생성하는 형식은 다음과 같다.

data.frame 데이터 구조 생성 형식

```
data.frame(
        data=NA,                          # 데이터프레임을 생성할 벡터 형의 데이터
        row.names = NULL,                 # data frame 행의 이름 부여
        check.rows = FALSE,               # TRUE를 설정. 각 행은 크기와 이름의 일관성 점검
        check.names = TRUE,               # 데이터프레임 변수 이름 점검
        fix.empty.names = TRUE,           # 이름이 없는 것은 자동으로 부여
        stringsAsFactors = default.stringsAsFactors() # 문자형 열 팩터 변경 여부
)
```

반환 값은 데이터프레임

데이터프레임을 생성하는 예제 R 코드와 실행 결과는 다음과 같다.

 8-2-7-1: score 데이터프레임 생성과 행과 열 추가 예

```
> score <- data.frame(성명=c("홍길동", "한송희", "심순애"),
+                     성별=c("남", "여", "여"),
+                     국어=c(80, 90, 85),
+                     영어=c(75, 95, 85)) # score 데이터프레임 생성
> score # score 데이터프레임 출력
    성명  성별 국어 영어
1 홍길동    남   80   75
2 한송희    여   90   95
3 심순애    여   85   85
> score <- cbind(score, 수학=c(70, 90, 80)) # score에 수학 열 추가
> score # score 데이터프레임 출력
    성명 성별 국어 영어 수학
1 홍길동   남   80   75   70
2 한송희   여   90   95   90
3 심순애   여   85   85   80
> score <- rbind(score, # score에 행 추가
+               data.frame(성명="이수일",성별="남",국어=80,영어=85,수학=70))
> score # score 데이터프레임 출력
```

```
  성명 성별 국어 영어 수학
1 홍길동  남  80  75  70
2 한송희  여  90  95  90
3 심순애  여  85  85  80
4 이수일  남  80  85  70
```

데이터프레임의 연산 및 연산 결과 열 추가하는 예제 R 코드와 실행 결과는 다음과 같다.

 8-2-7-2: 데이터프레임의 연산 및 연산 결과 열 추가 예

```
> score # score 데이터프레임 출력
  성명 성별 국어 영어 수학
1 홍길동  남  80  75  70
2 한송희  여  90  95  90
3 심순애  여  85  85  80
4 이수일  남  80  85  70
> (총점 = score$국어 + score$영어 + score$수학) # 총점 산출
[1] 225 275 250 235
> (평균 = round(총점/3, 2)) # 평균 산출
[1] 75.00 91.67 83.33 78.33
> (석차 = rank(-평균)) # 석차 산출(평균의 내림차순)
[1] 4 1 2 3
> score <- cbind(score, 총점, 평균, 석차) # score 데이터프레임에 컬럼 결합
> score # score 데이터 프레임 출력
  성명 성별 국어 영어 수학 총점  평균 석차
1 홍길동  남  80  75  70  225 75.00   4
2 한송희  여  90  95  90  275 91.67   1
3 심순애  여  85  85  80  250 83.33   2
4 이수일  남  80  85  70  235 78.33   3
```

다음은 데이터프레임에서 열과 행을 조회하는 예제 R 코드 및 실행 결과이다.

 8-2-7-3: 데이터프레임에서 열과 행을 조회하는 예

```
> score   # score 데이터프레임 출력
  성명 성별 국어 영어 수학 총점  평균 석차
```

```
  성명 성별 국어 영어 수학 총점  평균  석차
1 홍길동  남   80   75   70  225 75.00   4
2 한송희  여   90   95   90  275 91.67   1
3 심순애  여   85   85   80  250 83.33   2
4 이수일  남   80   85   70  235 78.33   3
```

```
> score$평균   # score 데이터프레임에서 평균 항목 검색
```
```
[1] 75.00 91.67 83.33 78.33
```

```
> score[, "평균"]   # score 데이터프레임에서 평균 항목 검색
```
```
[1] 75.00 91.67 83.33 78.33
```

```
> score[ ,7]   # score 데이터프레임에서 7번째 열 검색
```
```
[1] 75.00 91.67 83.33 78.33
```

```
> score[ ,-2]   # score 데이터프레임에서 2번째 열을 제외하고 검색
```
```
  성명 국어 영어 수학 총점  평균  석차
1 홍길동  80   75   70  225 75.00   4
2 한송희  90   95   90  275 91.67   1
3 심순애  85   85   80  250 83.33   2
4 이수일  80   85   70  235 78.33   3
```

```
> score[ ,c(1, 6:8)]   # score 데이터프레임에서 1, 6, 7, 8번째 열 검색
```
```
  성명  총점  평균  석차
1 홍길동  225 75.00   4
2 한송희  275 91.67   1
3 심순애  250 83.33   2
4 이수일  235 78.33   3
```

```
> score[2:3, ]   # score 데이터프레임에서 2, 3행 검색
```
```
  성명 성별 국어 영어 수학  총점  평균 석차
2 한송희  여   90   95   90  275 91.67   1
3 심순애  여   85   85   80  250 83.33   2
```

```
> score[score$성별=='여',]   # score 데이터프레임에서 성별이 '여'인 행 검색
```
```
  성명 성별  국어 영어 수학 총점  평균 석차
2 한송희  여   90   95   90  275 91.67   1
3 심순애  여   85   85   80  250 83.33   2
```

```
> score[score$평균<80, c(1, 6:8)]   # 평균이 80 미만 행에서 1, 6, 7, 8열 검색
```
```
  성명  총점  평균 석차
```

```
1 홍길동    225  75.00    4
4 이수일    235  78.33    3
```

8. R 데이터테이블 데이터 구조

R 데이터테이블(data.table) 데이터 구조는 데이터프레임 데이터 구조와 같으나 메모리 효율과 키를 통하여 데이터 검색의 속도를 빠르게 할 때 사용한다.

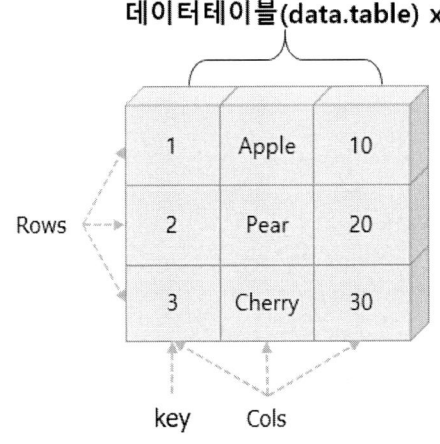

[그림 8-10] 데이터 테이블 데이터 구조

R에서 데이터테이블을 데이터 구조를 생성하는 형식은 다음과 같다.

데이터테이블(data.table) 데이터 구조 생성 형식

```
data.table(
    data=NA,                        # 데이터테이블을 생성할 벡터 형의 데이터
    row.names = NULL,               # 데이터테이블의 각각의 행 이름 부여
    check.rows = FALSE,             # TRUE 설정하면 각각의 행은 크기와 이름의 일관성 점검
    check.names = TRUE,             # 데이터테이블 변수 이름 점검
    fix.empty.names = TRUE,         # 이름이 없는 것은 자동으로 부여
    stringsAsFactors = default.stringsAsFactors()   # 문자형 열 factor로 변경 여부
)
```

반환 값은 데이터테이블

데이터테이블 생성하는 예제 R 코드와 실행 결과는 다음과 같다.

 8-2-8-1:데이터 테이블 생성 예

```
> if(!require("data.table")) install.packages("data.table")
> library(data.table)
> id <- c(1, 2, 3)
> name <- c("홍길동", "이수일", "심순애")
> age <- c(21, 22, 20)
> (dt <- data.table(id, name, age)) # dt 데이터테이블 생성
   id   name age
1:  1  홍길동  21
2:  2  이수일  22
3:  3  심순애  20
> setkey(dt, id) # dt 데이터테이블 id 열 키 생성
> key(dt)  # dt 데이터테이블에 설정된 키 열 조회
[1] "id"
> dt[dt$id==2,] # dt 데이터테이블에서 키 id를 가지고 행 조회
   id   name age
1:  2  이수일  22
```

8.3 R 프로그래밍 제어문

R은 데이터 분석에 특화된 프로그램언어이다. 따라서 R 프로그래밍 구문은 제어문에는 반복문과 조건문이 있다. 반복문은 특정한 구간의 R 코드를 반복해서 처리하는 구문이고 조건문은 조건에 따라 R 코드를 선택적으로 처리하도록 제어하는 구문이다.

1. R 반복문

R도 다른 범용언어와 같은 프로그램 논리적 흐름을 제어하는 구문을 가지고 있다. R 프로그램은 일반적으로 기술된 순서로 해석되어 실행하는 순차구조를 따르지만, 반복되는 R 프로그램의 간결성을 위하여 for, while, repeat 반복문을 사용할 수 있다.

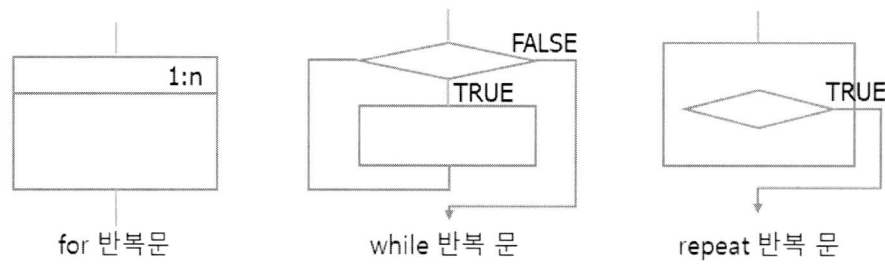

[그림 8-11] R 제어문 흐름도

R 프로그래밍의 for 반복문의 형식은 다음과 같다.

```
for (i in data) {
    반복할 구문
}
```

for 반복문은 data에 들어 있는 각각의 값을 변수 i에 할당하면서 블록 안에 문장을 반복해서 수행한다.

R 프로그래밍 for 반복문을 적용한 예제 R 코드와 실행 결과는 다음과 같다.

8-3-1-1: 1에서 100까지 합을 구하는 for 반복문을 적용한 예

```
> sum <- 0
> for (i in 1:100) { # for 반복문, i가 1~100까지 반복
+     sum <- sum + i
+ }
> sum # sum 변수의 값 출력
[1] 5050
```

다음은 R 프로그래밍 while 반복문의 형식이다.

```
while (조건) {
    반복할 문장
}
```

while 반복문은 조건이 참일 때까지 블록 안에 문장을 반복해서 수행한다. while 반복문을 적용한 예제 R 코드와 실행 결과는 다음과 같다.

 8-3-1-2: 1에서 100까지 합을 구하는 while 반복문을 적용한 프로그램 예

```
> x = 0; sum = 0
> while ( x < 100 ) { # 1에서 100까지 합을 구하는 while 구문
+         x <- x + 1
+         sum <- sum + x
+ }
> print(sum) # sum 변수의 값 출력
[1] 5050
```

다음은 R 프로그래밍 repeat 반복문의 형식이다.

```
repeat {
        반복할 문장
}
```

repeat 반복문은 블록 안에 문장을 무조건 반복을 수행한다. 반복을 종료하기 위해서는 break 문이나 next 문을 사용해야 한다. 반복 수행 중에 break 문을 만나게 되면 반복을 탈피한다. 그러나 next 문은 중첩 블록에서 사용하는 것으로 next 문을 만나게 되면 현재 수행 중인 블록의 반복을 중단하고 다음 반복을 시작한다.

repeat 반복문을 적용한 예제 R 코드와 실행 결과는 다음과 같다.

 8-3-1-3: repeat 반복문을 적용한 프로그램 예

```
> # 1에서 100까지 합 구하기
> x = 0; sum = 0
> repeat { # 무조건 반복
+         x <- x + 1
+         sum <- sum + x
+         if (x==100) break # x 변수의 값이 100이면 repeat 반복문 종료
+ }
> print(sum) # 변수 sum의 값 출력
[1] 5050
```

2. R 조건문

R 조건문은 프로그램의 논리 흐름을 선택적으로 처리할 때 사용하는 구문으로 형식은 다음과 같다.

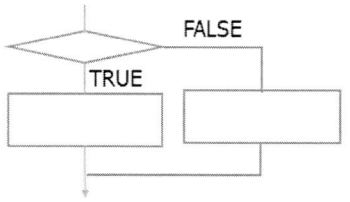

[그림 8-12] R 조건문 흐름도

R에서 사용하는 조건문의 형식은 다음과 같다.

```
if (조건) {
    # 조건이 참일 때 수행할 구문
} else {
    # 조건이 거짓일 경우에 수행할 구문
}
```

R의 조건문은 if() 함수로 시작하는데 if() 조건이 참이면 if 절 다음의 코드 블록을 수행하고 거짓이면 else 다음의 코드 블록을 수행한다. R에서 if 문은 if ~ else 구문과 ifelse 구문을 많이 사용한다. 먼저 if ~ else 구문을 사용한 예제 R 코드와 실행 결과는 다음과 같다.

 8-3-2-1: if ~ else 구문을 사용한 예

```
> # 20 미만 값의 갯수 구하기
> x <- c(33, 18, 24, 12, 19, 28, 10, 32, 20, 30)
> y <- rep(0, length(x))
> for (i in 1:length(x)) {
+   if ( x[i] < 20) {
+     y[i] <- 1
+   } else {
+     y[i] <- 0
+   }
+ }
> print(y) # y의 값 출력
[1] 0 1 0 1 1 0 1 0 0 0
> sum(y) # t의 값 합계 출력
[1] 4
```

다음은 ifelse() 함수를 적용한 예제 R 코드와 실행 결과이다.

8-3-2-2: ifelse 함수를 적용한 예

```
> score <- data.frame(성명=c("홍길동", "한송희", "심순애", "이수일"),
+                     성별=c("남", "여", "여", "남"),
+                     국어=c(80, 90, 85, 80),
+                     영어=c(75, 95, 85, 85),
+                     수학=c(70, 90, 80, 70))
> (총점 = score$국어+score$영어+score$수학) # 총점 산출
[1] 225 275 250 235
> (평균 = round(총점/3, 2)) # 평균 산출
[1] 75.00 91.67 83.33 78.33
> (석차 = rank(-평균))      # 석차 산출(평균의 내림차순)
[1] 4 1 2 3
> (score <- cbind(score, 총점, 평균, 석차))
  성명 성별 국어 영어 수학 총점  평균 석차
1 홍길동  남   80   75   70  225 75.00   4
2 한송희  여   90   95   90  275 91.67   1
3 심순애  여   85   85   80  250 83.33   2
4 이수일  남   80   85   70  235 78.33   3
> # ifelse 함수를 적용한 학점 판정
> (학점 = ifelse(score$평균>=90,"A",
+          ifelse(score$평균>=80,"B",
+           ifelse(score$평균>=70,"C",
+            ifelse(score$평균>=70,"D",
+             "F")))))
[1] "C" "A" "B" "C"
> (score <- cbind(score, 학점))
  성명 성별 국어 영어 수학 총점  평균 석차 학점
1 홍길동  남   80   75   70  225 75.00   4   C
2 한송희  여   90   95   90  275 91.67   1   A
3 심순애  여   85   85   80  250 83.33   2   B
4 이수일  남   80   85   70  235 78.33   3   C
```

8.4 R 함수

R 함수는 하나의 특별한 목적의 작업을 독립적으로 수행할 수 있도록 설계된 코드의 집합이다. 함수를 정의하여 프로그램하면 동일한 루틴을 반복적으로 코딩하지 않고 재사용할 수 있다는 장점이 있다. R 언어는 인공지능 언어 LISP(List Processor)의 영향을 받았기 때문에 기본적으로 함수 중심의 프로그램언어(function-oriented programming language)이다. 따라서 R 프로그램을 이해하는 것은 곧 R 함수의 종류와 사용법을 이해해야 하는 것과 같다. R 함수는 크게 내장함수(built-in function)와 패키지 함수(package function) 그리고 사용자 정의 함수(user-defined function)로 구분된다. 이번 절에서는 R 프로그램에서 자주 사용되는 주요 함수의 종류와 사용법을 살펴본다.

1. R 내장함수

R 내장함수란 R이 시작될 때 표준 라이브러리에 등록되어 있어 R 프로그램 작성자가 패키지 설치나 사용자가 정의하지 않고 그대로 사용할 수 있는 함수이다. R 내장함수는 무수히 많은데 여기서는 자주 사용되는 데이터 유형 판별 함수, 데이터형 변환 함수, 기초 통계량 함수, 문자 처리 함수, 날짜 처리 함수, 그리고 분류 집계 함수를 알아본다.

1 데이터 유형 판별 함수

R 데이터 유형을 판별하는 함수는 [표 8-12]와 같다.

[표 8-12] 데이터 유형 판별 함수

함수명	용법
class(x)	객체 x의 데이터형 조회
str(x)	객체 x의 자료구조(structure) 출력
is.numeric(x)	객체 x가 숫자(numeric) 형인지 판별
is.character(x)	객체 x가 문자(character) 형인지 판별
is.factor(x)	객체 x가 팩터(factor) 형인지 판별
is.matrix(x)	객체 x가 행렬(matrix) 형인지 판별
is.array(x)	객체 x가 배열(array) 형인지 판별
is.data.frame(x)	객체 x가 데이터프레임(data.frame) 형인지 판별

다음은 데이터 유형 판별 함수를 사용한 예제 R 코드와 실행 결과이다.

 8-4-1-1: 유형 판별 함수를 사용한 예

```
> health <- data.frame(name=c("홍길동", "한송희", "이수일"),
```

```
+                        gender=c("M", "F", "M"),
+                        weight=c(65, 60, 70),
+                        height=c(168, 164, 172))
> class(health)  # health 자료형 출력
[1] "data.frame"
> str(health)    # health 데이터프레임 구조 출력
'data.frame':  3 obs. of  4 variables:
 $ name  : chr  "홍길동" "한송희" "이수일"
 $ gender: chr  "M" "F" "M"
 $ weight: num  65 60 70
 $ height: num  168 164 172
> is.character((health$name))  # health 데이터프레임의 name 항목이 문자?
[1] TRUE
> is.numeric(health$weight)  # health 데이터프레임의 name 항목이 숫자?
[1] TRUE
> is.factor(health$gender)  # health 데이터프레임의 name 항목이 팩터형 인지?
[1] FALSE
```

② 데이터형 변환 함수

R 데이터형을 변환하는 함수는 [표 8-13]과 같다.

[표 8-13] 데이터형 변환 함수

함수명	용법
as.numeric(x)	x를 숫자(numeric) 형으로 변환
as.character(x)	x를 문자(character) 형으로 변환
as.factor(x)	x를 팩터(factor) 형으로 변환
as.matrix(x)	x를 행렬(matrix) 형으로 변환
as.arrary(x)	x를 배열(arrary) 형으로 변환
as.data.frame(x)	x를 데이터프레임(data.frame) 형으로 변환
as.data.table(x)	x 데이터프레임을 데이터테이블(data.table) 형으로 변환

다음은 데이터형을 변환하는 함수를 사용한 예제 R 코드와 실행 결과이다.

8-4-1-2: 데이터형을 변환하는 함수를 사용한 예

```
> health <- data.frame(name=c("홍길동", "한송희", "이수일"),
+                      gender=c("M", "F", "M"),
+                      weight=c(65, 60, 70),
+                      height=c(168, 164, 172))
> class(health) # health 데이터형 조회
[1] "data.frame"
> health <- as.data.table(health) # health를 데이터테이블 형으로 변환
> class(health) # health 데이터형 조회
[1] "data.table" "data.frame"
> is.character(health$gender) # health의 gender 열 문자?
[1] TRUE
> is.factor(health$gender) # health의 gender 열 팩터?
[1] FALSE
> (health$gender <- as.factor(health$gender)) # health gender 열 팩터 변환
[1] M F M
Levels: F M
> (health$gender <- as.numeric(health$gender)) # health gender 숫자 변환
[1] 2 1 2
```

③ R 기초 통계량 함수

R 기초 통계량 함수란 R 데이터 형식에서 데이터를 쉽게 집계하고 요약하여 빈도수, 합계, 평균 및 표준편차 등의 기초 통계량을 구할 수 있는 함수들을 제공한다. R 기초 통계량 함수는 다음 [표 8-14]와 같다.

[표 8-14] R 기초 통계량 함수

함수명	용법
length(x)	벡터 x의 원소의 수 반환
min(x)	벡터 x의 최솟값
max(x)	벡터 x의 최댓값
fivenum(x)	벡터 x의 5분위 수
quantile(x, prob=n)	벡터 x의 n분위 수

sum(x)	벡터 x의 합계
mean(x)	벡터 x의 평균
median(x)	벡터 x의 중위수
var(x)	벡터 x의 분산
sd(x)	벡터 x의 표준편차
summary(x)	벡터 x의 기초 통계량(자료 수, 최소, 최대, 분위수, 평균 등)

R 기초 통계량 함수의 예제 R 코드와 실행 결과는 다음과 같다.

 8-4-1-3: R 기초 통계량 함수의 예제

```
> (x <- 1:10) # 벡터 x의 1에서 10까지 자연수 저장
 [1]  1  2  3  4  5  6  7  8  9 10
> length(x) # 벡터 x의 원소의 수
[1] 10
> min(x)    # 벡터 x의 최솟값
[1] 1
> max(x)    # 벡터 x의 최댓값
[1] 10
> fivenum(x) # 벡터 x의 4분위 수
[1]  1.0  3.0  5.5  8.0 10.0
> quantile(x, probs = 0.75, type = 7) # 벡터 x의 3분위 수
 75%
7.75
> sum(x)    # 벡터 x의 합계
[1] 55
> median(x) # 벡터 x의 중위수
[1] 5.5
> mean(x)   # 벡터 x의 평균
[1] 5.5
> var(x)    # 벡터 x의 분산
[1] 9.166667
> sd(x)     # 벡터 x의 표준편차
[1] 3.02765
```

```
> summary(x) # 벡터 x의 종합 통계량
   Min. 1st Qu.  Median    Mean 3rd Qu.    Max.
   1.00    3.25    5.50    5.50    7.75   10.00
```

4 R 문자 처리 함수

R에서 문자 처리를 위하여 자주 함수는 다음 [표 8-15]와 같다.

[표 8-15] R 문자 처리 함수

함수명	용법
nchar(x)	스칼라 변수 x에 글자 수를 반환
substr(x, start, stop)	문자형 벡터 x의 'start'부터 'stop'까지 일부 문자 반환
paste(x, y, sep = "")	문자형 벡터 x와 y를 결합한 결과 반환
strsplit(x, split= ",")	문자형 벡터 x를 'split'를 기준으로 해서 나눈 결과를 반환
sub(old, new, x)	문자형 벡터 x에서 최초 'old' 문자를 'new' 문자로 변경 후 반환
gsub(old, new, x):	문자형 벡터 x에서 모든 'old' 문자를 'new' 문자로 변경 후 반환
grep(pattern, x)	문자열 벡터에서 특정 부분 문자열 패턴 찾은 결과 반환
regexpr(x)	문자열 벡터 x에서 패턴이 가장 먼저 나오는 위치를 반환
gregexpr()	문자열 벡터 x에서 패턴이 나오는 모든 위치를 반환

R 문자 처리 함수를 적용한 예제 R 코드와 실행 결과는 다음과 같다.

 8-4-1-4: 문자 처리 함수 적용 예

```
> Sys.time() # 시스템으로부터 현재 날짜와 시간을 반환
[1] "2022-08-18 16:01:42 KST"
> substr(Sys.time(), 12, 20) # Sys.time() 에서 12에서 20 사이의 문자를 반환
[1] "16:01:42"
> (x <- c("Apple", "Pear", "Banana", "Pine Apple"))
[1] "Apple"      "Pear"       "Banana"     "Pine Apple"
> nchar(x)
[1]  5  4  6 10
> grep("Apple", x) # X에서 Apple의 문자열 위치값 반환
[1] 1 4
> # 문자열을 콤마로 구분하여 하나의 문자열 y를 생성
> (y <- paste("Apple","Pear","Banana","Pine Apple",sep = ","))
```

```
[1] "Apple,Pear,Banana,Pine Apple"
> # y에서 ,을 기준으로 분리된 문자열 반환
> strsplit(y, split=",")
[[1]]
[1] "Apple"      "Pear"      "Banana"      "Pine Apple"
> (z <- "What's your name? My name is Alice.")
[1] "What's your name? My name is Alice."
> # z에서 첫 번째 name을 first name으로 변경된 문자열 반환
> sub("name", "first name", z)
[1] "What's your first name? My name is Alice."
> gsub("name", "first name", z)
[1] "What's your first name? My first name is Alice."
> # z에서 What's your name을 제거된 문자열 반환
> sub("What's your name\\? ", "", z)
[1] "My name is Alice."
> # z에서 name 시작 위치, 바이트 수, 인덱스 타입, 바이트 유무 반환
> regexpr("name", z)
[1] 13
attr(,"match.length")
[1] 4
attr(,"index.type")
[1] "chars"
attr(,"useBytes")
[1] TRUE
> # z에서 모든 name 시작 위치, 바이트 수, 인덱스 타입, 바이트 유무 반환
> gregexpr("name", z)
[[1]]
[1] 13 22
attr(,"match.length")
[1] 4 4
attr(,"index.type")
[1] "chars"
attr(,"useBytes")
[1] TRUE
```

5 R 날짜 함수

R 날짜 함수는 시스템 날짜를 받아 처리하는 여러 가지 함수가 있다. 먼저 날짜를 문자 형식으로 변환하거나 문자를 날짜 형식으로 변환하는 함수는 다음과 같다.

[표 8-16] 날자 및 시간에 관련된 함수

함수명	용법
Sys.Date()	현재 시스템 날짜(년 월 일)를 반환
Sys.time()	현재 시스템 일시(년 월 일 시 분 초 등)를 반환
format()	날짜에서 형식에 맞는 문자로 변환한 값 반환

날짜 함수를 활용한 예제 R 코드 및 실행 결과는 다음과 같다.

 8-4-1-5: 날짜 형식 변환 예

> Sys.Date() # 현재 시스템 날짜를 반환

[1] "2022-08-18"

> # 시스템 날짜를 문자열로 변환된 결과 반환

> as.character(Sys.Date())

[1] "2022-08-18"

> # 문자 데이터를 날짜 형식으로 변환된 결과 반환

> as.Date("2022-09-20")

[1] "2022-09-20"

> # 날짜 형식이 잘못된 문자 데이터는 변환하지 못함(에러 발생)

> as.Date("09/20/2022")

Error in charToDate(x) : 문자열이 표준서식을 따르지 않습니다

> # 문자 데이터 format 형식을 날짜 형식으로 변환 후 반환

> as.Date("09/20/2022", format="%m/%d/%y")

[1] "2020-09-20"

> Sys.time() # 시스템 년 월 일 시 분 초를 출력

[1] "2022-08-18 16:06:57 KST"

```
> # 시스템 날짜를 dd/mm/yyyy 형식의 문자로 변환
> format(Sys.time(), "%m/%d/%Y")
```
[1] "08/18/2022"

```
> format(Sys.time(), "%a") # 요일 출력
```
[1] "목"

```
> format(Sys.time(), "%b") # 월 출력
```
[1] "8"

```
> format(Sys.time(), "%m") # 두 자리 월 출력
```
[1] "08"

```
> format(Sys.time(), "%d") # 두 자리 일 출력
```
[1] "18"

```
> format(Sys.time(), "%y") # 두 자리 년 출력
```
[1] "22"

```
> format(Sys.time(), "%Y") # 네 자리 년 출력
```
[1] "2022"

```
> format(Sys.time(), "%H") # 시간 출력
```
[1] "16"

```
> format(Sys.time(), "%M") # 분 출력
```
[1] "06"

```
> format(Sys.time(), "%S") # 초 출력
```
[1] "57"

2. R 그룹별 분류 집계 함수

R의 분류 집계 함수는 단순히 그룹별 집계하는 함수인 aggregate()와 주어진 함수를 행, 열 단위로 집계를 쉽게 할 수 있는 apply 계열의 함수가 있다.

① **aggregate() 함수**

aggregate() 함수는 집단별로 요약 집계하는 함수로 R에서 사용하는 형식은 다음과 같다.

aggregate() 함수 형식

aggregate(X,   # 대상 변수
           by,   # 그룹 기준 변수
           data,   # 사용할 데이터, 일반적으로 데이터 프레임
           FUN,   # 각 그룹마다 적용할 함수(합계:sum, 평균:mean, 표준편차:sd 등)
           ....
)

반환 값은 데이터프레임

aggregate() 함수 형식 적용 예제 R 코드 및 실행 결과는 다음과 같다.

8-4-2-1: 그룹 집계 함수 적용 예

```
> score <- data.frame(성명 = c("홍길동", "한송희", "심순애", "이수일"),
+                    성별 = c("남", "여", "여", "남"),
+                    국어 = c(80, 90, 85, 80),
+                    영어 = c(75, 95, 85, 85),
+                    수학 = c(70, 90, 80, 70)) # score 데이터프레임 생성
> aggregate(x = score[, 3:5],   # score 데이터프레임에서 3, 4, 5번째 열
+           by = list(score$성별), # '성별'을 그룹으로 집계
+           data = score,    # 집계 대상 score 데이터프레임
+           FUN = mean) # 집계 결과 평균을 구함
   Group.1 국어 영어 수학
1       남 80.0   80   70
2       여 87.5   90   85
```

② **apply 계열 함수**

apply 계열 함수는 주어진 함수를 행, 열 단위로 집계를 쉽게 할 수 있는 함수로 [표 8-17]과 같은 함수가 있다.

[표 8-17] apply 계열 함수

함수명	사용법
apply()	배열 또는 행렬에 주어진 함수를 적용한 뒤 그 결과를 벡터, 배열, 리스트로 반환

lapply()	벡터, 리스트, 데이터프레임 또는 표현 식에 함수를 적용하여 그 결과를 리스트로 반환
sapply()	lapply()와 유사하지만, 결과를 벡터, 행렬 또는 배열로 반환
tapply()	벡터에 있는 데이터를 특정한 기준에 따라 그룹으로 묶은 뒤 그룹마다 주어진 함수를 적용하고 그 결과를 반환
mapply()	sapply의 확장된 버전으로, 여러 개의 벡터 또는 리스트를 인자로 받아 함수에 각 데이터의 첫째 요소들을 적용한 결과, 둘째 요소를 적용한 결과, 셋째 요소들을 적용한 결과 등을 반환

그럼 apply 계열 각 함수의 적용 예제 R 코드와 실행 결과는 다음과 같다.

 8-4-2-2: apply 계열 각 함수의 적용 예

```
> score <- data.frame(성명=c("홍길동", "한송희", "심순애", "이수일"),
+                     성별=c("남", "여", "여", "남"),
+                     국어=c(80, 90, 85, 80),
+                     영어=c(75, 95, 85, 85),
+                     수학=c(70, 90, 80, 70))
> score # score 데이터프레임 표시
    성명 성별 국어 영어 수학
1 홍길동   남   80   75   70
2 한송희   여   90   95   90
3 심순애   여   85   85   80
4 이수일   남   80   85   70
> apply(X = score[,3:5], MARGIN = 1, FUN = mean) # MARGIN=1 행 방향
[1] 75.00000 91.66667 83.33333 78.33333
> apply(X = score[,3:5], MARGIN = 2, FUN = mean) # MARGIN=2 열 방향
 국어  영어  수학
83.75 85.00 77.50
> lapply(X = score[,3:5], MARGIN = 2, FUN = mean) # 실행 결과를 리스트로
$국어
[1] 83.75
$영어
[1] 85
$수학
[1] 77.5
```

```
> sapply(X = as.list(score[,3:5]), MARGIN = 2, FUN = mean) # 실행 결과 벡터
 국어  영어  수학
83.75 85.00 77.50
> tapply(X = score$국어, list(score$성별), FUN = mean) # 그룹별 평균을 출력
  남   여
80.0 87.5
> mapply(rep, c("Kim", "Lee", "Park", "Choi"), 1:4) # 1:4까지 반복 출력
$Kim
[1] "Kim"
$Lee
[1] "Lee" "Lee"
$Park
[1] "Park" "Park" "Park"
$Choi
[1] "Choi" "Choi" "Choi" "Choi"
```

3. R 정렬에 관련된 함수

R의 정렬에 관련된 함수는 크게 값 자체를 정렬하는 sort와 값의 크기의 순서를 정하는 order와 rank가 있다. 이들 함수에 대한 자세한 사항은 다음 [표 8-18]과 같다.

[표 8-18] R 정렬에 관련된 함수

함수	설명
sort(x, decreasing, na.last)	벡터값 x를 오름차순 'decreasing=FALSE' 내림차순 'decreasing=TRUE'로 정렬된 값 반환. 'na.last'는 x에 결측치 NA(Not Available)를 처음에 반환하려면 'TRUE', 마지막에 반환하려면 'FALSE'를 지정하고, 제거하려면 'NA'을 지정한다.
order(x, decreasing, na.last)	sort 함수는 값을 정렬할 때 사용하는 데 반하여 order 함수는 x에 순서 인덱스를 구할 때 사용한다. 즉 벡터값 x에 있는 값을 오름차순 'decreasing=FALSE' 내림차순 'decreasing=TRUE'로 순서를 정할 때 사용한다. x가 숫자값일 경우에 'decreasing=TRUE'라고 하지 않고 -x라고 하면 내림차순의 순서를 반환한다.

rank(x, na.last, ties.method)	order와 유사하게 x의 순서를 정할 때 사용하고 함수에 'decreasing' 인자를 사용할 수 없다. 내림차순으로 정렬하려면 -x를 사용하고 order에서 -x는 숫자만 가능한 데 반하여 rank는 숫자, 문자 모두 가능하다. 'ties.method' 인자는 동점 처리 기준으로 "average", "first", "last", "random", "max", "min"을 지정할 수 있다.

정렬에 관련된 함수의 쓰임의 예제 R 코드와 실행 결과는 다음과 같다.

 8-4-3-1: 정렬에 관련된 함수의 쓰임 예

```
> name <- c("홍길동", "한송희", "심순애", "이수일")
> gender <- c("남", "여", "여", "남")
> gender <- factor(c("남", "여", "여", "남"), levels = c("남", "여"))
> kor <- c(80,90,85,80)
> eng <- c(75,95,85,85)
> math <- c(70,90,80,70)
> sum = kor+eng+math
> mean = round(sum/3, digits = 2)
> sort(mean, decreasing = T) # 평균을 기준으로 내림차순으로 출력
[1] 91.67 83.33 78.33 75.00
> # 평균을 내림차순으로 순서를 매김
> rank = rank(-mean, ties.method= "average")
> score <- data.frame(name, gender, kor, eng, math, sum, mean, rank)
> score
    name gender kor eng math sum  mean rank
1 홍길동     남  80  75   70 225 75.00    4
2 한송희     여  90  95   90 275 91.67    1
3 심순애     여  85  85   80 250 83.33    2
4 이수일     남  80  85   70 235 78.33    3
> # score 데이터프레임에서 gender와 mean 항목의 내림차순 정렬
> score[order(score$gender, score$mean, decreasing = T),]
    name gender kor eng math sum  mean rank
2 한송희     여  90  95   90 275 91.67    1
3 심순애     여  85  85   80 250 83.33    2
4 이수일     남  80  85   70 235 78.33    3
```

```
1  홍길동      남  80  75    70  225  75.00    4
```

```
> # score에서 gender의 내림차순 mean의 오름차순 정렬
> score[order(-rank(score$gender), score$mean),]
    name gender kor eng math sum   mean rank
3  심순애    여  85  85   80  250  83.33    2
2  한송희    여  90  95   90  275  91.67    1
1  홍길동    남  80  75   70  225  75.00    4
4  이수일    남  80  85   70  235  78.33    3
```

4. R 사용자 정의 함수

R 사용자 정의 함수는 프로그램을 모듈 단위의 함수로 정의하여 재사용함으로써 프로그램을 쉽고 간결하게 하는 데 목적이 있다. R 함수를 정의하는 구문 형식은 다음과 같다.

```
함수명 <- function(인자-1, 인자_2, …) {
    R 처리 코드

    return(결과값)
}
```

R 함수명은 변수를 생성하는 규칙과 같다. 그리고 function 키워드 안에 함수 호출 시 넘겨준 데이터를 저장할 인자를 기술한다. 그리고 함수 블록에서 R 처리 코드를 기술하고 처리된 결과를 함수를 호출한 것으로 반환하기 위하여 return 다음에 반환 값을 기술한다.

그러면 R 함수를 정의하고 활용하는 예제 R 코드와 실행 결과를 살펴보자

 8-4-4-1: R 사용자 정의 함수 예

```
> addto <- function(x) {
+   isum <- 0
+   for (i in 1:x) {
+     isum <- isum + i
+   }
+   return(isum)
+ }
> addto(10) # 1에서 10까지 합
[1] 55
```

```
> addto(100)  # 1에서 100까지 합
[1] 5050
```

다음은 생년월일을 입력받아 바이오리듬(biorhythm)을 구하는 함수를 정의하고 활용한 예제 R 코드와 실행 결과는 다음과 같다.

 8-4-4-2: R 바이오리듬 사용자 정의 함수 예

```
> # 바이오리듬 구하기
> biorhythm <- function(birthday) { # 함수 정의
+   birthday <- as.Date(birthday)
+   days <- round(as.numeric(difftime(Sys.Date(), birthday)))
+   physical <- sin(2*pi*days/23)*100 # 신체 23일 주기
+   emotional <- sin(2*pi*days/28)*100 # 감정 28일 주기
+   intellectual <- sin(2*pi*days/33)*100 # 지성 33일 주기
+   data <- data.frame(physical, emotional, intellectual)
+   return(data)
+ }
> biorhythm("2000-01-02") # 함수 호출
   physical emotional intellectual
1  94.22609  78.18315     45.82265
> biorhythm("2002-12-31") # 함수 호출
   physical emotional intellectual
1 -99.76688  43.38837     98.98214
```

8.5 R 데이터 마트 구성

데이터 분석 처리를 효과적으로 수행하기 위해서 특정 분석 목적에 맞는 데이터만을 미리 추출하여 체계적으로 구조화할 필요가 있다. 이처럼 특정 목적에 맞는 데이터를 추출하여 구조화한 작은 규모의 데이터를 데이터 마트(Data Mart)라고 한다. R에서는 이런 데이터 마트를 쉽게 구성하기 위한 여러 가지 패키지 함수를 가지고 있다. 그중에서 R 데이터 마트 구성을 위하여 R에서 자주 활용되는 패키지는 [표 8-19]와 같다.

[표 8-19] R 데이터 마트 함수

패키지 명	용법
reshape	데이터 재구성(aggregation)을 통한 다차원 데이터 분석
sqldf	SQL 표준 문법을 이용한 데이터 분석
plyr	데이터를 분리하거나 처리한 다음 다시 결합을 통하여 데이터 분석
data.table	데이터의 빠른 그룹(grouping) 및 정렬(ordering)을 통한 데이터 분석

1. R reshape 패키지 활용

R reshape 패키지는 데이터 재정렬을 통한 데이터 재구성을 할 수 있는 함수를 제공하고 있다. 데이터 재구성을 위하여 재구성 그룹 컬럼을 기준으로 2차원으로 데이터를 변수화하기 위해 할 수인 melt() 함수가 있고 melt() 함수를 통하여 변수화된 데이터를 이용하여 3차원 피봇 테이블(pivot table)로 재구성하기 위한 cast() 함수가 있다. melt()와 cast() 함수의 형식은 다음과 같다.

[표 8-20] R reshape 패키지 함수

데이터 변수화	melt(data = 데이터, id = 재구성그룹컬럼, na.rm = TRUE)
데이터 재구성	cast(data = 변수화된데이터, y축 ~ x축차원 ~ 측정변수)

소스 데이터(source data)를 melt() 함수를 이용하여 변수화하고 cast() 함수를 통하여 3차원 피벗(pivot) 테이블로 재구성하는 원리는 [그림 8-13]과 같다.

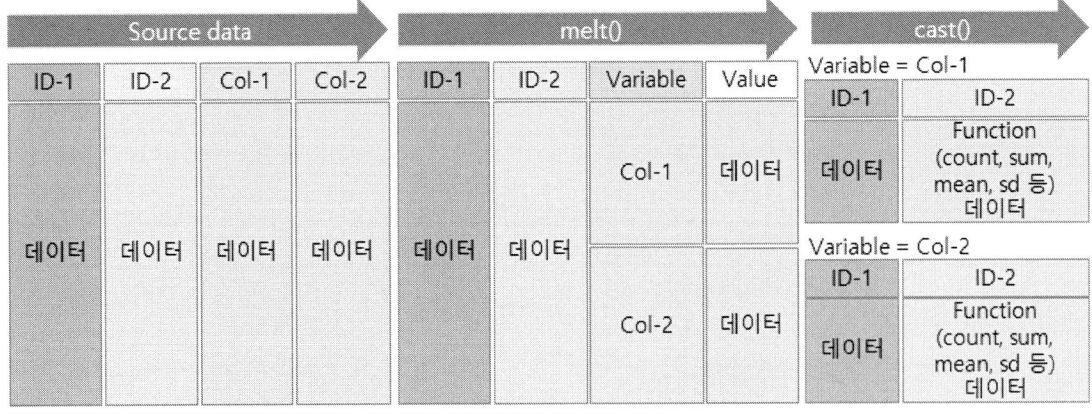

[그림 8-13] R reshape 패키지 함수의 melt()와 cast() 과정

다음과 같이 구체적으로 R reshape를 이용한 데이터를 재구성하는 예제 R 코드와 실행 결과를 살펴보자.

 8-5-1-1: R reshape를 이용한 데이터 마트 구성 예

```
# (1) reshape 패키지 설치
> if(!require("reshape")) install.packages("reshape")
> library(reshape)
> score <- data.frame(학년=c(1, 1, 2, 2, 3, 3, 3),
+                    성명=c("홍길동","한송희","심순애","이수일","최하나","김수로","이상해"),
+                    성별=c("남","여","여","남","여","남","남"),
+                    국어=c(80, 90, 85, 80, 90, 80, 70),
+                    영어=c(75, 95, 85, 85, 95, 75, 75),
+                    수학=c(70, 90, 80, 70, 90, 75, 80))
> score # score 데이터프레임 값 출력
  학년  성명 성별 국어 영어 수학
1    1 홍길동   남   80   75   70
2    1 한송희   여   90   95   90
3    2 심순애   여   85   85   80
4    2 이수일   남   80   85   70
5    3 최하나   여   90   95   90
6    3 김수로   남   80   75   75
7    3 이상해   남   70   75   80
# (2) melt() 함수를 이용한 변수화
> score.melt <- melt(score[, -2], id = c("학년", "성별"), na.rm = TRUE)
> score.melt
   학년 성별 variable value
1     1   남     국어    80
2     1   여     국어    90
3     2   여     국어    85
4     2   남     국어    80
5     3   여     국어    90
6     3   남     국어    80
7     3   남     국어    70
8     1   남     영어    75
9     1   여     영어    95
10    2   여     영어    85
```

```
11  2  남  영어  85
12  3  여  영어  95
13  3  남  영어  75
14  3  남  영어  75
15  1  남  수학  70
16  1  여  수학  90
17  2  여  수학  80
18  2  남  수학  70
19  3  여  수학  90
20  3  남  수학  75
21  3  남  수학  80
```

```
# (3) cast() 함수를 이용한 학년별(행) 성별(열) 비봇팅(Pivoting)
> score.melt.cast <- cast(score.melt, 학년 ~ 성별 ~ variable, mean)
> score.melt.cast
```

, , variable = 국어

```
     성별
학년  남 여
  1  80 90
  2  80 85
  3  75 90
```

, , variable = 영어

```
     성별
학년  남 여
  1  75 95
  2  85 85
  3  75 95
```

, , variable = 수학

```
     성별
학년   남   여
  1  70.0  90
  2  70.0  80
  3  77.5  90
```

```
> # (4) 소계 산출
> cast(score.melt, 학년 ~ variable, mean,
       margins = c("grand_row", "grand_col" ))
  학년      국어      영어      수학      (all)
1    1 85.00000 85.00000 80.00000 83.33333
2    2 82.50000 85.00000 75.00000 80.83333
3    3 80.00000 81.66667 81.66667 81.11111
4 (all) 82.14286 83.57143 79.28571 81.66667
> cast(score.melt, 성별 ~ variable, mean,
       margins = c("grand_row", "grand_col" ))
  성별      국어      영어      수학      (all)
1    남 77.50000 77.50000 73.75000 76.25000
2    여 88.33333 91.66667 86.66667 88.88889
3 (all) 82.14286 83.57143 79.28571 81.66667
> # (5) 다차원 값 계산
> options(digits = 3)# 소수점 3자리 조정
> mean(score.melt.cast[1, 1, ]) # 1학년 남자의 전체 성적 평균
[1] 75
> mean(score.melt.cast[1, 2, ]) # 1학년 여자의 전체 성적 평균
[1] 91.7
> mean(score.melt.cast[2, 1, ]) # 2학년 남자의 전체 성적 평균
[1] 78.3
> mean(score.melt.cast[2, 2, ]) # 2학년 여자의 전체 성적 평균
[1] 83.3
> mean(score.melt.cast[3, 1, ]) # 3학년 남자의 전체 성적 평균
[1] 75.8
> mean(score.melt.cast[3, 2, ]) # 3학년 여자의 전체 성적 평균
[1] 91.67
> apply(X= score.melt.cast, MARGIN = 1, FUN = mean) # 학년별 평균
   1    2    3
83.3 80.8 83.8
> apply(X= score.melt.cast, MARGIN = 2, FUN = mean) # 성별 평균
  남    여
76.4 88.9
```

```
> apply(X= score.melt.cast, MARGIN = c(1, 2),
+       FUN = mean) # 학년별 성별 평균
     성별
학년   남    여
   1  75.0  91.7
   2  78.3  83.3
   3  75.8  91.7
> apply(X= score.melt.cast, MARGIN = c(2, 1),
+       FUN = mean) # 성별 학년별 평균
     학년
성별   1     2     3
  남  75.0  78.3  75.8
  여  91.7  83.3  91.7
> # (6) 특정 변수만 처리
> cast(score.melt, 학년 ~ variable, mean, subset=variable=='국어')
  학년 국어
1   1  85.0
2   2  82.5
3   3  80.0
```

reshape 패키지를 이용하여 score 데이터프레임을 melt() 함수를 통하여 변수화하고 변수화된 결과를 cast() 함수를 통하여 다차원 데이터 마트를 구성한 것이다. 이처럼 다차원 데이터 마트를 이용하여 다차원의 값을 쉽게 집계할 수 있도록 한다. 다음 [그림 8-14]는 reshape를 이용한 score 데이터프레임의 다차원 데이터 마트 구성 결과이다.

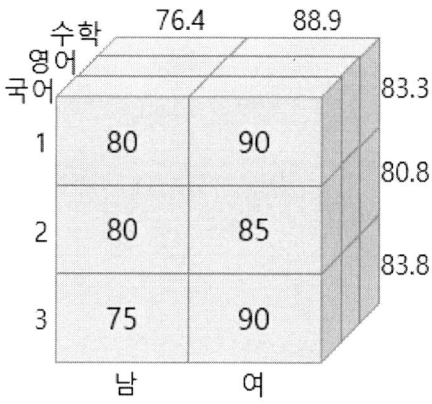

[그림 8-14] reshape를 이용한 score 데이터프레임 다차원 데이터 마트 구성

2. R sqldf 패키지 활용

sqldf 패키지는 표준 SQL(Structured Query Language)에서 사용하는 모든 질의 구문을 R에서 사용할 수 있도록 한다. R에서 SQL을 사용하는 함수도 패키지 이름과 동일한 sqldf()이다. 그럼 sqldf 패키지를 설치하고 표준 SQL을 이용하여 데이터를 검색하는 예제 R 코드와 실행 결과를 살펴보자.

 8-5-2-1: sqldf 패키지 활용 예

```
# (1) qldf 패키지 설치
> if(!require("qldf")) install.packages("qldf")
> library(qldf)
> # (2) score 데이터프레임 생성
> score <- data.frame(학년=c(1, 1, 2, 2, 3, 3, 3),
+            성명=c("홍길동","한송희","심순애","이수일","최하나","김수로","이상해"),
+            성별=c("남","여","여","남","여","남","남"),
+            국어=c(80, 90, 85, 80, 90, 80, 70),
+            영어=c(75, 95, 85, 85, 95, 75, 75),
+            수학=c(70, 90, 80, 70, 90, 75, 80))
> score # score 데이터프레임 출력
  학년  성명 성별 국어 영어 수학
1    1 홍길동   남   80   75   70
2    1 한송희   여   90   95   90
3    2 심순애   여   85   85   80
4    2 이수일   남   80   85   70
5    3 최하나   여   90   95   90
6    3 김수로   남   80   75   75
7    3 이상해   남   70   75   80
# (3) score 데이터프레임에서 3학년 평균 계산
> sqldf("SELECT 성명, 성별, 국어, 영어,수학, (국어+영어+수학)/3 AS 평균
+        FROM   score WHERE  학년 = 3
+        ORDER  BY 평균 DESC")
    성명 성별 국어 영어 수학     평균
1 최하나   여   90   95   90 91.66667
2 김수로   남   80   75   75 76.66667
3 이상해   남   70   75   80 75.00000
```

3. R plyr 패키지 활용

plyr 패키지에 포함된 함수들은 데이터를 분리하고 처리한 다음에 다시 결합하는 등의 데이터 처리 기능을 제공한다. plyr 패키지 함수는 이전에 다루었던 내장함수 apply와 달리 소스 데이터와 함께 처리된 결과를 동시에 출력할 때 사용한다. plyr 패키지에 포함된 함수 계열 ply()는 접두사에 두개의 영문자를 접두어로 가지는데 첫 번째 문자는 입력하는 데이터 유형을 표시하고 두 번째 문자는 출력하는 데이터 형태를 나타낸다. 즉 'd'는 데이터프레임(data frame)을 의미하고 'a'는 배열(arrary), 'l'은 리스트(list)를 의미한다.

[표 8-21] plyr 패키지 계열 함수

입력 \ 출력	data.frame	list	array
data.frame	ddply()	ldply()	adply()
list	dlply()	llply()	alply()
array	daply()	laply()	aaply()

예를 들어 R plyr 패키지 계열 함수 중에서 데이터 분석에 제일 많이 활용되는 ddply() 함수는 입력 데이터는 데이터프레임 형식이어야 하고 처리 결과도 데이터프레임 형태로 출력된다. ddply() 함수의 형식은 다음과 같다.

---
ddply() 함수 형식

ddply(data,
  .(그룹변수명),
  ddply 내부 함수,
  컬럼이름 = 함수(적용컬럼),
  컬럼이름 = 함수(적용컬럼)
  ...
)

반환 값은 데이터프레임 형식

---

ddply 내부 함수의 종류는 다음 [표 8-22]와 같다.

[표 8-22] ddply 내부 함수

ddply 내부 함수	설명
summarize	그룹 변수별 함수 결과값 데이터프레임 생성
transform	그룹 변수별 함수 결과값 컬럼을 원래의 데이터프레임에 결합
mutate	transform과 유사하나 확장 함수 컬럼의 결과가 순차적으로 연산하기

	때문에 앞에 생성된 확장 함수값을 뒤에 함수에서 사용 가능
subset	그룹별 연산의 결과 바탕으로 추가되는 조건에 만족하는 데이터 출력

그러면 지금부터 plyr 패키지 함수에 활용하는 예제 R 코드와 실행 결과를 살펴보자

 8-5-3-1: plyr 패키지 함수 활용 예

```
# (1) plyr 패키지 설치
> if(!require("plyr")) installed.packages("plyr")
> library(plyr)
> # (2) score 데이터 프레임 생성
> score <- data.frame(학년=c(1, 1, 2, 2, 3, 3, 3),
+           성명=c("홍길동","한송희","심순애","이수일","최하나","김수로","이상해"),
+           성별=c("남","여","여","남","여","남","남"),
+           국어=c(80, 90, 85, 80, 90, 80, 70),
+           영어=c(75, 95, 85, 85, 95, 75, 75),
+           수학=c(70, 90, 80, 70, 90, 75, 80))
> 평균 <- round((score$국어+score$영어+score$수학)/3) # 학생별 과목 평균
> score <- cbind(score, 평균)
> score
  학년 성명   성별 국어 영어 수학 평균
1  1   홍길동  남   80   75   70   75
2  1   한송희  여   90   95   90   92
3  2   심순애  여   85   85   80   83
4  2   이수일  남   80   85   70   78
5  3   최하나  여   90   95   90   92
6  3   김수로  남   80   75   75   77
7  3   이상해  남   70   75   80   75
# (3) 성별 평균을 출력
> ddply(score, .(성별), summarise, 평균=round(mean(평균)))
  성별 평균
1  남   76
2  여   89
```

```
> # (4) 성적 자료와 성별 평균 출력
> ddply(score, .(성별), transform, 평균=round(mean(평균)))
```

	학년	성명	성별	국어	영어	수학	평균	평균
1	1	홍길동	남	80	75	70	75	76
2	2	이수일	남	80	85	70	78	76
3	3	김수로	남	80	75	75	77	76
4	3	이상해	남	70	75	80	75	76
5	1	한송희	여	90	95	90	92	89
6	2	심순애	여	85	85	80	83	89
7	3	최하나	여	90	95	90	92	89

```
> # (5) 성적 자료와 성별 평균 출력과 차이까지 출력
> ddply(score, .(성별), mutate, 평균=round(mean(평균)),
+       평균차이=평균-평균)
```

	학년	성명	성별	국어	영어	수학	평균	평균평균	평균차이
1	1	홍길동	남	80	75	70	75	76	-1
2	2	이수일	남	80	85	70	78	76	2
3	3	김수로	남	80	75	75	77	76	1
4	3	이상해	남	70	75	80	75	76	-1
5	1	한송희	여	90	95	90	92	89	3
6	2	심순애	여	85	85	80	83	89	-6
7	3	최하나	여	90	95	90	92	89	3

지금까지 R plyr 패키지 함수 ddply()의 활용 사례를 살펴보았다. R plyr 패키지 다른 계열에 함수 형식도 입력 유형과 출력 형식만 다를 뿐이다.

4. R data.table 패키지 활용

data.table 패키지 함수는 서로 다른 유형의 데이터로 구성될 수 있는 데이터프레임과 유사하지만 많은 키 항목을 지정할 수 있어서 데이터를 더욱 **빠른 검색과 집계 요약**할 수 있다는 장점이 있다. 다음은 같이 data.table 패키지 활용 예제 R 코드와 실행 결과이다.

 8-5-4-1: data.table 패키지 활용 예

```
# (1) data.table 패키지 설치

> if(!require("data.table")) install.packages("data.table")
```

```
> library(data.table)
> # (2) score 데이터프레임 생성
> score <- data.frame(학년=c(1, 1, 2, 2, 3, 3, 3),
+                    성명=c("홍길동","한송희","심순애","이수일","최하나","김수로","이상해"),
+                    성별=c("남","여","여","남","여","남","남"),
+                    국어=c(80, 90, 85, 80, 90, 80, 70),
+                    영어=c(75, 95, 85, 85, 95, 75, 75),
+                    수학=c(70, 90, 80, 70, 90, 75, 80))
> 평균 <- round((score$국어+score$영어+score$수학)/3)  # 학생별 과목 평균
> (score <- cbind(score, 평균))
  학년  성명 성별 국어 영어 수학 평균
1    1 홍길동   남   80   75   70   75
2    1 한송희   여   90   95   90   92
3    2 심순애   여   85   85   80   83
4    2 이수일   남   80   85   70   78
5    3 최하나   여   90   95   90   92
6    3 김수로   남   80   75   75   77
7    3 이상해   남   70   75   80   75
```

```
# (3) 조회 시간 계산
> system.time(score[score$성별=="남"])
 사용자  시스템 elapsed
      0       0       0
```

```
> # (4) 데이터프레임 형식을 데이터테이블 형식으로 변환
> score.dt <- as.data.table(score) # score 테이터프레임을 data.table 변환
> setkey(score.dt, 성별) # 성별을 키로 설정
> tables()
    NAME   NROW NCOL MB         COLS                      KEY
1: score.dt    7    7  0  학년,성명,성별,국어,영어,수학,...   성별
Total: 0MB
> system.time(for (i in 1:100000) score[score$성별=="남"])
 사용자  시스템 elapsed
      0       5       6
> system.time(for (i in 1:100000) score.dt[score.dt$성별=="남"])
 사용자  시스템 elapsed
      0       1       2
```

data.table 패키지 함수 중에서 데이터 분석에 유용하게 사용하는 함수로 shift()가 있다. data.table:shift() 함수의 형식은 다음과 같다.

data.table:shift() 함수 형식

shift(x,   # 벡터, 데이터 원본
　　　n = 1L,   # 몇 번째 이전(이후) 값을 가져 올 것인지 지정
　　　fill = NA,   # 채울 값이 없을 경우에 디폴트로 NA 값을 채움
　　　type = c("shift","lag","lead"), # 이전 값, 혹은 이후 값을 가지고 올 것인지
　　　give.names = FALSE)   # 값 이름 지정

반환 값은 shift() 함수 값

data.table 패키지 shift() 함수 사용 예제 R 코드와 실행 결과는 다음과 같다.

 8-5-4-2: data.table 패키지 shift() 함수 사용 예

```
> # (1) data.table 패키지 설치
> if(!require("data.table")) install.packages("data.table")
> library(data.table)
> # (2) shift 함수 사용 예
> shift(c(1, 2, 3, 4, 5),
+       n = 1L,
+       fill = NA,
+       type = "lag",
+       give.names = FALSE) # 1, 2, 3, 4, 5 벡터 값을 하나씩 우측으로 이동
[1] NA  1  2  3  4
```

연습문제 -Exercises

향상학습

1. 다음 중 R 데이터 구조 설명이 적절하지 않은 것은?
   ① 종속변수는 어떤 원인으로부터 얻은 결과를 표현한다.
   ② 요약변수는 기본 변수의 값을 집계한 결과를 표현한다.
   ③ 독립변수는 어떤 결과에 원인으로 작용하는 값을 표현한다.
   ④ 등간변수는 측정 자료 간의 비율 계산이 가능한 값을 표현한다.
   ⑤ 명목변수는 분류나 범주화, 수준을 나타내기 위한 값을 표현한다.

2. 다음 중 R 특수형 데이터 처리 방법의 설명이 적절하지 않은 것은?
   ① NULL이란 주로 알려지지 않거나 알 수 없는 값으로 특별한 명령을 사용하지 않더라도 자동으로 이 값을 제거하고 연산한다.
   ② NA는 Not Available의 약자로 원래 값이 존재해야 하는데 존재하지 않는 결측치라고 하는데 분석 시에 값을 보정 하거나 알 수 없으면 제거한다.
   ③ NaN은 Not available Number의 약어로 분석 시에 계산이 불가능 한 수이다.
   ④ Inf는 Infinity 무한대를 의미하는 상징적인 값으로 분석 시 이 값은 제거해야 한다.
   ⑤ 이상치는 통상적으로 허용되는 범위를 벗어난 값을 의미하며 분석결과를 왜곡하지 않으려면 제거하고 분석한다.

3. 데이터를 읽고 그 안에 숨겨진 의미까지도 파악할 수 있는 데이터 해독 능력을 일컫는 가장 적절한 용어는?
   ① 데이터웨어하우스(data warehouse)   ② 데이터 레이크(data lake)
   ③ 데이터베이스(database)   ④ 데이터 마트(data mart)
   ⑤ 데이터 리터러시(data literacy)

4. 다음 데이터 유형의 설명이 적절하지 않은 것은?
   ① factor 형은 주로 범주 형 문자 값을 표현하는 데 사용한다.
   ② arrary 형은 3차원 이상의 테이블을 표현할 때 사용한다.
   ③ data.frame 형은 테이블 열별로 다른 데이터형을 표현하는 데 사용한다.
   ④ matrix 형은 동일한 유형의 데이터를 행과 열로 표현할 때 사용한다.

⑤ data.table형은 matrix 형식과 같지만 메모리 효율성과 검색 속도를 개선에 사용한다.

5. 다음 벡터 변수 x에 숫자 2, 4, 6을 저장하지 못하는 R 코드는?
   ① x <-c(2, 4, 6)
   ② x <<- c(2, 4, 6)
   ③ x = c(2, 4, 6)
   ④ z = c(x = seq(2, 6, 2), y = 1:2)
   ⑤ z = c(seq(2, 6, 2) -> x, y <-1:2)

6. 다음 R코드 설명이 적절하지 않은 것은?
   ① seq(10, 1) # 오류 발생
   ② 1:10 # 1에서 10까지 자연수 생성
   ③ rep(1:2, each = 5) # 1을 5회, 2를 5회 생성
   ④ rep(1:2, times=5) # 1과 2를 5회 반복 생성
   ⑤ seq(1, 10, length=5) # 1에서 10까지 숫자 중에서 5개 생성

7. 다음 R 코드의 실행 결과가 올바르지 않은 것은?

   x <- c(162, 168, 165, 174)
   names(x) <- c("Kim", "Lee", "Park", "Choi")

   ① x[3] : 165
   ② x["Park"] : 165
   ③ x[-3] : 162 168 165
   ④ x[c(1, 3)) : 162 165
   ⑤ x[2:4] : 168 165 174

8. 다음의 R 코드 중 올바르게 실행되지 않는 것은?
   ① x <- TRUE
   ② x <- c(T, F)
   ③ x <- c(True, False)
   ④ x <- c(TRUE, FALSE)
   ⑤ x <- c("True", "False")

9. 다음 R 코드 설명이 올바르지 않은 것은?

① 1:10 # 10까지 자연수 생성

② seq(1, 10, 2) # 1에서 10까지 홀수 생성

③ 1:10 %% 2 # 변수 a를 2로 나누어 몫을 구함

④ rep(1:2, each = 5) # 1을 5회, 2를 5회 각각 생성

⑤ seq(1, 10, length = 5) # 1에서 10까지 5분 위수 생성

10. 다음의 R 코드 실행 결과로 올바른 것은?

```
data <- c(22, 21, 31, 22, 25)
rank(data, ties.method = "first")
```

① [1] 1 2 3 4 5

② [1] 3 1 5 2 4

③ [1] 2 1 5 3 4

④ [1] 3 5 1 4 2

⑤ [1] 5 4 3 2 1

11. 다음의 R 코드의 실행 결과는?

```
gender <- factor(c("여", "여", "남", "여"), levels = c("남", "여"))
as.numeric(gender)
```

① [1] "여", "여", "남", "여"   ② [1] "남", "여"

③ [1] 1 2 3 4   ④ [1] 1 1 2 1

⑤ [1] 2 2 1 2

12. 다음 R 코드의 실행 결과 값이 올바르지 않은 것은?

```
x <- matrix(1:9, ncol =3 )
```

① x는 3행 3열 행렬값이 저장된다.

② x[2, 2]는 2행 2열의 값 5가 출력된다.

③ x[2,]는 2행의 결과값 4 5 6이 출력된다.

④ x[, 1:2]는 1열의 값과 2열의 값을 출력한다.

⑤ dim(x)는 행의 수와 열의 수를 출력한다.

13. 다음 R 코드의 실행 결과값으로 올바르지 않은 것은?

    ```
    name <- c("Kim", "Lee", "Park", "Choi")
    weight <- c(62, 54, 82, 72)
    gender <- c("남", "여", "남", "여")
    health <- data.frame(name, weight, gender)
    ```

    ① health[1, 2] # 1행 2열 값 출력
    ② health[, -2] # 2열을 제외한 모든 열 출력
    ③ health$weight # weight 열을 출력
    ④ health[, c(1, 3)] # 1열과 3열만 출력
    ⑤ subset[health, health$gender=='여'] # gender 값이 '여' 열만 출력

14. 다음 중 data.table 형식의 설명이 적절하지 않은 것은?
    ① data.frame 데이터 구조 형식과 같다.
    ② data.frame의 메모리 효율성을 개선한다.
    ③ data.frame보다 데이터 검색 속도가 빠르다.
    ④ data.frame 패키지를 설치해야 사용할 수 있다.
    ⑤ data.frame 생성 형식과 유사하다.

15. 다음의 같은 R 코드의 실행 결과가 다른 것은?
    ① sum(1:10-1:10)
    ② sum(seq(2, 8, 2)%/%seq(3, 10, 2))
    ③ sum(rep(c(2, 4), each=2, times=2)%%2)
    ④ sum(1:10*0)
    ⑤ sum(c(sin(0), cos(0), tan(0)))

16. 다음과 같이 벡터 변수 x에서 값이 저장되어있다고 가정할 때 기초 통계량 함수 적용 결과값이 다른 것은?

    ```
    x <- 1:10
    ```

    ① length(x) → 10
    ② sum(x) → 55
    ③ quantile(x, prob = 0.75) → 75% 7.75
    ④ median(x) → 5 **
    ⑤ mean(x) → 5.5

17. 자연수 1에서 100까지 짝수의 평균과 홀수의 평균의 차이는?
    ① -2   ② -1   ③ 0   ④ 1   ⑤ 2

18. 다음 sum(x)를 적용한 결과가 다른 것은?
    ① x <- 1:10
    ② x <- rep(1:10)
    ③ x <- seq(1,10)
    ④ x <- c(); for(i in 1:10) x[i] = i
    ⑤ x <- c(); i=1; while(i<10) { i=i+1; x[i] = i }

19. 다음 R 코드 실행 결과가 다른 것은?
    ① substr("Big Data is Big Value", 5, 8)
       [1] "Data"
    ② paste("Big", "Data", "is", "Big", "Value", sep = " ")
       [1] "Big Data is Big Value"
    ③ grep("Big", c("Big", "Data", "is", "Big", "Value"))
       [1] 1 4
    ④ sub("Big", "Small", "Big Data is Big Value",)
       [1] "Small Data is Small Value"
    ⑤ strsplit ("Big Data is Big Value", split = " ")
       [[1]]
       [1] "Big" "Data" "is"   "Big" "Value"

20. 다음 R 코드 실행 결과의 형태가 다른 것은?
    ① substr("BigDataAnalysis", 4, 7)
       [1] "Data"
    ② paste(1:3, c("A", "B", "c"))
       [1] "1 A" "2 B" "3 c"
    ③ format(Sys.time(), "%m")
       [1] "09"
    ④ as.Date(Sys.Date(), format="%m/%d/%y")
       [1] "2019/10/17"

⑤ format(Sys.time(), "%m/%d/%Y")
"09/16/2021"

21. 다음 자료에서 summary(x)로 확인할 수 있는 통계량을 모두 고른 것은?

    x <- c(16, 14, NA, 14, 12, NA, 18, 12, 20, 14)

    ㄱ. 자료 수   ㄴ. 최빈수   ㄷ. 중위수   ㄹ. 빈도수   ㅁ. 최대/최솟값
    ㅂ. 평균   ㅅ. 사분위수 ㅇ. 분산   ㅈ. 결측치 수 ㅊ. 이상치 수

    ① ㄱㄴㄹㅂㅊ   ② ㄱㄹㅂㅇㅈ   ③ ㄴㄹㅂㅇㅊ
    ④ ㄷㅁㅂㅅㅈ   ⑤ ㄹㅁㅇㅈㅊ

22. 다음 보기를 보고 물음에 답하세요.

    ㄱ. reshape   ㄴ. apply   ㄷ. rvest   ㄹ. sqldf
    ㅁ. plyr   ㅂ. aggregate ㅅ. data.table ㅇ. stringr

    (가) 그룹별 집계 가능한 함수는?

    (나) 다차원 분석(multi-dimension)을 위한 패키지는?

    (다) 특정 열에 키(key)를 설정하여 검색 속도를 향상을 함수는?

    (라) 데이터 마트(data mart)에 관련된 패키지는?

23. 다음 R 함수 설명이 올바르지 않은 것은?
    ① Sys.Date()   # 시스템 날자와 시간을 출력하는 함수
    ② identical(x, y) # 벡터 x, y가 같은지 판단하는 함수
    ③ gsub(old, new, x) # 문자형 벡터 x의 old 문자 모두를 new 문자로 변경하는 함수
    ④ mean(x) # 벡터 x의 평균을 구하는 함수
    ⑤ class(x) # x의 데이터형을 조회하는 함수

24. 다음 R 프로그램의 실행 결과값으로 올바른 것은?

```
x <- c(33, 18, 24, 42, 19, 38, 10, 32, 20, 30)
y <- rep(0, length(x))
for (i in 1:length(x)) {
  if ( x[ i ] > 30 ) {
    y[ i ] <- 1
  } else {
    y[ i ] <- 0
  }
}
sum(y)
```

① 2   ② 8   ③ 3   ④ 4   ⑤ 5

25. 다음 R 프로그램 함수 정의에 잘못된 부분을 모두 고른 것은?

```
addto <- ㉠[function(x)] {
    isum <- 0
    ㉡[for (i to 1:x)] {
        ㉢[isum <- isum + i]
    ㉣[return isum]
}
㉤[addto(100)]
```

① ㉠ ㉢   ② ㉡ ㉣   ③ ㉠ ㉣ ㉤
④ ㉡ ㉣ ㉤   ⑤ ㉠ ㉡ ㉢ ㉣

심화학습

1. 다음과 같은 벡터를 계량화하여 출력하기 위한 R 코드를 제시하세요.

```
x <- c("중", "최상", "최하", "하", "상")
[1]  50  100   0   25   75
```

2. 다음 벡터를 보고 물음에 답하세요.

    x <- c(23, 18, 11, 12, 19, 28, 16, 22, 20, 29)

    가. 평균 + 3 × 표준편차는?

    나. 3사분위수 + 1.5 × (3사분위수-1사분위수) 값은?

    다. (가)와 (나)의 편차는?

    라. 자료를 내림차순으로 정렬하기 위한 R 코드는?

    마. 홀수의 수를 출력하기 위한 R 코드는?

3. 다음과 같은 행렬(matrix)의 곱을 구하는 R 코드를 제시하고 결과를 기술하세요.

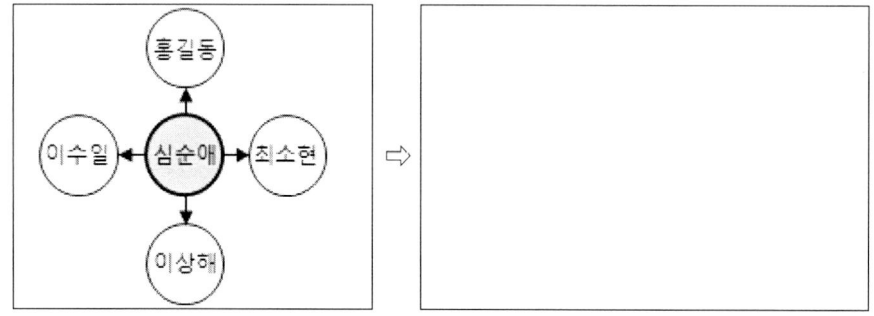

4. 다음 그림과 같은 관계를 표현할 수 있는 적절한 R 코드를 제시하세요.

5. 문자열 "2032.10.20."의 요일을 구하기 위한 R 코드를 제시하세요.

6. 다음과 같은 피보나치수열(Fibonacci sequence)을 생성하는 R 코드를 제시하세요.

    0, 1, 1, 2, 3, 5, 8, 13, 21, 34

7. 다음 좌측의 R 사용자 정의 함수를 repeat break next 구문이 모두 포함한 함수로 변경하는 R 코드를 제시하세요.

```
divisor <- function(x) {
  k <- 0; v <- c()
  for(e in seq(x/2)) {
    if(x%%e == 0) {
      k = k + 1
      v[k] <- e
    }
  }
  return(v)
}
divisor(12)
```
⇨

8. 다음과 같은 표를 보고 물음에 대한 R 코드를 기술하세요.

[교육부 학교 건강검사 조사 결과(2016년)]

class	gender	height	weight
초등	남	138	37
초등	여	137	34
중등	남	166	60
중등	여	159	53
고등	남	173	68
고등	여	161	57

가. 테이블을 health 데이터프레임(data.frame) 생성

[힌트] 명목변수(Nominal variable)는 factor로 생성

나. 체질량지수(bmi)를 구하여 health 데이터프레임에 열 추가

[힌트] 체질량지수(bmi) = 몸무게(weight) ÷ (키[height] ÷ 100)^2

다. bmi가 가장 큰 행을 검색(힌트 : rank() 함수 이용)

라. 다음과 같이 3차원 배열(array)형식 데이터 마트(data mart)로 변환

1페이지	2페이지	3페이지
variable = height 　　　gender class　남　여 　고등　173　161 　중등　166　159 　초등　138　137	variable = weight 　　　gender class　남　여 　고등　68　57 　중등　60　53 　초등　37　34	variable = bmi 　　　gender class　남　　여 　고등　22.72　21.99 　중등　21.77　20.96 　초등　19.43　18.11

[힌트] reshape 패키지 이용

9. 생년월일을 입력받아 나이를 반환하는 R 프로그램을 작성하세요.

10. 4차 산업혁명 시대에 데이터 리터러시가 무엇이고 왜 중요한지 설명하세요.

빅데이터 분석
기획과 실무

Chapter
09

R 데이터셋 다루기

9.1 키보드로부터 데이터 직접 입력
9.2 파일에서 데이터 불러오기
9.3 데이터베이스로부터 데이터 읽어오기
9.4 URL 데이터 읽어오기
9.5 웹 크롤링으로 데이터 읽어오기
9.6 공공 포털로부터 데이터 읽어오기
9.7 이미지 데이터 읽어오기
9.8 데이터 저장하기
9.9 R 기본 데이터 살펴보기
9.10 데이터 전처리
연습문제

Chapter. 09
R 데이터셋 다루기

R 데이터는 크게 정형화된 데이터셋 형식과 비정형화된 데이터셋 형식으로 구분할 수 있다. 이런 데이터셋은 주로 대량의 데이터를 대상으로 하기 때문에 다양한 형태의 매체에 저장된 데이터를 불러와서 분석하게 된다. 정형화된 데이터셋은 주로 엑셀과 CSV 텍스트 형식과 데이터베이스와 같은 일정한 형식의 저장 형태를 갖춘 파일을 의미한다. 반면에 비정형화된 데이터셋은 텍스트 메모장이나 웹 크롤링(web crawling) 데이터나 심지어 이미지나 영상, 음성 등의 데이터 파일을 대상으로 한다. 이처럼 다양한 데이터셋을 R로 어떻게 불러와서 데이터 구조화하느냐에 따라 데이터 분석 방향과 방법이 달라질 수 있다. 어떤 사람들은 이렇게 말한다. 데이터를 분석하고 싶은데 분석할 데이터가 없다고. 나는 이렇게 말한다. 데이터는 지천으로 널려있다고, 다만 데이터를 수집하고 다룰 수 있는 마인드와 역량이 부족할 뿐이라고 말이다. 그래서 지금부터 데이터를 수집하고 다룰 수 있는 마인드와 역량을 키워나갈 것이다.

9.1 키보드로부터 데이터 직접 입력

데이터를 키보드로부터 직접 데이터를 입력하여 R 데이터 구조에 저장할 수 있다. 키보드로부터 직접 데이터를 입력할 때 입력된 값을 R 벡터에 저장할 수 있는 scan() 함수가 있고 행과 열 형태의 데이터프레임에 저장할 수 있는 edit() 함수가 있다. 먼저 키보드로부터 입력된 값을 벡터(vector)에 저장하는 예제 R 코드와 실행 결과를 살펴보자.

 9-1-1-1: 키보드로부터 입력된 값을 벡터(vector)에 저장하는 예

```
> v1 <- scan() # 키보드로부터 숫자 데이터 입력
1: 10
2: 20
3: 30
4:
Read 3 items
> v1
[1] 10 20 30
> v2 <- scan(what = "") # 키보드로부터 문자 데이터 입력
1: Apple
```

```
    2: Cherry
    3: Pear
    4: Banana
    5:
    Read 4 items
> v2
    [1] "Apple"  "Cherry" "Pear"   "Banana"
```

그리고 키보드로부터 입력한 데이터를 데이터프레임에 저장하는 예제 R 코드와 실행 결과는 다음과 같다.

 9-1-1-2: 키보드로부터 입력된 값을 데이터프레임에 저장하는 예

```
> data1 <- data.frame()
> data1 <- edit(data1)
```

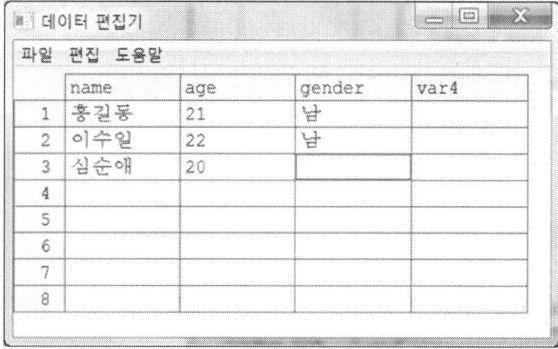

```
> data1
    name age gender
1 홍길동  21     남
2 이수일  22     남
3 심순애  20     여
```

이처럼 키보드로부터 직접 데이터를 생성하는 방식은 비교적 소량의 데이터를 입력하기에는 편리하지만, 대용량 데이터를 입력하거나 분석 처리할 대상 데이터가 이미 저장 매체에 저장되어 있을 때는 이들 매체에 저장된 데이터를 불러와서 분석 처리해야 한다.

9.2 파일에서 데이터 불러오기

R 데이터는 크게 정형화된 데이터셋 형식과 비정형화된 데이터셋 형식으로 구분할 수 있다. 이런 데이터셋은 주로 대량의 데이터를 대상으로 하므로 다양한 형태의 매체에 저장된 데이터

를 불러와서 분석하게 된다. 정형화된 데이터셋은 주로 엑셀과 CSV 텍스트 형식과 데이터베이스와 같은 일정한 형식의 저장 형태를 갖춘 파일을 의미한다. 반면에 비정형화된 데이터셋은 텍스트 메모장이나 웹 크롤링(web crawling) 데이터나 심지어 이미지나 영상, 음성 등의 데이터 파일을 대상으로 한다. 외부 데이터는 구조화된 파일이나 데이터베이스에 존재하는 물리적 데이터(physical data)와 R 분석 처리를 위하여 관념적으로 존재하는 논리적 데이터(logical data), 그리고 인터넷 웹 콘텐츠(web contents), 칼렌더(calendar), 이메일(email), 트위터(Twitter), SNS(social network Service) 등과 같은 매체에 존재하는 가상적 데이터(virtual data) 불러올 수 있다. 물리적 데이터는 단순히 R 함수를 적용하여 불러올 수 있고 논리적 데이터는 API(Application Programming Interface) 형태로 불러올 수 있다. 그리고 가상적 데이터는 웹 크롤링이나 개방형 API 등으로 데이터를 수집할 수 있다. 이와 같이 다양한 매체로부터 데이터셋을 R로 불러와서 어떻게 데이터를 구조화하느냐에 따라 데이터 분석 방법과 분석 결과의 가치가 달라질 수 있다.

1. 텍스트 파일 읽어오기

일반 텍스트 파일은 레코드가 일정한 형태로 갖추어져 저장된 정형 데이터(structured data) 파일과 메모장과 문서와 같이 일정한 형식으로 갖추어지지 않고 저장된 비정형 데이터(unstructured data) 파일로 구분할 수 있다. 정형 텍스트 파일을 R로 읽을 때 사용하는 함수는 read.table()이고 비정형 텍스트 파일은 readLine() 함수를 사용하여 읽을 수 있다.

1 정형 텍스트 파일 읽기

R에서는 정형 텍스트 파일에 포함된 데이터는 read.table() 함수를 이용하여 불러올 수 있다. rea.table() 함수의 형식은 다음과 같다.

```
read.table(file="파일경로/파일명.txt",
        header = TRUE,
        sep = "구분자",
        encoding = "UTF-8",
        fileEncoding = "CP949")
```

file	읽어 올 텍스트 파일 경로 및 파일명
header	논리형 데이터를 가지는 인자로 TRUE를 지정할 때 읽어 올 파일에 있는 1행에 있는 것을 항목 이름으로 지정하고 FALSE는 디폴트값으로 R에서 항목 이름을 V1, V2, ...로 지정
sep	텍스트 파일에서 항목을 구분할 문자를 기술 주로 공란일 경우 " ", 콤마로 구분 ",", 탭 문자는 "\t"로 표시
encoding	텍스트 파일에 한글이 포함되어 있을 때 "UTF-8"로 지정
fileEncoding	텍스트 파일에 한글이 포함되어 있을 때 "CP949"로 지정

그럼, 일반 텍스트 파일을 읽어오기 위한 예제로 다음 그림과 같은 파일을 살펴보자.

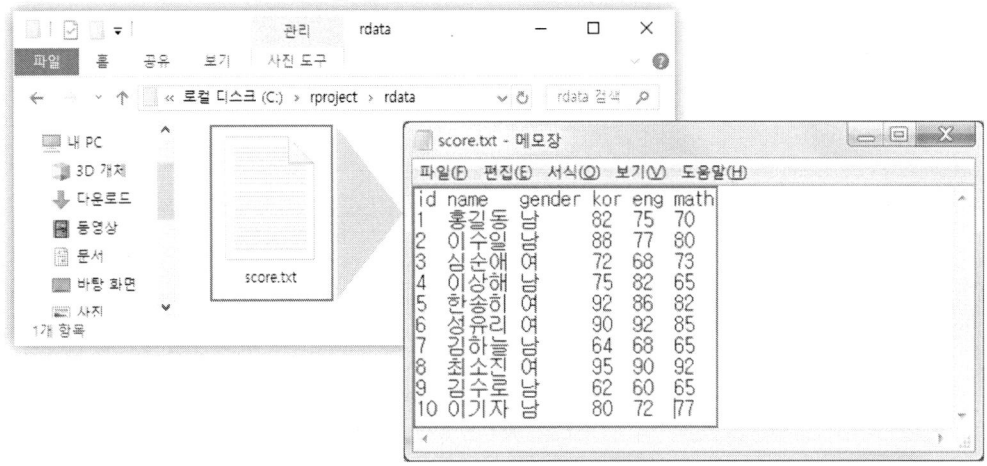

[그림 9-1] score 텍스트 파일

score.txt 파일은 항목 이름과 함께 저장한 것이고 각각의 항목은 탭(\n)으로 구분하여 입력된 파일이다. 이와 같이 외부에 입력된 텍스트 파일에 있는 데이터를 분석하기 위해서는 R 데이터 형으로 불러와야 한다. 다음은 score.txt 파일을 R 데이터형으로 불러오는 예제이다.

 9-2-1-1: score.txt 파일을 R 데이터형으로 불러오는 예

```
# 정형 텍스트 파일 읽기
> score <- read.table(file="c:/rproject/rdata/score.txt",
+                     header = TRUE,
+                     sep = "")
> str(score) # score 구조 조회
'data.frame':   10 obs. of  6 variables:
 $ id    : int  1 2 3 4 5 6 7 8 9 10
 $ name  : chr  "홍길동" "이수일" "심순애" "이상해" ...
 $ gender: chr  "남" "남" "여" "남" ...
 $ kor   : int  82 88 72 75 92 90 64 95 62 80
 $ eng   : int  75 77 68 82 86 92 68 90 60 72
 $ math  : int  70 80 73 65 82 85 65 92 65 77

> score # score 데이터 조회
  id name   gender kor eng math
1  1 홍길동    남    82  75   70
2  2 이수일    남    88  77   80
3  3 심순애    여    72  68   73
4  4 이상해    남    75  82   65
5  5 한송희    여    92  86   82
```

6	6	성유리	여	90	92	85
7	7	김하늘	남	64	68	65
8	8	최소진	여	95	90	92
9	9	김수로	남	62	60	65
10	10	이기자	남	80	72	77

score.txt 파일을 R 데이터로 불러오는 예제에서 read.table()의 인자 file에서 읽어 올 파일은 'c:/rproject/rdata/score.txt'로 경로명과 파일명을 기술한다. 만일 R의 현재 작업 디렉터리가 'c:/rproject/rdata'라면 경로명을 생략할 수 있다. RStudio를 처음 실행하면 기본적인 경로는 RStudio가 설치한 디렉터리이다. R 프로그램에서 작업 디렉터리를 c:/rproject/rdata로 변경하려면 'setwd("c:/rproject/rdata")'와 같은 함수를 사용한다. 작업 디렉터리 경로를 기술할 때 디렉터리 구분자로 백슬래쉬(back slash) '\'을 사용할 때 이중 백스래쉬 '\\'을 사용해야 한다. [그림 9-1]에서 보는 바와 같이 score.txt 파일에는 1행에 항목명이 저장되어 있기 때문에 파일을 읽어올 경우에 인자 header에 TRUE를 입력하여 1행이 항목명 이라고 알린다. 따라서 score.txt 파일의 2행의 데이터부터 R의 데이터로 간주하게 된다. 그리고 read.table 함수의 인자 sep(separate)는 데이터의 구분자를 기술하는데 여기서는 공란(blank)을 기준으로 데이터 항목 값을 읽어온다.

R에서 한글 유니코드는 기본적으로 UTF-8로 처리하고 있다. 따라서 한글이 포함된 텍스트 파일이 UTF-8 형식으로 저장되어 있지 않을 경우 한글 깨짐이 발생하여 파일을 읽을 수가 없다. R의 한글 설정과 텍스트 파일을 한글 저장 유니코드가 다를 경우에 다음 [그림 9-2]와 같이 R Studio의 기본 설정값을 변경해야 한다.

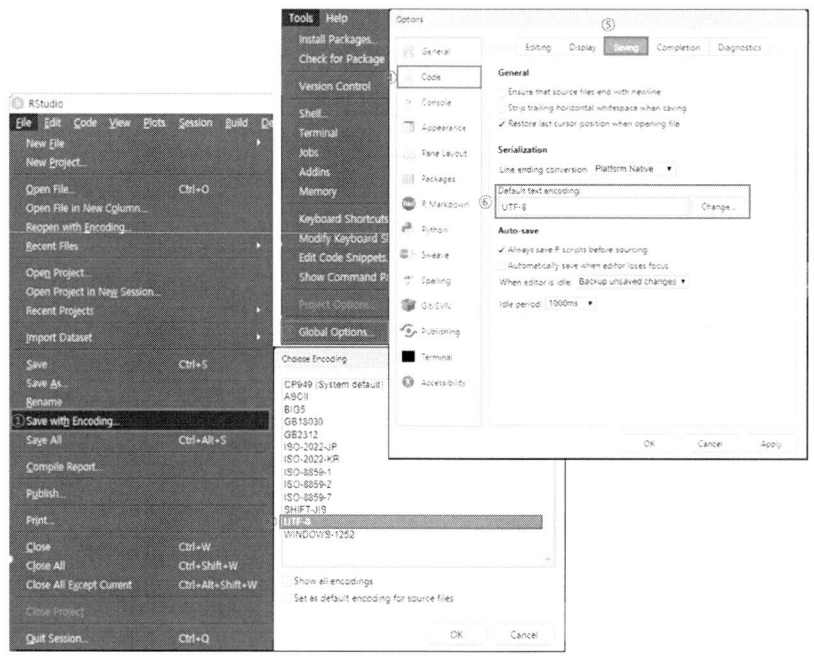

[그림 9-2] R Studio 한글 유니코드 UTF-8 설정

한글 처리에서 R Studio의 기본값을 UTF-8로 변경하지 않고 읽을 경우 함수 인자 (argument)에 'encoding = "UTF-8"'와 'fileEncoding = "CP949"'을 추가해야 한다. 그러나 그림 3-2와 같이 R Studio에서 한글 유니코드 값을 변경하면 코딩에 번거로움을 줄일 수 있을 것이다. R 함수 str(structure)는 R 데이터형의 구조를 반환하는 함수로서 read.table()로 읽어온 R 데이터 형식은 data.frame이고 변수의 수와 행의 수를 표시한다. 그리고 각각의 항목의 이름과 데이터 유형, 그리고 샘플 데이터를 표시하여 전반적인 데이터 구조를 파악할 수 있게 한다.

2 비정형 텍스트 파일 읽기

만일 메모장과 pdf 파일과 같이 텍스트 파일에 항목으로 구별할 수 없는 비정형 데이터를 읽어올 경우에는 readLines 함수를 사용한다. 다음 [그림 9-3]과 같이 메모장에 우리나라 국가 (anthem)가 저장되어 있다고 가정하자.

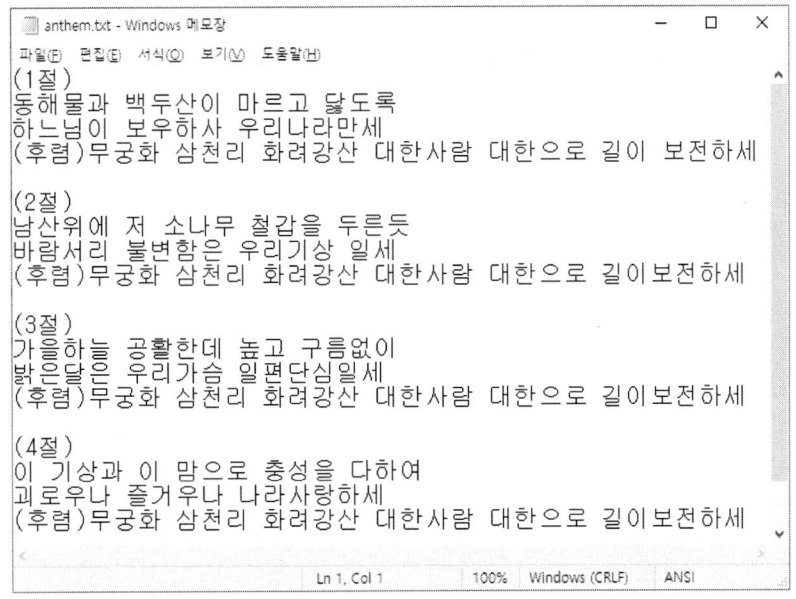

[그림 9-3] 메모장에 텍스트 데이터 예

[그림 9-3]과 같은 메모장에 입력된 비정형 텍스트 데이터를 R 데이터로 읽어오는 R 코드와 실행 결과는 다음과 같다.

 9-2-1-2: 비정형 텍스트 파일을 R 데이터로 읽어오는 예

```
# 비정형 텍스트 파일 읽기
> getwd()   # 현재 작업 디렉터리 반환
[1] "c:/rproject/rdata"
> setwd("c:/rproject/rdata") # 작업 디렉터리 변경
```

```
> getwd()  # 현재 작업 디렉터리 반환
[1] "c:/rproject/rdata"
> anthem <- readLines("anthem.txt") # 텍스트 파일을 읽어서 anthem에 저장
> str(anthem) # anthem 데이터 구조 조회
```
chr [1:19] "(1절)" "동해물과 백두산이 마르고 닳도록" "하느님이 보우하사 우리나라만세" ...

```
> anthem # anthem 데이터 조회
```
 [1] "(1절)"
 [2] "동해물과 백두산이 마르고 닳도록"
 [3] "하느님이 보우하사 우리나라만세"
 [4] "(후렴)무궁화 삼천리 화려강산 대한사람 대한으로 길이 보전하세"
 [5] ""
 [6] "(2절)"
 [7] "남산위에 저 소나무 철갑을 두른듯"
 [8] "바람서리 불변함은 우리기상 일세"
 [9] "(후렴)무궁화 삼천리 화려강산 대한사람 대한으로 길이보전하세"
[10] ""
[11] "(3절)"
[12] "가을하늘 공활한데 높고 구름없이 "
[13] "밝은달은 우리가슴 일편단심일세"
[14] "(후렴)무궁화 삼천리 화려강산 대한사람 대한으로 길이보전하세"
[15] ""
[16] "(4절)"
[17] "이 기상과 이 맘으로 충성을 다하여"
[18] "괴로우나 즐거우나 나라사랑하세"
[19] "(후렴)무궁화 삼천리 화려강산 대한사람 대한으로 길이보전하세"

위 실행 코드에서 다음과 같은 경고 메시지를 확인할 수 있을 것이다.

Warning message:
In readLines("anthem.txt") : incomplete final line found on 'anthem.txt'

이런 경고 메시지는 R에서 텍스트를 읽을 때 파일의 마지막 라인을 알 수 없어 발생하는 것이다. 이런 경고 메시지를 없애기 위해서는 텍스트 파일 맨 마지막에 빈 줄을 추가하면 된다.

2. CSV 파일 읽어오기

CSV(Comma-Separated Value) 데이터 형식은 항목이 콤마(,)로 구분된 텍스트 형식의 파일이다. CSV 파일은 텍스트 형식의 파일이기 때문에 파일 크기가 작고 엑셀을 통해서 생성, 수정이 가능함으로 정형 데이터셋을 표현하는 데 가장 많이 사용하는 파일 형식이다.

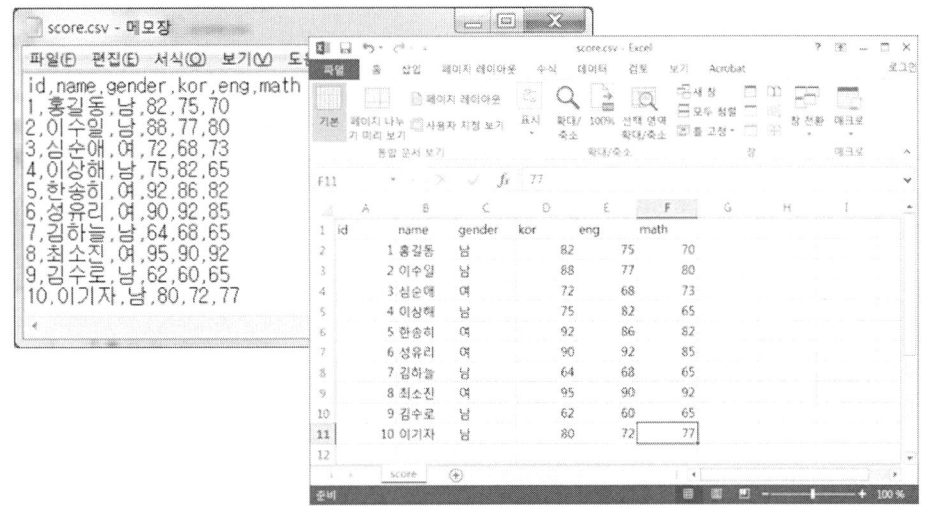

[그림 9-4] CSV 형식의 파일 예

R에서는 특별히 CSV형식의 파일을 읽을 수 있는 read.csv 기본 함수를 제공하고 있다. read.csv 함수의 형식은 다음과 같다.

read.csv(file="파일위치/파일명.csv", header = TRUE, sep = "구분자", ...)	
file	읽어 올 텍스트 파일 위치 및 파일명
header	논리형. TRUE를 지정할 경우에 읽어 올 파일에 있는 1행에 있는 것을 열 이름으로 지정. FALSE는 디폴트 값으로 R에서 열 이름을 V1, V2, ...로 지정
sep	텍스트 파일에서 항목을 구분할 문자를 기술 주로 공란일 경우 " ", 콤마로 구분 ",", 탭문자는 "\t"로 표시

그럼 read.csv 함수를 이용해서 CSV 형식으로 저장된 데이터를 R로 읽어오는 예제를 살펴보자.

 9-2-2-1: CSV 형식 데이터 읽어오기 예

> setwd("c:/rproject/rdata") # 작업 디렉터리 변경
> list.files() # 현재 작업 디렉터리 파일 목록 조회
[1] "anthem.txt" "score.csv" "score.txt"
> score <- read.csv(file="score.csv",
+   header = TRUE,
+   sep = ",")
> str(score) # score 데이터 구조 조회

'data.frame':   10 obs. of 6 variables:
 $ id   : int 1 2 3 4 5 6 7 8 9 10
 $ name   : chr "홍길동" "이수일" "심순애" "이상해" ...

```
$ gender: chr  "남" "남" "여" "남" ...
$ kor   : int  82 88 72 75 92 90 64 95 62 80
$ eng   : int  75 77 68 82 86 92 68 90 60 72
$ math  : int  70 80 73 65 82 85 65 92 65 77
```

```
> score # score 데이터셋 조회
     id  name  gender  kor  eng  math
1    1   홍길동   남     82   75   70
2    2   이수일   남     88   77   80
3    3   심순애   여     72   68   73
4    4   이상해   남     75   82   65
5    5   한송희   여     92   86   82
6    6   성유리   여     90   92   85
7    7   김하늘   남     64   68   65
8    8   최소진   여     95   90   92
9    9   김수로   남     62   60   65
10   10  이기자   남     80   72   77
```

read.csv 함수의 인자 사용은 텍스트 데이터를 읽어오는 함수 read.table 형식과 동일하다. CSV 파일 읽어오기 예제에서 list.files()는 현재 디렉터리 파일 목록을 조회하는 함수이다. R에서 디렉터리(폴더)에 관련된 함수는 다음 [표 9-1]과 같다.

[표 9-1] R 디렉터리(폴더)에 관련된 함수

디렉터리 관련 함수	기능
setwd()	지정된 경로로 작업 디렉터리 이동
getwd()	현재 작업 경로 확인
load(".RData")	현재 작업 디렉터리 로드
list.files()	현재 작업 디렉터리에 있는 파일 목록 조회
mode(list.files())	list.files()의 결과를 Vector로 표시
list.files(recursive=T)	현재 디렉터리뿐만 아니라 하위 디렉터리 목록도 함께 조회
list.files(all.files=T)	파일 디렉터리뿐만 아니라 숨겨진 파일도 조회

한편 CSV 형식의 파일에서 일부분에 데이터만 선택해서 R 데이터로 불러올 수 있다. CSV 파일에서 일부 데이터만 불러오는 함수는 sqldf::read.csv.sql 함수를 사용해야 한다. 이때 read.csv.sql 함수는 sqldf 패키지에 포함된 것으로 sqldf 패키지 설치가 필요하다. 그러면 sqldf::read.csv.sql 함수를 이용하여 CSV 파일의 일부 데이터를 선택해서 가져오는 예제를 살펴보자.

9-2-2-2: CSV 형식의 파일에서 일부 데이터만 선택해서 읽어오는 예

```
> if(!require("sqldf")) install.packages("sqldf")
> library(sqldf) # sqldf 라이브러리 적재
> setwd("c:/rproject/rdata") # 작업 디렉터리 설정
> # score.csv에서 sum과 avg을 구하고 avg가 80이 이상인 행만 score에 저장
> score <- read.csv.sql(file = "score.csv",
+                      sql = "SELECT name, kor, eng, math,
+                             (kor+eng+math) AS sum,
+                             (kor+eng+math)/3 AS avg
+                             FROM    file
+                             WHERE  (kor+eng+math)/3>=80",
+                      header = TRUE,
+                      sep = ",",
+                      drv = "SQLite")
> score
                                        name kor eng math sum avg
1                      <c0><U+033C><f6><c0><cf>  88  77   80 245  81
2                      <c7><U+047C><db><c8><f7>  92  86   82 260  86
3 <U+00BC><U+00BA><U+002F><U+00B8><U+00AE>  90  92   85 267  89
4                      <c3><U+05BC><d2><c1><f8>  95  90   92 277  92
> Encoding(score$name) = "EUC-KR" # 한글 UTF-8을 EUC-KR로 변환
> score
  name   kor eng math sum avg
1 이수일  88  77   80 245  81
2 한송희  92  86   82 260  86
3 성유리  90  92   85 267  89
4 최소진  95  90   92 277  92
```

read.csv.sql() 함수는 데이터베이스 언어 SQL을 통하여 필요한 데이터를 추출할 수 있을 뿐만 아니라 총점과 평균과 같이 계산된 결과의 데이터도 불러올 수 있다. 그러나 read.csv.sql() 함수로 읽어온 데이터는 기본적으로 UTF-8로 불러온다. 그러나 R에서 기본적인 한글 처리는 EUC-KR이므로 name 항목에 한글 깨짐이 발생한 것이다. 따라서 Encoding() 함수를 이용하여 EUC-KR로 변경하면 한글이 올바르게 표시된다.

R에서 한글 깨짐 문제를 특별히 다루어야 하는데 이를 위하여 다음과 같은 한글코드 변환 사용자 정의 함수를 정의해서 사용할 수 있다.

9-2-2-3: 한글코드 변환 사용자 정의 함수 예

```
> # 한글코드 변환 함수 정의
> fix.encoding <- function(df, orginalEncoding = "EUC-KR") {
+       numCols <- ncol(df)
+       for (col in 1:numCols) {
+           if (class(df[,col]) == "character") {
+               Encoding(df[,col]) <- orginalEncoding
+           }
+       }
+       return(df)
+ }
> # 한글 변환 함수 호출
> fix.encoding(score)
   name kor eng math sum avg
1  이수일  88  77   80  245  81
2  한송희  92  86   82  260  86
3  성유리  90  92   85  267  89
4  최소진  95  90   92  277  92
```

3. 엑셀 파일 읽어오기

R에서 엑셀에 저장한 데이터를 읽어오는 방법은 read.xlsx 함수와 read_excel 함수가 있다.

[표 9-2] 엑셀 파일 읽어오기에 관련된 패키지

엑셀 파일 읽기 패키지	함수명	내용
xlsx	read.xlsx()	엑셀 데이터를 data.table 형식으로 읽어옴
readxl	read_excel()	엑셀 데이터를 tibble 형식으로 읽어옴

먼저 read.xlsx 함수를 통해서 엑셀 파일을 읽어오기 위한 형식은 다음과 같다.

xlsx::read.xlsx(file="파일위치/파일명.xlsx", sheetIndex = 1, header = TRUE, encoding="UTF-8"	
file	읽어 올 텍스트 파일 위치 및 파일명
sheetIndex	수치형, 읽어올 엑셀 파일의 시트
header	논리형, 엑셀에 있는 첫 번째 행에 값을 컬럼명을 사용할 것인지, 디폴트는 TRUE, FALSE를 지정하면 R에서 자동으로 V1, V2, ..로 지정
encoding	값에 한글이 있을 경우

read.xlsx 함수를 이용하여 엑셀 데이터를 읽어보기 위하여 다음 [그림 9-5]와 같은 엑셀 파일에서 데이터를 읽어오는 예제를 살펴본다.

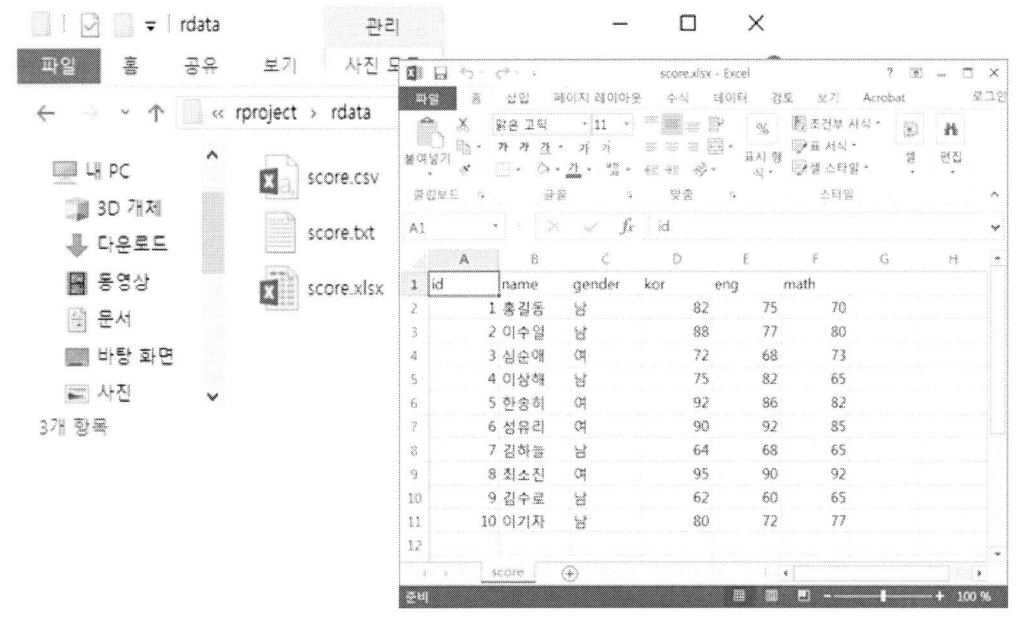

[그림 9-5] 엑셀 데이터셋 예제

그럼 read.xlsx 함수를 이용한 엑셀 데이터 읽어오기 예제는 다음과 같다.

9-2-3-1: read.xlsx() 함수를 이용한 엑셀 데이터 읽어오기 예

```
# xlsx 패키지를 이용한 엑셀 파일 읽어오기
# xlsx 패키지는 JDK설치, rJava 패키지가 설치되어 있어야 함
# (1) JDK 설치
> if(!require("multilinguer")) install.packages("multilinguer")
> library(multilinguer)
> install_jdk()
> if(!require("rJava")) install.packages("rJava")
> library(rJava)
> # (2) xlsx 패키지 설치
> if(!require("xlsx")) install.packages("xlsx")
> library(xlsx)
> setwd("c:/rproject/rdata")
> list.files()
[1] "anthem.txt"    "score.csv"    "score.txt"    "score.xlsx"
```

```
> score <- read.xlsx(file="score.xlsx",
+                    sheetIndex = 1,
+                    header = TRUE,
+                    encoding = "UTF-8")
> class(score)
[1] "data.frame"
> score # 읽은 피일 내용 조회
   id  name gender kor eng math
1   1  홍길동     남  82  75   70
2   2  이수일     남  88  77   80
3   3  심순애     여  72  68   73
4   4  이상해     남  75  82   65
5   5  한송희     여  92  86   82
6   6  성유리     여  90  92   85
7   7  김하늘     남  64  68   65
8   8  최소진     여  95  90   92
9   9  김수로     남  62  60   65
10 10  이기자     남  80  72   77
```

다음은 엑셀 데이터를 읽어오는 또 다른 함수 read_excel의 형식은 다음과 같다.

readxl::ead_excel(path="파일위치/파일명.xlsx", sheet = 1, col_names = TRUE)	
path	읽어올 텍스트 파일 위치 및 파일명
sheet	수치형, 읽어올 엑셀 파일의 시트
col_names	논리형, 엑셀에 있는 첫 번째 행에 값을 컬럼 명을 사용할 것인지, 디폴트는 TRUE, FALSE를 지정하면 R에서 자동으로 V1, V2, ...로 지정

ead_excel 함수를 이용하여 엑셀 데이터를 읽어오기 위한 예제는 다음과 같다.

 9-2-3-2: read_excel() 함수를 이용하여 엑셀 데이터를 읽어오기 위한 예

```
> if(!require("readxl")) install.packages("readxl")
> library(readxl)
> setwd("c:/rproject/rdata")
> list.files()
[1] "anthem.txt"    "score.csv"    "score.txt"    "score.xlsx"
> score <- read_excel(path="score.xlsx",
```

```
+                    sheet = 1,
+                    col_names = TRUE)
> class(score)
[1] "tibble"
> score
# A tibble: 10 x 6
      id name  gender   kor   eng  math
   <dbl> <chr> <chr>  <dbl> <dbl> <dbl>
 1     1 홍길동    남       82    75    70
 2     2 이수일    남       88    77    80
 3     3 심순애    여       72    68    73
 4     4 이상해    남       75    82    65
 5     5 한송희    여       92    86    82
 6     6 성유리    여       90    92    85
 7     7 김하늘    남       64    68    65
 8     8 최소진    여       95    90    92
 9     9 김수로    남       62    60    65
10    10 이기자    남       80    72    77
```

4. 클립보드로부터 데이터 읽어오기

R은 클립보드(clipboard) 임시로 저장된 데이터를 읽어 올 수 있다. 여기서 클립보드란 컴퓨터에서 임시 저장 공간으로 사용하기 위해 확보된 메모리 영역을 의미한다. 그럼 클립보드로부터 데이터를 간단히 읽어오는 예제를 살펴보기 위하여 다음과 같이 엑셀 파일을 열고 읽어 올 부분을 선택해서 복사하기 단축키 [Ctrl]+[C]를 통하여 필요한 데이터를 클립보드에 저장했다고 가정한다.

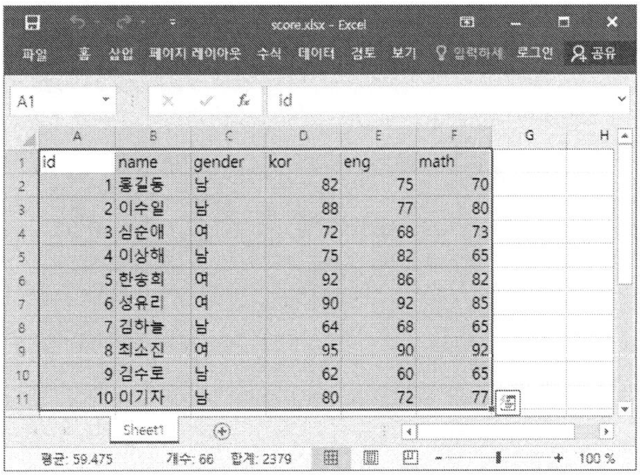

[그림 9-6] 엑셀 파일을 열고 필요한 데이터를 선택하여 클립보드에 저장

다음은 엑셀 데이터를 클립보드에 저장한 후 R로 데이터를 쉽게 읽어오는 예제이다.

 9-2-4-1: 엑셀 데이터를 클립보드에 저장 후 읽어오는 예

```
> data <- read.table("clipboard", header = T)
> str(data)
'data.frame':   10 obs. of  6 variables:
 $ id    : int  1 2 3 4 5 6 7 8 9 10
 $ name  : chr  "홍길동" "이수일" "심순애" "이상해" ...
 $ gender: chr  "남" "남" "여" "남" ...
 $ kor   : int  82 88 72 75 92 90 64 95 62 80
 $ eng   : int  75 77 68 82 86 92 68 90 60 72
 $ math  : int  70 80 73 65 82 85 65 92 65 77
> head(data)
  id   name  gender  kor  eng  math
1  1  홍길동    남    82   75   70
2  2  이수일    남    88   77   80
3  3  심순애    여    72   68   73
4  4  이상해    남    75   82   65
5  5  한송희    여    92   86   82
6  6  성유리    여    90   92   85
```

다음은 각종 매체에 있는 비정형 텍스트 데이터를 클립보드에 저장하고 쉽게 R로 읽어오는 방법을 소개할 것이다. 만일 NAVER 지식 백과에서 R 소개를 찾고 R의 정의 텍스트 부분을 선택하여 클립보드에 저장했다고 가정하자.

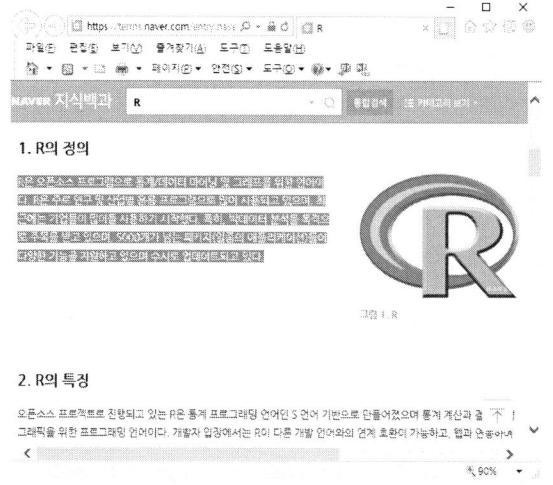

[그림 9-7] 네이버 백과사전에서 특정 영역을 클립보드에 저장

네이버 백과사전에서 특정 영역을 클립보드에 저장한 텍스트 데이터를 읽어오는 예제 R 코드는 다음과 같다.

 9-2-4-2: 클립보드로부터 비정형 데이터 읽어오기 예

```
> # 인터넷 매체에서 특정 부분을 선택한 후 읽어오기
> data <- readLines("clipboard")
> data
```
[1] "R은 오픈소스 프로그램으로 통계/데이터 마이닝 및 그래프를 위한 언어이다. R은 주로 연구 및 산업별 응용 프로그램으로 많이 사용되고 있으며, 최근에는 기업들이 많이들 사용하기 시작했다. 특히, 빅데이터 분석을 목적으로 주목을 받고 있으며, 5000개가 넘는 패키지(일종의 애플리케이션)들이 다양한 기능을 지원하고 있으며 수시로 업데이트되고 있다. "
[2] ""
[3] "[네이버 지식백과] R (국립중앙과학관 - 빅데이터)"

5. PDF 파일로부터 데이터 읽기

PDF(Portable Document Format)는 미국 어도비시스템즈(Adobe Systems)에서 만든 문서 파일 유형(포맷)이다. 마이크로소프트 윈도우, 애플 맥, 유닉스, 구글 안드로이드 등 거의 모든 운영체제에서 읽거나 인쇄할 수 있으며 원본 문서의 글꼴, 이미지, 그래픽, 문서 형태 등이 그대로 유지되기 때문에 인쇄업계에서 인기가 높다. 또 온라인 및 오프라인 환경에서도 쉽게 문서를 공유할 수 있으면서도 보안성이 높아 공공기관, 연구소 등에서 자료를 배포할 때 많이 사용한다. 이러한 PDF로 작성된 문서의 내용 분석하기 위해서는 PDF 문서 내용을 R로 읽어올 수 있어야 한다. PDF 파일 형식으로 다음 [그림 9-8]과 같은 내용이 기록되어 있다고 가정하자.

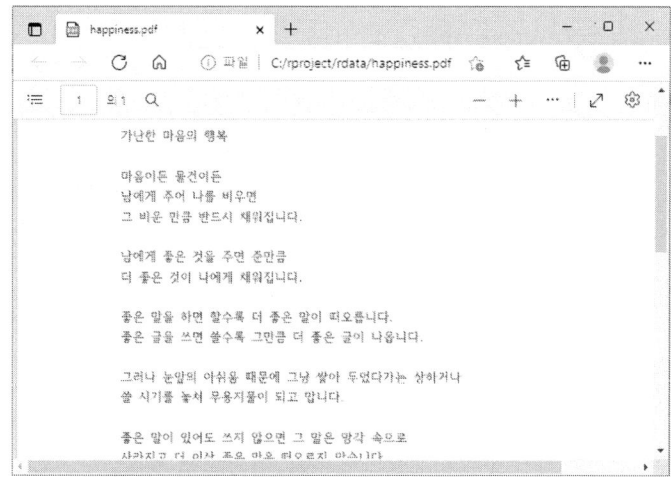

[그림 9-8] PDF에 저장된 텍스트 파일

[그림 9-8]과 같이 PDF에 저장된 텍스트를 읽기 위한 예제 R 코드는 다음과 같다.

 9-2-5-1: PDF에 저장된 텍스트를 읽기 위한 R 스크립트 예

> # PDF파일로 부터 데이터 읽기
> if(!require("pdftools")) install.packages("pdftools")
trying URL 'https://cran.rstudio.com/bin/windows/contrib/4.1/pdftools_3.3.1.zip'
Content type 'application/zip' length 10795181 bytes (10.3 MB)
downloaded 10.3 MB
package 'pdftools' successfully unpacked and MD5 sums checked
The downloaded binary packages are in
C:\Users\choi\AppData\Local\Temp\RtmpkpZVJG\downloaded_packages
> library(pdftools)
Using poppler version 22.04.0
Warning message:
패키지 'pdftools'는 R 버전 4.1.3에서 작성되었습니다
> setwd("c:/rproject/rdata")
> list.files()
[1] "anthem.txt"   "happiness.pdf"   "ojdbc6.jar"   "score.csv"   "score.txt"
    "score.xlsx"
> happiness <- pdf_text("happiness.pdf") # pdf파일을 읽어서 happiness 저장
> str(happiness) # happiness 데이터 구조 조회
 chr "가난한 마음의 행복\n\n\n마음이든 물건이든\n남에게 주어 나를 비우면\n그 비운 만큼 반드시 채워집니다.\n\n\n남에게"| __truncated__
> happiness # happiness 데이터 조회

[1] "가난한 마음의 행복\n\n\n마음이든 물건이든\n남에게 주어 나를 비우면\n그 비운 만큼 반드시 채워집니다.\n\n\n남에게 좋은 것을 주면 준만큼\n더 좋은 것이 나에게 채워집니다.\n\n\n좋은 말을 하면 할수록 더 좋은 말이 떠오릅니다.\n좋은 글을 쓰면 쓸수록 그만큼 더 좋은 글이 나옵니다.\n\n\n그러나 눈앞의 아쉬움 때문에 그냥 쌓아 두었다가는 상하거나\n쓸 시기를 놓쳐 무용지물이 되고 맙니다.\n\n\n좋은 말이 있어도 쓰지 않으면 그 말은 망각 속으로\n사라지고 더 이상 좋은 말은 떠오르지 않습니다.\n\n\n나중에 할 말이 없어질까 두려워 말을\n아끼고 참으면 점점 벙어리가 됩니다.\n\n\n우리의 마음은 샘물과 같아서 퍼내면\n퍼낸 만큼 고이게 마련입니다.\n\n\n나쁜 것을 퍼서 남에게 주면 더 나쁜 것이 쌓이고\n좋은 것을 퍼서 남에게 주면 더 좋은 것이 쌓입니다.\n\n\n참 신기합니다.\n

그냥 쌓이는 게 아니라 샘솟듯 솟아\n나서 우리 마음을 가득 채우니 말입니다.\n\n\n가난이 두렵다고 과도한 재물을 탐하지 말 것이며\n부자의 있음을 비방하여 자신의 무능을 비호하지 말아야 합니다.\n\n\n차고 넘치면 비우면 가득하다는\n진실을 생각하며 살아가고 싶습니다.\n"

9.3 데이터베이스로부터 데이터 읽어오기

데이터베이스는 어떤 조직이나 회사에 중요한 지적자산으로 조직이나 회사에 반드시 필요한 모든 운영 데이터가 저장되어 있다. 따라서 데이터베이스는 분석 처리 대상이 되는 내부 데이터셋을 확보하는데 필요한 중요한 정보 자원이다. 데이터베이스 시스템은 Oracle, MySQL, MS-SQL 등 여러 가지가 존재하는데 R에서 직접 데이터베이스에 있는 데이터를 읽어오기 위해서는 이들이 제공하는 패키지와 연결 드라이버가 필요하다. 데이터베이스에 있는 데이터를 R로 읽어오는 절차는 [그림 9-9]와 같다.

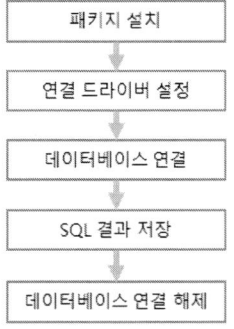

[그림 9-9] 데이터베이스로부터 데이터 읽어오는 절차

여기서는 Oracle 데이터베이스에 있는 데이터를 R로 가져오는 방법을 설명할 것이다. Oracle 데이터베이스에 있는 데이터를 R로 가져오는 방법에 대한 예제는 [그림 9-10]과 같이 Oracle SQL Developer로 hr 계정의 데이터베이스 스키마를 가정한다.

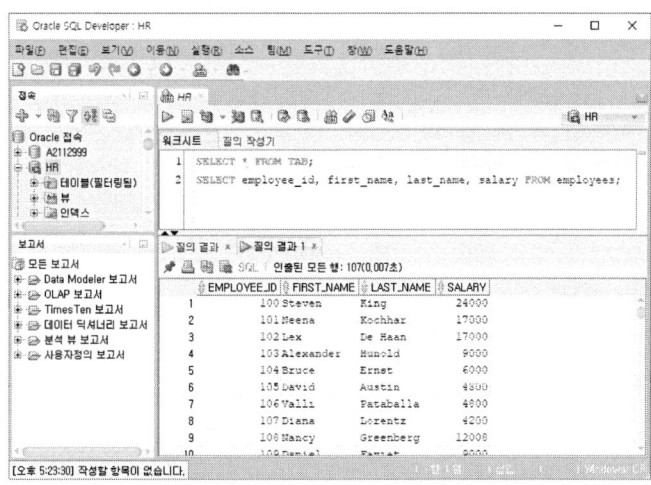

[그림 9-10] 오라클 데이터베이스 연결 상황

오라클 데이터베이스에 연결 드라이버는 JDBC(Java Database Connectivity)를 사용할 것이다. Oracle 데이터베이스에 있는 데이터를 R로 가져오는 방법을 예제는 다음과 같다.

 9-3-1-1: 데이터베이스로부터 데이터 읽어오기 예

```
# (1) RJDBC 패키지 설치
> if(!require("RJDBC")) install.packages("RJDBC")
> library(RJDBC)
> setwd("c:/rproject/rdata")
> list.files()
[1] "anthem.txt"   "ojdbc6.jar"   "score.csv"    "score.txt"    "score.xlsx"
> # (2) 데이터베이스 연결 드라이브 설정
> driver <- JDBC(driverClass = "oracle.jdbc.OracleDriver",
+                classPath="c:/rproject/rdata/ojdbc6.jar",
+                identifier.quote = "'")
> # (3) 데이터베이스 연결객체 생성(아이디 hr, 암호 hr
> con <- dbConnect(driver,
+                  "jdbc:oracle:thin:@localhost:1521:xe",
+                  "hr", "hr")
> # (4) 데이터베이스 조회 SQL 구성
> sql <- "SELECT employee_id, first_name, last_name, salary
          FROM employees"
> # (5) SQL문 실행 결과를 데이터프레임 rs에 저장
> rs <- dbGetQuery(con, sql)
> # (6) 데이터프레임 rs 표시
> rs
    EMPLOYEE_ID   FIRST_NAME   LAST_NAME   SALARY
1          100        Steven        King    24000
2          101         Neena     Kochhar    17000
3          102           Lex     De Haan    17000
4          103     Alexander      Hunold     9000
5          104         Bruce       Ernst     6000
                  <중간 결과 생략>
106        205       Shelley     Higgins    12008
107        206       William       Gietz     8300
```

```
> # (7) 데이터베이스 연결 해제
> dbDisconnect(con)
[1] TRUE
```

9.4 URL 데이터 읽어오기

분석 대상 데이터는 여러 형태로 존재하는데 인터넷 웹 서버에 파일 형태로 존재할 경우에 파일을 내려받아 사용할 수 있다. 그러나 파일을 내려받지 않고 인터넷 URL로 존재하는 데이터를 직접 R로 읽어 올 수 있다. 예를 들어 영국 왕 42명의 사망 시 나이 예제의 데이터는 다음과 같은 URL에 존재한다.

http://robjhyndman.com/tsdldata/misc/kings.dat

이와 같이 URL 상에 존재하는 kings.dat를 R로 직접 읽어오는 예제를 살펴보자.

 9-4-1-1: URL 상에 존재하는 데이터를 R로 직접 읽어오는 예

```
# kings.dat는 42명의 영국 왕의 수명을 기록한 파일
> king<-scan("http://robjhyndman.com/tsdldata/misc/kings.dat", skip=3)
Read 42 items
> str(king)
 num [1:42] 60 43 67 50 56 42 50 65 68 43 ...
> king
 [1] 60 43 67 50 56 42 50 65 68 43 65 34 47 34 49 41 13 35 53 56 16 43 69
 59 48
[26] 59 86 55 68 51 33 49 67 77 81 67 71 81 68 70 77 56
```

9.5 웹 크롤링으로 데이터 읽어오기

인터넷은 흔히 "정보의 바다", "정보의 보물 창고(보고)"라고 말한다. 즉 인터넷은 사람들에게 수많은 정보를 연결해 주는 매체이다. 이와 같은 정보의 바다 인터넷을 통해서 제공하는 정보를 긁어오는 방법을 살펴볼 것이다. 그러나 인터넷을 통하여 다양한 형태로 제공하는 정보를 가져오는 방법과 원하는 형태로 데이터를 표현하는 방법은 그리 간단하지 않다. 한마디로 말하자면 삽질이 필요하다는 것이다. 인터넷의 정보는 주로 HTML 웹 문서로 제공한다. 이처럼 웹사이트에 존재하는 웹 문서에서 데이터를 읽어오는 방법을 웹 크롤링(Web Crawling), 혹은 웹 스크래핑(Web Scraping)이라고 한다. 웹 스크롤링 기법은 HTML 형식 비정형(혹은 반정

형) 구조의 웹 문서를 읽어 전처리하여 정형화된 데이터로 변환하여 파일이나 데이터베이스에 저장하여 분석할 수 있게 한다. 웹 크롤링은 주로 SNS 내용, 금융 거래정보, 온라인 마켓의 상품 정보 및 상품평가, 온라인 공지 글 및 블로그 및 카페의 게시내용, 부동산 거래정보, 주식정보, 영화 후기 등의 인터넷 사이트에 존재하는 모든 가상의 데이터를 스크래핑(scraping)할 때 사용한다.

[표 9-3] 웹 크롤링 관련 함수

패키지	주요 함수	내용
rvest	read_html(url, encoding)	url에서 HTML 문서를 반환
	html_node(css 또는 xpath)	HTML 문서에서 tag, class, 혹은 id에 해당하는 단 하나의 요소를 추출하여 반환
	html_nodes(css또는 xpath)	HTML 문서에서 tag, class, 혹은 id에 해당하는 단 모든 요소를 추출하여 반환
	html_text(node)	해당 node에서 text만 추출
	html_name(node)	해당 node에서 태그의 이름을 반환
	html_name(node)	해당 node에서 속성의 이름을 반환
	html_children(node)	해당 node의 하위 node 반환
	html_attrs	해당 node에서 속성들을 반환
XML	readLines(url, encoding)	url에서 HTML 문서를 반환
	htmlParse(source, encoding)	읽어온 HTML source를 node 별로 분리
	xpathSApply(doc, path)	doc에서 path에 해당하는 내용을 반환
httr	GET(url)	url에 해당하는 HTML 문서를 반환

R에서 웹 크롤링을 위하여 설치해야 하는 R 패키지는 주로 rvest와 stringr가 있다. R 패키지 rvest는 R로 웹 문서를 읽어오는 데 사용하는 함수들을 포함하고 있고 stringr 패키지에는 R로 읽어온 웹 문서의 문자열을 처리하는데 필요한 함수들을 가지고 있다. R 크롤링으로 데이터를 읽어오기 위한 rvest와 stringr 패키지는 미리 설치해야 한다. 만일 rlang 패키지가 설치되어 있으면 버전을 확인하고 버전이 적합하지 않으면 지우고 다시 설치해야 한다.

 9-5-1-1: 웹 스크래핑 처리를 위한 rvest와 stringr 패키지 설치

```
> install.packages("rlang")     # 버전이 확인 맞지 않으면 지우고 다시 설치해야 함
> install.packages("rvest")     # 웹 스크리핑 패키지
> install.packages("stringr")   # 문자열 처리 패키지
```

R에서 웹 스크롤링 절차는 웹 크롤링 대상의 URL 웹 문서에 있는 특정 태그에 있는 정보를 읽어오고 필요한 데이터를 추출하고 정형화한다. 웹 크롤링으로 데이터를 읽어오는 과정을 설

명하기 위하여 중고 자동차 정보를 가져오는 예를 들 것이다.

국내 중고차 판매 공개 사이트로 웹크롤링(Crawling)에 자주 사용되는 보배드림 중고 자동차 웹 사이트 https://www.bobaedream.co.kr에서 중고 자동차 정보를 스크래핑(Scraping)하는 방법을 소개한다. 보배드림 사이트 https://www.bobaedream.co.kr에 접속하면 다음과 같은 홈페이지가 표시되고 상단 메뉴 [사이버매장]을 클릭하면 거의 실시간으로 등록된 중고차 목록이 표시된다.

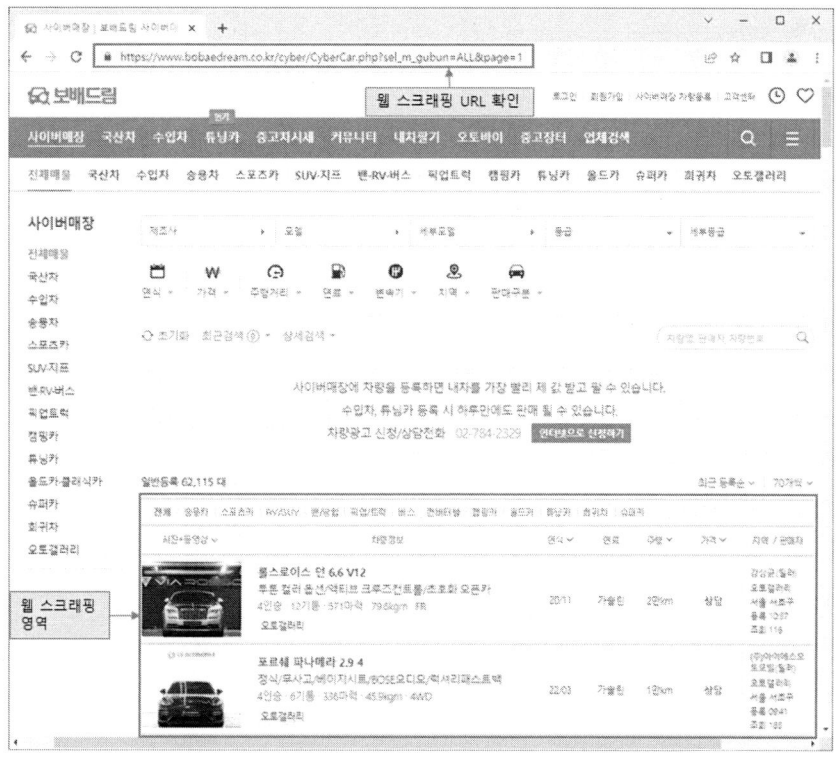

[그림 9-11] 보배드림 사이트 사이버 매장 페이지

보배드림 사이트에서 웹 크로링을 위해서는 웹 스크래핑 URL 구조와 영역을 살펴볼 필요가 있다. 먼저 보배드림 사이버 페이지 URL은 다음과 같다.

https://www.bobaedream.co.kr/cyber/CyberCar.php?sel_m_gubun=ALL&page=1

보배드림 사이트에서 중고차 종류를 제조사, 모델 등의 세부 목록을 선택하여 검색할 수 있는데 위 URL은 이러한 구분 없이 모든 중고차를 대상으로 검색한 경우이고 현재 등록된 중고차 62,121대 중에서 70개 단위로 페이지로 나누어서 1페이지 70개 매물을 한 페이지로 보여 준 것이다. 만일 두 번째 페이지 71~140까지 매물을 검색하기 위해서는 URL 맨 마지막에 page=2로 변경하고 검색하면 된다.

각각의 페이지에 웹 스크래핑 영역에 해당하는 HTML 문서를 읽어오기 위해서는 HTML 문서의 구조를 살펴볼 필요가 있다. 다음 [그림 9-12]는 보배드림 사이버 페이지의 소스 중에서 "포르쉐 파나메라 2.9 4" 품목을 표시한 HTML 일부를 보여준 것이다.

[그림 9-12] 보배드림 사이트 HTML 스크래핑 영역

다음은 보배드림 웹 페이지에서 정보를 스크래핑하는 예제 R 코드와 실행 결과이다.

9-5-1-2: 보배드림 웹 페이지에서 정보를 스크래핑하는 R 스크립트 예

```
> # (1) 보배드림 중고 자동차 정보 크롤링
> if(!require("rlang")) install.packages("rlang") # 지우고 다시 설치해야 함
> library(rlang)
> if(!require("rvest")) install.packages("rvest")
> library(rvest)
> if(!require("stringr")) install.packages("stringr")
> library(stringr)
> # (2) 보배드림 사이버 매장 URL 1페이지 70개 매물
> url <-
"https://www.bobaedream.co.kr/cyber/CyberCar.php?sel_m_gubun=ALL&page=1"
> cars <- read_html(url) # 보배드림 사이버매장에서 HTML문서 스크래핑
> cars # 스크래핑 한 HTML 문서 표시
{html_document}
```

```
<html lang="ko" xmlns="http://www.w3.org/1999/xhtml">
[1] <head>\n<meta http-equiv="Content-Type" content="text/html;
charset=UTF-8">\n<meta charset="utf-8">\n<meta name="viewpor ...
[2] <body class="body-cyber-list">\r\n<div id="skip-nav">\r\n
<ul>\n<li><a href="#bobaeGNB">주요메뉴로 바로가기</a></li>\r\n      ...
```

```
> # (3) HTML 문서에서 css가 .product-item인 것을 모두 읽음
> products <- html_nodes(cars, css=".product-item")
> head(products)
```

{xml_nodeset (6)}
[1] <li class="product-item">\r\n   \t   <div class="list-inner">\r\n   \t   ...
[2] <li class="product-item">\r\n   \t   <div class="list-inner">\r\n   \t   ...
[3] <li class="product-item">\r\n   \t   <div class="list-inner">\r\n   \t   ...
[4] <li class="product-item">\r\n   \t   <div class="list-inner">\r\n   \t   ...
[5] <li class="product-item">\r\n   \t   <div class="list-inner">\r\n   \t   ...
[6] <li class="product-item">\r\n   \t   <div class="list-inner">\r\n   \t   ...

```
> # (4) HTML 문서에서 모든 차량 명칭 추출
> title_node <- html_nodes(products, css=".tit.ellipsis")
> title <- html_text(title_node) # 차량명칭을 저장
> title <- str_trim(title) # 차량명칭에서 좌우 공백 문자 제거
> # (5) HTML 문서에서 년식을 모두 추출
> year_node <- html_nodes(products, css=".mode-cell.year")
> year <- html_text(year_node) # 차량 년식을 저장
> year <- str_trim(year) # 년식에서 좌우 공백 문자 제거
> # (6) HTML 문서에서 연료 종류를 모두 추출
> fuel_node <- html_nodes(products, css=".mode-cell.fuel")
> fuel <- html_text(fuel_node) # 연료종류를 저장
> fuel <- str_trim(fuel) # 연료종류에서 좌우 공백 문자 제거
> # (7) HTML 문서에서 주행거리를 모두 추출
```

```
> km_node <- html_nodes(products, css=".mode-cell.km")
> km <- html_text(km_node) # 주행거리를 저장
> km <- str_trim(km) # 주행거리에서 좌우 공백 문자 제거
> # (8) HTML 문서에서 가격을 모두 추출
> price_node <- html_nodes(products, css=".mode-cell.price")
> price <- html_text(price_node) # 가격칭을 저장
> price <- str_trim(price) # 가격에서 좌우 공백 문자 제거
> # (9) 차량 명칭에서 제조사 명칭 분리
> maker <- c()
> for(i in 1:length(title)) {
+   maker <- c(maker, unlist(str_split(title[i], ' '))[1])
+ }
> # (10) 데이터 프레임 생성
> usedcars <- data.frame(maker, title, year, fuel, km, price)
> View(usedcars) # 스크래핑 상위 70개 한 중고차 정보 표시
```

보배드림에서 중고차 정보를 크롤링한 일부 결과는 다음 [그림 9-13]과 같다.

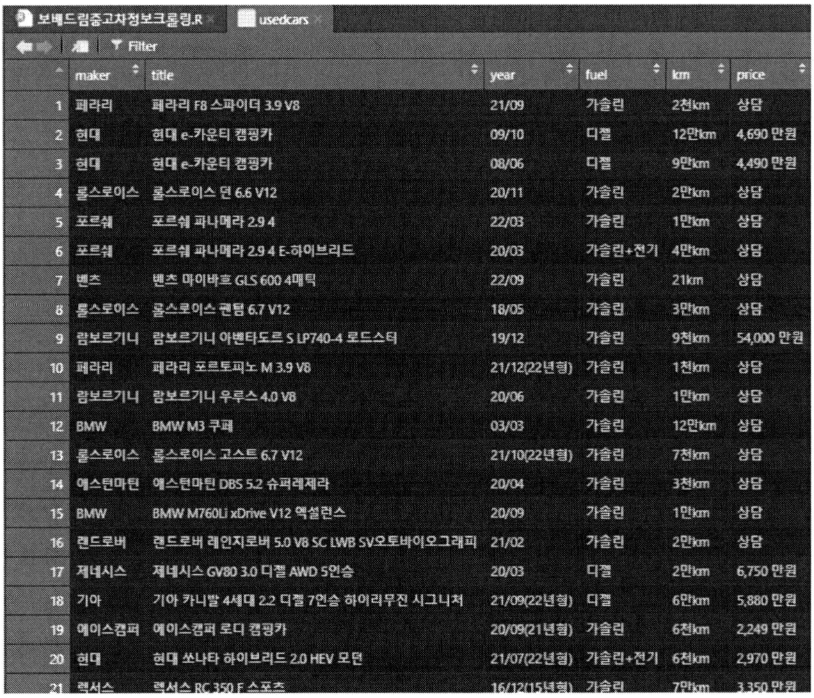

	maker	title	year	fuel	km	price
1	페라리	페라리 F8 스파이더 3.9 V8	21/09	가솔린	2천km	상담
2	현대	현대 e-카운티 캠핑카	09/10	디젤	12만km	4,690 만원
3	현대	현대 e-카운티 캠핑카	08/06	디젤	9만km	4,490 만원
4	롤스로이스	롤스로이스 던 6.6 V12	20/11	가솔린	2만km	상담
5	포르쉐	포르쉐 파나메라 2.9 4	22/03	가솔린	1만km	상담
6	포르쉐	포르쉐 파나메라 2.9 4 E-하이브리드	20/03	가솔린+전기	4만km	상담
7	벤츠	벤츠 마이바흐 GLS 600 4매틱	22/09	가솔린	21km	상담
8	롤스로이스	롤스로이스 팬텀 6.7 V12	18/05	가솔린	3만km	상담
9	람보르기니	람보르기니 아벤타도르 S LP740-4 로드스터	19/12	가솔린	9천km	54,000 만원
10	페라리	페라리 포르토피노 M 3.9 V8	21/12(22년형)	가솔린	1천km	상담
11	람보르기니	람보르기니 우루스 4.0 V8	20/06	가솔린	1만km	상담
12	BMW	BMW M3 쿠페	03/03	가솔린	12만km	상담
13	롤스로이스	롤스로이스 고스트 6.7 V12	21/10(22년형)	가솔린	7천km	상담
14	애스턴마틴	애스턴마틴 DBS 5.2 슈퍼레제라	20/04	가솔린	3천km	상담
15	BMW	BMW M760Li xDrive V12 엑설런스	20/09	가솔린	1만km	상담
16	랜드로버	랜드로버 레인지로버 5.0 V8 SC LWB SV오토바이오그래피	21/02	가솔린	2만km	상담
17	제네시스	제네시스 GV80 3.0 디젤 AWD 5인승	20/03	디젤	2만km	6,750 만원
18	기아	기아 카니발 4세대 2.2 디젤 7인승 하이리무진 시그니처	21/09(22년형)	디젤	6만km	5,880 만원
19	에이스캠퍼	에이스캠퍼 로디 캠핑카	20/09(21년형)	가솔린	6천km	2,249 만원
20	현대	현대 쏘나타 하이브리드 2.0 HEV 모던	21/07(22년형)	가솔린+전기	6천km	2,970 만원
21	렉서스	렉서스 RC 350 F 스포츠	16/12(15년형)	가솔린	7만km	3,350 만원

[그림 9-13] 보배드림 사이트 스크래핑 결과

9.6 공공 포털로부터 데이터 읽어오기

데이터 분석을 위한 데이터를 수집하는 방법은 크게 기업이나 조직의 내부에 있는 데이터를 이용하는 경우와 외부의 데이터를 수집하는 경우로 나눌 수 있다. 조직이니 기업의 내부 데이터는 주로 데이터베이스나 데이터웨어하우스 등으로부터 데이터를 수집할 수 있다. 조직이니 기업의 외부 데이터는 공공 데이터 포털 등에서 제공하는 데이터셋을 내려받거나 오픈 API(Application Programming Interface)를 통하여 데이터를 읽어올 수 있다. 외부 데이터는 국내외적으로 필요한 사람이 공적으로 데이터 분석 연구나 교육을 위하여 사용할 수 있도록 대부분 무료로 제공하고 있다. 다음은 주요 데이터 제공기관을 소개한 것이다.

[표 9-4] 대표적 공공 데이터 포털

구분	제공기관	내용
국내	공공데이터포털 (DATA)	국가에서 보유하고 있는 다양한 데이터를『공공데이터의 제공 및 이용 활성화에 관한 법률(제11956호)』에 따라 개방하여 국민들이 보다 쉽고 용이하게 공유하고 활용할 수 있도록 공공데이터(Dataset)와 Open API로 제공 https://www.data.go.kr
	국가통계포털 (KOSIS)	한국 통계청이 제공하는 원스톱 통계 서비스, 국가승인통계, 국제통계, 북한통계, e-지방지표, 통계시각화콘텐츠, 온라인간행물 등 제공 https://kosis.kr
	국가교통정보센터 (ITS)	국토교통부 소속기관, 고속도로, 국도 실시간 교통 소통상황, 교통정보 등 안내정보 제공 https://www.its.go.kr
	농축산품 공공데이터포털	농림축산식품분야 공공데이터 개방을 위한 공공데이터포털, 경락가격 및 조사가격 등 농식품 공공데이터 제공 https://data.mafra.go.kr
	국가공간정보포털 NSDI	국가, 공공 및 민간에서 생성된 국토정보 기본 수치지형도, 비행안전 및 LOD(Linked Open Data) 등의 공간 데이터 제공 http://www.nsdi.go.kr
	날씨마루 KMA	방재 및 기후, 농림수산, 보건 환경, 교통, 물류 등 다양한 기상 융합 데이터 제공 https://bd.kma.go.kr
국외	캐글(kaggle)	머신러닝 및 데이터 사이언스 커뮤니티들이 각종 기업이나 단체들이 상금을 걸고 데이터와 해결과제를 등록하면, 데이터 사이언티스트들이 이를 해결하기 위해 경쟁하는 사이트로 다양한 데이터 제공 https://www.kaggle.com

주요 데이터 제공기관 중에서 우리나라 공공 데이터 포털은 국가기관들이 보유하고 있는 다양한 공공 데이터를 국민에게 개방하여 누구나 손쉽게 이용할 수 있도록 구축한 공공 데이터 사이트이다. 공공 데이터 포털은 교육, 국토관리, 공공행정, 재정금융, 산업고용, 사회복지, 식품건강, 문화관광, 보건의료, 재난안전, 교통물류, 환경기상, 과학기술, 농축수산, 통일외교 안보, 법률 등 다양한 카테고리별 데이터를 제공하고 있다. 이들의 데이터는 파일 형태로 제공하는 것과 개방형 API 방식으로 제공하고 있다.

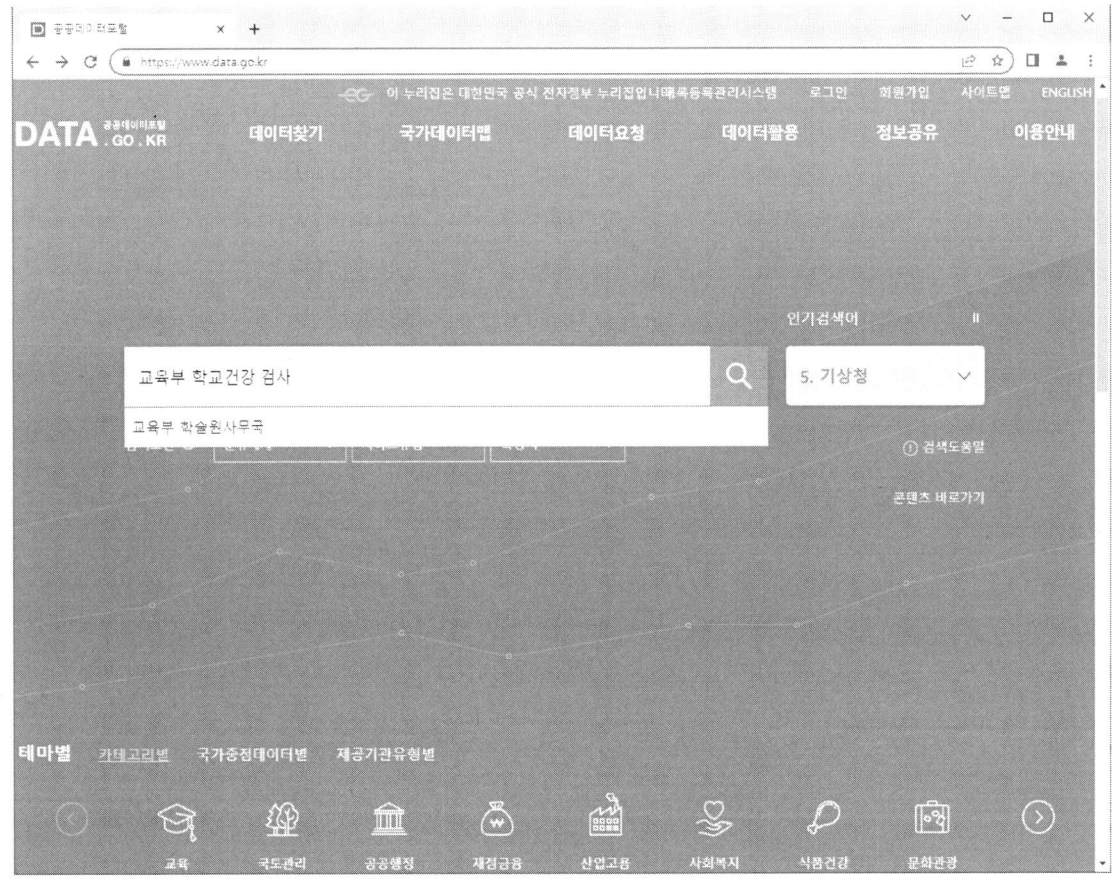

[그림 9-14] 공공 데이터 포털 사이트

국가 공공 데이터 포털은 데이터를 찾을 때 키워드 검색이나 카테고리를 통하여 원하는 데이터를 찾을 수 있도록 하고 있다. 데이터는 크게 파일 다운로드나 API 형식으로 제공하고 있다. 파일 다운로드에서 정형 데이터는 CSV파일이나 엑셀형태로 제공하고 비정형 데이터는 텍스트 파일 등으로 제공하고 있다. 다음 그림은 교육 카테고리를 선택하여 필요한 데이터셋을 찾은 결과이다.

[그림 9-15] 공공 데이터 포털 데이터셋

이와 같이 공공데이터포털에서 내려받은 파일은 파일의 성격에 따라 R 데이터 파일 읽어오기 함수를 선택하여 불러오면 된다. 교육부_학교건강검사 조사결과_20161231.csv 파일을 내려받을 수 있다. 이 파일을 메모장에서 열기 하면 [그림 9-16]과 같다.

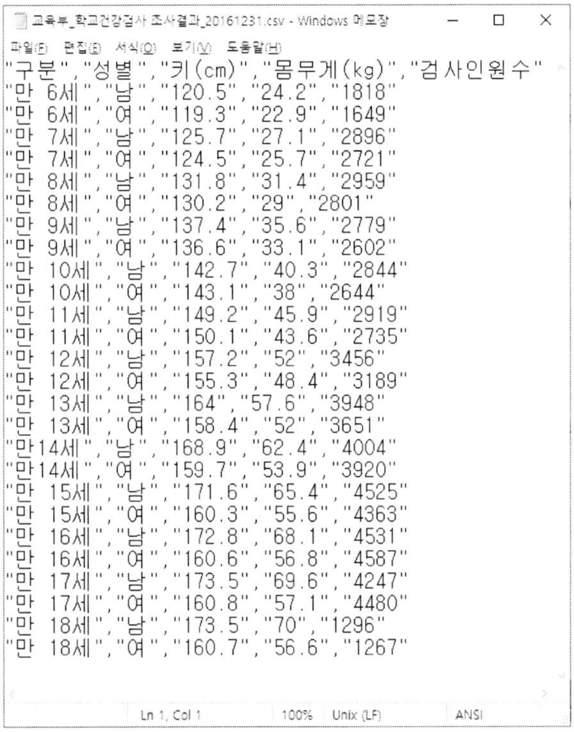

교육부_학교건강검사 조사결과_20161231.csv - Windows 메모장

파일(F) 편집(E) 서식(O) 보기(V) 도움말(H)

```
"구분","성별","키(cm)","몸무게(kg)","검사인원수"
"만 6세","남","120.5","24.2","1818"
"만 6세","여","119.3","22.9","1649"
"만 7세","남","125.7","27.1","2896"
"만 7세","여","124.5","25.7","2721"
"만 8세","남","131.8","31.4","2959"
"만 8세","여","130.2","29","2801"
"만 9세","남","137.4","35.6","2779"
"만 9세","여","136.6","33.1","2602"
"만 10세","남","142.7","40.3","2844"
"만 10세","여","143.1","38","2644"
"만 11세","남","149.2","45.9","2919"
"만 11세","여","150.1","43.6","2735"
"만 12세","남","157.2","52","3456"
"만 12세","여","155.3","48.4","3189"
"만 13세","남","164","57.6","3948"
"만 13세","여","158.4","52","3651"
"만14세","남","168.9","62.4","4004"
"만14세","여","159.7","53.9","3920"
"만 15세","남","171.6","65.4","4525"
"만 15세","여","160.3","55.6","4363"
"만 16세","남","172.8","68.1","4531"
"만 16세","여","160.6","56.8","4587"
"만 17세","남","173.5","69.6","4247"
"만 17세","여","160.8","57.1","4480"
"만 18세","남","173.5","70","1296"
"만 18세","여","160.7","56.6","1267"
```

Ln 1, Col 1 100% Unix (LF) ANSI

[그림 9-16] 교육부 학교 건강 공공 데이터 현황

9.7 이미지 데이터 읽어오기

R 데이터 분석에서 숫자나 문자로 이루어진 데이터뿐만 아니라 이미지나 영상, 음성 등의 데이터까지도 분석 대상이 된다. 다음은 간단한 이미지 데이터를 R로 읽어오는 예제를 살펴보자.

9-7-1-1: 이미지 데이터를 R로 읽어오는 예

```
> if(!require("pixmap")) install.packages("pixmap")
> library(pixmap)
> setwd("c:/rproject/rdata")
> list.files()
[1] "anthem.txt"    "happiness.pdf"  "mtrush.pgm"    "ojdbc6.jar"    "score.csv"
    "score.txt"      "score.xlsx"
> mtrush <- read.pnm("mtrush.pgm") # Portable Gray Map(PGM) 읽어오기
There were 50 or more warnings (use warnings() to see the first 50)
> mtrush
```

```
Pixmap image
  Type          : pixmapGrey
  Size          : 194x259
  Resolution    : 1x1
  Bounding box  : 0 0 259 194
> par(mfrow=c(1,2), pty = "s") # 플롯 창을 1행 2열로 나눔
> plot(mtrush) # 원본 이미지 표시
> mtrush@grey[84:163, 135:177] <- 1 # 이미지 행84:163,열135:177 비트맵 1
> plot(mtrush) # 변경된 이미지 표시
```

위 R 프로그램은 mtrush pgm(portable gray map) 이미지 파일을 읽어 mtrush에 저장한다. 플롯 창을 1행 2열로 나누고 저장된 파일을 plot 함수를 이용하여 1열에 원본 이미지 파일을 표시하고 원본 이미지 행 84:163, 열 135:177 비트맵에 1로, 즉 루즈벨트 대통령 얼굴 부분이 하얗게 변경한다. 그리고 플롯 창 1행 2열에 표시한 결과는 다음 [그림 9-17]과 같다.

[그림 7-17] R pgm 이미지 데이터 표시

한편, 4차 산업혁명시대에 수많은 이미지나 영상 빅데이터를 학습시켜 상황을 효과적으로 인식하고 객체를 올바르게 탐지할 수 있는 컴퓨터 비전(computer vision) 딥러닝 기술이 주목받고 있다. R에서 컴퓨터 비전을 위한 이미지나 영상을 처리하고 표현하기 위해서는 OpenCV(Open Computer Vision) 패키지를 설치해야 한다. 간단한 R OpenCV 프로그램 예제는 다음과 같다.

 9-7-1-2: OpenCV 패키지로 이미지 표시 예

```
> if(!require("opencv")) install.packages("opencv")   # OpenCV 설치
> library(opencv)
> setwd("c:/rproject/rdata")
> list.files()
```

```
[1] "anthem.txt"    "happiness.pdf"    "lena.jpg"    "mtrush.pgm"    "ojdbc6.jar"
    "score.csv"     "score.txt"        "score.xlsx"
> lena <- ocv_read("lena.jpg")  # OpenCV로 jpg 이미지 읽기
> ocv_face(lena)   # 읽어온 이미지에서 얼굴과 눈에 레이블링된 결과 표시
<pointer: 0x0000028ea068cfb0>
attr(,"class")
[1] "opencv-image"
```

R 프로그램에서 OpenCV로 이미지를 읽고 얼굴 윤곽과 눈을 원으로 표시한 결과는 다음 [그림 9-18]과 같다.

[그림 9-18] R OpenCV로 이미지 읽기 및 얼굴 윤곽 표시

9.8 데이터 저장하기

R에서 처리한 데이터를 파일로 저장하는 방법은 간단하다. 대부분 정형 데이터는 CSV 파일 형태로 저장하고 비정형 데이터는 텍스트 파일로 저장한다. 이에 대한 간단한 예제는 다음과 같다.

 9-8-1-1: 데이터 저장하기 예

```
> score <- data.frame(성명=c("홍길동","한송희","심순애","이수일"),
+                    성별=c("남","여","여","남"),
+                    국어=c(80,90,85,80),
+                    영어=c(75,95,85,85),
+                    수학=c(70,90,80,70))
> (총점 = score$국어+score$영어+score$수학)  # 총점을 구함
```

```
[1] 225 275 250 235
> (평균 = round(총점/3, 2))    # 평균을 구함
[1] 75.00 91.67 83.33 78.33
> (석차 = rank(-평균))         # 석차를 구함(평균의 내림차순)
[1] 4 1 2 3
> (score <- cbind(score, 총점, 평균, 석차))   # 총점, 평균, 석차 열로 결합
    성명   성별 국어 영어 수학 총점  평균  석차
1 홍길동   남   80   75   70  225 75.00   4
2 한송희   여   90   95   90  275 91.67   1
3 심순애   여   85   85   80  250 83.33   2
4 이수일   남   80   85   70  235 78.33   3
> setwd("c:/rproject/rdata")
> save(score, file="new_score.rda")   # R 형식으로 저장
> write.table(score, file="new_score.txt", row.names = F)   # txt 형식으로 저장
```

9.9 R 기본 데이터 살펴보기

R 기본 데이터셋은 학습용이나 시험용으로 자주 사용되는 것으로 패키지를 설치하지 않아도 R을 설치할 때 기본적으로 설치되는 데이터셋들이다. R 기본 데이터셋 중에서 iris와 같이 R을 시작할 때 기본적으로 메모리에 적재하는 데이터셋과 패키지 설치는 하지 않아도 되지만 사용하기 전에 메모리로 적재해야 하는 것으로 나눌 수 있다.

1. iris 데이터셋 살펴보기

iris(붓꽃) 데이터셋은 미국의 통계학자 피셔((Fisher)가 붓꽃의 3가지 종류 setosa, versicolor, virginica의 꽃받침(sepal)과 꽃잎(petal)의 길이를 정리한 데이터셋으로 크기가 작고 이해하기 쉬워 각종 통계처리 및 기계학습(Machine Learning)의 분류(classification) 분석 학습으로 자주 활용된다.

Setosa

Virsicolor

Virginica

[그림 9-19] iris 붓꽃의 종류

iris 데이터셋의 구조를 살펴보면 [표 9-5]와 같다.

[표 9-5] iris 데이터셋의 구조

변수명	데이터 유형	변수 종류	설명
Sepal.Length	연속형	독립변수	꽃받침 길이
Sepal.Width	연속형	독립변수	꽃받침 너비
Petal.Length	연속형	독립변수	꽃잎 길이
Petal.Width	연속형	독립변수	꽃잎 너비
Species	범주형	종속변수	붓꽃 종류(Setosa, Versicolor, Virginica)

iris 데이터셋의 내용을 좀 더 자세히 살펴보면 다음 예제와 같다.

 9-9-1-1: iris 데이터셋 조회 예

```
> data(iris)   # iris 데이터 셋 가져오기
> str(iris)    # iris 데이터셋 구조 출력
'data.frame':   150 obs. of  5 variables:
 $ Sepal.Length: num  5.1 4.9 4.7 4.6 5 5.4 4.6 5 4.4 4.9 ...
 $ Sepal.Width : num  3.5 3 3.2 3.1 3.6 3.9 3.4 3.4 2.9 3.1 ...
 $ Petal.Length: num  1.4 1.4 1.3 1.5 1.4 1.7 1.4 1.5 1.4 1.5 ...
 $ Petal.Width : num  0.2 0.2 0.2 0.2 0.2 0.4 0.3 0.2 0.2 0.1 ...
 $ Species     : Factor w/ 3 levels "setosa","versicolor",..: 1 1 1 1 1 1 ...
> head(iris)   # iris 데이터셋의 첫 행부터 6행만 출력
  Sepal.Length Sepal.Width Petal.Length Petal.Width Species
1          5.1         3.5          1.4         0.2  setosa
2          4.9         3.0          1.4         0.2  setosa
3          4.7         3.2          1.3         0.2  setosa
4          4.6         3.1          1.5         0.2  setosa
5          5.0         3.6          1.4         0.2  setosa
6          5.4         3.9          1.7         0.4  setosa
> tail(iris, n = 3L)   # iris 데이터셋의 마지막 행에서 3행만 출력
    Sepal.Length Sepal.Width Petal.Length Petal.Width   Species
148          6.5         3.0          5.2         2.0 virginica
149          6.2         3.4          5.4         2.3 virginica
150          5.9         3.0          5.1         1.8 virginica
```

```
> summary(iris)   # iris 데이터셋의 기초 통계량

  Sepal.Length    Sepal.Width     Petal.Length    Petal.Width
 Min.   :4.300   Min.   :2.000   Min.   :1.000   Min.   :0.100
 1st Qu.:5.100   1st Qu.:2.800   1st Qu.:1.600   1st Qu.:0.300
 Median :5.800   Median :3.000   Median :4.350   Median :1.300
 Mean   :5.843   Mean   :3.057   Mean   :3.758   Mean   :1.199
 3rd Qu.:6.400   3rd Qu.:3.300   3rd Qu.:5.100   3rd Qu.:1.800
 Max.   :7.900   Max.   :4.400   Max.   :6.900   Max.   :2.500
       Species
 setosa    :50
 versicolor:50
 virginica :50
```

```
> boxplot(iris$Sepal.Length~iris$Species)    # iris의 종류별 꽃받침 박스플롯
```
[그림 9-20]

```
> pairs(iris[, 1:4], main = "붓꽃 3종 데이터 산점도 그래프",
+       bg = c("red", "green3", "blue")[unclass(iris$Species)],
+       pch = 21)   # iris의 종류별 산점도 그래프
```
[그림 9-21]

iris 데이터셋의 종류별 꽃받침 길이에 대한 박스플롯(boxplot) 결과는 다음 [그림 9-20]과 같다.

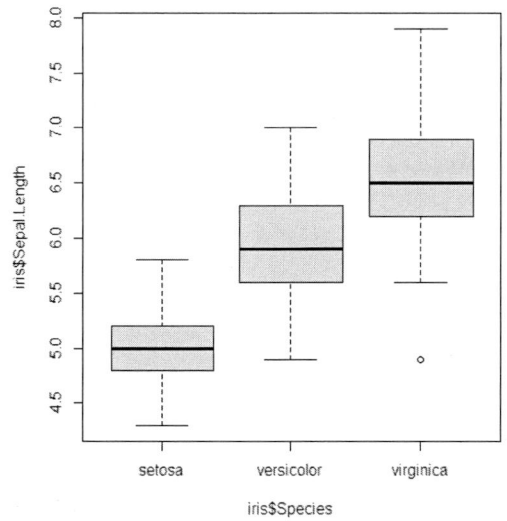

[그림 9-20] iris의 종류별 꽃받침 길이에 대한 박스플롯

박스플롯은 자료의 분포를 시각화한 것으로 최솟값, 최댓값, 1사분위수, 3 사분위수, 중앙값에 대한 정보를 알 수 있다. 그리고 기존 데이터보다 아주 작은 값, 혹은 아주 큰 값을 나타내는 이상치(outlier)를 표현한다.

그리고 iris의 종류별 산점도 그래프로 표시한 것은 [그림 9-21]과 같다.

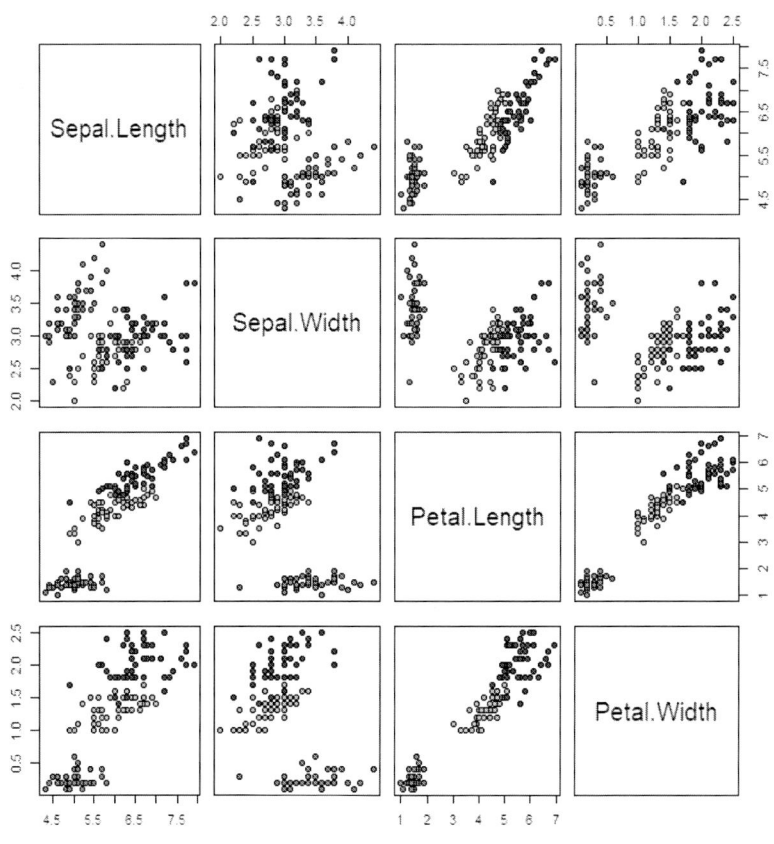

붓꽃 3종 데이터 산점도 그래프

[그림 9-21] iris의 종류별 산점도 그래프

2. dataset 패키지 데이터셋 살펴보기

다음은 R datasets 패키지에 있는 데이터셋을 살펴본다. datasets은 R을 설치할 때 함께 설치된 것으로 별도의 패키지 설치가 필요하지 않다. 그러나 dataset을 사용하기 위해서는 메모리에 적재해야 한다. datasets 패키지에 포함된 데이터셋 목록을 조회하기 위해서는 data() 함수를 사용하면 된다.

 9-9-2-1: datasets 패키지에 포함된 데이터셋 목록 보기

```
> library(datasets)  # datasets 패키지 메모리 적재
> data()   # datasets 패키지에 있는 데이터 목록 표시
```

datasets 패키지에 있는 데이터 목록을 표시한 것은 다음 [표 9-6]과 같다.

[표 9-6] datasets 패키지에 포함된 데이터셋 목록

데이터셋	내용
AirPassengers	Monthly Airline Passenger Numbers 1949-1960
BJsales	Sales Data with Leading Indicator
BJsales.lead (BJsales)	Sales Data with Leading Indicator
BOD	Biochemical Oxygen Demand
CO2	Carbon Dioxide Uptake in Grass Plants
ChickWeight	Weight versus age of chicks on different diets
DNase	Elisa assay of DNase
EuStockMarkets	Daily Closing Prices of Major European Stock Indices, 1991-1998
Formaldehyde	Determination of Formaldehyde
HairEyeColor	Hair and Eye Color of Statistics Students
Harman23.cor	Harman Example 2.3
Harman74.cor	Harman Example 7.4
Indometh	Pharmacokinetics of Indomethacin
InsectSprays	Effectiveness of Insect Sprays
JohnsonJohnson	Quarterly Earnings per Johnson & Johnson Share
LakeHuron	Level of Lake Huron 1875-1972
LifeCycleSavings	Intercountry Life-Cycle Savings Data
Loblolly	Growth of Loblolly pine trees
Nile	Flow of the River Nile
Orange	Growth of Orange Trees
OrchardSprays	Potency of Orchard Sprays
PlantGrowth	Results from an Experiment on Plant Growth
Puromycin	Reaction Velocity of an Enzymatic Reaction
Seatbelts	Road Casualties in Great Britain 1969-84
Theoph	Pharmacokinetics of Theophylline
Titanic	Survival of passengers on the Titanic
ToothGrowth	The Effect of Vitamin C on Tooth Growth in Guinea Pigs
UCBAdmissions	Student Admissions at UC Berkeley
UKDriverDeaths	Road Casualties in Great Britain 1969-84
UKgas	UK Quarterly Gas Consumption
USAccDeaths	Accidental Deaths in the US 1973-1978
USArrests	Violent Crime Rates by US State
USJudgeRatings	Lawyers' Ratings of State Judges in the US Superior Court
USPersonalExpenditure	Personal Expenditure Data

UScitiesD	Distances Between European Cities and Between US Cities
VADeaths	Death Rates in Virginia (1940)
WWWusage	Internet Usage per Minute
WorldPhones	The World's Telephones
ability.cov	Ability and Intelligence Tests
airmiles	Passenger Miles on Commercial US Airlines, 1937-1960
airquality	New York Air Quality Measurements
anscombe	Anscombe's Quartet of 'Identical' Simple Linear Regressions
attenu	The Joyner-Boore Attenuation Data
attitude	The Chatterjee-Price Attitude Data
austres	Quarterly Time Series of the Number of Australian Residents
beaver1 (beavers)	Body Temperature Series of Two Beavers
beaver2 (beavers)	Body Temperature Series of Two Beavers
cars	Speed and Stopping Distances of Cars
chickwts	Chicken Weights by Feed Type
co2	Mauna Loa Atmospheric CO2 Concentration
crimtab	Student's 3000 Criminals Data
discoveries	Yearly Numbers of Important Discoveries
esoph	Smoking, Alcohol and (O)esophageal Cancer
euro	Conversion Rates of Euro Currencies
euro.cross (euro)	Conversion Rates of Euro Currencies
eurodist	Distances Between European Cities and Between US Cities
faithful	Old Faithful Geyser Data
fdeaths (UKLungDeaths)	Monthly Deaths from Lung Diseases in the UK
freeny	Freeny's Revenue Data
freeny.x (freeny)	Freeny's Revenue Data
freeny.y (freeny)	Freeny's Revenue Data
infert	Infertility after Spontaneous and Induced Abortion
iris	Edgar Anderson's Iris Data
iris3	Edgar Anderson's Iris Data
islands	Areas of the World's Major Landmasses
ldeaths (UKLungDeaths)	Monthly Deaths from Lung Diseases in the UK
lh	Luteinizing Hormone in Blood Samples
longley	Longley's Economic Regression Data
lynx	Annual Canadian Lynx trappings 1821-1934
mdeaths (UKLungDeaths)	Monthly Deaths from Lung Diseases in the UK

morley	Michelson Speed of Light Data
mtcars	Motor Trend Car Road Tests
nhtemp	Average Yearly Temperatures in New Haven
nottem	Average Monthly Temperatures at Nottingham, 1920-1939
npk	Classical N, P, K Factorial Experiment
occupationalStatus	Occupational Status of Fathers and their Sons
precip	Annual Precipitation in US Cities
presidents	Quarterly Approval Ratings of US Presidents
pressure	Vapor Pressure of Mercury as a Function of Temperature
quakes	Locations of Earthquakes off Fiji
randu	Random Numbers from Congruential Generator RANDU
rivers	Lengths of Major North American Rivers
rock	Measurements on Petroleum Rock Samples
sleep	Student's Sleep Data
stack.loss (stackloss)	Brownlee's Stack Loss Plant Data
stack.x (stackloss)	Brownlee's Stack Loss Plant Data
stackloss	Brownlee's Stack Loss Plant Data
state.abb (state)	US State Facts and Figures
state.area (state)	US State Facts and Figures
state.center (state)	US State Facts and Figures
state.division (state)	US State Facts and Figures
state.name (state)	US State Facts and Figures
state.region (state)	US State Facts and Figures
state.x77 (state)	US State Facts and Figures
sunspot.month	Monthly Sunspot Data, from 1749 to "Present"
sunspot.year	Yearly Sunspot Data, 1700-1988
sunspots	Monthly Sunspot Numbers, 1749-1983
swiss	Swiss Fertility and Socioeconomic Indicators(1888) Data
treering	Yearly Treering Data, -6000-1979
trees	Diameter, Height and Volume for Black Cherry Trees
uspop	Populations Recorded by the US Census
volcano	Topographic Information on Auckland's Maunga Whau Volcano
warpbreaks	The Number of Breaks in Yarn during Weaving
women	Average Heights and Weights for American Women

3. R 패키지 설치 데이터셋 살펴보기

datasets 패키지 이외에 필요한 데이터셋은 별도로 패키지를 설치하면 이용할 수 있다. 이런 데이터셋 패키지 중에서 MASS는 데이터 분석 학습에 유용한 많은 데이터셋을 가지고 있다. 다음은 MASS 패키지를 설치하고 관련된 데이터셋을 살펴본다.

 9-9-3-1: MASS 패키지에 포함된 데이터셋 목록 보기

```
> if(!require("MASS")) install.packages("MASS", dependencies = T)
> library(MASS)
> data(package="MASS") # MASS 패키지에 포함된 datasets 조회
```

MASS 패키지에 포함된 데이터셋 목록은 [표 9-7]과 같다.

[표 9-7] MASS 패키지에 포함된 데이터셋 목록

데이터셋	내용
Aids2	Australian AIDS Survival Data
Animals	Brain and Body Weights for 28 Species
Boston	Housing Values in Suburbs of Boston
Cars93	Data from 93 Cars on Sale in the USA in 1993
Cushings	Diagnostic Tests on Patients with Cushing's Syndrome
DDT	DDT in Kale
GAGurine	Level of GAG in Urine of Children
Insurance	Numbers of Car Insurance claims
Melanoma	Survival from Malignant Melanoma
OME	Tests of Auditory Perception in Children with OME
Pima.te	Diabetes in Pima Indian Women
Pima.tr	Diabetes in Pima Indian Women
Pima.tr2	Diabetes in Pima Indian Women
Rabbit	Blood Pressure in Rabbits
Rubber	Accelerated Testing of Tyre Rubber
SP500	Returns of the Standard and Poors 500
Sitka	Growth Curves for Sitka Spruce Trees in 1988
Sitka89	Growth Curves for Sitka Spruce Trees in 1989
Skye	AFM Compositions of Aphyric Skye Lavas
Traffic	Effect of Swedish Speed Limits on Accidents
UScereal	Nutritional and Marketing Information on US Cereals
UScrime	The Effect of Punishment Regimes on Crime Rates
VA	Veteran's Administration Lung Cancer Trial

abbey	Determinations of Nickel Content
accdeaths	Accidental Deaths in the US 1973-1978
anorexia	Anorexia Data on Weight Change
bacteria	Presence of Bacteria after Drug Treatments
beav1	Body Temperature Series of Beaver 1
beav2	Body Temperature Series of Beaver 2
biopsy	Biopsy Data on Breast Cancer Patients
birthwt	Risk Factors Associated with Low Infant Birth Weight
cabbages	Data from a cabbage field trial
caith	Colours of Eyes and Hair of People in Caithness
cats	Anatomical Data from Domestic Cats
cement	Heat Evolved by Setting Cements
chem	Copper in Wholemeal Flour
coop	Co-operative Trial in Analytical Chemistry
cpus	Performance of Computer CPUs
crabs	Morphological Measurements on Leptograpsus Crabs
deaths	Monthly Deaths from Lung Diseases in the UK
drivers	Deaths of Car Drivers in Great Britain 1969-84
eagles	Foraging Ecology of Bald Eagles
epil	Seizure Counts for Epileptics
farms	Ecological Factors in Farm Management
fgl	Measurements of Forensic Glass Fragments
forbes	Forbes' Data on Boiling Points in the Alps
galaxies	Velocities for 82 Galaxies
gehan	Remission Times of Leukaemia Patients
genotype	Rat Genotype Data
geyser	Old Faithful Geyser Data
gilgais	Line Transect of Soil in Gilgai Territory
hills	Record Times in Scottish Hill Races
housing	Frequency Table from a Copenhagen Housing Conditions Survey
immer	Yields from a Barley Field Trial
leuk	Survival Times and White Blood Counts for Leukaemia Patients
mammals	Brain and Body Weights for 62 Species of Land Mammals
mcycle	Data from a Simulated Motorcycle Accident
menarche	Age of Menarche in Warsaw
michelson	Michelson's Speed of Light Data
minn38	Minnesota High School Graduates of 1938

motors	Accelerated Life Testing of Motorettes
muscle	Effect of Calcium Chloride on Muscle Contraction in Rat Hearts
newcomb	Newcomb's Measurements of the Passage Time of Light
nlschools	Eighth-Grade Pupils in the Netherlands
npk	Classical N, P, K Factorial Experiment
npr1	US Naval Petroleum Reserve No. 1 data
oats	Data from an Oats Field Trial
painters	The Painter's Data of de Piles
petrol	N. L. Prater's Petrol Refinery Data
phones	Belgium Phone Calls 1950-1973
quine	Absenteeism from School in Rural New South Wales
road	Road Accident Deaths in US States
rotifer	Numbers of Rotifers by Fluid Density
ships	Ships Damage Data
shoes	Shoe wear data of Box, Hunter and Hunter
shrimp	Percentage of Shrimp in Shrimp Cocktail
shuttle	Space Shuttle Autolander Problem
snails	Snail Mortality Data
steam	The Saturated Steam Pressure Data
stormer	The Stormer Viscometer Data
survey	Student Survey Data
synth.te	Synthetic Classification Problem
synth.tr	Synthetic Classification Problem
topo	Spatial Topographic Data
waders	Counts of Waders at 15 Sites in South Africa
whiteside	House Insulation: Whiteside's Data
wtloss	Weight Loss Data from an Obese Patient

9.10 데이터 전처리

데이터셋 전처리(dataset preprocessing) 기술이란 원천 데이터(source data)를 데이터 분석 방향과 목적에 적합한 형태로 가공하는 기술을 의미한다. 이를 위해 데이터 정밀도(precision) 및 정확도(accuracy)를 높이기 위하여 이상 값(outlier), 결측값(missing value), 잡음(noise), 모순(contradiction), 불일치(inconsistency), 중복(redundancy) 등의 문제를 해결하기 위하여 데이터 정제(cleaning), 변환(transformation), 필터링(filtering), 그리고 통합(integration)을 수행한다([표 9-8]).

[표 9-8] 데이터 전처리 기술

데이터 전처리 기술	내용
데이터 정제	결측값을 채워 넣고 이상치를 식별하여 보정하거나 제거하고 잡음이 섞인 데이터는 평활화(smoothing)하여 데이터 불일치성을 교정하는 기술
데이터 변환	데이터 분석 목적에 적합하도록 데이터를 변환하는 기술로 정규화(normalization), 집단화(aggregation), 요약(summarization), 계층화(hierarchy)하는 기술
데이터 필터링	오류 발견, 보정, 제거, 및 중복성 확인 등의 과정을 통해 데이터 품질을 향상시키는 기술
데이터 축소	데이터 분석 시간을 단축하고 복잡성을 줄이기 위하여 데이터 분석에 활용되지 않는 항목을 제거하는 기술

빅데이터 분석 결과의 가치는 데이터의 신뢰성 및 타당성에 따라 좌우된다. 왜냐하면 잘못된 데이터를 사용하여 무분별하게 분석하면 쓸모없는 정보와 왜곡된 결과가 도출되기 때문이다. 잘못된 데이터는 크게 결측치(Missing Value)와 이상치(Outlier Value)가 있다. 결측치는 레코드에 특정 필드에 값이 빠져 있는 경우이고 이상치는 관측된 데이터의 범위에서 많이 벗어나 아주 작은 값이나 아주 큰 값을 가지는 경우이다. 실질적으로 데이터를 분석하기 전에 결측치 및 이상값 처리를 선행해서 데이터의 신뢰성 및 타당성을 확보하는 것을 데이터 전처리라고 한다.

1. 결측치 처리

결측치란 값이 필요한데 값이 존재하지 않는 경우와 값이 필요하지 않을 수 있는 경우로 나누어진다. 값이 필요한데 존재하지 않는 경우는 보정(enrichment) 값을 입력하거나 결측값이 존재하는 행 전체를 제거(omit)할 수 있다. 또한 값이 필요하지 않을 수 있는 경우는 결측값 자체가 중요한 의미가 있는 경우로 보정이나 제거하지 말아야 하고 분석 시에 결측값을 고려해야 한다. 이런 결측값은 연산이나 비교할 수 없다. 결측값의 유형은 [표 9-9]와 같다.

[표 9-9] 결측치 유형

결측치 유형	내용
NULL	값이 있어야 하지만 값을 알 수 없는 경우, 혹은 값을 정할 수 없는 경우
NA	Not Available의 약자로 값이 반드시 존재해야 하는데 빠진 경우
NaN	Not a Number의 약자로 불가능한 값(0으로 나누는 경우)인 경우
Inf	Infinite의 약자로 양의 아주 큰 수, 즉 무한대를 나타내는 상징적인 경우

결측, 혹은 무응답은 사회과학 및 자연과학 등의 전반적 분야의 관측 또는 실험되어 얻어지는 자료에 종종 나타나는 현상이다. 이런 결측치가 포함된 자료는 복잡한 통계적 분석 기법이 요

구된다. 일반적으로 결측치가 있는 자료를 분석할 경우는 자료 활용의 효과성(effectiveness) 문제, 자료 분석의 복잡성(Complexity) 문제, 관측된 자료와 결측된 자료 간의 차이에서 기인하는 편향(bias) 문제를 고려해야 한다.

결측치 대치법은 크게 단순 대치법(Single Imputation)과 다중 대치법(Multiple Imputation)으로 나눌 수 있다.

[표 9-10] 결측치 대치법

결측치 대치법	기법	내용
단순 대치 (Single Imputation)	완전 분석 (Completes Analysis)	• 결측치가 포함된 모든 자료는 삭제하고 분석 • 결측치 처리가 쉽다는 장점 • 결측치가 많거나 중요한 정보가 포함될 때 분석의 효과성 상실과 분석 결과의 타당성 문제가 발생
	평균 대치 (Mean Imputation)	• 결측치가 포함된 자료를 결측치를 제외한 자료의 평균(혹은 중위수, 최빈수 등)으로 대치 • 비조건부 평균 대치법과 조건부 평균 대치법 • 평균 대치법은 사용하기가 간단하고 완전 분석법에 비해 효율성이 향상 • 관측된 자료를 토대로 한 추정값(평균)으로 결측값을 대치함으로써 분석 결과의 표준오차가 과소 추정되는 문제가 있음

	단순 확률 대치 (Single Stochastic Imputation)	• 결측치가 포함된 자료를 통계적 기법에 따라 산출된 값으로 대치
		  ✓ Cold-deck : 바로 이전 자료로 대치
		  ✓ Hot-deck : 대체 집단 내의 랜덤 값으로 대치
		  ✓ Regression : 보조 변수를 이용한 회귀 예측치로 대치
		  ✓ Nearest Neighbor : 보조 변수를 이용하여 유사한 변수의 값을 찾아 대용되는 값으로 대치
		• 평균 대치법의 표준 오차 과소 추정 문제를 보완
		• 추정량의 표준 오차 계산 자체가 어려운 자료에는 적용이 곤란

다중 대치 (Multiple Imputation)		• 단순 대치법을 여러 번 수행하여 최적의 대치에 적합한 자료를 구성 • 대치(Imputations step), 분석(Analysis step), 결합(Combination step) 단계로 진행

데이터셋의 자료 형 변환 및 결측치 처리를 위한 R 코드와 실행 결과는 다음과 같다.

9-10-1-1: 데이터 전처리 실습(자료 형 변환 및 결측치 처리)

```
> # (1) 데이터프레임 생성
> 반구분 <- c("A","A","A","A","B","B","B","B","C","C","C","C")
> 성별 <- c("남","남","여","여","남","남","여","여","남","여","여","남")
> 점수 <- c(75, 80, 90, 80, 90, 70, 95, NA, 75, 90, NA, 70)
> 만족도 <- c("불만족", NA, "만족", NA, NA, "보통", "매우만족",
+             "보통", "매우불만족", "매우만족", NA, "불만족")
> score <- data.frame(반구분, 성별, 점수, 만족도) # 데이터프레임 생성
> str(score) # score 데이터프레임 구조 출력
'data.frame':   12 obs. of  4 variables:
 $ 반구분: chr  "A" "A" "A" "A" ...
 $ 성별  : chr  "남" "남" "여" "여" ...
 $ 점수  : num  75 80 90 80 90 70 95 NA 75 90 ...
 $ 만족도: chr  "불만족" NA "만족" NA ...
> score # score 데이터셋 출력
   반구분 성별 점수    만족도
1       A   남   75    불만족
2       A   남   80     <NA>
3       A   여   90      만족
4       A   여   80     <NA>
5       B   남   90     <NA>
6       B   남   70      보통
7       B   여   95  매우만족
8       B   여   NA      보통
9       C   남   75 매우불만족
10      C   여   90  매우만족
11      C   여   NA     <NA>
12      C   남   70    불만족
> # (2) 데이터 유형 변환
> score$반구분 <- factor(score$반구분, # 명목척도로 변환
+                       levels= c("A", "B", "C"), ordered= FALSE)
> score$성별<- factor(score$성별, # 명목척도로 변환
+                    levels= c("남", "여"), ordered= FALSE)
```

```
> score$만족도<- factor(score$만족도, # 순서 척도로 변환
+                      levels= c("매우불만족", "불만족", "보통", "만족", "매우만족"),
+                      ordered = TRUE)
> str(score) # score 데이터프레임 구조 출력
'data.frame':   12 obs. of  5 variables:
 $ 반구분: Factor w/ 3 levels "A","B","C": 1 1 1 1 2 2 2 2 3 3 ...
 $ 성별  : Factor w/ 2 levels "남","여": 1 1 2 2 1 1 2 2 1 2 ...
 $ 점수  : num  75 80 90 80 90 70 95 NA 75 90 ...
 $ 만족도: Ord.factor w/ 5 levels "매우불만족"<"불만족"<..: 2 NA 4 NA NA 3 5 3 1 5 ...
 $ 나이  : num  22 24 26 28 24 34 12 23 25 20 ...

> score$만족도 <- as.numeric(score$만족도) # 서열척도로 변환
> str(score) # score 데이터프레임 구조 출력
'data.frame':   12 obs. of  5 variables:
 $ 반구분: Factor w/ 3 levels "A","B","C": 1 1 1 1 2 2
 $ 성별  : Factor w/ 2 levels "남","여": 1 1 2 2 1 1 2
 $ 점수  : num  75 80 90 80 90 70 95 NA 75 90 ...
 $ 만족도: num  2 NA 4 NA NA 3 5 3 1 5 ...
 $ 나이  : num  22 24 26 28 24 34 12 23 25 20 ...

> score$만족도 <- (score$만족도 - 1) * 25 # 비율척도로 변환
> str(score) # score 데이터프레임 구조 출력
'data.frame':   12 obs. of  5 variables:
 $ 반구분: Factor w/ 3 levels "A","B","C": 1 1 1 1 2 2 2 2 3 3 ...
 $ 성별  : Factor w/ 2 levels "남","여": 1 1 2 2 1 1 2 2 1 2 ...
 $ 점수  : num  75 80 90 80 90 70 95 NA 75 90 ...
 $ 만족도: num  25 NA 75 NA NA 50 100 50 0 100 ...
 $ 나이  : num  22 24 26 28 24 34 12 23 25 20 ...
```

> # (3) 결측치 확인

```
> summary(score) # score 요약 통계량 산출(결측치 확인)
 반구분  성별       점수           만족도            나이
 A:4    남:6   Min.   :70.0   Min.   :  0.00   Min.   :12.00
 B:4    여:6   1st Qu.:75.0   1st Qu.: 25.00   1st Qu.:21.50
 C:4            Median :80.0   Median : 50.00   Median :23.50
                Mean   :81.5   Mean   : 53.12   Mean   :22.83
                3rd Qu.:90.0   3rd Qu.: 81.25   3rd Qu.:25.25
                Max.   :95.0   Max.   :100.00   Max.   :34.00
                NA's   :2      NA's   :4
```

> mean(score$점수) # 결측치를 포함한 평균(결측치의 연산 결과는 결측값)

[1] NA

> mean(score$점수, na.rm = TRUE) # 결측치를 제거한 후 평균

[1] 81.5

> is.na(score) # 결측치가 있는 행 확인(TRUE)

```
            반구분    성별    점수    만족도    나이
 [1,]       FALSE   FALSE   FALSE    FALSE   FALSE
 [2,]       FALSE   FALSE   FALSE     TRUE   FALSE
 [3,]       FALSE   FALSE   FALSE    FALSE   FALSE
 [4,]       FALSE   FALSE   FALSE     TRUE   FALSE
 [5,]       FALSE   FALSE   FALSE     TRUE   FALSE
 [6,]       FALSE   FALSE   FALSE    FALSE   FALSE
 [7,]       FALSE   FALSE   FALSE    FALSE   FALSE
 [8,]       FALSE   FALSE    TRUE    FALSE   FALSE
 [9,]       FALSE   FALSE   FALSE    FALSE   FALSE
[10,]       FALSE   FALSE   FALSE    FALSE   FALSE
[11,]       FALSE   FALSE    TRUE     TRUE   FALSE
[12,]       FALSE   FALSE   FALSE    FALSE   FALSE
```

> table(is.na(score)) # 결측치 개수 확인

FALSE TRUE
   54   6

> score[!complete.cases(score),] # 결측치가 포함된 행 출력

```
    반구분  성별   점수   만족도   나이
2      A    남    80     NA     24
4      A    여    80     NA     28
5      B    남    90     NA     24
8      B    여    NA     50     23
11     C    여    NA     NA     14
```

> !complete.cases(score[, c("점수")]) # '점수'열에 결측치 조회

[1] FALSE FALSE FALSE FALSE FALSE FALSE FALSE TRUE
[9] FALSE FALSE TRUE FALSE

> mean(!complete.cases(score[, c("점수")])) # '점수'열에 결측치 백분율

[1] 0.1666667

> !complete.cases(score[, c("만족도")]) # '만족도'열에 결측치 조회

[1] FALSE TRUE FALSE TRUE TRUE FALSE FALSE FALSE
[9] FALSE FALSE TRUE FALSE

> mean(!complete.cases(score[, c("만족도")])) # '만족도'열에 결측치 백분율

[1] 0.3333333

> # (4) 결측치 통계 및 시각화
> if(!require("naniar")) install.packages("naniar")
> library(naniar)
> miss_case_summary(score) # 행 기준 결측치 표시

```
# A tibble: 12 × 3
   case n_miss pct_miss
  <int>  <int>    <dbl>
1    11      2       40
2     2      1       20
3     4      1       20
4     5      1       20
5     8      1       20
6     1      0        0
7     3      0        0
8     6      0        0
9     7      0        0
10    9      0        0
11   10      0        0
12   12      0        0
```

> miss_var_summary(score) # 변수 기준 결측치 표시

```
# A tibble: 5 × 3
  variable n_miss pct_miss
  <chr>     <int>    <num>
1 만족도        4     33.3
2 점수          2     16.7
3 반구분        0      0
4 성별          0      0
5 나이          0      0
```

> gg_miss_var(score, show_pct= FALSE) # 결측치 빈도수 그래프

[그림 9-22]

> vis_miss(score, cluster= TRUE) # 결측치 비율 그래프

[그림 9-23]

> # (5) 결측치 완전 분석(Completes Analysis)
> score[complete.cases(score[, c("점수")]),] # '점수'열 결측치 행 제거

```
   반구분 성별 점수 만족도 나이
1      A    남   75     25   22
2      A    남   80     NA   24
3      A    여   90     75   26
4      A    여   80     NA   28
5      B    남   90     NA   24
6      B    남   70     50   34
7      B    여   95    100   12
9      C    남   75      0   25
10     C    여   90    100   20
12     C    남   70     25   22
```

> score[complete.cases(score[, c("만족도")]),] # '만족도'열 결측치 행 제거

```
  반구분 성별 점수 만족도 나이
1      A    남   75    25    22
3      A    여   90    75    26
6      B    남   70    50    34
7      B    여   95   100    12
8      B    여   NA    50    23
9      C    남   75     0    25
10     C    여   90   100    20
12     C    남   70    25    22
```

> na.omit(score) # score 데이터프레임에서 결측치가 존재하는 모든 행 제거

```
  반구분 성별 점수 만족도 나이
1      A    남   75    25    22
3      A    여   90    75    26
6      B    남   70    50    34
7      B    여   95   100    12
9      C    남   75     0    25
10     C    여   90   100    20
12     C    남   70    25    22
```

> # (6) 결측치 평균 대치(Mean Imputation)
> score1 <- score# score 데이터프레임 복사
> score1$점수 # 결측치 대치 전 '점수'열 출력

[1] 75 80 90 80 90 70 95 NA 75 90 NA 70

> (tb <- table(score1$점수)) # 점수의 빈도수 테이블

70 75 80 90 95
 2 2 2 3 1

> (최빈수 <- as.numeric(names(tb)[which(tb==max(tb))])) # '점수'열 최빈수

[1] 90

> (중위수 <- median(score1$점수, na.rm = TRUE)) # '점수'열 중위수

[1] 80

> (평균 <- round(mean(score1$점수, na.rm = TRUE))) # '점수'열 평균

[1] 82

> score1$점수[is.na(score1$점수)] <- 평균 # '점수'열의 결측치를 평균으로 대치
> score1$점수# 결측치 평균 대치 후 '점수'열 출력

[1] 75 80 90 80 90 70 95 82 75 90 82 70

> score1$만족도 # 결측치 대치 전 '만족도'열 출력

[1] 25 NA 75 NA NA 50 100 50 0 100 NA 25

> (tb<- table(score1$만족도)) # 점수의 빈도수 테이블

 0 25 50 75 100
 1 2 2 1   2
```
```

```
> (최빈수 <- as.numeric(names(tb)[which(tb==max(tb))])) # '만족도'열 최빈수
[1]  25  50 100
> # '만족도'열 결측치를 최빈수의 평균으로 대치
> score1$만족도[is.na(score1$만족도)] <- mean(최빈수)
> (score1$만족도 <- round(score1$만족도)) # 결측치 대치 후 '만족도' 열 출력
[1]  25  58  75  58  58  50 100  50   0 100  58  25
> # (7) 결측치 단순 확률 대치(Single Stochastic Imputation)
> score2 <- score# score 데이터프레임 복사
> if(!require("remotes")) install.packages("remotes")
> remotes::install_github("cran/DMwR")
> library(DMwR)
> # 결측치 KNN 대치
> score2 <- knnImputation(score2, k = 3, meth= "weighAvg", scale= F)
> score2 # 결측치 대치 결과 출력
   반구분 성별    점수   만족도    나이
1       A   남  75.00000  25.00000   22
2       A   남  80.00000  11.54451   24
3       A   여  90.00000  75.00000   26
4       A   여  80.00000   4.24854   28
5       B   남  90.00000  78.56763   24
6       B   남  70.00000  50.00000   34
7       B   여  95.00000 100.00000   12
8       B   여  70.00000  50.00000   23
9       C   남  75.00000   0.00000   25
10      C   여  90.00000 100.00000   20
11      C   여  94.81514  99.78444   14
12      C   남  70.00000  25.00000   22
> # (8) 결측치 다중 대치(Multiple Imputation)법
> score3 <- score # score 데이터프레임 복사
> # "mice" 패키지 이용
> if(!require("mice")) install.packages("mice")
> library(mice)
> md.pattern(score3)
  반구분 성별 나이 점수 만족도
7      1    1    1    1    1  0
3      1    1    1    1    0  1
1      1    1    1    0    1  1
1      1    1    1    0    0  2
       0    0    0    2    4  6
```

[그림 9-24]

```
> mice_data <- mice(score3, # 데이터셋
+                   method = "ppm", # multiple imputation 알고리즘
+                   m = 5, # imputation 된 데이터 수
+                   maxit = 5) # multiple imputation의 iteration 횟수
 iter imp variable
  1   1  점수  만족도
  1   2  점수  만족도
  1   3  점수  만족도
  1   4  점수  만족도
 중간 결과 생략
  5   4  점수  만족도
  5   5  점수  만족도
> complete(mice_data) # 결측치 대치 결과
   반구분 성별 점수 만족도 나이
1     A   남   75    25   22
2     A   남   80     0   24
3     A   여   90    75   26
4     A   여   80    25   28
5     B   남   90    50   24
6     B   남   70    50   34
7     B   여   95   100   12
8     B   여   80    50   23
9     C   남   75     0   25
10    C   여   90   100   20
11    C   여   80     0   14
12    C   남   70    25   22
```

```
> # "Amelia" 패키지 이용
> if(!require("Amelia")) install.packages("Amelia")
> library(Amelia)
> missmap(score3, legend = TRUE) # 결측치 시각화
```

[그림 9-25]

```
> a.out <- amelia(score3[, 3:4], m = 5) # m 가상의 데이터셋 5개 생성
Warning: There are observations in the data that are completely missing.
         These observations will remain unimputed in the final datasets.
-- Imputation 1 --

  1  2  3  4  5  6

-- Imputation 2 --

  1  2  3  4  5

-- Imputation 3 --

  1  2  3  4

-- Imputation 4 --

  1  2  3  4  5  6  7

-- Imputation 5 --

  1  2  3  4  5
```

```
> score3[, 3:4] <- a.out$imputations[[3]]

> missmap(score3, legend= TRUE) > score3$점수

[그림 9-26]

> score3$점수

[1] 75.00000 80.00000 90.00000 80.00000 90.00000 70.00000
[7] 95.00000 81.44394 75.00000 90.00000       NA 70.00000
```

데이터 전처리에서 일반적인 결측값이라고 하면 NA를 의미한다. 대부분의 결측값은 제거하고 처리하는 게 효율적이지만 결측값 존재 자체도 분석에 중요한 의미도 있는 일도 있으니 분석 목적에 따라 이를 신중하게 결정해야 한다. score 데이터프레임의 변수별 결측치 수를 그래프로 표현한 것은 다음과 같다([그림 9-22]).

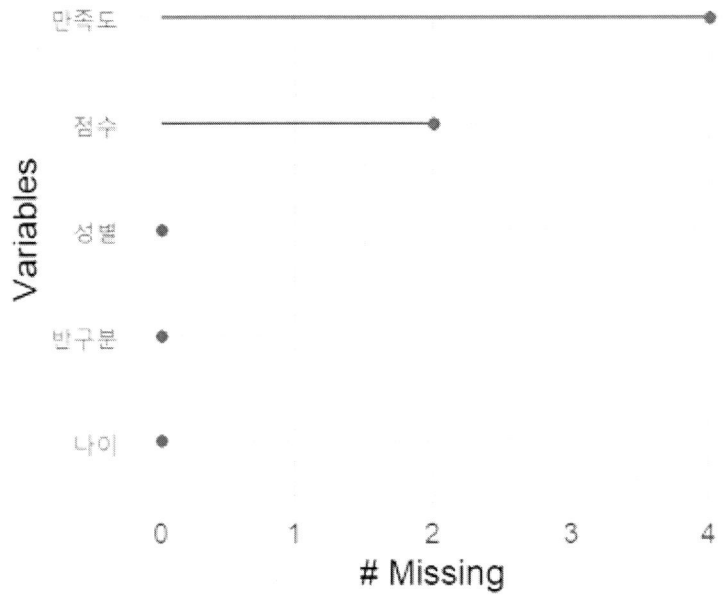

[그림 9-22] score 데이터프레임에 변수별 결측치 빈도수 그래프

score 데이터프레임에 변수별 결측치 빈도수 그래프에서 '만족도' 변수에는 4개, '점수' 변수에는 2개의 결측치가 있다는 것을 직관적으로 알 수 있다. 이러한 결측치 빈도에 대한 비율은 [그림 9-23]과 같다.

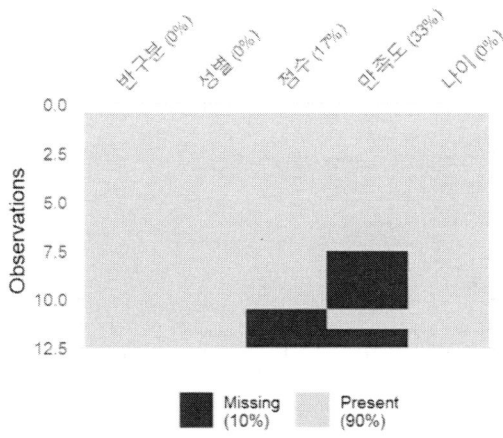

[그림 9-23] score 데이터프레임에 변수별 결측치 비율 그래프

score 데이터프레임에 변수별 결측치 비율은 '만족도'는 33%, '점수'는 17%의 결측치가 포함되어 있고 전체 데이터셋 중에서 결측치는 10%가 포함되어 있다는 것을 알 수 있다.

결측치를 잘못 대치하면 분석 결과에 부정적인 영향을 미칠 수 있으므로 결측치를 대치 방법을 결정하는 데 있어서 신중해야 한다. 즉 자료의 특성 상황을 주도면밀히 관찰하고 적합한 대치 기법을 적용해야 한다. 결측치 대치 방법에는 결측치가 포함된 모든 자료를 제거하는 완전 분석법, 평균 대치법, 단순 확률 대치법이 있다. score 데이터프레임 예제 데이터셋을 통하여 결측치 단순 대치 방법을 보였다.

결측지 다중 대치 방법으로 R 패키지 "mice"와 "Amelia"를 많이 이용한다. "mice" 패키지를 이용한 결측치 히트맵 그래프는 [그림 9-24]와 같다.

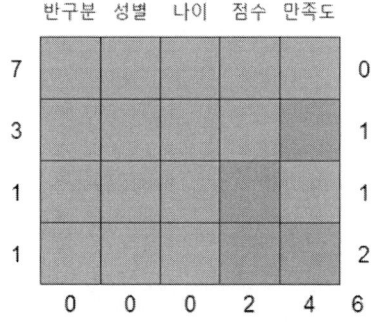

[그림 9-24] score 데이터프레임의 "mice" 패키지를 이용한 결측치 그래프

score 데이터프레임의 "mice" 패키지를 이용한 결측치 히트맵 그래프를 살펴보면 '반구분', '성별', '나이', '점수', '만족도'의 모든 변수에 결측치가 없는 행은 7, '만족도'에 만 결측치가 있는 행은 3, '점수'에 만 결측치가 있는 행도 1, '점수', '만족도' 둘 다에 결측치가 있는 행은 1개인 것을 알 수 있게 한다. 따라서 '점수' 열에는 2건, '만족도' 열은 4건의 결측치가 분포된 것을 알 수 있다. 사실 결측치 대치를 위한 "mice" 패키지는 다중 대치(multiple imputation)뿐만 아니라 단순 대치(single imputation)에도 사용한다. 여기서는 score 데이터프레임의 mice::mice()의 다중 대치(multiple imputation) 알고리즘 pmm, 대치된 데이터 수 5, 대치 반복 횟수 5을 통하여 다중 대치 방법을 설명했다.

결측치 대치를 위한 "Amelia" 패키지를 이용할 수 있다. 결측치 보정 전 데이터의 상태를 이번엔 Amelia::missmap()을 통해 확인한 결과는 [그림 9-25]와 같다.

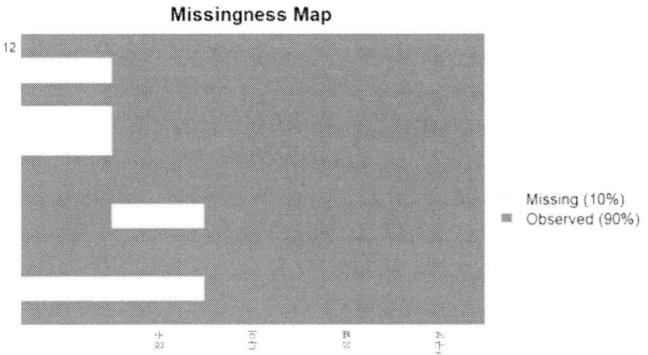

[그림 9-25] core 데이터프레임의 "Amelia" 패키지를 이용한 결측치 맵 그래프(보정 전)

core 데이터프레임의 "Amelia" 패키지를 이용한 결측치 맵 그래프에서 결측치가 10%가 포함되어 있고 변수별 분포를 직관적으로 파악할 수 있도록 한다. Amelia::amelia()이용하여 core 데이터프레임에 가상의 데이터셋을 5개 생성하여 결측치를 보정 후 core 데이터프레임의 "Amelia" 패키지를 이용한 결측치 맵 그래프를 표시한 결과 결측치가 3%로 줄어 든 것을 알 수 있다([[그림 9-26]].

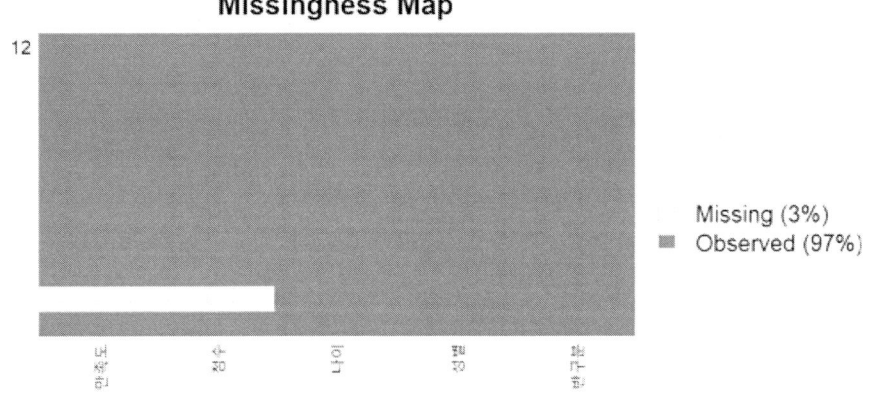

[그림 9-26] core 데이터프레임의 "Amelia" 패키지를 이용한 결측치 맵 그래프(보정 후)

2. 이상값 처리

이상값이란 정상적인 데이터의 범위에서 많이 벗어난 아주 작은 값이나 아주 큰 값을 의미한다. 일반적으로 이상값은 잘못 측정되거나 관측되어 의도되지 않게 잘못 기록된 경우를 의미한다. 하지만 특별히 의도된 이상값을 입력하게 할 수 있다. 의도된 이상값은 주로 사기 탐지(fraud detection)를 위해서 기획된다. 가령 특정 신용카드가 일정 시간 동안 매우 많은 결재가 이루어졌다면 부정 사용으로 의심할 수 있다. 대부분의 의도되지 않게 잘 못 입력된 데이터는 분석 목적에 적합하지 않아 제거해야 하지만 그 자체적으로 중요한 의미가 있으므로 분석에 포함해야 하는 경우가 있다. 따라서 협의의 이상값이란 의도되지 않게 존재하는 것이지만 분석에 포함되는 이상값과 의도된 이상값으로 간주한다.

- 의도하지 않게 잘못 입력한 경우(보정)
- 의도하지 않게 입력됐으나 분석, 목적에 맞지 않아 제거해야 하는 경우
- 의도되지 않은 현상이지만 분석에 포함해야 하는 경우
- 사기값(fraud value)

정상적인 데이터의 범위에서 많이 벗어난 아주 작은 값이나 아주 큰 값을 의미하는 이상 값은 어떻게 판단할 수 있을까? 이상값 탐지는 자료의 분위수(Quantile)를 이용하는 경우와 표준정규분포를 이용하는 경우로 나눌 수 있다([그림 9-27]).

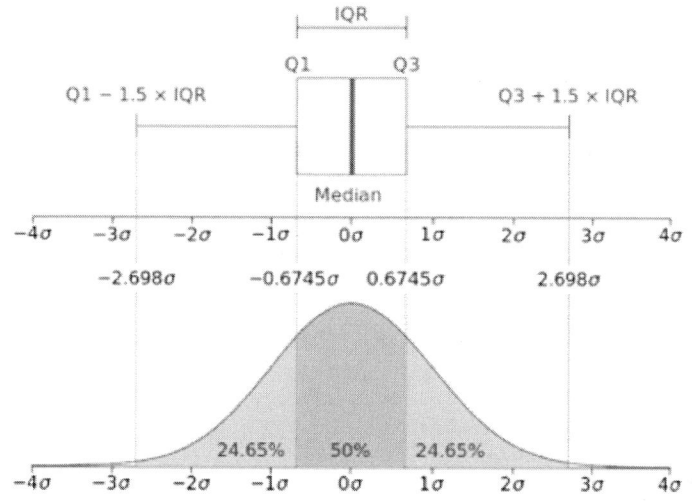

출처 : Wikipedia

[그림 9-27] 이상값의 범위

박스플롯(boxplot, 수형도라고도 함)은 데이터의 분포를 직관적으로 파악할 수 있도록 한다. 박스플롯을 통하여 얻을 수 있는 정보는 데이터의 최솟값, 1사 분위수(Q_1), 중위수(Median), 3사 분위수(Q_3), 그리고 최댓값이다. 여기서 사분위란 데이터를 사 등분 했을 때 범위로 Q1은 아래로는 최솟값을 포함한 하위 25%지점, Q_3 위로는 최댓값을 포함한 상위 25% 범위를 포함한다. 이때 IQR(Inter Quantile Range)은 Q_3에서 Q_1을 뺀 값이다. 따라서 박스플롯에서 정상적인 데이터 범위는 다음 식과 같다.

$$Q_1 - 1.5 \times IQR \leq 정상적인\ 값의\ 범위 \leq Q_3 + 1.5 \times IQR$$

위와 같은 식에서 정상적인 값의 범위를 벗어난 값을 이상값으로 분류하게 된다.

한편 자료를 표준정규분포로 변환해서 이상값을 분류할 수 있다. 표준정규분포 Z의 식은 다음과 같다.

$$Z = \frac{X - \mu}{\sigma}, \mu : 평균, \sigma : 표준편차$$

그림 12-1의 아래 그림과 같은 표준정규분포에서 -1σ와 +1σ 사이에 자료의 약 68%가 포함되어 있고 -2σ와 +2σ에는 95%, -3σ와 +3σ에는 99.7%가 속한다. 따라서 표준정규분포에서 정상적인 자료의 범위는 다음 식과 같다.

$$\mu - 3 \times \sigma \leq 정상적인 값의 범위 \leq \mu + 3 \times \sigma$$

위와 같은 식에서 정상적인 값의 범위를 벗어난 값을 이상값으로 분류하게 된다.
R에서 이상 값을 탐지하고 보정을 위한 R 코드와 실행 결과는 다음과 같다.

 9-10-2-1: 이상값 탐지와 보정 예

```
> if(!require("outliers")) install.packages("outliers")
> library(outliers)
> x <- c(22, 24, 26, 28, 24, 34, 12, 23, 25, 20, 14, 22)
> outlier(x) # 평균과 가장 차이가 많은 상한값
[1] 34
> outlier(x, opposite= T) # 평균과 가장 차이가 적은 하한값
[1] 12
> c(lower= mean(x)-3*sd(x),
+   upper= mean(x)+3*sd(x)) # 평균과 표준편차를 이용한 정상값범위
    lower    upper
 5.348275 40.318392
> (IQR <- quantile(x, 3/4) - quantile(x, 1/4)) # IRQ(InterQuantileRange)
75%
3.75
> c(lower= quantile(x,1/4)-1.5*IQR,
+   upper= quantile(x,3/4)+1.5*IQR) # 분위수를 이용한 정상값범위
ower.25% upper.75%
  15.875    30.875
> op <- par(mfrow=c(2, 1)) # 플롯 창을 2행 1열로 분할
> outlier<- boxplot(x, horizontal= TRUE) # 상자 플롯(수평)
> plot(density(scale(x))) # '점수' 표준화(평균 0, 표준편차 1) 그래프
```

[그림 9-28]

```
> par(op)
> outlier$stats# 이상값 경계 출력
      [,1]
[1,] 20.0
[2,] 21.0
[3,] 23.5
[4,] 25.5
[5,] 28.0
> outlier$out# 이상값 출력
[1] 34 12 14
> # 이상값 보정
> x[which(x %in% outlier$out)] <- NA # 이상치를 결측치로 대치
> x[is.na(x)] <- mean(x, na.rm = TRUE) # 결측치에 평균값 대치
> x<- round(x) # 소수점 제거
> par(mfrow=c(1, 1))
> outlier<- boxplot(x, horizontal= FALSE) # 상자 플롯(수직)
[그림 9-29]
> outlier$stats# 이상값 경계 출력
      [,1]
[1,] 20.0
[2,] 22.5
[3,] 24.0
[4,] 24.5
[5,] 26.0
> outlier$out# 이상값 출력
[1] 28
```

예제 데이터셋 x의 분포를 살펴보기 위하여 박스플롯과 표준화한 분포로 표현한 것은 다음 [그림 9-28]와 같다.

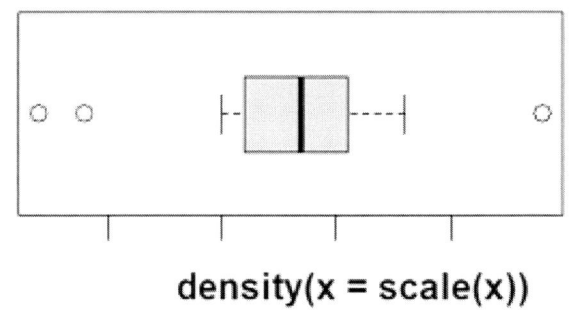
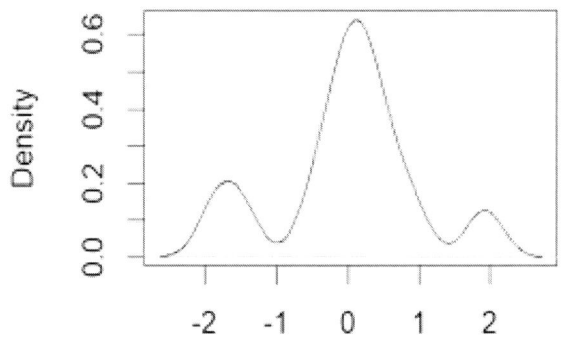

[그림 9-28] 이상값 탐지를 박스플롯과 표준화 분포도

예제 x의 벡터값 c(22, 24, 26, 28, 24, 34, 12, 23, 25, 20, 14, 22)의 박스플롯에서 최솟값은 20, 최댓값은 28, 1사 분위 수 21, 3사 분위 수 25.5, 중위 수는 23.5이다. 그리고 벡터 x의 이상값은 34, 12, 14이다. 표준 정규분포를 보면 0을 기점으로 약간 좌측으로 꼬리가 치우쳐 있는 것을 알 수 있다.

벡터 x의 이상값 보정을 위하여 이상값에 해당하는 숫자를 결측치 NA로 변환하고 결측치 변환 기법에 따라 값을 보정 했다. 벡터 x의 이상치를 평균 보정 결과에 대한 박스플롯은 [그림 9-29]와 같다.

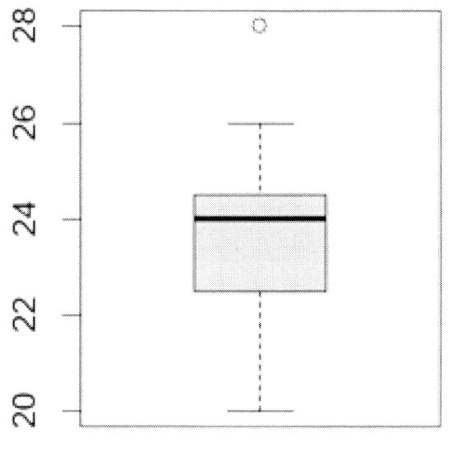

[그림 9-29] 이상값 보정 결과 박스플롯

연습문제 –Exercises

▌향상학습 ▌

1. 다음 패키지를 설치하지 않아도 실행할 수 있는 함수는?
   ① read.csv.sql()   ② read.pnm()   ③ read_excel()
   ④ read.xlsx()   ⑤ read.table()

2. 다음 csv파일을 읽어 올 수 있는 형식을 설명한 것으로 적절하지 않은 것은?

   read.csv(file, header, sep, encoding)

   ① file 인수에는 읽어올 파일명을 기술한다.
   ② encoding은 읽어올 파일의 한글 처리에 사용한다.
   ③ R 설치에 기본으로 제공되어 패키지 설치할 필요 없다.
   ④ 데이터가 콤마로 구별되어 있으면 sep는 생략할 수 있다.
   ⑤ header는 파일에 header가 있을 경우 FALSE를 기술한다.

3. 다음 엑셀 파일 읽어오기 xlsx::readxlsx()의 파라미터로 적절하지 않은 것은?
   ① header   ② file   ③ path
   ④ sheetIndex   ⑤ encoding

4. 데이터베이스에서 데이터를 읽기 위한 RJDBC 패키지 함수로 적절하지 않은 것은?
   ① JDBC()   ② dbConnect()   ③ dbStatement()
   ④ dbGetQuery()   ⑤ dbDisconnect()

5. 다음 R 데이터셋을 설명이 적절하지 않은 것은?
   ① MASS 패키지에는 수십까지의 예제 데이터셋이 있다.
   ② pgm 파일을 읽기 위해서는 pixmap 패키지를 설치해야 한다.
   ③ 데이터베이스 SQL을 사용하려면 sqldf 패키지를 설치해야 한다.
   ④ iris 데이터셋을 사용하기 위해서는 iris 패키지를 설치해야 한다.
   ⑤ 인터넷 웹에서 데이터를 크롤링은 rvest 패키지를 설치해야 한다.

6. 다음 중 웹 크롤링(web crawling)을 위한 패키지는?
   ① apply   ② rvest   ③ stringr   ④ rlan   ⑤ plyr

7. 웹 크롤링(Web Crawling)을 위한 HTML 속성(attribute)은?
   ① id   ② name   ③ value   ④ type   ⑤ class

8. R에서 컴퓨터비전을 위한 이미지나 영상을 처리하고 표현하기 위해서 설치해야 하는 패키지는?
   ① ggplot   ② jpg   ③ pixmap   ④ pgm   ⑤ opencv

9. 다음과 같은 기초 통계량의 설명이 적절하지 않은 것은?

```
> summary(iris)
  Sepal.Length    Sepal.width     Petal.Length    Petal.width
 Min.   :4.300   Min.   :2.000   Min.   :1.000   Min.   :0.100
 1st Qu.:5.100   1st Qu.:2.800   1st Qu.:1.600   1st Qu.:0.300
 Median :5.800   Median :3.000   Median :4.350   Median :1.300
 Mean   :5.843   Mean   :3.057   Mean   :3.758   Mean   :1.199
 3rd Qu.:6.400   3rd Qu.:3.300   3rd Qu.:5.100   3rd Qu.:1.800
 Max.   :7.900   Max.   :4.400   Max.   :6.900   Max.   :2.500
       Species
 setosa    :50
 versicolor:50
 virginica :50
```

① Species는 명목변수이다.
② 사례의 총 수는 150개 이다.
③ 평균이 가장 큰 것은 Sepal.Length이다.
④ 표준편차가 자장 작은 것은 Petal.Width이다.
⑤ IQR(Inter Quartile Range)이 가장 큰 것은 Petal.Length이다.

10. 다음 상자그림(boxplot)의 설명이 잘 못 된 것은?

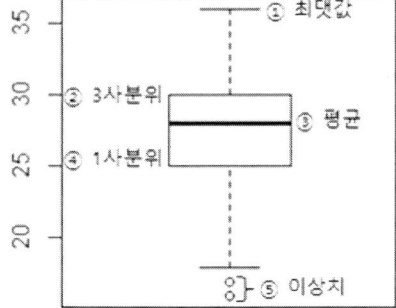

11. 다음 중 데이터 전처리 기술의 설명으로 가장 적합한 것은?

> 데이터 분석 목적에 적합하도록 데이터 변환 기술로 정규화(normalization), 집단화(aggregation), 요약(summarization), 계층화(hierarchy)하는 기술이다.

① 데이터 정제   ② 데이터 추출   ③ 데이터 변환
④ 데이터 필터링   ⑤ 데이터 축소

12. 다음 중 결측치 대치 방법으로 적절하지 않은 것은?
① 완전 분석   ② 평균 대치   ③ 확률 대치   ④ 다중 대치   ⑤ 이상 대치

심화학습

1. R의 기본 데이터셋에 포함된 미국 50개 주의 범죄율을 기록한 USArrests 데이터 세트의 구조를 설명하고 다음과 같은 막대그래프(barplot)를 그리기 위한 R 코드를 제시하세요.

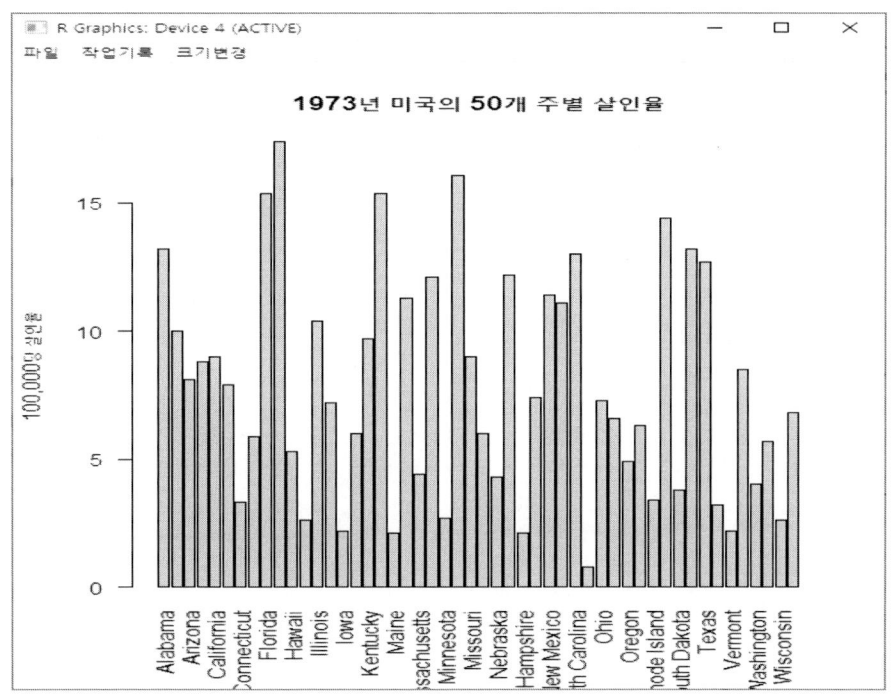

2. 다음과 같이 공공데이터포털(http://www.data.go.kr)에서 서울시의 '환경 대기오염' 정보를 가져오기 위한 자료 수집 절차와 R로 읽어 들여 데이터프레임으로 저장하기 위한 코드를 제시하세요.

3. 영국의 인류학자 프랜시스 골턴(Francis Galton, 18222.16~1911.1.17.)이 만든 부모의 평균 키((father+1.08×mother)/2)에 대한 자식의 키를 기록해 놓은 'galton' 데이터셋을 R로 읽어 산점도 그래프로 시각화하기 위한 R 코드를 제시하세요.

```
> str(galton)
'data.frame':   928 obs. of  2 variables:
 $ child : num  61.7 61.7 61.7 61.7 61.7 62.2 62.2 62.2 62.2 62.2 ...
 $ parent: num  70.5 68.5 65.5 64.5 64 67.5 67.5 67.5 66.5 66.5 ...
```

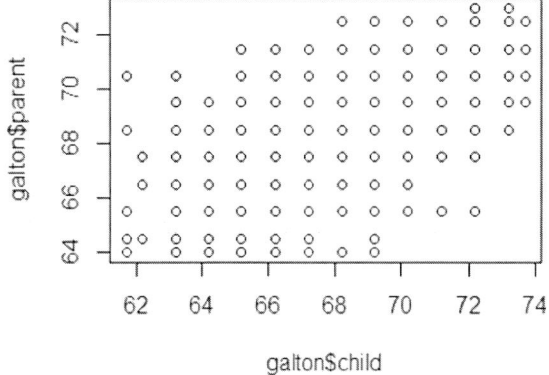

4. 한국증권거래소 코스피(Kospi)에서 특정주식(예 삼성전자 005939.kr, 현대차 005380.kr 등)을 선택해서 지난 분기에 거래된 주식 데이터를 R로 읽어 들여 라인 플롯(line plot)으로 표현하기 위한 코드를 제시하세요.

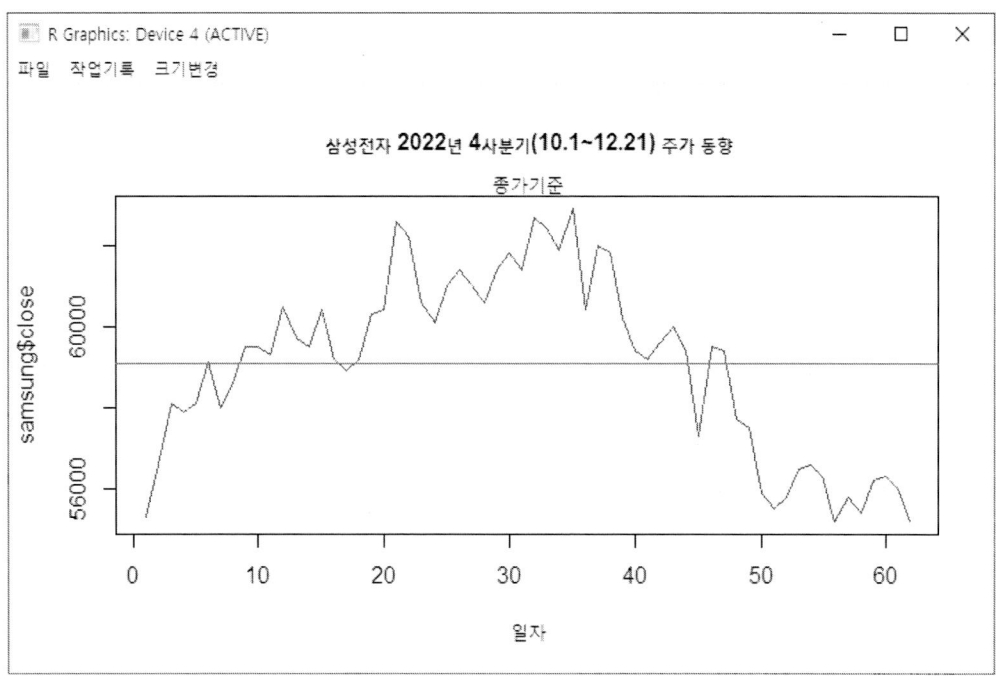

5. 다음과 같은 카카오톡 대화방(대화방은 자신이 선택) 예를 보고 자신이 선택한 카카오톡 대화내용 모두 내려받는 절차와 R로 읽어 들여 워드클라우드(wordcloud)로 표현하기 위한 R 코드를 제시하세요.

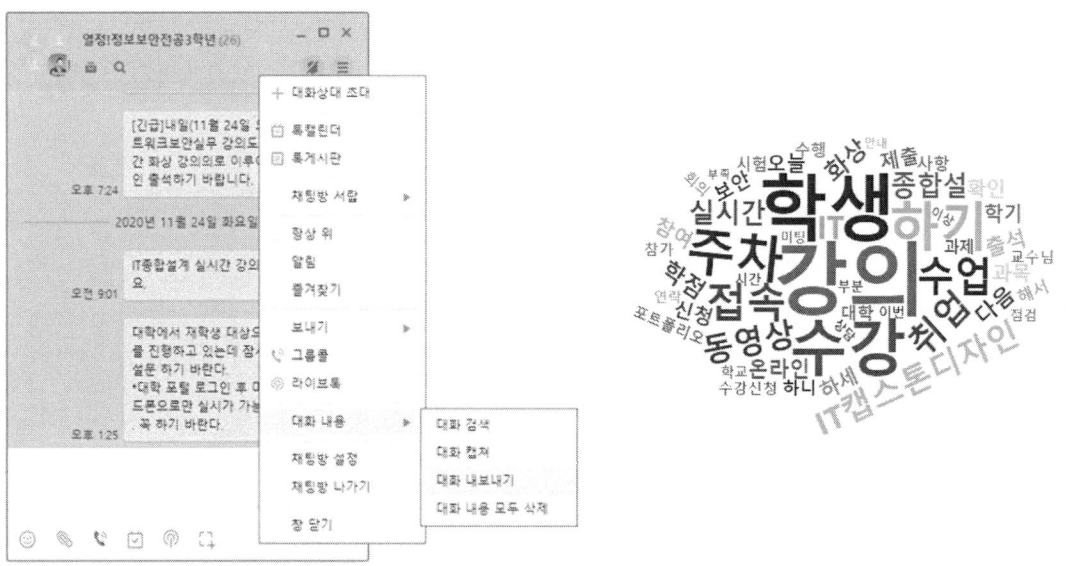

6. 다음과 같이 MASS::survey 데이터셋에 대하여 물음에 답하세요.

```
> if(!require("MASS"))install.packages("MASS")
> library(MASS)
> data(survey)# survey 데이터셋 불러오기
> str(survey)# survey 데이터셋 구조
'data.frame':   237 obs. of  12 variables:
 $ Sex   : Factor w/ 2 levels "Female","Male": 1 2 2 2 2 1 2 1 2 2 ...
 $ Wr.Hnd: num  18.5 19.5 18 18.8 20 18 17.7 17 20 18.5 ...
 $ NW.Hnd: num  18 20.5 13.3 18.9 20 17.7 17.7 17.3 19.5 18.5 ...
 $ W.Hnd : Factor w/ 2 levels "Left","Right": 2 1 2 2 2 2 2 2 2 2 ...
 $ Fold  : Factor w/ 3 levels "L on R","Neither",..: 3 3 1 3 2 1 1 3 3 3 ...
 $ Pulse : int  92 104 87 NA 35 64 83 74 72 90 ...
 $ Clap  : Factor w/ 3 levels "Left","Neither",..: 1 1 2 2 3 3 3 3 3 3 ...
 $ Exer  : Factor w/ 3 levels "Freq","None",..: 3 2 2 2 3 3 1 1 3 3 ...
 $ Smoke : Factor w/ 4 levels "Heavy","Never",..: 2 4 3 2 2 2 2 2 2 2 ...
 $ Height: num  173 178 NA 160 165 ...
 $ M.I   : Factor w/ 2 levels "Imperial","Metric": 2 1 NA 2 2 1 1 2 2 2 ...
 $ Age   : num  18.2 17.6 16.9 20.3 23.7 ...
```

가. 정상 및 결측치의 개수를 출력하기 위한 R 코드와 결과를 제시하세요.

나. 결측치가 포함된 행을 출력하기 위한 R 코드와 상위 6개 결과만 제시하세요.

다. 각 변수별 결측치 비율표시 시각화를 위한 R 코드와 시각화 결과를 제시하세요.
   Amelia::missmap(), 또는 mice::md.pattern() 함수 이용

라. 변수 Height 결측치를 평균으로 대치하기 위한 R 코드를 제시하세요.

마. 변수 Pulse 결측치를 최빈수로 대치하기 위한 R 코드를 제시하세요.

바. 결측치가 있는 행을 모두 제거(완전 분석법)하는 R 코드를 제시하세요.

사. 변수 Age에 사분 위수를 이용하여 정상값의 범위를 구하는 R 코드를 제시하세요.

아. 변수 Age에 박스플롯과 이상치(outlier)를 출력하는 R 코드와 결과를 제시하세요.

자. 변수 Age 이상값을 평균으로 보정하기 위한 R 코드를 제시하세요.

차. 전처리된 데이터셋의 요약 통계량을 구하는 R 코드와 결과를 제시하세요.

빅데이터 분석
기획과 실무

Chapter

10

R 그래프 시각화

10.1 R 고수준 그래프 함수
10.2 R 저수준 그래프 함수
10.3 iris 데이터셋 시각화
10.4 ggplot2 패키지 시각화
　　　연습문제

Chapter. 10

R 그래프 시각화

R 그래프 시각화(Big Data Visualization, 視覺化)는 수많은 데이터를 요약하거나 분석한 결과를 일목요연(一目瞭然)하게 파악할 수 있도록 R 함수를 이용하여 도표나 그림으로 표현한 것이다. 대부분의 R 그래프 시각화 함수는 R을 설치할 때 기본적으로 설치되지만 ggplot2와 같이 별도로 패키지를 설치해야 이용할 수 있는 함수들도 있다. R에서 그래프를 작성하기 위하여 기본적으로 제공하는 함수는 고수준 그래프(high-level graph) 함수와 저수준 그래프(low-level graph) 함수로 나누어진다.

10.1 R 고수준 그래프 함수

R 고수준 그래프 함수는 막대그래프나 파이 도표와 같이 새로운 그래프를 도식에 사용되고 저수준 그래프 함수는 고수준 그래프에 제목과 범례, 선과 같은 추가적인 장식(decoration)을 위하여 사용한다.

다음은 R 그래프 시각화에서 자주 사용하는 고수준 그래프 함수들이다.

[표 10-1] R 주요 고수준 그래프 함수

구분	유형	고수준 함수	내용
일변수	범주형	barplot(x)	변수 x의 빈도수를 그래프로 표현
		pie(x)	변수 x의 빈도수를 파이 그래프로 표현
	연속형	boxplot(x)	변수 x에 대한 박스플롯으로 표현
		hist(x)	변수 x의 빈도수를 히스토그램으로 표현
		curve(x)	변수 x의 커브 그래프로 표현
		qqnorm(x)	x의 누적 정규 확률 그래프 표현
이변수	연속형	plot(x, y)	변수 x, y를 2차원 좌표상에 산점도 표현
		sunflowerplot(x, y)	변수 x, y를 2차원 좌표상에 꽃잎 모양으로 표현
삼변수	연속형	contour(x, y, z)	x, y 행렬의 z에 2차원 등고선으로 표현
		image(x, y, z)	x, y, z의 3차원 공간의 이미지로 표현
다변수	연속형	pairs(x)	데이터 x의 산점도 행렬 그래프로 표현

R의 par() 함수는 하나의 플롯 창을 행과 열로 나누는 함수로 다수의 그래프를 하나의 플롯 창에 표현할 때 사용할 수 있다. par() 함수는 여러 개의 그래프를 하나에 플롯 창에 표현하여 서로 비교할 때 많이 사용한다. R 기본 함수 중에서 데이터 시각화로 가장 자주 사용되는 고수준 그래프 함수인 plot(), boxplot(), barplot(), pie() 등의 형식과 활용 예제를 살펴본다.

1. plot() 함수

plot() 함수는 R 데이터 시각화로 가장 자주 사용되는 고수준 함수로 두 개의 연속형 데이터 x축과 y축의 연속형, 이변수 데이터(bivariate data)의 상관관계를 파악하기 위하여 산점도(scatter plot) 그래프로 표현할 때 사용된다. plot() 함수의 형식은 다음과 같다.

plot() 함수 형식

plot(x,   # x축에 해당하는 연속형 벡터
     y,   # y축에 해당하는 연속형 벡터
     main, # plot의 제목(그래프 상담에 표시)
     sub,   # plot의 부제목(그래프 하단에 표시)
     xlim, # x축 값의 범위
     ylim, # y축 값의 범위
     xlab, # x축 레이블
     ylab, # y축 레이블
     type, # plot의 형태
     axes, # plot의 테두리 관련
     col,   # plot의 색상
     lty,   # 선의 종류(1: solid line, 2: dashed, 3: dotted, 4: dot-dash)
     pch,   # 표시되는 점의 모양
     cex   # 점의 크기
)

반환 값은 plot 그래프

plot() 함수의 인수 중에서 type은 plot의 다양한 형태를 결정하는 중요한 것으로 표 10-6과 같은 옵션들이 있다.

[표 10-2] plot 함수의 인수 type의 종류

type 종류	내용
p	점(points)
i	선(lines)
b	점과 선(both points and lines)

c	b 옵션에 점 제거(b type except point)
o	겹친 점과 선(overplotted)
h	수직선으로 된 히스토그램(histogram)
s	계단형 그래프(horizontal steps)
S	다른 계단형 그래프(vertical steps)
n	그래프 없음(no plotting)

plot()으로 표시되는 점의 모양을 결정하는 인수 pch의 종류는 [그림 10-1]과 같다.

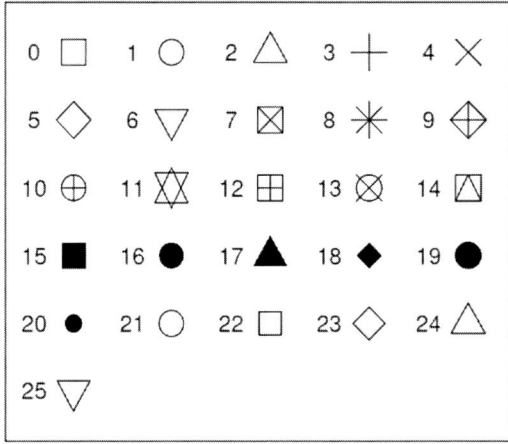

[그림 10-1] plot 함수 인자 pch의 종류

plot() 함수의 cex 인자는 점의 모양 pch의 크기를 결정하는 것으로 숫자가 클수록 큰 점이 표시된다. 그러나 plot() 함수의 pch와 cex 인자는 저수준 함수 point(x, y, pch, cex)를 이용하여 별도로 plot을 장식할 수도 있다.

 10-1-1-1: plot() 함수 적용 예

```
> # plot 함수 적용 예제
> x <- c(1, 2, 3, 4, 5, 6, 7, 8, 9, 10, 11, 12)
> y <- c(2, 3, 4, 6, 7, 6, 8, 9, 11, 10, 11, 11)
> dev.new()
NULL
> par(mfrow=c(2, 2)) # plot 창을 2행 2열(4개 플롯 표시)로 분리(열 우선)
> plot(x, y,
+      main = "plot 전체 제목", sub = "부제목(type: 점 그래프)",
+      xlim = c(1, 12), ylim = c(1, 12),
+      xlab = "x축 제목", ylab = "y축 제목",
```

```
+       col = "#FF00FF",
+       type = "p", pch = 8, cex = 1)
> plot(x, y,
+       main = "plot 전체 제목", sub = "부제목(type: 선 그래프)",
+       xlab = "x축 제목", ylab = "y축 제목",
+       type = "l")
> plot(x, y,
+       main = "plot 전체 제목", sub = "부제목(type: 히스토그램)",
+       xlab = "x축 제목", ylab = "y축 제목",
+       type = "h")
> plot(x, y,
+       main = "plot 전체 제목", sub = "부제목(type: 계단 그래프)",
+       xlab = "x축 제목", ylab = "y축 제목",
+       type = "s")
```
[그림 10-2]

plot() 함수를 실행 결과는 다음 [그림 10-2]와 같다.

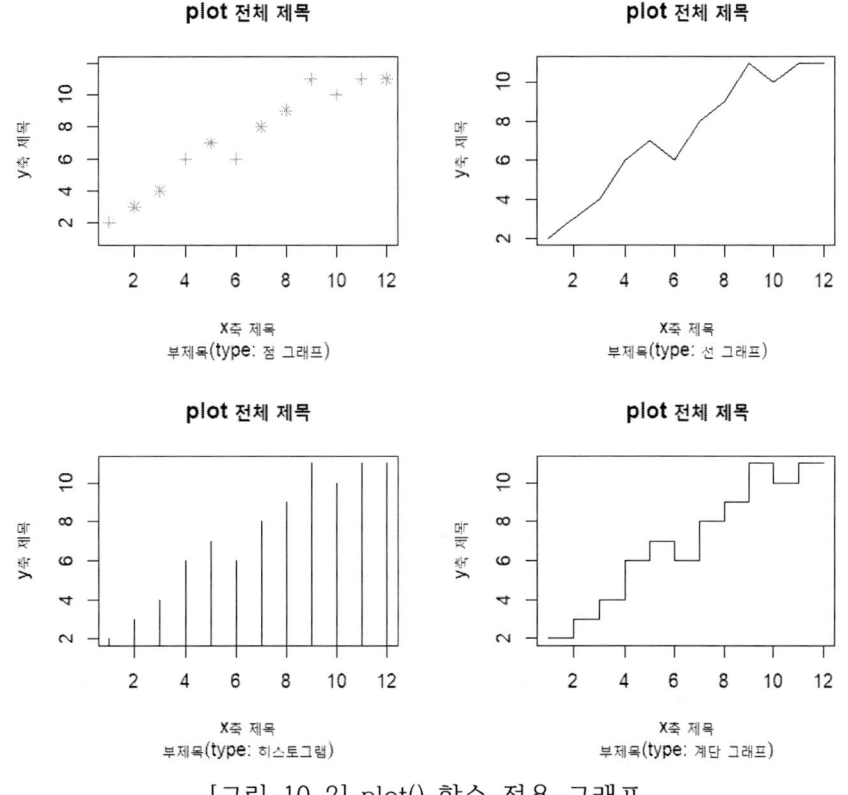

[그림 10-2] plot() 함수 적용 그래프

2. barplot() 함수

barplot() 함수는 주로 단일변수(univariate)의 범주형 데이터(categorical data)의 빈도수나 값을 동일한 넓이의 수직, 혹은 수평의 막대그래프로 시각화할 때 사용한다. 다음은 barplot() 함수를 이용하여 다양한 그래프로 표현하는 예제 R 코드와 실행 결과이다.

 10-1-2-1: barplot() 함수 적용 예

```
> data <- c(80, 30, 20, 60, 10, 50)
> label = c("서울", "부산", "대구", "대전", "광주", "인천")
> par(mfrow = c(1, 2), pty = "s")
> barplot(data, name = label,
+         main = "지역별 독감 발생 현황(수직 막대그래프)",
+         xlab = "지역 명", ylab = "발생 건수",
+         col = rainbow(6, s=0.2))
```
[그림 10-3] 좌측

```
> barplot(data, name = label,
+         main = "지역별 독감 발생 현황(수평 막대그래프)",
+         xlab = "발생 건수", ylab = "지역 명",
+         space = 0.5,
+         col = heat.colors(6),
+         horiz = TRUE)
```
[그림 10-3] 우측

barplot() 함수를 적용한 R 프로그램의 실행 결과는 다음 [그림 10-3]과 같다.

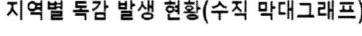

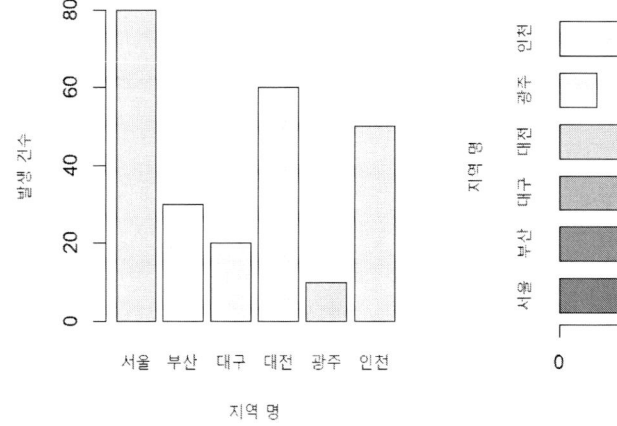
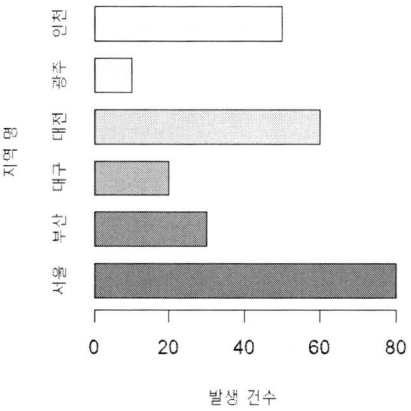

[그림 10-3] barplot() 함수 적용 그래프

3. pie() 함수

pie() 함수는 단일변수 데이터(univariate data) 데이터를 파이 형태로 표시하는 것으로 범주형 데이터를 쉽게 비교분석에 사용한다. 다음은 pie() 함수를 이용하여 다양한 그래프로 표현하는 예제이다.

 10-1-3-1: pie() 함수 적용 예

```
> data <- c(80, 30, 20, 60, 10, 50) # 테스트 데이터
> text <- c("서울", "부산", "대구", "대전", "광주", "인천") # 레이블 텍스트
> pct <- round(data/sum(data)*100) # 데이터 100분율 계산
> label <- paste(text, pct) # text와 pct 결합
> label <- paste(label, "%", sep ="") # label과 %를 공란없이 결합
> pie(data, labels = label, radius = 1.0) # label이 포함된 파이챠트 표시
```
[그림 10-4]

pie() 함수를 적용한 R 프로그램의 실행 결과는 다음 [그림 10-4]와 같다.

지역별 독감 발생 현황(파이 챠트)

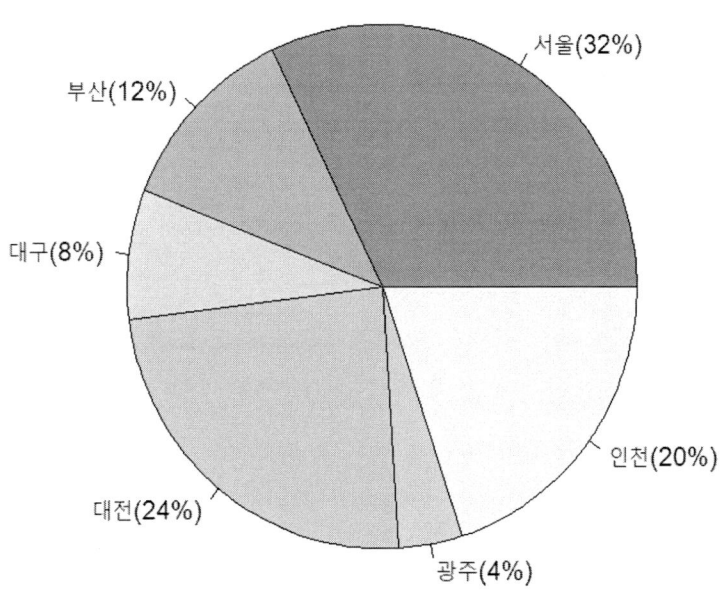

[그림 10-4] pie() 함수 적용 그래프

4. hist() 함수

R의 hist() 함수는 도수분포표를 그래프로 표현하기 위한 것으로 가로축은 계급을 세로축은 도수를 직사각형의 기둥 모양으로 표시한 그래프이다. 다음은 hist() 함수를 이용하여 다양한 그래프로 표현하는 예제 R 코드와 실행 결과이다.

 10-1-4-1: hist() 함수 적용 예

```
> x <- rnorm(n=100, mean=0, sd=1) # 평균 0, 표준편차 1인 100개 샘플 생성
> par(mfrow=c(1, 2)) # plot 창을 1행 1열로 분리
> hist(x)   # 일반 히스토그램 작성
> hist(x, freq = F) # 빈도가 아닌 확률밀도 표시
> lines(density(x)) # 확률밀도 히스토그램에 선 추가
```
[그림 10-5]

hist() 함수를 적용한 R 프로그램의 실행 결과는 다음 [그림 10-5]와 같다.

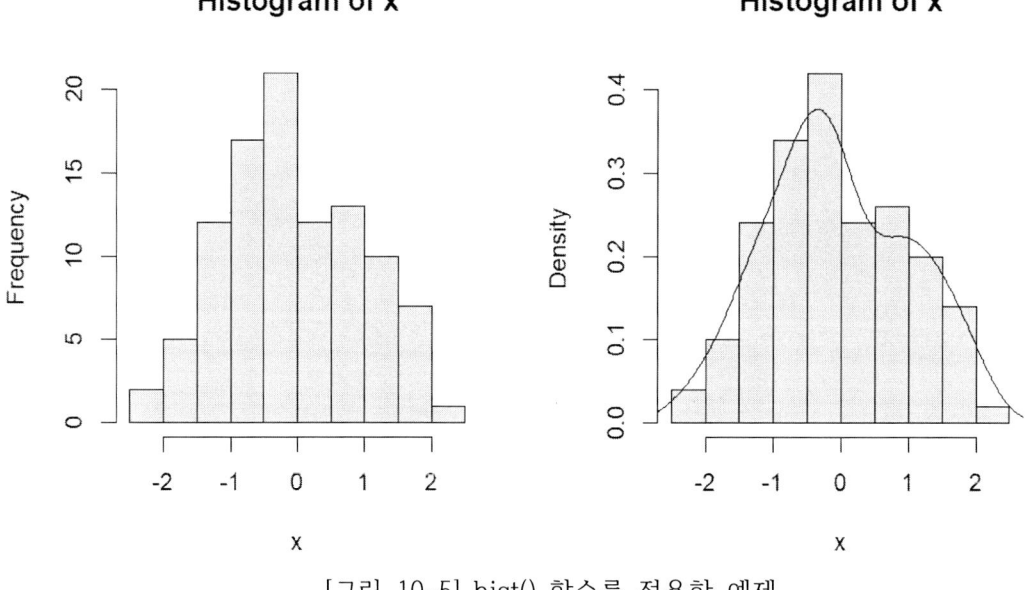

[그림 10-5] hist() 함수를 적용한 예제

5. boxplot() 함수

boxplot() 함수는 데이터의 분포를 쉽게 파악할 수 있도록 그래프로 표시한 것으로 연속형 데이터의 분포를 직관적으로 파악할 때 많이 적용하는 함수이다. 다음은 boxplot() 함수를 이용하여 그래프로 표현한 예제 R 코드와 실행 결과이다.

 10-1-5-1: boxplot() 함수 적용 예

```
> x <- c(3, 5, 6, 3, 7, 8, 7, 20, 12, 15, 14, 10)
> y <- c(2, 3, 2, 5, 11, 6, 5, 5, 4, -4, 7, 1)
> boxplot(x, y,
+         boxwex = 0.6,
+         col = c("bisque", "orange"))  # 박스플롯 표시
```
[그림 10-6]

boxplot() 함수를 적용한 R 프로그램의 실행 결과는 다음 [그림 10-6]과 같다.

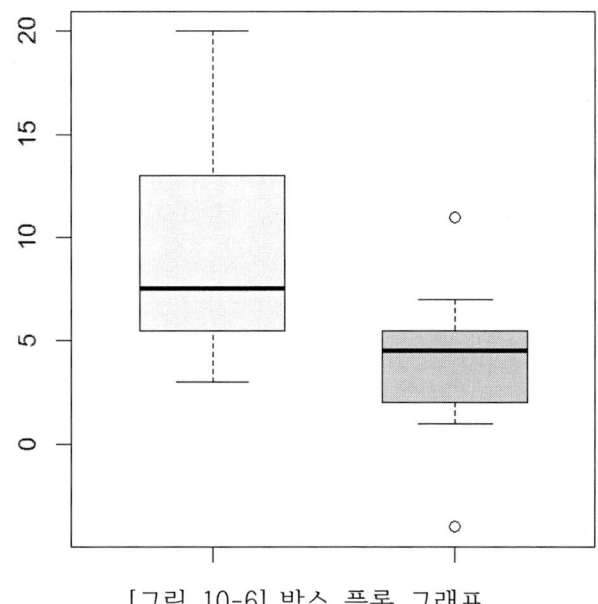

[그림 10-6] 박스 플롯 그래프

10.2 R 저수준 그래프 함수

R 저수준 그래프는 최근에 도식한 고수준 그래프를 더 효과적으로 보이게 하도록 장식하는 것으로 point(), lines(), abline(), text(), legend(), curve() 등의 함수가 있다.

[표 10-3] R 주요 저수준 그래프 함수

저수준 함수	내용
point(x, y)	x, y 좌표에 점 추가
lines(x, y)	x, y 좌표를 연결하는 선을 추가
abline(a, b)	절편 a, 기울기 b인 직선 추가
mtext(text)	그래프 여분에 텍스트 표시

text(x, y, labels)	x, y 좌표에 레이블 추가
title()	그래프 제목 추가
curve(f(x))	x의 함수 f(x)를 작성
rect(x, y, x1, y2)	좌표 (x, y)와 (x1, y2)를 연결하는 사각형을 추가
polygon(x, y)	좌표 (x, y)를 연결하는 다각형
legend(x, y, legend)	좌표 (x, y) 위치에 legend 표시
segments(x, y, x1, x2)	좌표 (x, y)와 (x1, y2) 사이를 연결하는 선추가
box()	그래프를 감싸는 사각형 추가

1. points() 함수

points() 함수는 그래프에 점을 그리는 함수이다. 대부분 points() 함수는 plot 함수에 점을 표현하는 데 사용한다. points() 함수의 형식은 다음과 같다.

point() 함수 형식
pont(x,   # x축에 해당하는 벡터 값 　　 y,   # y축에 해당하는 벡터 값 　　 pch, # 점의 종류(1~25 중에 숫자, 그림 4-1) 　　 cex, # 점의 크기(숫자가 클수록 큰 점이 출력))
반환한 값은 점

다음은 point() 함수를 적용한 예제 R 코드와 실행 결과이다.

 10-2-1-1: point() 함수 적용 예제

```
> x <- c(1, 2, 3, 4, 5, 6, 7, 8, 9, 10, 11, 12)
> y <- c(2, 3, 4, 6, 7, 6, 8, 9, 11, 10, 11, 11)
> plot(x, y,
+       main = "plot 전체 제목", sub = "point 함수 적용",
+       xlab = "x축 제목", ylab = "y축 제목",
+       type = "l")# 선 그래프
> points(x, y, pch = 1, cex = 2) # 점의 종류는 원, 크기는 2로 표시
```

[그림 10-7]

point() 함수를 적용한 그래프를 표현한 것은 [그림 10-7]과 같다.

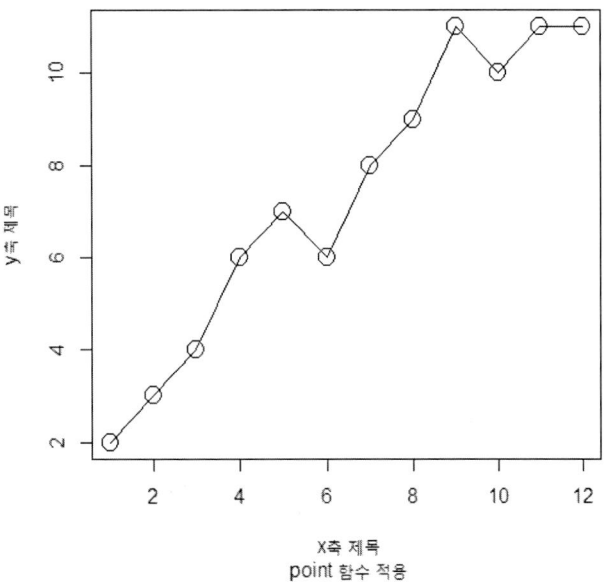

[그림 10-7] point() 함수를 적용한 그래프

2. lines() 함수

lines() 함수는 수평선을 그리는 함수이다. lines() 함수의 형식은 다음과 같다.

lines() 함수 형식
lines(x,　　# x축에 시작점과 끝점 좌표 　　　y,　　# y축에 시작점과 끝점 좌표 　　　lty,　# 선의 종류 　　　col,　# 선 색상 　　　pch,　# 시작점 끝 점의 형태 　　　lwd　 # 선의 넓이나 두께)
반환한 값은 선분

lines() 함수의 인자 lty는 다음 [표 10-4]와 같다.

[표 10-4] lines() 함수의 lty 인자

문자	숫자	내용
solid	1	실선(기본 값)
dashed	2	대시선

dotted	3	점선
longdash	5	긴 대시선
dotdash	4	점대시선
twodash	6	이중 대시선
blank	0	그리기 없음

※ 위 표의 원래 순서:

dotted	3	점선
dotdash	4	점대시선
longdash	5	긴 대시선
twodash	6	이중 대시선
blank	0	그리기 없음

다음은 lines() 함수를 적용한 예제 R 코드와 실행 결과이다.

 10-2-2-1: lines() 함수 적용 예제

```
> x <- c(1, 2 ,3, 4, 5, 6, 7, 8, 9, 10, 11, 12)
> y <- c(2, 3, 4, 6, 7, 6, 8, 9, 11, 10, 11, 11)
> plot(x, y,
+      main = "plot 전체 제목", sub = "point 함수 적용",
+      xlab = "x축 제목", ylab = "y축 제목",
+      type = "l")  # 선 그래프
> lines(c(1, 12), c(5, 5),  lty = 1, col = "blue")
> lines(c(1, 12), c(10,10), lty = 3, col = "red")
```

[그림 10-8]

lines() 함수를 적용한 그래프를 표현한 것은 [그림 10-8]과 같다.

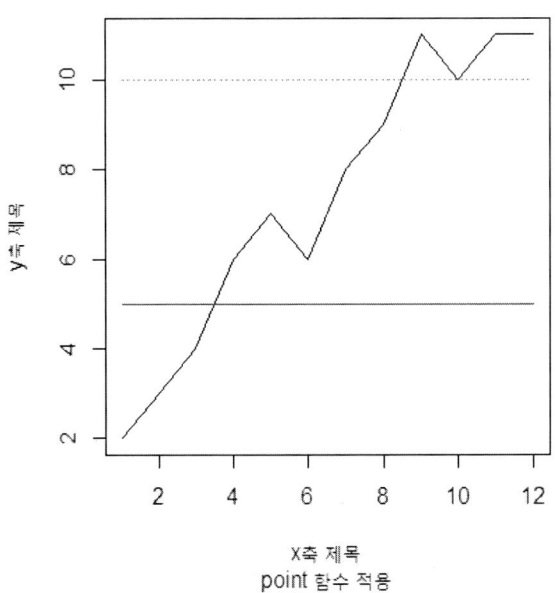

[그림 10-8] lines() 함수를 적용한 그래프

3. abline() 함수

abline() 함수는 lines() 함수와 달리 단지 수직선과 수평선을 추가하는 함수이다. abline() 함수는 고수준 그래프에 선을 추가하는 것으로 단독으로 존재할 수도 없다. abline() 함수의 형식은 다음과 같다.

abline() 함수 형식
abline(h,　　# y축 수평선(horizontal line)을 표시 　　　v,　　# x축 수직선(vertical line)을 표시 　　　lty)　# 선의 종류

다음은 abline() 함수를 적용한 예제 R 코드와 실행 결과이다.

 10-2-3-1: abline() 함수 적용 예

```
> x <- c(1, 2, 3, 4, 5, 6, 7, 8, 9, 10, 11, 12)
> y <- c(2, 3, 4, 6, 7, 6, 8, 9, 11, 10, 11, 11)
> plot(x, y,
+      main = "plot 전체 제목", sub = "point 함수 적용",
+      xlab = "x축 제목", ylab = "y축 제목",
+      type = "o")   # 선 그래프
> abline(h = mean(y), lty = 3, col = "red") # 벡터 y의 평균 지점의 수평선을 표시
> abline(v = mean(x), lty = 4, col = "blue") # 벡터 x의 평균지점의 수직선을 표시
```
[그림 10-9]

abline() 함수를 적용한 그래프를 표현한 것은 [그림 10-9]와 같다.

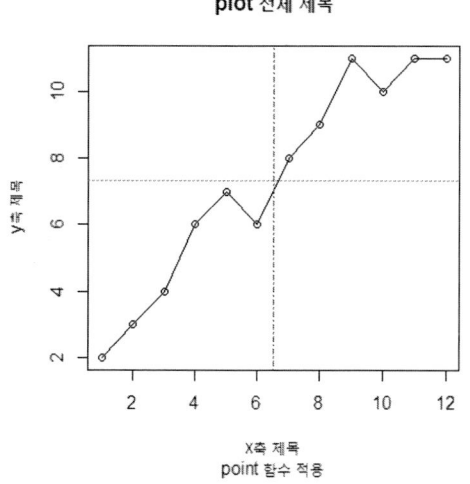

[그림 10-9] abline() 함수를 적용한 그래프

4. text() 함수

text() 함수는 고수준 그래프에 필요한 위치에 텍스트를 표시하는 데 사용하는 함수이다. text() 함수의 형식은 다음과 같다.

text() 함수 형식
text(x,   # 텍스트를 표시할 x 좌표 　　y,   # 텍스트를 표시할 y 좌표 　　text, # 표시할 텍스트 　　col   # 텍스트 색상)
반환한 값은 텍스트

다음은 text() 함수를 적용한 예제 R 코드와 실행 결과이다.

 10-2-4-1: text() 함수 적용 예

```
> x <- c(1, 2, 3, 4, 5, 6, 7, 8, 9, 10, 11, 12)
> y <- c(2, 3, 4, 6, 7, 6, 8, 9, 11, 10, 11, 11)
> dev.new()
NULL
> pb <- plot(x, y, type = "o")
> plot(x, y, ylim=c(0, 12),
+      main = "plot 전체 제목", sub = "point 함수 적용",
+      xlab = "x축 제목", ylab = "y축 제목",
+      type = "o")# 선 그래프
> abline(h = mean(y), lty = 3, col = "red") # 벡터 y의 평균 지점의 수평선 표시
> abline(v = mean(x), lty = 4, col = "blue") # 벡터 x의 평균지점의 수직선 표시
> text(x = mean(x), y = mean(y), "Mean center", col = "red")
> text(x, y+0.4, labels=paste0(y), col='darkblue', cex = 0.8, font=1, lwd = 2)
```

[그림 10-10]

```
> dev.off() # window 창 닫기
RStudioGD
        2
```

다음은 text() 함수를 적용한 그래프를 표현한 것은 [그림 10-10]과 같다.

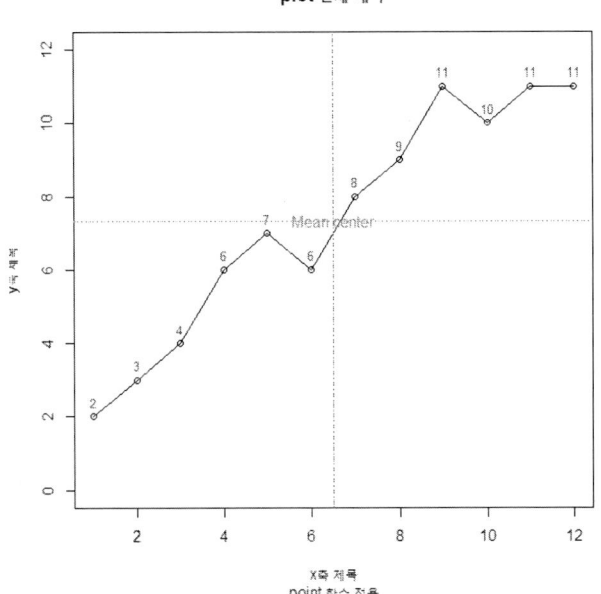

[그림 10-10] text() 함수를 적용한 그래프

5. curve() 함수

curve() 함수는 곡선을 그리는 고수준 함수인 동시에 히스토그램(histogram) 고수준 그래프에 곡선을 추가할 수 있는 저수준 함수이다. curve() 저수준 함수의 형식은 다음과 같다.

curve() 함수 형식
curve(x,   # 입력 벡터 값 x   add,   # 곡선 그래프를 겹쳐서 그릴 것이면 TRUE, 아니면 FALSE 값)

다음은 curve() 함수를 적용한 예제 R 코드와 실행 결과이다.

 10-2-5-1: abline() 함수 적용 예제

```
> x <- rnorm(n=1000, mean=10, sd=4) # 평균 10, 표준편차 4인 1000개 샘플
> hist(x, freq = F)    # 빈도가 아닌 확률밀도 표시
> curve(dnorm(x, mean=10, sd=4), add=T) # x에서 평균 10, 표준편차 4인 곡선
```

[그림 10-11]

curve() 함수를 적용하여 그래프를 표현한 것은 [그림 10-11]과 같다.

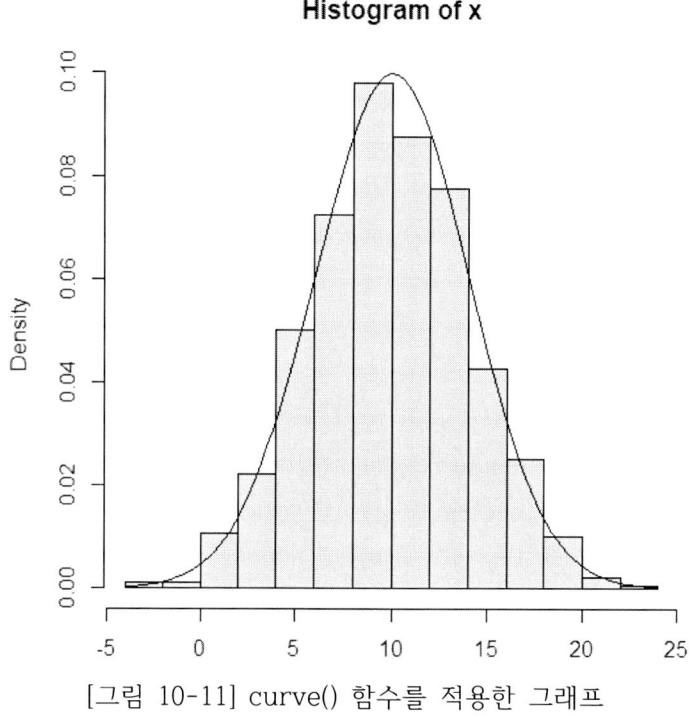

[그림 10-11] curve() 함수를 적용한 그래프

10.3 iris 데이터셋 시각화

iris(붓꽃) 데이터 세트는 미국의 통계학자 피셔((Fisher)가 붓꽃의 3가지 종류 setosa, versicolor, virginica의 꽃받침(sepal)과 꽃잎(petal)의 길이를 정리한 데이터 세트로 크기가 작고 이해하기 쉬워 각종 통계처리 및 기계학습(Machine Learning)의 분류(classification) 분석에 자주 활용된다.

다음은 iris 데이터 세트의 구조와 시각화 예제 R 코드와 실행 결과이다.

 10-3-1-1: iris 데이터셋 시각화

```
> str(iris)  # iris 데이터셋 구조 출력
  'data.frame':   150 obs. of  5 variables:
   $ Sepal.Length: num  5.1 4.9 4.7 4.6 5 5.4 4.6 5 4.4 4.9 ...
   $ Sepal.Width : num  3.5 3 3.2 3.1 3.6 3.9 3.4 3.4 2.9 3.1 ...
   $ Petal.Length: num  1.4 1.4 1.3 1.5 1.4 1.7 1.4 1.5 1.4 1.5 ...
   $ Petal.Width : num  0.2 0.2 0.2 0.2 0.2 0.4 0.3 0.2 0.2 0.1 ...
   $ Species     : Factor w/ 3 levels "setosa","versicolor",..: 1 1 1 1 1 1 1 1 1 1 ...
> summary(iris)  # iris 데이터셋 기초 통계량
```

```
       Sepal.Length    Sepal.Width     Petal.Length    Petal.Width        Species
 Min.   :4.300     Min.   :2.000    Min.   :1.000    Min.   :0.100    setosa    :50
 1st Qu.:5.100     1st Qu.:2.800    1st Qu.:1.600    1st Qu.:0.300    versicolor:50
 Median :5.800     Median :3.000    Median :4.350    Median :1.300    virginica :50
 Mean   :5.843     Mean   :3.057    Mean   :3.758    Mean   :1.199
 3rd Qu.:6.400     3rd Qu.:3.300    3rd Qu.:5.100    3rd Qu.:1.800
 Max.   :7.900     Max.   :4.400    Max.   :6.900    Max.   :2.500
```

```
> # iris 꽃받침과 꽃잎 크기 박스플롯
> boxplot(iris[1:4], main = "iris 꽃받침과 꽃잎 크기 박스플롯")
```

[그림 10-12]

```
> # iris의 Sepal.Width의 이상 값 구하기
> (q1 <- quantile(iris$Sepal.Width, probs = 25/100))  # 1사 분위 수
25%
2.8
```

```
> (q3 <- quantile(iris$Sepal.Width, probs = 75/100))  # 3사 분위 수
75%
3.3
```

```
> (IQR <- q3-q1)  # IRQ(Inter Quantile Range)
75%
0.5
```

```
> (I <- c(q1-1.5*IQR, q3+1.5*IQR))  # 이상 값 하한과 상한
 25%  75%
2.05 4.05
```

```
> iris[iris$Sepal.Width<I[1]|iris$Sepal.Width>I[2], ]
   Sepal.Length  Sepal.Width  Petal.Length  Petal.Width     Species
16          5.7          4.4           1.5          0.4      setosa
33          5.2          4.1           1.5          0.1      setosa
34          5.5          4.2           1.4          0.2      setosa
61          5.0          2.0           3.5          1.0  versicolor
```

```
> # iris의 종류별 산점도 그래프
> pairs(iris[, 1:4], main = "붓꽃 3종 데이터 산점도 그래프",
+       bg = c("red", "green3", "blue")[unclass(iris$Species)],
+       pch = 21)
```

[그림 10-13]

iris 데이터 세트의 종류별 꽃받침 길이에 대한 박스플롯(boxplot)으로 표현한 결과는 다음 [그림 10-12]와 같다.

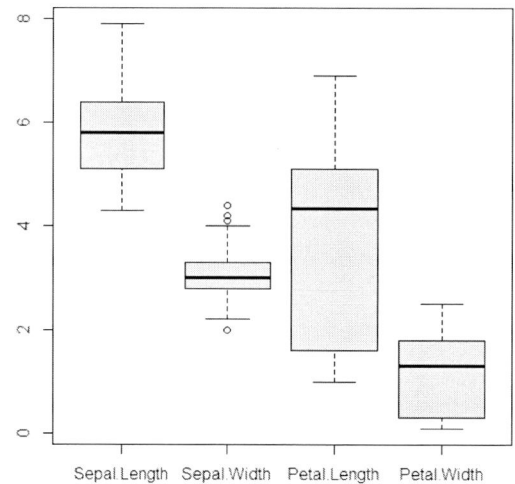

[그림 10-12] iris의 종류별 꽃받침 길이에 대한 박스플롯

박스 플롯은 자료의 분포를 시각화한 것으로 최솟값, 최댓값, 1사분위수, 3사분위수, 중앙값에 대한 정보를 알 수 있다. 그리고 기존 데이터보다 아주 작은 값, 혹은 아주 큰 값을 나타내는 이상치(outlier)를 표현한다. 여기서 이상값이란 다음과 같은 경우이다.

$$I = [Q_1 - 1.5IQR, Q_3 + 1.5IRQ], IQR = Q_3 - Q_1$$

iris의 Sepal.Width에 이상값이 존재하는 것을 알 수 있다. Sepal.Width를 위 공식을 적용하여 이상 값을 계산한 것이다. 그리고 iris의 종류별 산점도 그래프로 표시한 것은 [그림 10-13]과 같다.

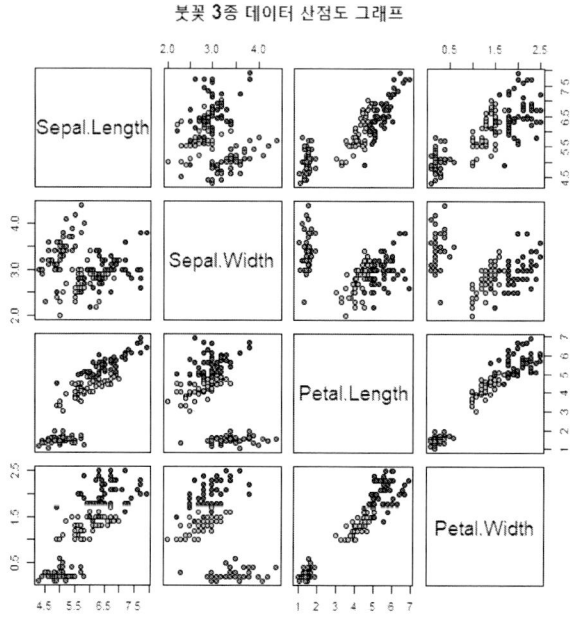

[그림 10-13] iris의 종류별 산점도 그래프

iris의 pair() 산점도 그래프 시각화에서 변수별 값의 범위와 상관관계 정보를 파악할 수 있게 한다. 그리고 다양한 변수들의 특징을 한번에 비교하여 전체적인 정보를 파악할 수 있도록 할 뿐만 아니라 다양한 집단을 구분하고 이상값을 쉽게 탐지 할 수 있도록 한다. 비교 시가화 기법으로는 시각화 기법으로 히트맵, 체르노프페이스, 스타챠트가 등이 있다. 다음은 르노프페이스, 스타챠트 시각화 예제 R 코드와 실행 결과이다.

10-3-1-2: 체르노프페이스 스타챠트 비교 시각화 예제

```
> if(!require("aplpack")) install.packages("aplpack")
> library(aplpack)
> # (1) Chernoff faces 비교시각화(type=c(0, 1, 3))
> faces(iris[1:10, 1:4], face.type = 0, nrow = 3,
+       main = "Chernoff faces of iris")
```

```
effect of variables:
 modified item       Var
 "height of face   " "Sepal.Length"
 "width of face    " "Sepal.Width"
 "structure of face" "Petal.Length"
 "height of mouth  " "Petal.Width"
 "width of mouth   " "Sepal.Length"
 "smiling          " "Sepal.Width"
 "height of eyes   " "Petal.Length"
 "width of eyes    " "Petal.Width"
 "height of hair   " "Sepal.Length"
 "width of hair    " "Sepal.Width"
 "style of hair    " "Petal.Length"
 "height of nose   " "Petal.Width"
 "width of nose    " "Sepal.Length"
 "width of ear     " "Sepal.Width"
 "height of ear    " "Petal.Length"
```
[그림 10-14]

```
> # (2) Star chart 비교 시각화(Or Nightingale chart)
> stars(iris[1:10, 1:4], flip.labels = F,
+       main = "Star chart of iris",
+       draw.segments = T, frame.plot = F, full = T)
```
[그림 10-15]

iris 데이터 세트의 1에서 10개의 Sepal.Length, Sepal.Width, Petal.Length, Petal.Width 값에 따라서 체르노프 페이스(Chernoff faces)의 얼굴의 크기(height, width), 입, 표정, 눈,

머리카락, 코, 귀 등의 크기를 [그림 10-14]와 같이 시각화한 것이다.

[그림 10-14] iris 체르노프 페이스 시각화

iris 데이터 세트에 체르노프 페이스 시각화에서 1번과 5번의 얼굴 모양이 유사하기 때문에 iris 데이터 세트의 1번과 5번의 Sepal.Length, Sepal.Width, Petal.Length, Petal.Width의 값이 유사한 것을 알 수 있다. 또한 6번 얼굴 모양은 다른 것들보다 크기 때문에 iris 데이터 세트에서 6번 행의 값은 가장 크다는 것을 알 수 있다.

iris 데이터 세트에 또 다른 비교시각화는 스타 챠트(Star Chart), 또는 나이팅게일 챠트(Nightingale Chart) 를 통하여 데이터의 유사도와 차이를 파악할 수 있다([그림 10-15]).

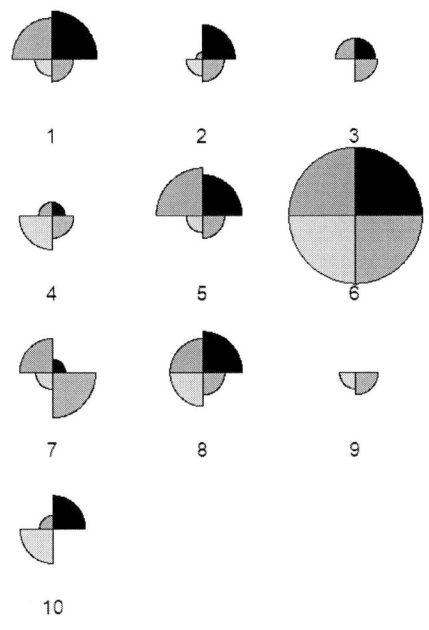

[그림 10-15] iris 스타 챠트 시각화

10.4 ggplot2 패키지 시각화

ggplot2 패키지는 R에서 기본적으로 제공하는 그래프보다 더 정교하고 효과적인 그래프를 쉽게 그릴 수 있게 한다. 특히 ggplot2는 하나의 데이터를 대상으로 단순히 함수를 추가하거나 삭제를 통하여 변형된 다양한 그래프를 재생산할 수 있다. ggplot은 크게 기본 그래프 틀을 결정하는 함수와 그래프 형태를 결정하는 함수, 그 밖에 그래프의 제목과 축의 제목, 선, 레이블, 범례 등의 객체를 추가하는 함수의 결합으로 구성한다.

1. ggplot2 기본 함수

ggplot2 패키지에서 그래프 기본 틀을 만들기 위한 함수는 ggplot()이다. ggplot() 함수는 그래프의 기본적인 형태를 정하는 것으로 대상 데이터 프레임에 x축과 y축 열을 지정하고 그래프 전체의 색상 및 크기 등을 지정한다. ggplot() 함수의 형식은 다음과 같다.

---
ggplot2::ggplot() 함수 형식

```
ggplot(data,        # 데이터 프레임
       aes(x,       # 그래프 x축에 해당하는 컬럼
           y,       # 그래프 y축에 해당하는 컬럼
           color,   # 그래프 배경 테두리 색 지정
           fill,    # 그래프 전체 배경색 색 지정
           size,    # 선의 굵기
           alpha,   # 투명도
           linetype, # 선 패턴
           labels   # 표나 선의 레이블
       )
)
```

반환한 값은 그래프 기본 틀

한편 ggplot2 패키지의 그래프 형태 정하기 함수는 geom() 계열이다. geom() 계열 함수는 점도표, 막대그래프, 선 그래프, 히스토그램, 밀도함수 그래프 등의 종류를 결정하는 것이다. geom() 계열 함수 형식은 다음과 같다.

---
ggplot2::geom_xxx() 함수 형식

```
geom_xxx(stat,      # 그래프의 통계자료
         fill,      # 그래프 안에 채울 색상
         colour,    # 그래프 선 색상
)
```

반환한 값은 그래프 형식
---

geom_xxx() 함수 인자 중에서 stat는 그래프의 통계자료를 지정하는 것으로 stat='identity'

를 기술하면 y축 막대그래프의 높이는 입력 데이터 자체의 값으로 하고 stat 인자를 지정하지 않으면 y축의 높이는 데이터의 빈도수로 한다. 다음 [표 10-5]는 ggplot2 패키지에 속한 geom 계열의 함수의 종류이다.

[표 10-5] geom 계열의 함수의 종류

함수	내용
geom_point()	점 도표
geom_line()	선 그래프
geom_bar()	기본은 막대그래프, 파이챠트 +coord_polar()
geom_histogram()	히스토그램
geom_density()	밀도함수 그래프
geom_boxplot()	상자 그래프
geom_rect()	정사각형 그래프, 도넛 그래프 +coord_polar()
geom_area()	영역 그래프
geom_text()	텍스트 표시

ggplot2 패키지 그래프에 추가적인 옵션으로는 ggtitle("그래프제목"), xlab("x축레이블"), ylab("y축레이블") 등을 제공한다.

2. ggplot2 패키지 그래프 예제

ggplot2 패키지를 이용하여 그래프를 그리기 위해서는 먼저 ggplot2 패키지를 설치한 후 라이브러리를 불러와야 한다. 그리고 입력 데이터 셋을 준비하고 ggplot()을 함수를 적용하면 된다. 먼저 ggplot() 함수를 이용하여 기본 그래프 geom() 함수를 통하여 그래프 형태를 결정하고 그 밖에 그래프의 필요한 함수를 결합한다. 다음은 ggplot2 패키지를 이용한 그래프를 작성한 예제 R 코드와 실행 결과이다.

 10-4-2-1: ggplot2 패키지 그래프 예

```
> if(!require("ggplot2")) install.packages("ggplot2")
> library(ggplot2)
> a <- c(1, 2, 3, 4, 5, 6, 7, 8, 9, 10, 11, 12)
> b <- c(2, 3, 4, 6, 7, 6, 8, 9, 11, 10, 11, 11)
> data <- data.frame(a, b)  # 데이터프레임 생성
> # ggplot2 막대그래프 생성
> ggplot(data, aes(x = a, y = b))+
+    geom_bar(stat = "identity", colour = "red", fill = "lightgreen")+
```

```
+    ggtitle("ggplot2 패키지 그래프")+
+    xlab("x축 제목")+
+    ylab("y축 제목")
```
[그림 10-16](a)
```
> # ggplot2 파이챠트 생성
> ggplot(data, aes(x = a, y = b))+
+    geom_bar(stat = "identity", colour = "red", fill = "lightgreen")+
+    coord_polar('y', star = 0)
```
[그림 10-16](b)

위 ggplot2 패키지 프로그램을 실행할 때 ggplot2 막대그래프와 파이챠트를 생성한 결과는 다음 [그림 10-16]과 같다.

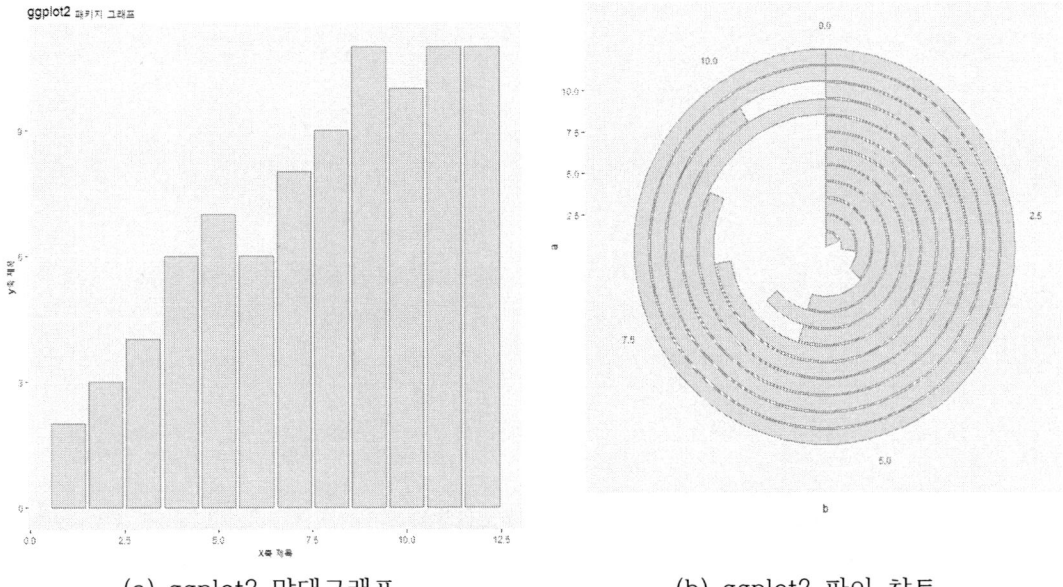

　　(a) ggplot2 막대그래프　　　　　　　(b) ggplot2 파이 챠트
[그림 10-16] ggplot2 패키지 함수를 이용한 그래프 예

ggplot2 패키지는 다양한 형태의 고급 그래프 시각화뿐만 아니라 도형이나 이미지를 시각화 할 수 있다. 다음은 ggplot 함수를 이용하여 한국 지도를 시각화하는 예제 R 코드와 실행 결과이다.

 10-4-2-2: ggplot2를 이용한 한국 지도 시각화

```
> if(!require("ggplot2")) install.packages("ggplot2")
> library(ggplot2)
> url<-url("http://kanggc.iptime.org/book/data/Map.RData")
```

```
> load(url)
> dev.new()
> ggplot()+
+     geom_path(data=map, aes(x=long, y=lat, group=group))
[그림 10-17]
> dev.off()
```

ggplot2를 이용한 한국 지도 시각화 결과는 [그림 10-17]과 같다.

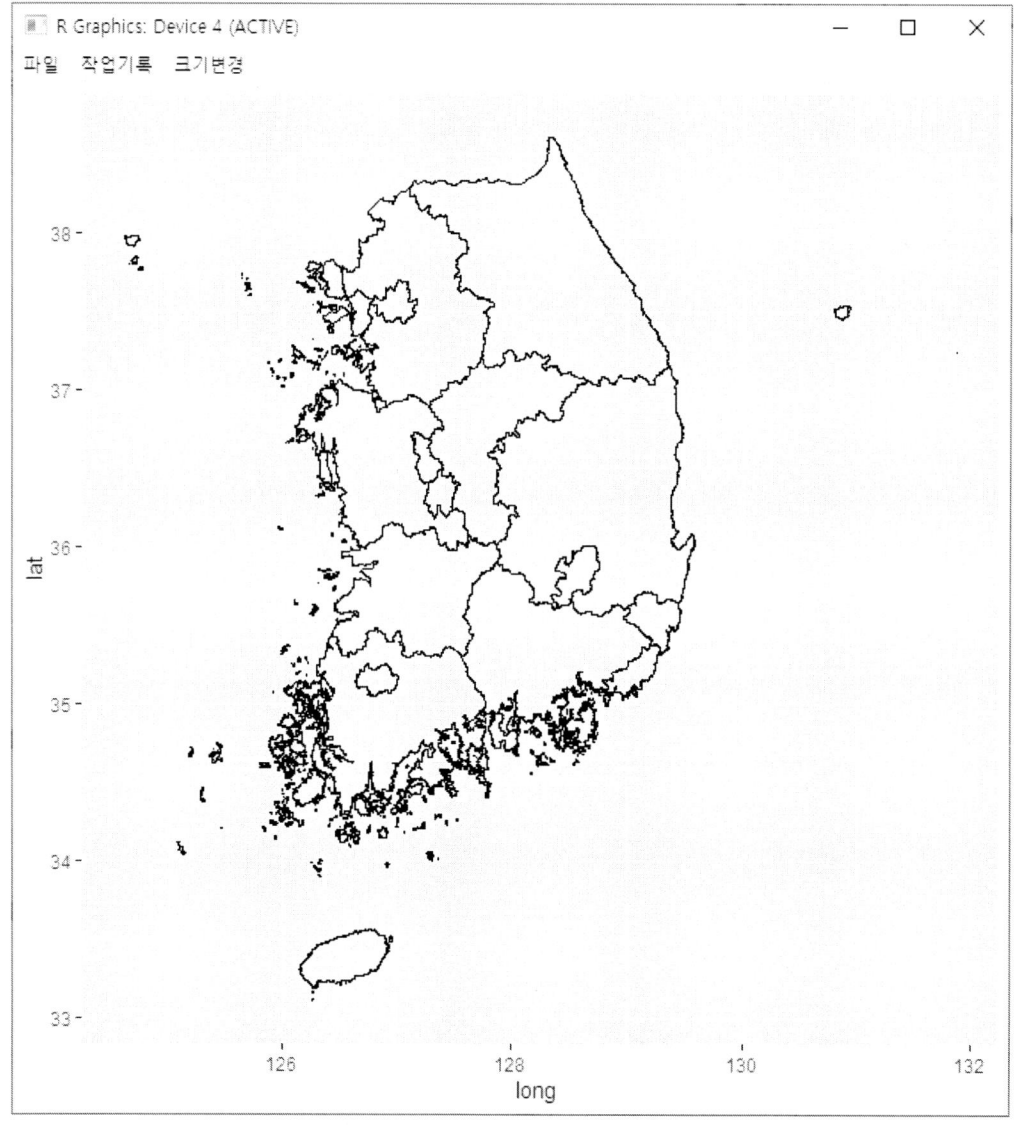

[그림 10-17] ggplot2 패키지 함수를 이용한 한국 지도 시각화

연습문제 -Exercises

향상학습

1. 다음 중 빅데이터 그래프 시각화 목적으로 적절하지 않은 것은?
   ① 빅데이터를 더욱더 전문화할 수 있다.
   ② 정보와 지식의 전달력을 향상시킬 수 있다.
   ③ 정보와 지식의 가치를 더욱 증진할 수 있다.
   ④ 빅데이터 분석 결과의 통찰력을 향상 시킨다.
   ⑤ 복잡한 빅데이터 분석 결과를 빠르게 이해할 수 있도록 한다.

2. 다음 중 빅데이터 시각화 특성으로 볼 수 없는 것은?
   ① 가시성(visibility)   ② 차별성(distinction)   ③ 직관성(immediacy)
   ④ 관련성(association)   ⑤ 주목성(attractiveness)

3. 다음 중 다변 수 데이터를 이용한 플롯으로만 구성한 것은?

   | ㄱ.평행좌표플롯 | ㄴ.박스플롯 | ㄷ.스타플롯 | ㄹ.시계열플롯 |
   | ㅁ.모자이크플롯 | ㅂ.삼전도매트릭스 | ㅅ.히스토그램플롯 | ㅇ.도넛플롯 |

   ① ㄱ ㄷ ㅁ ㅂ   ② ㄱ ㄴ ㄹ ㅇ   ③ ㄴ ㄹ ㅁ ㅅ
   ④ ㄴ ㄷ ㅂ ㅇ   ⑤ ㄷ ㄹ ㅁ ㅂ

4. 다음 중 빅데이터 시각화 속성으로 볼 수 없는 것은?
   ① 시간(Time)   ② 공간(Space)   ③ 색상(Color)
   ④ 위치(Position)   ⑤ 네트워크(Network)

5. 다음 설명에 적합한 시각화 기술은?

   다량의 정보의 도식화, 사인, 그림, 지도 등의 도움으로 그림과 텍스트 모양, 컬러, 배치를 통해 챠트, 지도, 다이어그램, 로고, 일러스트레이션 등을 활용하여 파악할 수 있도록 하는 디자인으로 복잡한 주제를 단순화하거나 매혹적인 경험으로 지루한 주제를 반전시켜 디지털 마케팅 분야의 가장 효과적인 전략으로 사용하는 시각화 기술이다.

① 클러스터맵　　　② 벤다이어그램　　　③ 크리스탈인포
④ 인포그래픽스　　⑤ 하이퍼블릭

6. 다음 중 오픈소스로 제공되며 기업에서 대용량 빅데이터 통계 분석 및 데이터 마이닝뿐만 아니라 시각화까지 할 수 있는 빅데이터분석 프로그래밍 도구는?
① R　　　　　　　② InViz　　　　　　③ Clustergram
④ History Flow　　⑤ Spacial Information Flow

7. 다음 중 통계분석 프로그래밍 언어 R에서 데이터 시각화를 위한 패키지로 제공되는 것은?
① openCV　　　　② GraphViz　　　　③ ggplot2
④ matplotlib　　　⑤ TensorFlow

8. 다음 시각화 유형 중에서 비교 시각화에 해당하는 것을 모두 고른 것은?

ㄱ.히트맵	ㄴ.시계열그래프	ㄷ.다차원척도법
ㄹ.체르노프페이스	ㅁ.다이어그램	ㅂ.스타챠트
ㅅ.버블챠트	ㅇ.아웃라이어 찾기	

① ㄱ ㄴ ㄹ ㅂ ㅇ　　② ㄴ ㄷ ㄹ ㅁ ㅂ　　③ ㄱ ㄷ ㄹ ㅂ ㅇ
④ ㄴ ㄷ ㄹ ㅁ ㅅ　　⑤ ㄷ ㄹ ㅂ ㅅ ㅇ

9. 다음 중 고수준 그래프와 저수준 그래프를 표현할 할 수 있는 함수는?
① pairs()　② curve()　③ rect()　④ box()　⑤ point()

10. 다음 중 plot() 함수의 인수를 설명한 것으로 적절하지 않은 것은?

```
plot( x,      # x축에 해당하는 벡터
      y,      # y축에 해당하는 벡터
      type,   # ① 표시되는 점의 모양
      axes,   # ② plot의 테두리 관련
      col,    # ③ 선의 색상
      lty,    # ④ 선의 종류
      cex     # ⑤ 점의 크기
    )
```

11. 다음과 같은 박스플롯(boxplot)에서 ㉮ ㉯에 들어갈 값은?

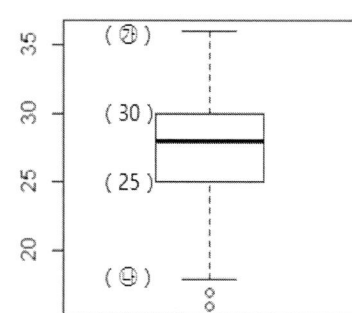

① 45.0   10.0
② 42.5   12.5
③ 40.0   15.0
④ 37.5   17.5
⑤ 35.0   20.0

12. 다음 중 고수준 그래프에 범례를 표시하기 위한 저수준 함수는?
① box()   ② abline()   ③ polygon()   ④ segments()   ⑤ legend()

13. 다음 중 관계 시각화에 적합한 그래프는?
① Scatter Matrix   ② Pie Chart   ③ Bar Chart
④ Chernoff Face   ⑤ Hitmap

14. 더욱 정교하고 효과적인 그래프를 표현하기 설치해야 하는 패키지는?
① gplot   ② gggraph2   ③ graph2   ④ ggplot2   ⑤ ggviz2

15. 다음과 같은 R 그래프 코드 실행결과 그래프에서 carat의 종류는 어디에 표시되는가?

> library(ggplot2)
> ggplot(diamonds, aes(carat, ..density..))+
+   geom_histogram(binwidth=0.2)+facet_grid(.~cut)

① 그래프 위쪽   ② 그래프 아래쪽   ③ 그래프 안쪽
④ 그래프 좌측   ⑤ 그래프 우측

심화학습

1. R의 내장된 Orange 데이터를 이용해서 그래프를 그리는 R 코드를 제시하세요.

```
> str(Orange)
Classes 'nfnGroupedData', 'nfGroupedData', 'groupedData' and 'data.frame':    35 obs. of  3 variables:
 $ Tree         : Ord.factor w/ 5 levels "3"<"1"<"5"<"2"<..: 2 2 2 2 2 2 4 4 4 ...
 $ age          : num  118 484 664 1004 1231 ...
 $ circumference: num  30 58 87 115 120 142 145 33 69 111 ...
 - attr(*, "formula")=Class 'formula'  language circumference ~ age | Tree
 .. ..- attr(*, ".Environment")=<environment: R_EmptyEnv>
 - attr(*, "labels")=List of 2
 ..$ x: chr "Time since December 31, 1968"
 ..$ y: chr "Trunk circumference"
 - attr(*, "units")=List of 2
 ..$ x: chr "(days)"
 ..$ y: chr "(mm)"
```

가. Plot Chart

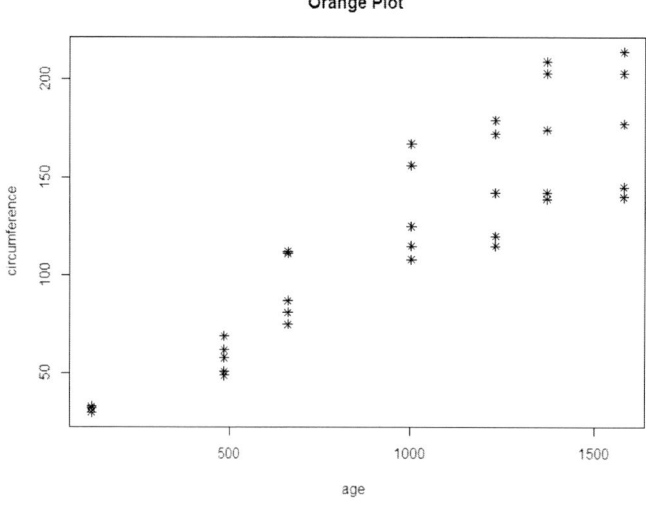

나. Line Chart

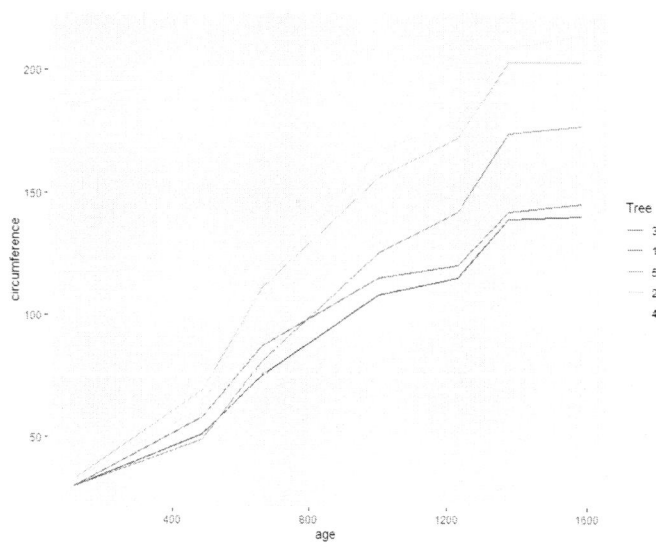

다. Hist Chart

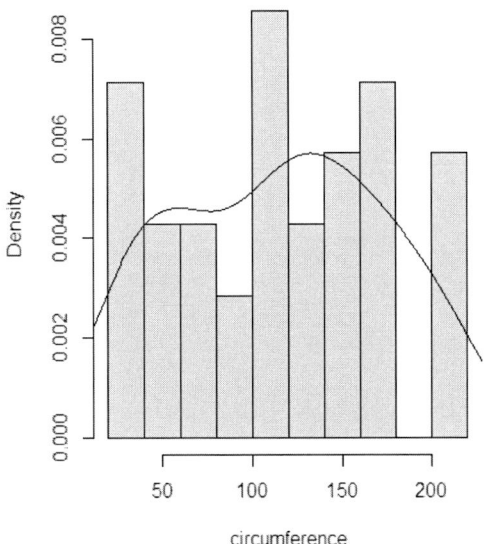

라. Scatterplot Matrix

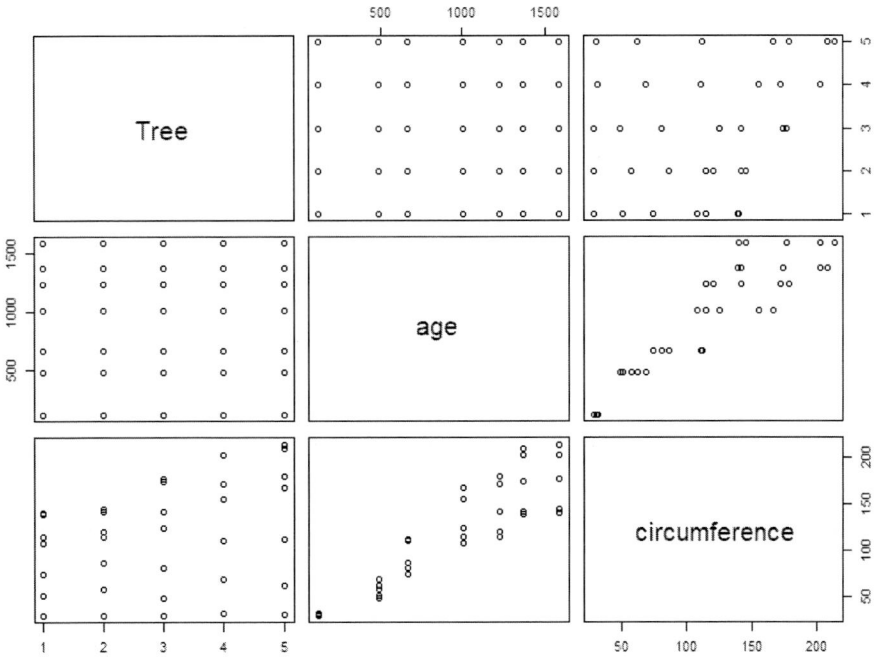

마. Chernoff Face

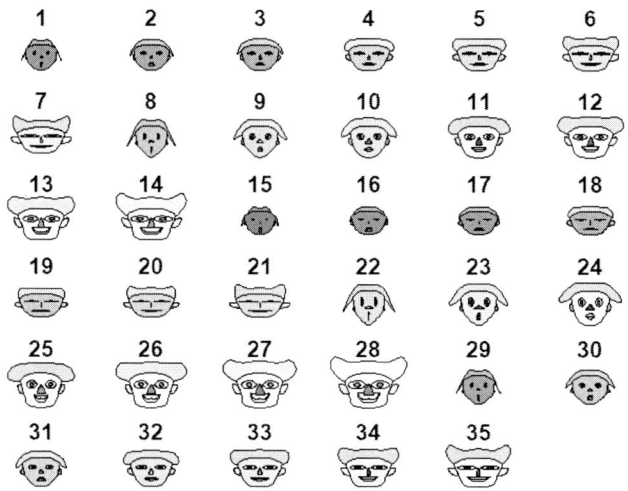

2. 다음과 같은 나이팅게일(Florence Nightingale, England, 1820.5.12.~1910.8.13.) 데이터 시각화의 의의와 목적을 기술하세요.

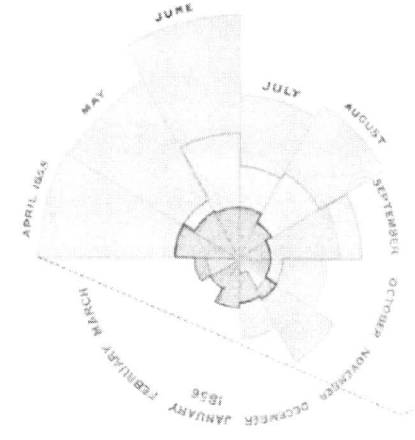

빅데이터 분석
기획과 실무

Chapter 11

빅데이터 통계 분석

11.1 통계학 개념
11.2 기술 통계량
11.3 표본 통계량
11.4 확률과 확률분포
11.5 추론 통계량
11.6 통계 분석 실무
11.7 상관 분석
11.8 회귀 분석
11.9 다차원 척도 분석
11.10 주성분 분석
11.11 시계열 분석
연습문제

Chapter. 11
빅데이터 통계 분석

11.1 통계학 개념

통계학(Statistics, 統計學)이란 관심 있는 어떤 대상(모집단, population)에서 자료를 수집(collection)하여 이를 정리하고 요약(summary)하는 작업뿐만 아니라 자료를 심층적으로 분석(analysis)하여 불확실한 사실을 규명하여 과학적이고 합리적인 의사결정(decision-making)을 내릴 수 있도록 하는 학문이다. 이러한 사실로 볼 때 통계학은 크게 기술통계학(Descriptive Statistics)과 추론통계학(Inferential Statistics)으로 나눌 수 있다([표 11-1]).

[표 11-1] 통계학의 분류

분류	내용
기술 통계 (Descriptive Statistics)	관심 있는 어떤 대상인 모집단 전체를 조사한 모수 수치로 정리하고 요약하여 단순히 "자료의 특성을 수치나 표, 그래프 등으로 표현"하는 방법
추론 통계 (Inference Statistics)	관심 있는 어떤 대상인 모집단으로부터 표본(sample)을 추출하여 통계량(statistic)을 분석하고 "통계량을 통하여 모집단의 모수(parameter)를 예측하고 추측"하는 방법

통계학 분석 방법에서 [그림 11-1]과 같이 기술 통계는 주로 표(Table), 그래프(Graph), 수치 요약(Summary) 등으로 표현하고 추론 통계는 모수 추정(Parameter estimation)과 모수 가설검정(Hypothesis Test)이 있다.

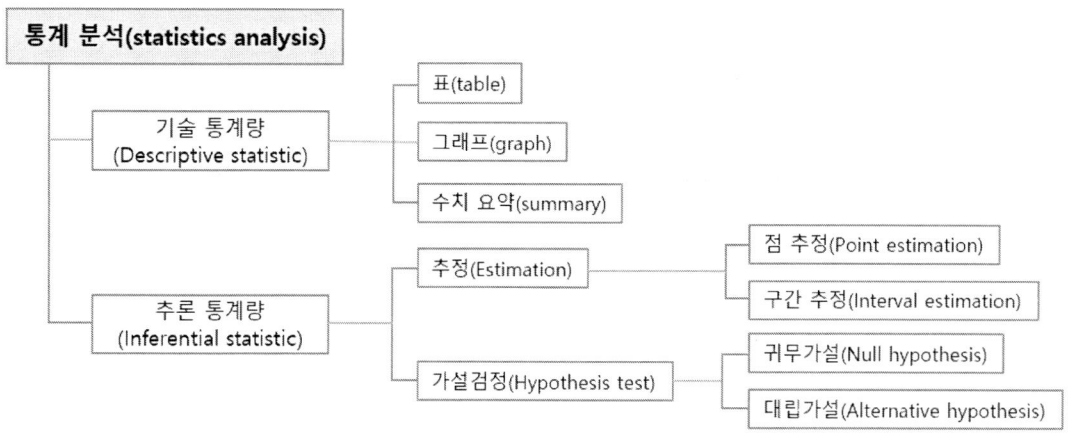

[그림 11-1] 데이터 통계 분석 기법

통계 분석하는 과정에서 관심 있는 어떤 대상 객체를 관측해서 자료를 얻는 것을 측정(measurement)이라고 한다. 관측 대상 객체에서 여러 개의 속성(attribute)에 해당하는 관측값을 얻을 수 있다. 이때 객체의 속성을 통계 변수(statistics variable)라고 한다. 각각의 통계 변수의 도메인에는 관측값을 가지는데 관측값의 종류는 크게 범주형 자료(Categorical data)와 연속형 자료(Sequential data)로 나눌 수 있다. 그리고 분석 목적에 따라 범주형 자료는 다시 명목척도(Nominal scale)와 서열척도(Ordinal scale)로 나눌 수 있고 연속형 자료는 동간척도(Interval scale)와 비율척도(Ratio scale)로 나눌 수 있다. 이에 대한 자료 형식의 예는 [그림 11-2]와 같다.

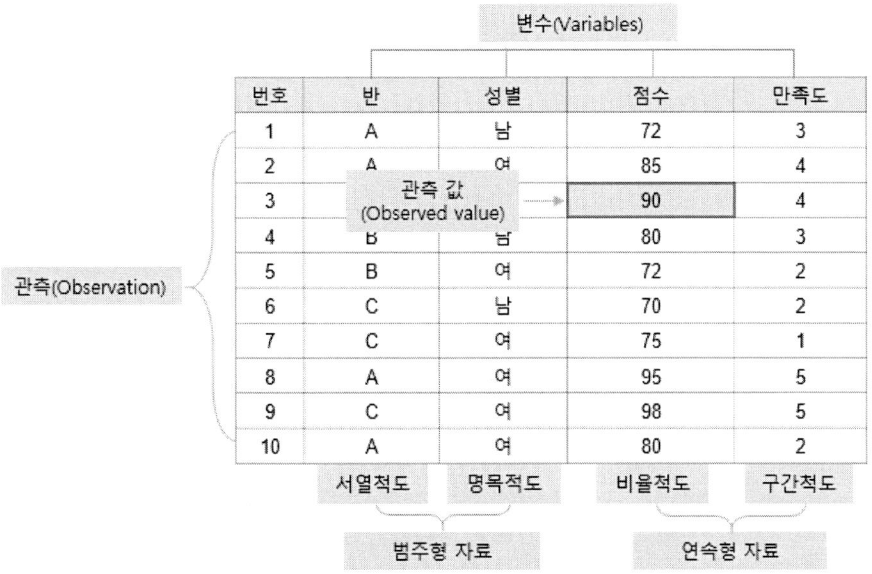
변수(Variables)
번호 반 성별 점수 만족도
1 A 남 72 3
2 A 여 85 4
3 90 4
4 B 남 80 3
5 B 여 72 2
6 C 남 70 2
7 C 여 75 1
8 A 여 95 5
9 C 여 98 5
10 A 여 80 2
관측 값
(Observed value)
관측(Observation)
서열척도
명목척도
비율척도
구간척도
범주형 자료
연속형 자료

[그림 11-2] 통계자료 형식의 예

통계자료의 종류별 자세한 내용은 [표 11-2]와 같다.

[표 11-2] 통계자료의 종류

종류	형태	척도	내용
질적 자료	범주형	명목척도 (Nominal Scale)	자료의 특성을 항목(item)별로 분류하거나 구분할 때 사용하는 척도로 성별(남, 여), 직업, 학과, 부서, 출생지, 혈액형 등이 이에 해당
		서열척도 (Ordinal Scale)	자료의 특성을 항목(item)별로 분류하고 구분할 수 있고 이들 항목 간에 순서관계 나타내는 척도로 설문 선호도(좋아한다, 잘 모르겠다. 싫어한다.), 연령, 학점(A, B, C, D, F), 석차 등이 이에 해당
양적 자료	연속형	등간척도 (Interval Scale)	자료를 계량화하여 숫자로 표현한 것으로 속성이 전혀 없는 상태로 절대적인 원점(0의 값)이 없어 두 관측값 사이에 비율계산(곱셈 및 나눗셈)은 별 의미가 없는

			척도로 온도의 경우 40℃의 온도가 20℃의 물보다 2배 따뜻하다고 말할 수 없지만, 20℃의 물을 40℃로 따뜻하게 하는 열량과 80℃의 온수를 100℃로 따뜻하게 하는 열량은 서로 같다. 따라서 절대적 0의 값(온도가 0도라는 것은 온도가 존재하지 않는 것이 아니라 물의 빙점을 의미)은 존재하지 않지만 그들의 차이에 대해서는 공평성을 지니고 있고 설문에서 계량화한 값은 대표적인 등간척도임
		비율척도 (Ratio Scale)	자료를 계량화하여 숫자로 표현한 것으로 절대적 기준이 0(값이 없음)이 존재하기 때문에 사칙연산이 모두 가능하여 제일 많은 값을 생성할 수 있는 척도로 측정되는 길이는 단위의 비례(y=ax)로 정해지기 때문에 비례 척도라고도 함. 키, 몸무게, 나이, 소득, 가격 등 숫자로 측정되는 일반적인 값이 이에 해당

통계 분석을 위한 변수를 세분화하면 기본 변수(basic variable), 파생 변수(derived variable), 요약 변수(summary variable)로 나눌 수 있고 데이터 통계 분석에서 분석 원인과 분석 결과에 따라 독립변수(independent variable)와 종속변수(dependent variable)로 나눌 수 있다([표 11-3]).

[표 11-3] 통계 변수의 종류

통계 변수	내용
기본변수	데이터값을 가지고 있는 변수(점수, 나이, 온도, 습도, 거리, 무게 등)
파생변수	기본변수에서 파생된 변수(예: 전화번호 → 지역변호, 국번)
요약변수	기본변수를 가지고 요약 집계한 값의 변수(합계, 최대, 최소, 평균 등)
독립변수	어떤 결과에 원인으로 작용하는 값을 가진 변수
종속변수	원인으로부터 얻은 값을 가진 변수

독립변수(Independent Variable)는 설명변수, 원인변수라고도 하며 어떤 결과에 원인으로 작용하는 값을 가진 변수들이다. 한편 종속변수(Dependent Variable)는 반응변수, 결과변수하고도 하며 독립변수로부터 얻은 결과 값을 가지는 변수이다.

$y = ax + b$

- y는 종속변수(dependent variable)
- x는 독립변수(independent variable)
- a, b는 상수

예를 들어 성별에 따른 성적의 차이를 알고자 하면 성별이 독립변수가 되고 성적의 차이가 종

속변수가 된다. 즉 성별은 성적의 차이를 결정짓는 원인으로 독립변수가 되고 성적의 차이는 성별에 따라 달라질 수 있는 결과로 종속변수가 된다.

11.2 기술 통계량

기술 통계(Descriptive Statistics)는 모집단의 특성을 일목요연(一目瞭然)하고 직관적으로 파악할 수 있도록 수집된 데이터를 정리하고 요약하는 것이다. 수집된 자료를 정리하고 요약하는 방법은 집계된 결과를 숫자로 표현하는 방법과 일정한 형식을 갖춘 표 또는 그림 등을 이용한다. 여기서 집계된 숫자를 통한 통계 결과는 크게 데이터의 중심경향 지표(measure of central tendency)로 사용하는 대푯값을 구하고 자료의 변동성 지표(measure of variability)인 산포도를 산출한다([그림 11-3]).

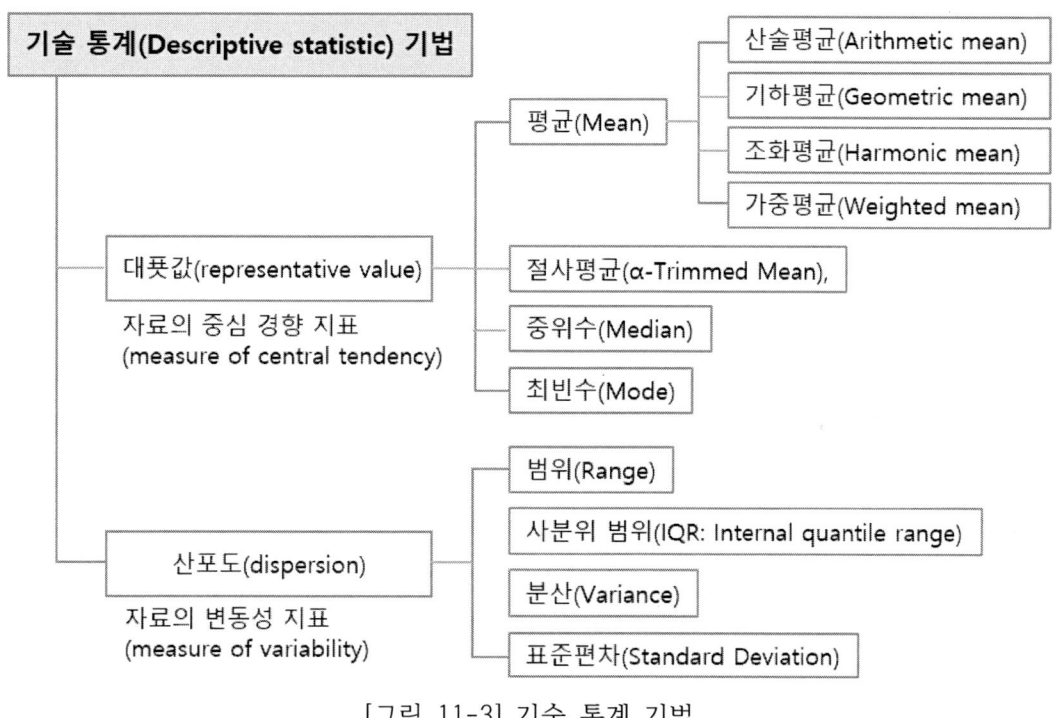

[그림 11-3] 기술 통계 기법

1. 대푯값

대푯값(representative value)은 자료의 중심경향 지표(measure of central tendency)로 사용하는 값으로 평균(mean)과 절사평균(α-Trimmed Mean), 중위수(median), 그리고 최빈수(Mode) 등이 있다. 일반적으로 평균(mean)은 자료의 특성에 따라 산술평균(arithmetic mean)과 기하평균(geometric mean), 조화평균(harmonic mean), 가중평균(weighted mean)이 있다.

1 산술평균

산술평균(arithmetic mean)은 일반적인 양적 자료를 집계할 때 사용하는 것으로 전체 자료를 합산하여 자료의 개수로 나누어 얻는 값이다.

$$산술평균(\mu) = \frac{x_1 + x_2 + x_3 \dots x_n}{n} = \frac{\sum_{i=1}^{n} x_i}{n}$$

산술평균은 주로 평균 키, 평균 몸무게, 반별 평균 등으로 활용된다. 그러나 자료의 분포에 따라 대푯값이 민감하게 변동한다는 단점이 있다.

2 기하평균

기하평균(geometric mean)은 관측치들이 주로 비율로 증가, 혹은 감소하는 자료의 평균을 구할 때 적용하는 것으로 주로 인구 성장률이나 투자이율 등 평균을 낼 때 사용한다.

$$기하평균(G) = \sqrt[n]{x_1 \times x_2 \times x_3 \dots x_n}$$

예를 들어 매출액이 전년 대비 매년 5% 3년 동안 늘어난다고 가정하면 3년 동안 증가한 매출액 평균은 다음과 같이 구해야 한다.

$$G = \sqrt[3]{1.00 \times 1.05 \times 1.10} = 1.096961$$

3 조화평균

조화평균(harmonic mean)은 주로 비율로 얻어지는 값의 평균을 구할 경우와 평균 작업 효율 등 생산성의 평균을 산출할 때 사용한다.

$$조화평균(H) = \frac{n}{\frac{1}{x_1} + \frac{1}{x_2} + \frac{1}{x_3} \dots \frac{1}{x_n}} = \frac{n}{\sum_{i=1}^{n} \frac{1}{x_1}}$$

만일 어떤 사람이 출근할 때 시속 30km의 속도로 자전거를 타고 가고 퇴근하고 올 때는 시속 60km 속도로 버스를 타고 퇴근했다고 가정한다면 출퇴근에 걸린 평균 속도를 산술평균한 값 45km가 아니다. 이런 경우에는 다음과 같은 조화 평균한 값을 산출해야 한다.

$$H = \frac{2}{\frac{1}{30} + \frac{1}{60}} = 40km$$

4 가중평균

가중평균(weighted mean)이란 각각의 서로 다른 가중치를 부여한 값의 합을 가중치의 합으로 나누어 산출된 평균이다.

$$가중평균(W) = \frac{w_1x_1 + w_2x_2 + w_3x_3 \cdots w_nx_n}{w_1 + w_2 + w_3 \cdots w_n} = \frac{\sum_{i=1}^{n} w_i x_i}{\sum_{i=1}^{n} w_i}$$

가중평균에서 만일 가중값이 모두 같다면 결과는 산술평균한 것과 같다.

$$가중값이 동일한 가중평균 = \frac{w \sum_{i=1}^{n} x_i}{w \sum_{i=1}^{n} 1} = \frac{\sum_{i=1}^{n} x_i}{n}$$

즉 산술평균이란 동일한 조건에서 수행되는 가중평균이라고 할 수 있다. 좀 더 이런 원리를 살펴보기 위하여 만일 빅데이터 분석 실무 교과 중간고사에서 B, C반 학생이 모두 20명인데 각각의 평균을 계산한 결과 80, 90점이라고 한다면 평균은 다음과 같이 구할 수 있다.

$$중간고사 평균 = \frac{20 \times 80 + 20 \times 90}{20 + 20} = \frac{20(80+90)}{20(1+1)} = \frac{80+90}{2} = 85$$

그러나 빅데이터분석실무 중간고사에서 B반 학생이 30명의 평균이 80점, C반 학생 20명의 평균이 90점으로 집계되었다고 가정할 경우는 산술평균을 한 결과 85점이 아니라 가중평균값을 구해야 한다.

$$중간고사 평균 = \frac{30 \times 80 + 20 \times 90}{30 + 20} = \frac{4200}{50} = 84$$

또 가중평균을 적용해야 하는 다른 예로 알코올 도수 5%인 맥주 500ml와 알코올 도수 15%인 소주 720ml를 희석할 때 평균 알코올 도수는 다음과 같이 구해야 한다.

$$알코올 도수 평균(w) = \frac{500 \times 5 + 720 \times 15}{500 + 720} = 10.9164$$

이러한 가중평균은 비즈니스, 금융, 과학 분야에서 자주 사용되고 있다. 특히 투자 기대 수익률 등 확률을 수반하는 평균을 산출할 때 많이 사용한다.

5 절사평균

데이터 통계 분석에서 평균을 산출할 때 데이터 특성을 파악하여 적합한 평균 공식을 적용하여 집계해야 한다. 이처럼 자료의 대푯값을 구하기 위한 평균은 자료의 분포에 따라 값이 크게 달라질 수 있다. 즉 자료의 이상 값(outlier)이 존재하면 따라 변동의 크기가 크기 때문에 대푯값으로 적절하지 않을 수 있다. 따라서 일정 비율 이상 및 이하의 값을 제거하여 신뢰성 있는 자료의 대푯값을 구하기 위하여 절사평균(α-Trimmed Mean)을 사용한다. 절사평균이란 자료를 일정한 순서대로 정렬하여 양쪽의 일정량의 데이터를 제외하고 평균을 구하는 것이다.

6 중위수

다음으로 대푯값으로 많이 사용하는 것은 중위 수(median), 즉 자료의 중위수이다. 중위수는 자료를 일정한 순서로 나열할 때 제일 가운데 위치한 값으로 다음과 같은 식으로 구한다.

$$중위수(Median) = \begin{cases} X_k, & n = 2k-1 \\ \dfrac{x_k + X_{k+1}}{2}, & n = 2k \end{cases}$$

마지막으로 최빈값(Mode)은 자료 중에서 가장 빈도수(frequency)가 많은 값을 의미한다. 기술 통계에서 대푯값으로 사용하는 평균, 중위수, 최빈수는 자료의 분포에 따라 각각의 값의 위치가 달라진다([그림 11-4]).

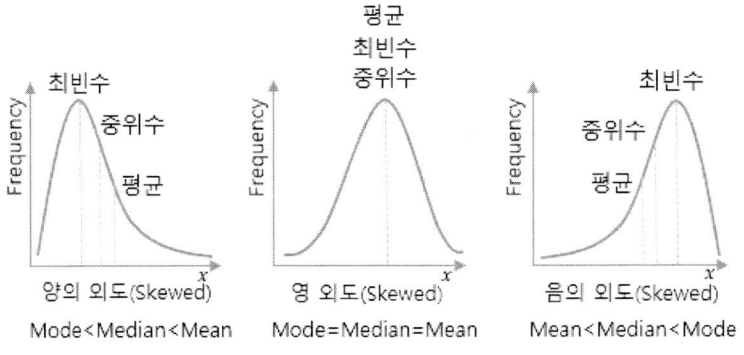

[그림 11-4] 자료의 분포에 따른 평균, 중위수 최빈수 위치

[그림 11-4]와 같이 자료가 평균을 중심으로 좌우 대칭인 정규분포(normal distribution)는 평균과 중위수 최빈수 모두가 같은 값이 된다. 그러나 데이터가 우측으로 치우친 분포(Positive Skewed distribution)는 최빈수(Mode), 중위수(Median), 평균(Mean) 순으로 값이 결정된다. 만일 데이터 분포가 좌측으로 치우친 분포(Negative Skewed distribution)는 평균(Mean), 중위수(Median), 최빈수(Mode) 순으로 값이 결정된다.

2. 산포도

산포도(dispersion)는 관측되거나 측정된 자료의 위치한 범위를 나타내는 값으로 자료의 변동성 지표(measure of variability)로 사용하는 것이다. 산포도를 측정하는 것은 범위(Range)와 사분위 범위(IQR: Internal quantile range), 분산(Variance), 표준편차(Standard Deviation) 등이 있다.

1 범위

자료의 범위(range) 계산은 가장 단순하게 자료의 최댓값과 최솟값의 차이이다. 최댓값 최솟값 비율의 차이로 산포도를 측정하는 것은 자료의 범위에 따라 변동의 폭이 크기 때문에 자료를 크기로 나열한 결과 25%, 50%, 75%에 해당하는 1사 분위 수, 2사 분위 수, 3사 분위 수에 위치한 값으로 나누고 1사 분위 수에서 3사 분위수까지 값의 범위 수인 사분위 범위(IQR: Inter Quartile Range) 값을 가지고 산포도를 측정한다. 즉 대부분 자료의 범위는 1사 분위 값에서 IRQ을 1.5배 하여 뺀 값에서 3사 분위 수에서 IRQ을 1.5배 하여 더한 값 사이에 분포하게 된다.

$$1사분위수 - 1.5 \times IQR \leq X \leq 3사분위수 + 1.5 \times IQR, \quad IQR = 3사분위수 - 1사분위수$$

만일 자료의 값이 정상범위 밖에 있는 값은 이상값(Outlier)으로 다루게 된다.

② 분산

분산(Variance)은 각각의 자료에서 평균으로 뺀 구한 편차 제곱의 합을 자료 전체 개수에서 1을 제외한 것으로 나누어서 구한다.

$$분산(s) = \frac{\sum_{i=1}^{n}(x_i - \mu)^2}{n-1}, \quad n : 자료수, x_i : 자료, \mu : 평균$$

만일 자료가 70, 80, 75가 있을 경우 평균이 75가 되고 분산은 다음과 같다.

$$\frac{(70-75)^2 + (80-75)^2 + (75-75)^2}{3-1} = 25$$

분산을 산출할 때 자료의 개수에서 1을 뺀 것으로 나누는 이유는 평균값에 해당하는 값을 제외해야 하기 때문이다.

③ 표준편차

분산을 산출할 때 각각의 자료와 평균과의 편차에 음수를 제거하기 위하여 제곱을 취했기 때문에 제곱을 취하지 않은 값으로 표준화하기 위하여 분산에 제곱근 한 것이 표준편차(standard deviation)이다.

$$표준편차(\sigma) = \sqrt[2]{\frac{\sum_{i=1}^{n}(x_i - \mu)^2}{n-1}}, \quad n : 자료수, x_i : 자료, \mu : 평균$$

자료 70, 80, 75의 표준편차는 5가 된다.

표준편차는 자료의 분포 정도를 직관적으로 파악하기 위하여 많이 사용하는 산포도 측도이다. 정상적인 자료(이상값인 outlier 없는 경우)인 경우 대부분은 평균에서 3배의 표준편차 안에 존재하게 된다.

$$평균 - 3 \times 표준편차 \leq X \leq 평균 + 3 \times 표준편차$$

R에서 주로 사용되는 기술 통계량을 구하는 함수는 [표 11-4]와 같다.

[표 11-4] R 기술 통계량 함수

함수	기능	함수	기능
length(x)	자료 수	table(x)	빈도수(범주형)
min(x)	최솟값	sort(x, decrease=F)	정렬
max(x)	최댓값	cov(x)	공분산

sum(x)	합	cor(x, y)	상관계수
cumsum(x)	누적 합	diff(x, y)	원소사이 차이
median(x)	중위수	lag(x, y)	시차 변수
mean(x)	평균	summary(x)	요약 통계량
fivenum(x)	사분위 수	psych::describe(x)	기술 통계량
quantile(x, prob=n)	분위 수	psych::geometric.mean(x)	기하평균
var(x)	분산	psych::harmonic.mean(x)	조화평균
sd(x)	표준편차	psych::weighted.mean(x, w=c())	가중평균

R 기초통계량 함수 중에서 summary() 함수는 양적 데이터에 대하여 최소, 최대, 중위수, 평균, 분위 수뿐만 아니라 질적 데이터 빈도수를 구할 수 있고 결측값(missing value)의 수까지 조사할 수 있는 함수이다.

[표 11-5] R summary() 함수의 통계정보

구분	정보	내용
연속형	최솟값(min)	자료 중에 가장 작은 값
	최댓값(max)	자료 중에서 가장 큰 값
	중위수(median)	자료를 순서대로 배열할 때 가장 가운데에 위치하는 값
	평균(mean)	자료의 중심 위치 값
	사분위수(quantile)	자료를 크기 순서대로 정렬 후 4등분되는 각 위치의 값
	NA수	결측치가 존재하면 결측치 수
범주형	빈도수(frequency)	자료의 빈도수

기술 통계량 함수 psych::describe()의 출력되는 정보는 [표 11-6]과 같다.

[표 11-6] R psych::describe() 함수의 통계정보

변수	내용	변수	내용
vars	변수의 순서	min	최솟값
n	자료의 전체 수	max	최댓값
mean	평균	range	범위(최댓값-최솟값)
sd	표준편차	skew	외도(도수분포의 치우친 정도)
median	중앙값	kurtosis	첨도(도수분포의 뾰족한 정도)
trimmed	절사평균(최소, 최댓값 제외)	se	표준오류(Standard Error)
mad	중앙값 절대 편차	IQR	3사분위수와 1사분위수 편차(옵션)

다음은 기술 통계량을 구하는 예제 R 코드와 실행 결과이다.

11-2-1-1: 기술 통계량을 구하는 R 예

```
> # (1) 통계자료 준비
> x <- c(1, 2, 3, 4, 5, 6, 7, 8, 9, 10)
> x # 자료 출력
 [1]  1  2  3  4  5  6  7  8  9 10
> # (2) 기술 통계량 분석
> length(x) # 자료의 수
[1] 10
> table(x) # 각 자료의 빈도수
x
 1  2  3  4  5  6  7  8  9 10
 1  1  1  1  1  1  1  1  1  1
> sort(x, decreasing = T)
 [1] 10  9  8  7  6  5  4  3  2  1
> fivenum(x) # 분위 수
[1]  1.0  3.0  5.5  8.0 10.0
> quantile(x) # 분위수
   0%   25%   50%   75%  100%
 1.00  3.25  5.50  7.75 10.00
> sum(x) # 자료의 합
[1] 55
> cumsum(x) # 자료의 누적 합
 [1]  1  3  6 10 15 21 28 36 45 55
> median(x) # 중위수
[1] 5.5
> sum(x)/length(x) # 산술평균, mean(x)와 같음
[1] 5.5
> length(x)/sum(1/x) # 조화평균
[1] 3.414172
> prod(x)^(1/length(x)) # 기하평균
[1] 4.528729
```

```
> abs(min(x)-max(x)) # 최솟값과 최댓값 차이의 절댓값
[1] 9
> sum((x-mean(x))^2)/(length(x)-1) # 분산(계산식)
[1] 9.166667
> var(x) # 분산(함수)
[1] 9.166667
> sqrt(sum((x-mean(x))^2)/(length(x)-1)) # 표준편차(계산식)
[1] 3.02765
> sd(x) # 표준편차(함수)
[1] 3.02765
> # (2) 자료의 이상값(outlier) 검사
> (IQR <- quantile(x, 3/4) - quantile(x, 1/4))
75%
4.5
> c(lower = quantile(x,1/4)-1.5*IQR, upper = quantile(x,3/4)+1.5*IQR) # 이상값
lower.25% upper.75%
     -3.5      14.5
> c(lower = mean(x)-3*sd(x),  upper = mean(x)+3*sd(x)) # 이상값
     lower      upper
 -3.582951  14.582951
> (x1 <- append(x, c(-8, 18), after = 10)) # 벡터 x의 10번째 다음에 -8, 18 추가
 [1]  1  2  3  4  5  6  7  8  9 10 -8 18
> boxplot(x, x1) # 박스 그래프
[그림 11-5]
> # (3) 요약 통계량 출력
> (x2 <- append(x, NA, after = 10)) # 벡터 x의 12번째 다음에 NA값 추가
 [1]  1  2  3  4  5  6  7  8  9 10 NA
> summary(x2) # 요약 통계량 함수
   Min. 1st Qu.  Median    Mean 3rd Qu.    Max.     NA's
   1.00    3.25    5.50    5.50    7.75   10.00        1
> # (4) 기술 통계량 출력
> if(!require("psych")) install.packages("psych")
> library("psych")
```

```
> describe(x, IQR = T) # 기술 통계량 함수
    vars  n mean   sd median trimmed  mad min max range skew kurtosis   se
x1     1 10  5.5 3.03    5.5     5.5 3.71   1  10     9    0    -1.56 0.96
> geometric.mean(x) # 기하평균
[1] 4.528729
> harmonic.mean(x) # 조화평균
[1] 3.414172
> weighted.mean(x, w = 1:10) # 가중평균
[1] 7
```

위 R 코드에서 이상값(outlier) 탐지를 위한 박스플롯은 다음 [그림 11-5]와 같다.

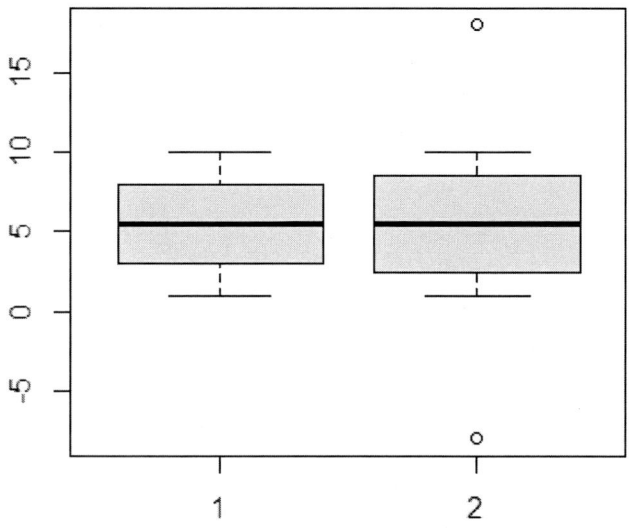

[그림 11-5] 이상값 표시를 위한 상자 그래프

11.3 표본 통계량

모집단(Population)이란 관심 있는 어떤 대상에서 특정한 정보를 도출하고자 할 때 관심 대상 전체를 의미한다. 즉 모집단은 분석 대상이 되는 개체(entity)의 전체 수를 의미한다. 예를 들면 "우리나라 전체 인구수", "전체 학생 수" 등이 이에 해당한다. 만일 우리나라 전체의 국민을 대상으로 특정 정당의 지지도를 조사한다고 가정하면 "우리나라 전체 국민"이 모집단이 되고 관심 되는 "정당 지지도"는 모수(parameter)이다. 이때 모집단은 특정할 수 있어야 하고 구별할 수 있어야 하며 예측할 수 있는 범위 또는 영역이어야 한다. 즉 정당 지지도를 조사한다면 대한민국 전체를 대상으로 할 것인지, 서울에 거주하는 사람을 대상으로 할 것인지 또는 유권자만을 대상으로 할 것인지를 모집단의 범위를 확실히 정하는 것이 중요하다.

통계 분석 방법에는 모집단 전체를 대상으로 하는 전수조사(census)와 모집단에서 일정량을 추출하여 조사하는 표본조사(sampling)로 나눌 수 있다. 전수조사란 관심의 대상이 되는 집단 전체의 특성을 측정하는 방법이다. 사실 일반적인 통계 분석은 표본의 통계량을 통하여 모수를 추정하고 검정하는 데 반하여 빅데이터 통계 분석은 모집단의 전체 데이터로부터 사실적인 새로운 가치를 탐사하는 데 있다.

전수조사는 모집단의 개체 모두를 조사하는 것으로 정확한 자료를 제공해야 할 때 시행한다. 가령 우리나라 통계청에서 5년마다 한 번 실시하는 "경제총조사"는 모집단 전체를 대상으로 한다. 그러나 집단 내 모든 개체를 대상으로 조사한다는 것은 현실적인 어려움이 있고 너무 큰 비용이 소요된다. 사실 모집단에 대해 알고자 하는 값을 모수(parameter)라고 부르고 모집단을 추론하기 위해 구하는 표본의 값들을 통계량(statistic)이라고 한다.

표본(Sampling)이란 전체 데이터(모집단, Population) 중 일부의 데이터(Sampling)를 추출하는 작업을 표본 추출이라고 한다.

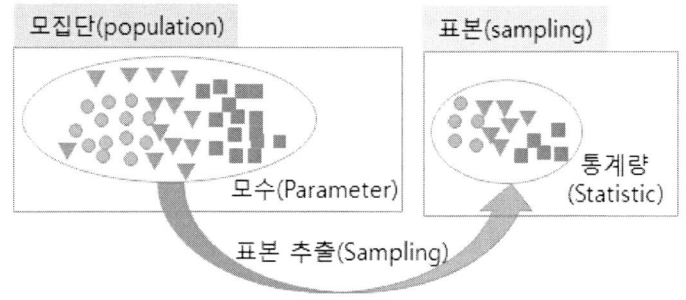

[그림 11-6] 표본 추출

사실 전수조사의 비용과 시간뿐만 아니라 현실적으로 전수조사할 수 없는 개체도 있어서 대부분 통계 분석은 표본조사로 이루어진다. 표본조사는 관심의 대상이 되는 전체 모집단 중 일부(표본)를 선택하고 그 선택된 일부만을 대상으로 조사하여 전체 모집단의 특성을 추정해 내는 것이다. 표본조사는 전수조사에 비해 시간과 비용이 절감되고 심도 있는 조사가 가능하다는 점 등이 장점이다. 다만, 모집단에서 추출한 소수의 표본이 전체 모집단의 특성을 잘 대표해야만 한다. 즉, 표본조사는 소수의 표본을 통해 전체 모집단의 특성을 추정해 내는 것이므로 그 표본이 전체 모집단을 잘 대표할 때는 효과적으로 사용될 수 있지만 그렇지 않을 때는 표본오차(Sampling Error)가 발생한다.

표본조사는 모집단의 정의, 표본의 크기, 조사 방법, 조사 기간, 표본 추출 방법에 따라 분석 결과의 해석이 큰 차이가 생길 수 있다. 이 중에서 표본조사에서 가장 중요한 것은 모집단을 대표할 수 있는 표본을 추출 방법이다. 표본 추출하는 방법은 복원 추출과 비복원 추출로 구분할 수 있다. 복원 추출은 서로 독립적인 사건에 대하여 표본을 추출하는 방법이고 비 복원 추출은 종속적인 사건에 대하여 표본을 추출하는 방법이다. 모집단 특성에 따라 표본을 추출하는 방법은 [표 11-7]과 같이 단순 임의 추출(simple random sampling), 가중치를 고려한 추출(Systematic sampling) 등의 방법이 있다.

[표 11-7] 표본 추출 방법

표본 추출 방법	내용
단순 임의 추출	모집단의 각 개체가 표본으로 선택될 확률을 같게 추출하는 방법으로 모집단 개체의 수가 N이라면 표본의 수 n은 개별 개체가 선택될 확률은 n/N으로 계산
계통 추출	모집단 목록에서 구성 요소에 대해 일정한 순서에 따라 매 K 번째 요소를 추출하는 방법
군집 추출	모집단 자료의 유사성을 고려하여 여러 개의 집단(clustering)으로 나누고 각각의 집단에서 필요한 표본을 무작위 추출하는 방법
층화 임의 추출	모집단에서 연령별, 성별, 지역별, 소득 수준별 등의 상당히 이질적인 범주(category)를 서로 겹치지 않게 몇 개의 층(Strata)으로 나눈 후 각각의 층으로부터 일정량의 표본을 임의로 추출하는 방법
가중치를 고려한 추출	모집단의 데이터의 중요도나 발생빈도가 다르다면 이를 고려한 가중치를 부여하여 표본을 추출하는 방법

R에서 층화 임의 추출에 관련된 함수는 sampling::strata() 함수와 sampling::getdata() 함수를 사용한다. R에서 층화 임의 추출에 관련된 함수의 형식은 다음과 같다.

---
sampling::strata() 형식

```
sampling::strata( data,        # 표본 대상 데이터 프레임 또는 행렬
            strata name,   # 층화 추출에 사용할 변수들
            size,          # 각 층의 크기
            method,        # 데이터를 추출할 방법("srswor" : 비복원 추출
                           #   "srswr" : 복원 추출, "poisson" : 포아송 추출
                           #   "systematic" : 계통 추출 )
            pik,           # 표본에 포함할 확률
            description    # TRUE이면 표본의 크기와 모집단의 크기를 함께 출력
)
```
---

strata 함수를 이용하여 매장별 추출할 인덱스 값을 구한 다음 실제 설문 데이터셋에서 표본을 추출할 함수 sampling::getdata()의 형식은 다음과 같다.

---
sampling::getdata() 형식

```
sampling::getdata( data,    # 층화임의 추출에 대상 데이터 프레임 또는 행렬
             m,       # 층화임의 추출 인덱스
)
```

다음은 데이터셋에서 표본을 추출하는 예제 R 코드와 실행 결과이다.

R 11-3-1-1: 표본 통계량 분석 예

```
> # 2. 표본 통계량 분석
> # 2-1 데이터 프레임 생성
> 반구분 <- c("A","A","A","A","B","B","B","B","C","C","C","C")
> 성별 <- c("남","남","여","여","남","남","여","여","남","여","여","남")
> 점수 <- c(75, 80, 90, 80, 90, 70, 95, 80, 75, 90, 85, 70)
> 만족도 <- c(2, 4, 4, 3, 4, 3, 5, 3, 2, 5, 4, 3)
> score <- data.frame(반구분, 성별, 점수, 만족도) # 데이터 프레임 생성
> score # score 출력
   반구분 성별 점수 만족도
1       A    남   75      2
2       A    남   80      4
3       A    여   90      4
4       A    여   80      3
5       B    남   90      4
6       B    남   70      3
7       B    여   95      5
8       B    여   80      3
9       C    남   75      2
10      C    여   90      5
11      C    여   85      4
12      C    남   70      3
> addmargins(table(score$반구분, score$성별), margin = 1, FUN = sum)

        남 여
    A   2  2
    B   2  2
    C   2  2
    sum 6  6

> aggregate(x = score[, 3:4],   # data 데이터 프레임에서 3, 4, 5번째 열
+           by = list(score$성별),   # 성별을 그룹으로 집계
+           data = score,   # 데이터 프레임
+           FUN = mean)   # 평균
  Group.1    점수 만족도
```

```
1       남 76.66667      3
2       여 86.66667      4
```

> # 2-2 단순 임의 표본 추출

> set.seed(100) # 동일한 표본 추출

> x <- sample(1:1:NROW(score), 8, replace = FALSE) # 표본 인덱스 생성

> score[x,] # 추출된 표본 출력

```
   반구분 성별 점수 만족도
10    C    여   90    5
7     B    여   95    5
6     B    남   70    3
3     A    여   90    4
1     A    남   75    2
2     A    남   80    4
12    C    남   70    3
4     A    여   80    3
```

> # 2-3 군집(성별) 표본 추출

> male <- subset(score, subset = score$성별=='남') # 남 군집 분리

> female <- subset(score, subset = score$성별=='여') # 여 군집 분리

> set.seed(110) # 동일한 표본 추출

> m <- male[sample(1:1:NROW(male), 4, replace = FALSE),] # 남 군집 4개

> f <- female[sample(1:1:NROW(female), 4, replace = FALSE),] # 여 4개

> rbind(m, f) # 추출된 표본 결합

```
   반구분 성별 점수 만족도
6     B    남   70    3
5     B    남   90    4
1     A    남   75    2
9     C    남   75    2
7     B    여   95    5
3     A    여   90    4
11    C    여   85    4
8     B    여   80    3
```

> # 2-4 층화 임의 표본 추출

> if(!require("sampling")) install.packages("sampling")

> library(sampling)

```
> set.seed(120) # 반복 시행 시 동일한 표본 추출
> x <- strata(data = score,
+             strataname = c("성별"), # 성별
+             size = c(4, 4), # 각각 3개씩 추출
+             method = "srswor", # 비복원 추출
+             description = TRUE)
Stratum 1

Population total and number of selected units: 6 4
Stratum 2

Population total and number of selected units: 6 4
Number of strata  2
Total number of selected units 8
> sample <- getdata(score, x) # 층화 임의 표본 출력
> addmargins(table(sample$반구분, sample$성별), margin = 1, FUN = sum)

      남 여
  A   2  2
  B   1  2
  C   1  0
  sum 4  4

> aggregate(x = sample[, 2:3], # data 데이터프레임에서 3, 4, 5번째 열
+           by = list(sample$성별), # 성별을 그룹으로 집계
+           data = sample, # 데이터프레임
+           FUN = mean) # 평균
  Group.1 점수  만족도
1     남  80.00  3.00
2     여  86.25  3.75
```

기존에 있는 모집단으로부터 표본을 추출 방법 이외에 직접 실험과 관찰을 통하여 자료를 수집할 수 있는 때도 있다. 즉 표본조사는 대상 선제 집단으로부터 일부의 데이디를 추출하는 데 반하여 실험은 특정 목적에 해당하는 대상에게 직접 실험한 결과를 관측해서 자료를 수집하는 방법이다. 이처럼 실험과 관찰을 통한 표본을 추출하는 방법은 독립 표본(independent sampling) 추출과 대응 표본(paired sampling) 추출 방법이 있다([표 11-8]).

[표 11-8] 실험과 관찰을 통한 표본을 추출하는 방법

표본 추출 방법	내용
독립 표본 추출	실험 대상을 집단을 두 개의 집단으로 나누고 이들로 각각의 집단에 서로 다른 실험과 관찰을 통해 표본을 얻는 방법
대응 표본 추출	실험 대상에서 실험 전의 결과와 실험 후의 결과를 통해 표본을 얻는 방법

독립 표본의 예는 새로 개발한 암 치료제의 효능을 알아보기 위하여 암 환자 20명을 임의로 10명씩 두 집단으로 나누고 한 집단은 새로 개발한 암 치료제를 투여하고 다른 집단에는 아무 효과가 없는 가짜 약(placebo)을 투여한 후에 이들 두 집단의 치료 효과의 자료를 수집할 수 있다. 한편, 대응 표본의 예는 다이어트약의 효능을 알아보기 위해 관측 대상자 20명의 다이어트약 복용 전에 체중과 다이어트약 복용 후에 체중의 변화 자료를 모아 놓은 것이다. 즉 독립 표본은 표본 집단 간에 어떤 영향도 끼치지 않는 경우이지만 대응 표본은 표본 집단 간에 전후 영향이 있는 경우이다.

11.4 확률과 확률분포

1. 확률의 정의

확률(probability)은 가능성 정도를 수학적으로 표현한 것으로 어떤 사건(사상, event)이 발생할 가능성(possibility) 혹은 어떤 값을 가질 가능성 정도를 의미한다. 즉 확률은 "특정 사건이 일어날 가능성의 척도"라고 할 수 있다. 이러한 확률이론은 통계학 수학뿐만 아니라 자연과학이나 사회과학 분야에서도 광범위하게 사용되고 있다. 잠재적인 사건의 발생 가능성 복잡한 체계의 내재한 구조를 파악하여 어떤 과학적 결론을 내리는 데 사용된다. 확률의 가장 쉬운 예는 동전을 던졌을 때 앞면이 나올 가능성, 혹은 주사위를 던졌을 때 1의 숫자가 나올 가능성을 의미한다. 이때 동전을 던졌을 때 나올 수 있는 경우, 주사위를 던졌을 때 나올 수 있는 경우의 집합을 표본공간(sample space, Ω)이라고 하고 동전의 앞면의, 주사위 1의 숫자 등은 사건(event)이라고 한다. 즉 동전을 던졌을 때 나올 수 있는 경우의 수는 {앞면, 뒷면}의 두 가지 경우이고 주사위를 던졌을 때 나올 수 있는 경우의 수는 {1, 2, 3, 4, 5, 6}의 총 6가지 경우이다. 이때 동전의 앞면이 나올 수 있는 확률은 1/2이 되고, 주사위를 던졌을 때 1이 나올 확률은 1/6이다. 이처럼 사건 중에서 오직 한 개의 원소로만 이루어진 사건을 근원사건(elementary event)이라고 한다.

표본공간이 유한개의 원소로 구성되어 있고 근원사건들이 일어날 가능성이 모두 같다면 사건 E의 확률은 다음과 같은 식으로 계산할 수 있다.

$$P(E) = \frac{n(E)}{n(\Omega)}, \Omega : \text{표본공간}, E : \text{사건}$$

전체 표본공간(Ω)에서 사건 A, B는 다음과 같이 벤다이어그램으로 표시할 수 있다.

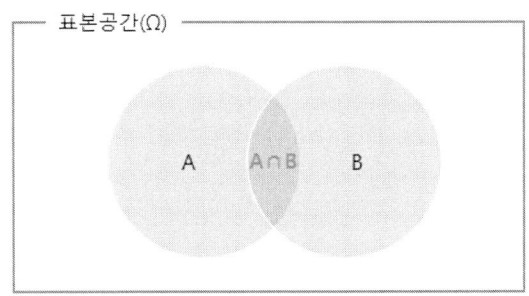

[그림 11-7] 확률 벤다이어그램

확률은 어떤 사건이 일어날 가능성의 척도로 어떤 사건이 전혀 일어나지 않을 확률은 0이 되고 반드시 일어날 확률은 1이 된다. 따라서 확률의 범위 P(E)는 다음과 같다.

$$0 \leq P(E) \leq 1$$

두 사건 A, B에서 A도 일어나고 B도 일어날 확률은 다음과 같이 두 사건의 합으로 표현된다.

$$P(A \cup B) = P(A) + P(B) - P(A \cap B)$$

이때 A, B가 동시에 일어날 수 없는 배반사건(exclusive event)은 $P(A \cap B) = \varnothing$이 되어 다음과 같이 두 사건의 합이 된다.

$$P(A \cup B) = P(A) + P(B), P(A \cap B) = \varnothing$$

두 사건 A, B가 독립일 경우 A와 B가 동시에 일어날 확률은 다음과 같이 단순히 두 확률의 곱으로 구할 수 있다.

$$P(A \cap B) = P(A) \times P(B)$$

사건 A가 일어날 확률을 $P(A)$라고 할 때 사건 A가 일어나지 않을 확률은 다음과 같다.

$$P(A^c) = 1 - P(A)$$

또한 사건 A 또는 B가 각각 일어나지 않을 확률과 A 그리고 B가 동시에 일어날 확률은 드모르간의 법칙(De Morgan's law)에 따라 다음과 같이 구할 수 있다.

$$P(A \cup B)^c = P(A^c) \cap P(B^c)$$
$$P(A \cap B)^c = P(A^c) \cup P(B^c)$$

만일 사건 A가 일어났다는 가정에서 사건 B가 일어날 확률을 조건부 확률이라고 한다. 조건부 확률은 다음과 같이 구할 수 있다.

$$P(B|A) = \frac{P(A \cap B)}{P(A)}$$

만일 A, B가 서로 독립 사건이라면 $P(B|A) = P(B)$와 같다.

확률의 개념을 좀 더 이해하기 위하여 12명의 학생을 대상으로 축구와 농구의 선호도를 조사하여 "축구를 좋아한다는 학생이 4명, 농구를 좋아한다는 학생이 2명이고 축구와 농구 둘 다 좋아한다는 학생이 2명"이라는 결과를 얻었다고 가정하자. 사건 A와 B가 서로 독립인 것을 증명해 보자.

위 문제에서 $p(A) = \frac{1}{2}$이고 $P(B) = \frac{1}{3}$, $P(A \cap B) = \frac{1}{6}$이므로 $P(A \cap B) = P(A) \times P(B)$이 성립하고, 혹은 $P(B|A) = P(B)$도 성립됨으로 축구와 농구를 선호하는 것은 서로 독립적이다. 즉 축구를 선호하는 것이 농구를 선호하는 것에 어떠한 영향을 주지 않고 반대의 경우도 마찬가지이다.

한편, 조건부 확률을 이용한 사후 확률을 구하는 것에 정리(Bays' theorem)가 있다. 즉 어떤 사건이 서로 배반하는 원인 둘에 의해 일어난다고 할 때 실제 사건이 일어났을 때 이것이 두 원인 중 하나일 확률을 구하는 정리를 베이즈의 정리라고 한다.

$$P(A \mid B) = \frac{P(B \mid A)P(A)}{P(B)}, P(A \mid B) : 사후확률, P(A) : 사전확률, P(B \mid A) : 우도(Likelihood)$$

일반 여성의 유방암 발병률 $P(A)$는 0.1%라고 한다. 유방암 검사는 실제 유방암에 걸린 사람 $P(B \mid A)$의 99%에 대하여 양성반응을 나타내고, 건강한 사람은 2%만 양성반응을 보이는 것으로 나타났다. 그러면 어떤 사람이 유방암 검사 결과 양성반응으로 판정되었다면 실제 유방암에 걸렸을 확률은 얼마일까? 이를 정리해 보면 다음과 같다.

	실제 유방암이 걸릴 확률	유방암이 걸리지 않을 확률
유방암 확률: $P(A)$	0.001	0.999
양성반응 확률 : $P(B \mid A)$	0.99	0.002

베이즈 정리에 따라 $P(B)$을 구하면 다음과 같다.

$$P(B) = P(B \mid A)P(A) + P(B \mid A^c)P(A^c)$$
$$= 0.99 \times 0.001 + 0.02 \times 0.999 = 0.020079$$
$$P(A \mid B) = \frac{P(B \mid A)P(A)}{P(B)}$$
$$= \frac{0.99 \times 0.001}{0.020079} = 0.049$$

따라서 유방암 검사 결과 양성 판정받았더라도 실제 유방암에 걸릴 확률은 약 4.9% 정도이다.

2. 확률변수와 확률분포

확률은 여러 번 시행해서 발생할 수 있는 기댓값을 구할 수 있는데 시행에 따라 발생할 수 있는 경우의 수를 확률변수(random variable)라고 한다. 이러한 확률변수는 X, Y, Z와 같은 식으로 표현한다. 만일 동전을 두 번 던졌을 경우 앞면이 나올 수 있는 경우의 수는 0, 1, 2를 확률변수라고 한다. 만일 동전을 두 번 던졌을 경우 앞면이 전혀 나오지 않을 경우(즉 모두 뒷면만 나올 경우)의 확률은 P(X=0)로 표시하고 그의 값은 0.25가 된다.

앞면이 나오는 수 경우의 수 : x	0	1	2
확률 : P(X=x)	1/4	2/4	1/4

확률변수는 이산형 확률변수(Discrete Probability Variable)와 연속형 확률변수(Continuous Probability Variable), 그리고 이산형과 연속형을 결합한 결합 확률변수(joint probability distribution)로 나눌 수 있다. 이러한 확률변수는 수집된 자료의 산포도를 이루는 확률분포를 표현하는 데 사용한다.

이와 같은 확률분포는 자료의 특성에 따라 이산형 확률분포(discrete distribution)와 연속형 확률분포(continuous distribution)로 구분할 수 있다([표 11-9]).

[표 11-9] 확률분포

확률분포	종류	내용
이산형 확률분포	베르누이 분포	실험에서 결과가 성공(success: s) 또는 실패(failure: f)와 같이 둘 중의 하나로 표현한 확률분포
	기하 분포	베르누이 시행에서 처음 성공이 일어날 때까지 반복한 시행 횟수에 대한 확률분포
	이항분포	베르누이 시행을 독립적으로 n번 반복했을 때 성공할 확률분포
	포아송 분포	주어진 단위시간, 거리, 영역 등의 제한된 상황에서 일어날 사건이 발생할 수 있는 확률분포
연속형 확률분포	균등분포	특정 구간 내에 값들이 균일하게 나타날 확률분포
	지수분포	특정 시간 동안 사건이 일어날 확률분포
	정규분포	평균으로부터 각각의 자료가 좌우로 대칭으로 표현되는 확률분포
	표준 정규 분포	평균이 0이고 표준편차가 1인 정규 확률분포
	x^2-분포	표준 정규 분포 제곱의 합을 한 확률분포
	t-분포	표본 크기가 작고 모분산을 알지 못할 때 나타나는 확률분포
	F-분포	두 개의 독립적인 x^2-분포 도출되는 확률분포

확률분포와 관련된 R 통계 함수는 [표 11-10]과 같다.

[표 11-10] 확률분포에 관련된 R 통계 함수

확률분포	R 함수
Binomial	_binom(x, size, prob)
Geometric	_geom
Poison	_pois(x, lambda)
Uniform	_unif(x, min, max)

Exponential	_exp(x, rate)
Normal	_norm(x, mean, sd)
Student's t	_t(x, df, ncp)
Chi-squared	_chisq(x, df, lower.tail=TRUE)
F	_f(x, df1, df2, ncp)

확률분포에 관련된 R 통계 함수에 원하는 통계량을 구하기 위해서는 함수 앞에 [표 11-11]과 같은 접두사를 붙여야 한다.

[표 11-11] R 확률 분포 함수의 접두사

접두어	인수	기능
d	x	x까지 확률밀도함수(probability density function) f(x)의 확률값
p	q	q까지 누적분포함수(cumulated distribution function) F(x)의 확률값
q	p	p 분위수(quantile) 값의 $F^{-1}(x)$
r	n	n개의 난수(random number) 확률 발생

예를 들면 동전 3개를 동시에 던졌을 경우 앞면이 0에서 3개까지 나올 수 있는 확률을 구하기 위한 R 함수는 다음과 같이 코딩해야 한다.

> dbinom(x= 0:3, size= 3, prob= 0.5)

[1] 0.125 0.375 0.375 0.125

만일 위 사건에서 누적 분포 함수를 구하기 위한 R 함수는 다음과 같이 코딩해야 한다.

> pbinom(q= 0:3, size= 3, prob= 0.5)

[1] 0.125 0.500 0.875 1.000

3. 이산형 확률분포

이산형 확률분포는 사건의 확률값이 불연속적인 점들의 집합으로 이루어진 것이다. 이산형 확률분포에서 이산점에 있어서 확률값을 표현하는 함수를 확률 질량 함수(probability mass function)라고 한다. 대표적인 이산형 확률분포는 베르누이 분포(Bernoulli distribution), 이항분포(Binomial distribution), 포아송 분포((poison distribution) 등이 있다.

1 베르누이 확률분포

베르누이(Bernoulli) 확률분포는 확률 p에 의하여 결정되므로 모수는 p로 X ~ Bernoulli(p)로 정의한다.

$$P(X=x) = p^x(1-p)^{1-x}, x = 0 \text{또는} 1, p : 성공할 확률$$

따라서 베르누이 분포의 기댓값, 즉 평균은 p이고 분산은 p(1-p)이다. 베르누이 시행은 동전 던지기와 같이 앞면(Head) 성공(s), 뒷면(Tail) 실패(f)와 같이 경우로 동전을 던지는 실험을 무한히 반복하면 앞면이 나오는 성공은 0.5로 수렴한다는 것을 알 수 있다. 따라서 무한히 반복되는 동전 던지기 실험의 평균은 0.5이고 분산은 0.25이다.

특히 베르누이 시행에서 처음으로 성공할 때까지의 시행 횟수를 나타내는 이산 확률 분포를 기하 분포(Geometric distribution)라고 한다. 즉 처음 사건이 발생할 때까지 시행한 횟수를 확률변수 X라고 할 때 X는 성공 확률이 p인 기하 분포를 따른다고 하고 $X \sim Geo(p)$로 표시한다.

$$P(X=x) = (1-p)^{1-x}p, \; x : 최초 성공할 때까지 횟수$$

베르누이 확률분포의 대표적인 예는 동전 던지기 실험이다. 동전을 던지는 실험 결과의 경우의 수는 앞면과 뒷면(성공, 혹은 실패)밖에 없는데 동전을 던지는 실험을 반복해서 시행하면 점차 0.5에 수렴하는 것을 알 수 있다. 이에 대한 R 코드와 실행 결과는 다음과 같다.

 11-4-3-1: 베르누이(Bernoulli) 확률분포 예

```
# 동전을 100번 던지는 실험에서 동전의 앞면이 나올 확률
> bernoulli <- rbinom(n = 100, size = 1, prob = 1/2)
> table(bernoulli)
bernoulli
 0  1
58 42
> mean(bernoulli) # 동전 100번 시행에서 앞면이 나올 확률
[1] 0.42
> cx<-cumsum(bernoulli) # 누적값
> heads<-numeric()
> for (i in 1:100) {
+     heads[i] <- cx[i]/i
+ }
> plot(heads, type="l", col = "red", xlab="시행 횟수", ylab="확률", ylim=c(0,1)
+     main="동전 앞면이 나올 확률")
```

[그림 11-8]

```
> # 기하 분포(Geometric distribution)
> dgeom(x = 0:3, prob = 1/2)
[1] 0.5000 0.2500 0.1250 0.0625
```

동전 100번 던지기 시행에서 앞면이 나올 베르누이(Bernoulli) 확률분포는 다음과 같다.

동전 앞면이 나올 확률

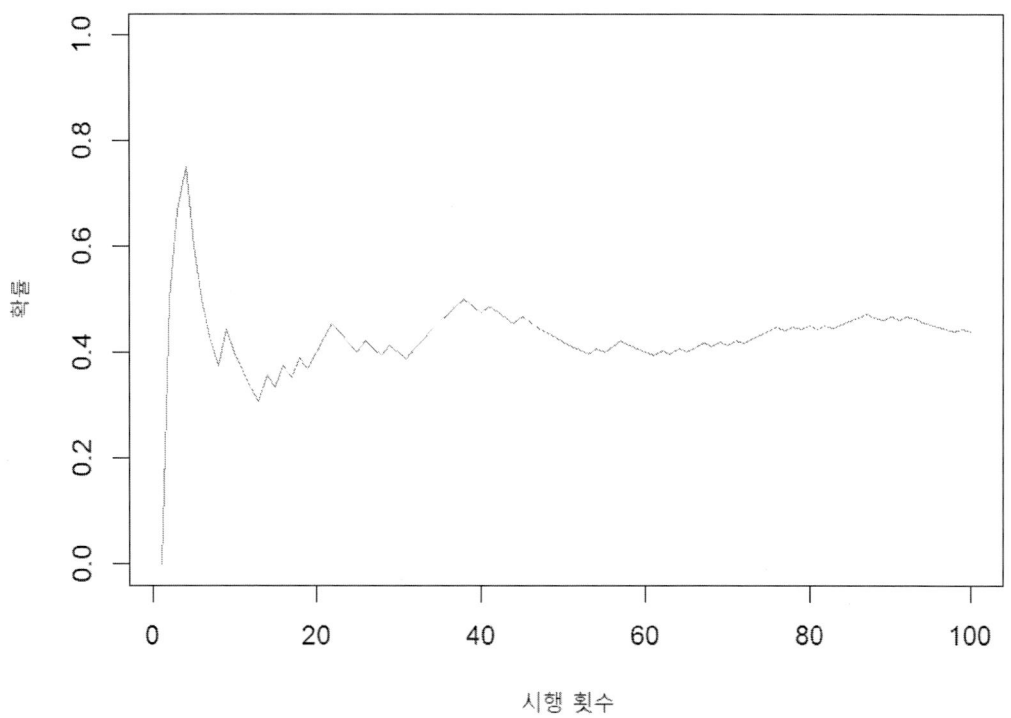

[그림 11-8] 동전 100번 던지기 시행에서 앞면이 나올 확률의 평균

2 이항분포

이항분포(Binomial distribution)는 베르누이 실험의 결과가 성공 혹은 실패인 실험을 여러번 반복했을 때 총 성공한 횟수 X는 이항분포를 따르고 X~B(n, p)로 표시한다. 예를 들면 동전을 3번 던졌을 경우 앞면이 나올 수 있는 수는 X~B(3, 0.5)라고 한다. 이것의 확률 분포표로 정리하면 다음과 같다.

x	0	1	2	3
확률계산	$1 \times 0.5^0 \times (1-0.5)^{3-0}$	$3 \times 0.5^1 \times (1-0.5)^{3-1}$	$3 \times 0.5^2 \times (1-0.5)^{3-2}$	$1 \times 0.5^3 \times (1-0.5)^{3-3}$
P(X=x)	1/8	3/8	3/8	1/8

위와 같이 동전을 3번 던졌을 경우 앞면이 두 번 나오는 경우를 예로 들면 {H, H, T} {H, T, H} {T, H, H}와 같이 경우의 수가 3이 된다. 따라서 동전을 2번 던졌을 경우 성공할 확률은 $3 \times (0.5)^2 \times (1-0.5)^{3-2}$가 되어 0.375가 된다. 이러한 결과로 이항분포의 확률 계산식은 다음과 같다.

$$P(X=x) = \frac{n!}{x!(n-x)!}p^x(1-p)^{n-x}, n : 시행횟수\ x : 성공\ 횟수, p : 성공\ 확률$$

여기서 경우의 수 $_nC_x = \binom{n}{x} = \frac{n!}{x!(n-x)!}$ 로 계산된다. 즉 동전을 3번 던졌을 경우 앞면이 2번 나올 경우의 수는 다음과 같이 계산된다.

$$_3C_2 = \frac{3!}{2!(3-2)!} = \frac{3!}{2! \times 1!} = \frac{3 \times 2 \times 1}{2 \times 1 \times 1} = 3$$

동전을 3번 던져서 앞면이 0, 1, 2, 3번 나올 경우의 R 코드와 실행 결과는 다음과 같다.

 11-4-3-2: 이항분포(Binomial distribution) 예

```
> # 동전 3번 던져서 앞면(head)가 0, 1, 3번 나올 확률
> choose(3, 0) * (1/2)^0*(1/2)^3 # 0이 나올 확률
[1] 0.125
> choose(3, 1) * (1/2)^1*(1/2)^2 # 1이 나올 학률
[1] 0.375
> choose(3, 2) * (1/2)^2*(1/2)^1 # 2이 나올 학률
[1] 0.375
> choose(3, 3) * (1/2)^3*(1/2)^0 # 3이 나올 학률
[1] 0.125
> binomial <- dbinom(x = 0:3, size = 3, prob = 1/2)
> mean(binomial) # 평균
[1] 0.25
> names(binomial) <- 0:3
> barplot(binomial, space = 0.2, width = 0.6,
+         xlim = c(0, 4), ylim = c(0, .5),
+         xlab = "동전 앞면이 나올 횟수", ylab = "확률",
+         main = "동전 3번 던져서 앞면(head)이 나올 확률")
```

[그림 11-9]

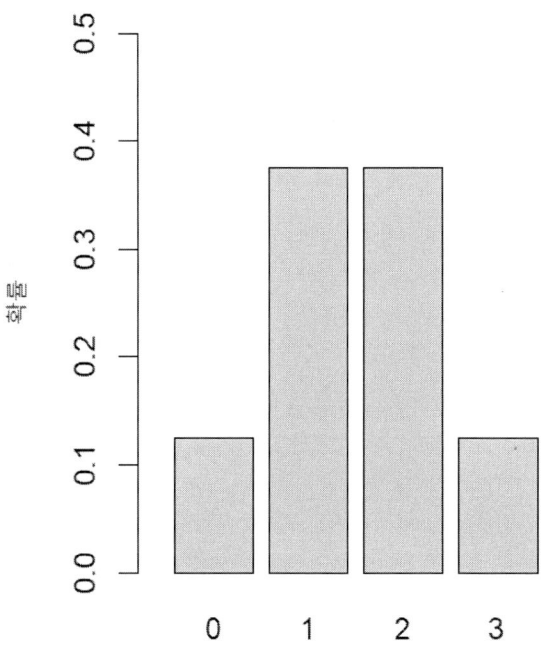

[그림 11-9] 동전을 세 번 던졌을 때 표시되는 확률분포도

대부분의 이항분포는 [그림 11-9]와 같이 정규분포를 따른다. 그리고 이항분포의 기댓값(평균) 과 분산은 다음과 같은 계산식으로 구할 수 있다.

$$E(X) = np, n : 시행횟수, p : 한번 시행에서 성공 확률$$
$$Var(X) = np(1-p)$$

즉 동전을 100번 던졌을 때 앞면이 나올 기댓값 E(X)는 100×0.5=50이고 분산 Var(X)는 100×0.5(1-0.5)이다. 만일 어떤 제품의 불량률이 0.002라고 알려져 있을 때 1,000개의 제품의 품질을 검사하였을 경우 X~B(1000, 0.002)의 불량품 기댓값은 2이고 분산은 1.996이다.

③ 포아송 분포

포아송 분포(poison distribution)는 주어진 단위시간, 거리, 영역 등 한정적인 환경에서 사건이 발생하는 횟수를 측정하는 확률분포를 말한다. 특정 지역에서 제한된 시간 내에 발생하는 교통사고 건수의 분포나 제품 생산 라인에서 특정 시간에 발생하는 불량품의 수의 분포 등이 대표적인 포아송 분포를 따른다. 즉 단위구간(시간) 내에서 어떤 사건이 평균 λ회 발생할 때 확률변수 X를 사건이 발생하는 횟수라고 할 때 X~Poisson(λ)로 표현한다. 따라서 사건이 x번 발생할 확률은 다음식과 같이 구할 수 있다.

$$P(X=x) = \frac{\lambda^x e^{-\lambda}}{x!}, \lambda : 단위\ 구간에서\ 평균, e \approx 2.71828, 발생횟수 : x = 0, 1, 2, ...$$

포아송 분포에서 모수가 평균이며, 포아송 분포의 평균은 λ이고, 분산도 λ이다. 포아송 분포의 모양은 평균 λ이 작을 때는 좌우비대칭이나 평균 λ이 증가함에 따라 평균을 중심으로 좌우 대칭의 모양으로 변한다. 즉, 포아송 분포는 평균 λ가 증가함에 따라 정규분포에 가까워지고 분산은 발산한다.

예를 들면 어느 공장에서 제품을 생산하는데, 하루에 평균 5건의 불량이 발생할 때 어느 날 불량이 전혀 발생하지 않을 확률은 다음과 같이 계산한다.

$$P(X=0) = \frac{5^0}{0!}e^{-5} \simeq 0.0067$$

포아송 분포를 예를 R 코드로 구현한 예제는 다음과 같다.

 11-4-3-3: 포아송 분포(poison distribution) 예

```
> # 제품 생산에서 하루에 평균 5건의 불량이 발생
> 5^(0/factorial(0))*2.71828^-5 # 불량 0개 발생할 확률
[1] 0.00673797
> dpois(x = 0, lambda = 5) # 불량 0개 발생할 확률
[1] 0.006737947
> 1 - dpois(x = 2, lambda = 5) # 불량이 3번 이상 발생할 확률
[1] 0.9157757
> pois <- dpois(x = 0:10, lambda = 5) # 불량이 0에서 10까지 발생 확률
> mean(pois) # 평균
[1] 0.08966407
> names(pois) <- 0:10
> barplot(pois, space = 0.2, width = 0.6, col = rainbow(6, s = 0.4),
+         xlim = c(0, 10), ylim = c(0, .2),
+         xlab = "불량 수", ylab = "불량률",
+         main = "불량률 평균 5일 경우 포아송 분포")
```

[그림 11-10]

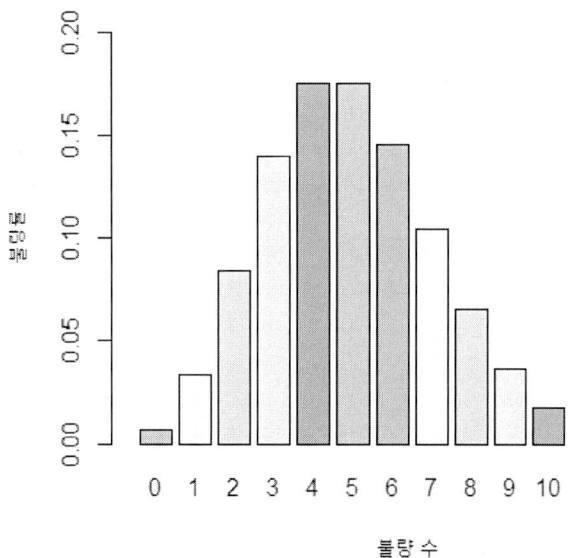

[그림 11-10] 어떤 제품 하루 불량률 평균 5건일 경우 포아송 분포도

4. 연속형 확률분포

연속형 확률분포는 사건의 확률이 연속적인 값으로 표현되는 것으로 확률의 값은 함수의 면적으로 계산된다. 연속형 확률 함수를 확률밀도함수(probability density function) f(x)라고 한다. 이런 연속형 확률분포는 균등분포(uniform distribution), 정규분포(normal distribution), 지수분포(exponential distribution) 등이 대표적이며 정규분포로부터 유도된 x^2-분포(x^2-distribution)와 표준정규분포와 x^2-분포에 의하여 유도된 t-분포(student distribution), F-분포(F-distribution) 등이 있다.

1 균등분포

균등분포(uniform distribution)는 특정 구간 내에 나타날 확률이 균일한 분포를 말하는 것으로 연속형 분포에서 가장 단순한 분포 형태를 가진다. 연속형 확률변수 X가 실수 구간 (a, b)에서 나타날 가능성이 균등할 때 X는 균등분포를 따른다고 하며 X~u(A, B)로 표현한다.

$$P(X=x) = \begin{cases} \dfrac{1}{b-a}x, & a \leq X \leq b \\ 0, & X < a \text{ 또는 } X > b \end{cases}$$

그러므로 확률변수 X~U(a, b)에서 X의 평균은 $E(X) = \dfrac{b+a}{2}$ 이고 분산은 $Var(X) = \dfrac{1}{12}(b-a)^2$ 이다.

균등분포를 R 코드로 구현한 예제는 다음과 같다.

 11-4-4-1: 균등분포 예

```
# 균등분포(최소 1, 최대 2)
> unif <- runif(n = 1:100, min=1, max=2)
> mean(unif); sd(unif) # 평균 및 표준편차
[1] 1.494893
[1] 0.2799253
> hist(unif, freq = F, breaks = 100,
+       main = "균등분포(최소 1, 최대 2)")
```
[그림 11-11]

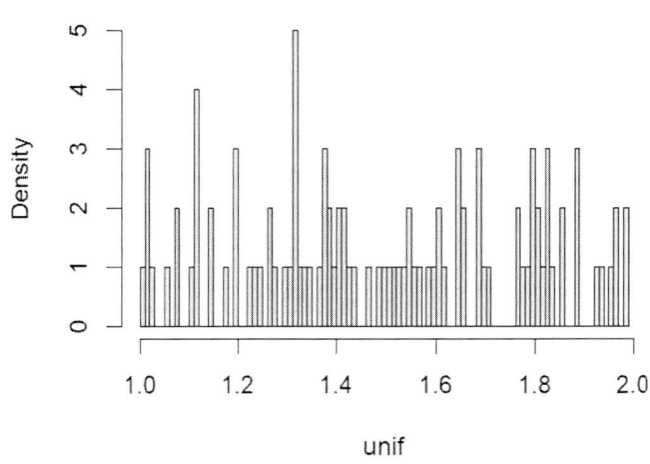

[그림 11-11] 균등분포(최소 1, 최대 2) 도표

2 지수분포

지수분포(exponential distribution)는 어떤 사건이 일어나는 대기 시간 분포와 관계가 있으며 대기행렬 이론(queuing theorem) 등에서 중요하게 사용된다. 지수분포의 확률밀도 함수는 다음과 같다.

$$P(X=x) = \begin{cases} \lambda e^{-\lambda x}, & x \geq 0 \\ 0 & x < 0 \end{cases}$$

지수분포의 평균과 분산은 다음과 같다.

$$\mu = E(x) = \frac{1}{\lambda}$$
$$\sigma^2 = Var(x) = \frac{1}{\lambda^2}$$

어느 병원에서 진료받기 위한 평균대기 시간은 10분으로 알려졌을 경우 5분 이하로 기다릴 확률은 다음과 같이 구할 수 있다.

$$\mu = \frac{1}{\lambda}, \lambda = \frac{1}{\mu} = \frac{1}{10}$$
$$P(X \leq 5) = 1 - \lambda e^{-\lambda x} = 1 - \frac{1}{10} \times 2.71828^{-\frac{1}{10} \times 5} \simeq 0.93935$$

지수분포를 R 코드로 구현한 예제는 다음과 같다.

 11-4-4-2: 지수분포 예

```
> # 평균대기 시간이 10, 5분 이내로 기다릴 확률
> 1-1/10*2.71828^(-1/10*5)
[1] 0.9393469
> # 0에서 10분 기다릴 확률분포
> dexp <- dexp(x = 0:10, rate = 1/10)
> mean(dexp); var(dexp) # 평균과 분산
[1] 0.06373102
[1] 0.0004375856
> plot(dexp, type = 'l', col = "red", main = "지수분포(평균대기 10분)")
[그림 11-12]
```

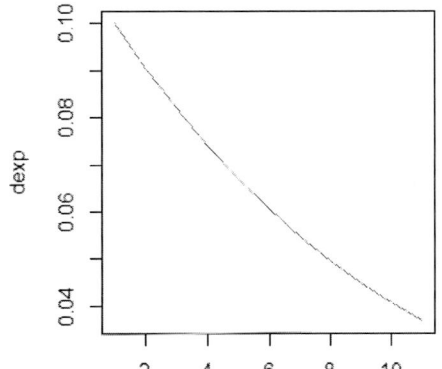

[그림 11-12] 지수분포(평균대기 시간 10분)

③ 정규분포

빅데이터 분석은 주로 모집단의 모수(parameter)를 대상으로 하지만 데이터 통계 분석은 모집단으로부터 표본을 추출하여 통계량(statistic)을 구하는 일이 대부분이다. 통계학의 중심 극한 정리(central limit theorem)에 의하면 "모수로부터 일정량의 표본을 추출하여 계산한 표본의 평균 $\overline{X}$의 분포는 정규분포(Normal Distribution)에 근사한다."라는 이론이다. 정규분포(normal distribution)는 정상적(normal)인 자료일 때 따라야 하는 분포를 의미한다. 정규분포는 평균 μ을 중심으로 좌우 대칭인 종을 엎어 놓은 모양이다([그림 11-13]).

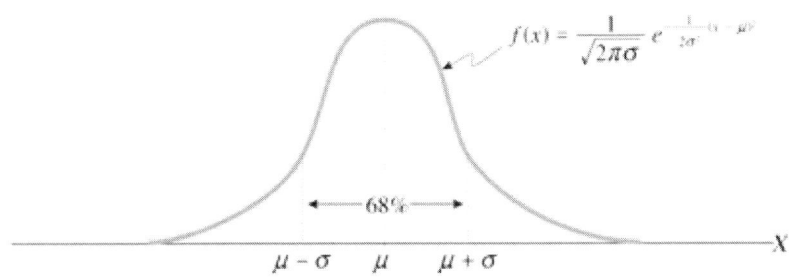

[그림 11-13] 정규분포의 모양과 확률 밀도함수

정규분포의 형태는 평균 μ와 표준편차 σ에 의하여 결정되며 평균과 중앙값 최빈값이 모두 같은 경우이다. 확률변수 X가 정규분포를 따르면 X~N(μ, σ^2)으로 표현하고 이에 대한 확률 밀도함수(probability density function)는 다음과 같다.

$$P(X=x) = \frac{1}{\sqrt{2\pi}\sigma} e^{-\frac{1}{2}(\frac{x-\mu}{\sigma})^2}, -\infty \leq x \leq \infty,$$

μ : 평균, σ : 표준편차, π : 3.14159, e : 2.71828

예를 들면 어떤 공장에서 제품을 생산하는데 제품의 길이 X가 평균 100이고 표준편차가 0.5라고 하고 정규분포 X~(100, 0.5^2)라고 한다면 제품의 길이 X는 99.7%의 확률로 최소 98.5에서 최대 101.5 사이의 값으로 이루어질 수 있다는 것을 알 수 있다.

정규분포에서 확률을 계산하기 위해서는 적분해야 하는데 정규분포의 적분은 복잡할 뿐만 아니라 평균 μ와 표준편차 σ에 따라 분포의 위치와 모양도 달라지기 때문에 이를 쉽게 해결하기 위하여 표준화하면 더욱 간편하게 계산할 수 있다. 평균 μ와 표준편차 σ가 다른 모든 정규분포의 확률변수 X에 대해 표준화 Z를 하면 정규분포를 평균이 0이고 표준편차가 1인 형태인 정규분포가 되는데 이를 표준 정규 분포(Standard Normal Distribution)라고 한다.

만일 확률변수 Z가 평균이 0이고 표준편차가 1인 정규분포를 따를 때 Z는 표준 정규 분포를 따른다고 하고 Z~N(0, 1)으로 표현한다.

$$P(Z=z) = \frac{1}{\sqrt{2\pi}} e^{-\frac{1}{2}Z^2}, -\infty < z < \infty$$

$$Z = \frac{X-\mu}{\sigma} \sim N(0,1)$$

여기서 Z는 정규분포 표준화 계수라고 한다. 즉 어떤 평균과 표준편차도 Z를 통하여 평균을 0으로 표준편차를 1로 변환할 수 있다는 것이다. 확률변수 X의 1에서 13까지 자연수가 저장되어 있고 X~N(3, 3.89444)일 때 Z = (X-3)/3.89444 ~ N(0, 1)을 따른다([그림 11-14]).

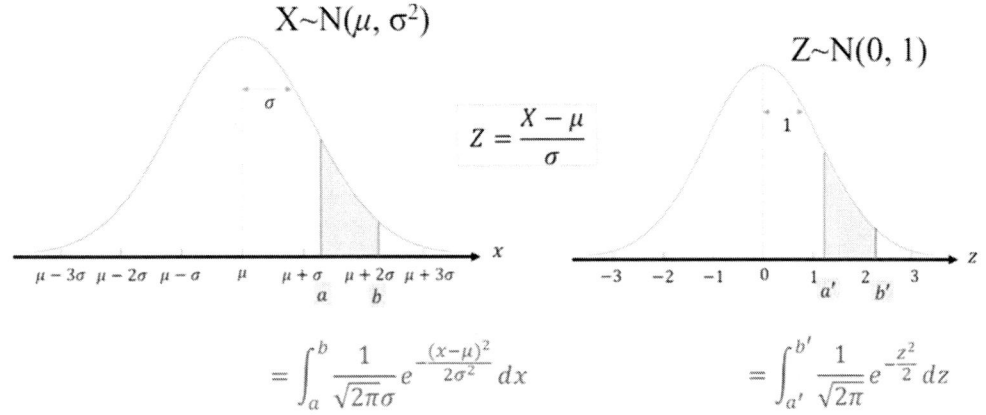

[그림 11-14] 정규분포를 표준정규분포로 변환

정규분포 X를 표준정규분포로 변환한 Z값을 구하기 위한 예제로 어떤 반 학생들의 키를 재서 평균을 구했더니 172이었고 표준편차는 3이었다고 가정하자. 그러면 X~N(172, 3^2)에서 Z~N(0, 1)으로 표준화한 것은 다음과 같다.

X	166	169	172	175	178
$\dfrac{X-\mu}{\sigma}$	(166-172)/3	(169-172)/3	(172-172)/3	(175-172)/3	(178-172)/3
Z	-2	-1	0	1	2

정규분포를 R 코드로 구현한 예제는 다음과 같다.

 11-4-4-3: 표준정규분포 예

```
> height <- c(166, 169, 172, 175, 178)
> mean(height); sd(height) # 평균과 표준편차
[1] 172
[1] 4.743416
> Z <- (height - mean(mean(height)))/sd(height) # 정규분포 표준화
> mean(Z); sd(Z) # 표준 정규분포
[1] 0
[1] 1
> scale(height) # R 함수를 이용한 표준화
          [,1]
```

```
[1,] -1.2649111
[2,] -0.6324555
[3,]  0.0000000
[4,]  0.6324555
[5,]  1.2649111
attr(,"scaled:center")
[1] 172
attr(,"scaled:scale")
[1] 4.743416
> # 표준 정규 분포
> x <- seq(-4, 4, length = 100)
> plot(x, dnorm(x, mean = 0, sd = 1), type='l',
+      col = "red", lwd = 2,
+      main="표준 정규 분포")
```

[그림 11-15]

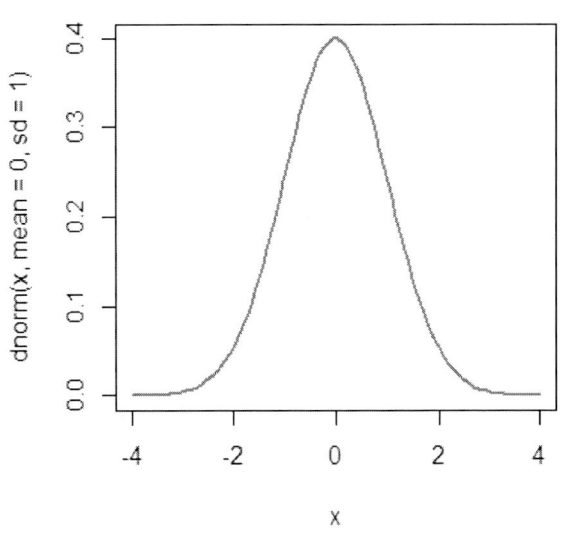

[그림 11-15] 표준 정규 분포

4 χ^2-분포

표준정규분포 제곱의 합은 카이제곱 분포(χ^2, Chi-square Distribution) 분포를 따른다. 즉 표준정규분포 $Z_1, Z_2, ..., Z_n$이 서로 독립적일 경우 다음 식과 같이 자유도가 n인 χ^2-분포를 따를 때 V~χ^2(v)라고 표기한다.

$$\chi^2 = \sum_{i=1}^{n} Z_i^2, \ Z = \frac{X-\mu}{\sigma}$$

이때 자유도가 n인 χ^2-분포의 평균은 $\mu = n$이고 분산은 $v = 2n$이다.

카이제곱(χ^2) 분석은 주로 범주형 변수들의 적합도 검정 및 독립성 검정에 사용한다. 즉 성별에 따라 특정 제품의 선호도에 차이가 있는지 학력에 따라 월 소득의 차이가 있는지 분석하고자 할 때 사용한다.

χ^2-분포를 R 코드로 구현한 예제는 다음과 같다.

11-4-4-4: χ^2-분포 예

```
> Z1 <- rnorm(n = 1000, mean = 0, sd = 1)
> Z2 <- rnorm(n = 1000, mean = 0, sd = 1)
> Z3 <- rnorm(n = 1000, mean = 0, sd = 1)
> Z4 <- rnorm(n = 1000, mean = 0, sd = 1)
> Z5 <- rnorm(n = 1000, mean = 0, sd = 1)
> chisq <- Z1^2 + Z2^2 + Z3^2 + Z4^2 + Z5^2 # 카이제곱
> hist(chisq, freq = F, breaks = 100,
+      xlim = c(0, 25), xlab = NA,
+      main = '카이제곱 분포')
> par(new = T)
> plot(density(chisq), axes = F,
+      xlim = c(0, 25), main = NA)
```

[그림 11-16]

```
> # 카이제곱 그래프(자유도 1, 4, 6)
> curve(dchisq(x, df = 1, ncp = 0), col="red", # 자유도 1인 경우
+       xlim=c(0, 16), ylim=c(0, 0.8), ylab="f(t)")
> curve(dchisq(x, df = 4, ncp = 0), add = T, col="red", # 자유도 4인 경우
+       xlim=c(0, 16), ylim=c(0, 0.8), ylab="f(t)")
> curve(dchisq(x, df = 6, ncp = 0), add = T, col="red", # 자유도 4인 경우
+       xlim=c(0, 16), ylim=c(0, 0.8), ylab="f(t)")
```

[그림 11-17]

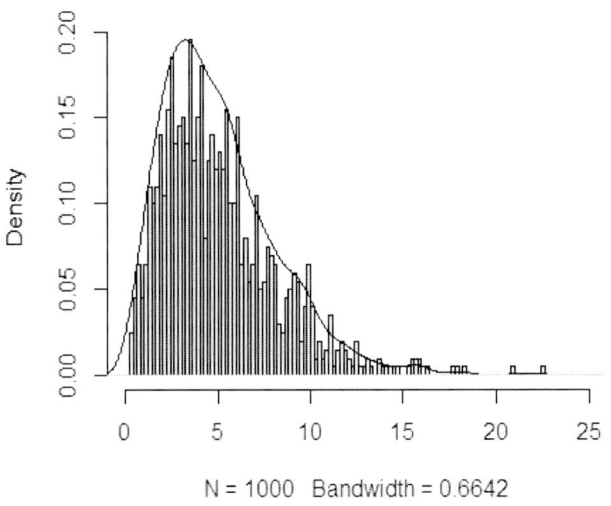

[그림 11-16] χ^2-분포도

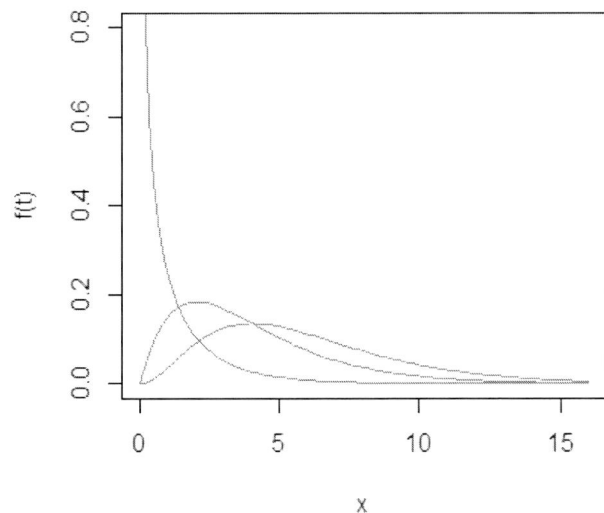

[그림 11-17] χ^2-분포도(자유도 1, 4, 6일 경우)

4 t-분포

t-분포(Student's t Distribution)는 표준정규분포와 χ^2-분포에 의하여 유도된다. 즉 Z~N(0, 1)와 V~χ^2(v)이 서로 독립이면 확률변수 T는 자유도(degree of freedom: df)가 v인 t-분포를 따른다.

$$T = \frac{Z}{\sqrt{\frac{V}{v}}} \sim t(v)$$

따라서 확률변수 t는 다음과 같이 샘플의 수에서 1을 뺀 n-1인 t-분포를 따른다. 여기서 n-1

을 자유도(Degree of Freedom)라고 한다.

$$t = \frac{\overline{X} - \mu}{\frac{\sigma}{\sqrt{n}}} \sim t_{n-1}$$

표준정규분포와 자유도가 4인 t-분포를 비교한 그래프는 [그림 11-18]과 같다.

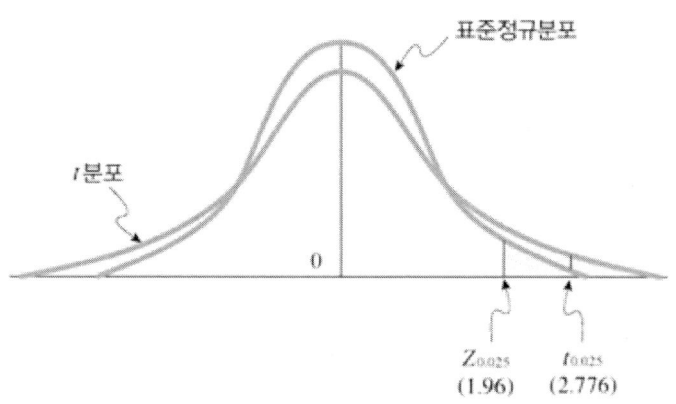

[그림 11-18] 표준정규분포와 t-분포와 비교

t-분포는 자유도가 모수이므로 자유도의 크기에 따라 분포의 형태가 달라진다. 자유도가 작으면 표준정규분포에서 옆으로 퍼진 형태가 크게 되고 자유도가 크면 클수록 표준정규분포에 근접하게 된다([그림 11-19]).

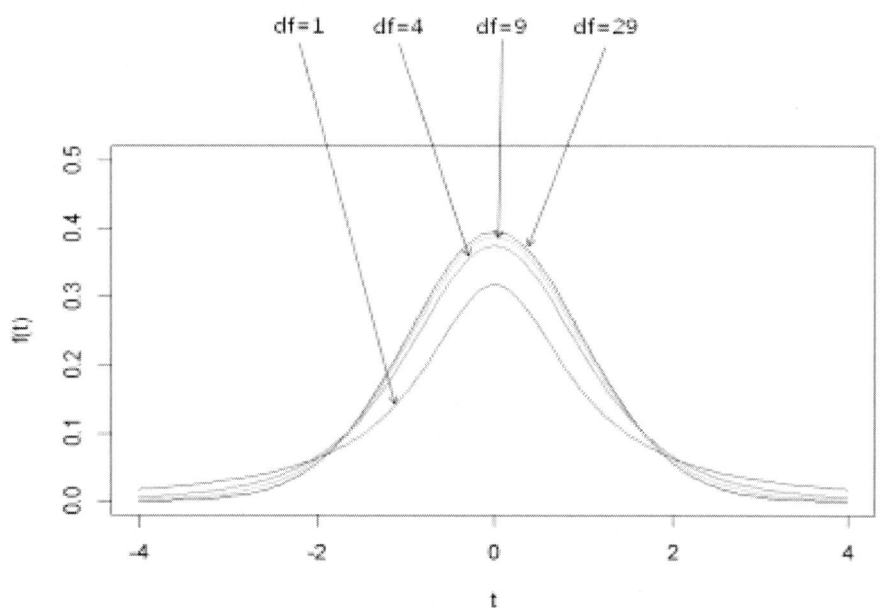

[그림 11-19] 자유도의 크기에 따른 t-분포의 차이

표본 통계량 검정에서 Z-분포는 모집단의 분산이 알려졌을 때 사용하지만 t-분포는 주로 모집단의 분산을 알지 못하고 표본 분산을 사용해야 할 때 사용한다.

t-분포를 R 코드로 구현한 예제는 다음과 같다.

11-4-4-5: t-분포 예

```
> curve(dnorm(x, mean = 0, sd = 1), col="orange",   # 표준 정규 분포
+        xlim=c(-4, 4), ylim=c(0, 0.5), xlab="t", ylab="f(t)")
> curve(dt(x, df = 1, ncp = 0), add=T, col="red",   # 자유도 1인 경우
+        xlim=c(-4, 4), ylim=c(0, 0.5), xlab="t", ylab="f(t)")
> curve(dt(x, df = 4, ncp = 0), add=T, col="green", # 자유도 4인 경우
+        xlim=c(-4, 4), ylim=c(0, 0.5), xlab="t", ylab="f(t)")
> curve(dt(x, df = 6, ncp = 0), add=T, col="blue",  # 자유도 6인 경우
+        xlim=c(-4, 4), ylim=c(0, 0.5), xlab="t", ylab="f(t)")
```

[그림 11-20]

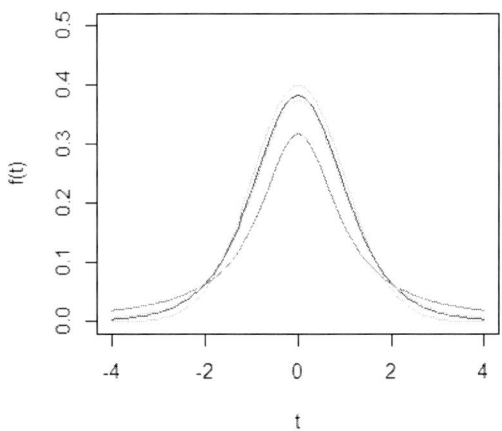

[그림 11-20] t-분포도(자유도 1, 4, 6)

5 F-분포

F-분포(F Distribution)는 두 개의 독립적인 χ^2-분포에 의해 유도된다. $X_1 \sim \chi^2(v_1)$과 $X_2 \sim \chi^2(v_2)$이 서로 독립이면 다음의 확률변수 F는 분자 분모의 자유도가 각각 v_1, v_2인 F-분포를 따른다.

$$F = \frac{\dfrac{X_1}{v_1}}{\dfrac{X_2}{v_2}} \sim F(v_1, v_2)$$

한편, 자유도가 각각 $n_1 - 1, n_2 - 2$인 표본에서 다음의 확률변수 F는 F-분포를 따른다.

$$F = \frac{\frac{\chi_{n1}-1}{n_1-1}}{\frac{\chi_{n_2}-1}{n_2-1}} = \frac{\frac{(n_1-1)s_1^2}{(n_1-1)\sigma_1^2}}{\frac{(n_2-1)s_2^2}{(n_2-1)\sigma_2^2}} = \frac{\frac{s_1^2}{\sigma_1^2}}{\frac{s_2^2}{\sigma_2^2}} \sim F_{(n_1-1,\, n_2-1)}$$

F-분포는 분산비 검정, 분산분석, 회귀 분석 등에 사용한다.
Ft-분포를 R 코드로 구현한 예제는 다음과 같다.

11-4-4-6: F-분포 예

```
> curve(df(x, 3, 15, ncp=0), col="red",
+       xlim=c(0, 5), ylim=c(0, 1), xlab="f", ylab="f(t)")
> curve(df(x, 5, 15, ncp=0), add=T, col="green",
+       xlim=c(0, 5), ylim=c(0, 1), xlab="f", ylab="f(t)")
> curve(df(x, 9, 15, ncp=0), add=T, col="blue",
+       xlim=c(0, 5), ylim=c(0, 1), xlab="f", ylab="f(t)")
```

[그림 11-21]

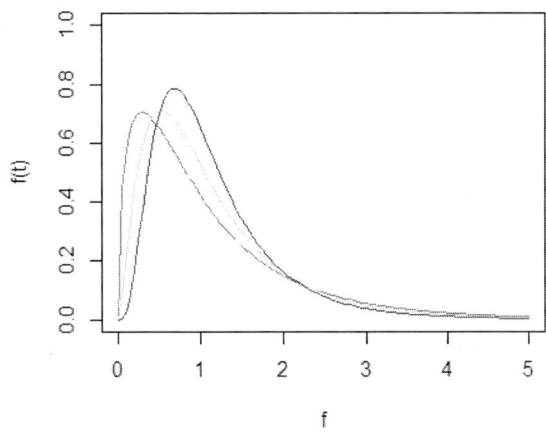

[그림 11-21] F-분포(자유도 : (3, 15), (5, 15), (9, 15))

11.5 추론 통계량

추론 통계(Inferential Statistics)는 관심의 대상이 되는 전체 집단(population)에 대한 조사가 불가능하거나 비효율적일 때 모집단의 일부(표본, sample)만을 관측하여 모집단의 특성을 어림짐작(추측, possibility)하는 분석 방법이다. 조사된 표본을 이용하여 모집단에 대해 추측하는 것이므로 추측 통계라고도 한다. 추론 통계 분석 방법으로는 수집된 표본 자료를 이용하여 통계 분석을 통하여 크게 추정(estimation)과 가설검정(hypothesis test)이 있다.

[표 11-12] 추론 통계 검정 기법

검정기법	내용
추정(Estimation)	표본 통계량을 이용하여 모집단의 모수를 어림짐작하는 것으로 하나의 값으로 추정하는 점 추정(point estimation)과 일정한 구간 내에 있을 확률을 추정하는 구간 추정(interval estimation)이 있다.
가설검정 (Hypothesis test)	모집단에 대한 특정한 가설(hypothesis, 가정)을 세우고 표본의 통계량을 이용하여 그 가설이 맞는지(accept) 틀리는지(reject)를 검정(test, 평가)하는 것이다.

또한 추론 통계 분석에서 [표 5-12]와 같이 모집단의 분포를 가정하고 분석하는 모수 통계량(Parametric Statistic) 기법과 모집단의 분포에 대한 가정 없이 일단 분석하여 결과를 찾아가는 방법인 비모수 통계량(Non Parametric Statistic) 기법으로 나눌 수 있다.

[표 11-13] 추론 통계 모수 가정 방법

모수 설정	내용
모수 통계 (Parametric Statistics)	모집단의 분포를 가정하고 분석하는 방법
비모수 통계 (Non-Parametric Statistics)	모집단의 분포를 가정하지 않고 일단 분석하여 결과를 찾아가는 방법

이런 통계 분석 방법을 통하여 도출된 결과를 기준으로 자료의 특성을 파악하거나 예측까지의 의사결정 과정은 다음과 같다.

- 문제를 정확하게 파악 분석의 목표로 설정
- 목표에 적합한 자료를 수집, 정리, 요약, 분석하여 표본의 특성 파악
- 표본정보를 이용하여 모집단의 모수를 추정
- 미래 대한 예측이나 의사결정을 수행

1. 추정

추정(Estimate)이란 표본 통계량으로 알지 못하는 모수의 값을 추정하는 것을 의미한다. 이때 알지 못하는 모수를 θ(세터)라고 한다면 추정량은 $\hat{\theta}$(세터 햇)으로 표기한다. 추정량은 모수를 하나의 값으로 추정하는 점 추정(point estimate)과 모수가 포함될 범위를 추정하는 구간 추정(interval estimate)이 있다.

1 점 추정

점 추정은 모수가 특정한 값일 것으로 추정하는 것이다. 즉 모집단의 평균 μ의 점 추정량은 표본평균(sample mean)이다. 즉 표본평균이 모평균이라고 추정하는 것이다.

$$\overline{X} = \frac{\sum_{i=1}^{n} X_i}{n}, i = 1, 2, 3, ..., n$$

그리고 모집단의 분산 σ^2을 추정량은 표본 분산(sample variance)으로 한다.

$$S^2 = \frac{\sum_{i=1}^{n}(X_i - \overline{X})^2}{n-1}, X_i : 변량, \overline{X}: 표본평균$$

점 추정은 모수가 특정한 하나의 값으로 단정하는 것으로 사실상 추정량이 얼마나 정확한지 판단하기가 불가능하다. 즉 모수 θ을 점 추정량 $\hat{\theta}$로 추정할 때 모수는 하나의 상숫값으로 도출되지만 점 추정량은 표본의 성격에 따라 다른 값이 산출된다. 그런 점 추정량 중 어떤 값이 바람직하다고 할 수 있을까? 점 추정량 판단 기준에 대해서 살펴보자([표 11-14]).

[표 11-14] 점 추정량의 판단 기준

점 추정량 판단 기준	내용
불편성(unbiasness)	점 추정량의 기댓값이 모수와 일치하는지 조사하는 것으로 추정량의 기댓값과 모수의 차이인 편차(bias)가 0이 되는지 판단
최소분산(minium variance)	추정량의 편차가 최소가 되는지 판단
최소 MSE(Mean Squared Error)	불편성과 최소분산을 동시에 고려하는 것으로 $MSE = var + bias^2$가 최소가 되는지 판단

다음은 점 추정 예제 R 코드와 실행 결과이다.

 11-5-1-1: 점 추정 예

```
> # 점 추정(Point Estimate)
> height <- c(166, 169, 172, 175, 178) # 학생 키(표본)
> mean(height) # 점 추정(평균)
[1] 172
> var(height) # 점 추정(분산)
[1] 22.5
```

2 구간 추정

점 추정은 표본오차를 수반하기 때문에 모수의 추정값으로, 전적으로 신뢰할 수 없다. 그래서 모수가 빈번히 포함할 범위를 제시하는 것이 구간 추정(interval estimate)이라고 한다. 구간

주정이란 모수가 일정한 신뢰구간(confidence interval)에 있을 확률을 추정하는 것으로 점 추정값 중심을 양쪽으로 구간 넓이를 정하는 것이다. 만일 예를 들어 어떤 반 학생의 10명을 뽑아서 평균 신장을 구했는데 172였다고 가장하고 신뢰구간이 3이라고 하면 그 반 학생의 전체 평균은 169에서 175 사이에 있을 것으로 추정하는 것을 구간 추정이라고 한다. 그런데 반 학생 전체가 169~175에 있을 것이라고 단정할 수 있을까? 그렇지 않다. 따라서 어느 정도 틀릴 수 있는 확률을 가지고 구간 추정을 해야 한다. 이처럼 다를 수 있는 정도를 신뢰수준(confidence level)이라고 한다.

일반적으로 신뢰수준은 90%, 95%, 99%의 확률을 이용하는 경우가 많다. 신뢰수준 95%의 의미는 100번 반복해서 표본을 추출해서 신뢰구간을 계산할 때 95번 정확하고 5번은 틀릴 수 있는 확률이다. 여기서 5번 틀릴 확률로 모수 θ가 A와 B 사이에 있을 신뢰구간은 다음과 같다.

$$P(A \leq \theta \leq B) = 1 - \alpha$$

만약 확률변수 A와 B에 대한 측정값을 a와 b라고 하면 구간 추정 a<θ<b는 θ에 대한 100(1-α)% 는 신뢰구간(confidence interval)이며 $1-\alpha$는 신뢰수준(confidence level)이고 α는 유의수준(significant level)이라고 한다.

모집단이 확률분포를 정규분포라고 할 때 모평균 μ의 신뢰구간은 모분산 σ^2이 알려졌을 경우는 표준정규분포 Z-통계량 검정을 이용하고 그렇지 않으면 Student t-통계량 검정을 이용한다.

① 모분산이 알려져 있을 경우

만일 평균 μ와 분산 σ^2을 가지는 모집단에서 모분산 σ^2을 알 수 있을 때 모집단 μ의 구간 추정은 다음과 같이 구할 수 있다.

$$P(-Z_{\alpha/2} < Z < Z_{\alpha/2}) = 1 - \alpha$$

에서 $Z = \dfrac{\overline{X} - \mu}{\dfrac{\sigma}{\sqrt{n}}}$ 이므로 모평균 μ의 구간 추정량은 다음과 같이 구할 수 있다.

$$P(-z_{\alpha/2} < \frac{\overline{X} - \mu}{\frac{\sigma}{\sqrt{n}}} < z_{\alpha/2}) = 1 - \alpha$$

$$P(-z_{\alpha/2}\frac{\sigma}{\sqrt{n}} < \overline{X} - \mu < z_{\alpha/2}\frac{\sigma}{\sqrt{n}}) = 1 - \alpha$$

$$P(\overline{X} - z_{\alpha/2}\frac{\sigma}{\sqrt{n}} < \mu < \overline{X} + z_{\alpha/2}\frac{\sigma}{\sqrt{n}}) = 1 - \alpha$$

$$\mu = (\overline{X} - z_{\alpha/2}\frac{\sigma}{\sqrt{n}}, \overline{X} + z_{\alpha/2}\frac{\sigma}{\sqrt{n}})$$

모평균 μ에 대한 100(1-α)%의 신뢰수준에서 신뢰구간(Confident interval)과 오차한계(Error limit), 표준 오차(Standard error)는 다음과 같다.

$$신뢰구간 = 2z_{\alpha/2}\frac{\sigma}{\sqrt{n}}$$

$$오차한계(d) = z_{\alpha/2}\frac{\sigma}{\sqrt{n}}$$

$$표준오차 = \frac{\sigma}{\sqrt{n}}$$

만일 어떤 반에 키의 모평균은 μ에서 모분산이 4^2라고 알려졌을 경우 10명의 표본을 추출한 표본평균은 170(점 추정값)일 경우 평균 μ에 95% 구간 추정은 다음과 같다.

$$\mu = (\overline{X} - z_{0.025}\frac{\sigma}{\sqrt{n}}, \overline{X} + z_{0.025}\frac{\sigma}{\sqrt{n}})$$
$$\mu = (170 - 1.96\frac{4}{\sqrt{10}}, 170 + 1.96\frac{4}{\sqrt{10}})$$
$$\mu = (170 - 2.4792, 170 + 2.4792)$$

따라서 모평균 μ는 95% 신뢰구간에서 167.52<μ<172.48로 추정된다.

 11-5-1-2: 구간 추정 예(모분산이 알려져 있을 경우)

```
> # 구간 추정(모분산/표준편차가 알려졌을 경우)
> height <- c(166, 169, 172, 175, 178) # 학생 5명 표본의 키(분산 25)
> n <- length(height) # 자료의 수
> V <- 25 # 알려진 모분산
> X <- mean(height) # 표본평균
> # 표준 정규분포 0.025(97%)에서 Z값
> Z <- qnorm(p = 0.025, 0, 1, lower.tail = F)
> LCL <- X - Z*sqrt(25)/sqrt(n) # 구간 추정 최소
> UCL <- X + Z*sqrt(25)/sqrt(n) # 구간 추정 최대
> cat(LCL, '모평균',UCL, sep = " ≤ ") # 구간 추정
167.6174 ≤ 모평균 ≤ 176.3826
```

---

② 모분산을 모를 경우

한편 μ와 분산 σ^2을 가지는 모집단에서 분산 σ^2이 알려지지 않았을 경우 모집단 μ의 구간 추정은 다음과 같이 구할 수 있다.

$$P(-t_{(n-1,\alpha/2)} < t_{(n-1)} < t_{(n-1,\alpha/2)}) = 1 - \alpha$$

에서 $t = \dfrac{\overline{X} - \mu}{\dfrac{s}{\sqrt{n}}}$ 이므로 위에 확률 식을 다음과 같다.

$$P(-t_{(n-1,\alpha/2)} < \frac{\overline{X}-\mu}{\frac{S}{\sqrt{n}}} < t_{(n-1,\alpha/2)}) = 1-\alpha$$

$$P(-t_{(n-1,\alpha/2)}\frac{S}{\sqrt{n}} < \overline{X}-\mu < t_{(n-1,\alpha/2)}\frac{S}{\sqrt{n}}) = 1-\alpha$$

$$P(\overline{X}-t_{(n-1,\alpha/2)}\frac{S}{\sqrt{n}} < \mu < \overline{X}+t_{(n-1,\alpha/2)}\frac{S}{\sqrt{n}}) = 1-\alpha$$

$$\mu = (\overline{X}-t_{(n-1,\alpha/2)}\frac{S}{\sqrt{n}}, \overline{X}+t_{(n-1,\alpha/2)}\frac{S}{\sqrt{n}})$$

따라서 모평균 μ에 대한 $100(1-\alpha)\%$의 신뢰구간, 오차한계, 표준 오차는 다음과 같다.

$$신뢰구간 = 2t_{(n-1,\alpha/2)}\frac{S}{\sqrt{n}}$$

$$오차한계(d) = t_{(n-1,\alpha/2)}\frac{S}{\sqrt{n}}$$

$$표준오차 = \frac{S}{\sqrt{n}}$$

만일 어떤 반에 신장의 모평균은 μ에서 모분산 σ^2이 알려지지 않을 때 10명의 표본을 추출한 표본평균은 170(점 추정값)이고 표본 분산이 5.02일 경우 평균에 95% 신뢰구간은 다음과 같다.

$$\mu = (\overline{X}-t_{(n-1,0.025)}\frac{S}{\sqrt{n}}, \overline{X}+t_{(n-1,0.025)}\frac{S}{\sqrt{n}})$$

$$\mu = (170-2.26\frac{5.02}{\sqrt{10}}, 170+2.26\frac{5.02}{\sqrt{10}})$$

$$\mu = (170-3.591, 170+3.591)$$

따라서 모평균 μ는 166.41≤μ≤173.39로 추정된다.

11-5-1-3: 구간 추정 예(모분산이 알려지지 않을 경우)

```
> # 구간 추정(모분산/표준편차가 알려지지 않은 경우)
> height <- c(166, 169, 172, 175, 178) # 학생 5명 표본의 키
> n <- length(height) # 자료의 수
> X <- mean(height) # 표본평균
> S <- sd(height) # 표본 분산
> # t-분포에서 0.025(97%)에서 t 값
> t <- qt(p = 0.025, df = n-1, lower.tail = F)
> LCL <- X - t*S/sqrt(n) # 구간 추정 최소
> UCL <- X + t*S/sqrt(n) # 구간 추정 최대
> cat(LCL, '모평균',UCL, sep = " ≤ ") # 구간 추정
166.1103 ≤ 모평균 ≤ 177.8897
```

③ 모비율의 구간 추정

모비율 점 추정량에 대한 표본비율은 시행 횟수에 대한 성공 횟수로 다음과 같이 구할 수 있다.

$$\hat{p} = \frac{X}{n} \sim N(p, \frac{p(1-p)}{n})$$

$$\frac{\hat{p}-p}{\sqrt{\frac{p(1-p)}{n}}} \sim N(0,1)$$

따라서 모비율의 구간 추정은 다음과 같다.

$$P(-z_{\alpha/2} < \frac{\hat{p}-p}{\sqrt{\frac{\hat{p}(1-\hat{p})}{n}}} < z_{\alpha/2}) = 1-\alpha$$

$$P(-z_{\alpha/2}\sqrt{\frac{\hat{p}(1-\hat{p})}{n}} < \hat{p}-p < z_{\alpha/2}\sqrt{\frac{\hat{p}(1-\hat{p})}{n}}) = 1-\alpha$$

$$P(\hat{p}-z_{\alpha/2}\sqrt{\frac{\hat{p}(1-\hat{p})}{n}} < p < \hat{p}+z_{\alpha/2}\sqrt{\frac{\hat{p}(1-\hat{p})}{n}}) = 1-\alpha$$

$$p = (\hat{p}-z_{\alpha/2}\sqrt{\frac{\hat{p}(1-\hat{p})}{n}}, \hat{p}+z_{\alpha/2}\sqrt{\frac{\hat{p}(1-\hat{p})}{n}})$$

따라서 모비율 p에 대한 100(1-α)%의 신뢰구간은 다음과 같다.

$$p = (\hat{p}-z_{\alpha/2}\sqrt{\frac{\hat{p}(1-\hat{p})}{n}}, \hat{p}+z_{\alpha/2}\sqrt{\frac{\hat{p}(1-\hat{p})}{n}})$$

모비율 구간 추정 예제 R 코드는 다음과 같다.

 11-5-1-4: 모비율 구간 추정 예

```
> # 모비율 구간 추정
> n <- 1000 # 1,000명 전화 조사
> pA <- 0.4 # A 정당 지지율
> pB <- 0.45 # B 정당 지지율
> # 표준 정규분포 0.025(97%)에서 Z값
> Z <- qnorm(p = 0.025, 0, 1, lower.tail = F)
> LCLA <- pA - Z*sqrt((pA*(1-pA))/n) # A 정당 모비율 최소
> UCLA <- pA + Z*sqrt((pA*(1-pA))/n) # A 정당 모비율 최대
> LCLB <- pB - Z*sqrt((pB*(1-pB))/n) # B 정당 모비율 최소
> UCLB <- pB + Z*sqrt((pB*(1-pB))/n) # B 정당 모비율 최대
```

```
> cat(LCLA, 'A 정당 지지율',UCLA, sep = " ≤ ")   # A 정당 모비율 구간 추정
0.3696364 ≤ A 정당 지지율 ≤ 0.4303636
> cat(LCLB, 'B 정당 지지율',UCLB, sep = " ≤ ")   # B 정당 모비율 구간 추정
0.4191656 ≤ B 정당 지지율 ≤ 0.4808344
```

2. 가설검정

가설검정(Hypothesis Test)은 모수에 대한 어떤 가설(hypothesis)을 세우고 표본 통계량을 통해 그 가설이 맞는지 아니면 틀리는지를 결정하는 검정(test)하는 것이다. 즉 가설검정은 모수에 주장을 가설로 설정하고 가설이 맞는지 자료를 통해서 판단하기 위해 자료에서 판단 기준이 될 수 있는 필요한 통계량을 계산한다. 가설이 맞으면 이런 값이 나올 확률을 계산하여 판정한다. 여기서 가설(hypothesis)이란 모수에 관한 주장이다.

1 가설 종류

가설은 귀무가설(歸無假說, Null Hypothesis, H_0)과 대립가설(代立假說, Alternative Hypothesis, H_1)이 있다([표 11-15]).

[표 11-15] 귀무가설과 대립가설

가설의 종류	표기	내용
귀무가설	H_0	영가설이라고도 부르며 관습적이고 보수적인 주장하는 것으로 "차이 없다", "효과 없다", "관계없다", "0이다" 등
대립가설	H_1	연구가설이라고도 부르며 적극적이고 입증하고자 하는 사실을 주장하는 것으로 "차이 있다", "효과 있다", "관계있다", "0이 아니다" 등

가설검정은 항상 귀무가설이 옳다는 전제하에서 검정을 시행한다. 귀무가설과 대립가설을 좀 더 자세히 설명하기 위하여 다음과 같은 경우를 생각해 보자.

일반적으로 동전을 던졌을 때 앞면이 나올 수 있는 확률은 0.5이다. 기존의 사실 0.5가 맞는지 확인하기 위하여 동전을 10번 던지는 실험을 한 결과 동전의 앞면이 8번 나왔다. 이러한 실험 결과를 두고 동전을 던졌을 때 앞면이 나올 수 있는 확률은 0.5보다 클 것이라고 주장할 수 있을까?

위 실험 결과의 주장을 검정하기 위하여 먼저 귀무가설과 대립가설을 설정한다. 귀무가설은 "차이 없다"이고 연구가설은 "0.5보다 크다"일 것이다. 이것을 수식으로 표현하면 다음과 같다.

$$H_0 : p = 0.5$$
$$H_1 : p > 0.5$$

동전을 10번 던졌을 경우 앞면이 나올 수 있는 확률변수 X는 $X \sim B(10, 0.5)$로 표현된다. 이것을 이산 확률분포 도표는 [그림 11-22]와 같다.

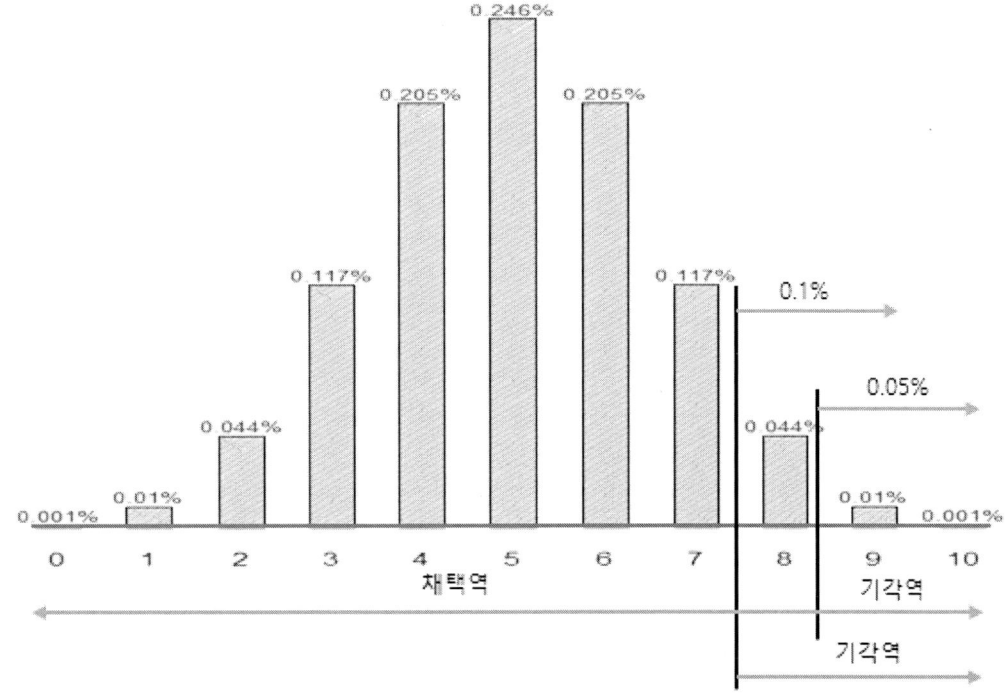

[그림 11-22] 동전을 10번 던졌을 경우 앞면이 나오는 확률분포도

그림 12-14에서 동전을 8번 던졌을 경우 앞면이 나올 수 있는 확률은 0.001+0.01+0.044로 0.056으로 유의수준 5%(95% 신뢰수준)인 0.05보다 크므로 귀무가설을 기각할 수 없고, 채택하게 된다. 즉 동전 던지기 10번 시행에서 앞면이 8번 나왔다고 해서 동전에 앞면이 나올 확률 0.5보다 크다고 주장할 수 없다. 만일 유의수준 10%(90% 신뢰수준)인 경우는 0.056이 0.1보다 작으므로 귀무가설을 기각하고 연구가설을 채택하여 90%의 신뢰수준으로 동전 던지기에서 앞면이 나올 확률은 0.5 이상이라고 주장 할 수 있다. 동전을 10번 던졌을 때 8번이 앞면이 나온 것은 실험의 횟수를 너무 적게 해서 우연히 8번이 나왔다는 것이다. 만일 동전 던지기를 100번 혹은 1000번 던지기 실험한다면 50번 혹은 500번의 앞면이 나올 것이다.

2 가설검정

가설검정에서 사용하는 중요한 개념은 귀무가설과 대립가설뿐만 아니라 검정 통계량(hypothesis statistic), 유의수준(significant level), p-value(유의 확률, significant probability), 기각 역(critical region) 등이다. 귀무가설은 어떤 실험이나 연구하기 전에 알려진 기존에 학설 및 사실을 의미하고 대립가설이란 연구자가 새롭게 밝히려는 사실이다. 이러한 가설이 맞는지 판단하기 위하여 우리가 데이터로부터 구한 값을 검정 통계량이라고 한다. 판단이 틀릴 확률을 유의수준이라고 하고 틀릴 확률이 속한 구간을 기각 역이라고 한다. 만일 가설검정에서 귀무가설을 기각하면 새롭게 밝히려는 연구가설을 채택하게 된다. 반대로 귀무가설을 기각할 수 없으면 귀무가설을 채택하고 연구가설은 기각하게 된다. 여기서 기각역을 어떻게 설정하느냐에 따라 양쪽에 둘 수 있는 양측 검정과 한쪽에만 검정하는 단측 검정으로 나눌 수 있다. 단측 검정은 다시 왼쪽 단측 검정과 오른쪽 단측 검정으로 나눌 수 있다.

양측 검정에서 귀무가설은 주로 "모집단의 평균과 같다."이고 대립가설은 "모집단의 평균과 다르다."라고 설정한다. 좌측 검정은 "모집단의 평균과 같다."이고 대립가설은 "모집단의 평균보다 작다."이다. 우측 검정은 반대로 "모집단의 평균과 같다."이고 대립가설은 "모집단의 평균보다 크다."이다.

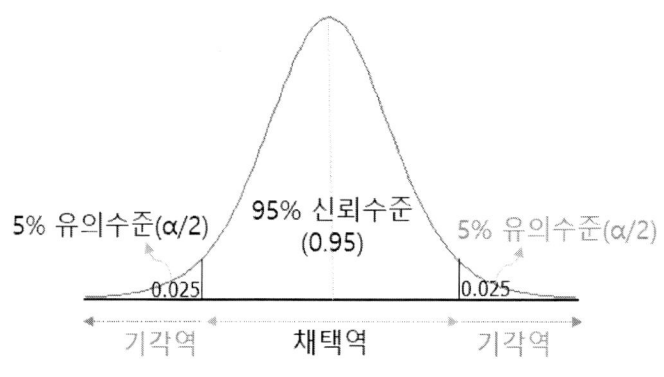

[그림 11-23] 가설검정 기각 역

통계학에서 귀무가설을 기각할 것인지 채택할 것인지 중요한 판단은 p-value를 사용한다. p-값은 귀무가설이 사실이라는 가정하에 결과가 일어날 유의 확률(significant probability 합이 된다.

$$p-value = P(결과 \mid H_0 이 사실)$$

즉 분포에서 귀무가설 H_0이 얼마나 자주 일어나는가 아니면 아주 드물게 나타나는가에 따라 채택할 것인지 아니면 기각할 것인지를 결정하게 된다. 만일 일정 수준 이상으로 자주 일어나면 귀무가설이 맞는다고 판단하고 귀무가설을 채택하게 되고 드물게 일어나면 귀무가설이 틀린다고 판단하여 귀무가설을 기각하고 대립가설을 채택하게 된다. 만일 p-value<0.05(유의수준 5%)면 귀무가설을 기각하고 연구가설을 채택한다. 여기서 유의수준 α은 일반적으로 0.05(95% 신뢰수준에서 표본오차 5%)를 많이 사용하지만, 임상실험이나 불량률, 고장률 등과 같이 중요한 관심의 대상이 되는 사항에 대해서는 0.01(99% 신뢰수준에 표본오차 1%)을 사용하기도 한다. 드물기는 하지만 여론 조사나 설문 조사에서는 0.1(90% 신뢰수준에 표본오차 10%)을 사용하기도 한다.

③ 가설검정 오류

가설검정 과정에서 1종 오류(Type 1 error: α)와 2종 오류(Type 2 error: β)가 발생할 수 있다. 1종 오류는 H_0가 옳은데도 H_0를 기각하는 경우이고 2종 오류는 반대로 H_0가 옳지 않은데도 H_0를 채택하는 경우이다([표 11-16]).

[표 11-16] 가설검정 결과의 오류

밝혀진 사실 \ 검정 결과	H_0 사실로 판정	H_0 사실이 아니라고 판정
H_0 사실	옳은 결정	1종 오류[α 오류]
H_0 사실이 아님	2종 오류[$\beta(1-\alpha)$오류]	옳은 결정

예를 들면 어떤 제약회사에서 새로운 다이어트약을 개발하여 임상실험 결과 다이어트에 효과가 없는데(H_0 사실) 다이어트에 효과가 있다고 판정(H_0 사실이 아니라고 판정)할 때 1종 오류라고 한다. 반대로 다이어트에 효과가 있는 데(H_0 사실이 아님)에도 불구하고 효과가 없다고 판정(H_0 사실로 판정)하는 경우 2종 오류라고 한다. 1종 오류를 범할 때 제약회사는 사기죄로 법적인 책임을 져야 하며 개발한 다이어트약을 모두 폐기해야 하는 손해를 입게 된다. 2종 오류를 범할 때 제약회사는 다이어트약 개발 비용에 손해를 입게 된다. 또 다른 예로 암 환자를 진단하는 실험에서 암이 없는데(H_0 사실) 암이 있다고 진단(H_0 사실이 아니라고 판정)할 때 1종 오류가 범한 경우와 반대로 암이 있는데(H_0 사실이 아님) 암이 없다고 진단(H_0 사실로 판정하는 경우)할 때 2종 오류를 범하게 된다. 암 진단에서 2종 오류는 1종 오류보다 암 환자에게 더 심각한 결과를 초래할 수 있다. 이 두 가지 오류는 서로 상충관계(tradeoff)가 있어 일반적인 가설검정에는 1종 오류 α의 기각 역을 0.05, 0.01, 0.1 등으로 고정한 후 2종 오류 β를 최소가 되도록 기각 역을 설정해야 한다.

4 가설검정 통계량

통계적 추론에서 모집단 모수에 대한 검정(test)에는 모수적 방법(parametric method)과 비모수적 방법(nonparametric method)이 있다.

- 모수적 검정 방법은 검정하고자 하는 모집단 분포를 가정하고 그 가정하에서 검정 통계량과 검정 통계량의 분포를 유도해 검정하는 방법이다.
- 비모수적 검정은 표본 모집단 분포에 대하여 아무런 가정을 하지 않고 검정하는 방법으로 관측된 자료가 특정한 분포를 따른다고 가정할 수 없는 경우이다.

즉 모수적 검정에서는 모평균, 모분산, 모비율과 같은 모수를 기준으로 가설검정을 시행하는 반면에 미 모수 검정에서는 가정된 모수를 알 수 없으므로 가설은 단지 "분포의 형태가 같다." 혹은 "그렇지 않다."라는 형식으로 가설을 설정한다.

한편 빅데이터 통계 분석에서 통계량을 구할 때

일변량 분석(Univariate Analysis)과 다변량 분석(Multivariate Analysis)으로 나누어진다.

- 일변량 분석은 관심을 가지는 종속변수(반응변수)가 단 하나인 경우
- 다변량 분석은 관심을 가지는 종속변수(반응변수)가 두 개 이상일 경우

주의할 점은 독립변수의 개수는 분류 기준에 영향을 주지 않는다는 것이다. 가령 예를 들면 '성별과 나이에 따라 평균의 차이'를 검정할 때 독립변수는 '성별', '나이'의 두 개이지만 종속

변수 '평균' 단 하나이기 때문에 일변량 분석이다. 그러나 '다이어트 식단 변화에 따라 키와 몸무게의 변화'는 종속변수가 '키'와 '몸무게' 두 개이므로 다변량 분석이라고 한다.

일변량 분석 기법은 [표 11-17]과 같다.

[표 11-17] 일변량 분석 기법

기법	종류	내용	검정
평균분석	일표본 평균 검정	모평균과 표본평균 차이 검정	t-검정
	독립표본 평균 검정	두 개의 표본평균 차이 검정	
	대응표본 평균 검정	동일 집단의 전후 평균 차이 검정	
분산분석	일원 분산분석	한 가지 기준에 의한 모집단 평균 차이 검정	F-검정
	이원 분산 분석	두 가지 기준에 의한 모집단 평균 차이 검정	
	다변량 분산분석	세 가지 이상 기준에 의한 모집단 평균 차이 검정	
교차분석	적합성 검정	범주별 빈도를 이용하여 모집단에서 기대되는 비율분포가 존재하는지를 검정	X^2-검정
	독립성 검정	두 범주형 변수 간의 관련성이 모집단에서 존재하는 여부를 검정	
회귀분석	단순 회귀분석	하나의 연속형 독립변수를 이용하여 연속형 독립변수를 예측하는 것으로 선형관계는 독립변수 n차 다항식으로 표현	상관계수
	다중 회귀분석	두 개 이상의 연속형 독립변수를 이용하여 한 개의 연속형 종속변수를 예측	

다변량 분석 기법은 [표 11-18]과 같다.

[표 11-18] 다변량 분석 기법

기법	종류	내용	검정
상관분석	피어슨 상관계수	등간척도인 두 변수 간의 선형성을 측정한 값	공분산
	스피어만 상관계수	서열척도인 두 변수 사이에 비모수적(자료가 순서로 되어 있을 때) 단조성을 측정한 값	
주성분 분석	차원 축소	어떤 데이터들의 집합에서 가장 크게 해당 데이터를 구분 짓는 변수를 찾기 위한 분석법	
다차원 척도	다차원 척도	여러 대상 간의 거리가 주어졌을 경우 대상들을 동일한 상대적 거리를 가진 공간에 배치	
판별분석	선형 판별분석	독립변수 데이터가 어느 집단에 속할 것인가를 판별하는 분석 방법(공분산 가정)	

	이차 판별분석	독립변수 데이터가 어느 집단에 속할 것인가를 판별하는 분석 방법(이분산 가정)	
군집분석	군집분석	데이터의 유사성을 측정하여 다수의 군집으로 나누고 군집 간의 상이성을 확인하는 분석	

먼저 단일집단 표본에 대하여 모분산 σ^2이 알려진 경우와 모르는 경우 표준 정규 분포인 Z-검정을 할 것인지 아니면 t-검정을 할 것인지 판단하게 된다.

먼저 모평균의 점 추정량은 표본평균과 같다.

$$\overline{X} = \frac{\sum_{i=1}^{n} X_i}{n}, i = 1, 2, 3, ..., n$$

모분산 σ^2이 알려져 있을 때 표준화하면 X~N(0, 1)이 된다.

$$X = \frac{\overline{X} - \mu}{\sqrt{\frac{\sigma^2}{n}}} \sim N(0, 1)$$

$$X = \frac{\overline{X} - \mu}{\frac{\sigma}{\sqrt{n}}} \sim N(0, 1)$$

한편, 모분산 σ^2을 알 수 없을 때 표본 분산 S^2을 사용할 때 X~t(n-1)이 된다.

$$X = \frac{\overline{X} - \mu}{\sqrt{\frac{S^2}{n}}} \sim t_{n-1}$$

$$X = \frac{\overline{X} - \mu}{\frac{S}{\sqrt{n}}} \sim t_{n-1}$$

두 집단의 평균 차이 검정은 두 집단으로 표본을 추출하여 표본 검정량으로 두 집단에 평균이 같은지 아니면 다른지(양측 검정), 혹은 큰지 작은지(단측 검정)를 검정하는 것이다. 두 집단의 평균 차이 검정은 일반적으로 양측 검정을 전제로 한다.

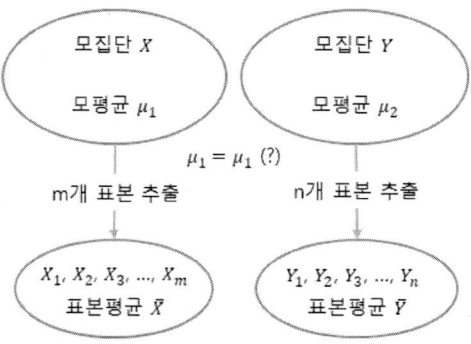

[그림 11-24] 두 모집단에 평균 검정

두 모집단 X, Y의 모분산 σ_1^2, σ_2^2가 알려졌을 경우 각각의 표본 분포 $X \sim N(\overline{X}, \frac{\sigma_1^2}{n_1})$, $Y \sim N(\overline{Y}, \frac{\sigma_2^2}{n_2})$에서 $X-Y \sim N(\overline{X}-\overline{Y}, \frac{\sigma_1^2}{n_1}+\frac{\sigma_2^2}{n_2})$ 이다.

두 표본 $\overline{X}-\overline{Y} \sim N(0, \frac{\sigma_1^2}{n_1}+\frac{\sigma_2^2}{n_2})$ 표준정규분포로 한 것은 다음과 같다.

$$Z = \frac{\overline{X}-\overline{Y}}{\sqrt{\frac{\sigma_1^2}{n_1}+\frac{\sigma_2^2}{n_2}}} \sim N(0,1)$$

이런 사실을 그림으로 표현하면 다음과 같다.

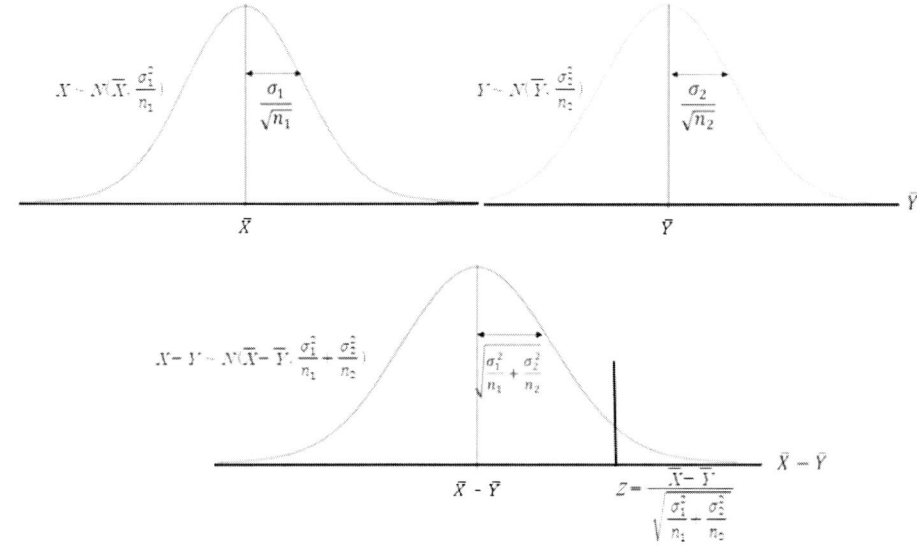

[그림 11-25] 두 집단의 모분산 σ_1^2, σ_2^2가 알려졌을 경우 검정 통계량

한편 두 모집단 X, Y의 모분산 σ_1^2, σ_2^2이 알려지지 않았을 경우 모분산이 같다고 가정(등분산)하는 경우와 서로 다르다고 가정(이분산)하는 경우에 따라 검정 통계량 계산식이 다르다.

먼저 모분산이 알려지지 않았지만 같을 것이라고 가정할 경우(등분산) 두 표본의 크기의 합 $n_1 + n_2 \geq 30$이면 Z-검정 통계량을 사용하고 두 표본의 크기의 합이 30 미만이면 t-검정 통계량을 사용한다. 일반적으로 두 표본의 검정 통계량은 t-검정을 사용한다.

$$t = \frac{\overline{X}-\overline{Y}}{S_p\sqrt{\frac{1}{n_1}+\frac{1}{n_2}}} \sim t_{(n_1+n_2-2)}, S_p = \sqrt{\frac{(n_1-1)S_1^2+(n_2-1)S_2^2}{n_1+n_2-2}}$$

다음은 두 모집단의 분산이 알려지지 않았지만 서로 다를 것이라고 가정할 경우(이분산) 두 표본의 합 $n_1 + n_2 \geq 30$이면 Z-검정 통계량을 이용하고 두 표본의 합이 30미만이면 t-검정 통계량을 사용한다. t-검정 통계량을 구하는 공식은 다음과 같다.

$$t = \frac{\overline{X} - \overline{Y}}{\sqrt{\frac{S_1^2}{n_1} + \frac{S_2^2}{n_2}}} \sim t_{(n_1 + n_2 - 2)}$$

이상과 같은 X, Y 두 표본 집단 평균의 차이를 검정하기 위하여 두 표본 집단의 모평균이 같은지 다른지를 검정하기 위한 검정 통계량을 구하는 식을 정리하면 [그림 11-26]과 같다.

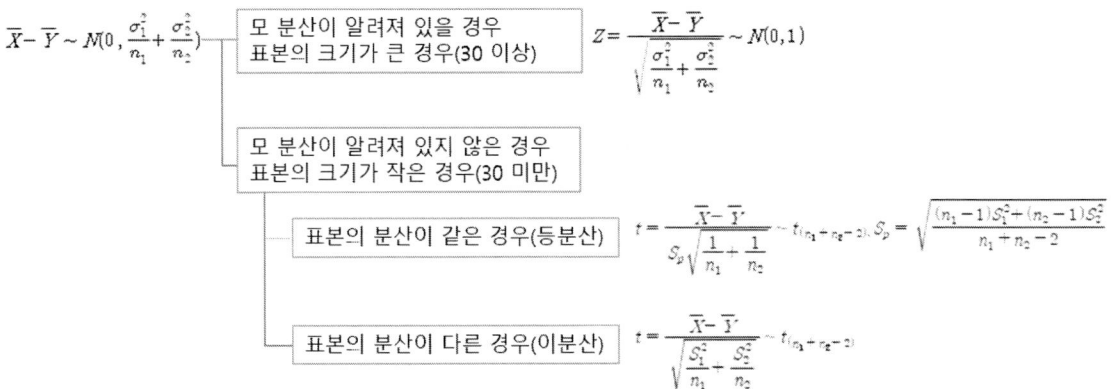

[그림 11-26] 두 모집단의 검정 통계량

두 집단의 분산이 알려지지 않을 때 대부분의 두 집단 검정 통계량은 분산이 서로 다르다고 가정하고 t-검정 통계량을 구하게 된다.

예를 들어 어떤 반 학생에서 남학생과 여학생을 각각 6명씩 무작위로 추출하여 수리 영역 기초학력 시험 결과 남학생 평균 66점 분산 201, 여학생 평균 71점 분산 258로 조사되었다. 그러면 여학생과 남학생의 모평균이 같다는 귀무가설을 5% 유의수준에서 양측 검정하려고 한다. 두 모집단의 분산이 알려지지 않고 다르다고 가정하고 두 표본의 평균 차이 t-검정 통계량은 다음과 같이 계산된다.

$$t = \frac{66 - 71}{\sqrt{\frac{201}{6} + \frac{258}{6}}} \sim t_{(6+6-2=10)}$$

$$t = \frac{-5}{\sqrt{\frac{459}{6}}} \sim t_{(6+6-2=10)}$$

$$t \simeq -0.4954$$

유의수준 5%에서 자유도(df) 10인 경우 t-분포의 임계치는 -1.812와 +1.812이므로 -0.4954는 임계치 안에 있으므로 귀무가설을 기각할 수 없다. 즉 남학생과 여학생의 수리 영역 기초학력 모평균이 서로 같은 경우가 자주 발생한다. 따라서 남학생과 여학생의 수리 영역 기초학력 모평균이 서로 다르다고 말할 수 없다.

그러나 수작업으로 많은 데이터에서 두 집단 사이에 평균 검정 통계량을 구하기는 쉬운 일이 아니다. 그래서 우리는 분석 도구 R을 이용하여 평균 검정 통계량을 구하는 방법을 살펴볼 것이다.

11-5-2-1: 가설검정 예

```
> # (1) 예제 R 데이터프레임 생성
> 반구분 <- c("A", "A", "A", "A", "B", "B", "B", "B", "C", "C", "C", "C")
> 성별 <- c("남", "남", "여", "여", "남", "남", "여", "여", "남", "여", "여", "남")
> 성적 <- c(75, 80, 90, 80, 90, 70, 95, 80, 75, 90, 85, 70)
> 만족도 <- c(2, 4, 4, 3, 4, 3, 5, 3, 2, 5, 4, 3)
> score <- data.frame(반구분, 성별, 성적, 만족도) # 데이터 프레임 생성
> score # score 출력
   반구분 성별 성적 만족도
1       A   남   75     2
2       A   남   80     4
3       A   여   90     4
4       A   여   80     3
5       B   남   90     4
6       B   남   70     3
7       B   여   95     5
8       B   여   80     3
9       C   남   75     2
10      C   여   90     5
11      C   여   85     4
12      C   남   70     3
> # (2) 학생 성적 평균 검정
> # H0(귀무가설) : 학생 평균 점수가 70보다 크지 않다.  ← 귀무가설 기각
> t.test(score$성적, mu = 70,
+        alternative = "greater",
+        conf.level = 0.95)

        One Sample t-test
```
t 확률 밀도에서 t값   자유도(degree of freedom) n-1
```
data:  score$성적                                유의 확률
t = 4.8409, df = 11, p-value = 0.0002591    < 5% 유의수준 0.05
alternative hypothesis: true mean is greater than 70
95 percent confidence interval:
 77.33859      Inf     ← 구간 추정
sample estimates:
mean of x
 81.66667    ← 점 추정(평균)

> # (3) 성별 성적 평균 차이 검정(모분산이 알려졌을 경우)
```

```
> # H0(귀무가설) : 성별 성적의 평균 차이가 없다.
> if(!require("BSDA")) install.packages("BSDA")
> library(BSDA)
> z.test(x = score[score$성별=='남',]$성적, # 남성 성적 변량
+        sigma.x = 6.0, # 알려진 남성의 표준편차
+        y = score[score$성별=='여',]$성적, # 여성 성적 변량
+        sigma.y = 6.0, # 알려진 여성의 표준편차
+        alternative = "two.side", # 양쪽 검정(유의수준 0.025)
+        conf.level = 0.95)

        Two-sample z-Test

data:  score[score$성별 == "남", ]$성적 and score[score$성별 == "여", ]$성적
z = -2.8868, p-value = 0.003892   < 5% 유의 수준 0.05
alternative hypothesis: true difference in means is not equal to 0
95 percent confidence interval:
 -16.789514  -3.210486   ← 95% 신뢰구간 z 값의 범위
sample estimates:
mean of x mean of y
 76.66667  86.66667    ← 점 추정(평균)

> # (4) 성별 성적 평균 차이 검정(모분산이 알려지지 않은 경우)
> # H0 : 성별 평균의 차이가 없다.
> t.test(formula = 성적 ~ 성별,
+        data = score,
+        alternative = "two.side", # 양쪽 검정(유의수준 0.025)
+        var.equal = T, # 등분산 가정
+        conf.level = 0.95)

        Two Sample t-test

data:  성적 by 성별
t = -2.5355, df = 10, p-value = 0.02959   < 5% 유의 수준 0.05
alternative hypothesis: true difference in means between group 남 and
group 여 is not equal to 0
95 percent confidence interval:
 -18.787898  -1.212102   ← 95% 신뢰구간 t 값의 범위
sample estimates:
mean in group 남 mean in group 여
       76.66667         86.66667    ← 점 추정(평균)

> # (5) 성별 성적의 평균 성적 차이 t-검정 검증
> scoreF <- subset(score, 성별=='여') # 여성 행 분리
> scoreM <- subset(score, 성별=='남') # 남성 행 분리
> (n1 <- length(scoreF$성적)) # 여성 자료 수
[1] 6
```

```
> (n2 <- length(scoreM$성적))  # 남성 자료 수
[1] 6
> (x1 <- mean(scoreF$성적))    # 여성 평균
[1] 86.66667
> (x2 <- mean(scoreM$성적))    # 남성 성적 평균
[1] 76.66667
> (s1 <- sd(scoreF$성적))  # 여성 성적 표준편차
[1] 6.055301
> (s2 <- sd(scoreM$성적))  # 남성 성적 표준편차
[1] 7.527727
> (t <- round((x1-x2)/sqrt(s1^2/n1+s2^2/n2), 4))  # t-value 계산
[1] 2.5355
> (df <- (n1-1)+(n2-1))  # 자유도 계산
[1] 10
> (p <- round(pt(t, df=df, lower.tail = F)*2, 4))  # p-value 계산
[1] 0.0296
> (k <- round(qt((1-95/100)/2, df = df, lower.tail = F), 4))  # 5% 유의수준
[1] 2.2281
> round(pt(k, df=df, lower.tail = F)*2, 4)  # 5% 유의수준 확률
[1] 0.05
> # 성별 성적 구간추정
> LCLF <- x1 - k*s1/sqrt(n1)  # 여성 성적 구간 추정 최소
> UCLM <- x1 + k*s1/sqrt(n1)  # 여성 성적 구간 추정 최대
> cat(LCLF, '≤ 여성 성적 모평균 ≤', UCLM, "\n")  # 여성 성적 구간 추정 출력
81.15866 ≤ 여성 성적 모평균 ≤ 92.17468
> LCLF <- x2 - k*s2/sqrt(n2)  # 남성 성적 구간 추정 최소
> UCLM <- x2 + k*s2/sqrt(n2)  # 남성 성적 구간 추정 최대
> cat(LCLF, '≤ 남성 성적 모평균 ≤', UCLM, "\n")  # 남성 성적 구간 추정 출력
69.81931 ≤ 남성 성적 모평균 ≤ 83.51402
> # t-분포 그래프 도식
> curve(dt(x, df=df, ncp=0), col="#0000FF",
+       xlim=c(-4, 4), ylim=c(0, 0.5), xlab="t", ylab="f(t)")
```

```
> text(x=0, y=0.45, labels=paste0("df=", df), col="red")
> lines(c(-k, -k), c(0-0.1, 0.02), lty=3, col="green")
> text(x=-k, y=0.04, labels=paste0("k=", -k), col="green")
> lines(c(k, k), c(0-0.1, 0.02), lty=3, col="green")
> text(x=k, y=0.04, labels=paste0("k=", k), col="green")
> lines(c(-t, -t), c(0-0.1, 0.02), lty=3, col="red")
> text(x=-t, y=0, labels=paste0("t=", -t), col="red")
> lines(c(t, t), c(0-0.1, 0.02), lty=3, col="red")
> text(x=t, y=0, labels=paste0("t=", t), col="red")
```

[그림 11-27]

```
> # (6) 성별 성적의 분산 차이 검정
> # H0 : 성별 성적의 분산 차이가 없다. ← 귀무가설 채택
> var.test(formula = 성적 ~ 성별,
+          data = score,
+          alternative = "two.side", # 양쪽 검정(유의수준 0.025)
+          var.equal = F, # 이분산 가정
+          conf.level = 0.95)
```

```
        F test to compare two variances

data:  성적 by 성별
F = 1.5455, num df = 5, denom df = 5, p-value = 0.6445   > 5% 유의수준 0.05
alternative hypothesis: true ratio of variances is not equal to 1
95 percent confidence interval:
 0.2162569 11.0444083    ← 95% F-분포 F값 범위
sample estimates:
ratio of variances
          1.545455    ← 점 추정
```

```
> boxplot(성적 ~ 성별, data = score,
+         main = "Boxplot of 성적 ~ 성별")
```

[그림 11-28]

```
> # (7) 성별 만족도 평균 검정
> # H0 : 성별 만족도의 평균 차이가 없다. ← 귀무가설 채택
> t.test(formula = 만족도 ~ 성별,
+        data = score,
+        alternative = "two.side", # 양쪽 검정
+        var.equal = F, # 이분산 가정
+        conf.level = 0.95)
```

```
            Welch Two Sample t-test

data:  만족도 by 성별
t = -1.9365, df = 10, p-value = 0.08155   > 5% 유의수준 0.05
alternative hypothesis: true difference in means between group 남 and
group 여 is not equal to 0
95 percent confidence interval:
 -2.150606  0.150606   ← t-분포 95% 신뢰구간에서 t값 범위
sample estimates:
mean in group 남 mean in group 여
              3            4   ← 점 추정(만족도)
```

> # (8) 분산분석(ANOVA: Analysis of Variance)

> # H0 : 반별 성적의 평균 차이가 없다. ← 귀무가설 채택

> aov <- aov(formula = 성적 ~ 반구분, data = score)

> summary(aov)

```
            Df Sum Sq Mean Sq F value Pr(>F)
반구분        2   29.2   14.58   0.178   0.84   > 5% 유의수준 0.05
Residuals    9  737.5   81.94
```

> model.tables(aov, type="mean") # 집단별 평균 및 인원수

```
Tables of means
Grand mean

81.66667

 반구분
반구분
    A     B     C       ← 점 추정(반별 성적)
81.25 83.75 80.00
```

> TukeyHSD(aov) # 집단별 평균 차이

```
  Tukey multiple comparisons of means
    95% family-wise confidence level

Fit: aov(formula = 성적 ~ 반구분, data = score)

$반구분
      diff     lwr      upr     p adj
B-A   2.50 -15.3715  20.3715  0.9200816
C-A  -1.25 -19.1215  16.6215  0.9792442
C-B  -3.75 -21.6215  14.1215  0.8309354
```

> plot(TukeyHSD(aov), col="red") # 집단별 평균 차이 도표

[그림 11-29]

> # (9) 교차분석

> # H0: 성별 집단 비율이 동일하다. ← 귀무가설 채택

> (tb1 <- table(score$성별)) # 빈도수 계산

```
남 여
 6  6
```

```
> addmargins(tb1, margin = 1)
  남  여 Sum
   6   6  12
> ration <- c(1/2, 1/2) # 비율
> chisq.test(x = tb1, p = ration) # 적합성 검사(동질성 검사)
        Chi-squared test for given probabilities

data:  tb1
X-squared = 0, df = 1, p-value = 1
```
> 95% 신뢰수준 0.05

```
> # H0: 반 구분별 성별 비율이 독립적이다.   ← 귀무가설 채택
> (tb2 <- table(score$반구분, score$성별,
+               dnn=c("반구분", "성별")))
      성별
반구분 남 여
     A  2  2
     B  2  2
     C  2  2

> addmargins(tb2)
      성별
반구분 남 여 Sum
     A  2  2   4
     B  2  2   4
     C  2  2   4
   Sum 6  6  12
> chisq.test(tb2, simulate.p.value = TRUE)

        Pearson's Chi-squared test with simulated p-value (based
        on 2000 replicates)

data:  tb2
X-squared = 0, df = NA, p-value = 1
```
> 95% 신뢰수준 0.05

```
> plot(tb2, main='반구분-성별 테이블')
```
[그림 11-30]

이상과 같이 반별 성별, 점수와 만족도의 3개의 변수와 12개의 관측값을 가진 데이터셋을 이용하여 t-검정, 분산 검정, ANOVA 분산분석, 그리고 교차분석에 예를 보였다.

데이터셋 score의 성적 변수에서 자유도가 10일 때 t-분포와 95%의 신뢰구간 t 값 도표는 다음과 같다.

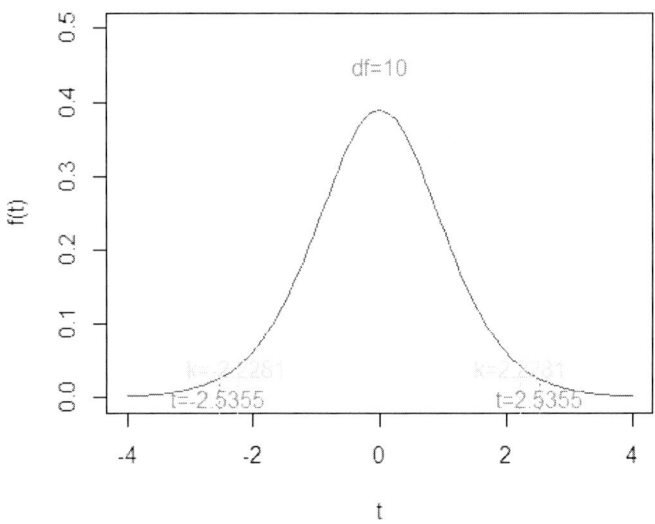

[그림 11-27] 성적 변수에서 자유도가 10인 성적 t-분포

score 데이터셋에서 자유도(df)가 10인 t-분포에서 90% 신뢰구간은 -2.2281와 +2.2281사이인데 t 값이 -2.5355와 +2.5355로 95% 신뢰구간 밖에 있다. 따라서 95% 신뢰구간에서 성별 평균의 차이가 없을 것이라는 귀무가설은 기각하고 대립가설을 채택하게 된다. 즉 성별 성적의 차이가 있다고 주장할 수 있다. 이를 증명하기 위하여 [그림 11-28]과 같이 성별 성적의 박스플롯을 살펴보면 성별 성적의 차이가 확연히 다르다는 것을 알 수 있다.

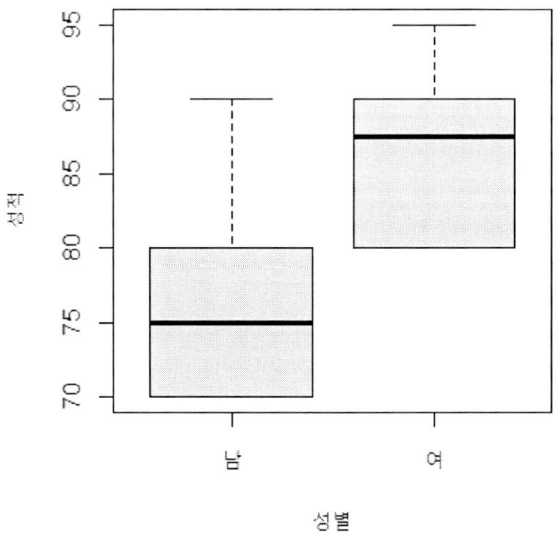

[그림 11-28] 성별 성적의 박스플롯

성적 예제 데이터셋에서 반의 집단은 A, B, C로 구분되고 반 집단별 성적 평균 차이 검정하기 위해서는 ANOVA 분산분석을 시행해야 한다. 95% 신뢰구간에서 반별 성적 분포와 평균에 도표는 [그림 11-29]와 같다.

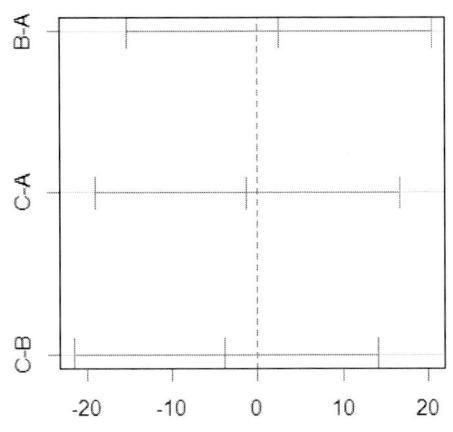

[그림 11-29] 반 집단별 성적 분포와 평균 차이 도표

예제 성적 데이터셋에서 반 구분과 성별 분포도는 [그림 11-30]과 같다.

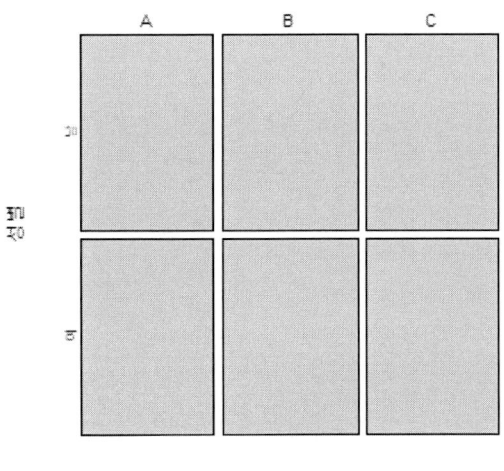

[그림 11-30] 반별 성별 분포도

11.6 통계 분석 실무

1. 데이터 준비

통계 분석 평균 검정을 위하여 MASS::survey 데이터셋을 이용한다. MASS::survey의 구조는 다음과 같다.

11-6-1-1: MASS::survey 데이터셋 구조

```
> # MASS:servey 데이터셋 구조 살펴보기
> library(MASS)
> data(package="MASS")
```

```
survey           Student Survey Data
synth.te         Synthetic Classification Problem
synth.tr         Synthetic Classification Problem
topo             Spatial Topographic Data
waders           Counts of Waders at 15 Sites in South
                 Africa
whiteside        House Insulation: Whiteside's Data
wtloss           Weight Loss Data from an Obese Patient
```

```
> ?survey
```

Student Survey Data

Description

This data frame contains the responses of 237 Statistics I students at the University of Adelaide to a number of questions

Usage

survey

Format

The components of the data frame are:

Sex

The sex of the student. (Factor with levels "Male" and "Female".)

Wr.Hnd

span (distance from tip of thumb to tip of little finger of spread hand) of writing hand, in centimetres.

NW.Hnd

span of non-writing hand.

```
> str(survey)
```

```
'data.frame':   237 obs. of  12 variables:
 $ Sex   : Factor w/ 2 levels "Female","Male": 1 2 2 2 1 2 1 2 2 ...
 $ Wr.Hnd: num  18.5 19.5 18 18.8 20 18 17.7 17 20 18.5 ...
 $ NW.Hnd: num  18 20.5 13.3 18.9 20 17.7 17.7 17.3 19.5 18.5 ...
 $ W.Hnd : Factor w/ 2 levels "Left","Right": 2 1 2 2 2 2 2 2 2 2 ...
 $ Fold  : Factor w/ 3 levels "L on R","Neither",..: 3 3 1 3 2 1 1 3 3 3 ...
 $ Pulse : int  92 104 87 NA 35 64 83 74 72 90 ...
 $ Clap  : Factor w/ 3 levels "Left","Neither",..: 1 1 2 2 3 3 3 3 3 3 ...
 $ Exer  : Factor w/ 3 levels "Freq","None",..: 3 2 2 2 3 3 1 1 3 3 ...
 $ Smoke : Factor w/ 4 levels "Heavy","Never",..: 2 4 3 2 2 2 2 2 2 2 ...
 $ Height: num  173 178 NA 160 165 ...
 $ M.I   : Factor w/ 2 levels "Imperial","Metric": 2 1 NA 2 2 1 1 2 2 2 ...
 $ Age   : num  18.2 17.6 16.9 20.3 23.7 ...
```

MASS:survey 데이터셋은 호주 애들레이드 대학의 237명의 통계학과 학생의 질문에 대한 응답을 기술한 것이다. 이 데이터셋은 총 12개 변수에 237개의 관측값이 기록된 데이터 프레임이다. survey 데이터셋의 변수는 [표 11-19]와 같다.

[표 11-19] MASS:survey의 변수 내용

변수	유형	설명
Sex	Factor	성별(여성: Female, 남성: Male)
Wr.Hnd	num	글 쓰는 손의 한 뼘의 길이(Cm)
NW.Hnd	num	글 쓰지 않는 손의 한 뼘의 길이(Cm)
W.Hnd	Factor	글 쓰는 손 위치(우측 손: Right, 좌측 손: Left)
Fold	Factor	팔을 접었을 때 양손 위치("R on L", "L on R", "Neither")
Pulse	int	맥박수(분)
Clap	Factor	박수칠 때 어떤 손을 위로 하는지(Right, Left, Neither)
Exer	Factor	운동 빈도(Freq(frequently), Some, None)
Smoke	Factor	흡연습관(Heavy, Regul, Occas, Never)
Height	num	키(Cm)
M.I	Factor	높이 표현 단위: Imperial(feet/inches), Metric (cm/metres)
Age	num	나이

2. 데이터 전처리

MASS:survey 데이터셋에서 Pulse와 Height의 결측치(missing value) NA 대신 평균값을 보정하고 나머지 항목에 NA가 있는 행은 모두 제거할 것이다. 이렇게 전리된 survey.prep 데이터셋의 summary 기초통계량을 구한다. 그리고 survey.prep 데이터셋의 Pulse, Height, Age의 박스플롯을 통하여 이상값(outlier)의 존재를 확인한다.

 11-6-2-1: MASS:survey 데이터셋 전처리

```
> summary(survey)
    Sex          Wr.Hnd           NW.Hnd          W.Hnd         Fold         Pulse
 Female:118   Min.   :13.00   Min.   :12.50   Left : 18   L on R : 99   Min.   : 35.00
 Male  :118   1st Qu.:17.50   1st Qu.:17.50   Right:218   Neither: 18   1st Qu.: 66.00
 NA's  :  1   Median :18.50   Median :18.50   NA's :  1   R on L :120   Median : 72.50
              Mean   :18.67   Mean   :18.58                             Mean   : 74.15
              3rd Qu.:19.80   3rd Qu.:19.73                             3rd Qu.: 80.00
              Max.   :23.20   Max.   :23.50                             Max.   :104.00
              NA's   :1       NA's   :1                                 NA's   :45
     Clap         Exer        Smoke         Height          M.I            Age
 Left   : 39   Freq:115   Heavy: 11   Min.   :150.0   Imperial: 68   Min.   :16.75
 Neither: 50   None: 24   Never:189   1st Qu.:165.0   Metric  :141   1st Qu.:17.67
 Right  :147   Some: 98   Occas: 19   Median :171.0   NA's    : 28   Median :18.58
 NA's   :  1              Regul: 17   Mean   :172.4                  Mean   :20.37
                          NA's :  1   3rd Qu.:180.0                  3rd Qu.:20.17
                                      Max.   :200.0                  Max.   :73.00
                                      NA's   :28
```

```
> survey.prep <- survey # survey 데이터셋 survey.prep으로 복사
> sum(is.na(survey.prep)) # survey 데이터셋 NA수 조회
[1] 107
> # survey 데이터셋 Pulse 열 결측값을 평균으로 보정
> survey.prep$Pulse[is.na(survey.prep$Pulse)] <-
+       round(mean(survey.prep$Pulse, na.rm = T))
> # survey 데이터셋 Height 열 결측값을 평균으로 보정
> survey.prep$Height[is.na(survey.prep$Height)] <-
+       round(mean(survey.prep$Height, na.rm = T))
> # survey.prep 데이터셋에서 NA가 포함된 모든 행 제거
> survey.prep <- na.omit(survey.prep)
> sum(is.na(survey.prep)) # survey 데이터셋에 NA수 조회
[1] 0
> # survey 데이터셋 Pulse, Height, Age 박스플롯
> boxplot(survey.prep$Pulse, survey.prep$Height, survey.prep$Age,
+       col=c("red","blue","gray"),
+       main="MASS:Survey데이터셋의 맥박수, 키, 나이 박스플롯",
+       xlab="변수",ylab="값",
+       xlim=c(0,4),ylim=c(0,200),
+       names=c("맥박수(Pulse)","키(Height)","나이(Ag)"))
```

[그림 11-31]

MASS::survey의 기초 통계량 결과를 살펴보면 성별에서 여성과 남성은 각각 118이고 관측되지 않은 값 NA도 1개 있다. 또한 글 쓰는 손이 그렇지 않은 손의 한 뼘의 길이가 약간 큰 것을 알 수 있다. 글을 오른손으로 쓰는 사람은 218명, 왼손으로 쓰는 사람은 18명이다. 맥박수의 평균은 74.15이고 관측이 되지 않은 값도 45개가 된다. 운동을 자주 하는 사람은 115명으로 가장 많았고 가끔 98, 전하지 않은 학생도 24명이 있다. 담배를 전혀 피우지 않는 학생은 189명으로 가장 많았고 가끔 19명, 정규적으로 17명이다. 학생들의 키 평균은 172였고 평균 나이는 20.37이다. MASS::survey 데이터셋의 summary 함수를 이용한 기초 통계량 결과에서 보는 바와 같이 관측되지 않은 자료 NA가 다수 포함되어 있다. MASS::survey 데이터셋의 전처리한 결과 237개의 행에서 206개 행으로 감소했고 Female이 101명, Male이 105이다.

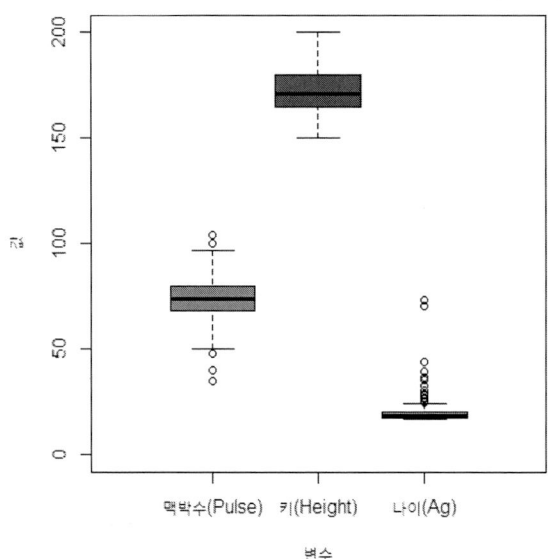

[그림 11-31] MASS:Survey 데이터셋의 맥박수, 키, 나이 박스플롯

[그림 11-31]의 박스플롯은 MASS:Survey 데이터셋의 맥박수(Pulse), 나이(Age) 데이터의 이상치가 존재한다는 것을 알 수 있다. 특히 나이(Age)는 이상치가 다수 포함되어 있다.

3. 기초통계량 분석

MASS::survey 데이터셋 전 처리된 결과를 저장하고 기초 통계량을 구하는 R 코드는 다음과 같다.

 11-6-3-1: MASS::survey 데이터셋 전처리된 결과를 survey.prep에 저장

```
> summary(survey.prep) # 전처리된 survey 데이터셋 기초통계량
     Sex           Wr.Hnd          NW.Hnd         W.Hnd         Fold          Pulse
 Female:101   Min.   :13.00   Min.   :12.50   Left : 15   L on R : 89   Min.   : 35.00
 Male  :105   1st Qu.:17.50   1st Qu.:17.50   Right:191   Neither: 15   1st Qu.: 68.00
              Median :18.50   Median :18.50               R on L :102   Median : 74.00
              Mean   :18.77   Mean   :18.70                             Mean   : 74.02
              3rd Qu.:20.00   3rd Qu.:19.95                             3rd Qu.: 80.00
              Max.   :23.20   Max.   :23.50                             Max.   :104.00
     Clap          Exer         Smoke          Height            M.I           Age
 Left   : 31   Freq:103   Heavy: 10   Min.   :150.0   Imperial: 67   Min.   :16.92
 Neither: 42   None: 20   Never:166   1st Qu.:165.0   Metric  :139   1st Qu.:17.69
 Right  :133   Some: 83   Occas: 16   Median :171.0                  Median :18.67
                          Regul: 14   Mean   :172.3                  Mean   :20.52
                                      3rd Qu.:180.0                  3rd Qu.:20.29
                                      Max.   :200.0                  Max.   :73.00

> summary(survey.prep$Age)
   Min. 1st Qu.  Median    Mean 3rd Qu.    Max.
  16.75   17.67   18.58   20.37   20.17   73.00
```

```
> outliers <- boxplot(survey.prep$Age, main = "Age Boxplot")
> mtext(paste("Outliers :", paste(round(outliers$out), collapse=",")), cex=0.7)
```
[그림 11-32]

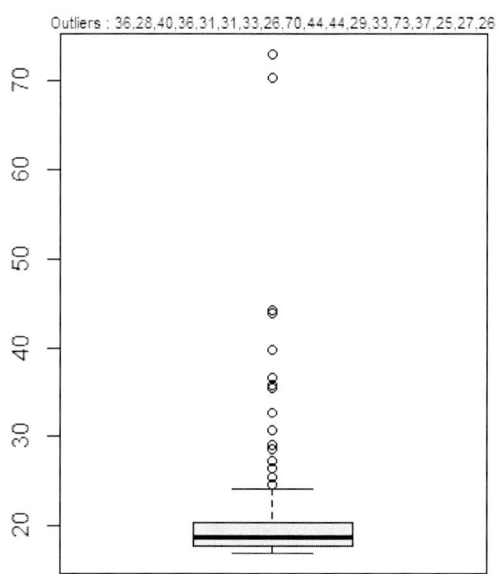

[그림 11-32] MASS:Survey 데이터셋의 나이 박스플롯

데이터 분석에서 나이(Age) 항목과 같이 분석 결과를 왜곡할 수 있으므로 보정되거나 삭제해야 한다. 그러나 맥박수(Pulse)에 이상치는 데이터 범위를 크게 벗어나지 않은 것으로 판단되어 빅데이터 통계 분석에서 무시해도 무방하다.

4. 검정 통계량 평균 분석

그럼, 성별로 맥박수가 차이가 날까? 이 물음에 답을 찾기 위해서는 성별(독립변수)에 따른 (tilt, ~) 맥박수(독립변수)의 평균과 표준편차를 비교하면 될 것이다.

 11-6-4-1: survey.prep 학생 성별 맥박수의 평균과 표준편차 비교

```
> # 성별 맥박수 박스플롯
> boxplot(Pulse ~ Sex, data=survey.prep, main="BoxPlot of Sex ~ Pulse")
```
[그림 11-33]
```
> # 성별 맥박수 평균
> aggregate(Pulse ~ Sex, data = survey.prep, FUN = mean)
     Sex    Pulse
1 Female 74.63366
```

```
    2   Male 73.42857
> # 성별 맥박수 표준편차
> aggregate(Pulse ~ Sex, data = survey.prep, FUN = sd)
      Sex     Pulse
1  Female  9.930481
2    Male 10.872387
```

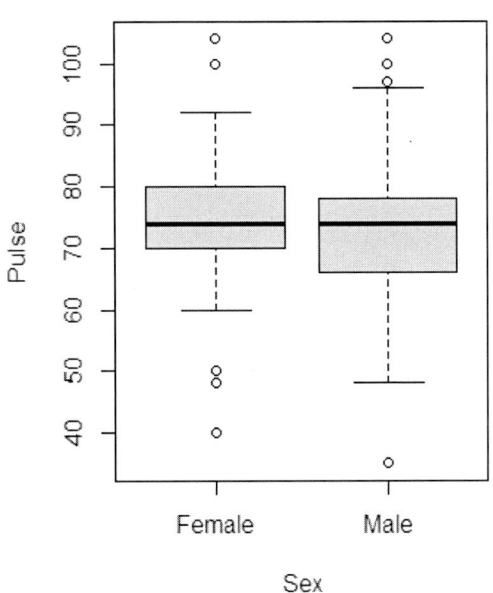

[그림 11-33] 성별 맥박수 박스플롯

survey.prep 데이터셋에서 성별 맥박수의 평균이 여성(Female) 74.63366, 남성(Male) 73.42857로 분석되어 맥박수가 여성이 남성보다 다소 높은 것으로 보인다. 그러나 이러한 결과만으로 학생들의 성별로 맥박수가 차이가 있다고 단정할 수 있을까? 그렇지 않다.

평균의 차이가 유의미한진 규명하는 것을 가설검정(hypothesis test)이라고 한다(11.8절 참조). 귀무가설 H0는 "성별에 따라 맥박수의 평균(분산) 차이는 없다"이고 대립가설 H1은 "성별에 따라 맥박수의 평균(분산) 차이가 있다"이다. 이처럼 두 집단의 평균과 분산의 차이 검정은 독립표본 t-검정, F-검정을 통해서 할 수 있다.

R의 t-검정(평균 검정)을 위한 함수의 형식은 t.test()를 사용하고 형식은 다음과 같다.

R의 t.test() 함수 형식

```
t.test(x, # 검정 대상 벡터값
    y = NULL, # x, y의 평균 검정
    alternative = c("two.sided", "less", "greater"), # x, y의 양쪽, 작은지, 큰지 검정
```

```
         mu = 0, # x가 모평균 mu와 같은지(H0) 다른지(H1) 검정
         paired = FALSE, # 대응 표본일 경우 TRUE
         var.equal = FALSE, # 변수 x와 y가 다른지(FALSE)
         conf.level = 0.95, ...) # 신뢰수준
```

t 검정 결과

성별 맥박수의 평균(분산) 차이를 검정하기 위한 R 코드는 다음과 같다.

 11-6-4-2: Pulse ~ Sex 평균 및 분산 차이 검정

```
> # Pulse ~ Sex, data = survey.prep t-검정(평균 검정)
> tt <- t.test(Pulse ~ Sex, data = survey.prep)
> str(tt) # 검정 결과 구조
List of 10
 $ statistic  : Named num 0.831
  ..- attr(*, "names")= chr "t"
 $ parameter  : Named num 203
  ..- attr(*, "names")= chr "df"
 $ p.value    : num 0.407
 $ conf.int   : num [1:2] -1.65 4.06
  ..- attr(*, "conf.level")= num 0.95
 $ estimate   : Named num [1:2] 74.6 73.4
  ..- attr(*, "names")= chr [1:2] "mean in group Female" "mean in group Male"
 $ null.value : Named num 0
  ..- attr(*, "names")= chr "difference in means between group Female and group Male"
 $ stderr     : num 1.45
 $ alternative: chr "two.sided"
 $ method     : chr "Welch Two Sample t-test"
 $ data.name  : chr "Pulse by Sex"
 - attr(*, "class")= chr "htest"
> tt$statistic # t 값
        t
0.8311614
> tt$parameter # 자유도(df: degee of freedom) 자료수-집단수
```

```
         df
203.4608
> tt$p.value    # 유의 확률
[1] 0.4068568
> tt$conf.int   # 신뢰구간
[1] -1.653643  4.063827
attr(,"conf.level")
[1] 0.95
> tt$estimate   # 점 추정
mean in group Female    mean in group Male
          74.63366                73.42857
> tt

        Welch Two Sample t-test

data:  Pulse by Sex
t = 0.83116, df = 203.46, p-value = 0.4069
alternative hypothesis: true difference in means between group Female and
group Male is not equal to 0
95 percent confidence interval:
 -1.653643  4.063827
sample estimates:
mean in group Female    mean in group Male
          74.63366                73.42857


> # survey.prep의 Pulse ~ Sex 분산(Variance) 검정
> var.test(Pulse ~ Sex, data = survey.prep, var.equal = F)

        F test to compare two variances
data:  Pulse by Sex
F = 0.83424, num df = 100, denom df = 104, p-value = 0.3627
alternative hypothesis: true ratio of variances is not equal to 1
95 percent confidence interval:
 0.5650374 1.2335626
sample estimates:
ratio of variances
         0.8342396
```

독립 표본 t 검정(평균 검정) 결과 95% 신뢰구간의 유의수준 0.05보다 p-value = 0.4069가 크므로 귀무가설을 기각할 수 없다. 한편, 독립 표본 F-검정(분산 검정) 결과도 95% 신뢰구간의 유의수준 0.05보다 p-value = 0.3627이 크므로 귀무가설을 기각할 수 없다. 따라서 "성별로 맥박수가 차이 없다"라는 귀무가설을 채택한다. 즉 성별 맥박수의 평균 74.63366와 73.42857이 서로 다르더라도 성별로 맥박수의 차이가 있다고 단정할 수 없다. 그런 데도 차이가 있다고 주장하면 1종 오류를 범하게 된다([표 11-13] 참조).

데이터셋에 그룹이 독립 표본일 경우 분산분석 F-검정을 구하는 식은 두 개의 표본평균을 나눈 것이다. F-검정 공식은 다음과 같다.

$$F = \frac{S_1^2}{S_2^2}, S_1^2 = \frac{\sum_{i=1}^{n_1}(x_1 - \overline{X_1})^2}{n_1 - 1}, S_2^2 = \frac{\sum_{i=1}^{n_1}(x_2 - \overline{X_2})^2}{n_2 - 1}$$

분산분석 F-분포는 자유도가 크면 클수록 정규분포에 근사하고 표본의 수가 많으면 많을수록 표준편차가 줄어드는 경향이 있다. F-분포는 [그림 11-34]와 같다.

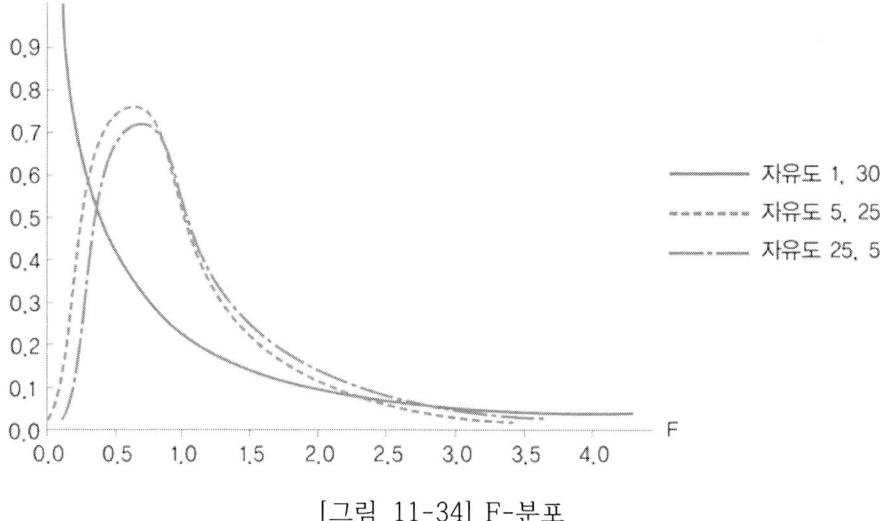

[그림 11-34] F-분포

그럼, t-검정 통계적 절차를 생각해 보자 사실 두 집단의 독립 표본 t-검정은 분산이 동일하다는 등분산(homogeneity of variance) 가정할 경우와 분산이 다르다는 이분산(heterogeneity of variance)을 가정한다.

두 개의 독립표본 X_1, X_2에서 등분산에 의한 t 검정(Two Sample t-test) 공식은 다음과 같다.

$$t = \frac{\overline{X_1} - \overline{X_2}}{S_p\sqrt{\frac{1}{n_1} + \frac{1}{n_2}}} \sim t_{(n_1 + n_2 - 2)}, S_p = \sqrt{\frac{(n_1 - 1)S_1^2 + (n_2 - 1)S_2^2}{n_1 + n_2 - 2}}$$

두개의 독립표본 X_1, X_2에서 이분산에 의한 t 검정(Welch Two Sample t-test) 공식은 다음과 같다.

$$t = \frac{\overline{X_1} - \overline{X_2}}{\sqrt{\dfrac{S_1^2}{n_1} + \dfrac{S_2^2}{n_2}}} \sim t_{(n_1 + n_2 - 2)}$$

이와 같은 공식을 적용하여 성별 맥박수의 등분산 및 이분산 가정의 t 검정을 위한 R 스크립트는 다음과 같다.

11-6-4-3: Pulse ~ Sex t-검정 검증

```
> # Pulse ~ Sex t-검정 검증
> surveyF <- subset(survey.prep, Sex=='Female') # 여성 행 분리
> surveyM <- subset(survey.prep, Sex=='Male')   # 남성 행 분리
> (n1 <- length(surveyF$Pulse)) # 여성 자료 수
[1] 101
> (n2 <- length(surveyM$Pulse)) # 남성 자료 수
[1] 105
> (x1 <- mean(surveyF$Pulse))   # 여성 평균
[1] 74.63366
> (x2 <- mean(surveyM$Pulse))   # 남성 평균
[1] 73.42857
> (s1 <- sd(surveyF$Pulse)) # 여성 표준편차
[1] 9.930481
> (s2 <- sd(surveyM$Pulse)) # 남성 표준편차
[1] 10.87239
> # 등분산(homogeneity of variance) 가정
> sp <- sqrt((((n1-1)*s1^2)+((n2-1)*s2^2))/(n1+n2-2))
> (t1 <- round((x1-x2)/(sp*sqrt(1/n1+1/n2)),2)) # t-value 계산
[1] 0.83
> (df <- (n1-1)+(n2-1)) # 자유도 계산
[1] 204
> pt(t1, df=df, lower.tail = T) # p-value 출력
```

```
[1] 0.7962455
> # 이분산(heterogeneity of variance) 가정
> (t2 <- round((x1-x2)/sqrt(s1^2/n1+s2^2/n2),2)) # t-value 계산
[1] 0.83
> (df <- (n1-1)+(n2-1)) # 자유도 계산
[1] 204
> (p2 <- round(pt(t2, df=df, lower.tail = F)*2, 2)) # p-value 출력
[1] 0.41
> (k2 <- round(qt((1-95/100)/2, df = df, lower.tail = F), 3))
[1] 1.972
> round(pt(k2, df=df, lower.tail = F)*2, 3) # 유의수준
[1] 0.05
```

설문 표본 성별 맥박수 등분산, 이분산 가정 t 검정 결과는 서로 동일하다는 것을 알 수 있다. 가성 검정을 위하여 t-분포상에 t 검정 결과를 표시하기 위한 R 스크립트는 다음과 같다.

11-6-4-4: 성별 맥박수의 t 분포 그래프

```
> #### t-분포 그래프
> curve(dt(x, df=df, ncp=0), col="#0000FF",
+       xlim=c(-4, 4), ylim=c(0, 0.5), xlab="t", ylab="f(t)")
> text(x=0, y=0.45, labels=paste0("df=", df), col="red" )
> lines(c(t2, t2), c(0-0.1, 0.02), lty=3, col="#FF0000")
> text(x=t2, y=0, labels=paste0("t=", t2), col="red")
> lines(c(k2, k2), c(0-0.1, 0.02), lty=3, col="#FF0000")
> text(x=k2, y=0, labels=paste0("k=", k2), col="red")
> lines(c(-t2, -t2), c(0-0.1, 0.02), lty=3, col="#FF0000")
> text(x=-t2, y=0, labels=paste0("t=", -t2), col="red")
> lines(c(-k2, -k2), c(0-0.1, 0.02), lty=3, col="#FF0000")
> text(x=-k2, y=0, labels=paste0("k=", -k2), col="red")
```

[그림 11-35]

위 R 스크립트가 실행 한 결과는 [그림 11-35]와 같다.

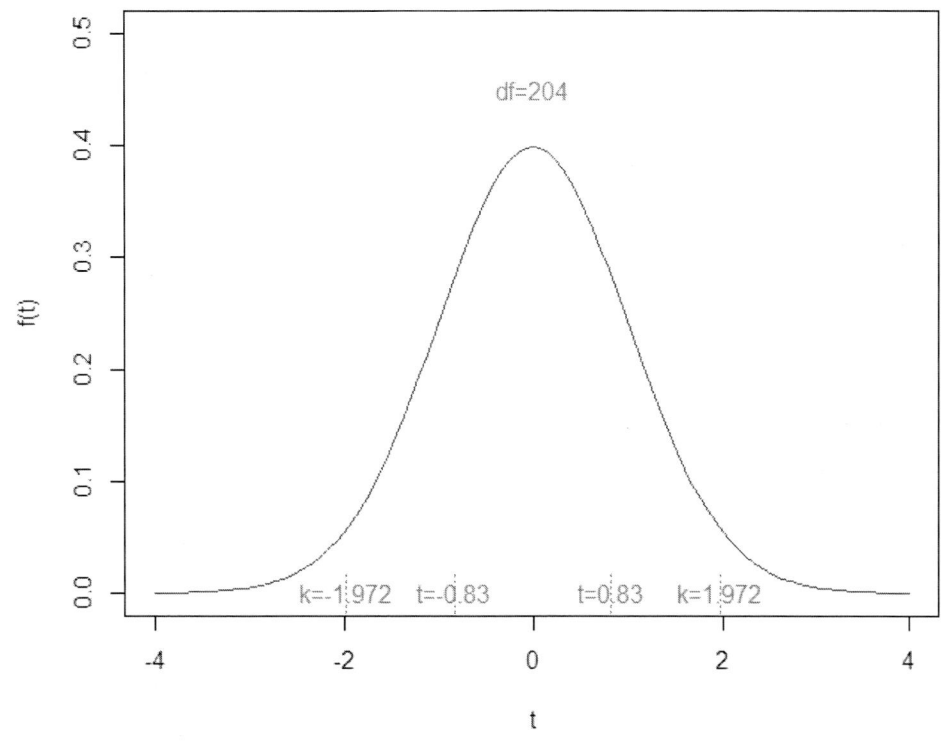

[그림 11-35] 두 개의 독립표본 성별 맥박수 t-분포와 t-value

두 개의 독립표본 성별 맥박수 t 분포에서 t-value=0.83으로 95% 신뢰구간 -1.97에서 1.97 사이에 존재하기 때문에 대립가설(alternative hypothesis) H_1은 여성과 남성의 맥박수 평균의 실질적 차이(모평균 차이)는 0과 같지 않다(alternative hypothesis: true difference in means between group Female and group Male is not equal to 0)라는 대립가설을 기각하고 귀무가설(H_0)을 채택하게 된다. 따라서 일반적으로 성별 맥박수의 차이는 없다고 할 수 있다. "여성의 성격이 급하다 아니면 남성의 성격이 더 급하다"라는 논리는 의미가 없다고 할 수 있다.

그러면 MASS:survey 데이터셋에서 성(Sex)별 키(height) 차이는 어떨까? 귀무가설(H0)은 "학생 성별 키 평균은 같다"이다. 이를 검정하기 위하여 다음과 같은 R 코드 실행 결과를 살펴보자.

 11-6-4-5: Height ~ Sex t-검정(평균 검정), F-검정(분산 검정)

```
> # Height ~ Sex, data = survey.pre t-검정
> t.test(Height ~ Sex, data = survey.prep,
+         alternative = "two.sided", # 양쪽 검정
+         var.equal = FALSE)
```

```
        Welch Two Sample t-test

data:  Height by Sex
t = -13.167, df = 188.58, p-value < 2.2e-16
alternative hypothesis: true difference in means between group Female and
group Male is not equal to 0
95 percent confidence interval:
 -15.34946 -11.34947
sample estimates:
mean in group Female   mean in group Male
          165.5416             178.8910
```

```
> # Height ~ Sex, data = survey.pre F-검정
> var.test(Height ~ Sex, data = survey.prep,
+         alternative = "two.sided", # 양쪽 검정
+         var.equal = FALSE)
```

```
        F test to compare two variances

data:  Height by Sex
F = 0.51176, num df = 100, denom df = 104, p-value
= 0.0008536
alternative hypothesis: true ratio of variances is not equal to 1
95 percent confidence interval:
 0.3466196 0.7567233
sample estimates:
ratio of variances
         0.5117604
```

```
> boxplot(Height ~ Sex, data = survey.prep,
+         main = "Boxplot of Height ~ Pulse")
```

[그림 11-36]

독립표본 t-검정 결과 'p-value < 2.2e-16'로 거의 0에 가까우므로 9% 신뢰구간에서 유의수준 0.05 작으므로 귀무가설을 기각하고 "여자와 남자 키의 평균은 다르다."라는 대립가설을 채택한다.

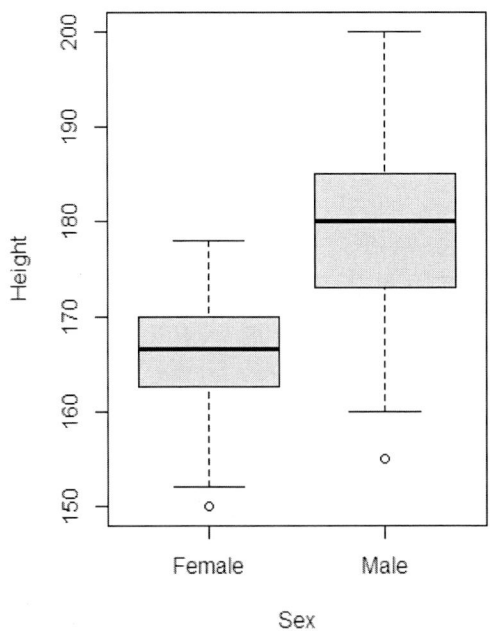

[그림 11-36] 성별 키에 대한 박스플롯

지금까지 학생들의 성별(Sex)에 따른 맥박수(Pulse), 또는 키(Height)를 비교하는 검정 통계량을 살펴보았다. 이처럼 하나의 종속변수를 대상으로 하는 분석을 일변량 분석이라고 한다. 만일 성별(Sex)로 맥박수(Pulse)와 키(Height)의 동시에 어떤 영향이 있는지 분석하기 위해서는 맥박수와 키가 종속변수가 되어 다변량 검정이 된다.

MASS:survey의 성별(Sex)로 맥박수(Pulse)와 키(Height)의 다변량 검정을 위한 귀무가설(H_0)은 "성별에 따라 맥박수와 키의 평균 차이는 없다"이다. 다변량 검정을 위한 R 코드는 다음과 같다.

 11-6-4-6: MASS:survey의 성별, 맥박수, 키 다변량 검정

```
> t.test(formula = Pair(Pulse, Height) ~ Sex,
+        data = survey.prep,
+        var.equal = FALSE)
```

　　　　Welch Two Sample t-test

data: Pair(Pulse, Height) by Sex
t = -1.2302, df = 405.15, p-value = 0.2193
alternative hypothesis: true difference in means between group Female and group Male is not equal to 0
95 percent confidence interval:

```
           -15.77511    3.63074
   sample estimates:
   mean in group Female    mean in group Male
                120.0876                126.1598
```

MASS:survey의 성별(Sex)로 맥박수(Pulse)와 키(Height)의 다변량 검정 결과 95%의 신뢰구간에서 'p-value = 0.2193'가 유의수준 0.05보다 크므로 "성별에 따라 맥박수와 키의 평균 차이는 없다"라는 귀무가설을 채택한다.

지금까지 우리는 독립 표본, 즉 두 집단에 서로 독립일 때 t-검정을 사용하여 통계량을 구했다. 그러나 두 집단이 서로 독립이 아닐 때 대응 표본 t-검정(또는 쌍체비교) 통계량을 구해야 한다. 대응 표본은 표본의 값이 서로 쌍(pair)을 이루고 있는 경우는 표본 간에 영향을 미치므로 서로 독립이 아니므로 대응 표본평균 검정(paired-sample's t test) 이용하여 두 집단 간에 차이를 검정해야 한다.

예를 들어 2개의 수면제의 효능을 검증하기 위하여 동일한 사람에게 첫 번째 수면제와 두 번째 수면제를 복용하게 하고 수면량을 측정한 결과 두 개의 수면제의 효과가 다른지 검증하고자 하다면 독립표본 t-검정이 아니라 대응 표본 t-검정해야 한다.

대응 표본 t-검정 예를 위하여 R 기본 패키지에 포함된 sleep 데이터셋을 사용한다. sleep 데이터셋에 대응 표본 t-검정 실습 R 코드는 다음과 같다.

 11-6-4-7: sleep 데이터셋의 수면제 효과 규명을 위한 대응 표본 t-검정

> #대응표본(쌍체비교) t-검정
> data(sleep) # sleep 데이터셋을 로드(생략 가능)
> ?sleep # sleep 데이터셋 도움말

Description

Data which show the effect of two soporific drugs (increase in hours of sleep compared to control) on 10 patients.

Usage

sleep

Format

A data frame with 20 observations on 3 variables.

[, 1] extra   numeric   increase in hours of sleep
[, 2] group   factor   drug given
[, 3] ID   factor   patient ID

```
> str(sleep) # sleep 데이터셋 구조 조회

'data.frame':   20 obs. of  3 variables:
 $ extra: num  0.7 -1.6 -0.2 -1.2 -0.1 3.4 3.7 0.8 0 2 ...
 $ group: Factor w/ 2 levels "1","2": 1 1 1 1 1 1 1 1 1 1 ...
 $ ID   : Factor w/ 10 levels "1","2","3","4",..: 1 2 3 4 5 6
 7 8 9 10 ...

> # H0: 두 개의 수면제 효능의 차이가 없다.

> t.test(formula = extra ~ group, data = sleep,
+        paired = TRUE,  # 대응 표본 검정
+        var.equal = FALSE)

    Paired t-test

data:  extra by group
t = -4.0621, df = 9, p-value = 0.002833
alternative hypothesis: true mean difference is not equal to 0
95 percent confidence interval:
 -2.4598858 -0.7001142
sample estimates:
mean difference
          -1.58

> boxplot(extra ~ group, data = sleep,
+         main = "Boxplot of Expr ~ Group")
```

[그림 11-37]

sleep 데이터셋은 3개의 변수의 20개의 관측값으로 구성되어 있다. 수면제 효능 시험에 10명의 사람이 참여했고 각각의 사람은 2개의 수면제를 먹고 추가 수면시간을 기록했다. sleep 데이터셋 첫 번째 변수 extra는 수면제 복용 후 추가적인 수면시간을, 두 번째 변수 group은 수면제 종류, 세 번째 변수 ID는 시험에 참여한 사람의 고유 번호가 기록되어 있다.

대응 표본 t-검정 결과 95% 신뢰구간에서 'p-value = 0.002833'가 유의수준 0.05보다 작으므로 귀무가설 "두 개의 수면제 효능의 차이가 없다."라는 귀무가설을 기각하고 실질적인 평균의 차이는 0이 아니다(true mean difference is not equal to 0)라는 대립가설을 채택한다. 즉 두 수면제 평균의 차이는 -1.58이므로 "group 2의 수면제가 group 1의 수면제보다 추가 수면 효과가 더 좋다"라고 할 수 있다.

sleep 데이터셋에서 group 별 extra 박스플롯을 살펴보면 다음과 같다(그림 11-37).

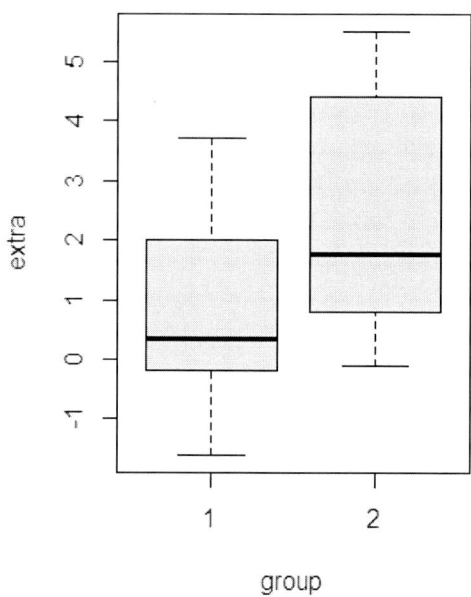

[그림 11-37] sleep 데이터셋에서 group 별 extra 박스플롯

다시 MASS:survey 데이터셋에서 "운동을 많이 하는 학생이 키가 클까? 흡연을 많이 하는 학생은 맥박수가 느려질까?" 등은 t-검정을 통하여 규명할 수 없다. 왜냐하면 t-검정은 단지 2개 집단에 대해서만 통계량을 구할 수 있기 때문이다. 그러면 3개 이상의 집단에 대하여 검정 통계량을 구할 때 어떻게 해야 할까?

5. 검정 통계량 분산분석

분산분석(analysis of variance: ANOVA)은 세 개 이상의 모집단 간에 평균이 동일한지 검정하는 것으로 변수의 수의 따라서 일원 분산분석(one-way ANOVA), 이원 분산분석(two-way ANOVA) 등이 있다. MASS::survey에서 운동량(Exer)별 키(Height)의 검정 통계량을 구하기 위해서 운동량(Exer)의 집단이 "Freq", "Some", "None"의 세 개의 그룹이므로 분산분석 ANOVA를 이용해야 한다.

R에서 ANOVA 분석 함수는 aov(formula, data, ...)를 이용한다. MASS::survey에서 운동량(Exer)별 키(Height)의 검정 통계량은 다음과 같이 구할 수 있다.

 11-6-5-1: MASS::survey에서 운동량(Exer)별 키(Height)의 검정

> # 분산분석(ANOVA: Analysis of Variance)
> # H0: 운동빈도(Exer)별 키(Height)의 차이는 없다.
> tapply(survey.prep$Height, survey.prep$Exer, mean) # 집단별 평균

```
      Freq     None     Some
174.5763 169.0280 170.3776
```

> tapply(survey.prep$Height, survey.prep$Exer, sd) # 집단별 표준편차

```
     Freq     None     Some
9.854191 9.470654 9.527650
```

> library(gplots)

> windows(width=8, height=6) # 별도 plot 창 생성

> # 운동빈도(Exer)별 키(Height) 자료 분포도
> plotmeans(formula = Height ~ Exer, data=survey.prep,
+   barcol="red", barwidth=2,
+   col="blue", lwd=2,
+   xlab="운동빈도(Exer)", ylab="키(Height)",
+   main="운동빈도(Exer)별 키(Height) 자료 분포")

[그림 11-38]

> # 운동빈도(Exer)별 키(Height)의 분산분석(ANOVA)
> (aov <- aov(formula = Height ~ Exer, data = survey.prep))
Call:
   aov(formula = Height ~ Exer, data = survey.prep)
Terms:
                    Exer Residuals
Sum of Squares   1054.129 19052.532
Deg. of Freedom   2   203

Residual standard error: 9.687871
Estimated effects may be unbalanced

> summary(aov) # 검정 통계량 출력
```
             Df Sum Sq Mean Sq F value  Pr(>F)
Exer          2   1054   527.1   5.616 0.00423 **
Residuals   203  19053    93.9
```
Signif. codes:
0 '***' 0.001 '**' 0.01 '*' 0.05 '.' 0.1 ' ' 1

> model.tables(aov, type="mean") # 집단별 평균 및 인원수

Tables of means
Grand mean
172.3459
 Exer

```
         Freq None  Some
        174.6  169 170.4
rep 103.0    20  83.0
```

> TukeyHSD(aov) # 집단별 평균 차이

　　Tukey multiple comparisons of means
　　　95% family-wise confidence level

Fit: aov(formula = Height ~ Exer, data = survey.prep)

$Exer

```
                 diff       lwr         upr        p adj
None-Freq  -5.548311  -11.137509   0.04088733  0.0521775
Some-Freq  -4.198720   -7.572598  -0.82484240  0.0102533
Some-None   1.349590   -4.348051   7.04723184  0.8418312
```

> plot(TukeyHSD(aov), col="red") # 집단별 평균 차이 도표

[그림 11-39]

MASS:survey 데이터셋에서 운동빈도(Exer)별 키(Height) 평균 차이를 검정하기 위해서 귀무가설(H0)로 "운동빈도(Exer)별 키(Height)의 차이가 없다"로 설정하고 검정을 시행한다. 먼저 검정을 시행하기 전에 운동빈도(Exer)별 키(Height)의 평균을 구한 결과는 Freq 174.5763, None 169.0280, 그리고 Some 170.3776이고 표준편차는 각각 9.854191, 9.470654, 9.527650이다. 이들을 flotmeans()를 이용하여 그래프를 그린 결과는 [그림 11-38]과 같다.

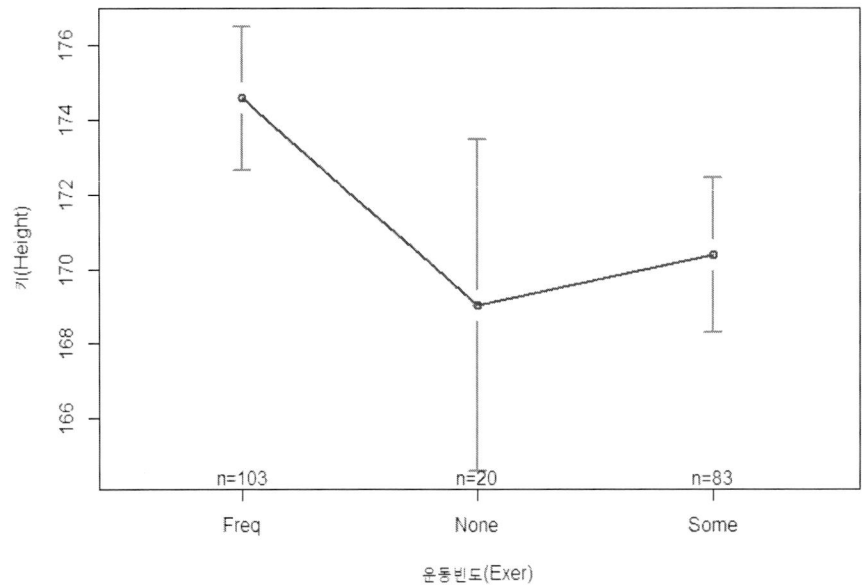

[그림 11-38] 운동빈도(Exe)별 키(Height)의 평균 차이

[그림 11-38]에서 운동빈도(Exer)의 Freq, None, Some 각각의 표본 수 103, 20, 83과 각각 평균 174.5763, 169.0280, 170.3776의 차이를 도식한 것이다. 그리고 각각의 집단별 수직선은 95% 신뢰구간의 평균 구간추정값의 하한과 상한을 표시한 것이다. 그림 11-32에서 보는 바와 같이 운동빈도(Exer) 각각의 집단 간 키(Height) 평균 차이를 직관적으로 파악할 수 있다. 그러면 운동빈도(Exer) 각각의 집단 간 키(Height) 평균 차이 검정한 결과는 다음과 같다.

	Df	Sum Sq	Mean Sq	F value	Pr(>F)
Exer	2	1054	527.1	5.616	0.00423 **
Residuals	203	19053	93.9		

위 검정 결과에서 Exer 행은 집단 간 분산의 차이를 표시한 것이고 Residuals 행은 집단 내 분산의 차이를 검정한 결과이다. 집단 간 분산의 차이에서 자유도(Df)는 2(3-1)이고 각각의 집단 간 차이의 제곱 합(Sum Sq)은 1054이고 그들의 평균은 527.1이다. 또한 집단 내 자유도(Df)는 203(206-3)이고 집단 내에 차이의 제곱 합은 19053이고 평균은 93.9이다. 결국 F-value는 5.616(=93.9/527.1)이다. 그리고 'p-value=0.00423'은 5% 유의수준 0.05보다 작으므로 귀무가설 "운동빈도(Exer)별 키(Height)의 차이가 없다"을 기각할 수 있다. 즉 분석 결과 운동을 많이 하는 학생이 그렇지 않은 학생보다 키가 더 크다는 사실을 알 수 있다.

R 함수 model.tables() 함수를 이용하여 전체 집단의 평균과 각각 집단의 평균과 그들의 차이를 출력할 수 있다. 그리고 TukeyHSD() 함수를 적용 결과 집단별 교차 통계정보에서 None-Freq, Some-None의 p-value가 유의수준 0.05보다 크므로 "운동빈도(Exer)별 키(Height)의 차이가 있다"라고 말할 수 없지만, Some-Freq p-value가 유의수준 0.05보다 작으므로 "운동빈도(Exer)별 키(Height)의 차이가 있다"라고 말할 수 있다. 이러한 사실을 plot 함수를 이용하여 그래프로 표현하면 [그림 11-39]와 같다.

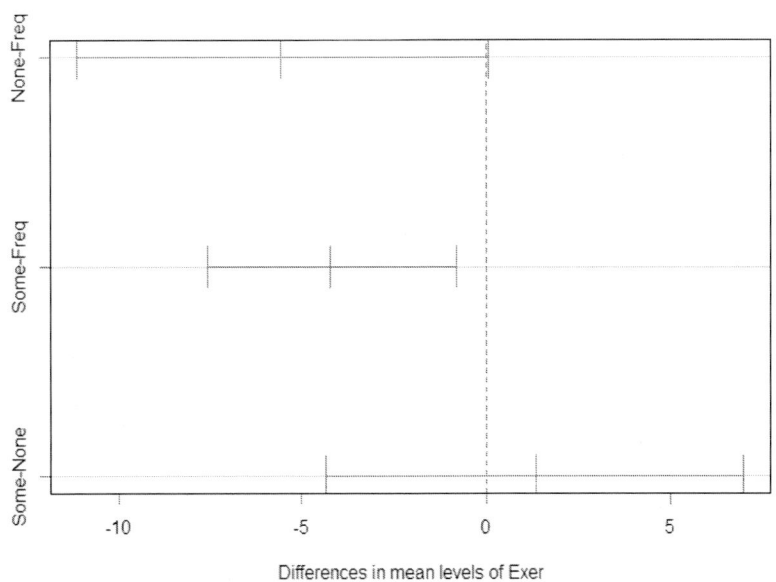

[그림 11-39] 연령별 평균 수준의 차이

[그림 11-39]에서 모든 운동빈도(Exer) 조합에서 None-Freq, Some-None은 0을 포함하고 있어 키(Height)의 차이가 없다는 것을 직관적으로 확인할 수 있지만 Some-Freq는 0을 포함하고 있지 않아 키(Height)의 차이가 있다는 것을 알 수 있다. 그리고 각각의 운동빈도(Exer)의 조합의 95% 신뢰구간에서 평균 차이에 구간추정값을 직관적으로 확인할 수 있다.

그러면 MASS:survey 데이터셋에서 흡연 습관(Smoke)의 Heavy, Regul, Occas, Never에 따른 맥박수(Pulse)의 차이는 있을까? 여기서 흡연 정도는 4개의 집단으로 ANOVA 분산분석을 시행해야 한다. 흡연 습관(Smoke)에 따라 맥박수(Pulse) 차이 검정 R 코드와 실행 결과는 다음과 같다.

11-6-5-2: 흡연 정도(Smoke)에 따라 맥박수(Pulse) 차이 검정

```
> # 분산분석(ANOVA: Analysis of Variance)
> # H0: 흡연습관(Smoke)별 맥박수(Pulse)의 차이는 없다.
> # 흡연습관(Smoke)별 맥박수(Pulse)의 분산분석(ANOVA)
> (aov <- aov(formula = Pulse ~ Smoke, data = survey.prep))
Call:
   aov(formula = Pulse ~ Smoke, data = survey.prep)

Terms:
                    Smoke    Residuals
Sum of Squares    239.954    21989.969
Deg. of Freedom         3          202

Residual standard error: 10.43366
Estimated effects may be unbalanced

> summary(aov) # 검정 요약 통계량 출력
             Df  Sum Sq  Mean Sq  F value  Pr(>F)
Smoke         3     240    79.98    0.735   0.532
Residuals   202   21990    108.8
---
Signif. codes:  0 '***' 0.001 '**' 0.01 '*' 0.05 '.' 0.1 ' ' 1

> model.tables(aov, type="mean") # 집단별 평균 및 인원수
Tables of means
Grand mean
```

74.01942

```
   Smoke
      Heavy  Never  Occas  Regul
        77   73.74  72.63  76.79
rep     10  166.00  16.00  14.00
```

> TukeyHSD(aov) # 집단별 평균 차이

  Tukey multiple comparisons of means
    95% family-wise confidence level

Fit: aov(formula = Pulse ~ Smoke, data = survey.prep)

$Smoke

	diff	lwr	upr	p adj
Never-Heavy	-3.2590361	-12.059995	5.541923	0.7726667
Occas-Heavy	-4.3750000	-15.270682	6.520682	0.7260310
Regul-Heavy	-0.2142857	-11.405297	10.976725	0.9999560
Occas-Never	-1.1159639	-8.191337	5.959410	0.9769116
Regul-Never	3.0447504	-4.477467	10.566968	0.7210506
Regul-Occas	4.1607143	-5.730835	14.052264	0.6962570

분산분석 ANOVA의 요약 통계량에서 흡연 여부(Smoke) 각각의 집단 간 맥박수(Pulse) 평균의 차이가 있는지를 검정한 결과는 다음과 같다.

	Df	Sum Sq	Mean Sq	F value	Pr(>F)
Smoke	3	240	79.98	0.735	0.532
Residuals	202	21990	108.8		

위 검정 결과에서 'p-value=0.532'는 5% 유의수준 0.05보다 크므로 귀무가설 "흡연습관(Smoke)별 맥박수(Pulse)의 차이는 없다."을 기각할 수 없다. 즉 흡연습관(Smoke)별 맥박수(Pulse)의 차이는 있다는 사실은 통계학적으로 받아들일 수 없다. 즉 흡연습관과 맥박수는 아무런 관련이 없다는 사실을 알 수 있다.

TukeyHSD() 함수를 적용 결과 집단별 교차 통계정보에서 Never-Heavy, Occas-Heavy, Regul-Heavy, Occas-Never, Regul-Never, Regul-Occas의 p-value가 유의수준 0.05보다 모두 크므로 어떤 경우든 "흡연습관(Smoke)별 맥박수(Pulse)의 차이는 없다"라고 주장 할 수 있다.

6. 검정 통계량 교차분석

교차분석(Chi-square Test)은 두 범주형 변수 간의 빈도수 연관성, 즉 비율 구성이 차이가 있는지 검증할 때 적용한다. 즉 명목변수 비율이 적합한지 두 명목변수가 서로 동질성이 있는지, 독립적인지 검증할 때 사용한다. 명목변수의 교차분석은 카이제곱 X^2-검정을 이용한다. 예를 들면 MASS:survey 데이터셋에서 "성(Sex)별 정해진 비율대로 적합하게 구성되어 있는지? 성(Sex), 흡연습관(Smoke), 운동빈도(Exer) 등의 명목변수 간에 비율이 동일한지 또는 서로 독립적인지를 검정할 때 교차분석을 사용한다.

R에서 교차분석 함수는 chisq.test()를 이용한다.

---
schisq.test() 함수 형식

---
chisq.test(x,   # 벡터(일원 적합성 검정), 혹은 매트릭스(다차원 적합성 검정)
          y = NULL,   # 벡터(이원 적합성 검정)
          correct = TRUE,   # 카이제곱검정의 오차를 교정(TRUE), 아니면(FALSE)
          p = rep(1/length(x), length(x)),   # 기댓값
          rescale.p = FALSE,   # p의 리스케일(1까지 합계) 여부
          simulate.p.value = FALSE,   # Monte Carlo simulation에 의한 p-value
          B = 2000)   # Monte Carlo simulatio에서 사용할 사용된 반복 횟수 지정

교차 검정 결과

---

chisq.test 함수의 인수에서 correct=TRUE는 Yates' continuity correction을 사용하는 것으로 카이제곱 검정의 오차를 교정하기 위해 검정 통계량을 아래와 같이 수정한다.

$$\chi^2 = \sum_{i=1}^{n}\sum_{j=1}^{n} \frac{(|O_{ij} - E_{ij}| - 0.5)^2}{E_{ij}}$$

따라서 correct=TRUE는 일반적인 카이제곱 검정 통계량보다 작은 값이 나오게 되고 p-value는 커진다. 카이제곱분포에서는 검정 통계량이 적을수록 p-value가 커지게 된다. 교정의 정도가 너무 지나칠 수 있어 correct=FALSE를 해야 한다는 의견도 있다. 예를 들어 MASS:survey 데이셋에서 "성(Sex)의 구성 비율이 동일하게 구성되어 있는지, 혹은 글 쓰는 손(W.Hnd)이 8:2로 구성되어 있는지" 검정(적합성 검정)해 보자.

이 검정에 관련된 R 코드와 실행 결과는 다음과 같다.

 11-6-6-1: MASS:survey 데이터셋에서 성과 글 쓰는 손 적합성 검정

```
> # 성(Sex) 집단 비율의 적합성 검정
> # H0: 성(Sex) 집단 비율이 동일하다.
> (Sex <- table(survey.prep$Sex)) # 빈도수 계산

Female   Male
   101    105
```

```
> ration <- c(1/2, 1/2) # 비율
> chisq.test(x = Sex, p = ration) # 적합성 검사
        Chi-squared test for given probabilities

data:  Sex
X-squared = 0.07767, df = 1, p-value = 0.7805
> # 글 쓰는 손(W.Hnd) 집단 비율의 적합성 검정
> # H0: 글 쓰는 손(W.Hnd) 집단 20%, 80%이다.
> (W.Hnd <- table(survey.prep$W.Hnd)) # 빈도수 계산

 Left Right
   15   191
> ration <- c(20/100, 80/100) # 비율
> chisq.test(x = W.Hnd, p = ration) # 동질성 검사
        Chi-squared test for given probabilities

data:  W.Hnd
X-squared = 20.826, df = 1, p-value = 5.028e-06
```

MASS:survey 데이터셋에서 성(Sex) 비율이 같게 구성되었는지 적합성 검정에서 'p-value=0.7805'이므로 95% 신뢰구간 유의수준 0.05보다 크므로 귀무가설(H0) "성(Sex) 집단 비율이 동일하다."를 기각하지 못한다. 즉 성(Sex) 비율이 같게 구성되었다고 말할 수 있다. 한편, MASS:survey 데이터셋에서 글 쓰는 손(W.Hnd) 집단 비율이 20%대 80%로 적합하게 구성되었는지 검정 결과 'p-value=5.028e-06'는 0에 가까운 값으로 95% 신뢰구간 유의수준 0.05보다 작으므로 귀무가설(H0) "글 쓰는 손(W.Hnd) 집단 20%, 80%이다."를 기각한다. 즉 MASS:survey 데이터셋에서 글 쓰는 손(W.Hnd) 집단 비율이 20%, 80%으로 구성되어 있지 않는 것을 알 수 있다. 그러면 MASS:survey 데이터셋에서 "성(Sex)별 흡연습관(Smoke)의 비율은 동일한가? 운동빈도(Exer)와 흡연습관(Smoke)의 비율은 동일한가?" 등의 동질성을 검정해 보자. 이 검정에 관련된 R 코드와 실행 결과는 다음과 같다.

 11-6-6-2: MASS:survey 데이터셋에서 성(Sex)별 흡연습관(Smoke) 비율, 운동빈도(Exer)와 흡연습관(Smoke) 비율의 동질성 검정

```
> # 성(Sex)별 흡연습관(Smoke)의 비율의 동질설 검정
> # H0: 성(Sex)별 흡연습관(Smoke)의 비율은 동일하다.
> (tb1 <- table(survey.prep$Sex, survey.prep$Smoke,
+                dnn=c("성", "흡연습관")))
```

```
           흡연습관
성       Heavy Never Occas Regul
  Female    5    85    8     3
  Male      5    81    8    11
```
> addmargins(prop.table(tb1))

```
           흡연습관
성              Heavy       Never       Occas       Regul        Sum
  Female  0.02427184  0.41262136  0.03883495  0.01456311  0.49029126
  Male    0.02427184  0.39320388  0.03883495  0.05339806  0.50970874
  Sum     0.04854369  0.80582524  0.07766990  0.06796117  1.00000000
```
> chisq.test(tb1, simulate.p.value = TRUE)

       Pearson's Chi-squared test with simulated p-value (based on 2000 replicates)

data: tb1
X-squared = 4.5919, df = NA, p-value = 0.2249

> plot(tb1, main='Sex-Smoke Table')

[그림 11-40]

> # 운동빈도(Exer)와 흡연습관(Smoke)의 비율의 동질설 검정
> # H0: 운동빈도(Exer)와 흡연습관(Smoke)의 비율은 동일하다.
> (tb2 <- table(survey.prep$Exe, survey.prep$Smoke,
+   dnn=c("운동빈도", "흡연습관")))

```
           흡연습관
운동빈도 Heavy Never Occas Regul
   Freq     6    78   11     8
   None     1    17    1     1
   Some     3    71    4     5
```
> addmargins(prop.table(tb2))

```
              흡연습관
운동빈도        Heavy          Never          Occas          Regul           Sum
   Freq   0.029126214  0.378640777  0.053398058  0.038834951  0.500000000
   None   0.004854369  0.082524272  0.004854369  0.004854369  0.097087379
   Some   0.014563107  0.344660194  0.019417476  0.024271845  0.402912621
   Sum    0.048543689  0.805825243  0.077669903  0.067961165  1.000000000
```
> chisq.test(tb2, simulate.p.value = TRUE)

       Pearson's Chi-squared test with simulated p-value (based on

        2000 replicates)
    data: tb2
    X-squared = 3.628, df = NA, p-value = 0.7386
> plot(tb2, main='Exer-Smoke Table')

[그림 11-41]

MASS:survey 데이터셋에서 성(Sex)별 흡연습관(Smoke) 비율의 동질성 검정에서 'X-squared = 4.5919'이고 'p-value = 0.2249'가 유의수준 0.05보다 크므로 '성(Sex)별 흡연습관(Smoke)의 비율은 동일하다.'라는 귀무가설을 채택한다.

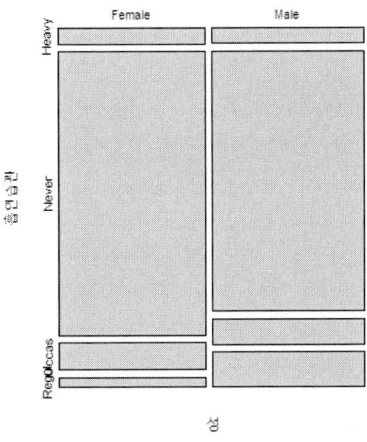

[그림 11-40] 성(Sex)별 흡연습관(Smoke) 교차 테이블 그래프

MASS:survey 데이터셋에서 운동빈도(Exer)와 흡연습관(Smoke) 비율의 동질성 검정 결과 'X-squared = 3.628'이고 'p-value = 0.7386'이 유의수준 0.05보다 크므로 '운동빈도(Exer)와 흡연습관(Smoke)의 비율은 동일하다.'라는 귀무가설을 채택한다.

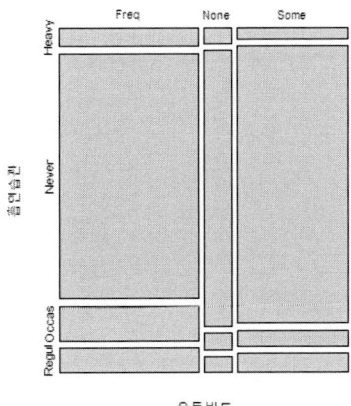

[그림 11-41] 운동빈도(Exer)별 흡연습관(Smoke) 교차 테이블 그래프

동질성 검정은 두 개의 범주형 변수로부터 작성된 분할표의 열 분포에서 행들이 얼마나 균일하게 분포되어 있는지 검정하는 것이다. 한편 두 개의 변수 사이에서 어떤 하나의 변수의 분포가 다른 변수의 분포에 영향을 주지 않으면 서로 독립적이라고 한다. 즉 표본을 구성할 때 두 개의 변수가 서로 독립적이라는 것은 연관이 없이 추출하는 경우이다. 그러나 동질성 검사와 독립성 검정법의 차이점은 개념상의 차이일 뿐이며 검정하는 방법은 카이제곱 검정을 이용해서 동일하다.

"성(Sex)별 흡연습관(Smoke)이 서로 독립적인가?"의 독립성을 검정해 보자. 이 검정에 관련된 R 코드와 결과는 다음과 같다.

 11-6-6-3: MASS:survey 데이터셋에서 성(Sex)별 흡연습관(Smoke)이 서로 독립적인가 검정

```
> # 성(Sex)별 흡연습관(Smoke)서로 독립성 검정
> # H0: 성(Sex)별 흡연습관(Smoke)은 서로 독립적이다.
> (tb1 <- table(survey.prep$Sex, survey.prep$Smoke,
+          dnn=c("성", "흡연습관")))
        흡연습관
성       Heavy Never Occas Regul
  Female     5    85     8     3
  Male       5    81     8    11

> addmargins(prop.table(tb1))
        흡연습관
성            Heavy      Never      Occas      Regul        Sum
  Female 0.02427184 0.41262136 0.03883495 0.01456311 0.49029126
  Male   0.02427184 0.39320388 0.03883495 0.05339806 0.50970874
  Sum    0.04854369 0.80582524 0.07766990 0.06796117 1.00000000

> chisq.test(tb1, simulate.p.value = TRUE)

        Pearson's Chi-squared test with simulated p-value (based on 2000
        replicates)

data:  tb1
X-squared = 4.5919, df = NA, p-value = 0.2249
```

MASS:survey 데이터셋에서 성(Sex)별 흡연습관(Smoke)과 독립성 검사는 에서 'X-squared = 4.5919'이고 'p-value = 0.2249'가 유의수준 0.05보다 크므로 '성(Sex)별 흡연습관(Smoke)은 서로 독립이다.'라는 귀무가설을 채택한다. 즉 '성(Sex)별 표본을 구성과 흡연습관(Smoke)의 표본 구성은 서로 연관 없다'라고 말할 수 있다.

11.7 상관분석

1. 이론적 배경

우리는 종종 두 사건 간에 어떤 관련성이 있을까에 대한 궁금증을 가지고 있는 경우가 많다. 예를 들어 "학습 시간과 성적 간의 관계"라든지 "사람의 키와 몸무게 간의 관계", "흡연량과 기대수명 간의 관계", "광고비와 매출액 간의 관계" 등이다. 이처럼 두 개의 사건 간의 선형적 관계를 상관(correlation)이라고 하고 관계를 통계적으로 규명하는 것을 상관 분석(Correlational Analysis)이라 한다. 여기서 각각의 사건은 변수(variable)로 표현되고 변수는 일반적으로 연속형 변수이어야 한다. 두 변수의 상관성 측도는 공분산(Covariance)과 상관계수(correlation coefficient)이다.

두 확률변수 X, Y의 공분산은 다음과 같이 구한다.

$$Cov(X,Y) = \frac{\Sigma(X-\overline{X})(Y-\overline{Y})}{n-1}$$

두 확률변수 X, Y의 상관계수는 공분산을 편차로 나누어 표준화한 값이다.

$$r = Corr(X,Y) = \frac{Cov(X,Y)}{\sigma_x \sigma_y} \frac{\sum(X-\overline{X})(Y-\overline{Y})}{\sqrt{\sum(X-\overline{X})^2 \sum(Y-\overline{Y})^2}}, -1 \leq r \leq 1$$

상관계수는 두 변수 사이에 선형 관계의 방향성(direction)과 강도(strength)를 수치로 표현하는 것으로 -1과 1 사이에 값으로 표현된다. 두 변수의 상관관계가 서로 반비례할 때 음수의 상관계수, 서로 비례할 때 양수의 상관계수를 가진다. 그리고 두 변수 사이에 선형 관계가 전혀 없을 때(독립 관계) 상관계수는 0을 가진다. 즉 사람의 키와 몸무게는 양의 상관계수를 가지지만 흡연량과 기대수명은 음의 상관계수를 가진다. 사람의 학력과 기대수명과의 관계는 아무 상관관계가 없어 0에 가까울 것이다.

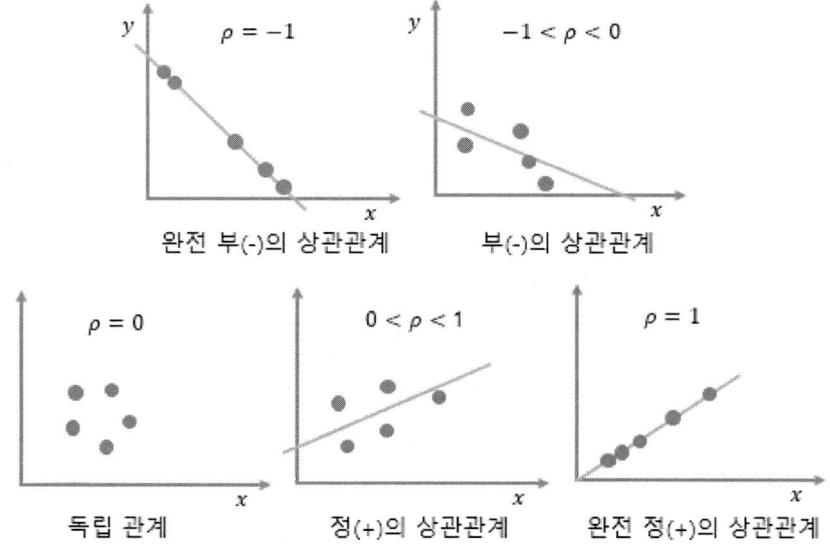

[그림 11-42] 상관관계의 방향성과 강도

상관분석에서 주의할 것은 상관계수는 단순히 두 변인 사이의 관련성을 직관적으로 표시하고 설득하기 위한 상관관계를 규명하는 데 필요하지만 두 변인 사이에 원인과 결과를 위한 인과관계를 규명하는데 자료로 확대해서 사용하면 오류를 발생할 수 있다.

상관분석에서 상관계수를 구하는 방식은 [표 11-20]에서 보는 바와 같이 Pearson 상관계수, Spearman 상관계수, 그리고 Kendall 상관계수가 있다.

[표 11-20] 상관계수 종류

종류	내용
Pearson 상관계수	• 동간척도인 두 변수 간의 선형성을 측정한 값 • 정규성의 가정이 필요 • 1과 1사이의 값, -1 완전 음의 상관관계, 0 독립적, 1 완전 상관관계
Spearman 상관계수	• 서열척도인 두 변수 사이의 비 모수적(자료가 순서로 되어 있을 때) 단조성을 측정한 값 • 비선형성이어도 상관관계가 있으면 1에 가까운 값
Kendall 상관계수	• Spearman 상관관계와 유사

다만 상관계수는 단지 두 변수의 선형적 관련성을 측도하는 단위만 사용해야 한다. 즉 상관계수는 단순히 두 변수 사이의 관련성을 직관적으로 표시하고 설득하기 위해서 사용한다. 두 변수 속성의 관련성까지 확대해서는 안 된다. 예를 들면 어떤 반의 학생들의 국어성적과 수학성적의 상관계수를 구했더니 0.6의 상관계수가 나왔다고 가정할 때 반 학생들의 국어점수 점수가 높으면 수학 점수도 높은 경향을 통계학적으로 규명한 것이다. 이런 상관계수를 가지고 "국어를 잘하는 학생은 수학을 잘한다"라고 확대해서 해석하는 것은 무리이다. 국어성적이 높은 학생은 공부를 열심히 해서 수학 성적도 높게 나왔을 것으로 예측될 뿐이다.

R에서 상과 계수를 구하는 함수는 cor(), cor.test(), rcorr() 등이 있다.

cor() 함수의 인자	
x, y	상관계수를 구할 변수(벡터 형, matrix 형, 데이터 프레임)
use	결측치 처리 방식("everything" : 존재 NA 출력, "all.obs" 존재 오류 메시지, "complete.obs" : 결측치 제거 후 계산, " pairwise":결측치 제거 후 계산)
method	상관계수 종류("pearson", "spearman", "kendall")

Hmisc:rcorr() 함수의 인자	
x	상관계수를 구할 수치형 matrix 데이터, 적어도 5행 이상, 2변수 이상이어야 함.
y	x와 결합할 데이터 matrix 형이어야 함.
type	상관계수 종류("pearson", "spearman", c("pearson", "spearman")

cor.test() 함수의 인자	
x, y	상관계수를 구할 변수 2개(벡터 형)
alternative	가설검정의 종류("two.sided" : 양측 검정, "less" : 왼쪽 검정(음의 상관 검정), "greater" : 오른쪽 검정(양의 상관 검정)
method	상관계수 종류("pearson", "spearman", "kendall")
conf.level	상관계수의 신뢰구간 너비 지정, 기본값은 0.95임

2. 상관분석 실무

먼저 상관분석을 위한 데이터는 R의 기본 패키지에 속한 mtcars를 이용한다. mtcars 모터 트렌드 자동차 도로 테스트 데이터는 1974년 Motor Trend US 잡지에서 추출되었으며 32대의 자동차 (1973-74년 모델)에 대한 1갤런당 연비 mpg, 실린더 수 cyl, 배기량 disp, 마력 hp, 뒷바퀴 축 기어비 drat, 1000lbs 당 차량 무게 wt, 쿼터 마일당 도달시간 qsec, 엔진 종류 vs, 트랜스미션 유형 am, 기어 단수 gear, 기화기 수 carb가 기록되어 있다.

mtcars 데이터의 구조를 살펴보면 다음과 같다.

 11-7-2-1: mtcars 데이터 구조

```
> data(mtcars)   # R 기본 패키지에 포함된 데이터셋 불러오기
> ?mtcars        # mtcars 도움말
```

Motor Trend Car Road Tests

Description

The data was extracted from the 1974 *Motor Trend* US magazine, and comprises fuel consumption and 10 aspects of automobile design and performance for 32 automobiles (1973–74 models).

Usage

mtcars

Format

A data frame with 32 observations on 11 (numeric) variables.

[, 1] mpg   Miles/(US) gallon
[, 2] cyl   Number of cylinders
[, 3] disp Displacement (cu.in.)
[, 4] hp   Gross horsepower
[, 5] drat Rear axle ratio
[, 6] wt   Weight (1000 lbs)
[, 7] qsec 1/4 mile time
[, 8] vs   Engine (0 = V-shaped, 1 = straight)
[, 9] am   Transmission (0 = automatic, 1 = manual)
[,10] gear Number of forward gears
[,11] carb Number of carburetors

```
> str(mtcars) # mtcars 구조 표시
'data.frame':   32 obs. of  11 variables:
 $ mpg : num  21 21 22.8 21.4 18.7 18.1 14.3 24.4 22.8 19.2 ...
 $ cyl : num  6 6 4 6 8 6 8 4 4 6 ...
 $ disp: num  160 160 108 258 360 ...
 $ hp  : num  110 110 93 110 175 105 245 62 95 123 ...
 $ drat: num  3.9 3.9 3.85 3.08 3.15 2.76 3.21 3.69 3.92 3.92 ...
 $ wt  : num  2.62 2.88 2.32 3.21 3.44 ...
 $ qsec: num  16.5 17 18.6 19.4 17 ...
 $ vs  : num  0 0 1 1 0 1 0 1 1 1 ...
 $ am  : num  1 1 1 0 0 0 0 0 0 0 ...
 $ gear: num  4 4 4 3 3 3 3 4 4 4 ...
 $ carb: num  4 4 1 1 2 1 4 2 2 4 ...

> head(mtcars) # mtcars 6개 행 표시
                   mpg cyl disp  hp drat    wt  qsec vs am gear carb
Mazda RX4         21.0   6  160 110 3.90 2.620 16.46  0  1    4    4
Mazda RX4 Wag     21.0   6  160 110 3.90 2.875 17.02  0  1    4    4
Datsun 710        22.8   4  108  93 3.85 2.320 18.61  1  1    4    1
Hornet 4 Drive    21.4   6  258 110 3.08 3.215 19.44  1  0    3    1
Hornet Sportabout 18.7   8  360 175 3.15 3.440 17.02  0  0    3    2
Valiant           18.1   6  225 105 2.76 3.460 20.22  1  0    3    1

> summary(mtcars) # 기초통계량 조사
      mpg             cyl             disp             hp             drat             wt
 Min.   :10.40   Min.   :4.000   Min.   : 71.1   Min.   : 52.0   Min.   :2.760   Min.   :1.513
 1st Qu.:15.43   1st Qu.:4.000   1st Qu.:120.8   1st Qu.: 96.5   1st Qu.:3.080   1st Qu.:2.581
 Median :19.20   Median :6.000   Median :196.3   Median :123.0   Median :3.695   Median :3.325
 Mean   :20.09   Mean   :6.188   Mean   :230.7   Mean   :146.7   Mean   :3.597   Mean   :3.217
 3rd Qu.:22.80   3rd Qu.:8.000   3rd Qu.:326.0   3rd Qu.:180.0   3rd Qu.:3.920   3rd Qu.:3.610
 Max.   :33.90   Max.   :8.000   Max.   :472.0   Max.   :335.0   Max.   :4.930   Max.   :5.424
      qsec             vs               am              gear            carb
 Min.   :14.50   Min.   :0.0000   Min.   :0.0000   Min.   :3.000   Min.   :1.000
 1st Qu.:16.89   1st Qu.:0.0000   1st Qu.:0.0000   1st Qu.:3.000   1st Qu.:2.000
 Median :17.71   Median :0.0000   Median :0.0000   Median :4.000   Median :2.000
 Mean   :17.85   Mean   :0.4375   Mean   :0.4062   Mean   :3.688   Mean   :2.812
 3rd Qu.:18.90   3rd Qu.:1.0000   3rd Qu.:1.0000   3rd Qu.:4.000   3rd Qu.:4.000
 Max.   :22.90   Max.   :1.0000   Max.   :1.0000   Max.   :5.000   Max.   :8.000
```

R 내장 데이터셋인 mtcars는 11개의 변수의 32개의 관측값으로 구성되어 있다. mtcars 데이터셋의 변수의 구성은 [표 11-21]과 같다.

[표 11-21] mtcars 데이터셋의 변수 구성

변수명	유형	내용
mpg	수치형	연비(갤런(3.78541리터)당 마일(1.60934km))
cyl	수치형	실린더 수
disp	수치형	배기량
hp	수치형	마력
drat	수치형	리얼액슬 비율
wt	수치형	중량(1000 lbs(453.592kg))
qsec	수치형	1/4마일에 도달하는 시간
vs	범주형	엔진 종류(0: V-shaped, 1: Straight)

am	범주형	변속기 종류(0: automatic, 1: manual)
gear	수치형	전진기어 수
carb	수치형	기화기 수

먼저 mtcars 데이터의 자동차 무게 wt와 연비의 관계를 살펴보기 위하여 다음과 같이 R 코드와 실행 결과를 살펴보자.

 11-7-2-2: mtcars 데이터의 mpg와 wt를 산점도

```
> windows(width = 10, height = 10) # 새창 열기
> plot(mtcars$wt, mtcars$mpg,
+       col= "orange", pch= 19, lwd= 2,
+       xlab= "자동차 무게(lps)", ylab= "연비(mpg)",
+       main= "자동차 무게(wt)와 연비(mpg) 산점도")
```
[그림 11-43]

mtcars의 wt와 mpg의 산점도를 보면 wt와 mpg는 서로 반비례하는 것을 알 수 있다. 즉 자동차 중량(wt)이 무거우면 무거울수록 연비(mpg)는 감소한다는 것을 직관적으로 알 수 있다.

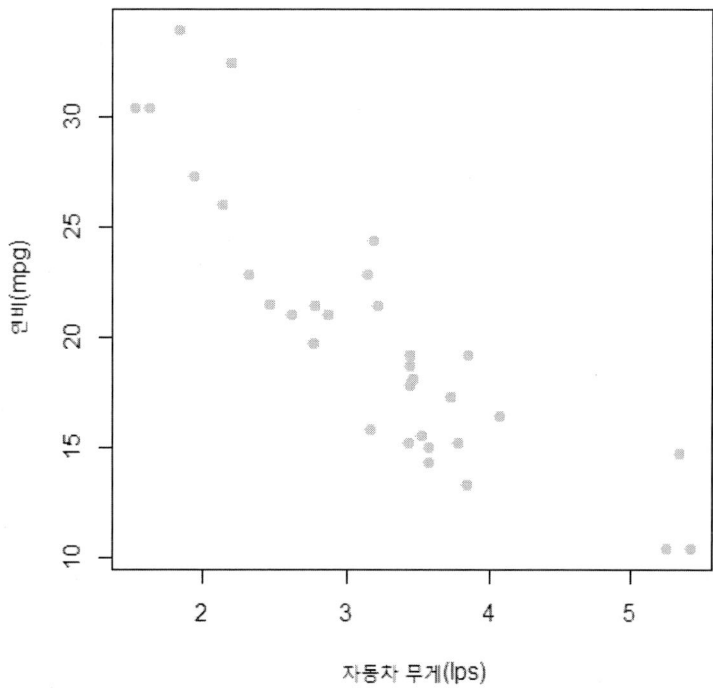

[그림 11-43] mtcars의 중량 wt와 연비 mpg의 산점도

그러면 mtcars의 중량 wt와 연비 mpg의 상관분석을 위한 R 코드와 실행 결과를 살펴보자.

 11-7-2-3: mtcars의 중량 wt와 연비 mpg의 상관관계 분석

```
> # wt와 mpg의 Pearson 상관계수 구하기
> cor(mtcars$wt, mtcars$mpg,
      method= "pearson")
[1] -0.8676594
# hp와mpg의 spearman 상관계수 구하기
> cor(mtcars$hp, mtcars$mpg,
      method= "spearman")
[1] -0.8946646
```

mtcars 데이터셋에서 차량 중량(hp)과 연비(mpg)의 pearson 상관계수는 -0.8676594이고 spearman 상관계수는 -0.8946646으로 상당히 큰 부의 상관관계를 가지는 것을 알 수 있다. wt와 mpg는 아주 밀접한 상관이 있다고 해석할 수 있다.

한편 mtcars 데이터셋에서 연비 mpg, 실린더수 cyl, 배기량 disp, 마력 hp, 중량wt에 대한 다변량 상관계수를 구하는 예제 R 코드와 그의 결과를 살펴보자

 11-7-2-4: mtcars 데이터셋에서 연비 mpg, 실린더수 cyl, 배기량 disp,
마력 hp, 중량 wt에 대한 다변량 상관계수 산출 예

```
> cor(mtcars[,c("mpg", "cyl", "disp", "hp", "wt")]) # 다변량상관계수
            mpg        cyl       disp         hp         wt
mpg   1.0000000 -0.8521620 -0.8475514 -0.7761684 -0.8676594
cyl  -0.8521620  1.0000000  0.9020329  0.8324475  0.7824958
disp -0.8475514  0.9020329  1.0000000  0.7909486  0.8879799
hp   -0.7761684  0.8324475  0.7909486  1.0000000  0.6587479
wt   -0.8676594  0.7824958  0.8879799  0.6587479  1.0000000

> library(psych)
> pairs.panels(as.matrix(mtcars[,c("mpg", "cyl", "disp", "hp", "wt")]))
```
[그림 11-44]

mtcars 데이터셋에서 연비 mpg, 실린더수 cyl, 배기량 disp, 마력 hp, 중량 wt에 대한 다변량 상관계수 쌍에서 mpg와 cyl, disp, hp, wt의 사이는 강한 음의 상관 관계를 가지는 것을 알 수 있으나 wt와 실린더수 cyl, 배기량 disp, 마력 hp의 사이는 강한 양의 상관 관계를 가지는 것을 알 수 있다. [그림 10-44]는 이러한 다변량 상관관계를 직관적으로 파악할 수 있도록 그래프로 표현한 것이다.

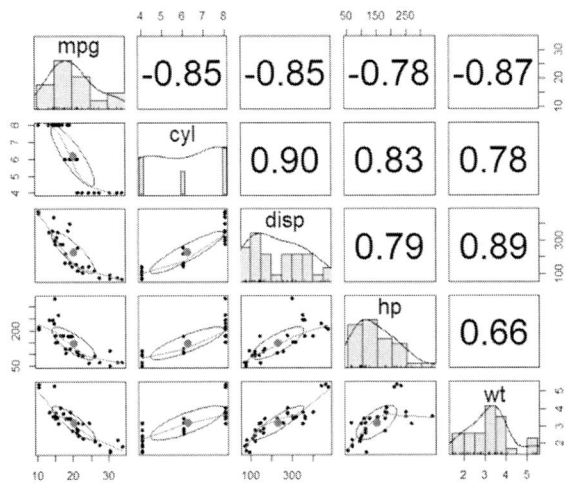

[그림 11-44] 다변량 상관계수 그래프

mtcars의 중량 wt와 연비 mpg의 상관 분석을 직관적으로 파악하기 위하여 산점도로 표시하는 R 코드와 그의 결과는 다음과 같다.

 11-7-2-5: mtcars의 중량 wt와 연비 mpg의 상관 분석 산점도

```
> plot(jitter(mpg, 5) ~ jitter(wt, 5), data= mtcars,
+       main= "차량 무게에 따른 연비 산점도",
+       col= "forestgreen", pch= 19,
+       xlab= "중량(lps)", ylab= "연비(mpg)")
> abline(lm(mpg~ wt, mtcars), col="red", lwd=1) # 회귀선 플롯
```

[그림 11-45]

mtcars의 중량 wt와 연비 mpg의 상관 분석 산점도 그래프는 [그림 11-45]와 같다.

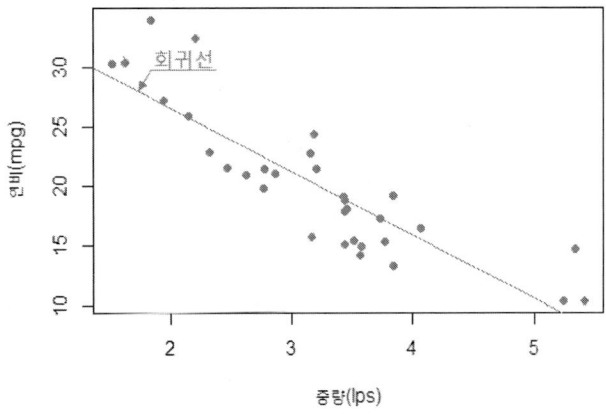

[그림 11-45] mtcars의 중량 wt와 연비 mpg의 상관분석 산점도

그러면 이런 상관계수가 통계적으로 유의미한지 검정해 보자.
- H_0 : wt와 mpg는 서로 상관이 없다.
- H_1 : wt와 mpg는 서로 상관이 있다.

상관계수와 유의성 검정을 동시에 표시하는 것은 cor.test 함수를 사용한다.

 11-7-2-6: 상관계수 및 검정 결과 구하기

```
> # 상관관계 유의성 검증
> # 귀무가설(H0) : wt와 mpg는 서로 상관이 없다.
> cor.test(mtcars$wt, mtcars$mpg) # wt와 mpg의 상관계수 검정

        Pearson's product-moment correlation

data:  mtcars$wt and mtcars$mpg
t = -9.559, df = 30, p-value = 1.294e-10  < 유의수준 0.05
alternative hypothesis: true correlation is not equal to 0
95 percent confidence interval:
 -0.9338264 -0.7440872  ← 상관계수 구간추정
sample estimates:
       cor
-0.8676594  ← 상관계수 점 추정

> # 실린더수(syl)가 5개 이상인 # wt와 mpg의 부분 상관계수 검정
> cor.test(~ mpg+ wt, data= mtcars, subset= (cyl> 5))

        Pearson's product-moment correlation
                              귀무가설 기각
data:  mpg and wt
t = -5.3521, df = 19, p-value = 3.643e-05  < 유의수준 0.05
alternative hypothesis: true correlation is not equal to 0
95 percent confidence interval:
 -0.9043608 -0.5166239  ← 상관계수 구간추정
sample estimates:
       cor
-0.7753847  ← 상관계수
```

상관 분석 결과 95% 신뢰구간에서 검정 결과 'p-value = 1.294e-10'의 아주 작은 수(0.05보다 작은 수)로 귀무가설을 버리고 대립가설을 채택한다. 따라서 중량(wt)와 연비(mpg)의 상관계수 -0.8676594는 유의미하다고 해석할 수 있다. 한편 실린더수(syl)가 5개 이상일 경우 wt와 mpg의 부분 상관계수 검정 결과를 살펴보면 'p-value = 3.643e-05'의 작은 수(0.05보다 작은 수)로 귀무가설을 버리고 대립가설을 채택한다. 따라서 실린더수(syl)가 5개 이상일 경우 wt와 mpg의 부분 상관계수 -0.7753847은 유의미하다고 해석할 수 있다.

mtcar 데이터셋의 모든 변수 사이에 상관계수를 구해보자. 여러 개 변수의 상관계수와 유의확률을 구하는 R 함수는 psych::corr.test()이다.

 11-7-2-7: mtcars 데이터셋의 포함된 다변량 상관계수 및 유의확률 분석

```
> library(psych)
> corr.test(mtcars[,c("mpg", "cyl", "disp", "hp", "wt")]) # 다변량 상관계수 검정
```

```
Call:corr.test(x = mtcars[, c("mpg", "cyl", "disp", "hp", "wt")])
Correlation matrix
       mpg   cyl  disp    hp    wt
mpg   1.00 -0.85 -0.85 -0.78 -0.87
cyl  -0.85  1.00  0.90  0.83  0.78
disp -0.85  0.90  1.00  0.79  0.89
hp   -0.78  0.83  0.79  1.00  0.66
wt   -0.87  0.78  0.89  0.66  1.00
Sample Size
[1] 32
Probability values (Entries above the diagonal are adjusted for multiple tests.)
     mpg cyl disp hp wt
mpg    0   0    0  0  0
cyl    0   0    0  0  0
disp   0   0    0  0  0
hp     0   0    0  0  0
wt     0   0    0  0  0

To see confidence intervals of the correlations, print with the short=FALSE option
```

mtcar 다중 변수 상관계수 및 유의 확률 분석에서 mpg와 cyl, disp, hp, wt의 상관계수는 -0.85, -0.85, -0.78, -0.87이고 유의 확률은 모두 0이므로 상관성을 가진다는 것을 알 수 있다. 그러면 우리는 차량 중량(wt)와 연비(mpg)가 순수하게 -0.87 만큼의 상관성이 있다고 할 수 있을까? 혹시 이런 상관성의 강도는 다른 변수에 영향을 받아 이와 같은 상관성을 갖지는 않을까? 이러한 궁금증을 해결하기 위하여 하나 이상의 다른 변수의 영향을 통제한 상태에서 관심의 대상인 두 변수 간의 선형적 관련성 측정을 편상관계수(partial correlation coefficient)라고 한다. 이는 잘못된 상관성을 찾아내는 데 활용하거나 숨겨진 관계를 찾는 데 활용된다.

다음과 같이 편상관계수를 구하는 예제 R 코드 및 실행 결과를 살펴보자.

 11-7-2-8: 편상관계수 구하기 예

```
> # 편상관계수 구하기
> library(ggm)
> # 어떤 변수도 통제하지 않은 wt와 mpg의 상관계수
> cor(mtcars$wt, mtcars$mpg)
[1] -0.8676594
> # cyl, disp, hp변수를 통제한 결과 mpg, wt의 상관계수
> pcor(c("mpg", "wt", "cyl", "disp", "hp"), cov(mtcars))
[1] -0.5898129
> # cyl, hp변수를 통제한 결과 mpg, wt의상관 유의성 검정
> pcor.test(pcor(c("mpg", "wt", "cyl", "disp", "hp"), cov(mtcars)),
+           q= 3, n= nrow(mtcars)) # q: 통제 변수 갯수, n: 행의 수

$tval
[1] -3.795178
$df
```

[1] 27
$pvalue
[1] 0.000758947

mtcars에서 cyl, disp, hp 변수를 통제한 결과 mpg, wt의 상관계수는 -0.5898129로 분석되었다. 통제 변수를 사용하지 않은 연비(mpg)와 중량(wt)의 상관계수 -0.8676594보다 상당히 많은 상관 강도가 떨어진 것을 알 수 있다. 유의성 검정에서 p-value가 0.000758947로 95% 신뢰구간에서 0.05보다 작으므로 연비(mpg)와 중량(wt)은 상관성이 없다는 귀무가설을 기각하게 된다. 따라서 cyl, disp, hp 변수를 통제해도 연비(mpg)와 중량(wt)은 상관성은 있다고 할 수 있다. 따라서 연비(mpg)와 중량(wt)은 상관성은 cyl, disp, hp 변수에 영향을 받지만 상관성이 없다는 귀무가설은 기각할 수 없다.

11.8 회귀 분석

1. 이론적 배경

회귀 분석(Regression Analysis)이란 하나 이상의 변수들(독립변수, 설명변수)과 다른 변수(종속변수, 반응변수) 사이에 인과관계(因果關係)를 규명하는 통계적 기법으로 영국의 생물학자 프랜시스골턴(Francis Galton)에 의하여 창시되었다. 즉 회귀분석은 두 개의 통계 변수 간에 관계를 나타내는 회귀식(regression equation)을 도출하여 변수 간에 인과관계를 분석하는 것이다. 회귀 분석은 일종의 추론 통계 분석으로 모집단의 모수(parameter)를 예측하는 데 활용한다. 선형 회귀선의 도출은 관측값에서 가상의 회귀선까지 거리 제곱의 합이 가장 작게 되는 직선을 구하는 것이다.

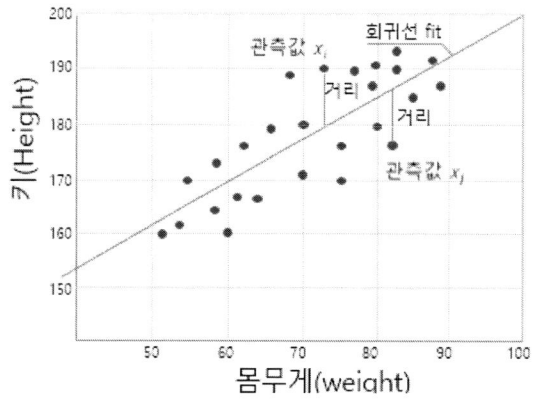

[그림 11-46] 몸무게와 키의 산점도 그래프상에 회귀선

이와 같이 산점도 상에 있는 각각의 관측값에서 가상의 회귀선까지 수직 거리의 제곱 합이 가장 작게 되는 직선을 찾는 방법을 최소제곱법(least squares method)이라 한다. 최소제곱법으로 구한 것을 회귀선(regress line)이라고 하며 다음과 같은 방정식으로 표현된다.

$$y_i = \beta_0 + \beta_1 x_i + \varepsilon_i, y_i : 종속변수, x_i : 독립변수,$$
$$\beta_0 : 절편(intercept), \beta_1 : 기울기(slope), \varepsilon_i : 잔차(residual)$$

잔차, 혹은 오차란 관측값, 측정값 등에서 얻어진 가장 확실한 값과 계산값(fit) 또는 이론값의 차이를 의미한다. 따라서 최소제곱법이란 찬차 ε_i를 최소화하는 β_0과 β_1을 찾는 것이다.

$$\epsilon_i = y_i - (\beta_0 + \beta_1 x_i)$$

$$Min\, S^2 = Min \sum_{i=1}^{n} \varepsilon_i = Min \sum_{i=1}^{n} (y_i - \beta_0 - \beta_1 x_i)^2$$

$$절편\, \beta_0 = \overline{y} - \beta_1 \overline{x},\ \overline{y} = \frac{\sum_{i=1}^{n} y_i}{n}, \overline{x} = \frac{\sum_{i=1}^{n} x_i}{n}$$

$$기울기\, \beta_1 = \frac{\sum_{i=1}^{n}(x_i - \overline{x})(y_i - \overline{y})}{\sum_{i=1}^{n}(x_i - \overline{x})^2}$$

회귀 분석은 독립변수와 종속변수 사이에 강한 상관관계가 있을 때(단 독립변수 사이에 약한 상관관계가 있을 때) 유용하다. 그리고 회귀 분석은 일종의 추론 통계 분석으로 주로 모집단의 모수(parameter)를 예측(Prediction)하는 데 활용된다. 또한 인공지능(AI)의 기계 지도 학습(Machine Supervised Learning)에 활용된다.

회귀 분석은 독립변수의 수에 따라 단순선형회귀(Simple Linear Regression: SML), 다항 회귀(Polynomial Regression), 다중선형회귀(Multiple Linear Regression: MLR)로 나누어진다 ([표 11-22]).

[표 11-22] 회귀식의 형식

회귀식의 형식	내용
단순 회귀	선형성을 따르는 단 하나의 독립변수가 종속변수에 미치는 영향력을 규명하려는 통계적 기법
다항 회귀	선형성을 따르지 않은 단 하나의 독립변수로 종속변수에 미치는 영향력을 규명하려는 통계적 기법
다중 회귀	선형성을 따르는 2개 이상의 독립변수가 종속변수에 미치는 영향력을 규명하려는 통계적 기법

1 단순 회귀식

단순 선형회귀(Simple Linear Regression: SLR)식은 단 하나의 독립변수로 종속변수와의 관계를 규명하는 통계적 기법으로 다음과 같다.

$$y = \beta_0 + \beta_1 x + \varepsilon$$

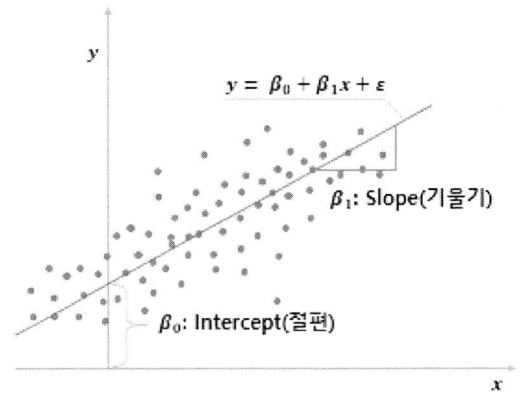

[그림 11-47] 단순 선형회귀 그래프

② 다항 회귀식

다항 회귀(Polynomial Regression: PR)식은 선형성을 따르지 않는 단 하나의 독립변수로 종속변수와의 관계를 규명하는 통계적 기법으로 다음과 같은 식으로 표현된다.

$$y = \beta_0 + \beta_1 x^1 + \beta_2 x^2 + ... + \beta_n x^n + \varepsilon,\ y : 종속변수, x^i : 독립변수, \beta_i : 회귀계수, \varepsilon : 잔차$$

③ 다중 선형 회귀식

다중 선형회귀(Multiple Linear Regression: MLR)식은 2개 이상의 독립변수로 종속변수와의 관계를 규명하는 통계적 기법으로 다음과 같은 식으로 표현된다.

$$y = \beta_0 + \beta_1 x_1 + \beta_2 x_2 + ... + \beta_n x_n + \varepsilon,\ y : 종속변수\ x_i : 독립변수, \beta_i : 회귀계수$$

④ 회귀 분석 시 고려 사항

회귀 분석 결과 모형은 새로운 독립변수(설명변수) 값을 가지고 종속변수(반응변수) 값을 예측하는 데 사용한다. 측 회귀 분석은 기존에 데이터의 패턴을 분석하여 예측 알고리즘을 개발하는 데 목적이 있다. 따라서 회귀 분석을 시행할 때 고려해야 할 사항들은 다음과 같다.

분석 대상 데이터셋에서 반응변수를 가장 잘 설명할 수 있는 최적의 설명변수를 찾아 회귀 모델을 구성해야 한다. R에서 step 함수를 이용하면 최적의 설명변수를 찾을 수 있다.

- 생성된 회귀 모델이 통계적으로 유의하는지를 검정해야 한다. R에서 회귀 모델 검증을 위하여 summary() 함수를 시행하여 F 통계량을 확인하여 F 통계량의 유의 확률 p-value가 유의수준 0.05(95% 신뢰구간)보다 작으면 "설명변수와 반응변수의 상관관계가 0(귀무가설)"이 아닌 것으로 회귀 모델은 통계적으로 유의미하다고 볼 수 있다.
- 설명변수들과 반응변수들 사이가 통계적으로 유의미한지를 검정해야 한다. 각각의 설명변수들이 반응변수 t 통계량 유의 확률 p-value가 유의수준과 비교하여 유의미를 확인한다.
- 회귀 모델의 설명력을 확인한다.

- 결정계수 Multiple R-Square를 확인한다. 결정계수는 상관계수(correlation, cor.test())의 거듭제곱한 값이다. 즉 R-Square 값이 모델의 유의한 확률을 의미한다. R-Square 값이 크면 클수록 모델의 유의성이 높다.

회귀모형이 올바른지 검증하는 방법은 회귀모형의 잔차 오차항(ε)이 선형성을 따라야 하며 독립성, 정규성, 등분산성, 특정 영향력을 통하여 평가할 수 있다.

[표 11-23] 회귀모형 검증 척도

회귀모형 검증 척도	내용
Residuals vs Fitted (잔차의 선형성)	모형에서 산출된 수치와 선형성을 시각화한 것으로 잔차가 0 값을 중심으로 위아래로 불규칙하게 분포되어 있어야 좋은 모델
잔차의 독립성	잔차는 서로 독립적인 값을 가져야 함
Normal Q-Q (잔차의 정규성)	잔차가 표준편차를 따라 정규분포하고 있는지 도식화
Scale-Location (잔차의 등분산성)	잔차를 표준화하여 제곱근을 적용한 결과로 잔차의 등분산성
Residuals vs Leverage (잔차의 특정 영향력)	각 잔차의 영향력을 도식화로 Cook's distance 점 곡선은 각 점의 영향력을 평가(0.5라면 적당)하는 것으로 잔차가 0을 벗어나 1인 점선의 곡선을 넘으면 이상값으로서 해당 관측치는 선형회귀에 영향을 미치는 정도가 크게 되어 모델이 불안정

회귀모형 검증 척도를 그래프로 살펴보면 [그림 11-48]과 같다.

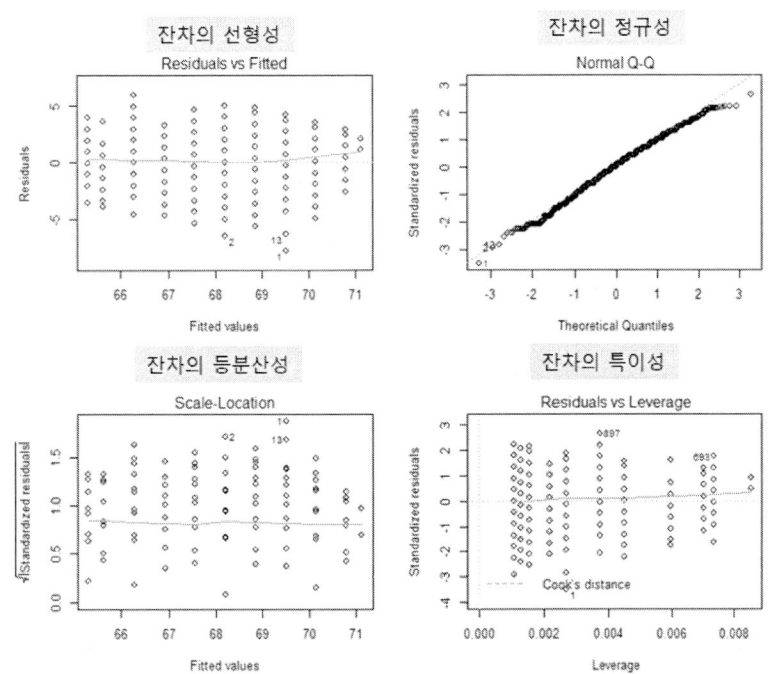

[그림 11-48] 회귀 모델 잔차의 특성 그래프

5 회귀 변수 자동 선택

이때 독립변수가 여러 개일 경우에 최적의 회귀 방정식 선택 종속변수 y와 이 변수에 가장 영향을 미치는 독립변수 $x_1, x_2, x_3, ... x_k$ 을 선택하는 방법이다. 즉 y에 영향을 미칠 수 있는 모든 설명변수 x를 y의 값을 예측하는 데 참여하는 독립변수를 찾는 것이다. 이는 데이터에 설명변수 x가 많으면 관리하는 데 큰 노력이 요구되므로, 가능한 범위 내에서 적은 설명변수를 포함하는 것이 좋다. 이러한 방법에는 모든 가능한 조합의 회귀 분석(All possible regression) 방법과 단계적 변수 선택(Stepwise Variable Selection)이 있다.

R에서 최적의 회귀 독립변수를 찾는 함수는 step을 사용한다.

```
step(lm(종속변수 ~1, 데이터셋),
     scope=list(lower=~1, upper=~독립변수),
     direction="회귀변수선택방법")
```

step 함수에서 회귀변수 선택 방법에는 다음과 같은 것이 있다.

[표 11-24] 회귀 변수 자동 선택 방법

forward	절편만 있는 상수 모형으로부터 시작해 중요하다고 생각되는 설명변수를 차례로 모형에 추가
backward	설명변수 모두를 모형에 포함해서 출발하고 가장 영향을 적게 주는 변수부터 하나씩 제거 해나가는 방식
both	forward 선택법에 따라 설명변수를 추가하면서 새롭게 추가된 변수에 기인해 기존 변수가 그 중요도가 약화 되면 해당 변수를 단계적(stepwise)으로 제거하는 방식

6 R 회귀 모델 생성 함수

단순선형회귀분석(simple linear regression analysis)을 이용하여 회귀식을 구하는 R 함수는 lm()이며 입력 인수는 다음과 같다.

[표 11-25] R 회귀 모델 생성 함수

lm() 함수 인수	형식
formula	회귀모형의 수식 formula = 종속변수 ~ 독립변수(들)
data	선형회귀모형 적합 데이터셋
subsets	data 인수에 지정한 데이터 중에 적합할 데이터셋(만일 subsct을 별도로 설정하지 않으면 data 인수에 있는 모든 데이터를 이용해서 적합 시킴)
weights	회귀모형에 적합할 때 사용할 가중치
na.action	결측치 처리 여부

그리고 R의 lm() 함수를 통하여 구한 회귀 모델에서 다음과 같은 R 회귀 모델 분석 함수를 이용하여 회귀 모델 객체에 포함된 다양한 정보를 추출할 수 있다.

[표 11-26] R 회귀 모델 분석 함수

함수	내용
summary()	주요 회귀 분석 정보(잔차, 회귀계수, R^2, F값 등)를 반환
residuals()/resid()	잔차(residual) 값 반환
coefficients()/coef()	회귀계수 반환
confint()	회귀계수에 대한 신뢰구간 반환
fitted()	회귀식에 의한 예측값 반환
anova()	분산분석표 반환
predict()	회귀식에 의한 예측값 반환

2. 회귀 분석 실무

여기서는 R을 이용하여 단순 선형회귀, 다항회귀, 다중회귀 모델을 생성하고 예측하기 위한 실무과정을 설명한다. 그리고 회귀계수 자동 선택 방법을 살펴본다.

1 단순 선형회귀 분석 실무

단순 선형 회귀(Simple Linear Regression: SML)식은 단 하나의 독립변수로 종속변수와의 관계를 규명하는 통계적 기법으로 다음과 같은 식으로 표현된다.

$y = \beta_0 + \beta_1 x + \varepsilon$, y : 종속변수(반응변수), x : 독립변수(설명변수), ε : 잔차($Residual$)

단일 선형회귀 분석 실무를 위하여 R의 내장 데이터셋인 cars 데이터를 이용한다. cars 데이터셋은 2개의 변수의 50개 관측값을 가진 데이터이다. 이에 관련된 R 코드는 다음과 같다.

 11-8-2-1: mtcars 데이터셋 차량 중량(wt)에 대한 연비(mpg) 단순 선형회귀 모델

```
> data(mtcars) # R기본 패키지에 포함된 데이터 셋 불러오기
> str(mtcars) # mtcars데이터셋 구조 표시
'data.frame':   32 obs. of  11 variables:
 $ mpg : num  21 21 22.8 21.4 18.7 18.1 14.3 24.4 22.8 19.2 ...
 $ cyl : num  6 6 4 6 8 6 8 4 4 6 ...
 $ disp: num  160 160 108 258 360 ...
 $ hp  : num  110 110 93 110 175 105 245 62 95 123 ...
 $ drat: num  3.9 3.9 3.85 3.08 3.15 2.76 3.21 3.69 3.92 3.92 ...
 $ wt  : num  2.62 2.88 2.32 3.21 3.44 ...
 $ qsec: num  16.5 17 18.6 19.4 17 ...
 $ vs  : num  0 0 1 1 0 1 0 1 1 1 ...
 $ am  : num  1 1 1 0 0 0 0 0 0 0 ...
 $ gear: num  4 4 4 3 3 3 3 4 4 4 ...
 $ carb: num  4 4 1 1 2 1 4 2 2 4 ...
```

```
> head(mtcars) # mtcars데이터셋에서 상위 6개 행 표시
                   mpg cyl disp  hp drat    wt  qsec vs am gear carb
Mazda RX4         21.0   6  160 110 3.90 2.620 16.46  0  1    4    4
Mazda RX4 Wag     21.0   6  160 110 3.90 2.875 17.02  0  1    4    4
Datsun 710        22.8   4  108  93 3.85 2.320 18.61  1  1    4    1
Hornet 4 Drive    21.4   6  258 110 3.08 3.215 19.44  1  0    3    1
Hornet Sportabout 18.7   8  360 175 3.15 3.440 17.02  0  0    3    2
Valiant           18.1   6  225 105 2.76 3.460 20.22  1  0    3    1
> # (1) 회귀모델 생성
> mtcars1.lm <- lm(formula= mpg~ wt, data= mtcars) # 회귀모델 생성
> summary(mtcars1.lm) # 회귀모델cars.lm요약정보 출력

Call:
lm(formula = mpg ~ wt, data = mtcars)   ← 회귀식

Residuals:
    Min     1Q  Median     3Q    Max    ← 잔차의 분포
-4.5432 -2.3647 -0.1252 1.4096 6.8727

Coefficients: 회귀계수  표준오류    t-값   t-분포 유의확률
             Estimate Std. Error t value Pr(>|t|)
(Intercept)   37.2851     1.8776  19.858  < 2e-16 ***
wt            -5.3445     0.5591  -9.559 1.29e-10 ***
---
Signif. codes:  0 '***' 0.001 '**' 0.01 '*' 0.05 '.' 0.1 ' ' 1
잔차의 표준 오류
Residual standard error: 3.046 on 30 degrees of freedom
Multiple R-squared:  0.7528,    Adjusted R-squared:  0.7446
F-statistic: 91.38 on 1 and 30 DF,  p-value: 1.294e-10  < 유의수준 0.05 귀무가설(mpg와 wt의 상관계수가 0이다) 기각
> cor(mtcars$wt, mtcars$mpg)          결정계수
[1] -0.8676594                    (상관계수의 제곱)  F-분포의 유의확률
```

```
> plot(jitter(mtcars$mpg, 5) ~ jitter(mtcars$wt, 5),
+      col="cornflowerblue", pch=19,
+      xlab="차량무게(wt)", ylab="연비(mpg)",
+      main="차량 무게에 대한 연비 산점도")
> abline(mtcars1.lm, col="red", lwd=1.5) # 회귀선 플롯
```

[그림 11-50]

```
> # (2) 단순회귀 모델 분석
> anova(mtcars1.lm) # 분산분석 결과 반환
Analysis of Variance Table

Response: mpg
          Df Sum Sq Mean Sq F value    Pr(>F)
wt         1 847.73  847.73  91.375 1.294e-10 ***
Residuals 30 278.32    9.28
---
Signif. codes:  0 '***' 0.001 '**' 0.01 '*' 0.05 '.' 0.1 ' ' 1
> confint(mtcars1.lm, level=0.95)
                2.5 %     97.5 %
(Intercept) 33.450500  41.119753
wt          -6.486308  -4.202635
> mtcars$mpg[1:3] # 관측값
```

```
[1] 21.0 21.0 22.8
```
> fitted(mtcars1.lm)[1:3] # 예측값
```
  MazdaRX4   MazdaRX4  WagDatsun710
  23.28261   21.91977    24.88595
```
> resid(mtcars1.lm)[1:3] # 잔차=관측값-예측값
```
  MazdaRX4   MazdaRX4  WagDatsun710
 -2.2826106 -0.9197704   -2.0859521
```

mtcars 데이터셋의 차량 중량(wt)에 대한 연비(mpg)의 회귀모델 생성은 lm() 함수를 이용한다. 회귀모델 생성 결과에 더 많은 정보를 알고 싶으면 summary() 함수를 이용하면 된다. 회귀모델의 summary() 함수를 적용한 결과 lm(formula = dist ~ speed, data = cars)'에서 speed는 독립변수(independent variable, 설명변수)이고 dist는 종속변수(dependent variable, 반응변수)이다([그림 11-49]).

```
Call:
lm(formula = mpg ~ wt, data = mtcars)   ← 회귀식

Residuals:
    Min     1Q  Median     3Q    Max      ← 잔차의 분포
-4.5432 -2.3647 -0.1252 1.4096 6.8727

Coefficients:   회귀계수    표준오류    t-값   t-분포 유의확률
            Estimate Std. Error t value Pr(>|t|)
(Intercept)  37.2851     1.8776  19.858  < 2e-16 ***
wt           -5.3445     0.5591  -9.559 1.29e-10 ***
---
Signif. codes:  0 '***' 0.001 '**' 0.01 '*' 0.05 '.' 0.1 ' ' 1
            잔차의 표준 오류
Residual standard error: 3.046 on 30 degrees of freedom
Multiple R-squared:  0.7528,    Adjusted R-squared:  0.7446
F-statistic: 91.38 on 1 and 30 DF,  p-value: 1.294e-10   < 유의수준 0.05 귀무가설(mpg와 wt의 상관계수가 0이다) 기각
> cor(mtcars$wt, mtcars$mpg)         결정계수
[1] -0.8676594           (상관계수의 제곱)  F-분포의 유의확률
```

[그림 11-49] mtcars 데이터셋에서 무게(wt)에 대한 연비(mpg) 회귀모델 요약

그림 11-30에서 Residuals, 잔차는 회귀 모델의 관측값과 예측값(fitted value)의 차이를 의미한다. 즉 속도(speed)에 대한 제동거리(dist) 예측 모델에서 잔차의 최솟값(Min)은 -4.5432이고 최댓값(Max)은 6.8727이다. 잔차의 중위수(Median)는 -0.1252이다. 따라서 이 모델의 잔차의 분포는 약간 좌측으로 치우친 것으로 확인된다. 이상적인 회귀모델이라면 중위수가 0인 정규 분포(normal distribution)를 따른다.

Coefficients, 회귀계수는 추정치 및 표준 오차, t 값, 유의 확률의 유의성 검정 결과를 보여준다. 이 모델의 유의성 검정 결과 wt의 유의 확률이 'p-value: 1.29e-10'이므로 유의수준 0.05보다 아주 작기 때문에 회귀 모델은 유의한다고 판단할 수 있다. 즉 "중량(wt)과 연비(wt)의 상관계수(correlation coefficient)가 0이다."라는 귀무가설을 기각한다. 중량(wt)에 따른 연비(mpg)의 회귀 모델은 유의미한 것으로 판단된다. 한편 Estimate, 추정치는 회귀 모델의 절편(Intercept)과 기울기(Slope)를 표시한다. 중량(wt)에 대한 연비(mpg) 예측 모델의 절편(Intercept)은 37.2857이고 기울기(Slope)는 -5.3445이므로 회귀식은 다음과 같다.

$$mpg = 37.2857 - 5.3445 \times wt + \varepsilon$$

중량(wt)이 1(1000lbs)에서 연비(mpg)는 약 31.9412마일이라는 것을 알 수 있다. 따라서 중량 1만큼 증가하면 연비는 -5.3445마일씩 감소한다.

Residual standard error(RSE), 잔차의 표준오류 3.046는 잔차의 표준편차를 의미하고, 잔차의 표준편차가 작으면 작을수록 모델의 신뢰성이 증가한다. Multiple R-square는 회귀 모델의 결정계수(설명 계수)로 모델의 설명력을 알려 준다. R-square 값 0.7528은 모델의 약 75%가 정확하다고 판단할 수 있다. 한편 회귀 모델의 R-square 값은 상관계수를 제공한 값이다. 참고로 상관계수 cor(mtcars$wt, mtcars$mpg)의 값은 0.8676594이고 상관계수 0.8676594을 제곱한 값이 R-square 0.7528이다. 따라서 R-square의 값이 크면 클수록 회귀 모델의 설명력은 향상한다. 끝으로 F-statistic은 회귀식의 유의성을 검정하기 값을 출력한다. 회귀계수가 모두 0이라는 귀무가설을 검정한다. 회귀 모델의 검정 결과 유의 확률 'p-value: 1.294e-10'이므로 무게(wt)에 대한 연비(mpg) 회귀 모델은 유의한다는 것을 알 수 있다.

중량(wt)에 대한 연비(mpg)의 관계를 보여주기 위한 산점도는 [그림 11-50]과 같다.

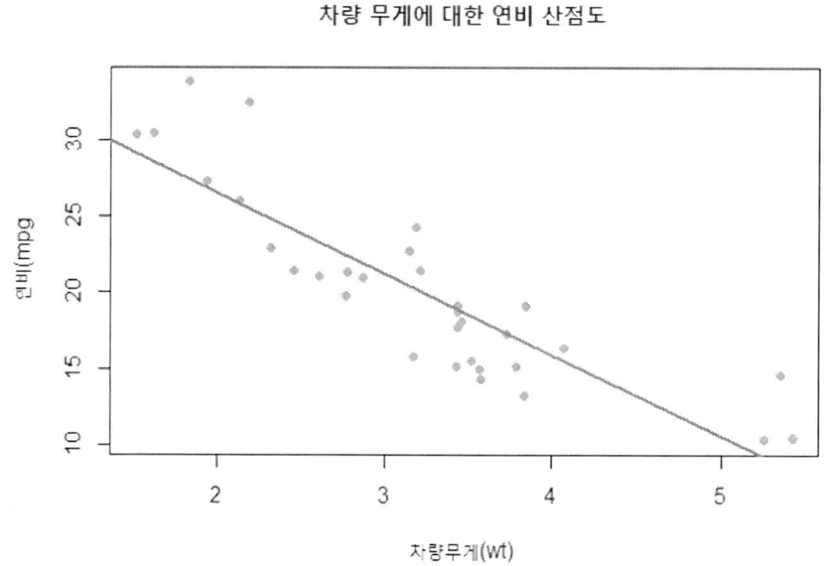

차량 무게에 대한 연비 산점도

[그림 11-50] 차량 중량(wt)에 대한 연비(mpg) 산점도

회귀 모델의 주목적은 예측에 있다. 따라서 회귀 모델의 유효성을 검증하는 것은 매우 중요하다. 회귀 모델이 유효한지 검증은 회귀 델의 Residual 잔차 오차항(ε)이 선형성을 따라야 하며 독립성, 정규성, 등분산성, 특정 영향력을 통해서 검증할 수 있다. 만족도 자동차 속도 speed에 따른 제동거리 dist에 대한 회귀 모델 검증 R 코드는 다음과 같다.

 11-8-2-2: 자동차 무게 wt에 따른 연비 mpg에 대한 회귀 모델 검증

```
> # 회귀 모델 검증
```

```
> windows(width=8, height=7) # 새로운 창 표시
> par(mfrow=c(2,2)) # 플롯 창 2행 2열 분리
> plot(mtcars1.lm) # 회귀 모델 검증 플롯
```
[그림 11-51]

위 R 스크립트를 실행한 결과 [그림 11-51]과 같은 그래프가 출력된다.

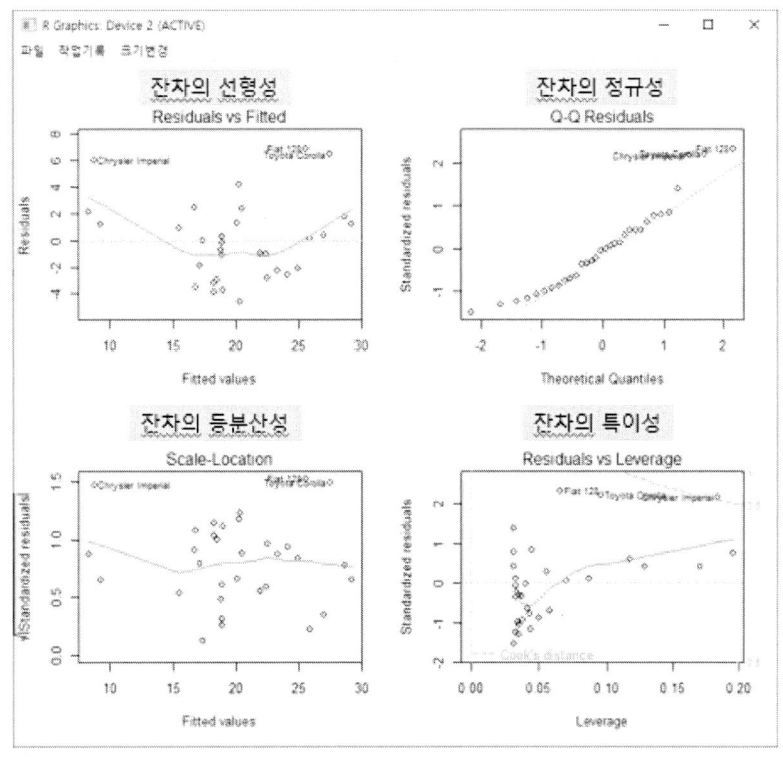

[그림 11-51] 자동차 중량 wt에 따른 연비 mpg에 대한 회귀 모델 검증

첫 번째 그래프 Residual vs Fitted는 모델 잔차의 선형성을 나타내는 것으로 모델 예측값(fitted value)에 대한 잔차(Residuals)의 분포도로 잔차의 0을 중심으로 잔차의 분포가 아래로 불룩한 형태를 띠고 있다. 이러한 형태는 잔차의 선형성이 이상적이라고 할 수 있다. 두 번째 그래프 Q-Q Residuals는 잔차의 정규성을 도식한 것으로 직선을 중심으로 점들이 거의 분포되어 있다. 세 번째 Scale-Location은 잔차의 등분산성이고 마지막 Residuals vs Leverage는 잔차의 특이성을 도식화한 것이다.

회귀 모델의 주요한 목적은 예측(prediction)에 있다. 즉 자동차 중량 wt 변화에 따른 연비 mpg의 회귀 모델을 예측하고 검증하기 위한 R 코드는 다음과 같다.

 11-8-2-3: 자동차 중량 wt에 따른 연비 mpg에 대한 회귀 모델 예측 및 성능

```
> # 단순회귀 모델 예측 및 성능
```

```
> rest <- mtcars[, c("wt", "mpg")] # 결과 데이터 프레임
 > names(rest) <- c("중량", "실제연비")
> pred <- predict(mtcars1.lm, # 예측
+                 newdata= list(wt= rest$중량))
> rest <- cbind(rest, 예측연비 = round(pred, 1))
> diff <- abs(rest$예측연비-rest$실제연비)/rest$실제연비 # 차이 비율 산출
> 비율 <- round(100 - diff*100, 1) # 100분율
> rest <- cbind(rest, 비율)
> head(rest) # 상위 6개 예측 결과 출력
                   중량  실제연비 예측연비 비율
Mazda RX4          2.620    21.0     23.3  89.0
Mazda RX4 Wag      2.875    21.0     21.9  95.7
Datsun 710         2.320    22.8     24.9  90.8
Hornet 4 Drive     3.215    21.4     20.1  93.9
Hornet Sportabout  3.440    18.7     18.9  98.9
Valiant            3.460    18.1     18.8  96.1
> mean(rest$비율==100)*100 # 정답율100% 비율
[1] 0
> mean(rest$비율>=95)*100 # 정답율95% 이상 비율
[1] 28.125
> mean(rest$비율>=90)*100 # 정답율90% 이상 비율
[1] 43.75
> mean(rest$비율>=80)*100 # 정답율80% 이상 비율
[1] 75
```

자동차 중량 wt가 2.620, 2.875, 2.320 등 각각 대하여 실제 연비 mpg는 21.0, 21.0, 22.8 등인데 예측한 연비 mpg는 23.3, 21.9, 24.9 등으로 각각의 예측률은 89.0, 95.7, 90.8% 등이다. 따라서 100% 예측은 0%, 95%이상 예측은 28.125%, 90%이상 43.75%, 80% 이상 75%이다.

다음은 자동차 중량 wt에 따른 연비 mpg에 대한 회귀 모델을 쉽게 이해하기 위해 ggplot2를 이용하여 시각화한 R 코드이다.

 11-8-2-4: 자동차 중량 wt에 따른 연비 mpg에 대한 회귀 모델
ggplot2를 이용한 시각화

```
> if(!require("ggplot2")) install.packages("ggplot2")
```

```
> library(ggplot2) # ggplot2 라이브러리 불러오기
> windows(width=6, height=4) # 새로운 플롯 창 표시
> ggplot(mtcars, aes(jitter(wt, 5), jitter(mpg, 5))) +
+    geom_point() +
+    geom_smooth(method="lm")
```
[그림 11-52]

ggplot() 함수를 이용하여 모델을 좀 더 시각적으로 도식한 결과는 [그림 11-52]와 같다.

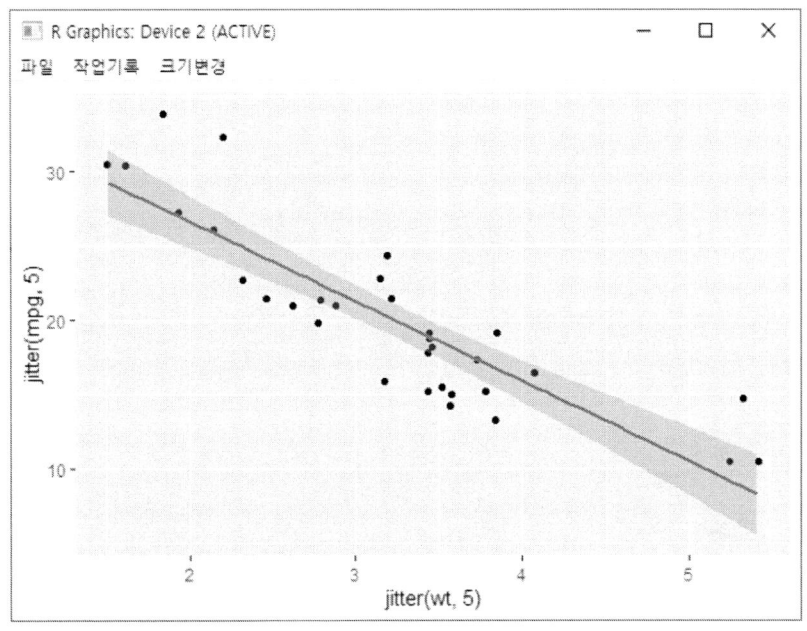

[그림 11-52] ggplot2을 이용한 회귀 그래프

다음은 부분 회귀 모델에 대하여 살펴보자. 부분 회귀 모델이란 데이터의 일부분(특정 부분)을 이용하여 회귀 모델을 생성하는 것을 말한다. 자동차 중량 wt에 따른 연비 mpg에 대한 회귀 모델에서 실린더 수 cyl가 5개 이상 및 미만 차량에 대하여 부분 회귀 모델을 생성하는 경우 R 코드는 다음과 같다.

 11-8-2-5: 실린더 수 cyl가 5개 이상 및 미만 차량에 대하여
중량 wt에 따라서 연비 mpg에 대한 부분 회귀 모델

```
> # (1) 부분 회귀 모델 생성
> # syl 수가 5개 이상이 mtcars 데이셋을 이용한 회귀 모델 생성
> lm(formula = mpg~ wt,
+    data = mtcars,
```

```
+        subset = (cyl>= 5))
Call:
lm(formula = mpg ~ wt, data = mtcars, subset = (cyl >= 5))

Coefficients:
(Intercept)           wt
     28.386       -3.168

> # syl 수가 5개 미만인 mtcars 데이터셋을 이용한 회귀 모델 생성
> lm(formula= mpg~ wt, data= mtcars,
+        subset= (cyl< 5))
Call:
lm(formula = mpg ~ wt, data = mtcars, subset = (cyl < 5))

Coefficients:
(Intercept)           wt
     39.571       -5.647
```

실린더 수가 5 이상인 차량의 중량 wt에 따른 연비 mpg의 부분 회귀식을 구한 결과 중량 wt가 1씩 증가하면 연비 mpg가 -3.168씩 감소하는 반면에 실린더 수가 5 미만인 차량의 중량 wt 1씩 증가하면 연비 mpg가 -5.647만큼 감소한다. 즉 실린더 수가 적은 차량 중량에 따라 연비의 감소 폭은 더 크다는 것을 알 수 있다.

2 다항 회귀 분석 실무

다항 회귀(Polynomial Regression) 모델은 하나의 독립변수(설명변수)가 선형성을 따르지 않는 경우로 다음과 같은 다항식으로 표현된다.

$y = \beta_0 + \beta_1 x^1 + \beta_2 x^2 + ... + \beta_n x^n + \varepsilon$, y : 종속변수, x^i : 독립변수, β_i : 회귀계수, ε : 잔차

다항 회귀 분석 실무를 위하여 R 내장 데이터셋인 mtcars을 보정 후 사용한다. 그림 다항 회귀 분석 실무를 위한 다음과 같은 R 코드를 살펴보자.

11-8-2-6: mtcars 데이터셋 차량 중량(wt)에 따른 연비(mpg) 다항 회귀모델

```
> # (1) 데이터셋 준비
> data(mtcars) # R기본 패키지에 포함된 데이터셋 불러오기
> str(mtcars)
                     mpg cyl disp  hp drat    wt  qsec vs am gear carb
Mazda RX4           21.0   6  160 110 3.90 2.620 16.46  0  1    4    4
Mazda RX4 Wag       21.0   6  160 110 3.90 2.875 17.02  0  1    4    4
Datsun 710          22.8   4  108  93 3.85 2.320 18.61  1  1    4    1
Hornet 4 Drive      21.4   6  258 110 3.08 3.215 19.44  1  0    3    1
Hornet Sportabout   18.7   8  360 175 3.15 3.440 17.02  0  0    3    2
Valiant             18.1   6  225 105 2.76 3.460 20.22  1  0    3    1
```

```
> # (2) 다항 회귀 모델 생성
> mtcars2.lm <- lm(formula= mpg~ wt+ I(wt^2) + I(wt^3),
+                  data= mtcars)
> mtcars2.lm # 다항 회귀모델 출력

Call:
lm(formula = mpg ~ wt + I(wt^2) + I(wt^3), data = mtcars)

Coefficients:
(Intercept)           wt      I(wt^2)      I(wt^3)
   48.40370    -11.82598      0.68938      0.04594

> summary(mtcars2.lm) # 다항 회귀 모델 요약정보 조회

Call:
lm(formula = mpg ~ wt + I(wt^2) + I(wt^3), data = mtcars)

Residuals:
   Min     1Q Median     3Q    Max
-3.506 -1.999 -0.768  1.490  6.188

Coefficients:
            Estimate Std. Error t value Pr(>|t|)
(Intercept)  48.40370   15.58379   3.106  0.00431 **
wt          -11.82598   15.46346  -0.765  0.45081
I(wt^2)       0.68938    4.74034   0.145  0.88541
I(wt^3)       0.04594    0.45070   0.102  0.91954
---
Signif. codes:  0 '***' 0.001 '**' 0.01 '*' 0.05 '.' 0.1 ' ' 1

Residual standard error: 2.697 on 28 degrees of freedom
Multiple R-squared:  0.8191,   결정계수  ted R-squared:  0.7997
F-statistic: 42.27 on 3 and 28 DF,  p-value: 1.585e-10  < 유의수준 0.05 귀무가설 기각
```

다항 회귀 모델 mtcars2.lm은 결정계수 0.8191이고 유의 확률 'p-value: 1.5852e-10'이 유의수준 0.05보다 매우 작으므로 모델은 유의함을 알 수 있다. Coefficients에서 (Intercept) 48.40370, wt1 -11.82598, wt2 0.68938, wt3 0.04594이므로 연비 mpg의 다항 회귀식은 다음과 같을 것으로 추정된다.

$$mpg = 48.40370 - 11.82598 \times wt^1 + 0.68938 \times wt^2 + 0.04594 \times wt^3$$

즉, 중량 wt 1에서 연비는 37.31304(=48.40370-11.82598×1+0.68938×1²+0.04594×1³)로 예측된다.

mtcars 데이터셋 차량 중량(wt)에 따른 연비(mpg) 다항 회귀모델 시각화에 관한 R 코드는 다음과 같다.

 11-8-2-7: mtcars 데이터셋 차량 중량(wt)에 따른 연비(mpg) 다항 회귀모델 시각화

```
> plot(mtcars$mpg~ mtcars$wt,
+      col= 'royalblue', pch= 19,
```

```
+        xlab= 'wt(lbs)', ylab= 'mpg',
+        main= "차량 무게와 연비 산점도")
> library(dplyr)
> mtcars1.lm <- lm(formula= mpg~ wt, data= mtcars) # 단순 회귀모델 생성
> lines(arrange(data.frame(mtcars$wt, fitted(mtcars1.lm)),
+       mtcars$wt),
+       col= 'green', lwd= 2, lty= 2)
> lines(arrange(data.frame(mtcars$wt, fitted(mtcars2.lm)),
+       mtcars$wt),
+       col= 'red', lwd= 2, lty= 1)
```
[그림 11-53]

mtcars 데이터셋 차량 중량(wt)에 따른 연비(mpg) 다항 회귀 모델 시각화 결과는 [그림 11-53]과 같다.

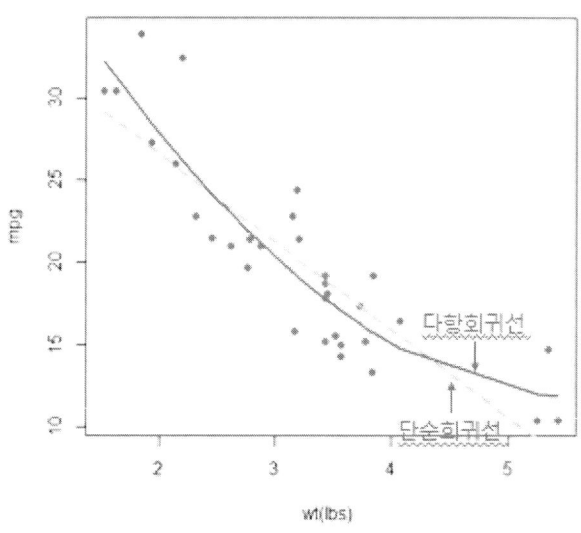

[그림 11-53] mtcars 데이터셋 차량 중량(wt)에 따른 연비(mpg) 다항 회귀 모델 그래프

자동차 중량 wt 변화에 따른 연비 mpg의 다항 회귀 모델을 예측하고 검증하기 위한 R 코드는 다음과 같다.

11-8-2-8: mtcars 데이터셋 차량 중량(wt)에 따른 연비(mpg) 다항 회귀 모델 예측 및 성능

```
> # (1) 다항 회귀 모델 예측
```

```
> rest<- mtcars[, c("wt", "mpg")] # 결과 데이터 프레임
> names(rest) <- c("중량", "실제연비")
> pred<- predict(mtcars2.lm, # 예측
+                newdata= list(wt= rest$중량))
> rest<- cbind(rest, 예측연비 = round(pred, 1))
> diff<- abs(rest$예측연비-rest$실제연비)/rest$실제연비# 차이 비율 산출
> 비율 <- round(100 - diff*100, 1) # 100분율
> rest <- cbind(rest, 비율)
> head(rest) # 상위 6개 예측 결과 출력
                  중량  실제연비  예측연비  비율
Mazda RX4         2.620   21.0     23.0   90.5
Mazda RX4 Wag     2.875   21.0     21.2   99.0
Datsun 710        2.320   22.8     25.3   89.0
Hornet 4 Drive    3.215   21.4     19.0   88.8
Hornet Sportabout 3.440   18.7     17.8   95.2
Valiant           3.460   18.1     17.6   97.2

> # (2) 다항 회귀 모델 성능
> mean(rest$비율==100)*100 # 정답율 100% 비율
[1] 3.125
> mean(rest$비율>=95)*100 # 정답율 95% 이상 비율
[1] 25
> mean(rest$비율>=90)*100 # 정답율 90% 이상 비율
[1] 43.75
> mean(rest$비율>=80)*100 # 정답율 80% 이상 비율
[1] 93.75
```

자동차 중량 wt가 2.620, 2.875, 2.320 등 각각 대하여 실제 연비 mpg는 21.0, 21.0, 22.8 등인데 예측한 연비 mpg는 23.0, 21.2, 25.3 등으로 각각의 예측률은 90.5, 99.0, 89.0% 등이다. 따라서 100% 예측은 3.125%, 95%이상 예측은 25%, 90%이상 43.75%, 80% 이상은 무로 93.75%이다. 다항 회귀 모델은 단순 선형회귀 모델보다 예측 평균 정확도가 약 4.69% 상승한 것을 알 수 있다.

3 다중 선형회귀 분석 실무

다중선형회귀(Multiple Linear Regression, MLR)는 독립변수 k개가 종속변수와의 관계를 규명하고자 하는 통계적 기법으로 다중 선형함수로 표현된다.

$$y = \beta_0 + \beta_1 x_1 + \beta_2 x_2 + \ldots + \beta_n x_n + \epsilon, \; y : 종속변수 \; x_i : 독립변수, \beta_i : 회귀계수$$

이때 독립변수가 여러 개일 경우에 최적의 회귀 방정식 선택 종속변수 y와 이 변수에 가장 영향을 미치는 독립변수 $x_1, x_2, x_3, \ldots x_k$을 선택하는 방법이다. 즉 y에 영향을 미칠 수 있는 모든 설명변수 x들을 y의 값을 예측하는 데 참여하는 독립변수를 찾는 것이다.

다중 선형회귀분석 실무를 위하여 R 기본 데이터셋인 mtcars 데이터셋을 사용할 것이다. mtcars 데이터셋을 다변량 상관계수를 구하는 R 코드는 다음과 같다.

 11-8-2-9: mtcars 데이터셋 다변량 상관계수

```
> data(mtcars) # mtcars 데이터셋 가져오기
> str(mtcars) # mtcars 데이터셋 구조 확인
'data.frame':   32 obs. of  11 variables:
 $ mpg : num  21 21 22.8 21.4 18.7 18.1 14.3 24.4 22.8 19.2 ...
 $ cyl : num  6 6 4 6 8 6 8 4 4 6 ...
 $ disp: num  160 160 108 258 360 ...
 $ hp  : num  110 110 93 110 175 105 245 62 95 123 ...
 $ drat: num  3.9 3.9 3.85 3.08 3.15 2.76 3.21 3.69 3.92 3.92 ...
 $ wt  : num  2.62 2.88 2.32 3.21 3.44 ...
 $ qsec: num  16.5 17 18.6 19.4 17 ...
 $ vs  : num  0 0 1 1 0 1 0 1 1 1 ...
 $ am  : num  1 1 1 0 0 0 0 0 0 0 ...
 $ gear: num  4 4 4 3 3 3 3 4 4 4 ...
 $ carb: num  4 4 1 1 2 1 4 2 2 4 ...
> # mtcars 다변량 상관계수
> if(!require("psych")) install.packages("psych")
> library(psych)
> cor(mtcars[,c("mpg", "cyl", "disp", "hp", "wt")]) # 다변량 상관계수
            mpg        cyl       disp         hp         wt
mpg   1.0000000 -0.8521620 -0.8475514 -0.7761684 -0.8676594
cyl  -0.8521620  1.0000000  0.9020329  0.8324475  0.7824958
disp -0.8475514  0.9020329  1.0000000  0.7909486  0.8879799
hp   -0.7761684  0.8324475  0.7909486  1.0000000  0.6587479
wt   -0.8676594  0.7824958  0.8879799  0.6587479  1.0000000
# mtcars 데이터셋 교차 그래프
> pairs.panels(as.matrix(mtcars[,c("mpg", "cyl", "disp", "hp", "wt")]))
```

[그림 11-54]

```
> # mtcars3.lm 다중 선형회귀모델 생성
> mtcars3.lm <- lm(formula= mpg~ cyl+ disp+ hp+ wt, data= mtcars)
> library(car) # 다중 공선성 vif(VarianceInflationFactor) 함수
```

```
> vif(mtcars3.lm)  # 다중 공선성(Multicollinearity) vif값출력(10 이상이면 제거)
      cyl       disp        hp         wt
 6.737707  10.373286  3.405983  4.848016
> mtcars3.lm <- lm(formula= mpg~ cyl+ hp+ wt, data= mtcars) # disp제거
> 1/vif(mtcars3.lm)  # 다중 공선성 공차 한계(Tolerance)(0.1 이하 제거)
       cyl        hp        wt
 0.2101964  0.3068915  0.3875238
> mtcars3.lm  # mtcars3.lm 다중 회귀모델출력

Call:
lm(formula = mpg ~ cyl + hp + wt, data = mtcars)

Coefficients:
(Intercept)         cyl          hp          wt
   38.75179    -0.94162    -0.01804    -3.16697

> summary(mtcars3.lm)  # 회귀모델요약 정보 표시

Call:
lm(formula = mpg ~ cyl + hp + wt, data = mtcars)

Residuals:
    Min      1Q  Median      3Q     Max
-3.9290 -1.5598 -0.5311  1.1850  5.8986

Coefficients:
             Estimate Std. Error t value Pr(>|t|)
(Intercept)  38.75179    1.78686  21.687  < 2e-16 ***
cyl          -0.94162    0.55092  -1.709 0.098480 .
hp           -0.01804    0.01188  -1.519 0.140015
wt           -3.16697    0.74058  -4.276 0.000199 ***
---
Signif. codes:  0 '***' 0.001 '**' 0.01 '*' 0.05 '.' 0.1 ' ' 1

Residual standard error: 2.512 on 28 degrees of freedom
Multiple R-squared:  0.8431,    결정계수 sted R-squared:  0.8263
F-statistic: 50.17 on 3 and 28 DF,  p-value: 2.184e-11  < 유의수준 0.05 귀무가설 기각
```

```
> # 다중 선형 회귀 모델 예측 및 성능
> rest<- mtcars[, c("cyl", "hp", "wt", "mpg")]  # 결과 데이터 프레임
> names(rest) <- c("중량", "실린더수", "마력", "실제연비")
> pred<- predict(mtcars3.lm,  # 예측
+               newdata= mtcars[, c("cyl", "hp", "wt")])
> rest<- cbind(rest, 예측연비= round(pred, 1))
> diff<- abs(rest$예측연비-rest$실제연비)/rest$실제연비 # 차이 비율 산출
> 비율 <- round(100 - diff*100, 1)  # 100분율
> rest<- cbind(rest, 비율)
> head(rest)  # 상위 6개 예측 결과 출력
```

```
                   중량  실린더수   마력 실제연비 예측연비 비율
Mazda RX4              6      110 2.620    21.0     22.8  91.4
Mazda RX4 Wag          6      110 2.875    21.0     22.0  95.2
Datsun 710             4       93 2.320    22.8     26.0  86.0
Hornet 4 Drive         6      110 3.215    21.4     20.9  97.7
Hornet Sportabout      8      175 3.440    18.7     17.2  92.0
Valiant                6      105 3.460    18.1     20.3  87.8
```

> # 성능
> mean(rest$비율==100)*100 # 정답율100% 비율
[1] 0
> mean(rest$비율>=95)*100 # 정답율95% 이상 비율
[1] 34.375
> mean(rest$비율>=90)*100 # 정답율90% 이상 비율
[1] 65.625
> mean(rest$비율>=80)*100 # 정답율80% 이상 비율
[1] 96.875

mtcars 자동차 도로 테스트 데이터셋은 11개 변수에 32개 관측값을 가지고 있는 데이터 프레임이고 모두 연속형 데이터로 구성되어 있다. mtcars 모든 변수 간의 관계를 파악하기 위해서 pairs.pannels() 함수를 적용한 결과는 [그림 11-54]와 같다.

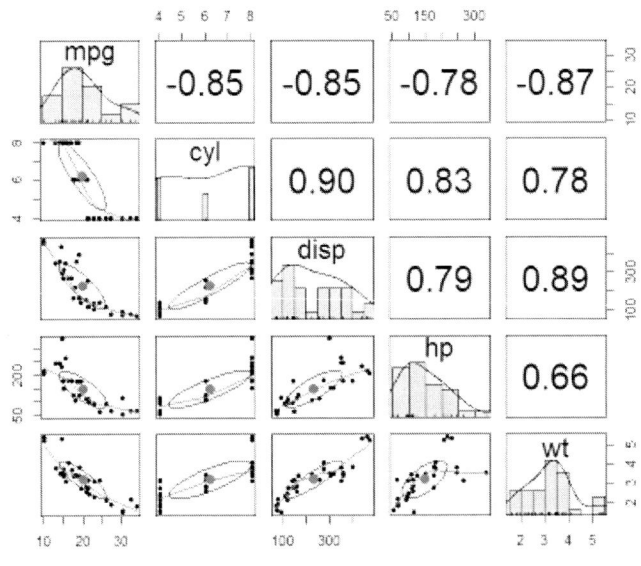

[그림 11-54] mtcars의 pairs.pannels 그래프

[그림 11-54]에서 mtcars의 각각의 변수에 분포와 변수 쌍 간에 상관관계를 표시하고 있다. 예를 들어 연비 mpg와 실린더수 cyl은 강한 음의 상관관계를 갖지만, 뒷바퀴 축 기어비(drat)와는 강한 양의 상관관계를 가지고 있음을 알 수 있다.

mtcars 데이터셋 다중 선형회귀모델 생성을 위한 R 코드는 다음과 같다.

11-8-2-10: mtcars 데이터셋 다중 선형회귀모델 생성

```
> # mtcars3.lm 다중 선형회귀모델 생성
> mtcars3.lm <- lm(formula= mpg~ cyl+ disp+ hp+ wt,
+                  data= mtcars)
> library(car) # 다중 공선성 vif(VarianceInflationFactor) 함수
> vif(mtcars3.lm) # 다중 공선성(Multicollinearity) vif값출력(10 이상이면 제거)
      cyl      disp        hp        wt
 6.737707 10.373286  3.405983  4.848016
> mtcars3.lm <- lm(formula= mpg~ cyl+ hp+ wt, data= mtcars) # disp제거
> 1/vif(mtcars3.lm) # 다중 공선성 공차한계(Tolerance)(0.1 이하 제거)
      cyl        hp        wt
 0.2101964 0.3068915 0.3875238
> mtcars3.lm # mtcars3.lm 다중 회귀모델 출력
Call:
lm(formula = mpg ~ cyl + hp + wt, data = mtcars)

Coefficients:
(Intercept)          cyl           hp           wt
   38.75179     -0.94162     -0.01804     -3.16697

> summary(mtcars3.lm) # 회귀 모델 요약 정보 표시
Call:
lm(formula = mpg ~ cyl + hp + wt, data = mtcars)

Residuals:
    Min      1Q  Median      3Q     Max
-3.9290 -1.5598 -0.5311  1.1850  5.8986

Coefficients:
            Estimate Std. Error t value Pr(>|t|)
(Intercept) 38.75179    1.78686  21.687  < 2e-16 ***
cyl         -0.94162    0.55092  -1.709 0.098480 .
hp          -0.01804    0.01188  -1.519 0.140015
wt          -3.16697    0.74058  -4.276 0.000199 ***
---
Signif. codes:  0 '***' 0.001 '**' 0.01 '*' 0.05 '.' 0.1 ' ' 1

Residual standard error: 2.512 on 28 degrees of freedom
Multiple R-squared:  0.8431, 결정계수  sted R-squared:  0.8263
F-statistic: 50.17 on 3 and 28 DF,  p-value: 2.184e-11 < 유의수준 0.05 귀무가설 기각
```

다중 선형회귀 모델을 생성할 때 반드시 고려해야 하는 것은 다중 회귀분석에서 변수를 선택하기 위한 기준으로 다중 공선성(Multicollinearity)을 살펴봐야 한다. 다중 공선성이란 변수

간에 강한 상관관계가 있는 변수들을 회귀모형의 설명변수로 포함할 때 변수들 상호 간에 강한 관계로 회귀계수 결정에 부정적인 영향을 끼치는 경우이다. 다중 선형회귀분석에서 다중 공선성 지수 VIF(Variance Inflation Factor)가 10 이상일 때 해당 변수를 제거하고 다중 회귀분석을 시행해야 한다. 한편 다중 공선성을 공차 한계(Tolerance)를 가지고 판단할 수 있는데 VIF의 역수가 공차 한계가 되고 공차 한계는 0.1보다 작은 설명변수는 제거해야 한다.

공차한계(

mtcars 다중 회기 분석에서 설명변수 cyl, disp, hp, wt의 다중 공선성 지수 VIF(Variance Inflation Factor)에서 설명변수 disp는 10보다 크므로 다중 선형회귀 모델을 생성할 때 설명변수 disp가 10.373286이고 공차 한계는 약 0.964이므로 설명변수 disp를 제외한다. 설명변수 cyl, hp, wt에 따른 연비 mpg의 다중 선형회귀 모델 mtcars3.lm의 다중 공선성 공차 한계(Tolerance)가 모두 0.1보다 크므로 올바른 모델이라고 할 수 있다. 다중 선형회귀모델에서 찬차의 표준오류(Residual standard error)는 2.512, 모델의 설명력 Multiple R-squared는 0.8432로 높은 신뢰도를 보인다. 그리고 이 모델의 유의 확률이 'p-value: 2.184e-11'로서 95% 유의수준 0.05보다 아주 작으므로 모든 결정계수(Coefficients)가 0이 아니다. 즉 실린더수 cyl, 마력 hp, 중량 wt)을 가지고 연비 mpg를 예측하는 설명변수(독립변수)로 유의미함을 알 수 있다. mtcars3.lm 모델의 다중 선형회귀식은 다음과 같이 추정된다.

$$mpg = 38.75179 - 0.94162 \times cyl - 0.01804 \times hp - 3.16697 \times wt$$

다중 선형 회귀식에서 "독립변수는 서로 독립적이다"라고 가정한다. 즉 실린더수 cyl이 1만큼 증가하면 연비 mpg는 0.94162만큼 줄어든다는 것이다. 그러나 다중회귀 모델에서 독립변수가 많으면 많을수록 모델의 설명력이 향상되기 때문에 R-squared 값이 증가한다. 이는 회귀 변수가 서로 독립적이지 않다는 것이다. 그래서 회귀모델 summary() 정보에서 Adjusted R-squared 값을 제공한다. 이러한 사항을 더욱 살펴보기 위하여 회귀 변수들 개개인의 유의성을 살펴보면 마력 wt의 유의 확률은 0.000199로 유의수준 0.05보다 작아서 통계적으로 유의한 것으로 말할 수 있다. 그래서 중량은 연비에 선형적 관련성을 가진다고 할 수 있다. 그러나 실린더수 cly와 마력 hp 각각의 유의 확률 0.98480, 0.140015는 유의수준 0.05보다 크므로 통계적으로 유의한 것으로 볼 수 없다. 즉 모집단에서 실린더 수 cly와 마력 hp은 연비 mpg사이에 상관계수는 0일 확률을 배제할 수 없다고 할 수 있다. 따라서 다중 선형회귀 예측 모델에서 실린더수 cly와 마력 hp은 연비 mpg를 결정하는 데 미미한 변수로 제거해야 마땅하다. 이처럼 회귀 모델의 유효성을 일일이 검정하면서 변수를 제거해야 할까? 이런 방법은 독립변수가 많으면 번거로울 수 있다.

 11-8-2-11: mtcars 데이터셋 다중 선형회귀모델 예측 및 성능

```
> rest<- mtcars[, c("cyl", "hp", "wt", "mpg")] # 결과 데이터 프레임
> names(rest) <- c("중량", "실린더수", "마력", "실제연비")
> pred<- predict(mtcars3.lm, # 예측
+                newdata= mtcars[, c("cyl", "hp", "wt")])
```

```
> rest<- cbind(rest, 예측연비= round(pred, 1))
> diff<- abs(rest$예측연비-rest$실제연비)/rest$실제연비 # 차이 비율 산출
> 비율 <- round(100 - diff*100, 1) # 100분율
> rest<- cbind(rest, 비율)
> head(rest) # 상위 6개 예측결과 출력
                  중량 실린더수    마력  실제연비 예측연비  비율
Mazda RX4            6     110    2.620    21.0      22.8    91.4
Mazda RX4 Wag        6     110    2.875    21.0      22.0    95.2
Datsun 710           4      93    2.320    22.8      26.0    86.0
Hornet 4 Drive       6     110    3.215    21.4      20.9    97.7
Hornet Sportabout    8     175    3.440    18.7      17.2    92.0
Valiant              6     105    3.460    18.1      20.3    87.8

> mean(rest$비율==100)*100 # 정답율100% 비율
[1] 0
> mean(rest$비율>=95)*100 # 정답율95% 이상 비율
[1] 34.375
> mean(rest$비율>=90)*100 # 정답율90% 이상 비율
[1] 65.625
> mean(rest$비율>=80)*100 # 정답율80% 이상 비율
[1] 96.875
```

자동차 실리더수 cyl, 마력 hp, 중량 wt에 대한 실제 연비와 모델이 예측한 연비, 그리고 예측 비율을 구한 결과 100% 예측은 0%, 95%이상 예측은 34.375%, 90%이상 65.625%, 80% 이상은 무로 96.875%이다.

4 회귀 변수 자동 선택 실무

회귀변수 자동 선택은 여러 개의 독립변수 $x_1, x_2, x_3, ... x_k$ 중에서 종속변수 y에 적합한 것을 자동으로 찾는 방법이다. 이는 데이터에 설명변수 x가 많으면 관리하는 데 큰 노력이 요구되므로, 가능한 범위 내에서 적은 설명변수를 포함하는 것이 좋다. 이러한 방법에는 모든 가능한 조합의 회귀 분석(All possible regression) 방법과 단계적 변수 선택(Stepwise Variable Selection)이 있다.

R에서 최적의 회귀 독립변수를 찾는 함수는 step을 사용한다.

```
step(lm(종속변수 ~ 독립변수, 데이터셋),
     scope=list(lower=~1, upper=~독립변수),
     direction="회귀변수선택방법")
```

step 함수에서 회귀 변수 선택 방향은 다음과 같은 것이 있다.

forward	절편만 있는 상수 모형으로부터 시작해 중요하다고 생각되는 설명변수를 차례로 모형에 추가하는 방식
backward	설명변수 모두를 모형에 포함해서 출발하고 가장 영향을 적게 주는 변수부터 하나씩 제가 해나가는 방식
both	forward 선택법에 따라 설명변수를 추가하면서 새롭게 추가된 변수에 기인해 기존 변수가 그 중요도가 약화 되면 해당 변수를 단계적(stepwise)으로 제거하는 방식

다음은 mtcars 데이터셋을 이용한 독립변수의 자동 선택 forward 방법 R 코드이다.

 11-8-2-12: mtcars 데이터셋을 이용한 독립변수의 자동 선택(forward)

```
> data(mtcars)  # mtcars 데이터셋 가져오기
> # mtcar데이터셋에서 연비 mpg를 유효하게 결정할 독립변수 선택(forward)
> step(lm(mpg ~ 1, mtcars),
+     scope = list(lower = ~1,
+                  upper=~cyl+disp+hp+drat+wt+qsec+vs+am+gear+carb),
+     direction = "forward")
```

Start: AIC=115.94
mpg ~ 1

	DDf	Sum of Sq	RSS	AIC
+ wt	1	847.73	278.32	73.217
+ cyl	1	817.71	308.33	76.494
+ disp	1	808.89	317.16	77.397
+ hp	1	678.37	447.67	88.427
+ drat	1	522.48	603.57	97.988
+ vs	1	496.53	629.52	99.335
+ am	1	405.15	720.90	103.672
+ carb	1	341.78	784.27	106.369
+ gear	1	259.75	866.30	109.552
+ qsec	1	197.39	928.66	111.776
\<none\>			1126.05	115.943

Step: AIC=73.22
mpg ~ wt

         DDf Sum of Sq RSS   AIC

	DDf	Sum of Sq	RSS	AIC
+ cyl	1	87.150	191.17	63.198
+ hp	1	83.274	195.05	63.840
+ qsec	1	82.858	195.46	63.908
+ vs	1	54.228	224.09	68.283
+ carb	1	44.602	233.72	69.628
+ disp	1	31.639	246.68	71.356
\<none\>			278.32	73.217
+ drat	1	9.081	269.24	74.156
+ gear	1	1.137	277.19	75.086
+ am	1	0.002	278.32	75.217

Step: AIC=63.2

mpg ~ wt + cyl

	DDf	Sum of Sq	RSS	AIC
+ hp	1	14.5514	176.62	62.665
+ carb	1	13.7724	177.40	62.805
\<none\>			191.17	63.198
+ qsec	1	10.5674	180.60	63.378
+ gear	1	3.0281	188.14	64.687
+ disp	1	2.6796	188.49	64.746
+ vs	1	0.7059	190.47	65.080
+ am	1	0.1249	191.05	65.177
+ drat	1	0.0010	191.17	65.198

Step: AIC=62.66

mpg ~ wt + cyl + hp

	DDf	Sum of Sq	RSS	AIC
\<none\>			176.62	62.665
+ am	1	6.6228	170.00	63.442
+ disp	1	6.1762	170.44	63.526
+ carb	1	2.5187	174.10	64.205
+ drat	1	2.2453	174.38	64.255
+ qsec	1	1.4010	175.22	64.410
+ gear	1	0.8558	175.76	64.509
+ vs	1	0.0599	176.56	64.654

Call:
lm(formula = mpg ~ wt + cyl + hp, data = mtcars)

Coefficients:
(Intercept)	wt	cyl	hp
38.75179	-3.16697	-0.94162	-0.01804

회귀변수 자동 선택 전지 방향 forward는 mtcar의 상수항부터 시작해서 변수를 하나씩 추가하면서 최적의 모델을 구성하는 방향으로 시행된다. 그 결과 최적의 회귀 모델 추천은 다음과 같다.

$$lm(formula = mpg \sim wt + cyl + hp, data = mtcars)$$

따라서 최종 회귀식은 다음과 같이 추정된다.

$$mpg = 38.75179 - 3.16697 \times wt - 0.94162 \times cyl - 0.01804 \times hp$$

다음은 mtcars 데이터셋을 이용한 독립변수의 자동 선택 backward 방법 R 코드이다.

11-8-2-13: mtcars 데이터셋을 이용한 독립변수의 자동 선택(backward)

```
> # mtcar데이터세트에서 연비 mpg를 유효하게 결정할 독립변수 선택(backward)
> step(lm(mpg ~ ., mtcars),
+       scope = list(lower=~1,
+                    upper=~cyl+disp+hp+drat+wt+qsec+vs+am+gear+carb),
+       direction = "backward")
```

Start: AIC=70.9
mpg ~ cyl + disp + hp + drat + wt + qsec + vs + am + gear + carb

	DDf	Sum of Sq	RSS	AIC
- cyl	1	0.0799	147.57	68.915
- vs	1	0.1601	147.66	68.932
- carb	1	0.4067	147.90	68.986
- gear	1	1.3531	148.85	69.190
- drat	1	1.6270	149.12	69.249
- disp	1	3.9167	151.41	69.736
- hp	1	6.8399	154.33	70.348
- qsec	1	8.8641	156.36	70.765
<none>			147.49	70.898
- am	1	10.5467	158.04	71.108
- wt	1	27.0144	174.51	74.280

Step: AIC=68.92
mpg ~ disp + hp + drat + wt + qsec + vs + am + gear + carb

```
         DDf  Sum of Sq   RSS     AIC
- vs      1    0.2685    147.84  66.973
- carb    1    0.5201    148.09  67.028
- gear    1    1.8211    149.40  67.308
- drat    1    1.9826    149.56  67.342
- disp    1    3.9009    151.47  67.750
- hp      1    7.3632    154.94  68.473
<none>                   147.57  68.915
- qsec    1   10.0933    157.67  69.032
- am      1   11.8359    159.41  69.384
- wt      1   27.0280    174.60  72.297
```

Step: AIC=66.97
mpg ~ disp + hp + drat + wt + qsec + am + gear + carb

```
         DDf  Sum of Sq   RSS     AIC
- carb    1    0.6855    148.53  65.121
- gear    1    2.1437    149.99  65.434
- drat    1    2.2139    150.06  65.449
- disp    1    3.6467    151.49  65.753
- hp      1    7.1060    154.95  66.475
<none>                   147.84  66.973
- am      1   11.5694    159.41  67.384
- qsec    1   15.6830    163.53  68.200
- wt      1   27.3799    175.22  70.410
```

Step: AIC=65.12
mpg ~ disp + hp + drat + wt + qsec + am + gear

```
         DDf  Sum of Sq   RSS     AIC
- gear    1    1.565     150.09  63.457
- drat    1    1.932     150.46  63.535
<none>                   148.53  65.121
```

	DDf	Sum of Sq	RSS	AIC
- disp	1	10.110	158.64	65.229
- am	1	12.323	160.85	65.672
- hp	1	14.826	163.35	66.166
- qsec	1	26.408	174.94	68.358
- wt	1	69.127	217.66	75.350

Step: AIC=63.46

mpg ~ disp + hp + drat + wt + qsec + am

	DDf	Sum of Sq	RSS	AIC
- drat	1	3.345	153.44	62.162
- disp	1	8.545	158.64	63.229
<none>			150.09	63.457
- hp	1	13.285	163.38	64.171
- am	1	20.036	170.13	65.466
- qsec	1	25.574	175.67	66.491
- wt	1	67.572	217.66	73.351

Step: AIC=62.16

mpg ~ disp + hp + wt + qsec + am

	DDf	Sum of Sq	RSS	AIC
- disp	1	6.629	160.07	61.515
<none>			153.44	62.162
- hp	1	12.572	166.01	62.682
- qsec	1	26.470	179.91	65.255
- am	1	32.198	185.63	66.258
- wt	1	69.043	222.48	72.051

Step: AIC=61.52

mpg ~ hp + wt + qsec + am

	DDf	Sum of Sq	RSS	AIC
- hp	1	9.219	169.29	61.307
<none>			160.07	61.515
- qsec	1	20.225	180.29	63.323
- am	1	25.993	186.06	64.331

```
- wt      1    78.494    238.56   72.284
```

Step: AIC=61.31
mpg ~ wt + qsec + am

```
          DDf  Sum of Sq   RSS      AIC
<none>                    169.29   61.307
- am      1     26.178    195.46   63.908
- qsec    1    109.034    278.32   75.217
- wt      1    183.347    352.63   82.790
```

Call:
lm(formula = mpg ~ wt + qsec + am, data = mtcars)

Coefficients:
```
(Intercept)       wt         qsec         am
   9.618       -3.917       1.226       2.936
```

회귀변수 자동 선택 후진 방향 backward는 mtcar의 모든 변수를 포함해서 변수를 하나씩 제거하면서 최적의 모델을 구성하는 방향으로 시행된다. 그 결과 최적의 회귀모델 추천은 다음과 같다.

lm(formula = mpg ~ wt + qsec + am, data = mtcars)

따라서 최종 회귀식은 다음과 같이 추정된다.

$$mpg = 9.618 - 3.917 \times wt + 1.226 \times qsec + 2.936 \times am$$

다음은 mtcars 데이터셋을 이용한 독립변수의 자동 선택 both 방법 R 코드이다.

R 11-8-2-14: mtcars 데이터셋을 이용한 독립변수의 자동 선택(both)

```
> # mtcar 데이터셋에서 연비 mpg를 유효하게 결정할 독립변수 선택(both)
> step(lm(mpg ~ 1, mtcars),
+      scope = list(lower=~1,
+                   upper=~cyl+disp+hp+drat+wt+qsec+vs+am+gear+carb),
+      direction = "both")
```

Start: AIC=115.94
mpg ~ 1

```
          Df  Sum of Sq    RSS     AIC
+ wt      1    847.73    278.32   73.217
```

	Df	Sum of Sq	RSS	AIC
+ cyl	1	817.71	308.33	76.494
+ disp	1	808.89	317.16	77.397
+ hp	1	678.37	447.67	88.427
+ drat	1	522.48	603.57	97.988
+ vs	1	496.53	629.52	99.335
+ am	1	405.15	720.90	103.672
+ carb	1	341.78	784.27	106.369
+ gear	1	259.75	866.30	109.552
+ qsec	1	197.39	928.66	111.776
\<none\>			1126.05	115.943

Step: AIC=73.22
mpg ~ wt

	Df	Sum of Sq	RSS	AIC
+ cyl	1	87.15	191.17	63.198
+ hp	1	83.27	195.05	63.840
+ qsec	1	82.86	195.46	63.908
+ vs	1	54.23	224.09	68.283
+ carb	1	44.60	233.72	69.628
+ disp	1	31.64	246.68	71.356
\<none\>			278.32	73.217
+ drat	1	9.08	269.24	74.156
+ gear	1	1.14	277.19	75.086
+ am	1	0.00	278.32	75.217
- wt	1	847.73	1126.05	115.943

Step: AIC=63.2
mpg ~ wt + cyl

	Df	Sum of Sq	RSS	AIC
+ hp	1	14.551	176.62	62.665
+ carb	1	13.772	177.40	62.805
\<none\>			191.17	63.198
+ qsec	1	10.567	180.60	63.378
+ gear	1	3.028	188.14	64.687
+ disp	1	2.680	188.49	64.746

	Df	Sum of Sq	RSS	AIC
+ vs	1	0.706	190.47	65.080
+ am	1	0.125	191.05	65.177
+ drat	1	0.001	191.17	65.198
- cyl	1	87.150	278.32	73.217
- wt	1	117.162	308.33	76.494

Step: AIC=62.66
mpg ~ wt + cyl + hp

	Df	Sum of Sq	RSS	AIC
<none>			176.62	62.665
- hp	1	14.551	191.17	63.198
+ am	1	6.623	170.00	63.442
+ disp	1	6.176	170.44	63.526
- cyl	1	18.427	195.05	63.840
+ carb	1	2.519	174.10	64.205
+ drat	1	2.245	174.38	64.255
+ qsec	1	1.401	175.22	64.410
+ gear	1	0.856	175.76	64.509
+ vs	1	0.060	176.56	64.654
- wt	1	115.354	291.98	76.750

Call:
lm(formula = mpg ~ wt + cyl + hp, data = mtcars)

Coefficients:
(Intercept)	wt	cyl	hp
38.75179	-3.16697	-0.94162	-0.01804

회귀변수 both 방법은 forward와 backward 방식을 혼합하여 최적의 모델을 구성한다. 그 결과 최적의 회귀모델 추천은 다음과 같다.

lm(formula = mpg ~ wt + cyl + hp, data = mtcars)

따라서 최종 회귀식은 다음과 같이 추정된다.

$$mpg = 38.75179 - 3.16697 \times wt - 0.94162 \times cly - 0.01804 \times hp$$

11.9 다차원 척도 분석

1. 이론적 배경

다차원 척도(Multidimensional Scaling: MDS)법이란 여러 관측값 사이에 상대적 거리를 산출하여 2차원 또는 3차원 공간상에 점으로 표현하는 분석 방법이다. 다차원 척도법에서 상대적 거리 계산은 유클리드거리 행렬을 사용한다. 유클리드거리 계산 방법은 다음과 같다.

$$d_{ij} = \sqrt{(x_{i1}-x_{j1})^2 + (x_{i2}-x_{j2})^2 + ... + (x_{ik}-x_{jk})^2}, d_{ij} : 관측값\ i부터\ j까지\ 거리$$

예를 들어 다음과 같은 관측값 있다고 가정할 때 유클리드거리는 5.38516481이다.

$$d_{ab} = \sqrt{(2-4)^2+(31-36)^2} = 5.38516481$$

고객	등록개월수	연령
A	2	31
B	4	36

관측 대상 객체들의 상대적 거리의 정확도 향상을 위해 적합성 정도를 스트레스 지수(Stress Index)로 표시한다.

$$s = \sqrt{\frac{\sum_{i=1, j=1}^{n}(d_{ij}-\widehat{d_{ij}})^2}{\sum_{i=1, j=1}^{n}(d_{ij})^2}}, d_{ij} : 실제\ 거리, \hat{d}_{ij} : 추정된\ 거리$$

스트레스 지수가 0이면 완벽, 0.05 이상 매우 좋음, 0.05~0.10 만족, 0.10~0.15 보통, 0.15보다 크면 나쁨으로 평가한다.

다차원 척도법은 관측값 사이의 근접성(proximity)을 시각화하여 데이터 속에 잠재해 있는 패턴이나 구조를 찾아내는 다변량 통계적 기법이다. 먼저 다차원 척도법을 구할 때 대상 데이터 셋이 일반 데이터 형식인지 거리 데이터 형식인지 파악해야 한다. 일반 데이터 형식은 다차원 척도분석용 거리 데이터로 변환하고 공간 데이터로 변환해야 한다. 또한 계량적 다차원 척도(Metric MDS) 형식의 데이터인지 비계량적 다차원 척도(Non-metric MDS) 데이터인지에 따라 분석 방법이 달라진다. 계량적 다차원 척도 형식의 데이터는 데이터가 연속형 변수(구간척도, 비율척도)일 때 사용하는 것으로 각각 관측값 간의 유클리드거리 행렬을 계산하고 관측값들을 절대적 공간상에 표현한다. 한편, 비계량적 다차원 척도 데이터일 때, 즉 관측값 간에 거리가 순서로 주어질 때 사용하는 것으로 거리의 속성과 같도록 변환하여 거리를 생성하여 관측값들을 공간에 표현한다. 주로 데이터가 순서 척도일 때 세먼 변환(Sammon Mapping) 방식을 이용하면 간단히 분석할 수 있다. 마지막으로 크루스칼 다차원 척도(Kruskal's MDS)법은 성현 분리를 목적으로 저차원 공간에서 고차원 공간으로 데이터를 변환할 때 사용한다.

2 다차원 척도 분석 실무

일반 데이터 형식, 즉 데이터프레임 형식의 데이터셋은 거리(dist) 데이터 형식으로 변경 후 다차원 척도로 변경한다. 이와 관련된 실무 예를 위하여 R에 내장된 mtcars 데이터셋을 이용하여 다음과 같이 다차원 척도 분석을 시행한다.

11-9-2-1: mtcars 데이터셋 계량적 다차원 척도 분석

> data(mtcars) # R에 내장된 mtcars 데이터셋을 불러옴
> str(mtcars) # mtcars 데이터셋 구조 보기
'data.frame':	32 obs. of 11 variables:
 $ mpg : num 21 21 22.8 21.4 18.7 18.1 14.3 24.4 22.8 19.2 ...
 $ cyl : num 6 6 4 6 8 6 8 4 4 6 ...
 $ disp: num 160 160 108 258 360 ...
 $ hp : num 110 110 93 110 175 105 245 62 95 123 ...
 $ drat: num 3.9 3.9 3.85 3.08 3.15 2.76 3.21 3.69 3.92 3.92 ...
 $ wt : num 2.62 2.88 2.32 3.21 3.44 ...
 $ qsec: num 16.5 17 18.6 19.4 17 ...
 $ vs : num 0 0 1 1 0 1 0 1 1 1 ...
 $ am : num 1 1 1 0 0 0 0 0 0 0 ...
 $ gear: num 4 4 4 3 3 3 3 4 4 4 ...
 $ carb: num 4 4 1 1 2 1 4 2 2 4 ...

> (mtcars.dist <- dist(mtcars)) # mtcars 데이터셋 관측값 간에 유클리드거리

```
                   Mazda RX4 Mazda RX4 Wag Datsun 710 Hornet 4 Drive
Mazda RX4 Wag       0.6153251
Datsun 710         54.9086059    54.8915169
Hornet 4 Drive     98.1125212    98.0958939 150.9935191
Hornet Sportabout 210.3374396   210.3358546 265.0831615    121.0297564
Valiant            65.4717710    65.4392224 117.7547018     33.5508692
Duster 360        241.4076490   241.4088680 294.4790230    169.4299647
Merc 240D          50.1532711    50.1146059  49.6584796    121.2739722
Merc 230           25.4683117    25.3284509  33.1803843    118.2433145
Merc 280           15.3641921    15.2956865  66.9363534     91.4224033
Merc 280C          15.6724727    15.5837744  67.0261397     91.4612914
Merc 450SE        135.4307018   135.4254826 189.1954941     72.4964325
Merc 450SL        135.4014424   135.3960351 189.1631745     72.4313532
Merc 450SLC       135.4794674   135.4723157 189.2345426     72.5718466
Cadillac Fleetwood 326.3395903  326.3355070 381.0926242    234.4403876
Lincoln Continental 318.0469808 318.0429333 372.8012090    227.9726091
Chrysler Imperial 304.7203408   304.7169175 359.3014906    218.1548299
Fiat 128           93.2679950    93.2530993  40.9933763    184.9689734
Honda Civic       102.8307567   102.8238713  52.7704607    191.5518700
```
[이하 생략]

> (mtcars.loc = cmdscale(mtcars.dist)) # 다차원 척도 계산

```
                        [,1]       [,2]
Mazda RX4           -79.596425   2.132241
Mazda RX4 Wag       -79.598570   2.147487
Datsun 710         -133.894096  -5.057570
Hornet 4 Drive        8.516559  44.985630
Hornet Sportabout   128.686342  30.817402
Valiant             -23.220146  35.106518
Duster 360          159.309025 -32.259197
```
[이하 생략]

> x <- mtcars.loc[, 1] # 다차원 척도 x좌표
> y <- mtcars.loc[, 2] # 다차원 척도 y좌표
> # mtcars 다차원 척도 2차원 상에 표시

```
> plot(x, y, type="n", main="Multidimensional Scaling Plot of Mtcars")
> text(x, y, rownames(mtcars.loc), col="blue", cex=0.8)
> abline(v=0, h=0)
```
[그림 11-55]

mtcars 데이터셋 계량적 다차원 척도분석을 위하여 먼저 mtcars 데이터셋 각각의 관측값을 이용하여 차량 모델들 사이에 절대적 유클리드거리 계산법을 이용하여 dist로 변경한다. 예를 들어 차량 모델 'Mazda RX4'와 'Mazda RX4 Wag'의 유클리드거리는 0.6153251이다.

model	mpg	cyl	disp	hp	drat	wt	qsec	vs	am	gear	carb
Mazda RX4	21.0	6	160.0	110	3.90	2.620	16.46	0	1	4	4
Mazda RX4 Wag	21.0	6	160.0	110	3.90	2.875	17.02	0	1	4	4

이처럼 R dist 함수를 이용하여 mtcars 데이터셋의 모든 관측값 들의 절대적 거리를 계산하여 mtcars.dist 객체를 생성한다. 그리고 R cmdscale() 함수를 이용하여 mtcars.loc 차량 간에 2차원 척도를 계산한다. plot() 함수를 이용하여 mtcars.loc의 x, y 좌표에 해당하는 위치에 차량 모델의 산점도로 표시한 것이다([그림 11-55]).

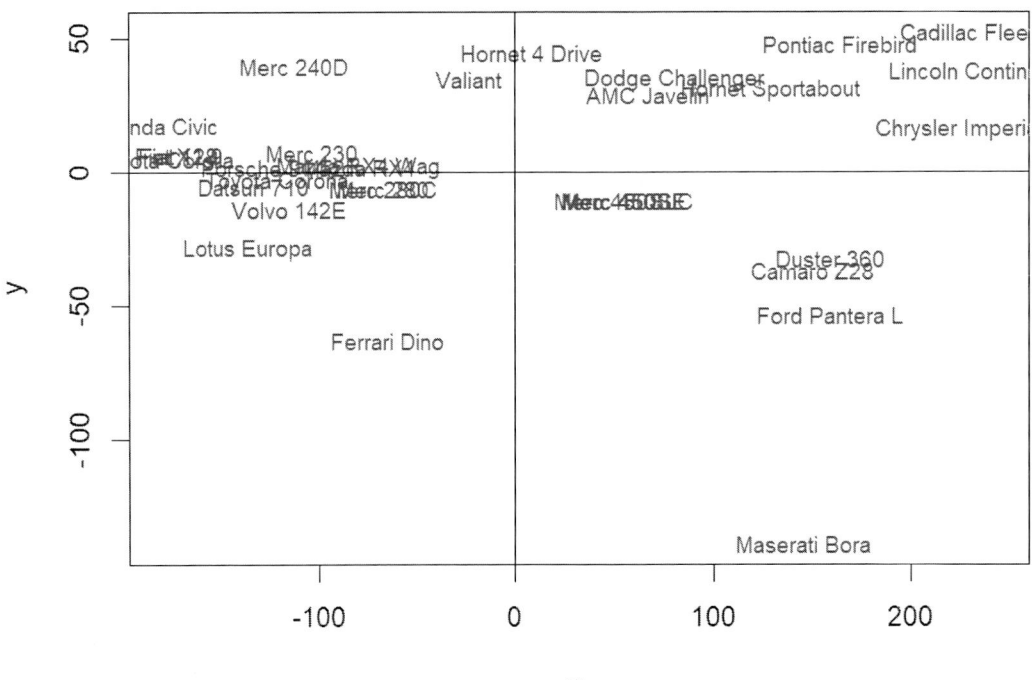

[그림 11-55] mtcars 데이터셋의 절대적 2차원 척도를 통한 차량별 근접성 산점도

[그림 11-55]의 mtcars 데이터셋의 2차원 척도 점도를 보면 각각 차량 사양(specification)의 유사성 혹은 비 유사성을 파악할 수 있다.

또 다른 예로 R에 내장된 eurodist 데이터셋에서 유럽 국가 간에 거리 근접성을 직관적으로 파악하기 위하여 계량적 다차원 척도를 분석해 보자. 이에 관련된 R 코드는 다음과 같다.

 11-9-2-2: eurodist 데이터셋 계량적 다차원 척도분석

```
> data(eurodist) # eurodist 데이터셋을 불러옴
> str(eurodist) # eurodist 데이터셋 구조보기(dist 데이터)
```
```
 'dist' num [1:210] 3313 2963 3175 3339 2762 ...
 - attr(*, "Size")= num 21
 - attr(*, "Labels")= chr [1:21] "Athens" "Barcelona" "Brussels" "Calais" ...
```
```
> as.matrix(eurodist)[1:8, 1:8] # eurodist 데이터셋에서 8개 도시만 출력
```
```
            Athens Barcelona Brussels Calais Cherbourg Cologne Copenhagen Geneva
Athens           0      3313     2963   3175      3339    2762       3276   2610
Barcelona     3313         0     1318   1326      1294    1498       2218    803
Brussels      2963      1318        0    204       583     206        966    677
Calais        3175      1326      204      0       460     409       1136    747
Cherbourg     3339      1294      583    460         0     785       1545    853
Cologne       2762      1498      206    409       785       0        760   1662
Copenhagen    3276      2218      966   1136      1545     760          0   1418
Geneva        2610       803      677    747       853    1662       1418      0
```

```
> (eurodist.loc = cmdscale(eurodist))
```
```
                      [,1]         [,2]
Athens          2290.274680   1798.80293
Barcelona       -825.382790    546.81148
Brussels          59.183341   -367.08135
Calais           -82.845973   -429.91466
Cherbourg       -352.499435   -290.90843
Cologne          293.689633   -405.31194
Copenhagen       681.931545  -1108.64478
Geneva            -9.423364    240.40600
Gibraltar      -2048.449113    642.45854
Hamburg          561.108970   -773.36929
Hook of Holland  164.921799   -549.36704
Lisbon         -1935.040811     49.12514
Lyons           -226.423236    187.08779
Madrid         -1423.353697    305.87513
Marseilles      -299.498710    388.80726
Milan            260.878046    416.67381
Munich           587.675679     81.18224
Paris           -156.836257   -211.13911
Rome             709.413282   1109.36665
Stockholm        839.445911  -1836.79055
Vienna           911.230500    205.93020
```

```
> x <- eurodist.loc[, 1] # 다차원 척도 x 좌표
> y <- leurodist.loc[, 2] # 다차원 척도 y 좌표
> # mtcars 다차원 척도 2차원상에 표시
> plot(x, y, type="n", main="Multidimensional Scaling Plot of eurodist")
> text(x, y, rownames(eurodist.loc), col="blue", cex=0.8)
> abline(v=0, h=0)
```
[그림 11-56]

eurodist 데이터셋 계량적 다차원 척도 분석 결과를 2차원 공간상에 표시한 산점도는 [그림 11-56]과 같다.

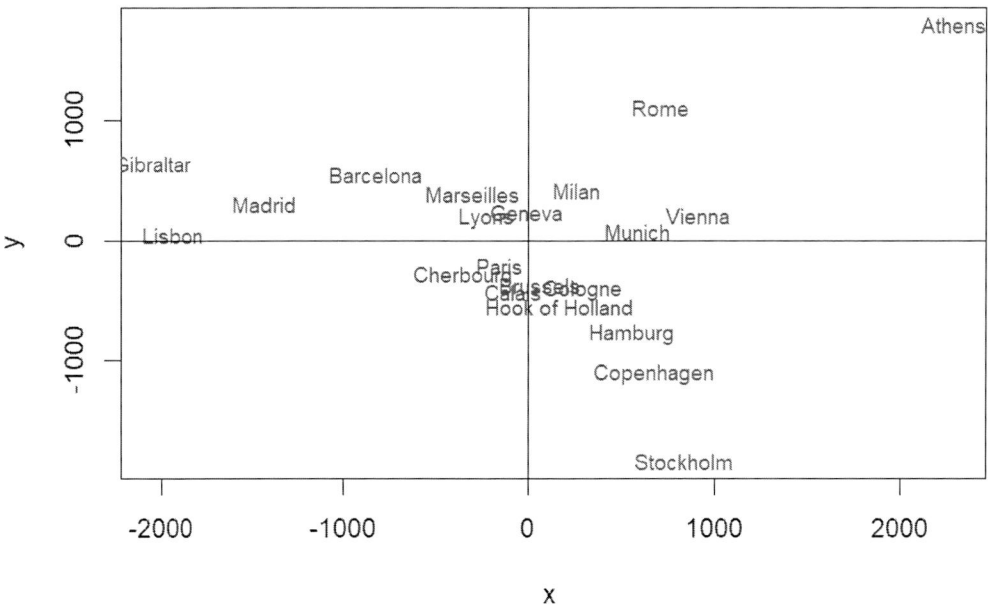

[그림 11-56] eurodist 데이터셋의 절대적 2차원 척도를 통한 도시별 근접성 산점도

[그림 11-56]의 eurodist 데이터셋의 2차원 척도를 통한 차량별 근접성 산점도를 보면 각각 유럽 도시의 근접성을 파악할 수 있다. 예를 들면 마르세유(Marseilles), 제네바(Geneva), 리용(Lyons), 파리(Paris)는 지리적으로 유럽의 중앙 부근에 서로 밀집한 국가라는 것을 직관적으로 파악할 수 있다.

다차원 척도 분석에서 데이터가 순서 척도일 경우에는 비계량적(None-metric) 다차원 척도법을 사용한다. 구간척도 및 비율척도인 계량적 데이터에서는 관측값들 사이에 거리를 절대적 거리를 계산해야 하지만 자료가 순서 척도일 경우에는 상대적 거리를 구해야 한다. 비계량적 다차원 척도분석 예를 위하여 R에 저장된 swiss 데이터셋을 이용한다. swiss 데이터셋은

1888년경에 스위스(Swiss)의 토지와 사회경제적 지표 6개를 가지고 있다. swiss 데이터셋 토지와 사회경제적 지표 6개는 순서 척도이다. 이에 관련된 R 코드는 다음과 같다.

 11-9-2-3: swiss 데이터셋 비계량적 다차원 척도

```
> library(MASS)
> data(swiss)  # swiss 연방 주들의 사회경제적 지표 데이터셋
> str(swiss)   # swiss 데이터셋 구조 보기

'data.frame':    47 obs. of  6 variables:
 $ Fertility       : num  80.2 83.1 92.5 85.8 76.9 76.1 83.8 92.4 82.4 ...
 $ Agriculture     : num  17 45.1 39.7 36.5 43.5 35.3 70.2 67.8 53.3 ...
 $ Examination     : int  15 6 5 12 17 9 16 14 12 16 ...
 $ Education       : int  12 9 5 7 15 7 7 8 7 13 ...
 $ Catholic        : num  9.96 84.84 93.4 33.77 5.16 ...
 $ Infant.Mortality: num  22.2 22.2 20.2 20.3 20.6 26.6 23.6 24.9 21 ...

> head(swiss) # swiss 데이터셋 6개 관측값 표시
             Fertility Agriculture Examination Education Catholic Infant.Mortality
Courtelary        80.2        17.0          15        12     9.96             22.2
Delemont          83.1        45.1           6         9    84.84             22.2
Franches-Mnt      92.5        39.7           5         5    93.40             20.2
Moutier           85.8        36.5          12         7    33.77             20.3
Neuveville        76.9        43.5          17        15     5.16             20.6
Porrentruy        76.1        35.3           9         7    90.57             26.6

> swiss.matrix <- as.matrix(swiss) # swiss 데이터셋 matrix
> (swiss.dist <- dist(swiss.matrix)) # 거리 계산 매트릭스
              Courtelary   Delemont Franches-Mnt    Moutier
Delemont       80.591776
Franches-Mnt   88.214588  14.553130
Moutier        31.876890  52.278149    60.529967
[이하 생략]

> (swiss.mds <- isoMDS(swiss.dist)) # 포인트와 스트레스 계산
initial  value 5.463800
iter   5 value 4.499103
iter   5 value 4.495335
iter   5 value 4.492669
final  value 4.492669
converged
$points
                     [,1]        [,2]
Courtelary      38.850496 -16.1546743
Delemont       -42.676573 -13.7209890
Franches-Mnt   -53.587659 -21.3357627
```

Moutier	6.735536	-4.6041161
Neuveville	35.622307	4.6339724
Porrentruy	-44.739479	-25.4957015
Broye	-55.301247	2.9985892
Glane	-61.510950	-0.5029742
Gruyere	-56.196434	-11.5873817
Sarine	-47.880261	-18.4937959
Veveyse	-60.573600	-3.3177231
Aigle	28.500730	18.4040743
Aubonne	31.622253	26.0543764
Avenches	31.955939	19.3455733
Cossonay	32.951993	27.2866822
Echallens	11.653211	24.5294932
Grandson	39.623322	-0.1906417
Lausanne	40.455512	-24.2790922
La Vallee	51.099610	-23.2691859
Lavaux	30.753053	29.7236322
Morges	32.051544	18.1638440
Moudon	33.349605	17.2202105
Nyone	26.363999	7.9625625
Orbe	35.822440	15.4595563
Oron	29.301157	31.3756933
Payerne	30.448866	19.5104430
Paysd'enhaut	30.389346	26.4350474
Rolle	29.595391	18.6942289
Vevey	30.316991	-16.0544171
Yverdon	33.168755	11.4999792
Conthey	-67.045836	16.9000059
Entremont	-66.130908	14.2235838
Herens	-67.831773	19.3460319
Martigwy	-63.493801	8.8769860
Monthey	-59.675844	-1.3044352
St Maurice	-63.678801	7.2356724
Sierre	-69.462428	17.6354948
Sion	-57.385309	-4.8572223
Boudry	37.667244	0.0118818
La Chauxdfnd	40.842274	-29.0069374
Le Locle	38.285582	-17.6212453
Neuchatel	35.745340	-30.5746402
Val de Ruz	37.226824	2.1006842
ValdeTravers	41.086622	-15.3626392
V. De Geneve	24.329270	-73.1278621

```
Rive Droite     -4.756696  -17.5026420
Rive Gauche     -3.887613  -37.2642199

$stress
[1] 4.492669
> plot(swiss.mds$points, type = "n", main = "Swiss Nonmetric MDS")
> text(swiss.mds$points, labels = rownames(swiss.matrix), cex = 0.7)
> abline(v = 0, h = 0, lty = 2, lwd = 1)
```
[그림 11-57]

swiss 데이터셋 비계량적 다차원 척도 분석을 위하여 먼저 swiss 데이터셋을 행렬로 변경한 다음에 dist() 함수를 이용하여 거리를 구해준다. 그리고 isoMDS() 함수를 이용하여 상대적 다차원 척도를 구한다. 이렇게 구한 swiss 데이터셋 상대적 다차원 척도를 2차원 공간에 표시한 것은 그림 11-57]과 같다.

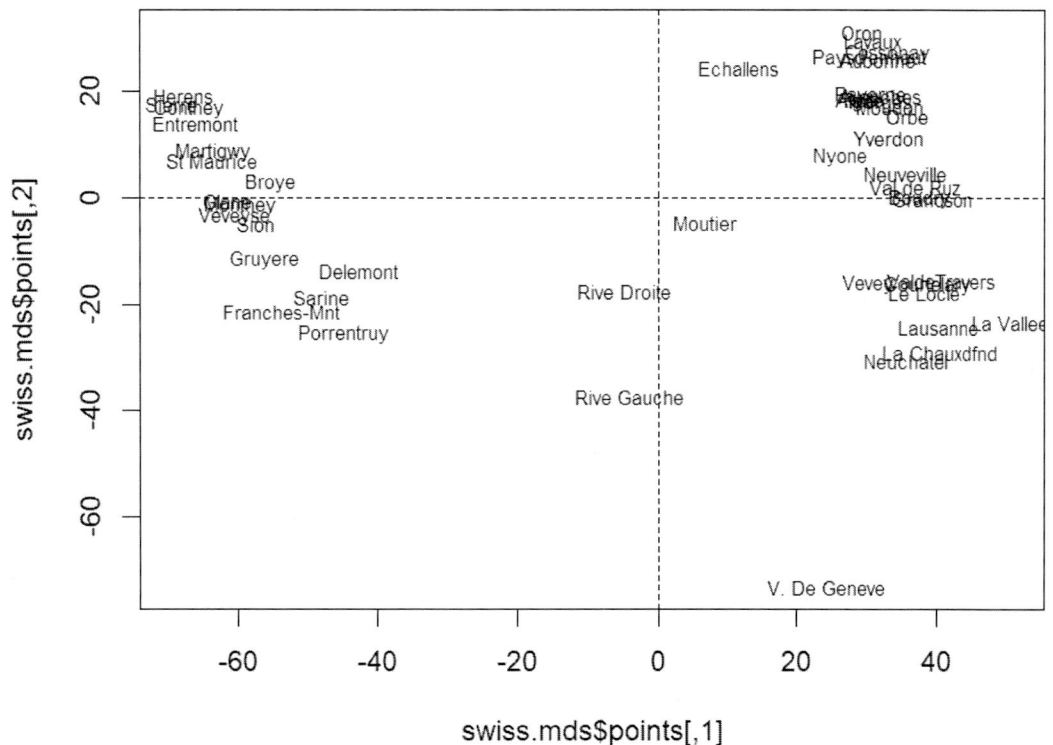

[그림 11-57] swiss 데이터셋의 상대적 2차원 척도를 통한 도시별 근접성 산점도

한편 R함수 MASS:sammon()을 이용하면 거리를 계산하지 않고 곧바로 비계량적 다차원 척도를 구할 수 있다. 이에 대한 R 코드는 다음과 같다.

11-9-2-4: swiss 데이터셋 비계량적 다차원 척도(sammon 함수 이용)

```
> # 비선형 매핑 : sammon
> swiss.matrix <- as.matrix(swiss)
> swiss.sammon <- sammon(dist(swiss.matrix)) # sammon 비선형 매핑
Initial stress        : 0.01959
stress after    0 iters: 0.01959
> plot(swiss.sammon$points, type = "n",
+        main = "Swiss Nonmetric MDS : sammon")
> text(swiss.sammon$points, labels = rownames(swiss.matrix), cex = 0.7)
> abline(v = 0, h = 0, lty = 2, lwd = 1)
```

[그림 11-58]

swiss 데이터셋 MASS::sammon() 함수를 이용하여 비계량적 다차원 척도를 구하고 2차원 공간에 표시한 산점도는 [그림 11-58]과 같다.

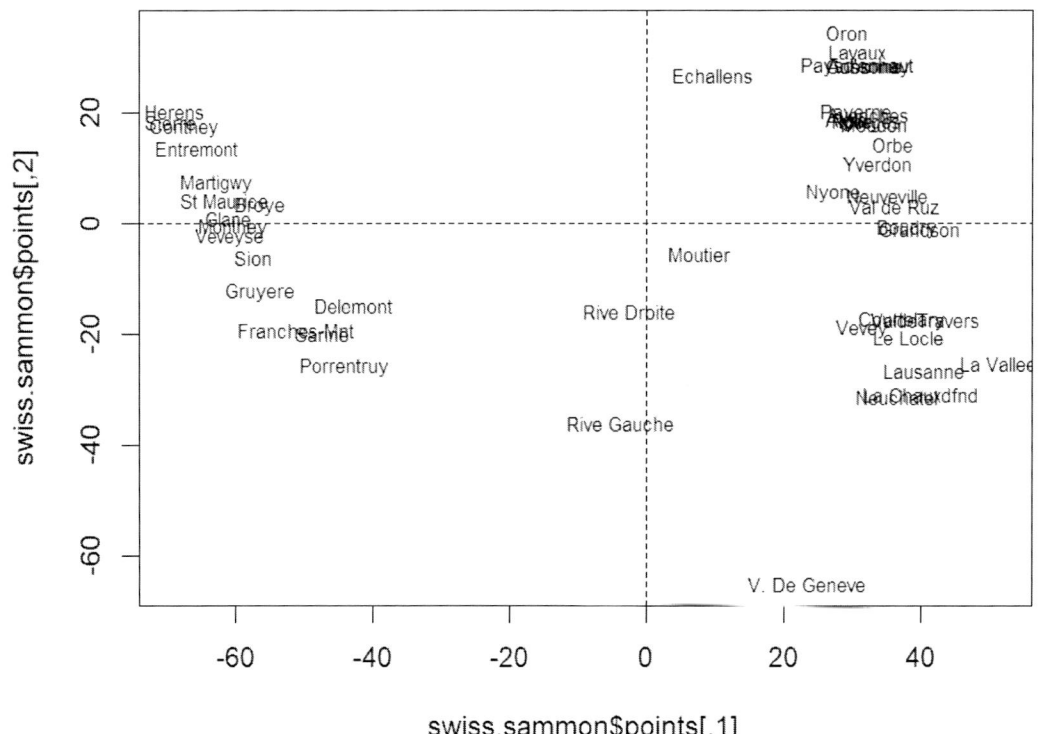

[그림 11-58] swiss 데이터셋의 2차원 척도를 통한 도시별 근접성 산점도(sammon 이용)

11.10 주성분 분석

1 이론적 배경

분석 대상 데이터셋에 상당히 많은 변수와 관측값이 존재한다면 분석의 복잡성이 증가할 뿐만 아니라 유의미한 가치를 찾아내기가 쉽지 않다. 이를 해결하기 위하여 데이터셋의 변동을 최대한 대변할 수 있도록 상관관계가 있는 변수들을 선형 결합하여 상관관계가 없는 소수의 변수로 축소하는 기법을 주성분 분석(Principal Component Analysis: PCA)이라고 한다. 만일 어떤 데이터셋에 p차원의 변수가 $x_1, x_2, ... x_p$이고 a_{ij}을 성분 적재(component loading) 값이라고 한다면 다음과 같이 이들의 선형 결합한 PC_i을 i번째 주성분이라고 한다.

$$PC_i = a_{i1}x_1 + a_{i2}x_2 + ... + a_{ip}x_p$$

예를 들어 5차원의 변수 x_1, x_2, x_3, x_4, x_5이고 성분 적재 값이 a_{1j}일 경우 PC_1은 [그림 11-59]과 같이 표현할 수 있다.

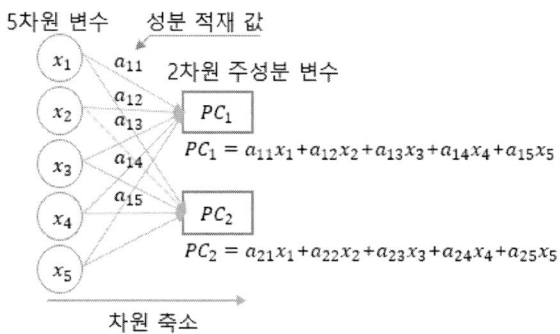

[그림 11-59] 5차원 변수를 2차원 주성분 변수로 차원 축소

차원이 축소된 주성분 변수를 이용하면 데이터를 분석의 복잡성이 감소하여 빠른 분석이 가능하고 분석에 영향이 적은 변수를 제거하여 데이터를 이해하기 쉽고 단순한 시각화가 가능하다. 주로 주성분 분석은 데이터셋에 많은 차원의 변수를 저차원으로 줄여 효율적인 예측 모델을 생성할 때 사용한다. 주성분 분석을 시행하기 위해서는 분석 대상 데이터셋의 여러 개의 변수를 동일의 주성분으로 변환하고 최적의 주성분 변수의 수를 결정하면 된다. R에서 데이터를 주성분으로 변환하는 함수는 prcomp() 함수와 princomp() 함수가 있다.

R prcomp() 함수 형식은 다음과 같다.

R prcomp() 함수 형식
prcomp(x,　　　# 분석대상 데이터셋 　　　　retx,　　# 변수 축 회전 여부(TRUE or FALSE) 　　　　center, # zero 원점 설정 여부(TRUE or FALSE) 　　　　scale,　 # 표준화 여부-변수들의 단위가 다를 경우(TRUE or FALSE) 　　　　tol,　　 # 산정과정의 표준 오차
반환 : 주성분 값

R princomp() 함수 형식은 다음과 같다.

R prcomp() 함수 형식
prcomp(x,   # 분석 대상 데이터 　　　cor,   # 상관계수 행렬 입력 여부(T로 지정하면 상관계수 입력) 　　　scores,   # 주성분 득점 산정 여부 　　　covmat,   # 공분산 행렬 입력 여부 　　　subset,   # 자료의 입력 및 입력 형태
반환 : 주성분 값

2 주성분 분석 실무

그러면 주성분 분석 방법을 쉽게 이해랄 수 있도록 라면의 맛을 결정할 주성분을 찾는 과제를 생각해 보자. 다음은 라면 주성분 분석 R 코드와 실행 결과이다.

 11-10-2-1: 라면 주성분 분석

```
> 종류 <- c('쇠고기라면', '해물라면', '얼큰라면', '떡라면', '짬뽕라면',
+           '만두라면', '치즈라면', '된장라면', '볶음라면', '김치라면')
> 면   <-  c(2, 1, 5, 2, 3, 4, 4, 1, 3, 5)
> 그릇 <- c(4, 5, 3, 2, 5, 3, 4, 2, 3, 5)
> 국물 <- c(5, 1, 4, 3, 5, 2, 3, 1, 2, 3)
> ramen <- data.frame(면, 그릇, 국물) # ramen 데이터프레임 구성
> rownames(ramen) <- 종류 # ramen 데이터프레임의 행 이름 붙이기
> ramen # 데이터 출력
          면 그릇 국물
쇠고기라면  2    4    5
해물라면    1    5    1
얼큰라면    5    3    4
떡라면      2    2    3
짬뽕라면    3    5    5
만두라면    4    3    2
치즈라면    4    4    3
된장라면    1    2    1
볶음라면    3    3    2
김치라면    5    5    3
```

```
> round(cor(ramen), 2)  # 상관 행렬
```
         면   그릇 국물
면   1.00 0.19 0.36
그릇 0.19 1.00 0.30
국물 0.36 0.30 1.00

```
> (ramen.fit <- prcomp(ramen, scale = TRUE))  # 라면 주성분 분석
```
Standard deviations (1, .., p=3):
[1] 1.2541347 0.9022241 0.7830312

Rotation (n x k) = (3 x 3):
           PC1   PC2   PC3
면   0.5715110 -0.6044710   0.5549685
그릇   0.5221161   0.7896069   0.3223595
국물   0.6330639 -0.1055260 -0.7668731

```
> summary(ramen.fit)  # 주성분 요약정보
```
Importance of components:
                          PC1   PC2   PC3
Standard deviation   1.2541 0.9022 0.7830
Proportion of Variance 0.5243 0.2713 0.2044
Cumulative Proportion   0.5243 0.7956 1.0000

```
> plot(ramen.fit, type = "lines")  # 주성분 분석 그래프(Scree Plot)
```
[그림 11-60]

```
> predict(ramen.fit)  # 관측값 좌표 산출
```
                PC1   PC2   PC3
쇠고기라면   0.7119408   0.5216497 -1.373736133
해물라면   -0.9740499   1.8911205   0.645382316
얼큰라면   0.9804158 -1.2947047 -0.002322692
떡라면   -1.0513965 -0.6781104 -0.864614382
짬뽕라면   1.5401350   0.7888582 -0.726820118
만두라면   -0.2766766 -0.7435735   0.683778524
치즈라면   0.6049920 -0.1436935   0.429217649
된장라면   -2.3084890 -0.1269792 -0.178513165
볶음라면   -0.6600579 -0.3380821   0.311494336
김치라면   1.4331863   0.1235150   1.076133664

```
> biplot(ramen.fit)  # ramen 주성분 그래프
```
[그림 11-61]

주성분 분석 결과 ramen.fit을 보면 라면 데이터 프레임의 변수가 '면', '그릇', '국물' 3개로 주성분도 PC1, PC2, PC3 3개가 생성된다. 그리고 각각의 성분 로딩 값이 표시된다. ramen.fit의 summary() 함수 결과를 살펴보면 3개의 주성분의 표준편차, 분산 비율, 누적 분산 비율을 보여준다. summary 함수의 누적 분산(Cumulative Proportion)을 살펴보면 PC1은 라면 데이터셋을 약 52%를 설명하고 있고 PC2까지는 약 80%를 설명하고 있다는 것을 알 수 있다. 물론 주성분 전체는 라면 데이터셋 100%를 설명하고 있다. 따라서 PC2까지 사용해서 분석해도 라면 데이터셋 80%를 설명할 수 있다. PC1과 PC2의 주성분은 다음과 같다.

$$PC_1 = 0.5715110 \times 면 + 0.5221161 \times 그릇 + 0.6330639 \times 국물$$
$$PC_2 = -0.6044710 \times 면 + 0.7896069 \times 그릇 - 0.1055260 \times 국물$$

주성분의 개수를 파악하기 위하여 ramen.fit을 스크리 플롯(Scree plot)으로 표시한 것은 [그림 11-60]과 같다.

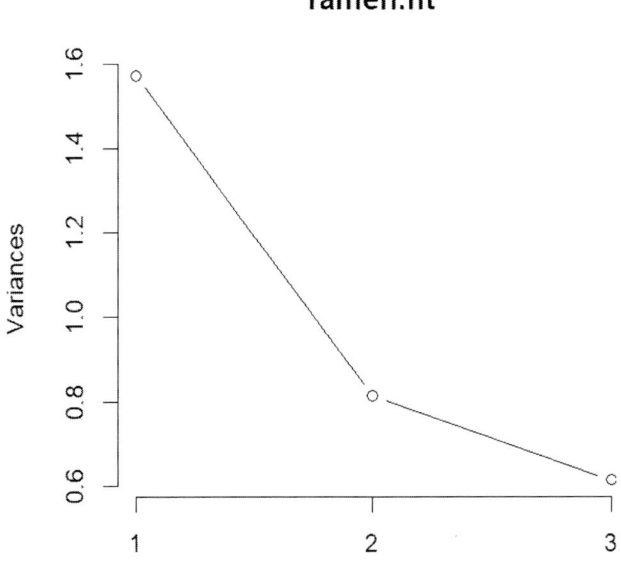

[그림 11-60] 라면 주성분 스크리 플롯(Scree plot)

라면 주성분 스크리 플롯(Scree plot)은 x축에 성분을 표시하고 y축에 분산을 표시해서 성분에 따라 분산의 변화를 표시한 것이다. 성분이 2까지 분산의 감소가 급격히 줄어드는 데 반하여 2에서 3까지는 완만한 경사가 이루어진다. 이렇게 꺾임(elbow point)이 완만한 구간에서 주성분에 개수를 늘려도 얻게 되는 정보의 양이 상대적으로 미미하다. 따라서 라면 데이터셋을 분석할 때 PC1, PC2만 가지고 분석해도 약 80%의 데이터 특성을 가지고 분석할 수 있다는 뜻이 된다. 즉 라면 데이터셋을 분석할 때 '면', '그릇', '국물'의 3개 차원의 변수를 모두 사용하여 분석해야 하지만 주성분을 사용하면 PC1, PC2 2개의 차원으로 축소해서 분석이 가능하다는 것을 알 수 있다.

R predict() 함수를 이용하면 라면의 관측값들의 좌표를 계산할 수 있고 biplot() 함수를 이용하여 행렬도를 그릴 수 있다([그림 11-61]).

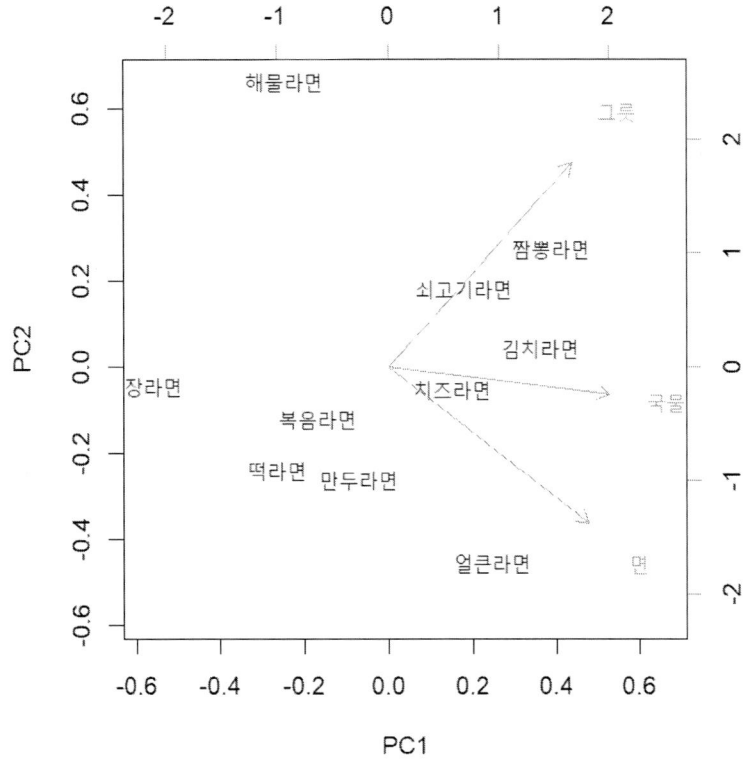

[그림 11-61] 라면 주성분 분석 행렬도

주성분 분석 행렬도의 위쪽 x 좌표와 우측 y 좌표의 값은 PC1과 PC2의 성분 점수를 표시하고 아래쪽 x 좌표와 좌측 y 좌표의 값은 PC1과 PC2의 성분 적재(component loading) 값을 의미한다. 주성분 분석 행렬도에서 변수 간에 각도가 크면 클수록 상관관계가 작게 되고 직각이 되면 상관관계가 없다는 것을 의미한다. 변수 간에 화살표 방향이 서로 반대 방향으로 향하면 음의 상관관계가 성립된다.

모든 라면 변수의 화살표가 같은 방향을 가리키고 있으므로 모두 양의 상관관계를 가지고 있다는 것을 알 수 있다. '국물'과 '면'이 '국물'과 '그릇', '면'과 '그릇'보다 각도가 작아서 가장 큰 상관관계를 하고 있다는 것을 알 수 있다. 라면의 종합평가에서 '짬뽕라면'의 좌표가 PC1에서 성분 점수가 가장 크므로 1위이고 2위는 '김치라면'이다. 라면 국물이 PC1과 거의 평행으로 표시되어 있어서 맛에 영향을 가장 많이 끼치는 변수이다. '얼큰라면'은 '면'의 평가 영향을 많이 받고 '해물라면'은 '그릇'의 영향을 가장 많이 받는다는 것을 알 수 있다.

R에 포함된 USArrests 데이터셋을 이용하여 주성분 분석의 예를 살펴보자. USArrests 데이터셋을 이용한 주성분 분석 R 코드와 실행 결과는 다음과 같다.

 11-10-2-2: USArrests 데이터셋 주성분 분석

```
> data(USArrests)  # USArrests 데이터셋 불러오기
> str(USArrests)   # USArrests 데이터셋 구조 출력
```

```
'data.frame':   50 obs. of  4 variables:
 $ Murder  : num  13.2 10 8.1 8.8 9 7.9 3.3 5.9 15.4 17.4 ...
 $ Assault : int  236 263 294 190 276 204 110 238 335 211 ...
 $ UrbanPop: int  58 48 80 50 91 78 77 72 80 60 ...
 $ Rape    : num  21.2 44.5 31 19.5 40.6 38.7 11.1 15.8 31.9 25.8 ...
> summary(USArrests) # USArrests 데이터셋 요약 통계
     Murder          Assault         UrbanPop          Rape
 Min.   : 0.800   Min.   : 45.0   Min.   :32.00   Min.   : 7.30
 1st Qu.: 4.075   1st Qu.:109.0   1st Qu.:54.50   1st Qu.:15.07
 Median : 7.250   Median :159.0   Median :66.00   Median :20.10
 Mean   : 7.788   Mean   :170.8   Mean   :65.54   Mean   :21.23
 3rd Qu.:11.250   3rd Qu.:249.0   3rd Qu.:77.75   3rd Qu.:26.18
 Max.   :17.400   Max.   :337.0   Max.   :91.00   Max.   :46.00
> # USArrests 데이터셋 주성분 분석(상관계수 행렬)
> USArrests.fit <- princomp(USArrests, cor = T)
> summary(USArrests.fit) # USArrests 데이터셋 주성분 요약정보
Importance of components:
                          Comp.1    Comp.2    Comp.3     Comp.4
Standard deviation     1.5748783 0.9948694 0.5971291 0.41644938
Proportion of Variance 0.6200604 0.2474413 0.0891408 0.04335752
Cumulative Proportion  0.6200604 0.8675017 0.9566425 1.00000000
> loadings(USArrests.fit) # USArrests 데이터셋 주성분들의 로딩 벡터
Loadings:
         Comp.1 Comp.2 Comp.3 Comp.4
Murder    0.536  0.418  0.341  0.649
Assault   0.583  0.188  0.268 -0.743
UrbanPop  0.278 -0.873  0.378  0.134
Rape      0.543 -0.167 -0.818

               Comp.1 Comp.2 Comp.3 Comp.4
SS loadings      1.00   1.00   1.00   1.00
Proportion Var   0.25   0.25   0.25   0.25
Cumulative Var   0.25   0.50   0.75   1.00
> screeplot(USArrests.fit, npcs=4, type="lines",
+           main="USArrests Scree Plot")
```

[그림 11-62]

```
> USArrests.fit$scores # 관측치를 주성분 점수 표현

              Comp.1      Comp.2      Comp.3      Comp.4
Alabama    0.98556588  1.13339238  0.44426879  0.156267145
Alaska     1.95013775  1.07321326 -2.04000333 -0.438583440
```

Arizona	1.76316354	-0.74595678	-0.05478082	-0.834652924
Arkansas	-0.14142029	1.11979678	-0.11457369	-0.182810896
California	2.52398013	-1.54293399	-0.59855680	-0.341996478
Colorado	1.51456286	-0.98755509	-1.09500699	0.001464887
Connecticut	-1.35864746	-1.08892789	0.64325757	-0.118469414
Delaware	0.04770931	-0.32535892	0.71863294	-0.881977637
Florida	3.01304227	0.03922851	0.57682949	-0.096284752
Georgia	1.63928304	1.27894240	0.34246008	1.076796812
Hawaii	-0.91265715	-1.57046001	-0.05078189	0.902806864

...

```
> biplot(USArrests.fit, scale=T) # 관측치를 주성분 그래프로 표시
> abline(v=0, h=0, col="blue")
```
[그림 11-63]

USArrests 데이터셋은 1973년에 미국의 50개 주의 인구 10만 명당 살인 Murder, 폭행 Assault, 강간 Rape, 그리고 도시인구율 UrbanPop을 포함하고 있다. USArrests 데이터셋 주성분 분석은 R 함수 princomp()를 이용해서 수행했고 그 결과를 USArrests.fit에 저장했다. summary(USArrests.fit)을 수행한 결과 USArrests 데이터셋이 4개의 변수로 구성되어 있으므로 4개의 주성분 'Comp. 1', 'Comp. 2', 'Comp. 3', 'Comp. 4'의 각각 표준편차(Standard deviation), 분산 비율(Proportion of Variance), 누적 비율(Cumulative Proportion)을 보여준다. 주성분 'Comp. 1'의 표준편차는 1.5748783이고, 분산 비율은 0.6200604이므로 'Comp. 1' 주성분으로 USArrests 데이터셋의 약 62%를 설명할 수 있다는 것을 알 수 있다. 그리고 'Comp. 2', 'Comp. 3', 'Comp. 4'는 각각 약 25%, 9%, 4% 정도를 USArrests 데이터셋을 설명할 수 있다. 누적 비율을 보면 'Comp. 3'까지 주성분으로 USArrests 데이터셋을 약 96%를 설명할 수 있다.

'loadings(USArrests.fit)'는 조성분의 로딩 벡터를 표시한다. 이를 통해 'Comp. 1'과 'Comp. 2'의 주성분은 다음과 같이 주어질 수 있다.

$$PC_1 = 0.536 Mder + 0.583 Assault + 0.278 UrbanPop + 0.543 Rape$$
$$PC_2 = 0.418 Mder + 0.188 Assault - 0.873 UrbanPop - 0.167 Rape$$

USArrests 데이터셋 주성분 분산의 크기별 스크리 플롯(Scree plot)은 다음과 같다([그림 11-62]). USArrests 데이터셋 주성분 분산의 크기별 스크리 플롯를 살펴보면 'Comp. 3'번부터 점차 기울기가 급격히 꺾이다가 그다음부터 완만해지는 것을 알 수 있다. 이때 기울기가 꺾이는 'Comp. 3' 지점을 엘보 포인트(elbow point)라고 하며, 엘버 포인트인 'Comp. 3'까지 주성분을 선택한다. 즉 USArrests 데이터셋을 분석할 때 'Comp. 1', 'Comp. 2', 'Comp. 3'을 가지고 분석할 경우 USArrests 데이터셋의 약 96%의 특성을 반영할 수 있다는 뜻이다. 따라서 USArrests 데이터셋을 분석할 때 독립변수를 4차원에서 3차원으로 차원으로 축소할 수 있다는 뜻이다. USArrests 데이터셋의 4개의 변수로 구성되어 있어서 한 개의 차원만 축소할 수 있지만 많은 변수로 구성된 데이터셋일 경우 더 많은 차원을 축소할 수 있을 것이다.

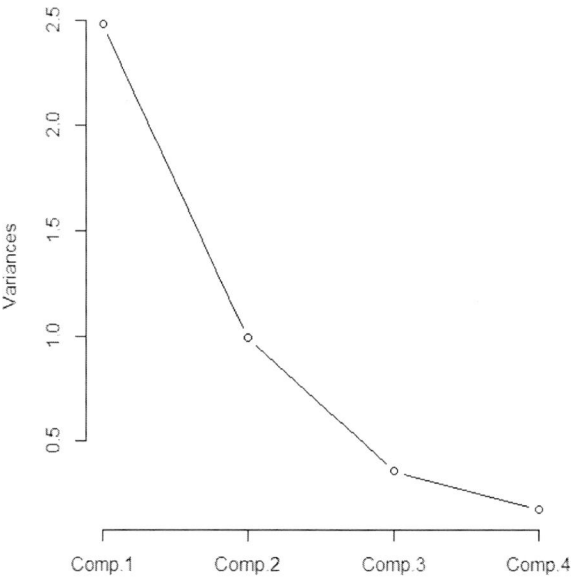

[그림 11-62] USArrests 데이터셋 주성분 분산의 크기별 스크리 플롯

관측치를 주성분 점수로 표현한 것을 살펴보면 Alabama 주는 'Comp. 1' 0.98556588, 'Comp. 2' 1.13339238, 'Comp.3' 0.44426879, 'Comp.4' 0.156267145이다. 이처럼 50개 주의 모든 점수를 구한 것이다. 'Comp. 1'과 'Comp. 2' 점수(score)를 R의 biplot() 함수를 이용하여 2차원 x, y 좌표상에 표현한 그래프는 다음과 같다([그림 11-63]).

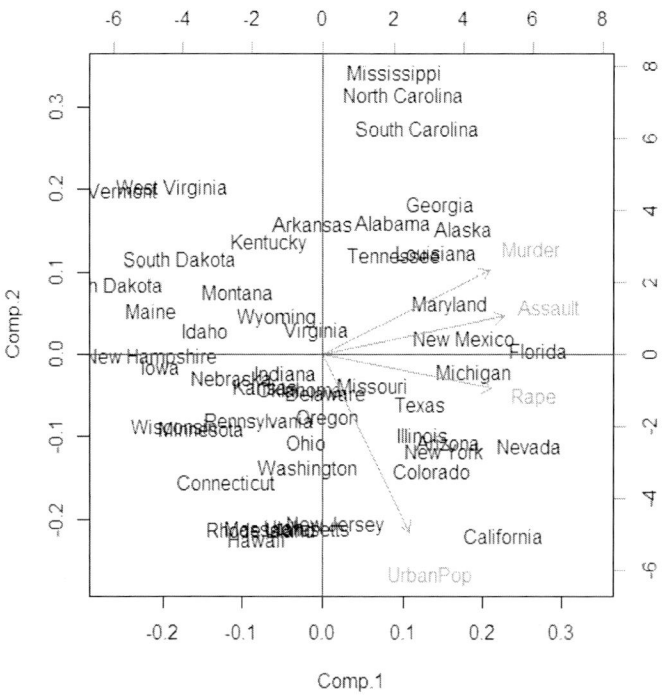

[그림 11-63] USArrests 주성분 분석 행렬도

주성분 분석 행렬도의 위쪽 x 좌표와 우측 y 좌표의 값은 PC1과 PC2의 성분 점수를 표시하고 아래쪽 x 좌표와 좌측 y 좌표의 값은 PC1과 PC2의 성분 적재(component loading) 값을 의미한다. 주성분 분석 행렬도에서 변수 간에 각도가 크면 클수록 상관관계가 작게 되고 직각이 되면 상관관계가 없다는 것을 의미한다. 변수 간에 화살표 방향이 서로 반대 방향으로 향하면 음의 상관관계가 성립된다.

USArrests 주성분 분석 그래프를 보면 살인 PC1 좌표를 기준으로 보면 살인 Murder, 폭행 Assault, 강간 Rape가 비슷한 방향으로 보고 있어서 서로 상관관계가 높다고 할 수 있고 PC2 좌표를 기준으로 보면 도시 인구 비율 UrbanPro는 다른 살인, 폭행, 강간과 방향이 다름으로 상관관계가 낮다는 것을 알 수 있다. 살인, 폭행, 강간과 같은 범죄율 상위 그룹은 PC1 평가점수가 높은 'Florida', 'Nevada', 'California' 주이고 'North Dakota' 주는 범죄율이 가장 낮은 지역이다. 인구 비율을 상위 그룹은 PC2의 평가점수가 낮은 'California', 'Colorado', 'New York' 순이고 가장 낮은 지역은 'Mississipi' 주이다. 인구 및 범죄율 평균 그룹을 보려면 그래프의 가운데 지점인 'Virginia', 'Indiana', 'Delaware' 주 등이다.

주성분 분석 예를 들기 위하여 R에 내장된 아이리스 iris 데이터셋을 통하여 살펴보자. R 주성분 분석 및 예측 모델 생성 R 코드는 다음과 같다.

 11-10-2-3: iris 데이터셋 주성분 분석 및 회귀 모델 적용

```
> data(iris) # iris 데이터셋 불러오기
> str(iris) # iris 데이터셋 구조 보기

'data.frame':   150 obs. of  5 variables:
 $ Sepal.Length: num  5.1 4.9 4.7 4.6 5 5.4 4.6 5 4.4 4.9 ...
 $ Sepal.Width : num  3.5 3 3.2 3.1 3.6 3.9 3.4 3.4 2.9 3.1 ...
 $ Petal.Length: num  1.4 1.4 1.3 1.5 1.4 1.7 1.4 1.5 1.4 1.5 ...
 $ Petal.Width : num  0.2 0.2 0.2 0.2 0.2 0.4 0.3 0.2 0.2 0.1 ...
 $ Species     : Factor w/ 3 levels "setosa","versicolor",..: 1 1 1 1 1 1 ...

> summary(iris) # iris 데이터셋 요약 통계량 구하기

  Sepal.Length    Sepal.Width     Petal.Length    Petal.Width          Species
 Min.   :4.300   Min.   :2.000   Min.   :1.000   Min.   :0.100   setosa    :50
 1st Qu.:5.100   1st Qu.:2.800   1st Qu.:1.600   1st Qu.:0.300   versicolor:50
 Median :5.800   Median :3.000   Median :4.350   Median :1.300   virginica :50
 Mean   :5.843   Mean   :3.057   Mean   :3.758   Mean   :1.199
 3rd Qu.:6.400   3rd Qu.:3.300   3rd Qu.:5.100   3rd Qu.:1.800
 Max.   :7.900   Max.   :4.400   Max.   :6.900   Max.   :2.500

> # iris 데이터셋 주성분 분석
> (iris.fit <- prcomp(iris[,-5], center=T, scale = T))

Standard deviations (1, .., p=4):
```

```
[1] 1.7083611 0.9560494 0.3830886 0.1439265
Rotation (n x k) = (4 x 4):
                    PC1          PC2          PC3         PC4
Sepal.Length   0.5210659  -0.37741762   0.7195664   0.2612863
Sepal.Width   -0.2693474  -0.92329566  -0.2443818  -0.1235096
Petal.Length   0.5804131  -0.02449161  -0.1421264  -0.8014492
Petal.Width    0.5648565  -0.06694199  -0.6342727   0.5235971
```

> summary(iris.fit) # 주성분 분석 결과 요약

```
Importance of components:
                         PC1      PC2      PC3      PC4
Standard deviation     1.7084   0.9560   0.38309  0.14393
Proportion of Variance 0.7296   0.2285   0.03669  0.00518
Cumulative Proportion  0.7296   0.9581   0.99482  1.00000
```

> screeplot(iris.fit, type="line", main="iris Scree Plot") # 주성분 분석 그래프

[그림 11-64]

> predict(iris.fit) # 관측값 좌표 산출

```
           PC1           PC2           PC3           PC4
[1,] -2.25714118  -0.478423832   0.127279624   0.024087508
[2,] -2.07401302   0.671882687   0.233825517   0.102662845
[3,] -2.35633511   0.340766425  -0.044053900   0.028282305
[4,] -2.29170679   0.595399863  -0.090985297  -0.065735340
[5,] -2.38186270  -0.644675659  -0.015685647  -0.035802870
```
이하 출력 결과 생략

> biplot(iris.fit) # iris 주성분 분석 행렬도

[그림 11-65]

R에 iris 데이터셋은 붓꽃(iris)의 3개 종인 setosa, versicolo, virginica 각각의 꽃받침의 길이 Sepal.Length, 꽃받침의 넓이 Sepal.Width, 꽃잎의 길이 Petal.Length, 꽃잎의 넓이 Petal.Width의 각각 50개씩 총 150개의 관측값으로 구성되어 있다.

iris 주성분 분석 summary(iris.fit)의 정보를 보면 PC2까지 분산의 누적 비율(Cumulative Proportion)이 약 95%임을 알 수 있다. screeplot(iris.fit)을 통하여 살펴보면 [그림 11-64]와 같다.

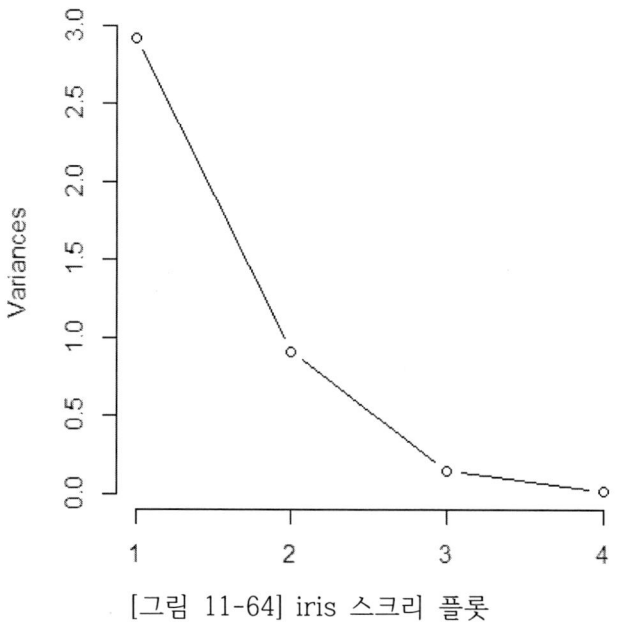

[그림 11-64] iris 스크리 플롯

[그림 11-64]에서 보는 바와 같이 분산이 PC3까지 급격히 분산이 줄어들고 PC3부터 분산의 줄어드는 폭이 거의 없음을 알 수 있다.

predict(iris.fit) 관측값 좌표 산출을 통하여 biplot(iris.fit) 주성분 분석 행렬도는 [그림 11-65]와 같다.

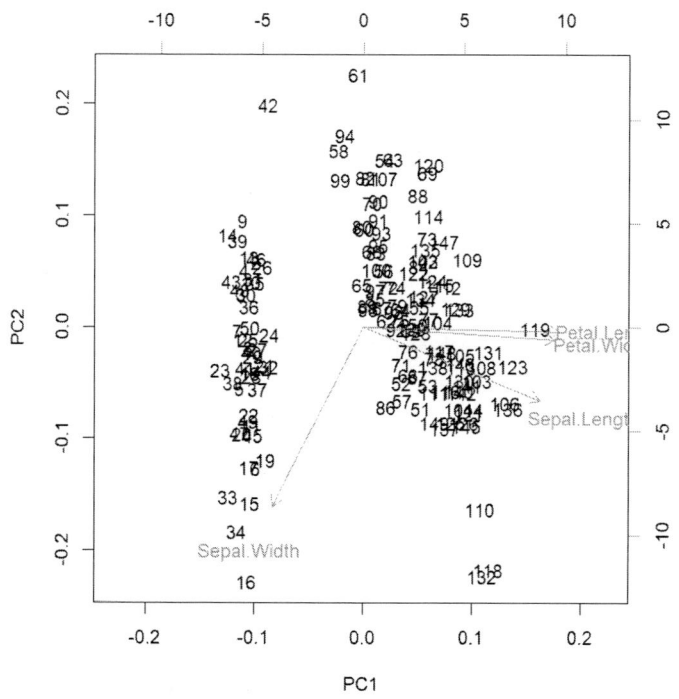

[그림 11-65] iris 주성분 분석 행렬도

[그림 11-65]의 iris 주성분 분석 행렬도를 살펴보면 꽃잎 길이 Peral.Length와 꽃잎 넓이 Peral.Length는 상관관계가 높지만 꽃받침의 길이 Sepal.Length와 꽃받침의 넓이 Sepal.Width 는 거의 상관관계가 없음을 알 수 있다.

iris 주성분 분석을 통하여 생성된 주성분을 이용하여 회귀모델을 생성하는 방법을 살펴보자. 이에 관련된 R 코드는 다음과 같다.

 11-10-2-4: iris 주성분 분석 결과 회귀 모델 적용

```
> # (1) iris 주성분 분석
> rpc <- as.matrix(iris[,-5]) %*% iris.fit$rotation
> head(rpc)
          PC1        PC2       PC3        PC4
[1,] 2.640270 -5.204041 2.488621 -0.1170332
[2,] 2.670730 -4.666910 2.466898 -0.1075356
[3,] 2.454606 -4.773636 2.288321 -0.1043499
[4,] 2.545517 -4.648463 2.212378 -0.2784174
[5,] 2.561228 -5.258629 2.392226 -0.1555127
[6,] 2.975946 -5.707321 2.437245 -0.2237665
# (2) iris 훈련 데이터셋 생성
> train <- data.frame(Species=iris$Species, rpc)
> train[, 1] <- as.numeric(as.factor(train[, 1]))
> head(train, n = 4) # 훈련 데이터셋 4개 보기
  Species   PC1        PC2       PC3        PC4
1       1 2.640270 -5.204041 2.488621 -0.1170332
2       1 2.670730 -4.666910 2.466898 -0.1075356
3       1 2.454606 -4.773636 2.288321 -0.1043499
4       1 2.545517 -4.648463 2.212378 -0.2784174
> str(train) # 훈련 데이터셋 구조 조회
'data.frame':   150 obs. of  5 variables:
 $ Species: num  1 1 1 1 1 1 1 1 1 1 ...
 $ PC1    : num  2.64 2.67 2.45 2.55 2.56 ...
 $ PC2    : num  -5.2 -4.67 -4.77 -4.65 -5.26 ...
 $ PC3    : num  2.49 2.47 2.29 2.21 2.39 ...
 $ PC4    : num  -0.117 -0.108 -0.104 -0.278 -0.156 ...
> # (3) iris 회귀 예측 모델 생성
> iris.lm <- lm(Species ~ PC1 + PC2, data = train)
> # (4) iris 회귀 모델 예측
> predict <- predict(iris.lm, newdata = train)
```

```
> predict <- round(predict)
> predict[predict==0 | predictt==1] <- "setosa"
> predit[predict==2] <- "versicolor"
> predit[predict==3] <- "virginica"
> origin <- iris$Species # 원래의 품종
> table(origin, predict) # 정오 분류표(confusion matrix) 생성
```

	predict		
origin	setosa	versicolor	virginica
setosa	50	0	0
versicolor	0	44	6
virginica	0	5	45

iris 데이터셋의 주성분 분석 결과를 이용한 회귀 예측 모델을 생성하기 위하여 iris 관측 자료의 주성분과 회귀모델의 종속변수에 사용한 iris의 품종 Species를 결합한다. train의 Species 열은 범주형 데이터를 팩터(factor)형식의 숫자로 변경한다. 이렇게 전처리한 결과를 훈련 데이터셋 train에 저장했다. train 데이터셋을 이용하여 회귀 예측 모델을 생성하기 위하여 독립변수 주성분 PC1, PC2를 사용했고 종속변수 Species를 사용하여 iris.lm 회귀 모델을 생성했다. 생성된 iris.lm를 평가하기 위하여 train 데이터셋 전체를 테스트 데이터셋을 예측 predict를 생성한다. 예측된 predict 값이 1이면 setosa, 2이면 versicolor, 3이면 virginica로 분류한다.

예측한 결과가 올바른지 살펴보기 위하여 정오 분류표, 혼동행렬(confusion matrix)을 생성하였다. 혼동행렬에서 setosa 품종 50개는 모두 올바르게 분류했지만 vericolor는 50개 중에서 44, virginica는 50개 중에서 45개만 올바르게 분류했다. 따라서 생성된 회귀 예측 모델 iris.lm의 정확도는 약 93%[=(50+44+45)/150*100]이다.

11.11 시계열 분석

1 이론적 배경

시계열(time series: ts) 데이터란 시간에 흐름에 따라 일정한 간격으로 사건을 관측한 자료를 말한다. 시계열 분석(Time Series Analysis: TSA)의 목적은 시계열 데이터의 일정한 패턴을 인식하여 시계열의 성분(추세, 계절, 순환, 불규칙성 등)을 파악하거나 시계열 모델을 생성하고 생성된 모델을 이용하여 향후 관측값을 예측(forecast)하는 데 있다. 시계열 분석에 필요한 데이터는 다음과 같은 조건을 만족하는 정상성 시계열(Stationary Time Series)이어야 한다.

- 평균은 모든 시점에서 일정해야 한다. 즉 진동의 파형(높이)이 일정해야 한다. 평균이 일정하지 않은 시계열 데이터는 차분(difference, 현시점 자료에서 이전 시점 자료를 뺀 것)을 통해 정상화한다.

- 분산은 특정 시점에 의존적이지 않아야 한다. 즉 진동의 폭(넓이)이 일정해야 한다.
- 공분산은 전체 시차에 의존해야 할 뿐 특정 시점에만 의존적이지 않아야 한다.

대부분의 시계열 데이터는 비정상성 시계열(non-stationary time series) 특성을 가진다. 이런 비정상 시계열 데이터는 정상성 시계열 데이터로 변환 후에 분석을 시행하여야 한다.

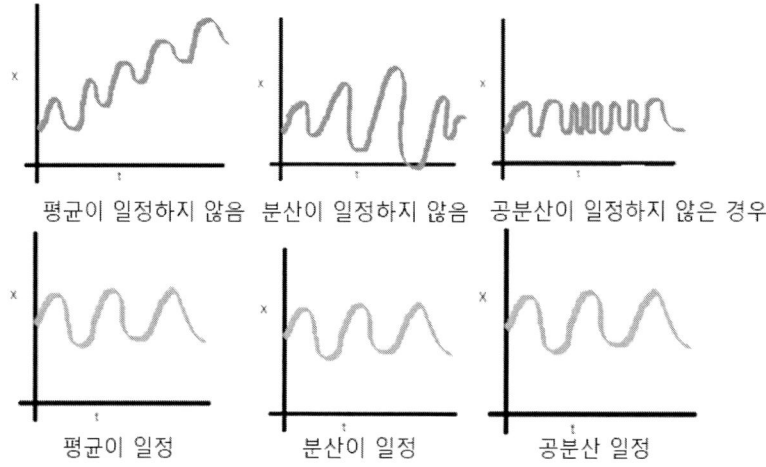

[그림 11-66] 비정상 시계열과 정상 시계열 차이

시계열 분석 데이터가 일반 데이터라면 시계열 데이터로 변환해야 한다. 시계열 데이터로 변환할 때 시계열의 시작(start) 지점과 과 종료(end) 지점, 그리고 주기(frequency) 등을 지정한다. 시계열 데이터는 탐색적 분석을 통하여 시계열 데이터의 변동 패턴을 파악하고 분석에 적합하도록 변환해야 한다. 즉 시계열 데이터의 이상점(outlier point)과 간섭(intervention) 여부를 살피고 정상성 만족 여부를 확인한다. 시계열 데이터의 이상점을 제거하고 간섭은 회귀 분석을 수행하면 된다. 비정상 시계열은 차분(difference) 연산(현시점의 값에서 전 시점의 값을 빼는 것)을 통해 평균을 일정하게 만들고 변환(transform) 작업을 통해 분산을 일정하게 만들어 정상성 시계열 데이터로 변경한다.

시계열 모형은 자기회귀(Auto Regress: AR) 모형과 이동평균(Moving Average: MA), 자기회귀 누적 이동평균(Autoregressive Integrated Moving Average: ARIMA)법이 있다.

1 자기회귀 모형

자기회귀 모형(Autoregressive Model)은 과거에 시계열 데이터를 활용해서 미래를 예측하는 데 사용한다. 즉 자기회귀 모형에서 현시점의 데이터는 p 시점 전의 유한개의 과거 데이터로 설명될 수 있다는 의미이다. $AR(p)$ 모형은 다음과 같은 수식으로 표현된다.

$$Z_t = \phi_1 Z_{t-1} + \phi_2 Z_{t-2} + \ldots + \phi_p Z_{t-p} + a_t$$

Z_i : 현시점의 시계열 데이터
$Z_{t-1}, Z_{t-2}, \ldots, Z_{t-p}$: $1 \sim p$ 시점 이전의 시계열 데이터
ϕ_p : p 시점이 현시점에 어느 정도 영향을 끼치는지 추정된 값
a_t : 시계열 분석의 오차항, 백색잡음과정($White\,noise\,process$, 대표적 정상 시계열)

즉 현시점에 시계열 모형은 바로 전 시점의 데이터만 영향을 받는다면 이를 1차 자기회귀 모형이라고 한다. $AR(1)$ 모형은 다음과 같은 식이 된다.

$$Z_t = \phi_1 Z_{t-1} + a_t$$

자기회귀 모형인지 아닌지를 판단하기 위해서는 시계열 데이터에서 자기상관함수(Auto-Correlation Function: ACF)와 부분자기상관함수(Partial Auto-Correlation Function: PACF)를 이용한다. 일반적으로 자기회귀 모형인 경우는 자기상관함수는 시차가 증가함에 따라 점차적으로 감소하고 부분상관함수는 $p+1$시차 이후에 급격히 절단된 형태를 보인다. 이것을 $AR(p)$ 모형이라고 한다.

2 이동평균 모형

이동평균 모형(Moving Average Model)은 과거에 예측 오차를 활용해서 미래를 예측하는 데 사용한다. 이동평균 모형은 현시점의 데이터를 유한개의 백색잡음(White Noise)의 선형결합으로 표현한다. $AR(q)$ 모형은 다음과 같은 수식으로 표현된다.

$$Z_t = a_t - \phi_1 a_{t-1} - \phi_2 a_{t-2} + \ldots + \phi_q Z_{t-q}$$

Z_i : 현시점의 시계열 데이터
a_t : 시계열 분석의 오차항, 백색잡음과정($White\ noise\ process$, 대표적 정상 시계열)
ϕ_q : q시점이 현시점에 어느정도 영향을 끼치는지 추정된 값

즉 현시점에 시계열 모형은 현시점의 백색잡음과 바로 전 시점의 백색잡음만 영향을 받는다면 이를 1차 이동평균 모형이라고 한다. $MA(1)$ 모형은 다음과 같은 식이 된다.

$$Z_t = a_t - \phi_1 a_{t-1}$$

이동평균 모형은 항상 정상성을 만족하기 때문의 정상성 가정이 필요 없다.

이동평균 모형인지 아닌지를 판단하기 위해서는 시계열 데이터에서 자기상관함수(Auto-Correlation Function: ACF)와 부분자기상관함수(Partial Auto-Correlation Function: PACF)를 이용한다. 일반적으로 이동평균 모형 경우는 자기상관 모형과 반대로 자기상관함수는 $p+1$시차 이후에 급격히 절단되고 부분상관함수는 시차가 증가함에 따라 점차적으로 감소한다. 이것을 $MA(q)$ 모형이라고 한다.

3 자기회귀 누적 이동평균 모형

자기회귀 누적 이동평균(ARIMA : Autoregressive Integrated Moving Average) 모형은 자기회귀 모형과 이동평균 모형을 통합한 모형으로 기본적으로 비정상 시계열이다. 따라서 차분(difference) 연산이나 변환(transform)을 통해 자기회귀(AR) 모형이나 이동평균(MA) 모형, 혹은 자기회귀 누적 이동평균(ARMA) 모형으로 정상화해야 한다.

ARIMA(p, d, q) 모형 차수 p, d, q에 따라 모형의 이름이 다르게 된다. p는 AR 모형과 관련 있는 차수이고 q는 MA 모형과 관련 있는 차수이다. d는 ARIMA 모형을 위하여 ARMA로 정상화할 때 차분 연산을 시행한 횟수이다. 만일 d=0이면 ARMA(p, q) 모형이 되고 이 모형은

정상성을 만족한다. 만일 p=0일 경우 IMA(d, q) 모형이 되고 이 모형을 d번 차분 연산을 하면 MA(q) 모형이 된다. 마지막으로 q=0일 경우 ARI(p, d) 모형이며 이를 d회 차분하면 AR(p) 모형이 된다.

4 분해 시계열

분해 시계열이란 시계열에 영향을 주는 일반적인 요인을 시계열에서 분리해 분석하는 방법으로 회귀 분석적 방법을 사용한다. 분해 시계열의 일반적 정의는 다음과 같다.

$Z_t = f(T_i, S_i, C_i, I_i)$, Z_t : 시계열 값, T_i : 추세요인, S_i : 계절요인, C_i : 순환요인, I_i : 불규칙요인

시계열을 구성요소 4가지의 자세한 설명은 [표 11-27]과 같다.

[표 11-27] 분해 시계열의 종류

구성 요소	형태
추세 요인(trend factor)	시계열 데이터 형태가 오르거나 내려가는 추세를 따른 경우
계절 요인(seasonal factor)	시계열 데이터가 요일마다 반복되거나 일 년 중 각 월에 의한 변화, 사분기 자료에서 각 분기에 의한 변화 등 고정된 주기에 따라 자료가 변하는 경우
순환 요인(cyclical factor)	시계열 데이터가 명백한 경제적 자연적인 이유가 없이 알려지지 않은 주기를 가지고 변화하는 경우
불규칙 요인(random factor)	시계열 데이터가 위 세 가지의 요인으로 설명할 수 없는 회귀분석에서 오차항에 해당하는 요인

시계열 분석에서 시계열의 패턴에 영향을 주는 요인을 규명하기 위해서는 구성요소를 정확하게 분리하는 것이 중요하다.

R에서 시계열 분석을 위한 주요한 함수는 다음과 같다.

[표 11-28] R에서 시계열 분석을 위한 주요한 함수

적용 내용	시계열 관련 함수
시계열 데이터로 변환	ts(data, frequency = n, start = c(시작년도, 월))
시계열 데이터 요인 분해	decompose(data)
시계열 데이터를 이동 평균값 생성	TTA::SMA(data, n = 이동평균회수)
시계열 데이터 차분	diff(data, differences = 차분횟수)
ACF 값과 그래프	acf(data, lag.max= 래그수)
PACF 값과 그래프	pacf(data, lag.max= 래그수)
ARIMA 모형 자동 생성	auto.arima(data)
ARIMA 모형 생성	arima(data, order = c(p, d, q))
ARIMA 모형을 이용한 미래 값 예측	forecast::forecast(fittedData, h = 미래예측수)

시계열 데이터를 그래프로 표현	plot.ts(시계열데이터)
예측 시계열 데이터를 그래프로 표현	plot(예측된시계열데이터)

2 시계열 분석 실무

그러면 지금부터 R에서 ARIMA 시계열 예측 모형을 생성하고 예측하는 과정을 다음과 같은 단계별로 살펴볼 것이다.

- (1단계) 데이터가 정상성 시계열(stationary time series)인지 확인한다.
- (2단계) 데이터가 비정상성 시계열일 경우 정상성 시계열 데이터로 변환한다.
- (3단계) ARIMA 모형을 위한 최적화된 파라미터를 찾는다.
- (4단계) ARIMA 모형을 생성한다.
- (5단계) 미래 시계열 추이를 예측한다.

1 교통량 시계열 분석

먼저 교통량(traffic) 예제 데이터셋을 이용하여 시계열분석 과정을 살펴보자. 교통량 예제 데이터셋은 하루 24시간 동안 상행 교통량과 하행 교통량을 측정한 결과로 가정한다. 교통량 데이터셋의 시계열분석 R 코드 및 실행 결과는 다음과 같다.

 11-11-2-1: 교통량(traffic) 데이터셋 준비

```
> # 데이터프레임 생성(단위 1000대)
> if(!require("tseries")) install.packages("tseries")
> library(tseries)
> if(!require("forecast")) install.packages("forecast")
> library(forecast)
> if(!require("TTR")) install.packages("TTR")
> library(TTR)
> 상행 <- c(0.97,1.08,0.51 0.58, 0.72, 0.98, 4.32, 5.52, 4.25, 3.25, 2.88, 2.92,
+           3.22,2.28,2.64,2.88, 3.12, 2.98, 2.82, 2.64, 2.78, 2.35, 2.25, 1.48)
> 하행 <- c(0.87,1.13,0.49,0.60, 0.78, 0.92, 3.20, 2.10, 3.12, 3.82, 3.29, 2.98,
+           3.10,2.32,2.48,2.65, 2.48, 3.22, 4.12, 4.62, 3.56, 2.68, 2.22, 1.26)
> data<- data.frame(시간 = seq(1:24), 상행, 하행) # 데이터프레임 생성
> str(data) # data 데이터프레임 구조 출력
 'data.frame':   24 obs. of  3 variables:
 $ 시간: int  1 2 3 4 5 6 7 8 9 10 ...
 $ 상행: num  0.97 1.08 0.51 0.58 0.72 0.98 4.32 5.52 4.25 3.25 ...
 $ 하행: num  0.87 1.13 0.49 0.6 0.78 0.92 3.2 2.1 3.12 3.82 ...
```

```
> head(data) # data 데이터프레임 상위 6개 행 출력
  시간 상행 하행
1    1 0.97 0.87
2    2 1.08 1.13
3    3 0.51 0.49
4    4 0.58 0.60
5    5 0.72 0.78
6    6 0.98 0.92
```

교통 데이터셋 data은 하루 24시간 동안 시간별 상행, 하행 교통량을 측정하여 기록한 것으로써 시간, 상행, 하행 3개의 변수에 24개의 관측값으로 이루어져 있다. 상행, 하행 차량 수는 1000으로 표준화하여 기록한 것이다.

다음은 교통량 데이터셋 data를 시계열로 변환 후 정상화하는 R 코드와 실행 결과는 다음과 같다.

 11-11-2-2: 교통량 데이터셋을 시계열로 변환 후 정상화

```
> traffic <- t(as.matrix(data[2:3])) # traffic 데이터 매트릭스로 변환 후 전치 행렬
> colnames(traffic) <- 1:24 # traffic 매트릭스 열 이름 부여
> str(traffic) # traffic 매트릭스 구조 출력
 num [1:2, 1:24] 0.97 0.87 1.08 1.13 0.51 0.49 0.58 0.6 0.72 0.78 ...
 - attr(*, "dimnames")=List of 2
  ..$ : chr [1:2] "상행" "하행"
  ..$ : chr [1:24] "1" "2" "3" "4" ...
> # traffic 데이터 시각화(visualization)
> par(mfrow= c(1, 2)) # plotwindow를 2행 2열로 설정
> for(i in 1:2) {
+     plot(traffic[i, ], col= "green", lwd= 2, type= 'l',
+          xlim= c(1, 24),
+          xlab= "시간", ylab= "교통량",
+          main= paste("톨게이트 교통량", ifelse(i==1, '(상행)', '(하행)')))
+     abline(h= mean(traffic[i, ]), col= "salmon", lwd= 1.7) # 평균
+ }
```

[그림 11-67]

```
> inner <- ts(traffic["상행", ] - traffic["하행", ],
+             start=1, frequency= 24) # 교통 유입량 시계열 변환
> adf.test(inner) # 검정
```

```
        Augmented Dickey-Fuller Test

data:  inner                              비정상성
Dickey-Fuller = -2.7842, Lag order = 2, p-value = 0.2736
alternative hypothesis: stationary       > 유의수준(0.05)
```

> ndiffs(inner) # 차분 횟수 출력

[1] 0

> inner.diff1 <- diff(inner, differences= 1) # 1차 차분

> adf.test(inner.diff1) # 정상성 검정

```
        Augmented Dickey-Fuller Test

data:  inner.diff1                         비정상성
Dickey-Fuller = -3.3628, Lag order = 2, p-value = 0.08294
alternative hypothesis: stationary       > 유의수준(0.05)
```

> inner.diff2 <- diff(inner, differences= 2) # 2차 차분

> adf.test(inner.diff2) # 정상성 검정

```
        Augmented Dickey-Fuller Test

data:  inner.diff2                         정상성 만족
Dickey-Fuller = -4.3096, Lag order = 2, p-value = 0.01246
alternative hypothesis: stationary       < 유의수준(0.05)
```

> inner.sma2 <- SMA(inner, n= 2) # 2번 이동 평균

> par(mfrow= c(2, 2)) # plot창 2행 2열로 설정
> plot.ts(inner, main= "교통 유입량(평활화전)")
> abline(h= 0, col= "red")
> plot.ts(inner.diff1, main= "교통 유입량(1 차분)")
> abline(h= 0, col= "red")
> plot.ts(inner.diff2, main= "교통 유입량(2 차분)")
> abline(h= 0, col= "red")
> plot.ts(inner.sma2, main= "교통 유입량(2 이동평균)")
> abline(h= 0, col= "red")

[그림 11-68]

> acf(inner.diff2, lag.max= 20) # acfMA(q) 결정 그래프

> pacf(inner.diff2, lag.max= 20) # pacfAR(p) 결정 그래프

[그림 11-69]

> model<- arima(inner, order=c(2, 2, 0)) # ARIMA 모형 생성(p,d,q)

> auto.arima(inner)

```
Series: inner
ARIMA(0,0,1) with zero mean

Coefficients:
         ma1
      0.6984
s.e.  0.1491

sigma^2 = 0.557:  log likelihood = -26.86
AIC=57.71   AICc=58.28   BIC=60.07
```

> model<- arima(inner, order= c(0, 0, 1)) # 모델 생성
> model # 생성된 모델 출력

```
        Ljung-Box test

data:  Residuals from ARIMA(0,0,1) with non-zero mean
Q* = 1.8294, df = 4, p-value = 0.7671   > 유의수준(0.05)
                                          통계적으로 유의
Model df: 1.   Total lags used: 5
```

[그림 11-70]

traffic 데이터셋을 시계열로 변경하기 위하여 매트릭스로 변환 후 전치 행렬로 변경한다. traffic 데이터셋을 플롯 라인 그래프로 시각화(visualization)한 것은 [그림 11-67]과 같다.

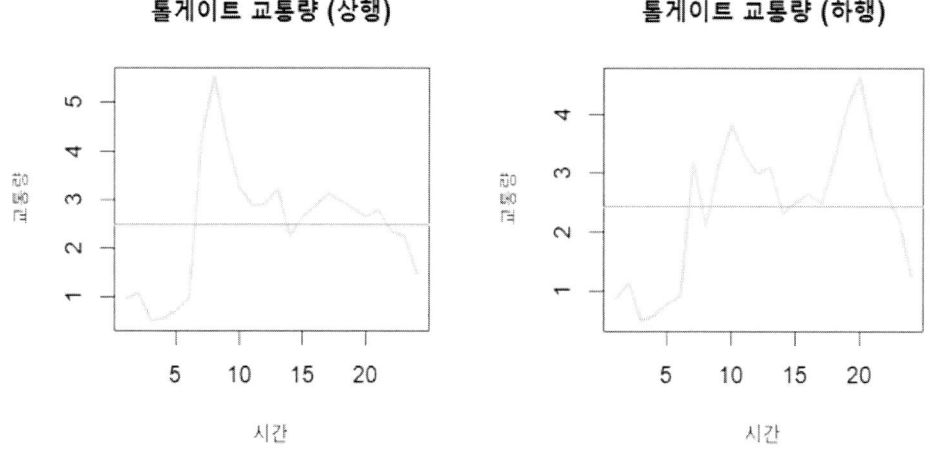

[그림 11-67] traffic 데이터셋 플롯 라인 그래프

상행 교통량에서 하행 교통량을 빼서 교통 유입량 시계열 데이터로 변환한다. 변환된 최초 차량흐름 시계열 데이터 inner가 정상성을 만족하는지 검정하기 위하여 ADF 검정(Automatic Dickey-Fuller Test)을 시행한 결과 비정상적인 p-value가 0.2736으로 유의수준 0.05보다 크므로 비정상적인 것으로 판단된다. 따라서 최초 차량흐름 시계열 데이터를 1차 차분 실시하여 ADF 검정 결과 p-value가 0.08294이고 2차 차분 실시하여 ADF 검정 결과 p-value가 0.01246으로 유의수준 0.05보다 정상성을 만족하게 된다. 그리고 최초 교통 유입량 시계열

데이터를 2차 단순 이동평균 SMA(Simple Moving Average)를 결과에 대한 시계열 그래프는 [그림 11-68]과 같다.

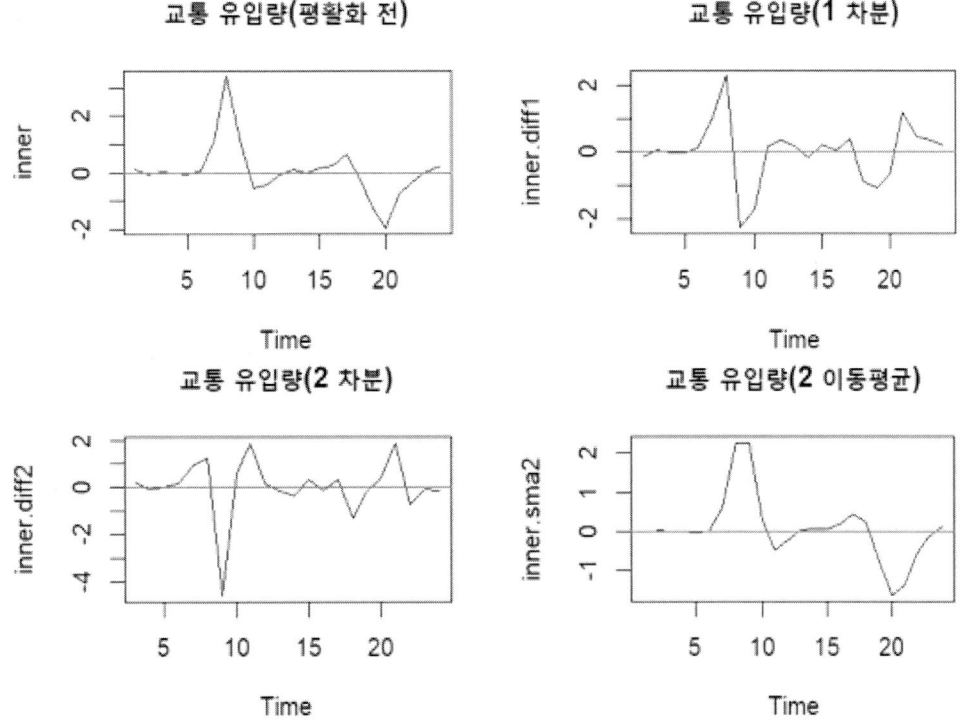

[그림 11-68] 교통 유입량 시계열 데이터 차분과 단순 이동평균 결과 그래프

최초 평활화 전 시계열 그래프보다 1, 2차 차분을 거치면서 평균을 중심으로 시계열 그래프가 더 또렷이 진동하는 것을 알 수 있다. 그리고 이동평균을 2번 한 결과 시계열 그래프도 최초 평활화 전 시계열 그래프보다 평균을 중심으로 진동하여 평균과 분산이 다소 일정하여 정상성을 만족하는 시계열 데이터로 판단할 수 있다.

한편, 차량흐름 inner 시계열 데이터의 2차 차분한 결과 자기상관함수(Auto-Correlation Function: ACF)와 편자기상관함수(Partial Auto-Correlation Function: PACF)에 대한 그래프는 [그림 11-69]와 같다.

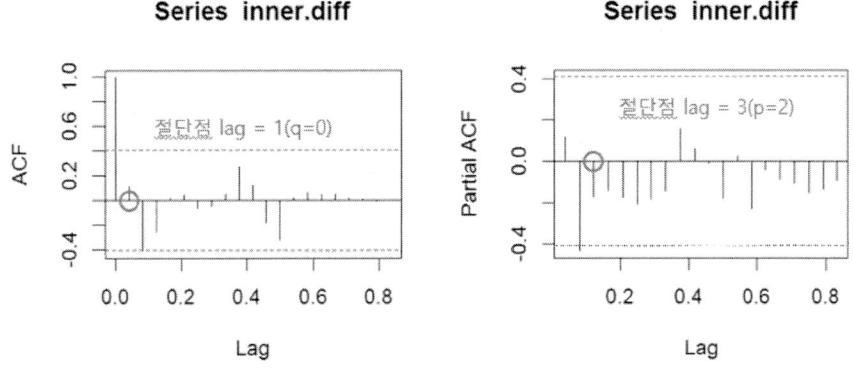

[그림 11-69] 차량흐름 데이터셋 2차 차분결과 ACF와 PACF 그래프

ACF 그래프에서 절단점(lag)가 1이기 때문에 MA(1)이되고 PACF에서 3에서 절단점이 존재함으로 AR(2)가된다. 따라서 차량흐름 ARIMA(p, d, q) 시계열 모형을 개발하기 위하여 ARIMA(2, 2, 0)를 이용한다. 그러나 시계열 데이터의 정상성을 구하고 ACF, PACF를 통하여 ARIMA 시계열 예측 모형을 개발하기는 너무 번거로워서 R에서 auto.arima() 함수를 통해서 쉽게 모형을 개발할 수 있다. 즉 ARIMA 시계열 모형 비정상성 시계열 데이터에 적용하는 모델이다. auto.arima(inner) 함수를 실행한 결과 ARIMA(0, 0, 1)이 적합한 모형 값으로 판명된다. 차량흐름 inner 시계열 예측 모형을 출력하면 p-value가 0.7671로 0.05보다 크므로 시계열 모형이 통계적으로 유의미하지 않다는 귀무가설을 채택한다. 차량흐름 inner의 ARIMA(0, 0, 1) 시계열 예측 모형의 잔차분포와 ACF에 대한 그래프는 [그림 11-70]과 같다.

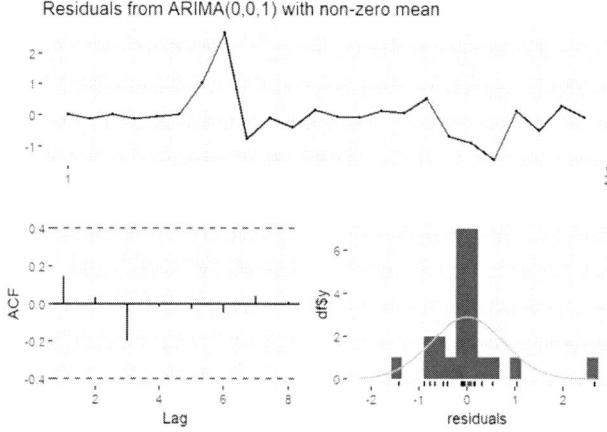

[그림 11-70] 차량흐름 inner의 ARIMA(0,0,1) 시계열 예측 모형의 잔차 분포와 ACF 그래프

교통량(traffic) 데이터셋 시계열 모형 예측에 관련된 R 코드와 실행 결과는 다음과 같다.

11-11-2-3: 교통량(traffic) 데이터셋 시계열 모형 예측

```
> forecast<- forecast(model, h= 5)   # 향후 5시간 예측
> forecast   # 예측 결과 출력

         Point Forecast      Lo 80     Hi 80      Lo 95     Hi 95
2.000000     0.01810616 -0.9172517 0.953464  -1.412400 1.448613
2.041667     0.05789687 -1.0820642 1.197858  -1.685523 1.801317
2.083333     0.05789687 -1.0820642 1.197858  -1.685523 1.801317
2.125000     0.05789687 -1.0820642 1.197858  -1.685523 1.801317
2.166667     0.05789687 -1.0820642 1.197858  -1.685523 1.801317

> autoplot(forecast)   # 예측 결과 시각화
```

[그림 11-71]

```
> pred<- predict(model, n.ahead= 5)   # 향후 5시간 예측
> pred   # 예측 결과 출력
```

```
$pred
Time Series:
Start = c(2, 1)
End = c(2, 5)
Frequency = 24
[1] 0.01810616 0.05789687 0.05789687 0.05789687 0.05789687

$se
Time Series:
Start = c(2, 1)
End = c(2, 5)
Frequency = 24
[1] 0.7298636 0.8895163 0.8895163 0.8895163 0.8895163
```

교통량(traffic) 데이터셋 시계열 모형에서 향후 5시간 예측 점추정 교통량과 80%, 95% 신뢰 구간에서의 구간추정치를 알 수 있다. 예측 결과 시각화 그래프는 [그림 11-71]과 같다.

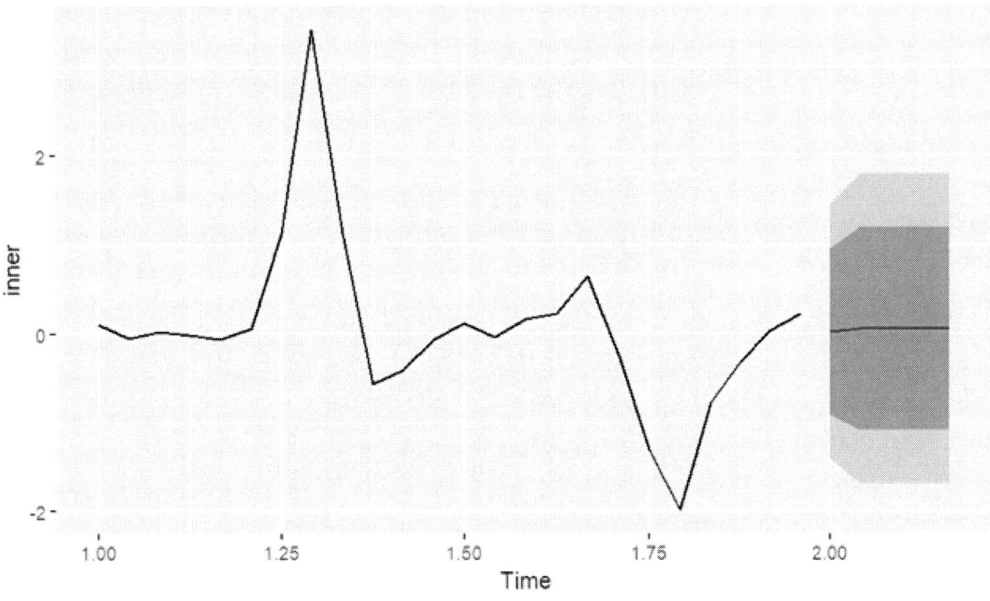

[그림 11-71] 교통량(traffic) 데이터셋 시계열 모형 향후 5시간 예측 그래프

②. ldeaths 데이터셋을 이용한 분해 시계열 분석

분해 시계열을 알아보기 위하여 R에 내장된 ldeaths 데이터셋을 이용할 것이다. ldeaths 데이터셋은 1974년부터 1979년까지 영국의 월별 폐질환 환자 사망에 관한 시계열 데이터이다. ldeaths 데이터셋을 이용한 분해 시계열 분석을 위한 R 코드는 다음과 같다.

 11-11-2-3: ldeaths 데이터셋을 이용한 분해 시계열 분석

```
> class(ldeaths)  # ldeaths 데이터셋 형식 보기
```

```
[1] "ts"
> ldeaths # ldeaths 시계열 데이터 출력
      Jan  Feb  Mar  Apr  May  Jun  Jul  Aug  Sep  Oct  Nov  Dec
1974 3035 2552 2704 2554 2014 1655 1721 1524 1596 2074 2199 2512
1975 2933 2889 2938 2497 1870 1726 1607 1545 1396 1787 2076 2837
1976 2787 3891 3179 2011 1636 1580 1489 1300 1356 1653 2013 2823
1977 3102 2294 2385 2444 1748 1554 1498 1361 1346 1564 1640 2293
1978 2815 3137 2679 1969 1870 1633 1529 1366 1357 1570 1535 2491
1979 3084 2605 2573 2143 1693 1504 1461 1354 1333 1492 1781 1915
> # ldeaths 시계열 데이터 그래프
> plot(ldeaths, col="orange", lwd=2,
+      xlab="Year", ylab="Number",
+      main="The number of deaths from pulmonary diseases in UK")
```
[그림 11-72]
```
> ldeaths.decompose <- decompose(ldeaths) # ldeaths 분해 시계열
> plot(ldeaths.decompose, col = "salmon") # ldeaths 분해 시계열 그래프
```
[그림 11-73]
```
> ldeaths.decompose$seasonal # ldeaths 계절 요인만 출력
           Jan        Feb        Mar        Apr        May        Jun
1974  873.7514   896.3347   687.5431   156.5847  -284.4819  -440.0236
1975  873.7514   896.3347   687.5431   156.5847  -284.4819  -440.0236
1976  873.7514   896.3347   687.5431   156.5847  -284.4819  -440.0236
1977  873.7514   896.3347   687.5431   156.5847  -284.4819  -440.0236
1978  873.7514   896.3347   687.5431   156.5847  -284.4819  -440.0236
1979  873.7514   896.3347   687.5431   156.5847  -284.4819  -440.0236
           Jul        Aug        Sep        Oct        Nov        Dec
1974  -519.4236  -669.8736  -678.2236  -354.3069  -185.2069   517.3264
1975  -519.4236  -669.8736  -678.2236  -354.3069  -185.2069   517.3264
1976  -519.4236  -669.8736  -678.2236  -354.3069  -185.2069   517.3264
1977  -519.4236  -669.8736  -678.2236  -354.3069  -185.2069   517.3264
1978  -519.4236  -669.8736  -678.2236  -354.3069  -185.2069   517.3264
1979  -519.4236  -669.8736  -678.2236  -354.3069  -185.2069   517.3264
> # ldeaths 시계열 데이터에서 계절 요인 제거
> ldeaths.decompose.adj <- ldeaths - ldeaths.decompose$seasonal
> # ldeaths 시계열 데이터에서 계절 요인 제거 후 그래프
> plot(ldeaths.decompose.adj, col = "salmon")
```
[그림 11-54]

R에 기본적으로 내장된 ldeaths 데이터셋은 1974년부터 1979년까지 월별로 영국의 폐질환으로 사망한 사람의 수를 기록한 시계열 형식의 데이터이다. ldeaths 시계열 데이터 그래프는 [그림 11-72]와 같다.

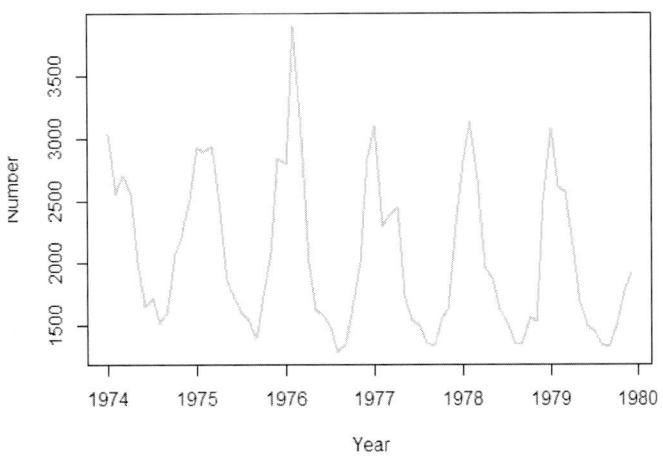

[그림 11-72] ldeaths 시계열 데이터 그래프

ldeaths 시계열 데이터 그래프를 보면 연도별로 사망자 수가 증가하다가 감소하는 형태를 반복하고 있다. 이러한 경향을 볼 때 계절 요인(seasonal factor)을 띠고 있는 것으로 보인다. 이러한 사실을 규명하기 위하여 ldeaths 시계열 데이터셋을 추세 요인, 계절 요인, 불규칙 요인으로 분해할 수 있다. R에서 분해 시계열에 사용하는 함수는 decompose()이다. 분해 시계열 결과 ldeaths.decompose 그래프는 [그림 11-73]과 같다.

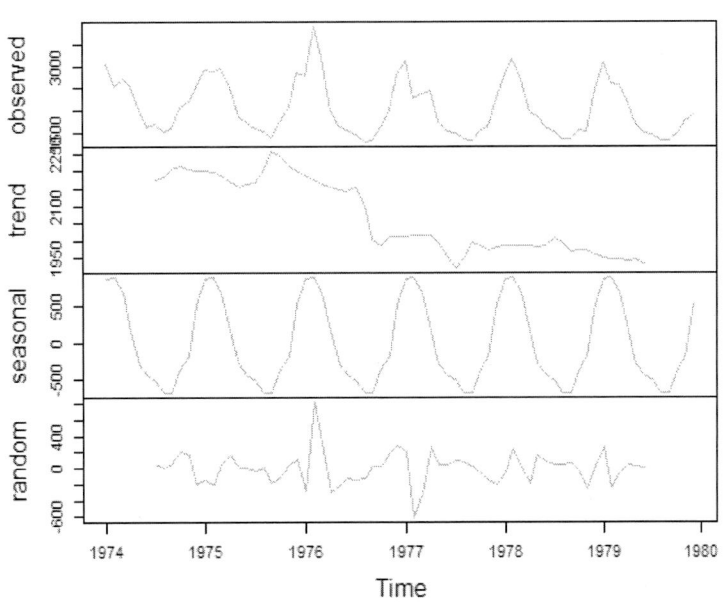

[그림 11-73] ldeaths 분해 시계열 그래프

분해한 결과에서 ldeaths.decompose$seasonal 명령으로 계절 요인만 추출해서 표시할 수 있다. 한편 ldeaths 시계열 데이터셋에서 계절 요인을 제거한 ldeaths.decompose.adj의 그래프는 [그림 11-74]와 같다.

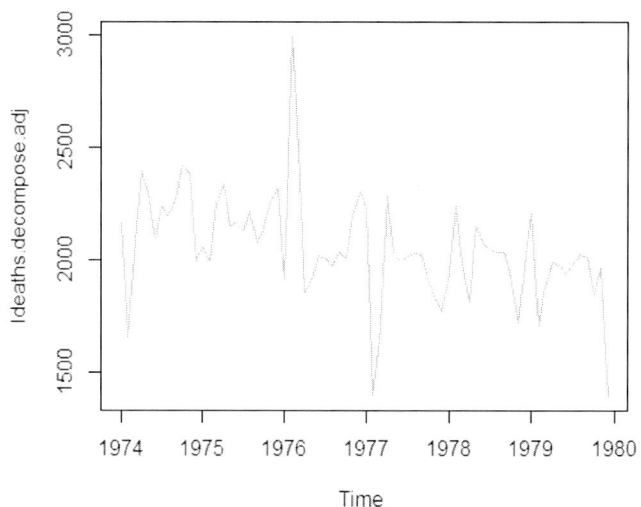

[그림 11-74] ldeaths 시계열 데이터에서 계절 요인 제거 후 그래프

③ Nile 시계열 데이터셋을 이용한 시계열 분석

먼저 시계열 분석 모형을 위하여 R에 기본으로 내장된 Nile 데이터셋을 이용할 것이다. Nile 데이터셋에는 1871년부터 1970년까지 아스완 댐에서 측정한 나일강의 연간 물의 유입량을 기록한 시계열 데이터이다. Nile 데이터셋은 R의 기본적으로 내장되어 있다. Nile 시계열 데이터셋을 살펴보기 위한 R 코드는 다음과 같다.

 11-11-2-4: Nile 시계열 데이터셋 살펴보기

> class(Nile) # Nile 데이터셋 형식 보기

[1] "ts"

> Nile # Nile 시계열 데이터셋 조회

Time Series:
Start = 1871
End = 1970
Frequency = 1
  [1] 1120 1160 963 1210 1160 1160 813 1230 1370 1140 995 935 1110
 [14] 994 1020 960 1180 799 958 1140 1100 1210 1150 1250 1260 1220
 [27] 1030 1100 774 840 874 694 940 833 701 916 692 1020 1050
 [40] 969 831 726 456 824 702 1120 1100 832 764 821 768 845
 [53] 864 862 698 845 744 796 1040 759 781 865 845 944 984
 [66] 897 822 1010 771 676 649 846 812 742 801 1040 860 874

```
[79]  848  890  744  749  838 1050  918  986  797  923  975  815 1020
[92]  906  901 1170  912  746  919  718  714  740
```

```
> # Nile 시계열 데이터셋 그래프
> plot(Nile, col="salmon", lwd=2,
+      xlab="Year", ylab="Measurements",
+      main="Measurements of the annual flow of the river Nile")
```
[그림 11-75]

R에 내장된 Nile 시계열 데이터셋은 시작(start) 1871이고 종료(end)가 1970이며 시간 단위당 관측 수(Frequency)가 1인 시계열(Time Series)이기 때문에 별도에 시계열로 데이터로 변환이 필요 없다. Nile 시계열 데이터셋을 plot() 함수로 시각화한 것은 [그림 11-75]와 같다.

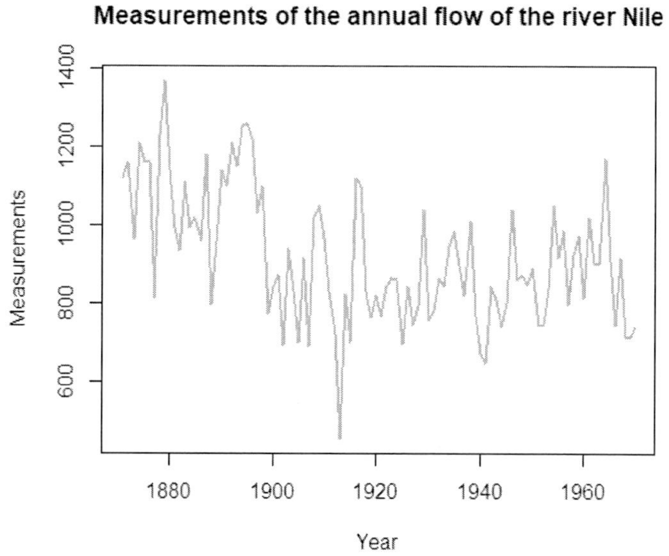

[그림 11-75] Nile 시계열 데이터셋 그래프

[그림 11-75]의 Nile 시계열 데이터셋 그래프를 살펴보면 시간에 따라 진동의 크기와 폭이 일정하지 않은 것을 알 수 있다. 이는 특정 시점에 평균과 분산이 일정하지 않아서 Nile 시계열 데이터는 비정상성 시계열(non-stationary time series) 특성을 가진다. 따라서 Nile 시계열 데이터를 정상성 시계열로 변환해야 한다. 이에 관련된 R 코드는 다음과 같다.

 11-11-2-5: Nile 시계열 데이터 정상성 시계열로 변화(차분)

```
> # Nile 시계열 데이터 정상성 시계열로 변환을 위한 차분 연산
> Nile.diff1 <- diff(Nile, differences = 1)  # 차분 1
> plot(Nile.diff1, col = "salmon")  # Nile 시계열 데이터 1차 차분한 결과 그래프
```
[그림 11-76]

> Nile.diff2 <- diff(Nile, differences = 2) # 차분 2
> plot(Nile.diff2, col = "salmon") # Nile 시계열 데이터 2차 차분한 결과 그래프

[그림 11-77]

Nile 비정상 시계열 데이터를 정상 시계열 데이터로 변환하기 위해서는 diff() 함수를 통하여 차분 연산을 시행한다. 차분 연산이란 현시점의 자료에서 전 시점의 자료를 **빼는** 것을 말한다. Nile 시계열 데이터셋에서 1차 차분 연산 결과 plot 결과는 다음과 같다.

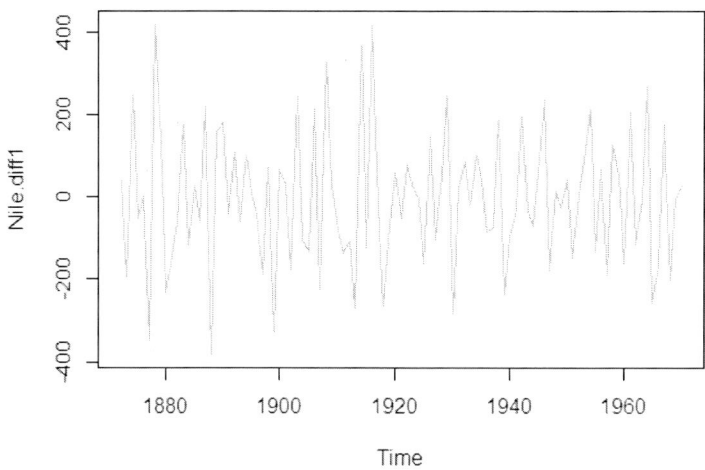

[그림 11-76] Nile 시계열 데이터 1차 차분한 결과 그래프

Nile 시계열 데이터 1차 차분한 결과 그래프를 살펴보면 시간의 흐름에 따라 평균과 분산이 일정하지 않아 보인다. 따라서 2차 차분한 결과 그래프를 살펴보자([그림 11-77]).

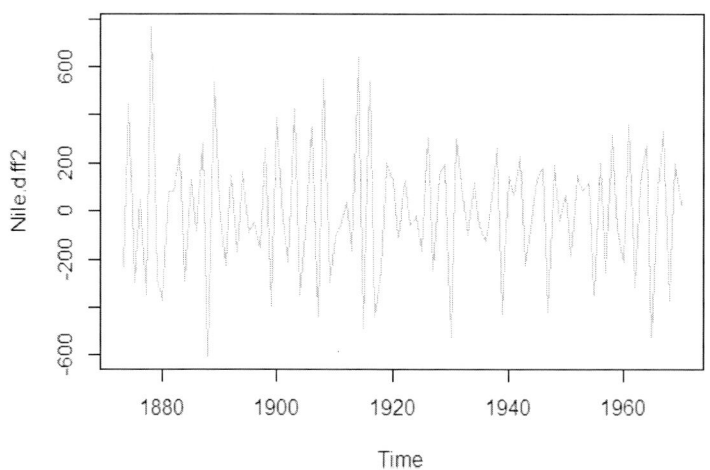

[그림 11-77] Nile 시계열 데이터 2차 차분한 결과 그래프

Nile 시계열 데이터 2차 차분한 결과 plot 그래프를 살펴보면 1차 차분한 그래프보다 조금 더 평균과 분산이 일정한 것으로 보인다. 그러나 완전하게 정상성을 만족하지 않는다. 계속해서 차분 연산을 통해 완전한 정상성 시계열로 만들 수 있지만 2차까지만 시행한다.

다음은 Nile 시계열 데이터 차분 연산으로 정상성 시계열 데이터를 이용하여 자기상관함수(ACF)와 부분자기상관함수(PACF)를 통해서 ARIMA 모형을 위하여 접합성을 결정한다.

> 11-11-2-6: Nile 시계열 데이터 ARIMA 모형 적합성 결정

```
> acf(Nile.diff2, lag.amx = 20, plot=F) # acf lag 개수 20개로 설정
Autocorrelations of series 'Nile.diff2', by lag
     0      1      2      3      4      5      6      7      8      9
 1.000 -0.626  0.100  0.067 -0.072  0.017  0.074 -0.192  0.245 -0.079
    10     11     12     13     14     15     16     17     18     19
-0.153  0.183 -0.106  0.062  0.010 -0.096  0.134 -0.134  0.091 -0.030
> acf(Nile.diff2, lag.max = 20) # acf 그래프
```

[그림 11-78]

```
> pacf(Nile.diff2, lag.amx = 20, plot=F) # pacf lag 개수 20개로 설정
Partial autocorrelations of series 'Nile.diff2', by lag
     1      2      3      4      5      6      7      8      9     10
-0.626 -0.481 -0.302 -0.265 -0.273 -0.112 -0.353 -0.213  0.038 -0.120
    11     12     13     14     15     16     17     18     19
-0.117 -0.197 -0.132 -0.055 -0.109  0.022 -0.184 -0.067 -0.037
> pacf(Nile.diff2, lag.max = 20) # pacf 그래프
```

[그림 11-79]

Nile 시계열 데이터 2차 차분 시계열 데이터셋을 이용하여 lag 개수 20개로 설정한 자기상관함수(ACF) 값을 표시하였다. 자기상관함수(ACF) 값을 직관적으로 파악하기 위하여 [그림 11-78]을 살펴보자.

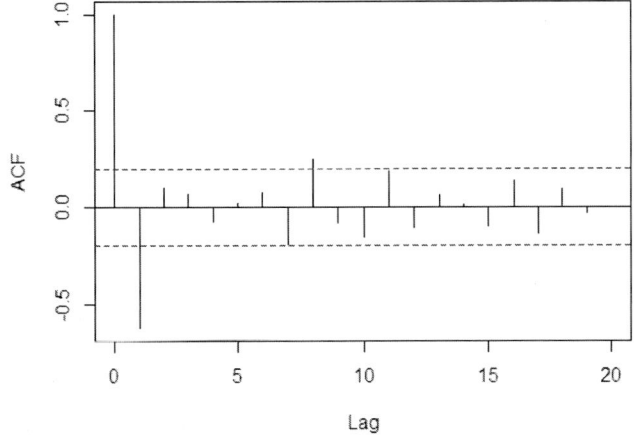

[그림 11-78] Nile 시계열 데이터셋 자기상관함수(acf) 그래프

[그림 11-78] Nile 시계열 데이터셋 자기상관함수(acf) 그래프를 보면 대부분의 데이터가 신뢰구간(점선 범위) 안에 있지만 lag=1, 8은 신뢰구간 밖에 있다. 따라서 lag 2부터 정상범위에 있으므로, 즉 2에서 절단되었으므로 이동평균 모형 MA(1)가 된다.

한편 부분자기상관함수(pacf) 그래프는 [그림 11-79]와 같다.

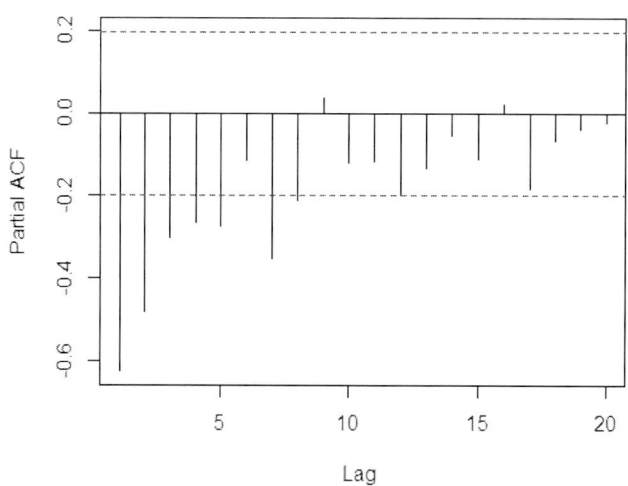

[그림 11-79] Nile 시계열 데이터셋 부분자기상관함수(pacf) 그래프

[그림 11-79]의 Nile 시계열 데이터셋 부분자기상관함수(pacf) 그래프를 살펴보면 1부터 8까지 신뢰구간(점선 범위)를 넘어서 음의 값을 갖고 9부터 신뢰구간 범위 안에 있다. 즉 lag 9에서 절단된 것을 알 수 있다. 따라서 자기회귀 모형 AR(8)이 된다. 따라서 ARIMA 모형에서 order=c(8, 2, 1)이 된다.

Nile 시계열 데이터셋 ARIMA 시계열 모형 생성 R 코드는 다음과 같다.

 11-11-2-7: Nile 시계열 데이터 ARIMA 모형 생성

```
> (Nile.arima <- arima(Nile, order=c(8, 2, 1))) # ARIMA 모형 생성

Call:
arima(x = Nile, order = c(8, 2, 1))
Coefficients:
         ar1      ar2      ar3      ar4      ar5      ar6      ar7
      -0.5698  -0.4185  -0.3150  -0.2973  -0.2428  -0.1577  -0.1772
s.e.   0.1015   0.1168   0.1265   0.1272   0.1266   0.1262   0.1240
         ar8      ma1
       0.1045  -1.0000
s.e.   0.1103   0.0309

sigma^2 estimated as 19302:  log likelihood = -626.53,  aic = 1273.05
```

```
> library(forecast)
> auto.arima(Nile) # 자동 ARIMA 모형 결정
Series: Nile
ARIMA(1,1,1)

Coefficients:
         ar1      ma1
      0.2544  -0.8741
s.e.  0.1194   0.0605

sigma^2 = 20177:  log likelihood = -630.63
AIC=1267.25   AICc=1267.51   BIC=1275.04
> (Nile.arima <- arima(Nile, order=c(1, 1, 1))) # auto.arima ARIMA 모형 생성
Call:
arima(x = Nile, order = c(1, 1, 1))
Coefficients:
         ar1      ma1
      0.2544  -0.8741
s.e.  0.1194   0.0605

sigma^2 estimated as 19769:  log likelihood = -630.63,  aic = 1267.25
> (Nile.auto.arima <- arima(x = Nile, order = c(1, 1, 1))) # ARIMA 모형 생성
Call:
arima(x = Nile, order = c(1, 1, 1))
Coefficients:
         ar1      ma1
      0.2544  -0.8741
s.e.  0.1194   0.0605
sigma^2 estimated as 19769:  log likelihood = -630.63,  aic = 1267.25
```

대부분의 시계열 데이터는 비정상성 데이터이므로 ARIMA 모형을 적용한다. ARIMA 모형에서 order를 정하는 것은 쉽지 않다. 따라서 대부분의 auto.arima() 함수를 이용하여 적절한 ARIMA 모형을 결정한다. auto.arima() 함수를 사용하여 Nile 시계열 데이터에 적절한 모형은 arima(x = Nile, order = c(1, 1, 1))로 결정되었다. 이렇게 결정된 Nile 시계열 데이터셋 최종 ARIMA 모형은 Nile.auto.arima이다.

생성된 ARIMA 모형을 이용하여 forecast::forecast() 함수를 이용하여 미래에 시계열 값을 예측할 수 있다. Nile 시계열 ARIMA 모델을 이용한 예측에 관한 R 코드는 다음과 같다.

11-11-2-8: Nile 시계열 데이터 ARIMA 모형 예측

```
> Nile.forecasts <- forecast(Nile.auto.arima, h = 10) # 10개 예측
     Point Forecast    Lo 80     Hi 80    Lo 95     Hi 95
1971       816.1813  635.9909  996.3717 540.6039 1091.759
1972       835.5596  642.7830 1028.3363 540.7332 1130.386
1973       840.4889  643.5842 1037.3936 539.3492 1141.629
1974       841.7428  642.1115 1041.3741 536.4331 1147.053
1975       842.0617  640.0311 1044.0923 533.0826 1151.041
1976       842.1429  637.8116 1046.4741 529.6452 1154.641
1977       842.1635  635.5748 1048.7522 526.2134 1158.114
1978       842.1687  633.3514 1050.9861 522.8102 1161.527
1979       842.1701  631.1488 1053.1914 519.4408 1164.899
1980       842.1704  628.9682 1055.3727 516.1057 1168.235
> plot(Nile.forecasts) # ARIMA 예측 그래프
```

[그림 11-80]

Nile.auto.arima 모델을 이용하여 향후 10개 시계열을 예측한 것이다. 즉 1971년부터 1980년까지 Nile 강의 물의 유입량을 예측한 것이다. Forcast에는 점 추정량 값이고 신뢰구간 80에서의 구간추정과 신뢰구간 95에서 구간추정값을 보여준다. 예를 들어 1971년 한해는 Nile 강의 유입량은 816.1813일 것으로 추정되고 95% 신뢰구간에서의 추정은 Lo 95에서 540.6039, Hi 95에서는 1091.759가 된다. 이와 같은 예측 결과를 그래프로 표현한 것은 [그림 11-80]과 같다.

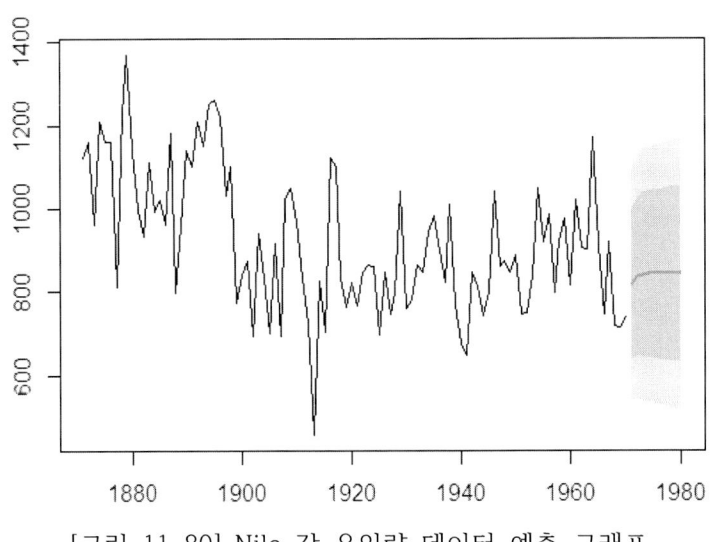

[그림 11-80] Nile 강 유입량 데이터 예측 그래프

④ **AirPassengers 시계열 데이터셋을 이용한 시계열 분석**

R에서 ARIMA 시계열 예측 모형을 생성하고 예측하기 위한 또 다른 예는 데이터셋은 'AirPassengers'를 이용할 것이다. AirPassengers 데이터셋에는 1949년부터 1960년 동안 매월 단위로 항공기 탑승 승객 수(단위 1000)가 기록되어 있다. AirPassengers 데이터셋은 R에 기본적으로 내장되어 있다.

먼저 AirPassengers 데이터셋이 정상성 시계열(stationary time series)인지 다음과 같은 R 코드를 통해 확인한다.

 11-11-2-9: AirPassengers 데이터셋이 정상성 시계열인지 확인

```
> # AirPassengers 데이터셋이 정상성 시계열인지 확인
> data(AirPassengers)   # AirPassengers 데이터셋을 불러옴
> str(AirPassengers)    # AirPassengers 데이터셋 구조 확인
```
Time-Series [1:144] from 1949 to 1961: 112 118 132 129 121 135 148 148 136 119 ...

```
> AirPassengers   # AirPassengers 데이터셋 확인
```
```
     Jan Feb Mar Apr May Jun Jul Aug Sep Oct Nov Dec
1949 112 118 132 129 121 135 148 148 136 119 104 118
1950 115 126 141 135 125 149 170 170 158 133 114 140
1951 145 150 178 163 172 178 199 199 184 162 146 166
1952 171 180 193 181 183 218 230 242 209 191 172 194
1953 196 196 236 235 229 243 264 272 237 211 180 201
1954 204 188 235 227 234 264 302 293 259 229 203 229
1955 242 233 267 269 270 315 364 347 312 274 237 278
1956 284 277 317 313 318 374 413 405 355 306 271 306
1957 315 301 356 348 355 422 465 467 404 347 305 336
1958 340 318 362 348 363 435 491 505 404 359 310 337
1959 360 342 406 396 420 472 548 559 463 407 362 405
1960 417 391 419 461 472 535 622 606 508 461 390 432
```
```
> plot(AirPassengers, col="salmon", lwd=2, # AirPassengers 그래프 도식
+      xlab="Years", ylab="Numbers per 1000",
+      main="The number of air passengers from 1949 to 1960")
```
[그림 11-81]

```
> # AirPassengers을 Seasonal, Trend, Random 요소 등으로 분해
> AirPassengers.decompose <- decompose(AirPassengers)
> plot(AirPassengers.decompose, col = "salmon", # 분해 시계열 그래프 도식
+      s.window="periodic")
```
[그림 11-82]

```
> AirPassengers.decompose$seasonal  #  분해 시계열에서 Seasonal만 출력
             Jan         Feb         Mar         Apr         May         Jun
1949  -24.748737  -36.188131   -2.241162   -8.036616   -4.506313   35.402778
1950  -24.748737  -36.188131   -2.241162   -8.036616   -4.506313   35.402778
1951  -24.748737  -36.188131   -2.241162   -8.036616   -4.506313   35.402778
1952  -24.748737  -36.188131   -2.241162   -8.036616   -4.506313   35.402778
1953  -24.748737  -36.188131   -2.241162   -8.036616   -4.506313   35.402778
1954  -24.748737  -36.188131   -2.241162   -8.036616   -4.506313   35.402778
1955  -24.748737  -36.188131   -2.241162   -8.036616   -4.506313   35.402778
1956  -24.748737  -36.188131   -2.241162   -8.036616   -4.506313   35.402778
1957  -24.748737  -36.188131   -2.241162   -8.036616   -4.506313   35.402778
1958  -24.748737  -36.188131   -2.241162   -8.036616   -4.506313   35.402778
1959  -24.748737  -36.188131   -2.241162   -8.036616   -4.506313   35.402778
1960  -24.748737  -36.188131   -2.241162   -8.036616   -4.506313   35.402778
             Jul         Aug         Sep         Oct         Nov         Dec
1949   63.830808   62.823232   16.520202  -20.642677  -53.593434  -28.619949
1950   63.830808   62.823232   16.520202  -20.642677  -53.593434  -28.619949
1951   63.830808   62.823232   16.520202  -20.642677  -53.593434  -28.619949
1952   63.830808   62.823232   16.520202  -20.642677  -53.593434  -28.619949
1953   63.830808   62.823232   16.520202  -20.642677  -53.593434  -28.619949
1954   63.830808   62.823232   16.520202  -20.642677  -53.593434  -28.619949
1955   63.830808   62.823232   16.520202  -20.642677  -53.593434  -28.619949
1956   63.830808   62.823232   16.520202  -20.642677  -53.593434  -28.619949
1957   63.830808   62.823232   16.520202  -20.642677  -53.593434  -28.619949
1958   63.830808   62.823232   16.520202  -20.642677  -53.593434  -28.619949
1959   63.830808   62.823232   16.520202  -20.642677  -53.593434  -28.619949
1960   63.830808   62.823232   16.520202  -20.642677  -53.593434  -28.619949
> # AirPassengers에서 Seasonal을 제거
> AirPassengers.Seasonal.diff <- AirPassengers -
+     AirPassengers.decompose$seasonal
> plot(AirPassengers.Seasonal.diff, col = "salmon") # Seasonal 제거 그래프
```
[그림 11-83]

R에 내장된 AirPassengers는 start=c(1949, 1)이고 end=c(1960, 12)이며 시간 단위당 관측수(Frequency)가 12(월별)인 144개의 관측값이 기록된 시계열(Time Series) 데이터셋으로 저장되어 있어서 별도의 시계열로 데이터로 변환작업이 필요하지 않다. AirPassengers 시계열 데이터셋을 살펴보면 1949년 1월(Jan.)에는 비행기 탑승객 수가 112,000명인데 1960년 1월(Jan)에는 417,000명이다. AirPassengers 시계열 데이터셋을 그래프로 도식한 것은 [그림 11-81]과 같다.

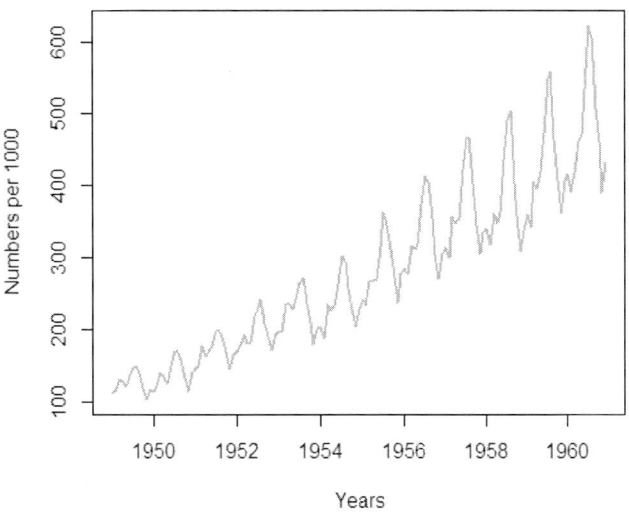

[그림 11-81] AirPassengers 시계열 그래프

AirPassengers 시계열 그래프를 살펴보면 연도의 흐름에 따라 승객수가 우상향하고 진폭과 간격이 일정하지 않은 것을 알 수 있다. 그리고 연도별 반복적으로 파형이 형성된 것으로 보여서 AirPassengers 승객수의 변동은 계절적 요인(seasonal factor)이 있는 것으로 파악된다. 이러한 사실을 좀 더 자세히 살펴보기 위하여 다음 [그림 11-82]와 같은 분해 시계열 도표를 살펴보자.

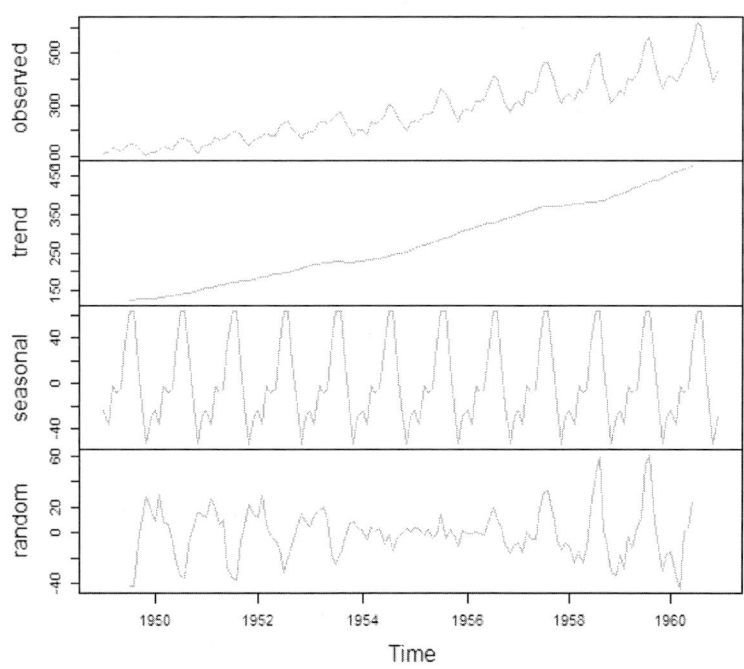

[그림 11-82] AirPassengers 분해 시계열 그래프

AirPassengers 분해 시계열 그래프를 살펴보면 seasonal 그래프가 연도별 진동이 반복되고 있는 것으로 보아서 계절적 영향이 큰 것으로 파악된다. 이러한 사실을 확인하기 위하여 분해 시계열에서 seasonal만 출력한 것이다. 연도별 비행기 승객이 많은 월은 Jun, July, Aug, Sep이고 Nov가 가장 적은 월인 것을 알 수 있다. AirPassengers에서 Seasonal을 제거한 그래프는 [그림 11-83]과 같다.

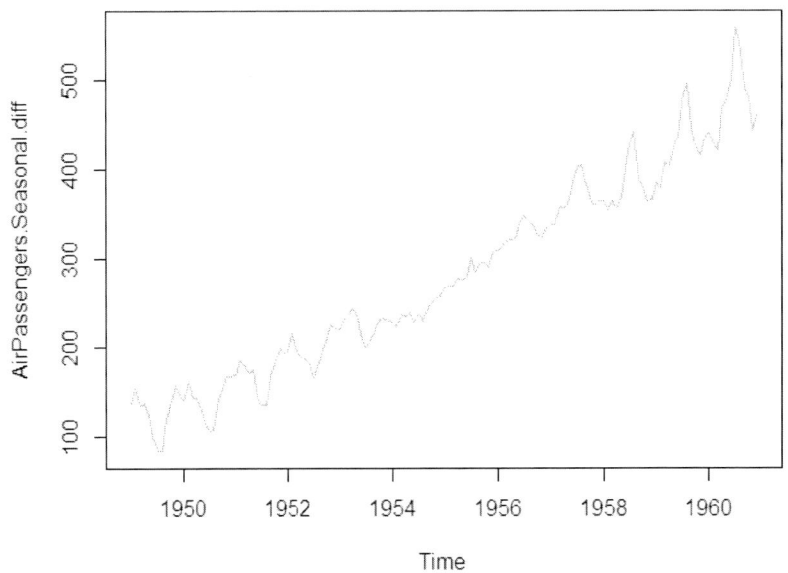

[그림 11-83] AirPassengers에서 계절(seasonal) 요소를 제거한 그래프

지금까지 AirPassengers 데이터셋을 분한 결과 비정상성(Non-stationary)과 계절적 요소(seasonal factor)를 가진 시계열 데이터셋임을 알 수 있다. 따라서 효과적인 시계열분석을 위해서는 AirPassengers 데이터셋이 정상성을 만족하도록 변경해야 한다.

AirPassenger 시계열 데이터셋을 정상성 시계열로 바꾸는 방법에는 차분(diff) 연산과 로그함수(log) 적용이 있다. 즉 AirPassenger 시계열 데이터셋을 로그값으로 변경한 다음에 차분 연산(현재 시계열에서 이전의 시계열을 뺄셈)을 수행한다. R에서 시계열 데이터가 정상성을 만족하는지 검정하기 위해서는 'tseries' 라이브러리에 있는 adf.test() 함수로 확인할 수 있다.

 11-11-2-10: AirPassengers 비정상성 시계열을 정상성 시계열 데이터로 변환

```
> # AirPassenger 시계열 데이터셋을 정상성 시계열로 변환
> # install.packages("tseries")
> library(tseries) # tseries 라이브러리 적제
> AirPassengers.log <- log(AirPassengers) # AirPassenger log 값 변경
> AirPassengers.log.diff <- diff(AirPassengers.log, differences = 1) # 1차분
> adf.test(AirPassengers.log.diff, alternative = "stationary", k = 0) # 검정
        Augmented Dickey-Fuller Test
```

```
data:   AirPassengers.log.diff
Dickey-Fuller = -9.6003, Lag order = 0, p-value = 0.01
alternative hypothesis: stationary
> plot(AirPassengers.log.diff, col="salmon", lwd=2)  # 정상성 그래프
```
[그림 11-84]

Airpassengers 데이터셋에 로그를 취한 후 차분해 준 데이터셋을 R adf.test()로 검정한 결과 'p-value = 0.01'이므로 정상성 시계열을 만족한다. AirPassengers 정상성 시계열 그래프는 [그림 11-84]와 같다.

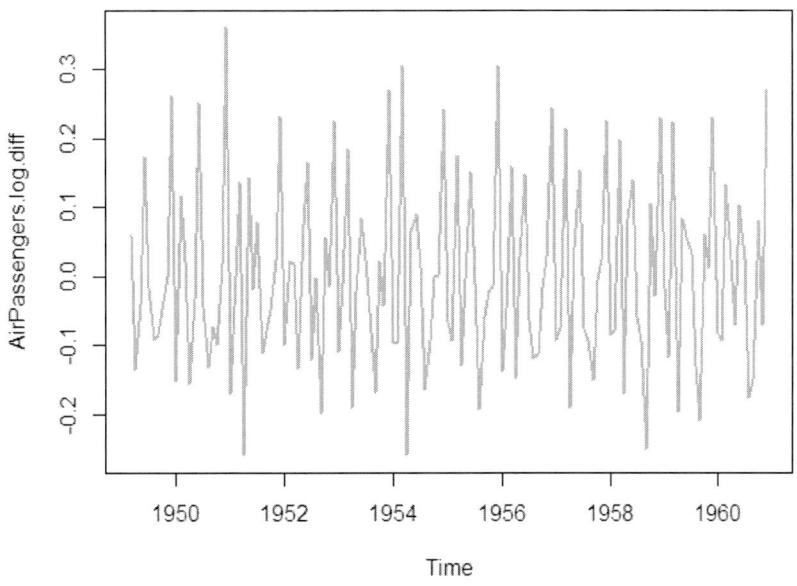

[그림 11-84] AirPassengers 정상성 시계열 그래프

다음 단계는 AirPassengers 정상성 시계열 데이터셋을 이용하여 ARIMA(p, d, q) 모형의 최적화된 p, d, q 파라미터값을 찾아야 한다. 즉 PACF를 통하여 AR(p) 모형의 p 값, ACF를 통하여 MA(q)의 q 값, 차분 차수 d 값을 결정해야 한다. 그러나 R에서는 'forecast' 라이브러리에 있는 auto.arima() 함수를 사용해 자동으로 p, d, q를 결정할 수가 있다.

 11-11-2-11: ARIMA(p, d, q) 모형의 최적화된 p, d, q 파라미터값 결정

```
> # ARIMA(p, d, q) 모형의 최적화된 p, d, q 파라미터값 결정
> acf(AirPassengers.log.diff, lag.amx = 20, plot = F)  # acf 값 출력
```

Autocorrelations of series 'AirPassengers.log.diff', by lag

0.0000 0.0833 0.1667 0.2500 0.3333 0.4167 0.5000 0.5833 0.6667 0.7500

```
   1.000  -0.293  -0.182   0.092  -0.265   0.074   0.157   0.061  -0.282   0.136
 0.8333  0.9167  1.0000  1.0833  1.1667  1.2500  1.3333  1.4167  1.5000  1.5833
 -0.193  -0.202   0.787  -0.162  -0.234   0.120  -0.256   0.098   0.123   0.064
 1.6667  1.7500
 -0.279   0.117
```

> acf(AirPassengers.log.diff, lag.amx = 20) # acf 그래프 도식

[그림 11-85]

> pacf(AirPassengers.log.diff, lag.amx = 20, plot=F) # pacf 값 출력

Partial autocorrelations of series 'AirPassengers.log.diff', by lag

```
 0.0833  0.1667  0.2500  0.3333  0.4167  0.5000  0.5833  0.6667  0.7500  0.8333
 -0.293  -0.292  -0.075  -0.371  -0.206  -0.071   0.106  -0.339  -0.063  -0.425
 0.9167  1.0000  1.0833  1.1667  1.2500  1.3333  1.4167  1.5000  1.5833  1.6667
 -0.744   0.069   0.203  -0.113   0.048   0.000   0.160  -0.043   0.082   0.035
 1.7500
 -0.026
```

> pacf(AirPassengers.log.diff, lag.amx = 20) # pacf 그래프 도식

[그림 11-86]

> library(forecast) # forecast 라이브러리 적재
> auto.arima(AirPassengers.log.diff) # ARIMA 자동 파라미터값 탐색

Series: AirPassengers.log.diff
ARIMA(5,0,0)(0,1,1)[12]

Coefficients:
          ar1   ar2   ar3   ar4   ar5   sma1
      -1.1472 -0.9232 -0.7759 -0.6450 -0.3139 -0.5531
s.e.   0.0840   0.1186   0.1260   0.1164   0.0838   0.0753

sigma^2 = 0.001664: log likelihood = 231.35
AIC=-448.69   AICc=-447.77   BIC=-428.62

> tsdiag(auto.arima(AirPassengers.log.diff)) # auto.arima 파라미터 도식

[그림 11-87]

AirPassengers 정상성 시계열 자기상관함수(ACF)의 수행 결과 그래프는 [그림 11-85]와 같다.

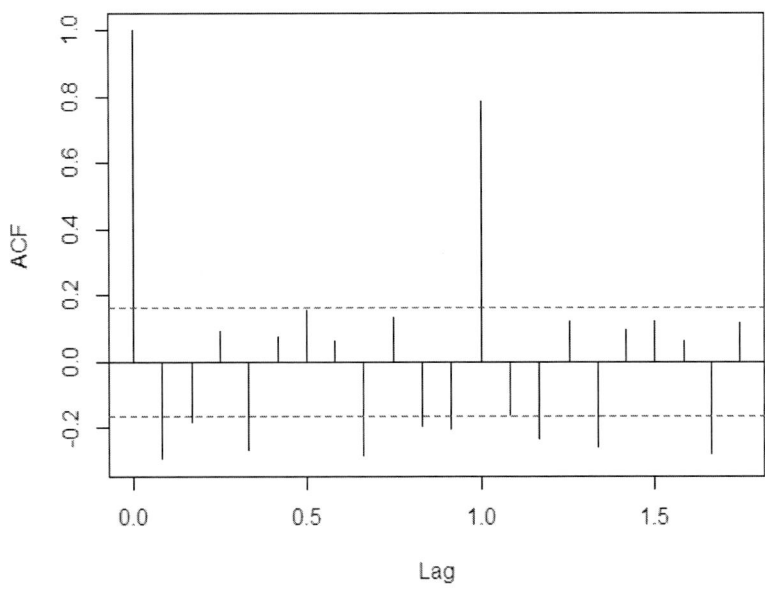

[그림 11-85] AirPassengers 정상성 ACF 그래프

AirPassengers 정상성 ACF 그래프를 살펴보면 lag 개수 20까지 lag 값이 신뢰구간(점선 범위) 안으로 수렴하지 않는다. 따라서 ACF lag 개수 20까지 절단 지점을 결정할 수 없어 이동평균 모형 MA(q)의 파라미터 q 값을 결정할 수 없다. 한편, 부분자기상관함수(PACF) 그래프는 [그림 11-86]과 같다.

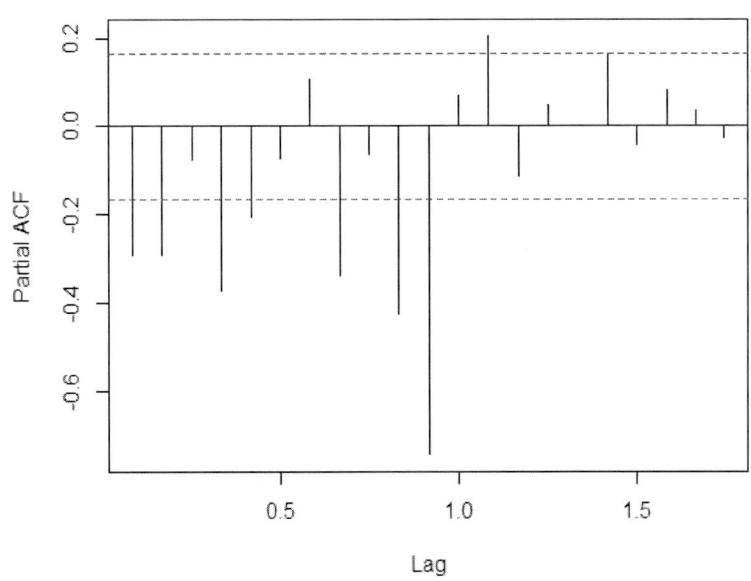

[그림 11-86] AirPassengers 정상성 PACF 그래프

AirPassengers 정상성 PACF 그래프를 살펴보면 1부터 13까지 신뢰구간(점선 범위) 안과 밖을 넘나들다가 14부터 신뢰구간 안으로 수렴하는 것을 알 수 있다. 즉 lag 14에서 절단된 것을 알 수 있다. 따라서 자기회귀 모형 AR(13)이 된다. 그러나 비정상성 시계열 데이터셋에서 ARIMA 모형 파라미터를 찾는 것은 쉽지 않다. 따라서 R에서는 대부분의 auto.arima() 함수를 이용하여 자동으로 ARIMA 모형의 파라미터값을 찾는 것이 일반적이다. auto.arima() 함수를 사용하여 ARIMA 모형의 파라미터값은 ARIMA(5,0,0)(0,1,1)로 추천되었다. 그리고 auto.arima 함수 파라미터 정보 그래프는 [그림 11-87]과 같다.

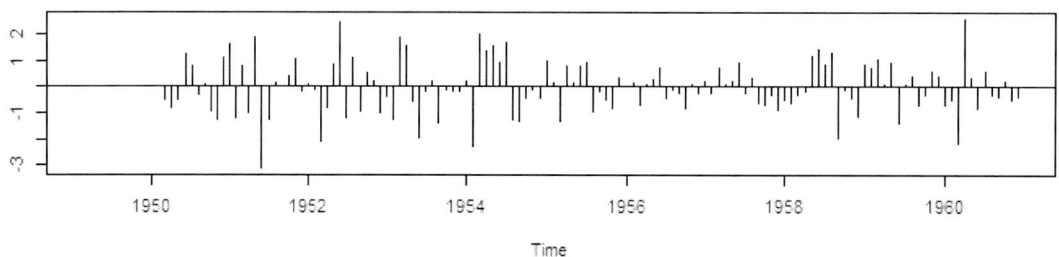

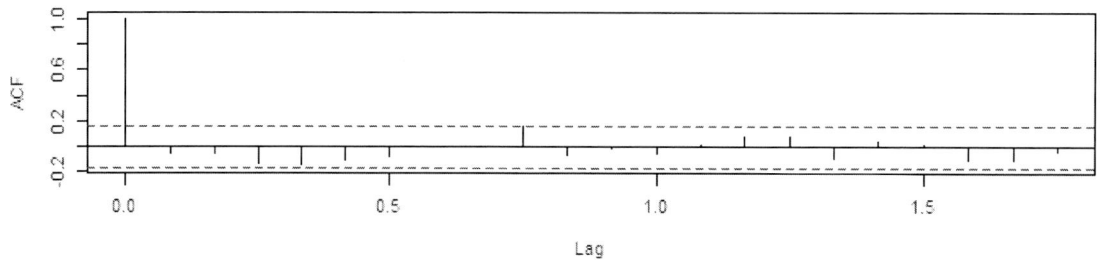

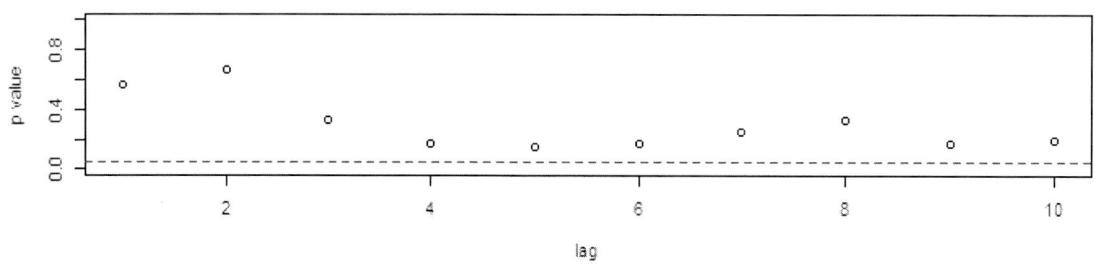

[그림 11-87] auto.arima 함수 파라미터 정보 그래프

auto.arima 함수 파라미터 정보 그래프는 auto.arima 함수를 사용해서 구한 파라미터 (5, 0, 0)이 ARIMA 모형의 가정을 만족하는지를 파악할 수 있다. auto.arima 함수 파라미터 정보 그래프 모두 점점 줄어들거나 증가하는 패턴을 보이지 않아 ARIMA 파라미터가 적정한 것으로 판단된다. 이제 ARIMA 모형의 파라미터값을 결정했으니 AirPassengers 시계열 ARIMA 모형을 생성할 수 있다.

11-11-2-12: AirPassengers 시계열 ARIMA 모형을 생성

```
> # AirPassengers 시계열 ARIMA 모델 생성
> AirPassengers.arima <- arima(log(AirPassengers), order = c(5,0,0),
+                              seasonal = list(order = c(0, 1, 1), period = 12))
> summary(AirPassengers.arima) # 모델 요약
```

Call:
arima(x = log(AirPassengers), order = c(5, 0, 0), seasonal = list(order = c(0, 1, 1), period = 12))

Coefficients:
```
         ar1     ar2      ar3      ar4     ar5     sma1
      0.6107  0.2667  -0.0517  -0.0094  0.1781  -0.5644
s.e.  0.0864  0.1006   0.1034   0.1024  0.0866   0.0762
```

sigma^2 estimated as 0.001299: log likelihood = 247.78, aic = -481.55

Training set error measures:
```
                     ME       RMSE        MAE        MPE       MAPE
              MASE        ACF1
Training set  0.00279614  0.03452916  0.02577333  0.05310678  0.4670074
0.2845191  0.0008857175
```

```
> accuracy(AirPassengers.arima) # 모델 평가
```
```
                     ME       RMSE        MAE        MPE       MAPE
              MASE        ACF1
Training set  0.00279614  0.03452916  0.02577333  0.05310678  0.4670074
0.2845191  0.0008857175
```

```
> Box.test(AirPassengers.arima$residuals) # 검정 결과 확인
```

        Box-Pierce test

data: AirPassengers.arima$residuals
X-squared = 0.00011297, df = 1, p-value = 0.9915

```
> qqnorm(AirPassengers.arima$residuals, pch = 19, col = "blue",
+        main = "Q-Q Plot of Residuals") # 잔차의 정규분포 확인
> qqline(AirPassengers.arima$residuals, col = "red", lwd = 2)
```

[그림 11-88]

AirPassengers 시계열 데이터의 ARIMA 모형은 AirPassengers.arima이다. accuracy 모델 평가 지표 ME(Mean Error), RMSE(Root Mean Squared Error), MAE(Mean Absolute Error), MPE(Mean Percentage Error), MAPE(Mean Absolute Percentage Error), MASE(Mean Absolute Squared Error), ACF1은 시계열 모델의 오차를 나타내는 것으로 수치가 작으면 작을수록 모델이 정확성이 올라간다. 대부분 모델 정확성(Accuracy) 지표들의 값이 충분히 작은 것으로 입증되어 생성된 모델이 유용한 것으로 판단된다.

Box.test 검정은 자기상관이 0이라는 귀무가설을 검정할 수 있다. 검정 결과 'p-value = 0.9915'이므로 유의수준 0.05에서 통계적으로 유의하지 않는다. 따라서 "모델 잔차들의 상관관계가 0이다."라는 귀무가설을 기각할 수 없어서 잔차들의 자기 상관은 0과 다르다고 할 수 없다. 한편 모델의 잔차가 정규성을 띠고 있는지 Q-Q 도표를 통해서 알아보자([그림 11-88]).

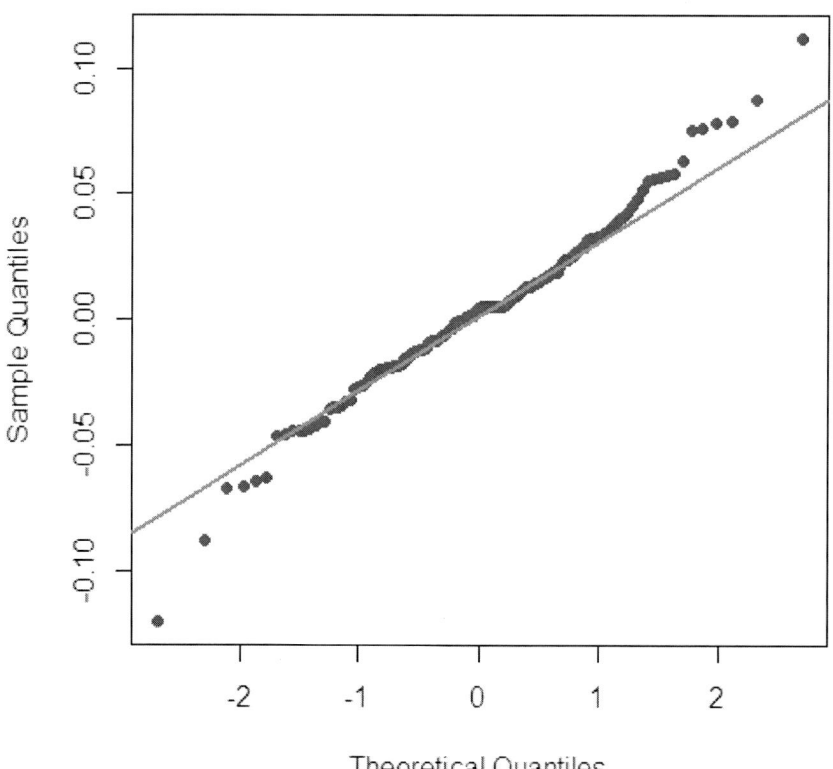

[그림 11-88] AirPassengers ARIMA 모델 잔차의 Q-Q 그래프

AirPassengers ARIMA 모델 잔차의 Q-Q 그래프를 보면 거의 선형으로 이루어져 있으므로 ARIMA 인수로 주어진 데이터는 정규분포를 따른다고 할 수 볼 수 있다. 이상의 결과를 볼 때 생성된 ARIMA 모델은 AirPassengers 시계열 데이터를 반영한 것으로 판단할 수 있다.

그럼, 마지막으로 생성된 AirPassengers ARIMA 모델을 이용하여 미래의 시계열 데이터를 예측할 수 있다.

 11-11-2-13: AirPassengers ARIMA 모델 예측

```
> # AirPassengers ARIMA 모델 예측
> AirPassengers.pred <- predict(AirPassengers.arima, n.ahead = 10*12)
> 2.718^AirPassengers.pred$pred # 예측 값 출력(log 값을 원래의 값으로 계산)
          Jan        Feb        Mar        Apr        May        Jun
1961   446.8898   422.6363   478.8934   490.4726   506.6245   579.6656
1962   489.2113   462.2702   521.5906   534.7109   552.2010   632.0377
1963   532.3819   502.9392   567.3221   581.4455   600.3154   686.9367
1964   577.6215   545.5431   615.2295   630.3920   650.6923   744.4023
1965   624.8949   590.0517   665.2667   681.5022   703.2837   804.3798
1966   674.1537   636.4188   717.3812   734.7220   758.0331   866.8041
1967   725.3407   684.5901   771.5114   789.9880   814.8750   931.5999
1968   778.3911   734.5042   827.5880   847.2289   873.7354   998.6823
1969   833.2327   786.0929   885.5339   906.3657   934.5329  1067.9581
1970   889.7868   839.2819   945.2653   967.3125   997.1787  1139.3259
          Jul        Aug        Sep        Oct        Nov        Dec
1961   664.8052   662.0327   553.7782   492.9269   425.9614   472.5966
1962   724.8696   721.3729   603.2657   536.7789   463.7662   514.4388
1963   787.6374   783.6408   655.1754   582.8228   503.4227   558.2908
1964   853.3212   848.7869   709.4716   630.9720   544.8823   604.1255
1965   921.8598   916.7485   766.1009   681.1784   588.1032   651.8961
1966   993.1780   987.4502   825.0001   733.3853   633.0362   701.5478
1967  1067.1893  1060.8055   886.0966   787.5281   679.6251   753.0182
1968  1143.7963  1136.7174   949.3090   843.5341   727.8073   806.2376
1969  1222.8917  1215.0791  1014.5482   901.3241   777.5140   861.1299
1970  1304.3596  1295.7754  1081.7177   960.8123   828.6715   917.6133
> ts.plot(AirPassengers, AirPassengers.pred$pred, col = "salmon",
+         lwd = 2, lty = c(1,3),
+         main = "Predictions using ARIMA model of AirPassengers")
```

[그림 11-89]

AirPassengers ARIMA 모델을 이용하여 향후 10년 동안 월간 시계열을 예측하기 위하여 predict(AirPassengers.arima, n.ahead = 10*12) 함수를 적용하였다. 10년 동안 월간 예측된 값은 AirPassengers.pred$pred에 저장되어 있다. 예를 들면 1961년 1월(Jan)에는 승객수가 446,889.8명으로 예측되고 10년 후 1970년 1월(Jan)에는 889,786.8명으로 예측되었다.

예측된 결과를 AirPassengers 시계열 그래프와 함께 표현한 것은 [그림 11-89]와 같다.

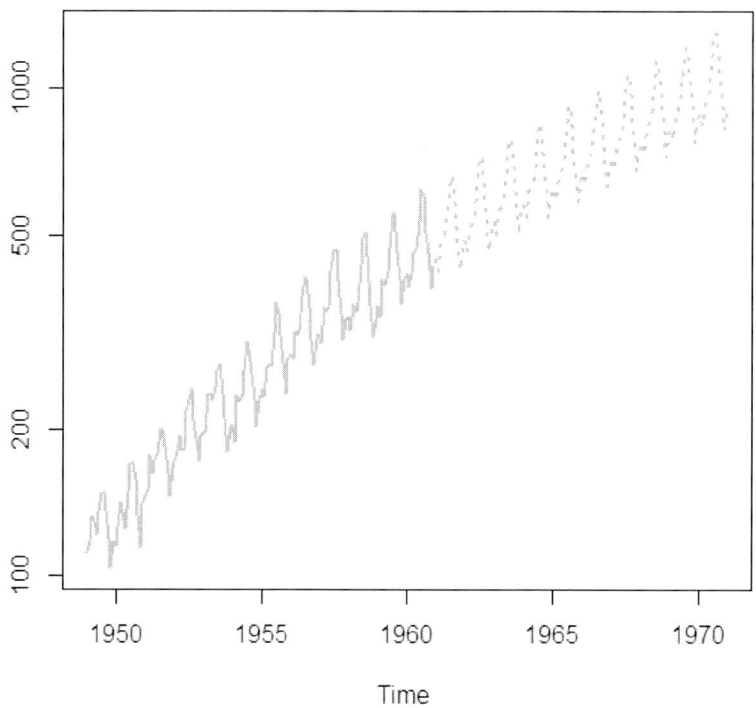

[그림 11-89] AirPassengers ARIMA 모델 예측(1961~1970년) 그래프

AirPassengers ARIMA 모델 예측(1961~1970년) 그래프에서 실선으로 표현된 부분은 기존의 AirPassengers의 시계열 그래프이고 점선으로 표현된 부분이 예측된 시계열 그래프이다. AirPassengers ARIMA 모델 예측 결과 향후 10간 동안 승객수가 꾸준히 증가할 것으로 예측된다.

연습문제 -Exercises

향상학습

1. 다음 중 데이터 전처리 기술로 적절하지 않은 것은?
   ① 결측값을 조사하고 이상치를 식별하여 제거한다.
   ② 잡음이 섞인 데이터는 평활화하여 불일치성을 교정한다.
   ③ 데이터 분석 목적에 맞도록 정규화, 집단화, 계층화한다.
   ④ 오류 발견, 보정, 제거 및 중복성 확인 등을 통한 품질을 향상한다.
   ⑤ 분석의 복잡성을 줄이기 위해 분석에 활용되지 않은 항목을 제거한다.

2. 다음 중 통계자료의 척도를 설명한 것으로 적절하지 않은 것은?
   ① 서열척도를 계량화하여 등간척도로 변경할 수 있다.
   ② 설문의 만족도 항목은 리커트 서열척도라고 할 수 있다.
   ③ 명목척도는 특성을 분류하거나 확인하기 위한 데이터이다.
   ④ 서열척도는 항목 간에 순서를 부여할 수 있는 데이터이다.
   ⑤ 비율척도는 절댓값 0이 존재하지 않아 양적인 비교가 불가능하다.

3. 다음 통계량을 설명한 것으로 적절하지 않은 것은?
   ① 정규분포는 중위수와 평균, 최빈수는 모두 같다.
   ② 대푯값은 자료의 변동성 지표를 나타내는 것이다.
   ③ 가중평균에서 가중값이 모두 같으면 산술평균과 같다.
   ④ 표준정규분포는 평균이 0이고 표준편차가 1인 것을 말한다.
   ⑤ 절사평균은 자료를 정렬하여 양쪽의 일정량을 제외한 평균값이다.

4. 다음과 같은 자료에서 통계량으로 적절한 것은?

   ```
   > x <- c(1, 3, 5, 7, 9)
   > x
   [1] 1 3 5 7 9
   ```

   ① 표준편차는 10이다.
   ② 자료의 범위는 4이다.

③ 산술평균은 중위수보다 크다.
④ IQR(Inter Quantile Range) 값은 8이다.
⑤ 산술평균값이 제일 크고 기하평균, 조화평균 순이다.

5. 다음과 같은 R 스크립트를 설명한 것으로 적절하지 않은 것은?

```
library(sampling)
set.seed(123)
x <- strata(data = score,
            strataname = c("성별"),
            size = c(3, 3),
            method = "srswor")
sample <- getdata(score, x)
```

① 데이터셋에서 군집 별로 임의의 표본을 추출한다.
② 반복해서 실행할 때 최초에 추출한 동일한 표본을 추출한다.
③ 비복원 추출을 시행하기 때문에 동일한 표본이 추출될 수 없다.
④ 데이터셋에서 '성별'로 각각 3개씩 동일한 수의 표본을 추출한다.
⑤ getdata() 함수는 데이터셋 score에서 x에 해당하는 행을 추출한다.

6. 두 개의 사건 A와 B가 동시에 일어날 수 없는 사건을 무엇이라고 하는가?
   ① 이산 사건   ② 연속 사건   ③ 배반 사건   ④ 종속 사건   ⑤ 독립 사건

7. 다음 확률분포를 설명한 것으로 적절하지 않은 것은?
   ① 포아송 분포는 특정 시간 동안 사건이 발생할 확률분포이다.
   ② 균등분포는 특정 구간에서 값들이 균일하게 발생할 확률분포이다.
   ③ 베르누이분포는 성공과 실패의 둘 중 하나로 표현한 확률분포이다.
   ④ 기하분포는 베르누이 시행에서 처음으로 성공이 일어날 확률분포이다.
   ⑤ 이항분포는 베르누이 시행을 독립적으로 반복할 때 성공할 확률분포이다.

8. 다음 중 student t-분포의 특징을 설명한 것으로 적절하지 않은 것은?
   ① t 분포의 자유도는 표본의 수에서 1만큼 뺀 값이다.
   ② 자유도가 작으면 작을수록 표준정규분포에 근사한다.
   ③ t 분포의 평균은 0이지만 표준편차는 1이 아닐 수 있다.

④ 모집단의 분산이 알려지지 않았을 경우 t 분포를 사용한다.
⑤ 모집단이 표준정규분포에서 추출한 표본은 t-분포를 따른다.

9. 다음 확률분포로 적절한 것은?

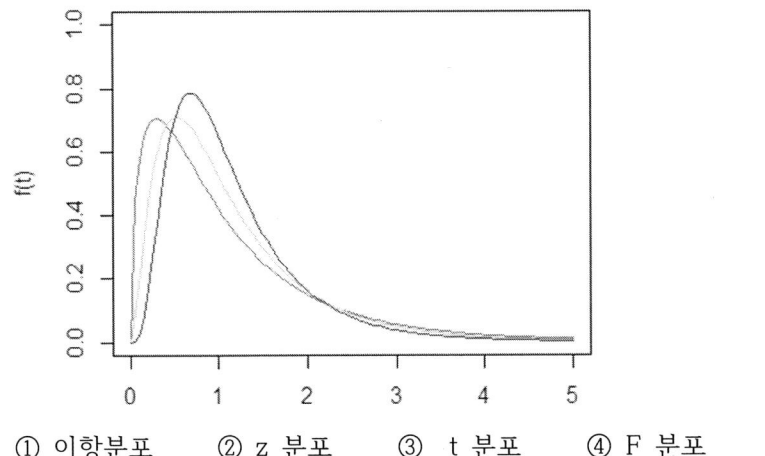

① 이항분포 ② z 분포 ③ t 분포 ④ F 분포 ⑤ x^2 분포

10. 다음 문장에서 괄호에 들어갈 적당한 단어를 올바르게 나열한 것은?

> 추론통계학은 관심되는 전체집단에 대한 조사가 불가능하거나 비효율적일 경우에 모집단의 일부만을 관측하여 (   )을 구하고 모집단에 알고자 하는 (   )를 어림짐작하는 분석 방법인 (   )과 가설을 세우고 가설이 맞는지 틀리는지 검정하는 (   )이 있다.

① 모수 - 통계량 - 추정 - 가설검정   ② 통계량 - 모수 - 추정 - 가설검정
③ 표본 - 모집단 - 가설검정 - 추정   ④ 통계량 - 모수 - 가성검정 -추정
⑤ 추정 - 통계량 - 모수 - 가설검정

11. 주어진 단위시간, 거리, 영역 등의 제한된 상황에서 일어날 사건이 발생할 수 있는 확률 분 포는?
① 베르누이분포   ② 이항분포   ③ 포아송 분포   ④ 균등분포   ⑤ 기하분포

12. 다음 중 추론 통계의 추정을 설명한 것으로 적절하지 않은 것은?
① 표본의 평균을 모평균의 점 추정이라고 한다.
② 구간추정에서 모분산을 모를 때 t 분포를 따른다.
③ 구간추정에서 모분산을 알려진 경우는 Z 분포를 따른다.
④ 점 추정의 판단 기준은 불편성, 최소분산, 최대 MSE가 있다.
⑤ 모수가 빈번히 포함할 범위를 제시하는 것을 구간 추정이라고 한다.

13. 다음 실험의 검정 결과 설명이 옳지 않은 것은?

> 기존 시중에 나와 있는 불면증 치료 약 중에서 최대 효능은 60이고 분산이 25로 알려졌다. A 제약 회사는 새로운 불면증 치료제를 개발하여 25명을 대상으로 임상실험 한 결과 16명이 효과가 있는 것으로 조사되었다.
>
> 구간추정 = $(\overline{X} - z_{\alpha/2}\frac{\sigma}{\sqrt{n}} \leq \mu \leq \overline{X} + z_{\alpha/2}\frac{\sigma}{\sqrt{n}}, z_{\alpha/2} = 1.96$

① 신약의 점 추정값은 64이다.
② 신약의 신뢰수준 95%의 구간 추정은 62에서 66 사이이다.
③ 임상실험 인원수를 50으로 하면 구간 추정의 신뢰구간을 반으로 줄일 수 있다.
④ 가설검정에서 귀무가설은 "신약의 효능은 60이다"이고 대립가설은 "신약의 효능은 60보다 크다"이다.
⑤ 신약의 신뢰수준 95%의 가설검정 결과 p-value가 0.05보다 작은 데에도 불구하고 귀무가설을 채택하면 2종 오류(β)가 발생한다.

14. 다음 중 교차분석(cross analysis)의 설명으로 적절하지 않은 것은?
① 카이제곱 검정 통계량을 이용한다.
② R에서 chisq.test() 함수를 사용한다.
③ 범주형 자료의 상호 연관성을 분석한다.
④ 범주형 자료 간의 적합성, 동질성, 독립성을 검정한다.
⑤ 95% 신뢰수준에서 검정 결과 p-value가 1이면 귀무가설을 기각한다.

15. 다음 중 가설검정을 설명한 것으로 적절하지 않은 것은?
① 귀무가설을 관습적이고 보수적인 주장으로 0 가설이라고 부른다.
② 가설검정에서 귀무가설을 세우고 귀무가설의 채택 여부를 판단한다.
③ 대립가설은 새롭게 입증하고자 하는 것으로 연구가설이라고 부른다.
④ 일반적인 통계분석 가설점검에서 유의수준 95%를 제일 많이 사용한다.
⑤ 검정결과 유의확률 p-value가 유의수준보다 크면 귀무가설을 기각한다.

16. 동일한 학생 집단에서 중간고사 성적과 기말고사 성적의 차이를 규명하고자 하는 경우의 검정 방식은?
① 층화표본 평균 검정
② 독립표본 평균 검정
③ 대응표본 평균 검정
④ 가중표본 평균 검정
⑤ 군집표본 평균 검정

17. 다음과 같은 검정 통계량의 설명으로 적절하지 않은 것은?

```
> t.test(formula = 성적 ~ 성별, data = score, alternative = "two.side",
+        var.equal = T)

        Two Sample t-test
data: 성적 by 성별
t = -2.5355, df = 10, p-value = 0.02959
alternative hypothesis: true difference in means between group 남 and group 여 is not equal to 0
95 percent confidence interval:
 -18.787898  -1.212102
sample estimates:
mean in group 남 mean in group 여
       76.66667        86.66667
```

① 자유도가 10이기 때문에 표본의 수는 12이다.
② 귀무가설(H0)은 '성별 성적은 동일하다.'로 설정했다.
③ 성별 '남'과 '여'의 성적의 점 추정의 차이는 10이다.
④ 독립변수는 '성별' 종속변수 '성적'의 양측 검정을 시행했다.
⑤ 검정 결과 유의 확률이 유의수준보다 작으므로 귀무가설을 기각할 수 없다.

18. 3개 이상의 집단의 분산분석을 통하여 평균의 차이를 검정하는 방식은?
① ANOMA   ② ARIMA   ③ ANOVA   ④ APRIORI   ⑤ AMOVE

19. 두 개의 범주형 변수 간에 비율과 관련성이 모집단에서 존재하는지 판단하기 위한 검정기법은?
① 분산분석   ② 교차분석   ③ 요인분석   ④ 회귀분석   ⑤ 상관분석

20. 다음 두 변량 중 상관관계를 오른쪽 그림과 같은 상관도로 나타낼 수 있는 것은?

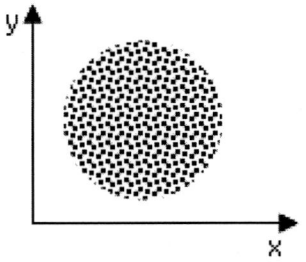

① 밤과 낮의 길이　　　　② 교통량과 대기 오염도
③ 여름철 기온과 물 소비량　　④ 키와 몸무게
⑤ 아이스크림 소비량과 범죄율

21. 다음 중 통계학 상관계수의 설명으로 적절하지 않은 것은?
    ① 서열척도 변수 사이에 상관관계 측정은 피어슨 상관계수를 구한다.
    ② 강수량이 많아지면 질수록 수입이 감소하면 부(-)의 상관계수를 가진다.
    ③ 두 변수 일차함수의 기울기가 1이면 완전 정(+)의 상관관계를 가진다.
    ④ 상관계수가 0이면 두 변수는 어떠한 상관관계가 없다고 해석할 수 있다.
    ⑤ 온도가 올라가면 갈수록 방문객 수가 증가하면 정(+)의 상관계수를 가진다.

22. 빅데이터 Pearson 상관분석의 설명으로 적절하지 않은 것은?
    ① 두 변인 간에 공분산을 이용한다.
    ② 두 변인 간에 정규성의 가정이 필요하다.
    ③ 두 개의 변인 간에 비선형적 관계를 규명한다.
    ④ 두 변인 간에 상관계수가 0이면 서로 독립관계이다.
    ⑤ 두 변인 간에 상관계수는 방향성과 강도로 표시된다.

23. 빅데이터 회귀 분석의 설명으로 적절하지 않은 것은?
    ① 두 개 이상의 연속적 변인 간에 인과관계를 규명한다.
    ② 독립변수와 종속변수 사이에 강한 상관관계가 있을 때 유용하다.
    ③ 일종의 추론 통계 분석으로 모집단의 모수를 예측하는 데 활용한다.
    ④ 다중 회귀식은 선형성을 따르는 두 개 이상의 독립변수가 필요하다.
    ⑤ 다항 회귀식은 선형성을 따르지 않는 하나 이상의 독립변수가 필요하다.

24. 회귀 예측 모델의 유의성 검정을 위하여 잔차(Residuals)의 적합성 판단 항목으로 적절하지 않은 것은?
    ① Residuals vs Fitted　② Residuals' Dependency　③ Normal Q-Q
    ④ Scale-Location　　　⑤ Residuals vs Leverage

25. 다음과 같은 mtcars 데이터셋의 회귀 모델의 설명이 적절하지 않은 것은?

```
Call:
lm(formula = mpg ~ cyl + hp + wt, data = mtcars)

Coefficients:
(Intercept)          cyl           hp           wt
   38.75179     -0.94162     -0.01804     -3.16697
```

① 종속변수 mpg의 가장 큰 영향을 미치는 독립변수는 hp이다.
② 독립변수 cyl, hp, wt이 0일 경우 종속변수 mpg는 38.75179이다.
③ 종속변수 mpg와 독립변수 cyl, hp, wt는 부의 상관관계를 가진다.
④ 독립변수 cyl, hp, wt 사이에 다중 공선성 존재 여부를 확인해야 한다.
⑤ 독립변수 cyl이 1만큼 증가하면 종속변수 mpg는 약 0.9만큼 감소한다.

26. 다음 다차원 척도에 관련된 기법으로 적절하지 않은 것은
① 차원 축소(Dimensionality Reduction)
② 유클리드 거리(Euclid Distance)
③ 스트레스 지수(Stress Index)
④ 세먼 변환(Sammon Mapping)
⑤ 크루스칼 다차원 척도(Kruskal's MDS)

27. 다음 중 괄호 안에 차례대로 들어갈 내용을 올바르게 나열한 것은?

주성분 분석의 목적은 (   )가 있는 변수들을 (   )결합하여 변수들을 축약하는 기법으로 (   )분석의 한 종류이다.

① 연관관계, 비선형, 차원   ② 연관관계, 선형, 군집
③ 상관관계, 비선형, 요인   ④ 회귀관계, 선형, 차원
⑤ 상관관계, 선형, 요인

28. 다음 주성분 분석의 목적으로 거리가 먼 것은?
① 상관성이 적은 주성분으로 변수들을 축소하여 예측 모형 개발에 활용할 수 있다.
② 하나의 이상의 변수들이 특정 변수에 어떤 영향을 끼치는지 추론하는 데 사용한다.
③ 차원을 축소한 후 군집분석을 수행하면 결과의 효과성과 연산 속도를 개선할 수 있다.
④ 여러 변수들 간에 내재하는 연관성을 이용해 소수의 주성분으로 차원을 축소하는데 사용한다.

⑤ 대량의 센서 데이터를 주성분 분석으로 차원 축소한 후 추세의 변화를 분석하여 고장 징후를 사전에 파악할 수 있다.

29. 다음 주성분 분석 결과의 설명이 올바르지 않은 것은?

```
> p1 = prcomp(data, scale=TRUE)
> summary(p1)
Importance of components:
                          PC1    PC2    PC3
Standard deviation      1.2541 0.9022 0.7830
Proportion of Variance  0.5243 0.2713 0.2044
Cumulative Proportion   0.5243 0.7956 1.0000
```

① 표준편차가 가장 작은 것은 PC3이다.
② PC1의 분산 값이 PC2의 분산 값이 크다.
③ PC1과 PC2의 분산 값 누적이 약 80%이다.
④ 공분산을 이용하여 주성분 분석을 수행한 것이다.
⑤ 소스 데이터에 대해 특이값 분해를 수행하여 주성분을 계산한 것이다.

30. 다음 중 주성분 분석 princomp() 함수 설명이 올바를 것을 모두 고르세요.

ㄱ. 고유근 분해(Eigenvalue Decomposition)를 수행하여 계산
ㄴ. 변수들의 값의 형태가 일정하지 않은 경우 공분산을 이용
ㄷ. 특이 값 분해(Singular Value Decomposition)를 수행하여 계산
ㄹ. 변수의 평균을 차감하여 zero centered 되게 한 후 분석
ㅁ. default로 center=TRUE 처리되어 data의 평균은 0으로 조정되어 분석

① ㄴ ㄷ ㅁ   ② ㄱ ㄴ ㅁ   ③ ㄱ ㄷ ㄹ   ④ ㄷ ㅁ   ⑤ ㄱ ㄹ

31. 주성분 분석의 활용 분야로 거리가 먼 것은?

① 군집분석을 위한 여러 요인의 관계를 파악하고자 할 경우에 사용할 수 있다.
② 사물인터넷 센서 데이터 중에서 기계에 결함을 주는 주요한 요인을 찾아낼 때 사용할 수 있다.
③ 여러 가지 변수 중에서 특정한 상황에 영향을 미치는 주요 요인의 집합을 탐지하고자 할 경우에 사용한다.
④ 만족도 조사에서 여러 요인들의 관계를 파악하고자 할 경우에 사용할 수 있다.
⑤ 시간의 흐름에 따라 특정 요인에 값 변화의 추세를 판단하는 데 사용할 수 있다.

32. 다음 시각화의 설명이 올바르지 않은 것은?

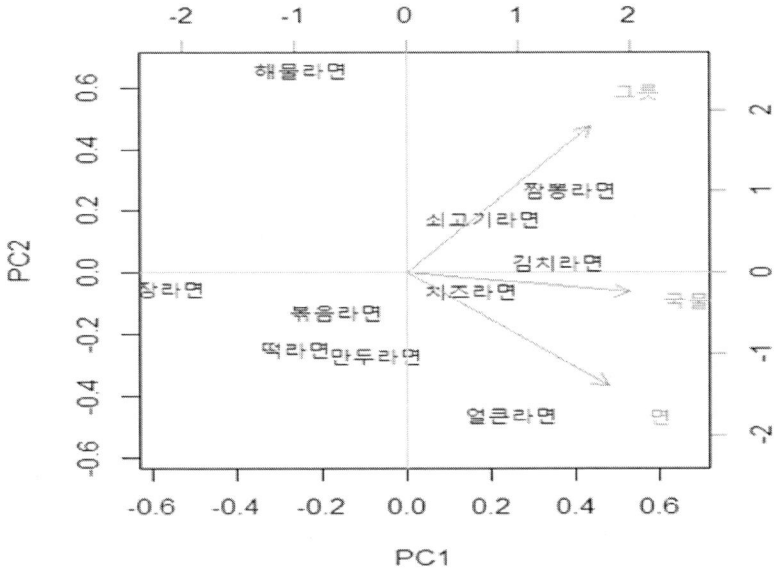

① 얼큰 라면은 면의 영향을 가장 많이 받은 것을 알 수 있다.
② 해물라면은 그릇의 영향을 가장 많이 받은 것으로 조사되었다.
③ 라면 맛의 종합평가에서 짬뽕라면이 1위라는 사실을 알 수 있다.
④ 라면 맛의 가장 영향을 주는 변수는 그릇이라는 사실을 알 수 있다.
⑤ 라면의 면, 그릇, 국물에 대한 맛의 영향을 위한 주성분 분석 결과이다.

33. 다음 중 시계열 분석 개념 설명이 올바르지 않은 것은?
① 시계열 데이터란 시간에 흐름에 따라 관찰된 데이터이다.
② 평균이 일정하지 않은 데이터는 변환을 통해 정상화한다.
③ 시계열 데이터는 연속 시계열과 이산 시계열 자료가 있다.
④ 정상성을 만족하려면 공분산이 특정 시점에 의존적이지 않아야 한다.
⑤ 시계열 분석 목적은 미래 예측 분석 및 시계열 자료의 특성을 파악하는 데 있다.

34. 다음과 같이 시계열 모델 생성 R 코드의 설명으로 적절하지 않은 것은?

```
> model <- arima(inner, order = c(3, 1, 2))
```

① inner 데이터셋의 차분 회수는 1이다.
② inner 데이터셋이 정상 시계열이라고 가정한다.
③ inner 데이터셋의 자기상관(ACF) lag 절단 점이 3이다.

④ inner 데이터셋의 편자기상관(PACF) lag 절단 점이 4이다.

⑤ inner 시계열 모델은 자기회귀 모델과 이동평균 모델을 통합한 것이다.

35. 시계열 영향을 주는 일반적인 요인으로 적절하지 않은 것은?
    ① 추세 요인(trend factor)　　② 계절 요인(seasonal factor)
    ③ 선형 요인(Linear factor)　　④ 불규칙 요인(random factor)
    ⑤ 순환 요인(cyclical factor)

36. 시계열 분석의 활용 분야로 적절하지 않은 것은?
    ① 교통 이동량 예측　　② 자동차 수요량 예측　　③ 객체 분류 예측
    ④ 물가 변동율 예측　　⑤ 주식 기대 수익률 예측

심화학습

1. 빅데이터 분석에서 데이터 품질이 왜 중요한지 기술하세요.

2. 기술통계학과 추론통계학의 차이를 간략히 기술하세요.

3. 다음 자료에서 이상값(outlier)이 발생하지 않을 정상범위 값을 기술하세요.

```
> x <- c(2, 4, 6, 8, 10)
> x
[1]  2  4  6  8 10
```

가. IQR를 이용할 경우

　　　□ ≤ x ≤ □

나. 표준편차(sd)를 이용할 경우

　　　□ ≤ x ≤ □

4. 다음과 같은 조사에서 물음에 답하세요.

> 12명의 반 학생 중에서 축구 A를 좋아한다는 학생이 4명, 농구 B를 좋아한다는 학생이 2명, 축구와 농구 둘 다 좋아한다는 학생이 2명으로 조사되었다.

가. 반 학생이 축구와 농구를 좋아할 확률을 구하세요.
나. 축구를 좋아하는 학생 중에서 농구도 좋아할 확률을 구하세요.
다. 축구와 농구를 좋아할 사건은 서로 독립임을 증명하세요.

5. 다음은 '빅데이터분석 실무' 수강생 30명 중에서 7명을 임의로 표본을 추출한 데이터이다. 물음에 답하기 위한 R 코드를 기술하세요.

```
> 반구분 <- c("B", "B", "B", "B", "C", "C", "C")
> 출결 <- c("중", "상", "상", "중", "중", "상", "하")
> 성적 <- c(85, 95, 90, 85, 70, 75, 60)
> score <- data.frame(반구분, 출결, 성적)
> score
  반구분 출결 성적
1      B   중   85
2      B   상   95
3      B   상   90
4      B   중   85
5      C   중   70
6      C   상   75
7      C   하   60
```

가. 표본 성적 평균의 점 추정값을 구하세요.
나. 표본 성적의 신뢰구간(confident interval)을 구하세요. (단 $t_{(0.025,\ 6)}$ = 2.45)
다. (나)의 신뢰구간을 반으로 줄이려면 표본의 수를 얼마로 해야 하는가?
라. 표본 성적의 평균이 70 이상인지 검정하세요.
마. 표본의 반별 성적의 평균이 다른지 검정하세요.
바. 표본의 출결별 성적의 평균이 다른지 검정하세요.

6. 다음의 실험에서 물음에 답하세요.

> 기존 시중에 나와 있는 불면증 치료 약 중에서 최대 효능은 60%이고 분산이 25로 알려졌다. A 제약 회사는 새로운 불면증 치료제를 개발하여 25명을 대상으로 임상실험 한 결과 16명이 효능이 있는 것으로 확인되었다.

가. 신약의 점 추정 비율을 구하세요.

나. 신약의 신뢰수준 95%로 모비율을 구간추정값을 제시하세요.

($z_{0.025}$ = 1..96)

☐ ≤ p ≤ ☐

다. 귀무가설(H0)와 대립가설(H1)을 설정하세요.

H0:

H1:

라. 임상실험에서 1종 오류(α)와 2종 오류(β)가 발생할 경우를 설명하세요.

7. 다음과 같은 UsingR::galton 데이터셋에 대하여 물음에 답하세요.

```
> if(!require("UsingR")) install.packages("UsingR")
> library(UsingR)
> data(galton)
> str(galton)
'data.frame':   928 obs. of  2 variables:
 $ child : num  61.7 61.7 61.7 61.7 61.7 62.2 62.2 62.2 62.2 62.2 ...
 $ parent: num  70.5 68.5 65.5 64.5 64 67.5 67.5 67.5 66.5 66.5 ...
```

가. child와 parent의 산점도 그래프를 그리는 R 코드와 결과를 제시하세요.

나. child와 parent의 상관계수를 구하는 R 코드와 결과를 제시하고 설명하세요.

다. parent의 평균 이상일 때 child와 parent의 상관 계수를 구하는 R 코드와 결과를 제시하고 설명하세요.

라. parent에 따라 child를 다음과 같이 예측하는 회귀모델을 생성하는 R 코드와 실행 결과를 제시하고 설명하세요.

(1) 회귀모델 생성

(2) 회귀모델 요약정보 출력

(3) galton 데이터셋에서 10% 샘플 테스트 데이터 추출

(4) 회귀모델 예측

(5) 예측률 산출

8. 다음과 같은 R 기본 데이터셋인 cars에 대하여 물음에 답하세요.

```
> data(cars)
> str(cars)
'data.frame':   50 obs. of  2 variables:
 $ speed: num  4 4 7 7 8 9 10 10 10 11 ...
 $ dist : num  2 10 4 22 16 10 18 26 34 17 ...
```

가. speed와 dist의 상관계수를 구하는 R 코드와 결과를 제시하고 설명하세요.

나. speed에 따라 dist를 예측하는 회귀모델을 생성하는 R 코드와 실행 결과를 제시하고 설명하세요.

　(1) 단순 선형회귀(SLR) 모델 생성

　(2) 다항(3항) 회귀(PR) 모델을 생성

　(3) cars 데이터셋에서 5개의 관측값을 무작위 추출하여 테스트 데이터셋 구성

　(4) 테스트 데이터셋을 이용하여 (1), (2) 모델 각각의 예측값 출력

　(5) 예측값의 차이 산출

9. 다음과 같은 R 기본 데이터셋인 trees에 대하여 물음에 답하세요.

```
> data(trees)
> str(trees)
'data.frame':   31 obs. of  3 variables:
 $ Girth : num  8.3 8.6 8.8 10.5 10.7 10.8 11 11 11.1 11.2 ...
 $ Height: num  70 65 63 72 81 83 66 75 80 75 ...
 $ Volume: num  10.3 10.3 10.2 16.4 18.8 19.7 15.6 18.2 22.6 19.9 ...
```

가. trees 데이터셋의 다변량 상관계수를 구하는 pairs.panels() 그래프를 그리는 R 코드와 결과를 제시하고 상관관계를 설명하세요.

나. Girth(나무 둘레)와 Height(나무 높이)에 따라 Volumn을 예측하는 회귀 모델을 생성하는 R 코드와 실행 결과를 제시하고 설명하세요.

　(1) 다중선형회귀(MLR) 모델을 생성

　(2) (1)에서 생성한 다중 공선성(Multicollinearity) vif 값 출력하고 해석

　(3) trees 데이터셋에서 Girth와 Height의 5개의 관측값을 무작위로 추출

　(4) (1)에서 생성한 모델의 Volumn 예측

　(5) 예측 결과와 실제 값의 차이(실제값, 예측값, 예측값-실제값)를 산출

10. 자신이 관심 있는 코스피(COSPI)를 선택하여 물음에 답하세요.

```
> if(!require("quantmod")) install.packages("quantmod") # 주식 데이터 처리 패키지
> library(quantmod) # 패키지 부착
> stock <- getSymbols(Symbols = 'XXXXXX.ks', # XXXXXX.ks: 선택한 종목 번호
+                    from = 'yyyy-mm-dd', # 시작 년월일
+                    to = 'yyyy-mm-dd', # 종료 년월일
+                    auto.assign = FALSE)
> colnames(stock) <- c('open','hign','low','close','volume','adjusted') # 이름 부여
> stock <- stock[stock$volume > 1, ] # 거래량이 없는 일 제거
```

가. 주식 종가(close) 변동성 그래프를 그리는 R 코드와 결과를 제시하고 설명하세요.

나. 주식 종가(close) 기대 수익률을 구하고 시계열 데이터로 변경하기 위한 R 코드와 결과를 제시하고 설명하세요.

다. 시계열 모델을 생성하고 예측하기 위한 R 코드와 결과를 제시하고 설명하세요.

   (1) auto.arima()를 이용하여 p, d, q 결정

   (2) ARIMA 시계열 예측 모델 생성

   (3) 향후 10일간 기대 수익률 예측

   (4) 향후 10일간 기대 수익률 예측 그래프

빅데이터 분석
기획과 실무

Chapter

12

정형 데이터 마이닝

12.1 데이터 마이닝 개념
12.2 연관 분석
12.3 군집 분석
12.4 로지스틱 회귀 분석
12.5 의사결정 나무 분석
12.6 앙상블 모형
12.7 인공신경망 분석
12.8 빅데이터 딥러닝
연습문제

Chapter. 12
정형 데이터 마이닝

12.1 데이터 마이닝 개념

데이터 마이닝(Data Mining)이란 대량의 데이터베이스로부터 유용한 지식을 발견(knowledge discovery in database: KDD)하려는 과정이라고 할 수 있다. 데이터 마이닝이라는 용어는 1996년 Fayyad가 프로파일링(profiling) 기술을 기반으로, 데이터로부터 통계적 패턴이나 지식 발견에 활용할 수 있도록 체계적으로 정리한 데에서 유래하였다. 데이터 마이닝은 컴퓨터공학보다는 통계학이나 경영정보학, 경영학에서 지식경영(knowledge management)에 자주 사용되는 용어이다. 따라서 데이터 마이닝은 지식 발견(Knowledge Discovery in Database : KDD), 지식 추출(Knowledge Extraction), 정보 수학(Information Harvesting), 정보 고고학(Information Archeology), 데이터 패턴 처리(Data Pattern Processing) 등으로도 불리기도 한다.

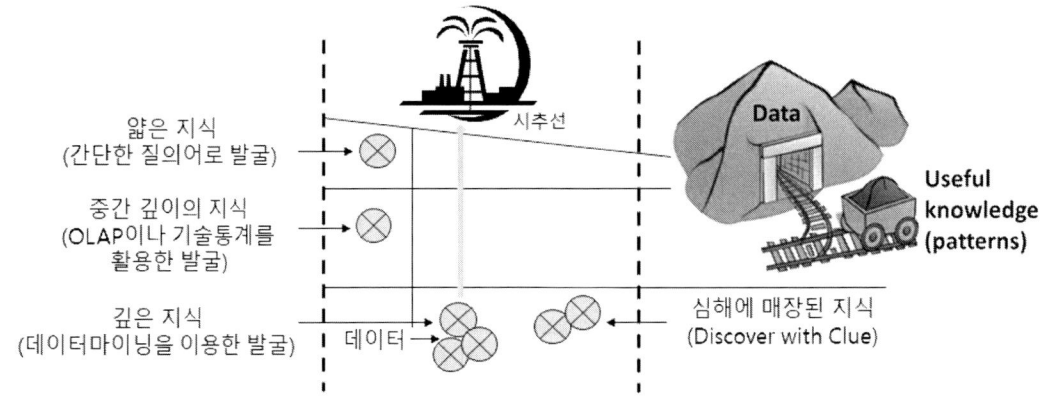

[그림 12-1] 데이터 마이닝 지식 탐사

데이터 분석 인사이트(insight)를 창출할 방법은 크게 통계적 접근과 데이터 마이닝 접근으로 나눌 수 있다. 통계적 접근은 주로 표본조사를 대상으로 가설 검증(hyper test)에 의한 인과관계를 규명하는 데 초점을 두지만 데이터 마이닝은 많은 양의 데이터를 기반으로 전수조사를 통한 사실관계 규명에 중점을 둔다. 따라서 통계적 접근법은 주로 정형 데이터를 대상으로 사실을 규명하고 미래를 예측하는 데 목적을 두지만 데이터 마이닝은 정형 데이터 및 비정형 데이터를 막론하고 숨겨진 지식의 패턴을 발견하고 예측하는 데 주로 사용한다.

데이터 마이닝 과정은 데이터 추출(extracting), 데이터 탐색(exploring), 데이터 보정(modifying), 모형화(modeling), 그리고 모형 평가(assessing)의 6가지 단계로 이루어진다([그림 12-2]).

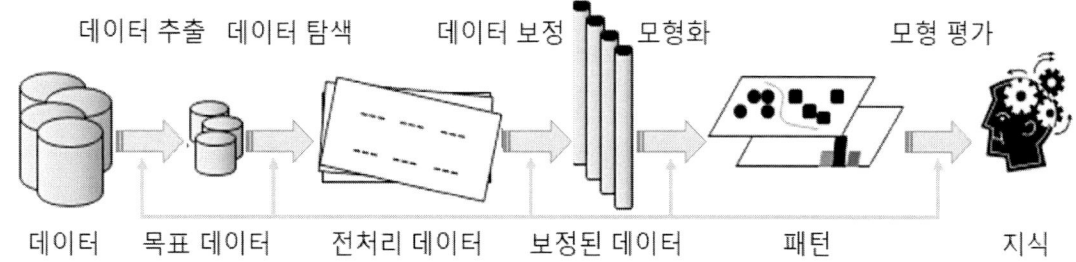

[그림 12-2] 데이터 마이닝 프로세스 단계

데이터 마이닝의 단계별 역할은 [표 12-1]과 같다.

[표 12-1] 데이터마이닝 단계별 역할

마이닝 단계	역할
데이터 추출 (Extracting)	운영 데이터로부터 데이터 마이닝 목적에 필요한 데이터를 추출하는 단계로 데이터 마이닝 결과의 품질은 결국 분석 대상 데이터를 추출하는 방법에 따라 좌우되기 때문에 가장 중요한 단계이다.
데이터 탐색 (Exploring)	데이터를 분석하기에 앞서 추출된 데이터의 특성과 형태, 범위 등을 전반적으로 조사하는 단계로 관심이 있는 변수의 특성에 따른 데이터의 분포를 탐색하고 시간과 연관이 되는 자료는 시간에 따른 데이터 변화의 추이를 확인하는 것이 필요하다.
데이터 보정 (Modifying)	데이터의 전반적인 형태를 확인한 후 모형 개발에 필요한 변수들에 결측치(missing value)와 이상치(outlier)가 존재하는지 데이터의 잡음(noise)이 있는지 확인하고 값을 제거하거나 보충하거나 필요한 경우 새로운 변수를 생성하는 단계로 데이터 마이닝 시간이 가장 오래 걸리고 분석 결과 품질의 가장 중요한 단계이다.
모형화 (Modeling)	분석에 적합하도록 준비된 데이터를 이용하여 분석 도구로 데이터 마이닝 기법을 적용하여 지식을 발견하고 예측 모형을 개발하는 단계로 데이터 마이닝의 핵심 단계이다.
모형평가 (Assessing)	데이터 마이닝을 통하여 개발된 모형의 신뢰성과 타당성을 검증하고 성능을 평가하는 단계로 모형의 정확성 검증을 위해서는 일반적으로 시험용 데이터셋을 이용하여 평가한다.

데이터 마이닝을 활용 목적에 따라 분류하면 기술 모델링(Descriptive Modeling) 기법과 예측 모델링(Predictive Modeling) 기법으로 나눌 수 있다([표 12-2]).

[표 12-2] 데이터 마이닝을 활용 목적에 따라 분류

구분	내용	종류
기술 모델링 (Descriptive Modeling)	주어진 데이터를 설명하는 데 필요한 패턴을 발굴	• 연관 규칙(Association Rules) • 군집화(Clustering) • 세분화(Segmentation) • 시각화(Visualization)
예측 모델링 (Predictive Modeling)	주어진 데이터에 근거한 모형을 만들고, 만들어진 모형을 이용하여 새로운 입력 자료를 예측	• 분류(Classification) • 로지스틱 회귀(Logistic Regression) • 연속성 규칙(Sequence Rules)

한편 데이터 마이닝을 목표변수(결과 변수) 유무에 따라 분류하면 지도학습(Supervised learning)과 비지도학습(Unsupervised learning)으로 나눌 수 있다([표 12-3]).

[표 12-3] 데이터 마이닝을 목표변수 유무에 따라 분류

구분	내용	종류
지도학습 (Supervised Learning)	정해진 결과 변수로부터 새로운 패턴을 발견하여 미래를 예측하거나 추정	• 분류(Classification) • 의사결정나무(Decision Tree) • 인공신경망(Neural Network) • 로지스틱 회귀(Logistic Regression) • 연속규칙(Sequence Rules) • 사례기반추론(Case-Based Reasoning)
비지도학습 (Unsupervised Learning)	결과 변수가 정해져 있지 않고 입력 변수들 사이에 연관성이나 유사성을 통하여 새로운 규칙을 발견하여 미래를 예측하거나 추정	• 연관 규칙(Association Rules) • 군집화(Clustering) • 주성분 분석 • OLAP(On-Line Analysis Processing)

각각의 데이터 마이닝의 세부 기법을 살펴보면 [표 12-4]와 같다.

[표 12-4] 데이터 마이닝의 세부 기법

기법	적용 방법	내용
연관 규칙	지지도(Support)	전체 사건 중 항목 X와 항목 Y를 동시에 포함할 확률
	신뢰도(Confidence)	항목 X를 포함하는 사건 중에서 항목 Y가 포함될 확률이 어느 정도인가를 나타내며 X 항목과 Y 항목의 연관성의 정도
	향상도(Lift)	항목 Y에 대한 사건 중에서 항목 X에 대한 거래를 조건부로 하였을 때 발생할 확률 경우의 수의 상관관계
	Apriori 알고리즘	연관분석 연관규칙 생성 알고리즘

군집 분석	K-means 알고리즘	거리 평균값을 이용하여 K개의 군집으로 세분화 후 시각화
	K-medoids 알고리즘	거리를 이용하여 K개의 군집으로 세분화하여 시각화
	K-NN (K-Nearest Neighbor)	베이즈 오차율을 참조하여 군집 간 연관성 분석
	Hierarchical Clustering	덴드로그램(dendrogram) 트리 구조
	SOM(Self Organized Map)	2차원 투영(차원 축소) 자기 구성 지도
연속성 규칙	시계열성(Time series)	어떤 사건이 발생하고 다음에 그 사건이 반복적으로 발생할 확률
	LSTM (Long Short Term Memory)	시계열적으로 장기 의존성 문제를 해결한 신경망
	언어 모델링 및 분석	시계열적 확률벡터를 사용하여 차원을 축소
분류 분석	로지스틱 회귀분석 (logistic regression)	새로운 설명변수(예측변수, 독립변수)의 값이 주어졌을 경우 반응변수(결과변수, 종속변수)의 각 범주에 속할 확률이 얼마인지 추정
	인공신경망 (artificial neural network)	동물의 뇌 신경망을 모방하여 데이터 분류(예측)를 위해 만들어진 모형
	의사결정나무 (decision tree)	의사결정 규칙을 나무 구조로 나타내어 전체 자료를 몇 개의 소집단으로 분류하거나 예측을 수행하는 기법
	앙상블 (ensemble)	여러 개의 분류 모형에 의한 결과를 종합하여 분류의 정확도를 높이는 방법

대부분의 데이터 마이닝의 목적은 분류 및 예측에 있으므로 생성된 예측 모델의 성능검증은 매우 중요하다. 모델 성능 평가는 모델에서 예측된 값과 실제 값을 비교하여 두 값의 오차(Error) 구해서 측정한다. 즉 모델의 오차가 0이라고 함은 모델이 새로운 값을 100% 잘 맞추었다는 뜻이다. 그러나 데이터를 기반으로 생성된 모델이 100% 예측하는 것은 현실적으로 어렵기(불가능하기) 때문에 모델이 오차를 어느 정도까지 허용할 것인지 결정하게 된다. 이와 같은 오차의 허용 기준을 임계치(Threshold)라고 한다.

모델 평가 목적은 모델의 과적합(overfitting)을 방지하고 최적의 성능을 가진 모델을 생성하기 위함이다. 모델의 과적합이란 모델 훈련 데이터셋으로 훈련된 모델의 정확도(accuracy)는 높지만, 생성된 모델을 새로운 데이터셋으로 평가할 때 정확도가 낮게 나오는 경우이다. 사실 모델의 성능 평가는 모델에서 예측한 값과 실제 값과의 차이를 계산하여 구하기 때문에 대부분 목표변수가 있는 데이터셋의 지도 학습(Supervised learning)에서 사용한다. 모델링의 목적과 목표변수의 유형에 따라 모델 평가 지표는 다르게 사용된다([표 12-5]).

[표 12-5] 모델링 목적과 목표변수 유형에 따른 성능 평가 지표

모델링 목적	목표변수 유형	성능 평가 지표	분석기법
예측 (Prediction)	연속형	MSE, RMSE, MAE, MAPE 등	• 선형회귀 • 시계열
분류 (Classification)	범주형	정확도(Accuracy), 재현율(Recall) 정밀도(Precision), F1-Score, 특이도 등	• 로지스틱 회귀 • 의사결정나무 • 인공신경망 • 인공지능 딥러닝

예측 모델의 성능지표는 새로운 데이터를 얼마나 정확하게 예측할 수 있는지를 평가하는 것으로 MSE, RMSE, MAE, MAPE 등이 있다. 이런 지표들은 실제 값과 예측값과 차이에 오차를 나타내는 것으로 값이 작으면 작을수록 모델의 성능이 좋다는 것을 의미한다.

MSE(Mean Squared Error)는 평균 제곱 오차로 실제값과 예측값의 차이를 제곱하여 평균을 구한 것이다.

$$MSE = \frac{\sum_{i=1}^{N}(y_i - \hat{y_i})^2}{N}, N : 자료수, y_i : 실제 값, \hat{y_i}: 예측 값$$

RMSE(Root Mean Squared Error)는 평균 제곱근 오차로 MSE를 표준화하기 위하여 루트를 씌운 것이다.

$$RMSE = \sqrt{\frac{\sum_{i=1}^{N}(y_i - \hat{y_i})^2}{N}}, N : 자료수, y_i : 실제 값, \hat{y_i}: 예측 값$$

MAE(Mean Absolute Error)는 평균 절대 오차로 실제값과 예측값의 차이를 절댓값으로 변환하여 평균을 구한 것이다.

$$MAE = \frac{\sum_{i=1}^{N}|y_i - \hat{y_i}|}{N}, N : 자료수, y_i : 실제 값, \hat{y_i}: 예측 값$$

한편, 분류 모델 성능지표는 분류가 얼마나 정확히 분류할 수 있는지 평가하는 것으로 정확도(Accuracy), 재현율(Recall), 정밀도(Precision), F1-Score, 특이도(Specificity)가 있다. 분류 모델의 성능을 측정하기 위해서는 [그림 12-3]과 같은 혼동행렬(Confusion matrix)을 이용한다.

		실제값(Real Value)	
		긍정(Positive)	부정(Negative)
예측값 (Prediction Value)	참(True)	True Positive (TP)	False Positive (FP)
	거짓(False)	False Negative (FN)	True Negative (TN)

[그림 12-3] 혼동행렬(Confusion Matrix)

'True Positive(TP)'는 실제 맞는 값을 긍정(Positive)으로 예측해서 참(True)인 경우로 실제 맞는 것을 맞는 것으로 분류한 것이다. 예를 들면 실제 고양이를 고양이라고 올바로 예측한 경우이다. 'False Positive(FP)'는 실제 아닌 것을 긍정(Positive)으로 예측해서 거짓(False)인 경우로 틀린 것을 맞는다고 분류한 경우이다. 예를 들면 실제 고양이가 아닌 것을 고양이로 잘못 예측한 것이다. 'False Negative(FN)'는 실제 맞는 값을 부정(Negative)으로 예측해서 거짓(False)인 경우로 실제 맞는 것을 틀린다고 분류한 것이다. 예를 들어 실제 고양이를 고양이가 아니라고 잘 못 예측한 경우이다. 마지막으로 True Negative(TN)는 고양이가 아닌 것을 고양이가 아니라고 올바르게 예측한 경우이다. 따라서 모델이 올바르게 예측한 것은 TP와 TN의 경우이다. 이런 경우에 정밀도(precision)와 재현율(recall), 정확성(accuracy)을 구하는 식은 다음과 같다.

- 정밀도$(Precision) = \dfrac{TP}{TP+FP}$

- 재현율$(Recall) = \dfrac{TP}{TP+FN}$

- 특이도$(Specificity) = \dfrac{FP}{TP+FP}$

- $F1 - Score = 2 \times \dfrac{Pricision \times Recall}{Precision + Recall}$

- 정확도$(Accuracy) = \dfrac{TP+TN}{TP+FP+FN+TN}$

정밀도(precision)와 재현율(recall)의 차이를 명확히 이해하기가 어려울 수 있다. 정밀도는 모델 관점에서 모델이 사실 값을 얼마나 잘 예측했는지에 관심을 두지만, 재현율은 사실 값 관점에서 모델이 얼마나 사실을 사실로 잘 예측했는지 측정하는 데 사용한다. 특별한 경우를 제외하고 대부분 모델의 성능 목표를 100%를 두고 훈련을 시킬 수는 없다. 즉 어느덧 오차는 감수해야 한다는 뜻이다. 실무에서는 모델이 예측할 신뢰도(confidence)의 하한값인 임계치

(Threshold)를 설정하여 목표 임계치에 도달할 때까지 훈련 데이터 보강이나 모델 재구성, 훈련 횟수 등을 조정하여 모델을 훈련한다. 따라서 임계치의 변화에 따라서 오차 행렬의 TP, FP, TN, FN 값이 변하게 되고 일반적으로 정밀도와 재현율은 서로 반비례하는 경향을 보이므로 좋은 성능을 위하여 절충안(trade-off)을 찾아야 한다. 예를 들면 임계치를 0.5에서 0.6으로 높이면 모델의 Positive 기준이 올라가 TP는 줄어들게 되고 Positive로 잘 못 예측할 확률도 줄어들어 FP 또한 줄어들게 되지만 잘 못 예측할 FN은 오히려 증가하게 된다. 따라서 임계치가 증가하면 정밀도(Precision)는 증가하지만, 오히려 재현율(Recall)은 감소하는 경향을 보인다. 반대로 임계치를 0.5에서 0.4로 낮추면 Positive 기준이 낮아져 TP와 FP는 늘어나고 FN은 감소한다. 따라서 임계치가 감소하면 정밀도는 감소하지만, 재현율은 증가한다. 그래서 하나의 클래스에 대하여 임계치를 변수로 두고 정밀도와 재현율 상관관계 곡선을 그려보면 [그림 12-4]와 같다.

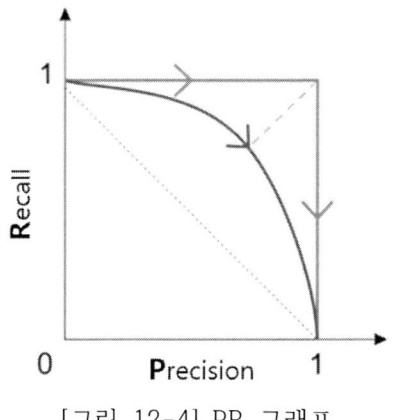

[그림 12-4] PR 그래프

정밀도와 재현율 상관관계 곡선에서 정밀도가 증가하면 재현율이 떨어지고 재현율이 증가하면 정밀도가 감소한다. 정밀도와 재현율 상관관계 그래프에서 곡선 아래 영역(area under curve: AUC)의 면적이 가장 크게 하는 임계치가 가장 적합하다.

임계치 변화에 따라 FPR(False Positive Rate)와 TPR(True Positive Rate)의 ROC(Receiver Operating Characteristic) 그래프는 [그림 12-5]와 같다.

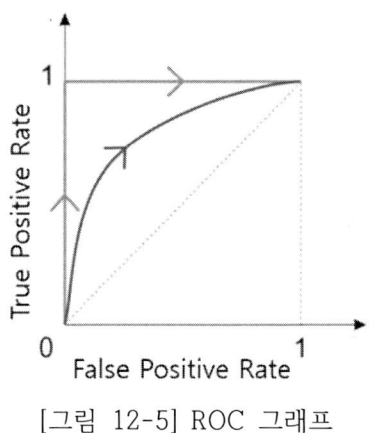

[그림 12-5] ROC 그래프

ROC 그래프는 좌표 (0, 0)과 (1, 1)을 연결하는 왼쪽 위로 볼록한 곡선의 형태를 보인다. 랜덤하게 예측할 경우는 직선에 수렴하고 AUC(Area Under Curve)의 면적은 0.5에 근사하는 값을 가진다. 랜덤한 예측 모델이 아니라면 ROC 곡선의 AUC 면적은 0.5와 1 사이에 값을 가진다. 따라서 ROC 곡선이 왼쪽 위에 가까울수록 FRP은 줄어들고 TRP가 높아지기 때문에 모델의 정확성이 높아진다.

그러면 이상적인 모델을 개발하려면 임계치를 어떻게 정해야 할까? 이런 물음을 해결하기 위하여 F1-Score가 생겨났다. F1-score는 정밀도와 재현율의 조화평균(harmonic mean)으로 구해진다.

$$F_1 - Score = \frac{2}{\frac{1}{정밀도(\mathrm{Precision})} + \frac{1}{재현율(Recall)}}$$

$$= 2 \times \frac{정밀도(\mathrm{Precision}) \times 재현율(Recall)}{정밀도(\mathrm{Precision}) + 재현율(Recall)}$$

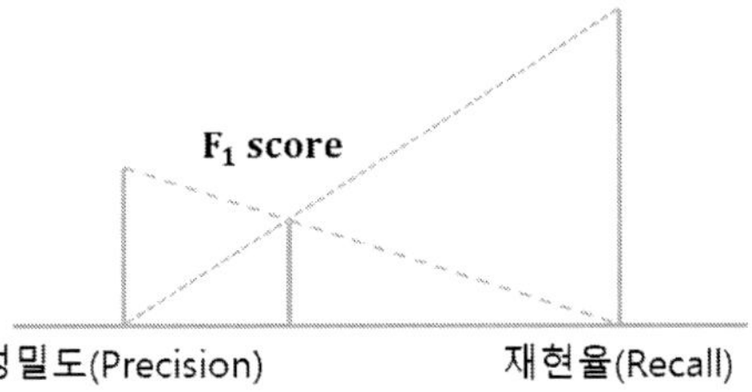

[그림 12-6] F1-score의 기하학적 의미

F1-score가 높으면 높을수록 모델의 성능이 좋다고 할 수 있다. 즉 정밀도와 재현율이 잘 조화를 이루면 모델의 성능이 좋게 된다. 만일 정밀도나 재현율 중에 어떤 것 중의 하나가 0이 된다면 F1-score는 0이 된다. 그러나 대부분 모델의 정확성은 정확도(Accuracy)를 가지고 측정하지만, 모델 성능측정에 사용하는 데이터셋의 클래스(class)의 개수가 상당히 차이가 있으면 정확도(Accuracy)를 가지고 측정하면 정확하지 않을 수 있다. 이럴 때 F_1-score를 이용하면 모델의 성능을 더욱 정확하게 측정할 수 있다.

12.2 연관분석

1. 이론적 배경

연관분석(Association Analysis)은 상품 혹은 서비스들 사이의 관계 규명을 통한 규칙(Rues)을 탐사할 때 유용하게 사용한다. 연관분석은 목표변수가 없는 데이터를 분석하여 연관규칙을 찾아내기 때문에 대표적 비지도 학습(Unsupervised learning) 기법이다. 연관분석은 주로 상품 간에 관계를 찾아내는 데 많이 사용하기 때문에 장바구니 분석(basket analysis)이라고도 한다. 예를 들면 "맥주를 구매한 사람이 기저귀도 함께 구매할 확률이 얼마나 될까?", 혹은, "우유 구매자가 기저귀를 더 많이 구매하는지?", "커피를 구매하는 사람이 탄산음료를 더 많이 사는가?" 등을 분석하는 데 사용한다. 연관분석의 활용은 상품 간에 지지도(support)와 신뢰도(Confidence)가 높은 상품을 함께 진열하여 교차판매(Cross Sales)를 유도하는 전략에 적용할 수 있다. 또한 정보시스템 로그(Log) 데이터를 분석하여 불법 침입자나 유해 행위자 색출하거나 약품 간에 친화성 분석(Affinity Analysis), 소셜 네트워크 분석(Social Network Analysis), 지지도 분석(Support Analysis) 등에도 많이 사용한다.

- 장바구니 분석(market basket analysis)를 통하여 교차 마케팅(Cross-marketing) 묶음 판매(Bundle Sale), 연관 상품 진열, 상품 카탈로그 디자인(catalog design), 상품 추천 등에 사용(아마존, Yes24 등)할 수 있다.
- 신용카드, 대출 등의 은행 서비스 받은 내용을 보면 특정한 서비스를 받을 가능성이 높은 고객을 식별해 낼 수 있다.
- 신용카드사용 내용을 통하여 부정거래를 식별할 수 있다.
- 의약품 친화성 분석(Affinity analysis)을 통하여 부작용을 식별해 낼 수 있다.
- 신문 기사에 텍스트 단어의 연관관계를 통하여 지지도를 분석할 수 있다.

연관규칙은 조건관 반응 형태의 논리식으로 표현할 수 있다. 즉 만일 X 사건이 발생하면 Y 사건도 발생할 경우를 논리식으로 표현하면 'if X then Y'되고 이를 'X→Y'로 표기한다.

연관규칙 분석을 위한 알고리즘은 Apriori를 사용한다. Apriori 알고리즘이란 연관 규칙(association rule)이 특정 사건이 발생하였을 때 함께 (빈번하게) 발생하는 또 다른 사건의 규칙을 말한다. Apriori 알고리즘의 연관성 정도 정량화 지표는 지지도(Support), 신뢰도(Confidence), 향상도(Lift)가 있다.

[표 12-6] Apriori 연관규칙 정량화 지표

기법	내용	공식
지지도 (Support)	전체 사건 중 항목 X와 Y가 동시에 일어날 확률	$Support(X \rightarrow Y) = P(X \cap Y) = \dfrac{n(X \cap Y)}{N}$
신뢰도 (Confidence)	항목 X가 포함된 사건 중에서 항목 X, Y가 동시에 일어날 확률	$Confidence(X \rightarrow Y) = P(Y \mid X) = \dfrac{P(X \cap Y)}{P(X)}$
향상도 (Lift)	항복 Y에 대한 거래 중에서 항목 X에 대한 거래를 조건부로 하였을 때 발생할 확률	$Lift(X \rightarrow Y) = \dfrac{P(Y \mid X)}{P(Y)} = \dfrac{P(X \cap Y)}{P(X)P(Y)}$

연관규칙의 지표에서 지지도와 신뢰도는 0과 1 사이에 확률값으로 표시되는데 향상도는 0보다 큰 실수로 표시된다. 이때 향상도가 1이면 두 개의 사건은 독립적인 상관관계이고 1보다 작으면 음의 상관관계, 1보다 크면 양의 상관관계이다. 즉 향상도가 1이면 '과자와 후추'와 같이 독립재이고 1보다 작으면 '제사제와 변비약'과 같이 대체재이다. 만일 향상도가 1보다 크면 '빵과 버터'와 같이 보완재이다.

예를 들어 사과와 배, 바나나를 파는 과일가게(Fruit Store)에서 5명의 사람에게 과일을 판매한 각 장바구니(Store Basket)에 담긴 품목이 있다고 가정한다([그림 12-7]). 각 장바구니 번호 하나하나는 거래(transaction) 단위이다.

장바구니 No	담긴 품목
1	사과
2	사과, 바나나
3	배
4	사과, 바나나
5	사과, 배, 바나나

사과와 배, 바나나를 파는 과일 가게 있다고 가정

[그림 12-7] Fruit Store 장바구니 정보

그러면 사과→배, 사과→바나나의 지지도, 신뢰도, 향상도를 구한 것은 [표 12-7]과 같다.

[표 12-7] 사과→배, 사과→바나나의 지지도, 신뢰도, 향상도

연관성	지표	산출식	산출 결과
사과→배	지지도	$\dfrac{\text{사과와 배가 함께 담긴 바구니 수}}{\text{전체 바구니수}}$	$\dfrac{1}{5} = 0.2$
	신뢰도	$\dfrac{\text{사과와 배가 함께 담긴 바구니 수}}{\text{사과가 담긴 장바구니 수}}$	$\dfrac{1}{4} = 0.25$
	향상도	$\dfrac{\text{사과와 배가 함께 포함된 확률}}{(\text{사과가 포함된 확률}) \times (\text{배가 포함된 확률})}$	$\dfrac{\frac{1}{5}}{\frac{4}{5} \times \frac{2}{5}} = 0.625$
사과→바나나	지지도	$\dfrac{\text{사과와 바나나가 함께 담긴 바구니 수}}{\text{전체 바구니수}}$	$\dfrac{3}{5} = 0.6$
	신뢰도	$\dfrac{\text{사과와 바나나가 함께 담긴 바구니 수}}{\text{사과가 담긴 장바구니 수}}$	$\dfrac{3}{4} = 0.75$
	향상도	$\dfrac{\text{사과와 바나나가 함께 포함된 확률}}{(\text{사과가 포함된 확률}) \times (\text{바나나가 포함된 확률})}$	$\dfrac{\frac{3}{5}}{\frac{4}{5} \times \frac{3}{5}} = 1.25$

2. 연관분석 실무

1 FruitStore 연관분석

먼저 연관규칙 분석 실습을 위해 [그림 12-7]과 같은 과일가게(FruitStore) 장바구니 분석 예를 들 것이다. 이에 대한 R 코드와 실행 결과는 다음과 같다.

 12-2-1-1: FruitStore 트랜잭션 분석하기

```
> # (1) FruitStore 트랜잭션 분석
```

```
> if(!require("arules")) install.packages("arules")
> library(arules)
> if(!require("arulesViz")) install.packages("arulesViz")
> library(arulesViz)
> # baskets 리스트 생성(5개)
> baskets <- list(t1=c("사과"),
+                 t2=c("사과","바나나"),
+                 t3=c("배"),
+                 t4=c("사과","바나나"),
+                 t5=c("사과", "배","바나나"))
> str(baskets) # baskets 리스트 구조 조회
```

List of 5
 $ t1: chr "사과"
 $ t2: chr [1:2] "사과" "바나나"
 $ t3: chr "배"
 $ t4: chr [1:2] "사과" "바나나"
 $ t5: chr [1:3] "사과" "배" "바나나"

```
> baskets.tran <- as(baskets, 'transactions') # baskets 트랜잭션으로 변경
> str(baskets.tran) # baskets.tran 구조 조회
```

Formal class 'transactions' [package "arules"] with 3 slots
　..@ data   :Formal class 'ngCMatrix' [package "Matrix"] with 5 slots
　.. .. ..@ i   : int [1:9] 2 0 2 1 0 2 0 1 2
　.. .. ..@ p   : int [1:6] 0 1 3 4 6 9
　.. .. ..@ Dim   : int [1:2] 3 5
　.. .. ..@ Dimnames:List of 2
　.. .. .. ..$: NULL
　.. .. .. ..$: NULL
　.. .. ..@ factors : list()
　..@ itemInfo   :'data.frame':   3 obs. of 1 variable:
　.. ..$ labels: chr [1:3] "바나나" "배" "사과"
　..@ itemsetInfo:'data.frame':   5 obs. of 1 variable:
　.. ..$ transactionID: chr [1:5] "t1" "t2" "t3" "t4" ...

```
> baskets.tran@itemInfo # baskets.tran 품목 정보(종류) 조회
```
　labels
1 바나나
2   배

```
    3    사과
> inspect(baskets.tran) # basket.tran 조회
    items           transactionID
[1] {사과}          t1
[2] {바나나, 사과}   t2
[3] {배}            t3
[4] {바나나, 사과}   t4
[5] {바나나, 배, 사과} t5
> itemFrequency(baskets.tran, type = 'absolute') # 절대 빈도수 계산
바나나    배    사과
   3      2     4
> # (2) 상위 3개 품목 그래프로 도식
> itemFrequencyPlot(baskets.tran, type = 'absolute', topN = 3,
+                   col = 'salmon', cex = 0.8,
+                   xlab = 'Fruit', ylab = 'Frequency',
+                   main = 'Top 3 items')
[그림 12-8]
> image(sample(baskets.tran, 5, replace = FALSE),
+       main = 'Matrix diagram')
[그림 12-9]
```

Fruit Store 5개의 장바구니 정보를 리스트 클래스 baskets에 저장한다. Apriori 연관규칙(Association rules)을 발견하기 위해서 리스트 구조의 baskets을 트랜잭션 클래스인 baskets.tran으로 변경했다. 참고로 외부 데이터를 트랜잭션으로 읽어오기 형식은 다음과 같다.

```
read.transactions(file,
                  format = c("basket", "single"),
                  header = FALSE,
                  sep = "",
                  cols = NULL,
                  rm.duplicates = FALSE,
                  quote = "\"'",
                  skip = 0,
                  encoding = "unknown"
)
```

baskets.tran 클래스에 있는 항목 정보를 확인하기 위해서는 baskets.tran@itemInfo라고 해야 한다. 트랜잭션 클래스에 세부 정보를 확인할 때 '$' 대신 '@' 기호를 사용한다. 트랜잭션 클래스 내용을 확인할 때 inspect() 함수를 사용해야 한다. 트랜잭션의 항목별 빈도수를 구할 때 itemFrequency() 함수를 사용한다. itemFrequency() 함수에 type='absolute'는 절대 도수를 type='relative'는 상대 도수를 계산한다. 상위 빈도수 3개의 분포 그래프는 [그림 12-8]과 같다.

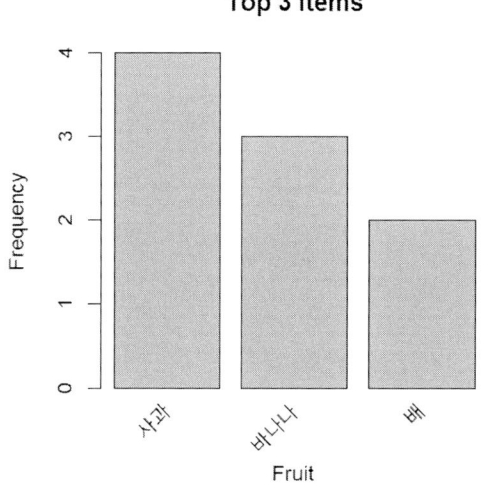

[그림 12-8] FruitStore 상위 3개 품목 막대그래프

장바구니 트랜잭션에서 가장 많이 팔린 상위 3은 사과, 바나나, 배 순이다. 장바구니 트랜잭션에 담긴 품목의 분포 행렬 그래프는 [그림 12-9]와 같다.

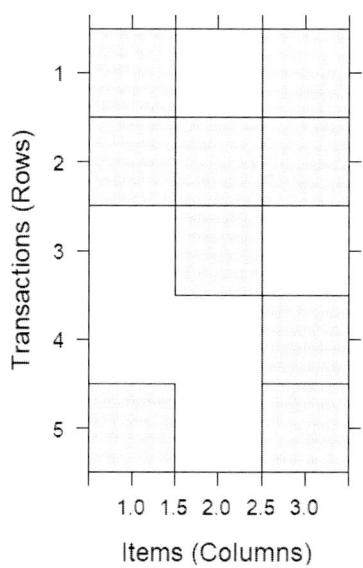

[그림 12-9] FruitStore 품목별 매트릭스 그래프

Fruit Store 트랜잭션의 연관규칙을 발견하기 apriori 알고리즘을 사용한다. 이에 대한 R 코드와 실행 결과는 다음과 같다.

 12-2-1-2: FruitStore 트랜잭션 apriori 연관규칙(Association rules) 생성

```
> rules <- apriori(baskets.tran,
+                  parameter=list(support=0.3, confidence=0.5,
+                                 minlen=1, maxlen=3, smax=1))
```

Apriori

Parameter specification:
 confidence minval smax arem aval originalSupport maxtime support
minlen
       0.5   0.1   1 none FALSE   TRUE   5   0.3
 1
 maxlen target   ext
      3 rules TRUE

Algorithmic control:
 filter tree heap memopt load sort verbose
    0.1 TRUE TRUE FALSE TRUE   2   TRUE
Absolute minimum support count: 1
set item appearances ...[0 item(s)] done [0.00s].
set transactions ...[3 item(s), 5 transaction(s)] done [0.00s].
sorting and recoding items ... [3 item(s)] done [0.00s].
creating transaction tree ... done [0.00s].
checking subsets of size 1 2 done [0.00s].
writing ... [4 rule(s)] done [0.00s].
creating S4 object ... done [0.00s].

> summary(rules)

set of 4 rules

rule length distribution (lhs + rhs):sizes
1 2
2 2

   Min. 1st Qu. Median   Mean 3rd Qu.   Max.
    1.0   1.0   1.5   1.5   2.0   2.0

summary of quality measures:
    support   confidence   coverage   lift   count
 Min.   :0.60   Min.   :0.6000   Min.   :0.60   Min.   :1.000   Min.   :3.00
 1st Qu.:0.60   1st Qu.:0.7125   1st Qu.:0.75   1st Qu.:1.000   1st Qu.:3.00
 Median :0.60   Median :0.7750   Median :0.90   Median :1.125   Median :3.00
 Mean   :0.65   Mean   :0.7875   Mean   :0.85   Mean   :1.125   Mean   :3.25
 3rd Qu.:0.65   3rd Qu.:0.8500   3rd Qu.:1.00   3rd Qu.:1.250   3rd Qu.:3.25
 Max.   :0.80   Max.   :1.0000   Max.   :1.00   Max.   :1.250   Max.   :4.00
```
```

```
mining info:
          data ntransactions support confidence
   baskets.tran              5     0.3        0.5
call
 apriori(data = baskets.tran, parameter = list(support = 0.3, confidence = 0.5,
 minlen = 1, maxlen = 3, smax = 1))
```

> inspect(rules)

	lhs	rhs	support	confidence	coverage	lift	count
[1]	{}	=> {바나나}	0.6	0.60	1.0	1.00	3
[2]	{}	=> {사과}	0.8	0.80	1.0	1.00	4
[3]	{바나나}	=> {사과}	0.6	1.00	0.6	1.25	3
[4]	{사과}	=> {바나나}	0.6	0.75	0.8	1.25	3

> inspect(sort(rules, by='lift', decreasing = T)) # lift 내림차순 정렬

	lhs	rhs	support	confidence	coverage	lift	count
[1]	{바나나}	=> {사과}	0.6	1.00	0.6	1.25	3
[2]	{사과}	=> {바나나}	0.6	0.75	0.8	1.25	3
[3]	{}	=> {바나나}	0.6	0.60	1.0	1.00	3
[4]	{}	=> {사과}	0.8	0.80	1.0	1.00	4

지지도 support 0.3, 신뢰도 confidence 0.5 이상에 최소 품목 수 1, 최대 품목 수 3, 최대 지지도 1로 하는 apriori 연관규칙 rules를 생성하였다. 연관규칙을 정할 때 지지도와 신뢰도, 최소 및 최대 품목 수를 어떻게 정할 것인지 중요하다. 이런 값은 연관규칙 분석 목적에 따라 여러 번 시뮬레이션을 통하여 적합한 값을 결정해야 한다. 생성된 연관규칙 summary 정보를 보면 4개의 룰 세트가 생성된 것을 알 수 있다. 룰 좌측(lhs)과 우측(rhs)을 합한 룰 개수에서 1개와 2개 룰이 각각 2개씩 존재한다. 측정값 support, confidence, coverage, lift, count의 요약 정보를 확인할 수 있다.

FruitStore 트랜잭션 연관규칙 분석 시각화 R 코드와 실행 결과는 다음과 같다.

 12-2-1-3: FruitStore 연관규칙(Association rules) 시각화

```
> # Fruit Store 트랜잭션 연관규칙 시각화(Visualization)

> # 지지도에 대한 신뢰도 산점도

> plot(rules, method="scatterplot", engine = "ggplot2",
+       main    = "Scatter plot for 4 rules",
+       colors  = c("#EE0000FF", "#00FF00"))
```

[그림 12-10]

```
> # LHS에 대한 RHS 산점도
> plot(rules,method="grouped", engine = "ggplot2",
+       col = c("#EE0000FF", "#00FF00"))
```

[그림 12-11]

```
> # 품목별 병렬 좌표 도표
> plot(rules,method="paracoord")
```

[그림 12-12]

```
> # 품목별 관계 도표
> plot(rules, method="graph", engine='interactive')
```

[그림 12-13]

FruitStore의 5개 트랜잭션을 Apriori 알고리즘으로 생성된 연관규칙 시각화로 직관적으로 분석해 보자. [그림 12-10]은 Fruit Store의 연관규칙 4개의 룰에 대한 지지도 support와 신뢰도 confidence의 산점도(scatter plot)이다.

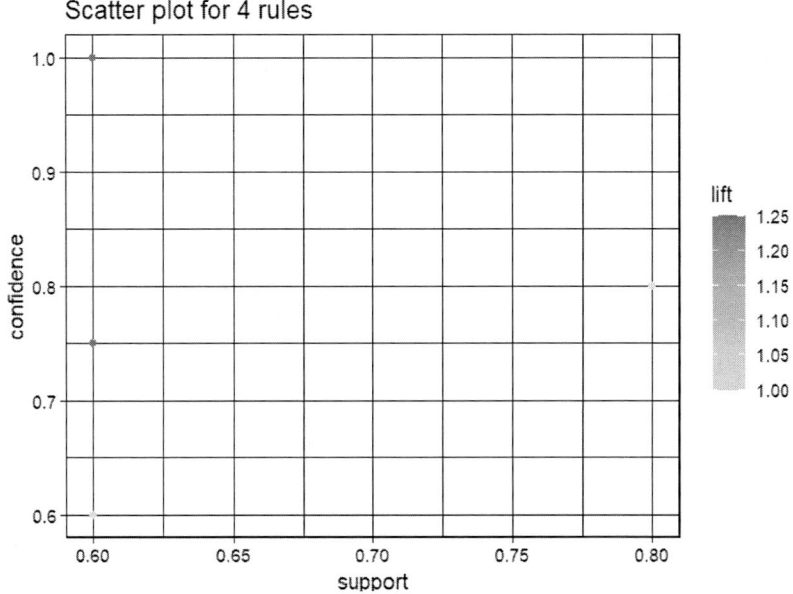

[그림 12-10] FruitStore 품목별 지지도에 대한 신뢰도 연관관계 산점도

Fruit Store의 연관규칙 산점도에서 x 축은 지지도 support, y 축은 신뢰도 confidence이며, 우측 색은 향상도를 나타낸다.

Fruit Store의 LHS에 대한 RHS 산점도는 [그림 12-11]과 같다.

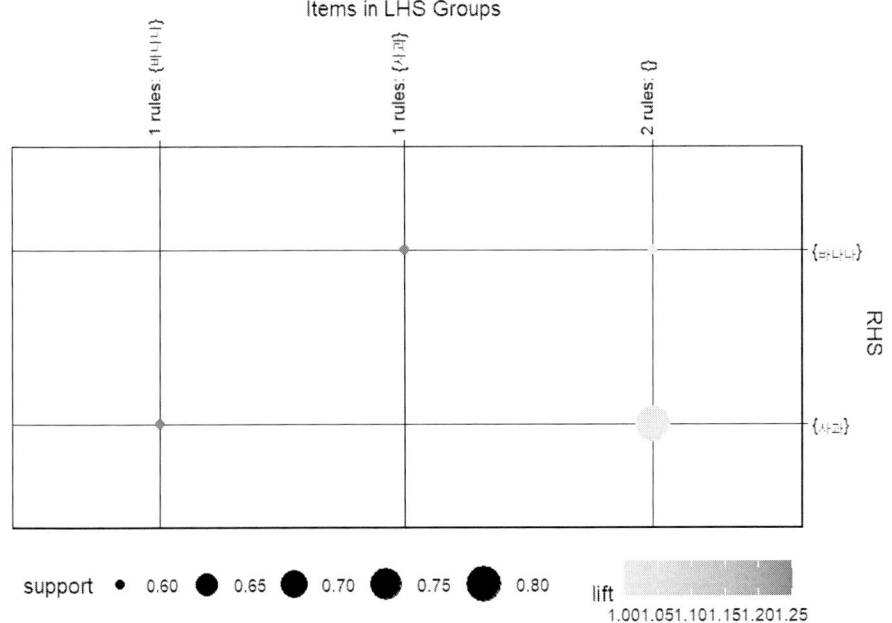

[그림 12-11] FruitStore의 품목별 LHS에 대한 RHS 연관관계 산점도

Fruit Store의 품목별 연관관계 병렬 좌표 그래프는 [그림 12-12]와 같다.

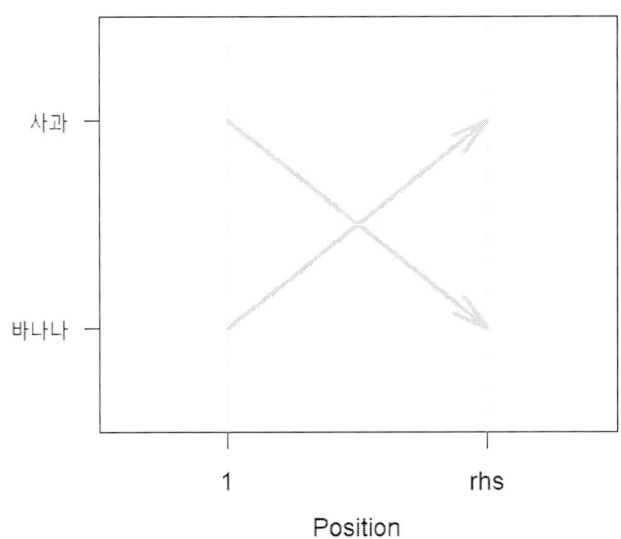

[그림 12-12] FruitStore의 품목별 연관관계 병렬 좌표 그래프

그림 12-12에서 사과를 산 사람이 바나나도 함께 사고, 바나나를 산 사람은 사과도 함께 구매한다는 것을 알 수 있다. 이런 품목 간에 관계를 그래프로 표시한 것은 [그림 12-13]이다.

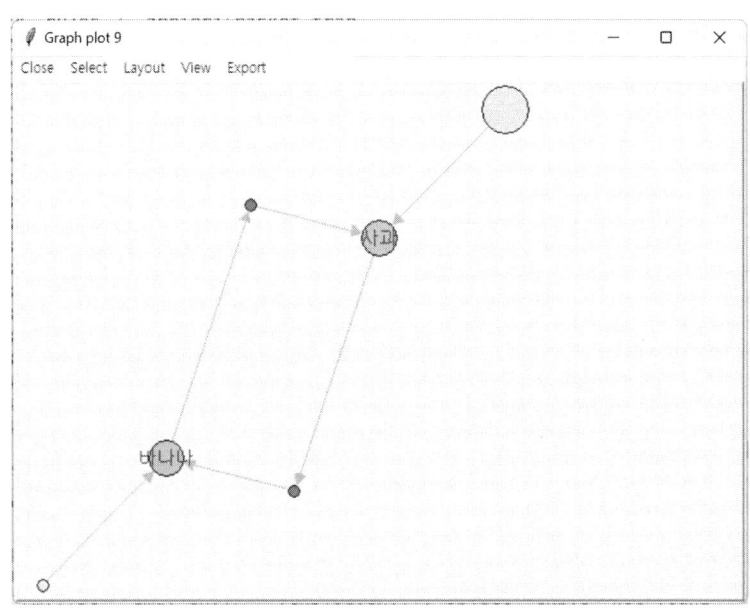

[그림 12-13] FruitStore의 품목별 관계 그래프

Fruit Store의 품목별 관계 그래프 품목 사이에 있는 원의 크기가 support를 나타내고 색상의 진한 정도가 향상도를 나타낸다. 사과와 바나나의 상호 간에 지지도는 같고 향상도도 같다.

이상과 같이 Fruit Store의 장바구니 연관규칙을 분석한 결과 사과를 사면 바나나를 사고, 바나나를 사는 사람은 사과를 함께 구매할 확률이 0.3 이상이라는 사실을 알 수 있다. 따라서 사과와 바나나를 교차판매(cross sale) 및 묶음 판매 등의 마케팅 전략의 인사이트를 얻을 수 있다.

지금까지 간단한 트랜잭션에 대하여 연관규칙 분석 과정을 살펴보았다. 조금 더 실무적으로 접근하기 위하여 arules 패키지에 포함된 Groceries 데이터셋을 이용하여 연관규칙 분석 과정을 살펴본다. Groceries 데이터셋(Michael Hahsle외 2명이 연관규칙 연구를 위하여 2006년에 제공)는 실제 식료품 판매장에서 한 달 동안 POS(point-of-sale) 트랜잭션 데이터를 모아 놓은 것이다. 이 데이터셋에는 169개 품목에 9,835건의 거래(transaction) 정보가 포함되어 있다.

② **Groceries 연관 규칙 분석**

그림 Groceries 데이터셋의 분석하고 연관규칙을 생성한 후 시각화를 통한 품목 간에 연관관계를 살펴본다. 먼저 Groceries 데이터셋을 살펴보기 위한 R 코드와 실행 결과는 다음과 같다.

 12-2-2-1: Groceries 트랜잭션 분석하기

```
> # (1) Groceries 트랜잭션 분석
> if(!require("arules")) install.packages("arules")
> library(arules)

> if(!require("arulesViz")) install.packages("arulesViz")
```

```
> library(arulesViz)
> data(Groceries) # Groceries 불러오기
> help(Groceries) # Groceries 도움말 보기
```

The Groceries Transactions Data Set

Description

The Groceries data set contains 1 month (30 days) of real-world point-of-sale transaction data from a typical local grocery outlet. The data set contains 9835 transactions and the items are aggregated to 169 categories.

```
> class(Groceries)  # Groceries 클래스 확인
[1] "transactions"
attr(,"package")
[1] "arules"
> summary(Groceries) # Groceries 요약정보 확인
```

transactions as itemMatrix in sparse format with
 9835 rows (elements/itemsets/transactions) and
 169 columns (items) and a density of 0.02609146

most frequent items:
      whole milk other vegetables   rolls/buns   soda
            2513   1903   1809   1715
          yogurt   (Other)
            1372   34055

element (itemset/transaction) length distribution:
sizes
   1   2   3   4   5   6   7   8   9   10   11   12   13
2159 1643 1299 1005 855 645 545 438 350 246 182 117   78
  14   15   16   17   18   19   20   21   22   23   24   26   27
  77   55   46   29   14   14   9   11   4   6   1   1   1
  28   29   32
   1   3   1

   Min. 1st Qu. Median   Mean 3rd Qu.   Max.
  1.000   2.000   3.000   4.409   6.000 32.000

includes extended item information - examples:
       labels level2   level1
1 frankfurter sausage meat and sausage
2   sausage sausage meat and sausage

3 liver loaf sausage meat and sausage

```
> inspect(Groceries[1:10]) # Groceries 상위 10개 트랜잭션 조회
```
```
       items
 [1]  {citrus fruit,
        semi-finished bread,
        margarine,
        ready soups}
 [2]  {tropical fruit,
        yogurt,
        coffee}
 [3]  {whole milk}
 [4]  {pip fruit,
        yogurt,
        cream cheese ,
        meat spreads}
 [5]  {other vegetables,
        whole milk,
        condensed milk,
        long life bakery product}
 [6]  {whole milk,
        butter,
        yogurt,
        rice,
        abrasive cleaner}
 [7]  {rolls/buns}
 [8]  {other vegetables,
        UHT-milk,
        rolls/buns,
        bottled beer,
        liquor (appetizer)}
 [9]  {pot plants}
 [10] {whole milk,
        cereals}
```

```
> # Groceries 품목 절대 빈도수 상위 10개 조회
> sort(itemFrequency(Groceries, type = 'absolute'), decreasing = T)[1:10]
```
```
      whole milk other vegetables        rolls/buns             soda
```

```
              2513           1903            1809            1715
            yogurt    bottled water  root vegetables   tropical fruit
              1372           1087            1072            1032
      shopping bags       sausage
               969            924
```

```
> # Groceries에 있는 품목들의 빈도 막대그래프
> itemFrequencyPlot(Groceries, type = 'absolute', topN = 10,
+                   col = 'salmon', lwd = 3,
+                   main = 'Frequency of items in Groceries')
```
[그림 12-14]

aruels 패키지에 포함된 Groceries 클래스는 트랜잭션이므로 별도의 클래스 변환 과정은 필요하지 않다. Groceries 요약 정보를 확인해 보면 169 아이템의 9,835 트랜잭션으로 구성된 것을 확인할 수 있다. Groceries 아이템 'whole milk' 2, 513개, other vegetables 1,903개 등 상위 5개 품목의 거래 건수를 확인할 수 있다. 다음은 트랜잭션당 포함된 품목의 수를 확인할 수 있는데 1개 품목이 포함한 트랜잭션은 2,159건, 2개 품목이 포함한 트랜잭션은 1,643건 등의 정보도 확인할 수 있다. 그리고 품목 레이블(labels)의 레벨(level)을 알 수 있다.

inspect() 함수를 이용하여 10개의 Groceries 트랜잭션을 확인하였고 상위 10개의 빈도수를 가진 아이템을 표시하였다. Groceries에 있는 상위 10개의 빈도수를 가진 품목들을 직관적으로 확인할 수 있도록 [그림 12-14]와 같은 그래프를 도식하였다.

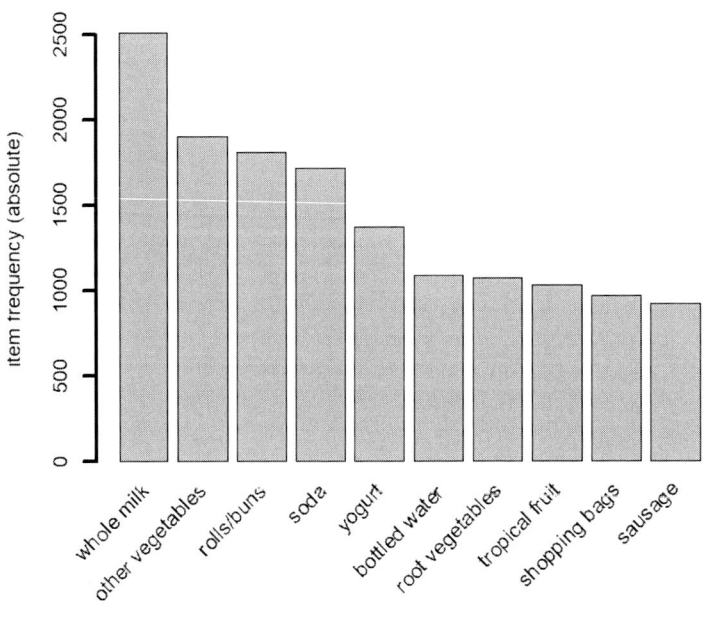

[그림 12-14] Groceries에 품목들의 빈도 막대그래프

Groceries에 품목들의 빈도 막대그래프 그래프를 살펴보면 'whole milk', 'other vegetables', 'rolls/burns' 등의 많이 거래된 상위 10개의 품목을 확인할 수 있다.

다음은 Groceries 연관규칙 생성을 위한 Apriori 규칙을 생성하기 위한 R 코드는 [R 코드 12-2-2-2]와 같다.

 12-2-2-2: Groceries Apriori rules 생성

```
> rules <- apriori(Groceries, # 지지도 0.04, 신뢰도 0.5 이상
+                  parameter = list(support = 0.04, confidence = 0.3,
+                                   target = "rules"))
```

Apriori

Parameter specification:
 confidence minval smax arem aval originalSupport maxtime support
minlen maxlen target
       0.3   0.1   1 none FALSE   TRUE   5   0.04
  1   10 rules
  ext
 TRUE

Algorithmic control:
 filter tree heap memopt load sort verbose
   0.1 TRUE TRUE FALSE TRUE   2   TRUE

Absolute minimum support count: 393

set item appearances ...[0 item(s)] done [0.00s].
set transactions ...[169 item(s), 9835 transaction(s)] done [0.00s].
sorting and recoding items ... [32 item(s)] done [0.00s].
creating transaction tree ... done [0.00s].
checking subsets of size 1 2 3 done [0.00s].
writing ... [7 rule(s)] done [0.00s].
creating S4 object ... done [0.00s].

```
> summary(rules) # rules 요약 정보
```

```
set of 7 rules
rule length distribution (lhs + rhs):sizes
2
7

    Min. 1st Qu.  Median    Mean 3rd Qu.    Max.
       2       2       2       2       2       2
```

```
summary of quality measures:
    support          confidence       coverage         lift            count
 Min.   :0.04230   Min.   :0.3079   Min.   :0.1049   Min.   :1.205   Min.   :416.0
 1st Qu.:0.04540   1st Qu.:0.3490   1st Qu.:0.1090   1st Qu.:1.543   1st Qu.:446.5
 Median :0.04891   Median :0.4016   Median :0.1395   Median :1.578   Median :481.0
 Mean   :0.05279   Mean   :0.3849   Mean   :0.1399   Mean   :1.640   Mean   :519.1
 3rd Qu.:0.05633   3rd Qu.:0.4189   3rd Qu.:0.1617   3rd Qu.:1.682   3rd Qu.:554.0
 Max.   :0.07483   Max.   :0.4487   Max.   :0.1935   Max.   :2.247   Max.   :736.0

mining info:
      data ntransactions support confidence
 Groceries         9835    0.04        0.3

call
 apriori(data = Groceries, parameter = list(support = 0.04, confidence = 0.3, target = "rules"))
```

> inspect(rules) # rules 조회

```
    lhs                  rhs                support    confidence coverage   lift     count
[1] {tropical fruit}  => {whole milk}       0.04229792 0.4031008  0.1049314  1.577595 416
[2] {root vegetables} => {other vegetables} 0.04738180 0.4347015  0.1089985  2.246605 466
[3] {root vegetables} => {whole milk}       0.04890696 0.4486940  0.1089985  1.756031 481
[4] {yogurt}          => {other vegetables} 0.04341637 0.3112245  0.1395018  1.608457 427
[5] {yogurt}          => {whole milk}       0.05602440 0.4016035  0.1395018  1.571735 551
[6] {rolls/buns}      => {whole milk}       0.05663447 0.3079049  0.1839349  1.205032 557
[7] {other vegetables} => {whole milk}      0.07483477 0.3867578  0.1934926  1.513634 736
```

> inspect(sort(rules, by = c('lift'), decreasing = TRUE)) # 향상도 순 조회

```
    lhs                  rhs                support    confidence coverage   lift     count
[1] {root vegetables} => {other vegetables} 0.04738180 0.4347015  0.1089985  2.246605 466
[2] {root vegetables} => {whole milk}       0.04890696 0.4486940  0.1089985  1.756031 481
[3] {yogurt}          => {other vegetables} 0.04341637 0.3112245  0.1395018  1.608457 427
[4] {tropical fruit}  => {whole milk}       0.04229792 0.4031008  0.1049314  1.577595 416
[5] {yogurt}          => {whole milk}       0.05602440 0.4016035  0.1395018  1.571735 551
[6] {other vegetables} => {whole milk}      0.07483477 0.3867578  0.1934926  1.513634 736
[7] {rolls/buns}      => {whole milk}       0.05663447 0.3079049  0.1839349  1.205032 557
```

> # Groceries 트랜잭션에서 "whole milk", "other vegetables"제외하고 룰 생성
> inspect(apriori(Groceries,
+   parameter=list(support=0.01, confidence=0.3),
+   appearance=list(none=c("whole milk", "other vegetables"))))

```
Apriori

Parameter specification:
 confidence minval smax arem  aval originalSupport maxtime support minlen maxlen target   ext
        0.3    0.1    1 none FALSE            TRUE       5    0.01      1     10  rules  TRUE

Algorithmic control:
 filter tree heap memopt load sort verbose
    0.1 TRUE TRUE  FALSE TRUE    2    TRUE

Absolute minimum support count: 98

set item appearances ...[2 item(s)] done [0.00s].
set transactions ...[169 item(s), 9835 transaction(s)] done [0.00s].
sorting and recoding items ... [86 item(s)] done [0.00s].
creating transaction tree ... done [0.00s].
checking subsets of size 1 2 3 done [0.00s].
writing ... [6 rule(s)] done [0.00s].
creating S4 object  ... done [0.00s].
```

```
          lhs                    rhs                  support     confidence coverage   lift     count
[1] {berries}           => {yogurt}            0.01057448  0.3180428  0.03324860 2.279848 104
[2] {cream cheese }     => {yogurt}            0.01240468  0.3128205  0.03965430 2.242412 122
[3] {beef}              => {root vegetables}   0.01738688  0.3313953  0.05246568 3.040367 171
[4] {curd}              => {yogurt}            0.01728521  0.3244275  0.05327911 2.325615 170
[5] {frankfurter}       => {rolls/buns}        0.01921708  0.3258621  0.05897306 1.771616 189
[6] {sausage}           => {rolls/buns}        0.03060498  0.3257576  0.09395018 1.771048 301
```

```
> # Groceries 트랜잭션에서 rhs=soda 룰만 조회
> inspect(apriori(Groceries,
+                 parameter=list(support=0.005,confidence=0.3),
+                 appearance=list(default='lhs', rhs="soda")))
```

```
Apriori

Parameter specification:
 confidence minval smax arem  aval originalSupport maxtime support minlen maxlen target   ext
        0.3    0.1    1 none FALSE            TRUE       5   0.005      1     10  rules  TRUE

Algorithmic control:
 filter tree heap memopt load sort verbose
    0.1 TRUE TRUE  FALSE TRUE    2    TRUE

Absolute minimum support count: 49

set item appearances ...[1 item(s)] done [0.00s].
set transactions ...[169 item(s), 9835 transaction(s)] done [0.00s].
sorting and recoding items ... [120 item(s)] done [0.00s].
creating transaction tree ... done [0.00s].
checking subsets of size 1 2 3 4 done [0.00s].
writing ... [8 rule(s)] done [0.00s].
creating S4 object  ... done [0.00s].
    lhs                                    rhs       support     confidence coverage   lift     count
[1] {processed cheese}                  => {soda} 0.005287239  0.3190184  0.01657346 1.829473 52
[2] {whole milk, chocolate}             => {soda} 0.005083884  0.3048780  0.01667514 1.748382 50
[3] {bottled water, bottled beer}       => {soda} 0.005083884  0.3225806  0.01576004 1.849901 50
[4] {bottled water, fruit/vegetable juice} => {soda} 0.005185562  0.3642857  0.01423488 2.089067 51
[5] {sausage, shopping bags}            => {soda} 0.005693950  0.3636364  0.01565836 2.085343 56
[6] {rolls/buns, shopping bags}         => {soda} 0.006304016  0.3229167  0.01952211 1.851828 62
[7] {sausage, rolls/buns}               => {soda} 0.009659380  0.3156146  0.03060498 1.809953 95
[8] {yogurt, bottled water}             => {soda} 0.007422471  0.3230088  0.02297916 1.852357 73
```

지지도 support 0.04, 신뢰도 confidency 0.5 이상인 연관관계를 총 가진 7건의 Groceries Apriori rules를 생성했다. rules의 summary 결과는 총 7개의 룰 세트가 생성되었으면 룰 세트에는 lhs와 rhs를 쳐서 7개 룰 모두 두 개의 품목으로 구성되었다. 측정 지표를 보면 support 평균이 0.05279, confidence 0.3849, lift 1.640로 룰이 잘 생성된 것으로 판단된다. 생성된 rules는 inspect() 함수로 조회할 수 있다. 룰을 생성할 때 특정 특정 품목을 제외하고 생성할 수도 있고 특정 품목만 포함된 룰을 생성할 수도 있다. 따라서 연관규칙 분석에서 어떻게 룰을 정하느냐에 따라 인사이트도 달라질 수 있으니 반복 시험으로 최적의 룰을 생성할 수 있도록 해야 한다. Groceries Apriori rules 생성된 결과는 다양한 시각화(Visualization)로 검증과 해석을 할 수 있다. 이에 대한 R 코드는 다음과 같다.

 12-2-2-3: Groceries 연관규칙 시각화(Visualization)

```
> plot(rules, method="scatterplot", engine = "ggplot2",
+      colors = c("#EE0000FF", "#00FF00"))
```

[그림 12-15]

> plot(rules, method="grouped", engine = "ggplot2") # LHS와 RHS 산점도

[그림 12-16]

> plot(rules, method="paracoord") # 품목별 병렬 좌표 도표

[그림 12-17]

> plot(rules, method="graph", engine='interactive') # 품목별 연관 규칙 도표

[그림 12-18]

Groceries 연관규칙 지지도에 대한 신뢰도 산점도는 7개 룰을 2차원 평면 위에 표시한 것은 [그림 12-15]와 같다.

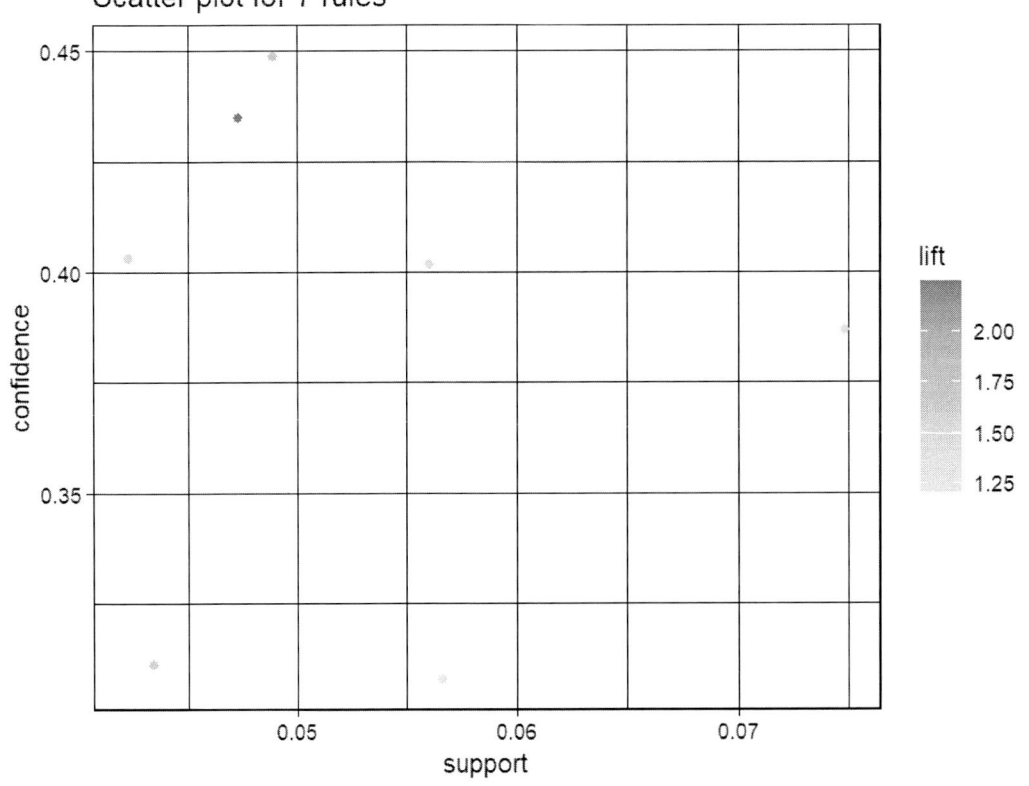

[그림 12-15] Groceries 연관 규칙 지지도에 대한 신뢰도 산점도

Groceries 연관규칙 LHS에 대한 RHS 산점도는 [그림 12-16]과 같다.

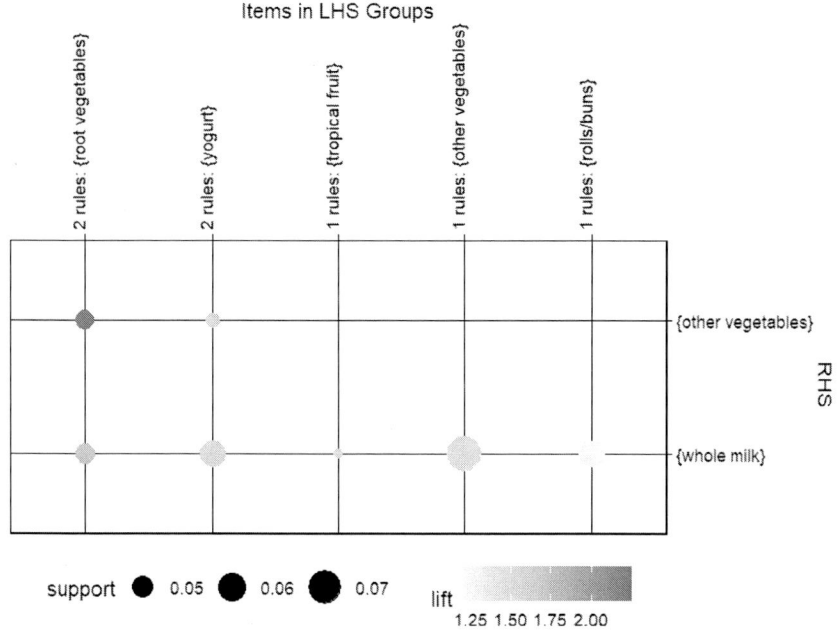

[그림 12-16] Groceries 연관규칙 LHS에 대한 RHS 산점도

Groceries 연관규칙 LHS에 대한 RHS 산점도에서 LHS의 'other vegitables'와 RHS 'whole milk'의 지지도 support는 가장 큰 것을 직관적으로 파악할 수 있다. 또한 LHS 'root vegetables'과 RHS 'other vegetables'의 신뢰도 confidence가 가장 큰 것을 알 수 있다.

Groceries 연관규칙 품목별 병렬 좌표 도표는 [그림 12-17]과 같다.

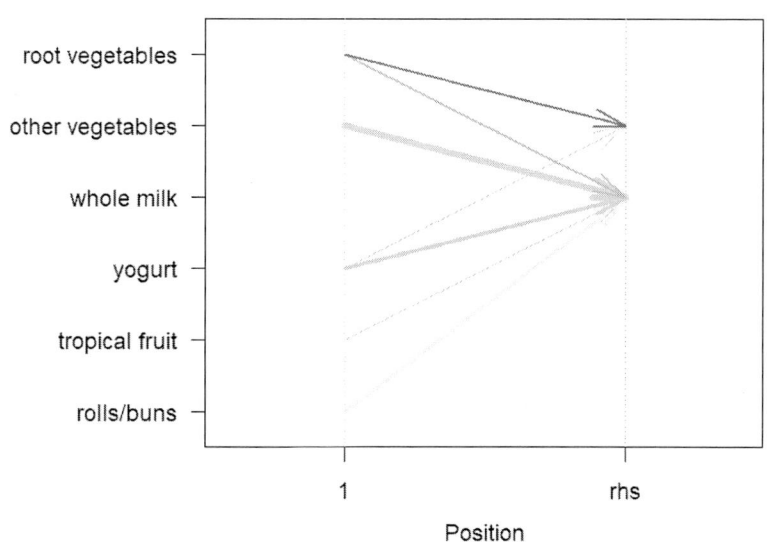

[그림 12-17] Groceries 연관규칙 품목별 병렬 좌표 도표

Groceries 연관규칙 품목별 병렬 좌표 도표에서 최소 지지도 0.04에서 'rolls/buns' 식품을 구매하면 'yogurt'함께 구매하고 'yogurt'를 구매하면 'whole milk'와 'other vegetables'를 함께 구매하는 것을 알 수 있다. 또한 'tropical fruit'를 구매하면 'whole milk'를 구매하고 'root vegetables'를 구매하면 'other vegetables'를 함께 구매한다는 것을 알 수 있다.

Groceries 품목별 연관규칙 도표는 [표 12-18]과 같다.

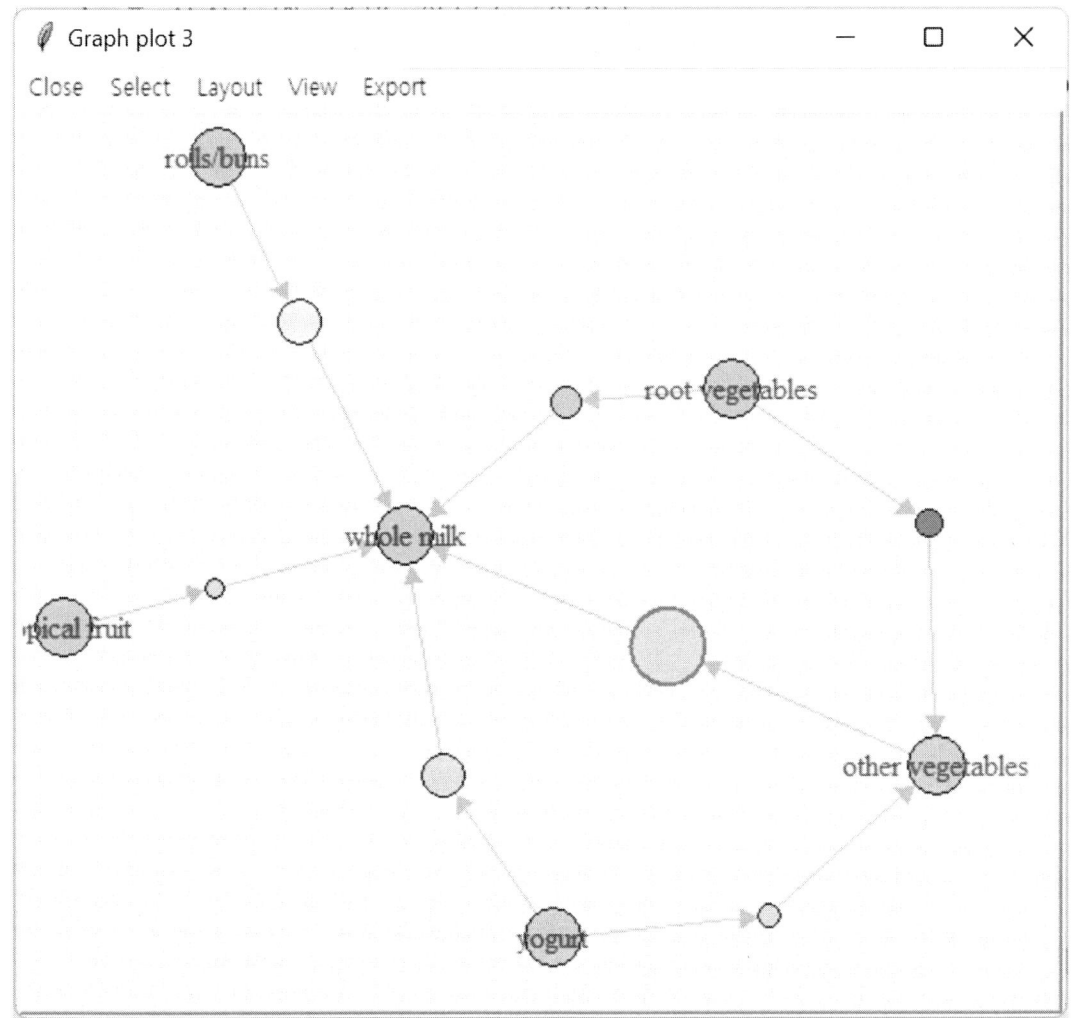

[그림 12-18] Groceries 품목별 연관규칙 도표

Groceries 품목별 연관규칙 도표는 품목 간에 연관관계를 직관적으로 파악할 수 있도록 시각화한 것으로 원의 크기는 지지도 support를 의미하고 원 색상의 명암은 신뢰도 confidence를 나타낸다. Groceries 품목별 연관규칙 도표에서 'whole milk'와 'other vegetables' 식품 간에 지지도와 신뢰도가 가장 높아 연관관계가 가장 밀접한 것으로 파악된다. 그리고 'whole milk'는 다른 식품과 가장 많이 판매되었다는 것을 도표에서 알 수 있다.

12.3 군집분석

1. 이론적 배경

군집 분석(Clustering Analysis)이란 각 객체(대상)의 유사성(similarity)을 측정하여 유사성이 높은 객체끼리 몇 개의 군집으로 집단화하여 군집 내 동질성(homogeneity) 및 군집 간 이질성(heterogeneity)을 규명해 내는 데이터 마이닝 기법이다. 군집분석은 오로지 다변량 데이터 객체 간에 유사성을 기반으로 군집을 구성하기 때문에 별도의 목표변수(반응변수)가 요구되지 않는 대표적인 비지도 학습(unsupervised learning)이다. 군집화 방법은 크게 계층적 군집화(Hierarchical Clustering)와 비계층적(분리형) 군집화(Partitioning Clustering)로 나눌 수 있다.

① 계층적 군집화

계층적 군집화(Hierarchical Clustering)는 유사성이 가장 가까운 객체들을 계층적으로 연결을 반복하여 군집 간에 계층을 형성한다.

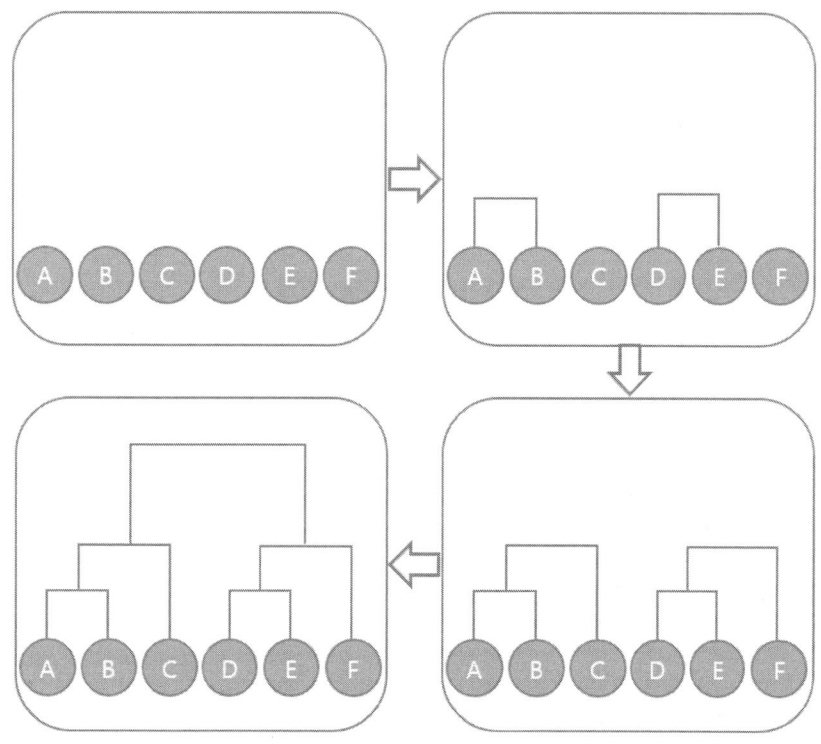

[그림 12-19] 계층적 군집화 과정

계층적 군집화 결과는 보통 계통도 또는 덴드로그램(dendrogram)의 형태로 표현되며 각 개체는 하나의 군집에만 속하게 된다. 덴드로그램은 객체들 사이와 군집 간에 구조적 유사성을 쉽게 파악할 수 있도록 한다. 그림 12-6에서 A와 B, D와 E는 서로 연결되는 링크의 높이가 가장 작으므로 각각은 밀접한 유사성을 가진다고 할 수 있다. 계층적 군집을 형성하는 방법에는 작은 군집에서 군집을 병합해 나가는 병합적 군집(agglomerative clustering) 방법과, 큰 군집에서 작은 군집으로 군집을 분리해 나가는 분할적 군집(divisive clustering) 방법이 있다.

계층적 군집화에서 개체 간의 유사성(혹은 거리)은 다양한 정의가 가능하며 군집 간의 연결법에 따라 군집화의 결과도 달라질 수 있다. 군집 간의 연결법에는 최단 연결법, 최장 연결법, 평균 연결법, 중심 연결법, 와드 연결법 등이 있다.

[표 12-8] 군집 연결법

구분	방식
최단 연결 (Single Link)	각 군집 내에 있는 관측값을 하나씩 뽑았을 때 그들 사이에 거리가 가장 최소가 되는 값을 두 군집 간에 거리로 결정하는 것으로 최단 거리가 사슬 모양이 될 수 있으며 고립된 군집을 찾는 데 중점을 두는 방법이다.
최장 연결 (Complete Link)	각 군집 내에 있는 관측값을 하나씩 뽑았을 때 그들 사이에 거리가 가장 크게 되는 값을 두 군집 간에 거리로 결정하는 것으로 같은 군집에 속하는 관측치는 알려진 최대 거리보다 짧으며 군집 간에 내부 응집성에 중점을 두는 방법이다.
중심 연결 (Distance Between Centroids)	각 군집 내에 있는 관측값 중에 가장 중심에 있는 관측값 사이에 거리를 두 군집 간에 거리로 결정하는 것으로 두 군집을 연결할 때 새로운 군집의 평균은 가중평균으로 한다.
평균 연결 (Group Average Link)	각 군집 내에 모든 관측값의 평균을 구하여 두 군집 간에 거리로 결정하는 것으로 평균을 구하면서 군집화하기 때문에 불필요한 계산량이 많아질 수 있다.
와드 연결 (Ward Link)	각 군집 내에 있는 관측값들 오차들을 제곱하여 합으로 각 군집의 거리로 결정하는 것으로 보통 두 군집이 합해지면 병합된 군집의 오차제곱합은 병합 이전 각 군집의 오차제곱합보다 커지게 되는데 증가량이 가장 적어지는 방향으로 군집을 형성하는 방법이다.

계층적 군집은 두 개체 또는 두 군집 간의 거리에 기반하여 군집을 형성해 가므로 거리에 대한 정의가 필요하다. 군집에서 거리를 계산할 때 관측값이 연속형일 경우와 명목형일 경우 다르게 적용된다. 관측값이 연속형일 경우에는 다음과 같은 계산식 중 하나를 선택하게 된다.

유클리드안($Euclidian$)거리 : $d(i,j) = \sqrt{\sum_{f=1}^{p}(x_{if}-x_{jf})^2}$

맨해튼($Manhattan$)거리 : $d(i,j) = \sum_{f=1}^{p}|x_{if}-x_{jf}|$

민코우스키($Minkowski$)거리 : $d(i,j) = \left[\sum_{f=1}^{p}(x_{if}-x_{jf})^m\right]^{1/m}$

표준화($Standardized$)거리 : $d(i,j) = \sqrt{(x_i-x_j)D^{-1}(x_i-x_j)}$,
$D = Diag(S_{ii},...S_{pp})$: 표본분산 행렬

마할라노비스(*Mahalanobis*)거리 : $d(i,j) = \sqrt{(x_i - x_j)' S^{-1} (x_i - x_j)}$,
$S = (S_{ij})_{p \times p}$: 표본 공분산 행렬

이 가운데 유클리안 거리, 맨해튼 거리, 민코우스키 거리는 수학적 거리로 생각할 수 있으며 표준화 거리와 마할라노비스 거리는 통계적 거리로 생각할 수 있다. 표준화 거리는 변수의 측정 단위를 표준화한 거리이며, 마할라노비스 거리는 변수의 표준화와 함께 변수 간의 상관성을 동시에 고려한 통계적 거리로 생각할 수 있다. 이 외에도 체비세프 거리, 켄버라 거리가 있으며 유사성 측도인 코사인 거리, 상관계수 등을 이용하여 거리를 정의할 수도 있다.

군집 분석에서 연속형 변수의 거리 계산은 일반적으로 유클리드안 거리를 가장 많이 사용한다. 따라서 유클리드안 거리를 구하는 예제는 [그림 12-20]과 같다.

Customer Data

고객	등록개월수	연령
A	2	31
B	4	36
C	9	22
D	33	36
E	37	29
F	57	43

Euclidian Distance Matix

$d_{AB} = \sqrt{(2-4)^2 + (31-36)^2}$

	A	B	C	D	E	F
B	5.38516481					
C	11.4017543	10.2956301				
D	31.4006369	29.4278779	27.784888			
E	35.0570963	33.0605505	28.8617394	8.06225775		
F	56.2938718	54.3415127	52.3927476	25	24.4131112	

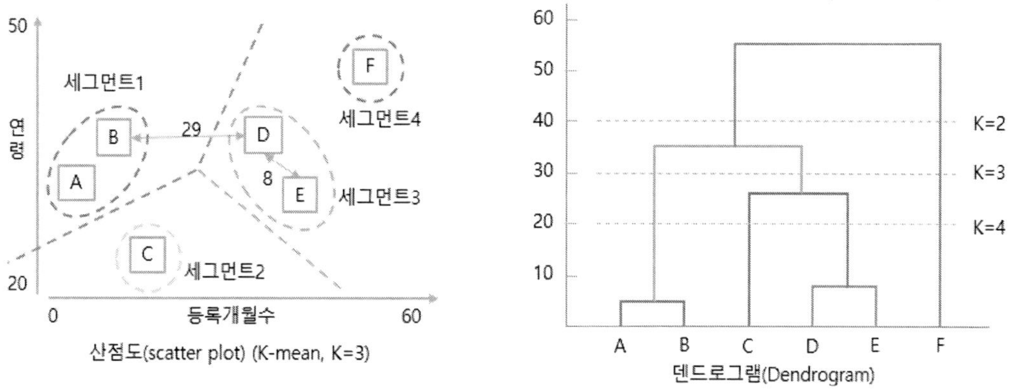

[그림 12-20] 고객 데이터 유클리드 거리 산정 예제

한편 모든 변수가 명목형일 때 개체 i와 j 간의 거리는 구하는 식은 다음과 같다.

$$d(i,j) = \frac{\text{객체 } i \text{와 } j \text{에서 다른 값을 가지는 변수의 수}}{\text{총 변수의 수}}$$

이 외에도 명목형 자료에 대한 거리에는 유사성 측도인 단순 일치 계수(Simple Matching Coefficient), 자카드(Jaccard) 계수 등을 이용하거나, 순서형 자료의 경우에는 순위 상관계수(Rank Correlation Coefficient)를 이용하여 거리를 구할 수 있다. 유사성과 거리는 반대의 개념에 유의한다.

군집분석은 고객 세분화(customer's segmentation)를 통한 마케팅 전략 STP(Segmentation, Targeting, Positioning)를 통한 고객별 차별화 전략과 투자 상품 포트폴리오 구성을 통한 위험률 감소에 활용할 수 있다. 또한 산업 포트폴리오 구성 및 검색 결과를 그룹화해서 관심도 규명, 협업 필터링(Collaborative Filtering)을 통한 유사 제품 식별 등에 활용된다.

2 비계층적 군집화

비계층적 군집화(Partitioning Clustering)는 사전에 정해진 군집 수에 따라 그룹을 형성해 나가는 과정을 거치게 된다. 알고리즘은 여러 가지가 있으나 주로 K-평균 군집(K-means Clustering) 알고리즘을 사용한다. K-평균 알고리즘은 초기에 원하는 군집 수 K개(Centroids)를 설정하고 객체를 가까운 초기값에 할당하여 군집을 형성한 후 각 군집의 평균을 재계산하여 초기값을 갱신한다. 갱신된 값에 대하여 할당 과정을 반복하여 k개의 최종 군집을 형성한다. 이런 K-평균 군집 절차는 다음과 같다.

- (1단계) 초기 중심으로 k개의 객체를 임의로 선택한다.
- (2단계) 각 객체를 가장 가까운 군집 중심에 할당한다.
- (3단계) 각 군집 내의 객체들의 평균을 계산하여 평균으로 군집의 중심을 변경한다.
- (4단계) 군집 중심의 변화가 거의 없을 때까지 2단계와 3단계를 반복한다.

위 2단계는 객체들이 군집의 평균 중심점으로부터 오차 제곱의 합이 최소가 되도록 각 객체를 할당하는 과정이다. 오차 제곱의 합을 구하는 식은 다음과 같다.

$$E = \sum_{i=1}^{k} \sum_{x \in C_i} (x - \overline{x_i}), \ \overline{x_i} = \frac{1}{n} \sum_{x \in C_i} x$$

K-평균 군집 절차를 [그림 12-21]로 설명한 것이다.

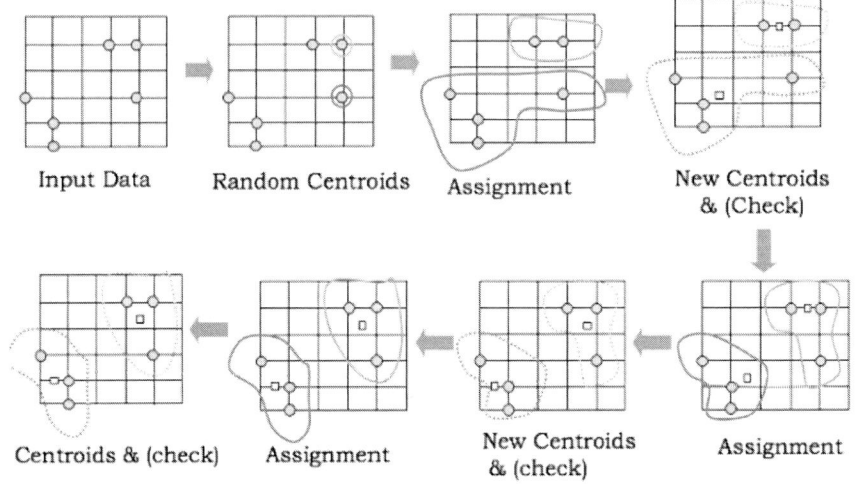

[그림 12-21] K-평균 군집 절차도

K-평균 군집 절차에서 입력 데이터(Input data)에서 미리 정해진 개수(그림에서는 2개를 가정)의 중심점(Centroids)을 무작위(random)로 설정한다(두 번째 그림). 그리고 각각 중심점과 다른 점들과 거리를 계산하여 더 가까운 중심점과 군집을 이룬다(세 번째 그림). 그리고 군집들 사이에 평균을 계산하여 평균에 해당하는 값으로 중심점을 다시 지정한다(네 번째 그림). 다시 지정된 중심점과 객체 간에 거리를 계산하여 더 가까운 중심점과 다시 군집을 이룬다(다섯 번째 그림). 다시 군집을 이룬 객체 간에 평균을 계산하여 그 평균에 해당하는 지점으로 다시 중심점을 정한다(여섯 번째 그림). 또다시 새롭게 정한 중심점과 객체들 사이에 거리를 구해 가장 가까운 객체들끼리 군집을

이룬다(일곱 번째 그림). 이와 같은 중심점을 정하고 중심점과 가까운 객체들을 그룹으로 정하는 과정을 반복하다 보면 더 이상 중심점이 갱신되지 않으면 최종 군집으로 결정한다(여덟 번째 그림). K-평균 군집 알고리즘은 군집 식별에 대한 간단한 원리를 이용하여 알고리즘이 단순하고 빠르게 수행되며 계층적 군집보다 더 많은 양의 자료를 효과적으로 분석할 수 있다는 장점이 있다. K-평균 군집은 객체 간에 평균을 계산하여 중심점을 설정하기 때문에 모든 변수는 연속형 데이터이어야 한다. 그러나 군집의 중심점을 계산하는 과정에서 잡음이나 이상값에 많은 영향을 받고 볼록한 형태가 아닌(non-convex) 군집(예를 들면 U자 형태의 군집)이 존재할 경우는 성능이 떨어진다. K-평균의 단점을 개선하기 위하여 'Lloyd', 'Forgy' 등의 알고리즘이 있다.

2. 군집분석 실무

① Customers 군집분석

군집분석 실무과정을 쉽게 이해하기 위하여 [그림 12-20]의 간단한 고객 데이터셋(Customer Dataset)을 이용하여 알아보자. 먼저 계층적 군집 분석 R 코드와 실행 결과는 다음과 같다.

 12-3-1-1: Customers 계층적 군집 분석하기

```
> # Customers 계층적 군집 분석
> # customers data.frame 생성
> customers <- data.frame(등록개월=c(2, 4, 9, 33, 37, 57),
+                        연령=c(31, 36, 22, 36, 29, 43))
> rownames(customers) <-c('홍길동','이수일','심순애','이상해','한송희','최고참')
> customers # customers 데이터셋 확인
      등록개월 연령
홍길동        2   31
이수일        4   36
심순애        9   22
이상해       33   36
한송희       37   29
최고참       57   43
> (customers.dist <- dist(customers, method='euclidian')) # 유클리디안 거리
           홍길동      이수일     심순애     이상해     한송희
이수일   5.385165
심순애  11.401754  14.866069
이상해  31.400637  29.000000  27.784888
한송희  35.057096  33.734256  28.861739   8.062258
최고참  56.293872  53.460266  52.392748  25.000000  24.413111
```

```
> (customers.hclust.fit <- hclust(customers.dist, method='average')) # 군집

Call:
hclust(d = customers.dist, method = "average")

Cluster method   : average
Distance         : euclidean
Number of objects: 6

> plot(customers.hclust.fit, hang = -1, cex = 1.2, lwd = 1,
+       main = 'Cluster Dendrogram of Customers')
```
[그림 12-22]
```
> (customers.groups <- cutree(customers.hclust.fit, k = 3)) # 그룹핑
홍길동 이수일 심순애 이상해 한송희 최고참
     1      1      1      2      2      3
> plot(customers.hclust.fit, hang = -1, cex = 1.2, lwd = 1,
+       main = 'Cluster Dendrogram of Customers')
> rect.hclust(customers.hclust.fit, k = 3, border='red') # 그룹 사각형 표시
```
[그림 12-23]

customers 데이터셋은 '등록개월'과 '연령' 2개의 변수에 6개의 객체를 가지고 있다. 6명의 고객의 등록개월과 연령이 유사한 사람끼리 군집하기 위해서 dist() 함수를 이용하여 유클리드 거리를 계산했다. customers.dist 매트릭스는 홍길동과 이수일의 유클리드 거리는 5.385165이고, 심순애는 11.401754 등 6명의 모두 절대적인 유클리드안 거리를 가지고 있다. customers.dist 유클리디안 매트릭스를 이용하여 hclust() 함수를 이용하여 군집 간 평균법으로 계층적 군집 customers.hclust.fit을 생성했다. 이렇게 생성한 customers.hclust.fit의 덴드로그램(dentrogram)은 [그림 12-22]와 같다.

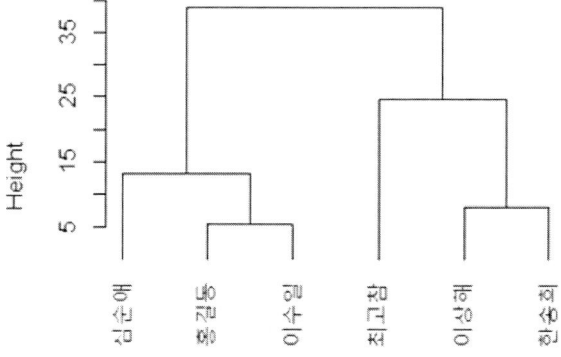

[그림 12-22] Customers의 군집 덴드로그램

Customers의 군집 덴드로그램에서 '홍길동'과 '이수일', '이상해'와 '한송희'는 서로 유사한 것으로 파악된다. 그러나 '홍길동'과 '이수일'이 '이상해'와 '한송희'보다 더 친밀한(덴드로그램 높이 차이) 것을 알 수 있다. 이처럼 계층적 군집화의 덴드로그램은 직관적으로 다양한 군집을 나눌 수 있는데 편리하다. 만일 그룹을 3개로 나눌 때 {홍길동, 이수일, 심순애}를 1그룹으로 {이상해, 한송희}는 2그룹, 최고참은 3그룹으로 나눌 수 있다. Customers의 군집 덴드로그램을 3개의 군집으로 나눈 것은 [그림 12-23]과 같다.

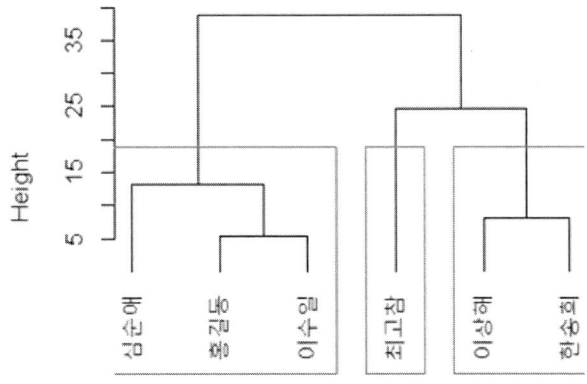

[그림 12-23] Customers의 군집 덴드로그램(군집 수 3)

Customers의 군집 덴드로그램에서 군집수 3의 높이는 약 19에서 형성된다. 만일 높이 10에서 군집을 나누면 군집 수는 4개가 되고 높이 30에서는 2개의 군집으로 나누어질 것이다.

다음은 customer 데이터셋을 이용하여 비계층적 군집분석을 수행하는 다음과 같은 R 코드를 살펴보자.

 12-3-1-2: Customer 비계층적 군집 분석(K-평균)하기

```
> customers <- data.frame(등록개월=c(2, 4, 9, 33, 37, 57),
+                         연령=c(31, 36, 22, 36, 29, 43))
> rownames(customers) <-c('홍길동','이수일','심순애','이상해','한송희','최고참')
> customers # customers 데이터셋 확인
        등록개월 연령
홍길동         2   31
이수일         4   36
심순애         9   22
이상해        33   36
한송희        37   29
최고참        57   43
> customers.km.fit <- kmeans(scale(customers), centers = 3, nstart = 25,
```

```
+                              iter.max = 25) # 군집 수 3개
> customers.km.fit
```
K-means clustering with 3 clusters of sizes 1, 2, 3
Cluster means:
```
      등록개월      연령
1   1.5066667   1.41303684
2   0.5122667  -0.04632908
3  -0.8437333  -0.44012623
```
Clustering vector:
```
홍길동 이수일 심순애 이상해 한송희 최고참
   3      3      3      2      2      1
```
Within cluster sum of squares by cluster:
[1] 0.0000000 0.4896218 1.9977424
 (between_SS / total_SS = 75.1 %)
Available components:
```
[1] "cluster"      "centers"      "totss"        "withinss"     "tot.withinss"
[6] "betweenss"    "size"         "iter"         "ifault"
> plot(customers, ylim=c(1, 50), cex = 1.2,
+      col = customers.km.fit$cluster,
+      pch = customers.km.fit$cluster,
+      main = "Scatter Plot of Customers' Clustering")
> text(customers, labels = rownames(customers), pos = 1)
```
[그림 12-24]

customers 비계층적 군집분석은 K-평균 R 함수 kmeans()를 사용했다. 함수 kmeans()의 입력 인자는 다음과 같다.

[표 12-9] kmeans() 함수의 인자

인자	설명
x	학습할 데이터(수치형 matrix)
centers	중심 k의 수(군집 수)
inter.max	최대 반복 산정 수
nstart	초기값
algorithm	수행할 알고리즘("Hartigan-Wong", "Lloyd", "Forgy", "MacQueen") default = "Hartigan-Wong"
trace	산정 과정 출력 여부(디폴트 FALSE)

R의 K-평균 군집분석은 관측치 사이에 거리를 계산하여 군집을 결정하기 때문에 변수 단위에 영향을 많이 받게 된다. 따라서 이러한 문제를 해결하기 위하여 K-평균을 적용하기 해당 데이터셋을 scale() 함수를 사용하여 표준화를 수행한다. 함수 kmeans() 파라미터 centers는 초기에 선택할 중심점 수는 3으로 했기 때문에 최종 군집의 수는 3이 된다.

군집분석 결과 kmeans() 함수 수행 결과에서 확인할 수 있는 변수는 총 9개가 있는데 각각의 의미는 다음과 같다.

[표 12-10] kmeans() 함수의 출력 인자

인자	설명
cluster	군집 분류 결과
centers	각 군집의 중심점(군집 수)
totss	변동 전체 합계
withinss	각각 군집 내 변동 합계
tot.withinss	군집 내 변동의 합
betweenss	군집간 변동 합
size	각 군집 안에 있는 데이터 수
iter	반복 회수
ifault	가능한 알고리즘 문제 표시

결과를 살펴보면 3개의 군집으로 나눌 때 군집 크기는 1, 2, 3이고 1군집은 '최고참'이고 군집내 분산의 합은 0.0000000, 2군집은 '이상해' '한송희'이고 군집 내 분산의 합은 0.4896218, 3군집은 '홍길동' '이수일' '심순애'으로 군집내 분산의 합은 1.9977424이다. 이와 같은 군집 결과를 산점도 그래프로 표시한 것은 [그림 12-24]이다.

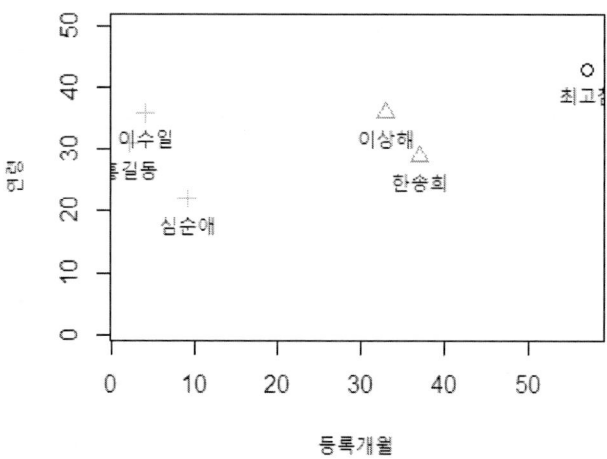

[그림 12-24] customers 비계층적 군집 산점도

② USArrests 군집분석

좀 더 사실적인 군집분석 과정을 알아보기 위하여 미국 50개 주의 살인 Murder, 폭행 Assault, 도시인구율 UrbanPop, 강간 Rape의 데이터를 집계한 USArrests 데이터셋을 사용할 것이다. 먼저 계층적 군집 분석을 위한 R 코드와 실행 결과는 다음과 같다.

 12-3-2-1: USArrests 계층적 군집 분석하기

```
> data(USArrests)
> str(USArrests)
'data.frame':	50 obs. of  4 variables:
 $ Murder  : num  13.2 10 8.1 8.8 9 7.9 3.3 5.9 15.4 17.4 ...
 $ Assault : int  236 263 294 190 276 204 110 238 335 211 ...
 $ UrbanPop: int  58 48 80 50 91 78 77 72 80 60 ...
 $ Rape    : num  21.2 44.5 31 19.5 40.6 38.7 11.1 15.8 31.9 25.8 ...
> head(USArrests)
           Murder  Assault  UrbanPop  Rape
Alabama     13.2    236       58     21.2
Alaska      10.0    263       48     44.5
Arizona      8.1    294       80     31.0
Arkansas     8.8    190       50     19.5
California   9.0    276       91     40.6
Colorado     7.9    204       78     38.7
> (USArrests.dist <- dist(USArrests, method='euclidian')) # 유클리드 거리
                 Alabama     Alaska   Arizona  Arkansas California   Colorado
Alaska          37.177009
Arizona         63.008333  46.592489
Arkansas        46.928137  77.197409 108.851918
California      55.524769  45.102217  23.194180  97.582017
Colorado        41.932565  66.475935  90.351148  36.734861  73.197131
Connecticut    128.206942 159.406556 185.159526  85.028289 169.277110  98.081191
Delaware        16.806249  45.182961  58.616830  53.010376  49.291480  41.477825
Florida        102.001618  79.974496  41.654532 148.735739  60.980735 131.405822
Georgia         25.841827  57.030255  86.037957  25.586129  73.997297  25.093027
Hawaii         191.803050 221.193535 248.268967 147.775979 231.071093 159.179176
Idaho          116.761980 146.484982 176.817674  70.587038 162.612792  90.886413
Illinois        28.454877  42.911653  45.697812  67.770274  32.718802  47.669068
Indiana        123.345207 152.804090 181.897801  78.478086 166.229961  93.615063
Iowa           180.610105 209.983523 239.991458 134.594948 224.634659 152.079749
Kansas         121.519875 151.480197 180.028914  76.753436 164.516747  92.179716
Kentucky       127.284170 156.612037 187.690303  81.092848 173.207910 101.024749
Louisiana       15.454449  32.348879  48.494639  61.545512  41.635562  49.974994
Maine          154.145289 183.897526 214.327413 107.850730 199.931113 127.900156
Maryland        64.993615  44.839492  15.015991 111.642913  36.347352  97.300411
Massachusetts   91.648513 123.254209 145.875906  54.181178 129.524708  59.900000
[이하 생략]
> (USArrests.hclust.fit <- hclust(USArrests.dist, method='average')) # 군집
```

```
Call:
hclust(d = USArrests.dist, method = "average")

Cluster method   : average
Distance         : euclidean
Number of objects: 50
```

```
> plot(USArrests.hclust.fit, cex=.8, lwd=1,
+      main='Cluster Dendrogram of USArrests')
```

[그림 12-25]

```
> (USArrests.groups <- cutree(USArrests.hclust.fit, k = 5)) # 그룹핑
       Alabama         Alaska        Arizona       Arkansas     California
             1              1              1              2              1
      Colorado    Connecticut       Delaware        Florida        Georgia
             2              3              1              4              2
        Hawaii          Idaho       Illinois        Indiana           Iowa
             5              3              1              3              5
        Kansas       Kentucky      Louisiana          Maine       Maryland
             3              3              1              5              1
 Massachusetts       Michigan      Minnesota    Mississippi       Missouri
             2              1              5              1              2
       Montana       Nebraska         Nevada  New Hampshire     New Jersey
             3              3              1              5              2
    New Mexico       New York North Carolina   North Dakota           Ohio
             1              1              4              5              3
      Oklahoma         Oregon   Pennsylvania   Rhode Island South Carolina
             2              2              3              2              1
  South Dakota      Tennessee          Texas           Utah        Vermont
             5              2              2              3              5
      Virginia     Washington  West Virginia      Wisconsin        Wyoming
             2              2              5              5              2
```

```
> plot(USArrests.hclust.fit, cex=.8, lwd=1,
+      main='Cluster Dendrogram of USArrests')
> rect.hclust(USArrests.hclust.fit, k=5, border='red') # 5개 그룹
```

[그림 12-26]

R에 기본적으로 포함된 USArrests는 4개의 연속형 변수에 50개 관측값이 기록되어 있다. 즉 Alabama를 시작으로 Wyoming 주까지 미국 50개 주의 10만당 살인 Murder, 폭행 Assault, 강간 Rape과 도시인구율 UrbanPop이 기록되어 있다. dist() 함수를 이용하여 각각의 변수들 사이에 절대적인 유클리드 거리 계산하였다. 'Alaska'에서 'Alabama'의 유클리드 거리는 37.177009이고 'Arizona'까지 거리는 46.592489 등과 같은 값이 USArrests.dist에 저장된다.

hclust 함수를 이용하여 유클리드거리 USArrests.dist를 군집간 평균 방법 계층적 군집 모형 USArrests.hclust.fit을 생성했다. cuttree 함수로 높이(Height)가 1인 군집은 Alabama Alask, Arizona, California 등이 있고 높이가 2에서 군집은 Arkansas, Colorado 등이 군집을 이룬다. 이와 같은 사항을 덴드로그램으로 시각화한 것은 [그림 12-25]와 같다.

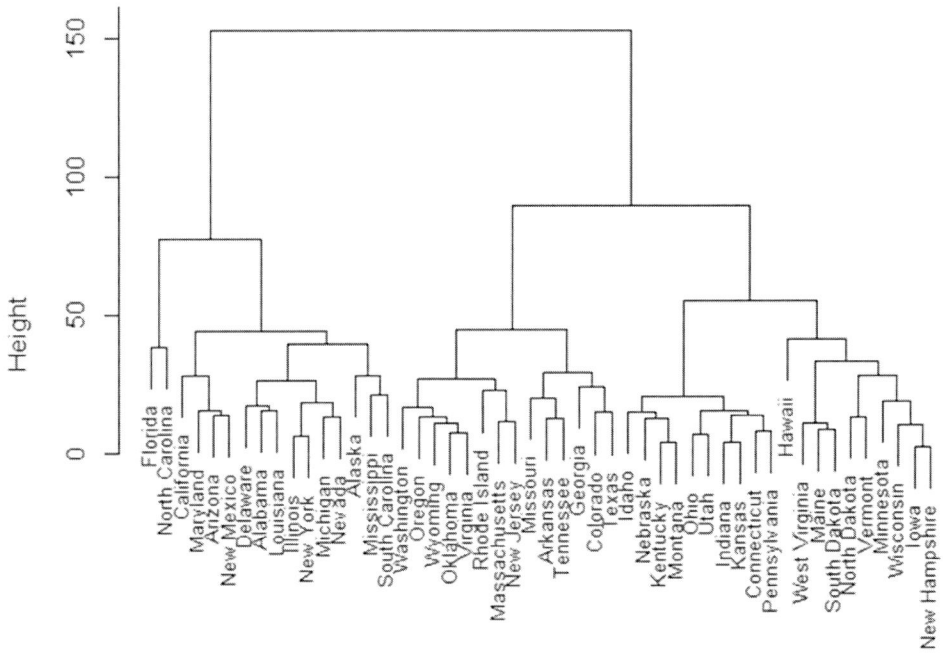

[그림 12-25] USArrests 데이터셋 계층적 군집 덴드로그램

USArrests 계층적 군집 덴드로그램에서 5개 군집으로 나누면 [그림 12-26]과 같다.

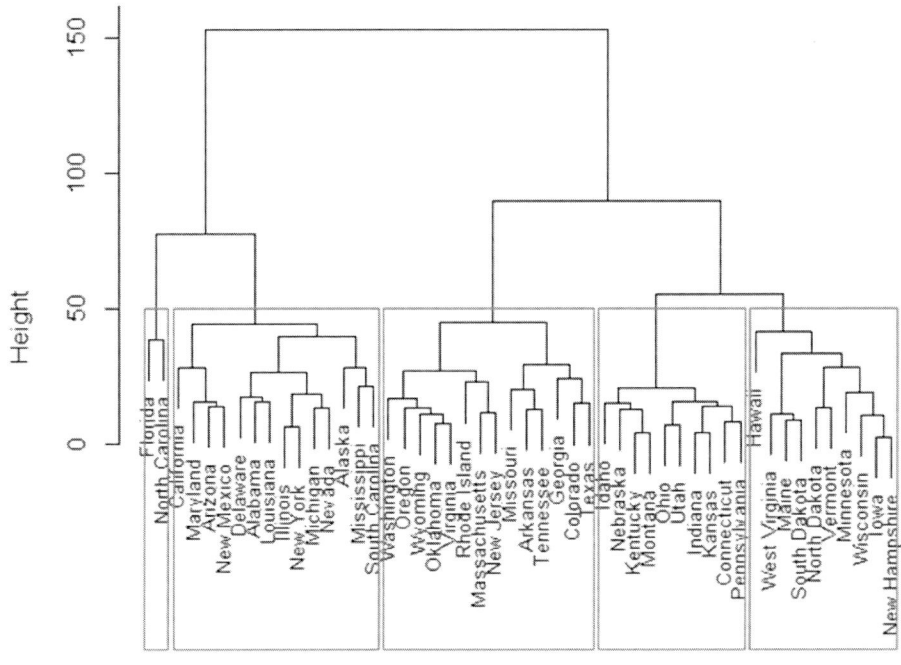

[그림 12-26] USArrests 데이터셋 5개 계층적 군집 덴드로그램

USArrests 범죄와 도시인구비율의 유사성을 5개로 군집으로 나누면 Florida, North Carolina 유사한 주가 되고 California, Maryland, Arizona 등, Washington, Oregon 등, Idaho, Nebraska 등, Hawaii, West Virginia 등이 유사한 주로 군집을 이룬다.

그러면 USArrests 데이터셋의 비계층적 군집 K-평균을 통하여 군집 분석하는 경우를 살펴보자. 이에 대한 R 코드는 다음과 같다.

 12-3-2-2: USArrests 비계층적 군집분석(K-평균)

```
> # (1) USArrests 비계층적 군집분석(모든 관측값 포함)
> USArrests.scaled <- scale(USArrests) # USArrests 표준화
> # 군집 수 결정
> wssplot <- function(data, nc=20, seed=1234) {
+    wss <- (nrow(data)-1)*sum(apply(data, 2, var))
+    for (i in 2:nc) {
+        set.seed(seed)
+        wss[i] <- sum(kmeans(data, centers=i)$withinss)
+    }
+    plot(1:nc, wss, type='b', col='red', pch = 19, frame = FALSE,
+        xlab='Number of Clusters',
+        ylab='Within groups sum of squares')
+ }
> wssplot(USArrests.scaled, 15)
```

[그림 12-27]

```
> USArrests.km.fit <- kmeans(USArrests.scaled,
+                             centers=5,
+                             nstart=25,
+                             iter.max=15,
+                             algorithm="Lloyd")
> USArrests.km.fit
```

```
K-means clustering with 5 clusters of sizes 7, 12, 12, 6, 13

Cluster means:
      Murder    Assault    UrbanPop         Rape
1  1.5803956  0.9662584 -0.777510858  0.04844071
2  0.7298036  1.1188219  0.757179907  1.32135653
3 -1.0782511 -1.1370610 -0.929664016 -1.00344660
4 -0.7549059 -0.5330923  1.240780212 -0.53012273
5 -0.1809203 -0.2574143  0.005208003 -0.07486675

Clustering vector:
       Alabama         Alaska        Arizona       Arkansas     California
             1              2              2              5              2
      Colorado    Connecticut       Delaware        Florida        Georgia
             2              4              5              2              1
        Hawaii          Idaho       Illinois        Indiana           Iowa
             4              3              2              5              3
        Kansas       Kentucky      Louisiana          Maine       Maryland
             5              5              1              3              2
 Massachusetts       Michigan      Minnesota    Mississippi       Missouri
             4              2              3              1              5
       Montana       Nebraska         Nevada  New Hampshire     New Jersey
             3              3              2              3              4
    New Mexico       New York North Carolina   North Dakota           Ohio
             2              2              1              3              5
      Oklahoma         Oregon   Pennsylvania   Rhode Island South Carolina
             5              5              5              4              1
  South Dakota      Tennessee          Texas           Utah        Vermont
             3              1              2              4              3
      Virginia     Washington  West Virginia      Wisconsin        Wyoming
             5              5              3              3              5

Within cluster sum of squares by cluster:
[1]  6.128432 18.257332  9.472845  4.488228 10.813255
 (between_SS / total_SS =  74.9 %)

Available components:

[1] "cluster"     "centers"     "totss"       "withinss"
[5] "tot.withinss" "betweenss"  "size"        "iter"
[9] "ifault"
```

> # (2) USArrests 비계층적 군집 시각화
> if(!require("factoextra")) install.packages("factoextra")
> library(factoextra)
> fviz_cluster(USArrests.km.fit, USArrests.scaled, ellipse.type = "norm") +
+   theme_minimal()

[그림 12-28]

> # (3) USArrests 비계층적 군집 분석(UrbanPop 제외)
> USArrests1.scaled <- scale(USArrests[,-3]) # USArrests[,-3] 표준화
> USArrests1.km.fit <- kmeans(USArrests.scaled, centers=5,
+   nstart=25, iter.max=15,
+   algorithm="Lloyd")

```
> fviz_cluster(USArrests1.km.fit, USArrests.scaled, ellipse.type = "norm") +
+   theme_minimal()
```
[그림 12-29]

USArrests 데이터셋은 살인 Muder, 폭력 Assault, 강간 Rape 변수는 관측 단위가 100000으로 동일하지만 UrbanPop는 도시인구 비율이 기록되어 있어서 scale 함수로 표준화했다. 사실 K-평균 군집분석을 수행하기 위해서는 초기에 군집의 수를 정해야 한다. 그러나 초기에 군집의 수를 정하기는 쉽지 않다. 따라서 자료의 특성을 이용하여 군집의 수를 결정하기 위하여 다음 [그림 12-27]과 같은 스크리 플롯(Scree Plot)을 살펴보자.

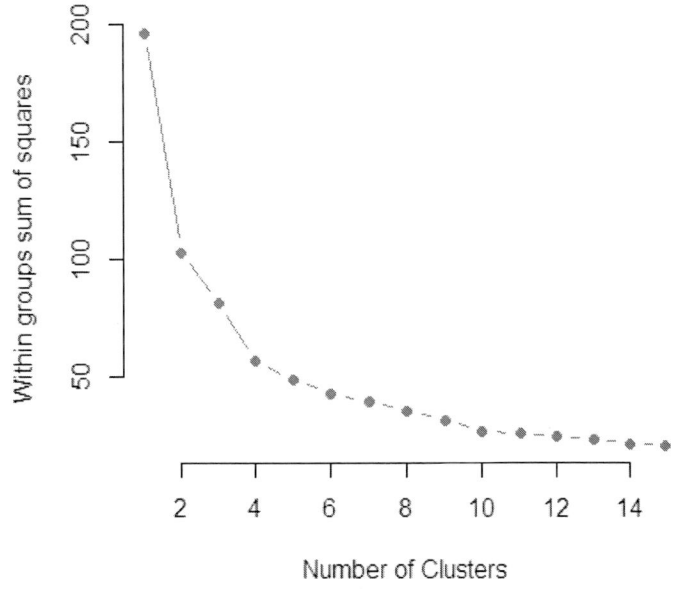

[그림 12-27] USArrests 군집분석 Scree Plot

USArrests 데이터셋 군집분석 Scree Plot에서 5까지 급속히 감소하다가 그 이후부터는 감소폭이 완만해지는 것을 알 수 있으므로 군집 수(centers)는 5로 하는 것이 효과적일 것으로 보인다. 따라서 USArrests의 군집 수를 5로 하는 K-평균을 시행하여 USArrests.km.fit을 생성했다. USArrests.km.fit 결과를 살펴보면 각 군집의 수는 7, 12, 12, 6, 13개이다. 4 군집에 속하는 Hawaii, Massachusetts, New Jersey, Rhode Island, Utah의 6개 주는 표준화 평균값이 4.488228로 다른 군집에 비하여 가장 낮으므로 범죄율이 낮은 주로 분류되었다. 반면에 2군집에 속하는 Alaska, Arizona, California, Colorado, Florida 등 12개 주는 표준화 평균값이 18.257332로 다른 군집에 비하여 가장 높으므로 범죄율이 가장 높은 주로 분류되었다. 이러한 사실을 클러스터 플롯(Cluster plot)으로 확인해 보자.

factoextra 패키지에 있는 fviz_cluster 함수로 클러스터 플롯으로 시각화한 것은 다음 [그림 12-28]과 같다.

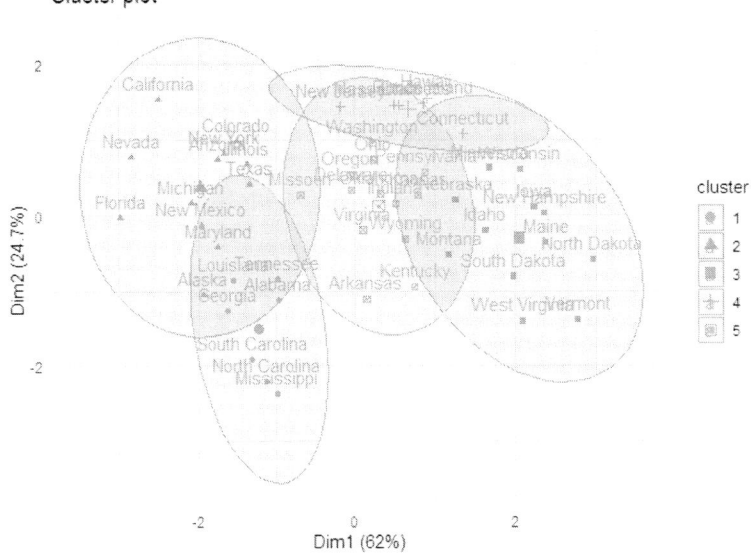

[그림 12-28] USArrests 클러스터 플롯

[그림 12-28]은 USArrests 다변량 데이터셋을 분할 군집(partitioning clustering)을 수행한 결과를 2차원의 평면에 군집별로 색깔과 모양을 달리해서 산점도로 표현한 것이다. USArrests 데이터셋의 전체 분산 중 가로축 Dim1이 62%이고 세로축 Dim2가 24.7%를 차지한다는 뜻으로 살인 murder, 폭행 assault, 강간 rape의 3개 변수가 '범죄'와 관련이 있어 Dim1으로 많이 설명되고 도시인구 UrbanPop가 Dim2로 설명할 수 있다.

USArrests에서 도시인구비율 UrbanPop을 제외하고 순수하게 범죄율 살인 murder, 폭행 assault, 강간 rape의 3개 변수로 군집 분석한 결과는 [그림 12-29]와 같다.

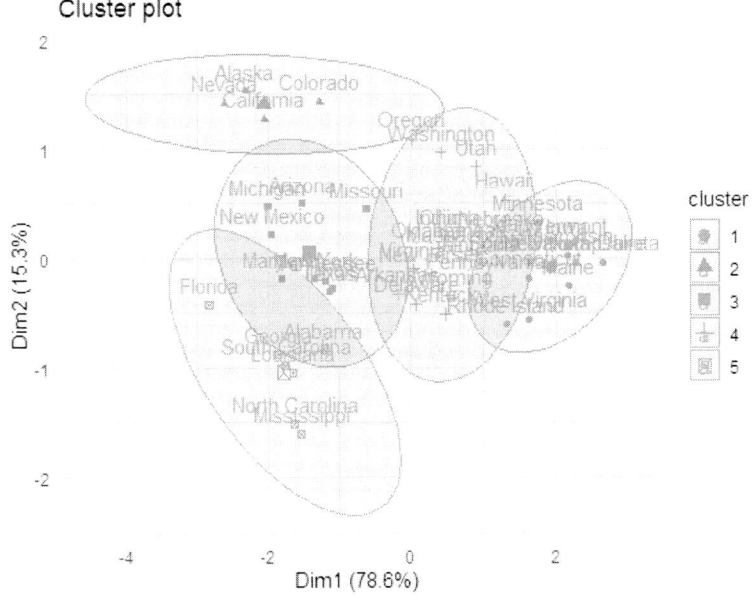

[그림 12-29] USArrests에서 UrbanPop을 제외한 클러스터 플롯

12.4 로지스틱 회귀 분석

1. 이론적 배경

로지스틱 회귀 분석(Logistic Regression Analysis: LRA)은 결과 변수(반응변수)가 범주형일 경우에 사용하는 데이터 마이닝 분류(classification) 기법의 하나다. 이는 일반적인 회귀모델은 반응변수가 연속형일 경우 한하여 향후 예측 모델을 생성한다는 면에서 차별된다. 로지스틱 회귀분석은 남/녀, 생존/사망, 강아지/고양이와 같이 결과변수의 클래스(집단) 수가 두 개인 경우의 적용할 수 있는 이항 로지스틱 회귀(Binominal Logistic Regression)와 결과변수의 클래스 수가 세 개 이상인 경우의 사용할 수 있는 다항 로지스틱 회귀(Multinomial Logistic Regression)로 나뉜다. 또한 다항 로지스틱 회귀에서 결과변수의 클래스 사이에 순서가 존재할 경우는 순서 로지스틱 회귀(ordinal logistic regression) 분석을 적용한다. 로지스틱 회귀 분류분석은 반드시 결과 변수가 주어져 있는 데이터를 분석 대상이기 때문에 지도학습(Supervised Learning)에 사용된다.

일반적인 회귀식은 결과 변수 Y를 선형결합(linear combination)으로 표현하지만 로지스틱 회귀식은 분류 모델을 위하여 결과 변수 Y를 비선형 결합(non-linear combination)으로 표현해야 한다. 즉 로지스틱 회귀식은 결과 변수 Y를 로짓함수로 표현한다.

일반적인 다중 선형 회귀식은 다음과 같이 표현된다.

$$p = \beta_0 + \beta_1 x_1 + \beta_2 x_2 + \ldots + \beta_q x_q \quad - \text{식}(1)$$

위 선형 회귀식 (1)은 변수 x_i값에 따라 예측값 p가 선형적으로 증가하거나 감소하게 된다. 그러나 로지스틱 회귀 분류 모델의 출력은 $1 \leq p \leq 1$의 확률값을 가여야 하므로 식 1을 다음과 같은 비선형 함수식으로 변경해야 한다.

$$p = \frac{1}{1 + eLSUP - (\beta_0 + \beta_1 x_1 + \beta_2 x_2 + \ldots + \beta_q x_q)} \quad - \text{식}(2)$$

위 식(2)를 로지스틱 반응 함수(logistic response function)라고 하며 $x_1, x_2, \ldots, x_q$가 어떤 값을 p값은 $1 \leq p \leq 1$의 확률값을 갖는다. 이처럼 선형을 비선형으로 변경하는 것을 활성화 함수(Activation Function)라고 하며, 특히 0~1 사이에 값으로 변경하는 활성화 함수를 시그모이드(Sigmoid) 활성화 함수라고 한다.

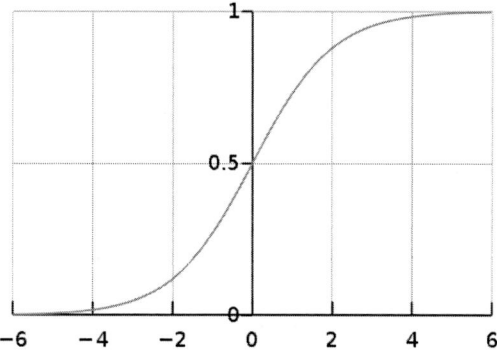

[그림 11-30] 시그모이드(Sigmoid) 활성화 함수(Activation function)

식(2)는 비선형 함수이기 때문에 다시 선형 식으로 변환하기 위해서는 다음과 같이 오즈 (Odds)라는 함수식으로 표현한다.

$$Odds(Y=1) = \frac{p}{1-p} - 식\ (3)$$

위 식 (3)의 오즈(Odds) 함수 "클래스 0에 속하는 확률에 대한 클래스 1에 속하는 확률의 비"로 표현된다. 위의 식 (3)에 식 (2)를 대입하면 오즈 함수는 다음과 같다.

$$Odds(Y=1) = e^{\beta_0 + \beta_1 x_1 + \beta_2 x_2 + \ldots + \beta_q x_q} - 식\ (4)$$

위 식 (4) 양변에 로그를 취하면 다음과 같은 원래의 선형 회귀식이 된다.

$$log(Odds) = \beta_0 + \beta_1 x_1 + \beta_2 x_2 + \ldots + \beta_q x_q - 식\ (5)$$

따라서 식 (5)의 함수를 로그오즈(logit, 로짓)라고 하고 이를 종속변수로 하여 선형 회귀식을 세웠다 하여 로지스틱 회귀분석(logistic regression)이라고 한다. 단 일반 회귀분석은 모수 β는 최소제곱법을 사용하는데 로지스틱 회귀분석은 최대가능도법(maximum likelihood method)을 사용한다.

로지스틱 회귀가 이항 분류로 사용할 때 $log(Odds)$가 특정한 임계치(threshold)보다 크면 $Y=1$인 집단으로 하고 그렇지 않으면 $Y=0$인 집단으로 분류된다. 로지스틱 회귀분석의 성과는 사전정보 또는 손실함수(loss function), 정분류율(accuracy), 민감도(sensitivity), 특이도(specification) 등을 고려해서 결정한다.

2. 로지스틱 회귀 분석 실무

1 cats_dogs 로지스틱 회귀 분석

로지스틱 회귀분석 과정을 살펴보기 위하여 고양이와 강아지 특징(feature) 데이터셋을 생성하기 위한 R 코드와 실행 결과는 다음과 같다.

 12-4-1-1: 고양이와 강아지 특징 데이터셋 생성

```
> # (1) 고양이 강아지 데이터셋 준비
> 종류 <- c("고양이", "고양이", "고양이", "고양이", "고양이", "고양이")
> 무게 <- c(6.5, 4.2, 6.3, 3.5, 5.5, 6.0)
> 길이 <- c(42, 25, 35, 50, 34, 38)
> 형태 <- c(1.0, 0.6, 0.9, 0.8, 1.0, 0.9)
> 꼬리 <- c("중간", "긴편", "긴편", "중간", "긴편", "짧음")
> cats <- data.frame(종류, 무게, 길이, 형태, 꼬리) # 고양이 데이터프레임 생성

> 종류 <- c("강아지", "강아지", "강아지", "강아지", "강아지", "강아지")
> 무게 <- c(5.6, 8.2, 6.3, 6.4, 4.5, 5.0)
> 길이 <- c(22, 34, 35, 25, 26, 34)
```

```
> 형태 <- c(0.5, 0.4, 0.6, 1.0, 0.9, 0.7)
> 꼬리 <- c("중간", "짧음", "긴편", "짧음", "긴편", "중간")
> dogs <- data.frame(종류, 무게, 길이, 형태, 꼬리) # 강아지 데이터프레임 생성
> dogs <- data.frame(종류, 무게, 길이, 형태, 꼬리) # 강아지 데이터프레임 생성
> cats_dogs <- rbind(cats, dogs) # 고양이와 강아지 데이터프레임 결합
> str(cats_dogs) # cats_dogs 데이터프레임 확인
'data.frame':   12 obs. of  5 variables:
 $ 종류: chr  "고양이" "고양이" "고양이" "고양이" ...
 $ 무게: num  6.5 4.2 6.3 3.5 5.5 6 5.6 8.2 6.3 6.4 ...
 $ 길이: num  42 25 35 50 34 38 22 34 35 25 ...
 $ 형태: num  1 0.6 0.9 0.8 1 0.9 0.5 0.4 0.6 1 ...
 $ 꼬리: chr  "중간" "긴편" "긴편" "중간" ...
> # (2) 고양이 강아지 데이터셋 전처리
> cats_dogs$종류 <- factor(cats_dogs$종류,
+                         levels= c("고양이", "강아지"))
> cats_dogs$꼬리 <- factor(cats_dogs$꼬리,
+                         levels= c("짧음", "중간", "긴편"),
+                         ordered= TRUE)
> cats_dogs$꼬리 <- as.numeric(cats_dogs$꼬리) # 등간척도로 변경
> cats_dogs <- cats_dogs[sample(1:nrow(cats_dogs)), ] # 데이터프레임 셔플링
> str(cats_dogs) # cats_dogs 데이터프레임 확인
'data.frame':   12 obs. of  5 variables:
 $ 종류: Factor w/ 2 levels "고양이","강아지": 2 2 1 1 1 1 2 2 2 1 ...
 $ 무게: num  5.6 4.5 6.5 4.2 6.3 5.5 5 8.2 6.3 3.5 ...
 $ 길이: num  22 26 42 25 35 34 34 34 35 50 ...
 $ 형태: num  0.5 0.9 1 0.6 0.9 1 0.7 0.4 0.6 0.8 ...
 $ 꼬리: num  2 3 2 3 3 3 2 1 3 2 ...
> cats_dogs# cats_dogs 데이터셋 출력
   종류   무게 길이 형태 꼬리
7  강아지  5.6   22  0.5   2
11 강아지  4.5   26  0.9   3
1  고양이  6.5   42  1.0   2
2  고양이  4.2   25  0.6   3
3  고양이  6.3   35  0.9   3
5  고양이  5.5   34  1.0   3
12 강아지  5.0   34  0.7   2
8  강아지  8.2   34  0.4   1
9  강아지  6.3   35  0.6   3
4  고양이  3.5   50  0.8   2
6  고양이  6.0   38  0.9   1
10 강아지  6.4   25  1.0   1
```

로지스틱 회귀분석 과정을 살펴보기 위하여 다음 [표 12-10]과 같이 고양이와 강아지 특징(feature) 데이터셋을 R 데이터프레임으로 구성했다.

[표 12-10] 고양이와 강이지 특징 데이터

종류	무게(kg)	길이(cm)	형태(얼굴 비율)	꼬리(길이 구분)
고양이	6.5	42	1.0	중간
고양이	4.2	25	0.6	긴편
고양이	6.3	35	0.9	긴편
고양이	3.5	50	0.8	중간
고양이	5.5	34	1.0	긴편
고양이	6.0	38	0.9	짧음
강아지	5.6	22	0.5	중간
강아지	8.2	34	0.4	짧음
강아지	6.3	35	0.6	긴편
강아지	6.4	25	1.0	짧음
강아지	4.5	26	0.9	긴편
강아지	5.0	34	0.7	중간

고양이와 강아지 R 데이터프레임 cats_dogs에는 5개의 변수에 12개의 관측값으로 구성되고 종류, 꼬리 변수는 문자 형식, 무게, 길이, 형태는 숫자 형식이다. 데이터 분석을 효과적으로 수행하기 위하여 데이터프레임 cats_dogs에 종류 변수는 범주형의 명목척도(nominal scale)로 변경하고 꼬리 변수는 범주형의 순서 척도(ordinal scale)로 변경했다. 그리고 꼬리 변수는 숫자형의 동간척도(interval scale)로 변경했다. 이렇게 전처리한 cats_dogs 데이터프레임 셔플링(shuffling)을 통하여 최종 분석 데이터를 생성하였다.

먼저 고양이 강아지의 특징별 기초 통계량 산출을 위한 R 코드와 실행 결과는 다음과 같다.

 12-4-1-2: 고양이와 강아지 특징 통계량 산출

```
> # (1) 고양이와 강아지의 무게, 길이, 형태, 꼬리 평균 산출
> aggregate(cats_dogs[, -1],
+           by = list(cats_dogs$종류),
+           FUN = mean) # 평균비교
  Group.1      무게     길이       형태       꼬리
1  고양이 5.333333 37.33333 0.8666667 2.333333
2  강아지 6.000000 29.33333 0.6833333 2.000000
> # (2) 무게, 길이, 형태, 꼬리 간의 상관계수
> cor(cats_dogs[, -1]) # 상관계수
```

```
              무게         길이          형태           꼬리
무게   1.0000000 -0.0787272  -0.17332801  -0.44641995
길이  -0.0787272  1.0000000   0.24439323  -0.11807940
형태  -0.1733280  0.2443932   1.00000000   0.07799007
꼬리  -0.4464199 -0.1180794   0.07799007   1.00000000
```

```
> # (3) 고양이와 강아지 데이터셋 요약 통계량 산출
> summary(cats_dogs)
   종류         무게           길이           형태           꼬리
 고양이:6   Min.   :3.500   Min.   :22.00   Min.   :0.400   Min.   :1.000
 강아지:6   1st Qu.:4.875   1st Qu.:25.75   1st Qu.:0.600   1st Qu.:1.750
            Median :5.800   Median :34.00   Median :0.850   Median :2.000
            Mean   :5.667   Mean   :33.33   Mean   :0.775   Mean   :2.167
            3rd Qu.:6.325   3rd Qu.:35.75   3rd Qu.:0.925   3rd Qu.:3.000
            Max.   :8.200   Max.   :50.00   Max.   :1.000   Max.   :3.000
```

고양이 강아지 특징 데이터별 평균을 비교해 보면 길이의 차이가 가장 크고, 형태의 차이가 가장 작은 것을 알 수 있다. 그리고 무게와 다른 값 길이, 형태 꼬리는 음의 상관관계를 가지고 길이와 형태, 꼬리와 형태는 양의 상관관계를 보였다. 고양이와 강아지 데이터셋 요약 통계량 산출을 통하여 각각의 변수별 기초 통계량을 통하여 자료의 특성을 파악할 수 있다.

다음은 고양이 강아지 분류 로지스틱 회귀 모델 생성을 위한 R 코드와 실행 결과는 다음과 같다.

 12-4-1-3: 고양이 강아지 분류 로지스틱 회귀 모델 생성

```
> # (1) 고양이 강아지의 무게, 길이, 형태, 꼬리에 따른 종류 분류 이항 모델 생성
> cats_dogs.fit <- glm(formula=종류 ~ 무게 + 길이 + 형태 + 꼬리,
+                     data=cats_dogs,
+                     family="binomial", # 이항 로지스틱 회귀
+                     method="glm.fit")
> # (2) 다중 로지스틱 회귀 모델 다중 공선성 검사
> if(!require("car")) install.packages("car")
> library(car)
> vif(cats_dogs.fit) # 다중 로지스틱 회귀분석 다중 공선성 표시
    무게      길이      형태      꼬리
2.285635  2.516487  1.097829  1.272388
> # (3) 다중 로지스틱 회귀 모델 요약 정보 표시
> summary(cats_dogs.fit)
```

```
Call:
glm(formula = 종류 ~ 무게 + 길이 + 형태 + 꼬리, family = "binomial",
    data = cats_dogs, method = "glm.fit")

Coefficients:
            Estimate Std. Error z value Pr(>|z|)
(Intercept)   9.0713     8.7712   1.034    0.301
무게           1.1376     1.4720   0.773    0.440
길이          -0.2921     0.2524  -1.157    0.247
형태          -5.4389     5.6422  -0.964    0.335
꼬리          -0.6791     1.1823  -0.574    0.566

(Dispersion parameter for binomial family taken to be 1)

    Null deviance: 16.6355  on 11  degrees of freedom
Residual deviance:  9.2324  on  7  degrees of freedom
AIC: 19.232

> # (4) 훈련 데이터셋 상위 6개 적합성 조사
> head(fitted(cats_dogs.fit))
         7         11          1          2          3          5
0.99287883 0.41654177 0.06911242 0.77652434 0.28529375 0.11103551
```

cats_dogs 데이터셋에서 '몸게', '길이', '형태', '꼬리' 특징 데이터(설명변수)에 따른(~, tilt) '종류'(결과변수) 여부를 예측하기 위한 로지스틱 회귀모형을 살펴보자. 결과변수 '종류'는 고양이, 또는 강아지를 분류하는 것으로 이항 분류(binomial classification)에 해당한다. 이항 로지스틱 회귀 모형 생성을 위하여 glm() 함수에 formula 인자에 반응변수(종속변수) '종류'을 설명변수(독립변수)에 '몸게', '길이', '형태', '꼬리'로 하였고 이항 모델을 위하여 family 인자에 binomial을 설정하여 cats_dogs.fit을 생성하였다.

다중 로지스틱 회귀 모델을 생성할 때 강한 상관관계가 있는 변수들을 로지스틱 회귀모형의 독립변수로 포함할 때 변수들 상호 간에 강한 관계로 로지스틱 회귀계수 결정에 부정적인 영향을 끼칠 수 있다. 이를 의하여 cats_dogs.fit 모델의 다중 공선성(Multicollinearity) 조사를 위하여 분산팽창요인(VIF, Variance Inflation Factor)을 구한 결과 무게 2.285635, 길이 2.516487, 형태 1.097829, 꼬리 1.272388로 모두 10보다 적은 값으로 조사되어 다중 공선성의 문제가 없음을 확인할 수 있다. 따라서 생성된 cats_dogs.fit 모델의 모든 독립변수는 고양이 강아지 종류를 구별하는 데 중요변수로 사용될 수 있다.

생성된 cats_dogs.fit 모델의 summary 정보에서 회귀계수 Coefficients를 확인할 수 있고 각각의 표준 오차 Std. Error, 표준화된 값 z, 그리고 z의 유의확률 Pr(>|z|)를 확인할 수 있다. 고양이 강아지 분류 이항(Binomiral) 로지스틱 회귀식은 다음과 같다.

$$종류 = 9.0713 + 1.1376 \times 무게 - 0.2921 \times 길이 - 5.4389 \times 형태 - 0.6791 \times 꼬리$$

회귀계수 산정(Coefficients Estimate) 값들은 모두 log 값이므로 무게가 1만큼 증가하면 '강아지'로 분류할 확률이 exp(1.1376)= 3.959034만큼 상승, 형태가 1만큼 증가하면 exp(5.4389)=230.1999만큼 감소하게 된다. 고양이와 강아지를 분류하는데 가장 큰 영향을 미치는 변수는 '형태'이다. '길이', '형태', '꼬리'가 커지면 커질수록 고양이로 분류할 확률이 높아지고 '무게'가 많이 나가면 나갈수록 강아지로 분류할 확률이 높아진다.

각각의 회귀계수 사이에 유의확률 Pr(>|z|)값을 보면 유의수준 0.05보다 모두 크므로 귀무가설 H0('무게', '길이', '형태', '꼬리'의 분산의 차이는 없다)를 기각할 수 없다. 즉 독립변수 '무게', '길이', '형태', '꼬리'의 분산의 차이는 없다고 평가할 수 있다. 다음에 확인할 수 있는 것은 분산 파라미터 Dispersion parameter의 영 분산 Null deviance와 잔차분산 Residual deviance를 확인할 수 있다. 잔차분산(residual deviance) 9.2324로 작으면 작을수록 잘 적합(fitted) 된다. 그리고 주어진 데이터에 대한 모델의 상대적인 품질을 평가 기준 AIC(Akaike information criterion) 값 19.232는 작을수록 상대적으로 좋은 모델이라고 할 수 있다.

다음은 생성된 고양이와 강아지 분류 이항 로지스틱 회귀 모델 예측하는 R 코드와 실행 결과는 다음과 같다.

 12-4-1-4: 고양이와 강아지 분류 이항 로지스틱 회귀 모델 예측하기

```
> # (1) 고양이 강아지 시험 데이터셋 추출
> if(!require("sampling")) install.packages("sampling")
> library(sampling)
> set.seed(123)
> x <- strata(data = cats_dogs,
+              strataname = c("종류"), # 종류별
+              size = c(3, 3), # 각각 3개 샘플 추출
+              method = "srswor")
> cats_dogs_test <- cats_dogs[x$ID_unit, ] # 시험 데이터셋 추출
> cats_dogs_test # 시험 데이터셋 표시
    종류  무게 길이 형태 꼬리
7   강아지 5.6  22  0.5   2
10  강아지 6.4  25  1.0   1
12  강아지 5.0  34  0.7   2
1   고양이 6.5  42  1.0   2
4   고양이 3.5  50  0.8   2
2   고양이 4.2  25  0.6   3

> # (2) 고양이 강아지 시험 데이터셋 예측
> preds <- predict(object = cats_dogs.fit,
+                  newdata = cats_dogs_test,
+                  type = "response") # 예측 결과 확률로 표시
> preds # 예측 결과 출력
         7          10          12           1           4           2
0.9928788292 0.9493549504 0.4162470282 0.0691124199 0.0007009688 0.7765243384

> 예측 <- ifelse(preds > 0.5, "강아지", "고양이") # 0.5이상 '강아지', else '고양이'
> result <- cbind(cats_dogs_test[,c(2:5, 1)], 예측)
```

```
> result # 결과 출력
   무게 길이 형태 꼬리   종류   예측
7   5.6   22  0.5    2 강아지 강아지
10  6.4   25  1.0    1 강아지 강아지
12  5.0   34  0.7    2 강아지 고양이
1   6.5   42  1.0    2 고양이 고양이
4   3.5   50  0.8    2 고양이 고양이
2   4.2   25  0.6    3 고양이 강아지
> # (3) 고양이 강아지 예측결과 크로스 테이블 생성
> table(Prediction = result$예측,
+       Reference = result$종류) # 오차 행렬(Confusion Matrix)
          Reference
Prediction 고양이 강아지
    강아지      1      2
    고양이      2      1
> # (4) 고양이 강아지 새로운 임의의 값 예측
> cats_dogs_new <- list(무게 = c(3.2, 5.5), 길이 = c(22.5, 42.0),
+                       형태 = c(0.4, 0.8), 꼬리 = c(1, 2))
> preds <- predict(object = cats_dogs.fit,
+                  newdata = cats_dogs_new,
+                  type = "response") # 예측
> preds # 새로운 값 예측 결과 출력
         1          2
0.96388504 0.06597548
> ifelse(preds > 0.5, "강아지", "고양이") # 예측 결과 표시
       1        2
"강아지" "고양이"
```

고양이와 강아지 분류 이항로지스틱 회귀 모델 예측을 위하여 고양이와 강아지 특징 데이터 전체 12개 관측값에서 고양이, 강아지 종류별 각각 3개씩 층화 비복원 임의추출 하여 6개의 테스트 데이터셋 cats_dogs_test을 생성했다. 그리고 시험 데이터셋을 이용하여 생성된 회귀 모형 fit을 predit() 함수를 통하여 예측했다. 예측된 결과를 조회하면 이항 분류 예측 모델이기 때문에 predict에 0과 1사이에 확률값을 가지고 있는 것을 확인할 수 있다. 따라서 분류 결과가 0.5 이상이면 '강아지'로 그렇지 않으면 '고양이'로 분류한다. 시험 데이터셋을 이용하여 예측된 클래스는 '강아지', '고양이', '고양이', '강아지', '강아지', , '강아지'로 예측된다.

예측한 클래스와 소스 테스트 데이터셋의 크로스 테이블 오차 행렬(Confusion Matrix)을 정리한 결과는 다음과 같다.

	Reference	
Prediction	고양이	강아지
강아지	1	2
고양이	2	1

위 오차 행렬에서 고양이 강아지 분류 로지스틱 회귀모델 cats_dogs.fit에서 '고양이'로 예측할 정밀도(precision)는 약 0.67[2/(2+1)]이고 모델이 실제 '고양이'를 '고양이'로 재현한 재현율도 약 0.67[2/(2+1)]이다. 또한 '고양이'의 F1-score도 0.67[2*(0.67*6067)/(0.67+0.67)]이다. 강아지의 정밀도와 재현율, F1-score도 고양이와 같다. 따라서 모델의 정확도(accuracy)는 약 0.67[=4/6]이다.

모델의 예측 정확도를 살펴보기 위하여 임의의 시험 데이터셋을 입력하여 예측한 결과를 살펴보기 위하여 고양이와 강아지 특징 시험 데이터셋을 무게 3.2, 5.5, 길이 22.5, 42.0, 형태 0.4, 0.8, 꼬리 1, 2를 예측한 결과가 0.96388504, 0.06597548로 0.5를 기준으로 분류한 결과 "강아지"와 "고양이"로 분류 예측했다.

② iris 로지스틱 회귀 분석

R에 기본적으로 내장된 붓꽃 데이터셋 iris를 이용하여 로지스틱 회귀분석 과정을 살펴보자. iris 데이터셋 구조를 살펴보기 위한 R 코드와 실행 결과는 다음과 같다.

 12-4-2-1: iris 데이터셋 구조 살펴보기

```
> data(iris)  # iris 데이터셋 불러오기
> str(iris)   # iris 데이터셋 구조 조회
 'data.frame':   150 obs. of  5 variables:
  $ Sepal.Length: num   5.1 4.9 4.7 4.6 5 5.4 4.6 5 4.4 4.9 ...
  $ Sepal.Width : num   3.5 3 3.2 3.1 3.6 3.9 3.4 3.4 2.9 3.1 ...
  $ Petal.Length: num   1.4 1.4 1.3 1.5 1.4 1.7 1.4 1.5 1.4 1.5 ...
  $ Petal.Width : num   0.2 0.2 0.2 0.2 0.2 0.4 0.3 0.2 0.2 0.1 ...
  $ Species     : Factor w/ 3 levels "setosa","versicolor",..: 1 1 1 1 1 1 1 1
> colnames(iris)  # iris 컬럼 명 조회
[1] "Sepal.Length" "Sepal.Width"  "Petal.Length" "Petal.Width"  "Species"
> levels(iris$Species)   # iris Species 클래스 표시
[1] "setosa"     "versicolor" "virginica"
> table(iris$Species)   # iris Species 관측 수
    setosa versicolor  virginica
        50         50         50
```

iris 데이터셋은 5개 변수에 150개의 관측값을 가지고 있다.

[표 12-11] iris 데이터셋 변수

변수명	자료형	설명
Sepal.Length	num	붓꽃 받침 길이
Sepal.Width	num	붓꽃 받침 넓이
Petal.Length	num	붓꽃 잎 길이
Petal.Width	num	붓꽃 잎 넓이
Species	Factor	붓꽃의 종류("setosa", "versicolor", "virginica")

iris 데이터셋의 붓꽃의 종류 Species는 setosa, versicolor, virginica으로 각각 50개씩 총 150개의 관측값이 기록되어 있다.

iris 로지스틱 회귀 모델을 생성하기 위한 훈련 데이터셋과 시험 데이터셋을 분리하기 위한 R 코드와 실행 결과는 다음과 같다.

 12-4-2-2: iris 훈련(train)/시험(test) 데이터셋 분리(층화 임의추출)

```
> # 훈련(train)/시험(test) 데이터셋 분리(층화 임의추출)
> if(!require("sampling")) install.packages("sampling")
> library(sampling)
> set.seed(1234)
> x <- strata(data = iris,
+              strataname = c("Species"), # 품종별
+              size = c(40, 40, 40), # 품종별 각각 40개 표본 추출
+              method = "srswor")
> iris_train <- iris[x$ID_unit, ] # 훈련 데이터셋 120
> iris_test <- iris[-x$ID_unit, ] # 시험 데이터셋 30
> iris_train <- iris_train[sample(1:nrow(iris_train)), ] # 셔플링(shuffling)
> iris_test <- iris_test[sample(1:nrow(iris_test)), ] # 셔플링(shuffling)
> cat("총 데이터 수 = ", nrow(iris), "\n")
총 데이터 수 =  150
> cat("훈련 데이터 수 = ", nrow(iris_train), "\n")
훈련 데이터 수 =  120
> cat("테스트 데이터 수 = ", nrow(iris_test), "\n")
테스트 데이터 수 =  30
```

붓꽃 iris 데이터셋 150개의 관측치에서 품종 Species 별 40개씩 층화 임의 추출하여 총 120개의 관측치를 세트 iris_train에 저장하고 나머지 30개는 테스트 데이터셋 iris_test에 나누어 저장했다.

다음은 iris 다항 로지스틱 회귀 모델을 생성하기 위한 R 코드와 실행 결과는 다음과 같다.

 12-4-2-3: iris 다항 로지스틱 회귀 모델 생성

> if(!require("VGAM")) install.packages("VGAM")

> library(VGAM)

> iris.fit <- vglm(formula = Species ~ .,
+   data = iris_train,
+   family = multinomial)

> summary(iris.fit) # 모델 요약 표시

```
Call:
vglm(formula = Species ~ ., family = multinomial, data = iris_train)

Coefficients:
              Estimate Std. Error z value Pr(>|z|)
(Intercept):1   56.220    125.903   0.447    0.655
(Intercept):2   59.325     48.045   1.235    0.217
Sepal.Length:1   4.973     34.275   0.145    0.885
Sepal.Length:2   3.124      3.727      NA       NA
Sepal.Width:1   12.588     23.117      NA       NA
Sepal.Width:2    9.031      7.836   1.153    0.249
Petal.Length:1 -16.224     29.357      NA       NA
Petal.Length:2 -11.184      7.969  -1.403    0.160
Petal.Width:1  -33.858     57.193      NA       NA
Petal.Width:2  -28.881     20.823      NA       NA

Names of linear predictors: log(mu[,1]/mu[,3]), log(mu[,2]/mu[,3])

Residual deviance: 5.6845 on 230 degrees of freedom

Log-likelihood: -2.8423 on 230 degrees of freedom

Number of Fisher scoring iterations: 18

Warning: Hauck-Donner effect detected in the following estimate(s):
'Sepal.Length:2', 'Sepal.Width:1', 'Petal.Length:1', 'Petal.Width:1', 'Petal.Width:2'


Reference group is level  3  of the response
```

> head(fitted(iris.fit)) # 훈련 데이터셋 상위 6개 적합성 조사

```
          setosa       versicolor    virginica
139 1.917331e-07  3.757444e-01  6.242554e-01
144 1.606274e-19  1.084075e-10  1.000000e+00
119 6.660748e-28  1.110748e-16  1.000000e+00
99  4.609439e-03  9.953906e-01  7.547111e-15
29  9.999739e-01  2.605890e-05  3.718276e-42
142 3.250341e-14  4.615061e-07  9.999995e-01
```

다항 로지스틱 회귀 분석을 위하여 VGAM 패키지의 vglm() 함수를 이용했다. vglm() 함수의 입력 인자는 다음과 같다.

[표 12-12] VGAM::vglm() 함수의 입력 인자

인자	설명
formula	함수식(종속변수 ~ 독립변수1+ 독립변수2...)
family	"vglmff"의 함수
data	학습 데이터(데이터프레임)
weight	가중치
subset	그룹 데이터
na.action	결측치 처리
etastart, mustart, coefstart	예측 초기치
offset	eta 포함 성형예측 성분 지정
method	적용하는 추정 방법

위의 학습된 모델 iris.fit의 summary 결과를 살펴보면 이항 로지스틱 회귀분석 모델과 달리 회귀계수 Coefficients가 2개씩 생성된 것을 확인할 수 있다. 이는 3개의 다항 로지스틱 회귀이기 때문에 2개의 회귀방정식이 산출되는 것이며 iris 데이터에서 품종 Species의 factor 레벨 순서에 따라 1은 'setosa', 2는 'versicolor', 3은 virginica'를 의미한다.

훈련 데이터셋 iris_train의 상위 6개의 모델 적합성 조사한 결과 139번째 관측값은 약 0.24 확률로 "viginica", 144번째 관측값은 1의 확률로 "viginica", 119번째 관측값도 1의 확률로 "viginica"에 적합된다. 그리고 119번째 관측값은 약 0.95의 확률로 "versicolor"에 29번째 관측값은 약 0.99의 확률로 "setosa", 142번째 관측값은 약 0.99 확률로 "versicolor"에 적합된다.

생성된 iris.fit 모델을 시험 데이터셋을 통하여 분류 예측하는 R 코드 및 실행 결과는 다음과 같다.

 12-4-2-4: iris 다항 로지스틱 회귀 모델 예측

```
# (1) iris 다항 로지스틱 회귀 모델 테스트 데이터셋 예측

> preds <- predict(iris.fit,
+                  newdata = iris_test,
+                  type = "response")

> head(preds) # 예측 결과 상위 6행 표시
```

```
            setosa    versicolor    virginica
104  8.948528e-13  8.101867e-05  9.999190e-01
120  1.027282e-08  2.133157e-01  7.866843e-01
44   9.994699e-01  5.300830e-04  5.576342e-35
97   5.087235e-05  9.999491e-01  6.823584e-09
34   9.999991e-01  8.692561e-07  3.538695e-47
94   6.847829e-04  9.993152e-01  1.005611e-13
```

```r
> rst <- apply(X = preds, MARGIN = 1, FUN = which.max) # 최댓값 위치
> rst[which(rst=="1")] <- levels(iris_test$Species)[1] # setosa
> rst[which(rst=="2")] <- levels(iris_test$Species)[2] # versicolor
> rst[which(rst=="3")] <- levels(iris_test$Species)[3] # virginica
> result <- cbind(iris_test, Predicted = rst) # 예측 결과 결합
> head(result) # 상위 6행 결과 표시
```

```
    Sepal.Length Sepal.Width Petal.Length Petal.Width    Species   Predicted
104          6.3         2.9          5.6         1.8  virginica   virginica
120          6.0         2.2          5.0         1.5  virginica   virginica
44           5.0         3.5          1.6         0.6     setosa      setosa
97           5.7         2.9          4.2         1.3 versicolor  versicolor
34           5.5         4.2          1.4         0.2     setosa      setosa
94           5.0         2.3          3.3         1.0 versicolor  versicolor
```

```r
> xtabs(formula = ~ Predicted + Species, data = result) # 분할표 생성
```

```
            Species
Predicted    setosa versicolor virginica
  setosa         10          0         0
  versicolor      0         10         1
  virginica       0          0         9
```

```r
> # (2) 혼동행렬(Confusion Matrix)
> if(!require("caret")) install.packages("caret")
> library(caret) # confusionMatrix
> predicted <- as.factor(result$Predicted) # 예측값
> actual <- as.factor(result$Species) # 실제값
> confusionMatrix(predicted, actual, mode = "everything")
```

```
Statistics by Class:

                     Class: setosa Class: versicolor Class: virginica
Sensitivity                 1.0000            1.0000           0.9000
Specificity                 1.0000            0.9500           1.0000
Pos Pred Value              1.0000            0.9091           1.0000
Neg Pred Value              1.0000            1.0000           0.9524
Precision                   1.0000            0.9091           1.0000
Recall                      1.0000            1.0000           0.9000
F1                          1.0000            0.9524           0.9474
Prevalence                  0.3333            0.3333           0.3333
Detection Rate              0.3333            0.3333           0.3000
Detection Prevalence        0.3333            0.3667           0.3000
Balanced Accuracy           1.0000            0.9750           0.9500
```

```
Confusion Matrix and Statistics

          Reference
Prediction   setosa versicolor virginica
  setosa         10          0         0
  versicolor      0         10         1
  virginica       0          0         9

Overall Statistics

               Accuracy : 0.9667
                 95% CI : (0.8278, 0.9992)
    No Information Rate : 0.3333
    P-Value [Acc > NIR] : 2.963e-13

                  Kappa : 0.95

 Mcnemar's Test P-Value : NA
```

```r
> # (3) 예측 결과 시각화(Visualization)
> if(!require("ggplot2")) install.packages("ggplot2")
> library(ggplot2)
> ggplot(result, aes(Species, Predicted, color = Predicted)) +
+   geom_jitter(width = 0.2, height = 0.1, size=2) +
+   labs(title="iris 로지스틱 회귀 분석",
+        subtitle="iris 오차 행렬(Confusion Matrix)",
+        x="실제 값", y="예측값")
```

[그림 12-31]

```r
> # (4) 새로운 값 예측
> iris_new <- list(Sepal.Length= c(5.1, 6.5), Sepal.Width = c(3.5, 3.2),
+                  Petal.Length  = c(1.4, 4.8), Petal.Width = c(0.2, 2.0))
> preds <- predict(object = iris.fit,
+                  newdata = iris_new,
+                  type = "response") # 예측 결과 확률값 생성
> preds # 예측 결과 표시
         setosa    versicolor    virginica
1 9.999780e-01 0.0000219688 1.736349e-42
2 4.975979e-08 0.0513804161 9.486195e-01
> rst <- apply(X = preds, MARGIN = 1, FUN = which.max) # 최댓값 위치
> rst[which(rst=="1")] <- levels(iris_test$Species)[1] # setosa
> rst[which(rst=="2")] <- levels(iris_test$Species)[2] # versicolor
```

```
> rst[which(rst=="3")] <- levels(iris_test$Species)[3] # verginica
> rst # 예측 결과 표시
         1          2
   "setosa" "virginica"
```

학습된 다항 로지스틱 회귀 모델 iris.fit을 iris_test 셋으로 예측 predict() 결과인 preds 변수값 30행 중에 상위 6행을 확인하면 각 분류별로 그 분류일 확률이 구해진다. 결과를 살펴보면 iris 데이터셋에서 104번째 관측값은 약 0.99 확률로 "versicolor"로 120번째 관측값도 약 0.79 확률로 "versicolor", 44번째 관측값은 약 0.99 확률로 "setosa", 97번째 관측값은 약 0.99 확률로 "versicolor", 34번째 관측값은 약 0.99 확률로 "setosa", 94번째 관측값은 약 0.99 확률로 "versicolor"로 분류 예측했다.

혼동행렬(confusion matrix)을 살펴보면 모델의 분류 예측 정확성(accuracy)은 약 0.97이고 "setosa"의 예측 정밀도, 재현율, F-Score 모두 1이다. 그러나 "versicolor"의 예측 정밀도 약 0.9, 재현율 1, F1-Score 약 0.9이고 반대로 "versinica"의 예측 정밀도 약 1, 재현율 0.9, F1-Score 약 0.9이다. 다음 [그림 12-31]은 혼동 행렬을 시각적으로 표현한 것이다.

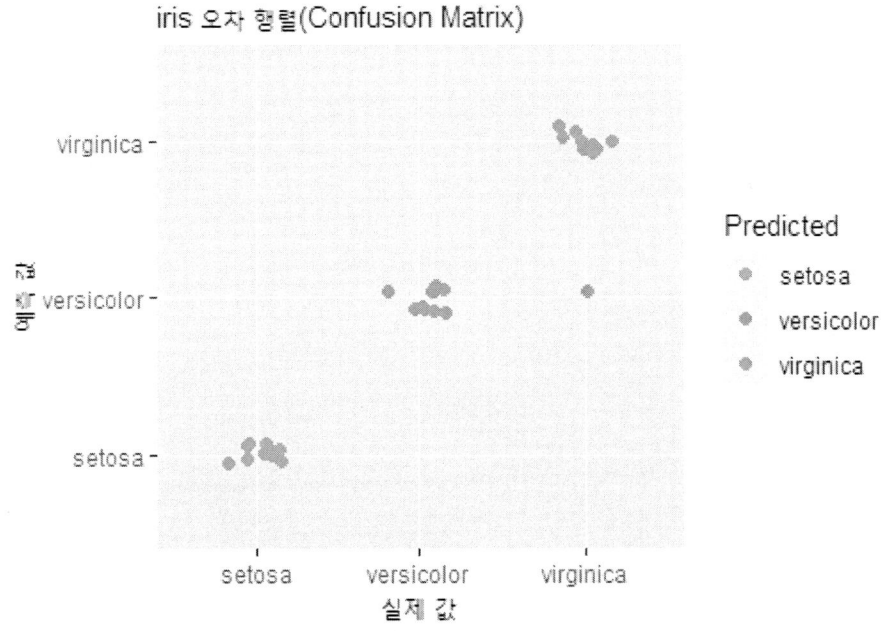

[그림 12-31] iris 다항 회귀 분석 예측 혼동 행렬

모델의 예측 정확도를 살펴보기 위하여 임의의 시험 데이터셋을 입력하여 예측한 결과를 살펴보기 위하여 Sepal.Length에 5.1와 6.5를 Sepal.Width에 3.5와 3.2, Petal.Length에 1.4와 4.8, Petal.Width에 0.2, 2.0을 예측한 결과가 0.96388504, 0.06597548로 0.5를 기준으로 분류한 결과 "setosa" "virginica"로 분류 예측했다.

12.5 의사결정나무 분석

1. 이론적 배경

의사결정나무(decision tree) 모델은 예측변수(독립변수)를 통하여 결과변수(종속변수)를 나무 구조(tree structure) 형식의 의사결정 규칙(decision rule)을 생성하여 분류(classification)와 예측(prediction)을 수행한다. 따라서 의사결정나무 분석은 대표적인 지도학습(Supervised Learning)으로 기계학습(machine learning)에 많이 활용하는 기법이다.

의사결정나무의 구조는 [그림 12-32]와 같다.

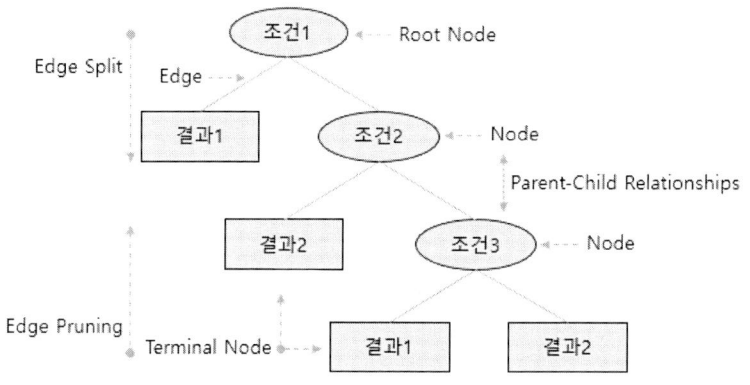

[그림 12-32] 의사결정나무 구조

의사결정나무 구조는 나무를 거꾸로 세워 놓은 모양으로 맨 위에 있는 노드를 뿌리 노드 Root Node를 시작하여 각각의 노드(Node)들이 가지 Edge로 연결되어 계층(hierarchy)을 이루는 모습이다. 더 이상의 노드를 갖지 않는 최하위 노드를 터미널 노드 Terminal Node하고 노드 사이에 상하관계를 부모-자식(Parent-Child) 관계라 하고 같은 레벨의 노드 관계를 형제(Sibling) 관계라고 한다.

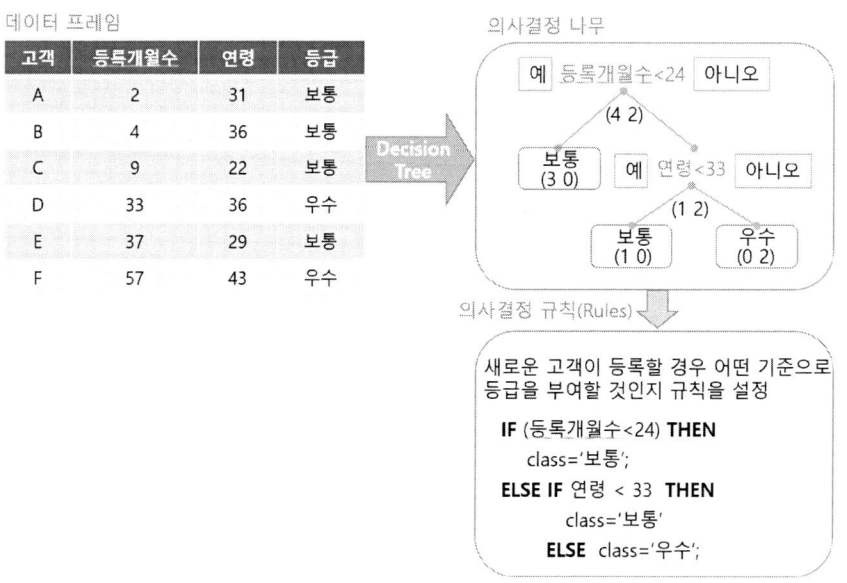

[그림 12-33] 고객 등록 개월 수와 연령에 따른 등급 의사결정나무 분류 예

의사결정나무 분류분석은 목표변수를 올바로 분류하기 위하여 원인변수 의사결정나무를 생성하여 의사결정 규칙을 생성하는 데 목적이 있다. 가령 [그림 12-33]과 같이 고객 등록 개월 수와 연령에 따른 등급 의사결정나무 분류 예이다. 고객 등록 개월 수와 연령에 따른 등급 의사결정나무 분류 예에서 고객등록개월수와 연령에 따라 등급을 분류할 수 있는 의사결정나무와 의사결정 규칙을 표시한 것이다.

의사결정나무는 가지 분할(Edge Split)을 통하여 나무가 성장하고 가지치기(Edge Pruning)를 통하여 나무를 단순화한다. 의사결정나무의 크기는 과소 적합(Underfitting) 및 과적합(Overfitting)이 되지 않도록 합리적인 기준으로 적절히 조정해야 한다. 의사결정나무에서 과적합은 너무 복잡한 트리를 생성하여 학습데이터는 잘 분류하지만, 새로운 데이터에는 잘 적합하지 않은 경우이다.

[표 12-13] 의사결정나무 형성 기법

기법	내용
트리와 규칙 (Tree and Rules)	규칙은 나무 구조(tree structure)로 표현하고 결과는 논리적인 규칙(rule)으로 표현
재귀적 분할 (Recursive partitioning)	나무를 성장시키는(가지를 생성) 단계로 터미널 노드(terminal node)에 불순도(impurity)가 최소가 되도록 자식노드를 생성
가지치기 (Edge Pluming)	생성된 나뭇가지(tree edge)를 자르는 과정(정교화)으로 과적합(Overfitting)을 피하고자 필요 없는 가지를 잘라 모델을 단순화

의사결정나무 분석은 목표변수가 이산형인 경우는 분류 나무(classification tree)를 통해서 분류하고 목표변수가 연속형인 경우는 회귀 나무(Regression Tree)를 통해서 예측한다.

목표변수가 이산형일 경우 재귀적 분할을 통하여 나무를 성장시키는 데 있어서 분할 기준(splitting criterion)이 핵심이다. 여기서 분할 기준이란 부모노드에서 자식노드로 분기될 때 어떤 독립변수를 이용하여 어떤 방법으로 범주화하여 목표변수의 분포를 잘 구성하는 데 사용되는 측도이다.

[표 12-14] 트리 분할 기준 지표

지표	내용
카이제곱 통계량의 p값	분석 대상 자료의 검정 통계량 x^2의 유의확률 P값이 가장 작은 독립변수를 이용하여 분할
지니 지수 (Gini Index)	비순수도를 나타내는 지니 지수를 산출하여 최소화되도록 독립변수를 이용하여 분할
엔트로피 지수 (Entropy Index)	비순수도를 나타내는 엔트로피 지수를 산출하여 최소화되도록 독립변수를 이용하여 분할.
ANOVA의 F-통계량 p 값	ANOVA의 F 통계량에 대한 유의 확률 p 값이 가장 작은 독립변수를 이용하여 분할
분산 감소량(Variance Reduction)	종속변수의 실측치와 모형에 추정치와의 오차를 최소화하는 기준과 같이 분산을 최소화하는 독립변수를 이용하여 분할

지니 지수(Gini Index)와 엔트로피 지수(Entropy Index)는 불확실성 측정 지표(uncertainty measure index)로 다음과 같은 식으로 계산된다.

$$Entropy\ E = -\sum_{i=1}^{c} p_i \log_2(p_i),\ 0.5 \leq E \leq 1$$

$$Gini\ G = \sum_{i=1}^{c} p_i(1-p_i) = 1 - \sum_{i=1}^{c} p_i^2,\ 0 \leq G \leq 0.5$$

지니 지수 및 엔트로피 지수를 이용해서 불순도를 계산한 예는 다음 [그림 12-34]와 같다.

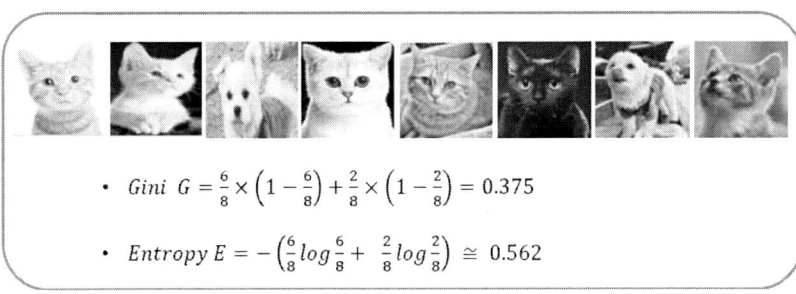

[그림 12-34] 두 집단에 대한 지니 불순도 계산

한편, 목표변수가 연속형인 회귀 나무인 경우는 분류변수(독립변수)와 분류 기분 값의 선택 방법으로 F-통계량의 p 값, 분산의 감소량 등이 사용된다. F-통계량은 일원배치 검정통계량으로 값이 크면 클수록 오차의 변동에 비해 처리의 변동이 크다는 것을 의미한다. 이는 자식 노드들이 서로 다르다는 것을 의미함으로 F-통계량이 커지는, 즉 p-value가 작아지는 방향으로 트리의 가지 분할을 수행해 자식노드를 생성하게 된다. 분산 감소량도 F-통계량이 최대화되는 방향으로 트리의 가지 분할을 수행한다.

의사결정나무 분석 단계는 다음과 같다.

- (1단계) 목표변수(독립변수)에 원인이 되는 설명변수(독립변수)들을 선택
- (2단계) 분석 목적과 자료구조에 적합한 분할 기준과 정지 규칙을 통한 의사결정나무 생성
- (3단계) 과적합의 원인이 되는 가지는 제거
- (4단계) 이익(gain), 위험(risk), 비용(cost) 등을 고려하여 모형 평가
- (5단계) 모델을 이용하여 분류(classification) 및 예측(prediction)

의사결정나무 분석을 위한 알고리즘은 [표 12-15]와 같이 크게 트리를 성장시키는 데 필요한 재귀적 분할 알고리즘(Recursive Partitioning Algorithm)과 트리의 성장을 정지시키는 데 필요한 불순도 알고리즘((Impurity Algorithm)이 있다.

[표 12-15] 의사결정나무 알고리즘

구분	종류
재귀적 분할 알고리즘 (Recursive Partitioning Algorithm)	• CART(Classification And Regression Tree) • C5.0 • CHAID(Chi-square Interaction Detection)

불순도 알고리즘 (Impurity Algorithm)	• 지니 지수(Gini index) • 엔트로피 지수(Entropy index) • 정보 이익(Information Gain) • 카이제곱 통계량(Chi-square statistic)

다음 [표 12-16]은 재귀적 분할 알고리즘 CART, C5.0, CHAID를 비교 설명한 것이다.

[표 12-16] 재귀적 분할 알고리즘 비교

종류	CART	C5.0	CHAID
분류 나무(분류)	가능	가능	가능
회귀 나무(예측)	가능	가능	불가능
예측 변수(종속변수)	이산형(범주형), 연속형	이산형(범주형), 연속형	이산형(범주형)
불순도 알고리즘	Gini 계수	Entropy 지수	ANOVA F-통계량
분리	이진 분리	다지 분리	다지 분류
나무성장(정지 규칙)	완전 모형 개발(가지치기)		최적 모형 개발
가지치기(교차검정)	학습 데이터(나무성장) 검증 데이터	학습 데이터	가지치기 불가능
개발자	Breiman, 1984	Quinlan, 1993	Kass, 1980

의사결정나무 분류분석 활용 분야는 내신 등급 예측 모형, 신용평가 모형, 사기 방지 모형, 고객 이탈 모형, 고객 세분화 모형, 중고차 가격 책정(회귀 나무), 의료 진단(왓슨, Watson) 등의 기계학습에 널리 사용된다. 의사결정나무 분류분석 장점은 주요 변수 선정이 용이하고 변수들 사이에 영향도 파악이 쉽다. 그리고 분류 모델의 이해가 쉽고 지식의 추출과 분석 결과의 해석이 쉽다는 것이다. 한편, 단점으로는 분류 경계점에서 예측 오류, 선형성 또는 주 효과가 결여할 수 있고 새로운 자료의 예측에 불안정성으로 정확한 의사결정이 어려울 수 있다. 또한 분기하는 가지 수가 너무 많을 수 있을 때 모델이 복잡하고 과적합에 빠질 수 있다.

2. 의사결정나무 분석 실무

1 cats_dogs 의사결정나무 분석

의사결정나무 분석 과정을 쉽게 설명하기 위하여 [R 12-4-1-1]과 같이 고양이와 강아지 특징 데이터셋 cats_dogs를 사용할 것이다. cats_dogs 데이터셋은 5개의 변수 '종류', '무게', '길이', '모양', '꼬리'에 관련된 12개의 관측값이 기록되어 있다. cats_dogs 데이터셋에서 '무게', '길이', '모양', '꼬리'의 특징에 따른 '고양이', 혹은 '강아지'를 분류하기 위한 의사결정나무 규칙을 생성한다. 이는 목표변수(반응변수)가 '고양이', 또는 '강아지'의 두 개의 클래스로 되어 있으므로 의사결정나무 분류 규칙(classification rules) 모델을 생성한다. 고양이와 강아지 의사결정나무 분류 규칙(classification rules) 생성과 결과는 R 코드와 실행 결과는 다음과 같다.

12-5-1-1: 고양이와 강아지 의사결정나무 분류 모델 생성

```
# (1) 모델 생성
> if(!require("rpart")) install.packages("rpart")
> library(rpart)
> cats_dogs.tree <- rpart(formula = 종류 ~ 무게 + 길이 + 형태 + 꼬리,
+                         data = cats_dogs,
+                         control = rpart.control(minsplit = 2))
> cats_dogs.tree # 모델 정보 표시

n= 12

node), split, n, loss, yval, (yprob)
      * denotes terminal node

 1) root 12 6 고양이 (0.5000000 0.5000000)
   2) 길이>=36.5 3 0 고양이 (1.0000000 0.0000000) *
   3) 길이< 36.5 9 3 강아지 (0.3333333 0.6666667)
     6) 꼬리>=2.5 5 2 고양이 (0.6000000 0.4000000)
      12) 무게< 4.35 1 0 고양이 (1.0000000 0.0000000) *
      13) 무게>=4.35 4 2 고양이 (0.5000000 0.5000000)
        26) 무게>=5 3 1 고양이 (0.6666667 0.3333333)
          52) 형태>=0.75 2 0 고양이 (1.0000000 0.0000000) *
          53) 형태< 0.75 1 0 강아지 (0.0000000 1.0000000) *
        27) 무게< 5 1 0 강아지 (0.0000000 1.0000000) *
     7) 꼬리< 2.5 4 0 강아지 (0.0000000 1.0000000) *
```

```
> # (2) 생성된 모델 요약 정보 표시
> summary(cats_dogs.tree) # 생성된 모델 요약 정보 표시

Call:
rpart(formula = 종류 ~ 무게 + 길이 + 형태 + 꼬리, data = cats_dogs,
    control = rpart.control(minsplit = 2))
  n= 12

          CP nsplit rel error   xerror      xstd
1 0.5000000      0 1.0000000 1.8333333 0.1595712
2 0.1666667      1 0.5000000 1.5000000 0.2500000
3 0.1111111      2 0.3333333 0.6666667 0.2721655
4 0.0100000      5 0.0000000 0.6666667 0.2721655

Variable importance
길이 형태 무게 꼬리
  30   27   23   20
```

```
Node number 1: 12 observations,    complexity param=0.5
  predicted class=고양이  expected loss=0.5  P(node) =1
    class counts:      6     6
   probabilities: 0.500 0.500
  left son=2 (3 obs) right son=3 (9 obs)
  Primary splits:
      길이 < 36.5 to the right, improve=2.0000000, (0 missing)
      형태 < 0.75 to the right, improve=1.5428570, (0 missing)
      무게 < 4.35 to the left,  improve=1.2000000, (0 missing)
      꼬리 < 1.5  to the right, improve=0.2222222, (0 missing)
중간 결과 생략
Node number 53: 1 observations
  predicted class=강아지 expected loss=0  P(node) =0.08333333
    class counts:     0     1
   probabilities: 0.000 1.000
```

```
> # (3) 모델 시각화(Visualization)

> if(!require("rpart.plot"))  install.packages("rpart.plot")

> library(rpart.plot)

> rpart.plot(cats_dogs.tree)
```

[그림 12-35]

고양이 강아지 분류 의사결정나무 분석의 목적은 무게, 길이, 형태, 꼬리에 따라 '종류'에 따라 의사결정나무 모델을 만들고 분류 예측하는 데 있다. 따라서 목표변수가 고양이와 강아지의 2개의 클래스를 가진 범주형이므로 R에서 rpart 라이브러리에 있는 rpart() 함수로 의사결정나무 회귀 모델을 학습시킬 수 있다. 실무에서 rpart() 함수의 입력 인자는 다음과 같다.

[표 12-17] rpart 함수의 인자

인자	의미
formula	formula
data	데이터
weights	가중치
subset	부분 데이터셋(인덱스)

na.action	결측값 처리 여부
method	분석방법("AVOVA", "poisson", "class", "exp", "dist", "mrt", "user")
model	모형
x	독립변수
y	종속변수
parms	매개변수
control	통제조건
cost	비용

라이브러리 'rpart'에 있는 rpart() 함수를 이용하여 cats_dogs 데이터셋의 종류를 결과변수(반응변수)를 선정하고 나머지 변수 '무게', '길이', '형태', '꼬리'를 원인변수(설명변수)로 사용하여 cats_.dogs.tree 모델을 생성했다.

생성된 cats_dogs.tree 모델의 정보를 살펴보면 길이>=36.5이면 '고양이' 3개로 분류할 확률이 1(100%)이고 길이<36.5이면 강아지로 분류할 확률은 약 0.67이고 고양이로 분류할 확률은 약 0.33이다. 의사결정나무 형성의 규칙은 summary 요약 정보를 통하여 보다 자세히 확인할 수 있다. summary 결과 테이블에서 복잡도 cp(Complexity parameter)는 분기 회수 nsplit이 커지면서 줄어드는 것을 확인할 수 있다. 그리고 cp의 최소값은 0.0100000으로 더 이상 분기할 수 없어 중지한 것을 알 수 있다. 고양이 강아지를 분류하는 데 중요한 변수는 '길이', '형태', '무게', '꼬리' 순이다. 다음은 각각의 노드 번호(node number) 1부터 53까지 의사결정나무 분류 규칙을 자세히 알 수 있다. 예를 들면 노드 번호(Node number) 1에는 12개의 관측값이 있고 복잡도 complexity pram(CP)은 0.5이고 불순도 expected loss는 0.5로 고양이 0.6 확률로 6개 관측값, 강아지 0.5 확률로 6개 속해있다. 그리고 좌측 자식 'left son'노드 2에는 3개, 우측 자식 'right son'노드 3에는 9개의 관측값이 있다는 것을 알 수 있다. 다음과 같이 1차적 결정 나무(decision tree)가 생성된 것을 확인할 수 있다.

```
Primary splits:
    길이 < 36.5  to the right, improve=2.0000000, (0 missing)
    형태 < 0.75  to the right, improve=1.5428570, (0 missing)
    무게 < 4.35  to the left,  improve=1.2000000, (0 missing)
    꼬리 < 1.5   to the right, improve=0.2222222, (0 missing)
```

최종 cats_dogs.tree의 의사결정나무 규칙을 시각화한 것은 다음과 같다.

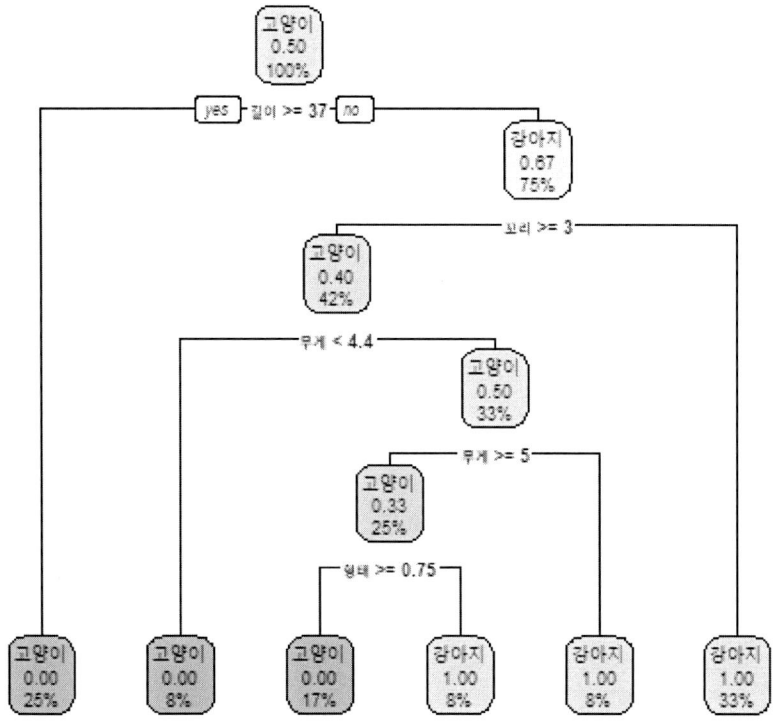

[그림 12-35] 고양이 강아지 의사결정나무 시각화

고양이와 강아지 의사결정나무 모델에서 과적합을 줄이고 모델의 효율성을 증대하기 위하여 분류에 영향을 최소화되는 가지치기(Edge Pruning)를 할 수 있다.

 12-5-1-2: 고양이와 강아지 의사결정나무 트리 가지치기(Edge Pluming)

> cats_dogs.tree$cptable # 모델의 복잡도 테이블 표시

```
          CP nsplit rel error    xerror      xstd
1 0.5000000      0 1.0000000 1.8333333 0.1595712
2 0.1666667      1 0.5000000 1.5000000 0.2500000
3 0.1111111      2 0.3333333 0.6666667 0.2721655
4 0.0100000      5 0.0000000 0.6666667 0.2721655
```

> plotcp(cats_dogs.tree) # 모델의 복잡도 파라미터(CP) 도표

[그림 12-36]

> (opt <- which.min(cats_dogs.tree$cptable[, 'xerror'])) # xerror의 최소값 행

3

> (cp <- cats_dogs.tree$cptable[opt, "CP"]) # opt에 해당하는 CP 값

[1] 0.1111111

```
> cats_dogs.tree_pruned <- prune(cats_dogs.tree, cp = cp) # 가지치기
> op <- par(mfrow=c(1, 2))
> rpart.plot(cats_dogs.tree, main = "가지치기 전 트리 모델")
> rpart.plot(cats_dogs.tree_pruned, main = "가지치기 후 트리 모델")
> par(op)
```

[그림 12-37]

cats_dogs.tree 모델의 복잡도 테이블(cptable)에서 파라미터 'xerror'의 최소값은 약 0.67로 행의 위치는 4이고 CP(Complexity Parameter) 0.01이다. cats_dogs.tree 모델의 복잡도 파라미터(Complexity Parameter: CP) 도표는 [그림 12-36]과 같다.

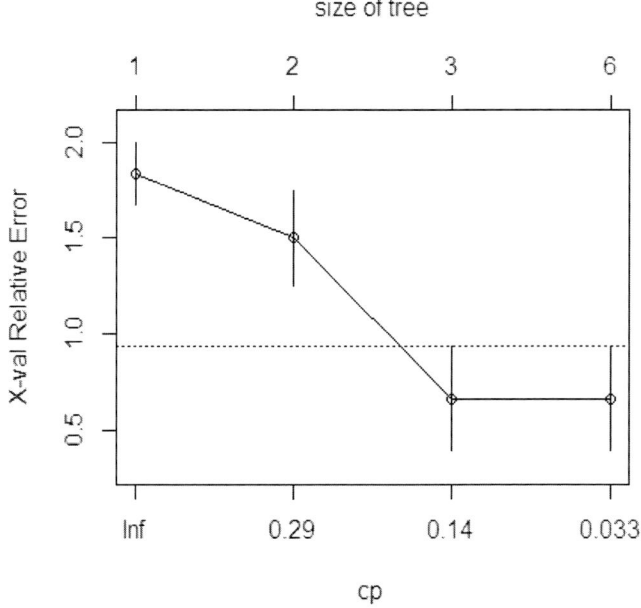

[그림 12-36] 고양이 강아지 분류 의사결정나무 모델 복잡도 파라미터(CP) 도표

고양이 강아지 분류 의사결정나무 모델 복잡도 파라미터(CP) 도표에서 가지치기(edge Pruning)를 위한 cp 값이 0.14 적합할 것으로 판단된다. 따라서 원래의 모델 cats_dogs.tree를 cp 값 0.14에서 가지치기한 모델 cats_dogs.tree.pruned을 최종 고양이 강아지 분류 의사결정 모델로 확정한다.

고양이 강아지 분류 의사결정나무 모델 가지치기 전후 도표는 다음 [그림 12-37]과 같다.

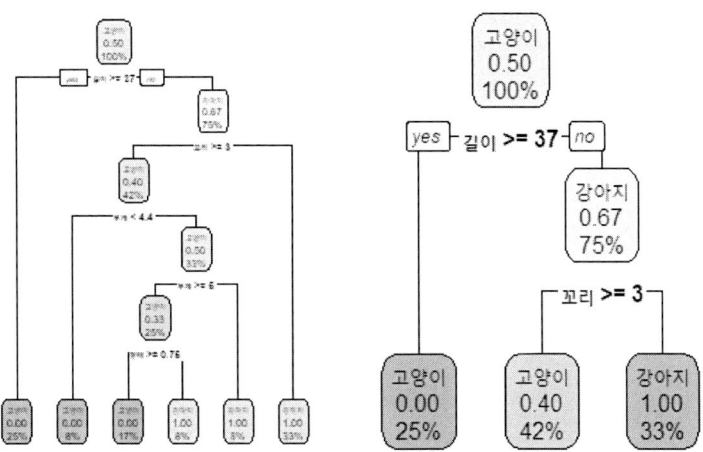

[그림 12-37] 고양이 강아지 분류 의사결정나무 모델 가지치기 전후 도표

고양이와 강아지 의사결정나무 모델 예측에 대한 R 코드와 실행 결과는 다음과 같다.

 12-5-1-3: 고양이와 강아지 의사결정나무 모델 예측

```
> # (1) 시험 데이터 생성
> if(!require("sampling")) install.packages("sampling")
> library(sampling)
> set.seed(123)
> x <- strata(data = cats_dogs,
+              strataname = c("종류"), # 종류별
+              size = c(3, 3), # 각각 3개 샘플 추출
+              method = "srswor")
> cats_dogs_test <- cats_dogs[x$ID_unit, ] # 시험 데이터셋 추출
> cat("시험 데이터 수 = ", nrow(cats_dogs_test), "\n")
시험 데이터 수 =  6
> cats_dogs_test # 시험 데이터셋 표시
    종류  무게  길이  형태  꼬리
4   고양이  3.5   50   0.8    2
1   고양이  6.5   42   1.0    2
6   고양이  6.0   38   0.9    1
11  강아지  4.5   26   0.9    3
7   강아지  5.6   22   0.5    2
10  강아지  6.4   25   1.0    1
```

```
> # (2) 분류 예측(분류 결과 클래스로 표시)
> preds <- predict(object = cats_dogs.tree_pruned,
+                  newdata = cats_dogs_test,
+                  type = "class") # 예측 결과 클래스로 저장
> preds # 예측 결과 클래스 표시
    4    1    6   11    7   10
고양이 고양이 고양이 고양이 강아지 강아지
Levels: 고양이 강아지
```

```
> # (3) 분류 예측(분류 결과 확률로 표시)
> preds <- predict(object = cats_dogs.tree_pruned,
+                  newdata = cats_dogs_test,
+                  type = "prob") # 예측 결과 확률로 저장
> preds # 예측 결과 확률로 표시
   고양이 강아지
4    1.0    0.0
1    1.0    0.0
6    1.0    0.0
11   0.6    0.4
7    0.0    1.0
10   0.0    1.0
```

```
> rst <- apply(X = preds, MARGIN = 1, FUN = which.max) # 최댓값 위치
> rst[which(rst=="1")] <- levels(cats_dogs_test$종류)[1] # 고양이
> rst[which(rst=="2")] <- levels(cats_dogs_test$종류)[2] # 강아지
> (preds <- as.factor(rst)) # 예측 결과 저장/표시
    4    1    6   11    7   10
고양이 고양이 고양이 고양이 강아지 강아지
Levels: 강아지 고양이
> result <- cbind(cats_dogs_test[,c(2:5, 1)], 예측 = preds)
> result # 예측된 결과 열이 포함된 test 데이터 표시
```

```
    무게  길이  형태  꼬리  종류    예측
4   3.5   50    0.8   2    고양이  고양이
1   6.5   42    1.0   2    고양이  고양이
6   6.0   38    0.9   1    고양이  고양이
11  4.5   26    0.9   3    강아지  고양이
7   5.6   22    0.5   2    강아지  강아지
10  6.4   25    1.0   1    강아지  강아지
```

> # (4) 예측 결과 크로스 테이블로 표시

> table(Prediction = result$예측,
+   Reference = result$종류) # 오차 행렬(Confusion Matrix)

```
          Reference
Prediction 고양이 강아지
    강아지      0      2
    고양이      3      1
```

> # (5) 혼동행렬(Confusion Matrix)

> if(!require("caret")) install.packages("caret")
> library(caret) # confusionMatrix
> predicted <- factor(result$예측, levels = c("고양이", "강아지")) # 예측값
> actual <-   factor(result$종류, levels = c("고양이", "강아지")) # 실제값
> confusionMatrix(predicted, actual, mode = "everything")

```
Confusion Matrix and Statistics

          Reference
Prediction 고양이 강아지
    고양이      3      1
    강아지      0      2

               Accuracy : 0.8333
                 95% CI : (0.3588, 0.9958)
    No Information Rate : 0.5
    P-Value [Acc > NIR] : 0.1094

                  Kappa : 0.6667

 Mcnemar's Test P-Value : 1.0000

            Sensitivity : 1.0000
            Specificity : 0.6667
         Pos Pred Value : 0.7500
         Neg Pred Value : 1.0000
              Precision : 0.7500
                 Recall : 1.0000
                     F1 : 0.8571
             Prevalence : 0.5000
         Detection Rate : 0.5000
   Detection Prevalence : 0.6667
      Balanced Accuracy : 0.8333

       'Positive' Class : 고양이
```

```
> # (6) 예측 결과 시각화(Visualization)

> if(!require("ggplot2")) install.packages("ggplot2")
> library(ggplot2)

> ggplot(result, aes(종류, 예측, color = 종류)) +
+    geom_jitter(width = 0.2, height = 0.1, size=2) +
+    labs(title="고양이 강아지 분류 의사결정나무 분석",
+         subtitle="혼동 행렬(Confusion Matrix)",
+         x="실제 값", y="예측 값")
```

[그림 12-38]

```
> # (7) 새로운 임의의 값 예측

> cats_dogs_new <- data.frame(무게=c(3.2, 5.5), 길이=c(22.5, 42.0),
+                              형태=c(0.4, 0.8), 꼬리=c(2, 2))

> preds <- predict(object=cats_dogs.tree_pruned,
+                   newdata=cats_dogs_new,
+                   type="class") # 예측

> preds # 새로운 값 예측 결과 출력

      1      2
   강아지 고양이
Levels: 고양이 강아지
```

고양이와 강아지 의사결정나무 모델 예측에 사용할 시험 데이터는 cats_.dogs 데이터셋 12개 관측값에서 고양이 3, 강아지 3개의 관측값의 층화 임의추출을 하였다.

예측의 파라미터 type = "class"로 지정하여 예측 결과를 고양이 혹은 강아지를 분류하도록 하였다. 모델의 분류 예측 결과를 곧바로 클래스로 표시할 수도 있고 확률로 표시할 수 있다. 예측 함수 predict()에 type="class"으로 지정하면 예측 결과를 클래스로 표시되고 type="prob"로 지정하면 확률로 표시할 수 있다. cats_dogs_test 데이터셋의 예측한 결과 클래스는 '고양이', '고양이', '고양이', '고양이', '강아지', '강아지' 순으로 예측했다. 예측된 결과를 cats_dogs_test 데이터셋에 항목으로 추가하여 다음과 같이 테이블로 표시하였다.

Prediction(모델이 예측값)	Reference(시험 데이터의 실제값)	
	고양이	강아지
강아지	0	2
고양이	3	1

고양이와 강아지 의사결정나무 모델 예측 오차 행렬에서 실제 '고양이'를 '고양이'로 올바르게 분류했지만, 실제 '강아지' 3건 중 2건은 올바르게 분류했지만 1건은 오 분류하였다. 고양이의 정밀도(precision)는 약 0.75이고 재현율(recall)은 1이다. 한편, 강아지의 정밀도는 1이지만 재현율은 약 0.67이다. 그리고 모델의 정확도(accuracy)는 약 0.83이다.

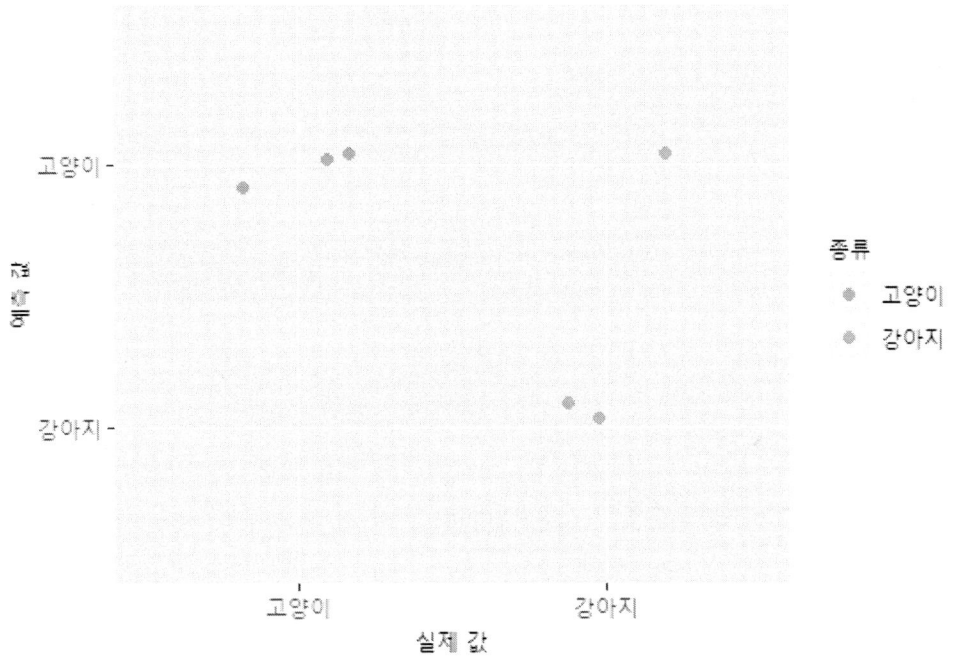

[그림 12-38] 고양이 강아지 분류 의사결정나무 분석 혼동행렬 시각화

모델의 예측 정확도를 살펴보기 위하여 임의의 시험 데이터셋을 입력하여 예측한 결과를 살펴보기 위하여 고양이와 강아지 특징 시험 데이터셋을 무게 3.2, 5.5, 길이 22.5, 42.0, 형태 0.4, 0.8, 꼬리 1, 2를 예측한 결과 "강아지"와 "고양이"로 분류 예측했다.

2 TitanicSurvable 의사결정나무 분석

타이태닉(Titanic)호는 1912년 4월 10일 영국의 사우샘프턴 44 부두에서 출항해 미국 뉴욕에 도착할 예정이었으나 항해 중 거대한 빙산에 부딪혀 4월 14일 새벽에 침몰했다. 실제 타이타닉호 승선자들의 생존 여부를 기록한 carData 패키지에 내장된 TitanicSurvival 데이터셋을 생존 여부 로지스틱 회귀 분석 과정을 설명한다.

데이터셋 carData::TitanicSurvival 데이터를 살펴본 R 코드와 실행 결과는 다음과 같다.

 12-5-2-1: 타이타닉호 생존(carData::TitanicSurvival) 데이터셋 준비

```
> if(!require("carData")) install.packages("carData")
> library(carData)
> ls('package:carData') # carData패키지에 있는 데이터세트 표시
 [1] "Adler"          "AMSsurvey"       "Angell"          "Anscombe"
 [5] "Arrests"        "Baumann"         "BEPS"            "Bfox"
 [9] "Blackmore"      "Burt"            "CanPop"          "CES11"
[13] "Chile"          "Chirot"          "Cowles"          "Davis"
[17] "DavisThin"      "Depredations"    "Duncan"          "Ericksen"
[21] "Florida"        "Freedman"        "Friendly"        "Ginzberg"
[25] "Greene"         "GSSvocab"        "Guyer"           "Hartnagel"
[29] "Highway1"       "KosteckiDillon"  "Leinhardt"       "LoBD"
[33] "Mandel"         "Migration"       "Moore"           "MplsDemo"
[37] "MplsStops"      "Mroz"            "OBrienKaiser"    "OBrienKaiserLong"
[41] "Ornstein"       "Pottery"         "Prestige"        "Quartet"
[45] "Robey"          "Rossi"           "Sahlins"         "Salaries"
[49] "SLID"           "Soils"           "States"          "TitanicSurvival"
[53] "Transact"       "UN"              "UN98"            "USPop"
[57] "Vocab"          "WeightLoss"      "Wells"           "Womenlf"
[61] "Wong"           "Wool"            "WVS"
> data(TitanicSurvival) # TitanicSurvival데이터 생성
> str(TitanicSurvival) # TitanicSurvival데이터 구조 표시
'data.frame':    1309 obs. of  4 variables:
 $ survived       : Factor w/ 2 levels "no","yes": 2 2 1 1 1 2 2 1 2 1 ...
 $ sex            : Factor w/ 2 levels "female","male": 1 2 1 2 1 2 1 2 1 2 ...
 $ age            : num  29 0.917 2 30 25 ...
 $ passengerClass: Factor w/ 3 levels "1st","2nd","3rd": 1 1 1 1 1 1 1 1 1 1 ...
> head(TitanicSurvival) # TitanicSurvival6개 행 표시
                                survived  sex    age passengerClass
Allen, Miss. Elisabeth Walton        yes female 29.0000           1st
Allison, Master. Hudson Trevor       yes   male  0.9167           1st
Allison, Miss. Helen Loraine          no female  2.0000           1st
Allison, Mr. Hudson Joshua Crei       no   male 30.0000           1st
Allison, Mrs. Hudson J C (Bessi       no female 25.0000           1st
Anderson, Mr. Harry                  yes   male 48.0000           1st
> summary(TitanicSurvival) #TitanicSurvival요약정보
 survived    sex           age          passengerClass
 no :809  female:466  Min.   : 0.1667   1st:323
 yes:500  male  :843  1st Qu.:21.0000   2nd:277
                      Median :28.0000   3rd:709
                      Mean   :29.8811
                      3rd Qu.:39.0000
                      Max.   :80.0000
                      NA's   :263
> TitanicSurvival<- na.omit(TitanicSurvival) # 결측값 행 제거
```

```
> sum(is.na(TitanicSurvival)) # 결측값 조회
[1] 0
> NROW(TitanicSurvival) # 결측값이 있는 행을 제거한 관측값 수
[1] 1046
```

TitanicSurvival 데이터셋은 carData 패키지에 있는 여러 데이터셋 중 하나이다. TitanicSurvival 데이터셋은 4개의 변수의 1,309개의 관측값으로 구성되어 있다. TitanicSurvival 데이터셋의 변수 survived는 생존여부 "yes", 혹은 "no"가 기록된 팩터 (factor) 형 자료이고 sex는 탑승객의 성별로 "male", 혹은 "female"이 기록된 팩터(factor) 형 자료, age는 탑승객의 나이가 기록된 숫자(num)이다. 마지막으로 passengerClass 승객 등급은 "1st", "2nd", 혹은 "3rd"가 기록된 팩터(factor)형이다. TitanicSurvival 데이터셋에서 변수 survived에 "yes"는 500, "no"는 809, sex에 "female"은 466, "male"은 843, age의 평균(mean)은 29.8811이고 최연소 탑승자 나이는 0.1667이고 최고 고령은 80이다. 그리고 passengerClass에 "1st"는 232, "2nd"는 277, "3rd"는 709이다. 로지스틱 회귀분석에서 sec, age, passengerClass에 따라 survived 분류 모델을 생성하는 것이 목적이기 때문에 변수 age의 결측값 NA 수가 263명이 있다. 따라서 분석의 정확성을 위하여 age가 NA로 기록된 것을 제거하여 1,046개의 관측값을 가진 TitanicSurvival 데이터셋을 준비하였다. TitanicSurvable 의사결정나무 트리 모델 생성은 다음 [R 코드 12-5-3-1]과 같다.

 12-5-2-2: TitanicSurvival 의사결정나무 C50 엔트로피 모델 생성

```
> if(!require("C50")) install.packages("C50")

> library(C50)

> TitanicSurvival.tree <- C5.0(formula = survived ~ .,
+                              data = TitanicSurvival) # 모델 생성

> summary(TitanicSurvival.tree) # 생성된 모델 정보 표시

Call:
C5.0.formula(formula = survived ~ ., data = TitanicSurvival)


C5.0 [Release 2.07 GPL Edition]     Sun Feb 25 15:26:02 2024
-------------------------------

Class specified by attribute `outcome'

Read 1046 cases (4 attributes) from undefined.data
```

```
Decision tree:

sex = female:
:...passengerClass in {1st,2nd}: yes (236/16)
:   passengerClass = 3rd: no (152/72)
sex = male:
:...age <= 9: yes (43/18)
    age > 9: no (615/110)
Evaluation on training data (1046 cases):

        Decision Tree
        ---------------
        Size      Errors

          4     216(20.7%)    <<


        (a)    (b)     <-classified as
        ----   ----
        585     34     (a): class no
        182    245     (b): class yes


    Attribute usage:

    100.00% sex
     62.91% age
     37.09% passengerClass


Time: 0.0 secs
```

> plot(TitanicSurvival.tree) # 모델 시각화

[그림 12-39]

TitanicSurvival 의사결정나무 모델은 C5.0을 이용하여 트리를 구축하였다. C50은 더 복잡한 규칙을 사용하고 누락된 데이터를 처리할 수 있는 CART의 개선된 버전으로 트리를 구축하기 위해 그리디 알고리즘을 사용하며, 각 단계에서 엔트로피 또는 지니 지수로 측정된 불순물의 최대 감소를 제공하는 분할을 선택한다. 또한 변수 선택(feature selection)을 수행하고 대리 분할을 통해 누락된 값을 처리할 수 있기 때문에 많은 기능과 결측값을 가진 대규모 데이터셋에 적용이 유리하다. C50 또한 트리 가지치기를 지원하여 과적합을 극복하고 모델의 복잡성을 줄일 수 있도록 하였다.

TitanicSurvival 의사결정나무 모델은 원인변수 'sex', 'age', 'passengerClass'에 따라서 목표변수를 'survived'를 분류 예측하는 모델이다. 목표변수를 'survived'는 "yes", 혹은 "no"를 가진 범주형이므로 의사결정나무 분할 알고리즘 C5.0을 사용하여 분류 나무 모델 TitanicSurvival.tree를 생성했다.

TitanicSurvival.tree의 요약 정보를 살펴보면 1,046개의 관측값에 대하여 다음과 같은 결정나무(decision tree)가 생성된 것을 확인할 수 있다.

```
sex = female:
:...passengerClass in {1st,2nd}: yes (236/16)
:   passengerClass = 3rd: no (152/72)
sex = male:
:...age <= 9: yes (43/18)
    age > 9: no (615/110)
```

sex가 'female'인 경우 passengerClass가 1st, 2nd에서 'yes' 236명, 'no' 16명으로 약 94%로 분류하였고 반면에 passengerClass가 3rd에서 'no' 152명, 'yes' 72명으로 약 68%로 분류하였다. sex가 'male'인 경우 age 9살 이하면 'yes' 43명, 'no' 18명으로 약 70%로 age가 9살 이상이면 'no' 615명, 'yes' 110명으로 약 85%로 분류하였다. 이와 같은 의사결정 분류규칙을 시각화한 것은 [그림 12-39]와 같다.

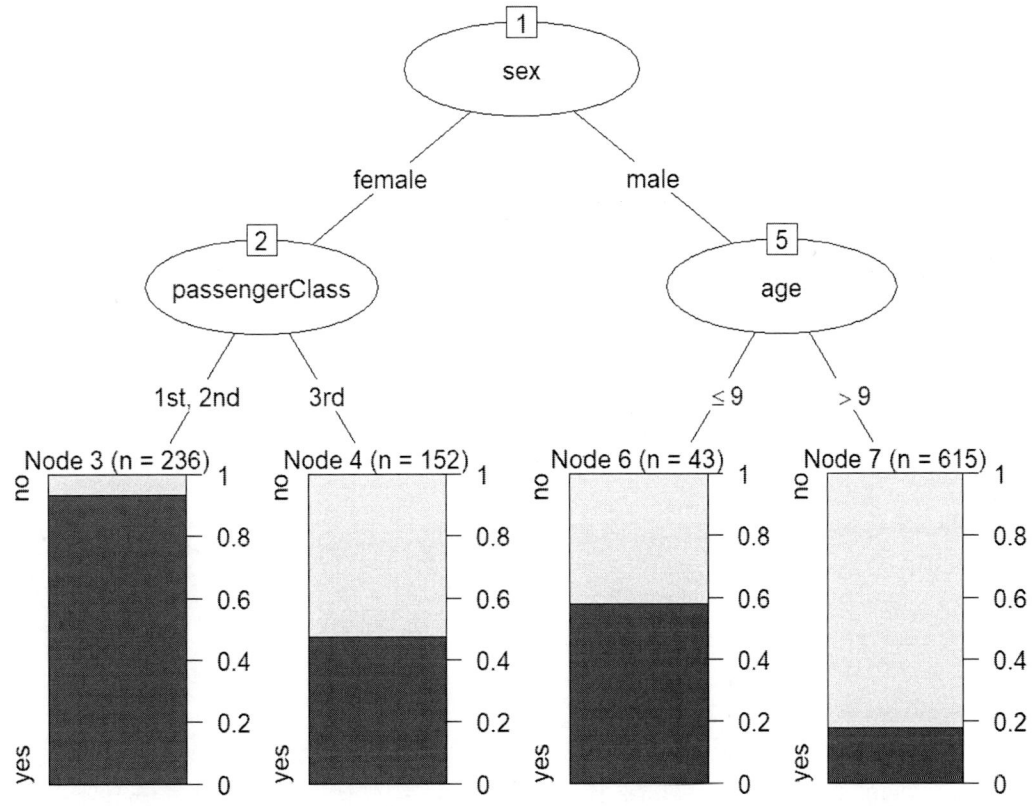

[그림 12-39] TitanicSurvival 데이터셋 의사결정나무 분류 그래프

TitanicSurvival 의사결정나무 모델 예측에 대한 R 코드와 실행 결과는 다음과 같다.

 12-5-2-3: TitanicSurvival 의사결정나무 모델 예측

```
> n <- nrow(TitanicSurvival) # 관측값 수
> x <- sample(x = 1:n, size = 0.1*n, replace = F) # 관측값에서 10% 표본 번호
> test <- TitanicSurvival[x, c(2:4, 1)] # 테스트 데이터 생성/항목 순서 변경
> cat("테스트 데이터 수 = ", nrow(test), "\n")
테스트 데이터 수 =  104
> pred <- predict(object = TitanicSurvival.tree,
+                 newdata = test,
+                 type="class") # 예측 결과 class로 저장
> test$예측 <- pred # test 데이터셋에 예측(pred) 열 추가
> head(test) # 예측된 결과 열이 포함된 test 데이터 표시
> head(test) # 예측된 결과 열이 포함된 test 데이터 상위 6개 행 표시
                                    sex    age  passengerClass  survived  예측
Colbert, Mr. Patrick               male    24   3rd             no        no
Van Impe, Miss. Catharina          female  10   3rd             no        no
Najib, Miss. Adele Kiamie Jane     female  15   3rd             yes       no
Yrois, Miss. Henriette (Mrs Ha     female  24   2nd             no        yes
Bystrom, Mrs. (Karolina)           female  42   2nd             yes       yes
Lindeberg-Lind, Mr. Erik Gustaf    male    42   1st             no        no
> (tb <- table(actual = test$survived, predicted = test$예측)) # 오차 행렬
      predicted
actual no yes
   no  51  5
   yes 21 27
> (accuracy <- sum(diag(tb))/sum(tb)*100) # 정확도(Accuracy) 산출
[1] 75
```

TitanicSurvival 데이터셋 전체 관측값 1046에서 10%의 표본을 추출하여 104개의 관측값을 가진 test 데이터셋을 구성하였다. test 데이터셋을 이용하여 TitanicSurvival.tree 모델을 예측한 결과를 class로 저장하여 test 데이터에 항목으로 결합하여 오차 행렬로 표시하였다. TitanicSurvival.tree 모델의 정확도는 75%이다. TitanicSurvival 의사결정나무 모델 예측 결과 시각화는 [R 코드 12-5-3-1]과 같다.

12-5-2-4: TitanicSurvival 의사결정나무 모델 예측 결과 시각화

```
> if(!require("ggplot2")) install.packages("ggplot2")

> library(ggplot2)

> ggplot(test, aes(survived, 예측, color = 예측)) +
+   geom_jitter(width = 0.2, height = 0.1, size=2) +
+   labs(title="TitanicSurvival 의사결정나무 분류분석",
+        subtitle="혼동행렬(Confusion Matrix)",
+        y="예측 값", x="실제 값")
```

[그림 12-40]

TitanicSurvival 의사결정나무 모델 예측 결과 혼동 행렬 시각화는 [그림 12-40]과 같다.

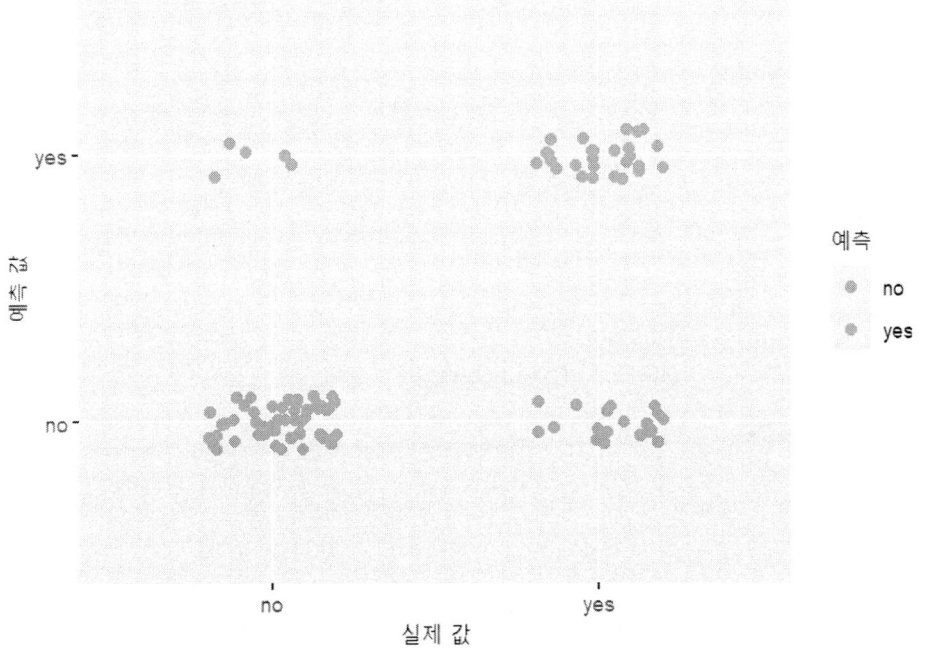

[그림 12-40] TitanicSurvival 의사결정나무 모델 예측 결과 혼동행렬 시각화

③ iris 의사결정나무 분석

R에 기본적으로 내장된 iris 데이터셋을 이용하여 의사결정나무 분류 모델을 생성하고 시험하는 과정을 알아보자.

 12-5-3-1: iris 의사결정나무

```
> # (1) iris 데이터셋 준비(R에 내장)
> data(iris) # iris 데이터셋 불러오기
> str(iris) # iris 데이터셋 구조 보기
'data.frame':	150 obs. of  5 variables:
 $ Sepal.Length: num  5.1 4.9 4.7 4.6 5 5.4 4.6 5 4.4 4.9 ...
 $ Sepal.Width : num  3.5 3 3.2 3.1 3.6 3.9 3.4 3.4 2.9 3.1 ...
 $ Petal.Length: num  1.4 1.4 1.3 1.5 1.4 1.7 1.4 1.5 1.4 1.5 ...
 $ Petal.Width : num  0.2 0.2 0.2 0.2 0.2 0.4 0.3 0.2 0.2 0.1 ...
 $ Species     : Factor w/ 3 levels "setosa","versicolor",..: 1 1 1 1 1 1 ...
> # (2) iris 데이터셋 요약 통계량
> summary(iris)
  Sepal.Length    Sepal.Width     Petal.Length    Petal.Width          Species
 Min.   :4.300   Min.   :2.000   Min.   :1.000   Min.   :0.100   setosa    :50
 1st Qu.:5.100   1st Qu.:2.800   1st Qu.:1.600   1st Qu.:0.300   versicolor:50
 Median :5.800   Median :3.000   Median :4.350   Median :1.300   virginica :50
 Mean   :5.843   Mean   :3.057   Mean   :3.758   Mean   :1.199
 3rd Qu.:6.400   3rd Qu.:3.300   3rd Qu.:5.100   3rd Qu.:1.800
 Max.   :7.900   Max.   :4.400   Max.   :6.900   Max.   :2.500
> # (3) 훈련(train)/시험(test) 데이터셋 분리(층화 임의추출)
> if(!require("sampling")) install.packages("sampling")
> library(sampling)
> set.seed(123)
> x <- strata(data = iris,
+             strataname = c("Species"), # 품종별
+             size = c(40, 40, 40), # 각각 40개 샘플 추출
+             method = "srswor")
> iris_train <- iris[x$ID_unit, ] # 훈련 데이터셋 추출
> iris_test <- iris[-x$ID_unit, ] # 시험 데이터셋 추출
> iris_train <- iris_train[sample(1:nrow(iris_train)), ] # iris_train shuffling
> iris_test <- iris_test[sample(1:nrow(iris_test)), ] # iris_test shuffling
> cat("총 데이터 수 = ", nrow(iris), "\n")
총 데이터 수 =  150
> cat("훈련 데이터 수 = ", nrow(iris_train), "\n")
```

```
훈련 데이터 수 =  120
> cat("테스트 데이터 수 = ", nrow(iris_test), "\n")
테스트 데이터 수 =  30
> head(iris_train) # # 훈련 데이터셋 상위 6행 표시
    Sepal.Length Sepal.Width Petal.Length Petal.Width    Species
139          6.0         3.0          4.8         1.8  virginica
144          6.8         3.2          5.9         2.3  virginica
119          7.7         2.6          6.9         2.3  virginica
99           5.1         2.5          3.0         1.1 versicolor
29           5.2         3.4          1.4         0.2     setosa
142          6.9         3.1          5.1         2.3  virginica
```

iris 데이터셋은 "Sepal.Length", "Sepal.Width", "Petal.Length", "Petal.Width", "Species"의 총 5개 변수에 150개의 관측값으로 구성되어 있다. "Sepal.Length", "Sepal.Width", "Petal.Length", "Petal.Width"는 숫자형 변수이고 "Species"는 "setosa", "versicolor, "virginica"의 3종류 범주형 데이터를 가지고 있는 팩터형 변수이다. 그리고 iris 데이터셋 요약통계량을 통하여 각각의 변수의 기초 통계량을 산출하여 iris 데이터셋을 이해할 수 있도록 했다. iris 데이터셋에서 각각의 "Species"별 40개씩 층화 임의 추출하여 총 120행의 훈련 데이터셋 iris_train을 생성하고 나머지 30행을 시험 데이터셋 iris_test으로 분리하였다. 다음은 iris 의사결정나무 예측 모델 생성하기 위한 R 코드와 실행 결과이다.

 12-5-3-2: iris 의사결정나무 예측 모델 생성

```
> # (1) iris 의사결정나무 분류 모델 생성
> if(!require("rpart")) install.packages("rpart")
> library(rpart)
> iris.tree <- rpart(formula = Species ~ .,
+                    data = iris_train,
+                    control = rpart.control(minsplit = 2))
> iris.tree # 모델 정보 표시
n= 120

node), split, n, loss, yval, (yprob)
      * denotes terminal node

 1) root 120 80 setosa (0.33333333 0.33333333 0.33333333)
   2) Petal.Length< 2.45 40  0 setosa (1.00000000 0.00000000 0.00000000) *
   3) Petal.Length>=2.45 80 40 versicolor (0.00000000 0.50000000 0.50000000)
     6) Petal.Width< 1.75 42  3 versicolor (0.00000000 0.92857143 0.07142857)
      12) Petal.Length< 5.35 40  1 versicolor (0.00000000 0.97500000 0.02500000) *
      13) Petal.Length>=5.35 2  0 virginica (0.00000000 0.00000000 1.00000000) *
     7) Petal.Width>=1.75 38  1 virginica (0.00000000 0.02631579 0.97368421) *

> summary(iris.tree) # 생성된 모델 요약 정보 표시
```

```
Call:
rpart(formula = Species ~ ., data = iris_train, control = rpart.control(minsplit = 2))
  n= 120

      CP nsplit rel error xerror      xstd
1 0.500      0     1.000 1.2000 0.05477226
2 0.450      1     0.500 0.8000 0.06831301
3 0.025      2     0.050 0.0625 0.02736234
4 0.010      3     0.025 0.0625 0.02736234

Variable importance
 Petal.Width Petal.Length Sepal.Length  Sepal.Width
          34           33           21           12

Node number 1: 120 observations,    complexity param=0.5
  predicted class=setosa    expected loss=0.6666667  P(node) =1
    class counts:    40    40    40
   probabilities: 0.333 0.333 0.333
  left son=2 (40 obs) right son=3 (80 obs)
  Primary splits:
      Petal.Length < 2.45 to the left,  improve=40.00000, (0 missing)
      Petal.Width  < 0.75 to the left,  improve=40.00000, (0 missing)
      Sepal.Length < 5.45 to the left,  improve=29.23077, (0 missing)
      Sepal.Width  < 3.05 to the right, improve=12.99916, (0 missing)
  Surrogate splits:
      Petal.Width  < 0.75 to the left,  agree=1.000, adj=1.000, (0 split)
      Sepal.Length < 5.45 to the left,  agree=0.933, adj=0.800, (0 split)
      Sepal.Width  < 3.35 to the right, agree=0.808, adj=0.425, (0 split)
```

[중간 과정 생략]

```
Node number 13: 2 observations
  predicted class=virginica  expected loss=0  P(node) =0.01666667
    class counts:     0     0     2
   probabilities: 0.000 0.000 1.000
```

> # (2) 모델 시각화(Visualization)

> if(!require("rpart.plot")) install.packages("rpart.plot")

> library(rpart.plot)

> rpart.plot(iris.tree)

[그림 12-41]

> # (3) 트리 가지치기(Edge Pluming)

> iris.tree$cptable # 모델 복잡도 파라미터(Complexity Parameter) 테이블 표시

> plotcp(iris.tree) # 모델의 복잡도 파라미터(CP) 도표

> (opt <- which.min(iris.tree$cptable[, 'xerror'])) # exerror의 최소값 행 표시

3
3

> (opt_cp <- iris.tree$cptable[opt, "CP"]) # opt에 해당하는 CP 값

[1] 0.025

> iris.tree_pruned <- prune(iris.tree, cp = opt_cp) # cp 해당하는 값 가지치기

> op <- par(mfrow=c(1, 2))

> rpart.plot(iris.tree, main = "트리 가지치기 전 모델")

```
> rpart.plot(iris.tree_pruned, main = "트리 가지치기 후 모델")
> par(op)
```
[그림 12-42]

R에서 rpart 라이브러리에 있는 rpart() 함수로 의사결정나무 회귀 모델을 학습시킬 수 있다. 실무에서 rpart() 함수는 자주 사용되는 것으로 입력 인자는 다음과 같습니다.

[표 12-18] rpart() 함수의 입력 인자는 다음과 같다.

입력 인자	값
formula	formula
data	데이터
weights	가중치
subset	부분 데이터셋(인덱스)
na.action	결측값 처리 여부
method	분석 방법("AVOVA", "poisson", "class", "exp", "dist", "mrt", "user")
model	모형
x	독립변수
y	종속변수
parms	매개변수
control	통제조건
cost	비용

라이브러리 'rpart'에 있는 rpart() 함수를 이용하여 iris 데이터셋에 iris_train 인덱스에 해당하는 데이터셋을 추출하여 Species를 결과변수(반응변수)를 선정하고 나머지 변수를 원인변수(설명변수)로 사용하여 iris.tree 모델을 생성했다. 생성된 iris.tree 모델은 summary를 통하여 요약정보를 확인할 수 있다. summary 정보 맨 위 테이블에서 복잡도 cp(Complexity parameter)는 분기 회수 nsplit이 커지면서 줄어드는 것을 확인할 수 있다. 그리고 cp의 최소값은 0.0100000로 더 이상 분기할 수 없어 중지한 것을 알 수 있다. 그다음은 각각의 노드 1부터 7까지 의사결정나무 분류 규칙을 자세히 알 수 있다. 예를 들어, 노드 번호(Node number) 1에는 120개의 관측값이 있고 복잡도 complexity param는 0.5이고 불순도 expected loss는 약 0.67이다. setosa, versicolor, virginica가 각각 0.333 확률로 분포되어 있다. 그리고 좌측 자식 'left son'노드 2에는 40개, 우측 자식 'right son'노드 3에는 80개의 관측값이 있다는 것을 알 수 있다.

iris.tree의 의사결정나무 규칙을 plot으로 시각화한 것은 [그림 12-41]과 같다.

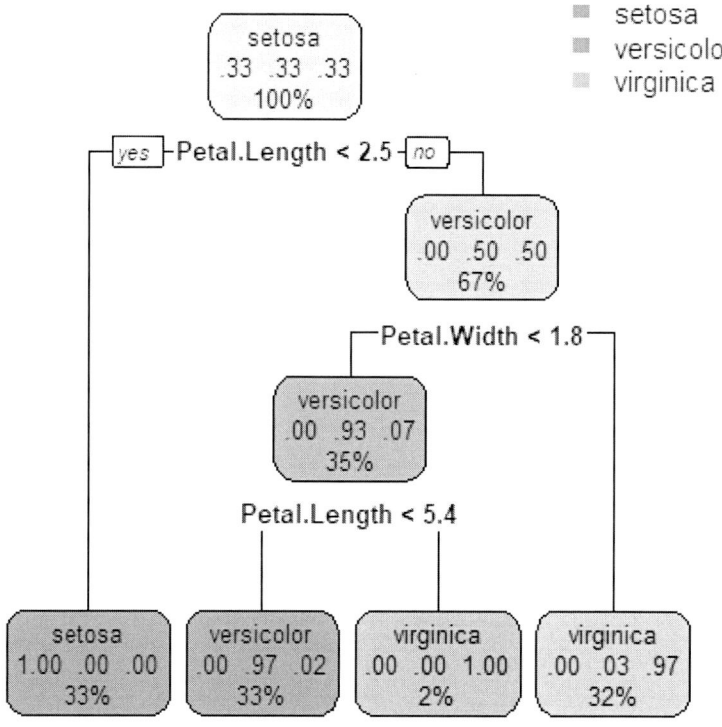

[그림 12-41] iris.tree 의사결정나무 규칙 플롯

모델의 복잡도 cp(Complexity parameter)를 시각화한 것은 [그림 12-42]와 같다.

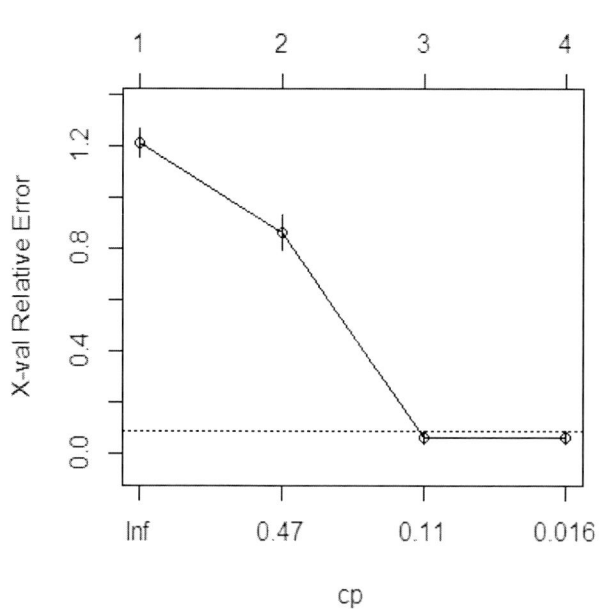

[그림 12-42] iris.tree 의사결정나무 모델의 복집도 플롯

의사결정나무 모델의 복잡도가 증가하면 과적합(overfitting, 모델이 훈련 데이터셋에만 접합하게 생성되어 시험 데이터는 잘 못 맞추는 경우)을 방지하기 위하여 성장한 나무 가지치기(plune)를 통하여 해결할 수 있다. 가지치기는 rpart 라이브러리에 prune() 함수를 이용하여 복잡도 xerror가 최소에 해당하는 CP 값을 찾아 시행할 수 있다. 가지치기까지 끝난 의사결정나무 iris.tree.prune을 rpart.plot 라이브러리에 있는 rpart.plot() 함수를 이용하여 시각화한 것은 [그림 12-43]과 같다.

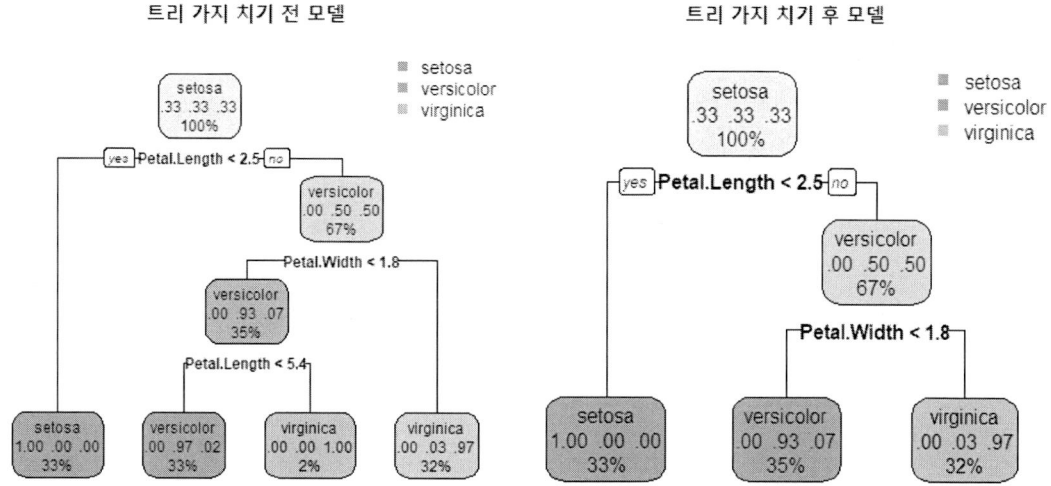

[그림 12-43] iris.tree 의사결정나무 가지치기 후 플롯

[그림 12-43]에서 맨 상위 뿌리 노드에 '.33, .33, .33'은 'setosa, versicolor, virginica'의 전체 관측값에 대한 확률분포이다. 'Petal.Length < 2.6'이 참(yes)이면 100%로 'setosa'로 분류하고 거짓(no)이면 나머지 67% 중에서 versicolor와 virginica가 각각 0.5의 확률로 분도되어 있다. 이때 'Petal.Width<1.8'이 참이면 versicolor 0.93 확률로 분류할 수 있고 virginica'로 오분류 확률(불순도)은 0.07고, 분류 조건이 거짓이면 virginica를 0.97 확률로 분류할 수 있고 versicolor로 분류될 확률(불순도)은 0.03이다.

12-5-3-3: iris 의사결정나무 모델 예측

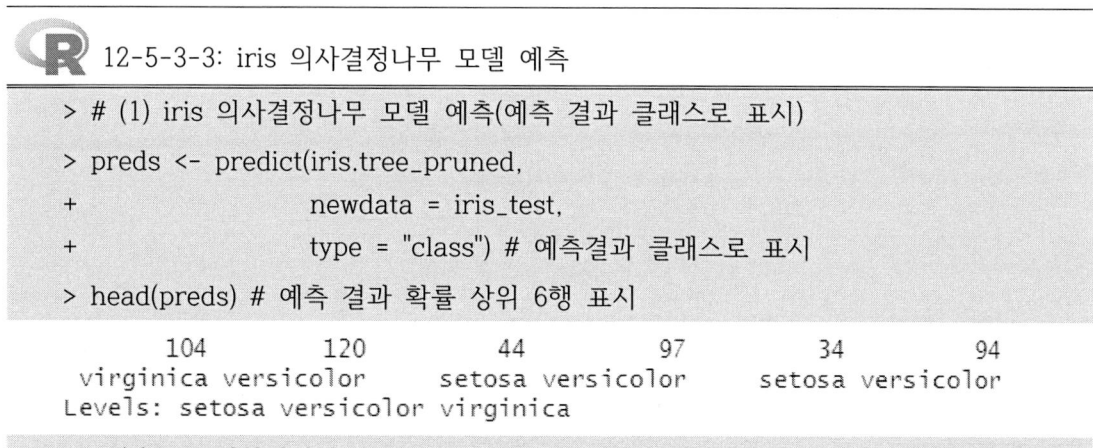

```
+                      newdata = iris_test,
+                      type = "prob") # 예측 결과 확률로 표시
> head(preds) # 예측 결과 확률 상위 6행 표시
    setosa versicolor  virginica
104      0 0.02631579 0.97368421
120      0 0.92857143 0.07142857
44       1 0.00000000 0.00000000
97       0 0.92857143 0.07142857
34       1 0.00000000 0.00000000
94       0 0.92857143 0.07142857
```

> rst <- apply(X = preds, MARGIN = 1, FUN = which.max) # 최댓값 위치

> rst[which(rst=="1")] <- levels(iris_test$Species)[1] # setosa

> rst[which(rst=="2")] <- levels(iris_test$Species)[2] # versicolor

> rst[which(rst=="3")] <- levels(iris_test$Species)[3] # virginica

> preds <- as.factor(rst)

> head(preds) # 예측 결과 확률 상위 6행 표시

```
       104        120         44         97         34         94
 virginica versicolor     setosa versicolor     setosa versicolor
Levels: setosa versicolor virginica
```

> result <- cbind(iris_test, Predicted = preds) # 예측결과 결합

> head(result) # 결과 표시

```
    Sepal.Length Sepal.Width Petal.Length Petal.Width    Species  Predicted
104          6.3         2.9          5.6         1.8  virginica  virginica
120          6.0         2.2          5.0         1.5  virginica versicolor
44           5.0         3.5          1.6         0.6     setosa     setosa
97           5.7         2.9          4.2         1.3 versicolor versicolor
34           5.5         4.2          1.4         0.2     setosa     setosa
94           5.0         2.3          3.3         1.0 versicolor versicolor
```

> # (3) 예측 결과 교차 테이1블 생성

> table(Predicted = result$Predicted, Reference = result$Species)

```
            Reference
Predicted    setosa versicolor virginica
  setosa         10          0         0
  versicolor      0         10         2
  virginica       0          0         8
```

> # (4) 혼동행렬(Confusion Matrix)

> if(!require("caret")) install.packages("caret")

> library(caret) # confusionMatrix

> predicted <- as.factor(result$Predicted) # 예측값

> actual <- as.factor(result$Species) # 실제값

```
> confusionMatrix(predicted, actual, mode = "everything")
Confusion Matrix and Statistics

          Reference
Prediction   setosa versicolor virginica
  setosa         10          0         0
  versicolor      0         10         2
  virginica       0          0         8

Overall Statistics

               Accuracy : 0.9333
                 95% CI : (0.7793, 0.9918)
    No Information Rate : 0.3333
    P-Value [Acc > NIR] : 8.747e-12

                  Kappa : 0.9

 Mcnemar's Test P-Value : NA

Statistics by Class:

                     Class: setosa Class: versicolor Class: virginica
Sensitivity                 1.0000            1.0000           0.8000
Specificity                 1.0000            0.9000           1.0000
Pos Pred Value              1.0000            0.8333           1.0000
Neg Pred Value              1.0000            1.0000           0.9091
Precision                   1.0000            0.8333           1.0000
Recall                      1.0000            1.0000           0.8000
F1                          1.0000            0.9091           0.8889
Prevalence                  0.3333            0.3333           0.3333
Detection Rate              0.3333            0.3333           0.2667
Detection Prevalence        0.3333            0.4000           0.2667
Balanced Accuracy           1.0000            0.9500           0.9000
```

```
> # (5) 예측 결과 시각화(Visualization)
> if(!require("ggplot2")) install.packages("ggplot2")
> library(ggplot2)
> ggplot(result, aes(Species, Predicted, color = Predicted)) +
+   geom_jitter(width = 0.2, height = 0.1, size=2) +
+   labs(title="iris 의사결정나무 분류분석",
+        subtitle="iris 오차 행렬(Confusion Matrix)",
+        x="실제 값", y="예측값")
```

[그림 12-44]

```
> # (6) 새로운 값 예측
> iris_new <- list(Sepal.Length= c(5.1, 6.5), Sepal.Width = c(3.5, 3.2),
+                  Petal.Length  = c(1.4, 4.8), Petal.Width = c(0.2, 2.0))
> preds <- predict(object = iris.tree_pruned,
+                  newdata = iris_new,
+                  type = "class") # 예측 결과 확률값 생성
```

```
> preds # 예측 결과 표시
       1        2
   setosa virginica
Levels: setosa versicolor virginica
```

생성된 iris_test 테스트 데이터셋 30개의 관측값을 이용하여 iris.tree_pruned 모델을 예측한 결과를 오차 행렬은 다음과 같다.

Predicted	Reference		
	setosa	versicolor	virginica
setosa	10	0	0
versicolor	0	10	2
virginica	0	0	8

위 오차 행렬에서 'setosa'의 정밀도(precision)와 재현율(recall)은 모두 100%(=10/10×100)이고 'versicolor'의 정밀도는 83%(10/12×100)이고 재현율은 약 100%(10/10×100)이다. 'virginica'의 정밀도는 약 100%(8/8×100)이고 재현율은 약 80%(8/10×100)다. 따라서 정확도(accuacy)는 약 93%(28/30×100)이다. 이와 같은 오차 행렬을 ggplot2를 이용하여 시각화한 것은 [그림 12-44]와 같다.

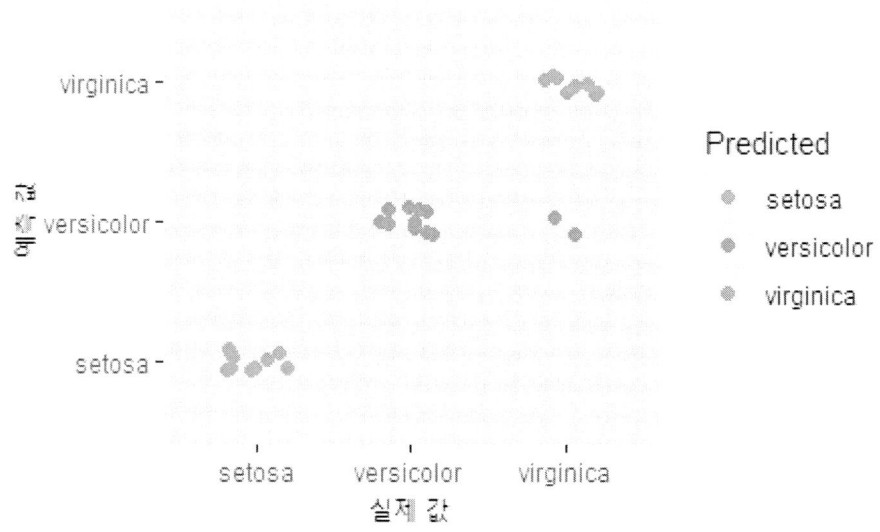

[그림 12-44] iris 데이터셋의 관측값과 예측값에 대한 혼동행렬 그래프

모델의 예측 정확도를 살펴보기 위하여 임의의 시험 데이터셋을 입력하여 예측한 결과를 살펴보기 위하여 Sepal.Length에 5.1와 6.5를 Sepal.Width에 3.5와 3.2, Petal.Length에 1.4와 4.8, Petal.Width에 0.2, 2.0을 예측한 결과 "setosa" "virginica"로 분류 예측했다.

이상과 같이 의사결정나무 분류분석 기법을 살펴보았다. 의사결정나무 분류분석 기법은 주로 내신 등급 예측, 신용평가, 사기 탐지, 고객 이탈, 중고차 가격 책정(회귀 나무), 의료 진단(왓슨, Watson) 등 여러 분야 기계학습(machine learning)에 사용된다.

의사결정나무의 장점 및 단점을 살펴보면 다음과 같다. 장점으로는 분류 규칙이 단순하여 해석이 용이하고 입력 변수와 결과 변수 간에 연관성 및 비선형성을 고려하여 분석이 이루어지기 때문에 선형성, 정규성, 등분산성 등의 통계적 가정이 불필요한 비모수적 모델이다. 한편, 단점으로는 분류 기준이 되는 경계선 근처에 자료에 대해서는 큰 오차가 발생할 수 있으며 예측변수의 효과를 파악하기 어렵고 새로운 데이터에 대한 예측이 불안정할 수 있다.

12.6 앙상블 모형

앙상블 모형(Ensemble Model)은 모델의 분류 정확도 향상을 위해 여러 개의 분류모형에 의한 결과를 종합하여 분석하는 기법이다. 즉 표본추출에 있어 데이터에서 여러 개의 훈련용 데이터집합을 만들어 각각의 데이터셋에서 하나의 분류기를 사용해 혼합(ensemble)하는 방법을 사용한다. 데이터를 조절하는 방법에는 배깅(bagging)과 부스팅(boosting) 기법이 있다. 그리고 배깅과 특징(feature)의 임의 선택(random selection) 기법을 결합한 랜덤포레스트(random forest) 기법이 있다.

[표 12-19] 앙상블 기법의 종류와 특징

배깅 (Bagging)	배깅(bagging)은 'bootstrap aggregating'을 합성해서 만든 용어로 원래의 데이터셋으로부터 크기가 같은 표본을 여러 번 단순 임의 복원 추출하여 각 표본에 대해 분류 모델(classification model)을 생성하여 그 결과들을 앙상블하는 방법이다. 배깅 기법은 반복 복원 추출 방법을 사용하기 때문에 동일한 데이터가 한 표본에 여러 번 추출될 수도 있고 어떤 데이터는 추출되지 않을 수도 있다.
부스팅 (Boosting)	배깅 기법과 유사하나 부트스트랩 표본(bootstrap sampling)을 구성하는 반복 표본 추출 과정에서 각 데이터에 동일한 확률을 부여하는 것이 아니라 분류가 잘못된 데이터에 더 큰 가중값을 부여하여 표본으로 추출할 확률을 높일 수 있다.
랜덤 포레스트 (Random Forest)	원천 훈련 자료로부터 부트스트랩 샘플을 추출하고 각 부트스트랩 샘플에 대해 트리를 형성해 나가는 과정은 배깅과 유사하나, 각각의 노드마다 모든 예측변수 안에서 최적의 분할을 선택하는 방법 대신 예측 변수를 임의로 추출하고, 추출된 변수 내에서 최적의 분힐을 만들어 나가는 방법을 사용한다.

1. 앙상블 배깅 기법

배깅(Bagging)은 'bootstrap aggregating'을 합성해서 만든 용어로 원래의 데이터셋으로부터 크기가 같은 표본을 여러 번 단순 임의 복원 추출하여 각 표본에 대해 분류 모델(classification model)을 생성하여 그 결과들을 앙상블하는 방법이다. 배깅 기법은 반복 복원 추출 방법을 사용하기 때문에 동일한 데이터가 한 표본에 여러 번 추출될 수도 있고 어떤 데이터는 추출되지 않을 수도 있다는 특징이 있다.

배깅 앙상블 분석 기법을 붓꽃 iris 데이터셋을 사용해서 알아본다.

 12-6-1-1: iris 데이터셋을 이용한 배깅 앙상블 기법

```
> # (1) iris 데이터셋 준비
> data(iris) # iris 데이터셋 불러오기
> str(iris) # iris 데이터셋 구조 보기
'data.frame':   150 obs. of  5 variables:
 $ Sepal.Length: num  5.1 4.9 4.7 4.6 5 5.4 4.6 5 4.4 4.9 ...
 $ Sepal.Width : num  3.5 3 3.2 3.1 3.6 3.9 3.4 3.4 2.9 3.1 ...
 $ Petal.Length: num  1.4 1.4 1.3 1.5 1.4 1.7 1.4 1.5 1.4 1.5 ...
 $ Petal.Width : num  0.2 0.2 0.2 0.2 0.2 0.4 0.3 0.2 0.2 0.1 ...
 $ Species     : Factor w/ 3 levels "setosa","versicolor",..: 1 1 1 1 1 1 ...
> # (2) 배깅 앙상블 모델 생성
> if(!require("adabag")) install.packages("adabag")
> library(adabag) # 배깅 라이브러리 불러오기
> # iris 데이터셋에서 10번 복원 반복 추출한 표본을 이용한 앙상블 생성
> iris.bagging <- bagging(Species ~., data = iris, mfinal = 10)
> summary(iris.bagging) # 배깅 결과 주요 변수 조회
           Length Class    Mode
formula       3   formula  call
trees        10   -none-   list
votes       450   -none-   numeric
prob        450   -none-   numeric
class       150   -none-   character
samples    1500   -none-   numeric
importance    4   -none-   numeric
terms         3   terms    call
call          4   -none-   call
> iris.bagging$importance # 배깅 중요 값 조회
```

```
          Petal.Length  Petal.Width  Sepal.Length  Sepal.Width
             67.92916     32.07084      0.00000       0.00000
> plot(iris.bagging$trees[[10]], margin = 0.3) # 배깅 결과 플롯
> text(iris.bagging$trees[[10]], cex = 1.1)
```
[그림 12-45]
```
> # (3) 배깅 앙상블 모델 예측
> iris.bagging.pred <- predict(iris.bagging, newdata=iris)
> (baggingtb <- table(iris[,5], iris.bagging.pred$class))

              setosa  versicolor  virginica
  setosa        50         0          0
  versicolor     0        47          3
  virginica      0         4         46
> (bagging.accuracy <- sum(diag(baggingtb))/sum(baggingtb)*100)
```
[1] 95.33333

배깅 앙상블을 위하여 R 라이브러리 adabag에 있는 bagging()이라는 함수를 사용한다. bagging() 함수의 인수 mfinal는 부스팅이 실행되는 반복 회수이고 생성하는 트리의 수를 의미한다. 결과 중에 importance는 분류작업에서 변수의 상대적인 중요도를 나타낸다. trees 변수는 반복 횟수에 따라 자란 나무이다. 이에 따라 iris 배깅 앙상블 트리 플롯은 [그림 12-45]와 같다.

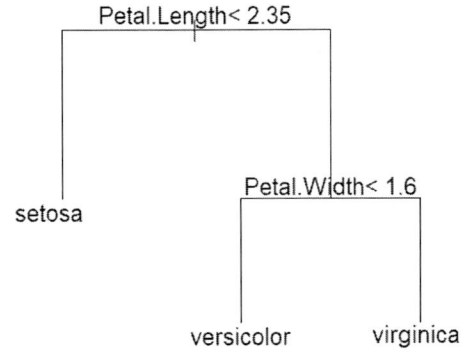

[그림 12-45] iris 데이터셋 배깅 앙상블 트리 플롯

iris 데이터셋에서 10번 복원 무작위 반복 추출하여 앙상블 모델을 통하여 예측된 결과는 약 95%의 정확성을 보인다. 배깅 앙상블에서 반복 추출 횟수를 늘리면 예측 결과 정확성이 높아질 수 있다.

2. 앙상블 부스팅 기법

부스팅(boosting) 기법은 배깅 기법과 유사하나 부트스트랩 표본(bootstrap sampling)을 구성하는 반복 표본추출 과정에서 각 데이터에 동일한 확률을 부여하는 것이 아니라 분류가 잘못된 데이

터에 더 큰 가중을 부여하여 표본을 추출한다. 부스팅 기법에서는 부트스트랩 표본을 추출하여 분류기를 만든 후 그 분류 결과를 이용하여 각 데이터가 추출될 확률을 다시 조정한 후 다음 부트스트랩 표본을 추출하는 과정을 반복한다. AdaBoosting이 가장 많이 사용되는 알고리즘이다. iris 데이터셋을 이용하여 앙상블 부스팅 기법을 알아보자.

 12-6-2-1: iris 데이터셋을 이용한 부스팅 앙상블 기법

```
> # (1) iris 데이터셋 준비
> data(iris) # iris 데이터셋 불러오기
> str(iris) # iris 데이터셋 구조 보기
'data.frame':   150 obs. of  5 variables:
 $ Sepal.Length: num  5.1 4.9 4.7 4.6 5 5.4 4.6 5 4.4 4.9 ...
 $ Sepal.Width : num  3.5 3 3.2 3.1 3.6 3.9 3.4 3.4 2.9 3.1 ...
 $ Petal.Length: num  1.4 1.4 1.3 1.5 1.4 1.7 1.4 1.5 1.4 1.5 ...
 $ Petal.Width : num  0.2 0.2 0.2 0.2 0.2 0.4 0.3 0.2 0.2 0.1 ...
 $ Species     : Factor w/ 3 levels "setosa","versicolor",..: 1 1 1 1 1 1 ...
> # (2) 부스팅 앙상블 모델 생성
> if(!require("adabag")) install.packages("adabag")
> library(adabag) # 부스팅 함수가 포함된 라이브러리 불러오기
> # iris 데이터셋에서 10번 무작위 반복 추출 부스팅 적용 후 앙상블 생성
> iris.boosting <- boosting(Species~., data = iris,
+                           boos = TRUE, mfinal = 10)
> iris.boosting$importance
Petal.Length   Petal.Width  Sepal.Length   Sepal.Width
  65.570597     19.455237      5.186554      9.787612
> plot(iris.boosting$trees[[10]], margin = 0.1)
```

[그림 12-46]

```
> # (3) 부스팅 앙상블 예측
> iris.boosting.pred <- predict(iris.boosting, newdata=iris)
> (boostingtb <- table(iris[,5], iris.boosting.pred$class))
             setosa versicolor virginica
  setosa         50          0         0
  versicolor      0         50         0
  virginica       0          0        50
> (boosting.accuracy <- sum(diag(boostingtb))/sum(boostingtb)*100) # 정확도
[1] 100
```

iris 데이터셋에서 10번 무작위 반복 추출 부스팅 적용 후 앙상블 생성한 결과를 트리 형태로 시각화한 것은 [그림 12-46]과 같다.

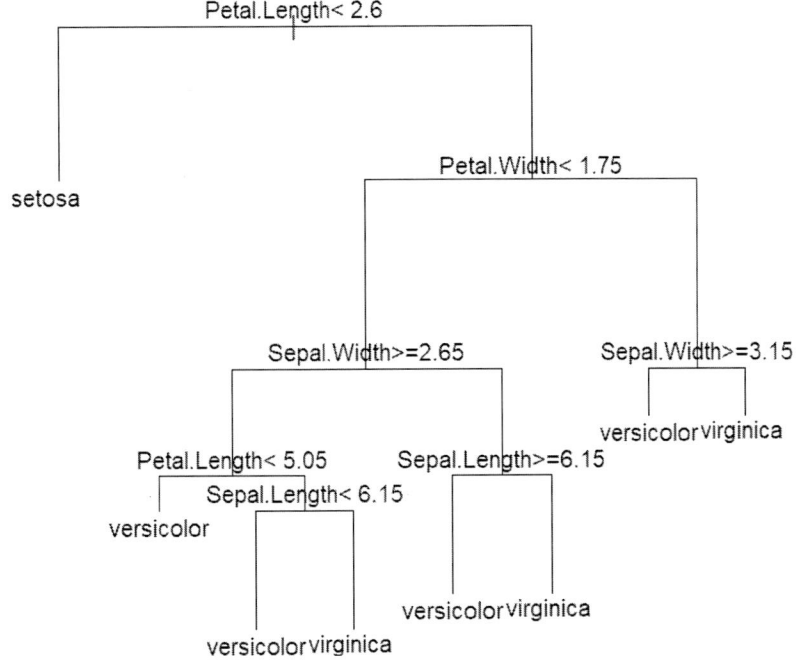

[그림 12-46] iris 데이터셋 부스팅 앙상블 트리 플롯

iris 데이터셋 부스팅 앙상블 모델의 테스트 데이터셋 분류 결과 정확성이 100%임을 알 수 있다. 또 다른 예로 iris 데이터셋에서 훈련용 데이터셋과 검증용 데이터셋으로 분리해서 AdaBoosting을 이용한 분류 방법을 알아보자.

 12-6-2-2: iris 데이터셋에서 'setosa'를 제외한 ada 부스팅 앙상블 기법

```
> data(iris) # iris 데이터셋 불러오기
> iris1 <- iris[iris$Species !='setosa', ]  # iris에서 setosa 제외
> iris1[,5] <- as.factor((levels(iris1[,5])[2:3])[as.numeric(iris1[,5])-1])
> str(iris1)
'data.frame':    100 obs. of  5 variables:
 $ Sepal.Length: num  7 6.4 6.9 5.5 6.5 5.7 6.3 4.9 6.6 5.2 ...
 $ Sepal.Width : num  3.2 3.2 3.1 2.3 2.8 2.8 3.3 2.4 2.9 2.7 ...
 $ Petal.Length: num  4.7 4.5 4.9 4 4.6 4.5 4.7 3.3 4.6 3.9 ...
 $ Petal.Width : num  1.4 1.5 1.5 1.3 1.5 1.3 1.6 1 1.3 1.4 ...
 $ Species     : Factor w/ 2 levels "versicolor","virginica": 1 1 1 1 1 1 ...
> s <- sample(1:nrow(iris1), size=nrow(iris1)*0.6, replace=F) # train인덱스
> test<-setdiff(1:nrow(iris1), s) # test 인덱스
```

```
> library(ada) # ada 함수가 포함된 라이브러리 불러오기
> # iris 데이터셋에서 10번 무작위 반복 추출 ada 적용 후 앙상블 생성
> gdis <- ada(Species~., data = iris1[s,], iter=20, nu=1, type="discrete")
> # iris1의 Species 열을 제외, iris1의 Species 열 기준으로 예측
> (gdis <- addtest(gdis, iris1[test, -5], iris1[test,5]))
```

Call:
ada(Species ~ ., data = iris1[s,], iter = 20, nu = 1, type = "discrete")

Loss: exponential Method: discrete   Iteration: 20

Final Confusion Matrix for Data:
              Final Prediction
True value   versicolor virginica
  versicolor   30   0
  virginica   0   30

Train Error: 0

Out-Of-Bag Error: 0.017 iteration= 11

Additional Estimates of number of iterations:

train.err1 train.kap1 test.errs2 test.kaps2
     17   17   19   19

```
> plot(gdis, TRUE, TRUE)
```
[그림 12-47]

```
> varplot(gdis)
```
[그림 12-48]

```
> pairs(gdis, iris[s, -5], maxvar=4)
```
[그림 12-49]

ris 데이터셋의 Species 열에서 'setosa'를 제외한 'versicolor'와 'virginica'만으로 분석을 수행한다. 'versicolor'와 'virginica'의 100개의 관측값에서 무작위로 60%를 추출하여 훈련용으로 하고 나머지는 검증용으로 사용했다.

훈련용 데이터셋을 이용하여 ada 부스팅 모형을 생성하고 검증용 데이터를 이용하여 검증된 결과는 모두 올바르게 분류했음을 알 수 있다. 이에 대한 오차와 일치도를 나타내는 카파(kappa) 계수를 시각 것은 [그림 12-47]과 같다.

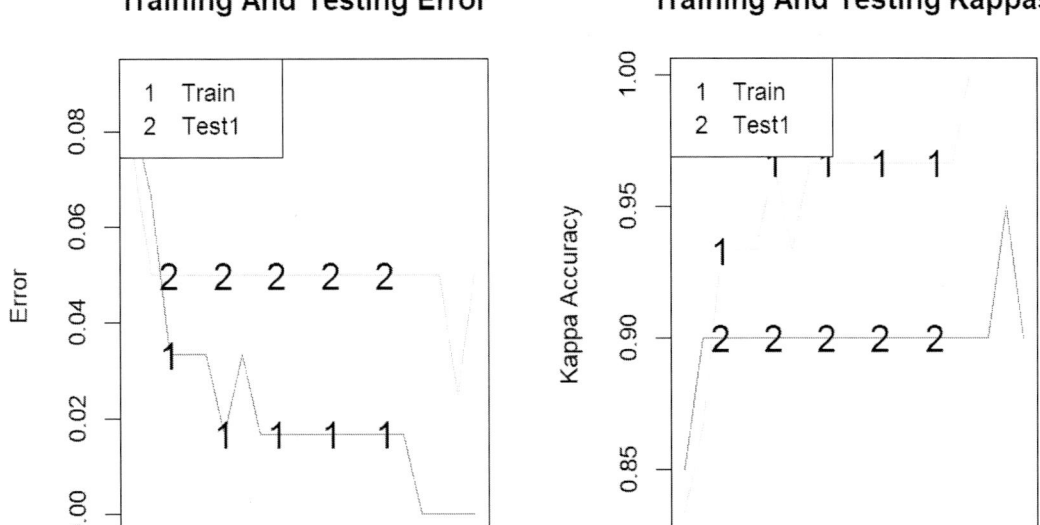

[그림 12-47] iris 데이터셋 ada 부스팅 앙상블 카파 계수 플롯

변수의 중요도 나타내는 varplot() 함수의 시각화 결과는 [그림 12-48]과 같다.

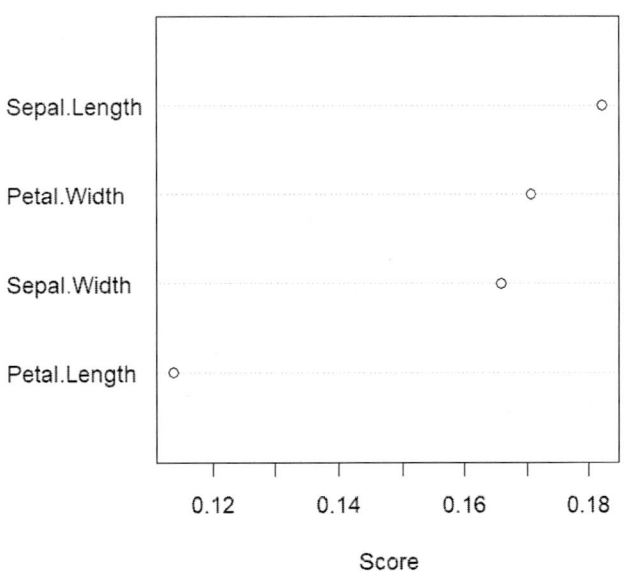

[그림 12-48] iris 데이터셋 ada 부스팅 앙상블 변수의 중요도 플롯

iris 데이터셋 ada 부스팅 앙상블 변수의 중요도 플롯에서 'Sepal.Length' 변수가 분류에 가장 중요한 변수로 사용되었음을 확인할 수 있다.

다음은 pairs() 함수를 이용하여 예측 변수들의 산점도는 [그림 12-49]와 같다.

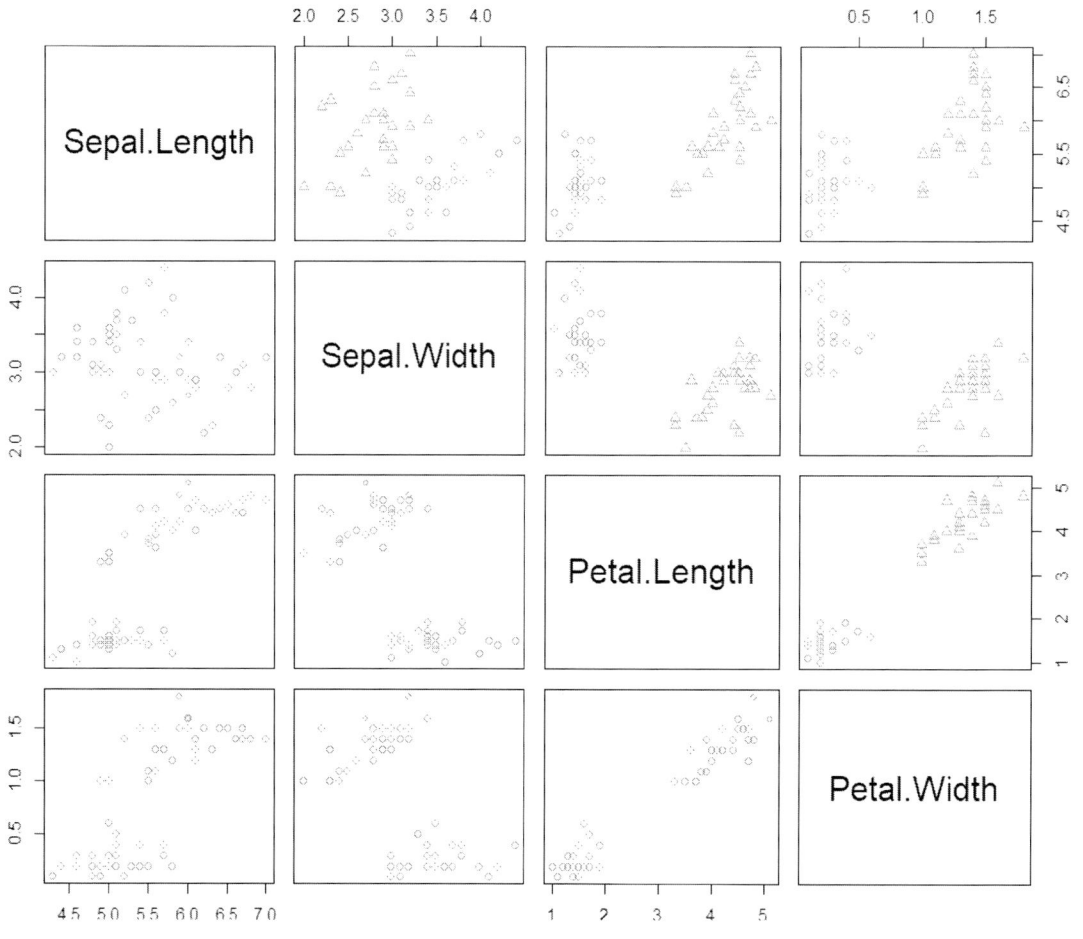

[그림 12-49] iris 데이터셋 예측 변수 간에 상관관계 산점도

3. 앙상블 랜덤포레스트

랜덤포레스트(random forest) 분석은 배깅 앙상블 기법에 랜덤을 추가한 기법이다. 즉 원자료로부터 부트스트랩 샘플을 추출하고 각 부트스트랩 샘플에 대해 트리를 형성해 나가는 과정은 배깅과 유사하나, 각각의 노드마다 모든 예측변수 안에서 최적의 분할을 선택하는 방법 대신 예측변수들을 임의로 추출하고, 추출된 변수 내에서 최적의 분할을 만들어 나가는 방법을 사용한다. 즉 모든 변수를 사용하면 배깅이 되고 임의로 변수를 추출해서 분할하면 랜덤포레스트가 된다. 새로운 데이터에 대한 예측은 분류 나무 경우는 다수결로 결정하고 회귀 나무 경우 평균을 취하는 방법을 사용하는 것으로 다른 앙상블 모형과 동일 방법을 사용한다.

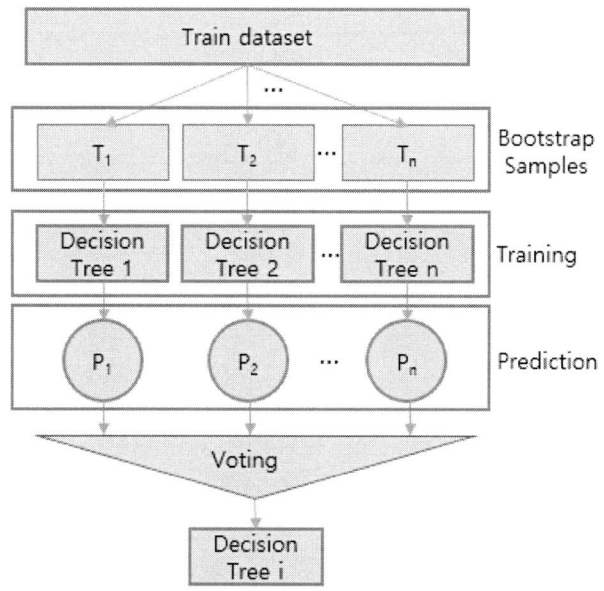

[그림 12-50] 앙상블 랜덤포레스트 절차

그러면 지금부터 iris 데이터셋을 가지고 랜덤포레스트 앙상블 분석 과정을 살펴보자.

 12-6-3-1: iris 데이터셋에서 랜덤포레스트 앙상블 기법

> iris 데이터셋 준비
> data(iris) # iris 데이터셋 불러오기
> str(iris) # iris 데이터셋 구조 보기

```
'data.frame':   150 obs. of  5 variables:
 $ Sepal.Length: num  5.1 4.9 4.7 4.6 5 5.4 4.6 5 4.4 4.9 ...
 $ Sepal.Width : num  3.5 3 3.2 3.1 3.6 3.9 3.4 3.4 2.9 3.1 ...
 $ Petal.Length: num  1.4 1.4 1.3 1.5 1.4 1.7 1.4 1.5 1.4 1.5 ...
 $ Petal.Width : num  0.2 0.2 0.2 0.2 0.2 0.4 0.3 0.2 0.2 0.1 ...
 $ Species     : Factor w/ 3 levels "setosa","versicolor",..: 1 1 1 1 1 ...
```

> iris1 <- iris[iris$Species !='setosa',]   # iris에서 setosa 제외
> iris1[,5] <- as.factor((levels(iris1[,5])[2:3])[as.numeric(iris1[,5])-1])
> str(iris1)

```
'data.frame':   100 obs. of  5 variables:
 $ Sepal.Length: num  7 6.4 6.9 5.5 6.5 5.7 6.3 4.9 6.6 5.2 ...
 $ Sepal.Width : num  3.2 3.2 3.1 2.3 2.8 2.8 3.3 2.4 2.9 2.7 ...
 $ Petal.Length: num  4.7 4.5 4.9 4 4.6 4.5 4.7 3.3 4.6 3.9 ...
 $ Petal.Width : num  1.4 1.5 1.5 1.3 1.5 1.3 1.6 1 1.3 1.4 ...
 $ Species     : Factor w/ 2 levels "versicolor","virginica": 1 1 1 1 1 1 ...
```

```
> # (2) 훈련과 시험 데이터셋으로 분리
> ind <- sample(1:nrow(iris1), size = nrow(iris1)*0.6, replace = F)
> iris1_train <- iris1[ind, ] # iris 훈련 데이터셋
> iris1_test <- iris1[-ind, ] # iris 테스트 데이터셋
> # (3) 랜덤포레스트 앙상블 모형 생성
> if(!require("randomForest")) install.packages("randomForest")
> library(randomForest)
> iris.rf <- randomForest(Species~., data=iris1_train,
+                         ntree=100, proximity=TRUE)
> print(iris.rf) # 랜덤포레스트 앙상블 모델 확인
```

Call:
 randomForest(formula = Species ~ ., data = iris1_train, ntree = 100,   proximity = TRUE)
               Type of random forest: classification
                     Number of trees: 100
No. of variables tried at each split: 2

        OOB estimate of error rate: 5%
Confusion matrix:
           versicolor virginica class.error
versicolor   27   2 0.06896552
virginica   1   30 0.03225806

```
> plot(iris.rf) # 트리 수에 따른 종속변수의 범주별 오 분류율 플롯
```

[그림 12-51]

```
> importance(iris.rf) # 분류에 중요변수 확인
```

             MeanDecreaseGini
Sepal.Length   3.3391579
Sepal.Width   0.6869439
Petal.Length   14.2387026
Petal.Width   11.0575289

```
> varImpPlot(iris.rf) # 불순도(impurity) 플롯
```

[그림 12-52]

```
> # (4) 랜덤포레스트 앙상블 모형 예측
> pred <- predict(iris.rf, newdata = iris1_test) # 예측
> table(pred, test$Species) # 정오 분류표
pred         versicolor  virginica
  versicolor     20          3
  virginica       1         16
> plot(margin(iris.rf)) # 모델의 마진 플롯
```
[그림 12-53]

랜덤포레스트 앙상블 모델 결과를 보면 검증 결과 정오 분류표(confusion matrix)와 함께 오류율에 대한 OOB(out of bag) 추정치가 5%라는 것을 확인할 수 있다. 이는 별도의 시험용 데이터를 사용하지 않더라도 부트스트랩 샘플 과정에서 제외된 자료를 사용하여 검증을 시행한 결과이다. plot 함수는 랜텀포레스트 앙상블 모형의 트리 수에 따른 종속변수의 범주별 오분류율을 시각화한 것은 [그림 12-51]과 같다.

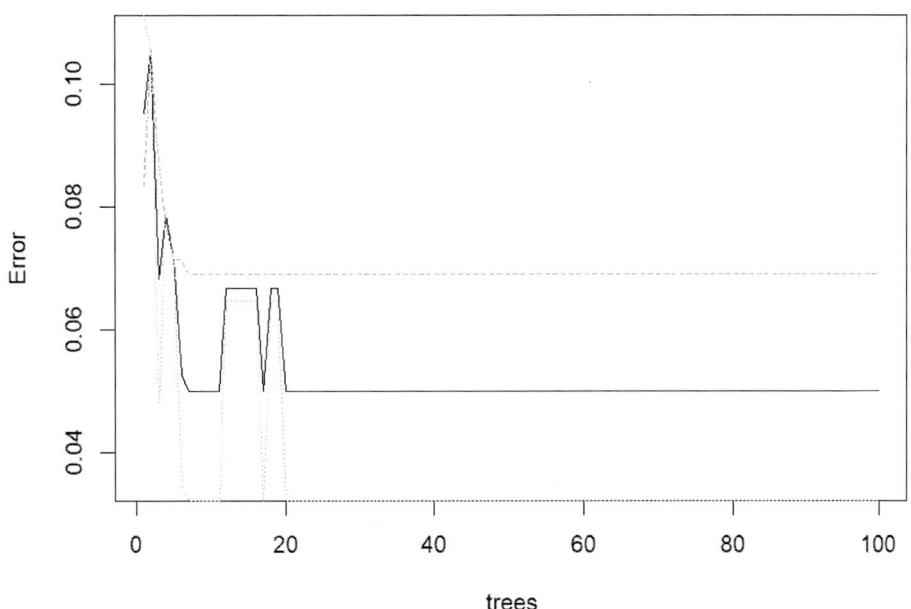

[그림 12-51] iris 랜덤포레스트 앙상블 트리 수에 따른 종속변수의 범주별 오분류율 플롯

iris 랜덤포레스트 앙상블 트리 수에 따른 종속변수의 범주별 오분류율 플롯에서 iris 변수 'Sepal.Length, Sepal.Width, Petal.Length, Petal.Width'들 대부분 0.10 밑으로 오분류 되는 것을 알 수 있다.

importance(iris.rf)의 결과 제일 중요한 변수는 Petal.Length임을 확인할 수 있고 varImpPlot() 함수로 [그림 12-52]와 같이 시각화를 통하여 직관적으로 파악할 수 있다.

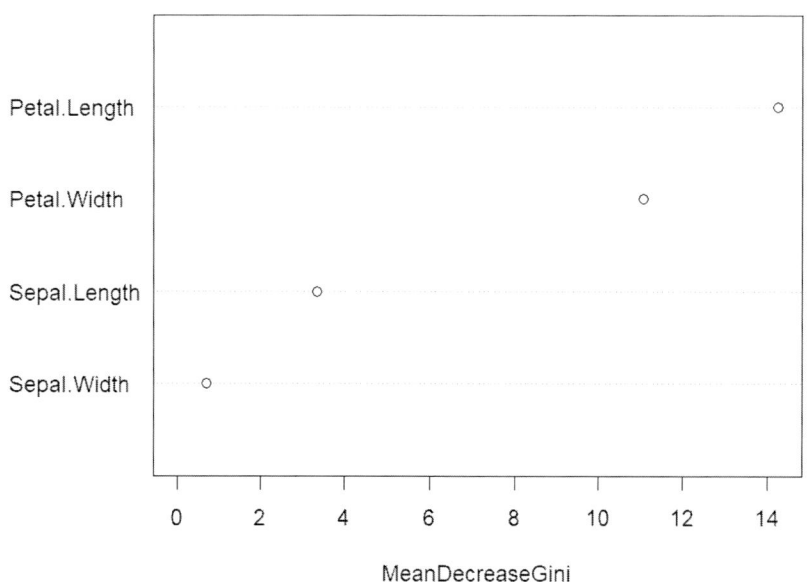

[그림 12-52] iris 랜덤포레스트 앙상블 불순도 플롯

랜덤포레스트 앙상블 모형을 테스트 데이터셋으로 예측한 결과 40개 관측값 중에서 4개를 오분류하여 정확도가 90%이다.

랜덤포레스트 앙상블 모형의 데이터 마진에 관련된 시각화는 [그림 12-53]과 같다.

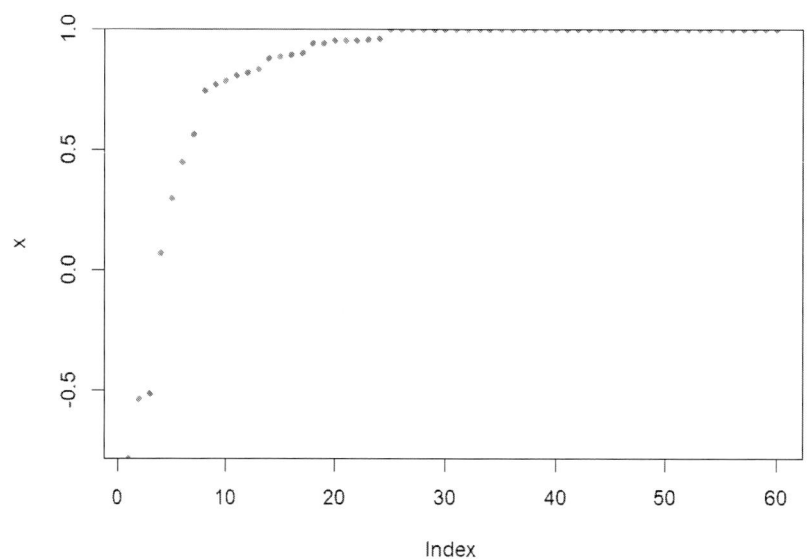

[그림 12-53] iris 랜덤포레스트 앙상블 모델의 마진 플롯

여기서 마진(margin)이란 랜덤포레스트의 분류기 가운데 정분류를 수행한 비율에서 다른 클래스로 분류한 비율의 최대치를 뺀 값이다. iris 데이터셋에서 랜덤포레스트 앙상블 100번 수행 모델이 수행회수를 거듭하면서 1에 수렴하여 모델의 성능이 향상하는 것을 확인할 수 있다.

12.7 인공신경망 분석

1. 이론적 배경

인공신경망(Artificial Neural Network: ANN)은 동물의 생물학적 뇌 신경계(neuron)를 모방하여 분류(classification)나 예측(prediction)을 위해 만든 모형이다. 사람이 상황을 식별하고 인지하는 생물학적 뇌 신경계(biological neuron)는 시냅스(synapse)를 통하여 신호를 전달받은 수상돌기(dendrite)에서 신호의 강도가 기준치를 초과할 때 뉴런(neuron)이 활성화되고 신경 돌기(axon)를 통해서 신호를 전송하는 것으로 알려져 있다.

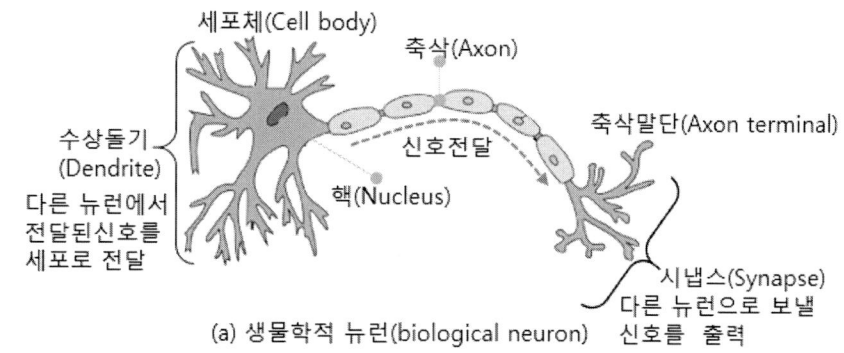

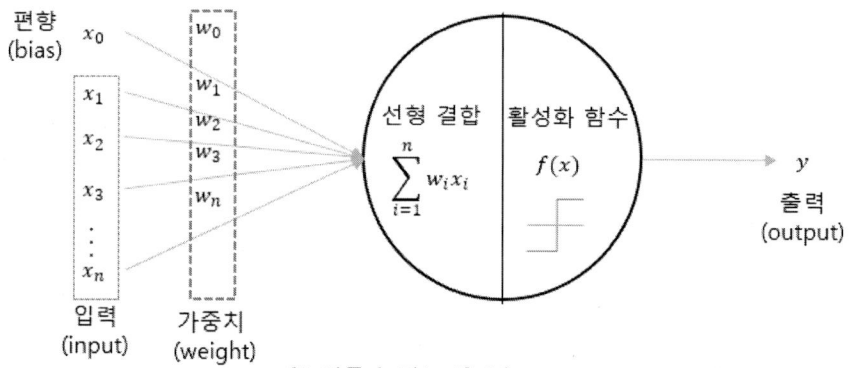

[그림 12-54] 생물학적 뉴런과 인공 뉴런(퍼셉트론)

인공신경망 뉴런 모델은 생물학적 뉴런을 수학적으로 모형화한 것이다. 생물학적 뉴런의 시냅스(synapse)에서 생성된 신호는 인공 뉴런(artificial neuron)의 입력에 해당하고 생물학적 수상돌기(dendrite)는 인공 뉴런의 가중치(weight)에 해당한다. 생물학적 뉴런의 수상돌기로부터 받아진 신호는 체세포에 저장되고 일정 용량이 초과하면 축삭돌기(axon)를 통하여 축삭 말단(axon terminal)으로 신호를 전달하는 것과 같이 인공 뉴런에서 입력과 가중치(weight)를 선형 결합(linear combination)한 결과가 일정한 수준이 넘어서면 활성화되어 값을 출력하는 것과 같은 원리이다. 결국 인공신경망 분류분석은 입력값에 적합한 출력의 값을 유도할 최적의 가중치를 찾아가는 과정이라고 생각하면 된다.

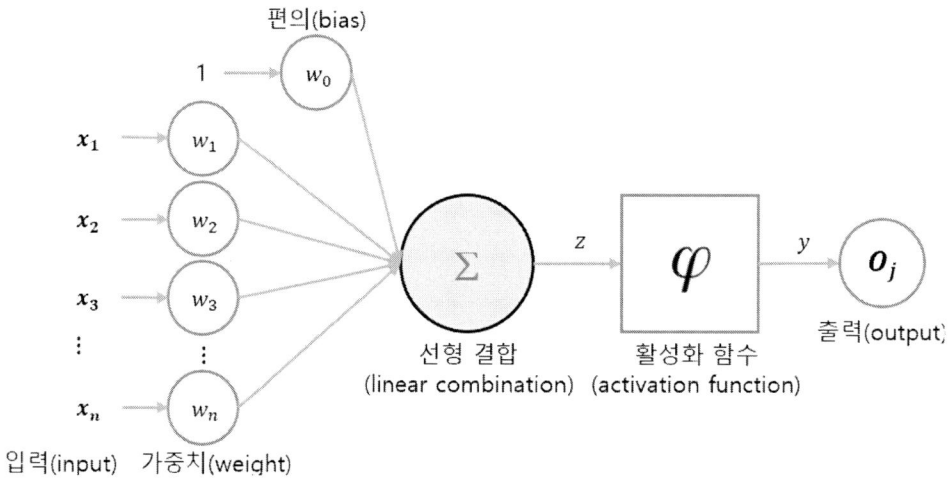

[그림 12-55] 단순 인공신경망 구조

인공신경망 구조에서 입력 데이터 x_j와 가중치 w_j을 선형 결합(linear combination)한 결과를 z라고 하면 z는 다음과 같다.

$$z = w_0 + w_1 x_1 + w_2 x_2 + w_3 x_3 + ... w_n x_n$$
$$= w_0 + \sum_{i=1}^{n} w_i x_i$$

이렇게 입력값과 가중값을 선형 결합 결과 z는 활성화 함수(activation function)를 통하여 비선형화된 최종값 y를 출력하게 된다. 여기서 가중치 w_j는 의사결정 경계의 방향을 결정하는 모수(parameter)이고 편의(bias) w_0는 의사결정 경계의 위치를 결정하는 모수이다. 이런 가중치는 반복적 학습을 통해 다음과 같은 오차 제곱(squares for errors: SE)이 최소가 되는 방향으로 갱신이 이루어진다.

$$오차제곱(SE) = (y - \hat{y})^2, y : 목표값, \hat{y}: 결과값$$

활성화 함수(Activation Function)의 종류는 계단(Step), 시그모이드(Sigmoid), 하이퍼볼릭 탄젠트(Hyperbolic Tangent), 렐루(Rectified Linear Unit), 가우스(Gauss), 그리고 소프트맥스(Softmax) 함수 등이 있다.

- 계단$(Step)$ 함수 $f(x) = \begin{cases} 0, z < 0 \\ 1, z \geq 0 \end{cases}$

- 시그모이드$(Sigmoid)$ 함수 $f(x) = \dfrac{1}{1+e^{-z}}, 0 \leq f(x) \leq 1$

- 하이퍼볼릭 탄젠트(Tanh)함수 $f(x) = \dfrac{e^z - e^{-z}}{e^z + e^{-z}}, -1 \leq f(x) \leq 1$

- 렐루(Le ru)함수 $f(x) = \begin{cases} 0 & z \leq 0 \\ z & z > 0 \end{cases}$

- 소프트맥스(Softmax)함수 $f(x) = \dfrac{e^{z_j}}{\sum\limits_{j=1}^{L} e^{z_j}}, j = 1, 2, 3, ..., L, 0 \leq f(x) \leq 1$

인공신경망 분석에서 자주 사용하는 활성화 함수를 그래프로 표현한 것은 [그림 12-56]과 같다.

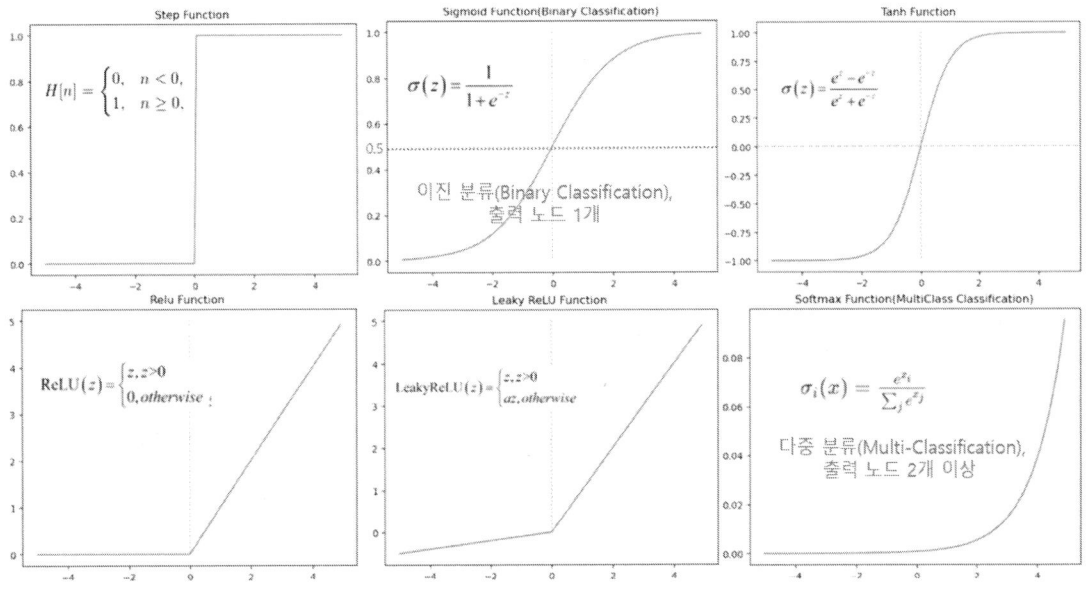

[그림 12-56] 인공신경망 활성화 함수 분포도

활성화 함수 중에서 계단 함수(step function)는 임계치(threshold) 0을 경계로 출력이 바뀌는 활성화 함수로 선형 결합한 값이 0 이하이면 0으로 0을 초과하는 경우는 1로 변경하는 것으로 단순히 True, False를 구별할 때 사용한다. 계단 함수는 알고리즘이 단순하여 단순 신경망 구조에 사용할 수 있지만 선형 결합한 값의 크기를 세밀하게 구별할 수 없다는 단점이 존재한다. 즉 선형 결합하여 출력한 값이 1.0과 10.0은 약 10배의 차이가 있지만 이들의 차이를 무시하고 단순하게 1로 전달하기 때문에 값의 크기를 전혀 고려하지 않는다.

활성화 함수 시그모이드(Sigmoid)는 S형의 곡선 그래프 형태를 가지고, 0과 1 사이의 출력 범위를 가진다. 시그모이드 함수는 지수함수가 포함되어 있어서 나눗셈 같은 복잡한 수학적 연산이 필요하므로 학습 속도가 떨어진다는 단점이 존재한다. 또한 선형결합 결과의 시그모이드 출력값이 0일 경우 기울기가 최대가 되고 값이 작아지거나 커지면 기울기는 0에 수렴하게 되는 기울기 소실(gradient vanishing) 문제가 발생한다. 즉 역전파 중에 기울기가 작아지면 작아질수록 가중치가 매우 느리게 수렴하기 때문에 학습 과정이 늦어지고 지역 최솟값(local minimum)에 갇힐 수도 있다. 또한 한편 시그모이드 활성화 함수는 'zero-centered' 되어 있지 않아 훈련 시 가중값이 'zig-zag'로 수렴하는 현상으로 학습 속도가 느리게 된다.

하이퍼블릭 탄젠트(tanh) 함수는 선형 결합 출력값이 0이면 0을, 음수이면 -1과 0 사이에 값을, 양수이면 0과 1 사이에 값을 출력하도록 하여 시그모이드 함수의 'zero-centered' 문제를 해결한 것이 특징이다. 그러나 하이퍼블릭 탄젠트 함수는 시그모이드 함수보다 계산식이 더 복잡하여 학습 속도가 떨어지고 여전히 기울기 소실 문제가 발생한다. 이러한 학습의 효율성을 높이고 기울기 소실과 'zero-centered' 문제를 해결하기 위하여 개발된 것이 활성화 함수는 렐루(ReLu) 함수이다. 렐루 함수는 선형결합 출력값이 음수는 모두 0을 출력하고 양수는 변경하지 않고 출력하게 되는데 이를 희소 활성화라고 한다. 렐루의 희소 활성화 특성은 훈련 시간을 단축하고 과적합을 줄이는 데도 도움이 되기 때문에 신경망 활성화 함수로 많이 사용한다. 그러나 렐루 활성화 함수도 단점이 있는데, 신경망에서 일부 뉴런이 비활성화되어서 출력이 0이 되는 'dying ReLU' 문제를 겪을 수 있다. 이 문제를 완화하기 위하여 렐루 함수의 음수 부분에 작은 기울기를 추가해서 음수 값에 대한 기울기가 0인 문제를 방지하기 위하여 리키렐루(Leaky ReLU) 함수가 개발되었다.

인공신경망 활성화 함수에서 출력층에 사용하는 것은 주로 시그모이드(Sigmoid)와 소프트맥스(SoftMax)를 사용한다. 시그모이드 함수는 하나의 출력값이 0과 1 사이의 확률값이 0.5보다 크면 True로 이하이면 False로 분류할 수 있으므로 두 개의 범주형 집단인 이진 분류(binary classification)를 위한 인공신경망 출력층에 많이 사용한다. 한편, 소프트맥스 활성화 함수는 0과 1 사이에 확률로 표시되는데 두 개의 범주형 집단인 다중 분류(multi-classification)를 위한 인공신경망 출력층에 사용한다. 소프트맥스 함수 집단의 수만큼 출력되고 출력되는 값 중에서 최댓값에 해당하는 클래스를 정답으로 분류하게 된다.

지금까지 인공신경망이 입력층(input layer)과 출력층(output layer)으로 구성된 단층 퍼셉트론(single layer perceptron: SLP) 구조를 살펴보았다. 그러나 복잡하고 어려운 문제를 해결하기 위하여 은닉층을 여러 개로 구성한 다층 퍼셉트론(multiple layer perceptron: MLP)이 필요하다. 다층 퍼셉트론 인공신경망 구조는 [그림 12-57]과같이 입력층(input layer)과 출력층(output layer) 사이에 여러 층의 은닉층(hidden layers)을 둔다.

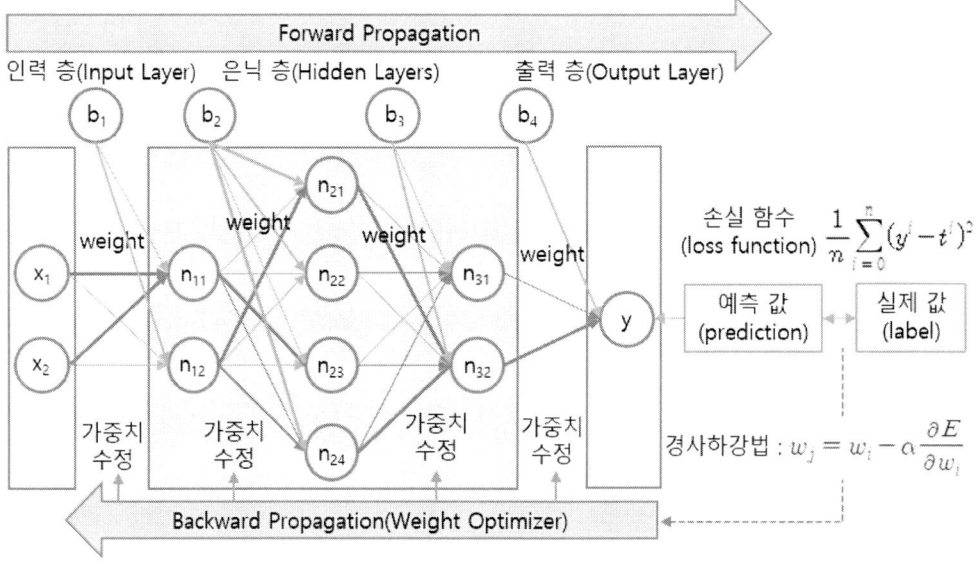

[그림 12-57] 다층 퍼셉트론 인공신경망 구조

다층 퍼셉트론 인공신경망 구조를 설명하면 다음과 같다.

[표 12-20] 퍼셉트론 인공신경망 구성과 역할

구조	역할
입력층(Input Layer)	각 변수에 대응하는 노드(node)와 마디(edge), 가중치(weight), 그리고 편의(bias) 항으로 구성
은닉층(Hidden Layer)	입력층으로부터 전달되는 값들이 선형 결합(linear combination)한 값을 활성화 함수(activation function)를 통하여 비선형 함수(nonlinear combination)로 변환한 후 다른 은닉층, 또는 출력층으로 전달
출력층(Output Layer)	목표변수에 대응하는 노드와 마디, 그리고 활성화 함수로 구성되고 출력된 결과와 목표변수 값과 비교하여 손실함수 값을 구하고 최소의 손실값이 되도록 가중값을 조정

인공신경망 모델의 훈련이라고 하면 신경망의 최적화된 가중치(weight value)를 찾아 나가는 과정이다. 즉 인공신경망 모델의 반복 훈련을 통하여 신경망 분류 결과 손실값이 최소가 되도록 가중치를 조정하는 것이다. 손실값은 인공신경망에서 출력층으로 전달된 값과 정답과 차이를 의미하며 다음과 같은 평균제곱오차(Mean Square Error: MSE) 손실함수(loss function)를 통하여 구해진다.

$$MSE = \frac{\sum_{i=1}^{n}(y_i - \hat{y_i})^2}{n}, n 출력 갯수, y_i : 실제 값, \hat{y_i} : 결과 값(예측 값)$$

손실함수(loss function) MSE는 일반적으로 회귀 분석과 같이 목표치가 숫자일 경우에 적용한다. 그러나 기계학습(ML: Machine Learning)에서 목표치가 범주형일 경우는 크로스 엔트로피(Cross Entropy) 지수를 사용한다. 정보이론에서의 엔트로피는 불확실성 척도로 사용하며 엔트로피가 높다는 것은 정보가 많고 확률이 낮다는 것을 의미한다. 엔트로피 지수는 다음과 같은 식으로 구할 수 있다.

$$H(x) = -\sum_{i=1}^{n} p(x_i) \log p(x_i), \; p(x_i)는 예측 확률$$

가령 예를 들면 총 4개의 자료 중에서 고양이로 분류한 것이 2개, 강아지로 분류한 것이 2라고 할 때 엔트로피 지수는 $-(\frac{2}{4}log(\frac{2}{4}) + \frac{2}{4}log(\frac{2}{4})) \simeq 0.693$ 이다.

크로스 엔트로피(cross entropy)는 두 확률분포의 차이를 구하기 위해서 사용된다. 즉 기계학습에서 실제 값의 확률분포를 q라고 하고 예측된 값의 확률분포를 q라고 할 때 다음과 같은 식으로 구할 수 있다.

$$H_p(q) = -\sum_{i=1}^{n} q(x_i) \log p(x_i), \; q(x_i) : 실제 값의 확률, p(x_i) : 예측 값의 확률$$

위와 같이 실제 값의 확률 $q(x_i)$와 예측값의 확률 $p(x_i)$를 구한다고 해서 크로스 엔트로피라고 한다.

기계학습(ML: Machine Learning)에서 사용하는 손실함수는 다음 [표 12-21]과 같다.

[표 12-21] 기계학습에서 사용하는 손실함수의 종류

목표변수	손실함수	원리
수치형	mse	평균제곱 오차
범주형	binary_crossentropy	이진 분류에 사용하며 주로 출력층 활성화 함수에 Sigmoid를 사용
	categorical_crossentropy	다중 분류에 사용하며 주로 출력층 활성화 함수에 softmax를 사용하고 실제 값 y는 원핫 엔코드(one-hot encode)되어 있어야 함
	sparse_categorical_crossentropy	다중 분류에 사용하며 주로 출력층 활성화 함수에 softmax를 사용하고 실제 값 y는 클래스 순서의 정수형 값으로 되어 있어야 함

실제 값 y의 원핫엔코드(One-Hot Encode)란 클래스의 수만큼 2차원 벡터로 표시하고 클래스에 해당하면 1, 그렇지 않으면 0의 희소행렬로 표시한 것이다. 예를 들어 붓꽃 iris의 품종 Species가 'setosa', 'versicolor', 'virginica'로 되어 있을 때 정수로 변환 값은 [[0],[1],[2]]이고 원핫엔코드로 변환한 것은 [[0,0,0],[0,1,0],[0,0,1]]이다.

다층 퍼셉트론 인공신경망에서 가중치의 최적화(optimizer) 기법은 경사하강법(Gradient Descent)이라는 알고리즘을 사용한다. 경사하강법이란 최소의 오차율(loss rate)을 발견하려는 최적화 알고리즘(Optimizer Algorithm)으로 다음과 같다.

$$w_j = w_i - \alpha \frac{df}{dw}(w_i), \ w_j : \text{조정된 가중치}, \ w_i : \text{조정전 가중치}$$

$$\alpha : \text{러닝 율}(learning\ rate), \ \frac{df}{dw}(w_i) : \text{편미분 계수}(gradient)$$

가중치 최적화를 위한 경사하강법의 원리는 다음 [그림 12-58]과 같다.

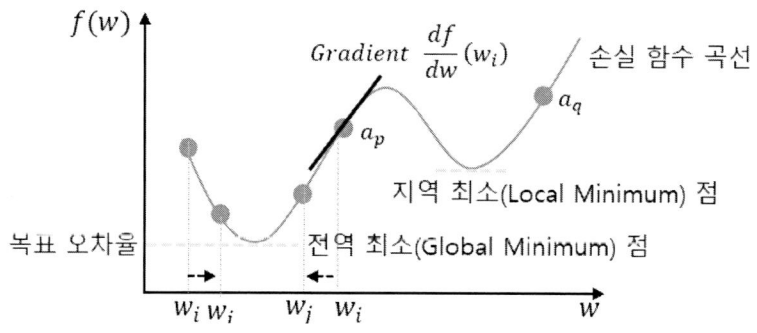

[그림 12-58] 가중치 최적화를 위한 경사하강법

경사하강법의 원리는 손실함수 곡선상 a_p지점에 가중치 w_i값에서 w_i지점에서 편미분 $\frac{df}{dw}w_i$한 값을 빼는 형식으로 손실함수가 최소가 되는 전역 최소(global minimum) 지점을 찾아가는 것이다. 만일 손실함수 곡선상 a_q지점에 가중치가 있다면 경사 하강하더라도 지역 최소(local minimum) 지점에서 멈출 것이다. 그러면 목표 오차율에 도달할 수 없으므로 학습률(learning rate)을 조정하여 지역적 최소 지점을 건너뛰도록 한다.

다층 퍼셉트론 인공신경망에서 가중치 최적화(optimizer)를 위한 경사하강법 알고리즘은 확률적 랜덤을 이용하는 SGD(Strochastic Gradient Descent), 관성을 이용하는 Momentum, 학습률 기반의 Adagrad, 가중이동평균 RMSprop, Adam(Adaptive Moment Estimation) 등이 있다.

[표 12-22] 인공신경망 가중치 최적화 알고리즘 종류

경사하강법	기법
SGD	매개변수의 값을 조정 시 전체 데이터가 아니라 랜덤으로 선택된 단 하나의 매개변수에 대해서만 계산하는 기법
Momentum	지역 최소 지점에 빠지지 않도록 미니멈 관성이라는 물리학의 법칙을 응용한 것으로 확률적 경사 하강 법에 관성을 반영한 기법
AdaGrad	경사하강법은 변화가 큰 매개변수는 학습률(learning rate)을 작게 설정되고 변화가 적은 매개변수는 학습률을 크게 설정하는 기법
RMSProp	AdaGrad 경사하강법의 학습이 지나치게 떨어진다는 단점을 개선하기 위하여 이를 다른 수식으로 대체한 기법
Adam	RMSProp와 Momentum 경사하강법 최적화 알고리즘 두 가지를 합친 것으로 방향성과 학습률 두 가지를 모두 해결한 기법

인공신경망 분석은 입력층 입력된 데이터는 은닉층을 거쳐 출력층까지 이동하면서 수많은 노드와 가중치 파라미터(weight parameter) 값이 조정된다. 출력된 결과의 오차율이 기준치 이하가 될 때까지 은닉층과 출력층을 반복 학습하게 된다. 이처럼 오차율이 기준치보다 큰 경우 다시 은닉층으로 훈련 과정을 되돌리는 것을 역전파(Backpropagation)라고 한다([그림 12-59]).

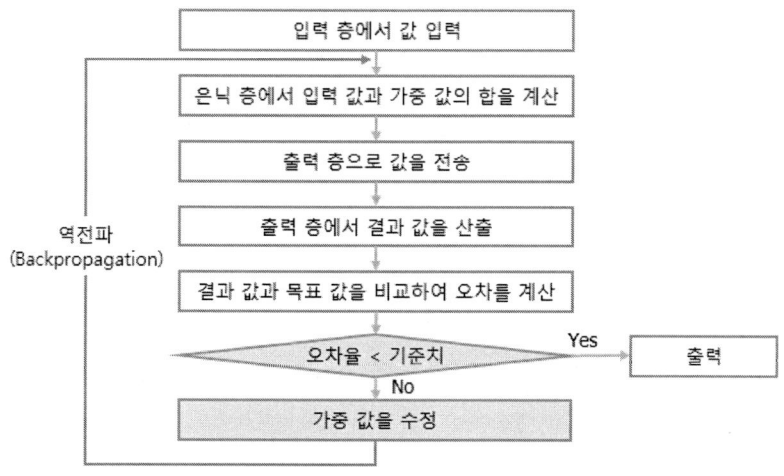

[그림 12-59] 인공신경망 역전파(Backpropagation) 알고리즘

특히 인공신경망 분류분석은 변수의 수가 많거나 입출력 변수가 복잡한 비선형 문제를 해결하는데 탁월한 정점을 가진다. 또한 데이터 잡음에 대해서도 민감하게 반응하지 않는다. 따라서 이미지 인식, 음성 및 필기체 인식, 주식 흐름 예측, 기후 예측, 컴퓨터 비전 객체 인식 등에 많이 활용되고 있고 최근에는 인공지능 영역에 많이 활용되고 있다. 그러나 인공지능 모델이 복잡하여 해석하기 어렵고 컴퓨팅 연산에 많은 자원이 필요하다는 단점이 있다. 또한 인공지능 분류 모델에 과적합(Overfitting)이나 과소적합(Underfitting)에 빠질 수 있다([그림 12-60]).

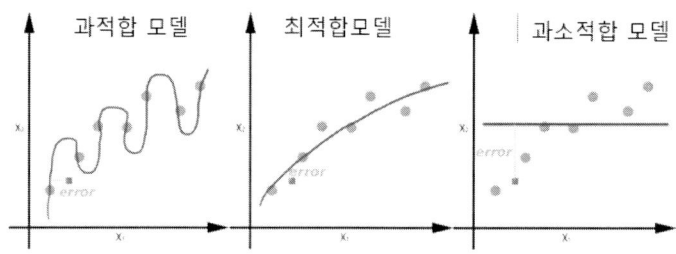

[그림 12-60] 모델 과적합 및 과소 적합

과적합이란 너무 복잡한 모델을 생성하는 바람의 학습 데이터에는 굉장히 잘 맞지만, 새로운 데이터에는 잘 맞지 않은 경우를 말하고 반면에 과소적합은 너무 단순한 모델로 학습 데이터에 잘 맞지 않는 경우를 말한다. 따라서 인공지능 최적화 모델을 생성하기 위해서 훈련 데이터 보강 및 인공지능 모델 조정, 훈련회수의 최적화가 필요하다.

인공신경망 모델의 성능지표는 정밀도(Precision), 재현율(Recall), 정확도(Accuracy), 그리고 F1-Score가 있다.

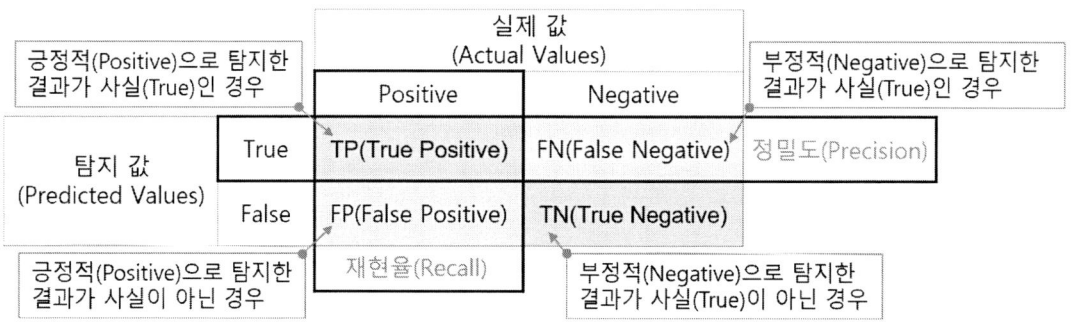

[그림 12-61] 인공신경망 모델 성능지표

정밀도(Precision)는 모델이 실제값을 얼마나 정확히 예측하는가를 정량적으로 측정하는 지표로 다음과 같다.

$$Precision = \frac{TP}{(TP+FN)}$$

재현율(recall)은 실제 값을 모델이 얼마나 잘 맞히는가를 정량적으로 측정하는 지표로 다음과 같다.

$$Precision = \frac{TP}{(TP+FP)}$$

정확도(Accuracy)는 모델의 전체 성능을 표시하는 지표로 테스트 데이터의 클래스별 밸런스(테스트 데이터의 수가 같은 경우)가 보장될 경우 의미가 있다.

$$Accuracy = \frac{(TP+TN)}{(TP+FN+FP+TN)}$$

마지막으로 F-score는 테스트 데이터의 클래스별 밸런스(테스트 데이터 수가 동일 할 경우)가 보장되지 않을 때 의미 있는 것으로 정밀도와 재현율의 조화 평균한 값이다.

$$F1-score = 2 \times \frac{Precision \times Recall}{Precision + Recall}$$

2 인공신경망 분석 실무

1 XOR 인공신경망 분류분석 예제

인공신경망 딥러닝 개념이 정립되기 전에 인공지능 학문에서 난제도 남아있던 XOR(Exclusive OR) 게이트(gate) 인공신경망 분석 과정을 먼저 살펴보자. 인공지능(AI: Artificial Intelligent)은 일찍이 1956년 다트머스 회의(Dartmouth Conference)에서 소개되었다. 당시 인공지능의 사람이 할 수 무엇이든지 기계가 대신 할 수 있을 수 있다고 생각하여 큰 기대를 하고 연구가 시작되었다. OR 게이트나 AND 게이트는 단순한 알고리즘으로 해결할 수 있는 데 반하여 XOR 게이트는 그렇지 못했다. 그래서 마빈 민스키(Marvin Lee Minsky) 교수가 다계층 퍼셉트론(MLP)을 이용하여 풀 수 있다고 하였다. 그러나 민스키 교수는 실제로 구현하기는 너무 복잡해서 기계가 풀 수 없다고 하여 인공지능의 첫 번째 암흑기를 막게 되었다. 그 후 인공지능은 2006년에 힌튼(Goeff Hinten) 교수가 제한된 볼츠만 머신(Restricted Boltzmann Machine) 기반의 딥러닝(deep learning) 알고리즘 개발에 성공하면서 부활하게 되었다.

그래서 XOR 진리표 인공신경망 딥러닝 분류분석 과정을 살펴보자. 이에 대한 R 코드는 다음과 같다.

 12-7-1-1: XOR(Exclusive OR) 게이트 인공지능 신경망 모델

```
> # (1) XOR 진리표 훈련 데이터 생성
> x1 <- c(0, 0, 1, 1)
> x2 <- c(0, 1, 0, 1)
> y <- c(0, 1, 1, 0)
> xor_train <- data.frame(x1, x2, y) # XOR 진리표 데이터프레임 생성
> xor_train
```

```
  x1 x2 y
1  0  0 0
2  0  1 1
```

```
3  1  0  1
4  1  1  0
```

```r
> # (2) XOR 분류 모델 학습
> if(!require("neuralnet")) install.packages("neuralnet")
> library(neuralnet)
> xor.model <- neuralnet(formula = y ~ x1 + x2, data = xor_train,
+                        hidden = c(3, 3), # 은닉층 노드 3, 3
+                        act.fct = "tanh", # 활성화 함수
+                        linear.output = FALSE)
> str(xor.model)
```

```
List of 14
 $ call                : language neuralnet(formula = y ~ x1 + x2, data = xor.train, hidden = c(3,    3), act.fct = "logistic", linear.output = FALSE)
 $ response            : num [1:4, 1] 0 1 1 0
  ..- attr(*, "dimnames")=List of 2
  .. ..$ : chr [1:4] "1" "2" "3" "4"
  .. ..$ : chr "y"
 $ covariate           : num [1:4, 1:2] 0 0 1 1 0 1 0 1
  ..- attr(*, "dimnames")=List of 2
  .. ..$ : NULL
  .. ..$ : chr [1:2] "x1" "x2"
 $ model.list          :List of 2
  ..$ response : chr "y"
  ..$ variables: chr [1:2] "x1" "x2"
 $ err.fct             :function (x, y)
  ..- attr(*, "type")= chr "sse"
 $ act.fct             :function (x)
  ..- attr(*, "type")= chr "logistic"
 $ linear.output       : logi FALSE
 $ data                :'data.frame':   4 obs. of  3 variables:
  ..$ x1: num [1:4] 0 0 1 1
  ..$ x2: num [1:4] 0 1 0 1
  ..$ y : num [1:4] 0 1 1 0
 $ exclude             : NULL
 $ net.result          :List of 1
  ..$ : num [1:4, 1] 0.466 0.51 0.511 0.534
```

```
 $ weights            :List of 1
  ..$ :List of 3
  .. ..$ : num [1:3, 1:3] -0.899 0.974 1.355 -0.725 0.649 ...
  .. ..$ : num [1:4, 1:3] 0.4789 0.9437 -1.0852 0.0737 -2.0215 ...
  .. ..$ : num [1:4, 1] -0.0704 0.6185 -1.9866 -0.6443
 $ generalized.weights:List of 1
  ..$ : num [1:4, 1:2] 0.2199 0.1461 0.1337 0.0606 0.1931 ...
 $ startweights        :List of 1
  ..$ :List of 3
  .. ..$ : num [1:3, 1:3] -1.2671 0.6052 0.6546 -1.2252 -0.0514 ...
  .. ..$ : num [1:4, 1:3] 0.3789 0.8437 -1.1852 -0.0263 -1.9215 ...
  .. ..$ : num [1:4, 1] -0.17 0.519 -2.087 -0.744
 $ result.matrix       : num [1:28, 1] 0.49143 0.00519 8 -0.89875 0.97356 ...
  ..- attr(*, "dimnames")=List of 2
  .. ..$ : chr [1:28] "error" "reached.threshold" "steps" "Intercept.to.1layhid1"
  ...
  .. ..$ : NULL
 - attr(*, "class")= chr "nn"
```

```
> plot(xor.model) # XOR 인공신경망 모델 플롯
```

[그림 12-62]

```
> # (3) XOR 모델 예측
> xor_test <- data.frame(x1 = c(1, 0, 0, 1), x2 = c(1, 1, 0, 0))
> predict <- predict(object = xor.model,
+                    newdata = xor_test)
> rst <- ifelse(predict > 0.5, 1, 0) # 예측 결과 확률이 0.5를 기준으로 분류
> rst # 예측 결과 출력
     [,1]
[1,]   0
[2,]   1
[3,]   0
[4,]   1
```

```
> cbind(xor_test, y = rst)
     x1  x2  y
[1,]  1   1  0
[2,]  0   1  1
[3,]  0   0  0
```

[4,] 1 0 1

XOR 게이트를 R 데이터프레임에 저장하고 인공신경망 훈련 데이터셋을 사용하였다.

[표 12-23] XOR 진리표

입력		출력
x1	x2	y
0	0	0
0	1	1
1	0	1
1	1	0

XOR 인공신경망 모델을 생성하기 위하여 'neuralnet'패키지에 있는 neuralnet() 함수를 사용하였다. 이 함수는 은닉층 hidden layer를 여러 개 둘 수 있는 딥러닝 모델을 생성하는 데 적합한 함수이다. XOR 인공신경망은 모델을 2개의 은닉층으로 설계했고 각각의 은닉층에는 3개의 노드로 구성된다. 그리고 활성 함수는 'tanh'를 사용하여 선형 결합 결과를 비선형으로 변경하도록 했다. XOR 인공신경망 플롯은 [그림 12-62]와 같다.

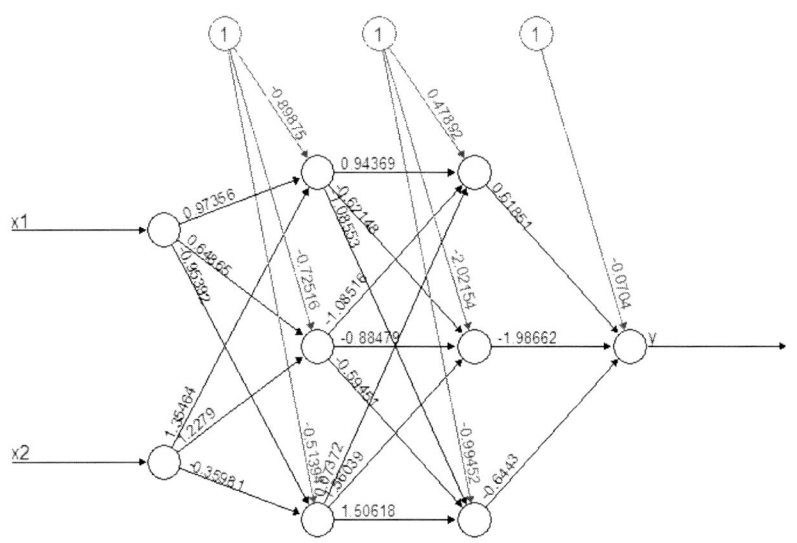

Error: 0.491431   Steps: 8

[그림 12-62] XOR 인공신경망 플롯

XOR 인공신경망 입력이 2개이고 출력이 하나이다. 그리고 은닉층은 2개이고 각각의 은닉층에는 3개의 노드로 구성되어 있다. 따라서 변경해야 하는 전체 파라미터 수는 24개이다.

테스트 세트 x1, x2 값 (1, 1) (0, 1), (0, 0) (1, 0)을 훈련된 모델에 입력하여 예측한 결과 0 1 0 1로 XOR 인공신경망 xor.model은 XOR 게이트 출력 y를 정확하게 맞출 수 있는 모델이라는 것을 알 수 있다.

2 cats_dogs 인공신경망 분석

인공신경망 분석 과정을 쉽게 설명하기 위하여 [R 12-4-1-1]과 같이 고양이와 강아지 특징 데이터셋 cats_dogs를 사용할 것이다. cats_dogs 데이터셋은 5개의 변수 '종류', '무게', '길이', '형태', '꼬리'에 관련된 12개의 관측값이 기록되어 있다. cats_dogs 데이터셋에서 '무게', '길이', '형태', '꼬리'의 특징에 따른 '고양이', 혹은 '강아지'를 분류하기 위한 인공신경망 분류 모델을 생성한다. 이는 목표변수가 '고양이', '강아지'의 두 개의 클래스를 분류할 수 있는 인공신경망을 생성한다. 고양이와 강아지 분류 인공신경망 모델을 생성하기 위한 R 코드와 실행 결과는 다음과 같다.

R 12-7-2-1: 고양이와 강아지 분류 인공신경망 모델 생성

```
> # (1) 인공신경망 모델 생성
> if(!require("nnet")) install.packages("nnet")
> library(nnet)
> cats_dogs.nnet <- nnet(formula = 종류 ~ 무게 + 길이 + 형태 + 꼬리,
+                       data = cats_dogs, # 훈련 데이터셋
+                       rang = 5e-3, # 초기 가중치 값
+                       decay = 5e-4, # 과적합 방지 weight decay
+                       size = 10, # 은닉층의 노드 수
+                       maxit = 100) # 최대 100번 반복 훈련
```

```
# weights:  61
initial   value 8.317885
iter  10 value 5.610196
iter  20 value 5.304849
iter  30 value 4.188488
iter  40 value 3.222383
iter  50 value 1.137414
iter  60 value 0.916341
iter  70 value 0.887522
iter  80 value 0.865121
iter  90 value 0.853622
iter 100 value 0.846412
final   value 0.846412
stopped after 100 iterations
```

```
> cats_dogs.nnet # 모델 정보 표시

a 4-10-1 network with 61 weights
inputs: 무게 길이 형태 꼬리
output(s): 종류
```

options were - entropy fitting decay=5e-04

```
> # (2) 모델 시각화
> if(!require("devtools")) install.packages("devtools")
> library(devtools)
> if(!require("NeuralNetTools")) install.packages("NeuralNetTools")
> library(NeuralNetTools)
> # 인공신경망 소스를 그려주는 소스가 있는 URL
source_url("https://gist.githubusercontent.com/Peque/41a9e20d6687f2f3108d/raw/85e14f3a292e126f1454864427e3a189c2fe33f3/nnet_plot_update.r")
```

i SHA-1 hash of file is "bf3c7b8ac910823b729e3ce73bb6ab5e6955ad3d"

```
> plot.nnet(cats_dogs.nnet) # 인공신경망 도표
```

[그림 12-63]

```
> # (3) 생성된 모델 요약 정보 표시
> summary(cats_dogs.nnet)
a 4-10-1 network with 61 weights
options were - entropy fitting  decay=5e-04
 b->h1 i1->h1 i2->h1 i3->h1 i4->h1
  0.51   3.75  -1.17  11.82   1.16
 b->h2 i1->h2 i2->h2 i3->h2 i4->h2
  0.00   0.01  -0.34  -0.01  -0.02
 b->h3 i1->h3 i2->h3 i3->h3 i4->h3
  0.01   0.01   0.30   0.00   0.04
 b->h4 i1->h4 i2->h4 i3->h4 i4->h4
  0.00   0.03  -0.18   0.00  -0.01
 b->h5 i1->h5 i2->h5 i3->h5 i4->h5
  0.00   0.01  -0.17   0.00  -0.01
 b->h6 i1->h6 i2->h6 i3->h6 i4->h6
  0.00  -0.04   0.19   0.00   0.02
 b->h7 i1->h7 i2->h7 i3->h7 i4->h7
  0.35   1.85   0.22 -22.22  -0.49
 b->h8 i1->h8 i2->h8 i3->h8 i4->h8
 -0.10  -2.52   0.76  -7.76  -0.55
 b->h9 i1->h9 i2->h9 i3->h9 i4->h9
  0.00   0.00  -0.14   0.00  -0.01
 b->h10 i1->h10 i2->h10 i3->h10 i4->h10
  0.00   -0.02   0.26    0.01    0.01
  b->o   h1->o  h2->o  h3->o  h4->o  h5->o  h6->o  h7->o  h8->o  h9->o h10->o
 -0.66   12.65  -0.22  -0.96   0.10   0.01  -1.04  19.89  -6.02   0.02  -0.73

> names(cats_dogs.nnet) # 이름 출력

 [1] "n"           "nunits"       "nconn"         "conn"          "nsunits"
 [6] "decay"       "entropy"      "softmax"       "censored"      "value"
[11] "wts"         "convergence"  "fitted.values" "residuals"     "lev"
[16] "call"        "terms"        "coefnames"     "xlevels"

> cats_dogs.nnet$wts # 가중값 출력
```

```
 [1]  5.106342e-01  3.750774e+00 -1.165797e+00  1.182283e+01  1.157121e+00 -1.941846e-03
 [7]  1.127357e-02 -3.440343e-01 -8.073094e-03 -1.551635e-02  7.350648e-03  7.046048e-03
[13]  2.997093e-01  4.894292e-03  3.551331e-02  1.855039e-03  2.984158e-02 -1.790767e-01
[19] -3.952387e-03 -7.084840e-03 -1.019580e-01  5.884639e-03 -1.710451e-01 -3.896014e-03
[25] -7.473382e-02 -1.833192e-03 -4.345853e-02  1.884095e-01  2.500354e-03  1.752429e-02
[31]  3.470120e-01  1.852191e+00  2.159270e-01 -2.222251e+01 -4.891707e-01 -1.017500e-01
[37] -2.521162e+00  7.582927e-01 -7.761596e+00 -5.498735e-01 -1.846502e-03 -4.688339e-03
[43] -1.386504e-01 -3.222543e-03 -6.890773e-03  6.445047e-04 -1.623210e-02  2.641039e-01
[49]  6.103613e-03  1.215059e-02 -6.554006e-01  1.264918e+01 -2.237268e-01 -9.620571e-01
[55]  9.574746e-02  8.218196e-03 -1.044549e+00  1.988956e+01 -6.018337e+00  1.809491e-02
[61] -7.274930e-01
```

> cats_dogs.nnet$residuals # 잔차 출력

```
           [,1]
12  7.009646e-02
4  -1.042957e-02
3  -5.939117e-03
11  2.037758e-02
8   3.064780e-06
7   0.000000e+00
2  -4.005719e-02
5  -2.357089e-04
9   2.952556e-05
1  -1.590587e-03
6  -3.465654e-02
10  8.533269e-05
```

> garson(cats_dogs.nnet) # 중요변수 그래프

[그림 12-64]

고양이와 강아지 분류 인공신경망 분석의 목적은 '종류', '무게', '길이', '형태', '꼬리' 특성에 따라 고양이와 강아지의 '종류'를 분류하기 위한 인공신경망 모델을 생성하는 데 있다. 고양이와 강아지 분류 인공신경망을 생성하기 위하여 nnet 패키지에 nnet() 함수를 사용하였다. nnet() 함수는 은닉층을 1개를 가진 신경망을 구현할 때 사용한다. nnet::nnet() 함수에서 사용하는 인수(argument)는 다음과 같다.

[표 12-24] nnet::nnet() 함수의 형식

인자	의미
formula	인공신경망 형식
data	훈련 데이터셋
weights	모든 신경망에 적용할 초기 가중치 설정
size	은닉층 노드의 수
rang	초기 랜덤 가중치
decay	과적합 문제를 해결하기 위해 설정하는 weight decay
maxit	반복 훈련 횟수

cats_dogs.nnet의 신경망 훈련데이터는 cats_dogs이고 생성 형식(formula)은 '무게', '길이', '형태', '꼬리'를 원인변수로 '종류'를 목표변수로 설정하였다. cats_dogs.nnet의 신경망의 은닉층 노드의 수는 10개로 하였고 초기 가중치는 0.005(5e-3)로 설정하였고 모델의 과적합을 방지하기 위하여 가중치의 0.0005(5e-4)를 비활성화하도록 하였다. 모델 생성을 위한 반복 훈련은 100회로 정하였다. 따라서 cats_dogs.nnet 모델 시각화는 다음 [그림 12-63]과 같다.

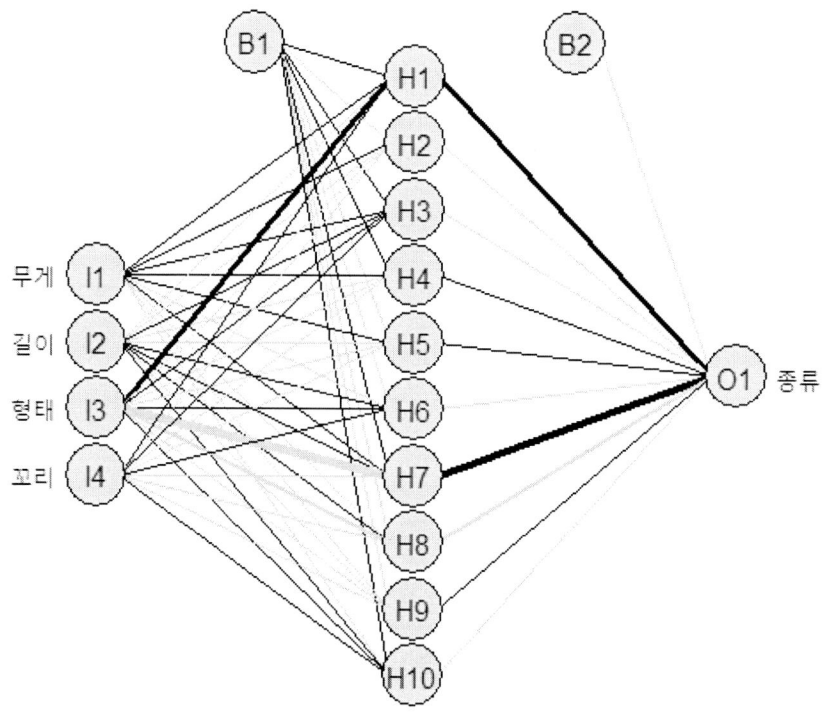

[그림 12-63] cats_dogs.nnet 모델 시각화

cats_dogs.nnet 모델의 하이퍼 파라미터(Hyper Parameter)를 살펴보면 입력층의 노드의 수는 '무게', '길이', '형태', '꼬리'의 4개, 출력층의 노드는 '종류'의 1개, 은닉층 노드의 수는 10개로 구성된 모델이다. 그리고 신경망 모델의 입력층과 은닉층, 은닉층과 출력층의 편향(bias) 노드가 각각 1개씩 존재한다. 따라서 입력층과 은닉층 사이에 가중값을 갖는 파라미터 수는 50(4×10+10)이고 은닉층과 출력층 사이에 가중값 파라미터 수는 11(10×1+1)이다. 따라서 cats_dogs.nnet 모델의 파라미터 총수는 61개가 된다. cats_dogs.nnet 모델의 훈련 결과 각각의 노드에 설정된 파라미터 가중값은 summary(cats_dogs.nnet) 실행 결과에서 확인할 수 있다. 또한 cats_dogs.nnet$wts 실행 결과는 훈련 결과 최종 가중값 61개를 확인할 수 있고 cats_dogs.nnet$residuals의 실행 결과에서 잔차(residual)를 확인할 수 있다.

cats_dogs.nnet에서 고양이 강아지를 분류하는 데 중요한 변수는 다음 [그림 12-64]와 같다.

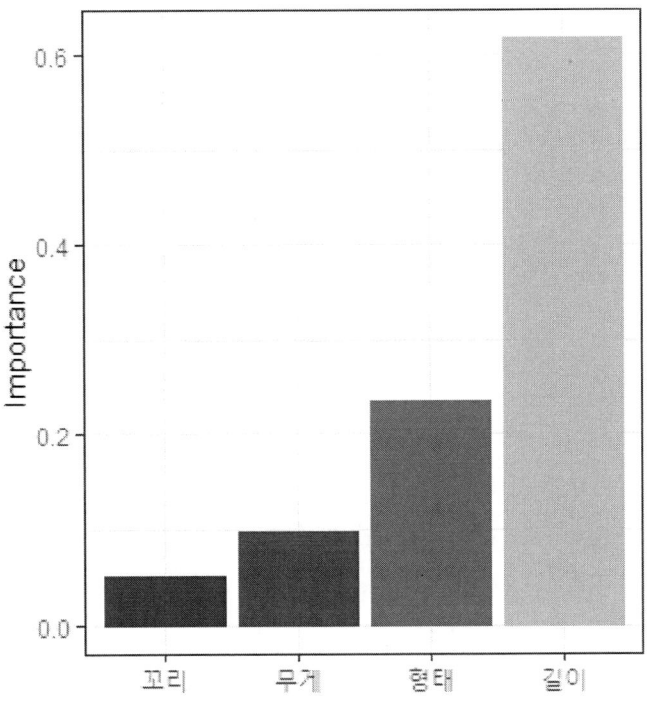

[그림 12-64] cats_dogs.nnet의 고양이 강아지를 분류에 중요 변수

[그림 12-64]에서 고양이 강아지를 분류에 중요변수는 '길이', '형태', '무게', '꼬리'순인 것을 알 수 있다. 특히 모델에서 '길이'는 고양이 강아지 분류의 약 60%의 중요한 변수라는 것을 알 수 있다.

그럼 생성된 cats_dogs.nnet 신경망 모델을 이용하여 고양이와 강아지 분류 예측을 위한 R 코드와 실행 결과를 살펴보자.

12-7-2-2: 고양이와 강아지 인공신경망 분류 모델 예측

```
> # (1) 시험 데이터셋 생성
> if(!require("sampling")) install.packages("sampling")
> library(sampling)
> set.seed(123)
> x <- strata(data = cats_dogs,
+             strataname = c("종류"), # 종류별
+             size = c(3, 3), # 각각 3개 샘플 추출
+             method = "srswor")
> cats_dogs_test <- cats_dogs[x$ID_unit, ] # 시험 데이터셋 추출
> cats_dogs_test <- cats_dogs_test[sample(1:nrow(cats_dogs_test)), ] # shuffle
```

```
> cat("시험 데이터 수 = ", nrow(cats_dogs_test), "\n")
시험 데이터 수 =  6
> cats_dogs_test # 시험 데이터셋 표시
   무게 길이 형태 꼬리  종류   예측
9   6.3   35  0.6    3 강아지 강아지
6   6.0   38  0.9    1 고양이 고양이
5   5.5   34  1.0    3 고양이 고양이
12  5.0   34  0.7    2 강아지 강아지
7   5.6   22  0.5    2 강아지 강아지
4   3.5   50  0.8    2 고양이 고양이
> # (2) 모델 예측 결과 클래스로 출력
> preds <- predict(object = cats_dogs.nnet,
+                  newdata = cats_dogs_test,
+                  type = "class") # 예측 결과 클래스로 저장
> preds # 예측 결과 표시
[1] "강아지" "고양이" "고양이" "강아지" "강아지" "고양이"
> # (3) 모델 예측 결과 확률로 출력
> preds <- predict(object = cats_dogs.nnet,
+                  newdata = cats_dogs_test,
+                  type = "raw") # 예측 결과 확률로 저장
> preds # 예측 결과 확률로 표시
          [,1]
9  0.9999172754
6  0.0158581322
5  0.0009465615
12 0.9421715128
7  1.0000000000
4  0.0058459120
> preds <- ifelse(preds > 0.5, "강아지", "고양이")
> preds <- as.vector(preds) # 예측 결과 벡터로 표시
> preds # 예측 결과 표시
[1] "강아지" "고양이" "고양이" "강아지" "강아지" "고양이"
> result <- cbind(cats_dogs_test[,c(2:5, 1)], 예측 = preds)
> result # 예측된 결과 열이 포함된 test 데이터 표시
> result # 예측된 결과 열이 포함된 test 데이터 표시
```

```
     무게  길이 형태 꼬리  종류   예측
9    6.3   35   0.6   3  강아지 강아지
6    6.0   38   0.9   1  고양이 고양이
5    5.5   34   1.0   3  고양이 고양이
12   5.0   34   0.7   2  강아지 강아지
7    5.6   22   0.5   2  강아지 강아지
4    3.5   50   0.8   2  고양이 고양이
```

```
> table(Prediction = result$예측,
+       Reference = result$종류) # 오차 행렬(Confusion Matrix)
           Reference
Prediction 고양이 강아지
    강아지      0      3
    고양이      3      0
> # (4) 혼동행렬(Confusion Matrix)
> if(!require("caret")) install.packages("caret")
> library(caret) # confusionMatrix
> predicted <- factor(result$예측, levels = c("고양이", "강아지")) # 예측값
> actual <-    factor(result$종류, levels = c("고양이", "강아지")) # 실제값
> confusionMatrix(predicted, actual, mode = "everything")
```

Confusion Matrix and Statistics

```
           Reference
Prediction 고양이 강아지
    고양이      3      0
    강아지      0      3
```

               Accuracy : 1
                 95% CI : (0.5407, 1)
    No Information Rate : 0.5
    P-Value [Acc > NIR] : 0.01563

                  Kappa : 1

 Mcnemar's Test P-Value : NA

            Sensitivity : 1.0
            Specificity : 1.0

```
            Pos Pred Value : 1.0
            Neg Pred Value : 1.0
                Precision : 1.0
                   Recall : 1.0
                       F1 : 1.0
               Prevalence : 0.5
           Detection Rate : 0.5
     Detection Prevalence : 0.5
        Balanced Accuracy : 1.0

         'Positive' Class : 고양이

> # (5) 새로운 임의의 값 예측
> cats_dogs_new <- data.frame(무게 = c(5.2, 5.5), 길이 = c(22.5, 42.0),
+                             형태 = c(0.4, 1.8), 꼬리 = c(1, 3))
> preds <- predict(object = cats_dogs.nnet,
+                  newdata = cats_dogs_new,
+                  type = "class") # 예측
> preds # 새로운 값 예측 결과 출력
[1] "강아지" "고양이"
```

고양이와 강아지 인공신경망 모델 예측에 사용할 시험 데이터는 cats_dogs 데이터셋에서 '종류'별 각각의 3개씩 층화 임의 추출하여 총 6개의 테스트 데이터셋 cats_dogs_test를 생성하였다.

테스트 데이터셋 cats_dogs_test를 이용한 예측 결과는 클래스, 혹은 시그모이드 함수의 확률로 구할 수 있다. 즉 함수 predict()에 파라미터 type = "class"로 지정하면 예측 결과를 클래스로 구할 수 있고, type = "raw"로 지정하면 예측 결과를 0과 1사이에 확률로 구할 수 있다. 6개 테스트 데이터의 예측 결과 클래스는 "강아지" "고양이" "고양이" "강아지" "강아지" "고양이"이다. 이러한 예측 결과를 cats_dogs_test 데이터에 항목으로 추가하여 교차 행렬로 표시하였다. 고양이와 강아지 인공신경망 모델 예측 교차 행렬에서 실제 '고양이'를 '고양이'로 올바르게 분류한 것을 3건, 한편 실제 '강아지'를 '강아지'로 올바르게 분류한 것은 3건으로 cats_dogs.nnet 모델의 정확도(accuracy)는 1이다. 혼동행렬(Confusion Matrix)을 살펴보면 정확도는 1이고, "고양이"의 정밀도(precision), 재현율(recall), F1-Score 모두 1이라는 것을 알 수 있다.

임의의 데이터 무게 5.2와 5.5, 길이 22.5와 42.0, 형태 0.4와 1.8, 꼬리 1와 3을 통한 데이터프레임 cats_dogs_new를 이용한 모델의 예측한 결과 "강아지" "고양이"로 예측한 것을 확인할 수 있다.

③ TitanicSurvable 인공신경망 분석

TitanicSurvival 데이터셋은 1912년 4월 15일 새벽에 침몰한 타이타닉호에 승선한 승객들의 생존여부 survived, 성별 sex, 나이 age, 탐승위치 passengerClass를 기록한 것이다. 먼저 TitanicSurvable 데이터셋을 이용한 인공신경망 분류분석을 위한 TitanicSurvival 데이터 훈련 및 시험 데이터 준비를 위한 R 코드 및 실행 결과는 다음과 같다.

R 12-5-3-1] TitanicSurvival 데이터 훈련/시험 데이터 준비

```
> if(!require("carData")) install.packages("carData")
> library("carData")
> data(TitanicSurvival)  # TitanicSurvival 데이터 생성
> str(TitanicSurvival)   # TitanicSurvival 데이터 구조 표시
'data.frame':   1309 obs. of  4 variables:
 $ survived       : Factor w/ 2 levels "no","yes": 2 2 1 1 1 2 2 1 2 1 ...
 $ sex            : Factor w/ 2 levels "female","male": 1 2 1 2 1 2 1 2 1 2 ...
 $ age            : num  29 0.917 2 30 25 ...
 $ passengerClass : Factor w/ 3 levels "1st","2nd","3rd": 1 1 1 1 1 1 1 1 ...
> head(TitanicSurvival) # TitanicSurvival 6개 행 표시
                                survived   sex     age passengerClass
Allen, Miss. Elisabeth Walton       yes female 29.0000            1st
Allison, Master. Hudson Trevor      yes   male  0.9167            1st
Allison, Miss. Helen Loraine         no female  2.0000            1st
Allison, Mr. Hudson Joshua Crei      no   male 30.0000            1st
Allison, Mrs. Hudson J C (Bessi      no female 25.0000            1st
Anderson, Mr. Harry                 yes   male 48.0000            1st
> summary(TitanicSurvival) # TitanicSurvival 요약 통계량
 survived     sex           age           passengerClass
 no :809  female:466  Min.   : 0.1667   1st:323
 yes:500  male  :843  1st Qu.:21.0000   2nd:277
                      Median :28.0000   3rd:709
                      Mean   :29.8811
                      3rd Qu.:39.0000
                      Max.   :80.0000
                      NA's   :263
> # (2) TitanicSurvival 데이터셋 전처리
> TitanicSurvival <- na.omit(TitanicSurvival) # 결측값 행 제거(완전 분석법)
> TitanicSurvival$sex <- as.numeric(TitanicSurvival$sex)
> TitanicSurvival$passengerClass <-
                        as.numeric(TitanicSurvival$passengerClass)
> str(TitanicSurvival)  # TitanicSurvival 데이터 구조 표시
```

```
'data.frame':    1046 obs. of  4 variables:
 $ survived       : Factor w/ 2 levels "no","yes": 2 2 1 1 1 2 2 1 2 1 ...
 $ sex            : num  1 2 1 2 1 2 1 2 1 2 ...
 $ age            : num  29 0.917 2 30 25 ...
 $ passengerClass : num  1 1 1 1 1 1 1 1 1 1 ...
 - attr(*, "na.action")= 'omit' Named int [1:263] 16 38 41 47 60 70 71 75 81 107 ...
  ..- attr(*, "names")= chr [1:263] "Baumann, Mr. John D" "Bradley, Mr. George (George Ar" "Brewe, Dr. Arthur Jackson" "Cairns, Mr. Alexander" ...
> summary(TitanicSurvival) # TitanicSurvival 요약 통계량
 survived      sex              age          passengerClass
 no :619   Min.   :1.000   Min.   : 0.1667   Min.   :1.000
 yes:427   1st Qu.:1.000   1st Qu.:21.0000   1st Qu.:1.000
           Median :2.000   Median :28.0000   Median :2.000
           Mean   :1.629   Mean   :29.8811   Mean   :2.207
           3rd Qu.:2.000   3rd Qu.:39.0000   3rd Qu.:3.000
           Max.   :2.000   Max.   :80.0000   Max.   :3.000
> # (3) 훈련용 데이터/시험용 데이터 분류
> set.seed(100) # 반복 시행 시 동일한 샘플 생성
> n <- nrow(TitanicSurvival)  # TitanicSurvival 행의 수
> sample <- sample(1:n, size = n*0.8, replace = FALSE) # 80% 샘플링
> train <- TitanicSurvival[sample, ]  # 훈련 데이터 추출
> test <- TitanicSurvival[-sample,]   # 시험 데이터 추출
> cat("전체 데이터 수 = ", n, "\n")
전체 데이터 수 =  1046
> cat("훈련(train) 데이터 수 = ", nrow(train), "\n")
훈련(train) 데이터 수 =  838
> cat("시험(test) 데이터 수 = ", nrow(test), "\n")
시험(test) 데이터 수 =  208
```

TitanicSurvival 데이터셋은 패키지 "carData"의 여러 데이터셋 중의 하나이므로 먼저 "carData" 패키지를 설치하고 라이브러리를 불러와야 한다. TitanicSurvival 데이터셋은 4개의 변수의 1,309개의 관측값을 가지고 있다. summary(TitanicSurvival) 요약정보를 살펴보면 1,309명 중 사망이 809, 생존이 500이고 성별은 여성(female) 466, 남성(male) 843, 나이(age)의 평균은 30, 1st 323, 2nd 277, 3rd 709명이 탑승한 것으로 기록되어 있다. 그러나 변수 age에는 결측치(missing value)가 263개가 포함된 것을 알 수 있다. 완전 분석법을 위하여 age의 결측치가 포함된 관측값 행을 모두 제거하여 최종 1,046개의 관측값을 가진 데이터셋을 생성하였다. 결측치를 제거한 TitanicSurvival 요약 통계량을 살펴보면 1,046명 중 사망이 619, 생존이 427명이고 이들의 평균 나이는 약 30이다.

TitanicSurvival 인공신경망 모델 생성을 위하여 80%를 훈련 데이터셋

TitanicSurvival_train으로 나머지를 시험 데이터셋 TitanicSurvival_test으로 분리하였다. 그 결과 훈련 데이터 수는 838이고 시험 데이터 수는 208이다.

TitanicSurvival 인공신경망 모델 생성 R 코드와 실행 결과는 다음과 같다.

 12-5-3-2: TitanicSurvival 인공신경망 모델 생성

```
> # (1) 모델 생성
> if(!require("nnet")) install.packages("nnet") # 하나의 은닉층만 가능
> library(nnet)
> TitanicSurvival.nnet <- nnet(formula = survived ~ sex+age+passengerClass,
+                              data = TitanicSurvival_train,
+                              rang = 0.05, # 초기 가중치
+                              decay = 10, # 과적합 방지를 위한 weight decay
+                              size = 10, # 은닉층 1, 노드 수 10
+                              maxit = 100) # 최대 100번 반복
# weights:  51
initial  value 585.349074
iter  10 value 564.201677
iter  20 value 560.569244
iter  30 value 557.190262
iter  40 value 553.791310
iter  50 value 552.796896
iter  60 value 552.521822
iter  70 value 552.483486
iter  80 value 552.478976
final  value 552.478756
converged

> summary(TitanicSurvival.nnet) # 생성된 모델 요약 정보 표시

a 3-10-1 network with 51 weights
options were - entropy fitting  decay=10
 b->h1 i1->h1 i2->h1 i3->h1
 -0.08   0.30   0.00   0.19
 b->h2 i1->h2 i2->h2 i3->h2
  0.13  -0.47   0.01  -0.28
 b->h3 i1->h3 i2->h3 i3->h3
 -0.07   0.29   0.00   0.19
 b->h4 i1->h4 i2->h4 i3->h4
  0.13  -0.47   0.01  -0.28
 b->h5 i1->h5 i2->h5 i3->h5
 -0.07   0.29   0.00   0.19
 b->h6 i1->h6 i2->h6 i3->h6
 -0.07   0.29   0.00   0.19
 b->h7 i1->h7 i2->h7 i3->h7
  0.13  -0.47   0.01  -0.28
```

```
b->h8  i1->h8  i2->h8  i3->h8
 0.05    0.01   -0.11    0.04
b->h9  i1->h9  i2->h9  i3->h9
 0.05    0.01   -0.11    0.04
b->h10 i1->h10 i2->h10 i3->h10
 0.05    0.01   -0.11    0.04
b->o  h1->o  h2->o  h3->o  h4->o  h5->o  h6->o  h7->o  h8->o  h9->o  h10->o
0.07  -0.41   0.66  -0.41   0.66  -0.41  -0.41   0.66   0.31   0.31    0.31
```

> TitanicSurvival.nnet$wts # 가중치 표시

```
 [1]  0.146090570 -0.526179950  0.020857474 -0.317140476 -0.026493914
 [6]  0.079279545  0.040753226  0.054465519  0.146090114 -0.526094403
[11]  0.020856791 -0.317172340 -0.054381307  0.228223244  0.005904566
[16]  0.159483487  0.146133461 -0.526300635  0.020868543 -0.317221137
[21] -0.026457555  0.079353802  0.040705355  0.054559592 -0.026467840
[26]  0.079277851  0.040764546  0.054472816 -0.026476085  0.079410210
[31]  0.040709478  0.054588841 -0.054271227  0.227794864  0.005960757
[36]  0.159183423 -0.054071505  0.226846679  0.006116517  0.158631750
[41]  0.114209109  0.743140880 -0.176752816  0.742989036 -0.316043120
[46]  0.743308480 -0.176818580 -0.176788157 -0.176879393 -0.315507207
[51] -0.314549129
```

> # (2) 모델 시각화

> if(!require("devtools")) install.packages("devtools")

> library(devtools)

> if(!require("NeuralNetTools")) install.packages("NeuralNetTools")

> library(NeuralNetTools)

> # 인공신경망 소스를 그려주는 소스가 있는 URL

source_url("https://gist.githubusercontent.com/Peque/41a9e20d6687f2f3108d/raw/85e14f3a292e126f1454864427e3a189c2fe33f3/nnet_plot_update.r")

i SHA-1 hash of file is "bf3c7b8ac910823b729e3ce73bb6ab5e6955ad3d"

> plot.nnet(TitanicSurvival.nnet) # 인공신경망 도표

[그림 12-65]

> garson(TitanicSurvival.nnet) # 중요 변수도 그래프

[그림 12-66]

TitanicSurvival.nnet의 신경망 훈련 데이터는 TitanicSurvival_train이고 생성 형식(formula)은 '무게', '길이', '형태', '꼬리'를 원인변수(독립변수)로 '종류'를 목표변수(종속변수)로 설정하였다. cats_dogs.nnet의 신경망의 은닉층 노드의 수는 10개로 하였고 초기 가중치는 0.005로 설정하였고 모델의 과적합을 방지하기 위하여 가중치의 10%를 비활성화하도록 하였다. 그리고 모델 생성을 위한 훈련 반복 횟수를 100으로 설정했다.

훈련 결과 요약정보 summary(TitanicSurvival.nnet)결과를 살펴보면 51개의 가중치를 가진 입력층 3, 은닉층 10, 출력층 1개의 노드로 구성되었고 각각의 노드 사이에 가중치를 알 수 있다. TitanicSurvival.nnet 모델 시각화 결과는 다음 [그림 12-65]와 같다.

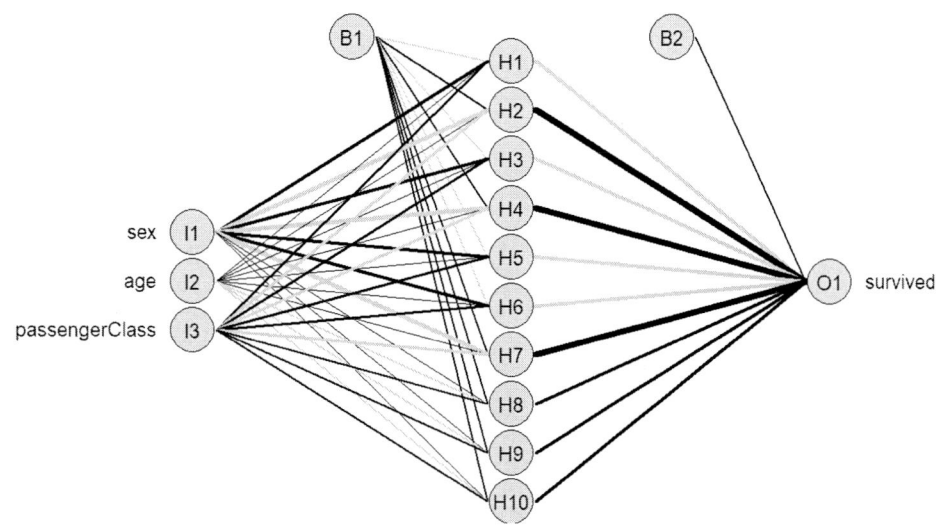

[그림 12-65] TitanicSurvival.nnet 인공신경망 도표

TitanicSurvival.nnet 인공신경망 도표를 살펴보면 하이퍼 파라미터(hyper parameter)를 살펴보면 입력층의 노드 수는 'sex', 'age', 'passengerClass', '의 3개, 출력층의 노드는 'survived'의 1개, 은닉층 노드의 수는 10개로 구성된 모델이다. 그리고 신경망 모델의 입력층과 은닉층, 은닉층과 출력층의 편향(bias) 노드가 각각 1개씩 존재한다. 따라서 입력층과 은닉층 사이에 가중값을 갖는 파라미터 수는 40(3×10+10)이고 은닉층과 출력층 사이에 가중값 파라미터 수는 11(10×1+1)이다. 따라서 TitanicSurvival.nnet 모델의 파라미터 총수는 51개가 된다. TitanicSurvival.nnet 모델의 훈련 결과 각각의 노드에 설정된 파라미터 가중값은 summary(TitanicSurvival.nnet) 실행 결과에서 확인할 수 있다. 또한 TitanicSurvival.nnet$wts 실행 결과는 훈련 결과 최종 가중값 51개를 확인할 수 있다.

모델 훈련 결과 TitanicSurvival.nnet에서 survived 'no', 'yes'를 분류하는 데 중요한 변수는 다음 [그림 12-66]과 같다.

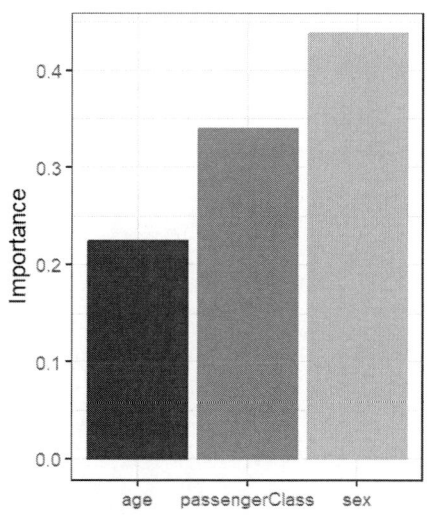

[그림 12-66] TitanicSurvival 인공신경망 모델 중요변수 그래프

[그림 12-66]에서 고양이 강아지를 분류에 중요 변수는 'sex', 'passengerClass', 'age'순인 것을 알 수 있다. 특히 모델에서 'sex'는 생존(yes), 사망(no)을 결정하는 데 약 50%의 중요한 변수라는 것을 알 수 있다.

그럼 생성된 TitanicSurvival.nnet 신경망 모델을 이용하여 고양이와 강아지 분류 예측을 위한 R 코드와 실행 결과를 살펴보자.

TitanicSurvival 의사결정나무 모델 예측에 대한 R 코드와 실행 결과는 다음과 같다.

 12-5-3-3: TitanicSurvival 인공신경망 모델 예측

```
> # (1) TitanicSurvival 인공신경망 모델 예측
> preds <- predict(object = TitanicSurvival.nnet,
+                  newdata = TitanicSurvival_test,
+                  type = "class") # 예측 결과 class로 저장
> preds <- factor(preds, levels = c("no", "yes"))
> head(preds) # 예측 결과 출력
[1] no  yes no  yes yes no
Levels: no yes

> result <- cbind(TitanicSurvival_test[,c(2:3, 1)], predicted = preds)
> head(result) # 예측된 결과 열이 포함된 test 데이터 표시
                                sex age survived predicted
Allison, Mr. Hudson Joshua Crei   2  30       no        no
Allison, Mrs. Hudson J C (Bessi   1  25       no       yes
Anderson, Mr. Harry               2  48      yes        no
Barber, Miss. Ellen Nellie        1  26      yes       yes
Bazzani, Miss. Albina             1  32      yes       yes
Behr, Mr. Karl Howell             2  26      yes        no

> table(Prediction = result$predicted,
+       Reference = result$survived) # 오차행렬(Confusion Matrix)
          Reference
Prediction  no yes
       no  121  58
       yes   2  27

> # (2) 혼동행렬(Confusion Matrix)
> if(!require("caret")) install.packages("caret")
> library(caret) # Confusion Matrix
> confusionMatrix(result$predicted, result$survived, mode = "everything")
```

```
Confusion Matrix and Statistics

          Reference
Prediction  no yes
       no  121  58
       yes   2  27

               Accuracy : 0.7115
                 95% CI : (0.6448, 0.7721)
    No Information Rate : 0.5913
    P-Value [Acc > NIR] : 0.0002144

                  Kappa : 0.3355
 Mcnemar's Test P-Value : 1.243e-12

            Sensitivity : 0.9837
            Specificity : 0.3176
         Pos Pred Value : 0.6760
         Neg Pred Value : 0.9310
              Precision : 0.6760
                 Recall : 0.9837
                     F1 : 0.8013
             Prevalence : 0.5913
         Detection Rate : 0.5817
   Detection Prevalence : 0.8606
      Balanced Accuracy : 0.6507

       'Positive' Class : no
```

```
> # (3) 혼동행렬(Confusion Matrix) 시각화
> if(!require("ggplot2")) install.packages("ggplot2")
> library(ggplot2)
> ggplot(result, aes(result$predicted, result$survived,
+                    color=result$predicted)) +
+    geom_jitter(width = 0.1, height = 0.1, size=2) +
+    labs(title="TitanicSurvival 의사결정 나무 분류 분석",
+         subtitle="혼동행렬(Confusion Matrix)",
+         x = "예측 값", y = "실제 값")
```

[그림 12-67]

```
> # (4) 임의의 새로운 값 예측
> TitanicSurvival_new <- data.frame(sex = c(2, 1), age = c(30, 20),
+                                   passengerClass = c(2, 1))
> preds <- predict(object = TitanicSurvival.nnet,
+                  newdata = TitanicSurvival_new,
+                  type = "class")
> preds # 예측 결과 표시
[1] "no"  "yes"
```

TitanicSurvival.nnet 인공신경망 모델 테스트 데이터셋 TitanicSurvival_test을 이용한 예측 결과 상위 6개 클래스를 표시한 것은 "no" "yes" "no" "yes" "no" "no"이다. 예측 결과를 preds를 테스트 데이터셋 TitanicSurvival_test에 결합하고 예측 결과(predicted)와 실제(reference)의 크로스 테이블과 혼동행렬(confusion matrix)을 살펴보면 'TitanicSurvival.nnet 모델의 정확도(accuracy)는 약 0.7이고 'positive' class no의 정밀도(precision)는 약 0.67이고 재현율(recall)은 약 0.98로서 F1-Score는 약 0.8이다. 그러나 'positive' 클래스가 yes의 경우 정밀도는 약 0.93이지만 재현율은 약 0.32로 큰 차이를 보인다. TitanicSurvival.nnet 인공신경망 모델 테스트 데이셋을 이용한 survived 예측 결과의 혼동행렬 시각화는 [그림 12-67]과 같다.

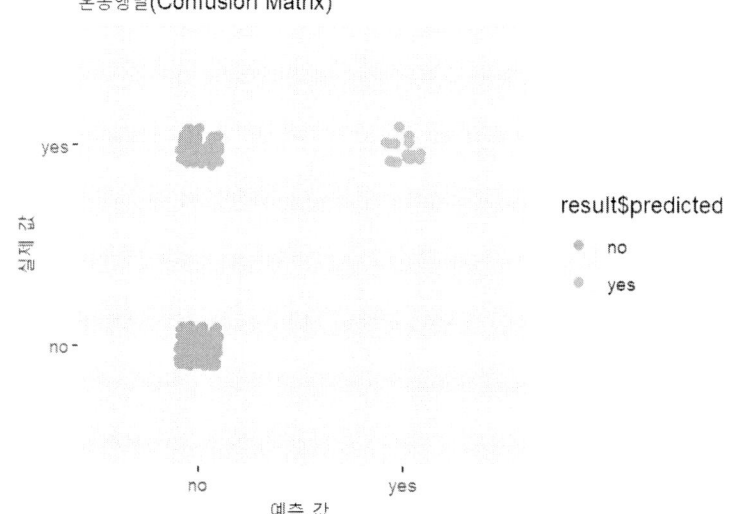

[그림 12-67] TitanicSurvival 인공신경망 모델 예측 결과 혼동행렬 시각화

임의의 새로운 데이터셋 sex 2(남성), age 30, passengerClass 2(2nd)의 예측 결과 survived no로 sex 1(여성), age 20, passengerClass 2(1st)의 예측 결과 survived yes로 예측했다.

4 iris 인공신경망 분석

R에 기본으로 내장된 데이터셋인 붓꽃 iris의 꽃받침과 꽃잎의 크기에 따라 품종 Species를 구별할 수 있는 인공신경망 모형을 개발해 보자. 먼저 iris 데이터셋을 훈련 및 시험 데이터셋으로 분리하기 위한 R 코드와 그의 실행 결과는 다음과 같다.

 12-7-4-1: iris 데이터셋 준비

```
> # (1) iris 데이터셋 준비(R에 내장)
> data(iris) # iris 데이터셋 불러오기
```

```
> str(iris) # iris 데이터셋 구조 보기
```
```
'data.frame':   150 obs. of  5 variables:
 $ Sepal.Length: num  5.1 4.9 4.7 4.6 5 5.4 4.6 5 4.4 4.9 ...
 $ Sepal.Width : num  3.5 3 3.2 3.1 3.6 3.9 3.4 3.4 2.9 3.1 ...
 $ Petal.Length: num  1.4 1.4 1.3 1.5 1.4 1.7 1.4 1.5 1.4 1.5 ...
 $ Petal.Width : num  0.2 0.2 0.2 0.2 0.2 0.4 0.3 0.2 0.2 0.1 ...
 $ Species     : Factor w/ 3 levels "setosa","versicolor",..: 1 1 1 1 1 ...
```
```
> summary(iris) # iris 데이터셋 요약정보
> boxplot(iris[, -5], main = 'iris boxplot')
```
[그림 12-68]
```
> # (2) 수치형 자료 표준화(scale)-평균 0, 표준편차
> iris.scaled <- data.frame(Species = factor(iris[,5]), scale(iris[, -5]))
> # (3) 훈련(train)/시험(test) 데이터셋 분리(층화 임의추출)
> if(!require("sampling")) install.packages("sampling")
> library(sampling)
> set.seed(123)
> x <- strata(data = iris,
+             stratename = c("Species"), # 품종별
+             size = c(40, 40, 40), # 각각 40개 샘플 추출
+             method = "srswor")
> iris_train <- iris[x$ID_unit, ] # 훈련 데이터셋 추출
> iris_test <- iris[-x$ID_unit, ] # 시험 데이터셋 추출
> iris_train <- iris_train[sample(1:nrow(iris_train)), ] # shuffling
> iris_test <- iris_test[sample(1:nrow(iris_test)), ] # shuffling
> cat("총 데이터 수 = ", nrow(iris), "\n")
```
총 데이터 수 = 150
```
> cat("훈련 데이터 수 = ", nrow(iris_train), "\n")
```
훈련 데이터 수 = 120
```
> cat("테스트 데이터 수 = ", nrow(iris_test), "\n")
```
테스트 데이터 수 = 30

R에 내장된 붓꽃 iris 데이터셋은 변수들 사이에 관측값 분산의 차이가 크게 나는 것을 알 수 있다([그림 12-68]).

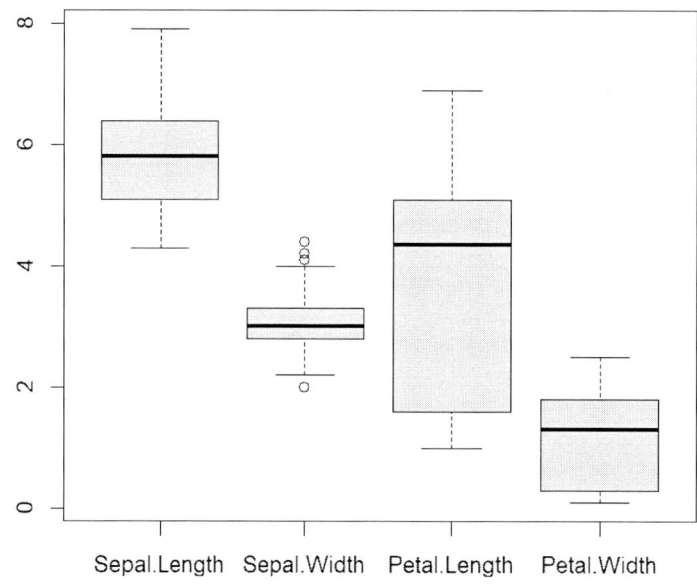

[그림 12-68] iris 박스 플롯

iris 데이터셋 편차의 차이를 보정하기 위하여 Sepal.Length, Sepal.width, Petal.Length, Petal.Width의 값을 scale() 함수로 표준화하였다. 보정된 iris 데이터셋에서 "Species"별로 40개씩 층화 임의 추출하여 120개의 관측값의 훈련 데이터셋 iris_train와 나머지 30개의 관측값 시험 데이터셋 iris_test로 나누었다.

iris 인공신경망 분류분석 모델 생성을 위한 R 코드와 실행 결과는 다음과 같다.

 12-7-4-2: iris 인공신경망 분류분석 모델 생성

```
> # (1) iris 인공신경망 분류 모델 생성

> if(!require("neuralnet")) install.packages("neuralnet")
> library(neuralnet)

> iris.neuralnet <- neuralnet(formula = Species ~ .,
+                  data = iris_train, # 훈련용 데이터셋
+                  linear.output = FALSE, # 선형 출력 여부
+                  stepmax = 1e+04, # 반복 회수
+                  hidden = c(5, 5), # 은닉층 2개, 각 노드 수 5개
+                  algorithm = 'rprop+', # 최적화 알고리즘
+                  act.fct = "tanh", # 활성화 함수
+                  likelihood = TRUE)

> summary(iris.neuralnet)  # 생성된 모델 요약 정보 표시
```

```
                    Length Class      Mode
call                9      -none-     call
response            360    -none-     logical
covariate           480    -none-     numeric
model.list          2      -none-     list
err.fct             1      -none-     function
act.fct             1      -none-     function
linear.output       1      -none-     logical
data                5      data.frame list
exclude             0      -none-     NULL
net.result          1      -none-     list
weights             1      -none-     list
generalized.weights 1      -none-     list
startweights        1      -none-     list
result.matrix       78     -none-     numeric
> # (2) 모델 시각화(Visualization)
> plot(iris.neuralnet, rep = "best") # 인공신경망 시각화
```

[그림 12-69]

iris 인공신경망 모델 개발을 위하여 neuralnet 패키지에 있는 neuralnet() 함수를 이용하였다. neuralnet() 함수에서 인공신경망은 Sepal.Length, Sepal.Width, Petal.Length, Petal.Width의 4개 입력변수와 "setosa","versicolor", "virginica"의 3개 출력변수와 5개의 노드를 가진 2개의 은닉층으로 구성했고 활성화 함수는 'tanh'를 사용했다. 이와 같이 iris 인공신경망 모델 iris.neuralnet의 플롯은 [그림 12-69]와 같다.

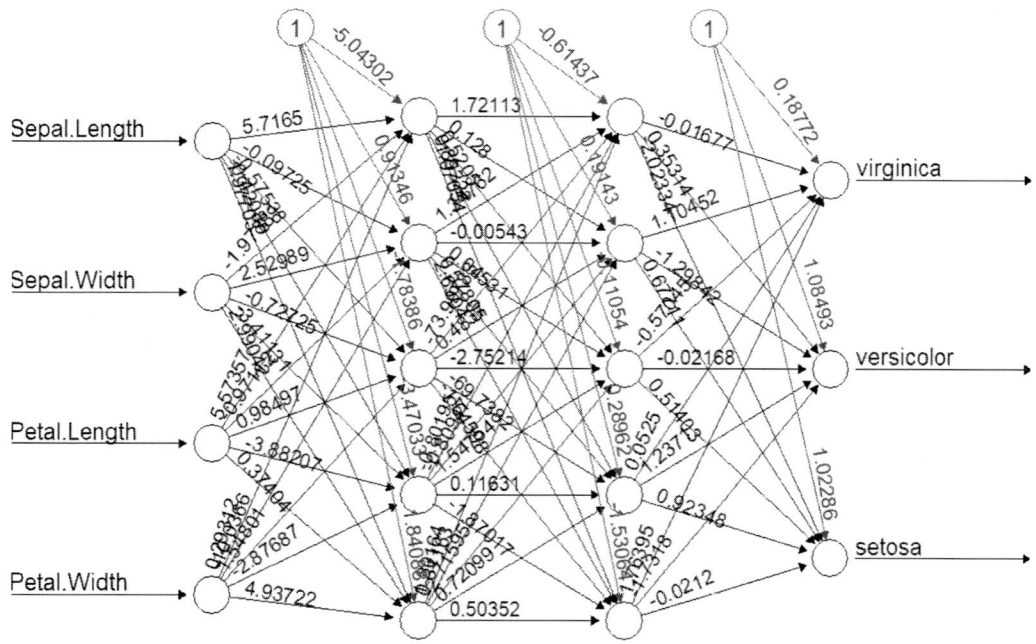

[그림 12-69] iris.neuralnet 인공신경망 그래프

iris.neuralnet 인공신경망 모델은 입력층 4개 노드, 2개의 은닉층에 노드 10개, 출력층 3개 노드로 구성으로 입력층과 1번째 은닉층 사이에 가중치 파라미터 수는 25(4×5+5)개, 첫 번째 은닉층과 2번째 은닉층 사이에 가중치 파라미터는 30(5×5+5)개, 2번째 은닉층과 출력층 사이에 가중치 파라미터는 18개(30(5×3+5)이다. 따라서 iris.neuralnet 가중치 파라미터는 총 73개이다.

iris 인공신경망 모델 예측을 위한 R 코드 및 실행 결과는 다음과 같다.

 12-7-4-3: iris 인공신경망 모델 예측

```
> # (1) iris 인공신경망 모델 예측
> preds <- predict(object = iris.neuralnet,
+                  newdata = iris_test,
+                  type = "prob") # 예측 결과 확률로 표시
> head(preds) # 예측 결과 상위 6행 표시
          [,1]          [,2]          [,3]
104   0.001028459  2.281514e-02  9.788069e-01
120  -0.015207319  4.215356e-02  9.783435e-01
44    0.997010387  9.254434e-05 -4.457757e-04
97   -0.002787942  9.971575e-01 -7.408830e-03
34    0.997007103 -7.052879e-05  7.729849e-05
94    0.002489994  9.969523e-01  4.930812e-03
> rst <- apply(X = preds, MARGIN = 1, FUN = which.max) # 최댓값 위치
> rst[which(rst=="1")] <- levels(iris_test$Species)[1] # setosa
> rst[which(rst=="2")] <- levels(iris_test$Species)[2] # versicolor
> rst[which(rst=="3")] <- levels(iris_test$Species)[3] # virginica
> result <- cbind(iris_test, Predicted = rst) # 예측 결과 결합
> head(result) # 결과 표시
    Sepal.Length Sepal.Width Petal.Length Petal.Width    Species  Predicted
104          6.3         2.9          5.6         1.8  virginica  virginica
120          6.0         2.2          5.0         1.5  virginica  virginica
44           5.0         3.5          1.6         0.6     setosa     setosa
97           5.7         2.9          4.2         1.3 versicolor versicolor
34           5.5         4.2          1.4         0.2     setosa     setosa
94           5.0         2.3          3.3         1.0 versicolor versicolor
> table(Predicted = result$Predicted,
+       Reference = result$Species) # 분할표 생성
           Reference
Predicted   setosa versicolor virginica
  setosa        10          0         0
  versicolor     0         10         1
  virginica      0          0         9
> # (2) 혼동행렬(Confusion Matrix)
> if(!require("caret")) install.packages("caret")
```

```
> library(caret)  # confusionMatrix
> predicted <- as.factor(result$Predicted)  # 예측값
> actual <- as.factor(result$Species)  # 실제값
> confusionMatrix(predicted, actual, mode = "everything")
```
Confusion Matrix and Statistics

```
            Reference
Prediction   setosa versicolor virginica
  setosa        10          0         0
  versicolor     0         10         1
  virginica      0          0         9
```

Overall Statistics

```
               Accuracy : 0.9667
                 95% CI : (0.8278, 0.9992)
    No Information Rate : 0.3333
    P-Value [Acc > NIR] : 2.963e-13

                  Kappa : 0.95
```
Statistics by Class:

```
                     Class: setosa Class: versicolor Class: virginica
Sensitivity                 1.0000            1.0000           0.9000
Specificity                 1.0000            0.9500           1.0000
Pos Pred Value              1.0000            0.9091           1.0000
Neg Pred Value              1.0000            1.0000           0.9524
Precision                   1.0000            0.9091           1.0000
Recall                      1.0000            1.0000           0.9000
F1                          1.0000            0.9524           0.9474
Prevalence                  0.3333            0.3333           0.3333
Detection Rate              0.3333            0.3333           0.3000
Detection Prevalence        0.3333            0.3667           0.3000
Balanced Accuracy           1.0000            0.9750           0.9500
```

```
> # (3) 예측 결과 시각화(Visualization)
> if(!require("ggplot2")) install.packages("ggplot2")
> library(ggplot2)
> ggplot(result, aes(Predicted, Species, color = Predicted)) +
+   geom_jitter(width = 0.2, height = 0.1, size=2) +
+   labs(title="iris 인공신경망 분류분석",
+        subtitle="iris 오차 행렬(Confusion Matrix)",
+        x="예측 값", y="실제 값")
```
[그림 12-70]

```
> # (4) 새로운 값 예측
> iris_new <- data.frame(Sepal.Length= c(5.1, 6.5), Sepal.Width = c(3.5, 3.2),
+                       Petal.Length  = c(1.4, 4.8), Petal.Width = c(0.2, 2.0))
> preds <- predict(object = iris.neuralnet,
```

```
+                     newdata = iris_new,
+                     type = "prob") # 예측 결과 확률값 생성
> preds # 예측 결과 표시
            [,1]             [,2]             [,3]
[1,] 0.99700722  -7.621469e-05   6.839092e-05
[2,] 0.02593174   9.970200e-01   3.309356e-02
> rst <- apply(X = preds, MARGIN = 1, FUN = which.max) # 최댓값 위치
> rst[which(rst=="1")] <- levels(iris_test$Species)[1] # setosa
> rst[which(rst=="2")] <- levels(iris_test$Species)[2] # versicolor
> rst[which(rst=="3")] <- levels(iris_test$Species)[3] # virginica
> rst # 예측 결과 표시
[1] "setosa"  "versicolor"
```

iris 인공신경망 모델을 테스트 데이터셋으로 예측한 결과는 테스트 데이터셋 30개 행 각각의 열은 "setosa", "versicolor", "virginica"의 예측 확률값을 가진다. 각 행의 예측 확률값이 최대인 열의 순서를 구하여 1이면 "setosa", 2이면 "versicolor", 3이면 "virginica"로 예측한다. 예측한 결과를 iris_test 데이터프레임에 컬럼으로 추가하여 result 데이터프레임을 생성하고 result 데이터프레임의 Predicted와 Species 열의 예측값과 실체 값의 크로스 테이블을 생성하여 오차 행렬로 표시하였다.

혼동행렬(Confusion Matrix)을 살펴보면 모델의 정확도(Accuracy)는 95% 신뢰구간에서 약 0.97이다. setosa의 정밀도(Precision), 재현율(Recall), F1-score는 모두 1인 반면에 versicolor의 정밀도는 약 0.9, 재현율은 1, F1-score는 0.95이다. 그리고 virginica의 정밀도는 약 1, 재현율은 약 0.9, F1-score는 약 0.95이다. 이러한 오차 행렬(Confusion Matrix) 시각화한 것은 [그림 12-70]과 같다.

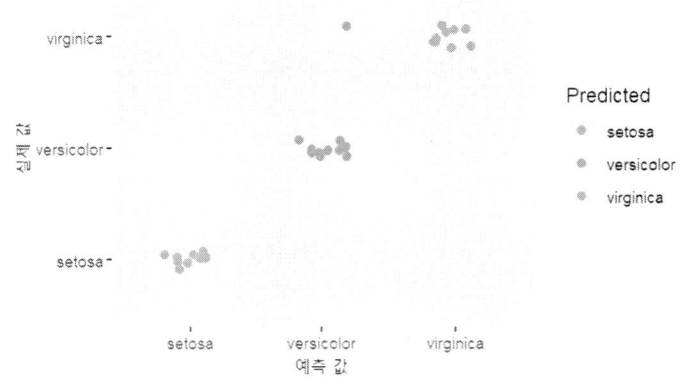

[그림 12-70] iris 인공신경망 모델 오차 행렬(confusion matrix) 도표

임의의 데이터 Sepal.Length의 5.1, Sepal.Width 3.5, Petal.Length 1.4, Petal.Width 0.2에서 iris.neuralnet 인공신경망 모델은 "setosa"로 예측했다. 한편 임의의 데이터 Sepal.Length의 6.5, Sepal.Width 3.2, Petal.Length 4.8, Petal.Width 0.2에 iris.neuralnet 인공신경망 모델은 "versicolor"로 예측했다.

이상과 정형 데이터 마이닝 연관규칙 분석, 군집 분석, 로지스틱 회귀 모형, 의사결정나무, 앙상블 모형, 인공신경망 모형을 각각 살펴보았다. 빅데이터 분석의 주요한 목적은 지식적 가치를 발견하고 지혜의 인사이트를 얻기 위한 것이다. 이와 같은 빅데이터의 인사이트 창출 활동은 하나의 분석기법을 통해서 얻을 수 있는 것이 아니라 다양한 분석기법을 사용하여 분석과제에 적합한 분석 모형을 찾고 세심한 검증으로 고수준의 타당성과 신뢰성을 확보해야 한다.

지금까지 다양한 데이터셋을 가지고 군집과 분류 예측을 위한 훈련된 군집모형, 로지스틱 회귀모형, 의사결정나무 모형, 인공신경망 모형을 개발하였다. 이처럼 분석 목적에 따라 특별한 군집과 분류를 위한 특징(feature)과 규칙(rule) 정하여 모델을 생성하는 것을 기계학습(machine learning) 모형이라고 한다. 그러나 수많은 데이터에서 군집과 분류를 위한 특징과 규칙을 사전에 파악하기 어렵다. 따라서 많은 데이터셋에서 군집과 분류를 위한 특징과 규칙을 스스로 찾아 학습할 수 있는 딥러닝(deep learning) 기법이 개발되었다.

12.8 빅데이터 딥러닝

1. 이론적 배경

딥러닝(Deep Learning)은 빅데이터를 이용한 인공지능(Artificial Intelligence)과 머신러닝(Machine Learning)에서 발전된 형태로 특별한 특징(feature)과 규칙(rule)을 제공하지 않아도 학습데이터를 이용하여 스스로 특징과 규칙을 찾아 학습할 수 있도록 한 것이다.

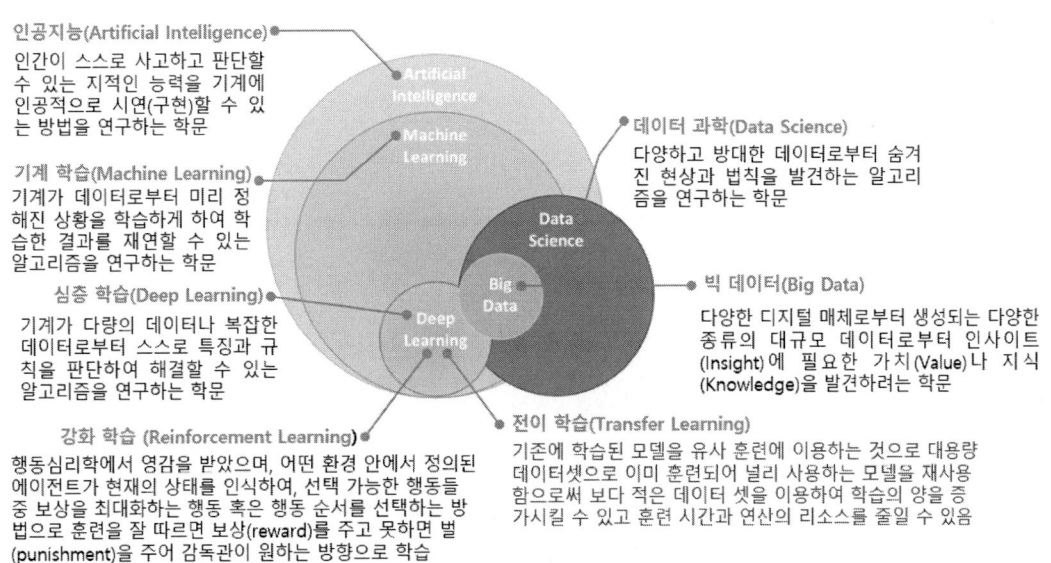

[그림 12-71] 빅데이터 인공지능 딥러닝

딥러닝(deep learning) 모델은 입력층(input layer)과 출력층(output layer) 사이에 여러 개의 인공 뉴런(Neuron)을 심층적으로 결합한 다층 퍼셉트론(MLP: Multi-Layer Perceptron) 구조를 가진다.

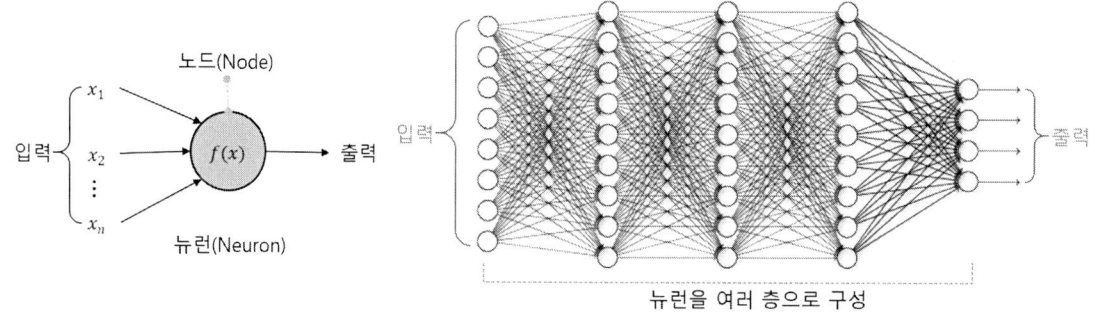

[그림 12-72] 심층 인공신경망 구조

딥러닝은 인간이 의사결정의 심층적인 사고방식을 컴퓨팅 알고리즘으로 구현한 것으로 예측오차를 줄이기 위하여 가중치(weight)와 편차(bias)를 반복적으로 수정(trial and error, 시행착오)을 통하여 훈련하는 일종의 지도학습(supervised learning)이다.

1 딥러닝 모델링 절차

딥러닝 모델링 절차는 학습 및 시험 데이터셋 준비하고 딥러닝 모델을 모델 구성한다. 그리고 학습데이터를 이용하여 학습된 모델을 생성하고 모델 평가를 통하여 일정량의 성과에 도달할 때까지 모델 재구성과 훈련을 반복한다. 그리고 학습된 모델에 테스트 데이터셋을 적용하여 분류 및 예측 결과를 확인한다.

- 빅데이터 딥러닝(Deep Learning)을 위해서는 먼저 학습(Training)을 위한 빅데이터 수집
- 수집된 데이터를 훈련용(Training)과 검증용(Validation), 시험(Testing) 데이터로 분리
- 데이터 특성에 적합한 딥러닝 모델 구성
- 딥러닝 모델을 이용하여 준비된 훈련 데이터셋과 검증용 데이터셋을 이용하여 반복 훈련을 시켜 최소의 오차(Loss)와 최적의 정확도(Accuracy)를 가진 학습 모델을 생성

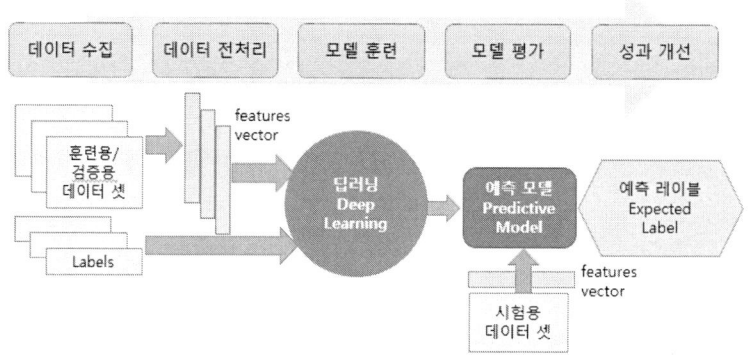

[그림 12-73] 딥러닝 모델링 절차

다음은 [표 12-25]는 자주 사용되는 오픈소스 딥러닝 프레임워크(Framework)이다.

[표 12-25] 오픈소스 딥러닝 프레임워크

프레임워크	내용
Tensorflow	Google Brain 팀에서 2015년 오픈소스로 공개되었고 Python 기반의 라이브러리를 제공하고 있으며 C++ 및 R과 같은 언어도 지원하며 딥러닝 모델을 직접 작성하거나 Keras와 같은 래퍼 라이브러리를 사용하여 작성할 수 있다.
Theano	최초의 딥러닝 라이브러리 중 하나이고 Python 기반이며 Tensorflow와 마찬가지로 저수준 라이브러리로, 딥러닝 모델을 직접 만들거나 그 위에 래퍼 라이브러리를 사용하여 프로세스를 단순화할 수 있다.
Keras	Tensorflow 또는 Theano에서 작동하도록 Python으로 작성되었으며, 매우 가볍고 배우기 쉬워 몇 줄의 코드로 Keras를 사용하여 신경망을 만들 수 있다.
PyTorch	Lua 기반의 딥러닝 프레임워크로서 페이스북, 트위터, 구글 등이 개발하였고 PyTorch라고 불리는 Torch의 Python 구현은 인기를 얻고 있다.
Caffe	Berkeley Vision and Learning Center (BVLC)에서 주로 개발한 최초의 딥러닝 라이브러리 중 하나로 Python 인터페이스를 가지고 있는 C++ 라이브러리이며, 주로 이미지 전처리를 위한 합성곱 신경망 모델링에 사용한다.
DarkNet	Joseph Redmon이 독자적으로 개발한 신경망 프레임워크로서 DNN(deep neural network)을 학습시키고 실행시킬 수 있는 프레임워크로 학습된 결과는 주로 YOLO(You Only Look Once)로 표현된다.
DLDT	DLDT는 Deep Learning Deployment Toolkit의 약어로 CNN(Convolutional Neural Networks)을 기반으로 하는 개방형 딥러닝 프레임워크 이다.
ONENX	ONENX는 Open Neural Network Exchange의 약어로 다양한 딥러닝 및 머신러닝을 개발하거나 표현하기 위한 개방형 솔루션으로 마이크로소프트와 페이스북에서 공동 개발하였다.

2 딥러닝 합성곱 신경망 이해

빅데이터 인공신경망 딥러닝 기술은 주로 이미지 분류나 예측을 위하여 이미지 빅데이터에서 특징을 추출하고 특징 데이터를 통한 훈련된 인공신경망 모델을 개발하는 데 많이 사용된다. 컴퓨터가 처리하는 이미지 데이터는 픽셀값으로 구성된다. 회색조 이미지(gray-scale image)는 2차원 행렬로 구성되고 컬러 이미지는 3차원 행렬로(Tensor, 텐서) 구성된다.

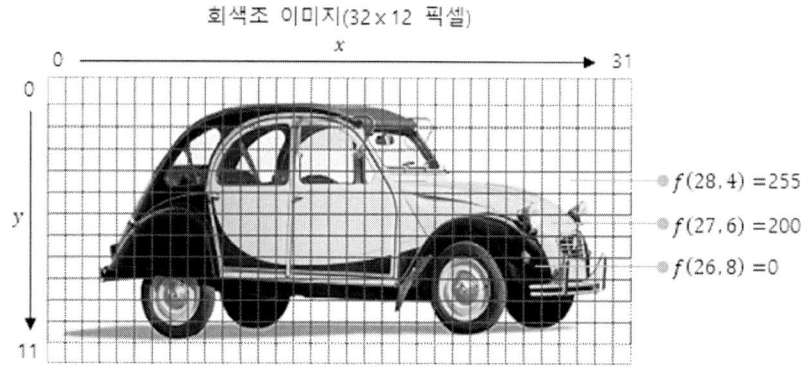

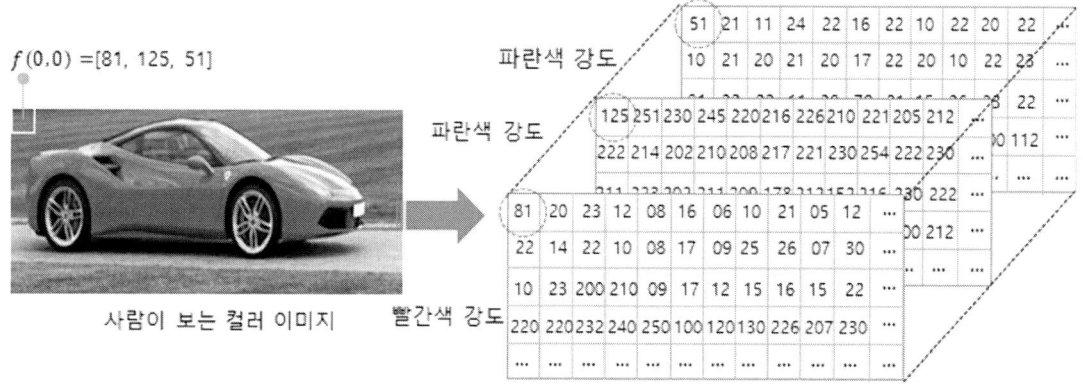

[그림 12-74] 회색조 이미지와 컬러 이미지 데이터 구조

이미지 데이터는 일반 문자, 숫자, 기호 등의 텍스트 데이터와 달리 공간적 특성과 지역적 특성을 함께 가지고 있다. 즉 숫자 3을 나타내는 이미지 데이터는 다음 [그림 12-75]와 같이 2차원 행렬값이다.

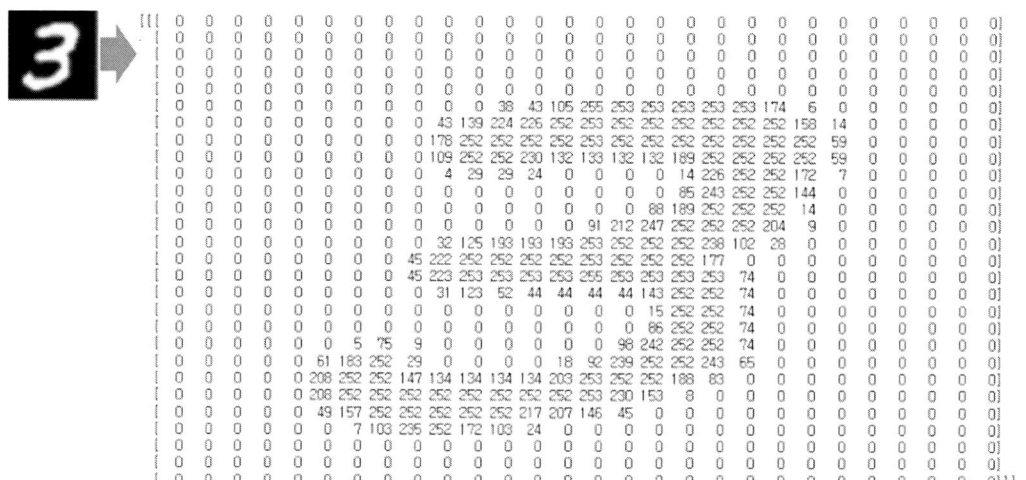

[그림 12-75] 숫자 3 이미지 데이터의 2차원 데이터 행렬

이미지 데이터를 다층 퍼셉트론 신경망 구조를 통하여 훈련시킬 경우 이미지의 공간적/지역적 특성 정보(spatial/topological information) 손실과 이미지 데이터 크기에 따른 가중치 파라미터 수 증가로 학습 시간이 오래 걸리고 모델의 성능 저하된다.

만일 다음 [그림 12-76]과 같이 검정 사각형을 표시하는 이미지가 있다고 가정하자.

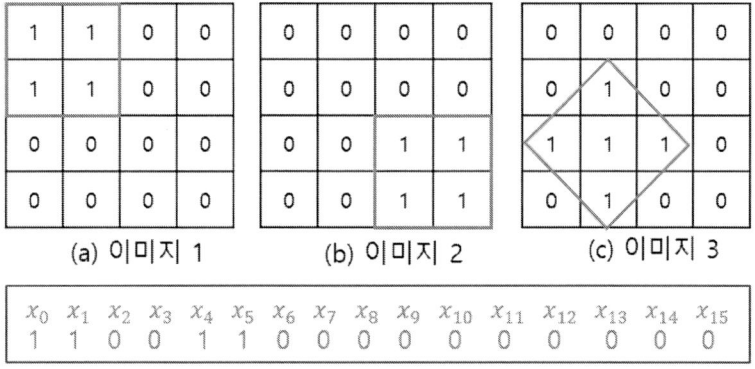

[그림 12-76] 다양한 사각형 이미지와 평탄화 결과

[그림 12-76]에서 이미지 1, 2, 3은 0과 1의 4×4픽셀 값으로 모두 사각형 이미지로 표시된다. 만일 이미지 1을 인공신경망 입력으로 사용하기 위해서는 [그림 12-76(d)]와 같이 평탄화(Flatten) 과정을 거쳐(16, 1) 차원 벡터로 변환해야 한다. 이럴 때 인공신경망 훈련에서 입력 파라미터 $x_0\ x_1\ x_4\ x_5$의 가중치를 크게 하는 쪽으로 조정하여 훈련 모델을 생성하기 때문에 이미지 2와 이미지 3도 이미지 1과 동일한 유형의 사각형인데도 불구하고 입력 레이어 순서의 차이로 인하여 유사한 유형의 사각형으로 분류하지 못하게 된다. 또한 원본 이미지 데이터는 1차원의 벡터로 평탄화를 거쳐 입력으로 많은 가중치 파라미터 필요하여 학습 시간이 많이 소요되고 모델의 효율성이 떨어진다. 따라서 원본 이미지의 특징을 추출하여 추상화(Feature Abstraction)된 데이터를 인공신경망 모델의 입력으로 사용하여 이미지의 공간적/지역적 특성 정보(spatial/topological information) 유지하고 가중치 파라미터 수를 줄일 수 있도록 합성곱 신경망(CNN: Convolutional Neural Network)이 필요하다.

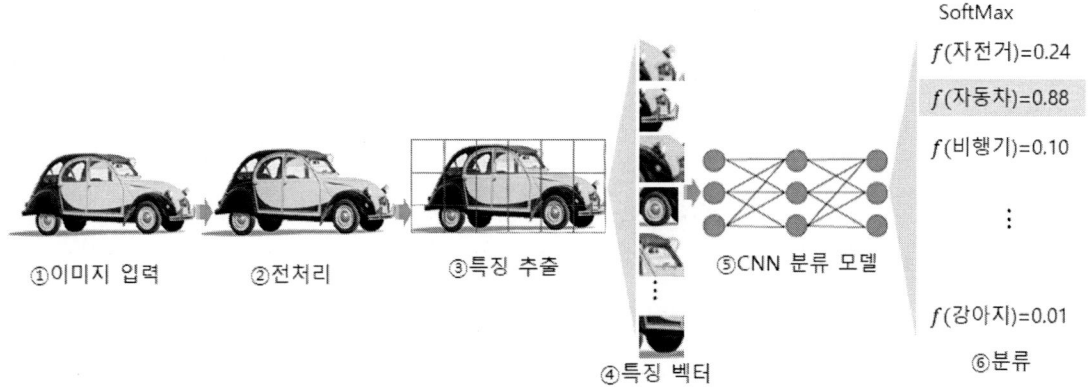

[그림 12-77] 자동차 이미지 특징 추출 CNN 모델 예

[그림 12-77]의 자동차 이미지 특징 추출 CNN 모델에서 특징 벡터에서 헤드라이트를 보고 강아지는 아닐 것으로 판단하여 강아지 클래스에 낮은 신뢰도(confidence) 값을 설정하고 차량 범퍼를 보고 자전거는 아닐 것으로 판단하여 자전거 클래스에 낮은 신뢰도 값을 할당한다. 그리고 바퀴의 형태를 보고 비행기는 아닐 것으로 판단하여 비행기 클래스보다 낮은 신뢰도 할당한다. 결국 특징 벡터에 가장 가까운 것이 자동차라고 판단하여 자동차 클래스에 가장 높은 신뢰도 값을 설정하고 신뢰도 값이 가장 큰 객체는 올바른 클래스라고 정하여 자동차를 정답으로 분류한다.

합성곱 신경망(Convolutional Neural Network, CNN)은 이미지나 음성의 다차원 공간적 특징(feature)을 추상화(Abstraction)하기 위한 인공신경망의 전처리 과정이다. CNN은 이미지나 음성의 특징(feature)을 필터링하기 위한 합성곱 층(Convolution Layer)과 차원을 축소하기 위한 풀링 층(Pooling Layer)으로 구성한다. 이처럼 합성곱 층과 풀링 층을 거친 이미지 데이터는 평탄화(Flatten)를 거쳐 전결합층(Fully Connected Layer)에 입력된다.

다음과 같은 R 코드와 실행 결과를 통하여 간단한 이미지(toy image)를 이용하여 합성곱 신경망의 구성 원리를 살펴보자.

 12-8-1-1: 토이 이미지를 통한 합성곱 신경망 예

```
> (image <- array(0:8, dim= c(3, 3, 1))) # Toy Image 생성
, , 1
     [,1] [,2] [,3]
[1,]   0    3    6
[2,]   1    4    7
[3,]   2    5    8
> (weight <- array(rep(1, 4), dim= c(2, 2, 1))) # 초기 필터값 설정
, , 1
     [,1] [,2]
[1,]   1    1
[2,]   1    1
> weight <- initializer_constant(weight) # 필터값 초기화
> if(!require() install.packages("keras") # 딥러닝 모델 keras 패키지 설치
> library(keras)
> toy.model <- keras_model_sequential() # keras 순차 모델 구성
> toy.model <- model%>%
+     layer_conv_2d(input_shape = c(3, 3, 1), filters = 1,
+                   kernel_size = c(2, 2), padding = 'same',
+                   kernel_initializer = weight) %>%
+     layer_max_pooling_2d(pool_size = c(2, 2))
```

위 keras CNN 모델 toy.model의 layer_conv_2d와 layer_max_pooling_2d의 실행 원리는 다음과 같다.

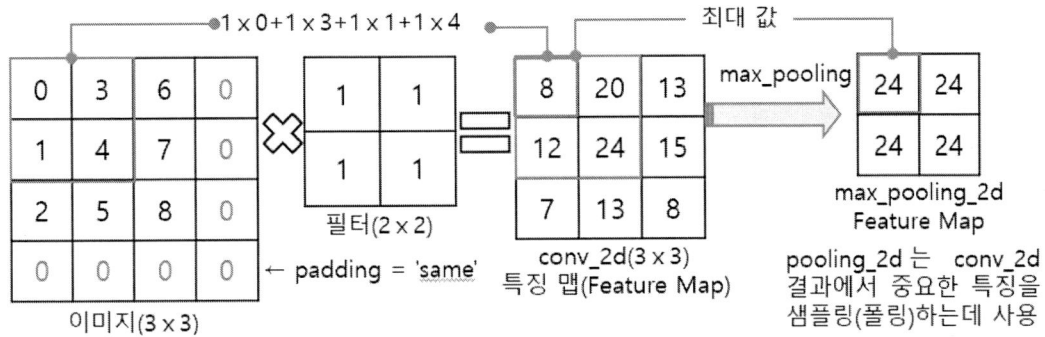

[그림 12-78] 합성곱 연산 예

먼저 이미지 매트릭스를 필터가 2×2를 가지고 합성곱을 수행한 결과는 1×0+1×3+1×1+4×1을 계산하여 합성곱 결과 행렬 첫 번째 값이 8이 된다. 그리고 이미지에서 필터를 오른쪽으로 한 픽셀을 이동하여 동일한 방법으로 계산하면 20이 된다. 이처럼 합성곱 연산은 필터를 이용하여 하나의 특징적인 픽셀값을 산출하는 것을 의미한다. 합성곱 연산은 주로 이미지의 특징(이미지의 윤곽선, 에지 등)을 추상화하는 데 사용한다.

한편, 풀링은 최댓값 풀링, 혹은 평균 풀링이 있는데 주로 최댓값 풀링을 사용한다. 최댓값 풀링은 필터 크기에 해당하는 영역 값 중에서 최댓값을 가져오는 경우를 말한다. 2×2 필터를 이용하여 [[8, 20], [12, 24]]에서 최댓값 24를 풀링 결과에 포함한다. 그리고 필터를 좌측으로 한칸 이동하여 필터에 해당하는 차원에서 최댓값을 가져온다. 이와 같은 풀링은 주로 이미지의 특징을 살리면서 차원을 축소하는 효과가 있다. 즉 많은 픽셀로 구성한 이미지 특징을 추출해서 적은 픽셀로 전 결합 층에 입력으로 사용할 수 있도록 한다. 따라서 CNN은 이미지의 특징을 추상화하고 차원을 축소해서 훈련 시킴으로써 이미지의 재현율(recall)을 높이고 파라미터 수를 줄여서 더 가벼운(light-weight) 모델을 생성할 수 있게 한다.

2. 빅데이터 딥러닝 모델 실무

빅데이터 딥러닝 실무를 위하여 고양이와 강아지 특징(feature) 데이터셋을 이용한 keras 딥러닝 훈련 모델을 개발하고 분류하는 예를 살펴볼 것이다. 딥러닝은 주로 이미지나 음성, 텍스트 등 주로 비정형 데이터셋의 특성을 학습 과정에서 스스로 찾고 훈련시키는 경우에 많이 사용한다. 따라서 여기서 고양이와 강아지 커스텀 이미지 데이터셋을 이용하여 딥러닝 모델을 개발하고 분류와 예측하는 과정을 설명하고 온라인에서 제공되는 Fashion_MNIST 데이터셋을 이용하여 keras 딥러닝 모델을 구성하고 훈련한 결과 분류와 예측하는 과정을 설명한다.

① **고양이와 강아지 딥러닝 모델**

cats_dogs 딥러닝 과정을 살펴보기 위하여 고양이와 강아지 특징(feature) 데이터셋을 생성하기 위한 R 코드와 실행 결과는 다음과 같다.

 12-8-2-1: 고양이와 강아지 특징 데이터셋 생성

```
> # (1) 고양이 강아지 데이터셋 준비
> 종류 <- c("고양이", "고양이", "고양이", "고양이", "고양이", "고양이")
> 무게 <- c(6.5, 4.2, 6.3, 3.5, 5.5, 6.0)
> 길이 <- c(42, 25, 35, 50, 34, 38)
> 형태 <- c(1.0, 0.6, 0.9, 0.8, 1.0, 0.9)
> 꼬리 <- c("중간", "긴편", "긴편", "중간", "긴편", "짧음")
> cats <- data.frame(종류, 무게, 길이, 형태, 꼬리) # 고양이 데이터프레임 생성
> 종류 <- c("강아지", "강아지", "강아지", "강아지", "강아지", "강아지")
> 무게 <- c(5.6, 8.2, 6.3, 6.4, 4.5, 5.0)
> 길이 <- c(22, 34, 35, 25, 26, 34)
> 형태 <- c(0.5, 0.4, 0.6, 1.0, 0.9, 0.7)
> 꼬리 <- c("중간", "짧음", "긴편", "짧음", "긴편", "중간")
> dogs <- data.frame(종류, 무게, 길이, 형태, 꼬리) # 강아지 데이터프레임 생성
> dogs <- data.frame(종류, 무게, 길이, 형태, 꼬리) # 강아지 데이터프레임 생성
> cats_dogs <- rbind(cats, dogs) # 고양이와 강아지 데이터프레임 결합
> str(cats_dogs) # cats_dogs 데이터프레임 출력
'data.frame':   12 obs. of  5 variables:
 $ 종류: chr  "고양이" "고양이" "고양이" "고양이" ...
 $ 무게: num  6.5 4.2 6.3 3.5 5.5 6 5.6 8.2 6.3 6.4 ...
 $ 길이: num  42 25 35 50 34 38 22 34 35 25 ...
 $ 형태: num  1 0.6 0.9 0.8 1 0.9 0.5 0.4 0.6 1 ...
 $ 꼬리: chr  "중간" "긴편" "긴편" "중간" ...

> # (2) 고양이 강아지 데이터셋 전처리
> cats_dogs$종류 <- factor(cats_dogs$종류,
+                        levels= c("고양이", "강아지"))
> cats_dogs$꼬리 <- factor(cats_dogs$꼬리,
+                        levels= c("짧음", "중간", "긴편"),
+                        ordered= TRUE)
> cats_dogs$꼬리 <- as.numeric(cats_dogs$꼬리) # 등간척도로 변경
> cats_dogs <- cats_dogs[sample(1:nrow(cats_dogs)), ] # 데이터프레임 셔플링
> str(cats_dogs) # cats_dogs 데이터프레임 구조 출력
```

```
'data.frame':   12 obs. of  5 variables:
 $ 종류: Factor w/ 2 levels "고양이","강아지": 2 2 1 1 1 1 2 2 2 1 ...
 $ 무게: num  5.6 4.5 6.5 4.2 6.3 5.5 5 8.2 6.3 3.5 ...
 $ 길이: num  22 26 42 25 35 34 34 34 35 50 ...
 $ 형태: num  0.5 0.9 1 0.6 0.9 1 0.7 0.4 0.6 0.8 ...
 $ 꼬리: num  2 3 2 3 3 3 2 1 3 2 ...
> cats_dogs# cats_dogs 데이터셋 출력
      종류 무게 길이 형태 꼬리
6   고양이  6.0   38  0.9    1
7   강아지  5.6   22  0.5    2
4   고양이  3.5   50  0.8    2
5   고양이  5.5   34  1.0    3
11  강아지  4.5   26  0.9    3
1   고양이  6.5   42  1.0    2
8   강아지  8.2   34  0.4    1
9   강아지  6.3   35  0.6    3
10  강아지  6.4   25  1.0    1
12  강아지  5.0   34  0.7    2
3   고양이  6.3   35  0.9    3
2   고양이  4.2   25  0.6    3
```

고양이와 강아지 R 데이터프레임 cats_dogs에는 5개의 변수에 12개의 관측값으로 구성되고 종류, 꼬리 변수는 문자 형식, 무게, 길이, 형태는 숫자 형식이다. 데이터 분석을 효과적으로 수행하기 위하여 데이터프레임 cats_dogs에 종류 변수는 범주형의 명목척도(nominal scale)로 변경하고 꼬리 변수는 범주형의 순서 척도(ordinal scale)로 변경했다. 그리고 꼬리 변수는 숫자형의 동간척도(interval scale)로 변경했다. 이렇게 전 처리된 cats_dogs 데이터프레임 셔플링(shuffling)을 통하여 최종 훈련 데이터를 생성하였다.

고양이 강아지 분류 keras 딥러닝 모델 구성을 위한 R 코드와 실행 결과는 다음과 같다.

 12-8-2-2: 고양이와 강아지 딥러닝 모델 구성

```r
> if(!require("dplyr")) install.packages("dplyr")
> library(dplyr)
> if(!require("keras")) install.packages("keras")
> library(keras)
> # install_keras()
> cats_dogs.model <- keras_model_sequential() # keras 순차 모델 구성
> cats_dogs.model <- cats_dogs.model %>%
+     layer_dense(units = 512, input_shape = c(4), activation = 'tanh') %>%
+     layer_dropout(rate = 0.5) %>%
```

```
        +       layer_dense(units = 1024, activation = 'tanh') %>%
        +       layer_dropout(rate = 0.3) %>%
        +       layer_dense(units = 1, activation = 'sigmoid')
        > summary(cats_dogs.model) # 모델 요약정보 출력
        Model: "sequential_5"
        _____
        Layer (type)                    Output Shape              Param #
        ================================================================
        dense_17 (Dense)                (None, 512)               2560
        dropout_11 (Dropout)            (None, 512)               0
        dense_16 (Dense)                (None, 1024)              525312
        dropout_10 (Dropout)            (None, 1024)              0
        dense_15 (Dense)                (None, 1)                 1025
        ================================================================
        Total params: 528897 (2.02 MB)
        Trainable params: 528897 (2.02 MB)
        Non-trainable params: 0 (0.00 Byte)
        _____
```

고양이 강아지 분류 keras 순차 모델의 하이퍼 파라미터를 살펴보면 입력층의 노드 수는 5, 출력층 노드 수는 1개이고 첫 번째 은닉층 노드는 512, 두 번째 은닉층 노드 수는 1,024개로 구성했다. 고양이 강아지 딥러닝 모델 cats_dogs.model의 구성도는 [그림 12-79]와 같다.

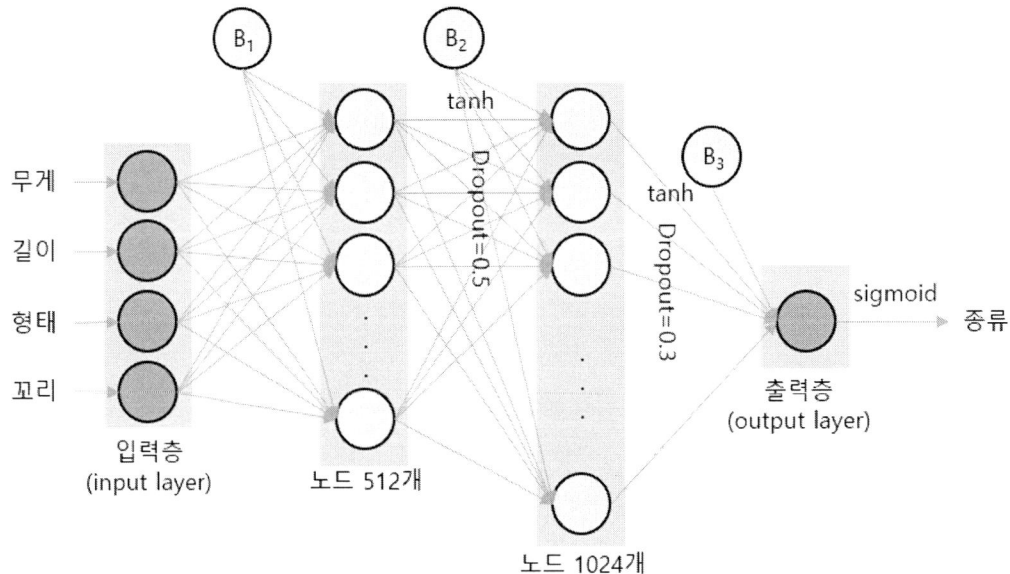

[그림 12-79] 고양이 강아지 딥러닝 모델 구성도

딥러닝 모델의 요약 통계량 summary(cats_dogs.model)을 살펴보면 입력층과 첫 번째 은닉층 사이에 가중치 파라미터는 2,560(=4×512+512)개 이고 은닉층과 은닉층 사이에 파라미터는 525,312(=512×1024+1024)개 이며, 두 번째 은닉층과 출력층 사이에 파라미터는 1014(=1024×1+1)개 이다. 따라서 모델이 훈련을 통하여 설정할 가중치 파라미터 수는 528,897개이다.

12-8-2-3: 고양이와 강아지 딥러닝 모델 컴파일과 훈련

```
> # (1) 모델 컴파일
> cats_dogs.model %>%
+   compile(optimizer = 'adam', # 최적화 알고리즘
+           loss = 'binary_crossentropy', # 손실함수(2진 분류)
+           metrics = c('accuracy'))
> # (2) 모델 훈련
> cats_dogs_train_x <- as.matrix(cats_dogs[, 2:5]) # 훈련 데이터 매트릭스 변환
> cats_dogs_train_y <- as.integer(cats_dogs[, 1])-1 # 훈련 데이터 y 정수 변환
> history <- cats_dogs.model %>%
+   fit(x = cats_dogs_train_x, # 훈련 데이터셋
+       y = cats_dogs_train_y, # 목표 데이터 값
+       batch_size = 1, # 1회 훈련당 데이터
+       epochs = 30, # 반복 훈련 횟수
+       validation_split = 0.2, # 검증 데이터 비율
+       verbose = 1 # epoch 당 훈련 결과 표시 방법
+   )
```

```
Epoch 1/30
9/9 [==============================] - 1s 75ms/step - loss: 0.7581 - accuracy: 0.7778
- val_loss: 2.0394 - val_accuracy: 0.0000e+00
Epoch 2/30
9/9 [==============================] - 0s 23ms/step - loss: 0.3155 - accuracy: 0.8889
- val_loss: 1.8023 - val_accuracy: 0.3333
Epoch 3/30
9/9 [==============================] - 0s 46ms/step - loss: 0.0493 - accuracy: 1.0000
- val_loss: 1.8854 - val_accuracy: 0.0000e+00
```

[중간 출력 결과 생략]

```
Epoch 29/30
9/9 [==============================] - 0s 48ms/step - loss: 0.3289 - accuracy: 0.8889
- val_loss: 3.6272 - val_accuracy: 0.0000e+00
Epoch 30/30
9/9 [==============================] - 0s 48ms/step - loss: 0.0329 - accuracy: 1.0000
- val_loss: 3.2185 - val_accuracy: 0.0000e+00
```

```
> # (3) # 훈련된 모델 정보 출력
> history
```

Final epoch (plot to see history):
         loss: 0.03288
     accuracy: 1
     val_loss: 3.219
val_accuracy: 0

> # (4) # 모델 성능 그래프 출력
> plot(history)

[그림 12-80]

모델 구성이 완성되면 모델의 유효성 검사와 모델 훈련에 필요한 옵티마이져(optimizer), 손실함수 등을 지정하기 위하여 keras::compile() 함수를 이용하여 컴파일(compile)해야 한다. keras::compile() 함수의 형식은 다음과 같다.

[표 12-26] keras::compile() 함수의 형식

인수	활용법
optimizer	모델의 가중치 최적화 알고리즘 'sgd', 'momentum', 'adagrad', 'rmsprop', 'adam' 중에 하나를 선택
loss	손실함수(loss function)를 지정하는 것으로 통계 회귀(regression) 예측 기법에는 주로 'mse'를 데이터 마이닝 분류 기법에 이진 분류는 'binary_crossentropy', 다중 분류는 'categorical_crossentropy'를 지정
metrics	모델 학습 시에 평가 항목의 이름을 지정하는 것으로 일반적으로 'accuracy'를 지정
loss_weights	모델 출력의 손실 기여도에 가중치를 할당하기 위한 스칼라 계수를 지정
loss_metrics	학습 혹은 테스트 중에 'sample_weight' 또는 'class_weight'로 가중치를 주고 평가할 리스트를 기술
run_eagerly	정의된 모델을 tf.function 내에서 실행할지를 논리값으로 지정
steps_per_execution	tf.function 호출 중에 배치(batch)를 실행할 횟수를 설정하는 것으로 생략하면 기본값 1로 설정
**kwargs	이전의 버전과 호환성을 위해 제공되는 값으로 일반적으로 생략

모델 컴파일이 성공적으로 완료되면 keras::fit() 함수를 이용하여 학습시켜야 한다. keras::fit() 함수의 형식은 다음과 같다.

[표 12-27] keras::fit() 함수의 형식

인수	활용법
x	매트릭스(matrix) 혹은 텐서플로우의 텐서(tensor) 형식의 입력
y	0과 양의 정수(integer), 혹은 on-hot encoding 형식의 목표값
epochs	양의 정수(integer)의 훈련 횟수

batch_size	한번의 에포크(epoch)에서 훈련에 필요한 학습데이터 크기를 지정하고 생략 시 32로 설정
verbose	학습의 진행 상태를 표시해 주는 유형으로 0은 자동으로 진행 상태를 표시, 1은 loss, accuracy 등 자세한 진행 상태 표시, 2는 에포크(epoch) 횟수만 표시
validation_split	학습데이터 중에서 검증(validation) 데이터로 사용할 비율을 지정하고 학습 과정에 입력 데이터로 사용하지 않고 하나의 epoch가 종료될 때마다 이 손실 및 모델 측정 항목을 평가하는 데 사용
validation_data	하나의 epoch가 종료될 때마다 이 손실 및 모델 측정 항목을 평가하는 데 사용할 별도의 검증 데이터셋 지정
shuffle	epoch 전에 훈련 데이터를 랜덤하게 섞을지를 논리값으로 지정
class_weight	특정 클래스 손실함수에 가중치를 부여할 때 사용하며 특별한 클래스에 인위적으로 가중치를 지정함으로써 모델을 효과적으로 학습시키는 데 사용
sample_weight	손실함수에 가중치를 부여하기 위해서 사용
initial_epoch	학습을 시작할 epoch를 지정하는 값으로 이전에 수행된 학습을 이어서 재개할 때 사용
steps_per_epoch	하나의 epoch이 완료되고 다음 epoch가 시작하기의 총 단계를 설정하는 데 사용
validation_steps	훈련 데이터셋에 validation_data를 지정할 때 모든 epoch이 끝나고 성능을 평가하기 전까지 단계 총수를 지정
validation_batch_size	검증 배치 당 샘플 수를 지정
validation_freq	검증 데이터셋을 제공할 때 사용되며 검증이 이루어지는 epoch 수를 기술하는 것으로 3이라고 지정하면 3 epoch마다 검증 시행
max_queue_size	생성기 대기열의 최대 크기를 지정하며 기본값은 10
workers	사용할 최대 스레드(thread) 수를 지정
use_multiprocessing	다중프로세스 기반 처리할 때 사용

cats_dogs.model 컴파일에 가중치 최적화(optimizer) 알고리즘은 'adam'을 설정했고 손실함수는 고양이, 혹은 강아지 종류의 이진 분류 모델이기 때문에 'binary_crossentropy'를 지정했다. 그리고 cats_dogs.model 훈련을 위하여 훈련 데이터셋 cats_dogs_train_x, 목표 데이터 값으로 cats_dogs_train_y를 지정하여 훈련 데이터셋에서 하나씩의 행을 읽어 총 30번의 반복 훈련을 시행한다. epochs 당 훈련 데이터셋에서 20%를 추출해서 훈련 결과를 검증하도록 했다. 그리고 훈련 결과 출력 방법으로 1을 지정했다.

cats_dogs.model 모델의 최종 훈련 결과 history 정보를 살펴보면 loss는 0.03288이고 accuracy는 1이며 val_loss는 3.219, val_accuracy는 0이다. 훈련된 성능 결과를 보고 손실(loss)는 최소로 accuracy는 최대가 되도록 모델의 하이퍼 파라미터를 조정하거나 훈련 파라미터를 재조정하여 최적의 성능의 모델을 개발해야 한다. cats_dogs.model 모델의 훈련 데이터셋과 검증 데이터셋의 손실(loss) 및 정확성(accuracy) 그래프 시각화 결과이다.

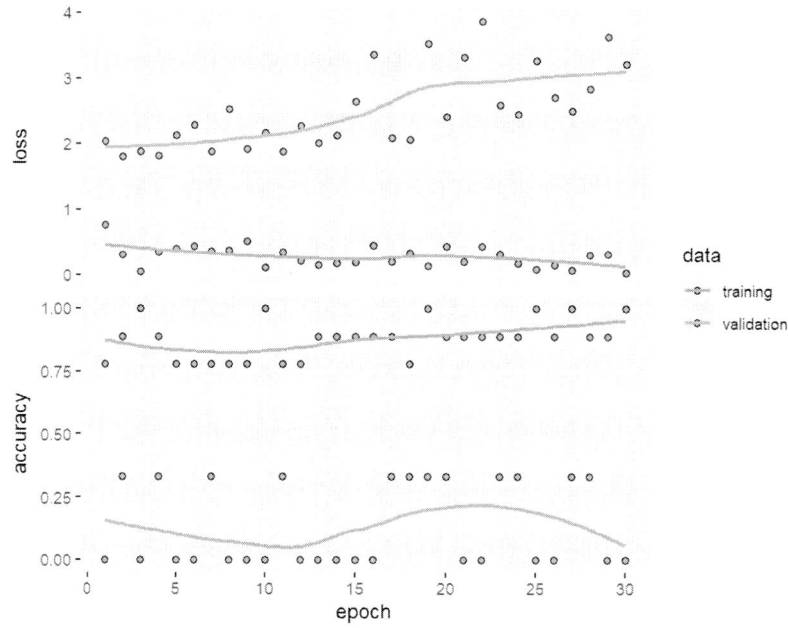

[그림 12-80] cats_dogs.model 모델의 훈련과정 성능 그래프

다음은 고양이와 강아지 딥러닝 모델 cats_dogs.model의 예측을 위한 R 코드와 실행 결과이다.

12-8-2-4: 고양이와 강아지 딥러닝 모델 예측

```
> # (1) 시험 데이터셋 추출
> if(!require("sampling")) install.packages("sampling")
> library(sampling)
> set.seed(123)
> x <- strata(data = cats_dogs,
+             strataname = c("종류"), # 종류별
+             size = c(3, 3), # 각각 3개 샘플 추출
+             method = "srswor")
> cats_dogs_test <- cats_dogs[x$ID_unit, ] # 시험 데이터셋 추출
> cats_dogs_test <- cats_dogs_test[sample(1:nrow(cats_dogs_test)), ]
> cat("시험 데이터 수 = ", nrow(cats_dogs_test), "\n")
```

```
시험 데이터 수 =  6
> cats_dogs_test # 시험 데이터셋 출력
    종류 무게 길이 형태 꼬리
7  강아지  5.6   22  0.5    2
4  고양이  3.5   50  0.8    2
5  고양이  5.5   34  1.0    3
2  고양이  4.2   25  0.6    3
8  강아지  8.2   34  0.4    1
11 강아지  4.5   26  0.9    3

> # (2) 예측(분류)
> cats_dogs_test_x <- as.matrix(cats_dogs_test[, 2:5])
> preds <- predict(object = cats_dogs.model,
+                  x = cats_dogs_test_x,
+                  type = "prob") # 예측 결과 확률로 저장
> preds # 예측 결과 확률로 표시
              [,1]
[1,] 9.999999e-01
[2,] 4.853704e-06
[3,] 4.277372e-01
[4,] 9.924371e-01
[5,] 9.996617e-01
[6,] 9.836209e-01

> rsts <- ifelse(preds > 0.5, "강아지", "고양이") # 0.5 이상 '강아지', else '고양이'
> result <- cbind(cats_dogs_test[,c(2:5, 1)], 예측 = rsts)
> result # 예측된 결과 열이 포함된 시험 데이터셋 표시
   무게 길이 형태 꼬리   종류    예측
7   5.6   22  0.5    2  강아지  강아지
4   3.5   50  0.8    2  고양이  고양이
5   5.5   34  1.0    3  고양이  고양이
2   4.2   25  0.6    3  고양이  강아지
8   8.2   34  0.4    1  강아지  강아지
11  4.5   26  0.9    3  강아지  강아지

> table(Prediction = result$예측,
+       Reference = result$종류) # 교차 행렬
          Reference
Prediction 고양이 강아지
    강아지      1      3
    고양이      2      0

> # (3) 혼동행렬(Confusion Matrix)
> if(!require("caret")) install.packages("caret")
> library(caret)
```

```
> predicted <- factor(result$예측, levels = c("고양이", "강아지")) # 예측값
> actual <- factor(result$종류, levels = c("고양이", "강아지")) # 실제값
> confusionMatrix(predicted, actual, mode = "everything")
Confusion Matrix and Statistics

          Reference
Prediction 고양이 강아지
    고양이     2     0
    강아지     1     3

               Accuracy : 0.8333
                 95% CI : (0.3588, 0.9958)
    No Information Rate : 0.5
    P-Value [Acc > NIR] : 0.1094

                  Kappa : 0.6667
 Mcnemar's Test P-Value : 1.0000

            Sensitivity : 0.6667
            Specificity : 1.0000
         Pos Pred Value : 1.0000
         Neg Pred Value : 0.7500
              Precision : 1.0000
                 Recall : 0.6667
                     F1 : 0.8000
             Prevalence : 0.5000
         Detection Rate : 0.3333
   Detection Prevalence : 0.3333
      Balanced Accuracy : 0.8333

       'Positive' Class : 고양이

> # (4) 새로운 임의의 값 예측
> cats_dogs_new <- data.frame(무게 = c(3.2, 5.5), 길이 = c(22.5, 42.0),
+                             형태 = c(0.4, 0.8), 꼬리 = c(2, 2))
> cats_dogs_new <- as.matrix(cats_dogs_new)
> preds <- predict(object = cats_dogs.model,
+                  x = cats_dogs_new,
+                  type = "prob")
> preds # 새로운 값 예측 결과 출력
            [,1]
[1,] 0.710766613
[2,] 0.002167657
> ifelse(preds > 0.5, "강아지", "고양이")
     [,1]
[1,] "강아지"
[2,] "고양이"
```

고양이와 강아지 keras 딥러닝 모델 cats_dogs.model 예측에 사용할 시험 데이터는 cats_dogs 데이터셋에서 '종류'별 각각의 3개씩 층화 임의추출 하여 총 6개의 테스트 데이터셋 cats_dogs_test를 생성하였다.

테스트 데이터셋 cats_dogs_test를 이용한 예측 결과는 시그모이드(sigmoid) 활성화 함수를 통하여 0과 1 사이에 확률값을 구했다. sigmoid 활성화 함수 분류 규칙에 따라 확률이 0.5보다 크면 '강아지' 클래스로 그렇지 않으면 '고양이' 클래스로 분류한다. 그 결과 6개 시험 데이터에 대하여 "강아지" "고양이" "고양이" "강아지" "강아지" "강아지"로 예측했다. 이러한 예측 결과를 cats_dogs_test 데이터에 항목으로 추가하여 교차 행렬로 표시하였다. 고양이와 강아지 keras 딥러닝 모델 예측 교차 행렬에서 실제 '고양이'를 '고양이'로 올바르게 분류한 것을 2건, 한편 실제 '강아지'를 '강아지'로 올바르게 분류한 것은 3건으로 cats_dogs.model 모델의 정확도(accuracy)는 0.83이다. 혼동행렬(Confusion Matrix)을 살펴보면 정확도는 0.83이고, "고양이"의 정밀도(precision)는 1, 재현율(recall)은 약 0.67, F1-Score 모두 0.8이라는 것을 알 수 있다.

임의의 데이터 무게 5.2와 5.5, 길이 22.5와 42.0, 형태 0.4와 1.8, 꼬리 1와 3을 통한 데이터프레임 cats_dogs_new를 이용한 모델의 예측한 결과 "강아지" "고양이"로 예측한 것을 확인할 수 있다.

② 고양이와 강아지 커스텀 이미지 딥러닝

딥러닝을 통한 학습 모델을 생성하기 위해서는 먼저 학습에 필요한 데이터셋(training dataset)이 필요하다. 학습용 데이터셋은 학습 모델의 활용 목적에 적합한 커스텀(custom) 데이터셋을 수집해야 해야 한다. 이런 학습에 필요한 다양한 형태에 데이터셋이 많으면 많을수록 학습 결과 모델의 정확성이 높아지게 된다. 그러나 단기간의 학습에 필요한 수많은 데이터셋을 수집하기 어려워 Kagge과 같은 전문 사이트에서 필요한 학습 이미지를 받기도 한다. 그러나 여기서 인터넷이나 기타 매체로부터 고양이와 강아지 이미지를 수집하여 커스텀(custom) 딥러닝 모델을 개발하는 방법을 살펴본다.

고양이와 강이지 커스텀 이미지를 준비하기 위한 R 코드와 실행 결과는 다음과 같다.

 12-8-3-1: 고양이와 강아지 커스텀 이미지 준비

```
> # (1) 훈련(train)/시험(test) 데이터 준비

> base_dir <- "c:/rproject/cats_dogs" # Cats와 Dogs 이미지 디렉터리 지정

> list.dirs(path = base_dir, # 이미지 디렉터리 확인
+           full.names= TRUE, recursive= TRUE)
```

```
[1] "C:/RProject/cats-and-dogs"
[2] "C:/RProject/cats-and-dogs/test"
[3] "C:/RProject/cats-and-dogs/test/cats"
[4] "C:/RProject/cats-and-dogs/test/dogs"
[5] "C:/RProject/cats-and-dogs/train"
[6] "C:/RProject/cats-and-dogs/train/cats"
[7] "C:/RProject/cats-and-dogs/train/dogs"
> train_dir <- paste(base_dir, 'train', sep= '/') # train 디렉터리 설정
> test_dir <- paste(base_dir, 'test', sep= '/') # test 디렉터리 설정
> train_cats_dir <- paste(train_dir, 'cats', sep= '/') # train/cats 디렉터리
> train_dogs_dir <- paste(train_dir, 'dogs', sep= '/') # train/dogs 디렉터리
> test_cats_dir <- paste(test_dir, 'cats', sep= '/') # test/cats 디렉터리
> test_dogs_dir <- paste(test_dir, 'dogs', sep= '/') # test/cats 디렉터리
> train_cats_files <- list.files(path= train_cats_dir, # train_cats 파일 목록
+                                pattern= ".jpg", full.names= T)
> train_dogs_files <- list.files(path= train_dogs_dir, # train_dogs 파일 목록
+                                pattern= ".jpg", full.names= T)
> train_files <- c(train_cats_files, train_dogs_files) # train 파일 목록
> test_cats_files <- list.files(path= test_cats_dir, # test_cats 파일 목록
+                               pattern= ".jpg", full.names= T)
> test_dogs_files <- list.files(path= test_dogs_dir, # test_dogs 파일 목록
+                               pattern= ".jpg", full.names= T)
> test_files<- c(test_cats_files, test_dogs_files) # test 파일 목록
> cat("train/cats이미지 수 : ", length(train_cats_files), '\n')
train/cats이미지 수 : 50
> cat("train/dogs이미지 수 : ", length(train_dogs_files), '\n')
train/dogs이미지 수 : 50
> cat("train이미지 수 : ", length(train_files), '\n')
train이미지 수 : 100
> cat("test/cats이미지 수 : ", length(test_cats_files), '\n')
test/cats이미지 수 : 5
> cat("test/dogs이미지 수 : ", length(test_dogs_files), '\n')
test/dogs이미지 수 : 5
> cat("test이미지 수 : ", length(test_files), '\n')
test이미지 수 : 10
```

고양이와 강아지 커스텀 딥러닝 모델을 개발하기 위하여 인터넷이나 기타 매체를 이용하여 [그림 12-81]과 같이 고양이 이미지 50건, 강아지 이미지 50건을 준비하였다.

(a) 고양이 훈련용 커스텀 이미지

(b) 강아지 훈련용 커스텀 이미지

[그림 12-81] 고양이와 강아지 훈련용 커스텀 이미지

그리고 시험용 커스텀 이미지 데이터셋으로 [그림 12-82]와 같이 고양이 5건, 강아지 5건을 준비했다.

[그림 12-82] 고양이와 강아지 시험용 커스텀 이미지

훈련용 이미지와 시험용 이미지를 R에서 읽어올 수 있도록 [그림 12-83]과 같은 디렉터리에 위치시킨다.

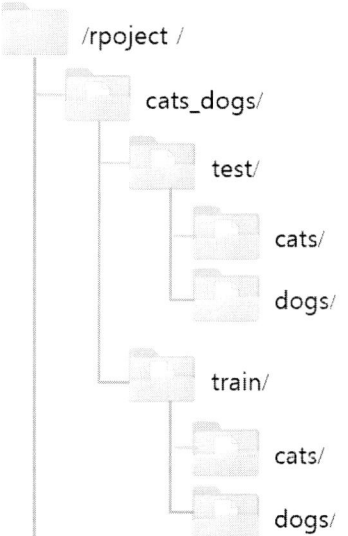

[그림 12-83] 고양이와 강아지 커스텀 이미지 저장 경로

고양이와 강아지 이미지의 확장자는 모두 .jpg로 되어 있고 R에서 읽을 수 있도록 각각의 경로 값을 변수에 저장하였다.

고양이와 강아지 훈련(train) 이미지 확인을 위한 R 코드와 실행 결과는 다음과 같다.

 12-8-3-2: 고양이 강아지 훈련(train) 이미지 표시

```
> if(!require("dplyr")) install.packages("dplyr")
```

```
> library(dplyr) # 파이프 연산자(pipe operation) %>%을 사용하기 위한 라이브러리

> if(!require("BiocManager")) install.packages("BiocManager")

> if(!require("EBImage")) BiocManager::install("EBImage")

> library(EBImage) # R에서 이미지를 출력하기 위한 라이브러리

> # 고양이와 강아지 훈련 이미지 4개씩 추출
> train_sample_images <- c(train_cats_files[1:4], train_dogs_files[1:4])
> for(i in seq_along(train_sample_images)) {
+     readImage(train_sample_images[i]) %>% # 이미지를 읽어
+     resize(w = 150, h = 150) %>% # 크기 조정
+     writeImage(train_sample_images[i]) # 이미지 출력
+ }

> EBImage::display(
+     readImage(train_sample_images), # 이미지 표시
+             method = 'raster', # 이미지 표시
+             all = T,
+             nx = 4, # 1행에 4개의 이미지 표시
+             spacing = c(0, 0)
+ )

> for(i in 1:4) {
+     x <- (i-1)*150+2
+     file_name <- basename(train_cats_files[i])
+     text(x=x, y=18, label=file_name, adj=c(0, 0), co="white", cex=1)
+ }

> for(i in 1:4) {
+     x <- (i-1)*150+2
+     file_name<- basename(train_dogs_files[i])
+     text(x=x, y=168, label=file_name, adj=c(0, 0), col="white", cex=1)
+ }
```

[그림 12-84]

R 코드에서 이미지를 표시하기 위해서 EBImage::display() 함수를 이용하여 고양이 4, 강아지 4개의 이미지를 한꺼번에 출력하였고 이미지 위에 파일명을 읽어 표시하였다.

[그림 12-84] 고양이와 강아지 훈련 데이터 샘플 이미지

다음은 고양이와 강아지 이미지 분류 딥러닝 모델 구성을 위한 R 코드와 실행 결과이다.

12-8-3-3: 고양이 강아지 이미지 구별 딥러닝 모델 구성

```
> if(!require("dplyr")) install.packages("dplyr")
> library(dplyr)
> if(!require("keras")) install.packages("keras")
> library(keras) # keras 딥러닝 라이브러리
> # install_keras() # keras API 설치
> cats_dogs_img.model <- keras_model_sequential() # keras 순차 모델 생성
> # (1) 합성곱 신경망(Convolution Layer) 모델 구성
> cats_dogs_img.model <- cats_dogs_img.model %>%
+     layer_conv_2d(input_shape= c(150, 150, 3), filters= 32, padding= 'same',
+                   kernel_size= c(3, 3), activation= 'relu') %>%
+     layer_max_pooling_2d(pool_size= c(2, 2)) %>%
+     layer_conv_2d(filters= 64, kernel_size= c(3, 3), padding= 'same',
+                   activation= 'relu') %>%
+     layer_max_pooling_2d(pool_size= c(2, 2))
> # (2) 전 결합 층(Full y Connected Layer) 신경망 구성
> cats_dogs_img.model<- cats_dogs_img.model %>%
+     layer_flatten() %>%
+     layer_dense(units= 512, activation= 'relu') %>%
+     layer_dropout(0.5) %>%
+     layer_dense(units= 1024, activation= 'relu') %>%
+     layer_dropout(0.3) %>%
+     layer_dense(units= 1, activation='sigmoid')
```

```
> # (3) cats_dogs_img.model 모델 요약정보 출력
> summary(cats_dogs_img.model)
Model: "sequential_19"
_____
Layer (type)                    Output Shape              Param #
=================================================================
conv2d_22 (Conv2D)              (None, 150, 150, 32)       896
max_pooling2d_22 (MaxPooling2D) (None, 75, 75, 32)         0
conv2d_21 (Conv2D)              (None, 75, 75, 64)         18496
max_pooling2d_21 (MaxPooling2D) (None, 37, 37, 64)         0
flatten_3 (Flatten)             (None, 87616)              0
dense_71 (Dense)                (None, 512)                44859904
dropout_30 (Dropout)            (None, 512)                0
dense_70 (Dense)                (None, 1024)               525312
dropout_29 (Dropout)            (None, 1024)               0
dense_69 (Dense)                (None, 1)                  1025
=================================================================
Total params: 45405633 (173.21 MB)
Trainable params: 45405633 (173.21 MB)
Non-trainable params: 0 (0.00 Byte)
```

keras 딥러닝 모델을 구성하는 방법은 'functional API', 'model subclassing', 그리고 'sequential' 모델 방법이 있다. 이 중에서 'sequential' 모델링 방식은 단순히 레이어를 나열하여 매우 간단한 방식으로 모델을 구성할 수 있어 'cats_dogs_img.model'을 구성하는 데 적용했다.

고양이와 강아지 이미지 데이터는 공간 데이터로써 곧바로 전 결합 층의 인공신경망에 일차원 데이터 입력으로 하면 공간적 특성을 잃어버리기 때문에 합성곱 신경망(convolutional neural network, CNN)을 구성하여 이를 보완했다. CNN은 이미지나 음성의 다차원 공간적 특성의 특징(Features)을 추상화(Abstraction)하기 위한 인공신경망의 전처리 과정이다. 즉 CNN은 이미지나 음성의 특징 추출(feature extraction)을 위한 합성곱 층(Convolution Layer) 및 풀링 층(Pooling)([그림 12-85])과 분류(Classification)를 위한 전결합 층(Fully Connected Layer)으로 구성된다([그림 12-86]).

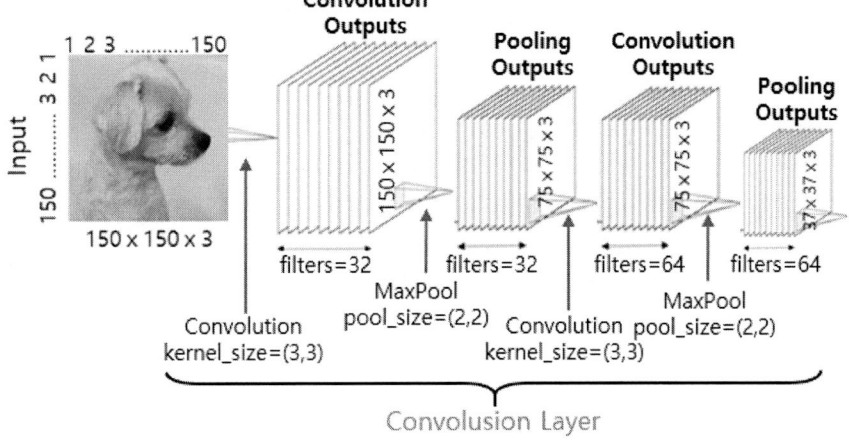

[그림 12-85] 고양이와 강아지 딥러닝 합성곱 신경망

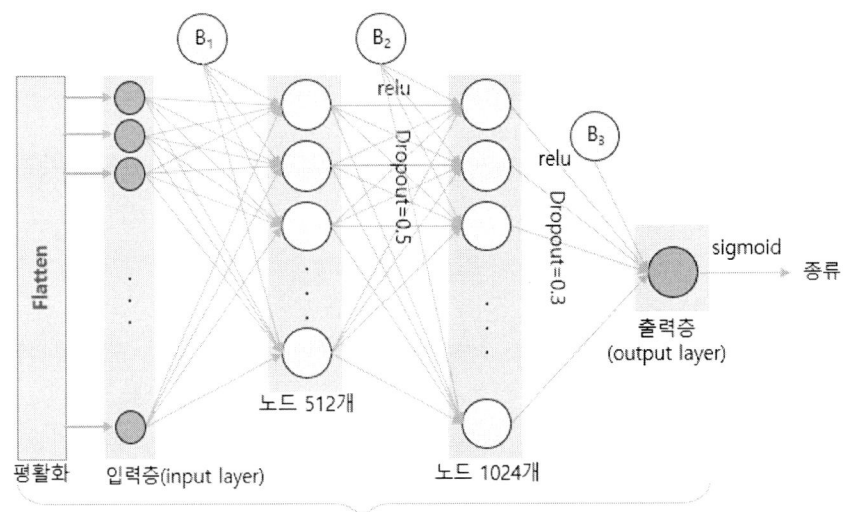

[그림 12-86] 고양이와 강아지 딥러닝 전 결합 층 신경망

cats_dogs_img.model 모델의 요약 정보를 살펴보면 전체 가중치 파라미터 수는 무려 45,405,633의 173.21MB로 많은 양의 가중치를 훈련하고 저장해야 한다는 것을 알 수 있다. 따라서 이미지 딥러닝 모델을 훈련 시키기 위해서는 고사양의 컴퓨팅 시스템이 필요하다.

고양이와 강아지 분류 딥러닝 모델 'cats_dogs_img.model'을 컴파일하고 훈련 시키기 위한 R 코드와 실행 결과는 다음과 같다.

 12-8-3-4: 고양이 강아지 구별 딥러닝 모델 컴파일과 훈련

```
> # (1) 모델 컴파일
> cats_dogs_img.model %>%
+     compile(optimizer = 'adam',
+             loss = 'binary_crossentropy',
+             metrics = 'accuracy')
> # (2) 훈련 이미지 증식(augmentation)
> train_datagen <- image_data_generator(
+     rescale = 1/255,
+     rotation_range = 30, # 회전 각도
+     width_shift_range = 0.2, # 수평 이동 비율
+     height_shift_range = 0.2, # 수직 이동 비율
+     shear_range = 0.2, # 전단(뒤틀림) 범위
+     zoom_range = 0.2, # 확대 비율
+     horizontal_flip = TRUE, # 수평 회전
+     vertical_flip= TRUE, # 수직 회전
```

```
+        brightness_range = c(0.5, 0.9), # 명암 조절
+        fill_mode = "nearest"
+ )
> img_path <- train_dogs_files[10] # 증식 예제 이미지
> readImage(img_path) %>%
+     resize(w = 150, h = 150) %>%
+     display(method = 'raster')
> images <- image_load(img_path, target_size= c(150, 150))
> img_array <- image_to_array(images)
> img_array <- array_reshape(img_array, c(1, 150, 150, 3))
> augmentation_generator <- flow_images_from_data(
+      img_array,
+      generator = train_datagen,
+      batch_size = 1)
> op <- par(mfrow = c(2, 4), pty = 's', mar= c(1, 0, 1, 0))
> for(i in 1:8) {
+    aug_img <- generator_next(augmentation_generator)
+    plot(as.raster(aug_img[1, , , ]))
+ }
> par(op)
```

[그림 12-87]

```
> # (3) 훈련 이미지 준비
> train_generator <- flow_images_from_directory(
+      directory = train_dir,
+      generator = train_datagen, # 데이터 증식된 이미지
+      target_siz e= c(150, 150),
+      batch_size = 5,
+      class_mode = 'binary'
+ )
```

Found 100 images belonging to 2 classes.

```
> # (4) 훈련(Training)
> history <- cats_dogs_img.mode %>%
+      fit(x = train_generator,
+          batch_size = 5,
+          epochs = 50,
```

```
+            steps_per_epoch = 2,
+            verbose = 2)
Epoch 1/50
2/2 - 1s - loss: 0.6720 - accuracy: 0.6000 - 1s/epoch - 501ms/step
Epoch 2/50
2/2 - 1s - loss: 0.6760 - accuracy: 0.6000 - 593ms/epoch - 297ms/step
 중간 결과 생략
Epoch 50/50
2/2 - 2s - loss: 0.6201 - accuracy: 0.9000 - 2s/epoch - 978ms/step
```

> # (5) 훈련된 모델 정보 출력
> history
```
Final epoch (plot to see history):
    loss: 0.6201
accuracy: 0.9
```

> # (6) 훈련된 모델 성능 그래프 표시
> plot(history)

[그림 12-88]

고양이와 강아지 분류 모델 cats_dogs_img.model 컴파일을 위하여 optimizer는 'adam'을 loss는 'binary_crossentropy'를 설정했다.

학습할 이미지가 충분하지 않을 때 훈련 모델이 과소 적합(under fitting)이나 과적합(over fitting)될 수 있다. 이런 현상을 극복할 수 있는 가장 좋은 방법은 다양한 유형의 학습데이터의 양을 늘리는 것이다. 그러나 고양이와 강아지 커스텀 이미지 데이터 데이터를 늘리는 것은 쉬운 일이 아니다. 따라서 새로운 이미지를 추가하는 것이 아니라 학습 과정에서 훈련 이미지를 변형해서 학습시킬 수 있다. 이와 같은 기존에 있는 훈련 이미지 변형을 통한 훈련 이미지를 늘리는 것을 이미지 증식(Image Augmentation)이라고 한다. 학습 이미지 증식은 기존 이미지의 색상, 이동, 각도, 밝기, 뒤틀기 등을 통하여 훈련 이미지 수를 늘릴 수 있다.

고양이와 강아지 분류를 위한 이미지 증식은 원본 이미지를 회전, 수평 및 수직 이동, 뒤틀림, 확대, 수평 및 수직으로 회전, 명암 조정을 하였다. 이처럼 이미지 증식 결과 이미지를 출력한 것은 [그림 12-87]과 같다.

[그림 12-87] 고양이와 강아지 이미지 증식 그림

훈련 데이터셋 train_generator을 생성하기 위하여 keras::flow_images_from_directory()를 이용하여 훈련 디렉터리 train_dir의 모든 이미지를 포함했다. 훈련 이미지 크기를 150×150 픽셀로 조정해서 입력하도록 했다. 모델 훈련에서 입력 이미지는 이미지 증식을 사용하고 입력 이미지는 5개씩 입력하여 훈련하도록 했다.

cats_dogs_img.mode 모델 훈련을 위하여 입력은 train_generator을 5개씩 이미지 데이터를 읽어 epochs 50을 지정하여 훈련을 시켰다. 훈련 결과 최종 loss 값은 0.6201이고 accuracy는 0.9이다. cats_dogs_img.mode 모델 성능 그래프는 [그림 12-88]과 같다.

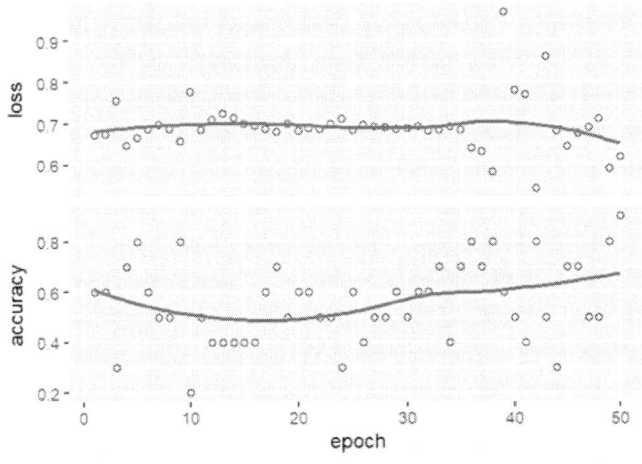

[그림 12-88] 고양이와 강아지 분류 모델 성능 그래프

12-8-3-5: 고양이와 강아지 분류 딥러닝 모델 예측

```
> # (1) 테스트 데이터 준비
> test_datagen <- image_data_generator(rescale= 1/255)
> test_generator <- flow_images_from_directory(
+     directory = test_dir,
+     generator = test_datagen,
+     target_size = c(150, 150),
+     batch_size = 1,
+     class_mode = 'binary',
+     shuffle = FALSE)
> test_generator$class_indices # 클래스 인덱스 표시
$cats
[1] 0
$dogs
[1] 1
> (k <- test_generator$classes) # 클래스 인덱스 표시
```

```
[1] 0 0 0 0 0 1 1 1 1 1
```
> labels <- factor(c('cat', 'dog'), levels = c('cat', 'dog'))

> image_labels <- labels[k+1] # 테스트 이미지 레이블 값

> image_labels

```
[1] cat cat cat cat cat dog dog dog dog dog
Levels: cat dog
```

> # (2) 예측

> preds <- predict(object = cats_dogs_img.mode, x = test_generator)

> preds # 예측 결과 출력

```
            [,1]
 [1,] 0.4784893
 [2,] 0.5225974
 [3,] 0.5225587
 [4,] 0.4716024
 [5,] 0.5224785
 [6,] 0.5096176
 [7,] 0.5272074
 [8,] 0.2652186
 [9,] 0.5230016
[10,] 0.5250393
```

> predicted_class<- ifelse(preds > 0.5, print("dog"), print("cat"))

```
[1] "dog"
[1] "cat"
```

> predicted_class<- factor(predicted_class, levels= c('cat', 'dog'))

> predicted_class

```
[1] cat dog dog cat dog dog dog cat dog dog
Levels: cat dog
```

> # (3) 혼동행렬(Confusion Matrix)

> if(!require("caret")) install.packages("caret")

> library(caret)

> confusionMatrix(image_labels, predicted_class)

```
Confusion Matrix and Statistics

          Reference
Prediction cat dog
       cat   2   3
       dog   1   4

               Accuracy : 0.6
                 95% CI : (0.2624, 0.8784)
    No Information Rate : 0.7
    P-Value [Acc > NIR] : 0.8497

                  Kappa : 0.2
```

```
           Mcnemar's Test P-Value : 0.6171

                       Sensitivity : 0.6667
                       Specificity : 0.5714
                    Pos Pred Value : 0.4000
                    Neg Pred Value : 0.8000
                        Prevalence : 0.3000
                    Detection Rate : 0.2000
              Detection Prevalence : 0.5000
                 Balanced Accuracy : 0.6190

                  'Positive' Class : cat
```

```
> # (4) 테스트 이미지 예측 레이블링
> for(i in seq_along(test_files)) {
+     readImage(test_files[i]) %>%
+     resize(w = 150, h = 150) %>%
+     writeImage(test_files[i])
+ }
> EBImage::display(readImage(test_files),
+       method = 'raster',
+       all = T,
+       nx = 5, # 한 행에 5개 이미지 출력
+       spacing = c(0,0))
> for(i in 1:5) {
+     x<- (i-1)*150+2
+     text(x = x, y = 16, label = predicted_class[i], adj= c(0, 0),
+          col = "red", cex = 1)
+ }
> for(i in 5:10) {
+     x<- (i-5)*150+2
+     text(x = x, y = 166, label = predicted_class[i], adj = c(0, 0),
+          col = "red", cex = 1)
+ }
```

[그림 12-89]

고양이와 강아지 분류 딥러닝 모델을 예측하기 위하여 test_dir에 있는 시험 이미지를 표준화하고 크기를 조정하여 cats_dogs_img.mode의 입력으로 하였다. 분류 결과 확률을 기준으로 0.5보다 크면 클래스를 'dog'로 그렇지 않으면 'cat'으로 분류하였다. 분류 결과 10개의 시험 이미지를 'cat' 'dog' 'dog' 'cat' 'dog' 'dog' 'dog' 'cat' 'dog' 'dog'로 분류했다. 따라서 혼동행렬(Confusion Matrix)을 살펴보면 정확도(accuracy)는 0.6이다. cat의 정밀도(precision)는 0.4, 재현율(recall)은 0.7이다. 모델 cats_dogs_img.mode의 분류 결과를 시험 이미지에 표시한 것은 [그림 12-89]와 같다.

[그림 12-89] 고양이 강아지 분류 결과

③ 패션 MNIST 딥러닝 모델

다음은 운동화와 셔츠 등과 같은 패션 이미지를 분류할 수 있는 keras 심층 신경망(deep neural network) 모델의 훈련 과정을 살펴본다.

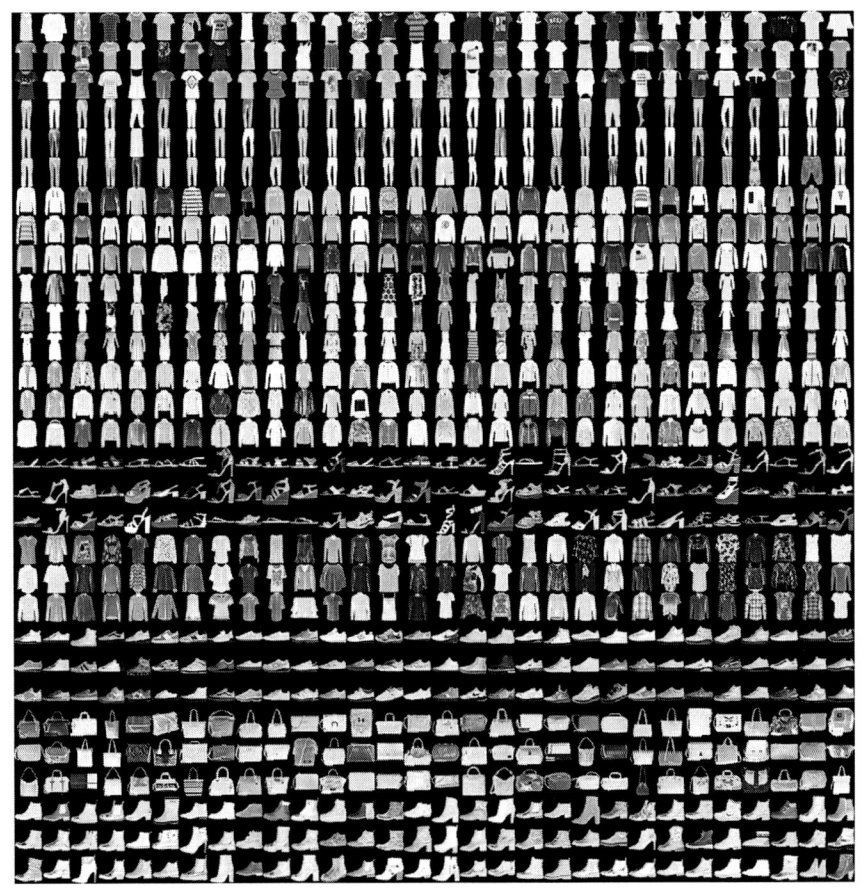

[그림 12-90] 패션 MNIST 이미지

패션 이미지는 패션 MNIST(Modified National Institute of Standards and Technology) 데이터셋을 이용할 것이다. 패션 MNIST 데이터셋은 10개의 카테고리의 7만 개의 그레이 스케일 이미지를 포함하고 있다. 패션 MNIST 각각의 이미지는 28×28픽셀의 1채널(회색조 이미지)의 저해상도를 가지고 있다. 패션 MNIST 데이터셋은 컴퓨터 비전의 기계학습(Machine Learning) 및 심층학습(Deep Learning) 프로그램을 처음 배우는 사람들에게 쉽게 사용할 수 있도록 하고 있다. R에서 패션 MNIST는 'keras' 패키지에 포함되어 있어 'keras' 패키지 설치만으로 곧바로 사용할 수 있다.

 12-8-4-1: 패션 MNIST 훈련/시험 데이터셋 준비

```
> if(!require('keras')) install.packages('keras') # keras 딥러닝 패키지 설치
> library(keras) # keras 딥러닝 라이브러리 불러오기
> fashion_mnist <- dataset_fashion_mnist() # 패션 MNIST 내려받기
> # (1) 훈련/테스트 데이터셋 분리 저장
> c(train_images, train_labels) %<-% fashion_mnist$train
> c(test_images, test_labels) %<-% fashion_mnist$test
> train_images <- train_images / 255 # train image 표준화
> test_images <- test_images / 255 # test image 표준화
> train_labels[1:20] # 상위 20개 이미지 레이블 0부터 시작 9까지 숫자 저장 확인
 [1] 9 0 0 3 0 2 7 2 5 5 0 9 5 5 7 9 1 0 6 4
> train_labels_cat<- to_categorical(train_labels, 10) # On-hot encoding
> test_labels_cat<- to_categorical(test_labels, 10) # On-hot encoding
> head(train_labels_cat) # train_labels_cat 상위 6개 표시
     [,1] [,2] [,3] [,4] [,5] [,6] [,7] [,8] [,9] [,10]
[1,]    0    0    0    0    0    0    0    0    0     1
[2,]    1    0    0    0    0    0    0    0    0     0
[3,]    1    0    0    0    0    0    0    0    0     0
[4,]    0    0    0    1    0    0    0    0    0     0
[5,]    1    0    0    0    0    0    0    0    0     0
[6,]    0    0    1    0    0    0    0    0    0     0
> dim(train_images); dim(train_labels)
[1] 60000    28    28
[1] 60000
> dim(test_images); dim(test_labels)
[1] 10000    28    28
[1] 10000
> # (2) 패션 MNIST 10개 클래스 벡터에 저장(R 벡터 인덱스는 1부터 시작)
> LABELS = c('T-shirt/top', 'Trouser', 'Pullover', 'Dress', 'Coat',
```

```
+                'Sandal', 'Shirt', 'Sneaker', 'Bag', 'Ankle boot')
> # (3) 훈련 이미지 25개 표시
> par(mfcol=c(5,5)) # 플롯 창 25개로 분할
> par(mar=c(0, 0, 1.5, 0), xaxs='i', yaxs='i')
> for (i in 1:25) {
+   img <- train_images[i, , ]
+   img <- t(apply(img, 2, rev))
+   image(1:28, 1:28, img, col = gray((0:255)/255), xaxt = 'n', yaxt = 'n',
+         main = paste(LABELS[train_labels[i] + 1]))
+ }
```

[그림 12-91]

```
> # (4) 패션 MNIST 첫 번째 이미지(Ankle boot) 표시(이미지 이해)
> if(!require('tidyr')) install.packages('tidyr')
> library(tidyr)
> if(!require('ggplot2')) install.packages('ggplot2')
> library(ggplot2)
> image_1 <- as.data.frame(train_images[1, , ])
> colnames(image_1) <- seq_len(ncol(image_1))
> image_1$y <- seq_len(nrow(image_1))
> image_1 <- gather(image_1, "x", "value", -y)
> image_1$x <- as.integer(image_1$x)
> ggplot(image_1, aes(x = x, y = y, fill = value)) +
+   geom_tile() +
+   scale_fill_gradient(low = "white", high = "black", na.value = NA) +
+   scale_y_reverse() +
+   theme_minimal() +
+   theme(panel.grid = element_blank()) +
+   theme(aspect.ratio = 1) +
+   ggtitle(LABELS[train_labels[1]+1]) +
+   xlab("") +
+   ylab("")
```

[그림 12-92]

패션 MNIST 데이터셋은 'keras' 패키지에 있는 함수 dataset_fashion_mnist()을 이용하여 불러올 수 있다. MNIST 데이터셋을 훈련(train) 데이터셋과 시험(test) 데이터셋으로 분리하여 저장한다. 각각의 데이터셋은 이미지 어레이(array, tensorflow에서 tensor라고 부름)와 레이블로 구성되어 있다. 딥러닝 모델에 훈련시키기 위해서는 이미지를 255(회색조 이미지로 빛의 강도에 따라 0~255 사이에 값을 가지고 있음)로 나누어 0과 1 사이의 값으로 표준화한다. 훈련 데이터셋의 차원을 보면 (60000 28 28)으로 28×28픽셀의 회색조 이미지가 6만 개로 구성된 것을 확인할 수 있다. 그리고 훈련 데이터셋의 레이블의 내용을 살펴보면 6만 개 이미지의 종류를 숫자 0과 9 사이의 값이 기록되어 있다. 테스트 데이터셋의 차원을 보면 (10000 28 28)로 28×28픽셀의 이미지가 일만 개로 구성되어 있다는 것을 알 수 있다. 그리고 훈련 목적 데이터에 사용하기 위하여 train_labels과 test_labels을 원-핫 엔코딩(one-hot encoding)으로 변경한 결과를 train_labels_cat과 test_labels_cat에 저장했다.

패션 MNIST 이미지는 숫자 0~9까지 10개의 레이블값이 있는데 각각 레이블에 해당하는 품목명을 R 벡터에 저장했다. 즉 레이블 0의 품목명은 'T-shirt/top'이고 1은 'Trouser', 9는 'Ankle boot'이라는 것이다. 여기서 주의할 것은 다른 언어와 달리 R 벡터의 인덱스는 1부터 시작한다는 것이다. 즉 레이블 0의 품목명은 R 벡터 1번째 인덱스 위치에 저장되어 있다는 것이다. 패션 MNIST 데이터셋 상위 25개 이미지를 플롯 창에 표시한 것은 [그림 12-91]과 같다.

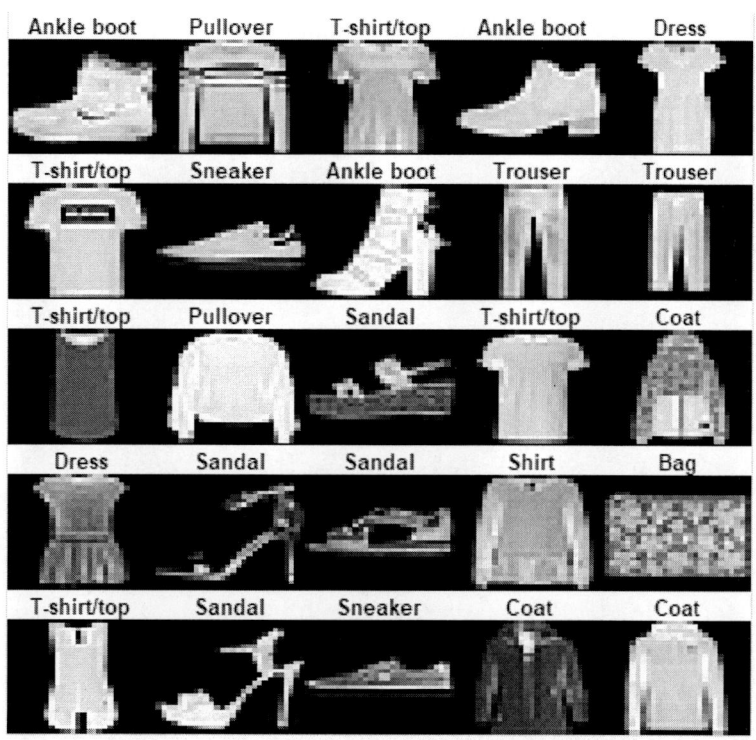

[그림 12-91] 패션 MNIST 데이터셋 상위 25개 이미지

그리고 패션 MNIST 데이터셋 1번째 이미지를 'Ankle boot'를 ggplot() 함수를 통하여 시각화한 것은 [그림 12-92]와 같다.

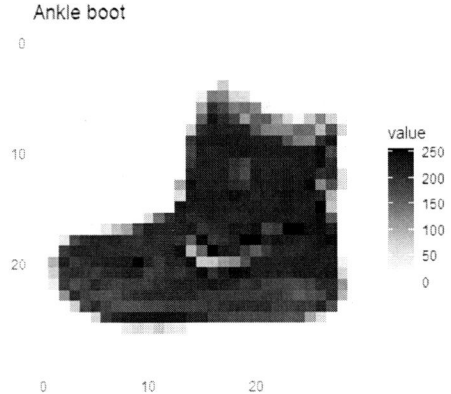

[그림 12-92] 패션 MNIST 데이터셋 1번째 이미지

다음은 패션 MNIST 딥러닝 모델 구성 및 컴파일(compile) 그리고 훈련(fitting)에 관련된 R 코드와 실행 결과이다.

 12-8-4-2: 패션 MNIST 딥러닝 모델 구성 및 컴파일(compile), 훈련

```r
> # (1) keras 딥러닝 모델 구성
> fashion_mnist.model <- keras_model_sequential() # keras 순차 모델 구성
> # (2) 합성곱 신경망(CNN) 구성
> fashion_mnist.model %>%
+   layer_conv_2d(input_shape= c(28, 28, 1),
+                 filters=32, kernel_size=c(3,3), strides=c(1, 1),
+                 padding='same', activation='relu') %>%
+   layer_max_pooling_2d(pool_size=c(2, 2)) %>%
+   layer_conv_2d(filters=64, kernel_size=c(3,3), strides=c(1, 1),
+                 padding='same', activation='relu') %>%
+   layer_max_pooling_2d(pool_size=c(2, 2))
> # (3) 전 결합 층(Fully Connected Layer)의 신경망 구성
> fashion_mnist.model <- fashion_mnist.model%>%
+   layer_flatten() %>%
+   layer_dense(units= 128, activation= 'relu') %>%
+   layer_dropout(rate= 0.3) %>%
+   layer_dense(units= 256, activation= 'relu') %>%
+   layer_dropout(rate= 0.5) %>%
+   layer_dense(units= 10, activation= 'softmax')
> summary(fashion_mnist.model) # 모델 요약정보 출력
```

```
Model: "sequential"
_____
 Layer (type)                    Output Shape              Param #
=================================================================
 conv2d_1 (Conv2D)               (None, 26, 26, 32)        320
 max_pooling2d_1 (MaxPooling2D)  (None, 13, 13, 32)        0
 conv2d (Conv2D)                 (None, 11, 11, 64)        18496
 max_pooling2d (MaxPooling2D)    (None, 5, 5, 64)          0
 dropout_2 (Dropout)             (None, 5, 5, 64)          0
 flatten (Flatten)               (None, 1600)              0
 dense_2 (Dense)                 (None, 128)               204928
 dropout_1 (Dropout)             (None, 128)               0
 dense_1 (Dense)                 (None, 256)               33024
 dropout (Dropout)               (None, 256)               0
 dense (Dense)                   (None, 10)                2570
=================================================================
Total params: 259338 (1013.04 KB)
Trainable params: 259338 (1013.04 KB)
Non-trainable params: 0 (0.00 Byte)
```

```r
> # (4) 모델 컴파일
> fashion_mnist.model %>% compile(
+     optimizer = 'adam', # 활성화 함수
+     loss = 'categorical_crossentropy', # 손실함수
+     metrics = c('accuracy'))
> # (5) 모델 훈련
> fashion_mnist.model %>%
+     fit(x = train_images, # 훈련 데이터셋(array, 또는 tensor)
+         y = train_labels_cat, # 훈련 목표 데이터셋(원-핫 엔코딩)
+         epochs = 5, # 훈련 반복 회수
+         batch_size = 32, # 한번 훈련할 때 필요한 데이터 수
+         verbose = 2)
```

```
Epoch 1/5
1875/1875 - 45s - loss: 0.4018 - accuracy: 0.8535 - 45s/epoch - 24ms/step
Epoch 2/5
1875/1875 - 47s - loss: 0.2646 - accuracy: 0.9035 - 47s/epoch - 25ms/step
Epoch 3/5
1875/1875 - 45s - loss: 0.2216 - accuracy: 0.9174 - 45s/epoch - 24ms/step
Epoch 4/5
1875/1875 - 45s - loss: 0.1947 - accuracy: 0.9285 - 45s/epoch - 24ms/step
Epoch 5/5
1875/1875 - 52s - loss: 0.1692 - accuracy: 0.9367 - 52s/epoch - 28ms/step
```

```r
> # (6) 모델 평가
> score <- fashion_mnist.model %>%
+     evaluate(test_images, test_labels_cat, verbose = 0)
> cat('Test loss:',score["loss"],"\n",'Test accuracy:',score["accuracy"],"\n")
```

Test loss: 0.2289132

Test accuracy: 0.921

패션 MNIST 딥러닝 모델은 간단한 'keras.sequential' 모델을 사용하여 'fashion_mnist.model'을 생성했다. 'fashion_mnist.model'은 [그림 12-93]과같이 합성곱 신경망(CNN)과 전 결합 층(Fully Connected Layer) 신경망으로 구성했다.

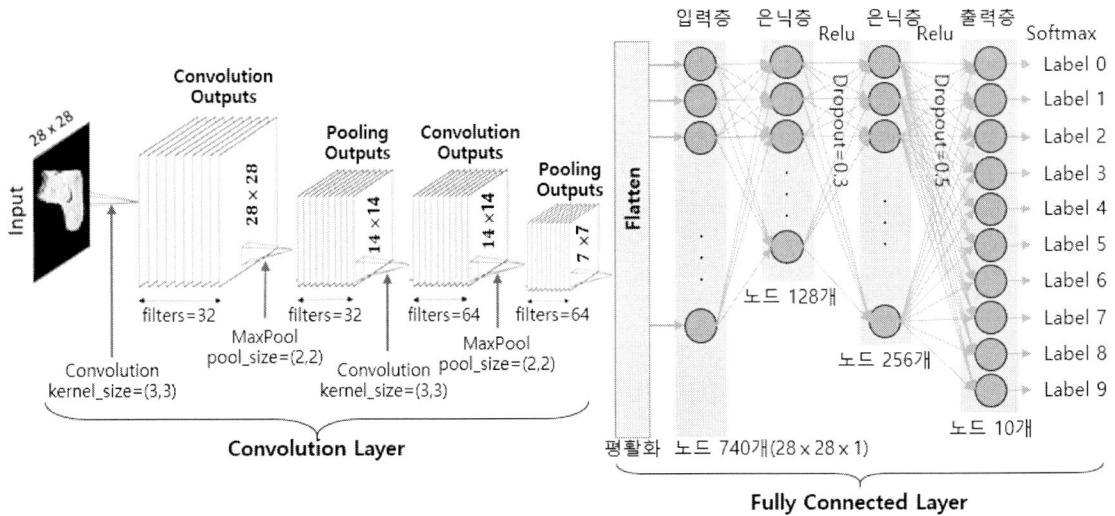

[그림 12-93] 패션 MNIST 딥러닝 모델 구조

패션 MNIST 딥러닝 모델 fashion_mnist.model 구조에서 합성곱 층(convolutional layer)은 합성곱(convolution)과 풀링(pooing) 층 2개로 구성했다. 입력 이미지 28×28픽셀을 입력으로 첫 번째 합성곱(convolution)에는 kernal_size 3, filters 32개로 하였고 MaxPool에서 pool_size 2로 설정하여 이미지를 14×14픽셀로 축소한 32개의 특징 데이터를 추출했다. 이렇게 축소한 특징 데이터를 다음 합성곱(convolution)에는 kernal_size 3, filters 64개로 하였고 MaxPool에서 pool_size 2로 설정하여 이미지를 7×7픽셀로 축소한 64개의 특징 데이터를 추출했다. 이와 같은 특징 데이터를 평탄화(flatten) 과정을 전 결합 층으로 전달한다. 전 결합 층의 하이퍼 파라미터를 살펴보면 입력 노드는 3,136((=7×7×64)개 이고 첫 번째 은닉층의 노드 수는 128, 두 번째 은닉층의 노드 수는 256, 그리고 출력층의 노드는 10개이다. 그리고 과적합을 방지하기 위하여 각 층 사이에 드롭아웃(dropout)을 두어 MLP를 구성하는 노드(뉴런)의 일정 비율을 비활성화하도록 하였다. 패션 MNIST 심층 신경망 요약 정보를 살펴보면 가중치 파라미터의 총수는 259,338개이고 용량은 1013.04KB이다.

패션 MNIST 딥러닝 모델을 구성한 후 컴파일해야 한다. 패션 MNIST 모델 컴파일 함수 compile()의 인자로 최적화 알고리즘은 optimizer는 'adam'을 손실함수 loss는 'sparse_categorical_crossentropy'를 설정했고 성능 매트릭스 metrics에는 'accuracy'를 설정하여 컴파일했다.

모델 훈련 fit() 함수에 패션 MNIST 훈련 데이터셋 x, y 값을 훈련 반복 횟수 에포크 epochs 5을 지정했고 한번 훈련할 데이터 수는 32(생략해도 기본값 32)로 했고 verbose 인자에 2를 지정하여 에포크(epoch)마다 한 줄씩 훈련 결과 진행 상태를 표시하게 하였다. 모델 반복 훈련에 따라 손실(loss) 그래프는 [그림 12-94], 정확성(accuracy) 그래프는 [그림 12-95]와 같다.

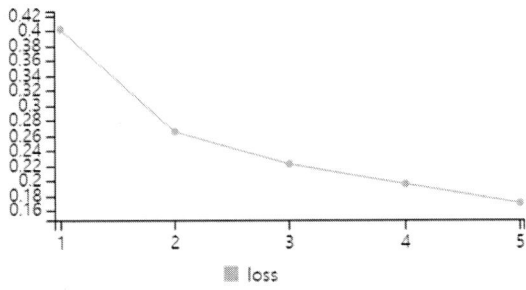

[그림 12-94] 패션 MNIST 딥러닝 모델 훈련 손실 그래프

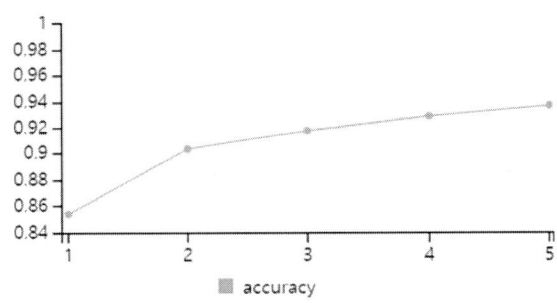

[그림 12-95] 패션 MNIST 딥러닝 훈련 정확성 그래프

훈련된 모델을 테스트 데이터셋을 입력하여 평가한 결과 최종 손실값 loss 0.2289132, 정확성(accuracy)은 0.921을 보였다.

훈련된 패션 MNIST 딥러닝 모델의 분류 및 예측 R 코드와 결과는 다음과 같다.

 12-8-4-3: 패션 MNIST 딥러닝 모델 분류 및 예측

```
> # (1) 모델 예측
> preds <- model %>%
+   predict(test_images)
313/313 [==============================] - 0s 595us/step
> head(preds)
             [,1]          [,2]          [,3]          [,4]          [,5]
[1,] 6.941467e-09  8.556841e-11  3.580165e-10  9.260700e-10  5.565309e-09
[2,] 2.846313e-05  6.135248e-11  9.999692e-01  2.634571e-09  7.000123e-07
[3,] 1.650168e-08  9.999998e-01  1.159049e-08  2.029990e-07  4.138482e-09
[4,] 1.971514e-09  1.000000e+00  1.186683e-10  2.288415e-08  7.336931e-10
[5,] 2.617152e-02  1.185364e-07  3.371635e-03  5.843226e-04  8.733143e-03
[6,] 9.113071e-10  1.000000e+00  4.513079e-10  1.687763e-10  2.837869e-10
             [,6]          [,7]          [,8]          [,9]         [,10]
[1,] 4.148213e-07  4.307924e-10  1.440117e-05  1.713061e-09  9.999852e-01
[2,] 1.333661e-11  1.560675e-06  4.607004e-12  6.207904e-10  3.151452e-11
[3,] 6.964669e-13  2.555754e-10  1.146811e-16  8.820080e-10  6.246171e-14
[4,] 2.850796e-14  5.933428e-10  9.620754e-17  3.290351e-11  3.076684e-14
[5,] 4.604380e-07  9.611328e-01  1.649416e-07  3.770063e-06  2.040254e-06
[6,] 6.884126e-15  1.184636e-11  4.203264e-19  1.328016e-10  9.581904e-15
```

```
> # (2) 오차 행렬 계산
> predicted <- c()
> for (i in 1:nrow(preds)) {
+       ind <- which.max(preds[i, ])
+       predicted[i] <- LABELS[ind]
+ }
> head(predicted)
```
[1] "Ankle boot" "Pullover"   "Trouser"   "Trouser"   "Shirt"   "Trouser"

```
> actual<- c()
> for(i in 1:nrow(test_labels)) {
+       actual[i] <- LABELS[test_labels[i]+1]
+ }
> head(actual)
```
[1] "Ankle boot" "Pullover"   "Trouser"   "Trouser"   "Shirt"   "Trouser"

```
> # (3) 혼동행렬(Confusion Matrix)
> if(!require("caret")) install.packages("caret")
> library(caret)
> predicted<- as.factor(predicted)
> actual<- as.factor(actual)
> confusionMatrix(predicted, actual)
```

```
Confusion Matrix and Statistics

            Reference
Prediction   Ankle boot  Bag  Coat  Dress  Pullover  Sandal  Shirt  Sneaker  T-shirt/top  Trouser
  Ankle boot        968    0     0      0         0       4      0       16            0        0
  Bag                 0  985     0      0         0       0      6        0            8        1
  Coat                0    2   857     15        40       0     51        0            7        1
  Dress               0    5    27    942         8       0     27        0           14       12
  Pullover            1    0    70      8       899       0     65        0           17        1
  Sandal              4    2     0      0         0     991      0       11            2        0
  Shirt               0    1    46     22        38       0    781        0          120        3
  Sneaker            27    2     0      0         0       5      0      973            0        0
  T-shirt/top         0    3     0     13        14       0     70        0          832        0
  Trouser             0    0     0      0         1       0      0        0            0      982

Overall Statistics
```
이하 출력 결과 생략

```
> # (4) 테스트 데이터셋 예측 결과 20개 이미지 표시
> op<- par(mfcol=c(4, 5), mar=c(0, 0.2, 1, 0)) # 플롯 20개 분할
> for(i in 1:20) {
+     img<- test_images[i,1:28,1:28]
```

```
+       img<- t(apply(img, 2, rev))
+       if(predicted[i] == actual[i]) {
+         color<- 'blue' # 올바르게 분류한 레이블 색상
+       } else{
+            color<- 'red' # 잘 못 분류한 레이블 색상
+       }
+       txt<- paste0(predicted[i], " (", actual[i], ")")
+       image(1:28, 1:28, img, col=gray.colors(256), xaxt= 'n', yaxt= 'n',
+             main= txt, col.main= color, cex.main= 0.8)
+ }
> par(op)
```
[그림 12-96]

훈련된 패션 MNIST 딥러닝 모델에 패션 MNIST 테스트 데이터셋을 이용하여 예측한 결과를 살펴보면 'Ankle boot' 1,000개 중에서 968개는 올바로 분류 예측했지만 32개는 잘 못 분류 했다. 즉 재현율(recall)은 96.8%이다. 또한 'Bag'에 경우 1000개 중에서 985개를 올바로 예측했고 15개는 잘못 예측해서 재현율은 98.5%인 것을 확인할 수 있다.

훈련된 패션 MNIST 딥러닝 모델에 패션 MNIST 테스트 데이터셋 상위 25개 품목의 예측 결과는 [그림 12-96]과 같다.

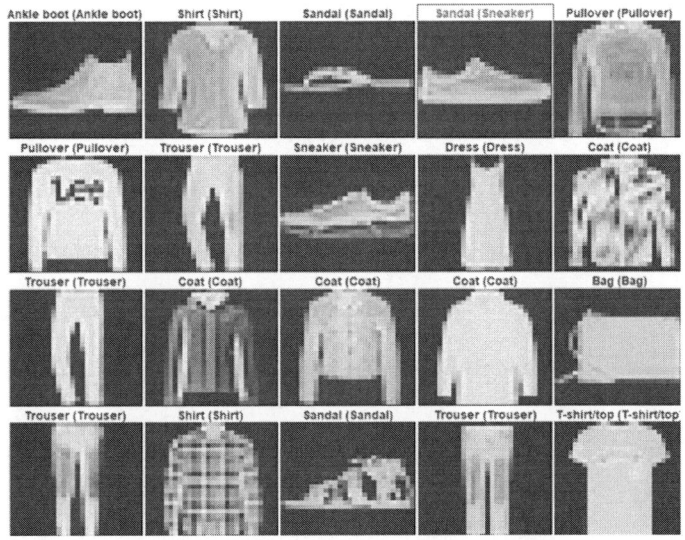

[그림 12-96] 패션 MNIST 훈련 모델의 상위 25개 테스트 데이터셋 예측 결과

패션 MNIST 훈련 모델의 상위 25개 테스트 데이터셋 예측 결과에서 4번째 품목은 실제 'Sneaker'를 'Sandal'로 잘못 분류한 것을 확인할 수 있다. 이처럼 모델이 과소적합 (underfitting)된 것은 훈련 데이터를 증식(augmentation)시키거나 모델의 복잡도를 증가, 훈련의 반복 횟수를 늘려 해결할 수 있다.

훈련된 모델을 사용하기 위해서는 모델을 저장하고 반대로 저장된 모델을 불러와야 한다. 패션 MNIST 딥러닝 모델 저장 및 불러오고 예측하는 R 코드는 다음과 같다.

 12-8-4-4: 패션 MNIST 딥러닝 모델 저장 및 불러오기, 예측

```
> # (1) 생성된 모델 저장하기
> setwd("c:/RProject/rdata") # 모델 저장 위치 지정
> save_model_tf(object= fashion_mnist.model, filepath= "model")
> # (2) 저장된 모델 불러오기
> loaded_model<- load_model_tf("model")
> summary(loaded_model) # 불러온 모델 구조 출력
Model: "sequential"

Layer (type)                    Output Shape                Param #
=====================================================================
conv2d_1 (Conv2D)               (None, 26, 26, 32)          320
max_pooling2d_1 (MaxPooling2D)  (None, 13, 13, 32)          0
conv2d (Conv2D)                 (None, 11, 11, 64)          18496
max_pooling2d (MaxPooling2D)    (None, 5, 5, 64)            0
dropout_2 (Dropout)             (None, 5, 5, 64)            0
flatten (Flatten)               (None, 1600)                0
dense_2 (Dense)                 (None, 128)                 204928
dropout_1 (Dropout)             (None, 128)                 0
dense_1 (Dense)                 (None, 256)                 33024
dropout (Dropout)               (None, 256)                 0
dense (Dense)                   (None, 10)                  2570
=====================================================================
Total params: 259338 (1013.04 KB)
Trainable params: 259338 (1013.04 KB)
Non-trainable params: 0 (0.00 Byte)

> # (3) 불러온 모델 예측
> img_ind = 1 # 불러올 테스트 이미지 번호(1번)
> test_img <- test_images[img_ind, 1:28, 1:28, drop= FALSE]
> img<- t(apply(test_img, 2, rev))
> image(1:28, 1:28, img, col=gray.colors(256), xaxt= 'n', yaxt= 'n',
+       xlab= "", ylab= "")
> true_label<- LABELS[test_labels[img_ind] + 1]
> preds<- loaded_model %>% predict(test_img)
> predicted_label<- LABELS[which.max(preds)]
> title(main= paste('실제: ', true_label, '(','예측:', predicted_label,')'),
+       cex.main= 1.2, font.main= 3, col.main= "orange")
```

[그림 12-97]

keras 딥러닝 모델 저장은 save_model_tf() 함수로 저장되고 load_model_tf() 함수로 불러올 수 있다. 모델을 저장하면 현재 디렉터리에 'model' 폴더에 모델의 가중값(weight)과 설정(configuration)값이 저장된다. 저장된 패션 MNIS 모델을 불러온 모델 구조 출력하였다.

그리고 패션 MNIST 테스트 데이터셋의 1번째 품목을 예측한 결과 [그림 12-97]과 같이 실제 'Ankle boot'을 'Ankle boot'로 정확히 예측한 것을 알 수 있다.

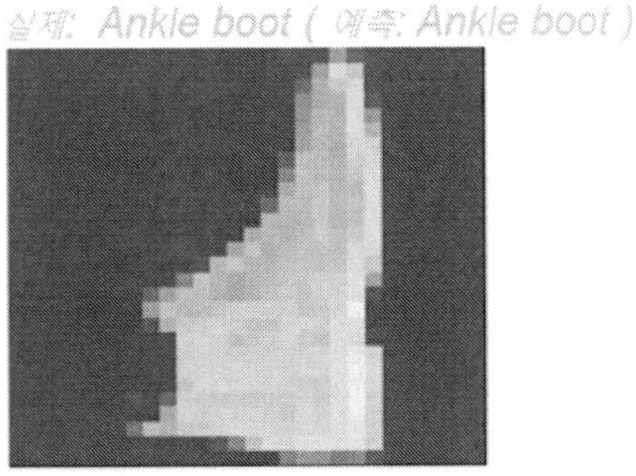

[그림 12-97] 패션 MNIST 딥러닝 모델 불러온 후 예측 결과

연습문제 –Exercises

빅데이터 분석
기획과 실무

향상학습

1. 다음 중 데이터 마이닝 설명으로 적절하지 않은 것은?
   ① 주로 일정 기간 수집된 수많은 데이터를 한꺼번에 분석한다.
   ② 수많은 데이터로부터 사실관계를 규명하거나 예측 모델을 개발한다.
   ③ 데이터로부터 표본을 추출하여 가설검정을 통한 인과관계를 규명한다.
   ④ 정형 데이터뿐만 아니라 비정형 데이터에서도 지식을 발견하려는 기술이다.
   ⑤ 수많은 데이터에 숨겨진 정보를 발굴하는 것으로 정보 고고학이라고도 한다.

2. 다음 중 데이터마이닝 기법 중에서 비지도 학습(Unsupervised Learning)에 해당하는 것을 모두 고른 것은?

   ㄱ. 군집화(Clustering)　　　　　　ㄴ. 인공신경망(Artificial Neural Network)
   ㄷ. 의사결정나무(Decision Tree)　　ㄹ. 연관규칙(Association Rule)
   ㅁ. 연속규칙(Sequence Rule)　　　ㅂ. 주성분 분석(Principal Component Analysis)
   ㅅ. 사례기반추론(Case-Based Reasoning)

   ① ㄱ ㄷ ㅁ　　② ㄱ ㄹ ㅂ　　③ ㄴ ㄷ ㅅ
   ④ ㄴ ㄹ ㅅ　　⑤ ㄷ ㄹ ㅂ

3. 다음에 설명하는 데이터마이닝 기법은?

   - 분류분석에 일종이다.
   - 지도학습에 사용한다.
   - 여러 개의 분류모형에 의한 결과를 종합하여 분류의 정확도를 높이는 방법이다.

   ① 아프리오리(Apriori)　　② 아리마(ARIMA)　　③ 앙상블(Ensemble)
   ④ 인공신경망(Artificial Neural Network)
   ⑤ 로지스틱 회귀(Logistic Regression)

4. 다음 중 연관 분석(Association Analysis) 기법으로 적절하지 않은 것은?
   ① 지지도(Support)　　② 신뢰도(Confidence)　　③ 향상도(Lift)
   ④ 응집도(Cohesion)　　⑤ 아프리오리(Apriori) 알고리즘

5. 다음 중 연관 분석 apriori 알고리즘을 적용한 룰(rule)의 설명으로 올바르지 않은 것은?

lhs	rhs	support	confidence	coverage	lift	count
{Americano, Macchiato} =>	{Latte}	0.3	1.0	0.3	1.428571	3

① {Americano, Macchiato}를 구매하면 {Latte}를 함께 구매에 대한 연관분석결과이다.
② 전체 거래 중에 {Americano, Macchiato} {Latte}를 함께 구매한 확률은 0.3이다.
③ {Americano, Macchiato} 거래에 {Americano, Macchiato} {Latte}가 모두 포함되어 있다.
④ {Americano, Macchiato} 품목과 {Latte} 품목은 서로 대체제의 연관관계이다.
⑤ 전체 거래 중에 {Americano, Macchiato}와 {Latte}를 함께 구매한 거래 건수는 3이다.

6. 다음은 어떤 분석 결과를 시각화한 것인가?

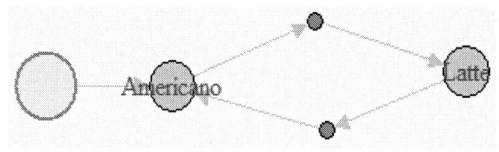

① 연관분석   ② 군집분석   ③ 상관분석   ④ 분류분석   ⑤ 요인분석

7. 다음 중 연관 분석(Association Analysis)에 활용 분야로 거리가 먼 것은?
① 장바구니 분석   ② 관련 상품 추천   ③ 의약품 친화성 분석
④ 상품 판매량 예측 분석   ⑤ 신용카드 부정거래 식별

8. 다음 중 군집분석(Clustering Analysis)에 관련된 사항으로 거리가 먼 것은?
① K-평균 알고리즘   ② 엔트로피 지수(Entropy Index)
③ 덴드로그램(Dendrogram) 시각화   ④ 유클리안 거리(Euclidean Distance)
⑤ 기술적 모델링(Descriptive Modeling)

9. 고객의 경제 수준이나 나이, 취미 등의 유사성을 측정하여 고객 세분화를 통한 차별화 마케팅에 활용하기 위한 데이터 마이닝 기법은?
① 상관분석(Correlation Analysis)   ② 연관분석(Association Analysis)
③ 분류 분석(Classification Analysis)   ④ 회귀분석(Regression Analysis)
⑤ 군집 분석(Clustering Analysis)

10. 다음과 같은 설명에 대한 군집 연결법으로 적합한 것은?

> 각 군집 내에 있는 관측값들 오차들을 제곱하여 합으로 각 군집의 거리로 결정하는 것으로 보통 두 군집이 합해지면 병합된 군집의 오차제곱합은 병합 이전 각 군집의 오차제곱합보다 커지게 되는데 증가량이 가장 적어지는 방향으로 군집을 형성하는 방법이다.

① 최단 연결(Single Link) ② 최장 연결(Complete Link) ③ 와드 연결(Ward Link)
④ 중심 연결(Distance Between Centroids) ⑤ 평균 연결(Group Average link)

11. 다음 중 데이터 마이닝 군집 분석의 활용 분야로 거리가 먼 것은?

① 위험 관리(Risk Management)   ② 상품 포트폴리오(Goods portfolio)
③ 협업 필터링(Collaborative Filtering)   ④ 고객 세분화(Customer segmentation)
⑤ 부정거래 탐지(Illegal transaction detection)

12. 로지스틱 회귀(Logistic Regression) 분석의 설명으로 적절하지 않은 것은?

① 종속변수는 반드시 주어져야 한다.
② 종속변수는 비선형 결합으로 표현된다.
③ 독립변수가 범주형일 경우에 사용한다.
④ 데이터 마이닝 분류 모델을 생성할 때 사용한다.
⑤ 결과 변수의 클래스가 2인 경우 이항 로지스틱 회귀 모델을 생성한다.

13. 다음과 같이 고양이 강아지를 분류하는 로지스틱 회귀분석 결과의 설명으로 적절하지 않은 것은?

```
종류 <- factor(종류, levels = c("고양이", "강아지"))
    Call:
    glm(formula = 종류 ~ 무게 + 길이 + 형태 + 꼬리, family = "binomial",
        data = cats_dogs, method = "glm.fit")

    Coefficients:
                Estimate  Std. Error  z value  Pr(>|z|)
    (Intercept)  9.0713     8.7712     1.034    0.301
    무게          1.1376     1.4720     0.773    0.440
    길이         -0.2921     0.2524    -1.157    0.247
    형태         -5.4389     5.6422    -0.964    0.335
    꼬리         -0.6791     1.1823    -0.574    0.566
```

① 이항 로지스틱 회귀 모델을 생성한다.
② '무게'가 많이 나가면 '강아지'로 분류할 확률이 높아진다.
③ '고양이'와 '강아지' 분류에 가장 중요한 변수는 '형태'이다.

④ '꼬리'가 길으면 길을수록 '고양이'로 분류할 확률이 높아진다.
⑤ '길이' 변수는 '고양이'와 '강아지'를 분류에 가장 많은 영향을 미친다.

14. 다음과 같은 그래프를 설명한 것으로 적절하지 않은 것은?

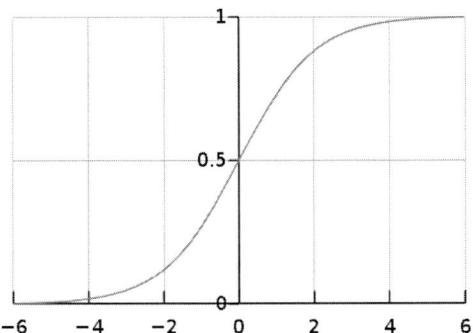

① 출력값 0.5를 기준으로 클래스를 분류한다.
② 시그모이드(sigmoid) 활성화 함수 그래프이다.
③ 기계 학습 다중 분류에 많이 적용하는 함수이다.
④ 어떤 출력값도 0과 1 사이의 값으로 변환시킨다.
⑤ 출력값이 아주 작은 수나 큰 수는 기울기 소실 문제를 발생시킨다.

15. 다음과 같은 예측 결과가 적절한 것은?

```
        setosa      versicolor    virginica
1.018561e-04  9.998981e-01  5.058003e-11
9.998548e-01  1.451768e-04  3.795322e-47
4.493328e-12  1.336366e-04  9.998664e-01
9.242927e-05  9.999076e-01  4.083091e-11
9.999688e-01  3.123553e-05  3.225271e-50
```

① "virginica" "virginica" "setosa", "virginica" "versicolor"
② "setosa" "setosa" "versicolor" "virginica"
③ "versicolor" "virginica" "versicolor" "setosa"
④ "versicolor" "setosa" "virginica" "versicolor" "setosa"
⑤ "virginica" "setosa" "versicolor" "versicolor" "setosa"

16. 다음 중 데이터마이닝 의사결정나무 분석기법의 설명으로 적절하지 않은 것은?
① 과적합(over fit)을 줄이기 위하여 가지치기(Edge pluming)한다.
② 목표변수가 수치형일 경우는 분류나무를 이용해서 예측 모델을 생성한다.
③ CART는 분류(Classification)와 회귀(Regression)를 통한 예측이 모두 가능하다.

④ 불순도(Impurity)가 최소화 되도록 재귀적 분할(Recursive partitioning)을 한다.
⑤ 기계학습(Machine Learning)의 지도학습(Supervised Learning)으로 활용할 수 있다.

17. 의사결정나무 분류분석에서 과적합(Overfitting) 문제를 해결하기 위한 기법으로 적절한 것은?
① 분산 감소량(Variance Reduction) ② 가지치기(Edge Pruning)
③ 재귀적 분할(Recursive Partitioning) ④ ANOVA(Analysis of Variance)
⑤ 불순도 알고리즘(Impurity Algorithm)

18. 의사결정나무 분류 기준에 사용되는 것으로 적절하지 않은 것은?
① 엔트로피 지수 ② 지니 지수 ③ F-검정 통계량의 p-값
④ 활성화 함수 ⑤ 분산 감소량

19. 다음 중 의사결정나무 분류분석의 응용분야로 적절하지 않은 것은?
① 신용평가 모형 개발 ② 가격 책정 모형 개발 ③ 고객 이탈 모형 개발
④ 의료 진단 모형 개발 ⑤ 화상 인식 모형 개발

20. 다음 중 앙상블(ensemble) 분류모형에 관련된 기법으로 적절하지 않은 것은?
① 보팅(voting) 기법 ② 배깅(bagging) 기법 ③ 부스팅(boosting) 기법
④ 피봇팅(pivoting) ⑤ 랜덤포레스트(random forest)

21. 다음 문장에 괄호 안에 들어갈 적합한 단어로 나열한 것은?

> 인공신경망(ANN)은 인간의 뇌에 인지 원리를 컴퓨팅 알고리즘으로 구현한 것으로 예측 오차를 줄이기 위하여 (   )와 (   )를 반복적으로 수정을 통하여 훈련시키는 일종의 (   ) 모델을 개발하는데 적용한다.

① 가중치, 오류, 지도학습 ② 가중치, 편차, 자율학습 ③ 이상치, 오류, 지도학습
④ 가중치, 편차, 심층학습 ⑤ 목표치, 편차, 강화학습

22. 인공신경망 데이터마이닝 기법에 관련된 사항으로 볼 수 없는 것은?
① 은닉층(Hidden Layer) ② 활성화 함수(Active Function)
③ 결합 함수(Combination Function) ④ 재귀적 분할(Recursive Partitioning)
⑤ 역전파 알고리즘(Backpropagation Algorithm)

23. 다중 분류를 위한 인공신경망 출력층에 많이 적용하는 활성화 함수로 출력이 최대가 되는 값을 찾아 정답 클래스로 결정하는 것은?

    ① tanh   ② step   ③ sigmoid   ④ relu   ⑤ softmax

24. iris의 Species가 'setosa', 'versicolor', 'virginica'의 클래스를 정수 [[0],[1],[2]]으로 변환했다고 가정할 경우 원핫 엔코드(one-hot encode)로 올바르게 변환한 것은

    ① [[0,0,0],[0,1,0],[0,0,1]]   ② [[1,1,1],[1,0,1],[1,1,0]]   ③ [[0,0,1],[0,1,1],[1,1,1]]
    ④ [[0,0,1],[0,1,0],[1,0,0]]   ⑤ [[1,0,0],[0,1,0],[0,0,1]]

25. 다음 중 인공신경망 가중치 최적화(optimizer)에 대한 설명으로 괄호 안에 차례대로 들어갈 적합한 알고리즘은?

경사하강법 최적화 알고리즘 (   )은 (   )와 (   )의 장점을 채택한 것으로 방향성과 학습률 두 가지를 모두 해결한 기법이다.

    ① SGD, Momentum, AdaGrad   ② RMSProp, Momentum, Adma
    ③ SGD, Momentum, RMSProp   ④ Adam, RMSProp, AdaGrad
    ⑤ Adam, RMSProp, Momentum

26. 다음과 같은 인공신경망 설명이 적절하지 않은 것은?

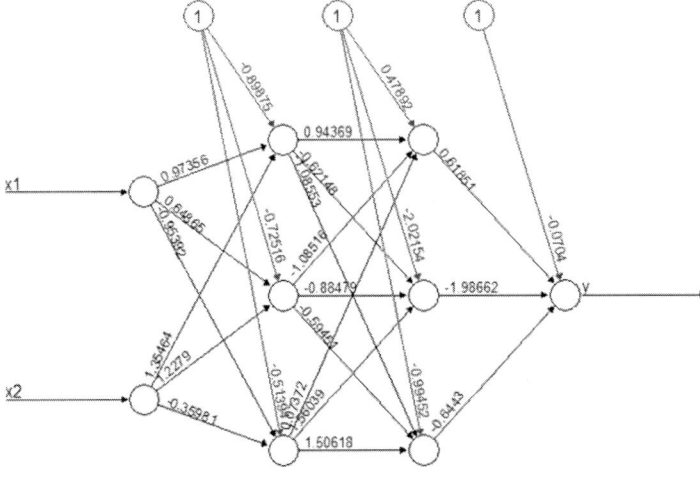

    ① 편의(bias) 노드 수는 3개이다.
    ② 가중치 파라미터 수는 총 22개이다.
    ③ 은닉층은 2개 층으로 구성되어 있다.
    ④ 이진 클래스 분류를 위한 인공신경망이다.
    ⑤ 신경망의 하이퍼 파라미터(hyper parameter) 수는 12개이다.

27. 다음에 설명하는 것으로 적합한 것은?

> 행동심리학에서 영감을 받았으며, 어떤 환경 안에서 정의된 에이전트가 현재의 상태를 인식하여, 선택할 수 있는 행동 중 보상을 최대화하는 행동 혹은 행동 순서를 선택하는 방법으로 훈련을 잘 따르면 보상(reward)을 주고 못하면 벌(punishment)을 주어 감독관이 원하는 방향으로 학습시키는 방법이다.

① 기계 학습(Machine Learning)   ② 심층 학습(Deep Learning)
③ 전이 학습(Transfer Learning)   ④ 강화 학습(Reinforcement Learning)
⑤ 비지도 학습(Unsupervised Learning)

28. 다음 중 오픈소스 딥러닝 프레임워크로 볼 수 없는 것은?
① Python   ② Keras   ③ TensorFlow   ④ Theano   ⑤ Caffe

29. 다음과 같은 Keras CNN 모델의 R 코드 설명이 올바르지 않은 것은?

```
> toy.model <- model%>%
+     layer_conv_2d(input_shape = c(3, 3, 1),
+                   filters = 1, kernel_size = c(2, 2),
+                   padding = 'same') %>%
+     layer_max_pooling_2d(pool_size = c(2, 2))
```

① conv_2d 입력 크기는 3×3픽셀의 회색조 이미지이다.
② conv_2d의 필터의 크기는 2×2픽셀의 1개를 적용한다.
③ conv_2d 결과 출력의 크기는 2×2픽셀의 회색조 이미지이다.
④ pooling_2d 결과 출력의 크기는 2×2픽셀의 회색조 이미지이다.
⑤ pooling_2d에서 conv_2d의 출력 결과에서 2×2픽셀씩 이동하면 최댓값을 출력한다.

30. 빅데이터 딥러닝에서 과적합을 줄이는 방법으로 적절하지 않은 것은?
① 훈련 데이터를 늘린다.
② 훈련 반복 횟수를 늘린다.
③ 신경망 모델 구성에서 Dropout을 사용한다.
④ 딥러닝 신경망의 하이퍼 파라미터를 줄인다.
⑤ 훈련 데이터 증강(data augmentation)을 시행한다.

31. 기존 이미지의 변형(색상, 이동, 각도, 밝기, 뒤틀기 등)으로 훈련 이미지 수 증가시키는 기법으로 적절한 것은?

① image abstraction   ② image filtering   ③ image pooling
④ image convolution   ⑤ image augmentation

▌심화학습▌

1. 통계 분석과 데이터 마이닝 분석 기술의 차이를 설명하세요.

2. 데이터마이닝 지도 학습(supervised learning)과 비지도학습(unsupervised learning)의 차이를 기술하세요.

3. 다음과 같은 거래에서 조스와 더위사냥 품목의 연관규칙을 아프리오리 알고리즘(Apriori Algorithm)을 이용하여 구하세요.

   1. 이수영: {더위사냥, 조스, 메로나}
   2. 한송희: {더위사냥, 조스, 엔초}
   3. 김정수: {메로나, 요맘때}
   4. 최소진: {엔초, 조스}
   5. 이민주: {요맘때, 조스, 메로나, 엔초}
   6. 윤태준: {조스, 더위사냥}

   가. 지지도(Support)

   나. 신뢰도(Confidence)

   다. 향상도(Lift)

4. 다음과 같은 데이터에서 물음에 답하세요.

고객	등록 개월 수	연령
홍길동	8	32
한송희	12	35

   가. '홍길동'과 '한송희'의 유클리디안 거리(Euclidean Distance)를 구하세요.

   나. '홍길동'과 '한송희'의 맨해튼 거리(Manhattan distance)를 구하세요.

5. 다음과 같은 덴 도로 그램(Dendrogram) 그래프에서 3개의 군집으로 분류하세요.

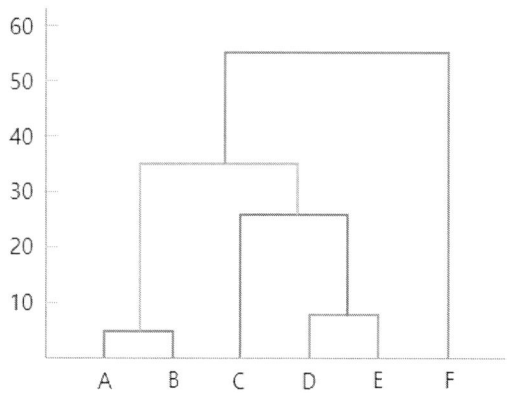

6. 어떤 노드의 구성이 다음과 같을 때 물음에 답하세요.

　가. 지니(Gini) 지수를 구하세요.

　나. 엔트로피(Entropy) 지수를 구하세요.

7. 다음과 같이 좌측의 의사결정나무 모델의 의사결정 규칙(Decision-Making Rules)을 논리식 IF ~ THEN ~ ELSE로 표현하세요.

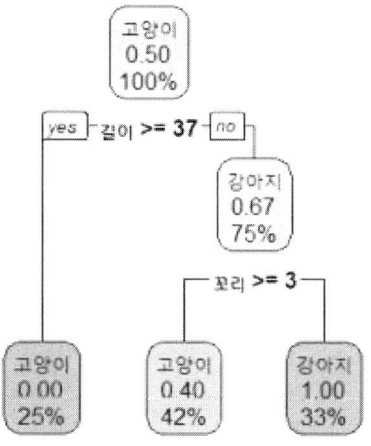

8. 머신러닝(Machine Learning)과 딥러닝(Deep Learning)의 차이를 기술하세요.

9. 다음과 같은 혼동행렬(confusion matrix)을 보고 물음에 답하세요.

```
Confusion Matrix and Statistics

          Reference
Prediction cat dog
       cat  8   4
       dog  2   6
```

가. 모델의 'cat' 예측 정밀도(precision)?

나. 모델의 'cat' 재현율(recall)?

다. 모델의 'cat' F1-Score?

라. 모델의 특이도(Specialty)?

마. 모델의 예측 정확성(accuracy)?

10. dataset 패키지에 있는 infert 데이터셋 이용하여 다음 그림과 같은 인공신경망 모델을 생성하는 R 코드를 제시하세요.

> infert는 자연유산과 인공유산 후의 불임에 관한 사례-대조 연구 자료로 8개의 변수와 248개의 관측치를 가지고 있다. 반응변수 case 변수는 1: 사례, 0: 대조를 나타낸다.

[힌트] neuralnet::neuralnet() 함수 이용

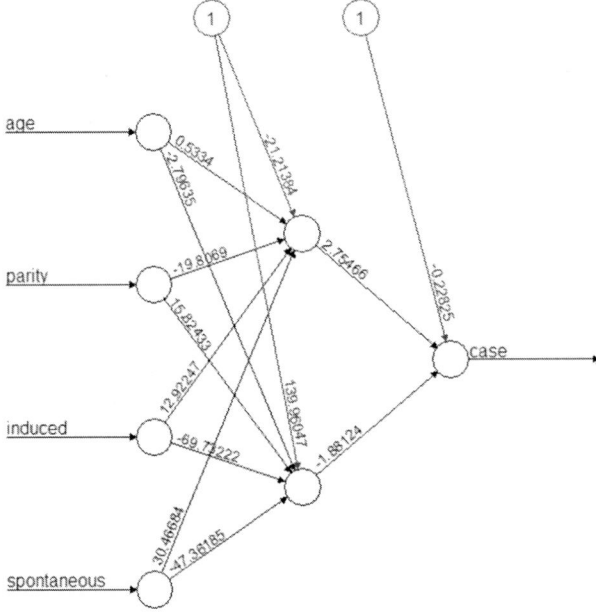

11. 다음과 같은 인공신경망 모델 R 코드를 보고 물음에 답하세요.

```
> levels(iris$Species)
[1] "setosa"     "versicolor" "virginica"
> iris.neuralnet<- neuralnet(
+     formula = Species ~ Sepal.Length+Sepal.Width+Petal.Length+Petal.Width
+     data = iris_train,
+     stepmax = 1e+05,
+     hidden = c(5, 5),
+     algorithm = 'rprop+',
+     act.fct = "tanh"
)
```

가. 입력 노드의 수?

나. 출력 노드의 수?

다. 최대 반복 훈련 횟수?

라. 인공신경망 모델의 파라미터 총수는?

마. 'rprop+'의 역할은?

바. act.fct= "tanh"의 역할은?

12. 다음과 같은 합성곱 신경망(CNN) R 코드를 보고 물음에 답하세요.

```
> (image <- array(0:8, dim = c(3, 3, 1)))
, , 1
     [,1] [,2] [,3]
[1,]   0    3    6
[2,]   1    4    7
[3,]   2    5    8
> (weight <- array(c(1, 0, 0, 1), dim = c(2, 2, 1)))
, , 1
     [,1] [,2]
[1,]   1    0
[2,]   0    1
> weight <- initializer_constant(weight)
> library(keras)
> model <- keras_model_sequential()
> model <- model %>%
+   ㉠ layer_conv_2d(input_shape = c(3, 3, 1),
```

```
+                      filters = 1, kernel_size = c(2, 2),
+                      padding = 'same',
+                      kernel_initializer = weight) %>%
+   ㉯ layer_max_pooling_2d(pool_size = c(2, 2))
> model <- model %>%
+   ㉰ layer_flatten() %>%
+   ㉱ layer_dense(units = 100, activation = "relu") %>%
+   ㉲ layer_dropout(0.3) %>%
+   ㉳ layer_dense(units = 3, activation ="softmax")
```

가. ㉮의 이미지(image)와 가중치(weight)를 적용했을 때 합성곱(Convolution) 연산 결과의 특징 맵(Feature Map)를 기술하세요.

나. ㉮의 특징맵에서 ㉯의 MaxPooling 결과 특징맵(Feature Map)을 기술하세요.

다. ㉰의 Flatten 결과 입력 파라미터(parameter) 수를 기술하세요.

라. ㉱의 은닉층(Hidden layer)의 노드 수를 기술하세요.

마. ㉱의 activation = "relu"를 설명하세요.

바. ㉲의 'layer_dropout(0.3)'을 기술한 이유를 기술하세요.

사. ㉳의 출력층의 노드 수를 기술하세요.

아. 은닉층㉱와 출력층㉳사이에 파라미터(가중치) 수를 기술하세요(소수점 무시).

자. ㉳의 activation ="softmax"를 설명하세요.

13. 다음과 같은 사과 품종별 무게, 당도, 산도, 색상 비교표를 보고 물음에 답하세요.

품종	무게	당도	산도	색상
미시마	396	16.3	0.39	홍색
미시마	409	14.2	0.39	홍색
미시마	408	14.1	0.39	홍색
미시마	380	16.7	0.38	홍색
미시마	391	16.8	0.41	홍색
아오리	286	12.9	0.31	청색
아오리	251	12.1	0.32	청색
아오리	282	15	0.29	청색
아오리	238	13.5	0.31	청색
아오리	298	13.3	0.38	청색
홍옥	256	13.4	0.69	적색
홍옥	224	12.1	0.73	적색

홍옥	211	13.4	0.64	적색
홍옥	235	14.2	0.65	적색
홍옥	239	12.3	0.72	적색
후지	407	13.6	0.4	적색
후지	392	15.6	0.38	적색
후지	394	13	0.38	적색
후지	381	14.2	0.4	적색
후지	384	13.3	0.41	적색

가. R 데이터프레임(data.frame)으로 변경하기 위한 R 코드를 제시하세요(품종과 색상 열은 팩터(factor)).

나. 요약 통계량을 구하는 R 코드와 결과를 제시하고 간단히 설명하세요.

다. 훈련(train)/시험(test) 데이터셋에서 '품종'별 2개씩 층화 임의추출을 위한 R 코드를 작성하세요.

라. 훈련 데이터셋을 이용하여 사과의 무게, 당도, 산도, 색상에 따른 다음과 같은 분류 모델을 각각 생성하세요.

   (1) 의사결정 나무(가지치기 포함)

   (2) 인공신경망

마. '다'에서 생성된 시험 데이터셋을 이용하여 '의사결정 나무'와 '인공신경망' 분류 모델을 예측한 결과를 제시하고 설명하세요.

바. '의사결정 나무'와 '인공신경망' 분류 예측 결과를 혼동행렬(Confusion Matrix)로 출력하기 위한 R 코드와 결과를 제시하고 다음과 같은 성능지표를 비교 설명하세요.

   (1) 아오리 정밀도(precision)?

   (2) 아오리 재현율(recall)?

   (3) 아오리 F-Score)?

   (4) 모델의 정확도?

14. 다음과 같은 손글씨 이미지 데이터셋 MNIST에 딥러닝 신경망 모델을 제시하세요.

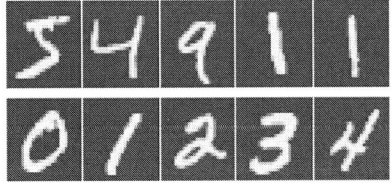

빅데이터 분석
기획과 실무

Chapter

13

비정형 데이터 마이닝

13.1 텍스트 마이닝
13.2 웹 마이닝
13.3 소셜 미디어 마이닝
연습문제

Chapter. 13
비정형 데이터 마이닝

비정형 데이터란 일정한 형식을 갖추지 않고 저장된 데이터의 집합체를 의미한다. 대부분의 비정형 데이터는 소셜 미디어(social media)에 개인의 생각이나 의견, 제안이나 평가 등을 공유하거나 교환하기 위하여 기록된 자료이다. 소셜 미디어는 트위터, 페이스북, 인스타그램, 블로그 등의 주요 소셜 미디어뿐만 아니라 포털, 언론사, 전자상거래 등 다양한 디지털 서비스 플랫폼을 포함한다. 많은 조직과 기업은 소셜 미디어 비정형 데이터 가치에 더욱 주목하면서 많은 양의 데이터를 보유하게 되었다.

대부분의 비정형 데이터는 텍스트(text), 웹(web), 로그(log), 관계(log) 데이터로 정련화(refinement)를 거쳐 정형 데이터로 변경한다([그림 13-1]).

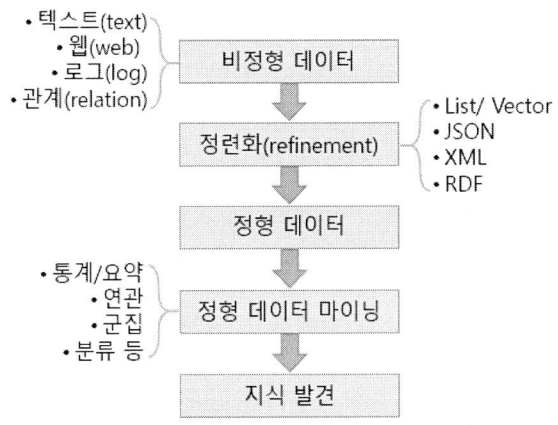

[그림 13-1] 비정형 데이터 마이닝 과정

비정형 데이터 마이닝의 기법을 활용 목적에 따라 분류하면 텍스트 마이닝(text mining), 소셜미디어 분석(social media analysis), 오피니언 마이닝(opinion mining), 감성분석(sentiment analysis), 사회연결망 분석(social network analysis: SNA), 웹 마이닝(web mining), 웹로그 분석(web usage analysis) 등이 있다.

13.1 텍스트 마이닝

텍스트 마이닝(Text Mining)이란 인터넷 자료, 이메일, 여러 분야의 논문, 신문 또는 잡지의 기사, 여론조사 보고서 등 우리 실생활 속에서 생성되는 대규모 텍스트 데이터로부터 자연어처리

(Natural Language Processing: NLP) 방식을 이용하여 새로운 패턴(pattern)과 연계성을 발견하거나, 분류 혹은 군집화, 요약 등을 통하여 숨겨진 의미를 발굴하려는 기법이다. 텍스트 마이닝은 다른 말로 텍스트 분석(Text Analysis), 텍스트 데이터베이스 지식 발견(Knowledge Discovery in Textual Database), 문서 마이닝(Document Mining) 등으로 불리기도 한다.

R에서 텍스트 마이닝 절차는 다음과 같은 단계로 이루어진다.

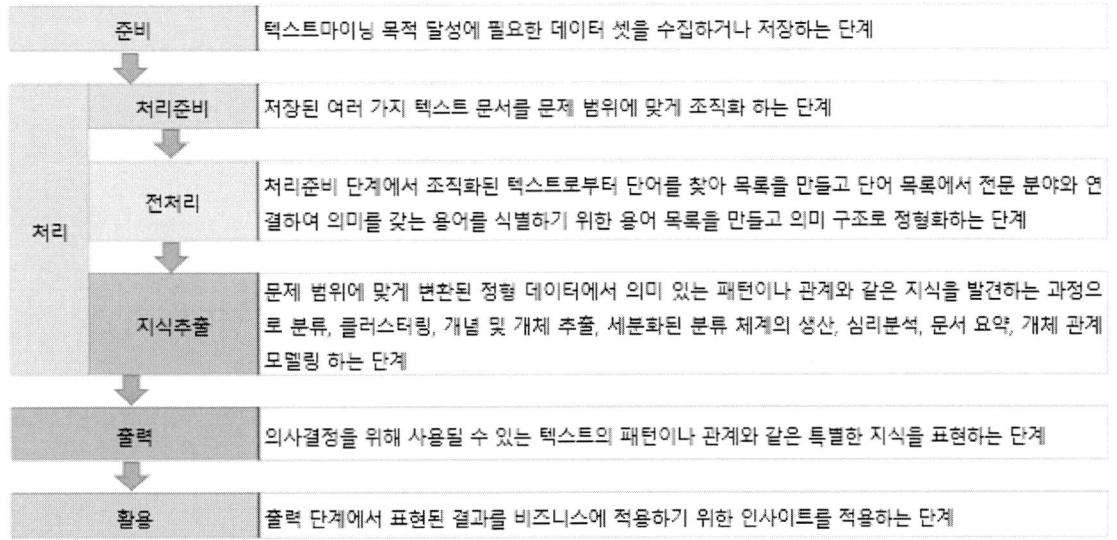

[그림 13-2] 텍스트 마이닝 절차

- (텍스트 불러오기) 트위터와 같은 SNS에 게시된 글이나 뉴스 기사, 연설문, 각종 리뷰나 분석에 사용할 수 있는 텍스트 자료를 크롤링(Crawling)이나 API 방식 등으로 수집하는 단계이다.
- (텍스트 전처리) 수집된 텍스트에서 의미 없는 기호나 숫자, 문장부호, 불용어 등과 같이 분석에 유의하지 않은 것들을 제거하거나 변형하여 분석에 적합하도록 변환하는 단계이다.
- (사전 설치) 텍스트 마이닝을 위한 사전을 설치한다.
- (텍스트 명사 추출) 텍스트 문서를 스캔하여 사전에 있는 명사를 추출하여 단어집을 생성한다.
- (토픽 분석) 생성된 단어집에서 명사별 빈도수를 계산하거나
- (시각화) 단어의 빈도수를 이용하여 막대그래프(barplot) 및 워드클라우드(Wordcloud) 등으로 시각화 단계이다.

텍스트 마이닝의 주요 기법은 정보 검색과 자연어처리가 있다. 정보 검색은 정보 검색에 대상이 되는 수치 정보, 사실 정보, 문서 정보, 탐색 정보, 그림 정보, 음성 등과 같은 다양한 형태의 정보를 수집, 분석, 가공, 축적하여 의사결정에 사용할 때 적용한다. 자연어처리는 인간 사회 형성과 함께 자연 발생적으로 생겨나고 진화한 의사소통 언어 말뭉치(corpus)로부터 어휘(lexical), 구문(syntactic), 의미(semantic)에 관한 지식을 사용해서 문어(document language) 처리하거나 음성에서 발생하는 애매모호함을 비롯한 음성학(phonology)에 대한 부가적인 지식이 필요한 구어(spoken language)를 처리하는 기법이다. 말뭉치(Corpus)는 언어 연구를 위해 텍스트를 컴퓨터가 읽을 수 있는 형태로 모아 놓은 언어 자료이다. 한글 자연어처리를 위하여 주로 KoNLP(Korea

Natural Language Processing) 한글 형태소 사전을 사용한다. 한글 형태소 사전은 세종 한국어 사전 useSejongDic()나 한국정보화진흥원에서 제공하는 150만 단어를 가진 형태소 사전 NIADic()를 사용한다.

텍스트 마이닝의 주요 기법은 특징 추출, 텍스트 범주화, 군집화, 연관분석 등이 있다([표 13-1]).

[표 13-1] 텍스트 마이닝 주요 기법

기법	내용
특징 추출	자연어처리 기법을 이용하여 문서로부터 대표적인 용어나 지식을 추출하는 것으로 크게 용어 추출(term extraction)과 정보 추출(information extraction)하는 기법
텍스트 범주화	사전에 정해진 분류 규칙에 따라 문서를 분류하는 것으로 규칙 기반, 기계 학습 등의 기법
군집화	텍스트의 집단을 내용의 유사도에 따라서 여러 개의 소집단으로 분류하는 기법
연결 분석	상호적 연관관계를 시각적으로 표현함으로써 데이터의 숨겨진 패턴을 쉽고 다양하게 접근할 수 있도록 하는 기법

간단한 텍스트 데이터를 이용하여 R 텍스트 마이닝 과정을 살펴보자.

 13-1-1-1: 텍스트 마이닝

```
> # (1) 텍스트 데이터 준비
> txt <- "빅데이터 분석 실무 123 교과에 오신 것을 환영합니다(^.^)
+         빅데이터 정의는 여러 디지털 매체로부터 빠르게 생성되는
+         다양한 종류의 대규모 데이터와 데이터로부터 새로운 가치 발견과
+         인사이트 가치를 창출하려는 기술과 인력까지 포함한 개념이다.
+         그럼 지금부터 빅데이터 가치 인사이트 여행을 떠나 봅시다. Ok?"
> str(txt)
 chr "빅데이터 분석 실무 123 교과에 오신 것을 환영합니다(^.^)  \n빅데이터 정의는 여러 디지털 매체로부터 빠르"| __truncated__
> summary(txt)
    Length     Class      Mode
         1 character character
> # (2) 텍스트 마이닝 전처리
> txt1 <- gsub(pattern = '[~!@#$^&()_+?.]', '', txt)
> txt1 <- gsub(pattern = '[^a-zA-Z가-힣0-9]+', ' ', txt1) # 영문자/한글/숫자
> txt1 <- gsub(pattern = '[a-zA-Z]', '', txt1) # 영문자 소문자 제거
```

```
> txt1 <- gsub(pattern = '[0-9]', '', txt1) # 영문자 소문자 제거
> txt1
```
[1] "빅데이터 분석 실무 교과에 오신 것을 환영합니다 빅데이터 정의는 여러 디지털 매체로부터 빠르게 생성되는 다양한 종류의 대규모 데이터와 데이터로부터 새로운 가치 발견과 인사이트 가치를 창출하려는 기술과 인력까지 포함한 개념이다 그럼 지금부터 빅데이터 가치 인사이트 여행을 떠나 봅시다 "

```
> # (3) 한글 사전 설치
> if(!require("remotes")) install.packages("remotes")
> library(remotes)
> if(!require("haven-jeon/KoNLP")) install_github("haven-jeon/KoNLP")
> library(KoNLP)
> useSejongDic() # 세종 한국어 사전
```
Backup was just finished!
370957 words dictionary was built.

```
> user_words <- c('인사이트', '디지털') # 새로 추가할 단어
> user_words_df <- data.frame(user_words, rep('ncn', length(user_words)))
> buildDictionary(ext_dic='sejong', user_dic = user_words_df)
```
370965 words dictionary was built.

```
> get_dictionary('user_dic')
```
     term tag
1 인사이트 ncn
2 디지털 ncn

```
> # (4) 텍스트에서 사전에 있는 명사 추출
> .libPaths() # scala-library-2.11.8.jar 다운로드 KoNLP/library/java/. 복사
```
[1] "C:/Users/user/AppData/Local/R/win-library/4.3"
[2] "C:/rproject/R-4.3.1/library"

```
> txt2 <- extractNoun(txt1) # 명사 추출
> txt2 <- unlist(txt2) # 벡터로 변환
> txt2 <- txt2[nchar(txt2)>=2 & nchar(txt2)<=6] # 2~6글자의 단어만 추출
> txt2
```
 [1] "빅데이터" "분석"   "실무"   "교과"   "환영"   "빅데이터"
 [7] "디지털" "매체"   "생성"   "다양"   "종류"   "대규모"
[13] "데이터" "데이터" "가치"   "발견"   "인사이트" "가치"
[19] "창출"   "기술"   "인력"   "포함"   "개념"   "빅데이터"

```
[25] "가치"      "인사이트" "여행"     "봅시"
> # (4) 빈도수 계산
> txt3 <- table(txt2) # 빈도수 계산
> txt3 <- sort(x = txt3, decreasing = T) # 빈도수별 내림차순 정렬
> txt3
txt3
    가치 빅데이터    데이터 인사이트      개념      교과      기술      다양
       3         3         2         2         1         1         1         1
    대규모   디지털      매체      발견      봅시      분석      생성      실무
       1         1         1         1         1         1         1         1
      여행      인력      종류      창출      포함      환영
       1         1         1         1         1         1
> # (5) 텍스트 마이닝 결과 시각화(파이 그래프 및 워드 클라우드
> pie(txt3, col = rainbow(12, s=0.5), cex = 0.85)
[그림 13-3]
> if(!require("wordcloud2")) install.packages("wordcloud2")
> library(wordcloud2)
> wordcloud2(data = txt3, shape='circle',
+            size=0.4, backgroundColor='white')
[그림 13-4]
```

텍스트 마이닝 기법을 설명하기 위하여 간단한 빅데이터 개념은 텍스트를 직접 입력하였다. 실무에서는 트위터 등과 같은 SNS에서 의견이나 품평, 댓글 등의 데이터를 크롤링하거나 API 방식 등으로 가져와야 한다. 다음은 읽어온 텍스트 데이터를 분석에 맞도록 전처리해야 한다. 주로 텍스트 데이터 전처리는 텍스트에서 특수문자, 영문자, 숫자 등 분석에 필요하지 않은 불용어를 제거하거나 변환하는 과정이다.

전처리한 한글 텍스트 데이터의 자연어처리(Natural Language Processing: NLP)를 위하여 한글 사전을 설치한다. 한글 사전은 세종 한국어 사전 useSejongDic(), 혹은 NIA에서 추가한 useNIADic()을 사용할 수 있다. 한글 텍스트 데이터에서 extractNoun() 함수를 이용하여 한글 사전에 있는 명사를 추출하여 리스트(list) 구조로 저장한다. 그리고 리스트(list) 구조의 명사 세트를 unlist() 함수를 이용하여 벡터(vector) 구조로 변경한다. 명사 세트 벡터에서 단어가 2개 이상 6개 이하 단어만 추출한 결과를 txt2에 저장한다.

명사 세트 벡터 txt2에서 있는 각각의 명사별로 빈도수를 계산한다. 그리고 명사별 빈도수를 pie() 함수로 시각화한 것은 [그림 13-3]과 같다.

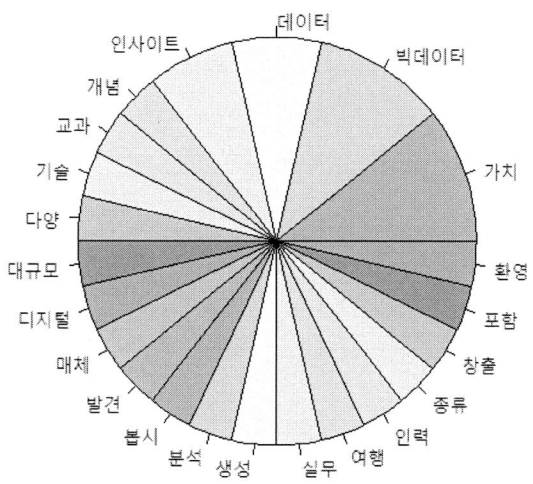

[그림 13-3] 텍스트 마이닝 파이 그래프

명사별 빈도수별 워드클라우드(wordcloud) 시각화한 것은 [그림 13-4]와 같다.

[그림 13-4] 텍스트 마이닝 워드클라우드

13.2 웹 마이닝

1. 웹 콘텐츠 마이닝

웹 콘텐츠 마이닝(Web Contents Mining)은 웹페이지에서 유용한 데이터, 정보 지식을 마이닝하고 추출하고 통합하는 것으로 정형 데이터 이외에도 통계를 기반으로 하여 모은 단어 특징에 따라 훈련시킨 텍스트에서 발견되는 단어와 같은 비정형 데이터 그리고 문서 내부에서 HTML 구조를 유용하게 만드는 태그들과 문서들 사이의 관계를 나타내는데 용이한 하이퍼링크 구조와 같은 반정형 데이터 등 폭넓은 웹 데이터를 분석 대상으로 한다.

웹 콘텐츠 마이닝은 자연어처리(NLP: Natural Language Processing) 기반 정보 추출 방법과 와퍼 기반 정보 추출 기법이 있다. 자연어처리 기반 정보 추출 기법은 형태소 분석 및 구문 분석과 같은 언어처리 기술을 기반으로 문서의 내용을 분석하여 주어진 주제 영역에서 유용한 정보를 추출하고 저장하는 방법이다. 한편, 와퍼 기반 정보 추출은 인터넷상에 존재하는 정보 소스들의 규칙을 생성하도록 하는 것으로 주어진 URL에 대한 웹 문서를 정련한 뒤, 도메인 지식과 휴리스틱을 이용해 반복 패턴을 찾아낸 후 주로 XML 형태의 문서로 이 패턴을 인식하는 와퍼(Wrapper) 규칙을 표현하는 방법이다.

웹 콘텐츠 마이닝 시각화 예는 [그림 13-5]와 같다.

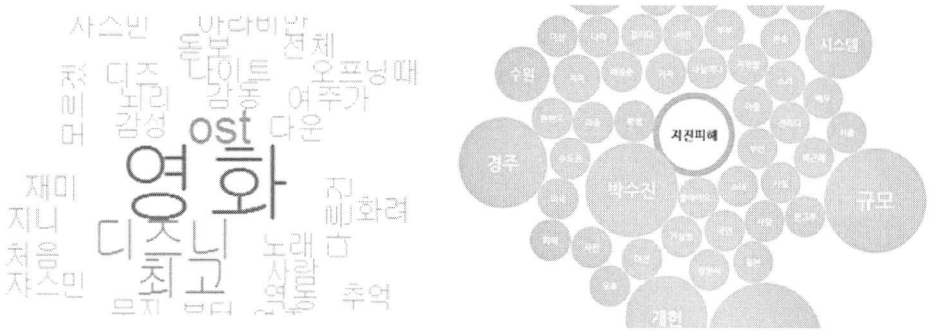

[그림 13-5] 웹 콘텐츠 마이닝 시각화 예

2. 웹 사용 마이닝

웹 사용 마이닝은 웹상에서 사용자가 찾고자 했던 것을 기록하고 있는 웹 서버 로그에서 유용한 정보를 추출하는 기법으로 분석을 위해 사용하는 데이터는 웹 서버에서 수집되는 IP주소, 페이지 참조 사항, 접근시간 등과 같은 사용자 로그에서 해당하는 웹 서버 데이터, 전자상거래와 관련하여 여러 가지 종류의 행동 이벤트를 추적하고 이것을 애플리케이션 서버 로그로 기록할 수 있게 하는 중요한 특징에 해당하는 애플리케이션 서버 데이터를 대상으로 한다.

웹 로그에는 주로 방문자 IP주소, 방문 시간, 요청 방법, 요청 페이지, 요청 프로토콜, 요청 상태 등의 정보를 가지고 있다. NCSA 웹 로그 파일 예시는 [그림 13-6]과 같다.

```
210.93.18.102 - - [23/Nov/2020:12:48:48 +0900] "GET /web2e/e1912999/list.jsp HTTP/1.1" 200 7369
210.93.18.102 - - [23/Nov/2020:12:48:48 +0900] "GET /favicon.ico HTTP/1.1" 200 21630
210.93.18.128 - - [23/Nov/2020:12:48:49 +0900] "GET /web2e/e1912048/ HTTP/1.1" 200 253
210.93.18.128 - - [23/Nov/2020:12:48:49 +0900] "GET /web2e/e1912048/list.jsp HTTP/1.1" 200 7369
210.93.18.105 - - [23/Nov/2020:12:48:50 +0900] "GET /web2e/e1912051/ HTTP/1.1" 200 253
210.93.18.105 - - [23/Nov/2020:12:48:50 +0900] "GET /web2e/e1912051/list.jsp HTTP/1.1" 200 7315
210.93.18.118 - - [23/Nov/2020:12:48:52 +0900] "GET /web2e/e1912090 HTTP/1.1" 302 -
210.93.18.118 - - [23/Nov/2020:12:48:52 +0900] "GET /web2e/e1912090/ HTTP/1.1" 200 253
210.93.18.118 - - [23/Nov/2020:12:48:52 +0900] "GET /web2e/e1912090/list.jsp HTTP/1.1" 200 7470
210.93.18.109 - - [23/Nov/2020:12:48:52 +0900] "GET /web2e/e1912087/list.jsp HTTP/1.1" 200 7441
210.93.18.116 - - [23/Nov/2020:12:48:53 +0900] "GET /web2e/e1912079/ HTTP/1.1" 200 253
210.93.18.116 - - [23/Nov/2020:12:48:53 +0900] "GET /web2e/e1912079/list.jsp HTTP/1.1" 200 7434
210.93.18.128 - - [23/Nov/2020:12:48:56 +0900] "GET /web2e/e1912048/writefrm.jsp HTTP/1.1" 302 -
210.93.18.128 - - [23/Nov/2020:12:48:56 +0900] "GET /web2e/e1912048/logform.jsp HTTP/1.1" 200 1876
210.93.18.118 - - [23/Nov/2020:12:48:58 +0900] "GET /web2e/e1912090/read.jsp?id=19 HTTP/1.1" 200 4893
210.93.18.118 - - [23/Nov/2020:12:49:00 +0900] "GET /web2e/e1912090/writefrm.jsp HTTP/1.1" 302 -
210.93.18.118 - - [23/Nov/2020:12:49:00 +0900] "GET /web2e/e1912090/logform.jsp HTTP/1.1" 200 1876
```

[그림 13-6] NCSA 웹 로그 파일 예시

웹 사용 마이닝 기법은 클릭 스트림 데이터 마이닝(click stream data mining)과 순차 패턴 마이닝(Sequential pattern mining)이 있다. 클릭 스트림 데이터 마이닝 기법은 사용자의 행위 정보를 순서관계로 분석하는 것이다. 그리고 순차 패턴 마이닝은 순차적으로 발생하는 데이터셋으로부터 순차 패턴을 탐색하는 데 목적이 있으며, 분석 대상 데이터셋 및 출현 빈도수의 임계치(threshold)가 주어졌을 때, 해당 임계치 이상의 출현 빈도수를 갖는 모든 순차 패턴을 발견하는 기법이다. 웹 사용 마이닝 시각화 예는 [그림 13-7]과 같다.

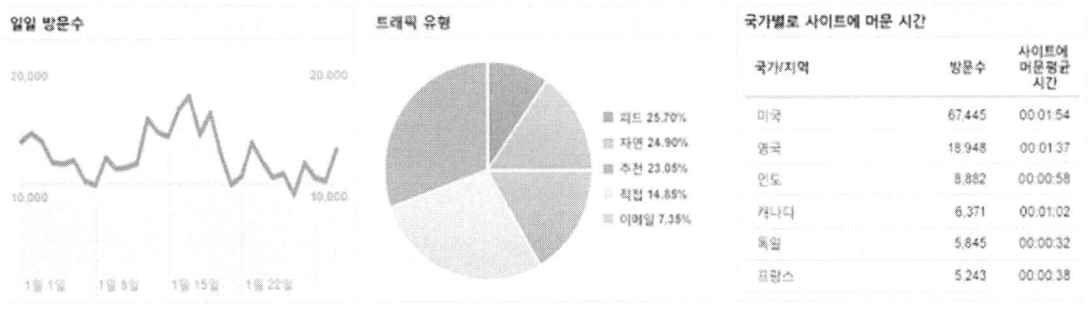

[그림 13-7] 웹 사용 마이닝 시각화 예

13.3 소셜 미디어 마이닝

1. 오피니언 분석

오피니언 마이닝은 포털의 게시판, 블로그, 쇼핑몰 등과 같은 대규모의 웹 문서로부터 어떤 사안이나 인물, 이슈, 이벤트 등을 추출하여 의견이나, 평가, 태도 감정 등가 같은 주관적인 정보 기반으로 긍정(positive) 부정(negative)으로 식별하고 추출하는 것으로 오피니언 분석(Opinion Mining), 평판 분석(Reputation Analysis), 정서 분석(Sentimental Analysis) 이라고도 한다. 오피니언 마이닝은 기법은 긍정 또는 부정을 표현하는 단어를 추출하고 세부 평가 요소와 오피니언으로 구성된 문장을 구성한다. 그리고 긍정 및 부정 표현의 수 및 중요 문장을 추출하고 요약한다.

오피니언 마이닝 결과는 다음과 같은 분야에서 활용된다.
- 온라인 쇼핑몰에서 잠재 구매자의 상품 평가 활용 효율을 높이기 위해 상품 평가 데이터 순위를 결정
- 영화 관람의 후기를 요약하고 긍정, 부정을 평가
- 법률적 이슈에 대한 모니터링
- 기업의 위기를 인식하고 위기에 대응할 수 있는 위기관리 모델 개발
- SNS에서 실시간적으로 핫 토픽(Hot topic)을 추출하고 오피니언의 흐름을 분석하여 이벤트, 마케팅, 트랜드 분석(trand analysis)
- 트위터에서 감지되는 시장 분위기를 이용하여 경기동향, 물가, 주가 등의 흐름 예측 등

오피니언 분석에 대한 예제 R 코드 및 실행 결과는 다음과 같다.

 13-3-1-1: 오피니언 마이닝 예

```
> # (1) 텍스트 데이터 준비
> txt <- "사랑은 오래 참고 사랑은 온유하며 시기하지 아니하며
+         사랑은 자랑하지 아니하며 교만하지 아니하며 무례히
+         행하지 아니하며 자기의 유익을 구하지 아니하며
+         성내지 아니하며 악한 것을 생각하지 아니하며 불의를
+         기뻐하지 아니하며 진리와 함께 기뻐하고 모든 것을
+         참으며 모든 것을 믿으며 모든 것을 바라며 모든 것을
+         견디느리라. (성경의 고린도 전서 13장)"
> # (2) 텍스트 마이닝 전처리(Corpus 생성 및 불용어 처리)
> if(!require("tm")) install.packages("tm")
> library(tm)
> mycorpus <- Corpus(VectorSource(txt))
> deletedWords <- c('성경', '고린도 전서') # 특정 단어 제거
> mycorpus <- tm_map(mycorpus, removeWords, deletedWords)
> mycorpus <- tm_map(mycorpus, removePunctuation) # 구두점 제거
> mycorpus <- tm_map(mycorpus, removeNumbers) # 숫자 제거
> mycorpus <- tm_map(mycorpus, stripWhitespace) # 여러 공백 제거
> mycorpus <- tm_map(mycorpus, removeWords, stopwords('english'))
> mycorpus <- tm_map(mycorpus, tolower) # 영문자 소문자로 변환
> inspect(mycorpus)
```

<<SimpleCorpus>>
Metadata: corpus specific: 1, document level (indexed): 0
Content: documents: 1

[1] 사랑은 오래참고 사랑은 온유하며 시기하지 아니하며 사랑은 자랑하지 아니하며 교만하지 아니하며 무례히 행하지 아니하며 자기의 유익을 구하지 아니하며 성내지 아니하며 악한 것을 생각하지 아니하며 불의를 기뻐하지 아니하며 진리와 함께 기뻐하고 모든 것을 참으며 모든 것을 믿으며 모든 것을 바라며 모든 것을 견디느리라 성경의 장

```
> # (3) 텍스트에서 단어 추출(텍스트 토큰화)
> if(!require("tidyverse")) install.packages("tidyverse")
> library(tidyverse)
```

```
> if(!require("tidytext")) install.packages("tidytext")
> library(tidytext)
> txt1 <- as.character(mycorpus)[1]
> txt1 <- tibble(text = txt1)
> txt1 <- unnest_tokens(txt1,
+                       output = word,
+                       input = text,
+                       token = 'words',
+                       format = "text",
+                       to_lower = TRUE)
> # (4) 단어별 빈도수 계산 후 정렬
> txt2 <- count(txt1, word, sort = T)
> txt2 <- mutate(txt2, word = reorder(word, n))
> print(txt2, n = 10)
```

```
# A tibble: 28 × 2
   word           n
   <fct>       <int>
 1 아니하며        8
 2 것을           5
 3 모든           4
 4 사랑은          3
 5 견디느리라       1
 6 교만하지        1
 7 구하지          1
 8 기뻐하고        1
 9 기뻐하지        1
10 무례히         1
```

```
> # (5) 단어 빈도수 시각화(바챠트 및 워드클라우드)
> if(!require("ggplot2")) install.packages("ggplot2")
> library(ggplot2)
> ggplot(txt2[1:10,], aes(x = word, y = n, fill = word)) +
+      geom_bar(stat = "identity") +
+      coord_flip() +
+      geom_text(aes(label=n), hjust = 2, vjust= 0, size=4) +
+      xlab("단어") + ylab("빈도 수") +
```

```
+          ggtitle("단어별 빈도수 막대 그래프")+
+          theme(plot.title = element_text(size=22, hjust = 0.5, face='bold')) +
+          theme(legend.position = "none")
```

[그림 13-8]

```
> if(!require("wordcloud2")) install.packages("wordcloud2")
> library(wordcloud2)
> wordcloud2(txt2, shape='circle', size=0.6, backgroundColor='white')
```

[그림 13-9]

```
> # (6) 감정 사전 설치 및 처리(군산대 )
> setwd('c:/rproject/rdata') # 설치 디럭터리 설정
> if (!file.exists("data")){
+   dir.create("data")
+ }
> url_v <- "https://github.com/park1200656/KnuSentiLex/archive/refs/heads/master.zip"
> dest_v <- "data/knusenti.zip"
> download.file(url = url_v, destfile = dest_v,
+               mode = "wb")
> list.files("data/.")
```

[1] "knusenti.zip"   "KnuSentiLex-master"

```
> unzip("data/knusenti.zip", exdir = "data")
> list.files("data/KnuSentiLex-master/")
```

[1] "data"   "KnuSentiLex"
[3] "knusl.py"   "neg_pol_word.txt"
[5] "obj_unknown_pol_word.txt" "pos_pol_word.txt"
[7] "README.md"   "ReadMe.txt"
[9] "SentiWord_Dict.txt"

```
> senti_file_list <- list.files("data/KnuSentiLex-master/",
+                               full.names = TRUE)
> knu_dic_df <- read_tsv(senti_file_list[9], col_names = FALSE)
```

Rows: 14855 Columns: 2
── Column specification ─────────────────────────
Delimiter: "\t"
chr (1): X1
dbl (1): X2

ⓘ Use `spec()` to retrieve the full column specification for this data.
ⓘ Specify the column types or set `show_col_types = FALSE` to quiet this message.
Warning message:
One or more parsing issues, call `problems()` on your data frame for details, e.g.:
  dat <- vroom(...)
  problems(dat)

```
> knu_dic_df <- knu_dic_df %>%
+   rename(word = X1, score = X2)
> glimpse(knu_dic_df)
```
Rows: 14,855
Columns: 2
$ word <chr> "(-;", "(;_;)", "(^^)", "(^-^)", "(^^*", "(^_^)", "(^_^;", "(^o^…
$ score <dbl> 1, -1, 1, 1, 1, 1, -1, 1, -1, -1, -1, -1, 1, 1, 1, 1, 1, -1, 1,
이하 출력 내용 생략

```
> # (7) 감정 사전 추가
> senti_dic_df <- knu_dic_df %>%
+   mutate(word  = ifelse( is.na(score), "아니하며", word),
+          score = ifelse( is.na(score), 1, score) )
> # (8) 텍스트 감정 사전과 결합
> # semi_join  anti_join inner_join left_join  right_join full_join
> senti_df <- inner_join(txt2, senti_dic_df)
Joining with `by = join_by(word)`
> # (9) 긍정(positive) 및 부정(negative)으로 구분
> senti_df <- mutate(senti_df,
+                    emotion = case_when( score >= 1 ~ "긍정",
+                                         score <= -1 ~ "부정",
+                                         TRUE ~ "보통"))
> table(senti_df$emotion) # 긍정 및 부정 표시
부정 보통 긍정
   1   23    4
> sum(senti_df$score, na.rm = T) # 감정 점수 표시
[1] 3
```

텍스트 마이닝 기법을 설명하기 위하여 간단한 빅데이터 개념은 텍스트를 직접 입력하였다. 실무에서는 트위터 등과 같은 SNS에서 의견이나 품평, 댓글 등의 데이터를 크롤링하거나 API 방식 등으로 가져와야 한다.

다음은 읽어온 텍스트 데이터를 분석에 맞도록 전처리해야 한다. 데이터 전처리를 위하여 읽어온 텍스트를 말뭉치(Corpus)로 변환한다. 사실 글자(character)가 모여 단어(term)를 구성하고 단어들이 모여서 문서(documentation)가 된다. 이러한 문서를 모인 것인 말뭉치(Corpus)라고 한다. 대부분 텍스트 마이닝은 여러 개의 문서를 모은 말뭉치를 대상으로 분석한다. 코퍼스는 텍스트 마이닝 절차 중 데이터의 선택, 변환, 통합, 정제를 거친 구조화된 단위로 더 이상 추가적인 절차 없이 곧바로 텍스트 마이닝에 적용될 수 있는 상태를 의미한다. 텍스트 마이닝(text mining: tm) 패키지에서 관리하는 여러 텍스트 문서의 집합을 의미한다. 코퍼스는 저장장소를 처리하는 DirSource() 함수와 벡터값을 다루는 VectorSource()함수, 그리고 데이터프레임을 다루는 DataframeSource() 함수가 있다. 여기서는 읽어온 텍스트 파일을 벡터 소스로 변환하여 코퍼스를 생성했다. 생성된 코퍼스에서 특정 단어, 구두점, 숫자, 공백 제거 등 분석에 유효하지 않은 값들을 불용어 처리했다. typdytext::unnest_tokens() 함수를 이용하여 코퍼스 텍스트를 구문분석(parsing)하여 단어(words)를 추출하였다. 그리고 단어의 빈도수를 구하였다.

단어 빈도수가 높은 것으로부터 10개 순위를 barplot() 함수로 시각화한 것은 다음과 같다.

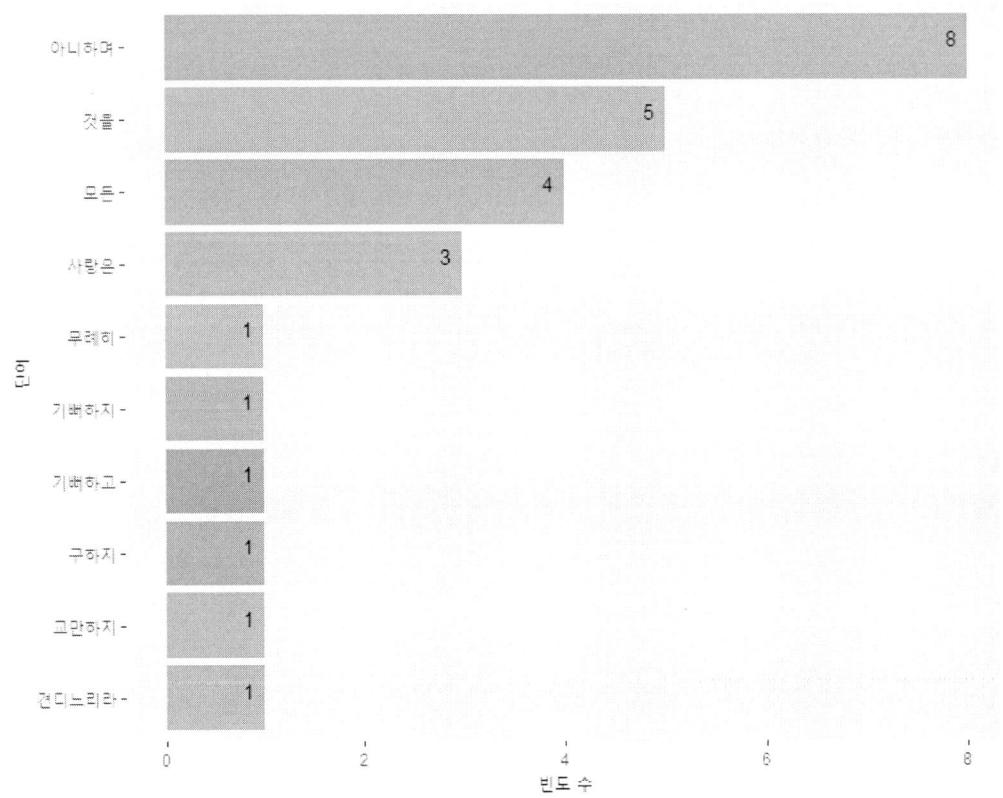

[그림 13-8] 감정 분석 진도 막대그래프

텍스트 단어들의 빈도수별 워드클라우드(wordcloud) 시각화는 다음과 같다.

[그림 13-9] 감정 분석 워드클라우드

예제 텍스트 데이터(성경의 고린도 전서 13장)에서 긍정은 4, 부정은 1, 보통 23이고 감정 점수는 3으로 긍정의 표현이 우세한 것을 알 수 있다.

2. 사회연결망 분석

페이스북이나 트위터 등과 같은 소셜 미디어 플랫폼에서 사용자들 간에 콘텐츠 유통 경로 및 확산 추이를 살펴보기 위해 자주 사회연결망 분석을 시행한다. 즉 트위터에서 영향력을 측정하기 위해서는 팔로워(follower), 팔로잉(following)과 트윗(tweets)과 같은 연결망 정보가 필요하다. 이처럼 정보의 흐름과 정보원의 관계를 네트워크로 구성한 것을 사회연결망(social network)이라고 한다. 따라서 사회관계망 분석(Social Network Analysis: SNA)이란 사회연결망을 노드(Node)와 링크(edge)로 모형화하여 그것의 위상구조(topology structure)를 계량적으로 규명(investigation)하는 방법론이다.

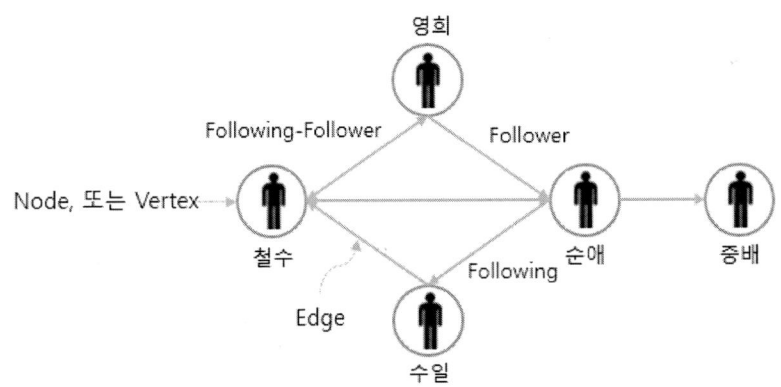

[그림 13-10] 사회연결망 구조

사회연결망 구조에서 연결 정도(network degree)는 노드 간의 총연결 관계 개수를 의미한다. 즉 한 노드가 몇 개의 노드와 연결되어 있는지의 정도를 나타낸다. 포괄성(inclusiveness)이란 한 네트워크 내에서 서로 연결된 노드의 개수를 의미하며 전체 네트워크에서 연결되어 있지 않은 노드들을 제거하고 남은 노드의 개수를 의미한다. 밀도(density)란 네트워크 내에서 노드 간의 전반적인 연결 정도 수준을 나타내는 지표이다. 즉 연결망 내 전체 구성원이 서로 간에 얼마나 많은 관계를 맺고 있는지를 표현한다. 네트워크 내에 존재하는 최대로 가능한 관계 대비 실제 형성된 관계의 개수 비율로 계산하게 된다.

사회연결망 분석에서 중요한 관심은 누가 가장 중요한 영향력이 있는지를 규명하는 것으로 노드들의 중심성(centrality)에 의해 결정된다. 사회연결망 분석에서 노드의 중심성의 측도는 [표 13-2]와 같이 연결 중심성(degree centrality), 근접 중심성(closeness centrality), 매개 중심성(Betweenness centrality), 위세 중심성(Eigenvector centrality)이 있다.

[표 13-2] 사회연결망 분석의 중심성 측도

연결 중심성 (Degree Centrality)	사회연결망에 한 노드와 연결된 링크의 합으로 한 노드가 다른 노드와의 관계성 및 영향력을 분석하여 특정 노드를 통해 다른 노드의 정보 획득의 용이성과 핵심노드를 측정하는 방식
근접 중심성 (Closeness Centrality)	사회연결망 내에 있는 각 노드 간의 거리를 근거로 중심성을 측정하는 방식으로, 직간접적으로 연결된 모든 노드 간의 거리를 바탕으로 넓은 범위에서 중심성을 측정하는 방식
매개 중심성 (Betweenness Centrality)	사회연결망 내에 한 노드가 다른 노드들 사이에 위치하는 정도를 나타내는 지표로 네트워크 내에서 어디에 위치하는지를 파악함으로써 해당 노드의 영향력을 측정하는 방식
위세 중심성 (Eigenvector Centrality)	사회연결망에 있는 각 노드의 중요성 정도에 따라 가중치를 부여하여 중심성을 측정하는 방식으로 자신과 연결된 다른 노드들이 네트워크 내에서 얼마나 중요한지를 측정하는 방식

사회연결망 분석의 연결 중심성 측도는 사회연결망 내에 핵심노드를 찾아내어 영향력을 분석할 때 사용하는 것으로 노드에 연결된 가지의 수를 전체 노드의 수에서 1만큼 뺀 것으로 나눈 값이다. 그리고 연결 중심성은 직접 연결된 노드의 개수만을 파악하지만, 근접 중심성은 간접적으로 연결된 모든 노드 간의 거리를 계산하여 중심성을 측정하기 때문에 직접 연결된 사람들을 통해 접근할 수 있는 간접적인 노드 간의 관계까지 파악하며, 연결 중심성보다 넓은 범위에서 중심성을 분석할 수 있다. 또 다른 한편으로 매개 중심성은 사회연결망 내에서 어디에 위치하는지를 파악함으로써 다른 핵심 노드들 사이에 중재자(broker)의 역할을 담당하는 핵심노드일 가능성이 높다. 마지막으로 위세 중심성(Eigenvector Centrality)은 사회연결망 내에 특정 노드와 연결된 다른 노드와의 중심성을 가중치로 하여 계산하는 방식으로 자신과 연결된 다른 노드들이 네트워크 내에서 얼마나 중요한지 파악하는 지표로 사용한다. 위세 중심성이 높다면 연결 정도가 작다 하더라도 높은 영향력을 가지며, 반대로 연결 정도는 높지만, 위세 중심성이 낮다면 네트워크 내의 실질적인 영향력은 크지 않다고 해석할 수 있다.

사회관계망 분석 방법을 설명하기 위하여 다음과 같은 R 코드와 실행 결과를 살펴보자.

13-3-2-1: 사회연결망 분석 예

```
> if(!require("tidygraph")) install.packages('tidygraph')
> library(tidygraph)
> if(!require("igraph")) install.packages("igraph")
```

```
> library(igraph) # 사회연결망을 시각화하고 분석하는 라이브러리
> # (1) 사회연결망 구성
> from <- c('철수', '영희', '수일', '영희', '철수', '순애', '순애') # following
> to <-    c('영희', '철수', '철수', '순애', '순애', '수일', '중배') # follower
> sna_data <- data.frame(from, to) # 데이터프레임 생성
> # (2) 사회연결망 구조 출력
> V(g) # 노드(Node, Vertex) 출력
+ 5/5 vertices, named, from 076bf0a:
[1] 철수 영희 수일 순애 중배
> E(g) # 가지(Edge, Branch) 출력
+ 7/7 edges from 076bf0a (vertex names):
[1] 철수->영희 영희->철수 수일->철수 영희->순애 철수->순애
[2] 순애->수일 순애->중배
> degree(g) # 사회연결망 가지(Edge) 수 출력
철수 영희 수일 순애 중배
   4    3    2    4    1
> V(g)$degree <- degree(g) # 행렬 그래프에 가지 수 추가
> g[ , ] # 사회연결망 인접 행렬 출력
5 x 5 sparse Matrix of class "dgCMatrix"
     철수 영희 수일 순애 중배
철수   .    1    .    1    .
영희   1    .    .    1    .
수일   1    .    .    .    .
순애   .    .    1    .    1
중배   .    .    .    .    .
> # (3) 사회연결망 도식
> set.seed(123)
> plot(g,
+      vertex.color = 'lightgray',
+      vertex.size = 60,
+      edge.arrow.size = 0.5,
+      vertex.label.dist = 0.2,
+      vertex.label.cex = 1,
+      edge.color = 'black')
```

[그림 13-11]

```
> # (4) 사회연결망 중심성 분석
> # ⓐ연결 중심성(degree centrality)
> degree(g, mode = 'in') # in-edge(follower) 수
철수 영희 수일 순애 중배
  2    1    1    2    1
> degree(g, mode = 'out') # out-edge(following) 수
철수 영희 수일 순애 중배
  2    2    1    2    0
> degree(g, mode = 'all') # 모든 in-out edge(following follower) 수
철수 영희 수일 순애 중배
  4    3    2    4    1
> diameter(g, directed = T, weights = NA) # 사회연결망 깊이
[1] 3
> edge_density(g, loops = F) # edge 밀도(연결선수/가능한 연결선수)
[1] 0.35
> # degree(g)/(length(V(g))-1) # 연결 중심성 계산식
> degree_center <- degree(g, mode = 'all', normalized = T)
> sort(degree_center, decreasing = T)
철수 순애 영희 수일 중배
1.00 1.00 0.75 0.50 0.25
> # ⓑ근접 중심성(closeness centrality)
> closeness_center <- closeness(g, mode = 'all', normalized= T)
> sort(closeness_center, decreasing = T)
      순애       철수       영희       수일       중배
1.0000000  0.8000000  0.6666667  0.6666667  0.5714286
> # ⓒ매개 중심성(betweenness centrality)
> betweenness_center <- betweenness(g, directed = T)
> sort(betweenness_center, decreasing = T)
순애 철수 수일 영희 중배
   5    4    2    0    0
> # ⓓ위세 중심성(eigenvector centrality)
> eigenvector_center <- eigen_centrality(g)$vector # 리스트에서 vector 값만
```

```
> sort(eigenvector_center, decreasing = T)
      철수       영희       순애       수일       중배
1.0000000  0.8891290  0.8517952  0.5773503  0.2655716
```

```
> # (5) 노드에 연결된 에지 수에 대한 히스토그램(histogram)
> hist(V(g)$degree,
+       col = 'lightgray',
+       main = '노드 연결된 가지수 히스토그램',
+       xlab = '가지 수',
+       ylab = '빈도 수')
```
[그림 13-12]

```
> # (6) 노드 디그리에 대한 가중치 시각화
> plot(g,
+       vertex.size = V(g)$degree * 20, # 노드 디그리에 20을 곱함
+       edge.arrow.size = 0.5,
+       vertex.color = rainbow(length(V(g)), s=0.2),
+       layout = layout.graphopt)
```
[그림 13-13]

```
> # (7) 중요한 관계를 형성하는 Hub와 Authorities 시각화
> op = par(mfrow=c(1,2))
> hs <- hub_score(g)$vector
> plot(g,
+       vertex.size = hs*80,
+       main = 'Hubs',
+       vertex.color = "lightgray",
+       adge.arrow.size = 0.1,
+       layout = layout.kamada.kawai)

> as <- authority.score(g)$vector
> plot(g,
+       vertex.size = as*80,
+       main = 'Authority',
+       vertex.color = "lightgray",
+       adge.arrow.size = 0.1,
+       layout = layout.kamada.kawai)

> par(op)
```
[그림 13-14]

```
> # (8) 커뮤니티 그룹 집단화 시각화
> cg <- cluster_edge_betweenness(g)
> plot(cg,
       g,
       main = '커뮤니티 그룹',
       vertex.size = 40,
       adge.arrow.size = 0.1,
       vertex.label.cex = 1)
```
[그림 13-15]

사회연결망 분석을 위한 예제 데이터프레임을 생성하고 방향 연결망 그래프의 데이터프레임 g를 생성하였다. 연결망 그래프 g의 노드 수는 5개가 가지 수는 6개로 연결되어 있다. 각각의 노드(node, vertex)에 연결된 에지(edge)의 수, 즉 디그리(degree)를 살펴보면 철수 3, 수일 2, 영희 2, 순애 4, 중배 1이다. 이러한 결과를 시각화한 것은 다음 [그림 13-11]과 같다.

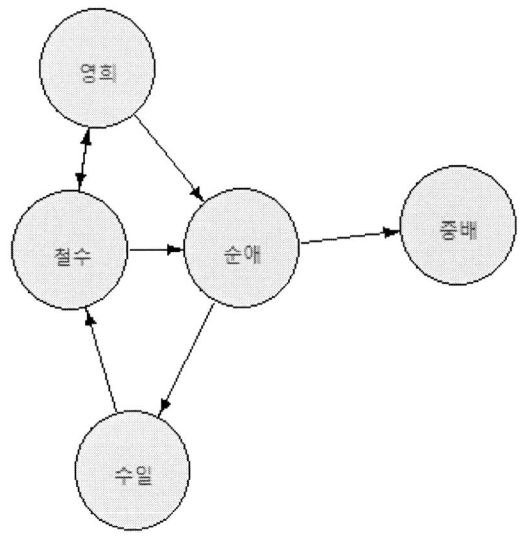

[그림 13-11] 사회연결망 시각화 예

사회연결망 중심성 분석 결과를 다시 정리한 것은 다음 [표 13-3]와 같다.

[표 13-3] 사회연결망 중심성 분석 결과 정리표

구분	순애	철수	영희	수일	중배
연결 중심성	1	1	0.75	0.50	0.25
근접 중심성	1	0.8	0.67	0.67	0.57
매개 중심성	5	4	0	2	0
위세 중심성	0.85	1	0.89	0.56	0.27

[표 13-5]의 사회연결망 중심성 분석 결과 정리표를 살펴보면 연결 중심이 가장 큰 것은 '순애', '철수'가 사회연결망에서 가장 큰 관계성을 형성하고 영향력을 주도하는 집단인 것을 알 수 있다. 근접 중심성 분석 결과를 살펴보면 직간접적으로 관계를 형성하는 데에 가장 큰 영향을 주는 집단도 '순애'인 것을 알 수 있다. 매개 중심성에서 노드들 사이에 중재자(broker)의 역할을 담당하는 핵심노드도 '순애'이고 '영희'와 '중배'는 매개 임무를 수행하지 못한다는 것을 알 있다. 마지막으로 위세 중심성에서 '철수'가 사회 집단에 가장 큰 영향력을 가진 사람이라고 할 수 있다. 이러한 사실을 시각적으로 보여 주기 위하여 다음에 몇몇 그림을 제시한다.

다음 [그림 13-12]는 노드 연결 정도에 대한 빈도 히스토그램으로 시각화한 것이다.

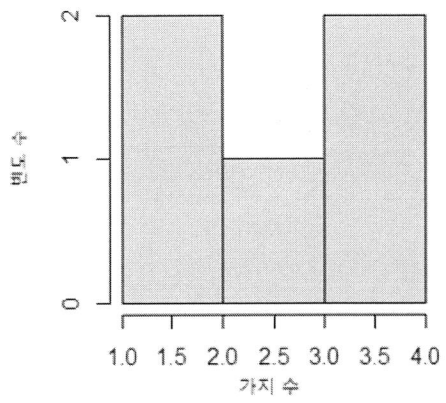

[그림 13-12] 노드 연결성에 대한 빈도 히스토그램

다음 [그림 13-13]은 노드 연결성(degree)에 가중치 20을 곱하여 시각화한 것이다.

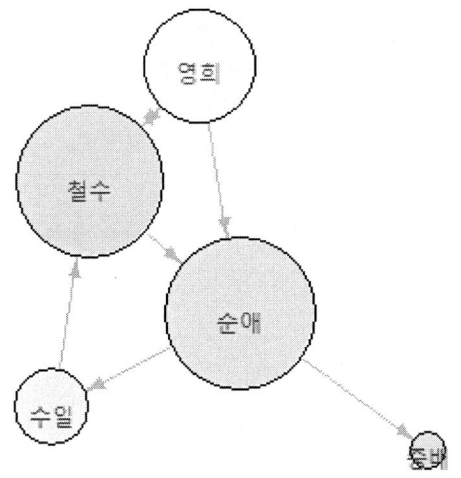

[그림 13-13] 노드 연결성에 대한 가중치 시각화

노드 연결성에 대한 가중치 시각화한 결과 '철수', '순애', '영희', '수일', '중배' 순으로 영향력을 주도하는 그룹이고 '중배'는 영향력이 가장 적은 사람인 것을 알 수 있다.

다음 [그림 13-14]는 중요한 관계를 형성하는 Hub와 Authorities를 시각화한 것이다.

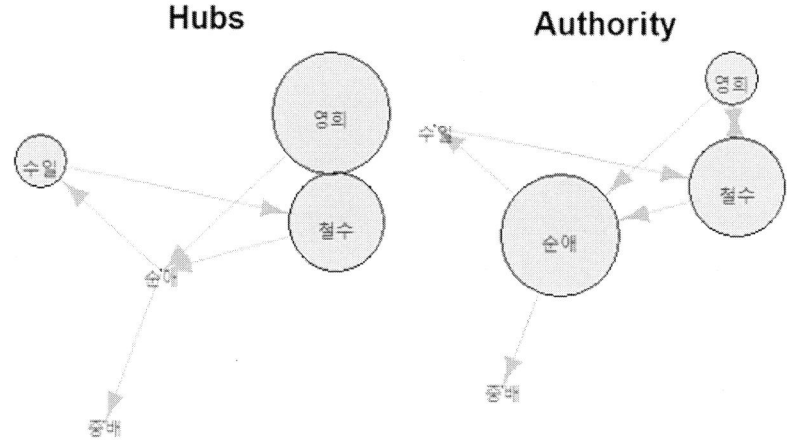

[그림 13-14] 중요한 관계를 형성하는 Hub와 Authorities 시각화

커뮤니티 그룹 집단화 시각화는 [그림 13-15]와 같다.

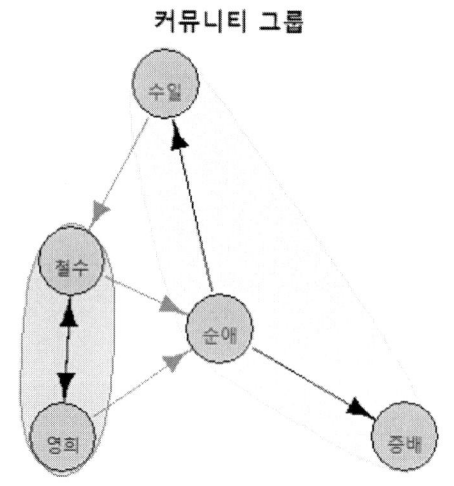

[그림 13-15] 커뮤니티 그룹 집단화 시각화

[그림 13-14]의 커뮤니티 그룹 집단화 시각화를 살펴보면 '철수', '영희'가 하나의 중심 집단을 '수일', '순애', '중배'가 또 다른 중심 집단을 형성하는 것을 알 수 있다.

지금까지 소셜 미디어 마이닝 기법으로 오피니언 분석과 사회관계망 분석을 살펴보았다. 소셜 미디어 마이닝은 페이스북, 트위터, 인스타그램, 마이크로 블로그 등과 같은 소셜 네트워크 서비스상에서 개인의 생각이나 의견, 비전이나 가치 등을 디지털 콘텐츠 형태로 공유하거나 교환하기 위한 정보를 이용해 마케팅 전략, 사회 이슈 및 트렌드, 여론 변화 흐름을 분석해 새로운 정보를 제공하는 기법이다. 소셜 미디어 마이닝 좀 더 구체적인 활용 분야를 살펴보면 사용자 로그, 관심사, 정보를 분석하여 트렌드를 감시하거나 브랜드 모니터링, 감성분석 마케팅 분석 등에 활용된다. 또한 구글 트렌드를 통해 실시간 주요 쟁점 검색, 실시간 순위 및 순위 챠트, 카테고리별 이슈 분류 기능, 기간별 설정 및 검색 기능 등을 제공하는 데 활용된다.

연습문제 — Exercises

향상학습

1. 다음 중 비정형 데이터로 볼 수 없는 것은?
   ① 여론조사 댓글 데이터
   ② 엑셀로 정리한 학생 주소록
   ③ 사진과 함께 온 문자 메시지
   ④ 문서를 첨부한 이메일 데이터
   ⑤ 고객의 제품 사용 후기 데이터

2. 다음 중 텍스트마이닝에 대한 설명으로 거리가 먼 것은?
   ① 텍스트 데이터를 자연어 처리하는 방식이다.
   ② 텍스트 분석, 문서 마이닝 등으로 불리기도 한다.
   ③ 텍스트 마이닝 결과를 워드클라우드로 시각화할 수 있다.
   ④ 수집된 언어 자료와 감성 분류를 위한 감성 사전이 필요하다.
   ⑤ 대규모 텍스트 분석을 통하여 숨겨진 의미를 발굴하려는 기법이다.

3. 다음 중 텍스트마이닝의 주요 기법으로 거리가 먼 것은?
   ① 군집화   ② 연결 분석   ③ 특징 추출   ④ 페이지 랭킹   ⑤ 텍스트 범주화

4. 다음 중 웹콘텐츠마이닝에 필요한 데이터 종류로 거리가 먼 것은?
   ① 웹 로그   ② HTML 태그   ③ 하이퍼링크 구조
   ④ 와퍼 기반의 정보   ⑤ 통계 기반의 수집된 단어

5. 다음 중 웹 사용 마이닝 목적으로 거리가 먼 것은?
   ① 행동 이벤트 추적   ② 방문자 통계 분석   ③ 사용자 행위 분석
   ④ 임계 값의 출현 빈도   ⑤ 네트워크 트래픽 분석

6. 다음 중 오피니언 마이닝의 목적으로 거리가 먼 것은?
   ① 법률적 이슈 모니터링
   ② 긍정 부정의 평판 분석
   ③ 경기, 물가, 주가 등의 흐름 예측
   ④ 관심 주제들 사이의 연관성 예측
   ⑤ 상품 평가 데이터의 우선순위 결정

7. 다음 중 소셜 미디어 마이닝의 목적으로 거리가 먼 것은?
   ① 통계 리포트   ② 선호도 분석   ③ 경쟁사 비교
   ④ 미디어채널 모니터링   ⑤ 품목 간에 친화성 분석

8. 다음 중 소셜 미디어 마이닝 분석 유형으로 거리가 먼 것은?
   ① 명성   ② 중개   ③ 범위
   ④ 응집력   ⑤ 구조적 차별성

9. 다음 중 사회연결망 분석기법으로 볼 수 없는 것은?
   ① 연결 중앙성   ② 사이 중앙성   ③ 인접 중앙성
   ④ 위세 중앙성   ⑤ 위치 중앙성

10. 자신의 커뮤니티와 다른 커뮤니티에 모두 연결이 높은 사람을 무엇이라고 하는가?
    ① 보스(Boss)   ② 매니저(Manager)   ③ 인플루엔서(Influencer)
    ④ 리더(Leader) ⑤ 팔로워(Follower)

11. 다음 중 사회연결망 활용 방안으로 거리가 먼 것은?
    ① 잠재 고객을 찾아낼 수 있다.
    ② 영향력 있는 고객을 알 수 있다.
    ③ 고객이 다음번에 이탈할지 알 수 있다.
    ④ 시간에 흐름에 따를 변화를 알 수 있다.
    ⑤ 사회연결망이 몇 개의 집단으로 구성되어 있는지 알 수 있다.

심화학습

1. 비정형 데이터의 정련화(refinement)의 필요성과 방법에 대하여 설명하세요.

2. 텍스트 마이닝 지식 추출(knowledge extraction) 방법에 대하여 설명하세요.

3. 텍스트 마이닝 주요 기법을 설명하세요.

4. 다음과 같은 사회연결망에서 다음과 같은 중심성 값을 제시하세요(R 코드를 이용).

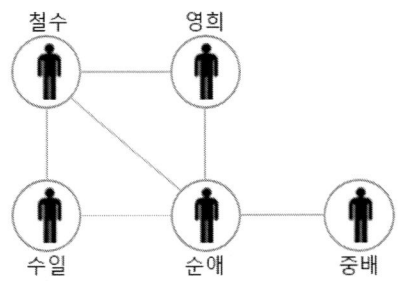

가. 연결 중심성(Degree Centrality)

나. 근접 중심성(Closeness Centrality)

다. 매개 중심성(Betweenness Centrality)

라. 위세 중심성(Eigenvector Centrality)

빅데이터 분석
기획과 실무

Chapter

찾아보기　INDEX

1

1종 오류   411

2

2종 오류   411

3

3계층 빅데이터 분석방법론   90

4

4차 산업혁명   30

A

Accuracy   564
ACF   514
Activation Function   660
AdaGrad   665
Adam   665
Algorithmist   52
Alternative Hypothesis   409
ANN   659
ANOVA   441
Apriori 알고리즘   568
ARIMA   514
Artificial Neural Network   659
Association Analysis   567
Association analysis   42
Autoregressive Model   513
AWS   137

B

Backpropagation   665
Bagging   647
BDAP   79
Betweenness Centrality   762
Big Brother   48
Big data Echo System   134
Big Data Visualization   161
binary_crossentropy   664
Binominal Logistic Regression   603
Boosting   647
BPR   80
Brontobyte   51
Business Intelligence   20

C

C5.0   621
Caffe   695
CAP   153
CART   621
categorical_crossentropy   664
CHAID   621
Classification analysis   42
Closeness Centrality   762
Clustering Analysis   42, 587
CNN   698
Comma-Separated Value   278
Complex System Theory   46
Confusion matrix   564
Convolutional Neural Network   698
Correlational Analysis   452
CRISP-DM   88

CRM	20
CSV	278
CSV 파일 읽어오기	278

D

DarkNet	695
Data Lake	39
Data Literacy	209
Data Mart	249
Data Mining	560
Data Science	64
Data Warehouse	19
Database Partitioning	147
Database Sharding	148
DBMS	18
De Morgan's law	384
Decision-Making Data	12
Deep Learning	43, 693
Degree Centrality	762
Degree of Freedom	400
Dependent Variable	368
Descriptive Modeling	562
Descriptive Statistics	369
Dew computing	141
DIKW 피라미드	14
DLDT	695
DM	156
Document Mining	749
DSCoE	123
DW	19

E

EAI	20
Edge computing	141
EDI/CALS	21
Eigenvector Centrality	762
Ensemble Model	647
Entropy Index	619
ERP	20
Estimate	403
ETL	151
Explicit Knowledge	15

F

F-분포	401
F1-Score	564
Fog computing	141
FPR	566

G

ggplot2	355
GIGO	14
Gini Index	619
Gradient Descent	664

H

Hadoop	142
Hard Skill	67
HDFS	144
Hyper Parameter	674

Hyper-Connected Society	50
Hypothesis Test	409

I

IaaS	136
IDE	185
Image Augmentation	718
Independent Variable	368
Inferential Statistics	402
Interval Scale	367
iris 데이터셋	303
ISP	79

K

K-means Clustering	590
K-평균 알고리즘	590
KDD	86, 560
Kendall 상관계수	453
Keras	695
knowledge	15
Knowledge Discovery	749
knowledge management	15

L

Logistic Regression Analysis	43, 603
LRA	603

M

Machine Learning	42
MAE	564
MapReduce	145
MASS	310
Mean Square Error	663
MIS	20
MLR	463
Momentum	665
Moving Average Model	514
MSE	564, 663
Multidimensional Scaling	491
Multimedia Data	12
Multinomial Logistic Regression	603
Multiple Linear Regression	463
Multivariate Analysis	412

N

Natural Language Processing	749
Ngram Viewer	36
NLP	749
Nominal Scale	367
Normal Distribution	395
NoSQL	154
NoSQL Data Model	155
Null Hypothesis	409

O

OLAP	19
OLTP	19
One-Hot Encode	664

ONENX	695
onvolution Layer	698
Opinion Mining	755
Optimizer Algorithm	664
Ordinal Scale	367
Orgobyte	51

P

PaaS	136
PACF	514
Paradigm Shift	30, 31
PCA	500
PDF 파일로부터 데이터 읽기	287
Pearson 상관계수	453
Polynomial Regression	463
Pooling Layer	698
Population	377
PR	463
Precision	564
Predictive Modeling	562
Principal Component Analysis	500
PyTorch	695

Q

Qualitative Data	11
Quantitative Data	11

R

R summary() 함수	374
R 고수준 그래프	336
R 그룹별 분류 집계 함수	243
R 기초 통계량 함수	238
R 날짜 함수	242
R 내장함수	236
R 데이터 마트 함수	250
R 데이터 유형	204
R 데이터테이블 자료구조	230
R 데이터프레임 자료구조	226
R 도움말	193
R 리스트 자료구조	220
R 매트릭스 자료구조	222
R 문자 처리 함수	240
R 반복문	231
R 배정 연산자	205
R 벡터 자료구조	210
R 변수의 종류	206
R 분석 변수	207
R 사용자 정의 함수	248
R 설치	177
R 스칼라 자료구조	209
R 어레이 자료구조	225
R 자료구조의 종류	209
R 저수준 그래프	343
R 정렬에 관련된 함수	246
R 조건문	234
R 패키지	193
R 팩터 자료구조	219
Random Forest	647
Ratio Scale	368
Recall	564
reinforcement learning	43
RMSE	564
RMSProp	665
ROC	567

ROI	97
RStudio	185
R의 도전과제	177
R의 특징	176
R이란	175

S

SaaS	136
Sampling	378
Sampling Error	378
SCM	20
SDLC	84
SEMMA	87
Sentiment Analysis	43
Sentimental Analysis	755
SGD	665
Simple Linear Regression	462
SLR	462
SNA	761
Social Network Analysis	43, 761
Soft Skill	67
Source Data	10
sparse_categorical_crossentropy	664
Spearman 상관계수	453
Standard Normal Distribution	395
Stationary Time Series	512
Statistics	366
Student's t Distribution	399
Supervised Learning	562
System Dynamics	46

T

t-분포	399
Tacit Knowledge	15
Tensorflow	52, 695
Terabyte	31
Text Mining	748
Theano	695
Time Series Analysis	512
TPR	566
TSA	512

U

Univariate Analysis	412
Unsupervised Learning	562

W

Web Contents Mining	753
Web Crawling	291
Web Scraping	291
White Noise	514
Wordcloud	749

Y

Yottabyte	31, 51

Z

Zettabyte	31

ㄱ

가설검정	409
가중치 파라미터	665
가중치를 고려한 추출	379
가중평균	370
감정 분석	43
강화학습	43
거버넌스 체계	116
거버넌스란	116
결측치 대치법	314
결측치 유형	313
결측치란	313
경사하강법	664
경영정보 시스템	20
계층적 군집화	587
계통 추출	379
고객관계관리	20
공공 데이터 포털	297
공급망관리	20
공분산	452
공용 데이터	17
과소적합	666
과적합	666
교차분석	446
구간 추정	404
군집 분석	42, 587
군집 연결법	588
군집 추출	379
귀무가설	409
균등분포	392
근접 중심성	762
기계학습	42
기능형 구조	123
기술 통계	369
기술 통계량 함수	374
기술적 모델링	562
기업 자원 관리	20
기하분포	385
기하평균	370

ㄴ

나선형 모델	84
나이팅게일 챠트	354

ㄷ

다변량 분석	412
다변량 분석 기법	413
다중 선형회귀	463
다차원 척도	491
다항 로지스틱 회귀	603
다항 회귀	463
단순 선형회귀	462
단순 임의추출	379
대립가설	409
대응 표본 추출	383
데이터 3법	49
데이터 거버넌스 범위	121
데이터 거버넌스란	120
데이터 레이크	39
데이터 리터러시	209
데이터 마이닝	560
데이터 마이닝 과정	86, 560
데이터 마이닝이란	86
데이터 마트	156, 249
데이터 보정	561

데이터 사이언스 전문가 조직	123
데이터 사이언스란	64
데이터 사이언스의 한계	70
데이터 사이언스의 핵심 기	66
데이터 수집 및 통합 도구	152
데이터 유형 판별 함수	236
데이터 전처리 기술	313
데이터 증후군	12
데이터 추출	561
데이터 탐색	561
데이터란	10
데이터베이스 샤딩	148
데이터베이스 특징	18
데이터베이스 파티셔닝	147
데이터베이스관리시스템	18
데이터베이스란	17
데이터셋 전처리	312
데이터와 정보의 비교	13
데이터웨어하우스	19
데이터웨어하우스 특징	156
데이터의 수집 방안	82
데이터형 변환 함수	237
독립 사건	384
독립 표본 추출	383
독립변수	368
듀 컴퓨팅	141
드모르간의 법칙	384
등간척도	367
딥러닝	693
딥러닝 모델링 절차	694

ㄹ

랜덤 포레스트	647
로지스틱 회귀 분석	43, 603
프로토타입 모델	84

ㅁ

매개 중심성	762
맨해튼 거리	589
맵리듀스	145
멀티미디어 데이터	12
명목척도	367
모집단	377
모형 평가	561
모형화	561
무어의 법칙	32
문서 마이닝	749
미래의 빅데이터	50
민코우스키 거리	589

ㅂ

반복 점증형 모델	84
반정형 데이터	38
배깅	647
배반 사건	384
백색잡음	514
범주형	367
베르누이 확률분포	387
복잡계 이론	46
부분자기상관함수	514
부스팅	647
분류 분석	42
분산	373
분산 데이터베이스 시스템	147

분산 데이터베이스의 스키마	150
분산 데이터베이스의 투명성	150
분산형 조직	123
분석 기술의 종류	160
분석 마인드	124
분석 인사이트	560
분석 플랫폼	120
분석과제 관리 프로세스	124
분석과제 도출 방안	93
분석과제 이행계획	115
분석과제의 우선순위	113
분석과제의 포트폴리오	114
분석기획 고려사항	82
분석기획 방향	80
분석기획 접근 방식	81
분석방법론 참조모델	90
불편성	404
비계층적 군집화	590
비율척도	368
비정형 데이터	38, 748
비즈니스 인텔리전스	20
비지도학습	562
빅 브러더	48
빅데이터 가치의 영향	46
빅데이터 분산저장 기술	154
빅데이터 분석 거버넌스	116
빅데이터 분석 관리 조직	122
빅데이터 분석 교육	126
빅데이터 분석 기술	41
빅데이터 분석 기획	78
빅데이터 분석 마스터플랜	112
빅데이터 분석방법론	83
빅데이터 생산적 가치	44
빅데이터 생태계	134
빅데이터 성숙도 모델	117
빅데이터 수집 기술	151
빅데이터 시각화	161
빅데이터 위기 요인	47
빅데이터 주요 저장·관리 도구	156
빅데이터 처리 기술	157
빅데이터 처리 도구	158
빅데이터 처리 유형	158
빅데이터 통제 방안	49
빅데이터 특징	34
빅데이터는 시대	69
빅데이터란	34
빅데이터의 가치	43
빅데이터의 등장	30
빅데이터의 등장 배경	31
빅데이터의 역할	35

ㅅ

사이언티스트 역량	67
사회관계망 분석	761
산술평균	370
산포도	372
상관분석	452
상관계수	452
상관계수 종류	453
상관관계	40
상향식 접근 방식	98
서열척도	367
세먼 변환	491
소셜 네트워크 분석	43
소프트 스킬	67
수준 진단 프레임워크	117
수확 체증의 법칙	32

스트레스 지수	491	웹 사용 마이닝	754
시각화 기술	165	웹 스크래핑	291
시각화 종류	164	웹 콘텐츠 마이닝	753
시각화 표현 속성	163	웹 크롤링	291
시각화의 목적	162	웹 크롤링 관련 함수	292
시계열 분석	512	위세 중심성	762
시스템 다이내믹스	46	유의확률	411
신뢰도	568	유의수준	410
심층학습	43	유클리드거리	491
		유클리안 거리	589
		의사결정 자료	12

ㅇ

		의사결정나무 분석	618
아마존의 웹 서비스	137	의사결정나무 알고리즘	620
알고리즘미스트	52	의사결정나무 형성 기법	619
암묵지	15	의사결정지원시스템	19
앙상블 기법	647	이동평균 모형	514
앙상블 모형	647	이미지 증식	718
양적	367	이산형 확률분포	385
업무재설계	80	이상값이란	324
엑셀 파일 읽어오기	282	이항 로지스틱 회귀	603
엔트로피 지수	619	이항분포	389
엣지 컴퓨팅	141	이해 관계자	102
연결 중심성	762	인간게놈프로젝트	31
연관 분석	42, 567	인공신경망	659
연속형	367	인과관계	40
연속형 확률분포	385	일변량 분석	412
예측 모델링	562	일변량 분석 기법	413
오픈소스 딥러닝	52		
오픈소스 딥러닝 프레임워크	695		
오피니언 마이닝	755	## ㅈ	
와드 연결	588	자기상관함수	514
운영 데이터	17	자기회귀 누적 이동평균	514
워드클라우드	749	자기회귀 모형	513
원핫 엔코드	664	자연어처리	748

자유도	400
작업분할구조	116
장바구니 분석	568
재현율	564
저장 데이터	17
전결합 층	698
절사평균	371
정규분포	395
정량적 데이터	11
정련화	748
정밀도	564
정보기술 거버넌스	30
정보란	12
정보의 종류	13
정보화 전략기획	80
정상성 시계열	512
정서 분석	755
정성적 데이터	11
정형 데이터	38
정확도	564
조건부 확률	384
조화평균	370
종속변수	368
주성분 분석	500
중심 극한 정리	395
중심 연결	588
중위수	371
지니 지수	619
지도학습	562
지수분포	393
지식 발견	749
지식 증대 순환 과정	16
지식 활동	16
지식경영	15
지식이란	15
지지도	568
직관력이란	60
질적	367
집중형 구조	123

ㅊ

체르노프 페이스	354
초연결 사회	50
최단 연결	588
최소 MSE	404
최소분산	404
최장 연결	588
최적화 알고리즘	664
추론 통계	402
추정	403
층화 임의추출	379

ㅋ

카이제곱 분포	397
카이제곱 통계량	619
커뮤니티 클라우드	139
컴퓨팅 자원의 가상화	138
크롤링	749
크루스칼 다차원 척도	491
클라우드 기술 요소	137
클라우드 서비스 형태	136
클라우드 컴퓨팅	37, 135
클립보드로부터 데이터 읽어오기	285

ㅌ

텍스트 마이닝	748
텍스트 파일 읽어오기	274
텐서플로우	52
통계 변수의 종류	368
통계자료의 종류	367
통계학	366
통계학의 분류	366
통찰력이란	60
통합 데이터	17
통합개발 환경	185
트리 분할 기준	619
특이도	564

ㅍ

패러다임 전환	30, 31
퍼블릭 클라우드	139
평균 연결	588
평균제곱오차	663
평탄화	697
평판 분석	755
포그 컴퓨팅	141
포아송 분포	391
폭포수 모델	84
표본	378
표본오차	378
표준 정규 분포	395
표준편차	373
풀링 층	698
프라이빗 클라우드	139
프로토타이핑 접근 방식	99

ㅎ

하둡	142
하둡 분산 파일 시스템	144
하둡 에코 시스템	145
하둡의 주요 특징	143
하드 스킬	67
하이브리드 클라우드	139
하이퍼 파라미터	674
하향식 접근방법	95
합성곱 신경망	698
합성곱 층	698
향상도	568
형식지	15
혼동행렬	564
확률	383
활성화 함수	660
황의 법칙	32
회귀 분석	461
회귀모형 검증 척도	464
회귀변수 자동 선택	465

🗂 저자소개

최 용 구 (ygchoi7109@gmail.com)
현 동서울대학교 컴퓨터정보과 교수
한국과학기술원(KAIST) 박사
미국 콜로라도주립대학 덴버 방문 연구
한국전력공사 서울연수원 전산교수실 조교수
육군 중앙전산소 프로그램 개발 장교
정보과학회 정회원

데이터 과학자로 안내하는
빅데이터 분석 기획과 실무

초판 인쇄 2024년 08월 19일
초판 발행 2024년 08월 22일

지 은 이 최용구
발 행 처 도서출판 글로벌 필통
발 행 인 신현훈
주　　소 서울시 중구 충무로 54-10 (을지로3가)
전　　화 02-2269-4913
팩　　스 02-2275-1882
출판등록 제2-2545호
홈페이지 http://www.gbbook.com
I S B N 978-89-5502-965-9
가　　격 35,000원

이 책은 저작권법에 따라 보호받는 저작물이므로 무단전제와 무단복제를 금지하며, 이 책 내용의 전부 또는 일부를 이용하려면 저작권자의 동의를 받아야 합니다.

잘못 만들어진 책은 구입하신 서점에서 교환해 드립니다.